La justice, ses métiers, ses procédures

5e édition

Tome 2. La ressource humaine et les professions

Collection « Études africaines »

Forte de plus de mille titres publiés à ce jour, la collection « Études africaines » fait peau neuve. Elle présentera toujours les essais généraux qui ont fait son succès, mais se déclinera désormais également par séries thématiques : droit, économie, politique, sociologie, etc.

Dernières parutions

Coumba CISSÉ, *Vivre à l'ombre du barrage de Manantali, Les représentations sociales des impacts*, 2025.
Sidi Tiémoko TOURÉ, *L'histoire oubliée de Mori Touré le Conquérant. De l'Empire songhaï à Marabadjassa (1492-1960)*, 2025.
Mamadi KABA, *Renaissance du Sahel, L'Alliance des États du Sahel*, 2025.
Amadou MBEYAP KUTNJEM, *La justice sportive au Cameroun. Genèse et dynamiques du processus de règlement des litiges sportifs*, 2025.
Trésor LUMFUANKENDA BUNGIENA, *Architecture du care en République démocratique du Congo, Repenser l'infrastructure hospitalière*, 2025.
François KODENA (dir.), *Jean-Marc Ela ou l'audace de géo-penser. Message à la jeunesse panafrikaine*, 2025.
Riman VAN, *Les défis contemporains de la démocratie et des droits de l'homme en Afrique. Étude à l'aune du droit international et du droit régional*, 2025.
Salomé SOLOUM, *Mode vestimentaire, accessoires et parures corporels dans le sud-Bénin du XVIIe au XIXe siècle*, 2025. Salomon MAMPETA WABASA, *Gouvernance du parc national de la Salonga en RD Congo, Protectionnisme écologique et résistances locales*, 2025.
Ibrahim HAROUNA OUSMANE, *Enjeux sécuritaires et mobilisation des jeunes dans les groupes extrémistes violents, Une analyse par l'exemple d'Abala au Niger*, 2025.
Sous la direction de Saouré KOUAME, *Philanthropie et développement de l'Afrique*, 2025.
Romain KABONGO TCHISSENS, *Gouvernance des entreprises publiques en République démocratique du Congo, Des sociétés à chartes aux sociétés commerciales, une déliquescence programmée*, 2025.

Sylvain Sorel KUATÉ TAMEGHÉ

La justice, ses métiers, ses procédures

5e édition

Tome 2. La ressource humaine et les professions

OHADA
Union Africaine
CEEAC-CEMAC
CEDEAO-UEMOA
Nations Unies
Cameroun

Avant-propos de Germain Ntono Tsimi
Préface de Claude Abé
Postface de Justice Ernest N. Njumbe

L'Harmattan

DU MEME AUTEUR

La protection du débiteur dans les procédures individuelles d'exécution OHADA, L'Harmattan, Paris, 2004.

Jalons d'une habilitation à diriger des recherches. Une expérience à partir du droit issu du traité OHADA, L'Harmattan, Paris, 2008.

Les grandes décisions de la Cour commune de justice et d'arbitrage de l'OHADA, L'Harmattan, Paris, 2010.

L'entreprenant OHADA, PUA, Yaoundé, 2013.

5-7, rue de l'Ecole-Polytechnique, 75005 Paris

http://www.editions-harmattan.fr

ISBN : 978-2-336-50737-8
EAN : 9782336507378

SOMMAIRE

ABREVIATIONS, SIGLES **9**

AVANT-PROPOS **13**

PRÉFACE **19**

POSTFACE **25**

TITRE 4 La ressource humaine **27**

CHAPITRE 1 Le personnel magistrat **29**
Section 1. Les catégories de magistrats et leurs fonctions 29
Paragraphe 1. Les magistrats du siège 29
Paragraphe 2. Les magistrats du parquet 128
Paragraphe 3. Le croisement des catégories de magistrats et de l'effectif 159
Section 2. Le recrutement des magistrats 161
Paragraphe 1. Modalités 162
Paragraphe 2. Enigmes 172
Section 3. La discipline et la responsabilité des magistrats 189
Paragraphe 1. Les instances disciplinaires 190
Paragraphe 2. Les procédures et les sanctions 195

CHAPITRE 2 Le personnel non-magistrat **205**
Section 1. Les auxiliaires de justice 206
Paragraphe 1. L'avocat 206
Paragraphe 2. L'huissier de justice 321
Paragraphe 3. Le notaire 446
Paragraphe 4. Les fonctionnaires des greffes 526
Paragraphe 5. Le personnel de la police judiciaire 580
Paragraphe 6. Le personnel de l'administration pénitentiaire 615
Section 2. Les collaborateurs de justice 649
Paragraphe 1. Les mandataires judiciaires 650
Paragraphe 2. Le conseil fiscal 666
Paragraphe 3. L'expert judiciaire 681
Paragraphe 4. Le porteur de contrainte 700
Paragraphe 5. L'agent d'affaires 707

INDICATIONS BIBLIOGRAPHIQUES **719**

TABLE DES MATIÈRES **755**

ABREVIATIONS, SIGLES

Adde : Ajouter
Al. : Alinéa
Art. : Article
A.N.I.F. : Agence nationale d'investigation financière (Cameroun)
A.N.T.I.C. : Agence nationale des technologies de l'information et de la communication (Cameroun)
A.R.S.E.L. : Agence de régulation du secteur de l'électricité
Ass. Plén. : Assemblée plénière
A.U.A. : Acte uniforme relatif au droit de l'arbitrage
A.U.D.C.G. : Acte uniforme portant sur le droit commercial général
A.U.P.C.A.P. : Acte uniforme portant organisation des procédures collectives d'apurement du passif
A.U.P.S.R.V.E. ou A.U.V.E. : Acte uniforme portant organisation des procédures simplifiées de recouvrement et des voies d'exécution
A.U.S. : Acte uniforme portant organisation des sûretés
A.U.S. Coop. : Acte uniforme relatif au droit des sociétés coopératives
B.A.C.S. : Bulletin des arrêts de la Cour suprême (Cameroun)
Bull. civ. : Bulletin des arrêts de la Cour de cassation, chambres civiles
C. ou c/ : Contre
C.A. : Cour d'appel
C.A.D.H. : Cahier africain des droits de l'homme
C.A.D.H.P. ou Com. : Commission africaine des droits de l'homme et des peuples
C.C.A./C.N.O.S.C. : Chambre de conciliation et d'arbitrage du Comité national olympique et sportif du Cameroun
C.C. : Conseil constitutionnel (Cameroun)
C.C.J.A. : Cour commune de justice et d'arbitrage (OHADA)
C.C.L.R. : Cameroon common law report
C.D.E.C. : Caisse des dépôts et consignations
C.D.B.F. : Conseil de discipline budgétaire et financière
C.D.H. : Comité des droits de l'homme
C.D.H.C. : Commission des droits de l'homme du Cameroun
C.E.D.E.A.O. : Communauté économique des Etats d'Afrique de l'Ouest
C.E.E.A.C : Communauté économique des Etats de l'Afrique centrale
C.E.M.A.C. : Communauté économique et monétaire de l'Afrique centrale
Cf. : Confère
Charte africaine : Charte africaine des droits de l'homme et des peuples
Chr. ou Chron : Chronique
C.I.J. : Cour internationale de justice
C.I.M.A. : Conférence interafricaine des marchés d'assurances

C.I.R.D.I. : Centre international pour le règlement des différends relatifs aux investissements
Civ. : Cour de cassation, chambre civile
C.J. C.E.D.E.A.O. : Cour de justice de la Communauté économique des Etats d'Afrique de l'Ouest
C.J. C.E.M.A.C. : Cour de justice de la Communauté économique et monétaire de l'Afrique centrale
C.N.C. : Conseil national de la communication (Cameroun)
C.N.D.H.L. : Commission nationale des droits de l'homme et des libertés (devenue C.D.H.C.)
C.N.O.S.C. : Comité national olympique et sportif (Cameroun)
C.N.P.S. : Caisse nationale de prévoyance sociale
Coll. : Collection
Com. : Cour de cassation, chambre commerciale
Concl. : Conclusions
C.O.N.A.C. : Commission nationale anti-corruption (Cameroun)
C.P.C.P.S. : Commission provinciale du contentieux de la prévoyance sociale
C.P. : Code pénal (Cameroun)
C.P.C.C. : Code de procédure civile et commerciale (Cameroun)
C.P.I. : Cour pénale internationale
C.P.P. : Code de procédure pénale (Cameroun)
Crim. : Cour de cassation, chambre criminelle
C.S. : Cour suprême (Cameroun)
C.S.C.A. : Cour suprême, Chambre administrative
C.S.C.J. : Cour suprême, Chambre judiciaire
C.S.A.P. : Cour suprême, Assemblée plénière
C.T.D. : Collectivités territoriales décentralisées
D. : Recueil Dalloz
Dir. : Sous la direction de
D.S.C.E. : Document de stratégie pour la croissance et l'emploi
E.D.J.A. : Editions juridiques africaines
E.N.A.M. : Ecole nationale d'administration et de magistrature (Cameroun)
E.N.A.P. : Ecole nationale d'administration pénitentiaire (Cameroun)
E.R.S.U.M.A. : Ecole régionale supérieure de la magistrature (OHADA)
Et s. : Et suivant (es)
F.C.F.A. : Franc CFA
G.I.E. : Groupement d'intérêt économique
Ibid. : ibidem : Au même endroit
Idem : Ici même
In : Dans
Infra : Plus bas, ci-dessous
IR. : Informations rapides
J.C.P. : Juris-classeur périodique, Semaine juridique
J.D.I. : Journal du droit international (Clunet)
Jgt. ou jugt. : Jugement
J.P. : Juridis Périodique
Le Nemro : Revue trimestrielle de droit économique
L.G.D.J. : Librairie générale de droit et de jurisprudence
L.P.A. : Les petites affiches
M.I.N.A.T.D. : Ministère de l'administration territoriale et de la décentralisation (Cameroun)

M.I.N.COMMERCE : Ministère du commerce (Cameroun)
M.I.N.E.F.O.P. : Ministère de l'emploi et de la formation professionnelle (Cameroun)
M.I.N.E.P.A.T. : Ministère de l'économie, de la planification et de l'aménagement du territoire (Cameroun)
M.I.N.F.O.P.R.A. : Ministère de la fonction publique et de la réforme administrative (Cameroun)
M.I.N.JUSTICE : Ministère de la justice (Cameroun)
M.I.N.T.S.S. : Ministère du travail et de la sécurité sociale (Cameroun)
N° : Numéro
Not. : Notamment
O.A.P.I. : Organisation africaine de la propriété intellectuelle
Obs. : Observations
O.H.A.D.A. : Organisation pour l'harmonisation en Afrique du droit des affaires
O.N.C.F.C. : Ordre national des conseils fiscaux
O.N.U. : Organisation des Nations Unies
Op.cit., préc. : Opere citato (précité)
O.P.J. : Officier de police judiciaire
Ord. : Ordonnance
O.U.A. : Organisation de l'unité africaine
P. /pp. : Page /pages
Penant : Recueil Penant
Préc. : Précité
P.U.A. : Presses universitaires d'Afrique
P.U.F. : Presses universitaires de France
P.U.C.A.C. : Presses de l'université catholique d'Afrique centrale
R.A.-C.C.J.A. : Règlement d'arbitrage de la CCJA
Rapp. : Rapport
Rec. ou Rec. CCJA : Recueil des arrêts de la CCJA
R.A. : Revue de l'arbitrage
R.A.F.I.P. : Revue africaine de finances publiques
R.C.C.M. : Registre du commerce et du crédit mobilier
R.C.D. : Revue camerounaise de droit
R.C.D.A. : Revue camerounaise du droit des affaires
Rec. : Recueil de jurisprudence de la CCJA
Rev. Dr. Afric. : Revue de droit africain
Rev. Dr. Inter. Comp. : Revue de droit international et de droit comparé
R.D.A. : Revue de droit d'Assas
R.I.D.A. : Revue internationale de droit africain
R.I.D.C. : Revue internationale de droit comparé
R.J.A. : Revue juridique africaine
R.R.J. : Revue de la recherche juridique-Droit Prospectif
R.T.D. civ. : Revue trimestrielle de droit civil
R.T.D. com. : Revue trimestrielle de droit commercial
R.T.D.H. : Revue trimestrielle des droits de l'homme
S.A. : Société anonyme
S.A.R.L. : Société à responsabilité limitée
S.L.R. : Sowemac Law Report
S.N.D. : Stratégie nationale de développement (Cameroun)
Soc./Sté : Société
Somm. : Sommaire
Spéc. : Spécialement

S.R.C. : Société de recouvrement des créances du Cameroun
Supra : Plus haut, ci-dessus
T. : Tome
T.A. : Tribunal administratif
T.A.S. : Tribunal arbitral du sport
T.C. : Tribunal coutumier
T.C.S. : Tribunal criminel spécial
T.G.I. : Tribunal de grande instance
T.M. : Tribunal militaire
T.M.I.E.O. : Tribunal pénal international pour l'Extrême-Orient
T.M.I.N. : Tribunal militaire international de Nuremberg
T.P.D. : Tribunal de premier degré
T.P.I. : Tribunal de première instance
T.P.I.R. : Tribunal pénal international pour le Rwanda
T.P.I.Y. : Tribunal pénal international pour l'ex-Yougoslavie
T.R.H.C. : Tribunal régional hors classe de Dakar
T.R.N. : Tribunal régional de Niamey
U.A. : Union africaine
U.E.M.O.A. : Union économique et monétaire ouest africain
U.C.A.C. : Université catholique d'Afrique centrale
U.D.S. : Université de Dschang
UMa Lex : Annales de la Faculté des sciences juridiques et politiques de l'Université de Maroua
UY2 : Université de Yaoundé 2
V. : Voir
Vol. : Volume
Z.L.E.C.Af. : Zone de libre échange continentale africaine

AVANT-PROPOS

La justice, voilà un terme éminemment transdisciplinaire qui n'est épuisé par aucun de nos concepts juridiques. Son sens cathartique a été ramené par Platon, dans la *République*, à ce qui maintient chaque chose à sa place dans un ordre gouverné par l'idée de bien. C'est, à petits traits, le sens de la distinction admise par Aristote entre la justice distributive et la justice commutative, qui contient déjà l'idée de l'utilitarisme de Bentham ou celle de la sociabilité des hommes développée par Rousseau et critiquée par Rawls au 20ème siècle autour des principes d'égalité et de différence. S'il apparait ainsi clairement que l'essence du terme est d'abord philosophique, sa quintessence est indissociablement morale et juridique.

Mais cette considération, aujourd'hui bien comprise, n'est pas la seule, et peut-être même, n'est pas la plus importante donnée lorsque l'on développe une réflexion sur la justice dans une société dite postmoderne. Détachée de l'idée de vertu admise dans la Grèce antique, la justice a été historiquement liée à l'Etat et une double mutation l'affecte de plus en plus. Primo, une sorte de mutation interne résultant des phénomènes de débordement de la justice institutionnelle au profit d'autres instances de résolution des conflits ou de contrôle social. Secundo, une mutation externe provenant des dynamiques de communautarisation, de régionalisation, d'internationalisation voire d'universalisation du champ juridique.

Ces aspects actuels de l'image de la justice, qui viennent s'ajouter à l'hétérogénéité de la notion de justice et en complexifient la perspective, commandent que deux points essentiels, qui caractérisent les paradoxes de la thématique, soient toujours considérés : celui de l'organisation judiciaire et celui de l'émergence des principes de justice.

L'organisation de la justice – de peur de parler d'organisation judiciaire et se voir reprocher de n'avoir pas privilégié celui d'organisation juridictionnelle – peut-elle encore s'entendre de l'ensemble des institutions chargées de rendre la justice dans un Etat ? Eût-elle d'ailleurs ainsi entendue un jour ? Cette interrogation semble opportune pour trois raisons. D'abord, parce que l'Etat lui-même s'ouvre à ce qui lui est à la fois supra et infra, l'on pourrait se demander s'il était encore juste de parler de l'organisation judiciaire ou plutôt des diverses organisations judiciaires.

Ensuite, parce que l'ordre juridictionnel qu'il faut soigneusement distinguer de la notion d'ordre de juridiction, déborderait largement le terme d'ordre juridique ou celui de système juridique. En effet, la justice ne semble plus apparaître comme une institution juridique au sens où le Doyen Carbonnier a entendu cette notion dans son entreprise d'introduction au droit civil. Enfin, les rapports entre les juridictions dans un ensemble normatif ne paraissent plus du tout linéaires et homogènes. Les distinctions au sein de l'organisation judiciaire paraissent s'estomper. Et de la même manière que les théoriciens belges ont parlé du système juridique entre ordre et désordre lorsque notamment le monopole de l'Etat a été surpris par la concurrence d'autres foyers de normes, on pourrait, sans exagération, parler de l'organisation de la justice entre ordre et désordre. Cependant, cette idée d'éclatement, de diversification et de spécialisation de la justice pourrait jeter un voile sur un autre phénomène tout aussi grandissant, celui de l'émergence des principes de justice qui tend à l'universalisation et à l'uniformisation. Ces principes, s'ils ne sont pas encore systématisés par la doctrine au même titre que le sont les principes du droit substantiel, se révèlent comme le substrat d'une discipline nouvelle dont les jalons ont été posés par le Doyen Vizioz en 1927, le droit processuel. Aucun ordre procédural ne peut ignorer aujourd'hui les principes de justice dans la mesure où ils déterminent les éléments de la théorie générale du procès et gouvernent l'application des règles des procédures particulières.

A coup sûr, l'on ne peut entreprendre une étude globale et systématique de la justice sans prendre en compte l'impérieuse nécessité d'une relecture de l'organisation de la justice ou plus précisément, d'une relecture de celle-ci à l'aune des principes de justice.

Monsieur le professeur KUATE TAMEGHE, qui dispense l'enseignement consacré à la justice et à ses institutions depuis près d'une décennie à la faculté de droit de l'Université de Yaoundé II, a parfaitement saisi cet enjeu. Il apparait clairement que son projet initial était de présenter un travail complet sur l'organisation judiciaire, avec un accent aigu sur les séquences majeures de la procédure devant les juridictions, puis sur le personnel judiciaire et auxiliaire. Si cet objectif a effectivement été mené jusqu'à son terme, au regard du millier de pages de l'ouvrage, l'effort particulier est d'avoir intégré cette grande initiative dans la théorie générale de la juridiction.

D'abord, dans l'approche. L'auteur invite à relativiser la présentation en ordre dispersé des institutions juridictionnelles selon les types de contentieux : contentieux de droit privé (civil, commercial et social), contentieux de droit public (administratif, fiscal et constitutionnel) et contentieux pénal. En effet, même si chaque contentieux présente des spécificités propres, le pouvoir de la *juridictio* constitue un tout heureusement ou malheureusement symbolisé par une Cour suprême réunissant trois ordres de juridiction : ordre judiciaire, ordre administratif, ordre des comptes et ayant pendant longtemps joué le rôle de l'ordre constitutionnel. Cette vue de face et de profil de l'institution a permis une présentation globale grâce à laquelle a été synthétisé l'ensemble des grands principes qui commandent le fonctionnement de la justice dans un Etat de droit : égalité, gratuité, continuité, publicité, contradiction, impartialité...

Ensuite, dans le contenu. L'auteur présente une étude détaillée de l'appareil judiciaire inspirée à la fois du précis *d'Introduction générale au droit* des professeurs François Terré et Roger Perrot, ce dernier étant le fils spirituel du professeur Henri Solus. Premièrement, il présente les juridictions selon leur espace normatif. Les juridictions nationales sont insérées dans leur contexte historique. L'analyse s'ouvre par la présentation des juridictions de droit traditionnel quantitativement plus importantes sur l'ensemble du territoire et dont l'article 31 de la loi n° 2006/015 du 29 décembre 2006 portant organisation judiciaire n'a renouvelé ni l'organisation, ni le fonctionnement. L'auteur reprend ainsi le découpage issu de l'héritage colonial à savoir tribunal de premier degré et tribunal coutumier d'une part, Customary courts (sauf en matière pénale) et alkali courts d'autre part. Les juridictions nationales sont également envisagées dans leur perspective évolutive marquée par l'importance que prennent progressivement les modes alternatifs de règlement des différends. Il est soutenu que l'arbitrage, la conciliation, la transaction et la médiation ne sont pas ignorés par la justice étatique. Le vœu est d'ailleurs émis que l'encadrement de ces modes de règlement des différends soit renforcé, notamment par la délimitation de leur compétence matérielle et dans certains cas, la mise à leur disposition soit d'un assistant soit d'un secrétariat qui ferait office, pour ainsi dire, de greffe. La suggestion est faite, à la faveur de la stimulation de la décentralisation et du développement de l'activité économique, que les juridictions de première saisine soient dotées de chambres administratives et des comptes dans les localités où le taux de processivité est bas. Il est également suggéré non sans nuances, l'un de ces jours, que le temps de l'activité du magistrat ou de l'examen d'une affaire soit fixé de manière flexible en retenant pour chaque type de procédure ou de procès une durée maximale, avec une possibilité exceptionnelle de dérogation elle-même étroitement encadrée. A défaut de retenir ce schéma, une autre issue consisterait à confier aux juridictions le soin de déterminer après leur saisine, dans une décision à rendre publique, la durée du procès devant elles. Le souhait est encore exprimé qu'une plus grande autonomisation des juridictions soit privilégiée dans les agglomérations où le contentieux est abondant, donc au fond que des tribunaux du travail, des tribunaux répressifs, des tribunaux de commerce et autres voient le jour dans de telles agglomérations ; que la juridiction administrative soit créée à un palier moins grand que la région chaque fois que cela est opportun. Dans le même sens et s'agissant toujours de la juridiction administrative, il est préconisé que l'on songe à des sièges secondaires qui seraient dotés d'un personnel permanent ou non-permanent au gré des ressources disponibles et du besoin de justice à satisfaire ; que l'on ne néglige pas la piste de la réunion de la justice administrative et de celle des comptes. Les juridictions de droit local ne sont pas épargnées par ce vent réformateur. La suggestion majeure les concernant est à double détente. L'une des détentes va dans le sens d'envisager leur fusion et la création d'une seule juridiction de droit traditionnel pourvue de chambres correspondant tantôt aux attributions du tribunal du premier degré et du tribunal coutumier, tantôt à celles des customary courts et des alkali courts, tantôt à celles des quatre juridictions réunies. La juridiction serait dotée, non pas d'un secrétaire, d'un « registrar », d'un clerc ou d'un scribe comme aujourd'hui, mais d'un greffe où officient des fonctionnaires de greffes. L'autre détente va dans le sens tantôt d'impliquer davantage les chefs traditionnels et les sous-préfets dans la désignation des assesseurs, tantôt de confier la présidence de la juridiction de droit local à un magistrat professionnel ayant une bonne connaissance, entre autres, du droit traditionnel et de la Common law.

L'étude des juridictions révèle enfin quelles sont sous l'emprise du mouvement d'internationalisation du droit conduisant à l'identification de la catégorie dite des *juridictions supranationales* dont les unes sont *d'envergure communautaire*, les autres *d'envergure universelle* (cour suprême, cour commune de justice et d'arbitrage de l'OHADA, cour de justice de la CEEAC, cours de justice et des comptes de la CEMAC, cour de justice de la CEDEAO, cours de justice de l'UEMOA, cour africaine des droits de l'homme et des peuples, cour internationale de justice, cour pénale internationale). De la sorte, l'analyse procède d'une relecture de l'organisation judiciaire camerounaise et ouvre la voie pour une réflexion sur les principes de justice.

Le livre s'intègre aussi parfaitement, et cela n'est pas un enjeu mineur, dans la mouvance de la professionnalisation de l'enseignement du droit initiée par la faculté mère de l'Université de Yaoundé II, et qui traverse aujourd'hui toutes les facultés de droit du Cameroun. C'est ainsi qu'une place importante est accordée aux métiers du droit et de la justice sous l'étude du *personnel chargé d'animer l'institution judiciaire.* On y découvre, dans une perspective à la fois explicative et critique, les exigences qui encadrent l'accès et l'exercice de l'activité en tant que magistrat, avocat, huissier de justice, notaire, fonctionnaire des greffes, fonctionnaire de l'administration pénitentiaire, officier ou agent de police judiciaire, expert de justice, porteur de contraintes. Des verrous sautent qui se perçoivent à travers les développements se rapportant à l'indépendance accrue des magistrats du parquet, le renforcement de l'inamovibilité des juges, l'autonomisation accrue du conseil supérieur de la magistrature, la décentralisation du barreau et des regroupements professionnels apparentés, l'admission du *pacta de quota litis,* etc. Au-delà et contre toute attente, des paragraphes consistants sont consacrés au mandataire judiciaire, qualité ou statut introduit dans nombre d'Etats membres de l'Organisation pour l'harmonisation en Afrique du droit des affaires à la faveur de la révision, en septembre 2015, de l'Acte uniforme portant organisation des procédures collectives d'apurement du passif. En cela, l'ouvrage constitue un repère incontournable dans l'enseignement de la matière fondamentale dénommée « *Justice et ses institutions* », à un moment rebaptisée « *Introduction générale au droit processuel* », « *Droit processuel* » ...

Enfin, dans l'option. Le choix privilégié d'une étude pratique a amené l'auteur à faire en quelque sorte une présentation de la justice, de ses métiers et de ses procédures à l'aune de l'évolution de la jurisprudence. Chaque question abordée, chaque point traité est assorti d'une illustration provenant de la pratique des cours et des tribunaux ; chose rare dans un pays où la jurisprudence est pourtant formellement érigée en source du droit aux termes notamment de l'article 35 (1-i) de la loi n° 2006/16 du 27 décembre 2006 fixant l'organisation et le fonctionnement de la Cour suprême, de l'article 485 (1-i) du Code de procédure pénale. Au fond, les références des décisions ne sont pas seulement produites. Les attendus majeurs de celles-ci sont entièrement repris soit en note infra paginale, soit dans le corps du texte, en fonction tantôt de leur apport à l'illustration du raisonnement conduit, tantôt de la disponibilité des décisions concernées. Ce n'est donc pas seulement aux étudiants du cycle de licence et aux autres apprenants de la science judiciaire que s'adresse l'ouvrage. Il devrait également intéresser les « professionnels », praticiens et universitaires qui comprennent avec le temps que l'activité des cours et tribunaux, la *law in action*, est parfois aussi importante que les grands principes généraux et abstraits des codes, la *law in books*.

L'on peut néanmoins regretter que cette option pratique ne soit pas toujours favorable à l'approfondissement de quelques débats théoriques interpellant au premier chef les universitaires. A titre d'illustration, l'auteur ne s'étend pas sur la compréhension de la notion d'ordre de juridiction. Sans véritablement expliquer sa posture, il range la haute cour de justice dans le groupe des juridictions de l'ordre judiciaire alors même que celle-ci est prévue par le titre VIII de la constitution camerounaise, lequel suit le titre V consacré au pouvoir judiciaire. Le sens d'un degré de juridiction ou d'une instance n'est pas à l'ordre du jour, alors que l'auteur emprunte volontairement à Monsieur le Professeur Jean-Marie TCHAKOUA la terminologie de « *juridiction de première saisine* » retenue dans son manuel *d'Introduction générale au droit camerounais* au détriment de la formule « juridiction d'instance » admise dans la loi. Aucun intérêt particulier n'est accordé à la catégorie des juridictions d'exception dans un pays où celles-ci semblent avoir marqué politiquement et historiquement le système juridique ; l'option ayant été retenue de présenter les juridictions étatiques sous la seule grande catégorie des *juridictions de droit moderne*. Toujours à titre d'illustration, le choix est fait de ne pas se prononcer sur le point de savoir si l'on a affaire à une transaction, à une conciliation ou à une médiation lorsque le corps du délit est restitué par la personne qui nourrit l'espoir de voir arrêter les poursuites dans un contexte où il lui est reproché d'avoir porté atteinte aux biens ou avoirs publics. Enfin, l'histoire de la justice, notamment camerounaise, est timidement exposée aux générations futures...

Œuvre de systématisation pratique de l'organisation judiciaire, des personnes qui l'animent et des principes garantissant son fonctionnement, l'ouvrage intègre la notion romaine de *justitia ;* cette « justice » qui consiste en la codification des règles et des lois. Rien de bien surprenant lorsqu'on se souvient que le mot justice dérive du latin *jus*, synonyme du droit. C'est une réflexion concernant les aspects juridictionnels et donc institutionnels du système juridique camerounais qui est livrée. Le champ géographique du travail, qui n'est pas seulement national, fait de l'œuvre une base d'étude de droit processuel comparé.

L'étudiant en avait besoin, le praticien l'utilisera et l'universitaire le sollicitera. Le livre tombe à point nommé, au moment où la justice dans le monde en général et au Cameroun en particulier est en constant renouvellement. Depuis que son statut constitutionnel est passé d'autorité au pouvoir, de nouveaux juges émergent et de nouveaux pouvoirs se dégagent. Si l'œuvre est imparfaite bien que cette cinquième édition soit encore plus élaborée et enrichie, c'est bien précisément parce que la justice n'est pas une réalité figée. Elle est également un idéal qui se conquiert patiemment par la méditation des pratiques, des politiques et des travaux comme ceux-ci.

Pr. Germain NTONO TSIMI,
Agrégé de droit privé et des sciences criminelles.

PRÉFACE

En dehors de son originalité, qui selon nous coule de source dès qu'on a fini de le parcourir, l'ouvrage de Monsieur le professeur Sylvain Sorel KUATE TAMEGHE, inspiré selon des indiscrétions par le professeur Paul-Gérard POUGOUE, soutenu par Monsieur le doyen Magloire ONDOA, mais également par son épouse Marie-Claire[1], comporte plus d'une surprise.

La première, c'est l'identité disciplinaire de son préfacier : un sociologue qui s'est récemment épris de passion pour l'anthropologie juridique. Il s'agit d'une véritable curiosité sur fond de risque quand on veut être pris au sérieux dans la corporation des juristes. Curiosité parce que l'auteur ne prétend cependant pas sortir de sa trajectoire de juriste pour traiter de la justice dans une perspective socio-anthropologique qui aurait justifié ce choix. Il y est plus que jamais enraciné. Pour preuve, tout au long de sa démonstration, même un sourd à qui l'on ferait l'économie verbale de la trame du texte qui suit constatera aisément qu'il s'agit d'une saisie savamment orchestrée de *l'objet justice*, confondue ici à l'appareil judiciaire, par le droit en tant discipline savante et terrain de recherche. D'où la surprise du choix d'un préfacier venant d'une discipline moins *carrée* que la sienne tant le droit se veut ordonné qu'on peut parfois le confondre à une religion. Au départ, j'ai voulu le prendre pour une volonté de sa part de me

[1] Largement aussi, semble- t-il, par des échanges avec quelques-uns de nos collègues d'horizons variés que ce dernier a souhaité remercier. Au nombre de ceux-ci : Aba'a Oyono J.C., Akomndja Avom V., Ambassa L.C., Anou G., Assontsa R., Atangcho N. A., Batouan Bouyom J.A., Baruani Saleh J., Bokalli V.E., Boukongou J.D., Dewedi E., Dionko M., Jeugué M., Jiogué G., Guedjé L., Guimdo R.B., Kamdem E., Kaptchouang C., Kayo S.A. in memoriam, Kenfack P.E., Kiamba C.E., Kom J., Mbaye Ndiaye M., Mevoungou Nsana R.B., Nemedeu R., Ndam I., Ngando B.A., Niang B., Njeufack Temgwa R., Njoya J., Nsoh C. N., Ntono Tsimi G., Olinga A.D., Ondoua A., Pekassa Ndam G.M., Soupgui E., Sow D., Talfi B., Tamasang C.F., Tchakoua J.M., Tchakouté T.H., Timtchueng M., Tjouen A.F.
Aux échanges avec les collèges se sont ajoutées des réflexions avec des amis, que l'auteur a souhaité saluer sincèrement. Parmi ceux-ci : Alima S.E. épouse Lombat Kong, Amba M.J. épouse Medjo, Amougui Galaoua P., Assira Engouté C., Ateba Eyong R., Bobbo A., Chouala Y.A. in memoriam, Kana D.S. épouse Tchouaso, Dzeukou G.B., Ilboudo W. J., Engoulou Awoumou F.Y. in memoriam, Engoulou M. F., Kenda Nana D., Kadjoum B., Kom A., Koudjou J., Kuaté H.M., Moumié O., Nsoga E.Z.II, Mbafou S.C., Moluh Y., Ngai C., Nkankeu F., Nkoa Atangana E., Sayamé N. Safia, Youda M. Marilyn.

témoigner sa sympathie ; sympathie d'un compagnonnage professionnel et d'une estime mutuellement nourrie entre deux collègues dont les chemins se sont souvent croisés dans nombre d'institutions de formation au Cameroun et ailleurs, dans le public comme dans le privé. Mais, à la lecture de l'ouvrage, je me suis ravisé pour constater qu'il s'agit davantage de l'expression d'une ouverture, plutôt réussie, du chercheur à l'invite faite par le Doyen Jean Carbonnier aux juristes de tenir compte de la flexibilité du droit[2].

Seconde surprise et pas des moindres, comme l'observe fort à propos Sébastien Pimont, « *les juristes ne parlent majoritairement pas de justice (…) parce qu'ils sont d'accord sur une théorie de la justice. Une théorie que formalise leur discours*[3] ». Or, c'est ce que Sylvain Sorel KUATE TAMEGHE a choisi de faire. Sous la titraille innocente et modeste de « *La justice, ses métiers et ses procédures* », qui trahit l'humilité légendaire de l'auteur, il se refuse à dévoiler au premier chef la profondeur, la pertinence, l'actualité et l'intérêt de son investissement scientifique. L'une des institutions les plus critiquées aujourd'hui un peu partout dans le monde c'est sûrement la justice à qui il est reproché justement son injustice[4] ou alors tout simplement son instrumentalisation par le pouvoir politique[5]. Mais dans le cas des situations africaines, très peu de personnes ont pris le recul d'interroger avec lucidité, recul et froideur, c'est-à-dire loin des émotions que suscite une décision rendue par un tribunal à la suite d'un procès ou des passions que soulève la scène politique, les capacités réelles de la justice avant de la juger. C'est le parti que prend pourtant l'auteur de cet ouvrage qui peut lui-même, toutes proportions gardées, en fait être considéré comme un *traité sur la justice en Afrique aujourd'hui* dans la lignée des grandes productions scientifiques qui savent faire date et école, car dévoilant ses incohérences tout en suggérant des pistes et orientations pour les corriger en vue d'une institutionnalisation durable et fiable. Ce qui ne signifie pas que son auteur ait décidé de se transmuer en avocat, mais simplement d'évoluer à rebours des discours ambiants pour saisir scientifiquement avec rigueur, méthode, minutie et sans complaisance un objet qui n'a jamais cessé d'être un terrain de recherche en droit sans cependant le souci d'exhaustivité qui se dégage du présent ouvrage à travers l'attention accordée aux diverses échelles de juridictions des tribunaux traditionnels aux juridictions d'envergure communautaire. N'est-ce pas là l'attitude par excellence que l'on attend du chercheur ? Assurément, pourrait-on dire, la réponse coule de source si l'on veut faire montre d'un minimum de professionnalisme en la matière et justifier de son statut d'enseignant-chercheur à une époque où sévissent les

[2] CARBONNIER J., *Flexible Droit. Pour une sociologie du droit sans rigueur*, Paris, LGDJ, 1971.
[3] PIMONT S., « Présentation », *Jurisprudence. Revue critique*, 2012, p. 13.
[4] Voir dans le cas du Cameroun MBOCK C.G. (dir.), *L'opération Epervier au Cameroun : un devoir d'injustice ?*, Yaoundé, Editions Kiyikaat, 2011.
[5] Voir VALLEE O., *La police morale de l'anticorruption*, Paris, Karthala, 2010.

exigences du traité de Bologne fondant le modèle universitaire baptisé LMD.

Il suffit cependant de situer le travail dans son contexte pour se rendre compte que cette interrogation devrait en réalité faire partie des préoccupations de ceux qui mettent en œuvre l'Etat de droit dans les jeunes démocraties africaines, car ce dernier suppose, outre des lois publiées et une administration pour les faire exécuter, une justice forte, c'est-à-dire à même de les faire respecter[6]. Toutes choses qui relèvent des missions du législateur et des gouvernants, c'est-à-dire du politique et non du savant[7]. Dans cette perspective, la surprise vient donc du fait que le souci du renforcement de la justice préoccupe plutôt le chercheur qu'il est. Tâche difficile s'il en fut tant les avancées du monde scientifique semblent localisées avec précaution dans un isolat où elles sont préservées de la rencontre et de l'articulation avec la réforme sociale en Afrique. Mais la surprise vient aussi du fait que c'est le parti pris de *cette perte de temps* que le collègue a choisi en faisant sienne l'idée de la division du travail social entre le savant et le politique qui veut que « *le premier participe au progrès de la société par le moyen des savoirs qu'il produit, alors que le second est chargé de les appliquer pour conduire la réforme sociale*[8] ».

Ce faisant, on devine aisément entre les lignes ce que le concerné croit dire à travers cette enquête systématique sur les conditions de rationalisation de la justice : c'est qu'en tant que chercheur, il s'est employé à remplir sa mission sans se soucier de la fortune que les gouvernants lui réserveraient au cas où ils décident de prendre leurs responsabilités et de les assumer. Faisant sien le pari pascalien, l'auteur se refuse ainsi à faire de la science pour la science pour ne pas avoir à ruiner son âme espérant ne pas avoir à regretter de n'avoir pas cru au cas où la volonté de réforme des institutions judiciaires, des professions et des procédures s'exprimait avec sérieux. C'est dans ce sens que cet ouvrage doit être pris comme une contribution scientifique décisive pour l'avènement d'une justice de développement et, partant, à l'amélioration du climat des affaires à partir d'arrangements institutionnels susceptibles d'entraîner le retour de la confiance en l'institution judiciaire et le développement économique. C'est une préoccupation qui animait déjà la sociologie du droit promue par Max Weber dans ce sens que pour ce dernier la rationalisation du droit constitue une condition au développement du capitalisme[9]. De la sorte, cet ouvrage apporte la preuve que ce n'est pas seulement le droit qu'il faut prendre au

---

[6] BADINTER R., « Quelques réflexions sur l'Etat de droit en Afrique », in G. Conac (dir.), *L'Afrique en transition vers le pluralisme politique (actes du colloque de Paris du 12 au 13 décembre 1990)*, Paris, Economica, 1993, p. 9.

[7] WEBER M., *Le Savant et le politique*, Paris, 1959.

[8] ABE C., « Les sciences sociales face au devenir de l'Afrique : entre construction et déconstruction », in Collectif, *Les sciences sociales et l'avenir de l'Afrique (lauréats du concours de dissertation du 30ème anniversaire)*, Dakar, CODESRIA, 2005, p. 34.

[9] WEBER M., *Sociologie du droit*, Paris, PUF, 1986, pp. 162 et s.

sérieux[10], mais aussi la justice. C'est dans ce sens, me semble-t-il, qu'on doit saisir l'affirmation de son auteur selon laquelle « *la justice ne se réduit pas à un tissu désincarné d'institutions dont le rôle est de dire le droit afin de régler les conflits* » (titre 1, sect.2).

La méthode retenue par l'auteur est à la mesure des attentes et des visées à valeur refondatrice de l'ouvrage. C'est celle du diagnostic critique du fonctionnement des structures judiciaires et des professions qui y gravitent autant que des procédures en vigueur. Il questionne la pertinence et met à nu les incohérences et les contraintes qui limitent l'objectif de l'atteinte de la qualité de la justice dans sa mise en œuvre tout en suggérant des orientations pour renforcer durablement la justice. Telle est la visée de ce livre qui s'emploie en réalité à répondre à la question suivante : comment assurer la qualité de la justice et une justice de qualité en garantissant la cohérence organisationnelle, fonctionnelle et processuelle de l'appareil judiciaire en Afrique ? Pour mener à bien sa recherche, Sylvain Sorel KUATE TAMEGHE a choisi deux types de sites : une étude de cas pour ce qui est des juridictions nationales, notamment du Cameroun ; un regard croisé sur les juridictions d'envergure communautaire dans l'espace couvert par l'Organisation pour l'Harmonisation en Afrique du Droit des Affaires (OHADA), notamment de l'Afrique centrale et de l'ouest.

Au demeurant, si l'on considère à la suite de Sébastien Pimont que le droit c'est l'ordre lui-même, c'est-à-dire « *un système, des codes, un langage ; ceux dont la connaissance permet l'exercice de la justice, c'est-à-dire la prise de décision*[11] », sa vocation à côté de la justice c'est d'aider celle-ci à rétablir « *un ordre troublé dans un cadre dialogique*[12]». Mais la lecture de l'ouvrage de Sylvain Sorel KUATE TAMEGHE démontre que les choses vont plus loin que cela. Effectivement, parce que dans ce compagnonnage entre le droit et la justice, la mobilisation de l'expertise de la recherche juridique sur les institutions judiciaires et leur fonctionnement doit rendre possible l'ingénierie de réinvention de la justice en lui redonnant cet ordre dont elle a besoin pour rétablir l'ordre troublé ou, tout au moins, en la renforçant de manière à lui octroyer les capacités nécessaires à la réalisation efficace de ses missions. Sur quels points le travail de renforcement doit-il avoir lieu dans le cas des juridictions concernées par cette étude pour rationaliser le fonctionnement quotidien de la justice ? Quels aspects de la structuration des professions judiciaires faudra-t-il améliorer ? Quelles sont les incohérences du droit processuel auxquelles l'on devra s'attaquer pour garantir la qualité de la justice ou une justice de qualité ?

Les réponses à toutes ces questions se trouvent au bout de la lecture de cet ouvrage qui, à l'observation des sujets auxquels il touche, s'adresse à un public pluriel : législateurs, gouvernants, chercheurs, professionnels du

---

[10] DWORKING R., *Taking rights seriously*, Cambridge, Harvard University Press, 1977.

[11] Op. cit., p. 13.

[12] Idem, p. 12.

droit ou de l'appareil judiciaire et étudiants dans les cycles de recherche comme ceux en formation dans les métiers de la justice. Tous ont intérêt à le lire, en tout cas ceux qui se prennent au sérieux et observent la même attitude à l'endroit de la justice.

Yaoundé, le 28 mars 2017,
Claude Abé, Sociologue, Professeur des Universités.

POSTFACE

Professor Sylvain Sorel KUATE is no stranger in the academia in Cameroon and as a Professor of Law the name if not the person is well known among the luminaries and students of Law particularly since the first edition of this great book titled *Justice, its professions, its procedures* which undoubtedly is one of his biggest achievements. Three editions have since followed.

Justice, its professions, its procedures covers so much in Law. As a matter of fact, it needed a cool headed academic like Professor KUATE to undertake the task of writing on such a broad topic. The size of this great piece of work speaks for itself.

The author has expounded on the notion of justice and his lucid exposition of its various theories epitomizes what Alexis de Tocqueville thought of law and justice. In his book "Democracy in America" this renowned French lawyer stated: "*There is one universal Law ... That law is Justice. Justice forms the cornerstone of each nation's Law*".

Professor KUATE's analysis of Justice vividly highlights its importance in a nation and the dependence of everything else on it. He made an in-depth analysis of the institutions involved and went further to elaborately examine the professional groups (stakeholders) that give Justice life and energy. Part of this work is on the various procedures for joining the various professional groups and of course the procedures those institutions must necessarily follow as they carry out their duties. In this regard Professor KUATE has dealt at length with the national and international courts, the various alternative dispute resolution namely, conciliation, mediation, negotiation and arbitration, legal and judicial officers, lawyers, bailiffs, notaries, the registry personnel, judicial police investigators, prison authorities, personal representatives and holders of power of attorney.

Professor KUATE concludes this great work by enlightening the reader on the various principles upon which justice is founded. In this regard a lot is written on such principles as equality before the law, publicity of trials, independence of the Judge, etc.

This is the 5th edition of the work he started some many years ago. A new edition of such a great piece of work does necessarily presuppose some change in either the form it is produced or the number of copies produced or more importantly the inclusion of new or fresh material.

A lot of changes have indeed been made in this 5th edition. We are all aware that in their search for a legal system that can satisfy the aspirations of both the Anglophone and Francophone jurists our law-making authorities have constantly been passing laws and decrees they believe are best adapted to our own national interests. Again, the economic realities and maybe the need not to be left behind in the changing international order have always led these authorities to enter into treaties with other countries. In October 17, 1993 our country joined some other African countries to sign the Treaty for the Harmonization of Business Law in Africa known by its French acronym as OHADA. Several OHADA Acts covering various aspects of our laws are now applicable in our country providing a new paradigm into those aspects of our law in terms of defining their concepts and even their functions. A writer who takes upon himself to write on justice must therefore keep pace with the various changes in our laws and consequently must constantly review and edit his work.

This undoubtedly is what Professor KUATE has been doing in the various editions of *Justice, its professions, its procedures.* Among the many factors that made the present edition urgent has been the promulgation of some laws like the law on the promotion of our official languages, the code on local authorities, the creation of the Common Law Division in the Supreme Court and the setting up of the Constitutional Council.

This edition has about 600 pages added to it. Nearly every page has been retouched. The national courts particularly the Customary and Alkali Courts were revisited at great length. Unlike the previous editions, the present edition has dealt deeply with the recently created Court of Justice and Audit Court of the Economic Community of the States of Central Africa known by its French acronym as C.E.E.A.C. More detail has been given on the International Criminal Court and on the functions of the Bailiffs, the experts.

We must agree that there is only one way to record accurately the progress of any aspect of a legal system over a period of time. This way is to review all of the cases and statutes affecting it that have been litigated or enacted during the period. This Professor KUATE has effectively done in this edition. In fact, for those of us who still believe that the best hope of the world of law and order lies in the development of an enlightened public, this edition will remain an indispensable work of reference and indeed, a working tool for teachers of law, judges, lawyers and other auxiliaries of justice, law students, and even arbitrators, mediators, executives, administrative boards and commissions who also undoubtedly perform functions related to Justice.

Justice Ernest N. NJUMBE
Formal President of the Common Law Division
Supreme Court of Cameroon
Officer of the Cameroon Order of Valour
Alternate Member of the Higher Council of Magistracy.

TITRE 4

La ressource humaine

A tort ou à raison, il est souvent soutenu que la justice est un « appareil ». A regarder de près, cet appareil correspond à un service public dont le fonctionnement, le rendement et la performance dépendent largement du personnel chargé de l'animer. Pareil cliché s'interprète et se comprend sans difficulté par celui qui se souvient de l'incidence de la quantité ou de la qualité de ces professionnels sur l'œuvre de justice et sur certains droits à l'instar du droit à un juge, des droits de la défense, du droit à un procès équitable ; ce cliché se lit et se comprend dans un contexte caractérisé par l'amorce de la dématérialisation des procédures et du procès et, par ricochet, par une pénétration progressive de la justice par le numérique[13].

---

[13] En ce sens, REPUBLIQUE DU CAMEROUN, *Stratégie nationale de développement du Cameroun 2020-2030* (SND 30), Ministère de de l'Économie, de la planification et de l'aménagement du territoire, 1ère édition, Yaoundé, 2020, pp. 112, n°415. Lire également BEPYASSI OUAFO V., « Le droit des technologies de l'information dans la Communauté économique et monétaire de l'Afrique centrale », *Les Cahiers du droit*, vol. 60, n°3, sept. 2019, pp. 653 et s., n° 57 et s., https ://doi.org/10.7202/1064652ar ; DOLIVEUX M. « Re (fonder) la communication des magistrats », *La Semaine Juridique, EG*, n°18, 16 mai 2024, pp. 796 et s. ; GUINCHARD S., VARINARD A., DEBARD T., *Institutions juridictionnelles*, Dalloz, Paris, 2021, pp. 14 et s., n°s 11 et s. ; G'SELL F., *Justice numérique*, Dalloz, Paris, 2021 ; HUET J., « La modification du droit sous l'influence de l'informatique : aspects de droit privé », *JCP* 1983.I.3095 ; JOBERT S., « La diffusion des données personnelles et la jurisprudence. Quelle jurisprudence à l'ère des données judiciaires ouvertes ? », *RDA n°24*, déc. 2022, pp. 14 et s. ; NGAH NOAH M.U., « Repenser themis : éléments pour une justice plus efficace au Cameroun », in ABOUEM A TCHOYI D., MBAFOU S.C. (dir.), *Améliorer l'efficacité de l'Etat au Cameroun. Propositions pour l'action*, L'Harmattan, Paris, 2019, pp. 160 et s. ; JOURDAINE N., « Justice - Quel projet annuel de performance pour la « Justice judiciaire ? », *La Semaine Juridique* Ed. G., n° 36, 09 sept. 2024, doctr. 1039 ; KOM KAMSU M., « L'accès à la justice civile et le numérique au Cameroun », *UMa Lex, AFSJPUMa*, 2020, n° 1, vol. 1, p. 349 ; KUATE TAMEGHE S.S., « La justice et le numérique, in BIWOLE V., MBAFOU S.C. (dir.), *Servir l'Etat. Etudes offertes à David Abouem A Tchoyi,*, Les impliqués Editeur, Paris, 2025, pp. 295 et s. ; MENGONG V.N., *L'organisation judiciaire des Etats membres de l'OHADA*, Thèse, Yaoundé 2, 2021, pp. 92 et s., n° 198 et s. ; NSOGA E.Z. II, *Le jugement*, thèse, Yaoundé 2, 2021, pp. 235 et s., n°s 260 et s. ; TEPI S., « Les nouvelles technologies de l'information et de la communication : une solution pour le juge de

Eclairant, le tableau ne devrait cependant pas induire en erreur. Pour en avoir la conviction, on se souviendra que le personnel rattaché à la justice étatique côtoie de longue date celui non moins important grâce auquel fonctionnent les modes alternatifs de règlement des litiges, à savoir notamment l'arbitre, le conciliateur, le médiateur.

En occultant volontiers la justice alternative et ses animateurs auxquels d'importants développements ont déjà été consacrés[14], il apparaît, en filigrane, que les professionnels formant le « corps judiciaire » largement entendu[15] sont tantôt des magistrats (Chapitre 1), tantôt des auxiliaires et des collaborateurs de justice (Chapitre 2).

---

demain ? », in *Le droit au pluriel. Mélanges en hommage au doyen Stanislas Meloné*, MEBU NCHIMI J.C. dir., PUA, Yaoundé, 2018, pp. 1049 et s.

[14] Voir, dans le premier tome de cet ouvrage, le chapitre traitant de la justice alternative.

[15] Au sens notamment du statut spécial du corps des fonctionnaires des greffes dont l'article 6 retient explicitement que le corps des fonctionnaires des greffes appartient à l'ordre judiciaire.

CHAPITRE 1

Le personnel magistrat

Le statut des magistrats est l'un des plus complexes de ceux des professionnels dont l'action quotidienne permet à la justice de prendre véritablement corps. Ses contours ne peuvent aisément être circonscrits que si un mot est dit au sujet des catégories de magistrats et leurs attributions, un autre sur le recrutement de ces derniers, un denier sur la discipline des magistrats.

Section 1. Les catégories de magistrats et leurs fonctions

Les magistrats sont, en application des exigences immémoriales de séparation des pouvoirs et de séparation des fonctions judiciaires, de deux catégories. Les uns sont rattachés au siège des juridictions, les autres au parquet (ou au parquet général) des tribunaux et des cours. Un tel panorama invite à prendre un temps de recul à l'effet de s'intéresser à la mobilité professionnelle de chacune de ces catégorielles et au-delà, au croisement de l'effectif des magistrats.

Paragraphe 1. Les magistrats du siège

Au siège, se trouvent des magistrats qui jugent d'une part, des magistrats qui instruisent d'autre part.

A. Ceux qui jugent

Les magistrats du siège, appelés parfois juges ou conseillers, ont pour rôle de « dire le droit », donc au fond de trancher les litiges en rendant des décisions de justice.

A l'évidence, ils sont ceux qui, au premier chef, sont concernés par l'exigence de ne pas se prononcer par voie de disposition générale sur les causes soumises à leur examen[16]. Ce sont eux que les instruments juridiques divers soumettent à l'exigence d'indépendance et d'impartialité. Ce sont eux qui, à en croire la constitution, ne relèvent dans leurs fonctions juridictionnelles que de la loi et de leur conscience[17]. Ce sont ces professionnels du droit qui, d'après le Code de procédure pénale, ne devraient relever dans le cadre de leurs fonctions juridictionnelles que de la loi et de leur intime conviction[18]. Ce sont eux qui, théoriquement et selon différents autres textes de procédure, ne devraient jamais trancher sans perdre de vue, entre autres, les faits et les preuves administrées au cours des débats *(en ce sens, voir not. CS, arrêt n° 80, 11 oct. 1960, Messanga Benoît c. Bisseni Onana Jean et autres, Répertoire chronologique, Droit civil et commercial, tome 4, pp. 167-168 ; arrêt n° 398, 27 fév. 1962, Koloko Lévis c. Compagnie française de l'Afrique occidentale, Répertoire chronologique, Droit civil et commercial, tome 4, préc., pp. 167-168 ; arrêt n° 128/P, 19 mai 1964, BACS n° 10, p. 765, cité par DZEUKOU G.B., Code de procédure pénale, préc., p. 176 ; arrêt n° 78, 23 févr. 1965, Alima Joachim c. Toké Antoine, Répertoire chronologique de la jurisprudence de la Cour suprême, Droit pénal, tome 1, 1960-1980, préc., p. 512*[19] *;arrêt n° 46, 16 janv. 1968, Nguenouho Romain c. Souop Denise, Répertoire chronologique de la jurisprudence de la Cour suprême, Droit traditionnel, tome 2, 1960-1980, pp. 200-201 ; arrêt n° 57, 30 janv. 1968, Nyemb Nyemeck Denis c. Hagbe Nyemeck Abraham, Répertoire chronologique de la jurisprudence de la Cour suprême, Droit traditionnel, tome 2, 1960-1980, préc., pp. 201-202 ; arrêt n° 83, 25 fév. 1969, Nlembé Okobé Hubert c. Dipendé Daniel, Répertoire chronologique de la jurisprudence de la Cour suprême, Droit traditionnel, tome 2, 1960-1980, préc., p. 202 ; arrêt n° 34, 18 nov. 1969, Dame Dikongué Charlotte c. Dame Dikongué Christine, Répertoire chronologique de la jurisprudence de la Cour suprême, Droit traditionnel, tome 2, 1960-1980, préc., p. 203 ; arrêt n° 117, 15 avril 1969, Kengué David c. Tafozo Julienne, Répertoire chronologique de la jurisprudence de la Cour suprême, Droit traditionnel, tome 2, 1960-1980, préc., pp. 202-203 ; arrêt n° 36, 25 nov. 1969, Lobé Nsamé François c. Dame Dikongué Christine, Répertoire chronologique de la jurisprudence de la Cour suprême, Droit traditionnel, tome 2, 1960-1980, préc., pp. 203-204 ; arrêt n° 77, 23 mars 1971, Dame Andong Bingono Marie c. Nna Nsengué Moïse, Répertoire chronologique de la jurisprudence de la Cour suprême, Droit traditionnel, tome 2, 1960-1980, préc., p. 202 ; arrêt n° 75, 11 mai 1971, Moduke Fischer c. Tiami Grégoire, Répertoire chronologique, Droit civil et commercial, tome 4, préc., p. 168 ; arrêt n° 92, 22 juin 1971, Eigne Pierre c. Nzepa Moïse, Répertoire chronologique, Droit civil et commercial, tome 4, préc., p. 169 ; arrêt*

---

[16] Article 5, Code civil.

[17] A l'article 37 (2) de la constitution.

[18] Article 310 (1).

[19] Dans cet arrêt de rejet, l'un des attendus pose que « *les juges n'ont pas à rendre compte des éléments de conviction dont ils font dépendre, d'après les débats à l'audience, la preuve des faits qui leur sont déférés* ».

n° 153, 11 avril 1967, Eboo Samson c. Messi André, Répertoire chronologique de la jurisprudence de la Cour suprême, Droit pénal, tome 1, 1960-1980, préc., pp. 512-513[20] *; arrêt n° 50, 21 mars 1973, Etat du Cameroun c. Dupuy Josette, Répertoire chronologique, Droit civil et commercial, tome 4, p. 130 ; arrêt n° 112, 24 août 1971, Zanga Barnabé et autres c. Henri Jong, Répertoire chronologique, Droit civil et commercial, tome 4, préc., p. 159 ; arrêt n° 47, 25 avril 1972, Wandji Louis c. Coopérative agricole de banane et de café dite COOBAC, Répertoire chronologique, Droit civil et commercial, tome 4, préc., pp. 161-162 ; arrêt n° 70, 27 juin 1972, Tchineos Evangelos c. Savas Nesgros, Répertoire chronologique, Droit civil et commercial, tome 4, préc., pp. 163. Adde : CS, arrêt n° 82/P, 28 janv. 1999, Fotsi Sandeu Pierre René c. Ministère public et Dame Monsi née Touko Fanden Florence, Répertoire chronologique de la jurisprudence de la Cour suprême, tome 1, Droit pénal, 1980-2000, préc. pp. 463-464 ; arrêt n° 91/P, 19 déc. 2013, Mal Hamadou Ibrahim et Adama Sali c. Temkreo Joël, inédit ; arrêt n° 11/P, 20 mars 2014, Mba Silas c. Mouto Eteki Jeannette, inédit* [21] *; arrêt n° 2, 16 nov. 1971, Tchéou Emmanuel c. Société générale de Banques, Répertoire chronologique, Droit civil et commercial, tome 4, préc., pp. 99-100 ; arrêt n° 3, 16 nov. 1971, Baez Philibert c. Entreprise Razel-Frères, Répertoire chronologique, Droit civil et commercial, tome 4, préc., p. 100 ; arrêt n° 34, 21 mars 1972, Tabi Mathias c. Gendre Marcel, EDC et Edjenguele Joseph, Répertoire chronologique, Droit civil et commercial, tome 4, préc., p. 102 ; arrêt 42, 22 mars 1973, Belobo Jacques c. Mentong Adalbert, Répertoire chronologique, Droit civil et commercial, tome 4, préc., pp. 102-103 ; arrêt 35, 11 mai 1978, Mebenga Jean c. Société Pachis, Répertoire chronologique, Droit civil et commercial, tome 4, préc., pp. 106-107 ; arrêt n° 190/SOC, 24 déc. 2015, Ngeukeu Edouard c. Hôtel Beauséjour, inédit*[22] *; TPI Douala-Ndokoti, jugt. n° 2831/COR, 20 juil. 2017, Ministère public et Nitcheu Martine c. Tchakoui Rose, inédit; CADHp, 5 sept. 2023, req.*

---

[20] Il est jugé ici que « *les éléments dont se forme la conviction du juge du fond échappent à l'appréciation et au contrôle de la Cour suprême, pourvu qu'ils soient empruntés à l'instruction et aux débats* ».

[21] Dans cette espèce qui n'a véritablement pas attiré l'attention, il est reproché à la Cour d'appel du Littoral, entre autres, d'avoir méconnu les dispositions de l'article 485 (1) et (2) du Code de procédure pénale, mais surtout d'avoir violé la règle de la non-rétroactivité de la loi inscrite dans la constitution, cela en annulant un jugement du tribunal de première instance de Douala à la lumière de l'article 7 de la loi n° 2006/015 du 29 décembre 2006 portant organisation judiciaire entrée en vigueur après ledit jugement. La haute juridiction casse l'arrêt attaqué en des termes assez peu ordinaires. Elle décide : « *Attendu qu'il ressort du préambule de la constitution que la loi ne peut avoir d'effet rétroactif ; que l'article 65 de la loi n° 2006/015 du 29 décembre 2006 portant organisation judiciaire fondamentale dispose que le préambule fait partie intégrante de la constitution ; Attendu qu'en invoquant l'article 7 de la loi n° 2006/015 du 29 décembre 2006 portant organisation judiciaire pour apprécier une décision intervenue avant l'avènement de ladite loi, les juges d'appel ont donné à celle-ci un effet rétroactif, violent ainsi la règle de la non-rétroactivité de la loi inscrite dans la constitution* ».

[22] La Cour suprême estime ici, à juste titre, « *(…) qu'on ne saurait faire grief au juge de n'avoir pas appliqué une loi qui n'était pas en vigueur au moment où il rendait sa décision* ».

n° 005/2019, arrêt dans l'affaire Issiaka Keïta et autres c. République du Mali, https://www.african-court.org/cpmt/fr/details-case/0052019[23]*).*

A l'évidence, ils sont ceux qui, plus que d'autres, mettent en évidence les standards supérieurs de la pratique du raisonnement juridique appelé syllogisme. Celui-ci, on le sait, se structure autour de trois moments : la prémisse ou majeure représentée par la norme juridique dont l'existence est constatée et le contenu décliné avec précision ; la mineure consistant à exposer les faits d'une cause et ensuite à les rattacher à un texte, une norme juridique, une catégorie juridique encadrée ; la tierce ou conclusion, aboutissement du raisonnement consistant à appliquer la norme juridique appropriée aux faits ou à l'espèce. Toujours est-il que ce dernier moment a comme noyau dur la décision qui en découle, laquelle est exposée[24].

A l'évidence, ils sont ceux qui, au premier chef, sont concernés par la récusation lorsque l'exigence relative à la neutralité court le risque d'être méconnue. C'est toujours au nom de cette exigence que les textes organisent le renvoi de l'affaire à une juridiction différente de celle initialement saisie lorsque ceux qui sont appelés à trancher entretiennent une relation avec l'un des justiciables susceptible de biaiser la décision attendue *(sur l'ensemble, voir not. CS, arrêt n° 42, 30 nov. 1965, Ebo Samson c. Le président de chambre Delamotte, Répertoire chronologique de la jurisprudence de la Cour suprême, tome 1, Droit pénal, préc., p. 818 ; arrêt n° 93, 10 fév. 1977, Ndiewan Daniel c. Ministère public, Répertoire chronologique de la jurisprudence de la Cour suprême, tome 1, Droit pénal, préc., pp. 819 et s. ; arrêt n° 105/P, 05 mars 1981, Njikam Bernard c. Ministère public et Kamdem Kamga Emmanuel Belibi Onana François, Répertoire chronologique de la jurisprudence de la Cour suprême, tome 1, Droit pénal, préc., pp. 1285-1286 ; arrêt n° 230/P, 27 mai 1982, Tatsa Daniel c. Ministère public et Ndille Nsom Jean-Louis, Répertoire chronologique de la jurisprudence de la Cour suprême, tome 1, Droit pénal, préc., p. 1286 ; arrêt n° 95/P, 23 mars 1989, Sokamsou Simon c. Ministère public et Laforest François Bernard, Répertoire chronologique de la jurisprudence de la Cour suprême, tome 1, Droit pénal, préc., pp. 1286-1287 ; arrêt n° 23/P, 31 oct. 1991, Alidou Bouba c. Ministère public et Tadou Yanga, Répertoire chronologique de la jurisprudence de la Cour suprême, tome 1, Droit pénal, préc., pp. 1287-1288 ; arrêt n° 292/P, 23 juil. 1992, Mulumba Tshepela c. Ministère public et Mvogo Jean-Marie, Répertoire chronologique de la jurisprudence de la Cour suprême,*

---

[23] Dans cette affaire, la Cour africaine des droits de l'homme et des peuples rappelle que conformément à sa jurisprudence constante, la notion d'indépendance judiciaire comporte deux versants dont l'un est individuel et l'autre institutionnel ; qu'elle implique la capacité des juridictions à s'acquitter de leurs fonctions sans ingérence extérieure et sans dépendre d'aucune autorité. En cela, elle distingue de l'impartialité qui renvoie à « *l'absence de parti pris, de préjugé, de conflit d'intérêt chez un juge par rapport aux parties* ».

[24] A propos de la logique juridique, voir not. NSOGA E.Z.II, *Le jugement*, thèse, Yaoundé II, 2021, pp. 240 et s., n°s 250 et s, mais aussi la page. 91, n° 81 ; SOCKENG R., *Les institutions judiciaires au Cameroun*, 4e éd., Macacos, Douala, 2005, p. 164 ; JEULAND E., « Syllogisme judiciaire », in Loïc CADIET (dir.), *Dictionnaire de la justice*, PUF, Paris, 2004, pp. 1269 et s. ; TERRE F., *Introduction générale au droit*, Dalloz, Paris, 2003, p. 364, n° 358.

tome 1, Droit pénal, préc., pp. 1288-1290 ; arrêt n° 225/P, 22 juil. 1993, Mouri Ngouo et Gennest Thierry c. Ministère public et Tantchou Pierre, Répertoire chronologique de la jurisprudence de la Cour suprême, tome 1, Droit pénal, préc., pp. 1290-1291 ; arrêt n° 241/P, 22 juil. 1993, Samuel Eleme et le Journal la Découverte c. Ministère public et Pesse Mondourou, Répertoire chronologique de la jurisprudence de la Cour suprême, tome 1, Droit pénal, préc., pp. 1292-1293 ; arrêt n° 15/P,12 oct. 2000, Bolamo Joseph c. Onana Etoundi Félix, Répertoire chronologique de la jurisprudence de la Cour suprême, tome 1, Droit pénal, préc., pp. 1293-1294 ; arrêt n° 35/CC, 31 mars 1994, BICIC c. Stamatiadès SA, Juridis Périodique n° 21, janv.-mars 1995, pp. 34 et s., obs. TCHAKOUA J.M. ; arrêts n° 5 et 6/CC, 17 oct. 1991, Société Nouveau Lux c. juge du TPI de Douala ; Amacam c. M. le président de la Cour d'appel de Yaoundé, Juridis Périodique n° 10, avril.-juin 1992, pp. 42 et s., obs. BOUBOU P. ; arrêt n° 29/P, 10 avril 2008, Mekontchou Mbé Alex, Sadeu Téné et autres, Juridis Périodique n° 84, oct.-déc. 2010, pp. 96-97, obs. KEUGONG NGUEKEN R., épse WATCHO ; arrêt n° 112/P, 14 mai 1998, partiellement cité par DZEUKOU G.B. Code de procédure pénale, EDJ, Bafoussam, 2007, p. 288[25] *; arrêt n° 51/P, 15 janv. 1998, inédit, cité par DZEUKOU G.B., Code de procédure pénale, préc., p. 287 ; arrêt n° 102/P, 25 janv. 1972, BACS n° 26, pp. 3352 et s., in Code de procédure pénale, préc., p. 286 ; arrêt n° 215/P, 14 mai 1999, inédit, cité par DZEUKOU G.B. préc., pp. 287-288*[26] *; arrêt n° 51, 26 avril 1966, Dame Nzié Alice c. Dame Marie*

---

[25] Dans cette cause exemplaire à différents égards, la juridiction judiciaire suprême rend le verdict suivant : « *Attendu qu'il ressort du dossier que le tribunal de première instance a été saisi de l'affaire dont s'agit par citation directe (...) de Madame Esther T... M..., avocat général près la Cour d'appel ;*

Attendu cependant que cette qualité ne lui confère aucune autorité sur les magistrats du siège des tribunaux dudit ressort judiciaire qui dans leurs fonctions juridictionnelles ne relèvent que de la loi et de leur conscience et partant, sont indépendants des magistrats du parquet ;

Attendu que cette indépendance, doublée du principe de la séparation des fonctions, fait échec à la subordination hiérarchique redoutée ;

Attendu par ailleurs que les relations professionnelles que le recourant excipe ne sont pas spécifiées et ne comportent aucun caractère de singularité de nature à justifier la suspicion formulée ;

Attendu qu'il résulte de tout ce qui précède que la demande du recourant n'est pas fondée et doit par conséquent être rejetée... ».

[26] Dans cet arrêt, la décision suivante est retenue : « *Attendu que le requérant expose ce qui suit : (...)*

« Que compte tenu des rapports d'amitié très étroits qui lient ses adversaires au procureur général près la Cour d' appel qui ne cesse de leur apporter son ferme soutien et aussi du soutien de l'ancien vice-premier ministre qui rejoint celui de Monsieur le procureur général en faveur des autres, le requérant (condamné) éprouve de sérieux soupçons à l'égard de ces deux personnages quant à leur influence ;

Que sa conviction est dores et déjà acquise que le procureur général qui occupe le banc du ministère public ou dont les réquisitions seront demandées et dont il suspecte la prise de position en faveur des autres ne lui accorde aucune chance ;

Qu'en clair il s'opposera à la mise en liberté provisoire qu'il entend solliciter tout comme il soutiendra la confirmation du jugement entrepris quant au fond » ;

Attendu que les arguments soutenus par le requérant paraissent sérieux, au regard notamment des communications par l'intéressé par voie d'huissier de justice ;

Qu'il est à craindre que l'affaire dont s'agit ne soit pas réglée avec objectivité et sérénité par la cour d'appel saisie ;

Qu'il y a lieu, pour une bonne administration de la justice, d'assurer le renvoi sollicité... »

Paris Brufot, Répertoire chronologique de la jurisprudence de la Cour suprême, Droit social, tome 3, 1960-1980, préc., p. 327 ; arrêt n° 12, 24 oct. 1967, Ndibé Ndock André c. La société biblique de Yaoundé, Répertoire chronologique de la jurisprudence de la Cour suprême, Droit social, tome 3, 1960-1980, préc., pp. 25-26 ; arrêt n° 117, 13 juin 1967, Union des coopératives de café Arabica de l'Ouest dite NCCAO c. Ndjenga François, Répertoire chronologique de la jurisprudence de la Cour suprême, Droit social, tome 3, 1960-1980, préc., pp. 241-242 ; arrêt n° 100, 26 août 1969, Sem Centre c. Dikongué Emmanuel, Répertoire chronologique de la jurisprudence de la Cour suprême, Droit social, tome 3,1960-1980, préc., p. 247 ; arrêt n° 74, 9 fév. 1971, Cogefar c. Gheraieri Amor, Répertoire chronologique de la jurisprudence de la Cour suprême, Droit social, tome 3, 1960-1980, préc., pp. 253-254 ; arrêt n° 39, 15 fév. 193, Amougou Blaise c. Direction aéronautique civile, Répertoire chronologique de la jurisprudence de la Cour suprême, Droit social, tome 3,1960-1980, préc., pp. 260-261 ; arrêt n° 76, 9 fév. 1973, La Camag c. Nzabikié Piniel, Répertoire chronologique de la jurisprudence de la Cour suprême, Droit social, tome 3, 1960-1980, préc., pp. 45-46)[27].

A l'évidence, ils sont ceux qui, à titre principal, bénéficient de l'inamovibilité énoncée notamment à l'article 6 du décret n° 95/048 du 8 mars 1995 remanié, portant statut de la magistrature. On ne le sait que trop, cette garantie d'exercice et de résidence s'oppose à ce que leurs nomination, mutation, promotion, détachement, admission à un congé de maladie de longue durée, mise à la retraite soit décidée autrement que par décret. L'inamovibilité s'oppose d'ailleurs également à ce que des actes de nomination, de mutation ou de promotion dans les fonctions judiciaires soient pris sans l'avis préalable du conseil supérieur de la magistrature. Elle ne fait cependant pas obstacle à ce que le magistrat affecté ou muté continue à servir au profit de la précédente juridiction de rattachement lorsque ses nouvelles fonctions n'ont pas effectivement été prises ailleurs et son ancien poste pourvu[28]. Tel est l'enseignement d'un arrêt de la Cour suprême en date 24 janvier 1974 sur le premier moyen de cassation pris de la violation

---

[27] C'est dans ce sens que l'article 66 de la constitution fait obligation aux magistrats de déclarer leurs biens et avoirs au début et à la fin de leurs fonctions. Reste à se demander si cette déclaration est effective ; quel est le sens à donner aux termes « biens » ou « avoirs » à déclarer, quel est le moment exact de la déclaration, donc comment comprendre la formule « début » et « fin de leurs fonctions ».

[28] Pour en savoir davantage, lire not. DEMOLI Y., WILLEMEZ L., *Sociologie de la magistrature,* Armand Colin, Paris, 2023, pp. 137 et s. ; DJOGBENOU J., NONNOU E.G., « L'inamovibilité des magistrats du siège : le temps est-il compté ? Libre propos sur la fondation jurisprudentielle de la mandature Elisabeth K. Pognon sur le principe de l'inamovibilité », *in REPUBLIQUE DU BENIN-Cour constitutionnelle. Les fondements de la justice constitutionnelle. Etudes en l'honneur de Madame Elisabeth K. Pognon et de la première mandature (1993-1998),* Imprimerie COPEF, Cotonou, 2021, pp. 57 et s. ; GOUDEM LAMENE B., « L'inamovibilité du juge constitutionnel dans les Etats d'Afrique francophone », *RRC* n° 28, déc. 2022, pp. 267 et s. ; NSOGA EZ, *Le jugement,* op cit, pp. 98 et s., n°s 85 et s. ; PLUEN O., *L'inamovibilité des magistrats : un modèle ?* Thèse, Panthéon-Assas, 2011, pp. 22 et s.

des articles 20 et 21 nouveaux de l'ordonnance n° 74-4 du 26 août[29], en ce que l'arrêt attaqué a été rendu le 16 mars 1973 par le président par intérim de la Cour d'appel de Douala, Ngongo-Ottou Antoine alors que ce magistrat n'était plus membre de ladite juridiction et donc n'avait plus compétence pour statuer au nom de celle-ci en raison de sa nomination comme conseiller à la Cour suprême pour compter du 8 mars 1973. Le verdict est libellé ainsi : « *Attendu qu'un magistrat nommé à de nouvelles fonctions continue d'exercer légalement ses fonctions jusqu'au moment où son successeur est installé et où lui-même a pris effectivement ses nouvelles fonctions ; que le demandeur au pourvoi n'apporte pas la preuve qui lui incombe que le magistrat Ngongo-Ottou Antoine avait été réellement remplacé dans les fonctions de président par intérim de la Cour d'appel de Douala qu'il exerçait par le nouveau titulaire ni qu'il avait déjà pris ses nouvelles fonctions de conseiller à la Cour suprême, à la date de l'arrêt attaqué » ;*

D'où il suit que le moyen n'est pas fondé… » (CS, arrêt n° 19, 24 janv. 1974, Dame Hereiki c. Mana Mana Grégoire, Répertoire chronologique de la jurisprudence de la Cour suprême, Droit civil et commercial, tome 4, p. 194. Dans le même sens, mais à contrario, voir CS, arrêt n° 31, 7 mars 1974, Tcheuffa Richard c. Mbiakop André, Répertoire chronologique de la jurisprudence de la Cour suprême, Droit civil et commercial, tome 4, p. 133. Voir enfin Cour constitutionnelle du Bénin, Décision DCC-20-453, 14 mai 2020, citée par DJOGBENOU J., NONNOU E.G., « L'inamovibilité des magistrats du siège : le temps est-il compté ? Libre propos sur la fondation jurisprudentielle de la mandature Elisabeth K. Pognon sur le principe de l'inamovibilité », in REPUBLIQUE DU BENIN – Cour constitutionnelle. Les fondements de la justice constitutionnelle. Etudes en l'honneur de Madame Elisabeth K. Pognon et de la première mandature (1993-1998), Imprimerie COPEF, Cotonou, 2021, pp. 57 et 58 spéc.*)*.

Des clarifications s'imposent cependant encore s'agissant de cette catégorie.

En premier lieu, si les magistrats du siège sont appelés à départager les plaideurs à la lumière de la loi, de leur conscience, de leur intime conviction, le débat est ancien de savoir quelle norme est à appliquer pour le règlement du litige dont leur juridiction est saisie. Les éléments de réponse à cette interrogation apparemment banale, mais en réalité complexe, sont éparpillés.

On les retrouve dans la constitution où le préambule met en évidence l'attachement du peuple camerounais *« aux libertés fondamentales inscrites dans la déclaration universelle des droits de l'homme, la charte des Nations-Unies, la charte africaine des droits de l'homme et des peuples et toutes les conventions internationales y relatives et dûment ratifiées »*. Après-coup, elle décide, avec

[29] Ordonnance elle-même modifiée par une autre ordonnance n° 72-21 du 19 octobre 1972.

fermeté, que *« la loi ne peut avoir d'effet rétroactif. Nul ne peut être jugé et puni qu'en vertu d'une loi promulguée et publiée antérieurement au fait punissable »* ;

On les retrouve dans le Code civil où quelques extraits interpellent vivement celui qui est appelé à juger. Il s'agit notamment de ceux qui prescrivent que *« La loi ne dispose que pour l'avenir ; elle n'a point d'effet rétroactif »* ; *« les lois de police et de sûreté obligent tous ceux qui habitent le territoire »* ; *« les immeubles, même ceux possédés par des étrangers, sont régis par la loi »* camerounaise [30] ;

On les retrouve dans le Code pénal où des orientations sont données à ceux qui exercent la fonction de juger. Elles soulignent que *« la loi pénale s'impose à tous »* ; *« les juridictions de la République sont compétentes pour connaître de toutes les infractions auxquelles s'applique sa loi pénale »* ; *« les règles de droit international, ainsi que les traités dûment promulgués et publiés, s'imposent au présent code... »* ; *«lorsqu'une même matière fait l'objet à la fois d'une disposition générale non comprise dans le présent livre et d'une disposition spéciale, cette dernière est seule applicable s'il n'en a pas été autrement disposé »* ; *« ne sont pas soumis à la loi pénale les faits commis antérieurement à son entrée en vigueur ou ceux qui n'ont pas été jugés avant son abrogation expresse ou tacite » ; « la loi pénale étrangère est sans effet devant les juridictions de la République »* [31] ;

On les retrouve dans le Code de procédure pénale où le principe est posé que les normes s'y trouvant sont d'application générale, sous réserve des dispositions prévues par le code de justice militaire ou de textes particuliers[32].

Tous comptes faits, et en droite ligne de ce qui précède, il est difficile de ne pas décrier cette tendance au « chauvinisme national juridique »[33] qui aboutit à la méconnaissance tant des instruments internationaux que des conditions et des effets de l'intégration de ceux-ci dans les ordres juridiques nationaux[34]. A preuve, ces instruments sont rarement invoqués par les magistrats dans leurs décisions, y compris lorsque les justiciables et leurs conseils y font allusion dans leurs mémoires, conclusions, plaidoiries[35].

---

[30] Articles 2 et 3.

[31] Article 1-1, article 2 (1) (3), article 12, article 13.

[32] Article 2.

[33] PETTITI L. E., « La science juridique, les praticiens du droit et la protection des droits de l'homme » in *Pour les droits de l'homme, Mélanges en l'honneur de l'ADF*, Librairie des Libertés, Choisy-Le-Roi, 1983, p. 123. Voir aussi ATEBA EYONG A.R., « La doctrine administrativiste camerounaise et « son » juge : chronique d'un divorce aux torts partagés », *in* KAMTO M., DOUMBE-BILLE S., METOU B.M. (dir.), *Regards sur le droit public en Afrique, Mélanges en l'honneur du Doyen Joseph-Marie Bipoun-Woum*, L'Harmattan, Paris, 2016, pp. 297 et s. ; ZAMBO ZAMBO D.J., « Le législateur camerounais et la hiérarchie des normes », *RASJ*, Vol. 8, n°2, 2011, pp. 63 et s.

[34] En ce sens, BOUKONGOU J.D., « Etat des instruments internationaux relatifs aux droits de l'homme pour les pays de l'Afrique centrale », *Bulletin de l'APDHAC* n° 6, juil.- août 1999, p. 7.

[35] A dire vrai, cette réticence des juges tient à deux choses.

En premier lieu, à une information et à une formation insuffisante sur les questions relatives aux droits humains. En effet, d'une manière générale, nombre de magistrats exerçant aujourd'hui ou en tout cas placés au sommet de la hiérarchie judiciaire, ont été formés dans un contexte

Pourtant et paradoxalement, le droit constitutionnel et le droit international enseignent que, dès la ratification ou l'adhésion de l'Etat à un traité, celui-ci s'impose et engage chacun des citoyens composant la population relevant de la juridiction de l'Etat signataire. Ces mêmes repères révèlent que le juge devrait pouvoir aller jusqu'à ignorer les lois nationales et exciper telle ou telle convention ratifiée ; ce qui revient à dire, comme l'a remarqué une opinion autorisée, que l'intégration d'un traité ratifié dans une loi interne n'ajoute rien à sa positivité, laquelle résulte uniquement de sa ratification[36]. En ce sens et davantage offensif, Monsieur le professeur Frédéric Sudre a pu soutenir que les conventions se rapportant aux droits de l'homme n'ont pas besoin, pour être applicables, d'être introduites dans l'ordre juridique interne par une disposition spéciale. La raison en est, estime-t-il à juste titre, qu'elles imposent aux Etats des obligations objectives et non pas des engagements synallagmatiques[37] *(en ce sens, voir notamment CJ CEMAC, avis n° 004/2012-13, 26 juin 2013, Demande d'avis de la République de Guinée Equatoriale, inédit ; CJCEMAC, arrêt n° 012/2011, 31 mars 2011, Banque Atlantique du Cameroun, COBAC, Autorité Monétaire du Cameroun, Amity Bank PLC c. arrêt n° 010/CJ/CEMAC/CJ/09 du 13 novembre 2009 défendu par Messieurs Christophe Sielienou, Raphael Futé, Mathurin Ngassa et La Compagnie d'assurances CPA, RDJ-CEMAC, n° 1,*

---

d'autoritarisme où le discours sur les droits de l'homme était considéré comme subversif. Le traditionnel cours sur les libertés publiques, lui-même, n'était abordé que de manière prudente, voire sommaire. A cela s'ajoutaient des notions tout aussi superficielles de droit international, avec peu ou pas de perspectives d'en appliquer les normes, sans oublier, par ailleurs, les controverses interminables sur les conditions à observer et le formalisme à accomplir pour incorporer le traité dans l'ordre juridique national : adhésion, ratification, réciprocité, etc.

Accréditant ces thèses, l'Organisation des Nations unies a récemment remarqué que « *les avocats et les magistrats jouent un rôle particulièrement important dans le processus de réalisation des droits de l'homme* » et « *qu'il est donc de la plus haute importance que les magistrats et les agents de l'ordre public, dans l'exercice de leurs fonctions, adhèrent aux normes internationales en vigueur dans le domaine des droits de l'homme (…), d'où la nécessité de leur faire connaître les normes applicables et l'utilité de l'enseignement des droits de l'homme* ». Elle a même suggéré que la primauté des droits humains et la question du devoir des responsables de l'application des lois de désobéir à tout supérieur hiérarchique exigeant d'eux des actes de torture fassent l'objet d'une attention particulière au cours des formations.

[36] POUGOUE P.G., « La problématique des droits de l'homme », *C.A.D.H.* n° 5, PUCAC, Yaoundé, 2000, p. 201 ; POUGOUE P.-G., *Il fallait en dire un mot…*, Les impliqués Editeur, Paris, 2024, p. 74. Voir également MBARA A BETSEM G.D., « Siloloque sur les préambules des traités de droits de l'homme », *Juridis Périodique* n° 136, oct.-déc. 2023, pp. 135 et s. ; NKILI MBIDA E.P.P., *La juridictionnalisation du droit communautaire en Afrique centrale et orientale : Cas de la Communauté économique et monétaire de l'Afrique centrale et de la Communauté d'Afrique de l'Est*, Thèse, Yaoundé 2, 2024, pp. 304 et s., n°s 944 et s.

[37] SUDRE F., « La dimension internationale des droits de l'homme », in *Droits et libertés fondamentaux*, sous la direction de Cabrillac R., Frison-Roche M.-A., Revet T., Dalloz, Paris, 1994, p. 279. Voir aussi DJIENA WEMBOU M.C., « Les normes internationales relatives aux droits de l'homme et leur application dans la législation interne des États africains : problèmes et perspectives », *Revue africaine de droit International et comparé*, 1999, pp.51-66 ; NKILI MBIDA E.P.P., op cit., pp. 314 et s., n°s 986 et s. ; ZAMBO ZAMBO D.J., « Le législateur camerounais et la hiérarchie des normes », op cit , pp. 63 et s.

2012, pp. 99 et s.[38] ; *TA Littoral, jugt. n° 385/FF/19, 5 déc. 2019, La Société africaine de distribution (SAFDI) SARL c. État du Cameroun-Ministère des finances, inédit*[39] ; *TA Littoral, jugt. n° 50/RG/QD/19, 14 oct. 2019, Pom Pierre c. Etat du Cameroun-MINFI, inédit).*

En deuxième lieu, les magistrats du siège peuvent parfaitement aussi avoir recours à d'autres sources du droit à l'instar de la coutume, que ce soit à titre exceptionnel ou que ce soit en vertu d'une habilitation implicite ou expresse du législateur[40]. La suite va sans dires : le scénario décrit suppose

---

[38] L'un des extraits phares de cet arrêt se présente ainsi : « *Attendu que la primauté est une conditions existentielle du droit communautaire qui, « en raison de sa nature spécifique originale, ne peut se voir opposer un texte interne quel qu'il soit, sans perdre son caractère communautaire et sans que soit mis en cause la base juridique de la communauté elle-même » ; que la norme interne incompatible est donc inapplicable de plein droit ; que selon la doctrine établie et la jurisprudence constante, tout juge de l'application du droit communautaire, toute autorité nationale ou communautaire a l'obligation absolue de la laisser inapplicable ;*
Attendu qu'à cet égard, les dispositions de l'alinéa 1 de l'article 12 de l'ordonnance camerounaise n° 96/03 constituent un obstacle juridique à l'application effective du droit au juge consacré par la législation communautaire CEMAC, que cette ordonnance est inapplicable en l'espèce, étant entendu que cette déclaration d'inapplicabilité n'aura autorité de chose jugée qu'à l'égard des parties à l'instance … »

[39] L'un des extraits de ce jugement se présente de la sorte : « *Attendu qu'aux termes des dispositions de l'article 57 de la Directive CEMAC 07/11-UEAC-028-CM-22 du 19 décembre 2011 portant harmonisation des législations des Etats en matière de TVA et des droits d'accises, le taux normal applicable au droit d'accises ad valorem est arrêté librement par chaque Etat membre dans une fourchette allant de 0 à 25% sans possibilité de rabattement. Nonobstant les dispositions de l'article 55 ci-dessus, la mise en œuvre d'un système de taxation spécifique aux droits d'accises est laissée à l'appréciation de chaque Etat membre et devra comprendre obligatoirement les tabacs et les boissons alcooliques ;*
Qu'il résulte des débats à l'audience et des pièces produites que la réclamation du paiement des droits d'accises spécifiques de 300 francs l'unité sur les bouteilles de vin importées (après encaissement déjà des droits au taux maximum de 25%), a pour conséquence de porter ce taux au-delà de 25% autorisé ;
Attendu que l'article 44 du Traité CEMAC révisé du 25 juin 2008 dispose quant à lui que les actes adoptés par les institutions spécialisées de la Communauté pour la réalisation des objectifs du présent Traité sont appliqués dans chaque Etat nonobstant toute législation antérieure ou postérieure contraire ;
Que cette opposition entre le texte national et la norme communautaire devrait se régler au profit de cette dernière… »

[40] Voir sur ce point AKAM AKAM A, « La loi et la conscience dans l'office du juge », op cit., 515 et s. ; AKOMNDJA AVOM, V., « L'énonciation de la coutume en droit camerounais de la famille : leurre ou réalité ? », *Penant*, n° 854, 2006, pp. 66 et s. ; ATEBA EYONG A.R., op cit., pp. 297 et s. BATOUM P. M., « Plaidoyer pour la réhabilitation de la règle « option de juridiction emporte l'option de législation », *Juridis Périodique* n° 62, avril-juin 2000, pp. 73 et s. ; DZEUKOU G.B., « L'effectivité du droit coutumier », in *L'effectivité du droit, Mélanges en l'honneur du professeur François Anoukaha*, L'Harmattan, Paris, 2021, spécialement les pages 489 et suivantes, n°s 33 et s. ; KENFACK P.E., « Les droits traditionnels dans l'ordre juridique camerounais aujourd'hui », in *Le métissage des droits en Afrique subsaharienne francophone". Regards croisés*, GAU-CABEE Caroline (dir.), CTHDIP, Toulouse, 2022, p. 77 ; MGBA NDJIE M. J.S., « Droit et patrimoine culturel en Afrique noire francophone: cas du Cameroun », *Revista Misión Jurídica*, Vol. 17, Número 26, Enero - Junio de 2024, pp. 77 et s. ; TABE TABE S., « Traditional law and discriminatory customary practices against women in Cameroon », *Annales de la FSJP, Université de Dschang*, tome 20, 2018, pp. 56 et s. ; TIMTCHUENG M., « L'évanouissement de la spécialité des juridictions traditionnelles au Cameroun », *www.afrimap.org.* ; ZAMBO ZAMBO D.J., « Compte à rebours pour la coutume au Cameroun (éléments pour une théorie de la « scripturalisation » du droit camerounais », in *Le droit au pluriel. Mélanges en hommage au doyen Stanislas Meloné*, MEBU NCHIMI J.C. dir., PUA, Yaoundé, pp. 173 et s.

que la « norme non écrite » applicable soit en harmonie avec la hiérarchie des normes, donc qu'elle ne soit *pas contra legem*. L'exigence est nettement consignée, par exemple, à l'article 32 de la loi du 29 décembre 2006 portant organisation judiciaire. Effectivement, après avoir posé que les règles de saisine des juridictions et la procédure à suivre devant celles-ci relèvent des lois de procédure, l'article concerné décide très expressément que « *les tribunaux de première instance, les tribunaux de grande instance et les cours d'appel appliquent les procédures, usages et pratiques antérieurement en vigueur devant les anciennes juridictions qu'ils remplacent, dans la mesure où ces procédures, usages et pratiques sont compatibles avec la constitution et avec la présente loi* »[41].

A elle seule, la formule met en pleine lumière l'attitude de la Cour suprême, exprimée notamment à l'issue de son audience du 30 septembre 2010, en ces termes : « *Attendu en l'espèce que l'arrêt attaqué énonce que dans une matière où la règle de droit n'est pas précisée et la jurisprudence en construction, il eût fallu que le juge des référés indiquât les critères objectifs qui ont guidé son choix (...) ;*

Attendu qu'il résulte de ces énonciations que l'attribution de la dépouille mortelle est une question non réglée en droit écrit ;

Attendu que selon la coutume de la défunte qui est de tradition Sawa, laquelle a été exposée devant le juge d'appel et confirmée par les écrits des responsables coutumiers (...) « le corps d'une femme décédée sans jamais avoir été mariée et sans avoir laissé d'enfants appartient, dans la tradition Sawa et en cas d'absence de toute décision de la part du de cujus, contraire à cette tradition, à la famille de cette femme. Le chef de famille nucléaire paternelle gère donc les obsèques avec sa famille (...) » ;

Attendu qu'en statuant comme il l'a fait, le juge d'appel n'a pas donné de base légale à sa décision violant ainsi le texte visé au moyen (...) ;

(...) que pour les motifs sus évoqués et en application de la coutume Sawa, il y a lieu d'ordonner la remise de la dépouille et des documents y relatifs à la famille paternelle de la défunte représentée par les demandeurs au pourvoi... » *(CS/CJ, arrêt n° 109/CIV, 30 sept. 2010, Famille Dimouamoua c. Dame Mouen Moutaka et autres, Juridis Périodique n°102, avril-juin 2015, pp. 68 et s., obs. DZEUKOU G.B.).*

A elle seule, la formule permet également de comprendre les méandres du verdict de la juridiction judiciaire suprême, exposées fermement à l'issue de l'audience du 5 mars 1968. L'arrêt qui le contient est ainsi conçu : « *Attendu qu'aux termes des articles 51 et 44 susvisés, les tribunaux de droit local*

[41] L'exigence est en cohérence avec l'article premier de la constitution, lequel décide que la République du Cameroun « *reconnaît et protège les valeurs traditionnelles conformes aux principes démocratiques, aux droits de l'homme et à la loi* ». Elle rejoint les prévisions de la loi n° 2019/024 du 24 décembre 2019 portant Code général des collectivités territoriales décentralisées, laquelle décide dès son livre préliminaire, d'une part que les régions du Nord-ouest et du Sud-ouest bénéficient d'un statut spécial fondé sur leur spécificité linguistique et leur héritage historique ; d'autre part que ce statut spécial se traduit entre autres par la prise en compte des spécificités du système judiciaire anglosaxon basé sur la Common-Law.

appliquent exclusivement, en matière civile et commerciale, la coutume des parties et doivent énoncer cette coutume ;

Attendu qu'en prononçant le divorce d'entre les époux Etelé Hubert, Elomo pauline, aux torts exclusifs du mari, en se bornant à faire référence à l'arrêté du 26 mai 1934, qui ne vaut que comme directive générale, sans énoncer la coutume applicable, ni rechercher si au regard de cette coutume les griefs allégués par la femme constituaient ou non une cause valable de divorce, l'arrêt attaqué a violé les textes susvisés et n'a pas donné une base légale à sa décision… » (CS, arrêt n° 82, 5 mars 1967, Etélé Hubert c. Nguélé Elomo Pauline, Répertoire chronologique de la jurisprudence de la Cour suprême, Droit traditionnel, 1960-1980, préc., pp. 374 et s.).

A elle seule, la formule permet sans doute aussi de cerner la profondeur d'une décision de la haute juridiction en date du 22 février 1973. L'épicentre de l'arrêt qui la contient se configure ainsi : « *Attenu que les droits résultant de la parenté, de la filiation dont la constitution proclame, dans son préambule, le caractère inaliénable et sacré, ne peuvent faire l'objet de transaction ni constituer la contrepartie d'une dette ou d'une créance ; que ces principes sont d'ordre public ;*

Attendu que la coutume invoquée, dans la mesure où elle établit une discrimination fondée sur le sexe, va à l'encontre du principe constitutionnel de l'égalité des sexes ; que de ce fait ladite coutume ne saurait recevoir la sanction des cours et tribunaux, la vocation héréditaire de la femme apparaissant désormais comme indiscutable » ;

Attendu dès lors qu'en statuant comme ils l'ont fait, le premier juge et, après lui, le juge d'appel, ont légalement justifié leur décision » (CS, arrêt n° 45/L, 22 fév. 1973, B… O… Clément c. Dame M… Justine, RCD n° 9, janv.-avril 1976, pp. 82-83).

A elle seule, la formule permet de cerner la profondeur d'une jurisprudence de la haute juridiction suprême en date du 15 février 1979. Le verdict prononcé est celui-ci : « *Attendu qu'il résulte de la combinaison des articles 3 et 34 de l'ordonnance n° 72/4 du 26 août 1972 visée au moyen, qu'en attendant l'intervention des textes relatifs à la procédure prévue par ladite ordonnance, les juridictions du fond appliquent les procédures, usages et pratiques antérieurement en vigueur devant les anciennes juridictions qu'elles remplacent dans la mesure où ces procédures, usages et pratiques sont compatibles avec la constitution et ladite ordonnance (…) ;*

Attendu que les dispositions de l'article 408 du Code de procédure civile et commerciale ne sont incompatibles ni avec la constitution ni avec l'ordonnance n° 72/4 du 26 août 1972 ;

Attendu en conséquence qu'en faisant application dudit article 408 à la présente espèce comme énoncé au moyen, l'arrêt attaqué n'a violé aucun texte de loi, mais au contraire, a fait une saine application des articles 33 et 34 de l'ordonnance n° 72/4 du 26 août 1972 ;

Que par suite, le premier moyen manque en fait … » (CS, arrêt n° 35, 15 fév. 1979, Ambassa Paul c. SHO Africauto, Répertoire chronologique, Droit civil et commercial, tome 4, préc., p. 28. Voir également : CS, arrêt n° 99, 20 avril 1971, Yao Samuel c. Kami Pauline, Répertoire chronologique, Droit traditionnel, 1960-1980, p. 250 ; arrêt n° 19, 26 mars 1968, Ngueou Mathieu c. Ndjiosseu Moïse, Bulletin des arrêts de la Cour suprême du Cameroun Oriental, n° 19, 1968, pp. 2159- 2160 ; arrêt n° 274, 7 sept. 1961, Procureur général c. Toné Bongo, Jemba Guillaume, Tango Ndong Antoine, Endémé, Dibotti, Ebélé Jombi, Sango Ngangué, Anette Nkougourouu, Kondo Ebélé Pierre, Kondo Ebélé Eitel, Répertoire chronologique de la jurisprudence de la Cour suprême, Droit traditionnel, 1960-1980, tome 2, préc., p. 227 ; arrêt n° 138, 28 mai 1968, Youmsi Henri c. Tandja Tapita, Répertoire chronologique de la jurisprudence de la Cour suprême, Droit traditionnel, 1960-1980, préc., pp. 374-375 ; arrêt n° 2/L, 10 oct. 1985, Dame Dada Balkissou c. Abdoul Karim Mohamed RCD n° 30, 1985, pp. 424 et s., rapp. Djandji Maurice ; arrêt n° 19, 11 nov. 1969, Ngondo Samé Charles c. Ngondzeng Julienne, Répertoire chronologique de la jurisprudence de la Cour suprême, Droit traditionnel, 1960-1980, préc., p. 375[42] *; arrêt n° 34, 18 nov. 1969, Dikongué Charlotte c. Dikongué Christine, Répertoire chronologique de la jurisprudence de la Cour suprême, Droit traditionnel, 1960-1980, préc., pp. 375-376*[43] *; arrêt n° 48, 16 déc. 1969, Dame Ngallé Thérèse c. Ndoumbé André, Répertoire chronologique de la jurisprudence de la Cour suprême, Droit traditionnel, 1960-1980, préc., pp. 377 et s. ; arrêt n° 214, 24 mai 1961, Procureur général c. Ndjankoun Mpandé et Mempel Jean-Marie, Répertoire chronologique de la jurisprudence de la Cour suprême, Droit traditionnel, préc., p. 156 ; arrêt n° 96, 11 mars 1969, Dame Wandji Agathe c. Dandou Frédéric,*

---

[42] La haute juridiction retient ici, à propos du moyen unique de cassation pris de la violation des articles 44 et 51 du 31 juillet 1927 sur la justice de droit local « *(...) en ce que l'arrêt confirmatif attaqué s'est borné, pour confirmer le divorce prononcé aux torts exclusifs du mari (...), à relever comme cause du divorce la maladie contractée par celui-ci, sans énoncer la coutume applicable aux parties et sans rechercher si, au regard de la coutume des parties, la maladie contractée par le mari constituait une cause de divorce ;*
Attendu qu'aux termes des articles 44 et 51 du décret du 31 juillet 1927 sur la justice de droit local, les tribunaux de droit local, en matière civile et commerciale, appliquent exclusivement la coutume des parties et doivent, à peine de nullité, énoncer cette coutume ;
Attendu en l'espèce, qu'en se bornant, comme l'avaient d'ailleurs fait les juges d'instance, pour confirmer le divorce d'entre les époux Samé Ngondo, Ngonzeng Julienne, aux torts exclusifs du mari, à retenir comme cause de divorce la maladie contractée par le mari sans énoncer la coutume applicable aux parties, et sans rechercher si au regard de la coutume applicable la maladie du mari constituait une cause valable de divorce, l'arrêt attaqué a violé les articles 44 et 51 précités et n'a pas donné base légale à sa décision... »

[43] Cette décision est rendue à propos du moyen concernant la violation de l'article 1341 du Code civil, en ce que l'arrêt attaqué, pour fonder les droits de l'un des justiciables à recevoir la somme de 150 000 francs à titre de participation à la construction d'une maison commune s'est borné à admettre la preuve par témoins de sommes versées, alors à en croire l'article visé qu'une telle preuve n'a pas à prospérer lorsque la somme en litige est supérieure à 5 000 francs. La Cour suprême déclare le moyen non fondé et juge : « *Mais attendu qu'aux termes des articles 44 et 51 du décret du 31 juillet 1927 sur les tribunaux de droit local, ces derniers en matière civile et commerciale appliquent exclusivement la coutume des parties ;*
Attendu, en conséquence, qu'en l'espèce, c'est à bon droit que la cour, statuant en matière coutumière, ne s'est pas référée à l'article 1341 du Code civil inapplicable en l'espèce, et a admis la preuve par témoins prévue par la coutume Douala régissant les parties... »

Répertoire chronologique de la jurisprudence de la Cour suprême, Droit traditionnel préc., pp. 94 et s. ; arrêt n° 66, 14 juin 1966, Oussiéni Ibrahim c. Baba Garoua, Répertoire chronologique de la jurisprudence de la Cour suprême, Droit traditionnel 1960-1980, tome 2, pp. 40-41 ; arrêt n° 20, 17 mai 1960, Procureur général c. Margay Gaston et Mbarga Charles, Répertoire chronologique de la jurisprudence de la Cour suprême, Droit traditionnel, 1960-1980, préc. pp. 154 et s. ; arrêt n° 86, 25 fév. 1969, Mahop Jean c. Etoundi Suzanne, Répertoire chronologique de la jurisprudence de la Cour suprême, Droit traditionnel, 1960-1980, pp. 140-141 ; arrêt n° 72, 2 juin 1964, Nyangono Marie c. Minkoma Paul, préc. ; arrêt n° 39, 27 avril 1965, Tankoua Gabriel c. Yomba Pauline, préc. ; arrêt n° 70, 29 juin 1965, Dame Poualeu née Mandjobon Hanfou Justine c. Poualeu Victor, préc. ; arrêt n° 11, 7 déc. 1965, Dame Mouto Agnès c. Ntonga Samuel, préc. ; arrêt n° 116, 30 avril 1968, Dipanda Black Pierre c. Ebengué Mbella François, préc. ; arrêt n° 106, 2 mai 1967, Mbarga Enyegué Michel c. Ondoua née Efouba Marie Gisèle, préc. ; arrêt n° 130, 23 mai 1967, Akébiolé Jacques c. Ngono Amvam Marguérite, préc. ; arrêt n° 1, 17 oct. 1967, Dame Ngah Françoise Aliana Georges c. Aliana Georges, préc. ; arrêt n° 9, 9 sept. 1971, Dame Tagny née Mapokam Jeannette c. Tagny Mathieu, préc., p. 146 ; arrêt n° 78, 12 avril 1973, Dame Bediboume Elisabeth c. Nkano Dieudonné, préc. ; arrêt n° 4, 12 oct. 1978, Dame Ngambo Elisabeth c. Fendoung Pierre, préc. ; arrêt n° 109/CIV, 30 sept. 2010, Famille Dimouamoua c. Dame Mouen Moutaka et autres, préc. ; arrêt n° 37/L, 27 oct. 2016, Mouaffo Samuel et autres c. Medieng Henriette et Tokam Wembe Fostin, Jurisdis Périodique n° 120, oct.-déc. 2019, obs. TIMTCHUENG M. et NGUEGHO A., pp. 109 et 110).

On comprend davantage encore l'arrêt de la Cour commune de justice et d'arbitrage, rendu à propos de l'affaire Tounkara Kaido contre Société Outspan Ivoire SA, en date du 02 juin 2016. Dans cette affaire, décidée à obtenir l'invalidation de l'arrêt qu'elle attaque, la demanderesse prend appui sur l'article 239 de l'Acte uniforme portant sur le droit commercial général. En réalité, elle reproche à la juridiction d'appel d'avoir fondé sa décision sur l'article 4 alinéa 2 du contrat des parties, lequel prévoyait que l'intimé se réserve le droit de rejeter le produit livré au cas où celui-ci est de mauvaise qualité. Le demandeur au pourvoi soutient également que les investigation relatives à la mise en état du dossier de l'affaire révèlent qu'il a été considéré que les usages professionnels acceptés engagent les parties alors d'après lui que de tels usages ne s'appliquent qu'à défaut de volonté contraire exprimée par elles ; que les parties ayant convenu du sort des produits de mauvaise qualité, les usages professionnels sur la pratique de la réfaction ne sauraient régir leurs rapports. Avec autorité, la CCJA tranche comme suit : *« Mais attendu qu'aux termes de l'article 239 de l'Acte uniforme sur le droit commercial général, « les parties sont liées par les usages auxquels elles ont consenti et par les pratiques qui se sont établies dans les relations commerciales. Sauf convention des parties, celles-ci sont réputées avoir adhéré aux usages professionnels dont elles avaient connaissance ou auraient dû avoir connaissance et qui, dans le commerce, sont largement connus et régulièrement observés par les parties à des contrats de même nature dans la branche d'activité concernée » ; qu'en l'espèce, le recourant ayant reconnu dans son mémoire en duplique reçu à la cour (…) le 22 mai 2014 que les contrats de refinancement dont l'article 4 alinéa 2 sert de base de motivation de la Cour d'appel ne concerne pas les relations commerciales à propos desquelles les réfactions en cause avaient été opérées, mais conforte plutôt la motivation de l'arrêt selon laquelle « l'intimé a fini par admettre les usages professionnels librement acceptés par la pratique de la réfaction en poids en la matière » dès lors qu'il est établi qu'aucune stipulation contractuelle liant les deux parties n'écarte l'usage professionnel de la réfaction ; qu'il s'ensuit que la cour d'appel, en motivant comme elle l'a fait, n'a en rien commis une contrariété des motifs dans l'arrêt querellé… » (CCJA, arrêt n° 101/2016, 02 juin 2016, Tounkara Kaido c. Société Outspan Ivoire SA, http://www.ohada.org[44]. Voir aussi CCJA, arrêt n° 030/2017, 02 mars 2017, Société Trans-Roulements CI c. Société Commerce et distribution de produits alimentaires congelés dite CODIPAC, http://www.ohada.org ; arrêt n° 056/2016, 21 avril 2016, Dalquier Maurice et Dame Oudart, épouse Dalquier Chantal Juliette c. Monsieur Koudou Dago, http://www.ohada.org ; arrêt n° 036/2008, 3 juil. 2008, Société Burkina et Shell c. Ouedraogo Sibiri Philippe, Ohadata J-09-75, POUGOUE P.G., KUATE TAMEGHE S.S. dir., Les grandes décisions de la Cour commune de justice et d'arbitrage, L'Harmattan, Paris, 2010, pp. 29 et s., obs. NJEUFACK TEMGWA R. ; arrêt n° 030/2007, 22 nov. 2007, SCI Golfe de Guinée c. Marina Atlantic SARL, Rec. CCJA n° 10, juil.-déc. 2007, pp. 44 et s. ; CA d'Abidjan, arrêt n° 236, 10 fév. 2004, Société de coordination et d'ordonnancement Afrique de l'Ouest c. Caisse autonome d'amortissement, Ohadata J-04-495 ; CA d'Abidjan. n° 1009, 14 nov. 2000, Société des Transports Saint Christophe c. Société Serifa, Le Juris-Ohada, n° 3/2003, Ohadata J-03-114).*

En troisième lieu, la mission juridictionnelle des magistrats pourra parfois, exceptionnellement cela va de soi, s'accomplir à la lueur de l'équité[45], singulièrement au Cameroun. La tournure de langage n'étonne

[44] La deuxième branche du seul moyen de cette décision de justice va dans le même sens : « *Mais attendu qu'il ressort de l'article 239 précité que les usages professionnels s'imposent aux parties dès lors qu'il est établi qu'ils ont déjà été observés par celles-ci dans une autre relation contractuelle similaire ; qu'en l'espèce, la reconnaissance par le recourant d'un autre contrat de financement le liant à la défenderesse au pourvoi, dont l'article 4 alinéa 2 admet les usages professionnels de la réfaction, constitue plutôt la preuve de l'admission par les parties de ces usages professionnels de la réfaction ; qu'il suit de là, que la Cour d'appel, en statuant comme elle l'a fait, a fait une application correcte de la règle de droit ; que dès lors, le moyen unique de cassation présenté par Monsieur Tounkara Kaido doit être rejeté comme étant non fondé* … »

[45] La règle est nettement exprimée dans le Southern Cameroons High court Law, 1955. Elle transparait également, entre autres, des prévisions relatives au délai de grâce développé sous l'article 1244 Code civil, mais davantage à l'article 39 de l'Acte uniforme portant organisation des procédures simplifiées de recouvrement et des voies d'exécution. A s'en tenir à ce dernier texte, « *Le débiteur ne peut point forcer le créancier à recevoir en partie le paiement d'une dette, même divisible* ». « *Toutefois, compte tenu de la situation du débiteur et en considération des besoins du créancier, la juridiction compétente peut, sauf pour les dettes d'aliments et les dettes cambiaires, échelonner le paiement des sommes dues dans la limite d'une année* ».

guère, y compris lorsqu'on se détache de l'adage *Dura lex sed lex* qui hante le juriste. La raison décisive en est que, pour la majorité, l'équité évoque une justice meilleure, idéale, humaine, se distinguant presque toujours de l'attitude consistant à appliquer sèchement la norme juridique réputée abstraite et impersonnelle. Ainsi que le relève Monsieur le professeur Overstake dans son plaidoyer afin qu'elle ne soit pas totalement sacrifiée dans l'activité professionnelle du magistrat, l'équité a notamment le mérite d'être placée sous le signe de la souplesse, de l'adaptation aux circonstances particulières ; elle apparaît, à regarder de près, comme un correctif à la rigueur voire à la rigidité du droit écrit que le juge a vocation naturelle à appliquer[46] *(The Court of appeal, Buea, CASWP/11/20002, 6th may 2004, Mfondi Ousmanou and Ntangsi Max Memfuh vs Pangop Louis, Cameroon common law report, CCLR, 2005, Part 11, pp. 63 et s. Voir également CCJA, arrêt n° 037/2020, 13 févr. 2020, société Vivo Energy Mali SA c. Société Faso Gaz SARL, http://www.ohada.org, Horizons du droit - Bulletin n°15, mai 2020, Chronique de jurisprudence africaine, MESTRE J., pp. 4 et s. ; CJ CEDEAO, arrêt n° 01/04/04, Mr. Afolabi Olajide représenté pae Maitre Alex Ikay Molukwu c. République Fédérale du Nigéria, représentée par Maître J.K. Echicheoya, in SALL A., La justice de l'intégration. Réflexions sur les institutions judiciaires de la CEDEAO et de l'UEMOA, L'Harmattan, Dakar, 2018, pp. 306 et s.).* Curzon ne dit pas autre chose en écrivant : « *Equitable doctrines tend to appear in legal systems when the general rules of those systems fail to correspond to the needs of a changing society and when the continued application of those rules, far from assisting the growth of the law, acts as a fetter upon its further development. In circumstances such as these (...) a corpus of supplementary rules tends to emerge, designed to fill in the gaps of the legal system and to modify the occasional harshness produced by a too-rigid application of that system's rules* »[47]. De tels propos, iconoclastes, découvrent l'utilité de la connaissance, même simplement à titre préventif, des maximes majeures de l'equity et de leurs consécrations jurisprudentielles entrées dans l'histoire. On songe notamment à celles qui enseignent que « equity acts in personam (and not in rem) » *(Penn v. Lord Baltimore, 1750)* ; « equity follows the law » *(Hopkins v. Hopkins, 1739)* ; « where there are equal equities, the law prevails » *(Picher v. Picher, 1872)* ; « where there are equal equities, the first in time prevails » *(Cave v. Cave, 1880)* ; « equity remedies are discretionary *(Flight v. Bolland, 1828)* ; « delay defeats equity » *(Smith v.*

[46] OVERSTAKE J.F., *Introduction générale à l'étude du droit*, Montaigne, Bordeaux, 2002, p. 9. Voir également COTE P.-A., DEVINAT M., *Interpréter la loi*, Les Editions Thémis, Montréal, Canada, 2019, pp. 5 et s. ; CURZON L.B., *Equity*, second edition, M.E. Handbook Series, London, 1974, p. 3, n° 2 ; MBARA A BETSEM G.D., « Notule sur l'application de la théorie des mains propres « clean hands » devant les juridictions internationales », *Juridis Périodique* n° 138, avril-juin 2024, pp. 81 et s. ; MOLFESSIS N., « L'équité n'est pas une source de droit », *RTD civ.*, 1998, pp. 221 et s. ; TCHAKOUA J.-M., *Introduction générale au droit camerounais*, L'Harmattan, Paris, 2017, pp. 43 et 43, n°s 45 et 46.

[47] Pour aller au-delà, lire CURZON L.B., *Equity*, préc., pp. 15 et s.

Clay, 1767 ; (Allcard v. Skinner, 1887) ; « equality is equity » *(Petit v. Smith 1965 ; Lake v. Craddock, 1732 ; Re Bishop National Prov. Bank Ltd. v. Bishop and others, 1965)* ; « he who seeks equity must do equity » *(Lodge v. National Union Investment Co., 1907 ; Eli bank v. Monthlies ; Lumley v. Ravenscroft, 1801)* ; « he who comes to equity must come with clean hands » *(Overton v. Banister, 1844 ; Dering v. Earl of Win Chelsea, 1787)*. A elles s'ajoutent d'autres : « equity will not permit a statute to be used as a cloack for fraud » *(Bannister v. Bannister, 1948 ; Rochefoucauld v. Boustead, 1797)* ; « equity does not suffer wrong to be without a remedy » *(Lyell v. Kennedy, 1883)* ; « equity looks to the intent rather than to the form » *(Parkin v. Thorold, 1852 ; Metrpolitan Electric Supply Co. v. Ginder, 1901)* ; « equity looks on that as done which ought to be done » *(Walsh v. Lansdale, 1882 ; Hove v. Dartmouth, 1802)* ; « equity imputes an intent to fulfil an obligation » (*Sowden v. Sowden, 1785)* ; « equity acts on the conscience » ; « equity regards the balance of convenience » ; « equity, like nature, does nothing in vain » ; « Equity never wants for a trustee » ; « equity aids the vigilant » ; « equity will not assist a volunteer »...[48] *(en ce sens, voir aussi Court of appeal, South West region, 15th may 2014, Tsakam Ernest vs. Nancy Bessey, Yomb Marcel, Ako Esther, Tchuisseu Elvice et autres, S.L.R., vol. 7, 2017, pp. 2 et s.)*.

L'examen à froid de ces maximes et du quotidien conduit à estimer que les repères de l'exercice de la fonction de juger sont finalement très larges, ne serait-ce que parce que le magistrat ayant refusé de trouver une solution au différend porté à sa connaissance en prétextant du silence ou de l'obscurité de la loi court le risque d'être poursuivi comme s'étant rendu coupable de déni de justice. Pourtant, l'intéressé devrait toujours redouter les peines du Code pénal susceptibles de frapper le magistrat auquel on impute l'empiètement sur le pouvoir de légiférer ou, si l'on préfère, un « arrêt de règlement »[49]. De ce qui précède, il se devine aisément que le précédent constituera, dans bien de circonstances, la seule planche de salut à la disposition du magistrat soucieux de se mettre à l'abri des sanctions plutôt sévères appelées à s'abattre sur les coupables de déni de justice[50]. Un tel reflexe se développe d'avantage dans les systèmes juridiques anglo-saxons ou apparentés où prédominent la doctrine du « *judicial précédent* » et surtout l'exigence du « *stare decesis* », lesquelles rattachent l'autorité de la décision de justice à appliquer pour le règlement du différend à la place qu'occupe dans l'organisation judiciaire ou dans la hiérarchie des

---

[48] Idem.

[49] L'article 125 du Code pénal punit d'un emprisonnement de six mois à cinq ans le fonctionnaire qui s'immisce dans l'exercice du pouvoir législatif.

[50] Article 4, Code civil.

L'article 147 du Code pénal énonce en substance que le magistrat qui refuse de juger, sous prétexte du silence ou de l'obscurité de la loi, pourra être poursuivi comme coupable de déni de justice, infraction punie d'un emprisonnement de trois mois à deux ans.

juridictions le tribunal ou la cour qui en est l'auteur[51] *(en ce sens, voir notamment London Street Tramways Co. vs LCC, 1898 ; Young vs. Bristol Aeroplane Co., 1944*[52]).

En quatrième lieu, si le juge ne tranche qu'à la suite d'une demande, celle-ci encadre fortement son activité. En effet, interdiction lui est faite, de longue date, de statuer soit *infra petita*, soit *ultra petita*, soit *extra petita*. En termes basiques, cela induit que le magistrat du siège se gardera de s'intéresser à des sujets à propos desquels sa décision n'a pas été requise ou, à l'opposé, de décider sur moins que ce qui a été demandé par les justiciables[53]. On estime que l'exigence est de celles qui concourent à garantir son indépendance voire son impartialité. Effectivement, peu nombreux sont ceux qui n'auraient pas de doute quant à la neutralité d'un juge allé au-delà de que ce qui a été sollicité par l'un des litigants ou, à l'inverse, s'est abstenu d'examiner l'un des chefs de demande soumis. Cela suffit à expliquer ou à justifier la sévérité de la Cour suprême du Cameroun qui, dans l'une de ses premières prises de position à ce sujet se prononçait de la sorte le 10 avril 1962 : « *Attendu que les juges ne peuvent modifier d'office ni l'objet, ni la cause de la demande et qu'ils sont tenus de statuer dans les limites fixées par les conclusions des parties ;*

---

[51] En Grande Bretagne, la juridiction dont le précédent lie puissamment est la « House of Lords ». A sa suite vient celui de la « Court of appeal », puis celui de la « High Court ». Au bas de la pyramide, mais dans l'ordre, se trouvent les décisions rendues par la « Crown Court », la « Country Court », les « Magistrate courts ». Au Cameroun, les vestiges d'une telle construction se trouvent dans le Southern Cameroons High Court Law, 1955. A la Section 7 de ce texte, par exemple, la prescription suivante est formulée : « *To the extent that the Legislature of the Southern Cameroons is enabled to confer such jurisdiction, the High Court shall, in addition to any other jurisdiction conferred by the Constitution order or by this law or any other written law, possess and exercise, within the limits mentioned in, and subject to the provisions of the Constitution Order and this Law, all the jurisdiction, powers and authorities, other than Admiralty jurisdiction, which are vested in or capable of being exercised by her Majesty High Court of justice in England* ». Pour aller plus loin, Cf. ANYANGWE C., *The cameroonian judicial system*, Ceper, Yaoundé, 1987, pp. 251 et s.

[52] Cités par ANYANGWE C., *The cameroonian judicial system*, op cit., p. 252.

[53] Dans des pays comme la France, les parties ont une plus grande mainmise sur le procès civil. Tel est du moins l'impression que dégage du mécanisme de la césure du procès. Insérée à l'article 807 (807-1 à 807-3), elle consiste pour les parties, dans la phase de la mise en état du dossier de l'affaire, par une demande écrite, à solliciter un jugement partiel qui tranche les points décisifs du litige ; de choisir dans le même temps, s'agissant des questions secondaires, de rechercher une solution à l'amiable. S'il fait droit à la demande formulée, le juge ordonne la clôture partielle de l'instruction et renvoie l'affaire devant le tribunal afin que celui-ci statue au fond sur la ou les prétentions déterminées par les protagonistes. « *Le jugement partiel tranche dans son dispositif les seules prétentions faisant l'objet de la clôture partielle* » ; « *la clôture de l'instruction (…) ne peut intervenir avant l'expiration du délai d'appel à l'encontre du jugement partiel ou, lorsqu'un appel a été interjeté, avant le prononcé de la décision statuant sur ce recours* ». A ce sujet, lire AMRANI-MEKKI S., « Des modes amiables aux modes adaptés de résolution des différends. Audience de règlement amiable et césure du procès », *JCP G* 2023, doctr. 1040 ; LINGIBE P., « Que va changer la césure dans le procès civil », *https://www.actu-juridique.fr/arbitrage-marl/que va changer la césure dans le procès civil ?*, 02/11/2023 ; « PRETOT X., LINAIS P., RAJAONA O., « La césure du procès. Une heureuse séparation », *La Semaine Juridique Edition Générale* n° 12, 25 mars 2024, act. 362.

Attendu en l'espèce que la Cour d'appel de Douala avait été invitée par les deux parties en cause, la Sarec et la Société des relais aériens, à dire si le contrat d'entreprise conclu entre elles et dont elles reconnaissent l'existence, devait ou non être résolu pour mauvaise exécution des travaux et à tirer de sa décision toute conséquence directe à savoir le rejet ou l'admission de la demande en paiement desdits travaux ;

Attendu que sans examiner ce problème, la Cour d'appel de Douala a, de sa propre initiative, décidé que la Sarec avait traité, non pas avec les relais aériens, mais avec l'architecte Guillou et qu'en conséquence la Sarec était mal fondée à rechercher en paiement la Société des relais aériens ;

Attendu qu'en se prononçant ainsi sur un problème dont ils n'étaient pas saisis, les juges du fond ont dénaturé le sens et la portée du litige qui leur était soumis privant leur décision de toute base légale... » (CS, arrêt n° 458, 10 avril 1962, Société africaine de revêtements, d'étanchéité, de carrelages c. Société des relais aériens français, Répertoire chronologique, Droit civil et commercial, tome 4, 1960-1980, p. 116 et s. Voir également CS, arrêt n° 24, 11 nov. 1962, Dame Kongho Ebongué Augustine c. Nguini Fouda Fred, Répertoire chronologique de la jurisprudence de la Cour suprême, Droit traditionnel, tome 2, 1960-1980, pp. 23-24 ;arrêt n° 24, 8 déc. 1962, Ngo'o Mebé Jean c. Afané Nemete Myriam, Répertoire chronologique de la jurisprudence de la Cour suprême, Droit traditionnel tome 2, 1960-1980, préc., p. 24 ;arrêt n° 57, 25 fév. 1964, Kwessi Amuah Joseph c. Mbézelé Rose, Répertoire chronologique de la jurisprudence de la Cour suprême, Droit traditionnel, préc., p. 28 ;arrêt n° 121, 9 mai 1967, Béas David c. Moundjougui Marguerite, Répertoire chronologique de la jurisprudence de la Cour suprême, Droit traditionnel, 1960-1980, préc., p. 29 ; arrêt n° 116, 30 avril 1968, Dipanda Black Pierre c. Ebengué Mbella François, Répertoire chronologique de la jurisprudence de la Cour suprême, Droit traditionnel, 1960-1980, préc., pp. 93 et s. ; arrêt n° 12, 17 nov. 1970, Dooh Ekobo Abel c. Sissako Adèle Répertoire chronologique de la jurisprudence de la Cour suprême, Droit traditionnel, 1960-1980, préc., p. 34 ; arrêt n° 21/S, 12 avril 1990, Socopar c. Mvondo Michel, Répertoire chronologique de la jurisprudence de la Cour suprême, Droit social, tome 3, 1980-2000, p. 441 ; arrêt n° 25/S, 17 mai 1990, Restaurant Le Paris c. Tetang Jean, Répertoire chronologique, Droit social, tome 3, op.cit., p. 442 ; arrêt n° 42/S, 17 mai 1990, Société Bebum c. Mfonzock Laurent et Mota Mbengue, Répertoire chronologique, Droit social, tome 3, op.cit., p. 443 ; arrêt n° 23/S, 20 déc. 1990, Société Coron c. Elouma Jean Baptiste, Répertoire chronologique, Droit social, tome 3, op.cit., p. 446 ; arrêt n° 42 /S, 14 fév. 1991, Syndicat des acconiers c. Ndjong Pascal Blaise, Répertoire chronologique, Droit social, tome 3, op.cit., p. 449 ; arrêt n° 87/S, 6 juin 1991, Croix rouge camerounaise c. Mekeme née Atangana Rosalie, Répertoire chronologique, Droit social, tome 3, op.cit., pp. 450 et s. ; arrêt n° 38/S, 18 mars 1993, Groupement des pharmaciens du Cameroun c. Eveng Emmanuel, Répertoire chronologique, Droit social, tome 3, préc. p. 459 ; arrêt n° 24/S, 9 déc. 1993, Université de Yaoundé c. Fouda Louis, Répertoire chronologique, Droit social, tome 3, op.cit. p. 467 ; arrêt n° 68/S, 2 juin 1994, Fokwa Victor c. SCB, Répertoire chronologique, Droit social, tome 3, préc., pp. 470 et s. ; arrêt n° 49/S, 28 nov. 1996, SA Les brasseries du Cameroun c. Wambo François, Répertoire chronologique, Droit social, tome 3, op.cit. pp. 500 et s. ; arrêt n° 66/S, 26 fév. 1998, Doumbé Dicka c. Douala Djecka, Répertoire chronologique Droit social, tome 3, op.cit. p. 509 ; arrêt n° 108/S, 28 mai 1998, BIAO c. Kengne Benjamin, Répertoire chronologique, Droit social, tome 3, op.cit. p. 510 ; arrêt n° 120/S, 5 août 1999, Mideviv c. Omengue Donatien, Répertoire chronologique, Droit social, tome 3, op.cit. p. 527).

En cinquième lieu, les magistrats appelés à juger assument cette fonction dans des configurations parfois très différentes les unes des autres. Pour ne prendre qu'un exemple parlant, tandis que quelques-uns se prononcent sur l'affaire soumise à leur examen en se référant à la procédure de droit commun, quelques autres jugent en urgence. La distinction n'est pas sans intérêt. Effectivement, on sait que le juge de l'urgence, à l'opposé de son homologue appelé à statuer en dehors de ce contexte, n'a pas à préjudicier au fond. Au demeurant, la décision rendue en urgence n'a généralement pas le bénéfice entier de l'autorité de la chose jugée ; son autorité, pour reprendre une formule banale mais édifiante, est relative. La distinction doit cependant être accueillie avec recul. La raison en est que le droit aménage bien des situations où, d'une espèce à l'autre, le même magistrat juge en urgence et en dehors de l'urgence. Par ailleurs, il n'est pas rare que celui-ci doive statuer « comme en matière d'urgence » et, dès lors, est en quelque sorte obligé d'aller au fond de l'affaire pour trancher. Le cliché saisissant à ce sujet est celui de l'article 49 de l'Acte uniforme portant organisation des procédures simplifiées de recouvrement et des voies d'exécution à ce jour révisé où l'exigence est exprimée que la juridiction compétente pour tout litige ou toute demande relative à une mesure d'exécution forcée ou à une saisie conservatoire est *« le président de la juridiction statuant en matière d'urgence ou le magistrat délégué par lui »*[54] *(sur l'ensemble, Cf. not. CCJA, arrêt n° 014/2007, 29 mars 2007, Société internationale de commerce des produits tropicaux dite SICPRO c. Gestion ivoirienne c. Gestion ivoirienne de transport maritime aérien GITMA, devenue GETMA ; arrêt n° 06/2002, 21 mars 2002, Michel Ngamako c. Guy Deumany Mbouwoua, in Les grandes décisions de la Cour commune de justice et d'arbitrage de l'OHADA, préc., pp. 451 et s., obs. KENFACK P.E. Voir également CCJA, avis n° 001/2019, 25 mars 2019, Demande d'avis consultatif du président du tribunal de commerce de Cotonou-République du Bénin, http://www.ohada.org ; arrêt n° 005/2017, 26 janv. 2017, BSIC- CI SA c. Entreprise de services des produits pétroliers SA, http://www.ohada.org ; arrêt n° 108/2014, 04 nov. 2014, Ongolo Entrepreneur-*

[54] L'écriture de cet article a été légèrement modifiée à la faveur de la révision de l'Acte uniforme portant organisation des procédures simplifiées de recouvrement et des voies d'exécution. Elle se configure désormais ainsi : « *En matière mobilière, le président de la juridiction compétente dans chaque État partie ou le juge délégué par lui connaît de tout litige ou toute demande relative à une mesure d'exécution forcée ou à une saisie conservatoire* ».

Prestataire de services c. Société africaine pour l'industrie et le commerce au Cameroun dite SAFRIC S.A, http://www.ohada.org ; arrêt n° 022/2012, 15 mars 2012, Soc. Nationale ivoire travaux dite SONITRA SA c. Soc. Koffi About et partners architechts SARL, Recueil de jurisprudence de la CCJA n° 18, 2012, pp. 184 et s. ; CA d'Abidjan, Chambre civile et commerciale, arrêt n° 338, 20 mars 2001, SCI de Dankro c. Dame Jacquet Simone, Société Makan Textile, Librairie chrétienne foi et vie, Agence hémisphère voyages, ohadata, J. 02-82 ; CA de Port-Gentil, Chambre civile et commerciale, arrêt n° 60/98-99, 28 avril 1999, Sté EFG c. Cagrino, ohadata, J- 02-151, obs. ISSA-SAYEGH J. ; CA de Niamey, Chambre civile, arrêt n° 121, 16 oct. 2002, Etablissements Oudou Karimoun c. Hadja Aïssa Maïga Kaduna, ohadata, J-03-255 ; CA du Littoral, arrêt n° 91/REF, 09 juin 2004, Société Le Printemps du centre SARL c. Société F.A.I.E. SARL, ohadata, J-06-184 ; CA du Littoral, arrêt n° 61/REF, 23 fév. 2004, Société industries forestières de Batalimo c. Ets Al Adwar, ohadata, J-06-179 ; The Court of appeal, South West Region, 2nd nov. 2016, Crédit foncier du Cameroun vs. Namolongo Peter Okpo, S.L.R., vol. 7, 2017, pp. 94 et s. ; The Court of appeal, South West Region, 13 janv. 2016, Chief Imbia John Mbenge, Mukete Paul Mansi, Asikpo Denis, Ngoe Japhet, Mokube Mary Lokenye, Eboka Benedict Esomba vs. The people of Cameroon and Essa Samuel Agbor, préc. ; The Court of appeal, South West Region, 17th dec. 2015, Afriland First Bank vs. Ubi Abosi Joseph, préc.).

En sixième lieu et en droite ligne de ce qui précède, la décision du magistrat occupant le siège est prononcée tantôt en audience publique, tantôt à huis-clos, tantôt par lui tout seul, tantôt avec ses pairs rassemblés au sein d'un collège. A l'examen, le huis-clos est exceptionnel. En ce sens, l'observation a déjà été faite selon laquelle la justice doit être rendue publiquement, donc au fond que le cérémonial débouchant sur la décision se déroule dans une salle ouverte à tous et que le droit est dit devant le public[55]. Quant à la collégialité, elle n'est pas non plus usuelle, ne serait-ce que dans la mesure où on la retrouve davantage au niveau des juridictions du second degré et suprêmes. Or, d'un point de vue numérique, celles-ci sont de loin les moins importantes *(CS, arrêt n° 303/P, 18 juil. 1985, Nempe Alexis c. Ministère public et Fotsing Emmanuel, Répertoire chronologique de la jurisprudence de la Cour suprême, tome 1, Droit pénal, préc., pp. 6 et 7 ; arrêt n° 124 /P, 10 avril 1986, Laine Endoxie et Diocèse de Douala c. Ministère public et Bessong André-Marie, RCD n° 31-32, 1986, pp. 181 et s., rapp. Nguini ; arrêt n° 38/CC, 14 fév. 1985, Makanda Jean-Baptiste c. Ngo Nouga Lydie Juliette, RCD n° 30, 1985, pp. 218 et s., rapp. Njem B. ; arrêt n° 252/S, 21 sept. 2000, Société Semry c. Eloundou Ngono, Répertoire chronologique de la jurisprudence de la Cour suprême, Droit social, 1980-2000, tome 3, p. 1109 ; arrêt n° 1/CC, 1er oct. 1981, Dame Kameni née Lambert c. Kameni Marcellin, RCD n° 25, 1983, p. 142.*

[55] Voir dans cet ouvrage, au chapitre 2 du titre 3, les développements relatifs à la publicité de la justice.

Adde : CS, arrêt n° 9, 21 oct. 1969, Dame Pokossy née Coursil Eliane c. Pokosy Doumbé, Répertoire chronologique de la jurisprudence de la Cour suprême, Droit civil et commercial, tome 4, préc., p. 77 ; arrêt n° 156/P, 16 juin 1994, Yendé Amadou et Ndoumbe Amadou c. Ministère public et Noungang Dieudonné et autres, Répertoire chronologique de la jurisprudence de la Cour suprême, tome 1, Droit pénal, préc., pp. 1236-1237 ; arrêt n° 242/P, 03 juin 1999, Sipeng Abraham, Noutong Jean c. Ministère public et Nguenang Manfo Chrétien, Dieudonné et autres, Répertoire chronologique de la jurisprudence de la Cour suprême, tome 1, Droit pénal, préc., pp. 1237-1238 ; arrêt n° 13/P, 12 oct. 2000, Endjante Medjo Joseph, Ze Mevoungou Pierre c. Ministère public et Akono Medjo Samuel et autress, Répertoire chronologique de la jurisprudence de la Cour suprême, tome 1, Droit pénal, préc., pp. 1238-1239 ; arrêt n° 311/P, 21 sept. 2000, Ngongang Mathieu et Youmessi Philippe c. Ministère public et Fom Fidèle, Répertoire chronologique de la jurisprudence de la Cour suprême, tome 1, Droit pénal, préc., pp. 1240-1241 ; arrêt n° 312/P, 21 sept. 2000, Fombalang Georges et Société Cacep c. Ministère public et Kwenkap Kemayou Hugues, Répertoire chronologique de la jurisprudence de la Cour suprême, tome 1, Droit pénal, préc., pp. 1240-1241 ; arrêt n° 314/P, 21 sept. 2000, Tabi Mengue Jacques c. Ministère public et Belibi Onana François, Répertoire chronologique de la jurisprudence de la Cour suprême, tome 1, Droit pénal, préc., pp. 1241-1242 ; arrêt n° 182/P, 14 juil. 1988, Mba Christophe, Anyou Nna François c. Ministère public, Awah Peters et autres, Répertoire chronologique de la jurisprudence de la Cour suprême, Droit pénal, 1980-2000, tome 1, préc., p. 182 ; arrêt n° 206/P, 14 juil. 1988, Yetngoue Zachée c. Ministère public et Yamendjeu Samuel, Répertoire chronologique de la jurisprudence de la Cour suprême, Droit pénal, 1980-2000, tome 1, préc., p. 183 ; arrêt n° 208/P, 11 août 1988, Bitogol Paul c. Ministère public, Messina David, Djengoué Louis, Répertoire chronologique de la jurisprudence de la Cour suprême, Droit pénal, 1980-2000, tome 1, préc., p. 184 ; arrêt n° 2/P, 20 oct. 1988, Peka Pius, Noumogni Pepewa Germain et Librairie Papeterie camerounaise c. Ministère public et Peka Pius, Noumogni Papawa Germain et Librairie papeterie camerounaise, Répertoire chronologique de la jurisprudence de la Cour suprême, Droit pénal, 1980-2000, tome 1, préc., pp. 184-185 ; arrêt n° 172/P, 24 août 1989, Sonkoué Lucas, Yimta André, Siyapdjie Yepkam Daniel c. Ministère public et ayants-droits Njoto Gango, Répertoire chronologique de la jurisprudence de la Cour suprême, Droit pénal, 1980-2000, tome 1, préc., pp. 186 et s.; arrêt n° 174/P, 24 août 1989, Tedontsop Paul c. Ministère public, Zangué Edouard et autres, Répertoire chronologique de la jurisprudence de la Cour suprême, Droit pénal, 1980-2000, tome 1, préc., pp. 187 et 188, cité également par DZEUKOU G.B., *Code de procédure pénale, préc., p. 466 ; arrêt n° 221/P, 28 sept 1989, Pouma Tsala René c. Ministère public, Zangué Edouard et Biolo Onana Thomas, Répertoire chronologique de la jurisprudence de la Cour suprême, Droit pénal, 1980-2000, tome 1, préc.,pp. 189).*

Reste à se souvenir, singulièrement lorsque la collégialité est incontournable, que les modalités de la délibération sont loin d'être homogènes. En effet, le délibéré peut intervenir sur le siège ou sur le champ, dit-on encore. Cela suppose que la décision de justice soit rendue immédiatement après avoir écouté les parties au procès ; que les juges se soient concertés à voix basse mais sans se retirer de la salle où se tient l'audience. Le délibéré peut intervenir en chambre du conseil. En ces circonstances, les magistrats se retirent après la phase publique du procès, généralement pendant un laps de temps court, afin de se concerter au sujet de la solution à retenir. Le délibéré peut intervenir à l'issue d'un renvoi pour « ample délibéré ». La « sentence » est alors à énoncer à l'occasion d'une audience à venir. Dans cette situation plutôt courante, les magistrats s'accordent davantage de temps pour apprécier les arguments des protagonistes et trancher en se souciant du salut de leur âme, en se souvenant de la norme et des arguments des litigants, des éléments de preuve produits [56]*(pour des illustrations, voir not. CS, arrêt n° 31, 7 mars 1974, Tcheuffa Richard c. Mbiakop André, Répertoire chronologique de la jurisprudence de la Cour suprême, Droit civil et commercial, tome 4, p. préc.*[57] *; arrêt n° 1/S, 2 oct. 1980, Le Relais Saint Hubert c. Yanga Gadji, Répertoire chronologique de la jurisprudence de la Cour suprême, Droit social, 1980-2000, préc., pp. 646-647*[58] *; arrêt n° 82/S, 14 juin 1984, Station avicole de Mvog-Betsi, Répertoire chronologique de la jurisprudence de la Cour suprême, Droit social, 1980-2000,*

---

[56] HERON J., LE BARS Th., *Droit judiciaire privé*, Domat-Montchrestien, Paris, 2012, p. 391, n° 468. Cf. également AKAM AKAM A., op cit., pp. 501 et s. ; DUMAS J.P., « Secret des juges », *Etudes offertes à Pierre Cartala*, Paris, Litec, 2001, pp. 179 et s. ; DUMAS J.P., « Délibéré », in CADIET L. (dir.), *Dictionnaire de la justice*, PUF, Paris, 2004, pp. 315 et s. ; NEMEDEU R., « Que reste-t-il du secret des délibérés après la consécration de la communication des opinions minoritaires », *RASJ*, 2014-2, pp. 43 et s. ; NSOGA E.Z. II, *Le jugement*, op cit.,. 91, n° 81.

[57] On y découvre : « *Sur le premier moyen de cassation pris de la violation de la loi, violation des articles 37 de l'ordonnance 59-86 du 17 décembre 1959 et du Code de procédure civile et commerciale (…) ;*
En ce que le président de la cour ayant changé en cours d'instance, les débats n'ont pas été repris par le nouveau président, il n'est pas mentionné que les parties ont à nouveau été entendues par le président Bobiokono à partir de l'audience du 22 novembre 1972 ;
Alors surtout que Tcheuffa Richard n'a pas conclu postérieurement à la date susvisée et que l'enquête à laquelle il a été procédé en cours d'instance, et ce qui est visé dans les motifs de l'arrêt, avait été diligentée par Monsieur le président Moudiki ;
Attendu que l'arrêt mentionne d'une part que les débats ont été déclarés clos à l'audience du 21 décembre 1972 par le président Bobiokono et l'affaire mise en délibéré, prorogé au 18 janvier 1973 ; et d'autre part « Oui M. le président en son rapport ; oui, les parties en cause en leurs conclusions écrites ou orales » ;
Qu'il en résulte nécessairement que les débats avaient été intégralement repris devant le nouveau président, les mentions de l'arrêt faisant foi jusqu'à inscription de faux, procédure non utilisée en l'espèce.
D'où il suit que le premier moyen manque de fait ».

[58] Le verdict de la cour est suffisamment édifiant dans cette affaire. Sa substance est celle-ci : « *(…) Sur la première branche, en ce que la cour a mis l'affaire en délibéré le 25 mai 1978, alors que la mise en délibéré ne pouvait être prononcée que pour un délai maximum de huit jours ;*
Mais attendu que si le délai maximum de huit jours imparti pour délibérer marque le souci du législateur de donner aux différends individuels de travail une solution rapide, par contre la disposition du texte précité instaurant ce délai est dépourvu de sanction ; que par suite, son inobservation ne saurait servir de motif de cassation ;
Attendu, au surplus, que le juge qui met une affaire en délibéré a le droit de proroger ce délibéré autant que l'exigent les besoins de la cause ;
D'où il suit qu'en sa première branche, le moyen ne saurait être accueilli… »

préc., pp. 650-651[59] *; arrêt n° 61/S, 5 mai 1994, Renault-Cameroun c. Bayiha Simon Pierre, Répertoire chronologique de la jurisprudence de la Cour suprême, Droit social, 1980-2000, préc., pp. 659-660 ; arrêt n° 104/S. 18 mai 1995, CAMI Toyota c. Moutlen Simon, Répertoire chronologique, Droit social, 1980-2000, préc., pp. 1069-1070 ; arrêt n° 182/P, 14 juil. 1988, Mba Christophe, Anyou Nna François c. Ministère public, Awah Peters et autres, Répertoire chronologique de la jurisprudence de la Cour suprême, Droit pénal, 1980-2000, tome 1, préc., p. 182 ; arrêt n° 206/P, 14 juil. 1988, Yetngoue Zachée c. Ministère public et Yamendjeu Samuel, Répertoire chronologique de la jurisprudence de la Cour suprême, Droit pénal, 1980-2000, tome 1, préc., p. 183 ; arrêt n° 208/P, 11 août 1988, Bitogol Paul c. Ministère public, Messina David, Djengoué Louis, Répertoire chronologique de la jurisprudence de la Cour suprême, Droit pénal, 1980-2000, tome 1, préc., p. 184 ; arrêt n° 2/P, 20 oct. 1988, Peka Pius, Noumogni Pepewa Germain et Librairie Papeterie camerounaise c. Ministère public et Peka Pius, Noumogni Papawa Germain et Librairie papeterie camerounaise, Répertoire chronologique de la jurisprudence de la Cour suprême, Droit pénal, 1980-2000, tome 1, préc., pp. 184-185 ; arrêt n° 4/P, 20 oct. 1988, Sientcheu Jean Martin c. Ministère public et ayants-droits Nkandou Nicolas, Répertoire chronologique de la jurisprudence de la Cour suprême, Droit pénal, 1980-2000, tome 1, préc., pp. 185-186 ; arrêt n° 110/P/CJ/CS, 16 déc. 2021, Mbanga Jean Pierre c. Ministère public et ayants-droit de Mbanga Jean Valéry représentés par Mbanga née Ngo Loa Pauline, inédit ; arrêt n° 221/P, 28 sept 1989, Pouma Tsala René c. Ministère public, Zangué Edouard et Biolo Onana Thomas, Répertoire chronologique de la jurisprudence de la Cour suprême, Droit pénal, 1980-2000, tome 1, préc., pp. 189*[60] *; CCJA, arrêt 088/2014, La Société des produits Nestlé S.A. c. Maître Medafe Marie Chantal et La Société Nestlé Côte d'Ivoire S.A, http://www.ohada.org*[61]*)*. En tout état de cause, les textes

---

[59] L'arrêt rendu casse et anéantit celui de la juridiction d'appel de Yaoundé. Ses maîtres- mots sont ceux-ci : « *Attendu qu'il résulte de l'extrait du plumitif ainsi que de la chemise du dossier d'instance que l'affaire ayant été mise en délibéré à l'audience du 16 février 1979, jugement à être rendu le 22 septembre, le délibéré a successivement été prorogé au 17 novembre puis au 16 févier 1980, date à laquelle il fut rabattu et la cause et les parties renvoyées au 29 mars ;*
Attendu qu'à cette dernière audience l'affaire fut de nouveau mise en délibéré pour le 10 mai 1980 ;
Qu'il résulte incontestablement qu'entre ces deux dernières audiences de la procédure que de nouvelles citations ont été adressées entre-temps aux parties et notamment à la demanderesse au pourvoi ;
Mais attendu qu'il n'apparait nulle part du dossier de la procédure que de nouvelles citations ont été adressées entre-temps aux parties et notamment à la demanderesse au pourvoi ;
Attendu que n'ayant pas été mise au courant de la réouverture des débats et de la mise à nouveau de l'affaire en délibéré, la Station avicole n'a pas pu se présenter à cette dernière audience ni son conseil ; qu'en conséquence la décision intervenue dans la cause ne pouvait qu'être réputée contradictoire à son égard ».

[60] Deux leçons se dégagent de cet arrêt de cassation. L'une est que « *les règles relatives à la composition des juridictions et celles relatives à la délibération des juridictions collégiales sont d'ordre public* ». L'autre est que « *Toute décision de justice doit renfermer en elle-même la preuve de la composition légale de la juridiction dont elle émane et celle de la participation des magistrats à la délibération* ».

[61] Dans cette espèce, le reproche est fait à la Cour d'appel d'Abidjan d'avoir violé l'article 52 du Code de procédure civile ivoirien et les principes généraux du droit encadrant le déroulement

semblent offrir aux juges minoritaires la possibilité d'exprimer par écrit leur opinion dissidente, puis de la consigner dans le dossier de la procédure[62]. Cela n'exclut cependant pas, un jour, que l'on s'interroge de savoir si cette trêve est vraiment opportune dans l'ensemble des procès. Radicaux, quelques-uns y répondront à coup sûr par la négative. Il ne devrait même pas être surprenant que ceux-ci en arrivent purement et simplement à suggérer la suppression du dialogue des juges, notamment en mettant en avant le fait que celui-ci prolonge la durée du procès sans que la certitude soit acquise, entretemps, que les magistrats disposeront de moyens susceptibles de permettre de résister efficacement à diverses pressions ou sollicitations. Un bon « moyen terme » pouvant servir à départager les protagonistes est développé dans une circulaire de Monsieur Andze Tsoungui Gilbert, ministre de la justice Garde des sceaux, en date du 25 juin 1982. Le contenu à la fois sévère et ferme de cet acte administratif adressé aux présidents des cours d'appel, malheureusement peu diffusé, donc demeuré anonyme dans nombre de prétoires, doit être rappelé. Titré « *Limitation des renvois de causes et des délibérés* », celui-ci se décline ainsi : « *Mon attention vient d'être attirée sur les retards apportés par les magistrats au règlement des affaires devant leurs juridictions respectives.*

Les doléances des justiciables et les contrôles effectués par la chancellerie relèvent à cet égard que la plupart des magistrats procèdent d'autorité ou à la demande des avocats, à la mise en délibéré des affaires pendant de longs mois, voire à des prorogations abusives de délibérés et des renvois de causes pour des motifs fantaisistes voire dilatoires.

Cette situation qui déconcerte les justiciables, suscitant parfois des commentaires peu élogieux à l'endroit du service judiciaire est consécutive au laxisme de bon nombre de chefs de juridictions, caractérisé notamment par l'absence de tout contrôle sur le rendement quantitatif et qualitatif des magistrats placés sous leurs ordres, le

---

impartial et équitable du procès. Le pourvoyeur estime que celle-ci a plus spécifiquement violé l'exigence de la contradiction dans la mesure où son attitude a eu pour effet de le placer dans l'impossibilité absolue de présenter ses observations relatives à un moyen d'office. La CCJA tranche en ces termes : « *Attendu en effet qu'aux termes de l'article 52 alinéa 4 du code de procédure civile ivoirien, « Le tribunal pourra également, sans modifier ni l'objet ni la cause de la demande, inviter oralement ou par écrit les parties à fournir dans un délai fixé les explications de droit ou de fait, nécessaires à la solution du litige. Aucun moyen, même d'ordre public, non soulevé par les parties, ne pourra être examiné sans que celles-ci aient été appelées à présenter leurs observations à cet égard » ;*
Attendu qu'il résulte de l'arrêt querellé lui-même qu'aucun délai n'a été fixé aux parties pour faire des observations relativement au moyen d'irrecevabilité soulevé d'office ; qu'ayant statué ainsi sur-le-champ après rabat et remise en délibéré, la cour a manifestement violé les dispositions visées au moyen faisant encourir la cassation à sa décision… »

[62] En ce sens, voir l'article 9 alinéa 3, loi du 29 décembre 2006 portant organisation judiciaire. Voir également l'article 389 (5), Code de procédure pénale. Lire FLAUSS J.-F., « Opinion dissidente », *in CADIET L. (dir.), Dictionnaire de la justice*, PUF, Paris, 2004, pp. 941 et s. ; LAURAIN Y., « L'opinion divergente dans les décisions de justice », *Gaz Pal.* 20-21 juin 1990, pp. 37 et s. ; ROUSSEAU D. et autres, « Contribution au débat sur les opinions dissidentes dans les juridictions constitutionnelles », *Cahiers cons. const* ; 2002, n° 8, pp. 88 et s. ; SOW O., « Les fonctions des opinions séparées dans les décisions de la Cour africaine des droits de l'homme et des peuples », *RIDC*, oct.-déc. 2023, n° 4, pp. 921 et s.

manque d'autorité à l'égard des auxiliaires de justice, ou d'une manière générale, le défaut ou l'insuffisance d'une étude approfondie des dossiers de procédure avant l'audience.

S'il est vrai que le bulletin de casier judiciaire n° 2 est nécessaire à la constatation de l'état de récidive ou au prononcé d'une mesure de relégation ou de sursis, le défaut de cette pièce ne devrait pas constituer à lui seul un obstacle au règlement rapide d'une affaire pénale.

Pour mettre fin à ces errements qui s'apparentent à un déni de justice, j'ai l'honneur de vous demander de bien vouloir inviter les magistrats relevant de votre autorité à limiter à un (1) mois au maximum le délai de mise en délibéré des affaires ; limiter à quatre (4) le nombre de renvois de cause en matière pénale et à deux (2) en matière civile, commerciale, sociale et coutumière ; éviter des prorogations de délibérés supérieurs à quinze (15) jours ; procéder au contrôle systématique du service des audiences... »[63]

---

[63] A supposer que les termes de cette circulaire soient perdus de vue, il importera, en matière répressive :
- De se souvenir des prévisions de l'article 388 où l'idée est développée d'après laquelle le jugement est rendu soit immédiatement, soit dans un délai de quinze jours après la clôture des débats. « *En cas de mise en délibéré de l'affaire, le président informe les parties de la date à laquelle le jugement sera prononcé* ». « *Il peut, s'il le juge utile, rouvrir les débats avant le prononcé de la décision* ».
- De se souvenir des articles 340 et suivants du Code de procédure pénale qui traitent du renvoi. Tout d'abord, ils distinguent le renvoi obligatoire du renvoi facultatif. Le renvoi de l'affaire à une audience ultérieure est obligatoire lorsque le prévenu ou toute autre partie est absent sans avoir été régulièrement cité. Le renvoi est facultatif soit lorsque les autres personnes convoquées ou citées sont absentes, soit à la demande des parties.
Ensuite, ils prescrivent que le président qui ordonne le renvoi est tenu d'indiquer à haute voix le motif et la date fixée pour la prochaine audience. En conséquence, la conclusion est tirée que le renvoi prononcé en présence des parties qui ont comparu vaut notification de la date de la prochaine audience, puis que lorsque la mesure a été décidée en l'absence d'une partie régulièrement citée, celle-ci devrait s'enquérir de la nouvelle date d'audience auprès du greffe de la juridiction.
De même, ils imposent au magistrat qui suspend l'audience de fixer et d'indiquer l'heure et la date de la reprise. Surtout, ils retiennent que le tribunal ne peut renvoyer une affaire *sine die* sous peine de poursuites disciplinaires contre le magistrat auteur du renvoi. Logiquement alors, la Cour suprême a pu juger ce qui suit : « *Attendu que les dispositions des articles 153 et 190 du Code d'instruction criminelle ordonnent (...) que le jugement soit prononcé de suite ou, au plus tard, à l'audience qui suivra celle où l'instruction aura été terminée ;*
Qu'en principe, cette prescription n'est pas considérée comme étant de rigueur, ni sanctionnée à peine de nullité ; qu'il est au contraire admis que le tribunal peut renvoyer à une audience ultérieure qui n'est pas nécessairement la plus proche de celle qu'il tiendra le prononcé de son jugement, même en matière pénale ;
Attendu toutefois que cette facilité est enfermée dans une double limite ; qu'en effet, un tribunal ne saurait d'abord sans commettre un déni de justice, prononcer un ajournement indéfini ; qu'il ne saurait non plus renvoyer sine die c'est-à-dire sans fixer le jour précis où il rendra son jugement ;
Que dès lors, la fixation d'une date précise pour le prononcé du jugement est indubitablement une formalité prescrite à peine de nullité par la loi ;
Attendu, dans ces conditions, qu'en renvoyant l'affaire "sine die" le tribunal correctionnel a, sans aucun doute, violé l'article 190 du Code d'instruction criminelle ;
Attendu qu'aux termes de l'article 215 du code, la Cour d'appel qui annule un jugement correctionnel, pour maintien ou violation des formes prescrites par la loi à peine de nullité, doit évoquer la cause et statuer au fond... » (CS, arrêt n° 27 /P, 17 janv. 1974, cité par DZEUKOU G.B., *Code de procédure pénale*, préc., p. 139).

Cela mis de côté, il est courant, notamment lorsque la collégialité est prescrite, que des personnes siègent avec le magistrat sans avoir elles-mêmes ce titre ou cette qualité. C'est par exemple le cas devant les juridictions de droit traditionnel ou en matière sociale où la figure de l'assesseur, qui n'est pas du corps judiciaire, est quasiment incontournable[64]. En conséquence, la Cour suprême sanctionne assidûment l'attitude des magistrats du siège consistant ici à s'opposer à ce que les assesseurs accèdent au dossier de l'affaire, à ne pas leur offrir l'opportunité d'écouter les justiciables. Elle se montre davantage sévère lorsque cette catégorie ne participe pas aux délibérations et donc n' exprime pas ses vues dans le cadre formel de ce vote qui doit précéder et guider la décision à rendre *(voir notamment CS, arrêt n° 30, 24 avril 1975, Atanga Bernard c. Entreprise EGBC, Répertoire chronologique de la jurisprudence, Droit social, 1960-1980, préc., pp. 265 et s. ; arrêt n° 58/S, 4 juin 1981, Société des transports urbains du Cameroun dite Sotuc c. Bonga Yocky Jonas, Répertoire chronologique de la jurisprudence, Droit social,, préc., pp. 647 et s. ; arrêt n° 95/S, 17 sept. 1981, Nguetchouang Athanase c. Njipouakouyou Isaac, Répertoire chronologique de la jurisprudence, Droit social, op.cit., pp. 648 et s. ; arrêt n° 23/S, 10 déc. 1981, Société Bourdin et Chaussée c. Lapa Pierre, Répertoire chronologique de la jurisprudence, Droit social, préc., p. 55 ; arrêt n° 104/S, 19 août 1982, Syndicat des acconiers c. Sunday Clément et CTMC, Répertoire chronologique de la jurisprudence, Droit social,, op.cit., pp. 648-649 ; arrêt n° 3/S, 1er oct. 1981, Société Ludwig Egic c. Mboula Joseph, Répertoire chronologique de la jurisprudence, Droit social, op.cit., p. 54 ; arrêt n° 111/S, 19 août 1982, Socopao c. Okon Etim Odiong, Répertoire chronologique de la jurisprudence, Droit social, op.cit., p. 650 ; arrêt n° 84/S, 8 août 1985, Transcap c. Dalle Nyoungue Victor, Répertoire chronologique, op.cit., pp. 56 et s. ; arrêt n° 10/S, 5 déc. 1985, Etablissements Stamatiades c. Mimballa René, Répertoire chronologique de la jurisprudence, Droit social, op.cit., pp. 57 et s. ; arrêt n° 17/S, 29 oct. 1987, Texaco c. Ndjeng Blaise, Répertoire chronologique de la jurisprudence, Droit social, op.cit., pp. 655-657 ; arrêt n° 50/S, 6 août 1990, Sofra TP c. Abouem Guillaume,*

---

64 Sur l'ensemble, lire AMVELLA BIDJO C.E., « L'assessorat en droit camerounais», *Juridis Périodique* n° 132, oct.-déc. 2022, pp. 176 et s. ; ANYANGWE C., The cameroonian judicial system, Ceper, Yaoundé, 1987, p. 15 ; DZEUKOU G.B., « L'effectivité du droit coutumier », in *L'effectivité du droit, Mélanges en l'honneur du professeur François Anoukaha*, L'Harmattan, Paris, 2021, p. 492, n° 37 ; KENFACK P.E., « Les droits traditionnels dans l'ordre juridique camerounais aujourd'hui », in « Le métissage des droits en Afrique subsaharienne francophone. Regards croisés », GAU-CABEE Caroline (dir.), CTHDIP, Toulouse, 2022, pp. 75 et s. ; KUATE TAMEGHE S.S., « La réorganisation des juridictions de l'ordre judiciaire au Cameroun », in ABOUEM A TCHOYI D., MBAFOU S.C. (dir.), *Améliorer l'efficacité de l'Etat au Cameroun. Propositions pour l'action*, L'Harmattan, Paris, 2019, pp. 167 et s. ; NJOYA NJUMOU M., *La sécurité judiciaire au Cameroun*, Thèse, Yaoundé 2, 2019, pp. 200 et s., n° 308 et s. ; TEPI S., « Considérations sur les assesseurs dans les procès traditionnels au Cameroun », *RIDA EDJA*, oct.-déc. 2001, n° 51, pp. 39 et s. ; TCHAKOUA J.-M., *Introduction générale au droit camerounais*, PUCAC, Yaoundé, 2017, p. 265, n° 356. Voir également, dans le tome 1 de cet ouvrage, les pages 47 et suivantes consacrées aux juridictions de droit traditionnel.

Répertoire chronologique de la jurisprudence, Droit social, op.cit., pp. 658 et s. ; arrêt n° 8/S, 19 nov. 1992, Communauté urbaine de Douala c. Ndédi Missapa Dieudonné, Répertoire chronologique de la jurisprudence, Droit social, préc., pp. 70 et s. ; CS, arrêt n° 166, 11 avril 1961, Nlanga Victor c. Ngono Anasthasie, Répertoire chronologique, Droit traditionnel, 1960-1980, pp. 89-90 ; arrêt n° 44, 9 nov. 1969, Mbock Mathias c. Mayi Robert, Répertoire chronologique de la jurisprudence de la Cour suprême, Droit traditionnel, 1960-1980, p. 376 ; arrêt n° 438, 27 mars 1962, Bidzanga Michel c. Nsomena Léonard, Répertoire chronologique, Droit traditionnel, 1960-1980, préc. ; arrêt n° 476, 8 mai 1962, Babaloia c. Gollong, Kombi Boumé, Edimé Penda, Nyamding Lemba et Ngando Jacques, Répertoire chronologique, Droit traditionnel, 1960-1980, préc., pp. 90-91 ; CS, arrêt n° 49/CC, 24 nov. 2005, Chief Formin Ndeh c. Chief Foreke Belua, cité par AMVELLA BIDJO C.E., « L'assessorat en droit camerounais », préc., p. 181).

En septième lieu, un interprète doit parfois être désigné pour éclairer le tribunal voire le justiciable. Tel est généralement le cas lorsque les plaideurs ne parlent que des langues locales que tous n'ont au demeurant pas toujours en commun. Tel est également le cas lorsque le magistrat a du mal à comprendre la langue dans laquelle les protagonistes échangent devant sa juridiction. Tel est enfin le cas lorsque le justiciable est sourd-muet ou atteint d'une infirmité qui ne lui permet pas de se faire comprendre en conversant[65]. En de telles circonstances, l'interprète devra être choisi parmi des personnes majeures et, surtout, prêter le serment d'interpréter fidèlement les paroles de ceux qui parlent des langues différentes ou ont du mal à s'exprimer[66]. A l'examen, il est attendu de l'intermédiaire un concours qui, seul, facilitera le rapprochement des standards du procès équitable. Du coup, on comprend l'interdiction faite au greffier (et non pas à l'huissier de justice), aux parties ou aux témoins d'assumer cette fonction. Pareillement, on comprend, lorsque l'intermédiaire désigné donne l'impression de ne pas procéder à une interprétation véridique et digne de foi, que le justiciable ait le loisir de solliciter et d'obtenir du magistrat sa récusation. En de telles circonstances, une habitude s'est établie qui conduit d'office, à la suite d'une requête des plaideurs, à changer d'interprète[67] *(sur l'ensemble voir not. CS, arrêt n° 19, 3 mai 1960, Haman Tikabi, Tchinakou Bouladang Alias Senakouam Belatan, Ahmadou Salbidi, Guizi Sorbi et Kaltoum Handou c. Procureur général, Répertoire chronologique de la jurisprudence de la Cour suprême, tome 1, Droit*

---

65 Voir TANO Y., « L'inaptitude juridique de l'analphabète », *RID*, 1986, 3-4, pp. 77 et s. Voir également COTE P.-A., DEVINAT M., *Interpréter la loi*, Les Editions Thémis, Montréal, Canada, 2019, pp. 5 et s. ; FOMETEU J., BRIAND Ph., METANGMO-TATOU L. (dir.), *La langue et le droit*, L'Harmattan-Cameroun, Paris, 2018, singulièrement la contribution de NKOU VONDO Prosper portant sur « La langue de communication devant les juridictions étatiques camerounaises », pp. 519 et s.

66 Article 354, Code de procédure pénale.

67 En ce sens, voir notamment l'article 355, Code de procédure pénale.

pénal, 1960-1980, préc., pp. 491[68] *; arrêt n° 364-P, 19 août 1982, Tagne Henry c. Ministère public, RCD n° 27, 1984, pp 49 et s. ; arrêt n° 171/P, 13 oct. 1983, Nappi Tina Gabriel c. Ministère public et Essomba Charles, RCD n° 27, 1984, préc., pp. 81 et s., rapp. Nguini ; arrêt n° 341/P, 15 sept. 1983, Souchon André c. Ministère public, RCD n° 27, 1984, préc., pp. 84 et s., rapp. Pondy ; arrêt n° 98/P, 13 oct. 1983, Ouenang Miba c. Ministère public et Ngueyap Jacob, RCD n° 27, 1984, préc., pp. 88 et s., rapp. O. Pondy ; arrêt n° 37/P, 3 nov. 1983, Sime Pierre c. Ministère public et Fongang Michel, RCD n° 27, 1984, préc., pp. 92 et s., rapp. O. Pondy ; arrêt n° 98/S, 7 avril 1983, Madame Mougouet c. Temgoua Thomas, Répertoire chronologique de la jurisprudence de la Cour suprême, Droit social, 1980-2000, p. 791 ; arrêt n° 34/S, 10 mars 1993, Seduc Abong-Bang c. Abada Bekolo Dieudonné, Répertoire chronologique, préc., p. 792 ; arrêt n° 1178/P, 13 mai 1993, inédit, cité par DZEUKOU G.B., Code de procédure pénale, préc., p. 114 ; arrêt n° 69/S, 18 janv. 1996, Sofibel c. Belinga Ngondi François, Répertoire chronologique, préc., p. 792 ; arrêt n° 71/S, 26 mars 1998, Toscalis Constantin c. Mezi Jean, Répertoire chronologique, préc., p. 793 ; arrêt n° 18/P, 13 nov. 1980, Simo Jacob c. Ministère Public, Fotue Kamga et autres, Répertoire chronologique de la jurisprudence de la Cour suprême, tome 1, Droit pénal, 1980-2000, pp. 473-474 ; arrêt n° 167/P, 14 mai 1981, Pemboune Salifou c. Ministère Public, Répertoire chronologique de la jurisprudence de la Cour suprême, tome 1, Droit pénal, 1980-2000, pp. 474-475 ; arrêt n° 233/P, 27 mai 1982, Mvondo Hubert, Bouli Mathieu, Essamba Gérard et autres c. Ministère Public et Nsengue Alexandre et autres, Répertoire chronologique de la jurisprudence de la Cour suprême, tome 1, Droit pénal, 1980-2000, pp. 475-476 ; arrêt n° 344/P, 15 juil. 1982, Ndoudoumou Jean Calvin et Ponias c. Ministère public, Nomo Awono Romain et Ngono Marie, Répertoire chronologique de la jurisprudence de la Cour suprême, tome 1, Droit pénal, 1980-2000, p. 480 ; arrêt n° 348/P, 15 juil. 1982, Kapya François, Pouewe Alphonse c. Ministère Public, Banlock fidèle et Mateg Gedefroy, Répertoire chronologique de la jurisprudence de la Cour suprême, tome 1, Droit pénal, 1980-2000, p. 481 ; arrêt n° 369/P, 19 août 1982, Fonds de garantie automobile c. Ministère Public et Moulliom Mfenjou Moïse, Répertoire chronologique de la jurisprudence de la Cour suprême, tome 1, Droit pénal, 1980-2000, p. 487 ; arrêt n° 6/P, 7 oct. 1982, Veuve Eyenga Técla c. Ministère Public et Edzoa Prosper, Répertoire chronologique de la jurisprudence de la Cour suprême, tome 1, Droit pénal, 1980-2000, p. 510).*

---

[68] Dans cet arrêt de principe, la haute juridiction juge : « *Attendu que s'il est exact que Boula Djougal a été désigné comme interprète alors qu'il remplissait les fonctions d'huissier-audiencier, il ne saurait résulter de là aucun motif d'annulation ;*

Qu'en effet, si l'article 332 du Code d'instruction criminelle, qui régit l'interprétation devant les juridictions de droit pénal, dispose que l'interprète ne peut à peine de nullité être pris parmi les témoins, les juges, les jurés, ces incompatibilités sont de droit étroit et ne peuvent être étendues à d'autres personnes que celles-ci-dessus énumérées et notamment à l'huissier de justice audiencier ; que par ailleurs, l'énumération figurant à l'article 16 de l'arrêté du 16 décembre 1954 n'est aucunement limitative des fonctions auxquelles peut être temporairement appelé un huissier ;

D'où il suit que le premier moyen n'est pas fondé. »

A ce stade, il n'est pas surabondant, de révéler que le législateur n'entend plus abandonner le justiciable qui a du mal à se faire comprendre à la lucidité de l'interprète et à la bienveillance de la juridiction appelée à connaitre de son affaire. A preuve, le parlement a adopté une loi n° 2019/019 du 24 décembre 2019 portant promotion des langues officielles au Cameroun. Dans ses grandes lignes, certes le texte visé réitère que chaque entité publique est tenue de disposer d'une structure de traduction, de l'interprétation et de la promotion des langues officielles, animée par des traducteurs et des interprètes professionnels[69]. Toutefois, il va plus loin et retient que l'anglais et le français sont les langues de travail dans les services publics ; que l'usager a le droit de demander à être servi dans l'une de celles-ci officielle ; que les agents publics sont obligés de rendre service dans l'une ou l'autre langue ; que les usagers des entités publiques ont le droit de communiquer et d'échanger avec ceux qui les animent dans l'une ou l'autre langue officielle[70]. Au-delà de ces exigences d'ensemble, la loi du 24 décembre 2019 pose que l'anglais et le français sont indifféremment utilisés devant les juridictions de droit commun et les juridictions spéciales[71] ; que les décisions de justice sont rendues dans l'une ou l'autre langue officielle, en fonction de la préférence du justiciable[72]. Devant les instances constitutionnelles au nombre desquelles le Conseil constitutionnel, il est précisé que les débats et travaux se déroulent indifféremment dans les deux langues officielles ; que dans ces circonstances, la transcription des propos des orateurs dans les procès-verbaux des débats s'opère alors dans la langue officielle dans laquelle les intervenants se sont exprimés[73]. Reste à savoir, et la question se posera forcément sous peu à propos des juridictions de l'ordre judiciaire et de l'ordre administratif, s'il n'était pas à envisager, au moins s'agissant du prononcé de la décision de justice, qu'un morceau se fasse en langue anglaise et un autre en langue française ou inversement. La préoccupation surgira notamment lorsque les justiciables s'exprimeront, l'un en anglais et l'autre en français sans que les intéressés s'accordent à propos de la langue à utiliser pour le verdict. Reste à savoir si la solution retenue dans la loi est la mieux à même de faciliter l'atteinte des objectifs recherchés, notamment dans le sous-secteur de la justice. Effectivement, lorsqu'on se réfère à la formation et au parcours des magistrats, il n'est pas superflu d'estimer que l'idéal aurait été d'envisager par exemple, dans les régions du Nord-ouest et du Sud-ouest, que la justice soit rendue en anglais et que la décision prononcée soit traduite en français, mais que le justiciable ait ici le loisir de manifester une préférence linguistique différente. Dans la même tournure d'esprit, on aurait pu envisager, dans les autres régions du pays où semble

[69] Article 14.
[70] Article 15.
[71] Article 26-1.
[72] Article 26-2.
[73] Articles 22 et 23.

prédominer la langue française, que la justice soit rendue en anglais et la décision prononcée dans cette langue, mais que celle-ci soit traduite en anglais. Dans cette logique, le justiciable conserverait, ici, la possibilité d'exprimer sa préférence pour la langue anglaise.

En huitième lieu, le prononcé de la décision de justice suppose parfois, en amont, qu'un ou plusieurs experts interviennent afin d'éclairer le magistrat du siège[74]. Ces situations sont courantes lorsque des préoccupations d'ordre technique surgissent pendant le procès, voire au courant de la phase de sa préparation ; elles le sont d'autant plus que, comme on l'a relevé tantôt, nombre de magistrats étaient jusqu'à récemment des juristes et que les questions techniques évoquées ont rarement un lien immédiat avec la science juridique strictement entendue. Concrètement, il en va ainsi par exemple lorsque des estimations d'objets, d'ouvrages ou de marchandises sont utiles ; lorsque des documents comptables ou financiers sont à décrypter ; lorsque la valeur de taxes à acquitter ou qui auraient dû être acquittées est à déterminer ; lorsque l'identification de choses ayant servi à commettre une infraction est envisagée ; lorsque des dommages sont à évaluer... Dans ces hypothèses, on ne le sait que trop, c'est au magistrat que revient le soin de se prononcer à propos de l'opportunité de la demande d'expertise, de désigner le nombre d'experts, de déterminer les frais et honoraires de ceux-ci. Dans ces hypothèses, on ne l'ignore pas non plus, un rapport devra être dressé dans une fourchette de temps impartie par le magistrat et qui peut être prorogée à la demande du « technicien ». En tout état de cause, le tribunal ne sera point astreint à suivre l'avis du ou des « sachants » si sa conviction s'y oppose. D'ailleurs, le loisir lui est offert de révoquer le ou les experts, de décider de leur récusation. S'il se trouve que les rapports produits ne comportent pas des éclaircissements suffisants, il pourra parfaitement, sans violer la loi, ordonner une nouvelle expertise[75][76].

---

[74] Le recours à un savoir-faire spécialisé peut encore s'avérer indispensable pour des constatations ou des consultations. Cependant, tandis que la mission de l'expert se réduit à éclairer en donnant son avis à l'issue de l'examen de telle situation ou de tel acte pour lequel on l'a commis, le constatant n'est pas, théoriquement, autorisé à porter un avis sur les conséquences de fait ou de droit découlant de l'exercice de ses attributions. On comprend alors que l'hypothèse des constatations est davantage celle où les difficultés techniques sont peut-être d'une certaine simplicité, mais supposent néanmoins des qualifications particulières que les magistrats, les auxiliaires de justice non spécialistes et les justiciables n'ont probablement pas. Quant aux consultations elles occupent, en quelque sorte, une place intermédiaire entre les constatations et l'expertise de gestion proprement dite. Au fond, elles se conçoivent aisément dans les hypothèses où, sans être aussi accessible que dans les cas de figure où il est recouru aux constatations, une question technique soulevée dans un procès ne requiert pas des vérifications ou des investigations aigües. Ici également, seule l'intervention d'un tiers expérimenté permettra véritablement d'obtenir des renseignements fiables et d'éclairer le tribunal. Toutefois, à la différence du constatant, « l'homme de l'art » auquel il est référé sera astreint à donner son avis.

[75] Voir notamment en ce sens les articles 127 et suivants du Code de procédure civile et commerciale ; les articles 203 et suivants du Code de procédure pénale.

[76] Le régime juridique de l'expertise n'est pas rigoureusement identique d'une procédure à une autre. C'est par exemple le cas dans le procès administratif, du moins à s'en tenir à la loi

A l'opposé, on n'admet pas spontanément, après la commission d'un expert, qu'une décision soit rendue sur le fond sans justification de l'accomplissement préalable de la mesure d'instruction antérieurement prescrite. On n'admet pas davantage, lorsqu'une mesure d'instruction a été ordonnée, que le juge n'explique pas pourquoi il a statué en passant outre ou sans le constat de la défaillance de l'« homme de l'art » sollicité[77] *(sur l'ensemble, tantôt implicitement, tantôt tacitement, voir CS, arrêt n° 363, 9 janv. 1962, Levet Etienne c. Société des bois africains tropicaux, Répertoire chronologique, Droit civil et commercial, 1960-1980, tome 4, pp. 114-115 ; arrêt n° 412, 13 mars 1962, Tankoua Jean c. Compagnie française de l'Afrique occidentale dite CFAO, Répertoire chronologique, Droit civil et commercial, tome 4, préc., pp. 116-117*[78] *; arrêt n° 31, 23 juin 1964, Temgoua Henri, Tamezé Joseph, Zékeng Joseph, Naoussi Mathias et Zokou Joseph c. Kenfack Kuetatem André, Répertoire chronologique, Droit civil et commercial, tome 4 préc., pp. 90 et*

---

n° 2006/022 du 29 décembre 2006 fixant l'organisation et le fonctionnement des tribunaux administratifs. Il y est écrit :

A l'article 84, que l'expertise peut, même d'office, être ordonnée par le tribunal administratif ; que le soin revient aux parties de s'entendre sur le choix des experts et que ce n'est qu'en cas de désaccord entre elles que la juridiction en désigne un ou plusieurs d'office ; que si les experts doivent prêter serment à une date que mentionne la décision qui les désigne, ceux-ci peuvent néanmoins en être dispensés par les justiciables d'accord parties.

- A l'article 85, que seuls peuvent être récusés les experts commis d'office qui sont parents ou alliés de l'une des parties jusqu'au quatrième degré inclusivement ou qui ont été condamnés pour crime ou délit contre la probité, mais surtout que la récusation ne peut être proposée que dans les quinze jours de la désignation de ces derniers.

- A l'article 92, que les justiciables ont le loisir de « discuter le rapport » dans les quinze jours de la notification qui leur est faite et, dans ce sens, que leurs mémoires sont notifiés aux autres parties qui, disposent du même délai pour y répliquer.

[77] Pour en savoir davantage, voir, dans cet ouvrage, les développements se rapportant à l'expert. Lire notamment BOULEZ J., *Expertises judiciaires,* Delmas, Paris, 2018, p. 28, n° 215 ; CERE J.P., RASCAGNERES J.M., VERGES E., *Droit pénal et nouvelles technologies,* L'Harmattan, Paris, 2015, pp. 11 et s. ; FONKWE FONGANG J., EWARE A., *Pratique de la procédure pénale au Cameroun,* Véritas, Macacos, Douala, 2019, pp. 225 et s. ; KUATE TAMEGHE S.S., « Quelques ambiguïtés de l'expertise de gestion dans l'Acte uniforme relatif au droit des sociétés commerciales et du GIE », *Recueil d'études sur l'OHADA et l'UEMOA, Vol. 1,* J. Mestre dir., Presses universitaires d'Aix-Marseille, Aix-en-Provence, 2010, pp. 147-178 ; LEFEBVRE Th., *L'expertise face à la production d'informations financières des sociétés,* PUAM, Aix-en-Provence, 2004, p. 396, n° 1417 ; SAINTE-ROSE J., « Le juge face à la science », in *Principes de justice, Mélanges en l'honneur de Jean-François Burgelin,* Dalloz, Paris, 2008, pp. 345 et s. ; MOUGENOT D., *Manuel de l'expertise judiciaire,* Anthemis, Liège, 2019, pp. 13 et s. ; NGO NDJIGUI R.Y., *Le secret des affaires dans le droit des pays de l'espace OHADA et en droit français, préc.,* pp. 304 et s., n°s 448 et s. ; SAINTE-ROSE J., « Le juge face à la science », in *Principes de justice, Mélanges en l'honneur de Jean-François Burgelin,* Dalloz, Paris, 2008, pp. 345 et s. ; SOSSA C.D., TCHAKOUA J.M., AGBENOTO K.M., *OHADA. Droit de la médiation,* Juriscope, Poitiers, 2023, p. 23, n°s 47 et s.

[78] La cour s'exprime en ces termes : « *Attendu sur l'expertise demandée et tendant à la production des documents relatifs à l'importation du véhicule que l'arrêt constate « que la CFAO verse aux débats les documents réclamés, qu'il appert de ceux-ci que le véhicule en question a été du S/S Lavandou le 10 avril 1958, qu'il a fait l'objet d'une demande de carte grise le 14 janvier 1959 sur laquelle il est fait mention de l'état neuf » ;*

Attendu que par ces énonciations, l'arrêt a répondu à suffire sur l'inutilité d'une expertise satisfaite par avance ».

142[79] *; arrêt n° 33, 7 mai 1968, Ngouwi Maurice c. Société Camerounaise de crédits automobiles, Répertoire chronologique, Droit civil et commercial, tome 4, préc., pp. 120-121*[80] *; arrêt n° 59, 29 avril 1969, Elamé Ngangué c. Société Satet Cameroun, Répertoire chronologique, Droit civil et commercial, 1960-1980, préc., p. 108* [81] *; arrêt n° 35, 21 mars 1972, Compagnie commerciale Hollando Africaine c. Salomon Emile, Répertoire chronologique, Droit civil et commercial, tome 4, préc., pp. 91-92 ; arrêt n° 70, 27 juin 1972, Tchineos Evangelos c. Savas Nesgos, Répertoire chronologique, Droit civil et commercial, 1960-1980, préc., p. 163 ; arrêt n° 3, 30 oct. 1975, Béna Thécard c. Essomba Mani Henri, Répertoire chronologique, Droit civil et commercial, 1960-1980, préc., pp. 92-93*[82] *; arrêt n° 53, 16 juin 1977, Zébazé Siméon c. SCPM, Répertoire chronologique, Droit civil et commercial, tome 4, préc., p. 165. Cf également CS, arrêt n° 45/S, 9 déc. 1982, Directeur Socaret c. Tchiliebou Frédéric, Répertoire chronologique, Droit social, tome 3, préc., pp. 112 et s. ; arrêt n° 94/S, 26 juil. 1984, Brasseries du Cameroun c. Wang Lebé, Répertoire chronologique, Droit social, tome 3, préc., pp. 113 et s. ; arrêt n° 75/S, 30 avril 1987, Socaret c. Lakoa Etoa Daniel, Répertoire chronologique, Droit social, tome 3, préc., pp. 114 ; arrêt n° 134/S, 16 sept. 1999, Régie nationale des chemins de fer du Cameroun c. Nkot Paul, Répertoire chronologique, Droit social, tome 3, préc., p. 118 ; arrêt n° 36 /S, 24*

---

[79] Dans cette affaire, la cour décide que « *les juges ne sont pas liés par les résultats d'une enquête qui ne leur apparait pas comme décisive eu égard aux autres éléments de la cause* ».

[80] Dans cette espèce, la cour juge : « *Attendu que les juges du fond ne sont pas liés par l'avis de l'expert ; qu'ils sont seulement tenus, lorsqu'ils l'écartent en totalité ou en partie, d'énoncer les motifs qui ont entrainé leur conviction ; que l'arrêt attaqué analysant tant les pièces produites que les dires et conclusions des parties, ainsi que le rapport d'expertise, constate que « les vidanges n'ont pas été faites aux kilomètres imposés et que Ngouwi n'a pas contesté la thèse du constructeur selon laquelle la rupture des goujons pouvait provenir de l'emploi du moteur comme frein avec la boîte de vitesse, en première et en deuxième vitesse ;*
Attendu que par ces énonciations et appréciations l'arrêt attaqué, qui a apprécié souverainement l'utilité d'une contre-expertise, ne s'est pas contredit et n'a pas dénaturé les éléments de la cause, a valablement justifié sa décision ».

[81] L'une des solutions ici est particulièrement édifiante. Elle est rendue à propos du moyen pris de la violation des articles 3 paragraphe 2 et 37 paragraphe 2 de l'ordonnance du 17 décembre 1959 portant organisation judiciaire de l'Etat, centré sur l'insuffisance et la contradiction de motifs en ce que l'arrêt attaqué a condamné Elamé Nguangué aux entiers dépens d'instance et d'appel et notamment aux frais et honoraires de l'expert désigné en première instance alors que, dans ses motifs, il constatait la nullité de ladite expertise. Les maîtres-mots de la décision sont ceux-ci : « *Attendu que dès lors qu'une expertise a été ordonnée par le juge, les frais et honoraires de l'expert sont compris dans les dépens, et que, sous réserve que l'obligation de ne pas condamner aux dépens une partie qui triomphe sur tous les chefs et de ne faire supporter les dépens que par les parties intéressées, le juge conserve un pouvoir discrétionnaire quant à leur répartition…* »

[82] La solution retenue ici est d'accès facile. Elle est ainsi conçue : « *Attendu qu'il est constant que les juges du fond sont liés par la mesure d'instruction par eux ordonnée dans l'avant dire droit, en ce sens qu'ils ne peuvent passer outre à l'accomplissement de cette mesure sans constater que son exécution est devenue impossible par suite d'un cas de force majeure ou que les parties y ont expressément renoncé ;*
Attendu dès lors qu'en statuant comme il l'a fait, alors que les qualités de l'arrêt font état de renvois successifs de l'affaire pour communication du rapport d'expertise et qu'aucune pièce du dossier de la procédure n'établit que cette expertise a été effectivement diligentée, le juge d'appel n'a pas donné base légale à sa décision… ».

fév. 2000, Régie nationale des chemins de fer du Cameroun c. Ename Thomas, Répertoire chronologique, Droit social, tome 3, préc., pp. 118-119 ; arrêt n° 39 /S, 07 déc. 2000, Entreprise TP c. Bikoko Koumlin Gabriel, Répertoire chronologique, Droit social, tome 3, préc., p. 119 ; CCJA, arrêt n° 056/2016, 21 avril 2016, Dalquier Maurice, Oudart épouse Dalquier Chantal Juliette c. Koudou Dago, http://www.ohada.org ; CS, arrêt n° 03/COM, 04 fév. 2016, 2016, La Banque internationale du Cameroun pour l'épargne et le crédit (BICEC) c. Société BAREC TP, www.minjustice.gov.cm ; Cass. 2e civ., 20 juin 2024, JCP G 2024, act. 872, obs. DEHARO G.). L'exigence est particulièrement affirmée en procédure pénale où la Cour suprême a pu résoudre de longue date : « *Attendu qu'il ressort des qualités du jugement entrepris que la cause concernée a été appelée à l'audience publique du 3 septembre 1981 successivement, puis renvoyée aux audiences suivantes jusqu'à celle du 5 août 1982 pour l'exécution du jugement avant-dire droit et retenue ;*

Que le jugement a cependant relaxé l'accusé au bénéfice du doute pour faits non établis, sans aucune explication sur l'inexécution de la mesure d'instruction ordonnée par son jugement avant-dire droit précité ;

Attendu que les juges du fond sont liés par la mesure d'instruction par eux ordonnée dans l'avant-dire droit en ce sens qu'ils ne peuvent passer outre à l'accomplissement de cette mesure sans constater que son inexécution est devenue impossible par suite d'un cas de force majeure ou que les parties y ont expressément renoncé ;

Qu'en confirmant le premier jugement entrepris dans les conditions rappelées, l'arrêt attaqué a emprunté l'irrégularité dont il est ainsi entaché… » *(CS, arrêt n° 182/P, 17 sept. 1998, Wambo Louis c. Ministère public, Ninkam Henri et autres, Répertoire chronologique de la jurisprudence de la Cour suprême, tome 1, Droit pénal, préc., pp. 150-151. Dans le même sens, voir not. CS, arrêt n° 311/P, 18 juil. 1985, Mabbe Pierre c. Ministère public et Mohamadou Alhadji, Répertoire chronologique de la jurisprudence de la Cour suprême, tome 1, Droit pénal, pp. 148 et s. ; arrêt n° 163/P, 22 avril 1999, Kamdem Edouard c. Ministère public et Tinkeu Tchekoundo Jean, Répertoire chronologique de la jurisprudence de la Cour suprême, tome 1, Droit pénal, préc., pp. 151-152 ; arrêt n° 99/P, 24 fev. 2000, Njikam Njoya Mama c. Ministère public, Yaongoua Mamoudou et autres, Répertoire chronologique de la jurisprudence de la Cour suprême, tome 1, Droit pénal, préc., p. 153 ; arrêt n° 100/P, 24 fév. 2000, Sandjong Jean c. Ministère public et Tokoua Jeanne[83] ; TM de Yaoundé, jugt. ADD n° 037/CRIM/17, 8 févr. 2017, Ministère public c. Ahmed Abba, inédit).*

---

[83] La décision rendue, de rejet, concerne le retrait d'une décision ordonnant une mesure d'instruction. Elle se décline ainsi : « *Attendu que par arrêt avant-dire droit n° 844 précité, la cour d'appel de Bafoussam statuant dans la cause, ordonnait une expertise et désignait le chef du service provincial du cadastre pour son accomplissement ;*
Que par la suite, sans indiquer les raisons, elle rapportait les mesures d'instruction susvisées par un autre arrêt du 23 février 1988 ;
Attendu que se fondant sur les mesures d'instruction susvisées l'arrêt attaqué a emprunté l'irrégularité relevée ci-dessus, violant le texte visé au moyen... »

En neuvième lieu, on note le développement, en Afrique et au Cameroun le recours à *l'amicus curiae.* Il s'agit, pour restituer simplement les choses, d'une sorte d'ami de la juridiction appelée à statuer sur une affaire. Ce consultant extraordinaire va, généralement de manière bénévole, produire des informations, lesquelles éclaireront non seulement les magistrats, mais aussi les justiciables[84]. Rien n'exclut d'ailleurs, cela doit être relevé, que *l'amicus curiae* soit une personne morale de droit public, notamment une agence de régulation. Une chose est hors de doute. C'est que, quelle que soit la pertinence des informations fournies, le tribunal ou la cour n'est jamais lié. Un exemple à rappeler à propos de ce véritable phénomène juridique naissant se trouve dans la loi n° 2019/014 du 19 juillet 2019 portant création, organisation et fonctionnement de la Commission des droits de l'homme du Cameroun, ancêtre de la défunte Commission nationale des droits de l'homme et des libertés. A son article 7 logé sous la rubrique réservée aux missions de l'institution en matière de protection des droits humains, il est décidé que celle-ci peut « intervenir le cas échéant, devant toute juridiction, en qualité d'amicus curiae ». En pareille occurrence, une requête écrite doit être adressée au président du tribunal ou de la cour compétent, avant toute décision au fond ; *l'amicus curiae* peut développer son argumentaire oralement ou par écrit[85]. Un autre exemple, non moins parlant, est celui qu'offre le Règlement CEMAC n°06/19-UEAC-639-CM-33 du 7 avril 2019 relatif à la concurrence. Après avoir rappelé le rôle de la commission de la CEMAC en cette matière, ce règlement institue au sein de celle-ci un Conseil communautaire de la concurrence, le CCC[86]. La suite interpelle au plus haut point et se décline en ces termes : *« Sans préjudice de questions qui pourraient être posées à la Cour de justice communautaire, le CCC peut être consulté par les juridictions nationales, à titre d'amicus curiae, dans le cadre d'une procédure pendantes devant elles, pour toutes pratiques en relation avec celles visées aux sections 1 et 2 du Sous-Titre du Titre 3 du présent règlement »*[87].

En dixième lieu, il n'est pas rare, avant l'exercice de l'acte de juger au sens étroit, que des descentes sur les lieux soient effectuées[88]. Simplement,

---

[84] ASSOCIATION HENRI CAPITANT, *Vocabulaire juridique*, PUF, Paris, 2007, p. 55.

[85] Articles 1 et 3.

[86] Articles 6 et suivants.

[87] Article 9 alinéa 5. L'article 43 ajoute que lorsque le CCC est consulté au titre de l'article 9, il rend un avis motivé dans un délai maximum de trois mois. L'avis rendu peut être publié « *avec l'accord des organes à l'origine de la consultation* ».

[88] Voir notamment les articles 113 et suivants, Code de procédure civile et commerciale. Voir également les articles 72 et suivants de la loi du 29 décembre 2006 fixant l'organisation et le fonctionnement des tribunaux administratifs. Ils retiennent que ces juridictions peuvent, à défaut de se transporter sur les lieux, désigner un juge à l'effet de procéder à toutes les constatations et vérifications utiles ; que la décision ordonnant le transport sur les lieux précise les points à constater ou à vérifier et fixera le jour et l'heure de l'opération ; que cette décision détermine le coût des frais de transport à avancer par le demandeur tenu de les consigner au greffe ; que la décision de se transporter sur les lieux et ses modalités seront notifiées aux parties qui seront en même temps convoquées et informées des jours et heures de l'opération ; qu'un procès-verbal

la loi exige alors que soit dressé un procès-verbal de cette opération que signeront, à la fois, le juge et le greffier. Elle précise toutefois que la présence du ministère public sur les lieux est facultative en matière non répressive ; que les personnes rencontrées sur place peuvent être « entendues » en qualité de témoin. Elle ajoute que, bien que l'appréciation de l'opportunité des « transports judiciaires » soit abandonnée au tribunal ou au juge de l'urgence, les frais que ceux-ci génèrent devront être avancés par le demandeur et consignés par lui au greffe[89] *(CS, arrêt n° 30/P, 17 juin 2010, Tchoupé Antoine, Ngangoum Alphonse et Tchoupé Thomas c. Ministère public et Nkappé Pauline, Miroir du droit, avril-sept. 2012, pp. 265 et s. ; arrêt n° 163/P, 22 avril 1999, Kamdem Edouard c. Ministère public et Tinkeu Tchekoundo Jean, préc. ; arrêt n° 1/P, 8 oct. 1992, Fopa Michel c. Ministère public et Moutassi Jacques, Répertoire chronologique de la jurisprudence de la Cour suprême, tome 1, Droit pénal, 1980-2000, préc., p. 1 ; TA du Centre, jugt. ADD n° 21/2015/TA-Ydé/ADD, 03 mars 2015, Bouli Mbega Jean Paul c. Etat du Cameroun- Ministère des domaines, du cadastre et des affaires foncières, www.barreauducameroun.org ; TA du Centre, jugt. n° 65/2016/TA-Ydé, 01 mars 2016, Bouli Mbega Jean Paul c. Etat du Cameroun- Ministère des domaines, du cadastre et des affaires foncières, www.barreauducameroun.org ; TA du Centre, jugt. ADD/TA/Yde, 12 août 2014, Nzepa Richard, Eyala Bessala Fabien, Bouli Mbega Jean Paul c. Etat du Cameroun-MINDCAF, Eloundou Ernest, Manga Nana, Kenfack Marie Joséphine, Juridis Périodique n° 121, janv.-mars 2020, p. 26, note TAMETONG NGUEMO TSIDIE S. ; TA du Centre, jugt. ADD/TA/Yde, 12 août 2014, Koe Ngono Jean et Afanda Lucas c. Etat du Cameroun-MINDCAF, Eloundou Ernest, Manga Nana, Kenfack Marie Joséphine, Juridis Périodique n° 121, janv.-mars 2020, pp. 27-28, note TAMETONG NGUEMO TSIDIE S. ; TA de l'Ouest, jugt. n°12/ADD/TA/BFM/2015, 08 juin 2015, Mouaffo Martin c. Etat du Cameroun-MINDCAF, Juridis Périodique n° 121, janv.-mars 2020, p. 33, note TAMETONG NGUEMO TSIDIE S.*). A l'évidence, la trop grande flexibilité du schéma retenu invite à espérer que les contraintes de l'exécution du transport sur les lieux soient moins fortes au fur et à mesure de l'écoulement du temps. On songe notamment aux difficultés d'ordre matériel et parmi elles, à celle qui a trait à la logistique, au déplacement et

---

sera dressé des dires des parties ou des dépositions des témoins ; qu'une copie du procès-verbal de descente sur les lieux est signifié aux parties à la diligence du greffier, etc.

Les articles 75 et 76 exigent, au terme du transport :

- Que soit dressé un procès-verbal tant des opérations que des dires et observations des parties et des dépositions des témoins et que le document soit signé par le président du tribunal, le juge commis, le greffier et éventuellement, les témoins et les parties ;
- Qu'une expédition du procès-verbal du transport est notifiée par le greffier à chacun des justiciables.

[89]Pour en savoir davantage, lire not. FONKWE FONGANG J., EWARE A., op cit., pp. 397 et s. ; KADJE V.D., « La pratique du transport judiciaire », in *L'effectivité du droit, Mélanges en l'honneur du Professeur Anoukaha*, L'Harmattan, Paris, 2021, pp. 1079 et s. ; MOUGENOT D., *Manuel de l'expertise judiciaire*, Anthemis, Liège, 2019, pp. 13 et s.

à l'hébergement de l'équipe chargée d'effectuer la mesure décidée. La pertinence de ce vœu s'apprécie mieux dans le contexte actuel où, pour évoquer la suspicion légitime, le justiciable n'hésite plus à tirer prétexte de la présence concomitante du magistrat et de son adversaire dans un véhicule, dans un restaurant ou dans un site de couchage. On songe aux contraintes générées par les actes de menace et de prise à partie sur le terrain, lesquelles entravent l'exécution de la mesure ordonnée et rendent indispensable le concours de la force publique parfois indisponible ou peu outillée. La flexibilité du schéma retenu invite enfin à espérer que la marge de manœuvre du magistrat ou de la juridiction en matière de « transport judiciaire » offre de moins en moins de place à l'arbitraire et aux abus mis en évidence par quelques travaux de praticiens. Pour mémoire, ces derniers attirent notamment l'attention sur des dérives dont la moindre n'est pas le coût prohibitif des frais exigés, alors au demeurant que les dépends sont à la charge de la partie perdante et que certains frais du procès pénal sont supportés par l'Etat [90].

En onzième lieu, il est parfois ardu d'isoler radicalement l'activité des magistrats du siège se traduisant par l'exercice de la « juris dictio », de celle qui a un caractère purement gracieux ou, au sens étroit, touche à l'administration du service public de la justice, donc par conséquent ne conduit pas rigoureusement à trancher. C'est que, les éléments d'identification et de catégorisation de l'acte juridictionnel, notamment le critère formel et le critère matériel n'ont de cesse d'alimenter le débat lui-même compliqué ces temps derniers par le poids des préoccupations de nature administrative dans l'activité du juge[91]. C'est que, certes l'acte juridictionnel semble pouvoir s'identifier par l'existence d'un différend, par la saisine d'une juridiction et surtout, par l'application pour le règlement de celui-ci d'une norme juridique au terme d'une procédure rigoureuse, par une décision d'une juridiction charriant automatiquement l'autorité de la chose jugée *(TCS, arrêt n° 027/CRIM/TCS, 21 oct. 2014, Ministère public, Etat du Cameroun- et Ebalé Jean Bart c. Mba Otye Etienne, Ngouongo Célestin, Liken Nyounai, Yannye Mbock, Recueil des arrêts du tribunal criminel spécial, tome 1, pp. 55 et s.).* Toutefois, on peut avoir du mal à soutenir durablement et avec la même verve que les actes non-juridictionnels du magistrat rattaché au siège ont la particularité de n'être pas édictés à la lumière de la loi, de ne pas mettre un terme à une querelle ou au moins de ne pas contribuer à éviter

---

[90] KADJE V.D., op cit., pp. 1086 et 1087. L'auteur révèle que dans le ressort de la Cour d'appel de l'Ouest, il est arrivé que la somme de 150 000 francs soit exigée pour un transport du tribunal de première instance de la ville de Bafoussam à la délégation régionale de la police judiciaire se trouvant à environ 200 mètres. Il est arrivé que le tribunal de première instance de la ville de Mbouda exige une consignation d'un montant de 120 000 francs à l'effet de descendre au marché de la ville situé à quelques mètres du siège de la juridiction. Il est courant , après la descente sur les lieux, que le tribunal décide de la fourniture d'un « supplément de consignation ». Il est arrivé, lorsqu'une partie ne peut ou ne veut pas supporter les frais de descente, que le tribunal estime sans nécessairement le faire savoir, que cette dernière a des choses à cacher.

[91] TERRE R., *Introduction générale au droit*, op cit., pp. 558 et s., n°s 606 et s.

un litige, de n'être pas opposables parce que dépourvus de toute autorité. Un auteur souligne excellemment ce paradoxe en suggérant de considérer que le droit est révélé même en matière gracieuse, car une mesure va être accordée ou refusée selon qu'elle soit ou non en harmonie avec l'ordonnancement juridique. « *Il est là aussi conduit à juger, même sans litige* »[92].

Pareillement, on notera que la conciliation, l'une des missions du juge, ne consiste véritablement pas à trancher ainsi que cela s'entend au premier abord. Elle se retrouve notamment dans les procédures de divorce[93], en matière d'injonction de payer, de délivrer ou de restituer lorsque l'ordonnance du président essuie une opposition[94], en matière de saisie des rémunérations avant le passage à la phase radicale de l'indisponibilité d'une portion des gains et salaires *(voir not. CS, arrêt n° 363, 9 janv. 1962, Levet Etienne c. Société des bois africains tropicaux, Répertoire chronologique, Droit civil et commercial, 1960-1980, pp. 94-95 ; arrêt n° 50, 25 mai 1965, Dame Logan née Kateb c. Elogan Jean, Répertoire chronologique de la jurisprudence de la Cour suprême, Droit traditionnel, 1960-1980, préc., p. 130 ; arrêt n° 8, 24 nov. 1977, Dame Mbiagoup Pauline c. Sobzé Henri, Répertoire chronologique de la jurisprudence de la Cour suprême, Droit traditionnel, 1960-1980, préc., pp. 148-149 ; CA Littoral, arrêt n° 165/CC, 18 nov. 2011, Lottin Ndombé épse Lottin, Juridis Périodique n° 95, juil.-sept. 2013, pp. 61-62, obs. ASSONTSA R. et KEM CHEKEM B.M. ; CA du Littoral, arrêt n° 25/CC, 02 fév. 2009, Tchoumbou Jean c. Dame Tchoumbou née Nitcheu Berthe, Juridis Périodique, avril-juin 2011, obs. ASSONTSA R. ; CA de l'Ouest, arrêt n° 71/Civ.-ADD, 9 mai 2007, Pampain Pierre c. Sigho Jean, Juridis Périodique n° 76, oct.-déc. 2008, p. 72, obs. DJOFANG D.A., in Secrétariat Permanent de l'OHADA et autres, OHADA, Jurisprudences nationales, Cotonou, 2010, p. 142*[95] *; CA du*

---

[92] OVERSTAKE J.F., *Introduction générale à l'étude du droit*, op cit., p. 93. Dans le même sens, AKAM AKAM A., « La loi et la conscience dans l'office du juge », préc., p. 502, CADIET L., NORMAND J., AMRANI MEKKI S., *Théorie générale du procès*, PUF, Paris, 2010, pp. 396 et s. ; NSOGA E.Z. II, *Le jugement*, op cit., pp. 16 et s., n°s 18 et s. ; TERRE R., op cit., pp. 558 et s., n°s 606 et s. ; WALINE M., « Du critère des actes juridictionnels », *RDP* 1933, pp. 565 et s. ; THÉRON J., « Mesure d'administration judiciaire. Proposition d'un critère de qualification », *D.* 2010, pp. 2246 et s. ; TOKO WAFEU P., « Le juge qui crée le droit est-il un juge qui gouverne ? », *Les cahiers de droit*, Volume 54, n° 1, mars 2013, pp. 160 et s.

[93] Voir notamment l'article 238, Code civil.

[94] Articles 12 et 29, Acte uniforme portant organisation des procédures simplifiées de recouvrement et des voies d'exécution.

[95] On y lit : « *(…) Considérant qu'aux termes de sa requête d'appel, sieur Pampain Pierre reproche au premier juge d'avoir violé les articles 4 alinéa 2 et 12 de l'Acte uniforme susvisé en ce que la requête aux fins d'injonction de payer ne contenait pas le fondement de la créance d'une part, que l'instruction au fond de la cause n'a pas été précédée de l'incontournable préalable de tentative de conciliation d'autre part ; qu'il sollicite la réformation du jugement entrepris pour ces vices ;*
Considérant que ce moyen est pertinent ;
Qu'en effet l'article 12 de l'Acte uniforme susvisé dispose : « la juridiction saisie sur opposition procède à une tentative de conciliation (…) » ;
Que le premier juge n'ayant pas satisfait à cette exigence légale, il échet d'annuler le jugement déféré sans qu'il soit besoin d'examiner l'autre moyen invoqué ;

Centre, arrêt n° 428/Civ, 5 juil. 2007, Dame Mampou Louise epse Mabom c. Sieur Mabom Jerôme, Juridis Périodique n° 82, avril-juin 2010, n° 8, pp. 69 et s., obs. DJOFANG D.A. ; PTPI de Yaoundé Centre administratif, ord. n°218, 16 déc. 1999, dame Tagny née Kamdom Fotso Alice c. Ngnintedem Bavoua Joseph et BICEC, ohadata, J-02-17 ; TPI de Yaoundé Centre administratif, ord. n° 64/C, 25 janv. 2008, Nni Jean c. Dahda Louis, inédit. Implicitement, TPI de Yaoundé Centre administratif, ord. n° 22/ADD, 12 avril 2010, N.S.P. c. D.A. épse M.E.B.R., inédit ; TGI du Lom et Djerem, jugt. n° 08/Civ., 19 mars 2015, Crystal mining and exploration Co. Ltd SARL c. Tractafric equipement Cameroun SARL, www.minjustice.gov.cm ; TGI du Lom et Djerem, jug. n° 07/Civ., 17 mars 2016, Etablissements Darley et fils c. Etongloa Aliémé Cyrille Désiré, www.minjustice.gov.cm ; CCJA, arrêt n° 001/2017, 26 janv. 2017, Société de Dératisation-Désinsectisation-Traitement des Stocks-Désinfection dite Attila Koula SARL c. Société structure en bois dite STRUBOIS SARL, http://www.ohada.org)[96].

Le magistrat appartenant au siège n'a pas davantage le loisir d'exercer ses fonctions traditionnelles lorsque survient une transaction. Cela ne surprend pas véritablement lorsqu'on sait que cette voie de droit a vocation à mettre un terme à un litige en privant le justiciable du droit d'agir. Et elle peut être suivie par les parties y compris lorsqu'une juridiction a déjà été saisie. L'important est alors que le différend porte sur des droits dont les personnes ont la libre disposition et, surtout, qu'un arrangement à l'amiable soit trouvé par elles par le biais de concessions mutuelles ou encore, mais rarement, à la suite de l'abandon unilatéral des prétentions initialement formulées[97] *(CS, arrêt n° 45, 22 févr. 1973, Bindzi Omgba Clément c. Dame Mewoli Justine, Répertoire chronologique, Droit traditionnel, tome 2, 1960-1980, p. 365 ; arrêt n° 114/S, 18 juin 1998, Répertoire chronologique de la jurisprudence, Droit social, 1980-2000, pp. 1131 et s. ; arrêt n° 43, 22 juin 1978, Caramvalis Jean c. La Société d'entreprise cinématographique africaine « Les Portiques » devenue Comacico du Cameroun, Répertoire chronologique, Droit civil et commercial, 1960-1980, préc ; arrêt n° 269/P, 23 sept. 1993, Ndzié Rose c. Ministère public et Ebodé Tobie, Répertoire chronologique de la jurisprudence de la Cour suprême, tome 1, Droit pénal, préc., p. 354 ; arrêt n° 107, 02 mai 1967, Takinisson Martin c. Wagbou Pierre, Répertoire chronologique de la jurisprudence de la Cour suprême, Droit traditionnel 1960-1980, tome 2, p. 84 ; arrêt n° 103/P, 20 déc. 1984, Binyoum Manguellé Dieudonné c. Ministère public et Prohandicam, Répertoire chronologique de la jurisprudence de la Cour suprême, tome 1, Droit pénal, 1980-2000, pp. 453-454 ; arrêt n° 2/S, 18 oct. 1990, Société Agip Cameroun c. Yotat Louis, Répertoire chronologique, Droit social, tome 3,*

Mais considérant qu'avant de donner une solution définitive au litige, il convient d'ordonner la tentative de conciliation prescrite par le texte précité et réserver les dépens… »

[96] Voir les articles 174 et 179 et suivants, Acte uniforme portant organisation des procédures simplifiées de recouvrement et des voies d'exécution.

[97] Articles 2044 et suivants, Code civil.

préc., pp. 115 ; CA du Littoral, arrêt n° 62, 24 mars 2008, Société Générale de banques du Cameroun dite SGBC SA c. Etat du Cameroun Ex-ONCPB en liquidation, in Secrétariat Permanent de l'OHADA et autres, OHADA, jurisprudences nationales, Cotonou, 2010, pp. 228 et s. ; arrêt n° 32/Soc., 1er fév. 2008, Les boulangeries réunies c. Nsangou Ismaéla, Juridis Périodique n° 81, janv.-mars 2010, obs. ANAZETPOUO Z. Cf également ; CCJA, arrêt n° 021/2014, 11 mars 2014, Total Guinée SA c. La Compagnie pétrolière de Guinée COPEG et l'Etat Guinéen SA, http://www.ohada.org ; CCJA, ord. n° 017/2009/CCJA, Tayou Esaïe Delors c. Société élevage Madiesse Fils, Mbouombouo Moise et Maku Marcelline, Rec. CCJA n° 14, juil. déc. 2009, p. 49 ; ord. n° 018/2009/CCJA, Compagnie africaine de travaux maritimes et fluviaux dite CATRAM c. Mutuelle agricole de Côte d'Ivoire dite MACI, Rec. CCJA n° 12, juil.-déc. 2009, p. 49 ; TGI de Yaoundé, jugt. n° 257, Amacam en liquidation c. Nkoulou Toulou représentant du personnel de l'ex Amacam, RCDA n° 3, avril-juin 2000, pp. 113 et s. ; The High Court, Fako division, Buéa, 20th july 2012, Entreprise camerounaise de protection industrielle-CAPRO vs. CAM Trade Bureau S.A. (Groupe Foure Lagadec) and Foster Wheeler Francs, inédit ; TGI du Mfoundi, jugt. n° 25, 8 janv. 2007, Simo Louis c. SCB-CL, inédit).

Demain, et cela doit suffisamment être exposé, les concessions seront davantage pratiquées ou consenties dans le droit des procédures collectives d'apurement du passif[98]. C'est que la version récemment toilettée de l'Acte uniforme y relatif la range expressément parmi les moyens préventifs auxquels il peut être recouru lorsque des entreprises connaissent des difficultés avérées ou prévisibles sans déjà être en état de cessation des paiements. L'objectif est alors de trouver un accord amiable avec les principaux créanciers et cocontractants dans l'espoir qu'un terme sera mis à ses difficultés[99]. Or, de telles procédures concernent toutes les personnes physiques exerçant une activité professionnelle indépendante, civile, commerciale, artisanale ou agricole. Elles visent toute personne morale de droit privé et toute entreprise publique ayant la forme d'une personne morale de droit privé. Elles s'appliquent également aux personnes morales de droit privé qui exercent une activité soumise à un régime particulier, du moins lorsqu'une règlementation spécifique régissant ladite activité n'a pas autrement disposé[100].

A l'aune de ce constat implacable, il est constant que les personnes qui s'adressent au magistrat se rétracteront moins rarement et, corrélativement, empêcheront celui-ci d'avoir à exercer pleinement la fonction de juger. Simplement, et le Code de procédure civile et commerciale le met suffisamment en perspective, le désistement devra provenir des parties et être exprimé par écrit, puis déposé au greffe.

---

[98] Et en matière répressive.

[99] Articles 1-1 et 5.

[100] A propos du détail, voir not. KOM J., *Droit OHADA des entreprises en difficulté*, L'Harmattan, Paris, 2021, pp. 107 et s., n° 177 et s.

Exceptionnellement, celui-ci pourra résulter d'une déclaration des justiciables ou de leurs mandataires survenant à l'audience et consignée sur le plumitif. Dans tous les cas, « il en sera donné acte sans jugement »[101]. La solution n'est pas cependant rigoureusement identique en matière répressive. C'est que, d'après les termes de l'article 62 du Code de procédure pénale, l'action publique s'éteint par le retrait de la plainte ou le désistement de la partie civile en matière de contravention et de délit, lorsque cette dernière a mis en mouvement l'action publique. La règle s'évanouit si le retrait de la plainte n'est pas volontaire, notamment lorsqu'on retrouve à sa base la violence, le dol, la fraude. Elle ne vaut pas non plus lorsqu'une décision a déjà été rendue sur le fond ou encore lorsque les faits de la cause portent atteinte à l'ordre public ou aux bonnes mœurs[102] *(sur l'ensemble, voir notamment CCJA, ord. n° 017/2009/CCJA, Tayou Esaïe Delors c. Société élevage Madiesse Fils, Mbouombouo Moise et Maku Marcelline, Rec. CCJA n° 14, juil. déc. 2009, p. 49 ; ord. n° 018/2009/CCJA, Compagnie africaine de travaux maritimes et fluviaux dite CATRAM c. Mutuelle agricole de Côte d'Ivoire dite MACI, Rec. CCJA n° 12, juil.-déc. 2009, p. 49 ; arrêt n° 016/2008, 24 avril 2008, Ecobank Côte d'Ivoire dite Ecobank-CI SA c. Murielle Corinne Christelle Koffi, Sahouot Cédric Koffi préc. Cf également CS, arrêt n° 2/S, 18 oct. 1990, Société Agip Cameroun c. Yotat Louis, Répertoire chronologique, Droit social, tome 3, préc., p. 115 ; arrêt n° 114/S, 18 juin 1998, Socamac c. Ndam Amadou, préc. ; arrêt n° 64/S, 5 mai 1998, Kamga Paul c. Etablissements textiles, Répertoire chronologique de la jurisprudence, Droit social, 1980-2000, pp. 1108-1109 ; CA du Littoral, arrêt n° 62, 24 mars 2008, Société Générale de banques du Cameroun dite SGBC SA c. Etat du Cameroun Ex-ONCPB en liquidation, préc. ; arrêt n° 32/Soc., 1er fév. 2008, Les boulangeries réunies c. Nsangou Ismaéla, préc. ; TGI du Lom et Djerem, jugt. n° 12/Civ., 20 août 2015, Sous-Commission chargée de la privatisation des entreprises du secteur public et para-public (Liquidation de la société SOFIBEL Belabo), www.minjustice.gov.cm ; The High Court, Fako division, Buéa, 20th july 2012, Entreprise camerounaise de protection industrielle-CAPRO vs. CAM Trade Bureau S.A. (Groupe Foure Lagadec) and Foster Wheeler Francs, préc.)*

En douzième lieu, les critères majeurs d'une bonne justice, celle qui se rapproche de l'idéal, ont été répertoriés. Ils se cristallisent parfois dans l'esprit des magistrats du siège pour les guider. On les retrouve assidûment dans ces circulaires du Garde des sceaux, ministre de la justice adressées aux chefs de parquets et de juridictions[103]. Dans le détail, et à en croire aussi

---

[101] Article 180.

[102] Ici aussi, le tribunal donne acte à la partie civile de son désistement ou du retrait de sa plainte et la condamne aux dépens. Théoriquement, l'action civile ne survit pas. Néanmoins, et cela est écrit à l'article 387 du Code de procédure pénale, le désistement de la partie civile de son action en dommages-intérêts devant la juridiction répressive ne fait pas obstacle à une action devant la juridiction civile.

[103] Voir notamment ceux évoqués dans cet ouvrage. Lire également la *Stratégie nationale de développement 2020-2030 du Cameroun*, p. 107, n° 390.

bien les usagers du service public de la justice que le personnel judiciaire ou auxiliaire, les indicateurs majeurs touchent notamment à l'accessibilité du juge, à l'impartialité des magistrats ou à l'indépendance de leur juridiction, à la motivation de la décision rendue. A eux s'ajoutent le taux d'évacuation des affaires, que l'on peut déterminer en confrontant les dossiers enregistrés à ceux réellement réglés ; le taux d'utilisation des assesseurs ou des magistrats en service extraordinaire qui éclaire à propos de la qualité du dialogue ou de la relation entre les membres de la grande famille des juristes en vue de la manifestation de la vérité. Quelques autres critères viennent les compléter. Au nombre de ceux-ci se trouvent la prévisibilité et l'effectivité de l'exécution des décisions de justice ; la clarté et l'intelligibilité de la décision rendue, laquelle a un lien avec le raisonnement et singulièrement la motivation. A leur tour, ces derniers éléments vont faciliter l'acceptation du verdict et l'adhésion à celui-ci, donc chasser les préjugés et cette subjectivité que les justiciables détachent rarement de la décision de justice d'origine humaine. Viennent enfin le coût du procès qui ne saurait occulter sa « soutenabilité » au regard notamment du niveau de vie du citoyen, de la capacité à faire face aux dépenses provoquées par le procès, de l'existence ou non de l'assistance judiciaire, des difficultés à affronter pour en avoir le bénéfice[104] ; la durée des procédures ou la célérité dans le traitement des dossiers, laquelle intègre à la fois le temps du procès, celui de l'obtention de la décision prononcée, du titre exécutoire ou au moins de la sentence[105]. A propos de ce dernier élément dont le lien avec le précédent est plutôt fort, il faut espérer, l'un de ces jours, que le temps de l'activité consistant à juger soit circonscrit, même de manière très flexible.

---

[104] JEAN J.-P., « La qualité des décisions de justice au sens du Conseil de l'Europe », in MBONGO P. (dir.), *La qualité des décisions de justice*, éd. du Conseil de l'Europe, 2007, p. 33 ; FANSI M., « Le style rédactionnel des décisions de justice à l'épreuve de la sécurité juridique », in FOMETEU J., BRIAND Ph., METANGMO-TATOU L. (dir.), *La langue et le droit*, préc., pp. 395 et s. ; Nous même, « Quel juge … demain ? », in POUGOUE P.-G., *Il fallait en dire un mot…*, op cit., 79. Voir également ANCEL P., « La rédaction de la décision de justice en France », *Revue internationale de droit comparé*, 1998, n° 3, pp. 841 et s. ; BREEN E., « Les indicateurs de performance de la justice : un test pour la réforme des finances publiques », in *Évaluer la justice*, PUF, Paris, 2002, pp. 25 et s. ; CHABANOL D., « Le temps et la justice. Quelques pistes de réforme », *Rec. Dalloz* 2024, pp. 369 et s. ; DE BAYNAST O., « Indépendance et impartialité, responsabilité du magistrat », in *DESCAMPS O. (dir.), Le statut du magistrat*, Editions Panthéon-Assas, Paris, 2020, pp. 123 et s. ; JEAN J.P., AULIAT H.P., « L'administration de la justice en Europe et l'évaluation de sa qualité », *D. 2005*, p. 38 ; JOURDAINE N., « Justice - Quel projet annuel de performance pour la « Justice judiciaire ? », *La Semaine Juridique* Ed. G., n° 36, 09 sept. 2024, doctr. 1039 ; LACABARATS A., « Indépendance et impartialité, responsabilité du magistrat », in *Le statut du magistrat*, Editions Panthéon-Assas, Paris, 2020, pp. 117 et s. ; NGAH NOAH M.U., « Repenser themis : éléments pour une justice plus efficace au Cameroun », in ABOUEM A TCHOYI D., MBAFOU S.C. (dir.), *Améliorer l'efficacité de l'Etat au Cameroun. Propositions pour l'action*, L'Harmattan, Paris, 2019, pp. 160 et s. ; TIMTCHUENG M., *Le délai raisonnable en droit processuel camerounais*, thèse, UCAD, 2013, pp. 383 et s. ; WAGOUE TONGOUE D.C., « Oralité : Une garantie de l'accès au juge civil », *UMa Lex, AFSJPUMa*, 2020, n°1, vol. 1, pp. 441 et s.

[105] ASSIRA C., op cit., p. 150, n° 283.

L'exercice pourrait privilégier la fixation d'une durée maximale assortie, lorsque cela est indispensable, d'une possibilité de dérogation ayant un caractère exceptionnel. A défaut de figer d'autorité le temps de la justice, la loi pourrait s'orienter vers un système à deux détentes consistant, d'une part à fixer une durée plafond, d'autre part à confier à la juridiction saisie, au cas par cas, le soin de se déterminer dans la fourchette de temps retenue. Cette mission pourrait d'ailleurs aussi être confiée aux chefs des cours d'appel et au premier président de la Cour suprême, lesquels se prononceraient au début de chaque année judiciaire. Une chose est sûre. C'est que l'exercice visé pourrait difficilement sacrifier des variables à l'instar de la nature et des phases du procès, la complexité de la cause, l'espace et la taille de la population du ressort, le volume du contentieux, la quantité du personnel judiciaire et auxiliaire en poste auprès de la juridiction saisie[106]. Au bout du compte, le dispositif permettrait d'encadrer avec davantage de rigueur le délai raisonnable, de donner davantage d'épaisseur ou de visibilité à l'exigence matricielle du procès équitable. Par ailleurs, il deviendrait moins hasardeux de mettre en œuvre la responsabilité de l'Etat en raison du mauvais fonctionnement de la justice ; il serait plus aisé d'apprécier le bien-fondé d'une allégation de déni de justice, etc.

En treizième lieu, la décision de justice judiciaire a une structure que rappellent différents textes de procédure. A titre d'exemple, et en occultant volontiers les articles 38, 39 et 40 du Code de procédure civile et commerciale[107], on peut retenir à la lueur de l'article 389 du Code de procédure pénale qu'elle comprend trois grandes rubriques, à savoir les qualités, le motif, le dispositif.

La rubrique baptisée « qualités » présente la date de la décision ; la juridiction dont elle émane ; l'identité des magistrats et du greffier ayant siégé ; l'identité des interprètes, l'âge de ceux-ci dans l'hypothèse du recours à leurs services, la mention de leur prestation de serment ; les noms, prénom, date et lieu de naissance ou âge des plaideurs. On y retrouve

[106] Une voie parallèle, à ne pas négliger, serait celle consistant à confier au juge le soin de déterminer lui-même en amont, donc dès sa saisine, dans une décision à rendre publique, le temps du procès devant sa juridiction. La pertinence de la mesure se saisit vite si l'on envisage que l'obligation soit consacrée par un texte et assortie de sanction.

[107] L'article 38 est ainsi rédigé : « *Les jugements sont rédigés en minutes. Ils énonceront qu'ils ont été rendus en audience publique et indiqueront clairement la date à laquelle ils ont été rendus. Ils contiendront les noms des magistrats et du greffier qui auront siégé* ».

L'article 39 ajoute utilement que les jugements contiendront en outre les noms, profession, domicile des parties, l'acte introductif d'instance, le dispositif des conclusions, les motifs et le dispositif. Il y sera indiqué si les parties se sont présentées en personne ou par des mandataires, ou si la décision a été rendue sur mémoires produits.

Enfin, l'article 40 retient que « *Les jugements rendus en cours d'audiences foraines sont transcrits sans délai par le greffier ou, à défaut, par le juge sur un registre spécial, et contiennent en outre des énonciations ordinaires, le résumé des conclusions des parties. Ils indiquent aussi le nom de l'agent qui a été chargé de donner l'avis de comparaître, le délai qui a été fixé par le juge pour la comparution et le lieu où l'audience a été tenue, le tout à peine de nullité* ».

également l'identité du conseil des uns et des autres ; les noms, prénoms des autres parties et ceux de leurs avocats en tant que de besoin ; l'identité complète des témoins *(en ce sens, voir not. CS, arrêt n° 31, 28 mai 1963, Ndandou Frédéric c. Mefoumena Elisabeth, Répertoire chronologique, Droit civil et commercial, 1960-1980, préc., p. 89 ; arrêt n° 85, 14 mai 1968, Noumbissié Gaspard c. Société Unilex, Répertoire chronologique, Droit social, 1960-1980, tome 3, préc., pp. 244-245*[108] *; arrêt n° 111/P, 18 août 2016, Ngono Elie c. Nama Remy, Juridis Périodique n° 110, avril-juin 2017, pp. 28-29, TCHOUAMBIA TOMTOM L.J.B. et TCHABO SONTANG H.M. ; arrêt n° 150/S, 15 juin 2000, Société Ciacam c. Ngo Kilama Louise, Répertoire chronologique de la jurisprudence, Droit social, 1980-2000, préc., pp. 733-734 ; arrêt n° 77/P, 09 mars 1978, BACS n° 38, p. 5547, RCD 1978, n° 15-16, pp. 141 et s., rapp. Nzogang, cité par DZEUKOU G.B., Code de procédure pénale, préc., pp. 464-465 ; arrêt n° 145/P, 24 janv. 1985, Kamgang François c. Ministère public, RCD n° 30, 1985, pp. 63 et s., rapp. Njem Benjamin ; arrêt n° 63/L, 02 mai 1985, Société immobilière du Cameroun c. Amsecom RCD n° 30, 1985, pp. 240 et s., rapp. Ndongang D. ; arrêt n° 124/P, 10 avril 1986, Laine Endoxie et Diocèse de Douala c. Ministère public et Bessong André-Marie, RCD n° 31-32, 1986, pp. 181 et s., rapp. Nguini ; arrêt n° III-P, 28 janv. 1982, Fouda Alphonse c. Ministère public et Eloundou Marius, RCD n° 27, 1984, pp. 66 et s., rapp. Nguini ; arrêt n° 20/P, 18 nov. 1999, Njilakagnan Ngoumcheme c. Ministère public, Menchamo Abdoulaye et autres, Répertoire chronologique, Droit pénal, tome 1, 1980-2000, pp. 214-215 ; arrêt n° 255/S, 21 sept. 2000, Société CTK Services c. Tchokna Joseph, Répertoire chronologique de la jurisprudence, Droit social, 1980-2000, préc., pp. 734-735 ; arrêt 40, 28 mars 1972, Dame Nsom Mvondo Hélène c. Edo'o Pierre, Répertoire chronologique, Droit civil et commercial, tome 4, préc., pp. 193-194 ; arrêt n° 56/S, 11 mai 1986, Socoder du Nyong et So'o c. Massango Victor, Répertoire chronologique de la jurisprudence, Droit social, 1980-2000, préc., pp. 795-796 ; arrêt n° 61/S, 22 mai 1986, Ndjependa Mathias c. Société Brossette, Répertoire chronologique de la jurisprudence, Droit social, 1980-2000, préc., p. 796 ; arrêt n° 16/P, 22 déc. 1988, Mounden Idrissou c. Ministère public et Pamansie Josué, Répertoire chronologique de la jurisprudence de la Cour suprême, tome 1, Droit pénal, 1980-2000, p. 1151 ; arrêt n° 126/P, 19 mai 1988, Andomo Samuel Magloire et Tchouayep Kezeta*

[108] Dans cet arrêt de rejet, un raisonnement rigoureux est déroulé par la Cour suprême. Son point culminant est le suivant : « *Mais attendu qu'en l'absence d'indications contraires, il y a présomption que la juridiction a été légalement constituée ;*
Que si l'article 38 du Code de procédure civile dispose seulement que les jugements contiendront les noms des magistrats qui auront siégé, l'article 185 du Code du travail, modifié par l'ordonnance n°8 du 20 février 1962, qui dispose que les assesseurs sont nommés par arrêté du ministre de la justice pour compléter les juridictions sociales, n'exige pas davantage la mention de leur acte de nomination dans les décisions judiciaires ;
Que la seule circonstance que l'arrêt attaqué ne mentionne pas l'acte de nomination des assesseurs (…) n'est pas de nature à faire tomber la présomption qu'ils remplissaient les conditions légales pour être habilités à exercer leurs fonctions… »

c. Ministère public et Nganso Benoît, Répertoire chronologique de la jurisprudence de la Cour suprême, tome 1, Droit pénal, 1980-2000, pp. 177-178 ; arrêt n° 4/P, 20 oct. 1988, Sientcheu Jean Martin c. Ministère public et Ayants-droit Nkankou Nicolas, Répertoire chronologique de la jurisprudence de la Cour suprême, tome 1, Droit pénal, 1980-2000, p. 185 ; arrêt n° 34/S, 11 mars 1993, Seduc Abong-Bang c. Abada Dieudonné, Tchokna Joseph, Répertoire chronologique de la jurisprudence, Droit social, 1980-2000, pp. 791-792 ; arrêt n° 70/S, 19 août 1993, Société Scanwater c. Temsala Pierre, Répertoire chronologique de la jurisprudence, Droit social, 1980-2000, préc., pp. 801 et s. ; arrêt n° 162/S, 15 juin 2000, SCTA c. Yalipende Jacques, Répertoire chronologique de la jurisprudence de la Cour suprême, Droit social, tome 3, 1980-2000, préc. pp. 812-813).

La rubrique baptisée « motifs » expose les arguments à l'épicentre de la solution retenue, tantôt sous la formule « attendu que… », tantôt sous la formule « considérant que… »[109]. C'est dans ce bloc que sont consignés succinctement les prétentions des justiciables et les moyens versés dans le dossier de l'affaire au soutien de celles-ci. C'est ce bloc qui constitue le cadre de la discussion de chaque chef de prétention et fige les réponses aux conclusions dont la juridiction est saisie (soit pour les accueillir, soit pour les repousser ou rejeter). C'est ici que sont fournies les indications à propos de l'action publique et, le cas échéant, les actions civiles. C'est cette rubrique qui décline ce que d'aucuns considèrent à juste titre tantôt comme la dialectique ou la rhétorique du tribunal, tantôt comme le catalogue des « raisons de la décision » juridictionnelle, lesquelles passent essentiellement par le rappel des normes sur lesquelles s'appuie l'opinion de la juridiction, les faits et actes établis ou prouvés [110]. A tout prendre, la partie appelée motifs énonce les arguments de fait et de droit ayant servi de ciment au jugement. Du coup, on n'est pas surpris que l'article 7 de la loi n° 2006/015 du 26 décembre 2006 portant organisation judiciaire reconduise à la limite mot pour mot d'autres textes de procédure avant de poser que « *Toute décision judiciaire est motivée en fait et en droit. L'inobservation de la présente disposition entraîne nullité d'ordre public de la décision* ». On n'est pas étonné que les juridictions suprêmes censurent inlassablement les décisions des juridictions inférieures dépourvues de motifs, celles comportant des motifs insuffisants ou erronés, celles reposant sur des « motifs dubitatifs » ou encore celles rendues sans bases légales *(voir not. CS, arrêt n° 157, 7 juil. 1954, Talebou Keng dit Donfack Mathias c. Ministère public, Répertoire chronologique de la jurisprudence de la Cour*

[109] TERRE R., op cit., pp. 567, n° 620. Voir aussi FONKWE FONGANG J., EWARE A., op cit., pp. 491 et s. ; NSOGA EZ, *Le jugement*, op cit, pp. 267 et s., n°s 280 et s.
[110] DUNES A., *Méthodes du droit*, Dalloz, Paris, 1977, p. 12, n°s 19 et 20.

suprême, tome 1, Droit pénal, 1960-1980, tome 1, p. 349[111] *; arrêt n° 190/SOC, 24 déc. 2015, Ngeukeu Edouard c. Hôtel Beauséjour, inédit ; arrêt n° 255/S, 21 sept. 2000, Société CTK services c. Tchokna Joseph, préc. ; arrêt n° 186/S, 29 juin 2000, Cameroon air lines dite CAMAIR c. Fanwa Gilbert, Répertoire chronologique de la jurisprudence, Droit social, 1980-2000, préc., p. 541*[112] *; arrêt n° 209/S, 24 août 2000, Syndicat des acconiers c. Ngneh Abel, Répertoire chronologique de la jurisprudence, Droit social, 1980-2000, préc., pp. 543-544 ; arrêt n° 227/S, 21 sept. 2000, Société union industrielle pour le Cameroun c. Tuye Joël Rollin, Répertoire chronologique de la jurisprudence, Droit social, 1980-2000, préc., pp. 545-546 ; arrêt n° 239/S, 21 sept. 2000, Ngou Germain c. Banque camerounaise de développement, Répertoire chronologique de la jurisprudence, Droit social, 1980-2000, préc., pp. 546-547 ; CS, arrêt n° 03/COM, 04 fév. 2016, 2016, La Banque internationale du Cameroun pour l'épargne et le crédit (BICEC) c. Société BAREC TP, www.minjustice.gov.cm ; arrêt n° 110/P/CJ/CS, 16 déc. 2021, Mbanga Jean Pierre c. Ministère public et ayants-droit de Mbanga Jean Valéry représentés par Mbanga née Ngo Loa Pauline, inédit ; arrêt n° 128, 17 juil. 1967, La société « Chaussures Rivoli » c. Dame Ngono Justine, Répertoire chronologique de la jurisprudence de la Cour suprême, Droit social, tome 3, préc., p. 27 ; arrêt n° 31, 28 mai 1963, Ndandou Frédéric c. Mefoumena Elisabeth, préc ; arrêt n° 186/P, 1er avril 1982, Nguend Marc c. Ministère Public et Dame Nguend née Ngo Mbei Pauline, Répertoire chronologique de la jurisprudence de la Cour suprême, tome 1, Droit pénal, préc, pp. 793-794*[113] *; arrêt n° 96, 27 janv.*

---

[111] Dans cet arrêt de cassation, il est jugé : « *Attendu que pour déclarer Talebo Keng coupable d'usage de faux certificat, la cour criminelle, sans spécifier sur quels éléments elle fondait sa conviction, s'est bornée à affirmer que la mauvaise foi de l'accusé était manifeste et ne faisait aucun doute ;*
Attendu que ces énonciations sont insuffisantes pour justifier la décision… »

[112] Dans cet arrêt de cassation, la cour décide ainsi s'agissant du premier moyen pris de la violation des articles 39 et 214 du Code de procédure civile et commerciale : « *Attendu qu'il résulte des dispositions combinées des textes susvisés que les jugements et arrêts doivent soit dans leurs qualités, soit dans leurs motifs, reproduire entre autres éléments, les motifs et le dispositif des conclusions ;*
Qu'il s'agit d'une formalité substantielle destinée à permettre à la Cour suprême d'exercer son contrôle sur l'étendue de la demande et par ailleurs liée à l'obligation faite aux juges de motiver leurs décisions ;
Attendu en l'espèce qu'en omettant de reproduire le dispositif ci-dessus repris des conclusions dont s'agit, l'arrêt attaqué a méconnu les dispositions législatives susvisées… »

[113] Le nœud de la décision de la Cour suprême est ainsi ficelé : « *Attendu, en conséquence, qu'en se fondant sur des motifs dubitatifs, en ne spécifiant pas dans leurs contestions des faits contradictoirement débattus devant eux à l'audience et en ne précisant pas dans les motifs de leur décision les éléments constitutifs du délit de pratiques de sorcellerie reproché au prévenu, le juge d'instance et le juge d'appel ont insuffisamment justifié leur sentence autant qu'ils ont méconnu les dispositions de l'article 251 du Code pénal ; que par suite l'arrêt confirmatif manque de base légale* ». A eux seuls, les attendus qui précèdent la solution retenue permettent de la comprendre profondément. Leur écriture est celle-ci : « *Attendu, d'une part, que la motivation précédente est dubitative, les juges du fond ayant notamment retenu contre le prévenu les propos suivants qu'il aurait tenus lors du décès du fils de la partie civile : " C'est moi qui a tué ton fils" ;*
Que d'autre part, il résulte de ladite motivation que les énonciations du jugement confirmé par l'arrêt attaqué ne sont que la reproduction pure et simple des constatations faites par des témoins en dehors des débats contradictoires à l'audience et non confirmés lors des discussions entre les parties devant les juges du fond ;

1972, Mbedi Bell Martine c. Ministère public et Selle Ruth, Répertoire chronologique de la jurisprudence de la Cour suprême, tome 1, Droit pénal, préc., pp. 186-187 ; arrêt n° 231/P, 27 mai 1982, Mintaga Balthazar c. Ministère public et Houmenini Bodiong Thomas, Répertoire chronologique de la jurisprudence de la Cour suprême, tome 1, Droit pénal, préc., pp. 796-797 ; arrêt n° 204/P, 22 avril 1982, Nomo Adolphe c. Ministère Public et Bikoko Ndomo Nestor Roger, Répertoire chronologique de la jurisprudence de la Cour suprême, tome 1, Droit pénal, préc., pp. 794-795 ; CCJA, arrêt n° 023/2018, 08 fév. 2018, Société First oil Cameroon SA c. Société union bank of Cameroon, Etat du Cameroun, Aoudou Bassirou, http://www.ohada.org). On comprend pourquoi sous d'autres cieux, notamment en France, l'idée d'une « motivation enrichie » est née et se développe s'agissant des décisions des juridictions suprêmes, singulièrement lorsque ces dernières opèrent un revirement de jurisprudence, présentent un intérêt vif pour le développement du droit ou mettent en cause la garantie d'un droit fondamental. Ici, au nom de l'exigence de « lisibilité » de la décision de justice, les hauts magistrats vont parfois jusqu'à rappeler ce qui avait fondé la jurisprudence antérieure, ce qui explique ou justifie l'orientation actuelle qui se dégage de la décision rendue[114]. En des termes simples et pour reprendre un auteur, ils permettent finalement de comprendre que les arguments favorables au revirement sont nettement plus nombreux que ceux qui justifiaient la solution antérieure[115].

La rubrique « dispositif », que la majorité considère comme le « pivot » ou le « centre nerveux » de la décision de justice[116], renseigne sur la nature même de la décision arrêtée, sur le degré de la juridiction dont elle provient. Surtout, elle instruit à propos de la substance de la solution finalement prononcée et consistant soit en une déclaration de culpabilité (et avec elle la sanction retenue, le texte de référence) ou en une déclaration de non-culpabilité, soit en une annulation, une condamnation au paiement de dommages-intérêts, ainsi de suite. Elle s'achève par la liquidation des frais de justice et par le rappel aux plaideurs de leur droit d'exercer voies de recours (singulièrement l'appel ou le pourvoi) dans des délais qui leur sont

---

Qu'enfin, le jugement confirmé par la décision querellée ne relève nulle part dans ses motifs susmentionnés les faits précis d'où il résulte que le prévenu se livre à des pratiques de sorcellerie et qu'il est responsable de la mort de Iloga Luc ;
Que les seules déclarations, d'ailleurs rapportées seulement par des témoins qui les auraient entendues lors du décès (…) et au cours d'un conseil de famille ne sont pas suffisantes pour caractériser le délit de sorcellerie prévu et réprimé par l'article 251 du Code pénal. »

[114] Pour en savoir davantage, voir not. DEUMIER P., « Motivation enrichie : bilan et perspectives », *D.* 2017, pp. 1783 et s. ; LARDEUX G., « Preuves déloyales et droit à la preuve : une conciliation bienvenue », *D.* 2024, pp. 291 et s. ; NSOGA EZ, *Le jugement*, op cit, pp. 275 et s., n°s 285 et s. ; STIRN B., « Simplifier l'expression et enrichir la motivation », *AJDA*, 2018, 381.

[115] LARDEUX G., op cit., p. 294.

[116] TERRE R., op cit., pp. 568, n° 620 ; BARBA M., LAFFLY R., « La sémantique du dispositif », *Recueil Dalloz* 2023, pp. 1364 et s. ; FONKWE FONGANG J., EWARE A., op cit., pp. 496 et s.

présentés *(CS, arrêt 40, 28 mars 1972, Dame Nsom Mvondo Hélène c. Edo'o Pierre, préc. ; arrêt n° 41/S, 4 mars 1982, Société Ciba-Geigy Laboratoire c. Bytha Alain, Répertoire chronologique de la jurisprudence de la Cour suprême, Droit social, tome 3, 1980-2000, préc., pp. 560-561 ; arrêt n° 4/S, 9 oct. 1986, Kouamen Martin c. Guinness-Cameroun, Répertoire chronologique de la jurisprudence de la Cour suprême, Droit social, tome 3, 1980-2000, préc., pp. 565 ; arrêt n° 1/S, 18 oct. 1990, BIAO-Cameroun c. Modo Ongolo Pierre, Répertoire chronologique de la jurisprudence de la Cour suprême, Droit social, tome 3, 1980-2000, préc., pp. 567-568 ; arrêt n° 2/S, 14 oct. 1993, Megneng Dieudonné c. Société Bata, Répertoire chronologique de la jurisprudence de la Cour suprême, Droit social, tome 3, 1980-2000, préc., p. 569 ; arrêt n° 139/S, 30 sept. 1999, Ninine et Bonnard c. Ngeuleu Joseph, Répertoire chronologique de la jurisprudence de la Cour suprême, Droit social, tome 3, 1980-2000, préc., pp. 575 ; arrêt n° 91/P, 19 déc. 2013, Mal Hamadou Ibrahim et Adama Sali c. Temkreo Joël, inédit ; arrêt n° 110/P/CJ/CS, 16 déc. 2021, Mbanga Jean Pierre c. Ministère public et ayants-droit de Mbanga Jean Valéry représentés par Mbanga née Ngo Loa Pauline, préc.*[117] *; arrêt n° 242/P, 03 juin 1999, Sipeng Abraham, Noutong Jean c. Ministère public et Nguenang Manfo Chrétien, Dieudonné et autres, Répertoire chronologique de la jurisprudence de la Cour suprême, tome 1, Droit pénal, préc., pp. 1237-1238 ; arrêt n° 137/P, 05 mai 1994, Procureur général près la Cour d'appel de Maroua c. Siddi Bouba et autres, Répertoire chronologique de la jurisprudence de la Cour suprême, Droit pénal, 1980-2000, tome 1, préc., pp. 1194 et 1195).*

En matière civile et surtout en matière administrative, contrairement à ce que l'on croit habituellement, la structure de la décision de justice n'est pas très différente, puis qu'il est courant, ici, de distinguer les « visas » des « motifs » et du « dispositif ». Celui qui s'en tient à la lecture des articles 68 (1) et 105 (3) de la loi n° 2006/016 du 26 décembre 2006 fixant l'organisation et le fonctionnement de la Cour suprême, pour s'en tenir à ceux-ci estimera que les arrêts provenant de ces chambres ne comportent pas de qualités. Celui qui va au-delà pour s'intéresser aux dispositions lui faisant suite conclura autrement. A l'appui d'une telle attitude seront évoquées ces prévisions qui mentionnent que les arrêts rendus renseignent notamment à propos de la composition de la juridiction, la date du prononcé de la décision par elle rendue, l'identité des justiciables et celle de leurs avocats, l'exposé des faits, l'énumération des demandes, « l'analyse des moyens produits », les dispositions législatives, règlementaires, les principes généraux de droit ou les dispositions jurisprudentielles dont

---

[117] La colonne vertébrale de la décision de rejet de la cour est celle-ci : « *Attendu qu'il est de principe que pour être recevable, le moyen de cassation doit présenter un intérêt pour le demandeur au pourvoi, la cassation sur un moyen soulevé par le demandeur devant profiter à ce dernier ;*
Attendu en l'espèce que l'imprécision de l'arrêt qui a « avisé les parties de leur droit de se pourvoir en cassation contre le présent arrêt conformément à l'article 478 du Code de procédure pénale » qui traite des délais de pourvoi, au lieu de préciser le délai de 10 jours, n'a pas porté préjudice au demandeur qui a formé son pourvoi dans le délai… »

application a été faite[118] *(sur l'ensemble, voir not. CS, arrêt n° 71-P, 16 juil. 2015, Kingué Paul-Eric c. Procureur général près la Cour d'appel du Littoral, Société des plantations du Haut-Penja et autres et CS, arrêt n° 72-P, 16 juil. 2015, Kingué Paul-Eric c. Commune de Njombé-Penja, Juridis Périodique n° 107, juil.-sept. 2016, pp. 93 et s., note TCHOUMBIA TOMTOM L.J.B. et TCHABO SONTANG H.M. ; arrêt n° 84-P, 16 juil. 2015, Société générale de banques au Cameroun dite SGBC et Tapondjou Albert c. Ministère public et Aguemo Mbakou, Juridisme Périodique n° 107, juil. Sept. 2016, pp. 98 et 99, note des auteurs précités ; arrêt n° 25/S, 04 fév. 1993, Transcap c. Tamla Joseph, Répertoire chronologique de la jurisprudence, Droit social, 1980-2000, p. 801 ; arrêt n° 114/S, 18 juin 1998, Socamac c. Ndam Amadou, Répertoire chronologique de la jurisprudence, Droit social, 1980-2000, préc. ; arrêt n° 63/S, 26 fév. 1998, SEREC c. Omgba Marcel, Répertoire chronologique de la jurisprudence de la Cour suprême, Droit social, 1980-2000, pp. 817-819 ; CS/AP, arrêt n° 6, 11 déc. 1997, Etat du Cameroun-Ministère du développement industriel et commercial c. Etablissements Gortzounian, Répertoire chronologique, Droit administratif, 1980-2000, préc., pp. 86 et s. ; arrêt n° 02/AP/2011, Etat du Cameroun-MINDAF et Wabo Fotso Jean Jacques c. Foiding Michel, Juridis Périodique n° 103, juil.-sept. 2015, pp. 56 et s., note KEUTCHA TCHAPNGA C. et KAMGANG SIMEU C. ; arrêt n° 93/Civ., 28 avril 2011, ayants-droit de la succession Wanko et la société Socsuba c. Société Socsuba et Dooh Collins et ayants droit de la succession Wanko, Miroir du droit, avril-sept. 2012 spéc., pp. 260 et s.[119] ; arrêt n° 29/S, 5 janv. 1984, BP Cameroun c. Ndeugoué Dieudonné, Répertoire chronologique de la jurisprudence, Droit social, 1980-2000, préc., p. 392[120] ; arrêt n° 70/S, 23 mai 1985, Etat du Cameroun MINFA c. Mbeyo*

---

118 En ce sens, voir respectivement les articles 54, 55, 68 (2) et 105 (2).

119 Dans cet arrêt de cassation, la Cour suprême décide : « *Sur le moyen de cassation soulevé d'office pris de la violation de l'article 39 du Code de procédure civile et commerciale, non-reproduction de l'exploit introductif d'instance ; en ce que le jugement entrepris, confirmé par l'arrêt attaqué ne reproduit pas le contenu de l'exploit introductif d'instance ;*
Alors qu'il résulte de l'article 39 du Code de procédure civile et commerciale que les jugements contiendront entre autres mentions, l'acte introductif d'instance ;
Qu'il s'agit d'une formalité substantielle destinée à permettre à la Cour suprême d'exercer son contrôle sur l'étendue et la régularité des décisions judiciaires qui lui sont déférées quant à la détermination de la chose jugée ;
Attendu en l'espèce que le jugement entrepris se borne à énoncer dans ses qualités ce qui suit : « Suivant exploit en date du 9 octobre 2001 de Maître Gabriel Kamwa, huissier de justice à Douala, Maître Dooh Collins, notaire à Douala a fait donner assignation à la société SOCSUBA, d'avoir à se trouver et comparaître en audience et par-devant le tribunal de grande instance de céans siégeant en matière civile et commerciale pour, est-il dit dans l'exploit (...) » ;
Attendu qu'en se contentant de ces énonciations sans reproduire l'intégralité de l'exploit introductif d'instance, le premier juge n'a pas justifié sa décision ;
Qu'en la confirmant même partiellement, celui d'appel a emprunté le même vice dont elle est entachée violant de ce fait le texte visé au moyen (...) »

120 Ici, la Cour suprême exprime le point de vue suivant : « *Attendu qu'il résulte de la combinaison des articles 39 et 214 du Code de procédure civile et commerciale et 164 (3) du code du travail ainsi que de la jurisprudence constante de la Cour suprême que, tout jugement ou arrêt doit, à peine de nullité,*

Marvitch, Répertoire chronologique, Droit social, 1980-2000, préc., pp. 404 et s. ; arrêt n° 63/S, 26 fév. 1998, Serec c. Omgba Marcel, Répertoire chronologique de la jurisprudence, Droit social, 1980-2000, préc., pp. 817 et s. ; arrêt n° 209/S, 24 août 2000, Syndicat des acconiers c. Ngneh Abel, Répertoire chronologique de la jurisprudence, Droit social, 1980-2000, préc., pp. 543-544 ; arrêt n° 227/S, 21 sept. 2000, Société Union industrielle pour le Cameroun c. Tuye Joël Rollin, Répertoire chronologique de la jurisprudence de la Cour suprême, Droit social, 1980-2000, préc., pp. 545-546 ; arrêt n° 239/S, 21 sept. 2000, Ngou Germain c. Banque camerounaise de développement, Répertoire chronologique de la jurisprudence de la Cour suprême, Droit social, 1980-2000, préc., pp. 546-547 ; arrêt n° 240/S., 21 sept. 2000, Moneins René c. Société Nouvelle Imprimerie, Répertoire chronologique, Droit social, 1980-2000, tome 3, préc., pp. 6 et 7 ; arrêt n° 252/S, 21 sept. 2000, Société Semry c. Eloundou Ngono, Répertoire chronologique de la jurisprudence de la Cour suprême, Droit social, tome 3, préc., p. 1109 ; arrêt n° 128, 17 juil. 1967, La société « Chaussures Rivoli » c. Dame Ngono Justine, Répertoire chronologique de la jurisprudence de la Cour suprême, préc. ; CA Centre, arrêt n° 139/Civ./06-07, 07 fév. 2007, Kengne Pokam Emmanuel c. Liquidation Crédit Agricole (SRC), Juridis Périodique n° 84, oct.-déc. 2010, pp. 86 et s., SOWENG D.).

Les décisions des juridictions de droit traditionnel sont configurées, approximativement, de la même façon. Ainsi que le prescrit avec force l'article 18 du décret n° 69/DF/544 du 19 décembre 1969 fixant l'organisation judiciaire et la procédure devant les juridictions traditionnelles du Cameroun oriental tel que modifié par le décret n° 71/DF/607 du 3 décembre 1971, les jugements doivent être motivés. Ceux-ci contiennent : le nom de chacun des juges et l'indication de sa coutume ; l'identité de ceux qui ont officié en tant qu'interprètes ; l'identité des protagonistes avec un accent sur leur sexe, âge au moins approximatif, profession, domicile. Doivent encore y figurer les renseignements en rapport avec les justiciables et, éventuellement, avec le serment prêté par ces derniers ; l'exposé sommaire des faits sur lesquels porte le différend avec la présentation des circonstances de temps et de lieu ; l'état civil des témoins, le résumé de leur déposition et l'exposé des liens que ceux-ci ont avec les parties ; l'énonciation de la coutume et la référence des dispositions législatives, règlementaires ou jurisprudentielles appliquées dans l'espèce. A elles seules, ces exigences touchant aux éléments de contenu justifient pleinement la sévérité des juridictions supérieures lorsqu'elles remettent en

---

reproduire soit dans ses qualités, soit dans ses motifs le dispositif des conclusions régulièrement prises par les parties ;
Attendu, en effet, que tout jugement ou arrêt doit porter avec lui l'indication des demandes des parties pour préciser sur quels points les débats ont porté, afin de déterminer la chose jugée entre les parties et de permettre à la Cour suprême d'exercer son contrôle ;
Attendu qu'en l'espèce, il ressort du dossier de la procédure que les parties ont déposé plusieurs conclusions en cause d'appel, mais que l'arrêt attaqué n'a reproduit ni dans ses qualités ni dans ses motifs le dispositif desdites conclusions … »

cause les décisions des juges du fond qui s'en sont affranchies *(CS, arrêt n° 6, 24 oct. 1967, Moutomjou Arouna c. Azang Céline, Répertoire chronologique de la jurisprudence de la Cour suprême, Droit traditionnel, 1960-1980, préc., pp. 41 et s.*[121] *; arrêt n° 116, 30 avril 1968, Dipanda Black Pierre c. Ebengué Mbella François, Répertoire chronologique de la jurisprudence de la Cour suprême, Droit traditionnel préc., pp. 93 et s. ; arrêt n° 120, 7 mai 1968, Bekadon Mathieu c. Dame Essougou Christine, Répertoire chronologique de la jurisprudence de la Cour suprême, Droit traditionnel, 1960-1980, p. 119. Voir également CS, arrêt n° 66, 14 juin 1966, Oussiéni Ibrahim c. Baba Garoua, Répertoire chronologique de la jurisprudence de la Cour suprême, Droit traditionnel, 1960-1980, pp. 40-41 ; arrêt n° 106, 2 mai 1967, Mbarga Enyegue Michel c. Ondoua née Efouba Marie Gisèle, Répertoire chronologique de la jurisprudence de la Cour suprême, Droit traditionnel, 1960-1980, préc., p. 45 ; arrêt n° 130, 23 mai 1967, Akébiolé Jacques c. Ngono Amvam Marguerite, Répertoire chronologique de la jurisprudence de la Cour suprême, Droit traditionnel, 1960-1980, préc., p. 46 ; arrêt n° 1, 17 oct. 1967, Dame Ngah Françoise Aliana Georges c. Aliana Georges, Répertoire chronologique de la jurisprudence de la Cour suprême, Droit traditionnel, 1960-1980, préc., pp. 47-48 ; arrêt n° 38/S, 15 janv. 1998, Sncic c. Fometeu Paul, Répertoire chronologique de la jurisprudence, Droit social, 1980-2000, pp. 1112-1113 ; arrêt n° 70/S, 19 août 1993, Société Scanwater c. Temsala Pierre, Répertoire chronologique de la jurisprudence, Droit social, 1980-2000, pp. 799 et s.).*

On l'aura pressenti à l'aune de ce qui précède, les décisions des magistrats du siège sont d'une grande diversité. Celles que l'on rencontre couramment demeurent l'ordonnance, le jugement, l'arrêt, l'avis.

L'ordonnance est une décision de justice qui, de manière générale et pour l'essentiel, ne porte pas préjudice au principal, donc n'examine pas l'affaire au fond, c'est-à-dire, pour simplifier le langage, pas profondément. Elle a un caractère provisoire et survient soit dans le cadre du référé qui a la spécificité d'être contradictoire, soit dans le cadre de la requête qui ne requiert pas, pour ainsi dire, que le vis-à-vis soit appelé. Dans tous les cas, l'ordonnance est marquée par l'urgence et ne provient pas d'un tribunal ou d'une cour à proprement parler. Elle est l'œuvre d'un président de juridiction exerçant des attributions que les textes lui réservent en offrant simplement la possibilité de les déléguer à un magistrat désigné par ses soins. Assez souvent, elle proviendra soit d'un magistrat officiant au profit

[121] Le centre de gravité de la décision de la cour est celui-ci : « *Attendu que l'article 44 paragraphe 7 du décret du 31 juillet 1927 dispose qu'en toute matière, les jugements de ces juridictions doivent contenir l'énoncé de la coutume et éventuellement, la disposition du décret sur lequel leur décision est fondée ;*
Attendu que cet énoncé constitue une formalité substantielle dont l'omission entraine la nullité de la décision ;
Attendu que l'arrêt attaqué ne contient nulle part l'énoncé de la coutume invoquée ; que Dame Azang est de coutume Boulou et Moutomjou Arouna de coutume Bamoun ;
D'où il suit que l'arrêt a violé le texte visé au moyen et encourt de ce fait la cassation… »

d'une juridiction de première saisine y compris d'instruction[122], soit d'une juridiction autre que de première saisine, sera susceptible de recours soit devant son auteur, soit devant une juridiction supérieure[123] *(CA Douala, arrêt n° 219/C, 20 juil. 1990, Seumo Philippe c. Etablissements Megbacam travaux bâtiments et TP, Juridis info n° 14, avril-juin 1993, pp. 54 et s., obs. NYAMA J.M. ; arrêt n° 110/C, 15 mars 1991, Mme Veuve Makembé née Ngobo c. Ekambi Makambé Charles, Juridis info n° 14, avril-juin 1993, pp. 54 et s., obs. NYAMA J.M. Voir également CS, arrêt n° 18, 12 nov. 1969, Songe Thym David c. Chuinte Michel, Répertoire chronologique, Droit civil et commercial, 1960-1980, préc., pp. 172 -173 ; arrêt n° 10, 27 oct. 1970, Alim André c. Beloté Engama, Répertoire chronologique de la jurisprudence de la Cour suprême, Droit civil et commercial, tome 4, préc., p. 173 ; arrêt n° 41/CC, 7 janv. 1981, Lappi Jean c. Tientcheu Zachée, RCD, n° 25, 1983, p. 144 ; ord. n° 06, 08 déc. 1998, Sosso Emmanuel c. Crédit foncier du Cameroun, préc. ; arrêt n° 153/S, 21 sept. 1995, Procureur général près la Cour suprême et Pondi Christian c. Société Cameroon Airlines, Répertoire chronologique de la jurisprudence de la Cour suprême, Droit social, 1980-2000, tome 3, préc., p. 1017 ; CA de l'Ouest, arrêt n° 151/Civ., 26 déc. 2007, Saah Dominique c. Bangnie, Juridis Périodique n° 76, oct.-déc. 2008, pp. 70 et s., obs. ASSONTSA R. ; CA du Centre, arrêt n° 194/Civ., 16 mars 2007, Mme Akom née Anjeh Njang Cathérine c. Fondation pour l'environnement et le développement du Cameroun, Juridis Périodique n° 82, avril-déc. 2010, pp. 67 et s., obs. DJOFANG D.A. ; CA de Lomé, arrêt n° 202, 26 oct. 2008, Amouzou Tété Antonio c. Dame Gabiam Dédé, in Secrétariat Permanent de l' OHADA et autres, OHADA, jurisprudences nationales, Cotonou, 2010, pp. 297 et s. ; Lomé, arrêt n° 22, 17 juil. 2007, Soeximex c. Prakrash Sathian, Awudja William, Bictogo Moumini, Société Côte d'Ivoire fruits SA, in OHADA, jurisprudences nationales préc. pp. 261 et s. ; TPI Yaoundé, ord. n° 1135, 17 sept. 1999, Société Geacam c. Bélombé Vivette et autres, RCDA n° 3, avril-juin 2000, pp. 65 et s., obs. IPANDA F. ; TCS, arrêt n° 027/CRIM/TCS, 21 oct. 2014, Ministère public, Etat du Cameroun- et Ebalé Jean Bart c. Mba Otye*

[122] L'attention doit être attirée sur le cas particulier de l'ordonnance du juge d'instruction. Ce réflexe s'impose car sur bien des points, celle-ci déroge aux traits caractéristiques de l'ordonnance tels que précédemment exposés. A titre d'exemple, l'urgence n'en est pas une spécificité, la décision n'a pas un caractère provisoire au sens où cela se perçoit en matière non-répressive. (En ce sens, voir not. TCS, arrêt n° 027/CRIM/TCS, 21 oct. 2014, Ministère public, Etat du Cameroun- et Ebalé Jean Bart c. Mba Otye Etienne, Ngououngo Célestin, Liken Nyounai, Yannye Mbock, préc.).

[123] A propos des méandres, confère not. ANABA MBO A., « La nouvelle juridiction présidentielle dans l'espace OHADA : l'endroit et l'envers d'une réforme multiforme », *RCDA*, n° 3, 2000, pp. 11 et s. ; ASSONTSA R., *Le juge et les voies d'exécution depuis la réforme de l'OHADA*, Thèse, Strasbourg-Dschang, 2009, pp. 227 et s. ; GOUAMBE S., *La juridiction présidentielle*, thèse, Université de Yaoundé 2, 2015 ; GUIMDO DONGMO B., *Le juge administratif camerounais et l'urgence. Recherches sur la place de l'urgence dans le contentieux administratif camerounais*, Université de Yaoundé 2, 2004 ; NSOGA E.Z. II, op. cit., n°s 25 et s. ; TJOUEN A.F., « La chose jugée et la vérité dans le procès civil en droit camerounais », *RIDC*, 2015-3, pp. 727 et s. '

Etienne, Ngouongo Célestin, Liken Nyounai, Yannye Mbock, Recueil des arrêts du tribunal criminel spécial, tome 1, préc.).

Le jugement n'est pas en tant que tel l'œuvre du magistrat qui, « en solo », accorde des mesures dictées par l'urgence et que lui seul est habilité à prescrire[124]. Ici, la décision de justice émane de l'ensemble de la juridiction de première saisine, par exemple du tribunal de première instance, du tribunal de grande instance, du tribunal du premier degré, du tribunal coutumier. Certes, celle-ci peut statuer soit à juge unique, soit exceptionnellement en collégialité. Toutefois, la procédure observée ici est ordinaire car précisément, rien n'urge véritablement. Deux points d'attention, décisifs, doivent néanmoins encore être exposés. Le premier consiste à faire observer que la juridiction qui rend un jugement a le loisir, en matière non répressive, dès lors que celui-ci est contradictoire ou réputé contradictoire[125], de l'assortir de l'exécution provisoire[126]. L'autre, lié au

---

[124] Les jugements se classent en deux catégories lorsqu'on se réfère à leur effet sur le litige dont la juridiction est saisie : tantôt ils sont avant-dire droit, tantôt ils sont sur le fond. Le reste se comprend aisément. Le jugement avant dire droit (ADD) est celui que le juge, le tribunal ou la juridiction rend dans le cours d'une instance à l'effet de prendre des décisions ou des mesures qui lui semblent nécessaires et que les parties sollicitent, sans déjà dire le droit ou trancher (jugement ordonnant une expertise, une enquête, une mesure d'instruction, une résidence séparée des époux en attendant l'issue de la demande en divorce, etc.). Le jugement sur le fond quant à lui a vocation à régler le litige, idéalement en totalité mais parfois aussi en partie. Dès lors, le juge ou la juridiction ne devrait plus revenir sur les questions examinées et tranchées; il y a dessaisissement. A propos du détail, lire NSOGA E.Z. II, *Le jugement*, op cit., pp. 16 et s., n°s 18 et s. , TERRE R., *Introduction générale au droit*, op cit., pp. 566 et s., n°s 619 et s. ; THÉRON J., « Mesure d'administration judiciaire. Proposition d'un critère de qualification », D. 2010, pp. 2246 et s. ; TJOUEN A.F., op cit., pp. 727 et s.

[125] On signalera néanmoins au passage que l'article 392 du Code de procédure pénale décide, lorsque le tribunal n'est pas encore en mesure d'estimer le montant des sommes d'argent à verser au titre des dommages-intérêts dus à la partie civile que celui-ci a le loisir, dans les cas reconnus par la loi, d'accorder une exécution provisoire nonobstant opposition ou appel. S'y référant, la Cour d'appel de Buéa a alors pu juger : *« The order of provisional execution by the lower court was made pursuant to section 392 (1) of the CPC. Although section 392 (1) of the CPC provides that a court could order provisional execution, it is also provided that the order is subject to conditions provided by law. Consequently when a criminal orders for provisional execution it should take cognizance of the provisions of law n°97/018 of the 7/8/97 on the enforcement of court judgments. In fact section 392 of the CPC should be read alongside section 3 of law n° 92/8 of 14/8/92 as amended by law n° 97/018 of 7/8/97 on the enforcement of judgments. The conditions under which a court can order provisional execution of judgment both in civil and criminal cases is spelt out in the afore-cited law. Section 392 of the CPC should not therefore be treated in isolation »* (The Court of appeal, South West Region, 13 nov. 2012, Abwa Jim Motia vs. Pono Landong Joseph, Me Ngalame Bwang Romanus, The People of Cameroon, *S.L.R.*, vol. 7, 2017, pp. 110 et s. Dans le même sens, voir aussi The Court of appeal, South West Region, 11 janv. 2017, Bah Gideon Azah vs. The people of Cameroon, Menge Jacob Ntui, *S.L.R.*, vol. 7, 2017, pp. 143 et s.

[126] Tel est le sens de l'article 3 nouveau de la loi n°92/008 du 14 août 1992 fixant certaines dispositions relatives à l'exécution des décisions de justice. On ne le sait que trop, il y est prévu que le tribunal saisi peut, en cas de décision contradictoire ou réputée contradictoire, ordonner l'exécution provisoire, nonobstant appel, dans trois cas de figure : a) en matière de créance alimentaire, de créance contractuelle exigible, d'expulsion fondée sur un titre foncier conférant des droits non contestés ou sur un bail écrit, assorti d'une clause résolutoire dont les conditions sont réunies ; b) en matière de réparation d'une atteinte à l'intégrité physique d'une personne, pour les frais justifiés, nécessités par les soins d'urgence et limités exclusivement aux frais de

droit répressif, touche à l'actualité au Cameroun. C'est que le Code pénal récemment adopté est venu prévoir que, plus que n'importe quelle décision de justice, le jugement aura dorénavant vocation à retenir des peines alternatives, exclusion faite des cas où des personnes sont condamnées dans un contexte où on leur reproche d'avoir transgressé la législation relative aux armes, d'avoir perpétré une offense sexuelle ou porté atteinte à l'intégrité corporelle des gens. Les peines alternatives visées, dont les méandres seront précisés par des textes particuliers sont d'un côté le travail d'intérêt général ; de l'autre côté la sanction-réparation[127].

---

transport ou de transfert, aux frais pharmaceutiques, médicaux et d'hospitalisation ; c) en matière de salaires non contestés. Sur l'ensemble, lire not. ASSONTSA R., *L'immatériel et le droit OHADA des saisies*, L'Harmattan, Paris, 2017, pp. 124 et s., n° 120 et s. ; LONGIN C., « A propos du procès civil et des droits du justiciable », *Gaz. Pal.* 2002-4, doctr. p. 1098 ; FANET J.-J., « Faut-il supprimer l'effet suspensif de l'appel », *Gaz. Pal.* 2002-4, doctr., p. 1203 ; TCHANTCHOU H., « Sursis ou défenses à exécution ... ? L'exécution provisoire revient... ! », *Juridis Périodique* n° 27, juil.-août-sept. 1996, p. 89 ; THERY Ph., « L'après-jugement, aspects sociologiques », *A.Ph.D.*, tome 39, *Le procès*, Sirey, Paris, 1995, p. 266 et s. ; TJOUEN A.D., « La malheureuse loi quinquennale relative à l'exécution », *Le Messager* n° 692, 19 novembre 1997, p. 7 ; TWENGEMBO F., « Commentaires à la suite de la loi n° 92/008 du 14 août 1992 fixant certaines dispositions relatives à l'exécution des décisions de justice », *Juridis Info* n° 12 spécial, oct.-nov.-déc. 1992, p. 79 ; lire dans le tome 1 de cet ouvrage, les extraits consacrés à la compétence matérielle de la Cour d'appel. Enfin, et en cascade, voir CS, arrêt n° 74/S, 20 juin 1985, Régie nationale des chemins de fer du Cameroun c. Bobala Pierre et Tango Alphonse, *Répertoire chronologique de la jurisprudence de la Cour suprême, Droit social*, tome 3, 1980-2000, préc., p. 739 ; arrêt n° 81/S, 18 juil. 1985, Plantations du Haut-Penja c. Tuegno Richard, *Répertoire chronologique de la jurisprudence de la Cour suprême, Droit social*, tome 3, 1980-2000 préc., pp. 739-740 ; arrêt n° 39/S, 14 fév. 1991, CFAO-Colgate-Palmolive c. Nnemeyong Joseph, *Répertoire chronologique de la jurisprudence de la Cour suprême, Droit social*, tome 3, 1980-2000, préc., pp. 739-740 ; arrêt n° 56/S, 21 mars 1991, Banque des Etats de l'Afrique centrale c. Ngo Ndjock Thérèse, *Répertoire chronologique de la jurisprudence de la Cour suprême, Droit social*, tome 3, 1980-2000 préc., pp. 741 ; arrêt n° 190/P, 18 août 1994, Procureur général c. Nkonchekou Rigobert et Fambeu Nicole et autres, Lex Lata n° 006, 30 sept. 1994, pp. 4 et s., note AKAM AKAM A. ; arrêt n° 115/S, 18 juin 1998, Secrétaire à l'éducation catholique c. Kuetche David, *Répertoire chronologique de la jurisprudence de la Cour suprême, Droit social*, tome 3, 1980-2000, préc., pp. 744 et s. ; arrêt n° 121/S, 20 août 1998, Union département des syndicats du Mfoundi et la Mefou c. Assoukna Pierre, *Répertoire chronologique de la jurisprudence de la Cour suprême, Droit social*, tome 3, 1980-2000, préc., pp. 744 et s. ; The Court of appeal, South West Region, 6th april 2016, Mboh Marcelline Chinyere vs. Namondo Frida, S.L.R., vol. 7, 2017, pp. 84 et s. ; The Court of appeal, South West Region, 13 jan. 2016, Chief Imbia John Mbenge, Mukete Paul Mansi, Asikpo Denis, Ngoe Japhet, Mokube Mary Lokenye, Eboka Benedict Esomba vs. The people of Cameroon and Essa Samuel Agbor, *S.L.R.*, vol. 7, 2017, pp. 99 et s. ; The Court of appeal, South West Region, 11 jan. 2017, Bah Gideon Azah vs. The people of Cameroon, Menge Jacob Ntui, *S.L.R.*, vol. 7, - 2017, pp. 143 et s. Voir, pour le détail de la jurisprudence, dans le tome 1 de cet ouvrage, les extraits consacrés à la compétence matérielle de la Cour d'appel.

[127] Au sujet du travail d'intérêt général, l'article 26 décide qu'il s'agit d'une peine applicable aux délits passibles d'un emprisonnement inférieur à deux ans ou d'une peine d'amende ; que celle-ci est prononcée par la juridiction de jugement en lieu et place de l'emprisonnement ou de l'amende, après la déclaration de culpabilité et avec le consentement préalable du prévenu ; que cette peine s'exécute en faveur d'une personne morale de droit public, d'une personne morale de droit privée chargée d'une mission de service public ou d'un organisme habilité à mettre en œuvre des travaux d'intérêt général. Le reste va de soi : la juridiction visée fixe la durée du travail d'intérêt général, laquelle ne saurait être inférieure à 200 heures ou supérieure à 240 heures et prévoit la

L'arrêt émane habituellement, tantôt d'une juridiction du second degré dans la hiérarchie juridictionnelle, tantôt d'une juridiction suprême à l'instar de la Cour suprême, du Conseil constitutionnel, de la Cour commune de justice et d'arbitrage de l'OHADA, de la Cour de justice de la communauté des Etats de l'Afrique centrale. Ce n'est donc que très exceptionnellement qu'une telle décision peut émaner d'une juridiction de première saisine ou d'instance. A bien regarder, la caractéristique technique majeure de l'arrêt tient à son autorité, laquelle n'est pas sans lien avec le pouvoir de juger ni avec l'« obligatoriété » de la norme qui doit alors être appliquée. Sans surprise, celui-ci constitue le titre exécutoire idéal et fait du juge, comme l'écrivait lucidement Ripert, « le législateur des cas particuliers »[128]. On comprend alors, parfois, que l'arrêt soit à l'abri de contestations exprimées sous la forme de voies de recours devant les juridictions nationales, spécialement lorsqu'il provient soit de la Cour suprême, soit du Conseil constitutionnel, soit plus globalement d'une juridiction suprême. On comprend que le refus notamment par les personnes morales de droit d'exécuter les décisions de justice prononcées notamment par des juridictions suprêmes soit parfois considéré comme un excès de pouvoir et que la responsabilité pécuniaire de l'Etat soit retenue *(en ce sens, voir not. CCJA, arrêt n° 072/2016, 21 avril 2016, ONG World Vision Niger c. El hadj Tournassa Lla, http://www.ohada.org ; arrêt n° 022/2014, 11 mars 2014, Standard chartered bank Cameroon dite SCBC c. Caisse nationale de prévoyance sociale du Cameroun dite CNPS et Institut des relations internationales du Cameroun dit IRIC (Université de Yaoundé II), http://www.ohada.org ; CS, arrêt n° 153, 8 juin 1968, Mendomo Nanga Delphine c. Mengue Mba Samson, Répertoire chronologique de la jurisprudence de la Cour suprême, Droit traditionnel, tome 2, 1960-1980, p. 55*[129] *; arrêt n° 81, 5 mars 1968, Yamb Jean-Oscar c. Ngouem Kodog Jean, Répertoire chronologique de la jurisprudence de la*

---

durée de l'emprisonnement encouru en cas d'inexécution de la peine, laquelle ne peut être assortie de sursis ; le travail d'intérêt général n'ouvre droit à aucune rémunération.
Au sujet de la sanction réparation, l'article 26-1 prescrit qu'elle est une peine applicable aux délits passibles d'un emprisonnement inférieur à deux ans ou d'une peine d'amende ; qu'elle consiste pour le condamné à procéder à la réparation matérielle du préjudice subi par la victime, dans un délai et selon des modalités fixés par la juridiction compétente. La peine, prononcée après la déclaration de culpabilité, en lieu et place de l'emprisonnement ou de l'amende, n'est pas compatible avec le sursis. La décision rendue mentionne la durée de l'emprisonnement encouru en cas d'inexécution; cette dernière ne pouvant être assortie de sursis.

[128] RIPERT G., *La règle morale dans les obligations civiles*, LGDJ, Paris, 1949, p. 25, n°15 ; TJOUEN A.F., op cit., pp. 727 et s.

[129] L'un des extraits de cet arrêt révèle que « *toute décision acquiert l'autorité de la chose jugée si elle n'a point été attaquée par les voies de droit* ». La suite s'imagine : la haute juridiction casse un arrêt de la chambre coutumière de la Cour d'appel de Yaoundé et dévoile les conséquences de l'irrespect de l'exigence de publicité des décisions de justice. Ses termes sont les suivants : *« Attendu qu'en confirmant par l'arrêt attaqué du 29 novembre 1967 le jugement du 28 mai 1965 du tribunal d'Ebolowa, déboutant la dame Mendomo de sa requête civile, alors que par un précédent arrêt du 28 novembre 1966, la cour de Yaoundé avait annulé et rétracté ce même jugement du 28 mai 1965 et que cet arrêt non frappé de pourvoi avait acquis l'autorité de la chose jugée, la cour a excédé ses pouvoirs et violé le principe de droit visé au moyen »*.

Cour suprême, Droit traditionnel, tome 2, 1960-1980, pp. 54-55[130] *; arrêt n° 73, 28 janv. 1969, Ngouh Bernard c. Njoné Arnold, Répertoire chronologique de la jurisprudence de la Cour suprême, Droit traditionnel, tome 2, préc., pp. 55-56*[131] *; arrêt n° 2, 21 oct. 1969, Mpah Tombé Lucien c. Malolo Toh Paul, Répertoire chronologique de la jurisprudence de la Cour suprême, Droit traditionnel, tome 2, 1960-1980, préc., p. 56*[132] *arrêt n° 47, 8 fév. 1979, Timamo Chrétien c. Selam Jeannette, Répertoire chronologique de la jurisprudence de la Cour suprême, Droit traditionnel, tome 2, 1960-1980, préc., pp. 56-57 ; arrêt n° 60/S, 22 avril 1982, Pologo Joseph Marie c. La SEFIC, Répertoire chronologique de la jurisprudence, Droit social, 1980-2000, préc., p. 111 ; arrêt n° 36/S, 2 déc. 1982, Compagnie Hollando africaine c. Bitomo Pierre, Répertoire chronologique de la jurisprudence, Droit social, 1980-2000, préc., p. 112 ; arrêt n° 75/S, 30 avril 1987, Socaret c. Lakoa Etoa Daniel, Répertoire chronologique de la jurisprudence, Droit social, 1980-2000, préc., p. 114 ; arrêt n° 62/S, 26 fév. 1998, Office national de commercialisation de produits de base c. Ayaba Mbida, Répertoire chronologique de la jurisprudence, Droit social, 1980-2000, préc., p. 116 ; arrêt n° 153/S, 21 sept. 1995, Procureur général près la Cour suprême et Pondi Christian c. Société Cameroon Airlines, Répertoire chronologique de la jurisprudence de la Cour suprême, Droit social, tome 3, 1980-2000, préc. ; arrêt n° 137/P, 05 mai 1994, Procureur général près la Cour d'appel de Maroua c. Siddi Bouba et autres, Répertoire chronologique de la jurisprudence de la Cour suprême, Droit pénal, 1980-2000, tome 1, préc. ; CA du Centre, arrêt n° 85/Cor, 01 mars 2014, Okéké Sylvester et autres c. Ministère public, Fotso Mevu, Tagako et Tagne, Juridis Périodique n° 104, oct.-déc. 2015, p. 69, note TCHOUMBIA TOMTOM L.J.B. et TCHABO SONTANG H.M. ; CS,CA, jugt. n° 29/2012, 25 janv. 2012, Feupissie Jean-Marie c. Etat du Cameroun (MINDCAF, Juridis Périodique n° 128, oct.-déc. 2021, pp. 96 et s., obs. MONGBAT A. ; CS,CA, jugt. n°88, 30 juin 2004, Amenchi Martin c. État du Cameroun (SESI), Juridis Périodique n°75, 2010, pp. 15 et s., obs. BILONG S.*[133]*).*

---

[130] L'enseignement de cet arrêt est que « *l'autorité de la chose jugée exige l'identité juridique des parties au procès* ».

[131] Dans cet arrêt de cassation, il est réitéré que « *(…) les décisions de justice ne s'imposent qu'à ceux qui y ont été parties et sont sans effet à l'égard de ceux qui n'y ont pas été appelés* ».

[132] La Cour Suprême résout ici que « *(…) le principe de l'autorité de la chose jugée implique pour être invoqué l'existence en la cause de la triple identité de parties, d'objet et de cause* ». Sans surprise, elle rend la décision suivante : « *Attendu qu'en se bornant, pour infirmer le jugement déféré, à affirmer que le litige entre le demandeur Mpah Tombé Laurent et Malolo Paul avait déjà été tranché par le jugement n° 84 du 3 décembre 1943 devenu définitif et dont une expédition est au dossier, sans reproduire le dispositif de ce jugement ni relever les circonstances de fait d'où il résulte qu'il a été rendu entre les mêmes parties, pour le même objet et la même cause, et sans analyser ni discuter les motifs des premiers juges qui avaient précisément écarté ledit jugement n° 84 précité comme suspect, parce que le sieur Malolo qui s'en prévalait n'avait produit qu'une copie non certifiée et que la minute ne se retrouvait pas au tribunal de Mbanga qui l'aurait rendu, l'arrêt s'est déterminé par des motifs insuffisants et n'a pas mis la cour en mesure d'exercer son contrôle* ».

[133] La haute juridiction y juge : *« Attendu (…) qu'il y a lieu de relever que les décisions de l'Assemblée plénière de la Cour Suprême sont insusceptibles de tout recours juridictionnel et s'imposent tant à l'exécutif, au pouvoir législatif, qu'au pouvoir Judiciaire parce qu'ayant force de la chose jugée. La chose jugée*

Les avis ne sont rien moins que des vues formulées dans le contexte de l'exercice de leurs missions consultatives par les juridictions, nationales ou non. Ainsi qu'on l'imagine, celles-ci sont celles de juridictions se trouvant au sommet de la pyramide que forment les cours et les tribunaux. Sont spécialement visés ici la Cour suprême, le Conseil constitutionnel ou les juridictions d'un rang équivalent. A l'échelle supranationale, sont concernés, entre autres, la Cour de justice de la Communauté économique et monétaire d'Afrique Centrale, la Cour commune de justice et d'arbitrage de l'OHADA. Effectivement, leur opinion est assidûment sollicitée dans le cadre de la production des normes « communautaires » : elles l'expriment alors avant l'adoption de celles-ci, donc forcément avant leur entrée en vigueur[134]. Il peut cependant arriver, et cela doit être signalé, qu'une question leur soit soumise dans un autre contexte, notamment celui de l'interprétation de ladite norme. Il arrive parfois, cela ne doit pas être occulté, qu'un avis soit exprimé à la suite d'une demande provenant d'une juridiction ou d'un organe non-juridictionnel[135].

On l'aura également perçu à l'aune des développements précédents, la décision de justice est normalement écrite, « *dans l'une ou l'autre langue officielle* »[136]. Telle est du moins la lecture à avoir de la formule inscrite à l'article 38 du Code de procédure civile et commerciale d'après laquelle « *les jugements sont rédigés en minutes* ». A coup sûr, c'est également le sens des prévisions des articles 405 et 422 du Code de procédure pénale qui prescrivent que « *Le jugement est dactylographié ou saisi. L'original est signé par le président et, en cas de collégialité, par les autres magistrats puis, dans tous les cas, par le greffier* » ; « *Le jugement est numéroté et répertorié dans un registre spécial tenu au greffe* ». Plus radicalement, c'est la signification de l'article 6 (4) de la loi n° 2006/015 du 26 décembre 2006 portant organisation

---

s'impose en tout premier lieu à l'administration elle-même. Celle-ci doit non seulement s'abstenir d'exécuter l'acte annulé ou de le refaire, mais encore prendre les mesures nécessaires pour tirer toutes les conséquences de l'annulation prononcée par le juge. La décision d'annulation règle une fois pour toutes, le sort de l'acte administratif reconnu illégal. L'acte se trouve annulé erga omnes ».

« Attendu par conséquent qu'il échet de recevoir le demandeur en son action et l'y disant fondé, constater l'autorité de la chose jugée et d'annuler l'arrêté n° 266/CAB/PR du 6 juin 1987 dans toutes ses dispositions comme pris au mépris de l'arrêt n°3/A du 21 novembre 1985 ayant annulé dans toutes ses dispositions l'arrêté n° 202/CAB/PR du 8 mai 1983 révoquant le sieur Amenchi Martin de la police avec suspension de droits à pension pour corruption et de condamner l'État camerounais aux dépens conformément à l'article 101 de la loi n° 75/17 du 8 décembre 1975 sus évoquée ».

134 S'agissant de la Cour commune de justice et d'arbitrage de l'OHADA, voir l'article 7 du traité créant cette organisation. Voir également le titre 2 du présent ouvrage.

135 Sur l'ensemble, voir NSOGA E.Z. II, *Le jugement*, op. cit., n°s 21 et s. Lire également NKILI MBIDA E.P.P., *La juridictionnalisation du droit communautaire en Afrique Centrale et orientale : Cas de la Communauté économique et monétaire de l'Afrique centrale et de la Communauté d'Afrique de l'est* », Thèse, Yaoundé 2, 2024, pp. 99 et s., n° 237 et s.

136 La nuance est introduite par l'article 26 de la loi n° 2019/019 du 24 décembre 2019 portant promotion des langues officielles au Cameroun. Cet article indique d'ailleurs, cela a déjà été relevé, que cette langue est idéalement celle « de préférence du justiciable ».

judiciaire qui retient que « *Toute décision de justice est rédigée avant son prononcé* ». L'enseignement est univoque sur deux terrains précieux.

L'un des terrains est relatif à la preuve. Ici, la jurisprudence de la Cour suprême fait autorité. Dans un arrêt de cassation du 11 septembre 1986 jamais véritablement remis en cause par les juges du fond, elle estime qu'« *aux termes d'une jurisprudence constante de la Cour suprême, les énonciations du plumitif ne peuvent prévaloir contre celles d'un jugement ou arrêt, qui constitue un acte authentique faisant foi jusqu'à inscription de faux* »[137] *(CS, arrêt n° 234/P, 11 sept. 1986, Procureur général Cour d'appel de Yaoundé c. Tsélé Pauline et Tassi Ateba, rapp. Bissombi S., RCD n° 31-32, 1986, pp. 55 et 56*[138]*)*.

A dire vrai, cet arrêt est aussi éclairant qu'un autre, rendu environ deux années environ auparavant, où la haute juridiction avait été davantage incisive. Elle y jugeait, sur la seconde branche du seul moyen : « *En ce que l'arrêt dont pourvoi ne contient ni identité, âge, profession, demeure des témoins, ni leurs principales déclarations ;*

Alors que deux témoins ont déposé le jour où la cause a été retenue comme en fait foi l'extrait du plumitif (Côte PP 1) de cette audience du 7 novembre 1977 ;

Mais attendu que de jurisprudence constante, les mentions du plumitif d'audience constituent de simples renseignements et ne sauraient prévaloir contre les énonciations d'une décision de justice, acte authentique faisant foi jusqu'à inscription de faux ;

Attendu qu'il ne résulte nulle part des énonciations de l'arrêt attaqué que les témoins aient été cités et, encore moins, entendus en cause d'appel ;

Qu'ainsi, au regard du principe sus-évoqué, lesdites énonciations ne sauraient être contredites par les notes d'un extrait du plumitif d'audience... » *(CS, arrêt n° III-P, 28 janv. 1982, Fouda Alphonse c. Ministère public et Eloundou Marius, RCD n° 27, 1984, pp. 66 et s., rapp. Nguini*[139]*. Voir également CS, arrêt*

[137] Le Code de procédure pénale va dans le même sens. A son article 381, on apprend :
- Que les notes d'audience sont prises par le président dans un registre appelé « plumitif d'audience » ;
- Que les notes d'audience prises dans chaque espèce sont signées à la fois par le président et par les magistrats en cas en cas de collégialité.
- Que les notes d'audience sont présumées conformes aux débats.
- Qu'en cas de retour, une copie des notes d'audience est versée au dossier de procédure.

[138] La décision se comprend bien lorsqu'on ne perd pas de vue que le moyen de cassation reprochait à l'arrêt attaqué d'avoir donné un itératif défaut contre la partie civile. Son auteur estimait avoir fait opposition à l'arrêt rendu contradictoirement à son égard, au motif que les énonciations du plumitif n'ont pas constaté la comparution des parties à l'audience.

[139] Dans cet arrêt de rejet, la Cour suprême estime, concernant la première branche du moyen : « *En ce que pour motiver sa décision de relaxe, l'arrêt attaqué énonce : « Considérant que contrairement à l'opinion du premier juge, il n'a pas été acquis aux débats en cause d'appel la preuve qu'Eloundou Marius a, à Yaoundé, le 9 décembre 1973, exercé des violences sur la personne d'Eloundou Cyriaque, lui occasionnant des blessures, lesquelles ont entraîné une incapacité de travail de 20 jours, alors surtout qu'à la date sus indiquée, aucune rixe n'est survenue entre la victime et le prévenu ; que dès lors, il y a lieu de renvoyer celui-ci des fins de la poursuite et par voie de conséquence de débouter la partie civile de son action en dommages-intérêts » ;*
Alors que l'extrait du plumitif correctionnel (Côte PP 1) versé au dossier fait état de la présence, à l'audience du 7 novembre 1971, du témoin Eloundou François qui a déclaré, serment préalablement prêté,

n° 233/P, 13 août 1980, Touobou Mathias c. Ministère public et Tomatsap Mathias, Répertoire chronologique de la jurisprudence de la Cour suprême, tome 1, Droit pénal, préc., pp. 787-788 ; arrêt n° 63/S, 26 fév. 1998, SEREC c. Omgba Marcel, Répertoire chronologique de la jurisprudence de la Cour suprême, Droit social, 1980-2000, préc.[140]*. Dans le même sens, y compris tacitement, voir not. arrêt n° 30, 24 avril 1975, Atanga Bernard c. Entreprise EGBC, Répertoire chronologique de la jurisprudence, Droit social, 1960-1980, préc., pp. 265 et s. ; arrêt n° 25/S, 04 fév. 1993, Transcap c. Tamla Joseph, Répertoire chronologique de la jurisprudence, Droit social, 1980-2000, préc. ; arrêt n° 46/S, 1er avril 1982, Société Bata c. Tamegni Robert,Répertoire chronologique de la jurisprudence de la Cour suprême, Droit social, 1980-2000, pp. 824-825 ; arrêt n° 20/P, 18 nov. 1999, Njilakagnan Ngoumcheme c. Ministère public, Menchamo Abdoulaye et autres, Répertoire chronologique, Droit pénal, tome 1, 1980-2000, pp. 214-215).*

L'autre terrain est relatif à la qualité de la justice pour le citoyen. L'époque est passée où les justiciables devaient sillonner le palais de justice pendant des mois voire des années après le prononcé d'une décision en espérant se voir délivrer une expédition[141]. Il faut simplement espérer que ce surcroît d'activité, à la charge du juge, ne s'avère pas excessivement encombrante. Il faut également entretenir l'espoir que la rédaction en telle ou en telle langue de la décision de justice, sa numérotation et sa signature n'alimentent pas une dispersion d'énergie et des tiraillements entre les

« j'ai été présent à la scène de violences exercées par Eloundou Marius sur Eloundou Cyriaque, fils de Fouda… »

[140] Les éléments qui conduisent à cette décision emblématique se rapportent au moyen de cassation pris de la violation des articles 140 et 153 du Code du travail, mais aussi de l'article 38 du Code de procédure civile. L'arrêt attaqué « *a été rendu le 22 avril 1987 par M. Tchangang Benoît, président, Medjo Me Zengue Alyos, assesseur employeur et Many Fouda Jean, assesseur employé, alors que selon l'extrait du plumitif cette formation de la cour siégeait à l'audience du 2 mars 1987, tandis qu'à l'audience du 22 avril 1987 la cour était présidée par Monsieur Touna Atangana, par ailleurs les assesseurs siégeant à une précédente audience, le 16 décembre 1986 étaient Ntondo Lehman et Nida Christine ;*

Il s'ensuit que le nom du magistrat indiqué comme ayant siégé est faux, ce qui viole les stipulations de l'article 38 du Code de procédure civile ; que la minute du jugement n'est pas signée par le président qui aurait dû le faire, en violation des stipulations de l'alinéa 3 de l'article 153 du Code du travail ; et que les assesseurs n'étaient pas ceux appelés au cours du procès, en violation des stipulations de l'alinéa 2 de l'article 140 du Code du travail ;

Attendu que les énonciations du plumitif ne peuvent prévaloir contre celles de la minute du jugement ou de l'arrêt qui constitue seul un acte authentique faisant foi jusqu'à inscription de faux ;

Que le moyen n'est pas fondé ».

[141] Autrefois se trouvait écrit à l'article 42 du Code de procédure civile et commerciale, par exemple, que « *Le président ou le juge de paix et les greffiers signeront chaque jugement dans un délai maximum de cinq jours à compter du jour de son prononcé* » ; « *Il est expressément interdit au greffier de délivrer expédition d'un jugement avant qu'il ait été signé, sous peine d'être poursuivi comme faussaire* ». Ainsi s'est développée la pratique malheureuse consistant à ne pas se presser à rédiger ou à signer la décision rendue. Pour un diagnostic détaillé, lire TIMTCHUENG M., *Le délai raisonnable en droit processuel camerounais*, préc., pp. 244 et s. Adde : TALLYNG S., « L'esprit des réformes judiciaires au Cameroun : La recherche d'un rapprochement sans cesse croissant de la justice du justiciable », in DJUIDJE CHATUE B. (dir.), *Les réformes du droit privé en Afrique*, PUA, Yaoundé, 2016, p. 386.

maillons de la « chaîne judiciaire », singulièrement entre les fonctionnaires des greffes et les magistrats[142] ; que la mise en œuvre de cette obligation ne soit pas au bout du compte, comme le redoute un auteur, préjudiciable à la sincérité ou à l'intégrité des débats à l'audience[143]. Il faut espérer qu'une ressource humaine adéquate soit affectée à l'assistance du juge pour les besoins de l'exécution de cette obligation, laquelle s'avère quasiment impossible dans les juridictions où le volume des dossiers est important et parfois, excède la centaine à l'issue de certaines journées d'audiences. Il faut espérer, enfin, que des moyens matériels suffisants soient dégagés dans le budget de l'Etat à l'effet de donner véritablement corps à ce vœu d'une rédaction de la décision de justice avant son prononcé, mais surtout que le magistrat se mette parfois « dans la peau » du dirigeant de cette entreprise que la justice représente dans l'optique du « new public management »[144]. Le reste coule de source. Le personnel judiciaire devra se souvenir de la sévérité de l'une des circulaires du Garde des sceaux Douala Moutome, relative à l'élaboration de la décision de justice. Dans cet acte administratif n° 12236/CD/138065/SCI/DAJS du 13 décembre 1993 adressé à « *Madame et Messieurs les présidents des cours d'appel, Messieurs les procureurs généraux près lesdites cours* », et titré « *Rédaction des décisions de justice* », le concerné écrit : « *Il m'a été donné de constater, à la lecture de certaines décisions de nos cours et tribunaux, des omissions et ambigüités préjudiciables à leur intelligence.*

C'est ainsi qu'en matière pénale, certaines décisions condamnent des personnes, parfois contradictoirement, alors que les qualités ne mentionnent pas qu'elles ont été citées à comparaître ou qu'elles ont comparu volontairement, puis éventuellement entendues.

Dans d'autres cas, des personnes victimes d'infractions, qui n'ont pas déclaré se constituer partie civile, sont systématiquement citées en cette qualité.

Enfin, dans des causes introduites par citation directe ou par plainte avec constitution de partie civile, ou encore sur appel de l'une des parties autre que le ministère public, l'Etat se voit parfois condamné à supporter tout ou partie des dépens, alors que dans les affaires comportant des scellés, les juridictions omettent presque systématiquement de statuer sur le sort à réserver aux pièces à conviction… ;

Par ailleurs, sous prétexte d'assumer leur rôle d'interprétation et d'application des lois et règlements, des juges et des juridictions se livrent à une véritable rébellion contre les lois pourtant claires, se substituant ainsi au législateur et faisant fi de tous les principes de base admis tant par la doctrine que par la jurisprudence.

---

[142] La querelle a notamment ses sources à l'article 43 du Code de procédure civile et commerciale où la règle est également posée que « *Les greffiers sont spécialement chargés, sous la surveillance du juge, de la rédaction des qualités qui comprennent l'acte introductif d'instance et le dispositif des conclusions des parties* ».

[143] CHABANOL D., « Le temps et la justice. Quelques pistes de réforme », *Rec. Dalloz*, 2024, pp. 369 et s.

[144] NGAH NOAH M.U., « Repenser themis : éléments pour une justice plus efficace au Cameroun », op cit., pp. 137 et s., p. 161 et s.

Enfin, les incohérences relevées n'épargnent pas l'énoncé des décisions rendues.

C'est ainsi que certains jugements et arrêts croient devoir déclarer les actions introduites « irrecevables et en tout cas non fondées », mettant ainsi à néant les différences, du point de vue des effets juridiques, entre les décisions d'irrecevabilité, qui consacrent l'impossibilité, pour le juge, d'apprécier la demande compte tenu de la violation des règles de forme qui dans certains cas peuvent être réparées, et les jugements sur le fond, qui emportent autorité de la chose jugée sur l'objet du litige.

En attirant votre attention sur ces imperfections qui semblent devenir le lot quotidien de notre justice dont ils ternissent la crédibilité et la transparence, j'ai l'honneur de vous demander de bien vouloir en prendre vous-même conscience et d'organiser des rencontres de concertations avec l'ensemble de vos collaborateurs, magistrats et greffiers.

Il va de soi que l'application de la présente lettre-circulaire, qui fera l'objet de la diffusion la plus large possible, constituera désormais un élément fondamental de l'appréciation de vos collaborateurs magistrats ».

Une dernière remarque s'impose ici, dont les racines sont elles aussi ancrées dans l'actualité législative au Cameroun. Le Code pénal récemment adopté et à ce jour en vigueur décide effectivement qu'une peine privative de liberté d'une durée comprise entre un et cinq ans est susceptible de frapper l'individu qui refuse d'exécuter une décision de justice devenue définitive, mais aussi celui qui s'oppose à cette exécution sans se référer au juge de l'exécution[145]. La qualité de fonctionnaire ne met pas à l'abri de la sanction retenue, encore moins celle de personne morale. En effet, le refus d'exécuter une décision de justice devenue définitive donne éventuellement lieu, s'agissant de celle-ci, à une amende de deux cent mille à dix millions de francs[146]. Au demeurant, ce dispositif répressif vient simplement compléter ou allonger la liste des infractions déjà consacrées autrefois, portant entre autres sur la contrainte par corps[147], l'insolvabilité organisée[148], la pension alimentaire[149], la négligence, la communication avec les détenus[150], l'évasion[151]. Rarement, les sanctions énoncées à ce titre

---

[145] Article 181-1.

[146] Idem.

[147] Articles 557 et suivants, Code de procédure pénale.

[148] Article 181, Code pénal. Cet article qui a survécu réserve une peine d'un à cinq ans d'emprisonnement à la personne qui organise son insolvabilité après sa condamnation par une décision de justice, que celle-ci soit ou non définitive.

[149] Article 180, Code pénal. Cet article prévoit qu'est puni d'un emprisonnement d'un mois à un an et d'une amende de 20 000 à 400 000 francs CFA, ou de l'une de ces deux peines seulement, celui qui est demeuré pendant plus de deux ans sans fournir la totalité de la pension qu'il a été condamné à verser à son conjoint, à ses ascendants ou à ses descendants. La précision est ensuite apportée que le défaut de paiement est présumé volontaire, que l'insolvabilité liée à l'inconduite habituelle, notamment l'ivrognerie, ne constitue guère une excuse au profit de l'endetté.

[150] Un emprisonnement de six mois à deux ans est susceptible de frapper celui qui facilite irrégulièrement les rapports d'une personne détenue avec l'extérieur.

[151] Un emprisonnement d'un à trois ans est réservé à celui qui libère un individu légalement privé de sa liberté. Un emprisonnement d'une durée comprise entre un et trois ans devrait pouvoir frapper celui qui, étant légalement privé de sa liberté, s'évade ou à celui qui, étant admis à

étaient prononcées sans l'intervention dans le procès pénal d'un juge d'instruction[152].

B. Ceux qui instruisent

Quelques-unes des décisions prononcées, en matière répressive singulièrement, sont précédées d'une information judiciaire ou instruction. Conduite par un magistrat du siège appelé juge d'instruction ou « examining magistrate », l'information judiciaire est obligatoire en matière de crime, facultative en matière de délit et de contravention[153]. L'exigence n'est infléchie que dans des rares hypothèses, notamment lorsque des infractions ont été perpétrées par des personnes « en bas âge » ; car il est écrit à l'article 700 (1) du Code de procédure pénale que l'information judiciaire est obligatoire lorsqu'un délit est reproché à un mineur de dix-huit ans *(CS, arrêt n° 71/P, 16 juil. 2015, Kingué Paul-Eric c. Procureur général près la Cour d'appel du Littoral, la Société des plantations du Haut-Penja et Songa Daniel, in Les grandes décisions de la jurisprudence pénale camerounaise, préc., n° 18, pp. 287, obs. TCHOUAMBIA TOMTOM L.J.B. ; arrêt n° 119, 8 fév. 1973, Procureur général près la Cour d'appel de Yaoundé c. Simo François, Répertoire chronologique de la jurisprudence de la Cour suprême, Droit pénal,1960-1980, tome 1, préc., pp. 445-446).* L'exigence bouleverse celui qui considère que le crime est parfois facile à « élucider », mais surtout qu'à l'opposé, le jugement en matière de délit ou de contravention requiert parfois des investigations approfondies nécessitant le concours ou la contribution d'un expert[154]. Autant dire que la construction consistant à ne rendre l'information judiciaire obligatoire que lorsque des infractions graves sont concernées pourrait par moments s'avérer contreproductive. En réalité, ce schéma pourrait, au bout du compte, soit compliquer la tâche au tribunal, soit déboucher sur une décision critiquable ou de piètre qualité. La crainte explique ou justifie que quelques-uns aient du mal à admettre sans réserve que des mécanismes et des opérations juridiques et matérielles servant à accroître l'efficacité de la juridiction et améliorer la qualité de la justice soient tantôt inutiles, tantôt facultatives et tantôt obligatoires alors que la nature du procès reste inchangée. Ces auteurs admettent d'autant moins le raisonnement lorsque le délit est en cause que l'opportunité de l'instruction est abandonnée aux magistrats auxquels pouvait être confié le

travailler hors de sa prison, s'éloigne sans autorisation. La sanction atteint un emprisonnement de dix ans, notamment lorsque la libération ou l'évasion est commise à l'aide d'armes ou lorsqu'il s'est agi d'une personne inculpée de crime ou condamnée à une privation de liberté supérieure à dix ans.

[152] Sur cette question, voir KAMSU NOUBISSI N.C., *Le refus d'exécuter les décisions de justice »*, Mémoire, Master droit privé, Université de Yaoundé 2, 2018, pp. 75 et s.

[153] D'après l'article 142 du Code de procédure pénale. Dans le même sens, voir l'article 25 de la loi d'organisation judiciaire.

[154] Voir, dans cet ouvrage, les développements portant sur l'expert.

soin d'apprécier l'intérêt de l'ouvrir ou de ne pas l'ouvrir dans chaque espèce ou affaire[155].

Cela mis de côté, on doit d'ajouter, à la lumière des textes de procédure :

- Que l'instruction n'est ouverte qu'à la suite d'une requête du procureur de la République. Appelé réquisitoire introductif, l'acte juridique contenant cette requête procède à la qualification des faits reprochés au suspect[156]. Généralement, cet acte est transmis au « magistrat instructeur » par l'intermédiaire du président du tribunal ; ce qui signifie, à l'analyse, que ce dernier est véritablement une sorte de trait d'union entre celui-ci et celui-là[157][158]. Toutefois, et cela ne doit être relevé d'emblée, la qualification des faits retenue par le procureur de la République dans son réquisitoire introductif d'instance ne lie pas le juge d'instruction qui peut la modifier[159] *(sur l'ensemble, voir CS, arrêt n° 314, 24 oct. 1961, Procureur de la République c. Bassong André, Onana Emile et Compagnie Air-France, Répertoire chronologique de la jurisprudence de la Cour suprême, Droit pénal, tome 1, 1960-1980, préc., pp. 821-822 ; arrêt n° 27/P, 25 juil. 1961, Le procureur de la République près le tribunal de première instance d'Abong-Mbang c. Mpel Mathurin et Awounbidjang Pauline, Répertoire chronologique de la jurisprudence de la Cour suprême, tome 1, 1960-1980, Droit pénal, préc., pp. 414-415 ; arrêt n° 30, 24 déc. 1963, Onana Léon c. Ministère public et Etat du Cameroun, Répertoire chronologique de la jurisprudence de la Cour suprême, Droit pénal, tome 1, 1960-1980, préc., p. 372 ; arrêt n° 76, 25 fév. 1964, Procureur général près la Cour d'appel de Douala c. Njengué Hélène et Etombi Marie, Répertoire chronologique de la jurisprudence de la Cour suprême, tome 1, Droit pénal, préc.,*

---

[155] Sur l'ensemble, voir not. MBUNJA Y., « Le silence du juge d'instruction », *Juridis Périodique* n° 138, avril-juin 2024, pp. 81 et s. ; NCHIMI MEBU J.C., « Le procureur de la République décoiffé de sa casquette de magistrat instructeur (A propos de la séparation des fonctions de justice répressive dans le code de procédure pénale camerounais) », *in Les tendances de la nouvelle procédure pénale camerounaise,* TCHAKOUA J.M. (dir.), PUA, Yaoundé, 2007, pp. 240 et s. ; NGOUPOU MBOUEMBOUE A., OBAM R.J., « Analyse pratique d'un acte de procédure sui generis en droit pénal camerounais : la citation directe », *Juridis Périodique* n° 138, avril-juin 2024, pp. 165 et s. ; NTONO TSIMI G., « De l'instruction préparatoire à l'information judiciaire : Quelques notes rapides sur l'instruction préparatoire partant de la thèse du Professeur Anoukaha François », *in L'effectivité du droit, Mélanges en l'honneur du professeur François Anoukaha,* L'Harmattan, Paris, 2021, pp. 621 et s.

[156] Dans la mise au point de son réquisitoire, le procureur de la République n'est pas lié par la qualification donnée aux faits par l'auteur de la plainte.

[157] Article 145 (1).

[158] Dans l'hypothèse jamais à exclure où la personne lésée par un crime ou un délit se constitue partie civile devant le juge d'instruction, les données changent légèrement. En effet, le Code de procédure pénale prévoit une consignation et souligne que dès son paiement, le juge d'instruction communique la plainte au procureur de la République pour son réquisitoire. Le réquisitoire du procureur de la République peut tendre soit à l'irrecevabilité de la constitution de partie civile, soit à l'ouverture d'une information judiciaire. Il pourrait aussi, si d'aventure la plainte n'est pas suffisamment motivée ou si les pièces produites ne l'étayent pas à suffisance, ordonner que l'individu visé soit entendu comme témoin par le juge d'instruction.

[159] En ce sens, voir l'article 163 du Code de procédure pénale. Voir également l'article 169 (2) du même Code.

pp. 382 et s. ; arrêt n° 404/P,16 sept. 1982, Procureur général près la Cour d'appel de Garoua c. Herepran Lahandi et Bougamba Lahandi, Répertoire chronologique de la jurisprudence de la Cour suprême, tome 1, Droit pénal, préc., pp. 799-800 ; arrêt n° 56/P, 11 déc. 1986, Thomas Ndansi Agwoh c. Ministère public, Répertoire chronologique de la jurisprudence de la Cour suprême, tome 1, Droit pénal, préc., pp. 424- 425, Les grandes décisions de la jurisprudence pénale camerounaise, préc., n° 21, pp. 367 et s., obs. ANOUKAHA F. ; TCS, arrêt n° 007/CRIM/TCS, 5 avril 2013, Ministère public et Etat du Cameroun-Ministère de la justice c. Tikela née Fanta Elisabeth Marie et Akono Ousmanou Françis, Recueil des arrêts du tribunal criminel spécial, tome 4, pp. 7 et s.) ;

- Que le soin revient aux présidents de juridictions, lorsque celles-ci ont à l'instruction une pluralité de magistrats, de désigner, dans le cadre de chaque affaire requérant l'information judiciaire, celui d'entre eux qui en sera chargé[160]. Qu'à cela ne tienne, si deux juges d'instruction rattachés au ressort d'une cour d'appel en viennent à être saisis d'une même infraction et se déclarent tous compétents ou incompétents, une procédure spécifique, dite du règlement des juges, sera appliquée afin de dénouer la situation. Au fond, le règlement des juges est confié à la juridiction d'appel de rattachement des concernés. Ce n'est que dans l'hypothèse où les juges d'instruction en opposition appartiennent à des ressorts différents en appel que le conflit ainsi crée est tranché par la Cour suprême[161] *(CS-CR, arrêt n° 41/CR310/P, 31 août 2023, Dame Bih Janet Shufor épouse Fofang Nicholas Ndeh contre Fofang Nicholas Ndeh, inédit ; CS, arrêt n° 65/P, 28 nov. 1996, Boundjia Vincent Michel c. Tribunal de grande instance de Douala et SONARA, Répertoire chronologique de la jurisprudence de la Cour suprême, tome 1, Droit pénal, préc., pp. 160-162. Cf également CS, arrêt n° 266/P, 25 juil. 1961, Le procureur de la République près le tribunal de première instance de Yaoundé c. Nam Owona Jean Pierre, Ondoua Thomas et Belobo Polycarpe, Répertoire chronologique de la jurisprudence de la Cour suprême, tome 1, 1960-1980, Droit pénal, préc., p. 414 ; arrêt n° 27/P, 25 juil. 1961, Le procureur de la République près le tribunal de première instance d'Abong-Mbang c. Mpel Mathurin et Awounbidjang Pauline, Répertoire chronologique de la jurisprudence de la Cour suprême, tome 1, 1960-1980, Droit pénal, préc., pp. 414-415 ; arrêt n° 310/P, 19 juin 1985, Président du tribunal de grande instance de Bertoua c. Foudjeu et autres, Répertoire chronologique de la jurisprudence de la Cour suprême, tome 1,*

[160] Article 146 (2, 3). L'ordonnance du président par laquelle cette décision est prise est motivée et non susceptible de recours.

[161] Articles 600 et 601. A en croire l'article 600, « *Lorsque deux juges d'instruction du ressort d'une même cour d'appel, saisis de la même infraction, se déclarent compétents ou incompétents, le conflit ainsi créé est tranché par la cour d'appel* » ; « *Lorsque deux tribunaux de première ou de grande instance du ressort d'une même cour d'appel, saisis d'une même infraction, se déclarent compétents ou incompétents, le conflit ainsi créé est tranché par la cour d'appel* ». Quant à l'article 601, il décide que « *Lorsque deux juges d'instruction ou deux tribunaux de première ou de grande instance appartenant à deux ressorts de cour d'appel différents, saisis d'une même infraction, se déclarent compétents ou incompétents, le conflit ainsi créé est tranché par la Cour suprême* ».

Droit pénal, 1980-2000, pp. 155 et 156 ; arrêt n° 222/P, 23 juil. 1981, Procureur général près la Cour d'appel de Yaoundé c. Lewassa Hubert et Ndono Hubert, Répertoire chronologique de la jurisprudence de la Cour suprême, tome 1, Droit pénal, préc., p. 156; arrêt n° 114/P, 18 mars 1999, Jong Jean-Jacques c. Ministère public et société TM Diffusion, Répertoire chronologique de la jurisprudence de la Cour suprême, tome 1, Droit pénal, préc., pp. 163 et 164) ;

- Que l'un des actes initiaux du magistrat instructeur consiste usuellement à rendre une ordonnance afin d'informer. Cette ordonnance, qui fonde véritablement l'ouverture du « dossier d'information », est rendue soit contre une personne nommée, soit contre une personne dénommée. Toujours est-il qu'on doit y retrouver l'identité et la qualité de ce magistrat, ainsi que sa signature et son sceau. Toujours est-il qu'on doit y retrouver, au minimum, la qualification pénale des faits reprochés à l'individu inculpé sans que ceux-ci correspondent forcément à ce que le procureur de la République a retenu. Toujours est-il qu'on doit y retrouver les nom, prénoms et qualité de la personne poursuivie lorsque celle-ci est connue ou la mention « X » lorsque celle-ci est inconnue ; l'énonciation rigoureuse des dispositions répressives violées ; le lieu et la date de commission des agissements répréhensibles[162] *(CS, arrêt n° 71/P, 16 juil. 2015, Kingué Paul-Eric c. Procureur général près la Cour d'appel du Littoral, la Société des plantations du Haut-Penja et Songa Daniel, in Les grandes décisions de la jurisprudence pénale camerounaise, préc.*[163]*. Voir également CS, arrêt n° 42, 24 déc. 1963, Procureur général près la Cour suprême c. Ministère public, Makani Benoît, Ebongué Adalbert et Zanga Ebobo, Répertoire chronologique de la jurisprudence de la Cour suprême, Droit pénal, tome 1, 1960-1980, préc., pp. 691-692 ; arrêt n° 119, 8 fév. 1973, Procureur général près la Cour d'appel de Yaoundé c. Simo François, Répertoire chronologique de la jurisprudence de la Cour suprême, Droit*

---

[162] Article 164.

[163] La Cour rappelle fort utilement les principes dans cette affaire. Elle s'exprime ainsi : *« Attendu qu'il résulte de l'article 164 du Code de procédure pénale, exactement reproduit par la troisième branche du moyen, que l'ordonnance à fin d'informer prise par le juge d'instruction doit être revêtue de sa signature et de son sceau ; que la lecture dudit article, en combinaison avec l'article 147 du même Code, également reproduit de manière exacte par le moyen, indique que le juge d'instruction doit rendre une ordonnance à fin d'informer lorsque les conditions sont remplies pour que l'information judiciaire ait lieu et qu'en l'absence d'une telle ordonnance, il n'est pas d'information judiciaire ouverte et aucun acte ne peut être posé ; qu'en conséquence, est nulle, toute procédure d'information judiciaire dans laquelle il n'a pas été rendu d'ordonnance à fin d'informer ; que lorsqu'une ordonnance à fin d'informer ne comporte pas de nom ou de signature ou encore de cachet du juge d'instruction, elle est nulle et les effets sont identiques à ceux de l'absence totale d'ordonnance à fin d'informer ;*

Attendu en conséquence, que le tribunal saisi par une ordonnance de renvoi rendue alors que l'information judiciaire a été effectuée sans qu'il ait été pris une ordonnance afin d'informer ou que l'ordonnance prise ne comporte pas de nom, ou de signature ou encore de cachet du juge d'instruction, doit annuler l'information judiciaire dont s'agit et renvoyer la procédure devant le président du tribunal en vue de la désignation de tout juge d'instruction, que tout jugement intervenu dans de telles conditions est également nul, de même que la procédure diligentée à l'audience ; que le juge d'appel auquel est déféré un tel jugement se doit de relever d'office la situation correspondante et, par application de la loi, prononcer l'annulation de la procédure suivie devant le premier juge et de la décision subséquente pour renvoyer la cause et les parties devant le tribunal, afin qu'il soit procédé comme prescrit par la loi… »

pénal,1960-1980, tome 1, préc. ; arrêt n° 62/P, 20 avril 2017, Société Logis SA c. Banque internationale pour l'épargne et le crédit du Cameroun (BICEC) SA et CS, arrêt n° 63/6, 20 avril 2017, Société Intertrade SARL c. Banque internationale pour l'épargne et le crédit du Cameroun-BICEC SA Juridis Périodique n° 114, avril-mai 2018, pp.69 et s., note TCHOUAMBIA TOMTOM L.J.B. et TCHABO SONTANG H.M.) ;

Que le prononcé de l'ordonnance afin d'informer débouche, comme cela a déjà été relevé, à l'ouverture d'un dossier qualifié de « dossier d'information », d'où l'idée répandue d'après laquelle l'information est écrite. Théoriquement, ce dossier fait l'objet d'un inventaire détaillé et surtout, doit être mis à jour au fur et à mesure que des actes d'instruction sont accomplis ou posés. Au demeurant, les pièces qui s' y retrouvent devraient être cotées et inventoriées par le greffier d'instruction au fur et à mesure de leur rédaction ou de leur réception ; elles sont dressées au moins en deux exemplaires afin de permettre, en cas de recours, la transmission d'un double à la chambre de contrôle de l'instruction de la cour d'appel. La règle ne fait cependant pas obstacle à ce que le parquet se fasse délivrer, par le greffier d'instruction, une copie certifiée conforme de l'ensemble des actes d'une procédure particulière. Elle ne s'oppose pas non plus au droit qu'ont les autres parties au procès de se voir délivrer, à leur requête et contre paiement des frais y relatifs, telle ou telle pièce du dossier[164] ;

- Que le dessaisissement d'un juge d'instruction doit pouvoir être sollicité et obtenu lorsque l'intérêt d'une bonne administration de la justice le requiert. La demande à ces fins provient alors soit du procureur de la République soit de la personne inculpée et, en tout état de cause, est motivée[165]. D'autres hypothèses existent d'ailleurs où un juge d'instruction peut suppléer son collègue de la même juridiction. Elles sont liées à l'urgence et, à la vérité, doivent être cantonnées à des actes isolés. En toute hypothèse, le dessaisissement requiert, en amont, l'assentiment du président du tribunal, lequel, dans les cinq jours de sa saisine, s'exprime par le biais d'une ordonnance motivée que le législateur met curieusement à l'abri de tout recours[166]. De telles règles permettent de saisir le verdict suivant de la Cour de cassation, en date du 31 mars 2009 : « *Attendu que pour confirmer l'ordonnance frappée d'appel par le procureur de la République, l'arrêt énonce, notamment, que si l'article 663 du Code de procédure pénale a pour objet d'autoriser, de manière exceptionnelle, le ministère public à requérir le dessaisissement d'un juge d'instruction, cette disposition n'exclut pas que le juge d'instruction puisse prendre l'initiative de ce dessaisissement ou y procède malgré des réquisitions contraires ; (...) attendu qu'en se prononçant ainsi, alors que la juridiction d'instruction n'est pas compétente pour mettre en œuvre la procédure de dessaisissement prévue par l'article 663 du code précité, dont l'initiative est réservée*

[164] Article 165.
[165] Article 146 (1).
[166] Article 146 (2, 5).

au seul ministère public, la chambre de l'instruction a méconnu le texte susvisé et le principe ci-dessus énoncé... » (Cass crim, 31 mars 2009, Miroir du droit n° 001, avril-juin 2009, pp. 127 et s.). D'une certaine façon, ces règles facilitent la compréhension d'un réquisitoire aux fins d'incompétence du parquet du tribunal de grande instance du Wouri, ainsi rédigé : « *Vu la procédure suivie contre l'Association des sociétés d'assurances en abrégé ASAS, Alliance Assurances, Area Assurances, Axa Assurances, Activa Assurances, Bénéficial insurance (...) et autres ;*

Attendu que les faits tels qu'ils ressortent tant de la plainte avec constitution de partie civile de l'Association des consommateurs d'assurances au Cameroun en abrégé ACAC et des auditions comme témoins de certaines compagnies d'assurances et du président de l'ASAC sont des délits ;

Que or, aux termes de l'article 157 alinéa 1 du Code de procédure pénale, « Toute personne qui se prétend lésée par un crime ou un délit peut, en portant plainte, se constituer partie civile devant le juge d'instruction compétent » ;

Que dans la législation camerounaise en vigueur, notamment la loi n° 2006/015 du 29 décembre 2006 portant organisation judiciaire au Cameroun, telle que modifiée et complétée par celle n° 2011/027 du 14 décembre 2011 en son article 15, le juge d'instruction compétent pour connaître des infractions qualifiées de délits est le juge du tribunal de première instance ;

Qu'il échet par conséquent de se déclarer incompétent rationae materiae et de renvoyer la plaignante à mieux se pourvoir... » (TGI du Wouri, Parquet du procureur de la République, réquisitoire aux fins d'incompétence n° 2017-1241/PR/TGI/W, 02 janv. 2018, inédit) ;

- Que, contrairement à ce que l'on croit trop souvent, le juge d'instruction peut parfaitement, parfois tout au moins, résoudre de ne pas informer. Tel est le cas lorsque celui-ci estime, pour des causes affectant l'action publique, que le comportement évoqué ne saurait fonder des poursuites ; que ce comportement ne constitue pas une infraction pénale ; que le suspect bénéficie d'une immunité. Tel est encore le cas lorsqu'à travers un « réquisitoire supplétif », le procureur de la République requiert des investigations précises qui lui paraissent nécessaires à la manifestation de la vérité voire lorsque le concerné l'invite à procéder à de nouvelles inculpations. En pareilles circonstances sera rendue tantôt une « ordonnance de refus d'informer » ou « order of refusal to carry out inquiry », tantôt une « ordonnance de refus de plus ample informé », laquelle devra toutefois être notifiée au procureur dans les 24 heures[167].

D'une certaine façon, ces règles facilitent la compréhension d'une ordonnance récente de l'un des juges d'instruction en poste au tribunal

---

[167] Articles 147, 148, 149, etc. L'article 161 du Code pénal complète le dispositif en décidant, dans l'hypothèse particulière d'une plainte avec constitution de partie civique, qu'au cas où le juge d'instruction saisi n'est pas territorialement compétent, il doit être rendu, après le réquisitoire du ministère public, une ordonnance d'incompétence. Celle-ci renvoie la partie civile à mieux se pourvoir.

militaire de Yaoundé, ainsi conçue : « *(…) Vu notre ordonnance de soit communiqué du 13 juillet 2015, suivie du réquisitoire aux fins de dessaisissement n° 418/RD/CG/TMY de Monsieur le Commissaire du gouvernement près le tribunal militaire de Yaoundé en date du 11 août 2015 ;*

Vu le décret n° 2011/437 du 16 décembre 2011 portant création des tribunaux militaires de Bamenda, Bertoua, Ebolowa, Maroua et Ngaoundéré ;

Vu les décrets et arrêtés du 22 janvier 2015 portant nomination des responsables au sein du tribunal militaire d'Ebolowa ;

Attendu que suivant ordre d'informer susvisé de Monsieur le Ministre chargé de la justice militaire, une information judiciaire est ouverte devant le tribunal militaire de céans contre le Caporal E… et O… pour les faits de violation de consignes, outrage à supérieur et blessures simples ;

Que ces infractions ont été commises à Alati, arrondissement de Djoum dans le département de la Mvila, région du Sud et relèvent donc territorialement en application de l'article 294 (a) du Code de procédure pénale, de la compétence du tribunal militaire d'Ebolowa ;

Attendu que cette juridiction créée suivant décret susvisé n° 2011/437 du 16 décembre 2011 est fonctionnelle depuis le 22 janvier 2015 à travers l'affectation du personnel par divers textes ;

Qu'une note de service n° 150170 de Monsieur le ministre chargé de la justice militaire en date du 26 janvier 2015 prescrit le dessaisissement sans délai, de l'organe d'instruction du tribunal militaire de Yaoundé au profit de celui du tribunal militaire d'Ebolowa des procédures relevant désormais de cette dernière juridiction ;

Qu'il échet par conséquent, constatant l'incompétence ratione loci du tribunal militaire de céans, d'ordonner son dessaisissement au profit du tribunal militaire d'Ebolowa » *(TM de Yaoundé, cab. d'information judiciaire, DOS n° 036/CI/MEF/14, inédit).*

D'une certaine façon, ces exigences rendent aisée la compréhension de cet arrêt de la Cour suprême où les maîtres-mots sont ceux-ci : « *Attendu que de ces deux décisions contradictoires et passées, l'une et l'autre, en force de chose jugée, résulte un conflit négatif de juridictions interrompant le cours normal de la justice qu'il importe de faire cesser dans l'intérêt d'une bonne et prompte administration de celle-ci* ». L'arrêt est prononcé à la suite d'un pourvoi du parquet général près la Cour d'appel de Yaoundé. Celui-ci n'admet pas spontanément, d'une part, que le juge d'instruction près le tribunal d'Ebolowa se soit déclaré incompétent pour instruire une cause relative au viol ; d'autre part, que le juge d'instruction du tribunal militaire du coin, juridiction de renvoi, ait à son tour rendu une ordonnance d'incompétence en soutenant que les faits reprochés ne relèvent pas de la compétence matérielle des tribunaux militaires telle que prévue par les textes alors en vigueur *(CS, arrêt n° 429, mars 1962, Procureur général près la cour d'appel de Yaoundé c. Mbida Amougou dit Ndy Messolo, Répertoire chronologique de la jurisprudence de la Cour suprême, Droit pénal, 1960-1980, tome 1, préc., p. 823.*

Voir aussi CS, arrêt n° 41, 24 déc. 1963, Procureur général près la cour d'appel de Yaoundé c. Ministère public et Bayokolak Jean-Marc, Répertoire chronologique de la jurisprudence de la Cour suprême, Droit pénal, 1960-1980, tome 1, préc., p. 501 ; arrêt n° 9, 13 nov. 1962, Commissaire du gouvernement c. Tchuenkam Djomché et Tagne Jean, Répertoire chronologique de la jurisprudence de la Cour suprême, Droit pénal, 1960-1980, tome 1, préc., p. 824 ; arrêt n° 35, 4 déc. 1962, Procureur général c. X..., Répertoire chronologique de la jurisprudence de la Cour suprême, Droit pénal, 1960-1980, tome 1, préc., p. 825 ; arrêt n° 93, 5 mars 1963, Procureur général c. Kikouri Pierre. Répertoire chronologique de la jurisprudence de la Cour suprême, Droit pénal, 1960-1980, tome 1, préc., p. 826 ; arrêt n° 314, 24 oct. 1961, Procureur de la République c. Bassong André, Onana Emile et Compagnie Air-France, Répertoire chronologique de la jurisprudence de la Cour suprême, Droit pénal, tome 1, préc. ; The High court of Fako, Buea, 24th june 2012, The people of Cameroon vs. Tangou Joseph Assangou, inédit ; The High court of Fako, Buea, 14th june 2012, The people of Cameroon vs. Akianet Adeabel and Napolean Akas, inédit) ;

- Qu'une exigence est constante qui voudrait, lorsqu'un juge d'instruction découvre des faits nouveaux constitutifs d'une infraction, que celui-ci soit tenu de communiquer le dossier de l'affaire au procureur de la République afin que l'intéressé prenne un « réquisitoire supplétif ». C'est dire que le magistrat chargé de l'instruction n'a pas à procéder à une inculpation complémentaire sans passer par le préalable du réquisitoire supplétif[168]. A la lumière de ces exigences, il est dans l'ordre des choses que la Cour d'appel de Yaoundé se soit exprimé ainsi dans l'un de ses arrêts en date du 13 octobre 2011 : « *Considérant que relativement à la tentative de détournement de deniers publics portant sur la somme de 60 000 000 francs, il s'agit là d'une infraction totalement nouvelle créée par le juge d'instruction à la clôture de l'information dans la mesure où elle n'apparaît ni dans le réquisitoire introductif, ni dans le procès-verbal de première comparution valant inculpation ;*

Que le juge d'instruction, conformément à l'article 169 alinéa 1er ne pouvait se saisir de cette infraction sans réquisitoire supplétif de Monsieur le Procureur de la République... » *(CA du Centre-Yaoundé, arrêt n° 108/CRIM/ADD, 13 oct. 2011, Olanguena Awono Urbain c. Ministère public et Etat du Cameroun et autres, in Les grandes décisions de la jurisprudence pénale camerounaise, préc., n° 20, pp. 342 et s., obs. ANOUKAHA F. Voir aussi CA du Centre-Yaoundé, arrêt n° 108/CRIM/ADD, 13 oct. 2011, Olanguena Awono Urbain c. Ministère public et Etat du Cameroun et autres, in Les grandes décisions de la jurisprudence pénale camerounaise, préc., n° 20, pp. 342 et s., obs. ANOUKAHA F. ; TCS, arrêt n° 028/CRIM/TCS, 03 nov. 2016, Ministère public et Etat du Cameroun c. Abah Abah Polycarpe, Recueil des arrêts du tribunal criminel spécial, tome 5, pp. 465 et*

---

[168] Pour en savoir davantage, voir not. AMVELLA BIDJO C., « Le mandat d'arrêt valant inculpation : de l'illégalité formelle à la création prétorienne », *Juridis Périodique* n° 125, janv.-mars 2021, pp. 147 et s. ; FONKWE FONGANG J., EWARE A., *Pratique de la procédure pénale au Cameroun*, op cit., pp. 198-199.

s.CS, arrêt n° 143, 14 mai 1963, Procureur général près la Cour suprême c. Ndjom Jean, Ebé Henri (décédé) et Ntepé Pierre (décédé), Répertoire chronologique de la jurisprudence de la Cour suprême, Droit pénal, 1960-1980, tome 1, préc., p. 836[169]) ;

- Qu'à rebours de ce que l'on croit trop souvent lorsqu'un minimum de recul n'est pas observé, le magistrat en charge de l'instruction ne conduit pas toujours, directement et par lui-même, les investigations en vue de la manifestation de la vérité. Au fond, on ne devrait pas sincèrement envisager, surtout dans des agglomérations densément peuplées, qu'un individu se transporte ici ou là-bas à travers le pays voire à l'étranger pour les besoins de l'information judiciaire. Sans surprise, les recherches vont tantôt être confiées à des officiers de police judiciaire[170], tantôt être déléguées à des personnalités ayant des aptitudes spécifiques voire à des collègues magistrats officiant à l'instruction dans d'autres ressorts juridictionnels[171] ou dans d'autres pays[172]. Encore n'est-ce pas là tout. Lorsqu'une préoccupation technique s'élève, des experts sont commis qui, seuls, sont outillés pour éclairer les magistrats[173]. C'est ainsi par exemple qu'en en matière de délinquance juvénile, l'article 701 du Code de procédure pénale envisage la possibilité que le juge d'instruction puisse ordonner une

---

[169] La Cour suprême juge ce qui suit dans cette affaire : « *Attendu qu'en renvoyant les prévenus pour atteinte à la sûreté intérieure de l'Etat sans avoir provoqué un ordre d'informer supplétif, le juge d'instruction a excédé sa compétence et par là commis un excès de pouvoir* ».

[170] DELAGE P.J., « La fouille d'un véhicule en enquête préliminaire », *La Semaine du droit-Edition générale*, n° 9, 4 mars 2024, pp. 375 et s. ; NGO NDJIGUI R.Y., *Le secret des affaires dans le droit des pays de l'espace OHADA et en droit français*, Evry, 2005, pp. 284 et s., n°s 417 et s.

[171] Articles 145 (2), 190. A son article 27, la loi d'organisation judicaire, pour ne viser que celle-ci, oriente à propos du déploiement spatial du juge d'instruction et des rapports de ce magistrat avec son homologue du tribunal de première instance. Il décide, en matière criminelle, que le juge d'instruction du tribunal de grande instance diligente l'information judiciaire sur l'ensemble du ressort territorial de cette juridiction. Toutefois, le « magistrat instructeur » du tribunal de première instance résidant dans une localité autre que le siège du tribunal de grande instance a compétence pour instruire les crimes et délits connexes commis dans son ressort territorial. L'exigence n'est cependant pas sans limites. C'est ainsi par exemple qu'il n'est pas permis de constituer des commissions rogatoires pour procéder en ses lieux et place aux inculpations, interrogatoires et à la délivrance des mandats de justice.

[172] On l'aura compris dans le prolongement de ce qui précède. La nécessité peut être ressentie, dans le cours d'une instruction, d'avoir recours à un personnel judiciaire et auxiliaire d'un Etat voisin. Une telle affirmation dévoile l'intérêt de l'accord de coopération judiciaire entre les Etats membres de la Communauté économique des états de l'Afrique centrale, conclu par les chefs des Etats membres de la CEMAC en date du 28 janvier 2004. Elle dévoile sans doute aussi l'intérêt de se référer à d'autres instruments juridiques de la même envergure, à l'instar de la convention de Tananarive de 1961, du traité instituant la CEEAC et de quelques-uns des projets de protocoles y relatifs.

[173] Articles 203 et suivants. Lire CERE J.P., RASCAGNERES J.M., VERGES E., *Droit pénal et nouvelles technologies*, L'Harmattan, Paris, 2015, pp. 18 et s. ; FONKWE FONGANG J., EWARE A., op cit., pp. 225 et s. ; KUATE TAMEGHE S.S., « Quelques ambiguïtés de l'expertise de gestion dans l'Acte uniforme relatif au droit des sociétés commerciales et du GIE », *Recueil d'études sur l'OHADA et l'UEMOA, Vol. 1*, J. Mestre dir., Presses universitaires d'Aix-Marseille, Aix-en-Provence, 2010, pp. 147 et s., SAINTE-ROSE J., « Le juge face à la science », in *Principes de justice, Mélanges en l'honneur de Jean-François Burgelin*, Dalloz, Paris, 2008, pp. 345 et s.

« enquête sociale » à la diligence du service social ou, à défaut, de toute personne compétente ; que ce juge puisse ordonner un examen médical ou un examen médico-psychologique. Enfin, le juge d'instruction est généralement assisté d'un greffier qui agit sous son « contrôle effectif » et dont la mission spécifique se réduit à dactylographier les actes d'information, à les notifier, à organiser leur signification au profit de ceux qui y ont intérêt[174]. Le détail rend aisée la compréhension de ces formules d'après lesquelles l'information judiciaire est écrite, qu'elle requiert l'ouverture d'un dossier minutieux et constamment à jour, que toutes les déclarations ici sont constatées par un procès-verbal écrit[175]. Surtout, le détail rend accessible la logique de la Cour suprême consistant à remettre en cause les actes d'instruction accomplis sans l'assistance du greffier, notamment ceux qui ne portent pas sa signature *(CS, arrêt n° 15/P, 27 mars 2008, procureur général près la Cour suprême c. Fodjeu Marius, Juridis Périodique n° 84, oct.-déc. 2010, p. 97, obs. KEUGONG NGUEKEN R., épse WATCHO ; CA du Centre, arrêt n° 95/Crim, 12 juin 2007, Amougou Etienne et Tchinda Matha Moussa épse Djedou c. Ministère Public et Ministère des postes et télécommunications, Juridis Périodique n° 82, avril.-juin 2010, pp. 59-60, n° 8, note KEUBOU Ph. Cf. également CS, arrêt n° 71-P, 16 juil. 2015, Kingué Paul-Eric c. Procureur général près la Cour d'appel du Littoral, Société des plantations du Haut-Penja et autres et CS, arrêt n° 72-P, 16 juil. 2015, Kingué Paul-Eric c. Commune de Njombé-Penja, préc. ; arrêt n° 12-P, 20 mars 2014, Procureur général près la Cour d'appel du Littoral c. Ekoubé Henri et Tatabong Alexandre c. Ministère public et Epoh Basile, Juridis Périodique n° 107, juil.-sept. 2016, pp. 96-97, note TCHOUMBIA TOMTOM L.J.B. et TCHABO SONTANG H.M. ; Crim., 6 déc. 2011, Procédures n° 2, fév. 2012, note CHAVENT-LECLÈRE A.S. ; CEDH, 27 oct. 2011, Stojkovic c. France et Belgique, Procédures n° 12, Décembre 2011, pp. 76 et s., note FRICERO N.) ;*

- Que l'information judiciaire est secrète[176]. En occultant volontiers l'exigence qui voudrait que le cabinet d'information ne soit que très exceptionnellement ouvert au public et sur autorisation du juge d'instruction[177], il restera encore que ceux qui y participent sont astreints au secret professionnel. La diffusion par quelque moyen que ce soit de nouvelles, photographies, opinions y relatives est interdite jusqu'à l'intervention d'une ordonnance de non-lieu ou, en cas de renvoi, jusqu'à la comparution de l'accusé ou du prévenu devant les juridictions de jugement. Dans le même sens, toute expression publique d'un avis sur la culpabilité de l'accusé est prohibée[178]. C'est donc à titre exceptionnel que le parquet

---

[174] Article 153.
[175] Articles 165 (1), 166, 186, etc.
[176] Article 154 (1).
[177] Voir l'article 25 (2) d de la loi d'organisation judiciaire en vigueur.
[178] Article 155.

sollicitera que lui soit communiqué le dossier de la procédure à ce stade[179]. C'est à titre d'exception que le juge d'instruction sera autorisé par la loi à communiquer sur des éléments portés à sa connaissance. Du coup, ses communiqués y relatifs devront être diffusés sans commentaires par les organes de la presse écrite, parlée ou télévisée autorisés à porter atteinte à la règle du secret[180]. Le communicateur qui méconnait ces exigences encourt les peines prévues au titre des commentaires tendancieux[181] *(même tacitement, voir not. CS, arrêt n° 17 et 18, 3 nov. 1977, cité par DZEUKOU G.B., Code de procédure pénale, préc., p. 124 ; arrêt n° 302/P, 19 juin 1980, Mandong Pierre, Yietip Josué et Yankam Louis c. Ministère public, Répertoire chronologique de la jurisprudence de la Cour suprême, tome 1, Droit pénal, préc., p. 1233 ; CADHP, Lohé Issa Konaté c. Burkina Faso, req. n° 004/2013, préc.)* ;

- Que le secret de l'instruction ne va de pair ni avec la méconnaissance de la présomption d'innocence, ni avec la méconnaissance des droits de la défense[182]. C'est pourquoi le magistrat qui en a la charge est tenu d'entrée de jeu, c'est-à-dire au moment de la première comparution devant lui, de procéder formellement à l'inculpation du suspect. Il accomplit cette obligation légale en tenant l'intéressé au courant de ce qu'on lui reproche,

---

[179] Articles 151 (2), 154 (2). Dans le même sens, l'article 108 du Code de procédure pénale décide sous réserve des nécessités liées à l'enquête, que « *celui qui sans l'autorisation du suspect ou de son conseil, du signataire ou du destinataire d'un document saisi au cours d'une perquisition, en révèle le contenu à une personne sans qualité pour en prendre connaissance, est puni des peines prévues par le Code pénal pour violation du secret professionnel* ».
Les législateurs communautaires et supra nationales amplifient parfois cette exigence. A titre d'exemple, l'article 47 de l'Acte uniforme OHADA relatif aux procédures collectives d'apurement du passif énonce que « *le représentant du ministère public communique au juge commissaire, sur sa demande ou même d'office, les renseignements utiles à l'administration de la procédure collective et provenant de toute procédure pénale, nonobstant le secret de l'instruction* ».
[180] Article 154 (3, 4).
[181] Idem. Pour en savoir davantage, voir not. ELA E.Th., « Liberté de la presse et secret des procédures pénales au Cameroun », *RCDA* n° 6, janv.-mars 2001, pp. 15 et s. ; ESSAMA MEKONGO P., *The protection of personal financial Data in Cameroon : a legal and human rights perspective*, Thèse, Yaoundé 2, 2013, pp. 216 et s. ; EYIKE- VIEUX, YOUSSOUFA BOUKAR, *Le contentieux pénal de la presse et de la communication audiovisuelle au Cameroun*, Saint-Paul, Yaoundé, 2004, pp. 40 et s., n° 38 et s., pp. 94 et s., n° 147 ; FONKWE FONGANG J., EWARE A., op cit., pp. 184 et s. ; SOWENG D., « Le droit à l'information du public et le secret des procédures judiciaires au Cameroun : Un couple anti-sympathique », in *L'effectivité du droit, Mélanges en l'honneur du professeur François Anoukaha*, L'Harmattan, Paris, 2021, pp. 790 et s. Voir aussi BOUCHARD V. « Investigations procédurales et investigations journalistiques ou le secret de l'enquête et de l'instruction versus la liberté de la presse », in *Presse et procès pénal*, COLLET Ph., « La latitude pour les prises de photographies dans les lieux accessibles à tous », *La Semaine du droit*, édition Générale, 30 sept. 2024, pp. 1120 et s. ; COURTIN C., GHELFI F., PORTERON C. (dir.), L'Harmattan, Paris, 2020, pp. 35 et s. ; COURTIN C., « Presse et audience pénale », in *Presse et procès pénal*, op cit., pp. 14 et s. ; MOLINS F., « Le secret dans l'investigation et l'instruction », *https://www.conseil-constitutionnel.fr/publications/titre-vii/le-secret-dans-l investigation-et-l-instruction.*
[182] A ce sujet, voir not. RUBI-CAVAGNA E., « Nullités des actes de l'enquête et de l'instruction - Le principe du contradictoire rebat les règles », *RSC* 2022, pp. 439 et s.

mais surtout des dispositions pénales applicables[183]. C'est pourquoi obligation est faite au juge d'instruction d'avertir l'inculpé de sa liberté de s'abstenir de déclarations sur-le-champ, de son droit de n'exposer ses vues qu'en présence d'un avocat qui l'assistera. C'est incontestablement aussi la raison pour laquelle les témoins sont entendus, en tant que de besoin en présence de l'inculpé que l'on confronte à ceux-ci, y compris lorsque le concerné résout de se taire lors de ce face- à- face[184]. C'est pourquoi l'inculpé a le droit le plus absolu d'obtenir que lui soit communiquée toute pièce se rapportant à la procédure rendu à ce stade[185], mais surtout que le Code de procédure pénale retient à son article 154 déjà évoqué que le secret de l'information judiciaire n'est pas opposable à la défense[186][187]. Enfin, c'est ce qui explique ou justifie que la nullité soit prescrite lorsqu'un interrogatoire a été effectué en violation des exigences en lien avec la contradiction[188].

A la lumière de ces exigences ou de quelques-unes d'entre elles, il n'est pas surprenant que la Cour suprême ait résolu ce qui suit dans un arrêt du 16 janvier 1963 : « *Attendu que si les prescriptions de cet article 2 ne sont pas expressément prévues à peine de nullité, elles n'en constituent pas moins une formalité substantielle dont la sanction serait la nullité, à condition que cette omission ait porté préjudice à la liberté de la défense ;*

---

[183] Article 167 (1). A propos des querelles que suscite cette disposition notamment s'agissant du fugitif, voir AMVELLA BIDJO C., « Le mandat d'arrêt valant inculpation : de l'illégalité formelle à la création prétorienne », préc., pp. 148 et s.

[184] L'article 180 prescrit in extenso que « *Les témoignages à charge doivent toujours, sauf cas de force majeure dûment consigné au procès-verbal, donner lieu à confrontation entre le témoin et l'inculpé, même si ce dernier annonce son intention de se taire lors de cette confrontation* ».

[185] Articles 8, 180, 182, 165 (5), etc. Les articles 8 et 180 alinéa 2 du Code de procédure pénale sont particulièrement éloquents. L'un décide que la personne suspectée d'avoir commis une infraction est présumée innocente jusqu'à ce que sa culpabilité ait été légalement établie au cours d'un procès où toutes les garanties nécessaires à sa défense lui seront assurées. « *La présomption d'innocence s'applique au suspect, à l'inculpé, au prévenu et à l'accusé* ». L'autre retient que « *les témoignages à charge doivent toujours, sauf cas de force majeure dûment consigné au procès-verbal, donner lieu à confrontation entre le témoin et l'inculpé, même si ce dernier annonce son intention de se taire lors de cette confrontation* ».

[186] Dans le même sens, voir notamment l'article 25 (2) de la loi d'organisation judiciaire.

[187] D'autres dispositions du Code de procédure pénale confortent cette grille de lecture. On songe singulièrement à l'article 172 qui décide notamment que l'avocat constitué a le droit d'assister son client chaque fois que celui-ci comparaît devant le juge d'instruction ; que celui-ci doit être avisé de la date et de l'heure de comparution par tout moyen laissant trace écrite au moins 48 heures avant le jour de cette comparution si le conseil réside au siège du tribunal et 72 heures si celui-ci réside hors de celui-ci ; que le dossier de procédure doit est tenu à la disposition de l'avocat au cabinet d'instruction, 24 heures avant chaque interrogatoire ou confrontation. Le reste, développé sous le même article, ne surprend guère. Sa teneur incline à penser que, lorsque convoqué, l'avocat constitué ne se présente pas, le juge d'instruction passe outre et le mentionne dans le procès-verbal.

[188] Articles 169 (2), 174 (2).

L'article 174 (3) assouplit ces exigences lorsqu'une infraction flagrante a été perpétrée et dans les cas d'urgence résultant du risque de disparition des indices importants ou de décès de témoins. Dans cette hypothèse en effet, le magistrat instructeur procède au plus vite à l'interrogatoire, y compris contre le gré de l'inculpé.

Attendu que la chambre des mises en accusation a le devoir, en tant que juridiction de contrôle de l'instruction, de relever d'office, toutes les irrégularités de l'instruction et de les annuler, si l'inobservation des formalités prescrites nuit aux intérêts de la défense ;

Mais attendu que cet article 2 se borne à exiger que, lors de la première comparution de l'inculpé, le juge d'instruction lui fasse connaître les faits qui sont imputés, c'est-à-dire ceux qui forment la base des inculpations relevées dans le réquisitoire introductif ;

Attendu que la notification faite par le juge d'instruction (...) aux défendeurs au pourvoi, lors de leur première comparution, qu'ils étaient « inculpés d'avoir (...) courant 1966, en tout cas depuis moins de trois ans, ensemble et de concert, frauduleusement soustrait divers objets et effets au préjudice de personnes non encore identifiées qui en étaient légitimes propriétaires », pour regrettable qu'en soit l'imprécision, satisfait aux vœux de la loi, dès lors que les inculpés ont eu connaissance des faits visés par le réquisitoire et à raison desquels l'information a été requise ; que cette notification suffit à constater l'accomplissement de cette formalité légale... » (CS, arrêt n° 68, 16 janv. 1963, Procureur général près la cour d'appel de Dschang c. Nangué Thomas et 17 autres, Répertoire chronologique de la jurisprudence de la Cour suprême, Droit pénal, 1960-1980, tome 1, préc., pp. 502 et s.).

A la lumière de ces exigences ou de quelques-unes d'entre elles, il est logique que la Cour suprême se soit exprimée comme suit dans un arrêt du 20 octobre 2016 : *« Attendu sur l'évocation qu'il y a lieu de constater que l'ordonnance de non-lieu, qui fait valoir que le ministère public avait requis que les mis en cause soient entendus comme témoins, n'indique pas qu'ils ont été inculpés, c'est-à-dire, au sens de l'article 167 du Code de procédure pénale, informés des faits qui leur étaient reprochés et des dispositions de la loi pénale applicable, mais déclare cependant n' y avoir lieu à poursuites contre eux pour notamment absence de charges ;*

Que ce faisant, la procédure d'information n'a pas respecté les dispositions des articles 164 et suivants du Code de procédure pénale ;

Qu'il y a lieu d'annuler l'ordonnance et la procédure et ordonner la reprise de l'information par un autre juge d'instruction » (CS, arrêt n° 161/P, 20 oct. 2016, Moussa Yaya Fodoué c. Ministère public et Abdoulaye Djoauro Baba, Juridis Périodique n° 114, avril-mai 2018, pp. 63 et s., note TCHOUAMBIA TOMTOM L.J.B. et TCHABO SONTANG H.M.).

A la lumière de ces exigences ou de quelques-unes d'entre elles, il est dans l'ordre des choses que la Cour d'appel de Yaoundé ait pu trancher ainsi dans un arrêt du 13 octobre 2011 : « *Considérant que l'article 2 de l'article 169 du Code de procédure pénale ne dispense nullement le juge d'instruction de l'obligation de notifier toutes qualifications nouvelles à l'inculpé ;*

Que l'esprit du législateur, clairement exprimé à l'alinéa premier de cet article et tendant à la protection des droits de la défense, doit s'appliquer aux alinéas 2 et 3 dudit article ;

Considérant que dans le cas d'espèce, les inculpations initiales portant sur les dépenses injustifiées et sur les matériels de sensibilisation non livrés sont totalement différentes de celles retenues par le juge d'instruction dans le secret de son cabinet lors de la clôture de l'information judiciaire en l'occurrence, violation de la règlementation sur les marchés publics … ;

Que pour préserver les droits de la défense, le juge d'instruction se devait de notifier les qualifications nouvelles à l'inculpé afin qu'il puisse présenter ses moyens de défense ;

Que bien que l'on ne soit pas ici en présence d'infractions nouvelles au sens de l'article 168 alinéa 1er du Code de procédure pénale, les faits de détournement des sommes de 200 000 000 francs et de 122 000 000 francs respectivement au travers du protocole d'accord avec l'Association camerounaise de marketing social et du marché de fourniture du matériel de sensibilisation avec les ONG constituent de nouvelles qualifications définissant des comportements nouveaux ;

Que le respect des droits de la défense consacré par l'article 3 du Code de procédure pénale imposait au juge d'instruction d'interroger l'accusé sur les éléments nouveaux par lui découverts et retenus ;

Qu'il s'agit là d'un principe d'ordre public suivant lequel tout individu a le droit d'être informé à toute étape de la procédure des faits qui sont reprochés ;

Qu'à titre d'illustration, un individu inculpé de vol aggravé à l'aide d'une fausse clé ne saurait être renvoyé pour vol aggravé avec port d'arme sans qu'il n'ait eu à s'expliquer sur cette nouvelle qualification ; que de même, une inculpation du chef d'assassinat pour meurtre avec préméditation ne saurait aboutir à un renvoi pour les faits de meurtre par empoisonnement sans notification préalable de la nouvelle qualification à l'inculpé ;

Que le moyen ou le procédé ne saurait être dissocié de l'infraction, celle-ci ne pouvant se concevoir sans celui-là ;

Que le détournement de deniers publics ne se comprend pas sans le moyen ou procédé ayant permis d'aboutir à la distraction des biens de l'Etat… » (CA du Centre-Yaoundé, arrêt n° 108/CRIM/ADD, 13 oct. 2011, Olanguena Awono Urbain c. Ministère public et Etat du Cameroun et autres, in Les grandes décisions de la jurisprudence pénale camerounaise, préc. Voir également CS, arrêt n° 138, 07 mai 1968, Ebigde c. Ministère public et Menyeng Edzoa Pierre, Répertoire chronologique de la jurisprudence de la Cour suprême, Droit pénal, tome 1, 1960-1980, préc. pp. 88-89 ; arrêt n° 194, 25 juin 1963, Ngué Mathias c. Ministère public et Etat du Cameroun, Bulletin des arrêts de la Cour suprême du Cameroun Oriental, n° 9, 1963, pp. 525-526 ; Procureur général près la cour d'appel de Dschang c. Nangué Thomas et 17 autres, Répertoire chronologique de la jurisprudence de la Cour suprême, Droit pénal, 1960-1980, tome 1, préc., pp. 502 et s. ; arrêt n° 302/P, 19 juin 1980, Mandong Pierre, Yietip Josué et Yankam Louis c. Ministère public, préc. ; CEDH, 27 oct. 2011, Stojkovic c. France et

Belgique, Procédures n° 12, déc. 2011, pp. 76 et s., note FRICERO N.[189] *; arrêt n° 72/P, 16 juil. 2015, Kingué Paul-Eric c. Commune de Njombé-Penja, in Les grandes décisions de la jurisprudence pénale camerounaise, préc., n° 19, pp. 317 et s., obs. TCHOUAMBIA TOMTOM L.J.B. ; TCS, arrêt n° 007/CRIM/TCS, 5 avril 2013, Ministère public et Etat du Cameroun-Ministère de la justice c. Tikela née Fanta Elisabeth Marie et Akono Ousmanou Françis, préc. ; TM de Yaoundé, jugt. n° 213/CRIM, 28 nov. 2016, Ministère public c. Mtambo Allan Awa, Nguelemo Solefack Baudouin Devis, Gbuko Catherine Wavie, non publié. Voir enfin Cass. crim., 15 janv. 1997, n° 96-83.753 : JurisData n° 1997-000791, Bull. crim., n° 14* [190] *; CEDH 23 mars 1998, n° 21351/93, J.J. c. Pays-Bas, § 43, D. 1999, chron., note HAIM V. ; Cass. Crim., 7 sept. 2021, n° 21-80.642, D. 2021, pp. 1630 et s., RSC 2022. 94, obs. DELAGE P.-J. ; Cass. crim., 13 déc. 2022, n° 21-87.435, B : JurisData 2022-021052, La Semaine du droit, Edition générale, n° 5, 6 fev. 2023, pp. 268 et s., note N. JEANNE*[191] *).*

---

[189] Les termes de l'arrêt révèlent que, prenant appui sur l'article 6, paragraphe 3, c, de la Convention européenne des droits de l'homme, le requérant se plaint d'une violation des droits de la défense, car il a été entendu par la police belge, sur commission rogatoire d'un juge français qui avait prescrit son audition comme témoin assisté, sans bénéficier de l'assistance d'un conseil. On y apprend : « *41. Dans les circonstances de l'espèce, la cour note que c'est à la requête des autorités judiciaires françaises, dans le cadre d'une procédure pénale ouverte devant elles, que le requérant a été entendu. À ce titre, les autorités belges étaient souveraines pour accepter ou non d'exécuter la commission rogatoire délivrée par le juge d'instruction français. Pour autant, et même si elles étaient alors astreintes au respect de leurs propres règles de procédure internes, c'est par délégation de l'autorité requérante qu'elles ont entendu le requérant. La présence, lors de cette audition par des policiers belges, du juge français saisi, ainsi que d'un magistrat du parquet français de la même juridiction, bien qu'ils n'aient pas eu de rôle actif dans la conduite de l'interrogatoire, est à cet égard significative. La cour observe surtout que les déclarations du requérant ont donné lieu à des suites pénales devant les juridictions françaises, que ce soit dans le cadre de la procédure initiale ou d'autres investigations qui lui ont ensuite été jointes. Dans ces conditions, s'il n'appartenait pas au juge d'instruction français de contrôler stricto sensu le déroulement de l'audition effectuée dans la cadre de la commission rogatoire délivrée par lui, il lui incombait de rappeler aux autorités belges responsables de cette audition qu'il avait prescrit la présence d'un avocat du requérant, ce d'autant plus que celui-ci avait demandé dès le début de l'audition l'assistance d'un avocat « de la justice française », demande dont il ne fut tenu nul compte. Il revenait également aux autorités françaises d'apprécier a posteriori la portée du déroulement de la commission rogatoire sur la validité de la procédure en cours devant elles. La cour observe en outre que le juge d'instruction avait demandé l'audition du requérant en qualité de témoin assisté, ce qui lui donnait, conformément à l'article 113-3 du Code de procédure pénale, le bénéfice d'être assisté par un avocat ; or ce n'est que le 29 octobre 2004, plus de sept mois après l'audition, que ce juge demanda au bâtonnier de désigner un avocat d'office pour assister le requérant…* »

[190] Dans cette affaire, la Cour de cassation estime que « *si le juge d'instruction est, selon l'article 100 du code de procédure pénale, investi du pouvoir de prescrire, lorsque les nécessités de l'information l'exigent, l'interception, l'enregistrement et la transcription de correspondances émises par la voie de télécommunications, ce pouvoir trouve sa limite dans le respect des droits de la défense, qui commande notamment la confidentialité des correspondances téléphoniques* ».

[191] Dans cette espèce, ce qui suit est jugé : « *Vu les articles 6, § 3, et 8 de la Convention européenne des droits de l'homme, 66-5 de la loi du 31 décembre 1971, 100-5 du code de procédure pénale, issu de la loi n° 2010-1 du 4 janvier 2010 :*

• *9. Il résulte de ces textes que l'interdiction de la transcription des correspondances entre un avocat et son client, relevant de l'exercice des droits de la défense, s'étend à celles échangées à ce sujet entre l'avocat et les proches de celui-ci. Il n'en va autrement que s'il apparaît que le contenu et la nature des échanges sont propres à faire présumer la participation de cet avocat à une infraction.*

- Que la collaboration des personnes est prescrite lorsque s'ouvre une information judiciaire. Peu importe que celles-ci soient des personnes physiques ou morales, de droit public ou de droit privé.

Telle est la compréhension à avoir de la loi n° 2022/006 du 27 avril 2022 régissant le secret bancaire Cameroun que l'on pourrait difficilement passer sous silence. Effectivement, elle commence par souligner que le secret bancaire est une obligation de confidentialité à laquelle sont tenus les établissements de crédit au profit de leurs clients ; que cette obligation s'étend aux personnes ayant participé à la direction, à la gestion, au contrôle ou à la liquidation d'un établissement, au personnel et aux personnes qui, sans être membres du personnel, ont eu connaissance ou accès indûment ou sans autorisation aux informations d'un établissement bancaire ou de crédit[192]. Elle décline ensuite, de manière plutôt détaillée, les actes de violation du secret protégé[193] ; puis présente les sanctions encourues lorsque l'infraction est commise[194]. Enfin, elle expose ce qui ne constitue

---

• *10. Pour rejeter le moyen d'annulation pris de l'irrégularité de la transcription de deux autres conversations interceptées sur la ligne téléphonique de Mme [S], entre celle-ci et des avocats, qu'elle a successivement sollicités afin que l'un d'eux assure la défense de son compagnon, M. [X], l'arrêt attaqué retient qu'elles ne concernent pas la défense de la personne placée sous surveillance.*

• *11. Les juges constatent que, pour l'un, il n'a été donné aucune suite à cet échange et que, pour l'autre, M. [X] n'était pas encore son client à la date de la communication.*

• *12. En se déterminant ainsi, la chambre de l'instruction a méconnu les textes susvisés et les principes ci-dessus rappelés pour les motifs qui suivent.*

• *13. En premier lieu, il ressort des procès-verbaux de transcription de ces conversations, dont la Cour de cassation a le contrôle, qu'elles relèvent de l'exercice des droits de la défense de M. [X].*

• *14. En second lieu, il ne résulte pas des conversations transcrites qu'elles sont de nature à faire présumer la participation de l'un ou l'autre des avocats à une infraction.*

• *15. La cassation est par conséquent encourue de ce chef (...)* »

[192] Articles 3 et 4.

[193]Article 5. La prescription s'y trouve d'après laquelle la violation du secret bancaire consiste en :
- la divulgation et la communication, par quelque moyen que ce soit, des faits et informations sur les opérations bancaires, de microfinance ou de paiement, connus dans l'exercice de leurs fonctions par les employés, les administrateurs, les organes dirigeants ou de contrôle d'un établissement assujetti ;
- la révélation, la divulgation, la communication par quelque moyen que ce soit par les tiers, des renseignements reçus ou obtenus d'un établissement assujetti ;
- l'exploitation à des fins personnelles, ainsi que la communication à des tiers par un établissement assujetti ou par son personnel des faits, études, projets et autres informations à lui confiées par un client ou un membre.
Sont également assimilées aux violations du secret bancaire le fait de procéder y compris par imprudence, à un traitement automatisé d'informations bancaires nominatives sans prendre toutes les précautions utiles ; le fait d'accéder ou de se maintenir frauduleusement dans tout ou partie d'un système de traitement automatisé des données d'un établissement assujetti ; le fait d'introduire frauduleusement des données dans un système de traitement automatisé des données d'un établissement assujetti ou de supprimer, de modifier frauduleusement les données qu'il contient.

[194] Article 27. Il y est résolu qu'une peine d'emprisonnement de trois mois à trois ans et une amende de 1 000 000 à 50 000 000 de francs, ou de l'une de ces deux peines seulement, pourrait frapper quiconque viole le secret bancaire. Au cas où l'infraction est commise par voie de presse écrite, de radio, de télévision, par voie de communication électronique ou par tout autre moyen

pas une infraction et mieux encore, consacre la règle de l'inopposabilité du secret bancaire aux autorités et organismes publics. Très concrètement, ne constitue pas une violation du secret en cause la communication des informations bancaires sur réquisition, demande ou par obligation réglementaire au procureur de la République, à l'autorité monétaire, aux organes de supervision et à toutes autres entités. Ne constitue pas non plus une violation de ce secret la déclaration faite par les dirigeants d'un établissement assujetti lors d'une procédure judiciaire ou devant un officier de police judiciaire agissant sur réquisition du procureur de la République ou sur commission rogatoire du juge d'instruction.

Telle est la compréhension à avoir des dispositions de l'article 129 du Code pénal portant sur l' « inexécution du réquisition », lesquelles punissent d'un emprisonnement de six mois à deux ans le commandant de la force publique qui n'obtempère pas à une réquisition légale de l'autorité civile ; de celles de l'article 164 du même code réservées au « faux témoigne », lesquelles frappent d'un emprisonnement de 3 mois à un an et d'une amende comprise entre 5000 et 50 000 celui dont la déposition ou le témoignage faux est à l'origine d'une ordonnance de non-lieu. Telle est également ce que suggèrent : l'infraction de l'article 164 titré « suppression de preuves », attitude consistant, dans le but d'influencer une procédure, à supprimer ou à fabriquer des preuves matérielles, à faire obstacle à un témoigne ou à induire le témoin en erreur ; l'infraction de l'article 173 titré « témoin défaillant », où il est prévu une privation de liberté allant jusqu'à un an et ou d'une amende pouvant atteindre 400 000 francs lorsque, ayant dénoncé publiquement un crime ou un délit et déclaré ouvertement connaître les auteurs ou les complices, le dénonciateur refuse par la suite de répondre aux questions posées à cet égard par le juge d'instruction ou s' y dérobe ; l'infraction de l'article 172 titré « refus d'innocenter » ...

- Que les investigations menées par le juge d'instruction ou diligentées sous son autorité doivent tendre à la recherche d'éléments favorables ou défavorables à l'inculpé. Aussi dit-on classiquement que l'information judiciaire est conduite à la fois « à charge » et « à décharge »[195] ; ce qui de toute évidence exclut l'acharnement dans la perspective du triomphe de la « charge » ou de la « décharge », donc requiert l'impartialité[196]. Dans une

---

destiné à atteindre le public, ces peines sont doublées. Lorsque l'infraction a été commise par une personne morale, la sanction financière est appliquée et le maximum en est le quintuple. Enfin, des peines accessoires peuvent s'ajouter à chacune des sanctions prévues. Elles sont les suivantes pour les personnes physiques : interdiction d'exercer une fonction ou une activité dans un établissement assujetti, publication de la décision prononcée et diffusion de celle-ci par voie de médias. Pour les personnes morales, elles consistent en la publication de la décision prononcée et sa diffusion par voie de médias, la fermeture, pour une durée déterminée, de l'établissement ou des succursales ayant servi à la commission des faits incriminés.

[195] Article 151 (2).

[196] L'époque est donc révolue où le commissaire Louis Lambert écrivait, sous le ton d'un conseil adressé au personnel de la police judiciaire : « *Plus l'individu niera pendant que nous lui affirmerons de plus en plus fortement notre certitude de sa culpabilité, plus il s'affolera et plus désespéré deviendra son*

large mesure, de telles exigences ne sont pas sans lien avec la présomption d'innocence déjà évoquée et que l'on retrouve notamment à l'article 8 du Code de procédure pénale, mais aussi avec l'indépendance ou l'impartialité requise du magistrat instructeur. Du coup, on comprend que le tribunal criminel spécial se soit déterminé ainsi dans l'un de ses arrêts rendus en date du 22 juin 2016 : « *Attendu que le juge d'instruction n'est pas juge de la culpabilité mais recherche plutôt les charges et le cas échéant, renvoie les auteurs devant la juridiction de jugement ; qu'à la phase de l'instruction, on ne saurait reprocher au juge d'instruction de n'avoir pas démontré la preuve que les accusés avaient obtenu ou retenu frauduleusement les fonds appartenant à l'Etat ; toute chose qui est du ressort de la juridiction de jugement appelée à statuer tant sur la forme et le fond et donc sur l'absence ou non d'une infraction à la charge des accusés... » (TCS, arrêt n° 019/CRIM/TCS, 22 juin 2016, Ministère public c. Atangana Mebara Jean-Marie et Mendouga Jerôme, inédit)* ;

Du coup, on comprend que la Cour suprême juge ce qui suit, à des époques différentes : « *Attendu que Monsieur le Ministre expose que ce gendarme, qui a été inculpé par le juge d'instruction d'avoir à Yaoundé (...) frauduleusement soustrait dans le coffre-fort du commissaire du gouvernement une somme (...) est le chauffeur du tribunal militaire de Yaoundé ; que dans ces conditions, il apparaît qu'en raison des liens de subordination existant antérieurement aux faits entre l'inculpé et le juge d'instruction, l'indépendance de ce dernier peut être légitimement suspectée* » ;

Attendu que les éléments de fait énoncés dans la requête en démontrent le bien-fondé ;

Par ces motifs, déclare bien-fondé la requête de Monsieur le Ministre des forces armées... » *(CS, arrêt n° 91, 03 mars 1964, Fopa Salomon c. Commission du gouvernement près le tribunal militaire temporaire de Douala, Répertoire chronologique de la jurisprudence de la Cour suprême, Droit pénal, 1960-1980, tome 1, préc., pp. 868, BACS n° 10, 739, cité par DZEUKOU G.B., Code de procédure pénale, préc., p. 286. Voir aussi CADHP, Communication 251/02/Lawyers for human rights vs. Swaziland, 18th Annual Activity Report, in Institute for human right and development in Africa, Decisions of the african commission on human and peoples rights on communications, 2002-2007, préc., pp. 369 et s.).*

« *Attendu qu'à l'appui de sa requête, ce haut magistrat reproduit les termes d'une lettre qui lui a été adressée par le président du tribunal de première instance lui relatant un incident pénal survenu entre les parties et lui au cours de l'instruction*

effort. Là est l'utilité très réelle de l'interrogatoire prolongé qui porte à leur degré maximum une tension nerveuse, une fatigue qui existait déjà chez le criminel, à un certain niveau ; cet état devient insupportable et engendre très psychologiquement une brusque chute de tension, un véritable vertige mental d'où procède l'aveu... Le vertige a consisté chez l'homme à ne plus voir qu'un seul bien : la détention instantanée, le repos immédiat, et l'aveu est le prix de cette courte paix », (LAMBERT L., *Traité de police judiciaire*, 1945, E. 1, p. 210, cité par MBOUYOM F.X., *La répression des atteintes à la fortune publique au Cameroun*, Sopecam, Yaoundé, 1970, p. 133).

d'une affaire pendante devant sa juridiction, se récusant et sollicitant dans l'intérêt de « l'objectivité du jugement à intervenir sur cet incident » qu'un magistrat lui soit substitué pour en connaître ou que la cause et les parties soient renvoyées devant une autre juridiction ;

Qu'il échet d'y faire droit » (CS, arrêt n° 102/P, 25 janv. 1972, cité par DZEUKOU G.B., Code de procédure pénale, préc., p. 286).

« L'attitude de la juridiction d'instruction depuis le début de cette affaire laisse apparaître un parti pris et une animosité tel qu'il est à craindre que ladite instruction n'ait pas été entourée de toutes les garanties d'objectivité et de sérénité nécessaires à une bonne administration de la justice (...) ;

Attendu que cette animosité et ce parti pris sont apparus de la manière la plus flagrante et très personnalisée lorsque Monsieur le Procureur de la République est sorti de son rôle de parquetier pour s'immiscer dans le cadre d'une procédure civile qui opposait les deux parties en cause dans l'affaire pénale... » (CS, 10 janv. 2002, extrait de NGONO S., « L'application de la des règles internationales au procès équitable par le juge judiciaire », Juridis Périodique n° 63 spécial, 2005, p. 38 ; également, DZEUKOU G.B., Code de procédure pénale, préc., p. 288. Dans le même sens, voir CS, arrêt n° 93, 10 fév. 1977, Ndiewan Daniel c. Ministère public, Répertoire chronologique de la jurisprudence de la Cour suprême, tome 1, Droit pénal, préc., pp. 819[197] ; arrêt n° 51/P, 15 janv. 1998, inédit, cité par DZEUKOU G.B., Code de procédure pénale, préc., p. 287[198] ; The High court, Fako, Buea, 10th dec. 2012, The people of Cameroon vs. Tambe Alain Abia and Justus Wengang, inédit[199]) ;

---

197 Dans cette espèce, la cour déboute le demandeur en argumentant de la sorte : « *Attendu que par lettre en date du 28 juillet 1976, parvenue effectivement au parquet militaire de Bafoussam le 6 octobre 1976, Ndiewan Daniel a demandé la récusation du magistrat instructeur, motif pris de ce que celui-ci et la victime sont tous deux originaires de la tribu Bangangté ;*

Mais attendu que l'hypothèse ainsi alléguée ne rentre pas parmi les cas de récusation prévus par l'article 159 du Code de procédure civile ; qu'il échet dès lors de déclarer l'inculpé ma fondé en sa demande et de l'en débouter… »

198 La substance de la décision prononcée ici est celle-ci : « *Attendu à cet égard qu'il ressort des différentes correspondances annexées à la requête de l'intéressé qu'un climat d'inimitié règne entre sa famille et le parquet mis en cause ; qu'il en est ainsi notamment d'actes de procédure que la mère du recourant, Maître Anne S… faute de pouvoir accéder audit parquet a tenté de les lui faire parvenir par courrier MTS que le procureur de la République a refusé de recevoir ;*

Que par ailleurs, sans avoir inculpé le recourant dans le cadre de l'instruction litigieuse, le même parquet a mis les véhicules de ce dernier sous séquestre par ordonnance dont la régularité n'est pas justifiée s'agissant d'une mesure qui relève des attributions du juge civil au regard des dispositions des articles 1962 et 1963 du Code civil ;

Qu'il est ainsi à craindre que l'instruction dénoncée ne soit pas entourée de garanties d'objectivité et de sérénité nécessaires à la bonne administration de la justice ;

Qu'il s'en suit que la demande de pourvoi est fondée et qu'il y a lieu d'y faire droit ».

199 La décision suivante y est prise : « *(…) this chambers upon receipt of the State counsel's final submissions make the following observations :*

That having issued summons to the prosecution witnesses more than twice for them to appear and be heard, they have never cared to show up. In fact, this chambers have ajourned this matter over then times for PWs to attend, yet, they never bordered to do so.

- Que les fonctions de la justice répressive sont rigoureusement séparées et, de longue date, permettent de distinguer dans le procès pénal trois séquences, à savoir les poursuites, l'instruction, le jugement[200]. Dans la logique de cette construction séculaire, il est dans l'ordre des choses que le magistrat qui a instruit une cause ne soit pas membre de la formation chargée de juger celle-ci[201]. L'exigence est d'ailleurs au cœur d'une jurisprudence ancienne de la Cour suprême, inaugurée très probablement depuis l'affaire Tanebi Martin Oscar contre Commissaire du gouvernement. A propos du moyen tiré de la composition irrégulière du tribunal militaire, la haute juridiction résout : « *Attendu d'une part qu'il résulte du procès-verbal de première comparution du gendarme Tenawa Alphonse, inculpé (…) de coups et blessures volontaires, et du procès-verbal d'interrogatoire au fond du même prévenu en date du même jour (…) que ces actes ont été établis par Monsieur Mathieu Libai Titi, juge d'instruction près le tribunal de première instance de Douala en exécution des commissions rogatoires des 24 mai et 19 juin du juge d'instruction militaire près le tribunal militaire de Douala ;*

Que d'autre part, il est relevé au jugement attaqué que le tribunal militaire de Douala a été présidé par Monsieur Mathieu Libai Titi, président du tribunal de première instance de Douala ;

Attendu qu'ainsi la décision attaquée a été rendue avec le concours d'un magistrat ayant participé à l'instruction préalable de l'affaire ;

Vu l'ordonnance susvisée du 4 octobre 1961 et notamment ses articles 3 et 6, organisant les juridictions militaires et fixant les attributions du tribunal d'une part et du commissaire du gouvernement et du juge d'instruction d'autre part ;

Thus, given the above state of affairs, and considering the rights of the defense and keeping in mind that the defendants were recorded and this chambers proceeded to interrogate them on the alleged offenses. both defendants vehemently refuted the allegations against them and told this chambers with all sincerety that the said charges were triumphed up. They did succintly prove to the satisfaction of this chambers that the signatures on the statements purportedly made by them during judicial police investigations were not theirs. This chambers, in order to verify the truth of these averments took the defendants sample signatures on two different occasions and did compare them with those on their purported statements, and it is clear that they never made nor signed those statements in the police case file. The said sample signatures are endorsed in the case file.

Given the above therefore, and in the absence of any direct evidence to the contrary, the chambers finds that there is no suffisent evidence to warrant the defendants to be committed for a trial and consequently enter a no case ruling in their favour and hereby discharge them accordingly… »

[200] Sur la question voir not. NDJERE E., *Du juge d'instruction… au juge d'instruction : quel cheminement pour quel résultat*, PUCAC, Yaoundé, 2006 ; NCHIMI MEBU J.C., « Le procureur de la République "décoiffé" de sa casquette de magistrat instructeur : à propos de la séparation des fonctions de justice répressive dans le Code de procédure pénale camerounais », *in TCHAKOUA J.-M. (dir.), Les tendances de la nouvelle procédure pénale*, PUA, Yaoundé, 2007, pp. 241 et s.

[201] L'article 24 de la loi du 29 décembre 2006 portant organisation judiciaire, pour ne viser que lui, est univoque ici. Celui-ci retient que « *Le juge d'instruction est un magistrat du siège. Toutefois, il ne peut pas participer au jugement des affaires dont il a eu à connaître à l'information judiciaire* ». La question peut alors se poser, légitimement, de savoir si la loi permet, au Cameroun, d'aller jusqu'à nommer dans la même juridiction le même magistrat aux fonctions de juge et de juge d'instruction.

Attendu qu'il en résulte une incompatibilité radicale entre les fonctions de président ou de membre du tribunal militaire et celle de juge d'instruction qui frappe d'une nullité d'ordre public pouvant être soulevée d'office par la Cour suprême, toute décision rendue avec le concours du juge d'instruction ayant instruit l'affaire… » (CS, arrêt n° 114, 23 avril 1963, Tanebi Martin Oscar c. Commissaire du gouvernement, in Les grandes décisions de la jurisprudence pénale camerounaise, préc., n° 17, pp. 269 et s., obs. ANOUKAHA F.).

Après l'arrêt Tanebi Martin Oscar contre Commissaire du gouvernement, la Cour suprême n'a pas changé de ligne jurisprudentielle. A preuve, la « sentence » suivante est prononcée par elle dans un arrêt en date du 28 mars 1972 : « *Attendu qu'il résulte du dossier que le conseiller L... a présidé la chambre des mises en accusation ainsi que la chambre correctionnelle de la cour qui a connu de l'affaire après l'instruction complémentaire et sur appel ; que par suite, compte tenu de l'incompatibilité entre les fonctions de membre d'une juridiction d'instruction et celles de membre d'une juridiction de jugement concernant la même affaire, le moyen est fondé et que l'arrêt encourt cassation… » (CS, arrêt n° 152/P, 28 mars 1972, BACS n° 26, p. 3392, RCD n° 3, 1973, p. 73, reproduit par DZEUKOU G.B., Code de procédure pénale, préc., pp. 81 et 469. Dans le même sens, voir CS, arrêt n° 116, 23 avril 1967, Alang Mpie Jean c. Commissaire du gouvernement, Répertoire chronologique de la jurisprudence de la Cour suprême, Droit pénal, tome 1, 1960-1980, préc., pp. 513-514 ; arrêt n° 124, 15 fév. 1972, Procureur général près la Cour suprême c. Kuimonou Jules-Féry dit Zam Zam, Répertoire chronologique de la jurisprudence de la Cour suprême, Droit pénal, tome 1, 1960-1980, préc., p. 171*[202] *; arrêt n° 112/P, 14 mai 1998, cité par DZEUKOU Guy Blaise, Code de procédure pénale, préc. p. 288 ; arrêt n° 38/CC, 13 nov. 1980, Yombissi Michel c. Minkan Eloi, Miroir du droit n° 001, avril-juin 2009, pp. 104-105 ; CS, arrêt n° 161/P, 20 oct. 2016, Moussa Yaya Fodoué c. Ministère public et Abdoulaye Djoauro Baba, préc. Cf aussi CS, arrêt n° 188, 25 juin 1963, Ekodo Simon c. Commissaire du gouvernement c. Kambiet Jean Mathias, Répertoire chronologique de la jurisprudence de la Cour suprême, Droit pénal, 1960-1980, tome 1, préc., pp. 143-144) ;*

- Que le juge d'instruction peut prescrire des mesures de surveillance judiciaire et apprécier l'opportunité de les substituer à un mandat de détention provisoire. De telles mesures peuvent consister en une interdiction de ne pas sortir des limites territoriales déterminées par ses soins, de se garder de se rendre en certains lieux fixés par lui, de s'engager formellement à répondre aux convocations de toute autorité chargée de la

202 La haute juridiction semble douter, ici, que l'instruction puisse se conduire à charge et à décharge. Effectivement, elle tranche comme suit le différend dont elle est saisie : « *Attendu que l'article 214 du Code d'instruction criminelle prescrit que si un jugement est annulé parce que le fait est de nature à mériter une peine afflictive ou infamante, la cour renverra le prévenu devant le fonctionnaire public compétent, outre toutefois que celui-ci aura rendu le jugement ou fait l'instruction ;*
Attendu que l'arrêt d'incompétence attaqué, en renvoyant la cause et les parties devant le juge d'instruction de Banganté qui avait déjà connu de l'affaire a violé l'article 214 susvisé et encourt la cassation… »

mise en œuvre des mesures de surveillance et d'assistance. Les mesures de surveillance judiciaires peuvent également consister en une interdiction de conduire des véhicules et ou de remettre au greffe son permis de conduire, en une prohibition de recevoir certaines personnes que le magistrat désigne ou simplement de communiquer avec celles-ci, en une obligation de se soumettre à des mesures d'examen, de traitement ou de soins, y compris sous le régime de l'hospitalisation, notamment aux fins de désintoxication ou de traitement des maladies contagieuses. Il n'est même pas à exclure que le magistrat chargé de l'instruction d'une cause interdise l'exploitation d'une activité professionnelle dans l'hypothèse où l'infraction a été commise à l'occasion ou dans l'exercice de celles-ci et s'il lui semble que sa poursuite est susceptible de faciliter la commission d'une nouvelle infraction[203] ;

- Que le magistrat instructeur peut, en matière de délit ou de crime exclusivement, décerner des mandats de justice[204]. Au nombre de ces

---

[203] Article 246, Code de procédure pénale.

[204] A la vérité, le juge d'instruction peut décerner des mandats de justice d'une grande diversité. En effet, l'article 12 du Code de procédure pénale, pour s'en tenir à lui, prescrit que ce magistrat peut décerner le mandat de comparution, le mandat d'amener, le mandat de perquisition, le mandat d'arrêt, le mandat de détention provisoire et, enfin, le mandat d'extraction.
Le mandat de comparution met en demeure la personne concernée par celui-ci de se présenter devant le juge d'instruction aux date et heure qui y sont indiquées. Il est notifié à l'intéressé par un officier ou un agent de police judiciaire ou par tout autre agent habilité à le faire. Au cas où le destinataire comparait effectivement, il est entendu sans délai. En cas de non comparution, un mandat d'amener peut être ordonné contre lui (article 13, Code de procédure pénale).
Le mandat d'amener est un ordre écrit que le juge d'instruction donné aux officiers de police judiciaire de conduire devant lui, immédiatement, une personne désignée par l'acte. Sur le plan des principes, cet acte de procédure a vocation à permettre d'entendre la personne à amener aussitôt que celle-ci est présentée au juge d'instruction. Dès lors, ses effets cessent au terme de l'audition. Deux choses sont hors de doute. La première chose c'est que lorsque la personne contre laquelle le mandat est décerné est arrêtée hors du ressort territorial de la juridiction ou en un lieu différent de celui où réside l'auteur du mandat, elle est conduite au parquet le plus proche, lequel, après vérification de son identité, prend toutes mesures en vue de son transfèrement devant le juge d'instruction. La seconde chose c'est que lorsque les recherches sont infructueuses, l'original du mandat est signé, soit par le chef de circonscription administrative, le maire, soit par le chef de village ou de quartier du lieu du domicile ou de la dernière résidence connue ; qu'une copie du mandat est affichée dans les bureaux de la circonscription administrative, à la mairie ou à la maison commune du village et que mention de cet affichage est faite sur l'original ; qu' il doit être dressé procès-verbal du tout pour être transmis au juge d'instruction auteur du mandat d'amener et que la copie de ce procès-verbal doit être affichée au même lieu que copie du mandat (article 13, Code de procédure pénale).
Le mandat de perquisition s'entend d'un ordre écrit donné à un officier de police judiciaire de pénétrer dans tout lieu public ou privé, de le fouiller aux fins de rechercher et de mettre sous main de justice des objets ou documents ayant servi à la commission d'une infraction ou qui apparaissent comme le produit d'une infraction (article 16, Code de procédure pénale).
Le mandat d'extraction quant à lui est l'acte écrit par lequel le juge d'instruction ordre à un régisseur de prison de faire conduire soit devant lui, soit à l'audience, un inculpé (article 17, Code de procédure pénale).
Le mandat d'arrêt, enfin, est l'ordre écrit que le juge d'instruction donne à un officier de police judiciaire de rechercher une personne inculpée et de la conduire devant lui, dans un délai indiqué. La personne arrêtée en vertu d'un tel mandat peut obtenir le bénéfice d'une mainlevée, si elle fournit l'une des garanties que prévoit l'article 246 du Code de procédure pénale. Dans le cas contraire, elle est conduite à la prison indiquée sur le mandat. Dans les 48 heures de

mandats se trouve celui qui ordonne au régisseur d'une prison la détention provisoire des gens[205], voire même simplement de quelques-uns de ceux qui sont inculpés pour le même fait. Habituellement, la mesure est retenue afin de préserver l'ordre public, garantir la sécurité des personnes et des biens, assurer la conservation des preuves, assurer la représentation en justice de l'inculpé[206]. Sa durée est fixée par le magistrat dans son mandat. Toutefois, elle ne saurait excéder six mois, lesquels peuvent néanmoins être prorogés par décision motivée au plus pour six mois supplémentaires en cas de délit, de douze mois en cas de crime[207]. En ce sens d'ailleurs, l'exigence est désormais constante qui veut que les personnes victimes d'une détention provisoire abusive puissent, au cas de non-lieu ou d'acquittement irrévocable, obtenir une indemnité dès lors du moins qu'elles apportent la preuve d'avoir subi un « *préjudicie actuel d'une gravité particulière* »[208].

---

l'incarcération, il doit être procédé à son interrogatoire par le juge d'instruction. Il n'en va autrement que lorsque l'arrestation intervient hors du ressort territorial de compétence du juge d'instruction signataire du mandat d'arrêt. En de telles circonstances, en effet, la personne concernée doit être conduite immédiatement devant le procureur de la République du lieu de l'arrestation, lequel informe sans délai l'auteur du mandat de l'arrestation, de ses diligences et requiert le transfèrement de la personne arrêtée. Quoi qu'il en soit, lorsque la personne à arrêter est introuvable après des recherches, copie dudit mandat d'arrêt est notifiée à sa dernière résidence connue ou au chef de village ou du quartier. Un procès-verbal des diligences effectuées est établi et adressé au juge d'instruction (articles 18 et suivants, Code pénal).

[205] On comprend que la mesure n'est pas à mettre en œuvre en matière contraventionnelle. Là n'est pas tout. Le Code de procédure pénale met l'accent sur le fait :
- Que l'inculpé justifiant d'un domicile connu ne devrait subir la mesure qu'en cas de crime ;
- Que le juge d'instruction a le loisir de décerner des mandats de détention provisoire. Cela ne devrait cependant se faire qu'après l'inculpation et avant l'ordonnance de renvoi (article 218-2) ;
- Qu'« *à l'expiration du délai de validité du mandat de détention provisoire, le juge d'instruction doit, sous peine de poursuites, ordonner immédiatement la mise en liberté provisoire de l'inculpé, à moins qu'il ne soit détenu pour une autre cause* » (article 221-2).

[206] Articles 218 et suivants.

[207] Idem.

[208] Article 236. Cet article précise par ailleurs utilement trois choses importantes.
Tout d'abord que, constitue une détention provisoire abusive, la violation notamment par le juge d'instruction des articles 218 à 235. En occultant la question de sa durée, les articles visés renvoient aux conditions de cette mesure exceptionnelle qui n'est à envisager lorsque la personne inculpée justifie d'un domicile connu et n'est pas poursuivie pour des faits appartenant à la catégorie des crimes.
Ensuite, qu'à l'expiration de la durée du mandat de détention provisoire, le juge d'instruction qui n'a pas ordonné la mise en liberté de l'inculpé s'expose à des poursuites disciplinaires, lesquelles dans ces circonstances ne peuvent être évitées que lorsque l'individu concerné est détenu pour une autre cause.
Enfin, que la réparation est à la charge de l'Etat qui peut exercer une action récursoire contre le fautif. Au fond, et c'est ce qu'ajoute l'article 237, l'indemnité est allouée par décision d'une commission qui statue en premier ressort. La commission visée a une composition particulière. A sa tête se trouve un président, conseiller à la Cour suprême. En sont membres : deux magistrats issus de la Cour d'appel ; un représentant du ministère en charge du contrôle supérieur de l'Etat ; un représentant du ministère de la fonction publique ; un représentant du ministère des finances ; un député désigné par le bureau de l'Assemblée nationale ; le bâtonnier de l'ordre des avocats ou son représentant.
Cela dit, on gagne encore à ne pas perdre de vue :

L'habitude semble s'installer, ainsi que le prévoit la loi, de songer aux poursuites au plan disciplinaire du magistrat ayant piloté l'information judiciaire *(sur l'ensemble, voir not. CS, arrêt n° 52, 21 déc. 1965, Ndoungo Yigui Isaac c. Ministère public Répertoire chronologique de la jurisprudence de la Cour suprême, tome 1, 1960-1980, Droit pénal, préc., p. 353 ; arrêt n° 127, 1 er juin 1965, Procureur général près la Cour suprême c. Nzokou Gabriel, Ndoungo Yigui Issaac c. Ministère public Répertoire chronologique de la jurisprudence de la Cour suprême, tome 1, 1960-1980, Droit pénal, préc., pp. 605-606 ; arrêt n° 72/P, 16 juil. 2015, Dingué Paul Eric c. Commune de Njombé-Penja, préc. obs. TCHOUAMBIA TOMTOM L.J.B.*[209]*; arrêt n° 104-P, 20 août 2015, Aboubakar Sidiki c. Ministère public et Aguemo Mbakou, Juridis Périodique n° 107, juil.-sept. 2016, pp. 99-100, note TCHOUMBIA TOMTOM L.J.B. et TCHABO SONTANG H.M. ; arrêt n° 119, 8 fév. 1973, Procureur général près la Cour d'appel de Yaoundé c. Simo François, Répertoire chronologique de la jurisprudence de la Cour suprême, Droit pénal,1960-1980, tome 1, préc. ; arrêt n° 56/P, 11 déc. 1986, Thomas Ndansi Agwoh c. Ministère public Répertoire chronologique de la jurisprudence de la Cour suprême, tome 1, Droit pénal, préc., Les grandes décisions de la jurisprudence pénale camerounaise, préc., n° 21, pp. 367 et s., obs. ANOUKAHA F. ; TGI du Wouri, ord. n° 132/PTGI/W/DLA, 12*

- Que le mandat de chacun des membres de la commission dure trois années judiciaires et que chacun d'eux a un suppléant ;
- Que la commission doit être saisie dans les six mois de la décision de non-lieu, de relaxe ou d'acquittement ;
- Que la commission statue par décision motivée et que sa décision est susceptible d'appel devant chambre judiciaire de la Cour suprême… Pour aller plus loin sur ces questions, voir not. ASSIRA C., « Privations illégales de libertés : les défis de l'indemnisation des gardes à vue et détentions provisoires abusives », *Juridis Périodique* n° 116, oct.-déc. 2018, pp. 174 et s. ; FOTSO DJOMKAM D.K., *Le procès pénal et les libertés individuelles au Cameroun*, op. cit., pp. 183 et s. ; NJUMBE NJUMBE E., « Réflexions sur la mise en liberté sous caution par la Cour suprême », *Juridis Périodique* n° 108, oct.-déc.2016, pp. 155 et s. ; VALICOURT E., *L'erreur judiciaire*, L'Harmattan, Paris, 2008, pp. pp. 236 et s., pp. 350 et s. Voir également AUBY J.M., « La responsabilité de l'Etat en matière de justice judiciaire », *AJDA*, 1973, pp. 17 et s. ; GIUDICELLI-DELAGE G., « La responsabilité des magistrats et de l'Etat en matière pénale », *Justices* n° 5, 1997, pp. 34 et s. ; GIUDICELLI-DELAGE G., « L'indemnisation des personnes injustement condamnées », *RSC*, 1998, pp. 14 et s.

[209] La haute juridiction annule un mandat de détention provisoire en ces termes : « *Attendu par ailleurs (…) qu'un mandat de détention provisoire, daté lui aussi du 30 juin 5 (…), a été décerné de suite ; que ledit mandat fixe la date de son expiration le 30 décembre 2009 ;*
Attendu cependant que le mandat de détention provisoire dont s'agit n'est pas assorti d'une ordonnance ;
Attendu que l'article 218 alinéa 2 du Code de procédure pénale dispose : " Le juge d'instruction peut décerner mandat de détention provisoire après l'inculpation, mais avant l'ordonnance de renvoi, pourvu que l'infraction soit passible d'une peine privative de liberté. Il prend de suite une ordonnance motivant sa décision de mise en détention provisoire. Cette ordonnance est notifiée au procureur de la République et à l'inculpé" ;
Attendu qu'il résulte de cette disposition légale qu'un mandat de détention provisoire du juge d'instruction doit être assorti d'une ordonnance motivée le justifiant et que cette dernière doit être notifiée à l'inculpé ; que cette exigence procède de la nécessité de justifier toute mesure affectant les libertés et de la porter, tout comme sa justification, à la connaissance des personnes concernées ; qu'aussi, les dispositions légales afférentes à cette question touchent à l'ordre public et que la sanction de leur inobservation est la nullité absolue, en vertu de l'article 3 du Code de procédure pénale … »

juin 2013, Wansi Constantin, inédite ; TGI de la Vina à Ngaoundéré, ord. n° 01/HC, 24 janv. 2013, Bouba Mohadadou, inédite ; TM Bafoussam, jugt. n° 004/17, 13 janv. 2017, Ministère public et Nono Martin c. Kaou Halidou, inédit ; TCS, arrêt n° 025/ADD/CRIM, 28 nov. 2019, Ministère public, Ministère des finances et Cameroon radio television-CRTV c. Amadou Vamoulké, Menyeng Meyoa Antoinette epouse Essomba, Abah Abah Polycarpe, Recueil des arrêts du tribunal criminel spécial, tome 3, préc., pp. 631 et s.) ;

- Que le juge d'instruction a le pouvoir, à tout moment et jusqu'à la clôture de l'information judiciaire, d'office, de donner mainlevée sans caution de la détention provisoire décidée par lui. Lorsqu'elle n'est pas de droit ou n'a pas accordée d'office, la mise en liberté peut, à la demande de l'inculpé et après réquisitions du procureur de la République, être ordonnée par ce magistrat, à condition que l'inculpé souscrive l'engagement de déférer aux convocations de celui-ci et de le tenir informé de ses déplacements »[210]. Evidemment, l'existence d'une « ordonnance de mise en liberté » ne s'oppose pas à ce que le juge d'instruction puisse, si des circonstances nouvelles rendent la détention indispensable, décerner un nouveau mandat de détention *(sur l'ensemble, implicitement ou tacitement, voir TCS, arrêt n° 025/ADD/CRIM, 28 nov. 2019, Ministère public, Ministère des finances et Cameroon radio television-CRTV c. Amadou Vamoulké, Menyeng Meyoa Antoinette epouse Essomba, Abah Abah Polycarpe, préc. ; arrêt n° 027/CRIM/TCS, 21 oct. 2014, Ministère public, Etat du Cameroun- et Ebalé Jean Bart c. Mba Otye Etienne, Ngououngo Célestin, Liken Nyounai, Yannye Mbock, Recueil des arrêts du tribunal criminel spécial, tome 1, préc. ; CS, arrêt n° 52, 21 déc. 1965, Ndoungo Yigui Isaac c. Ministère public Répertoire chronologique de la jurisprudence de la Cour suprême, tome 1, 1960-1980, préc., p. 353 ; arrêt n° 127, 1er juin 1965, Procureur général près la Cour suprême c. Nzokou Gabriel, Ndoungo Yigui Isaac c. Ministère public Répertoire chronologique de la jurisprudence de la Cour suprême, tome 1, 1960-1980, Droit pénal, préc. ; arrêt n° 115/P, 18 mars 1999, Procureur général près la Cour suprême c. Konchine Robert, Répertoire chronologique de la jurisprudence de la Cour suprême, tome 1, Droit pénal, préc., pp. 770-771*[211] *; arrêt n° 49/P, 12 juin 2008, Bayiga Emmanuel c. Ministère public et Ministère des Postes et*

---

[210] Article 222, Code de procédure pénale.

[211] Le régime de l'ordonnance de mise en liberté, aujourd'hui développé à l'article 222 du Code de procédure pénale, est rappelé par la Cour suprême. Dans cette espèce qui a fait date, elle décide à juste titre dans son arrêt de cassation : *« Attendu qu'aux termes de l'article 94 du Code d'instruction criminelle, le magistrat peut, au cours de l'information judiciaire, donner mainlevée de tout mandat de dépôt ou d'arrêt, à la charge pour l'inculpé de se présenter à tous les actes de la procédure et pour l'exécution du jugement aussitôt que requis ;*
Attendu qu'il en résulte que le mandat de dépôt ou d'arrêt ne peut être levé (...) que pendant le déroulement de l'instruction ;
Attendu en l'espèce que l'instruction ayant été clôturée par l'ordonnance de renvoi de l'inculpé devant le tribunal de grande instance (...), le magistrat instructeur était dès lors dessaisi de la procédure dont s'agit ;
Qu'en levant le mandat de dépôt par ordonnance ultérieure querellée (...) ledit magistrat a contrevenu au texte visé au moyen... »

télécommunications, Juridis Périodique n° 84, oct.-nov. 2010, p. 100, note KEUGONG NGUEKEN R. épse WATCHO ; arrêt n° 119, 8 fév. 1973, Procureur général près la Cour d'appel de Yaoundé c. Simo François, Répertoire chronologique de la jurisprudence de la Cour suprême, Droit pénal,1960-1980, tome 1, préc. ; arrêt n° 56/P, 11 déc. 1986, Thomas Ndansi Agwoh c. Ministère public, Répertoire chronologique de la jurisprudence de la Cour suprême, tome 1, Droit pénal, préc. ; arrêt n° 022/SSP/CS, 18 fév. 2020, Nlep A Polnyemb Roger Georges Junior c. Ministère public et Etat du Cameroun-MINEPAT, inédit ; CA du Centre, arrêt ADD, 12 juin 2007, Albert Pagbé Ndouga c. Etat du Cameroun, Juridis Périodique n° 82, avril.-juin 2010, p. 59, note KEUBOU Ph. ; CA du Littoral, arrêt n° 46/CCI, 03 oct. 2007, Ministère public c. Véronique Fettweiss et n° 48/CCI, 15 oct. 2007, Ministère public c. Véronique Fettweiss, Juridis Périodique n° 85, janv.-2011, pp. 57 et s., obs. MAHOUVE M. ; TGI du Wouri, ord. n° 132/PTGI/W/DLA, 12 juin 2013, Wansi Constantin, préc. ; TGI de la Vina, ord. n° 01/HC, 24 janv. 2013, Bouba Mohadadou, préc. ; voir TGI d'Edéa, ord. du 16 nov. 2000, Binyouma Désiré Emmanuel c. Ministère public, Juridis Périodique n° 56, juil.-sept. 2003, pp. 55 et s., note MBUNJA Y.) ;

- Que le juge d'instruction a le pouvoir, mais cette fois-ci à la suite d'une demande de personnes légalement détenues à titre provisoire, de décider d'une liberté sous caution dès lors du moins que celles-ci ne sont pas poursuivies pour une infraction passible d'un emprisonnement à vie ou de la peine de mort[212]. A l'évidence, le recours à la caution vise à garantir ultérieurement la représentation en justice de la personne détenue et qui va être libérée ; mais aussi, le cas échéant, le remboursement des frais engagés par la partie civile, la réparation des dommages causés par l'infraction et le paiement des amendes et frais de justice[213]. Cela explique que la mesure ne doive pas profiter aux personnes poursuivies pour des agissements criminels passibles d'un emprisonnement à vie ou de la peine de mort[214]. Cela explique sans doute aussi que le garant doive être mis en demeure de représenter la personne libérée. On comprend que l'arrestation du garant soit à l'ordre du jour lorsque le bénéficiaire de la liberté ne comparaît pas sans que la preuve soit apportée que cela est imputable à la force majeure[215] *(même tacitement, voir not. CS, arrêt n° 115, 18 mars 1999,*

---

[212] L'article 225 du Code de procédure pénale prévoit toutefois que la demande à ces fins est adressée non seulement au juge d'instruction lui-même, mais aussi aux officiers de police judiciaire, au procureur de la République, à la formation de jugement.

On l'aura compris, la mise en liberté sous caution doit être distinguée de l'*habeas corpus*. Tandis que l'une des mesures, la première, suppose que la privation de liberté de l'individu qui la sollicite soit régulière ou légale, l'autre, la seconde, ne s'envisage que dans l'hypothèse d'une arrestation ou d'une détention illégale. Par ailleurs, tandis que l'une des mesures relève de la compétence du juge d'instruction, l'autre est de la compétence du président du tribunal de grande instance ou du magistrat auquel celui-ci décide de confier cette tâche…

[213] Article 232, Code de procédure pénale.

[214] Idem, article 224.

[215] Le Code de procédure pénale fournit davantage de précisions à propos de la mise en liberté sous caution. On y apprend notamment :

Procureur général près la Cour suprême c. Konchine Robert, Répertoire chronologique de la jurisprudence de la Cour suprême, Droit pénal,1980-2000, préc., pp. 770-771 ; arrêt n° 6-P, 06 oct. 1983, Bitoto Bernard c. Ministère, RCD n° 27, 1984, pp. 96 et s. ; arrêt n° 119, 8 fév. 1973, Procureur général près la Cour d'appel de Yaoundé c. Simo François, Répertoire chronologique de la jurisprudence de la Cour suprême, Droit pénal,1960-1980, tome 1, préc. ; CA du Littoral, arrêt n° 46/CCI, 03 oct. 2007, Ministère public c. Véronique Fettweiss et n° 48/CCI, 15 oct. 2007, Ministère public c. Véronique Fettweiss, préc.[216]. *Cf même tacitement*

- Aux articles 227 et 230, que l'ordonnance de mise en liberté sous caution peut être rapportée par la juridiction saisie, soit d'office, soit à la requête du ministère public ou de la partie civile ; mais surtout lorsque le juge d'instruction est informé par un garant que le mis en cause cherche à se soustraire à l'obligation de représentation, elle ordonne son arrestation et son maintien en détention à moins qu'il ne fournisse une autre garantie ;
- A l'article 228, qu'à défaut de représentation, le garant est astreint à payer la caution fixée dans l'acte d'engagement sous peine d'y être contraint par corps, mais que le garant est exonéré de sa responsabilité s'il prouve que la non-comparution est due à un cas de force majeure ;
- A l'article 229, que le garant peut à tout moment retirer sa caution. En pareilles circonstances, il est tenu de présenter le mis en cause à l'autorité compétente, laquelle donne acte du retrait de sa garantie et informe-le mis en cause qu'il peut demeurer en liberté s'il présente un autre garant ou s'il verse un cautionnement. ;
- A l'article 230, que lorsque l'autorité ayant accordé la liberté sous caution est informée par un garant que le mis en cause cherche à se soustraire à l'obligation de représentation, elle ordonne l'arrestation et le maintien en détention de l'intéressé, à moins que ce dernier ne fournisse une autre garantie ;
- Aux articles 229, 231, 234, que des sorts différents sont réservés aux sommes d'argent consignées dans le cadre d'un cautionnement. Elles sont remboursées lorsque la personne mise en liberté se présente et bénéficie d'un non-lieu ou d'une mainlevée de surveillance judiciaire. En revanche, lorsque cette dernière prend la fuite, le cautionnement est acquis au trésor public, sans préjudice des droits de la partie civile.

[216] La solution retenue ici est formulée comme suit : « *(...) Considérant que le représentant du ministère public requiert que la Cour d'appel déclare cette demande de mise en liberté provisoire irrecevable en expliquant qu'ayant été saisie dans la demande d'extradition de la requérante par l'Etat canadien et après avoir donné son avis, elle ne peut plus connaître de la demande de mise en liberté provisoire concernant cette extradable ;*
Considérant que la procédure d'extradition est une procédure exceptionnelle qui obéit à des règles particulières et à un formalisme strict qui dérogent au droit commun de la procédure pénale ;
Qu'il s'agit de de renvoyer un étranger dans un pays où il est supposé avoir commis une infraction à la loi pénale de ce pays et y est poursuivi afin qu'il aille répondre de ses actes devant la justice de ce pays ;
Que l'intervention des instances judiciaires camerounaises se limite à donner un avis sur les conditions de recevabilité ainsi que sur le bien-fondé de cette demande d'extradition afin de permettre au président de la République de prendre ou non un décret d'extradition ;
Que pendant toute la période de l'instruction de ce dossier, il est nécessaire que la personne dont l'extradition est sollicitée reste à la disposition permanente de l'Etat requis afin qu'elle puisse être présentée à tout moment, le cas échéant à l'Etat requérant ;
Que pour la préservation des libertés individuelles, il lui est loisible de solliciter sa mise en liberté provisoire devant la Cour d'appel, saisie pour instruire en chambre de conseil, la demande d'extradition ;
Que l'article 658 du Code de procédure pénale dispose à cet effet que « (...) La Cour d'appel peut, le procureur général entendu, admettre l'étranger au bénéfice de la liberté provisoire s'il présente les garanties les garanties prévues à l'article 246 (g) du Code de procédure pénale » ;
Que ce n'est qu'à cette étape de la procédure que la cour peut ordonner la mise en liberté provisoire de l'étranger si les conditions pour garantir sa représentation à tout instant tant vis-à-vis de la justice qu'à l'égard des hautes autorités de l'Etat sont réunies ;

CS, arrêt n° 022/SSP/CS, 18 fév. 2020, Nlep A Polnyemb Roger Georges Junior c. Ministère public et Etat du Cameroun-MINEPAT, préc. ; *TCS, arrêt n° 025/ADD/CRIM, 28 nov. 2019, Ministère public, Ministère des finances et Cameroon radio television-CRTV c. Amadou Vamoulké, Menyeng Meyoa Antoinette epouse Essomba, Abah Abah Polycarpe, préc.*[217]) ;

- Que l'activité du juge d'instruction s'achève conformément à une chorégraphie organisée. L'un des moments de ce balai est celui de la communication du dossier de l'affaire au procureur de la République pour les besoins de son réquisitoire définitif. Le dossier, accompagné de ce réquisitoire définitif, est retourné au cabinet d'instruction dans les cinq jours de sa réception par le chef du parquet[218]. L'autre moment de cette chorégraphie est celui où le juge d'instruction se prononce quant aux suites à réserver à l'affaire. Il rend alors soit par une ordonnance de non-lieu, soit une ordonnance de non-lieu partiel, soit une ordonnance de renvoi[219].

L'hypothèse du non-lieu est celle où les charges sont insuffisantes ou inexistantes. Elle vise également le cas de figure où les faits ne constituent aucune infraction et celui où l'auteur de l'infraction n'est pas identifié. Une chose est constante. C'est qu'en cas de non-lieu, un terme est mis à la détention provisoire de l'inculpé lorsque la mesure avait été ordonnée[220] ; mais aussi que la partie poursuivante pourrait avoir à réparer le préjudice découlant des abus à l'occasion de cette détention provisoire. Elle n'exclut

---

Qu'il s'agit d'une dérogation au droit commun de l'article 228 du code de procédure pénale évoqué in fine dans la mesure où l'étranger n'est pas à la disposition de la justice, n'étant pas poursuivie devant les instances judiciaires de l'Etat requis ;

Attendu dans le cas d'espèce que (...), la Cour d'appel de céans a émis un avis favorable à l'extradition de Fettweiss après avoir rejeté sa demande de mise en liberté provisoire présentée au cours de l'instruction de cette procédure ;

[217] La décision prise ici se décline ainsi : « *Considérant qu'à l'audience du 21 novembre 2019, le représentant du ministère public, pour requérir le rejet comme non fondée de la demande de mise en liberté introduite par l'accusé (...), a soutenu qu'aux termes de l'article 224 alinéa 2 du Code de procédure pénale, « les dispositions du présent article ne s'appliquent pas aux personnes poursuivies pour crime passible de l'emprisonnement à vie ou de la peine de mort » ;*

Qu'aux termes de l'article 184 alinéa 1er du Code pénal, « est puni de l'emprisonnement à vie, quiconque, par quelque moyen que ce soit, obtient ou retient frauduleusement quelque bien que ce soit (...) appartenant à un établissement public (...) au cas où la valeur de ces biens excède cinq cent mille (...) francs CFA » ;

Que les faits pour lesquels l'accusé (...) a été renvoyé devant la juridiction de céans étant ceux de détournement et de coaction de détournement de biens publics de plusieurs milliards au préjudice de la CRTV dont il était le Directeur général, il ne saurait bénéficier des dispositions bienveillantes des articles 224 et 246 (g) du Code de procédure pénale ... »

[218] Article 256, Code de procédure pénale.

[219] Il est souligné à l'article 257 du Code de procédure pénale que les ordonnances de non-lieu, de non-lieu partiel et de renvoi contiennent impérativement les nom, prénoms, date et lieu de naissance, filiation, domicile et profession de l'inculpé, l'exposé et la qualification pénale des faits ainsi que l'indication des textes de loi applicables. Elles indiquent en outre « avec précision et concision » les motifs pour lesquels il existe ou non des charges contre l'inculpé.

[220] Article 258, Code de procédure pénale. Le reste s'imagine sans peine : les objets saisis devraient être restitués ; des responsabilités pourraient être engagées par le bénéficiaire de l'ordonnance de non-lieu devenue définitive, notamment pour dénonciation calomnieuse (voir les articles 258 et 260 du Code de procédure pénale).

pas une reprise de l'information judiciaire lorsque des éléments nouveaux surviennent[221]. *A contrario*, cela signifie que l'inculpé bénéficiaire d'un non-lieu devenu irrévocable n'a plus à être poursuivi pour le même fait, y compris sous une qualification différente[222]. On comprend alors la profondeur de l'arrêt n° 314 du 24 octobre 1961, rendu par la Cour suprême du Cameroun. Elle s'y exprime de la sorte : « *(...) Attendu que l'ordonnance du juge d'instruction ayant acquis force de chose jugée, ledit juge d'instruction ne pouvait sans violation du principe « non bis in idem » se juger autorisé à procéder à une nouvelle information portant sur les mêmes faits et dirigés contre les prévenus ;*

Que, saisie de la deuxième information, la chambre des mises en accusation ne pouvait sans commettre la même erreur, se borner à annuler l'ordonnance de transmission des pièces mais devait annuler l'information toute entière ;

Qu'il y a lieu pour la Cour suprême de faire ce que la dite chambre des mises en accusation aurait dû faire et de procéder comme de droit en l'état où la cause se trouvait à partir de l'instant où le jugement du tribunal correctionnel (d'incompétence) est devenu définitif ... » (CS, arrêt n° 314, 24 oct. 1961, Procureur de la République c. Bassong André, Onana Emile et Compagnie Air-France, Répertoire chronologique de la jurisprudence de la Cour suprême, Droit pénal, tome 1, préc. Adde : CS, arrêt n° 41, 24 déc. 1963, Procureur général près la cour d'appel de Yaoundé c. Ministère public et Bayokolak Jean-Marc, Répertoire chronologique de la jurisprudence de la Cour suprême, Droit pénal, 1960-1980, tome 1, préc. ; arrêt n° 62/P, 20 avril 2017, Société Logis SA c. Banque internationale pour l'épargne et le crédit du Cameroun (BICEC) SA et CS, arrêt n° 63/6, 20 avril 2017, Société Intertrade SARL c. Banque internationale pour l'épargne et le crédit du Cameroun (BICEC) SA, préc. ; TCS arrêt n° 003/CRIM/TCS, 14 fév. 2013, Ministère public et Etat du Cameroun-Ministère des finances c. Njaba Martin, Recueil des arrêts du tribunal criminel spécial, tome 1, préc., pp. 33 et s. ; arrêt n° 027/CRIM/TCS, 21 oct. 2014, Ministère public, Etat du Cameroun- et Ebalé Jean Bart c. Mba Otye Etienne, Ngououngo Célestin, Liken Nyounai, Yannye Mbock, préc. ; CA du Sud, arrêt n° 59/Crim, 25 sept. 1997, Cimencam c. Njoh Njoh Ferdinand et autres, Juridis Périodique n° 35, 1998, obs. TANKOUA E. ; arrêt n° 15/P, 27 mars 2008, procureur général près la Cour suprême c. Fodjeu Marius, préc. ; The High court of Fako, Buea, 13th june 2012, The people of Cameroon vs. Nguetsop Chretien Alias Billy and Ayuk Arrey Emmanuel, inédit ; The High court of Fako, Buea, 01st august 2012, The people of Cameroon vs. Ngonde Marcel, inédit ; The High

---

[221] Article 265, Code de procédure pénale. L'article 266 invite à considérer comme éléments nouveaux : les déclarations de témoins ; l'identification de l'auteur des faits en cas d'information ouverte contre personne non déterminée ; la découverte de pièces à conviction, de documents et procès-verbaux qui n'ont pas été produits au cours de l'instruction et qui sont de nature, soit à renforcer les charges qui avaient été jugées insuffisantes, soit à provoquer des développements utiles à la manifestation de la vérité.

222 Article 265.

court of Fako, Buea, 5th sept. 2012, The people of Cameroon vs. Njie Mandengue, inédit ; High court of Fako, Buea, 10th dec. 2012, The people of Cameroon vs. Tambe Alain Abia and Justus Wengang, préc.).

L'hypothèse du renvoi est celle où le « magistrat instructeur » estime grande la probabilité que l'inculpé soit l'auteur de l'infraction qu'on lui impute. Le renvoi se fait par à-coup devant le tribunal ayant compétence en matière de simple police ; par à-coup devant une juridiction ayant compétence en matière de crime[223]. Dans l'une des circonstances, la mise en liberté s'impose, à supposer que le justiciable ait été placé dans les liens d'une détention provisoire. Dans l'autre circonstance, la détention provisoire et les mesures de surveillance judiciaire sont maintenues *(voir not. CA Centre, arrêt ADD, 12 juin 2007, Albert Pagbé Ndouga c. Etat du Cameroun, préc ; TCS, arrêt n° 019/CRIM/TCS, 22 juin 2016, Ministère public c. Atangana Mebara Jean-Marie et Mendouga Jerôme, préc. ; arrêt n° 027/CRIM/TCS, 21 oct. 2014, Ministère public, Etat du Cameroun- et Ebalé Jean Bart c. Mba Otye Etienne, Ngououngo Célestin, Liken Nyounai, Yannye Mbock, préc. ; CS, arrêt n° 128, 7 fév. 1961, La Société Africauto c. Ngono Julienne et Essomba Stanislas, Répertoire chronologique de la jurisprudence de la Cour suprême, Droit pénal, 1960-1980, tome 1, préc., pp. 500-501 ; arrêt n° 356, 12 déc. 1951, Procureur général c. Bebga Théodore et Madame Ngo Bena Théodora, Répertoire chronologique de la jurisprudence de la Cour suprême, Droit pénal, tome 1, préc., pp. 822-823 ; arrêt n° 138, 07 mai 1968, Ebigde c. Ministère public et Menyeng Edzoa Pierre, Répertoire chronologique de la jurisprudence de la Cour suprême, Droit pénal, tome 1, 1960-1980, préc. ; arrêt n° 505, Procureur de la République c. Wambo Télesphore, Répertoire chronologique de la jurisprudence de la Cour suprême, Droit pénal, tome 1, 1960-1980, préc., pp. 473-474 ; The High court of Fako, Buea, 17th July 2012, The people of Cameroon vs. Ojongobi Asuarrey, inédit)* [224].

L'hypothèse du non-lieu partiel est celle où des inculpations multiples ayant été initialement retenues, des charges existent concernant certains faits et n'existent pas concernant d'autres faits[225] ;

- Que le législateur s'est préoccupé du traitement des incidents de procédure se rapportant à l'information judiciaire. Cela a été fait, entre autres, à l'article 263 du Code de procédure pénale. La lettre de cet article indique effectivement que les incidents de procédure qui ont été soulevés sans être définitivement réglés au cours de l'instruction sont joints au fond et portés en même temps que l'affaire devant la juridiction de jugement.

---

[223] Le législateur décide, à l'article 421 du Code de procédure pénale, que lorsque plusieurs ordonnances de renvoi ont été rendues contre différents accusés, le tribunal peut, soit d'office, soit sur réquisitions du parquet, par jugement avant-dire-droit, ordonner la jonction des procédures. La jonction de procédure peut également être ordonnée lorsque différentes ordonnances de renvoi ont été rendues contre le même accusé poursuivi pour des infractions criminelles différentes

[224] Articles 256, 262, etc.

[225] Article 256.

Simplement, la précaution doit être prise consistant à les présenter avant toute défense au fond. En de telles circonstances, si la juridiction saisie annule l'acte considéré comme irrégulier, elle devrait, dans le même temps, déterminer l'étendue des effets de sa décision. Il reste toutefois acquis que *« l'arrêt de la chambre de contrôle de l'instruction renvoyant l'inculpé devant la juridiction de jugement pour crime purge définitivement toutes les nullités de la procédure antérieure »*.

- Que des recours sont consacrés et organisés contre les actes du juge d'instruction[226]. Le mieux connu demeure l'appel devant la chambre de contrôle de l'instruction de la cour d'appel de céans[227]. Ce recours provient généralement du procureur de la République. Parfois, l'auteur en est l'inculpé, à condition toutefois que soient attaquées des mesures de détention provisoire, de surveillance judiciaire, d'expertise ou de contre-expertise, de restitution d'objets saisis. Rarement l'appel est relevé par la partie civile, car cette voie de droit ne lui est ouverte que contre les ordonnances de refus d'informer, d'irrecevabilité de constitution de partie civile, de rejet de demande d'expertise ou de contre-expertise, de restitution d'objets saisis, de non-lieu[228]. Rien n'exclut cependant qu'un tiers au procès pénal adresse un recours au juge d'instruction lui-même, notamment lorsque l'intéressé estime avoir des droits sur des objets ou des documents mis sous-main de justice[229] *(sur l'ensemble, voir notamment CS, arrêt n° 62/P, 20 avril 2017, Société Logis SA c. Banque internationale pour l'épargne et le crédit du Cameroun (BICEC) SA et CS, arrêt n° 63/6, 20 avril 2017, Société Intertrade c. Banque internationale pour l'épargne et le crédit du Cameroun (BICEC) SA, préc. ; arrêt n° 161/P, 20 oct. 2016, Moussa Yaya Fodoué c. Ministère public et Abdoulaye Djoauro Baba, Juridis Périodique n° 114, avril-mai 2018, préc., arrêt n° 72/P, 16 juil. 2015, Kingué Paul-Eric c. Commune de Njombé-Penja, in Les grandes décisions de la jurisprudence pénale camerounaise, préc., n° 19, pp. 317 et s., obs. TCHOUAMBIA TOMTOM L.J.B. ; arrêt n° 314, 24 oct. 1961, Procureur de la République c. Bassong André, Onana Emile et Compagnie Air-France, Répertoire chronologique de la jurisprudence de la Cour suprême, Droit pénal, tome 1, préc. ; arrêt n° 314, 24 oct. 1961, Procureur de la République c. Bassong André, Onana Emile et Compagnie Air-France, Répertoire*

---

[226] Au sujet des méandres de cette voie de droit et de la jurisprudence récente s' y rapportant, voir notamment FONKWE FONGANG J., EWARE A., op cit., pp. 262 et s. ; MATSOPOULOU H., « Revirements de jurisprudence en matière de nullités : extension de la qualité pour agir et restriction de l'existence d'un grief », *JCP* 2021, pp. 2018 et s. ; RUBI-CAVAGNA E., « Nullités des actes de l'enquête et de l'instruction - Le principe du contradictoire rebat les règles », op cit., pp. 439 et s.

[227] Article 263, Code de procédure pénale.

[228] Il convient ici d'attirer l'attention sur le support de l'appel. Celui-ci est formé par le biais d'une requête non timbrée adressée en quatre exemplaires au président de la chambre de contrôle de l'instruction ; la requête est accompagnée d'une copie de l'ordonnance du juge d'instruction litigieuse.

[229] A propos de la qualité pour agir ici et de la jurisprudence y relative, voir FONKWE FONGANG J., EWARE A., op cit., pp. 271 et s. ; RUBI-CAVAGNA E., op cit., p. 441.

chronologique de la jurisprudence de la Cour suprême, Droit pénal, tome 1, préc. ; arrêt n° 505, Procureur de la République c. Wambo Télesphore, Répertoire chronologique de la jurisprudence de la Cour suprême, Droit pénal, tome 1, 1960-1980, préc. ;Crim., 6 déc. 2011, Procédures n° 2, fév. 2012, note CHAVENT-LECLÈRE A.S.[230] *; CA du Centre, arrêt n° 04/RG/15, 25 janv. 2016, Les ayants droit de feu Ngono Ewodo Dieudonné représentés par Ngah Ewodo Raphael c. Amougou Jean Baptiste et Sembe Bouba, inédit*[231] *; CA du Littoral, n° 07/CCI, 21 fév. 2012, Juridis Périodique n° 99, juil.-sept. 2014, pp. 36, obs. TCHOUAMBIA TOMTOM L. J.B. Cf également CS, arrêt n° 15/P, 27 mars 2008, Procureur général près la Cour suprême c. Fodjeu Marius, op.cit. ; arrêt n° 314, 24 oct. 1961, BACS n° 5, p. 209, in DZEUKOU G.B., Code de procédure pénale, préc., p. 264 ; CA du Centre, arrêt n° 95/Crim, 12 juin 2007, Amougou Etienne et Tchinda Matha Moussa épse Djedou c. Ministère Public et Ministère des postes et télécommunications, op.cit. ; CA du Centre, arrêt n° 91/CRIM, 14 mars 1995, B.I.T. c. Metozounve Emile, Juridis Périodique n° 28, oct.-déc. 1996, pp. 56 et s., note EYIKE-VIEUX ; CA du Sud, arrêt n° 59/CRIM, 25 sept. 1997, Cimencam c. Njoh Njoh Ferdinand et autres, Juridis Périodique n° 33, oct.-déc.*

---

[230] L'épicentre de cette décision attendue en son temps, séduit le juriste épris des droits humains fondamentaux, est celui-ci. Il se décline ainsi : « *Attendu qu'il résulte de l'arrêt attaqué et des pièces de la procédure qu'à la suite de la publication, le 1er septembre 2010, dans le journal Le Monde, sous les signatures de M. G. A. et de M. J. Z., d'un article rendant compte d'investigations réalisées la veille et le jour même dans une enquête la concernant, Mme Y. a porté plainte du chef de violation du secret professionnel auprès du procureur de la République ; que ce dernier a, le 2 septembre 2010, ordonné une enquête préliminaire, en autorisant notamment les officiers de police judiciaire à obtenir, par voie de réquisitions auprès des opérateurs de téléphonie, l'identification des numéros de téléphone des correspondants des journalistes auteurs de l'article ; que, procédant par voie de recoupements, les enquêteurs ont ainsi dressé une liste des personnes pouvant avoir un lien avec la procédure en cours ;*
Attendu qu'après ouverture d'une information contre personne non dénommée, les juges d'instruction désignés ont saisi la chambre de l'instruction aux fins de voir statuer sur la régularité de la procédure ; que pour prononcer l'annulation des réquisitions visant à des investigations sur les lignes téléphoniques des journalistes en cause, et celle des pièces dont elles étaient le support nécessaire, l'arrêt prononce par les motifs repris au moyen ;
Attendu qu'en l'état de ces énonciations, d'où il résulte que l'atteinte portée au secret des sources des journalistes n'était pas justifiée par l'existence d'un impératif prépondérant d'intérêt public et que la mesure n'était pas strictement nécessaire et proportionnée au but légitime poursuivi, la chambre de l'instruction a légalement justifié sa décision, tant au regard de l'article 10 de la Convention européenne des droits de l'homme qu'au regard de l'article 2 de la loi du 29 juillet 1881 (...). »

[231] Dans cette espèce, la Cour d'appel rappelle les restrictions à l'appel contre les ordonnances du juge d'instruction. Le cœur de son verdict est le suivant : « *Considérant que par ordonnance de règlement susvisée le juge d'instruction saisi a dit l'information judiciaire close, puis déclarant suffisamment établies à l'encontre des inculpés les charges de violation de consigne à eux reprochés, a ordonné en conséquence leur renvoi devant la chambre correctionnelle du tribunal militaire de Yaoundé pour y être jugés conformément à la loi ;*
Considérant que sieur Ngah Ewodo Raphael, le représentant des ayants droit de feu Ngono Ewodo Dieudonné qui a appelé contre cette ordonnance, s'est malheureusement mépris sur les dispositions de l'article 270 du Code de procédure pénale aux termes desquelles « la partie civile ne peut relever appel que des ordonnances de refus d'informer, d'irrecevabilité de constitution de partie civile, de rejet d'une demande d'expertise ou de contre-expertise, de restitution des objets saisis ou de non-lieu » ;
Qu'il s'induit dudit texte que les ordonnances de renvoi sont exclues du champ de celles pour lesquelles la voie de l'appel est ouverte à la partie civile … »

1997, pp. 22 et s., note TANKOUA E. ; arrêt n° 71/P, 16 juil. 2015, Kingué Paul-Eric c. Procureur général près la Cour d'appel du Littoral, la Société des plantations du Haut-Penja et Songa Daniel, préc.). La suite a ses racines logées dans le Code de procédure pénale. Leur exhumation révèle : que la formule « actes d'instruction », lesquels peuvent essuyer un recours devant la chambre de contrôle de l'instruction, n'a pas le mérite du détail et par ricochet de la clarté ; que le délai d'appel contre les actes en lien avec l'information judiciaire est spécifique et se réduit à quarante-huit heures à compter du lendemain de la notification de l'ordonnance du juge d'instruction[232] ; que le procès-verbal de réception de l'appel doit être notifié aux parties et surtout au procureur général près la Cour d'appel, lesquels disposent d'un maximum de 48 heures pour produire leurs conclusions[233] ; qu'un laps de temps court est imparti à la chambre de contrôle de l'instruction pour statuer, lequel est d'un maximum de 30 jours à compter de la requête et réduit à 10 jours en matière de détention provisoire[234]. A cela viennent s'ajouter la possibilité concédée à la chambre de contrôle de l'instruction de décider d'un « supplément d'information » [235] lorsque cela lui semble utile ; la délimitation des prérogatives de la chambre au gré des fondements de sa saisine ; les effets de la décision que celle-ci rend [236] ;

---

[232] Article 271.

[233] Article 274-3.

[234] Article 275.

[235] Articles 276 et 280. Il y est résolu que la chambre de contrôle de l'instruction peut, soit d'office, soit à la demande du procureur général ou de l'une des parties au procès, ordonner tout supplément d'information nécessaire ; que le supplément d'information est confié soit au président de la chambre, soit à l'un magistrat du siège de la Cour d'appel ou à un juge d'instruction désigné à cet effet. En tout état de cause, l'autorité qui le conduit jouit des prérogatives du juge d'instruction, mais ne saurait se prononcer sur une demande de mise en liberté ni rendre une ordonnance de clôture de l'information. Au terme du supplément d'information, le dossier de procédure est retourné à la chambre de contrôle ; il est accessible aux conseils des parties qui peuvent le consulter.

[236] En ce sens, voir notamment :

- L'article 277 où il est prescrit que, statuant sur l'appel relevé contre une ordonnance du juge d'instruction en matière de détention provisoire, de surveillance judiciaire ou de restitution des objets saisis, si la chambre l'infirme, elle peut, selon le cas, soit donner mainlevée du mandat ou de la mesure de surveillance judiciaire, soit décerner un mandat de détention provisoire ou d'arrêt contre l'inculpé mis en liberté en exécution de ladite ordonnance, soit enfin décider de la restitution ou non des objets saisis ;
- L'article 278 où il est prescrit que, statuant sur l'appel relevé contre une ordonnance du juge d'instruction portant sur toute autre matière que la détention provisoire, si la chambre l'infirme, elle a le loisir soit renvoyer le dossier au juge d'instruction initialement saisi ou à l'un de ses collègues du même tribunal ;
- L'article 279 où il est prescrit que dans les cas de figure où la chambre infirme une ordonnance de clôture de l'information judiciaire, elle « peut » évoquer et statuer à nouveau ;
- L'article 284 où la règle est inscrite d'après laquelle, lorsque la chambre de contrôle de l'instruction estime que les faits de l'espèce constituent une infraction, elle renvoie, en cas de crime, de délit ou de contravention devant la juridiction compétente ;
- L'article 287 où il est indiqué que l'appel interjeté contre des actes d'instruction autres que les ordonnances de renvoi ou de non-lieu ne suspend guère l'information judiciaire.

- Que la durée de l'information judiciaire est difficile à estimer voire à circonscrire ; ce qui est troublant pour celui qui a à l'esprit l'idéal du procès équitable dont l'une des pierres d'angle touche au temps du procès ou, si l'on préfère, au délai raisonnable[237]. La conséquence en est, lorsqu'elle est ouverte, que la décision de justice n'est presque jamais rendue conformément aux standards du délai raisonnable, singulièrement dans un contexte où le corps judiciaire est gangrené par la corruption ou fragilisé par le laxisme et l'impunité[238]. Il n'en va autrement que dans le cadre de procédures devant certaines juridictions spécialisées ou la durée de la détention provisoire est comme un phare dont le marin a besoin[239]. Plus généralement, il n'en va autrement que dans le cadre de procédures particulières à l'instar de celles ayant un lien avec le détournement des biens publics, que celles-ci se déroulent devant le tribunal de première instance, devant le tribunal de grande instance ou devant le tribunal criminel spécial. Ici, l'exigence est posée qui veut que l'instruction ne s'étale pas sur une durée excédant 180 jours ou six mois comptés après le réquisitoire introductif d'instance[240]. Lorsqu'une ordonnance de renvoi sanctionne l'instruction, l'audience de jugement doit être programmée dans les 30 jours après la notification de l'ordonnance en cause[241]. La formation de jugement elle-même n'a pas une grande marge de manœuvre s'agissant du temps, puisque la décision sur le fond interviendra dans un délai maximum de 6 mois susceptible d'une prorogation de 3 mois par ordonnance du président du TCS[242] *(sur l'ensemble, voir not. TCS, arrêt n° 002/CRIM/TCS, 7 fév. 2020, Ministère public et Etat du Cameroun-Ministère des finances c. Mbia Emmanuel, Maale Ngoumé épouse Toué Toué Salomé, Nkenmouo Alphonse, Mekou Moumeni Alain Raoul et autres, Recueil des arrêts du tribunal criminel spécial, tome 4, préc., pp. 419 et s.; arrêt n° 019/CRIM/TCS, 22 juin 2016, Ministère public c. Atangana Mebara Jean-Marie et Mendouga Jerôme, préc. Adde : Cass. crim., 17 janv. 2006, Juris-Data n° 2006-032039, Procédures n° 5, Mai 2006, comm. BUISSON J., pp. 116 et s.*[243]*)* ;

---

[237] Sur la question, confère not. TIMTCHUENG M., *Le délai raisonnable en droit processuel camerounais*, Thèse, UCAD, 2013 ; MINKOA SHE A., *Droits de l'homme et droit pénal au Cameroun*, Economica, Paris, 1999. Voir aussi CHABANOL D., « Le temps et la justice. Quelques pistes de réforme », op cit. pp. 372.

[238] Il se comprend alors que l'Etat du Cameroun ait fait de la réduction des délais d'instruction et de jugement des affaires portées en justice l'un des piliers de sa stratégie de développement. En ce sens, consulter la *Stratégie nationale de développement 2020-2030*, p. 107, n° 391.

[239] Il en va de même s'agissant du règlement des différends par les « agences de régulation ». Un exemple révélateur de cette tendance est celui qu'offre l'article 66 de la loi n° 2010/013 du 21 décembre 2010 régissant les communications électroniques au Cameroun.

[240] Loi n° 2011/028 du 14 décembre 2011 portant création de cette juridiction, article 9 (3) nouveau.

[241] Idem, article 10 (1) nouveau.

[242] Ibid., article 10 (6) nouveau.

[243] Dans cette espèce, la cour de cassation décide : « *Attendu que, pour rejeter la requête aux fins d'annulation de pièces de la procédure présentée le 12 janvier 2005 par Michel D. au motif que le juge d'instruction n'avait pas rendu l'ordonnance exigée par l'article 175-2 susvisé dans les délais prévus par*

- Que, devant certaines juridictions, l'instruction est confiée non pas à un magistrat, mais à un organe collégial, dont la composition est hétérogène lorsqu'on s'intéresse au rattachement au plan professionnel de ceux qui le composent. L'exemple majeur de ce point de vue est en lien avec la procédure devant la haute Cour de justice dont on sait qu'elle a compétence pour juger le président de la République pour haute trahison, les membres du gouvernement et assimilés pour complot contre la sûreté de l'Etat. La commission d'instruction comprend un président qui est issu du parlement et deux magistrats professionnels. En cas de nécessité, ces derniers sont assistés d'un ou de plusieurs magistrats des juridictions de droit commun qui reçoivent délégation pour instruire telle ou telle affaire ou procéder à telle ou telle commission rogatoire[244]. Son président est élu en son sein par l'assemblée nationale, dans les mêmes formes et délais que les autres membres de la Cour provenant du parlement. De même, les deux magistrats détachés à la commission sont issus des rangs de la Cour suprême et désignés par la haute juridiction chaque année, en assemblée générale, hors la présence des membres du parquet[245]. La loi n° 2014 du 8 juillet 2014 fixant les procédures de fonctionnement des commissions d'enquête parlementaires n'a pas remis en cause cette collégialité de l'instruction conduite par des personnes n'ayant pas la qualité de magistrat[246]. Effectivement, elle commence par prescrire que la résolution de la commission d'enquête parlementaire peut conclure au renvoi d'une personnalité devant la haute Cour de justice lorsque cette personnalité ou les faits de la cause ressortissent de la compétence de la haute juridiction. Elle poursuit en énonçant que la commission est créée dans l'une ou l'autre chambre, par une résolution prise à la majorité absolue des députés ou des sénateurs, selon le cas ; puis que le nombre de ses membres ne doit pas, en tout état de cause, être supérieur à celui des parlementaires composant une commission générale au sein soit de l'Assemblée nationale, soit du sénat[247].

ce texte, l'arrêt retient que la méconnaissance, par le juge d'instruction, des dispositions dudit article est sans incidence sur la régularité de la procédure ;
Attendu qu'en cet état, les griefs allégués ne sont pas encourus ;
Que, d'une part, l'obligation de rendre l'ordonnance prévue par l'article 175-2, alinéa 2, du Code de procédure pénale n'est pas prévue à peine de nullité ;
Que, d'autre part, ladite ordonnance ne revêt aucun caractère juridictionnel, le juge d'instruction n'ayant d'autre obligation que de la communiquer au président de la chambre de l'instruction ;
D'où il suit que le moyen est irrecevable (...) »

[244] Ordonnance n° 72/7 du 26 août 1972 portant organisation de la haute cour de justice, article 22.

[245] Idem, article 4.

[246] Voir également, en ce sens, la loi n° 2016/004 du 18 avril 2016 régissant le commerce extérieur. Nombre de ses articles traitent spécialement de l'enquête commerciale déclenchée à la suite d'une demande, mais surtout des diligences du ministre en charge du commerce extérieur. Dans les faits, et très concrètement, l'enquête commerciale est effectuée par le comité antidumping et des subventions dont les modalités d'organisation et de fonctionnement sont annoncées.

[247] Article 2. Là n'est pas tout. On y découvre :

- Que l'instruction ne concerne pas que la matière répressive.

On la retrouve dans la procédure administrative contentieuse où elle a parfois une signification différente. A preuve, il est inscrit dans la loi n° 2006/022 du 29 décembre 2006 fixant l'organisation et le fonctionnement des tribunaux administratifs que dès l'enregistrement de la requête, le président du tribunal administratif désigne un rapporteur qui, sous son autorité, dirige l'instruction de l'affaire[248]. Seulement, les prévisions de cette loi soulignent que le rapporteur peut inviter le justiciable à régulariser son rapport, notamment lorsque celui-ci n'a pas consigné, que le magistrat peut inviter l'auteur de la demande à solliciter l'assistance judiciaire, demander de produire tel ou tel document utile à la solution du litige. Dans le prolongement de ces exigences, il est retenu que le rapporteur conclut soit que la requête est recevable, soit qu'elle ne l'est pas. Plus en aval, des rapports peuvent être sollicités et obtenus, notamment s'agissant d'actes de gestion ; des transports sur les lieux peuvent être organisés *(CS/AP, arrêt n° 01/A, 18 avril 1996, Etat du Cameroun c. Michel Njinen Ngangley, Répertoire chronologique, Droit administratif, tome 4, 1980-2000, pp. 26 et s. ; TA du Centre, jugt. ADD/TA/Yde, 12 août 2014, Nzepa Richard, Eyala Bessala Fabien, Bouli Mbega Jean Paul c. Etat du Cameroun-MINDCAF, Eloundou Ernest, Manga Nana, Kenfack Marie Joséphine, Juridis Périodique n° 121, janv.-mars 2020, p. 26, note TAMETONG NGUEMO TSIDIE S. ; TA du Centre, jugt. ADD/TA/Yde, 12 août 2014, Koe Ngono Jean et Afanda Lucas c. Etat du Cameroun-MINDCAF, Eloundou Ernest, Manga Nana, Kenfack Marie Joséphine, Juridis Périodique n° 121, janv.-mars 2020, pp. 27-28, note du même auteur ; TA de l'Ouest, jugt. n°12/ADD/TA/BFM/2015, 08 juin 2015, Mouaffo Martin c. Etat du Cameroun-MINDCAF, Joséphine, Juridis Périodique n° 121, janv.-mars 2020, p. 33, note TAMETONG NGUEMO TSIDIE S.) ;*

On la retrouve dans la procédure civile. Ici comme précédemment, elle prend divers visages. Tantôt, celle de transports sur les lieux ; tantôt, celle des mesures d'expertise. Parfois aussi, elle apparait au détour de la vérification d'écritures, mais davantage et plus généralement à travers les enquêtes qui donnent notamment lieu à des auditions[249]. Toujours est-il, et

- Que la commission ne peut être reconstituée pour le même objet avant l'expiration du délai de 12 mois à compter de la fin de sa mission (article 41) ; délai réduit à six mois lorsqu'il s'agit de questions touchant aux finances publiques, mais renouvelable en tant que de besoin ;
- Que dès sa constitution, la commission se réunit sous la présidence de son doyen d'âge. Elle élit son bureau composé d'un président, d'un vice-président, d'un rapporteur ; l'élection s'opérant au scrutin uninominal.

[248] Article 37, 44.

[249] Voir les articles 98 et suivants du Code de procédure civile et commerciale. L'article 112 décrit les séquences terminales du processus. On y découvre que *« Dans toutes les causes, le greffier dressera un procès-verbal de l'audition des témoins ; cet acte contiendra leur nom, âge, profession et demeure, leur serment de dire la vérité, leur déclaration s'ils sont parents ou alliés ou serviteurs des parties et les reproches qui auront été formés contre eux » ; « la lecture du procès-verbal sera faite à chaque témoin pour la partie qui le concerne »* ; « il signera sa déposition ou mention sera faite qu'il ne sait ou ne

la Cour suprême le rappelle dès qu'elle en a l'occasion, que les juges ne sont pas liés par les résultats d'une enquête qui ne leur apparait pas comme décisive eu égard aux autres éléments de la cause *(CS, arrêt n° 31, 23 juin 1964, Temgoua Henri, Tameze Joseph, Zekeng, Naoussi Mathias et Zokou Joseph c. Kenfack Kuatatem André, préc. Voir également CS, arrêt n° 363, 9 janv. 1962, Levet Etienne c. Société des bois africains tropicaux, préc. ; arrêt n° 412, 13 mars 1962, Tankoua Jean c. Compagnie française de l'Afrique occidentale dite CFAO, Répertoire chronologique, préc. ; arrêt n° 31, 23 juin 1964, Temgoua Henri, Tamezé Joseph, Zékeng Joseph, Naoussi Mathias et Zokou Joseph c. Kenfack Kuetatem André, préc. ; arrêt n° 33, 7 mai 1968, Ngouwi Maurice c. Société Camerounaise de crédits automobiles, préc. ; arrêt n° 59, 29 avril 1969, Elamé Ngangué c. Société Satet Cameroun, préc. ; arrêt n° 35, 21 mars 1972, Compagnie commerciale Hollando Africaine c. Salomon Emile, préc. ; arrêt n° 70, 27 juin 1972, Tchineos Evangelos c. Savas Nesgos, préc. ; arrêt n° 3, 30 oct. 1975, Béna Thécard c. Essomba Mani Henri, préc. ; arrêt n° 53, 16 juin 1977, Zébazé Siméon c. SCPM, préc. ; arrêt n° 18/CC, 22 nov. 1984, Mme Djidjou Gisèle c. Djidjou Bernard, RCD n° 30, 1985, pp. 204 et s., rapp. Nzogang D. ; arrêt n° 45/S, 9 déc. 1982, Directeur Socaret c. Tchiliebou Frédéric, préc. ; arrêt n° 94/S, 26 juil. 1984, Brasseries du Cameroun c. Wang Lebé, préc. ; arrêt n° 75/S, 30 avril 1987, Socaret c. Lakoa Etoa Daniel, préc. ; arrêt n° 134/S, 16 sept. 1999, Régie nationale des chemins de fer du Cameroun c. Nkot Paul, préc. ; arrêt n° 39 /S, 07 déc. 2000, Entreprise TP c. Bikoko Koumlin Gabriel, préc. ; CCJA, arrêt n° 056/2016, 21 avril 2016, Dalquier Maurice, Oudart épouse Dalquier Chantal Juliette c. Koudou Dago, http://www.ohada.org).*

- Que l'activité du juge d'instruction relative à l'information judiciaire au sens strict ne saurait conduire à oublier le rôle de l'intéressé en matière de constitution de partie civile. Ici, l'essentiel ne se comprend que lorsqu'on a en toile de fond, entre autres, le souvenir des exigences des articles 157 et suivants du Code de procédure pénale. Le noyau dur de celles-ci révèle tour à tour que la personne s'estimant lésée par un crime ou par un délit peut, en portant plainte, solliciter la réparation du préjudice subi devant le juge d'instruction compétent. La plainte met en mouvement l'action publique, à moins que l'infraction soit contraventionnelle ou qu'elle appartienne à la catégorie de celles dont la poursuite échoit au seul ministère public[250]. Les

le peut » ; « le procès-verbal sera en outre signé par le juge et par le greffier » ; « il sera procédé immédiatement au jugement de l'affaire ou à la première audience utile. »

[250] A toutes fins utiles, la plainte avec constitution de partie civile n'est pas enfermée dans des exigences légales de forme rigides. Cela réservé, on devrait idéalement y retrouver, entre autres :
- Les éléments d'identification de l'acte ;
- La date précédée du lieu de rédaction de la plainte ;
- Le destinataire de l'acte ;
- L'indication de l'objet de l'acte ;
- La formule d'appel ;
- Le bloc représentant le corps du texte, lequel renseigne sur les faits, l'identité, les titres et qualités des personnes concernées, les différentes infractions et qualifications retenues,

suites de l'affaire, pour s'exprimer de la sorte, se présentent et apparaissent à l'article 160 de ce Code. Dès l'instant où la partie civile a acquitté les sommes devant servir à la consignation, le magistrat instructeur de la cause communique la plainte au procureur de la République pour les besoins de son réquisitoire, lequel peut soit tendre à l'irrecevabilité de la constitution de partie civile, soit s'orienter vers l'ouverture d'une information judiciaire contre l'auteur de l'infraction à l'origine du dommage souffert. Si par extraordinaire le juge d'instruction saisi n'est pas territorialement compétent, l'obligation lui incombe non seulement de rendre après le réquisitoire du parquet une ordonnance d'incompétence, mais aussi de renvoyer l'auteur de la plainte à mieux se pourvoir *(CS, arrêt n° 171, 6 juil. 1968, Procureur général près la Cour d'appel de Douala c. Nouadjie Guiffo et Kengne Joseph, Répertoire chronologique de la jurisprudence de la Cour suprême, Droit pénal, tome 1, 1960-1980, préc., p. 476 ; arrêt n° 94, 12 mars 1963, Leumani François et Malam Idrissou c. Ministère public, Dame Ngando Wilis, veuve Ekollo, Dame Eméné Olga Ekollo, Dame Nsasso Francisca et Ekollo Alexandre, Répertoire chronologique de la jurisprudence de la Cour suprême, Droit pénal, tome 1, 1960-1980, préc., pp. 695-696 ; arrêt n° 127, 30 avril 1963, Njoya Emmanuel et Lassok Robert c. Tayou Isaac, Répertoire chronologique de la jurisprudence de la Cour suprême, Droit pénal, tome 1, 1960-1980, préc., p. 696 ; arrêt n° 56, 14 janv. 1964, Etjéké Antoine c. Ministère public et Ebah Jean Colbert, Répertoire chronologique de la jurisprudence de la Cour suprême, Droit pénal, tome 1, 1960-1980, préc., pp. 696-697 ; arrêt n° 153, 7 juil. 1964, Procureur général près la Cour d'appel de Yaoundé et Banque camerounaise de développement c. Djella Ebah Albert, préc., préc., 697-698 ; arrêt n° 76, 25 fév. 1964, Procureur général près la Cour d'appel de Douala c. Njengué Hélène et Etombi Marie, Répertoire chronologique de la jurisprudence de la Cour suprême, tome 1, Droit pénal, préc., pp. 382 et s. ; arrêt n° 6, 12 oct. 1978, Foé Ngono Odile et Etoundi François c. Ministère public, Répertoire chronologique de la jurisprudence de la Cour suprême, tome 1, Droit pénal, préc., p. 628 ; TCS, arrêt n° 002/CRIM/TCS, 31 janv. 2013, Ministère public et Etat du Cameroun-Cameroon Civil Aviation Authority c. Ntongo Onguéné Roger et Fotso Yves Michel, inédit ; TGI Mfoundi, jugt. n° 93/CRIM, 28 nov. 2003, Ministère public et Etat du Cameroun-Ministère des postes et des télécommunications c. Mounchipou Seydou et 21 autres coaccusés, inédit ; TCS, arrêt n° 002/CRIM/TCS, 30 janv. 2017, Ministère public et Etat du Cameroun-Ministère des finances c. Ntonga Ato, Kouo René, Onana Abanda Gallus, inédit ; arrêt n° 005/CRIM/TCS, 16 mars 2016, Ministère public et Etat du Cameroun-*

---

l'indication formelle de la constitution de partie civile et l'estimation en argent du préjudice subi, une référence à la consignation exigée ;
- Une formule de sortie ou finale, laquelle exprime des sentiments en lien avec les diligences escomptées ;
- La signature de l'auteur de l'acte ;
- La mention des pièces jointes en tant que de besoin.

Ministère des finances c. Amougou Zé Lucien, inédit ; arrêt n° 019/CRIM/TCS, 22 juin 2016, Ministère public c. Atangana Mebara Jean-Marie et Mendouga Jerôme, préc. ; arrêt n° 027/CRIM/TCS, 03 sept. 2015, Ministère public et Etat du Cameroun-Société de développement du coton du Cameroun c. Iya Mohammed, Fotso Lucien Minlend Jérôme et autres, inédit). On l'aura compris : le ministère public a ici un rôle à ne pas négliger.

Paragraphe 2. Les magistrats du parquet

Le parquet (« Legal Department ») regroupe la catégorie dite de la « magistrature debout ». A l'origine de cette appellation se trouve l'attitude consistant à se lever au moment de prendre la parole à l'audience. L'histoire enseigne à ce sujet que le procureur fut naguère un avocat auquel le roi confiait la charge de défendre ses intérêts devant les tribunaux. Lorsque sa mission se transforma ultérieurement en office et que celui-ci rejoignit le corps judiciaire, la posture consistant à se tenir debout pour exprimer ses vues ne disparut pas. Au contraire, elle se consolida au fil du temps[251]. A l'examen, un *a priori* parlant côtoie un *a posteriori* qui, en quelque sorte, est dormant.

A. Ce qui *a priori* est dévoilé à leur sujet

Les magistrats du ministère public ont de nos jours des missions particulières. Leur rôle est, non point de juger en tant que tel afin de départager des adversaires ou mettre un terme à un litige, mais de veiller, au nom de l'Etat, à l'application de la loi et des règlements, au respect de l'ordre public et à la préservation de la paix sociale, à la défense des intérêts de la société, notamment de ses valeurs fondatrices[252]. Il se comprend du

---

[251] Sur les origines du ministère public, Cf. PERROT R., *Institutions judiciaires*, Montchrestien, Paris, 2002, p. 390, n° 499. Voir aussi CARBASSE J.M. (dir.), *Histoire du parquet*, PUF, Paris, pp. 6 et s. ; GUINCHARD S., VARINARD A., DEBARD T., *Institutions juridictionnelles, op cit.*, pp. 1090 et s., n°s 922 et s.

[252] Voir, en ce sens, l'article 29 de la loi n° 2006-015 du 29 décembre 2006 portant organisation judiciaire. Voir également ANOUKAHA F., « Le procureur de la République, « janus » de la magistrature Camerounaise », *Juridis Info* n° 22, 1995, pp. 78 et s. ; AZANGUE NGOUAJIO J., « La dualité de la fonction du ministère public dans le procès pénal », in *Le parquetier*, Nounamo Kemogne Donald et Wakap Chongang Brice (dir.), Editions Lupeppo, Yaoundé, 2022, pp. 161 et s. ; FONKWE FONGANG J., EWARE A., op cit., pp. 24 et s. ; NGOS NKENG P.C., « Le ministère public et la défense des intérêts des parties au procès pénal », Mémoire, Master professionnel, option droit et pratiques juridiques et judiciaires, Yaoundé 2, 2020, pp. 41 et s. ; MARIN J.-C., « Le statut du magistrat du parquet », in *DESCAMPS O., (dir.), Le statut du magistrat*, Editions Panthéon-Assas, Paris, 2020, pp. 187 et s. ; NOUNAMO KEMOGNE D., « Les réquisitions du ministère public dans le contentieux répressif de la propriété intellectuelle : entre utilité certaine et consécration perfectible », in *Le parquetier*, op cit., pp. 23 et s. ; NTAH A MATSAH H.M.M., *Le ministère public dans le contentieux administratif au Cameroun : contribution à l'étude des organes de la juridiction administrative camerounaise*, Thèse, Université de Yaoundé 2,

coup que ces deniers s'investissent quotidiennement à requérir la justice auprès des juridictions, en particulier de celle qualifiées de répressives. L'activité visée passe notamment par la mise en mouvement et l'exercice de l'action publique qui aboutit, lorsque cela est nécessaire, au prononcé d'une peine ou d'une mesure de sûreté contre celui auquel est imputée la commission d'une infraction ; elle ne se conçoit guère sans le pouvoir de rechercher les auteurs de comportements infractionnels ne s'étant pas présentés spontanément à la justice ; elle passe parfois par des dénonciations y compris auprès de l'autorité administrative alors tenue de saisir le parquet pour les diligences utiles[253] ; elle suppose, dans nombre de circonstances, l'organisation du constat de la commission d'une infraction[254]. Il se comprend à coup sûr aussi que le procureur général près la Cour d'appel et son homologue de la Cour suprême aient le pouvoir de déférer à la haute juridiction tout acte juridictionnel ayant violé la loi au sens large ou n'ayant essuyé aucun recours dans les formes et délais légaux[255]. Il se comprend, dans une certaine mesure, que les membres du ministère public aient le pouvoir et le devoir de faire obstacle à ce que des personnes poursuivies quittent le territoire national, par exemple en s'opposant à la délivrance des passeports à celles-ci ou en sollicitant le retrait de ce document indispensable lors des déplacements à l'étranger[256]. Il se comprend également que l'on considère que le soin leur revient de garantir l'exécution des ordres et décisions judiciaires d'arrestation ou de

---

2010, pp. 6 et s. ; MPINDA F.A., *Le procureur de la République au Cameroun*, PUA, Yaoundé, 2016, pp. 73 et s. ; PAGEARD R., « Le ministère public et le droit coutumier », *RJPIC*, 1974, tome 28, n° 2, pp. 339 et s. ; RASSAT M.-L., *Le ministère public, entre son passé et son avenir*, LGDJ, Paris, 1967 ; TACHAGO YOUMSSI N.D., *Le ministère public et les voies d'exécution en droit OHADA*, L'Harmattan-Cameroun, Paris, 2018, pp. 12 et s. ; TCHOUAMBIA TOMTOM, L.J.B., « La poursuite des infractions pénales OHADA devant les juridictions d'instances camerounaises : où est passé le ministère public ? », *Revue de l'ERSUMA*, n° 4, sept. 2014, pp. 32 et s. ; TCHAKOUA (Jean-Marie), « La considération de l'intérêt social et de la paix publique en matière de poursuite : conjectures autour de l'article 64 du Code de procédure pénale », in *Les tendances de la nouvelle procédure pénale camerounaise*, Vol. 1, PUA, 2007, pp. 81 et s.

[253] Voir notamment l'article 135, Code de procédure pénale.

[254] En ce sens, voir notamment les articles 59 et 60 du Code de procédure pénale. Lire AZANGUE NGOUAJIO J., « La dualité de la fonction du ministère public dans le procès pénal », op cit., p. 166 ; NDJOUVO C. epse HAPI, « Le parquetier sur les sentiers des constatations », in *Le parquetier*, Nounamo Kemogne Donald et Wakap Chongang Brice (dir.), op cit., pp. 115 et s.

[255] En ce sens, voir notamment l'article 533 du Code de procédure pénale. Lire NENZEKO KAGHO C.J., *Le pourvoi devant la Cour suprême du Cameroun statuant en matière civile*, thèse, Yaoundé 2, 2020, pp. 219, n° 334 ; NTAH A MATSAH H.M.M., op. cit., p. 14.

[256] En ce sens, lire notamment le décret n° 2021/347 du 17 juin 2021 fixant les conditions d'établissement des passeports. Celui-ci prescrit entre autres :

- A l'article 7, que le passeport est refusé « *à l'initiative du ministère public, en cas de poursuites judiciaires pour crime ou délit* » ;
- A l'article 8, que le passeport peut être retiré à son détenteur si l'intéressé se trouve dans l'un des cas énoncés à l'article 7 ;
- A l'article 9, que la décision de refus ou de retrait du passeport est obligatoirement motivée et est exécutée « selon le cas » soit par le délégué général à la sûreté nationale, soit par le ministre en charge des relations extérieures.

détention et plus simplement des décisions de justice (y compris de celles ayant condamné au paiement d'amendes ou aux restitutions de biens)[257]. Il se comprend enfin, à rebours, que le rôle du ministère public n'est pas d'agir en justice au nom et pour le compte de l'Etat ou de ses excroissances, encore moins d'assurer la défense de leurs intérêt en tant que sujets de droit dans le cadre d'une affaire dont la justice a été saisie ; si le besoin s'impose de s'adresser aux juridictions ou de préserver leurs intérêts devant celles-ci, le soin leur revient éventuellement, comme c'est le cas s'agissant des autres sujets de droit, d'avoir recours à des avocats *(sur l'ensemble, voir not. CS, arrêt n° 138, 07 mai 1968, Ebigde c. Ministère public et Menyeng Edzoa Pierre, Répertoire chronologique de la jurisprudence de la Cour suprême, Droit pénal, tome 1, 1960-1980, préc., pp. 88-89, préc. ; arrêt n° 127, 1er juin 1965, Procureur général près la Cour d'appel de Douala et Procureur général près la Cour suprême, Répertoire chronologique de la jurisprudence de la Cour suprême, Droit pénal, tome 1, 1960-1980, préc., pp. 606-607 ; arrêt n° 203, 29 juil. 1969, Procureur général près la Cour d'appel de Yaoundé c. Dongmo Jean et Pelengou Lydie et autres, Répertoire chronologique de la jurisprudence de la Cour suprême, Droit pénal, tome 1, 1960-1980, préc., p. 723 ; arrêt n° 61, 25 nov. 1969, Procureur général près la Cour d'appel de Yaoundé c. Ambomo Mendez et Me Dzogo Mendzana Rigo, Répertoire chronologique de la jurisprudence de la Cour suprême, Droit pénal, tome 1, 1960-1980, préc., p. 726 ; arrêt n° 25, 17 déc. 1963, Procureur général près la Cour suprême c. Eloka Ndabo et Ndoumbé Sophie, Répertoire chronologique de la jurisprudence de la Cour suprême, Droit traditionnel, 1960-1980, tome 2 préc., pp. 329-330 ; arrêt n° 162, 14 avril 1970, Procureur général près la Cour suprême*

---

[257] La règle est effectivement formulée :
- A l'article 29 de la loi d'organisation judiciaire, que le ministère public ou parquet veille à l'exécution des décisions de justice ;
- A l'article 545 (2) du Code de procédure pénale, que « *Les ordres et décisions judiciaires d'arrestation, de détention ou de mise en liberté sont immédiatement exécutoires, à la diligence du parquet qui les transmet directement aux autorités chargées de leur exécution* ». La formule ne doit pas induire en erreur car le même article ajoute, s'agissant des décisions devenues irrévocables, que l'exécution est poursuivie, chacun en ce qui le concerne, par le parquet et les parties.
Reste à garder à l'esprit que nombre d'autres prévisions du Code de procédure pénale dévoilent la profondeur de la mission confiée au ministère public s'agissant de l'exécution des décisions judiciaires. En bonne place se trouvent celles qui traitent de la contrainte par corps. Laissée à la diligence du parquet d'après les termes de l'article 557 dudit code, celle-ci vise à obliger le condamné à exécuter des condamnations pécuniaires ou à effectuer les restitutions ordonnées par une juridiction répressive. Par ailleurs, la mesure consiste en une incarcération à l'occasion de laquelle le débiteur est astreint au travail. La durée de l'incarcération que provoque le magistrat du parquet varie de 20 jours à 5 ans selon que le montant de l'amende ou des frais de justice à recouvrer soit compris entre 10 000 francs et 5 000 000 de francs. En matière de dommages-intérêts, ces durées se réduisent à la moitié de ce qui est prescrit s'agissant du recouvrement des amendes et des frais de justice. Seules peuvent échapper à la contrainte par corps les personnes âgées de moins de 18 ans ou de plus de 60 ans au moment où l'exécution est envisagée, ainsi que les femmes enceintes.
Reste à garder à l'esprit que nombre d'autres prévisions du Code pénal donnent d'avantage d'épaisseur à la mission consistant à garantir l'exécution des décisions de justice. On songe à l'article 181-1.

c. Abomo Catherine, Répertoire chronologique de la jurisprudence de la Cour suprême, tome 1, 1960-1980, préc., pp. 728-729 ; CSY, arrêt n°108-P, 24 nov. 1977, Sieur Ngatcha Noé c. Ministère public, Ngassa Nicodème, Fonga Marcel et autres, RCD n°s 15 et 16, 1978, pp. 68 et s. ; CS, arrêt n° 153/S, 21 sept. 1995, Procureur général près la Cour suprême et Pondi Christian c. Société Cameroon Airlines, Répertoire chronologique de la jurisprudence de la Cour suprême, Droit social, tome 3, préc., p. 1017 ; arrêt n° 343/P, 14 août 1980, Commissaire du gouvernement près le tribunal militaire de Buéa c. Arun Sabina Oru, Eta Ekun Antony, Répertoire chronologique de la jurisprudence de la Cour suprême, tome 1, Droit pénal, préc., pp. 1210-1211 ; arrêt n° 414/P, 16 sept. 1982, Procureur général près la Cour suprême c. Halima Mahamat, Répertoire chronologique de la jurisprudence de la Cour suprême, tome 1, Droit pénal, préc., pp. 1213 et s. ; arrêt n° 184/P, 22 mai 1986, Procureur général près la Cour d'appel de Bamenda c. Joseph Dim, Répertoire chronologique de la jurisprudence de la Cour suprême, tome 1, Droit pénal, préc., p. 1217 ; arrêt n° 170/P, 24 août 1989, Procureur général près la Cour d'appel de Douala c. Nguewo Bernard, Répertoire chronologique de la jurisprudence de la Cour suprême, tome 2, Droit pénal, pp. 1219-1220 ; arrêt n° 343/P, 14 août 1980, Commissaire du gouvernement près le tribunal militaire de Buéa c. Arun Sabina Oru, Eta Ekun Antony, Répertoire chronologique de la jurisprudence de la Cour suprême, tome 1, Droit pénal, préc. ; arrêt n° 3/P, 02 oct. 1980, Kono Thomas, Pebga Samuel alias Bekono Michel alias Oumakoum dit Pep Marciais c. Ministère public et Ndonfack Victor, Répertoire chronologique de la jurisprudence de la Cour suprême, tome 1, Droit pénal, préc., pp. 775 et s. ; arrêt n° 414/P, 16 sept. 1982, Procureur général près la Cour suprême c. Halima Mahamat, Répertoire chronologique de la jurisprudence de la Cour suprême, tome 1, Droit pénal, préc. ; High courtof Fako, Buea, 13th sept. 2012, Suit n° HCF/022C/2011, The people of Cameroon vs. Ashu Tandu Daniel, inédit ; High court of Fako, Buea, 10th dec. 2012, Suit n° HCF/PI/097/2011, The people of Cameroon vs. Tambe Alain Abia and Justus Wengang, préc.).

Les attributions du ministère public ci-dessus suffisent-elles à révéler intégralement les spécificités de celui-ci ?

L'hésitation est permise. Effectivement, celles-ci ne mettent pas spontanément en brillance la caractéristique du parquet d'être indivisible. En conséquence de cela, chacun de ses membres est censé représenter l'ensemble du ministère public ; chacun devrait pouvoir, dans certaines circonstances, prendre des décisions qui engageront le parquet tout entier ; chacun doit pouvoir remplacer son collègue, y compris dans le cadre de la même affaire[258]. Le justiciable n'a donc pas à être surpris, lorsque l'audience a été renvoyée, de retrouver au banc du ministère public des figures différentes de celles rencontrées lors d'assises passées. Tel est en tout cas le point de vue exprimé par la Cour suprême du Cameroun, dans un arrêt en

[258] Voir notamment l'article 127 (1), Code de procédure pénale.

date du 19 novembre 1999. Effectivement, dans cette décision de rejet, l'auguste juridiction résout : « *Attendu que l'indication par un jugement ou un arrêt de la présence d'un magistrat du parquet à l'audience au cours de laquelle la décision est intervenue suffit à conférer sur ce point sa régularité à ladite décision, peu importe que le nom du magistrat n'y soit pas mentionné, les magistrats du parquet étant indivisibles et ne participant pas à la formation du jugement ou de l'arrêt...* » *(CS, arrêt n° 20/P, 18 nov. 1999, Njilakagnan Ngoumcheme c. Ministère public, Menchamo Abdoulaye et autres, Répertoire chronologique, Droit pénal, tome 1, 1980-2000, pp. 214-215. L'arrêt est également reproduit, partiellement, par DZEUKOU G.B., Code de procédure pénale, préc., p. 77 ; CASWR, Ashukem Napoleon c. Ministère public, SRL 2014, vol. 2, pp. 55 et s., cité par FONKWE FONGANG J., EWARE A., Pratique de la procédure pénale au Cameroun, Editions Veritas, Douala, 2020, pp. 24 et s.*). Opportune, l'exigence ne doit cependant pas tromper quant à ce qu'il convient de regarder comme la compétence territoriale du parquet. L'article 140 du Code de procédure pénale est, ici, d'une grande utilité. La règle y est inscrite que le procureur de la République compétent est forcément soit celui du lieu de commission de l'infraction, soit celui du lieu du domicile du suspect, soit celui du lieu d'arrestation de celui-ci. Au cas de saisine concurrentielle de ces magistrats, la priorité revient au procureur de la République du lieu de commission de l'infraction.

De même, celles-ci ne révèlent pas non plus que le parquet a la caractéristique majeure d'être fortement hiérarchisé[259]. C'est donc sans surprise qu'on lit à l'article 3 du décret n° 95/048 du 8 mars 1995 portant statut de la magistrature que ceux qui y sont rattachés relèvent administrativement de la seule autorité du ministre de la justice[260]. C'est

---

[259] Le scénario est draconien lorsque la justice militaire est en cause et que l'affaire est « signalée ». Telle est l'impression qui se dégage des Directives du Ministre délégué à la présidence chargé de la défense (en date du 21 juillet 2017) relatives à l'application de l'article 13 alinéas 2 et 3 de la loi portant Code de justice militaire. L'exigence est affirmée, s'agissant des « affaires signalées » dont la liste est dressée, que le commissaire du gouvernement est obligé d'en référer au ministre chargé de la justice militaire et de lui « rendre compte » à celui-ci. Au-delà, il y est relevé :

- Que la mise en mouvement de l'action publique est subordonnée à la production et à la transmission préalable au ministre en charge de la justice militaire, d'un rapport sur les faits, l'identité des suspects, leur situation carcérale, les noms des victimes et les infractions susceptibles d'être retenues ;
- Que le commissaire du gouvernement n'engagera les poursuites qu'après l'approbation du projet par le ministre chargé de la justice militaire ;
- Que le chef de parquet devra constamment rendre compte du déroulement des audiences dans les affaires les plus sensibles, et tenir au ministre chargé de la justice militaire ses projets de réquisitions dans lesdites affaires ;
- Que toute demande de mise en liberté d'une personne sous main de justice sera portée à la connaissance du ministre en charge de la justice militaire et, surtout, que le commissaire du gouvernement devra « *se conformer, dans ses réquisitions, aux instructions reçues* » ...

[260] A la suite de cette prévision, l'article 30-1 de la loi d'organisation judiciaire prescrit nettement que chaque parquet général de cour d'appel est « *dirigé par un procureur général qui relève directement du ministre chargé de la justice* ».

sans surprise également qu'on découvre, sous la même disposition, que les concernés lui sont hiérarchiquement subordonnés et que lorsque des instructions ont été données, l'exercice à l'audience de leur liberté de parole suppose que ceux-ci aient préalablement, et en temps utile, informé leur chef direct de l'intention de s'écarter des orientations exprimées ou, si l'on préfère, des instructions reçues[261]. C'est sans surprise que l'on apprend, à l'article 127 (7) du Code de procédure pénale et à son pendant, l'article 30 de la loi du 29 décembre 2006 portant organisation judiciaire[262] que les magistrats du parquet général de la Cour suprême ou de la Cour d'appel, du parquet du tribunal de grande instance ou du tribunal de première instance exercent sous le contrôle, la direction et la responsabilité de leurs chefs que sont le procureur général près la Cour suprême, le procureur général près une Cour d'appel, le procureur de la République[263] *(sur l'ensemble, voir not.*

---

[261] Article 3 (3), décret du 8 mars 1995.

[262] A regarder de près, l'article 30 de la loi n° 2006/015 du 29 décembre 2006 portant organisation judiciaire est très précis à propos de la logique hiérarchique, mais a un spectre réduit. Ses termes sont très peu équivoques. Leur noyau dur voudrait qu'« *il existe auprès de chaque Cour d'appel un parquet général dirigé par un procureur général qui relève directement du ministre chargé de la justice* » ; qu'« *il existe auprès de chaque tribunal de première ou de grande instance un parquet dirigé par un procureur de la République directement subordonné au procureur général près la Cour d'appel du ressort.* »

[263] Dans le prolongement de cette logique hiérarchique, le statut de la magistrature esquisse à ses articles 7, 27 et 28, une hiérarchie du corps des magistrats, laquelle encadre les nominations dans les parquets et parquets généraux. Au sommet du corps se trouvent les magistrats de la hors hiérarchie au premier groupe, lesquels auront passé au moins six années dans la hors hiérarchie au deuxième groupe. La hors hiérarchie a d'ailleurs une marque déposée exposée aux articles 27 et 29 du statut de la magistrature. En substance, elle voudrait, d'une part qu'aucun magistrat ne puisse y accéder sans une nomination à un emploi correspondant au groupe ou au grade auquel il est promu ; d'autre part, que l'élévation ici ou la promotion de groupe à l'intérieur de celle-ci s'opère sans inscription préalable à un tableau d'avancement ; ce qui revient à dire que l'avancement ici s'opère au choix, à la suite des propositions que le Garde des sceaux adresse au président de la République. Toujours est-il que sous la hors hiérarchie, on retrouve le magistrat du quatrième grade, lequel doit forcément avoir passé au moins six années révolues au troisième grade. Le troisième grade lui-même réservé à ceux qui, au premier juillet de chaque année, auront passé six années révolues au deuxième grade. A la base, enfin, se trouve le premier grade où l'on passe au moins six années complètes avant de songer à une inscription au tableau d'avancement au grade immédiatement supérieur (article 29 et 30 du statut).
Trois précisions ultimes s'imposent. La première d'entre elles c'est que l'activité et la valeur du magistrat sont appréciées chaque année, avant le premier mars. L'évaluation et l'avis y relatif sont exclusifs de toute note chiffrée. « *En même temps que son appréciation générale, l'autorité compétente peut proposer tout magistrat qu'elle est habilitée à noter et qui justifie de l'ancienneté requise soit à une promotion de grade, soit (…) à un emploi du premier grade* » (article 26 (4)). La deuxième mise au point c'est que l'article 7 (3) décide que le rang des magistrats d'un même groupe ou grade est déterminé « *exclusivement par l'ordre chronologique de la première nomination audit groupe ou grade* » ; en cas d'égalité d'ancienneté dans un groupe ou au sein d'un grade, l'ordre est fixé par le « privilège de l'âge ». La troisième précision a deux détentes. L'une de celles-ci consiste à révéler que tandis que le tableau d'avancement au siège est dressé par le conseil supérieur de la magistrature, le tableau d'avancement des magistrats du parquet est établi par la commission de classement. L'autre est consignée à l'article 42 du statut de la magistrature qui prévoit que « *Le nombre de magistrats susceptible d'être inscrits aux tableaux d'avancement pour chaque grade est fixé par arrêté du ministre de la justice, Garde des sceaux, dans la limite des crédits disponibles et compte tenu des besoins prévisibles* ».

CS, arrêt n° 7, 17 oct. 1967, Warton Henri et Orvis Nelson contre Ministère public, Dieudonné et autres, Répertoire chronologique de la jurisprudence de la Cour suprême, tome 1, Droit pénal, préc., p. 88[264] *; arrêt n° 41, 19 nov. 1968, Ricault Denis-Marcel c. Ministère public, Répertoire chronologique de la jurisprudence de la Cour suprême, tome 1, Droit pénal, préc., p. 91 ; arrêt n° 2/A, 26 déc. 1996, Atangana Marga Adalbert c. Etat du Cameroun-Ministère de la justice, Répertoire chronologique de la jurisprudence de la Cour suprême, tome 5, Droit administratif, 1980-2000, préc., pp. 263 et s. ; TCS, arrêt n° 002/CRIM/TCS, 31 janv. 2013, Ministère public et Etat du Cameroun-Cameroon Civil Aviation Authority c. Ntongo Onguéné Roger et Fotso Yves Michel, inédit ; arrêt n° 026/CRIM/TCS, 19 sept. 2003, Ministère public et Etat du Cameroun-Ministère de l'éducation de basec. Haman Adama née Halimatou Kangué Maondé, Baoro née Azo'o Nkoulou Christine, Malonga Isoa née Nnoukou Annick Joëlle et autres, inédit ; arrêt n° 008/CRIM/TCS, 24 mars 2014, Ministère public et Etat du Cameroun-Ministère des finances c. Yesse Meyanga Hervé Bertrand ; CS, arrêt n° 112/P, 14 mai 1998, cité par DZEUKOU Guy Blaise, Code de procédure pénale, préc. p. 288*[265]*).*

A dire vrai, et contrairement à ce qu'une lecture au premier degré de ces extraits pris au hasard peut inciter à penser, l'organisation du ministère public est pyramidale. Près les tribunaux de première et de grande instance, le procureur de la République a vocation naturelle à laisser des instructions aux substituts, membres du parquet exerçant dans le ressort de la juridiction de son rattachement. Le parquet des juridictions d'instance est soumis au procureur général près la Cour d'appel[266], lequel est hiérarchiquement subordonné, au même titre que le procureur général près la Cour suprême (n'en déplaise à quelques-uns), au ministre de la justice[267].

---

[264] L'arrêt rappelle, entre autres et à juste titre, qu'« il *est interdit aux magistrats d'exercer un pouvoir de contrôle ou de direction sur leurs collègues plus élevés dans la hiérarchie judiciaire ».*

[265] La Cour relève avec force : « *Attendu qu'il ressort du dossier que le tribunal de première instance a été saisi de l'affaire dont s'agit par citation directe (...) de Madame Esther T (...) M (...), avocat général près la Cour d'appel ;*

Attendu cependant que cette qualité ne lui confère aucune autorité sur les magistrats du siège des tribunaux dudit ressort judiciaire qui dans leurs fonctions juridictionnelles ne que de la loi et de leur conscience et partant, sont indépendants des magistrats du parquet ;

Attendu que cette indépendance doublée du principe de la séparation des fonctions fait échec à la subordination hiérarchique redoutée ;

Attendu par ailleurs que les relations professionnelles que le recourant excipe ne sont pas spécifiées et ne comportent aucun caractère de singularité de nature à justifier la suspicion formulée ;

Attendu qu'il résulte de tout ce qui ne précède que la demande de T... Séverin n'est pas fondée et doit par conséquent être rejetée... ».

[266] Article 30-1 de la loi d'organisation judiciaire déjà cité à maintes reprises. A la suite de celui-ci, l'article 134 du Code de procédure pénale mentionne que le procureur général près la cour d'appel peut « *prescrire aux magistrats du ministère public de son ressort d'enquêter sur les infractions dont il a connaissance, de procéder à un classement sans suite ou d'engager des poursuites ».*

[267] Etant soumis au pouvoir exécutif, il va de soi que les magistrats du parquet ne sont pas totalement indépendants. On comprend alors pourquoi il est parfois argué que la règle de l'inamovibilité ne les concerne pas. On comprend sans doute aussi pourquoi quelques-uns estiment que l'exigence énoncée heurte de front l'indépendance de la magistrature, laquelle est

Dans une large mesure, cette construction dévoile la pertinence de la formule qui voudrait que les magistrats du parquet soient placés sous la direction et le contrôle de leurs chefs hiérarchiques, puis sous l'autorité du Garde des sceaux, ministre de la justice *(CS, arrêt n° 7, 17 oct. 1967, Warton Henri et Orvis Nelson contre Ministère public, Dieudonné et autres, Répertoire chronologique de la jurisprudence de la Cour suprême, tome 1, Droit pénal, préc. ; arrêt n° 41, 19 nov. 1968, Ricault Denis-Marcel c. Ministère public, Dieudonné et autres, Répertoire chronologique de la jurisprudence de la Cour suprême, tome 1, Droit pénal, préc.).* Surtout, la construction met en évidence un élément capital : le procureur général près la Cour suprême est incontestablement le chef du parquet de la haute juridiction. Il n'a en revanche aucune autorité sur les procureurs généraux près les cours d'appel qui, comme lui, dépendent directement du ministre de la justice[268]. Il n'a pas non plus d'autorité sur les procureurs de la République des juridictions d'instance qui, eux, sont subordonnés au procureur général près la Cour d'appel du ressort de leur juridiction, lequel à son tour *« relève directement du ministre chargé de la justice »*[269].

Pareillement, l'exposé en bloc des attributions du ministère public ne découvre pas spontanément l'obligation de rendre compte ou de « remonter l'information » qui pèse sur ses membres représentatifs. On sait que les procureurs de la République sont tenus de faire un rapport relatif aux activités de leur parquet au procureur général près la Cour d'appel ; que le procureur général près la Cour d'appel ou le procureur général de la Cour suprême doivent eux-mêmes rendre compte au ministre de la justice. A l'inverse, on perd de vue qu'une vieille circulaire du 11 juin 1962, signée de la main du Garde des sceaux, y est entièrement consacrée. Elle indique que les procureurs « renseignent » leurs supérieurs. Elle révèle que des comptes-

affirmée par les textes supérieurs dans la hiérarchie des normes. Sur ce point particulier, l'actualité annonce, en France, que le Conseil constitutionnel a récemment été invité à se prononcer sur cette « question prioritaire de constitutionnalité », à la requête de l'Union syndicale des magistrats. C'est assez dire que la décision de l'auguste juridiction est attendue. C'est assez dire qu'il n'est pas surprenant que l'indépendance du parquet soit désormais souhaitée par les uns et les autres.

[268] Le Code de procédure pénale prévoit en effet, à son article 127-7, que « *Les magistrats du parquet général de la Cour suprême, du parquet général d'une Cour d'appel, du parquet d'un tribunal de grande instance et du parquet d'un tribunal de première instance exercent sous le contrôle, la direction et la responsabilité du chef de chaque parquet les attributions conférées par la loi au procureur général près la Cour suprême, au procureur général près une Cour d'appel et au procureur de la République* ».

[269] Sur ces questions, voir GUINCHARD S., VARINARD A., DEBARD T., op cit., pp. 1102 et s., n°s 933 et s. ; NENZEKO KAGHO C.J., op cit., pp. 218 et s., n° 334 et s. ; NTAH A MATSAH H.M.M., op. cit., pp. 37 et s. Voir également AZANGUE NGOUAJIO J., « La dualité de la fonction du ministère public dans le procès pénal », in *Le parquetier*, préc., p. 166 ; BOTTON A., « Les magistrats du parquet, des subordonnés indépendants et des parties impartiales », *RSC* 2021, pp. 887 et s. ; FONKWE FONGANG J., EWARE A., op cit., pp. 17 et s. ; GRAVELIN RODRIGUEZ A., VADILLO F., « Les remontées d'informations, un révélateur d'une justice aux ordres ? », *LexisNexis – Droit pénal*, n° 9, Septembre 2021, pp. 6 et s. ; MARIN J.-C., « Le statut du magistrat du parquet », in *Le statut du magistrat*, préc., pp. 187 et s. ; TACHAGO YOUMSSI N.D., *Le ministère public et les voies d'exécution en droit OHADA*, op cit., pp. 92 et s.

rendus sont adressés au ministre par les procureurs généraux « *soit par lettre, soit par télégramme selon l'urgence et même verbalement ou téléphoniquement* ». Elle retient qu'« *en cas de très exceptionnelles urgence et gravité, les magistrats d'instance sont autorisés à en référer directement au ministère sous la condition d'en avertir en même temps leur parquet général* » ; ce qui signifie que le procureur ou le procureur général peut alors n'être renseigné que tardivement. Elle dresse une liste non exhaustive des affaires devant donner lieu à des comptes rendus, à des rapports périodiques et circonstanciés concernant leur déroulement. Y sont ouvertement visées et qualifiées "affaires signalées" dans le jargon judiciaire, les causes relatives à la sûreté de l'Etat et à la répression des activités subversives ; celles où sont en cause les parlementaires, anciens parlementaires, maires, chefs coutumiers ; celles concernant les expatriés. Y sont également visées les affaires impliquant les gouverneurs, préfets, sous-préfets et d'une façon générale les hauts fonctionnaires ; les différends où sont impliqués des magistrats ou des auxiliaires de justice. Y sont encore indexés les différends qui, bien que relevant du droit commun, présentent un caractère d'extrême gravité à l'exemple de rixes entre groupes de races, de tribus, de confessions religieuses différents[270].

---

[270] La directive n° 1736/DIR/MINDEF/01 du 21 juillet 2017 du ministre délégué à la présidence chargé de la défense pour l'application de l'article 13 alinéa 2 et 3 de la loi n° 2017/012 du 12 juillet 2017 portant Code de justice militaire doit, à cet égard, être présentée. Son contenu révèle que dans la mise en application de l'article 13 alinéa 2 et 3 de la loi n° 2017/012 du 12 juillet 2017 portant Code de justice militaire, le ministre délégué à la présidence chargé de la défense détermine à l'intention des magistrats du parquet, la portée des affaires dites signalées. Leur spécificité c'est qu'elles rentrent dans la catégorie des procédures judiciaires dont l'importance, la sensibilité et la portée suscitent une attention particulière de la hiérarchie qui, de ce fait, doit en permanence en être renseignée sur l'évolution. On y retrouve d'office :
« Les crimes de guerre ;
- Les crimes contre l'humanité et le crime de génocide ;
- *Les infractions de piraterie et actes illicites contre la sûreté de la navigation maritime et des plateformes ;*
- *Les infractions relatives aux actes de terrorisme et d'atteinte à la sûreté de l'Etat ;*
- *Les infractions à la législation sur les armes de 1ère, 2ème, 3ème et 4ème catégories ;*
- *Les infractions de toute nature où se trouve impliqué un militaire ou assimilé, perpétrées en temps de guerre ou dans une région soumise à l'état d'urgence ou d'exception ;*
- *Les détournements d'effets militaires ;*
- *Les vols avec port d'armes à feu ;*
- *Les infractions mettant en cause des officiers, les autorités administratives et parlementaires.*
3- Le ministre délégué à la présidence chargé de la défense peut instruire que toute affaire ne rentrant pas dans la catégorie de celles énumérées ci-dessus, mais dont l'importance et la sensibilité méritent d'être signalées, lui soit rapportée avant la mise en mouvement de l'action publique.
4- Le commissaire du gouvernement se fera lui-même le devoir de rendre compte avant mise en mouvement de l'action publique, de toute affaire dont la complexité et la sensibilité mériteront d'être signalées.
5- Dans tous les cas, la mise en mouvement de l'action publique par le commissaire du gouvernement est subordonnée à la production et à la transmission préalable au ministre chargé de la justice militaire, d'un rapport ressortant les faits, les noms des suspects et leur situation carcérale, les noms des victimes et les infractions susceptibles d'être retenues.
Ce rapport sera accompagné du projet d'acte de saisine : réquisitoire à fins d'informer, citation directe, procès-verbal d'interrogatoire au parquet en cas de flagrant délit, ordre de mise en Jugement direct pour les cas de terrorisme.

L'exposé en bloc des attributions du ministère public ne dévoile pas, instantanément, que celui-ci a le bénéfice de l'irresponsabilité[271]. Au fond, cela ne transparaît clairement que lorsqu'on sonde le Code de procédure pénale où il est décidé qu'en cas de non-lieu ou d'acquittement, le ministère public ne saurait être condamné au paiement des frais du procès ou des dommages-intérêts au profit de la personne poursuivie. La solution était difficilement évitable dans un contexte où le parquet a l'opportunité des poursuites et où la tâche lui revient de veiller à l'application de la loi en général et de la loi pénale spécifiquement. Elle n'a cependant rien à voir avec les abus liés à la détention provisoire ou à la garde à vue. Ici, le Code de procédure pénale préconise que toute personne qui en est victime peut, lorsque la procédure débouche sur une décision de non-lieu ou d'acquittement devenue irrévocable, obtenir une indemnité si elle établit qu'un « *préjudicie actuel d'une gravité particulière* » a été subi[272] *(TGI du Wouri, ord. n° 132/PTGI/W/DLA, 12 juin 2013, Wansi Constantin, préc. ; TGI de la Vina à Ngaoundéré, ord. n° 01/HC, 24 janv. 2013, Bouba Mohadadou, préc. ; TGI du Mfoundi, jugt. n° 195/Crim., 26 juin 1998, Ministère public et Maah Hubert c. Bama Jacques et autres, inédit ; TGI du Mfoundi, jugt. n° 176 /Crim., 5 juin 1998, Ministère public et Nkuissi Alexandre c. Eroumé, Moutassié et autres, inédit ; TPI de Nkongsamba, jugt. n° 686/Cor, 26 avril 2006, Ministère public et Njoumé Ngoupa Malachie c. Todou Etienne, Juridis Périodique n° 86, avril-juin 2011, pp. 62 et s., obs. MAKENTSOP WAMBA S. ; CA du Centre, arrêt n° 09/CRIM, 11 mars 2008, Wandji Robert et Djimafo Joseph c. Etoundi Marc, Kam John Brice, Bimoga Louis Legrand et Gredoubai Michel, Juridis Périodique n° 17, avril-juin 2009, pp. 47 et s., obs. KEUBOU Ph. ; TPI d'Abong-Mbang, jugt. n° 182/Cor, 24 fév. 2005, Ministère public et dame Ekouas*

6- Le commissaire du gouvernement n'engagera les poursuites qu'après l'approbation du projet par le ministre chargé de la justice militaire.

De même, toute demande de mise en liberté d'une personne sous-main de justice sera portée à la connaissance du ministre chargé de la justice militaire, et le commissaire du gouvernement devra se conformer, dans ses réquisitions, aux instructions reçues.

7- Toute mise en liberté ordonnée par le magistrat du siège contrairement aux réquisitions du commissaire du gouvernement, devra faire l'objet d'un compte rendu instantané et d'un appel.

8- En plus de l'état trimestriel des affaires en instance, le commissaire du gouvernement adressera mensuellement à Monsieur le ministre chargé de la justice militaire, un état mensuel des affaires dites signalées.

9- Le chef de parquet qui devra constamment rendre compte du déroulement des audiences dans les affaires les plus sensibles, fera parvenir au ministre chargé de la justice militaire ses projets de réquisitions dans lesdites affaires.

10- J'attache du prix au respect des présentes directives et toute difficulté rencontrée dans leur exécution doit être immédiatement portée à la connaissance du ministre chargé de la justice militaire ».

[271] NDJERE E., *Le ministère public ou parquet*, tome 1, PUCAC, Yaoundé, 2009, p. 34 ; NGOS NKENG P.C., « Le ministère public et la défense des intérêts des parties au procès pénal », op cit., pp. 50 et s. ; TACHAGO YOUMSSI N.D., *Le ministère public et les voies d'exécution en droit OHADA*, préc., pp. 91 et s.

[272] Article 236. Lire utilement ASSIRA C., « Privations illégales de libertés : les défis de l'indemnisation des gardes à vue et détentions provisoires abusives », *Juridis Périodique* n° 116, oct.-déc. 2018, pp. 174 et s.

Philiennen c. Mengué Junette et Adjessa Jean Denis, Juridis Périodique n° 62, janv.-mars 2005, pp. 21 et s., obs. OHANDJA ELOUNDOU A.).

Enfin, et surtout, l'exposé en bloc des attributions du ministère public n'offre pas l'occasion de s'apercevoir sans effort que celui-ci n'a pas, sur le plan des principes, à être récusé. Ce flottement est regrettable dans la mesure où l'exigence est essentielle et a ses racines plongées dans un nombre important de textes de procédure. L'expression achevée de celle-ci se retrouve dans le Code de procédure pénale dont l'article 593 retient qu'« *un magistrat du ministère public ne peut être récusé* ». Il est alors étrange que la Cour suprême ait pu trancher comme suit dans l'un de ses arrêts du 15 janvier 1998, inédit : « *Attendu à cet égard qu'il ressort des différentes correspondances annexées à la requête de l'intéressé qu'un climat d'inimitié règne entre sa famille et le parquet mis en cause ; qu'il en est ainsi notamment d'actes de procédure que la mère du recourant, Maître Anne S... faute de pouvoir accéder audit parquet a tenté de les lui faire parvenir par courrier MTS que le procureur de la République a refusé de recevoir ;*

Que par ailleurs, sans avoir inculpé le recourant dans le cadre de l'instruction litigieuse, le même parquet a mis les véhicules de ce dernier sous séquestre par ordonnance dont la régularité n'est pas justifiée s'agissant d'une mesure qui relève des attributions du juge civil au regard des dispositions des articles 1962 et 1963 du Code civil ;

Qu'il est ainsi à craindre que l'instruction dénoncée ne soit pas entourée de garanties d'objectivité et de sérénité nécessaires à la bonne administration de la justice ;

Qu'il s'ensuit que la demande de pourvoi est fondée et qu'il y a lieu d'y faire droit » *(CS, arrêt n° 51/P, 15 janv. 1998, inédit, cité par DZEUKOU G.B., Code de procédure pénale, préc., p. 287).*

Davantage étonnante est la grille de lecture de la cour, exprimée dans un arrêt du 14 mai 1999. La substance en est celle-ci : « *Attendu que le requérant expose ce qui suit : « (...) compte tenu des rapports d'amitié très étroits qui lient ses adversaires au procureur général près la cour d'appel qui ne cesse de leur apporter son ferme soutien et aussi du soutien de l'ancien vice premier ministre qui rejoint celui de Monsieur le Procureur général en faveur des autres, le requérant (condamné) éprouve de sérieux soupçons à l'égard de ces deux personnages quant à leur influence ;*

Que sa conviction est d'ores et déjà acquise que le procureur général qui occupe le banc du ministère public ou dont les réquisitions seront demandées et dont il suspecte la prise de position en faveur des autres ne lui accorde aucune chance ;

Qu'en clair il s'opposera à la mise en liberté provisoire qu'il entend solliciter tout comme il soutiendra la confirmation du jugement entrepris quant au fond » ;

Attendu que les arguments soutenus par le requérant paraissent sérieux, au regard notamment des communications par l'intéressé par voie d'huissier de justice ;

Qu'il est à craindre que l'affaire dont s'agit ne soit pas réglée avec objectivité et sérénité par la Cour d'appel saisie ;

Qu'il y a lieu, pour une bonne administration de la justice, d'assurer le renvoi sollicité… » (CS, arrêt n° 215/P, 14 mai 1999, inédit, préc., cité par DZEUKOU G.B., Code de procédure pénale, préc., pp. 287-288).

Surprenants, ces morceaux choisis peuvent néanmoins se comprendre dans la mesure où les arrêts qui les reproduisent furent rendus avant l'entrée en vigueur du Code de procédure pénale à ce jour en vigueur. Leur mérite est donc d'avoir, même par inversion, découvert une exigence que l'on a tendance à négliger au premier abord.

B. Ce qui *a posteriori* est voilé à leur sujet

A ce stade de l'étude du parquet, des conclusions fortes se dégagent à propos de préoccupations que l'on a tendance à occulter.

La première des conclusions c'est évidemment que, bien que partageant des règles communes, les parquets n'ont pas tous une composition homogène. Celui des tribunaux de première et de grande instance comprend généralement le procureur de la République du ressort de la juridiction et des substituts. Celui du tribunal militaire regroupe le commissaire du gouvernement avec un ou plusieurs substituts, un ou plusieurs greffiers. Au niveau du tribunal criminel spécial, le ministère public rassemble le procureur général, un ou plusieurs avocats généraux, un ou plusieurs substituts généraux. A l'échelle de la Cour d'appel, le ministère public regroupe le procureur général souvent appelé « PG », un ou différents avocats généraux, un ou plusieurs substituts du procureur général, un ou plusieurs attachés[273]. Le parquet semble davantage complexe près le tribunal régional des comptes et près la Cour suprême. Dans le premier cas, celui du tribunal régional des comptes, on y retrouve le procureur général

[273] A propos des avocats généraux, on s'observe que leur rôle essentiel est, lors des audiences, de porter la parole du ministère public et de son chef. Au-delà, et cela est malheureusement occulté, le soin leur revient d'éclairer la cour au sujet des conséquences ou de la portée de la décision qu'elle pourrait rendre. Autant le dire, ils sont en quelque sorte cette vitrine ouverte sur le monde et sur la vie de la cour. Pour ce faire, la nécessité peut être ressentie, toujours avec recul, de consulter discrètement les acteurs publics importants, les magistrats expérimentés au service des plus hautes juridictions voir ceux appelés à faire valoir leurs droits à la retraite, le conseil économique et social, les parlementaires. Rien ne semble même faire obstacle à ce que des études fouillées, crédibles et dignes de foi orientent leur point de vue et donc celui du parquet général. Sur ce point, voir notamment GUINCHARD S., VARINARD A., DEBARD T., op cit., p. 912, n° 778. Voir les références auxquelles renvoient ces auteurs, singulièrement BURGELIN J.F., « Un anticonformisme nécessaire : l'avocat général à la Cour de cassation », in *Mélanges Raymond Martin*, Bruylant-LGDJ, 2004, pp. 3 et s. ; MOLINS F., « Le parquet général de la Cour de cassation », *D. 2020*, 2448.
Quant aux substituts généraux, leur mission est davantage de nature administrative et consiste à assurer le bon fonctionnement interne du parquet. La catégorie des attachés n'est pas des plus précises. C'est que, d'une part, la lecture des textes incline à penser qu'elle regroupe des auditeurs de justice qui n'ont pas subi avec succès le concours de fin de formation à l'ENAM. D'autre part, et assez curieusement, on a parfois l'impression à leur lecture que ceux-ci sont des magistrats dont la formation a pris fin.

près la Cour d'appel du ressort, lequel d'après la loi « peut être assisté d'un ou de plusieurs substituts, magistrats ou cadres de l'administration en service extraordinaire »[274]. Dans le second cas, celui de la Cour suprême, on y retrouve à côté du procureur général, le premier avocat général souvent présenté comme le plus proche ou le premier collaborateur direct du procureur général[275], des avocats généraux qui sont des collaborateurs de second rang dont la matrice de la mission consiste, au nom du « PG », à prendre la parole lors des audiences des chambres de la juridiction afin d'exprimer les vues du parquet général que ce soit dans des causes où celles-ci doivent être exprimées ou dans celles où elles sont sollicitées sans être nécessaires[276].

Ce personnel n'est pas le seul à servir au profit du ministère public. Un autre s'y agrège qui n'est pas magistrat, imposé par un décret n° 80/299 du 26 juillet 1980 portant organisation administrative des juridictions, modifié et complété le 8 juillet 1981 par un autre décret n° 81/264[277]. Il y est consigné, à propos des parquets d'instance, que ceux-ci comprennent un service des affaires judiciaires placé sous l'autorité d'un fonctionnaire des greffes ayant au moins le grade de greffier ; un service des affaires administratives et financières placé sous l'autorité d'un greffier ou de tout

---

[274] Article 10, loi du 29 décembre 2006 fixant l'organisation et le fonctionnement des tribunaux régionaux des comptes.

[275] PERROT R., op cit., p. 393, n° 502.

[276] Il se devine alors qu'en général, pour des affaires importantes, les conclusions de ceux-ci devront préalablement être portées à la connaissance du « PG ». A supposer que celui-ci désapprouve les conclusions en cause, on ne doit pas exclure que l'intéressé désigne un autre membre du parquet général pour porter la parole de celui-ci. Par moments, celui-ci décidera de se présenter à l'audience et de porter directement la parole du ministère public dont il est le chef.

[277] L'observation concerne également le tribunal militaire. En effet, le décret n° 85/520 du 13 avril 1985 portant organisation administrative des juridictions militaires souligne que le parquet du tribunal comprend trois bureaux : le bureau des affaires pénales, le bureau du courrier et du fichier, le bureau des affaires administratives et financières[277].

A la tête du bureau des affaires pénales se trouve un greffier civil ou militaire. Le soin lui revient de procéder à l'ouverture des procédures ; de procéder à l'enrôlement des affaires, à l'affichage et à la communication des rôles des audiences ; d'établir mensuellement l'état des affaires en instance au parquet ; de veiller à l'exécution des diligences prescrites par le tribunal pendant les audiences ; de suivre et de veiller à l'exécution des diligences demandées par les parquets extérieurs ou étrangers ; de tenir le registre de la répartition des mandatements de citation ou de signification ; de formaliser les pièces d'exécution transmises du greffe au parquet, de les soumettre à la signature du commissaire du gouvernement et de les transmettre aux officiers de police judiciaire pour leur exécution effective. A cela s'ajoute le suivi des dossiers de recours en grâce, de réhabilitation judiciaire et de libération conditionnelle ; d'établir les états et fiches statistiques de l'activité du parquet ; de tenir le registre des actes des huissiers de justice.

Le bureau du courrier et du fichier a à sa tête un greffier militaire auquel est confiée la mission d'assurer le secrétariat du parquet. A ce bureau revient le soin de recevoir, d'enregistrer et de la ventiler le courrier au départ ou à l'arrivée ; de tenir le fichier ; d'ouvrir les dossiers administratifs.

Le bureau des affaires administratives et financières de son côté est chargé du fonctionnement de la bibliothèque du tribunal, de la conservation des archives et de la documentation du parquet ; de l'interprétariat des audiences ; de l'entretien des locaux, du matériel et des véhicules, de la gestion des crédits du tribunal et de la comptabilité matières.

autre fonctionnaire de l'administration générale[278]. Quant au parquet général de la Cour d'appel, trois services le composent : le service des affaires administratives et financières chapeauté par un chef ayant au moins le grade de greffier ; le service des affaires judiciaires placé sous l'autorité d'une personne ayant au moins le grade de greffier ; le service de contrôle des greffes, parquets et des professions judiciaires chapeauté, au bas mot, par un greffier principal[279]. De leur côté, les articles 4 et 6 du décret

[278] Dans le détail, les articles 16 et suivants indiquent, s'agissant du service des affaires judiciaires, que celui-ci comprend :
- Un bureau des affaires pénales et des affaires en transit dont le rôle est de tenir le registre des plaintes et de simple police, de procéder à l'ouverture des procédures d'information, d'assurer la tenue du sommier, de servir de secrétariat aux magistrats en charge de l'instruction lorsque cette dernière incombait au ministère public, d'établir les ordonnances d'arbitrage, de procéder à l'enrôlement des affaires pénales, de veiller à l'exécution de toutes les diligences prescrites par le tribunal dans le cours des audiences, de suive l'exécution des diligences sollicitées par les parquets extérieurs ou étrangers, de tenir le registre des mandements de citations ou des significations ;
- Un bureau de l'exécution des peines auquel revient le soin de tenir le registre de l'exécution des peines, de formaliser les pièces d'exécution transmises au greffe ou au parquet et de les soumettre à la signature du procureur de la République, de transmettre aux officiers de police judiciaire et aux paquets extérieurs ou étrangers les pièces d'exécution et de s'assurer de l'exécution, de suive les dossiers de recours en grâce et de réhabilitation judiciaire, de dresser les statistiques de l'activité du parquet ;
- Un bureau du contrôle des officiers publics et ministériels qui, quotidiennement assure le contrôle des officiers ministériels ou publics tant sur place que sur pièce, tient le registre des actes des huissiers et vérifie pour visas les états d'émoluments de ces derniers.
Lorsqu'on se trouve dans de grandes villes à l'instar de Yaoundé, Douala, Nkongsamba, ce service est davantage étoffé. On y retrouve cinq bureaux : le bureau du courrier et du fichier, le bureau des affaires répressives, le bureau des affaires non répressives et en transit, le bureau de l'exécution des peines, le bureau du contrôle des officiers publics ministériels ou publics.
Quant au service des affaires administratives, qui regroupe le bureau du courrier et du fichier et celui des affaires générales, sa mission essentielle se résume gérer le courrier, à tenir le fichier des dossiers administratifs, à gérer les crédits et les personnels du parquet. A cela s'ajoute l'organisation au plan matériel des cérémonies et réunions de la juridiction, d'entretenir les locaux, le matériel et les véhicules du tribunal ; d'assurer le fonctionnement de la bibliothèque lorsqu'elle existe, de conserver les archives et la documentation.

[279] Articles 28 et suivants, décret n° 80/299 du 26 juillet 1980.
On relèvera encore :
- Que le service des affaires administratives et financières comprend lui-même un bureau des affaires financières chargé de l'élaboration et de l'exécution du budget, de la comptabilité matières, de l'entretien des locaux, matériels e véhicules ; un bureau des affaires administratives, lequel est chargé de la gestion des personnels et des stages, de l'accueil, de l'impression, de la traduction et de la reliure, du fonctionnement de la bibliothèque et de la conservation des archives ;
- Que le service des affaires judiciaires comprend un bureau du fichier et du courrier, un bureau des affaires répressives ; un bureau des affaires non répressives et en transit (chargé de suivre l'instruction des affaires communicables, de procéder aux diligences relatives aux procédures en provenance des juridictions de droit traditionnel, de suivre toutes les affaires en transit au parquet général à destination des parquets généraux extérieurs ou étrangers) ; le bureau de l'exécution des peines et de la statistique judiciaire (qui a compétence pour épurer le casier judiciaire, formaliser en vue de sa signature par le procureur général les pièces d'exécution du greffe de la cour ; transmettre aux forces de l'ordre, en vue de l'exécution, les pièces du parquet, de la collecte des statistiques des paquets du ressort) ;

n° 2012/223 du 15 mai 2012 portant organisation administrative du tribunal criminel spécial décident que le parquet général de cette juridiction comprend trois services, tous placés sous l'autorité d'un chef ayant au moins le grade de greffier principal, nommé par arrêté du président de la République[280]. Ce sont : le service des affaires administratives et financières, le service des affaires criminelles, le service du contrôle du greffe, du parquet professions judiciaires[281]. A eux viennent s'ajouter des services communs au siège et au parquet, à savoir le service de l'accueil, le service de l'entretien, le service de la bibliothèque et des archives, le service de la linguistique, le service de la reliure et de l'impression, le service de la comptabilité matières, le service des stages[282].

Tout bien considéré, divers arguments appellent un toilettage de cette organisation administrative du ministère public. *Primo,* elle date de l'époque lointaine où la justice était moins un pouvoir qu'une autorité. *Secundo,* elle n'est pas en phase avec la résurrection du juge d'instruction qui, visiblement, induit des pratiques procédurales nouvelles[283]. *Tertio,* il est de la plus haute importance, de nos jours, que l'organisation administrative des juridictions s'arrime à l'extension des champs d'intervention de celles-ci, à la création au sein des cours et des tribunaux des formations qui n'existaient pas autrefois. Il est souhaitable que l'organisation au plan administratif du ministère public facilite son adaptation aux mutations du corps social que la justice sert. Une attention particulière doit alors être accordée à la mise en place d'un service ou d'un bureau de l'information ou de la communication auprès notamment des parquets des juridictions que l'on pourrait qualifier d'importantes ou de sensibles. De telles structures

- Que le service du contrôle des greffes, parquets et professions judiciaires comprend un bureau du contrôle des greffes et paquets (auquel revient la charge de contrôler l'activité des greffes et parquets, de vérifier pour visa les émoluments des greffiers en chef et des auxiliaires de justice), puis un bureau du contrôle des professions judiciaires (chargé du contrôle de l'activité des études d'avocats, de notaires, d'huissiers de justice et d'agents d'affaires).

[280] Décret n° 2012/223 du 15 mai 2012, articles 7, 9, 11, 12.

[281] Le service des affaires administratives et financières regroupe deux bureaux : le bureau des affaires administratives d'une part ; le bureau des affaires financières d'autre part.

Le service des affaires criminelles, sans doute le plus important du parquet comprend lui-même :

- Le bureau du courrier et du fichier, lequel est chargé de la réception, de l'enregistrement, de la ventilation et de l'expédition du courrier, de l'ouverture et de la tenue des dossiers administratifs ;
- Le bureau des affaires criminelles, lequel est chargé de la tenue du registre des plaintes, de la citation des parties et des témoins, des significations, de l'exécution des diligences prescrites par le tribunal pendant l'audience ;
- Le bureau des affaires en transit, lequel chargé de suivre les affaires en transit transmises au parquet par les parquets généraux extérieurs ou étrangers ;
- Le bureau de l'exécution des peines et des statistiques criminelles dont la mission est notamment de formaliser les pièces soumises en vue de leur signature par le procureur général des actes d'exécution provenant du greffe, de la transmission des actes à exécuter aux services de police ou de gendarmerie, de la mise à jour du registre de l'exécution des peines, du classement dans les dossiers administratifs des arrêts rendus.

[282] Ces services communs relèvent de la seule autorité du chef de parquet, conclut l'article 4 (2).

[283] NDJERE E., op. cit, p. 326.

pourraient ou devraient être animées par un personnel spécialisé ; elles auraient l'obligation de trouver un équilibre entre la quête de la vérité et le besoin d'une communication opportune ou utile s'agissant notamment des affaires ayant un grand impact sur l'ordre social[284].

Une autre des conclusions, découlant de la précédence, c'est que les attributions des chefs de parquets ne sont pas rigoureusement identiques.

Au sujet du procureur général près la Cour suprême, le Code de procédure pénale se contente de préciser que celui-ci peut soulever des moyens tendant à l'annulation de la décision attaquée par l'un des plaideurs[285] ; « qu'il est partie principale lorsque la Cour suprême est saisie de son pourvoi »[286]. Fort heureusement, l'article 36 de la loi organisant la Cour suprême et son fonctionnement vient attirer l'attention sur le rôle clé du procureur général près ladite juridiction en décidant que celui-ci est au cœur soit du pourvoi dans l'intérêt de la loi dont il a l'initiative, soit du pourvoi sur ordre. Dans ce dernier cas, la chose est remarquable, le recours est introduit à la suite d'une « instruction » du Garde des sceaux, Ministre de la justice, l'objectif étant d'obtenir la censure de l'acte juridictionnel rendu en premier ou en dernier ressort en violation de la loi, dans l'hypothèse spécifique où personne n'a élevé une contestation dans les délais légaux[287]. Fort heureusement, un vieux règlement intérieur de la juridiction d'un Etat voisin vient éclairer et pourrait servir à combler ce vide. Ses morceaux choisis majeurs sont les articles 10, 11, 12. A tour de rôle, ceux-ci révèlent que le procureur général porte la parole aux audiences solennelles et de l'assemblée plénière de la cour, ses avocats généraux siégeant alors à sa suite ; que cette haute autorité judiciaire délègue à ses avocats généraux ou porte elle-même la parole aux autres audiences requérant la présence du ministère public ; que le procureur général, concurremment avec le premier président, exerce le contrôle du greffe. Il s'y ajoute que « *Le procureur général gère les crédits mis à la disposition de la Cour suprême pour son fonctionnement. Toutefois les dépenses qui ne sont point courantes ne sont engagées qu'avec l'accord du premier président. Par ailleurs, les propositions de dépenses émanant de l'assemblée générale doivent être suivies par le Procureur général sous la seule condition qu'elles se situent dans la limite des crédits disponibles » (en ce sens, voir not. CS, arrêt n° 25, 17 déc. 1963, Procureur général près la Cour suprême c. Eloka Ndabo et Ndoumbé Sophie, Répertoire chronologique de la jurisprudence de la Cour suprême, Droit traditionnel, 1960-1980, tome 2 préc., pp. 329-330 ; arrêt n° 54, 8 janv. 1963, Nguemo Thomas et*

---

[284] A ce sujet et pour des pistes utiles, voir DOLIVEUX M. « Re (fonder) la communication des magistrats », *La Semaine Juridique, EG*, n°18, 16 mai 2024, pp. 796 et s. ; SUR S., « Pour un pouvoir judiciaire », *Commentaire*, n° 178, 2022/2, pp. 291 et s., *https://www.cairn.info/revue-commentaire-2022-2-page-291.htm.*

[285] L'article132 (1).

[286] Article 132 (2).

[287] Dans le même sens, voir l'article 533 du Code de procédure pénale. Lire NENZEKO KAGHO C.J., op cit., pp. 158 et s., n° 232 et s., pp. 219 et s., n° 334 et s.

Procureur général près la Cour suprême c. Commissaire du gouvernement et Nguemo Thomas, Répertoire chronologique de la jurisprudence de la Cour suprême, tome 1, Droit pénal, pp. 701-702 ; arrêt n° 124, 15 fév. 1972, Procureur général près la Cour suprême c. Kuimonou Jules-Féry dit Zam Zam, Répertoire chronologique de la jurisprudence de la Cour suprême, Droit pénal, tome 1, 1960-1980, préc., p. 171 ; arrêt n° 343/P, 14 août 1980, Commissaire du gouvernement près le tribunal militaire de Buéa c. Arun Sabina Oru, Eta Ekun Antony, Répertoire chronologique de la jurisprudence de la Cour suprême, tome 1, Droit pénal, préc. ; arrêt n° 414/P, 16 sept. 1982, Procureur général près la Cour suprême c. Halima Mahamat, Répertoire chronologique de la jurisprudence de la Cour suprême, tome 1, Droit pénal, préc. ; arrêt n° 162, 14 avril 1970, Procureur général près la Cour suprême c. Abomo Catherine, Répertoire chronologique de la jurisprudence de la Cour suprême, tome 1, 1960-1980, préc. ; arrêt n° 80/S, 16 mars 1995, Procureur général près la Cour suprême c. Nkot Gilbert et la Régie nationale des chemins de fer, Répertoire chronologique de la jurisprudence, Droit social, 1980-2000, tome 3, pp. 742-743).

Au sujet du procureur général près la Cour d'appel, les articles 133 et suivants du Code de procédure pénale disent que celui-ci veille à l'application de la loi dans l'étendue du ressort de la cour, ce qui permet de comprendre qu'il puisse notamment introduire un pourvoi devant la Cour suprême, « dans l'intérêt de la loi ». L'autorité visée peut également, sur autorisation écrite du ministre chargé de la justice, requérir par écrit puis oralement, à tout stade de la procédure mais avant l'intervention d'une décision au fond, l'arrêt des poursuites dès lors que des raisons existent de craindre que la paix publique soit troublée ou que l'intérêt social soit compromis. Le procureur général a autorité sur les magistrats du ministère public de son ressort et peut leur prescrire d'enquêter sur les infractions dont il a connaissance, de procéder à un classement sans suite, d'engager des poursuites[288] ; il peut les inciter à se conformer à la politique pénale définie par le Garde des sceaux et en tant que de besoin adaptée au contexte de son ressort de juridiction[289]. Il a le droit de requérir directement les forces du maintien de l'ordre ; assure le contrôle des officiers et agents de police judiciaire en service dans le ressort de la Cour d'appel et adresse semestriellement au ministre de la justice un rapport sur leurs activités et leur conduite[290]. S'agissant des officiers et agents de police judiciaire, la

[288] Article 134.

[289] GUINCHARD S., VARINARD A., DEBARD T., op cit., pp. 1104, n° 935.

[290] De telles exigences facilitent la compréhension d'une circulaire de Monsieur le Ministre de la justice Garde des sceaux Andze Tsoungui Gilbert, en date du 6 mai 1982. Adressée à MM. les procureurs généraux près les cours d'appel sous l'objet « Contrôle des détentions préventives », cette circulaire se décline comme suit : « *Il m'a été donné de constater que les prescriptions de mes circulaires visées en références, relatives au contrôle des détentions préventives, semblent perdues de vue. C'est ainsi par exemple, que dans les affaires considérées en la matière comme signalées au sens de ma circulaire n° 11 du 11 avril 1962, la plupart des parquets ne renseignent pas et parfois même en dépit de sa demande, ma chancellerie sur les faits, l'état et les perspectives de règlement des procédures concernées, ou sur les raisons du retard apporté à celui-ci.*

précision est apportée que le procureur général peut leur confier le soin de recueillir tous renseignements utiles à la bonne administration de la justice ; qu'il apprécie leur travail et surtout, transmet ses appréciations et les notes attribuées au chef de l'administration dont ceux-ci sont issus *(sur l'ensemble, expressément ou tacitement, voir not. CS, arrêt n° 377, 30 janv. 1962, Ndzana Mete Thomas c. Ministère public et Etat du Cameroun, Les grandes décisions de la jurisprudence pénale camerounaise, préc., n° 29, pp. 553 et s., obs. DZEUKOU G.B. ; arrêt n° 7, 17 oct. 1967, Warton Henri et Orvis Nelson contre Ministère public, Dieudonné et autres, Répertoire chronologique de la jurisprudence de la Cour suprême, tome 1, Droit pénal, préc. ; arrêt n° 41, 19 nov. 1968, Ricault Denis-Marcel c. Ministère public, Répertoire chronologique de la jurisprudence de la Cour suprême, tome 1, Droit pénal, préc. ; TCS, arrêt n° 002/CRIM/TCS, 31 janv. 2013, Ministère public et Etat du Cameroun-Cameroon civil aviation authority c. Ntongo Onguéné Roger et Fotso Yves Michel, préc. ; arrêt n° 026/CRIM/TCS, 19 sept. 2003, Ministère public et Etat du Cameroun-Ministère de l'éducation de base c. Haman Adama née Halimatou Kangué Maondé, Baoro née Azo'o Nkoulou Christine, Malonga Isoa née Nnoukou Annick Joëlle et autres, préc. ; arrêt n° 008/CRIM/TCS, 24 mars 2014, Ministère public et Etat du Cameroun-Ministère des finances c. Yesse Meyanga Hervé Bertrand, préc. ; arrêt n° 439, 27 mars 1962, Essomba Victor c. Fouda Mbida Jean, Répertoire chronologique de la jurisprudence de la Cour suprême, Droit traditionnel, tome 2, préc., pp. 21-22 ; arrêt n° 28, 27 déc. 1963, Procureur général*

Pour mettre un terme définitif à de tels errements inadmissibles et préjudiciables au renom de la justice, je rappelle à votre attention le caractère absolument impératif desdites circulaires et vous demande en outre de prescrire à tous vos substituts de procéder à des contrôles trimestriels des détentions préventives qui devront donner lieu chacun à un rapport dont une copie me sera transmise, assortie de vos observations.

Vous voudrez bien noter que ces contrôles n'excluent pas ceux, ponctuels à prévoir dans votre programme d'action et à effectuer suivant des périodes rapprochées, au moins une fois par an d'une part, et ceux permanents à faire à partir des états mensuels établis par les prisons et à réclamer au cas où ils ne sont pas parvenus, d'autre part.

Je vous demande par ailleurs d'appeler l'attention de vos substituts sur la nécessité d'effectuer des contrôles réguliers adressés à votre parquet général et à ma chancellerie.

J'attacherai du prix à la stricte application de la présente circulaire dont vous voudrez bien m'accuser réception en transmettant copie de vos instructions en la matière à vos substituts ».

On comprend également la profondeur d'une circulaire en date du 23 mai 1990 adressée en son temps aux procureurs généraux près les cours d'appel par Monsieur Moudiki Adolphe, Garde des sceaux. Dans ce document titré « Renforcement des contrôles des gardes à vue », le concerné dresse un bilan avant de résoudre : *« Mon attention a été appelée sur le relâchement observé dans les contrôles effectués par les magistrats du parquet dans les locaux où sont détenues des personnes gardées à vue pour besoin d'enquête.*

Aussi, eu égard au caractère intolérable de la violation de plus en plus fréquente des articles 41, 615 et suivants du code d'instruction criminelle (...), je vous demande de renforcer les contrôles des gardes à vue en prescrivant à vos substituts de procéder, en plus des interventions ponctuelles, à des visites hebdomadaires de toutes les unités de police et de gendarmerie, et de libérer systématiquement les personnes dont la garde à vue n'est pas légale.

Un rapport de synthèse mensuel de contrôle devra être adressé à ma chancellerie avant le 10 de chaque mois.

Vous voudrez bien accuser réception de cette circulaire et me rendre compte des difficultés auxquelles se heurterait l'exécution des présentes instructions. »

près la cour d'appel de Garoua c. Delorme Jean et R.W. King, Répertoire chronologique de la jurisprudence de la Cour suprême, Droit pénal, tome 1, 1960-1980, pp. 83-84 ; arrêt n° 65, 22 juin 1965, Nna Clotilde c. Essono Onana Joseph, Répertoire chronologique de la jurisprudence de la Cour suprême, Droit traditionnel, tome 2, préc., pp. 172-173 ; arrêt n° 127, 1er juin 1965, Procureur général près la Cour suprême c. Nzokou Gabriel, Ndoungo Yigui Isaac c. Ministère public Répertoire chronologique de la jurisprudence de la Cour suprême, tome 1, 1960-1980, Droit pénal, préc., pp. 605-606[291] *; arrêt n° 46, 19 avril 1966, Ministère public c. Ango Ango Samuel, Répertoire chronologique de la jurisprudence de la Cour suprême, Droit traditionnel, 1960-1980, préc., pp. 97-98 ; arrêt n° 65, 14 juin 1966, Edimbi Jeanne c. Eya Minsi Henri, Répertoire chronologique de la jurisprudence de la Cour suprême, Droit traditionnel, 1960-1980, préc., pp. 98-99 ; arrêt n° 170, 20 mai 1969, Procureur général près la Cour d'appel de Yaoundé c. Ambassa Amié Gaston et Alima Jean-Bertrand, Répertoire chronologique de la jurisprudence de la Cour suprême, Droit pénal, tome 1, 1960-1980, préc., p. 377 ; arrêt n° 153, 28 mai 1998, Procureur général près la Cour d'appel de Garoua et Walbero Martin c. Société camerounaise de banque, Répertoire chronologique de la jurisprudence de la Cour suprême, Droit pénal, tome 1, 1980-2000, préc., pp. 1200-1201 ; arrêt n° 61, 25 nov. 1969, Procureur général près la Cour d'appel de Yaoundé c. Ambomo Mendzana Théophile et Medzogo Mendzana Rigobert, Répertoire chronologique de la jurisprudence de la Cour suprême, Droit pénal, 1960-1980, tome 1, préc., p. 726).*

Au sujet du procureur de la République, le Code de procédure pénale retient que celui-ci reçoit les dénonciations écrites ou orales et les plaintes, mais aussi les procès-verbaux dressés par les autorités administratives compétentes lorsque ceux-ci ont un lien avec la commission d'une infraction[292]. Le même code décide que la latitude lui est octroyée de se

[291] Dans cette espèce, un pourvoi est formé par le procureur général près la Cour d'appel de Douala, dans l'intérêt de la loi. Celui-ci estime que la juridiction d'appel a violé les articles 117 et 117 du Code d'instruction criminelle en déclarant irrecevable une demande de mise en liberté au motif que la requête avait été présentée par le ministère public auquel le prévenu s'est adressé. La Cour suprême tranche ainsi : « *Attendu qu'il appartient au juge, tant en première instance qu'en appel, de faire régulariser par le demandeur les requêtes non conformes aux prescriptions légales ;*

Qu'au surplus, la demande de mise en liberté prévue par les articles 116 et 117 du Code d'instruction criminelle n'est soumise à aucun formalisme ;

Qu'il est loisible, enfin, au ministère public, représentant les intérêts de la société, de saisir la juridiction d'instruction ou de jugement pour demander qu'il soit mis fin à la détention du prévenu ;

Attendu qu'en déclarant irrecevable la demande de mise en liberté provisoire adressée par Nzokou au parquet général et présenté par celui-ci à la Cour d'appel, l'arrêt attaqué a violé les textes visés au moyen et méconnu les principes ci-dessus exposés… »

[292] Code de procédure pénale, articles 135 et s. Il y est prévu :

- Que toute personne ayant connaissance d'une infraction criminelle ou délictuelle est tenue d'en aviser directement et immédiatement, soit le procureur de la République, soit tout officier de police judiciaire, ou à défaut, toute autorité administrative de la localité. Les autorités visées ne peuvent refuser de recevoir la dénonciation, au risque d'être poursuivies pour « non intervention », infraction prévue et punie à l'article 171 du Code pénal. La suite ne surprend guère. L'autorité administrative ainsi informée est tenue de porter la dénonciation à la connaissance du procureur de la République ou de l'officier de police judiciaire le plus proche ;

saisir d'office lorsqu'une infraction a été perpétrée, de diriger et de contrôler les diligences des officiers et agents de police du ressort, de contrôler les mesures de garde à vue en se transportant lorsque bon lui semble dans des locaux de police ou de gendarmerie[293]. Ce magistrat a d'ailleurs aussi le pouvoir de requérir directement les forces du maintien de l'ordre ou le concours de toute personne susceptible d'aider à la manifestation de la vérité[294], celui de décerner des mandats de justice (mandats de comparution, d'amener, de perquisition, d'extraction, de détention provisoire en cas de flagrant délit[295]). Il peut, à tout moment, agir aux lieu et place de tout officier de police judiciaire[296]*(CS, arrêt n° 133/P, 02 avril 1981, Procureur général près la Cour d'appel de Bamenda c. Ministère public et Dim Joseph Martial, Répertoire chronologique de la jurisprudence de la Cour suprême, tome 1, Droit pénal, préc., pp. 767-768 ; arrêt n° 127, 1er juin 1965, Procureur général près la Cour suprême c. Nzokou Gabriel, Ndoungo Yigui Isaac c. Ministère public Répertoire chronologique de la jurisprudence de la Cour suprême, préc. ; arrêt n° 46/CCI, 03 oct. 2007, Ministère public c. Véronique Fettweiss et n° 48/CCI, 15 oct. 2007, préc. ; TM Bafoussam, jugt. n° 004/17, 13 janv. 2017, Ministère public et Nono Martin c. Kaou Halidou, inédit. Voir aussi Cass. crim., 6 déc. 2005, n° 05-85.076, Marcel L. et A., Juris-Data n° 2005-031464, com. BUISSON J.).*

- Que tout fonctionnaire au sens de l'article 131 du Code pénal qui, dans l'exercice de ses fonctions, a connaissance d'un crime ou d'un délit, est tenu d'en aviser le procureur de la République en lui transmettant, le cas échéant, tout procès-verbal ou tout acte y relatif.

[293] En réalité, l'article 137 du Code de procédure pénale est davantage pointilleux. Après avoir résolu que le procureur de la République dirige et contrôle les diligences des officiers et agents de police judiciaire et que ce magistrat peut, à tout moment, se transporter dans les locaux de police ou de gendarmerie à l'effet de procéder au contrôle de la garde à vue, il décide avec force : « *Au cours de ce contrôle, les personnes dont il ordonne la libération d'office ou en vertu d'une ordonnance d'habeas corpus, doivent être immédiatement libérées, sous peine de poursuites judiciaires pour détention illégale contre l'officier de police judiciaire responsable du local où s'effectue la garde à vue* ».

[294] Articles 137 et 138.

[295] Voir l'article 12 du Code de procédure pénale. A priori, le procureur de la République ne devrait pas décerner le mandat d'arrêt, encore moins le mandat d'incarcération. Ceux-ci sont respectivement de la compétence du juge d'instruction et de la juridiction de jugement.

[296] Article 137 (3). Le reste se trouve aux articles 137 et 141, lesquels affinent significativement l'image que l'on doit avoir du procureur de la République.

A l'article 137, il est écrit qu'à l'occasion des contrôles que le procureur de la République effectue, les personnes dont il ordonne la libération d'office ou en vertu d'une ordonnance d'habeas corpus doivent être effectivement et immédiatement libérées ; que l'officier de police judiciaire responsable du local où s'effectue la garde à vue s'expose, au cas de récalcitrance, à des poursuites judiciaires pour détention illégale. De même, la règle y est posée ici qui voudrait que le procureur de la République puisse, à tout moment, agir en lieu et place de tout officier de police judiciaire.

A l'article 141, il décidé que, lorsque ce magistrat est saisi dans les circonstances précédemment exposées, diverses options s'offrent à lui. Le choix pourrait être fait de :

- Transmettre la dénonciation ou la plainte pour enquête à un officier de police judiciaire ;
- Faire retour des procès-verbaux d'enquête à la police judiciaire pour complément d'enquête ;
- Décider du classement sans suite d'une affaire et le faire notifier au plaignant, puis, dans le mois, transmettre une copie de sa décision au procureur général près la Cour d'appel compétente ;
- Décider du dépôt aux archives des procès-verbaux relatifs aux contraventions ayant fait l'objet d'amendes forfaitaires acquittées ;
- Décider d'engager formellement des poursuites contre le suspect.

L'une des prévisions de la loi n° 2011/011 du 6 mai 2011 modifiant et complétant la loi du 29 juin portant organisation de l'état civil et diverses dispositions touchant à l'état des personnes physiques[297] vient ajouter que les feuillets des registres de l'état civil devraient annuellement être visés et oblitérés par le procureur de la République, et cela dans les quinze jours suivant la date de leur clôture laquelle se situe au trente un décembre. Celle-ci va d'ailleurs au-delà de l'exigence du visa ou de l'oblitération pour prescrire que, dans les trois mois de la réception des registres de l'état civil et de l'accomplissement desdites formalités, le procureur renvoie, aux fins de conservation, un exemplaire du registre des naissances, adoptions, légitimations, reconnaissance et naturalisation soit au délégué du gouvernement soit au maire s'agissant des centres secondaires de l'état civil. La même obligation est formulée s'agissant du registre des mariages ou du registre des décès, y compris ceux ouverts et tenus auprès des missions diplomatiques ou des postes consulaires[298].

La troisième des conclusions c'est que le rôle du ministère public, pris dans sa globalité, a varié dans le temps et n'est pas figé dans les procès. A s'en tenir au cas du Cameroun, ses fonctions furent essentiellement cantonnées aux poursuites dans les années après l'indépendance. Entre-temps et jusqu'à récemment, ses pouvoirs se dédoublèrent dans la mesure où celui-ci dirigeait différentes phases du procès pénal, à savoir celles des poursuites et de l'instruction. Ce n'est qu'à la faveur de l'adoption et l'entrée en vigueur du Code de procédure pénale que ces prérogatives vont de nouveau être restreintes avec le retour du juge d'instruction[299]. A ce jour, devant les juridictions civiles largement entendues, ce dernier est couramment partie jointe[300] *(CS, arrêt n° 4, 13 nov. 1962, Bétayéné Jean-Faustin, procureur général c. Dame Bétayéné née Nguendé Esther, Répertoire chronologique de la jurisprudence de la Cour suprême, Droit traditionnel, 1960-1980, tome 2, pp. 61-62 ; arrêt n° 154/CC, 5 sept. 1983, Tientcheu Sébastien c. Mepowou Cécile, RCD n° 25, 1983, pp. 86 et s. ; arrêt n° 119/CC, 14 août 1980, Peter Ndufor et Procureur général Cour suprême, RCD n° 26, 1983, pp. 97 et s.).* Devant les juridictions répressives par contre, une autre solution est préconisée que la Cour suprême a récemment rappelé avec l'autorité qu'on

---

[297] Article 18.

[298] De nombreux autres textes, sans lien avec la matière répressive, octroient des prérogatives inédites au procureur de la République. A titre d'exemple, l'Acte uniforme OHADA relatif au droit des sociétés prévoit pour certaines formes d'entreprises à l'instar de la société à responsabilité limitée, notamment à l'article 348, que lorsque l'assemblée générale ordinaire n'a pas été convoquée dans les six mois de la clôture de l'exercice, le ministère public peut saisir la juridiction compétente statuant à bref délai afin d'enjoindre au besoin sous astreinte aux gérants de convoquer cette assemblée ou de désigner un mandataire ad hoc pour y procéder.

[299] NCHIMI MEBU J.C., « Le procureur de la République décoiffé de sa casquette de magistrat instructeur », préc., pp. 241 et s.

[300] En ce sens, voir notamment les articles 113 et suivants, Code de procédure civile et commerciale.

lui attribue[301] : « *Attendu qu'aux termes du texte visé, "la présence du ministère public est obligatoire à l'audience en matière pénale, et sauf disposition contraire facultative en matière civile, commerciale, sociale et de droit traditionnel" ;*

Attendu que par ailleurs, l'article 20 de la loi n° 2006/015 du 29 décembre dispose : "La Cour d'appel comprend au siège, un président (...) et au parquet un procureur général (...)"

Qu'il en résulte que la juridiction correctionnelle comprend le magistrat du siège, celui du parquet et le greffier ;

Attendu qu'en l'espèce la Cour d'appel s'est transportée sur les lieux en l'absence du représentant du ministère public ;

Qu'en basant sa conviction sur une mesure d'instruction exécutée par une Cour d'appel irrégulièrement composée, le juge d'appel a violé les textes susvisés ;

D'où il suit que sa décision encourt cassation... » *(CS, arrêt n° 30/P, 17 juin 2010, Tchoupé Antoine, Ngangoum Alphonse et Tchoupé Thomas c. Ministère public et Nkappé Pauline, préc.*[302]*).*

La prise de position était loin du jamais vu. Elle rejoint une autre, similaire, exprimée en ces termes dans un arrêt du 5 septembre 1983 : « *Sur la deuxième branche prise de la violation de l'article 36 du Code de procédure civile et commerciale, contradictions entre les qualités et les motifs ;*

En ce que l'arrêt énonce dans ses qualités que la Cour d'appel était composée d'un président, d'un greffier et assisté d'un interprète ;

---

[301] A l'article 128 du Code de procédure pénale, l'idée est développée que « *Le ministère public est partie principale au procès devant toute juridiction répressive. Il doit, à peine de nullité de la décision, être présent à toutes les audiences* ».

[302] D'autres extraits de cet arrêt sont tout aussi éloquents. Parmi eux, celui qui se rapporte au premier moyen de cassation fondé sur la violation de l'article 23 alinéa 3 nouveau de l'ordonnance n° 72/4 du 26 août 1972. Son noyau se présente de la sorte : « *Attendu que le texte visé au moyen dispose : "La présence du ministère public est obligatoire à l'audience en matière pénale et, sauf dispositions contraires, facultative en matière civile, commerciale, sociale et de droit traditionnel " ;*
Que de manière générale, il est fait obligation aux juridictions d'avoir une composition régulière quand elles statuent sur les affaires dont elles sont saisies ;
Que cette règle s'applique partiellement à la phase de jugement pendant laquelle toute mesure d'instruction doit être appliquée par la juridiction régulièrement composée ;
Attendu cependant que, pour infirmer le premier jugement rendu dans le présent litige, le juge d'appel a basé sa conviction sur procès-verbal d'un transport judiciaire qui avait eu lieu alors que, le ministère public n'étant pas représenté, la Cour d'appel était régulièrement composée ;
Qu'en effet, sur l'arrêt attaqué, on peut lire : "Considérant en effet que la cour, par arrêt préparatoire n° 87/CO/ADD du 26 septembre 1990, a ordonné une mesure d'instruction ;
Considérant que cette mesure exécutée le 14 novembre 1990 comme l'atteste le procès-verbal versé au dossier, fait ressortir clairement que les prévenus à l'aide d'un engin de construction de route, ont creusé une route dans la plantation de Nkappé Pauline détruisant sur leur passage des cultures industrielles et vivrières" ;
Mais attendu que sur le procès-verbal de transport judiciaire évoqué par le juge, on peut lire : " Nous (...) Vice-président de la chambre correctionnelle de ladite cour (...), président ; assisté de Me (...), greffier ; le ministère public s'étant excusé"' ;
Qu'il ne fait aucun doute que la Cour d'appel étant irrégulièrement composée, le juge a flagramment violé le texte et la règle sur la composition des juridictions visées au moyen... »

Qu'il n'est fait nulle part état de de ce que le parquet était représenté ; mais curieusement dans les motifs de l'arrêt on se rend compte que le ministère public a été entendu dans ses réquisitions ;

Qu'il s'agit d'une contradiction qui expose l'arrêt à la censure de la Cour suprême ;

Alors que le ministère public n'a pu être entendu qu'en violation des dispositions de l'article 36 du Code de procédure civile et commerciale qui fixe d'une manière limitative les cas où il doit y avoir communication au parquet ;

Attendu que de deux choses l'une, ou bien le ministère public était représenté à l'audience et a été entendu, l'omission de sa présence reste sans effet sur la décision entreprise étant entendu que le ministère public, en matière civile, peut être entendu chaque fois qu'il l'estime opportun, l'article 39 du Code de procédure n'énumérant que les causes qui doivent obligatoirement lui être communiquées ; ou bien le ministère public ne s'était pas du tout fait représenter et n'avait par conséquent pas été entendu, alors la mention « le ministère public entendu » n'est qu'un stéréotype à l'usage dans les greffes, sans également aucun effet sur la décision critiquée puisque le ministère public n'était pas obligé d'être entendu en l'espèce ;

D'où il suit qu'en sa seconde branche, le moyen n'est pas fondé… » (CS, arrêt n° 154/CC, 5 sept. 1983, Tientcheu Sébastien c. Mepowou Cécile, RCD n° 25, 1983, pp. 86 et s. Même tacitement, voir également arrêt n° 20/P, 18 nov. 1999, Njilakagnan Ngoumcheme c. Ministère public, Menchamo Abdoulaye et autres, Répertoire chronologique, Droit pénal, tome 1, 1980-2000, pp. 214-215 ; arrêt n° 153/S, 21 sept. 1995, Procureur général près la Cour suprême et Pondi Christian c. Société Cameroon Airlines, Répertoire chronologique de la jurisprudence de la Cour suprême, Droit social, tome 3, préc. ; TC, 4 mars 2002, URSSAF de la Gironde c. Département de La Gironde, Bull., mars 2002-3, pp. 4 et 5, n° 3 ; Com., 12 mars 2002, Monsieur Lellouche et autres c. Direction des Douanes, Bull., mars 2002-3, p. 55, n° 54[303]).

Au fond, et l'aveu s'impose, le propos ne se comprend qu'à la condition de se souvenir que la posture de partie jointe ne suppose pas que l'action ait été introduite par le ministère public. L'hypothèse courante est celle où un dossier lui est communiqué afin de recueillir son opinion quant à la manière de trancher le différend ou, plus simplement, sur le sens de l'interprétation ou de l'application de telle ou telle norme juridique. Parfois aussi, et d'après les mots d'un auteur, l'objectif est simplement de s'assurer lors du procès qu'aucune infraction n'a été commise, de préserver la paix sociale y compris

[303] Dans cet arrêt de cassation, la Chambre commerciale et financière de la Cour de cassation tranche ainsi : « *Attendu que les procès-verbaux de douanes, lorsqu'ils sont rédigés par deux agents de douanes sont, en raison de la qualité de ceux qui, en apposant leur signature, en authentifient les constatations et énonciations, des actes publics et authentiques qui font foi jusqu'à inscription de faux des faits matériels constatés ; que l'inscription de faux contre un acte authentique donne lieu à communication au ministère public et que cette formalité est d'ordre public ;*
Attendu qu'il ne résulte ni de l'arrêt, ni des productions, ni du dossier de la procédure que le ministère public en ait eu connaissance ».

de matière préventive[304]. C'est dire en réalité que le procès doit avoir été engagé par des tiers et que le juge ne doit pas se sentir obligé de se conformer, pour la décision à rendre, aux vues du ministère public *(en ce sens, voir not. CS, arrêt n° 153/S, 21 sept. 1995, Procureur général près la Cour suprême et Pondi Christian c. Société Cameroon Airlines, Répertoire chronologique de la jurisprudence de la Cour suprême, Droit social, tome 3, préc., p. 1017 ; arrêt n° 34/CC, 25 fév. 1988, Lima Foretto c. Madame Lima, Juridis Info n° 2, 1990, p. 67, obs. YOUEGO C.).*

Sauf à ajouter, sur la foi des termes de l'article 36 du Code de procédure civile et commerciale, que la communication s'impose dans les affaires concernant l'ordre public, l'Etat, le territoire, les domaines, les communes, les établissements publics administratifs ; qu'elle est incontournable dans les litiges relatifs aux dons ou aux legs au profit des pauvres. Sont également communiquées au parquet les causes relatives à l'état des personnes et de celles intéressant les personnes absentes ; les affaires se rapportant aux tutelles, celles relatives aux mineurs et généralement toutes celles dont l'un des protagonistes est défendu par un curateur. Enfin, sont communiquées au procureur de la République les causes relatives aux déclinatoires de compétence, au règlement de juges ; celles se rapportant à la récusation, au renvoi pour lien de parenté ou d'alliance, à la prise à partie[305] *(CS, arrêt n° 88/Soc, 26 mai 2016, Ngangom Bernard c. Société SAGA Cameroun, Juridis Périodique n° 118, avril-juin 2019, p. 88, n° 4, note TIMTCHUENG M. et NGUEGHO A. ; CS, arrêt n° 34/CC, 25 fév. 1988, Lima Foretto c. Madame Lima, Juridis Info n° 2, 1990, pp. 67 et s. obs. YOUEGO C. ; TC, 4 mars 2002, URSSAF de la Gironde c. Département de La*

---

[304] MPINDA F.A., *Le procureur de la République au Cameroun*, préc., pp. 109 et s. Voir aussi FONKWE FONGANG J., EWARE A., op cit., pp. 23 et s. ; KITIO E., « Le ministère public en droit OHADA : une institution controversée ? (Etude à la lumière de la législation camerounaise), *Juridis Périodique n° 107*, janv.-mars 2014, pp. 111 et s. ; MBARGA A., *Procédure civile camerounaise*, Primalex, Achicourt, 2012, pp. 45 et s. ; MENGONG V.N., *L'organisation judiciaire des Etats membres de l'OHADA*, Thèse, Yaoundé 2, pp. 152 et s., n° 324 et s. ; NTAH A MATSAH H.M.M., op. cit., pp. 144 et s. ; TCHANTCHOU H., « La place du parquet ou ministère public dans les processus judiciaires communautaires : le cas de l'OHADA », *Revue de l'ERSUMA*, n° 1, juin 2012, pp. 488 et s. ; TCHOUAMBIA TOMTOM, L.J.B., « La poursuite des infractions pénales OHADA devant les juridictions d'instance camerounaises : où est passé le ministère public ? », op cit., p. 39 ; TSAMBY-LHAKHY L., *Les réquisitoires du procureur de la République*, L'Harmattan, Paris, 2022, pp. 13 et s. ; TSAMBY-LHAKHY L., *Les conclusions écrites du ministère public*, L'Harmattan, Paris, 2021, pp. 101 et s.

[305] L'article 36 du Code de procédure civile va au-delà dans la mesure où l'idée y est développée d'après laquelle « *Le procureur de la République pourra néanmoins prendre communication de toutes les autres causes dans lesquelles il croira son ministère nécessaire ; le tribunal ou le juge de paix à compétence étendue pourront même l'ordonner d'office* ». L'article 37 conclut : « *Devant les justices de paix à compétence étendue, les affaires simplement communicables sont jugées sans intervention du ministère public. Devant ces mêmes juridictions, le droit de se porter partie principale est exercé par le procureur de la République y ayant droit de réquisition* ».

Gironde, Bull., mars 2002-3, pp. 4 et 5, n° 3[306] *; Com., 12 mars 2002, Monsieur Lellouche et autres c. Direction des Douanes, Bull., préc.).*

Sauf à se souvenir que la CCJA a décidé ce qui suit dans son arrêt Société civile de Grand-Lahou : « *Attendu qu'il résulte de l'analyse des dispositions combinées des articles 1 à 27, 336 et 337 de l'Acte uniforme portant organisation des procédures simplifiées recouvrement et des voies d'exécution que celui-ci contient des règles de fond et de procédure qui ont seules vocation à s'appliquer aux procédures d'injonction de payer engagées après son entrée en vigueur ; que dans la mise en œuvre de celles-ci, ledit Acte uniforme n'ayant pas prévu de procédure de communication de la cause au Ministère public, telle que fixée à l'article 106 du Code ivoirien de procédure civile, commerciale et administrative, il s'ensuit que cette disposition de droit interne, au demeurant contraire à la lettre et à l'esprit des dispositions de l'Acte uniforme susvisé, n'est pas applicable au litige ayant donné lieu au jugement n° 72/99 du 29 juillet 1999 dont appel ; qu'en conséquence la demande de nullité dudit jugement sur ce point doit être rejetée (…)* » *(CCJA, arrêt n° 016/2004, 29 avril 2004, Scierie d'Agnibilékrou dite SDA c. M. Hassan Sahly, in Les grandes décisions de la Cour commune de justice et d'arbitrage de l'OHADA, pp. 629 et s., obs. TIMTCHUENG M. Cf également CCJA, arrêt n° 07/2006, 30 mars 2006, Société civile de Grand-Lahou dite SCGL c. American ivoirian investment corporation dite A2IC,http://www.ohada.com, J-07-14, Les grandes décisions de la Cour commune de justice et d'arbitrage de l'OHADA, pp. 225 et s., obs. SOUPGUI E.*[307]*).* Toutes proportions gardées,

---

306 Dans cette espèce qui a marqué son temps, le tribunal des conflits estime que la séparation des pouvoirs a été méconnue. La décision suivante y est prise : « *Considérant, d'une part, qu'aux termes de l'article 6 de l'ordonnance du 1er juin 1828, « lorsqu'un préfet estimera que la connaissance d'une question portée devant le tribunal de grande instance est attribuée par une disposition législative à l'autorité administrative, il pourra, alors même que l'administration ne serait pas en cause, demander le renvoi de l'affaire devant l'autorité administrative compétente » ; que, d'autre part, cet article spécifie qu'« à cet effet, le préfet adressera au procureur de la République un mémoire dans lequel sera rapportée la disposition qui attribue à l'administration la connaissance du litige » ; qu'il en résulte que l'envoi ou la remise du mémoire en déclinatoire au procureur de la République, lequel doit, en vertu du deuxième alinéa du même texte, la porter à la connaissance de la juridiction et requérir le renvoi si la revendication lui paraît fondée, est une formalité substantielle ;*
Considérant qu'il résulte des pièces du dossier que le préfet de la Gironde n'a pas adressé le mémoire en déclinatoire de compétence au procureur de la République, qui n'a pu ni le porter à la connaissance du tribunal des affaires de sécurité sociale ni requérir le renvoi de l'affaire si la revendication lui était apparue fondée ; que l'omission de cette formalité substantielle à l'accomplissement de laquelle il n'a pu être suppléé valablement par l'envoi direct du déclinatoire à la juridiction saisie du litige, entraîne, en vertu de l'article 5 de l'ordonnance du 1er juin 1828, la nullité de l'arrêt des conflits » …

307 La cour juge ici ce qui suit : « *Attendu qu'il est reproché à l'arrêt attaqué une omission de statuer en ce que la Cour d'appel s'est contentée d'indiquer que « le jugement critiqué rappelle que lors de la mise en état, les parties ont maintenu leurs déclarations contenues dans leurs écritures respectives » et « ledit jugement vise les réquisitions écrites du ministère public (…) », avant de conclure que « c'est à tort que la SCGL prétend que le premier juge a omis de faire état de la mesure d'instruction ordonnée et des réquisitions du parquet » alors que, selon le moyen, il ressort de l'acte d'appel (…) que la SCGL a invoqué la nullité du jugement n° 05/civ./1er du 23 juin 2003 aux motifs que, d'une part, la mise en état ordonnée par le tribunal n'a pas été sanctionnée par un procès-verbal des déclarations des parties de sorte qu'elle n'a pu faire aucune observation suite à cette mise en état et, d'autre part, s'agissant d'une affaire communicable et contrairement aux exigences de l'article 142 du Code de procédure civile, le jugement n'indique pas le*

cette grille de lecture gagne de nos jours à être nuancée. C'est qu'à de très nombreuses reprises, et en mettant de côté ce que la doctrine rattache de tradition au droit pénal des affaires, d'autres actes uniformes envisagent ouvertement, et à maintes reprises, la communication de tel ou tel dossier au parquet, au nombre desquels l'Acte uniforme portant organisation des procédures collectives d'apurement du passif[308]. Effectivement, son article 35 alinéa 3 prévoit que le greffe devra, « sans délai », adresser une copie de la décision d'ouverture du redressement judiciaire ou de la liquidation des biens au ministère public. Son article 47 va au-delà : « *Le ministère public est informé du déroulement de la procédure de redressement judiciaire et de liquidation des biens par le juge-commissaire. Il peut, à toute époque, requérir communication de tous actes, livres ou documents relatifs à ladite procédure* »[309]. Après avoir prévu que le défaut de communication d'information ou de document ne peut être invoqué que par le parquet, l'article visé conclut que le ministère public communique au juge-commissaire, sur sa demande ou d'office, les renseignements utiles à l'administration de la procédure, y compris ceux provenant d'une procédure pénale concernant le débiteur, sans égard au principe du secret de l'instruction[310].

A l'opposé, la posture de partie principale renvoie au cas de figure où le parquet ne se contente pas d'intervenir à l'instance. C'est lui qui, se comportant véritablement comme un plaideur, déclenche et exerce l'action

---

nom du représentant du ministère public qui aurait pris des réquisitions, de même qu'il ne comporte pas un résumé des prétentions du parquet ; qu'en statuant comme elle l'a fait, la Cour d'appel a omis de statuer sur le moyen de nullité soulevé et exposé son arrêt à la cassation ;
Mais attendu que, contrairement à ce que soutient la requérante, la Cour d'appel a bien répondu à sa demande en nullité du jugement entrepris en indiquant, comme l'a d'ailleurs reconnu la requérante dans la formulation du grief, que « le jugement critiqué rappelle que lors de la mise en état, les parties ont maintenu leurs déclarations contenues dans leurs écritures respectives ; que de même, ledit jugement vise les réquisitions écrites du ministère public (...) ; que c'est à tort que la SCGL prétendu que le premier juge a omis de faire état de la mesure d'instruction ordonnée et des réquisitions du parquet ; qu'il y a lieu d'en juger ainsi et de rejeter l'exception de nullité soulevée par la SCGL » ; qu'il suit que le moyen n'étant pas fondé, il échet de le rejeter ».

[308] Au sujet du détail, voir KITIO E., « Le ministère public en droit OHADA : une institution controversée ?... », préc., pp. 118 et 119, spéc. ; KITIO E., « Le contentieux du droit pénal des affaires devant les hautes juridictions nationales et devant la CCJA », *Juridis Périodique n° 94*, avril-juin 2013, pp. 67 et s. ; KOM J., *Droit OHADA des entreprises en difficulté*, L'Harmattan, Paris, 2021, pp. 141 et s., n° 254 et s. ; MENGONG V.N., op cit., pp. 152 et s., n° 324 et s. ; ONANA ETOUNDI F., *L'incidence du nouveau droit communautaire OHADA sur le droit interne de l'exécution des décisions de justice en matière non répressive (cas du Cameroun)*, Yaoundé 2, 2004, pp. 34 et s. ; TACHAGO YOUMSSI N.D., *Le ministère public et les voies d'exécution en droit OHADA*, op cit., 2018, pp. 54 et s.

[309] Dans le même sens, l'article 235 de cet Acte uniforme retient que « *Le syndic est tenu de remettre au ministère public les pièces, titres, papiers et renseignements qui lui sont demandés.*
Les pièces, titres et papiers délivrés par le syndic sont, pendant le cours de l'instance, tenus en état de communication par la voie du greffe. »

[310] Voir également les articles 101, 112, 113, 234, etc. Lire not. KITIO E., « Le ministère public en droit OHADA : une institution controversée ? ... », préc., pp. 118 et 119, spéc. ; KOM J., *Droit OHADA des entreprises en difficulté*, préc., pp. 141 et s., n° 254 et s. ; MENGONG V.N., op. cit., pp. 152 et s., n° 324 et s.

publique et doit, à peine de nullité avoir un rôle actif, prendre part aux audiences[311]. Etant entendu que son rôle est de veiller aux intérêts généraux de la société et de la défendre lorsqu'une infraction a été commise, l'article 128 (3) du Code de procédure pénale va jusqu'à lui imposer, avant la clôture des débats, de prendre des réquisitions dans chaque cause, oralement ou par écrit, sans que la parole ne doive jamais soit lui être retirée, soit lui être refusée. Les articles 129, 130 et 131 amplifient l'exigence en ajoutant, tour à tour, que « *Le ministère public doit être entendu même lorsqu'il ne s'agit plus que de l'examen des intérêts civils* » ; que celui-ci « *(...) peut soulever l'irrégularité d'un acte de procédure et saisir la juridiction compétente aux fins de l'annuler* » ; qu'en cas de non-lieu ou d'acquittement, sa responsabilité est à exclure, sa condamnation aux dépens à éviter. On sait par ailleurs, notamment en se référant à l'article 389 du même Code, que la décision qui met un terme au procès pénal signale forcément la participation de celui-ci et, mieux encore, l'identité de celui qui a occupé le « banc du ministère public » *(sur l'ensemble, voir CS, arrêt n° 20/P, 18 nov. 1999, Njilakagnan Ngoumcheme c. Ministère public, Menchamo Abdoulaye et autres, Répertoire chronologique, Droit pénal, tome 1, 1980-2000, pp. 214-215*[312] *; CS, arrêt n°108-P, 24 nov. 1977, Sieur Ngatcha Noé c. Ministère public, Ngassa Nicodème, Fonga Marcel et autres, RCD n°s 15 et 16, 1978, pp. 68 et s.*[313]*)*.

La quatrième des conclusions tend à attirer l'attention sur le fait que toutes les juridictions ou quasi-juridictions ne sont pas pourvues de parquets ; mais aussi sur le fait que les parquets des juridictions ne sont pas forcément, pour s'exprimer de la sorte, autonomes. C'est le cas de la commission nationale de la concurrence, de la commission provinciale du contentieux de la prévoyance sociale. Devant les juridictions de l'ordre administratif où il existe, le ministère public est moins visible, ne serait-ce que parce que le parquet est, en quelque sorte, un parquet d'emprunt. Effectivement, la loi n° 2006-022 du 29 décembre 2006 fixant l'organisation et le fonctionnement des tribunaux administratifs retient[314] que le ministère public de la Cour d'appel du ressort est affecté au tribunal. Dans le même sens, la loi n° 2006-017 du 29 décembre 2006 fixant l'organisation et le fonctionnement des tribunaux régionaux des comptes a un parquet partiellement emprunté à la Cour d'appel de son ressort. C'est du moins ce

---

[311] C'est notamment le sens des articles 59, 60, 128 (1), Code de procédure pénale.

[312] La Cour suprême y décide : « *Les jugements sont rédigés en minute. Ils énonceront qu'ils ont été rendus en audience publique et indiqueront clairement la date à laquelle ils ont été rendus. Ils contiendront les noms des magistrats et du greffier qui auront siégé.*
L'arrêt ayant omis d'indiquer dans ses qualités le nom du magistrat ayant occupé le banc du ministère public à la date à laquelle il a été rendu et se bornant à indiquer la présence du substitut général près la Cour d'appel, viole le texte visé au moyen... »

[313] Dans cet arrêt, la haute juridiction estime que les parties n'ont pas à solliciter la publication de la décision de condamnation à intervenir. Elle juge également que « *la réquisition de la peine applicable à l'inculpé incombe au ministère public et non point à la partie civile dont l'action tend exclusivement à obtenir réparation des dommages matériels et moraux accusés par l'infraction* ».

[314] A son article 6-b.

qu'inspire la formule de l'article 10 d'après laquelle le ministère public près le tribunal régional des comptes est exercé par le procureur général près la Cour d'appel qui pourrait être assisté d'un ou de plusieurs substituts, magistrats ou cadres de l'administration en service extraordinaire.

La cinquième des conclusions touche aux qualités attendues des réquisitions du ministère public. A ce propos, il est enseigné dans les écoles de formation de magistrats que celles-ci doivent être sobres, sereines, honnêtes[315]. D'emblée, cela exclut les omissions intéressées, les propositions sans lien avec les données factuelles de l'affaire ou avec la personnalité du délinquant. Au minimum, cela suppose que le texte ou l'exposé qui en constitue le support ne soit pas coloré de partis pris, que la solution au litige suggérée ne s'adosse pas sur des affinités notamment idéologiques, politiques, économiques, ethniques, religieuses ; que ce serviteur de la justice se garde de devenir « un accusateur aveugle, diabolique, machiavélique, assoiffé de vengeance et de sang »[316]. *A contrario*, cela signifie que celui-ci devrait s'inspirer des éléments de fait portés à sa connaissance, de ceux découverts par lui ou versés au dossier à l'issue de l'enquête préliminaire, de la personnalité de l'individu poursuivi, de paramètres liés à la criminalité au plan local, national ou régional, de la politique criminelle élaborée afin de la contenir, tout cela sans à la lumière de sa boussole que constitue l'intérêt général[317]. On imagine mal, si tel doit être le « tableau de bord » des magistrats du ministère public, que leurs réquisitions se résument dans des formules du type « faits constants, application de la loi », « le parquet s'en remet à la sagesse du tribunal », « le ministère public s'abandonne à la sagacité de la cour ». De ces derniers le juge attend, sans être lié, des éléments pouvant aider à trancher avec une marge réduite d'erreur, avec la conviction que la vérité a triomphé.

La sixième des conclusions c'est que le décret n° 95/048 du 8 mars 1995 précité, en son article 4, assimile aux magistrats du parquet l'ensemble des membres du corps judiciaire en service au ministère de la justice et ceux qui sont en détachement. L'assimilation est loin d'être anodine. Ces derniers sont hiérarchiquement subordonnés à l'autorité auprès de laquelle ils sont détachés[318]. En conséquence, leur indépendance est limitée et le bénéfice de l'inamovibilité très relatif[319]. Cette impression de vulnérabilité est

---

[315] NDJERE E., op. cit, p. 320. Lire également NOUNAMO KEMOGNE « Les réquisitions du ministère public dans le contentieux répressif de la propriété intellectuelle : entre utilité certaine et consécration perfectible », in *Le parquetier*, op cit., pp. 23 et s. ; TSAMBY-LHAKHY L., *Les réquisitoires du procureur de la République*, op cit., pp. 13 et s. ; TSAMBY-LHAKHY L., *Les conclusions écrites du ministère public*, op cit., pp. 101 et s.

[316] NDJERE E., op cit., p. 319.

[317] Ibid., p. 320.

[318] Article 4 (2), décret du 8 mars 1995 préc.

[319] AZANGUE NGOUAJIO J., « La dualité de la fonction du ministère public dans le procès pénal », in *Le parquetier*, op cit., pp. 171 et s. ; NGAH NOAH M.U., « Repenser themis : éléments pour une justice plus efficace au Cameroun », préc., p. 147 ; BOTTON A., « Les magistrats du parquet, des subordonnés indépendants et des parties impartiales », op. cit., pp. 888 et s. ; Nous

confirmée par l'article 31 (5) du décret de 1995 lorsque celui-ci dispose que les magistrats en position de détachement pour exercer les fonctions de membre du gouvernement ou une fonction publique élective à l'assemblée nationale ou au sénat bénéficient, par décret, d'une promotion de groupe ou de grade sans notation et hors péréquation. La fragilité évoquée est littéralement sublimée lorsque la règle est posée[320] qui veut que le ministre de la justice ait la latitude, en dehors de toute mesure disciplinaire, d'infliger un avertissement ou une réprimande aux magistrats du parquet affectés dans les services centraux du ministère a la tête duquel on le retrouve.

La septième des conclusions c'est que, certes le ministère public a la charge, au nom de l'Etat, de veiller à l'application de la norme juridique, à la préservation de l'ordre public, de l'intérêt commun et parfois inciter au respect de la politique pénale. Il demeure néanmoins, dans le procès pénal, que le soin lui revient, comme à tout demandeur, de prouver ses allégations. *A contrario*, cela signifie que le parquet n'a pas le bénéfice d'un renversement de la charge de la preuve en raison de sa mission. Tel est du moins le cœur d'un arrêt de la Cour suprême en date du 14 avril 1998, affaire Ngami François contre Ministère public et Nguem Eyango. Dans cette espèce devenue un repère, le demandeur au pourvoi reprochait aux juges d'appel d'avoir exigé de lui la preuve de sa non culpabilité alors que la règle est connue qui veut que le prévenu soit présumé innocent et donc que le soin revient à l'accusation d'établir sa culpabilité. Le verdict de la haute juridiction se passe de commentaires : « *Attendu qu'en matière pénale, la charge de la preuve incombe au Ministère public ; (…) qu'en énonçant que le prévenu n'apporte aucune preuve de la non corruption de la jeunesse, le juge d'appel a inversé la charge de la preuve, en même temps qu'il impose au prévenu celle d'une preuve négative* » *(CS, arrêt n° 99, 16 avril 1998, Ngami François c. Ministère public et Nguem Eyango Jonas, Répertoire chronologique de la jurisprudence de la Cour suprême, tome 1, Droit pénal, préc., p. 1231).*

Sans doute est-il encore de bon ton de noter, avant de quitter le parquet, que celui-ci peut s'abstenir d'exercer l'action publique et donc classer l'affaire sans suite dans un ensemble d'hypothèses[321]. Dans la même

---

même, « Quel juge … demain ? », in POUGOUE P.-G., *Il fallait en dire un mot…*, op cit., pp. 75 et s.

[320] Article 49 (2).

[321] La nature juridique de l'acte classant sans suite est très peu précise. Parfois, celui-ci n'est pas écrit. Surgit alors la question de savoir s'il ne faudrait pas, afin d'éviter l'arbitraire, envisager que cet acte soit, comme dans certains Etats, rangé dans la catégorie des actes administratifs que l'on pourrait par conséquent attaquer devant le juge administratif. Fort heureusement, en de telles circonstances et dans l'attente, les justiciables ont parfois le réflexe de se retourner vers la piste de la citation directe. Rares sont celles qui s'orientent vers les juridictions supranationales en estimant que leur recours est soit indisponible soit inefficace. Sur l'ensemble, voir GUINCHARD S., VARINARD A., DEBARD T., op cit., pp. 69 et 70, n° 35 ; JOURDAINE N., « Le contentieux de l'organisation judiciaire, question d'acte administratif ou de fonctionnement juridictionnel ? », *Gaz. Pal.*, n° 26, 30 juil. 2024, pp. 16 et s. ; JOURDAINE N., « Le case management par les mesures d'administration judiciaire », *Les Cahiers de la justice*, 2022/4, n° 4, pp. 687 et s. ; NSOGA E.Z. II, *Le jugement*, thèse, Yaoundé 2, 2021, pp. 16 et s., n°s 18 et s. ; THÉRON J., « Mesure

tournure d'esprit, celui-ci doit pouvoir entreprendre les diligences provoquées par l'extinction de l'action publique dans des cas que la loi liste. Il en ira ainsi au cas de décès du suspect, d'amnistie, d'abrogation de la loi fondant les poursuites, de transaction lorsque cela est permis, de retrait de la plainte lorsque celle-ci est le préalable à la mise en mouvement de l'action publique[322]. Il en ira encore ainsi dans l'hypothèse du non-exercice de l'action publique dans le délai de dix années à compter du lendemain de la commission de l'infraction qualifiée de crime, de trois années s'agissant du délit, d'une année s'agissant de la contravention[323]. Il en ira ainsi, plus globalement, lorsque des entraves s'opposeront aux poursuites à l'instar de la démence de l'auteur de l'infraction, de l'immunité de juridiction, des immunités diplomatiques et parlementaires, de la minorité, de l'absence d'infraction *(en ce sens, lire not. CS, arrêt n° 242/P, 21 juin Peh Maurice et Edimo Gilles c. Ministère public, Socopar et Régie nationale des chemins de fer du Cameroun et Union camerounaise des brasseries, Répertoire chronologique de la jurisprudence de la Cour suprême, tome 1, Droit pénal, préc., pp. 3 et 4 ; arrêt n° 143, 14 mai 1963, Procureur général près la Cour suprême c. Ndjom Jean, Ebé Henri (décédé) et Ntepé Pierre (décédé), Répertoire chronologique de la jurisprudence de la Cour suprême, Droit pénal, 1960-1980, tome 1, préc., p. 836 ; arrêt n° 34/P, 05 déc. 1985, Mbonguen Abraham, Kouam Louis c. Ministère public et Mbonguen Jean, RCD n° 30, 1985, pp. 170 et s., rapp. Mvondo Mbo F. ; arrêt n° 303/P, 18 juil. 1985, Nempe Alexis c. Ministère public et Fotsing Emmanuel, Répertoire chronologique de la jurisprudence de la Cour suprême, tome 1, Droit pénal, préc., pp. 6 et 7 ; chronologique de la jurisprudence de la Cour suprême, tome 1, Droit pénal, préc., pp. 3 et 4 ; arrêt n° 94/P, 06 fév. 1986, Chonkap Daniel c. Ministère public et Kuindjeu née Tabet Ngatchou Lucienne, RCD n° 30, 1985, pp. 146 et s., rapp. Mvondo Mbo F. ; arrêt n° 160/P, 15 mai 1986, Nde Jacob, Nowa David c. Ministère public et Chintou Salamatou, Répertoire chronologique de la jurisprudence de la Cour suprême, tome 1, Droit pénal, préc., pp. 8 et s ; arrêt n° 84/P, 22 janv. 1987, Takala Mathieu et Wojumwo Paul c. Ministère public, Noah André et autres, Répertoire chronologique de la jurisprudence de la Cour suprême, tome 1, Droit pénal, préc., pp. 9 et 10 ; arrêt n° 210/P, 14 juil. 1988, Wernert Trojok c. Ministère public et Tsolakis Apostolos, Répertoire chronologique de la jurisprudence de la Cour suprême, tome 1, Droit pénal, préc., p. 11 ; arrêt n° 302/P, 28 juin 1990, Minyem Bell Joseph c. Ministère public et Mong Mong Joseph, Répertoire chronologique de la jurisprudence de la Cour suprême, tome 1, Droit pénal, préc., pp. 12 et s. ; arrêt n° 292/P, 23 juil. 1992, Mulumba Tshepela c. Ministère public et Mvogo Jean-Marie, Répertoire chronologique de la jurisprudence de la Cour suprême, tome 1, Droit pénal, préc., pp. 1288-1290 ; arrêt n° 121/S, 22 sept. 1994, Sumoca c. Mbondo André Privat,*

d'administration judiciaire. Proposition d'un critère de qualification », *D.* 2010, pp. 2246 et s. ; NSOGA E.Z. II, *Le jugement*, op cit., pp. 16 et s., n°s 18 et s.

[322] Code de procédure pénale, article 62.

[323] Idem, article 65.

Répertoire chronologique, Droit pénal, tome 1, 1980-2000, pp. 697-698 ; arrêt n° 311/P, 18 août 1983, Tcheuffa Pascal c. Ministère public et Kotchop Joseph, Répertoire chronologique, Droit pénal, tome 1, 1980-2000, pp. 22 et 23 ; arrêt n° 27/P, 20 oct. 1983, Andégué Ottou Raphael c. Ministère public et Dame veuve Assomo Mballa Lucie, Répertoire chronologique, Droit pénal, tome 1, 1980-2000, p. 23 ; arrêt n° 41/P, 24 nov. 1983, Frantzis Serge c. Ministère public et Frantzis née Touzet Mireille, Répertoire chronologique, Droit pénal, tome 1, 1980-2000, pp. 23 et 24 ; arrêt n° 48/P, 24 nov. 1983, Nguenkam Samuel c. Ministère public et Djella Emmanuel, Répertoire chronologique, Droit pénal, tome 1, 1980-2000, p. 25 ; arrêt n° 238/P, 21 juin 1984, Djouokouo Madeleine, Mambbé Pauline et Kengne Sakéo c. Ministère public et Djiké, Répertoire chronologique, Droit pénal, tome 1, 1980-2000, pp. 30 et 31 ; arrêt n° 287/P, 18 juil. 1985, Niamekong c. Ministère public, Injei Delphina et Neba John Forkob, Répertoire chronologique, Droit pénal, tome 1, 1980-2000, p. 31 ; arrêt n° 362/P, 12 sept. 1985, Ngateu Valentin et Toubé Ekwa Samuel c. Ministère public, Toubé Ekwa Samuel et Valentin Ngateu, Répertoire chronologique, Droit pénal, tome 1, 1980-2000, pp. 30-31 ; arrêt n° 387/P, 12 sept. 1985, Ngo Mallong Frieda c. Ministère public et Dame Bikondi née Ngo Bissong Agnès, Répertoire chronologique, Droit pénal, tome 1, 1980-2000, pp. 32-33 ; arrêt n° 54/P, 16 janv. 1986, Kuindjeu Alexandre c. Ministère public et Wanda Mathieu, Répertoire chronologique, Droit pénal, tome 1, 1980-2000, pp. 32-35 ; arrêt n° 62/P, 13 déc. 1984, Ntenda Joseph c. Ministère public et Ibrahim Harche, Ngog-Hob Engelbert, Répertoire chronologique, Droit pénal, tome 1, 1980-2000, pp. 41-42 ; arrêt n° 99/P, 20 déc., Nga Adèle c. Ministère public et Neme Bernadette, Répertoire chronologique, Droit pénal, tome 1, 1980-2000, p. 42 ; arrêt n° 288/P, 8 juin 1995, Tonfack Maurice et autre c. Ministère public, Poundé Pierre et autres, Répertoire chronologique, Droit pénal, tome 1, 1980-2000, p. 47 ; TCS, arrêt n° 001/CRIM/TCS/2017, 17 janv. 2017, Ministère public et Etat du Cameroun-Ministère des enseignements secondaires c. Bapes Bapes Louis, Recueil des arrêts du tribunal criminel spécial, tome 1, préc., pp. 273 et s.).

Enfin, et cela n'est pas à négliger, le procureur de la République doit pouvoir, au terme de l'enquête préliminaire, saisir par écrit le juge d'instruction par un réquisitoire introductif d'instance. L'une des spécificités de cet acte tient à ce que les éléments factuels y sont qualifiés sans que la qualification lie le magistrat qui, à titre principal, conduit « l'information judiciaire »[324] *(voir même tacitement CS, arrêt n° 314, 24 oct. 1961, Procureur de la République c. Bassong André, Onana Emile et Compagnie Air-France, Répertoire chronologique de la jurisprudence de la Cour suprême, Droit pénal, tome 1, 1960-1980, préc. ; arrêt n° 27/P, 25 juil. 1961, Le procureur de la République près le tribunal de première instance d'Abong-Mbang c. Mpel Mathurin et Awounbidjang Pauline, Répertoire chronologique de la jurisprudence de la Cour suprême, tome 1, 1960-1980, Droit pénal, préc. ; arrêt n° 30, 24 déc.*

[324] Voir notamment les articles 163, 169 du Code de procédure pénale.

1963, Onana Léon c. Ministère public et Etat du Cameroun, Répertoire chronologique de la jurisprudence de la Cour suprême, Droit pénal, tome 1, 1960-1980, préc. ; arrêt n° 76, 25 fév. 1964, Procureur général près la Cour d'appel de Douala c. Njengué Hélène et Etombi Marie, Répertoire chronologique de la jurisprudence de la Cour suprême, tome 1, Droit pénal, préc. ; arrêt n° 404/P,16 sept. 1982, Procureur général près la Cour d'appel de Garoua c. Herepran Lahandi et Bougamba Lahandi, Répertoire chronologique de la jurisprudence de la Cour suprême, tome 1, Droit pénal, préc. ; arrêt n° 56/P, 11 déc. 1986, Thomas Ndansi Agwoh c. Ministère public, Répertoire chronologique de la jurisprudence de la Cour suprême, tome 1, Droit pénal, préc. ; TCS, arrêt n° 007/CRIM/TCS, 5 avril 2013, Ministère public et Etat du Cameroun-Ministère de la justice c. Tikela née Fanta Elisabeth Marie et Akono Ousmanou Françis, Recueil des arrêts du tribunal criminel spécial, tome 4, préc.). S'ouvre alors une autre phase du procès pénal dirigée par le juge d'instruction dont le processus de recrutement ne diffère en rien de celui des autres membres du corps judiciaire que celui-ci a vocation à rejoindre.

Paragraphe 3. Le croisement des catégories de magistrats et de l'effectif

Les magistrats sont traditionnellement rangés soit dans la catégorie soit des magistrats du siège, soit dans celle du parquet. L'exercice ne devrait pas conduire à conclure, en l'état actuel du droit positif camerounais, que ces catégories ne s'interpénètrent pas. Effectivement, dans le cours de leur carrière, ceux-ci passent du siège au parquet et vis-versa. Les seules hypothèses où l'on pourrait raisonnablement exclure une mobilité professionnelle croisée semblent être celles où la fonction de magistrat est assumée pour un laps de temps court, notamment dans le cadre de la pratique de l'échevinage. Ce cas de figure marginal mis à l'écart, le statut de la magistrature retient que *« Les nominations dans les fonctions judiciaires et la répartition des tâches au sein de chaque juridiction ou service doivent, autant que possible, obéir, en particulier pendant les 15 années de la carrière à un principe de rotation permettant à chaque magistrat d'acquérir la plus vaste expérience »*[325]. A l'examen, et c'est le regret majeur sur ce point particulier, la migration professionnelle voulue et organisée se décide « en haut lieu » et parfois discrétionnairement, sinon sur la base de paramètres dont la lisibilité n'a pas achevé d'être recherchée[326], cela dans un contexte où la nature des

---

[325] Article 74.

[326] Dans ce sens, voir également les prévisions des articles 6 (2) et 26 (4) du statut de la magistrature déjà évoqués. Lire KUATE TAMEGHE S.S., « La réforme du statut de la magistrature au Cameroun », in *De l'esprit du droit africain, Mélanges en l'honneur de Paul-Gérard Pougoué,* Lamy, Paris, 2014, pp. 421 et s. ; MBALLA OWONA R., *La notion d'acte administratif unilatéral au Cameroun,* Thèse, Université de Yaoundé II, 2010, pp. 78 et s. ; MOMO B., « Renforcer la stratégie d'organisation des structures de gestion de l'Etat du Cameroun », in

juridictions et du contentieux sont hétérogènes, où les magistrats ont des profils composites, où la vie professionnelle conduit à animer la justice pénale, la justice civile, la justice administrative générale ou spéciale, la justice constitutionnelle et parfois à œuvrer au profit des juridictions d'envergure sous régionale, continentale, universelle[327]. Un tel diagnostic dévoile la pertinence de la construction suggérant que les magistrats soient spécialisés en début de carrière et rattachés soit au siège soit au parquet ; que le passage du siège au parquet et vice-versa ne s'opère qu'après l'acquisition d'une solide expérience ou rendu à un grade intermédiaire. Mieux encore, pareil diagnostic rend aisée la compréhension de l'idée de la mise en place réfléchie de juridictions spécialisées qui seraient animées par un personnel dédié dans certaines villes ou localités[328].

Cela réservé, il a de tout temps paru indispensable, dans chaque Etat doté d'une organisation judiciaire, de procéder à un inventaire de ceux qui jugent ou mieux, des magistrats. L'exercice est utile à plusieurs titres. Tout d'abord, il permet de savoir ces professionnels peuvent, comme cela semble être l'idéal, favoriser le fonctionnement optimal des juridictions et le déploiement serein de la justice. Ensuite, il permet de savoir si la justice est accessible à la majorité des sujets de droit. Classiquement, la réponse à ces préoccupations s'opère à la lumière notamment du nombre des tribunaux et des cours, de leur ventilation sur le territoire, de la taille de la population y compris dans le ressort des juridictions. Pareillement, la réponse aux inquiétudes exprimées offre l'occasion d'apprécier les conditions de travail du personnel magistrat et non-magistrat, notamment par confrontation de leur nombre et des ressources disponibles, singulièrement celles ayant un caractère financier. Le budget de fonctionnement et d'investissement du département ministériel en charge de la justice est alors révélateur[329]., en particulier lorsque celui-ci est comparé à l'allocation budgétaire d'ensemble

---

ABOUEM A TCHOYI D., MBAFOU S.C. (dir.), *Améliorer l'efficacité de l'Etat au Cameroun. Propositions pour l'action*, op. cit., pp. 49 et s. spéc. ; NLEP R.G., *L'administration publique camerounaise : contribution à l'étude des systèmes africains d'administration publique*, LGDJ, Paris, 1986 ; NOTANG TOUKAP J., *La qualification professionnelle du travailleur*, thèse, Yaoundé 2, 2020, pp. 222 et s., n°s 407 et s. ; OWONA J., *Droit de la fonction publique camerounaise*, L'Harmattan, Paris, 2011, pp. 98 et s. ; PAMBOU TCHIVOUNDA G., *Essai sur l'Etat africain postcolonial*, LGDJ, Paris, 1982, pp. 170 et s. ; TIDO BATIO R., « L'encadrement juridique de la nomination des agents publics au Cameroun : un édifice entamé, mais non encore achevé », *Juridis Périodique* n° 127, juil.-sept. 2021, pp. 75 et s.

[327] KUATE TAMEGHE S.S., « Quel juge … demain ? », op cit., pp. 75 et s.

[328] Sur l'ensemble, voir le tome 1 de cet ouvrage. Voir également DJIAZET MBOU MBOGNING S., *L'accès à la justice au Cameroun*, L'Harmattan, Yaoundé, 2015, pp. 54 et s. ; MENGONG V.N., op. cit., pp. 198 et s., n° 451 et s. ; NGAH NOAH M.U., « Repenser themis : éléments pour une justice plus efficace au Cameroun », in ABOUEM A TCHOYI D., MBAFOU S.C. (dir.), *Améliorer l'efficacité de l'Etat au Cameroun. Propositions pour l'action*, op cit., p. 171 ; KUATE TAMEGHE S.S., « La réorganisation des juridictions de l'ordre judiciaire au Cameroun », préc., pp. 171 et s.

[329] REPUBLIQUE DU CAMEROUN, *Rapport du ministère de la justice sur l'état des droits de l'homme au Cameroun en 2020*, p. 58. Voir aussi UNION AFRICAINE, *Directives et principes sur le droit à un procès équitable et à l'assistance judiciaire en Afrique*, point K.

ou à la dotation affectée à d'autres services publics considérés comme essentiels.

Au Cameroun, pour s'en tenir à ce pays, cette grille de lecture trouble. C'est que des statistiques dignes de foi, consignées dans la SND 30, inclinent à penser que la population se chiffre à environ 23 248 044 habitants avec un taux de croissance d'environ 2,4% dont plus de la moitié des tenants se trouve en milieu urbain[330]. Dans le même temps, du moins à en croire les données du Rapport du ministère de la justice sur l'Etat des droits de l'homme dressé en 2020, le pays compte une Cour suprême, dix cours d'appel, dix tribunaux administratifs, 12 tribunaux de grande instance, 46 tribunaux de première et de grande instance jumelés, 29 tribunaux de première instance autonomes, 447 juridictions de droit traditionnel. On y retrouve, à cette époque, 1826 magistrats dont 53 hors hiérarchie du premier groupe, 112 hors hiérarchie du groupe 2, environ 239 magistrats du 4ème grade, 271 du 3ème grade, 588 du 2ème grade, 563 du premier grade. Quant à l'effectif non-magistrat dont la lisibilité comporte une marge d'erreur importante, il comprend 3306 personnes appartenant à la catégorie des fonctionnaires et 1353 n'ayant pas cette qualité[331]. A l'évidence, ces ratios ne sont pas favorables à la réalisation optimale du droit d'accès aux services judiciaires et à la justice, du droit d'être jugé sans retard excessif, du droit à un procès équitable[332]. Le recrutement des magistrats se révèle alors comme une piste de solution qui côtoie d'autres.

Section 2. Le recrutement des magistrats

Les modalités du recrutement des magistrats sont anciennes et ont été affinées par différents actes règlementaires. Au nombre de ceux-ci et en bonne place se trouvent le décret n° 2004/080 du 13 avril 2004 modifiant certaines dispositions du décret n° 95/048 du 08 mars 1995 portant statut de la magistrature et le décret n° 2018/240 du 09 avril 2018 portant réorganisation de l'Ecole nationale d'administration et de magistrature du Cameroun. Ce foisonnement de textes n'empêche cependant pas, de nos jours encore, que le recrutement du personnel judiciaire soit au cœur de préoccupations.

---

330 REPUBLIQUE DU CAMEROUN, *Rapport du ministère de la justice sur l'état des droits de l'homme au Cameroun en 2020*, op cit., p. 81, n° 267.

331 Idem, p. 58 et p. 286.

332 Pour une analyse approfondie, voir entre autres CHABANOL D., « Le temps et la justice. Quelques pistes de réforme », *Rec. Dalloz* 2024, pp. 369 et s. ; DJIAZET MBOU MBOGNING S., op cit., pages 54 et s. et pages 165 et s. ; UNION AFRICAINE, *Directives et principes sur le droit à un procès équitable et à l'assistance judiciaire en Afrique*, point K.

Paragraphe 1. Modalités

Que les magistrats soient du siège ou du parquet, leur recrutement emprunte deux voies : le concours d'une part, l'intégration directe d'autre part.

A. La voie du concours

La voie du concours constitue à ce jour le mode normal de recrutement[333]. A ce sujet, l'article premier du décret n° 2012/188 du 18 avril 2012 modifiant et complétant certaines dispositions du décret n° 95/048 du 8 mars 1995 portant statut de la magistrature dispose, mots pour mots : « *1-Nul ne peut être recruté comme magistrat s'il ne justifie, outre les conditions requises par le statut général de la fonction publique de l'Etat :*

a) D'une maîtrise en droit privé, d'une maîtrise en droit public, d'une maîtrise en sciences économiques, d'une maîtrise en gestion, ou d'un master en informatique d'une université camerounaise ;

b) Du diplôme de l'Ecole nationale d'administration et de magistrature (division de la magistrature et des greffes) ou d'un stage d'attaché de justice (...) ;

2- Toutefois, la maîtrise en droit privé, la maîtrise en droit public, la maîtrise en sciences économiques, la maîtrise en gestion ou le master en informatique d'une université camerounaise, peuvent être remplacés par un diplôme étranger reconnu équivalent par l'autorité compétente et agréée par le ministre de la justice »[334] *(même tacitement, voir CS, arrêt n° 10/A, 24 mars 1983, Teuguia Gabriel c. Teuguia Gabriel et l'Etat du Cameroun- Ministère de la justice, Répertoire chronologique de la jurisprudence de la Cour suprême, tome 5, Droit administratif, 1980-2000, préc., pp. 157 et s. ; YATERA A., « Saisie immobilière: non à l'excès de pouvoir du juge de l'exécution dans la fixation du montant de la mise à prix », obs. sous Cass. 2e civ., 13 juin 2024, n° 22-10.790, B : JurisData n° 2024-009312, La Semaine Juridique E.G., n° 27, juil. 2024, pp. 1232 et s.).*

L'économie du texte se perçoit aisément. Hier, d'après les prescriptions de l'article 11 du décret n° 95/08 du 8 mars 1995 modifié et complété par celui n° 2004/080 du 13 avril 2004, l'accès au statut de magistrat par la voie du concours externe était essentiellement réservé aux personnes titulaires

---

[333]Sur l'historique, voir not. GUINCHARD S., VARINARD A., DEBARD T., op cit., pp. 222 et s., n°s 128 et s. HALPERIN J.L., « Quel statut des magistrats de la révolution à l'Empire ? », in *DESCAMPS O. (dir.), Le statut du magistrat,* Editions Panthéon-Assas, Paris, 2020, pp. 71 et s. ; JEAN J.-P., « Le statut du magistrat de l'entre-deux guerres à 1958 : la justice dans l'Etat avant la justice dans l'Etat de droit », in *Le statut du magistrat,* op cit., pp. 91 et s. ; KRYNEN J., « Le statut du magistrat du XIIIème au XVème siècle », in *Le statut du magistrat,* op cit., pp. 41 et s. ; Nous même, « Quel juge ... demain ? », op cit., p. 76.

[334] Le décret n° 2018/240 du 09 avril 2018 portant réorganisation de l'Ecole nationale d'administration et de magistrature va dans le même sens. L'article 48 (1) prescrit que « *Les élèves de l'ENAM sont recrutés par voie de concours comprenant des épreuves écrites et orales* ».

d'une maîtrise en droit délivrée par une université nationale ou d'un diplôme équivalent provenant d'une université étrangère, à condition dans cette dernière hypothèse que ce diplôme soit reconnu équivalent au précédent par le ministre de l'enseignement supérieur puis agréé par son homologue de la justice. Sur le plan des principes, les titulaires d'une maîtrise sanctionnant une formation extra juridique n'étaient pas autorisés à postuler à cette profession.

A l'évidence, l'élargissement du périmètre de la profession de magistrat aux disciplines non juridiques, amorcé naguère et affiné ces temps derniers augure des lendemains meilleurs[335].

En occultant volontiers le discours relatif aux opportunités d'emplois offertes à la jeunesse, un accent doit tout d'abord être porté sur la plus grande célérité dans la conduite des procédures. En effet, l'époque semble être révolue où les magistrats devaient systématiquement se référer à un tiers spécialisé au cas où surgissaient des difficultés sans lien avec leur formation ou avec leur expérience. A cette époque, l'intervention des tiers sollicités n'étant généralement pas encadrée dans des délais stricts parce que l'ordonnateur des investigations avait le loisir (ainsi que le lui permettait la loi) de proroger les délais initialement fixés[336], il était courant que celle-ci aboutisse à un allongement anormal de la durée du procès. Cela observé, la tentation doit néanmoins être combattue de conclure hâtivement que le glas de l'expertise judiciaire a sonné. En réalité, l'intégration dans la magistrature de gens formés dans le domaine des « sciences exactes » induit seulement une « domestication » des mesures d'instruction ; ce qui signifie corrélativement que le procès devrait moins être mis en berne en attendant qu'un tiers documente les magistrats.

Un accent doit ensuite être mis sur la réduction du coût en argent de la justice pour le justiciable. En effet, en s'en tenant à l'hypothèse surabondamment évoquée du recours fréquent aux expertises, il est difficile de nier que ces mesures d'instruction généraient autrefois des dépenses supportées soit par la personne les ayant sollicitées, soit par toutes les parties au cas où celles-ci s'étaient accordées pour y avoir recours[337]. Ce n'est donc que très exceptionnellement que les honoraires de l'homme de l'art n'étaient pas à la charge des demandeurs de ces mesures[338] ; dépenses

---

[335] A propos de l'amorce de ce mouvement, voir KUATE TAMEGHE S.S., « La réforme du statut de la magistrature au Cameroun », op cit., pp. 421 et s. ; « Quel juge … demain ? », op cit., p. 77 ; MERLE Ph. « Pour un échevinage renouvelé », *DS* 1982, chron. XII, p. 82.

[336] Du coup, la prorogation qui aurait dû être le principe est devenue l'exception.

[337] Article 123, Code de procédure civile et commerciale.

[338] Voir l'article 160 de l'Acte uniforme relatif au droit des sociétés commerciales et du groupement d'intérêt économique s'agissant des frais de l'expert de gestion. Bien que la mesure soit sollicitée par les associés, il y est résolu que ces frais sont supportés par la société. Pour aller plus loin, nous même, « Quelques ambiguïtés de l'expertise de gestion dans l'Acte uniforme relatif au droit des sociétés commerciales et du GIE », *Recueil d'études sur l'OHADA et l'UEMOA, Vol. 1*, J. Mestre (dir.), Presses universitaires d'Aix-Marseille, Aix-en-Provence, 2010, pp. 147-178.

plutôt ardues à soutenir dans un contexte de pauvreté marqué par la recrudescence, mais curieusement aussi par le rejet massif des demandes d'assistance judiciaire[339].

Un accent doit également être porté sur la réduction à des proportions congrues de l'aléa dans le procès. Etant donné que les magistrats auront dorénavant dans leurs rangs des spécialistes forgés dans le moule de l'indépendance ou de l'impartialité caractéristique de ce corps, le pari de la réduction des erreurs judiciaires peut être engagé avec de faibles chances de le perdre. Egalement, la crainte parfois exprimée par les plaideurs que le technicien retenu en arrive à prendre la place du juge parce que ce dernier se bornerait à entériner les conclusions contenues dans son rapport savant sera désormais apaisée ; la connivence autrefois alléguée entre des techniciens indélicats et les plaideurs et qui aboutissait à des rapports biaisés induisant la justice en erreur sera difficile à envisager spontanément à l'avenir.

Un accent peut encore être mis sur l'accroissement de la confiance dans la justice. Ce regain de confiance tient à deux choses. Premièrement, à l'assurance au sujet de la capacité des magistrats à avoir une lecture plutôt globale du contentieux relevant de leur compétence ; ce qui implique un recul de l'opinion répandue d'après laquelle en nommant un expert pour éclairer sa lanterne, le magistrat signifie sans s'en rendre compte son hésitation ou son inaptitude à trancher le litige sereinement ou en toute indépendance[340]. Deuxièmement, au recul de la justice étatique négociée qui avait tendance à se consolider dans les affaires politico-financières ou dans les milieux d'affaires dès lors que la conviction semblait acquise chez le plus grand nombre que les magistrats ne sont pas outillés pour en cerner les méandres, et donc par contrecoup qu'un bon arrangement est préférable à un mauvais procès. Plus en avant et tout bien considéré, le juge devrait pouvoir assumer un rôle davantage important dans le processus de démocratisation ne serait-ce que parce que les plaideurs renonceront progressivement à entretenir l'espoir que l'étroitesse de l'assiette de ses connaissances puisse le pousser à se dérober et à ne pas garantir l'égalité de tous devant la loi. On peut légitimement en escompter une moins grande désaffection des électeurs et du citoyen concernant les affaires publiques, le déclin de la justice privée, l'amélioration de la gouvernance, l'attraction des investisseurs.

De même, et sans prétention à l'exhaustivité, l'intégration dans le corps de la magistrature de diplômés en économie, en gestion et en informatique donnera même incidemment d'avantage de lisibilité au casier judiciaire, davantage de crédibilité à la sanction ou non de la récidive, un coup de pouce

---

[339] Voir, dans cet ouvrage, les développements relatifs à la gratuité de la justice. Voir également REPUBLIQUE DU CAMEROUN, *Rapport du ministère de la justice sur l'état des droits de l'homme au Cameroun en 2020*, préc., p. 54, n°s 136 et s.

[340] JARROSSON Ch., « L'expertise équitable », *Justice et droit du procès, Mélanges en l'honneur de Serge Guinchard*, Dalloz, Paris, 2010, p. 731.

à l'opération de numérisation du registre du commerce et du crédit mobilier. A coup sûr, elle donnera de l'oxygène à l'entreprise annoncée de dématérialisation des procédures et du procès, plus d'enthousiasme ou de moyens lors du contrôle du respect des règles de tenue des comptes que le droit OHADA impose aux présidents des juridictions d'instance.

L'exigence touchant aux diplômes n'est pas la seule imposée à ceux qui sont intéressés par la profession de magistrat. Le postulant doit être camerounais[341] et ne pas appartenir à la catégorie de ceux qui ont été frappés par une incompatibilité découlant notamment de l'exercice d'une profession commerciale, civile ou salariée[342]. L'impétrant ne doit pas non plus être concerné par une interdiction. A minima, cela exclut que celui-ci ait par le passé été condamné à une peine attachée à la commission d'un crime ou d'un délit découlant d'un comportement contraire à la probité ou aux bonnes mœurs. Cela met à l'écart ceux qui ont autrefois été déclarés en faillite ou mis en liquidation judiciaire ; ceux qui ont été révoqués de la fonction publique ou d'autres corps professionnels parce que leur étaient imputés des agissements contraires à la probité ou à la moralité publique.

A cela s'ajoute la condition d'âge, laquelle n'autorise raisonnablement pas d'entretenir l'espoir d'accéder à ce corps lorsqu'on appartient au groupe de ceux que le statut général de la fonction publique en écarte en raison de leur extrême jeunesse[343]. Effectivement, il y est prescrit que le minimum est de dix-sept ans ; le maximum de trente-cinq ans. Dans tous les cas, un principe général est posé qui veut que l'âge limite à l'entrée dans une école de formation soit fixé de telle manière que, compte tenu du cycle d'études, les élèves qui y sont admis se situent, à leur sortie, à la limite d'âge de recrutement dans la fonction publique[344]. Se révèle du coup ce qui est finalement la spécificité de la voie de recrutement par le concours externe, à savoir intégrer dans le corps judiciaire des individus plutôt jeunes, dotés de solides connaissances du droit substantiel, du doit processuel, de l'économie, de la gestion, de l'informatique ou mieux, des nouvelles technologies de l'information et de la communication *(même tacitement, voir CS, arrêt n° 10/A, 24 mars 1983, Teuguia Gabriel c. Teuguia Gabriel et l'Etat du Cameroun- Ministère de la justice, Répertoire chronologique de la jurisprudence de la Cour suprême, préc.)*.

---

[341] L'article 53 du décret n° 2018/240 du 09 avril 2018 précité décide toutefois que L'ENAM peut admettre des élèves de nationalité étrangère suivant des modalités arrêtées par le Ministre chargé de la fonction publique. Cette admission s'opère à la suite d'une proposition du directeur général de l'Ecole, et après approbation du conseil d'administration de celle-ci.

[342] Article 15, décret du 8 mars 1995. Rien n'interdit cependant qu'un magistrat soit chargé d'assumer certaines fonctions au sein d'entreprises du secteur public et parapublic. On ne le sait que trop, celles-ci sont parfois des personnes morales de droit privé. Le fait que leur capital soit détenu partiellement ou totalement par l'Etat ou par une autre personne morale de droit public n'y change pas grand-chose.

[343] Article 13 (1).

[344] Article 16.

D'autres exigences sont insérées, à la fois, dans le décret n° 2018/240 du 09 avril 2018 portant réorganisation de l'Ecole nationale d'administration et de magistrature, dans le décret n° 2000/686/PM du 13 septembre 2000 fixant le régime général des concours administratifs, dans la loi n° 2010/002 du 13 avril 2010 portant protection et promotion des personnes handicapées et le décret d'application qui l'accompagne[345] et dans l'arrêté n°00806 du 2 février 2001 portant régime des études et de la scolarité à la division judiciaire de l'ENAM.

Au nombre de celles-ci se trouve celle qui voudrait que le ministre chargé de la fonction publique ait seul compétence pour fixer, par un arrêté dûment visé par les services du premier ministre, la quantité de places ouvertes par section de formation, les conditions d'admission ainsi que le programme des concours d'entrée à l'ENAM[346].

Au nombre de celles-ci se trouve celle qui voudrait que le soin revienne au premier ministre d'arrêter le nombre de places attribuées aux candidats de chaque région lors des concours administratifs[347]. A l'aune de ces prévisions parfois lâchement appliquées, la région du Centre se voit réserver 15 % des places ; la région du Sud, 4 % des places ; la région du Nord, 7 % des postes ; la région de l'Extrême-nord, 18 % des places ; la région de l'Adamaoua, 5 % des places ; la région du Nord-ouest 12 % des places ; la région de l'Ouest 13 % des places ; la région du Sud-ouest, 8 % des places ; la région de l'Est, 4 % des places ; la région du Littoral 12 % des places ouvertes au concours et, enfin, 2 % des places pour les anciens militaires. Pour les besoins de cette répartition et de la réalisation de l'équilibre recherché, il est résolu que la région de rattachement du candidat est celle dont le père est originaire ou, le cas échéant, celle de la mère[348].

Au nombre de celles-ci se trouve celle qui invite à réserver un traitement de choix aux personnes souffrant d'un handicap. En effet, la loi n° 2010/002 du 13 avril 2010 portant protection et promotion des personnes handicapées décide lorsque ces personnes justifient d'une formation qu'elles

---

[345] Il s'agit du décret n° 2018/6233/PM du 26 juillet 2018 fixant les modalités d'application de la loi du 13 avril 2010 portant protection et promotion des personnes handicapées.

[346] Article 55, décret n° 2018/240 du 09 avril 2018, préc.

[347] Article 60, décret n° 2000/686/PM du 13 septembre 2000, préc.

[348] Hier, le fondement en était principalement le décret n° 82/407 du 07 septembre 1982 modifiant et complétant certaines dispositions du décret du 3 juillet 1975 fixant le régime général des concours administratifs, mais aussi de l'arrêté du ministre de la fonction publique, n° 4107 du 04 octobre 1982 fixant les quotas de places par province d'origine, pris en application du décret visé. Esquissés sur la base de "l'importance démographique et du taux de scolarisation de chaque province", les quotas concernaient non seulement les originaires de chaque province, mais aussi les anciens militaires sans distinction d'origine, candidats aux concours administratifs d'entrée aux différentes catégories de la fonction publique et aux concours donnant accès aux établissements nationaux de formation. Une règle importante accompagnait cette répartition qui voulait que les places non pourvues par les candidats réservataires soient réparties proportionnellement aux autres candidats. Très concrètement, le détail se présentait alors ainsi : province du Centre-Sud, 19 % ; province de l'Est, 4 % ; province du Littoral, 12 % ; province du Nord, 30 % ; province du Nord-Ouest, 12 % ; province de l'Ouest, 13 % ; province du Sud-ouest, 8 % ; anciens militaires, 2 %.

doivent bénéficier de certaines mesures préférentielles. Très ouvertement, elle introduit l'idée d'une « dispense d'âge » lors des recrutements aux emplois publics et même privés[349] ; elle retient qu'à qualification égale avec un non handicapé, la priorité doit être accordée à la personne handicapée ; elle pose que le handicap ne devrait jamais constituer le motif de rejet d'une candidature ou de discrimination dès lors que l'emploi auquel il est postulé est compatible avec l'état de la personne qui en souffre[350].

Au nombre de celles-ci se trouve celle qui voudrait que le concours comporte, à la fois, des épreuves écrites et orales. Ces épreuves écrites et orales sont organisées à l'ENAM, sous la supervision d'une commission. Instituée par décision du ministre de la fonction publique à la suite de propositions esquissées par le directeur général de l'école, la commission réunit, comme président, le directeur général de l'école. En qualité de membres, on y retrouve deux représentants du ministre en charge de la fonction publique, désignés par le concerné ; le responsable en charge des affaires académiques de l'Ecole ; un représentant du Garde des sceaux désigné par lui ; un représentant du ministre en charge de l'administration du territoire désigné par le concerné ; un représentant du ministre en charge des finances choisi par celui-ci ; un représentant du ministre en charge du travail[351].

Au nombre de celles-ci se trouve celle qui enseigne que l'admissibilité au concours pour le recrutement des élèves rattachés à la division de la magistrature et des greffes est acquise sans note éliminatoire, pour un total de points correspondant à une moyenne au moins égale à dix sur vingt. Seul doit être déclaré définitivement admis le candidat qui a pu, à l'issue des épreuves écrites et orales, une moyenne générale au moins égale à douze sur vingt[352].

Au nombre de celles-ci se trouve celle qui voudrait que le dépouillement des procès-verbaux combinant les écrits et les oraux incombe à une commission spéciale, baptisée « Commission de dépouillement et de classement », laquelle dispose d'un secrétariat. L'organe a, c'est le moins que l'on puisse dire, d'autres missions stratégiques. C'est elle qui est chargée de reporter, sur un procès-verbal, les notes obtenues à l'écrit et à l'oral par

---

[349] La portée de l'exigence est heureusement précisée dans le décret n° 2018/6233/PM du 26 juillet 2018 fixant les modalités d'application de la loi n° 2010/002 du 13 avril 2010 portant protection et promotion des personnes handicapées. En effet, il y est relevé à l'article 13 (2) :
- Que la dispense d'âge est accordée, selon le cas, par le ministre chargé de la fonction publique pour la présentation à un concours administratif, et par le premier ministre pour l'intégration dans la fonction publique de l'Etat ;
- Que dans tous les cas, elle ne saurait excéder un plafond de cinq ans maximum au-dessus de la limite d'âge règlementaire.

[350] Articles 38.

[351] Article 48, décret n° 2018/240 du 09 avril 2018, préc. A en croire le point 3 de cet article, des sous-commissions assistent la commission. Leur mission est notamment celle de superviser la surveillance des épreuves écrites, la correction des copies et l'organisation des épreuves orales.

[352] Article 49, décret n° 2018/240 du 09 avril 2018, préc.

chaque candidat et de calculer la note finale obtenue par chacun. C'est elle qui est chargée, après avoir délibéré et dressé un procès-verbal signé de l'ensemble de ses membres de classer les candidats par ordre de mérite ; de dresser une liste des admis classés par ordre de mérite ; de transmettre la liste en cause au ministre en charge de la fonction publique, lequel arrête les résultats définitifs du concours en fonction du nombre de places ouvertes et pour chaque section, décline une liste d'attente[353] *(tacitement, Cf. CS, arrêt n° 10/A, 24 mars 1983, Teuguia Gabriel c. Teuguia Gabriel et l'Etat du Cameroun- Ministère de la justice, Répertoire chronologique de la jurisprudence de la Cour suprême, tome 5, Droit administratif, 1980-2000, préc., pp. 157 et s.).* Instituée par le ministre en charge de la fonction publique, la commission réunit respectivement comme président et vice-président, le directeur général l'Ecole nationale d'administration et de magistrature et un haut responsable du ministère en charge de la fonction publique que désigne ce chef de département ministériel. En tant que membres, on retrouve un représentant du ministre de la fonction publique, puis un représentant du ministre de la justice[354]. Son secrétariat est assuré par deux personnes représentant respectivement le ministre en charge de la fonction publique et le Directeur général de l'ENAM[355].

Enfin, les candidats admis en qualité d'auditeurs de justice à l'Ecole nationale d'administration et de magistrature ont la qualité de « fonctionnaire stagiaire » et à ce titre, sont soumis aux dispositions générales du statut de la fonction publique »[356]. Les élèves reçoivent une formation professionnelle comprenant deux moments clés : une phase initiale de scolarité à l'école, marquée par l'obligation du service militaire et l'obligation de la « pratique du bilinguisme »[357] ; une phase finale marquée par un temps de stage en juridiction[358][359]. Au terme de ce parcours s'ouvrira l'étape de la nomination en tant que magistrats du premier grade, avec

[353] Article 51, décret n° 2018/240 du 09 avril 2018.

[354] Idem, article 50.

[355] Article 50 in fine, décret n° 2018/240 du 09 avril 2018.

[356] Article 52, décret n° 2018/240 du 09 avril 2018.

[357] A en croire un auteur magistrat, le contenu de la formation du magistrat se structure autour de matières en rapport avec la pratique du parquet assortie de travaux pratiques, de matières en rapport avec la pratique de l'information judiciaire assorties de travaux dirigés y relatifs, de matières en rapport avec le management des juridictions, avec la pratique judiciaire des juridictions y compris de droit traditionnel, l'environnement, le « court practice », la langue (français ou anglais), l'éthique et la déontologie, les voies d'exécution, la comptabilité, la communication judiciaire, la cybercriminalité, le contentieux touchant à l'OHADA, les droits de l'homme et les libertés fondamentales, la rédaction administrative, l'anthropologie juridique, les finances publiques. Voir NSOGA E.Z.II, *Le jugement*, op cit., p. 119 et s., n° 102.

[358] La règle est posée à l'article 52 d'après laquelle quelques-uns des élèves peuvent être dispensés du service militaire par dérogation accordée par le directeur général de l'ENAM. La pratique du bilinguisme, elle, n'admet aucune dérogation.

[359] A propos des méandres de l'organisation de la formation, lire utilement l'arrêté n°00806 du 2 février 2001 portant régime des études et de la scolarité de la Division judiciaire de l'ENAM. Voir également NSOGA E.Z.II, *Le jugement*, op cit., pp. 118 et s., n°s 102 et s. ; Nous même, « Quel juge … demain ? », op cit., p. 77.

attribution du premier échelon de rémunération attaché à celui-ci. Au président de la République revient le soin, après avis du conseil supérieur de la magistrature, de nommer les uns et les autres[360]. Restera alors la prestation de serment devant la Cour suprême siégeant en assemblée plénière[361]. D'autres exigences ne s'y ajouteront véritablement que dans l'hypothèse improbable d'une nomination à la Cour suprême ou dans celle voisine d'une désignation en tant que chef soit de cours d'appel, soit de tribunaux de première ou de grande instance[362] *(voir not. CS, arrêt n° 19, 24 janv. 1974, Dame Hereiki c. Mana Mana Grégoire, préc. ; arrêt n° 164/P, 15 mai 1986, Sah Bernard c. Ministère public et autres, Répertoire chronologique de la jurisprudence de la Cour suprême, tome 1, Droit pénal, 1980-2000, pp. 139 et s.).* En effet, une audience solennelle d'installation de la juridiction de nomination s'imposera encore avant l'exercice de tout acte relevant des fonctions en tant que magistrat. Au fond, l'hypothèse évoquée correspond mieux aux cas d'intégration directe dans le corps judiciaire.

B. La voie de l'intégration directe

L'intégration directe est conçue comme un mode exceptionnel de recrutement des magistrats. Elle est réservée à des personnes justifiant des conditions de diplôme et appartenant déjà à un corps de métier où elles ont acquis une solide expérience professionnelle. Du coup, cette source de rattachement vise à ouvrir le corps de la magistrature judiciaire, administrative, constitutionnelle ou des comptes aux gens d'un « certain âge », pétris d'expérience et ayant une profonde maîtrise de ces problèmes que soulèvent à la fois, la pratique du droit et celle des sciences sociales[363].

Si, en règle générale, l'intégration directe est définitive en ce sens que les personnes qui entrent dans la magistrature par ce canal y feront dorénavant carrière, elle peut parfois être temporaire en ce sens qu'elle sera

---

[360] Il n'est pas sans intérêt de relever, sur la base notamment de l'article 13 du décret du 8 mars 1995 modifié que les auditeurs de justice n'ayant pas à l'issue de leur scolarité obtenu le diplôme de l'Ecole nationale de la magistrature peuvent être, par décision du ministre de la fonction publique, prise sur proposition du directeur de l'Ecole, et après avis du conseil de direction :
- Soit être remis à la disposition de leur administration d'origine lorsqu'ils étaient par le passé des agents publics ;
- Soit licenciés ;
- Soit, dans la limite des crédits disponibles, être nommés attachés de justice. Dans cette hypothèse inattendue (dont la survie reste querellée notamment parce que les dispositions finales du décret du 09 avril 2018 abrogent les prévisions antérieures qu'elles n'identifient pas rigoureusement), les concernés seront confiés au procureur général près une Cour d'appel et utilisés dans les mêmes conditions que les magistrats en service à son parquet général. Au terme d'une année les attachés seront soit intégrés dans la magistrature, soit maintenus en stage pour une nouvelle année, soit licenciés ou, le cas échéant, remis à leur administration d'origine.

[361] Articles 24, décret du 8 mars 1995.

[362] Idem, article 25.

[363] PERROT R., op cit., p. 268, n° 325. Voir également MENGONG V.N., op. cit., pp. 68 et s., n° 138 et s.

limitée dans sa durée et que les concernés retrouveront leur profession initiale. De là vient la formule « magistrats en service extraordinaire » ou celle voisine de « magistrats supplétifs »[364].

Une chose est certaine, c'est que les professionnels susceptibles de rejoindre le corps des magistrats doivent avoir exercé, pendant au moins cinq ans, un métier en rapport immédiat avec la pratique du droit, que ce soit en tant qu'avocat, huissier de justice, notaire, administrateur de greffe. Pareillement, les professionnels susceptibles de rejoindre la confrérie doivent être de ceux qui, durant cinq années au moins, ont exercé un métier en rapport avec l'enseignement du droit, que ce soit en qualité de professeur, de maître de conférences ou de chargé de cours au sein d'une faculté des sciences juridiques[365]. Il arrive cependant, devant les juridictions administratives ou des comptes, que des juges ou des substituts du procureur général, en service extraordinaire pour une période de cinq ans, soient des cadres de l'administration ou des contractuels d'administration titulaires d'une maîtrise en droit, en économie, en finances, en gestion, en comptabilité[366].

En tout état de cause, les personnes ayant le bénéfice d'une intégration directe ne sont pas introduites au même niveau au sein du corps judiciaire. Sont généralement intégrés au premier grade les praticiens dont l'expérience professionnelle bien que consistante n'est pas lourde, et qui sont issus tantôt du cadre des fonctionnaires de greffes ayant la qualité de greffier tantôt des professions libérales ciblées. Sont intégrés au deuxième grade et nommés à un emploi correspondant à ce rang les avocats, les huissiers de justice, notaires et fonctionnaires de la catégorie A dont l'expérience professionnelle est davantage consistante au sens où elle est comprise entre dix et quinze ans au moins. Sont insérés au troisième grade et nommés à un emploi correspondant à ce rang les chargés de cours en fonction depuis au moins cinq ans et les avocats, les notaires, les huissiers de justice et fonctionnaires de la catégorie A dont l'expérience professionnelle est d'au moins quinze ans au moins. Rejoignent le corps judiciaire au quatrième grade avec vocation à être nommés vice-présidents de cour d'appel les maîtres de conférences, les professeurs titulaires du Ph.D, les professeurs agrégés ayant une expérience professionnelle de plus de cinq ans. Sont également insérés au quatrième grade les huissiers de justice, notaires, avocats et fonctionnaires de la catégorie A totalisant une expérience professionnelle de pas moins de vingt ans[367].

---

[364] MERLE Ph., « Pour un échevinage renouvelé », *D.* 1982, Chron., p. XII.

[365] Articles 11 et 14, décret du 8 mars 1995 modifié.

[366] Il y a échevinage lorsque plusieurs magistrats, dont certains de carrière et d'autres en service extraordinaire (magistrats extérieurs) siègent au sein d'une même juridiction.

[367] Article 14, décret du 8 mars 1995 portant statut de la magistrature décret du 8 mars 1995 portant statut de la magistrature. L'indication est apportée que les intéressés ne peuvent être nommés à un autre poste avant deux ans. En réalité, l'article 14 nouveau est davantage détaillé et nuancé. En effet, il y est prévu :

Pareillement, et cela devrait également être souligné, des précautions ont été prises pour ne pas que les magistrats issus du recrutement direct en viennent à constituer le noyau dur de l'effectif. C'est incontestablement l'interprétation à faire de l'article 14 nouveau du statut lorsque celui-ci retient que les magistrats recrutés par ce canal sont intégrés dans le corps judiciaire « *par décret du président de la République, sur proposition du ministre chargé de la justice et après avis du Conseil supérieur de la magistrature, suivant les modalités fixées au présent article* » ; que le nombre des intégrations effectuées dans le courant d'une année budgétaire ne saurait excéder, en ce qui concerne le premier grade, la moitié du nombre des auditeurs de justice diplômés de l'Ecole nationale d'administration et de magistrature, section magistrature. S'agissant des intégrations au deuxième grade, il est résolu

---

- Que les huissiers de justice, les notaires, avocats et fonctionnaires de la catégorie A totalisant une expérience professionnelle comprise entre cinq et dix ans sont intégrés au premier grade ; que ceux qui avaient par le passé la qualité de fonctionnaire sont classés, pour compter de leur intégration, à l'indice de rémunération du deuxième grade égal ou à défaut, immédiatement supérieur à celui dont ils étaient titulaires à la veille de leur intégration ; ceux qui, au moment de leur intégration, n'avaient aucun classement indiciaire, sont classés au deuxième échelon de rémunération du premier grade indice 580. En cas de promotion ultérieure au deuxième grade, les intéressés bénéficieront, pour compter de ladite promotion, de l'échelon de rémunération dudit grade leur conférant un indice égal ou à défaut, immédiatement supérieur à l'indice conservé à titre personnel au premier grade ;
- Que les huissiers de justice, notaires, avocats et fonctionnaires de la catégorie A totalisant une expérience professionnelle comprise entre dix et quinze ans sont intégrés au deuxième grade. Ceux qui étaient des fonctionnaires bénéficient, pour compter de leur intégration, de l'indice de rémunération du deuxième grade égal ou à défaut, immédiatement supérieur à celui dont ils étaient titulaires à la veille de leur intégration ; ceux qui n'avaient aucun classement indiciaire bénéficient du deuxième échelon de rémunération du deuxième grade indice 790. En cas de promotion ultérieure au troisième grade, ils bénéficient, pour compter de ladite promotion, de l'échelon de rémunération dudit grade leur conférant un indice égal ou à défaut immédiatement supérieur à celui acquis au deuxième grade ;
- Que les chargés de cours ayant une expérience professionnelle de plus de cinq ans, les huissiers de justice, notaires, avocats et fonctionnaires de la catégorie A totalisant une expérience professionnelle comprise entre quinze et vingt ans sont intégrés au troisième grade. Ceux qui étaient fonctionnaires bénéficient, pour compter de leur intégration, de l'indice de rémunération du troisième grade égal ou à défaut, immédiatement supérieur à celui dont ils étaient titulaires au moment de leur intégration ; ceux qui n'avaient aucun classement indiciaire sont admis au deuxième échelon de rémunération du troisième grade indice 920. En cas de promotion ultérieure au quatrième grade, les intéressés bénéficient, pour compter de ladite promotion, de l'échelon de rémunération dudit grade leur conférant un indice égal ou immédiatement supérieur à l'indice acquis au troisième grade ;
- Que les maîtres de conférences, les professeurs titulaires du Ph.D (Doctor of Laws) et les professeurs agrégés ayant une expérience professionnelle de plus de cinq ans, les huissiers de justice, notaires, avocats et fonctionnaires de la catégorie A totalisant une expérience professionnelle de plus de vingt ans sont intégrés au quatrième grade. Les personnes ainsi intégrées, qui avaient la qualité de fonctionnaire bénéficient, pour compter de leur intégration, de l'indice de rémunération du quatrième grade égal ou immédiatement supérieur à celui dont elles avaient la titularité au moment de leur intégration. Ceux qui n'avaient aucun classement indiciaire accèdent au deuxième échelon de rémunération du quatrième grade, indice 1050. En cas de promotion ultérieure à la hors hiérarchie, les intéressés bénéficient, pour compter de la date de ladite promotion, de l'échelon de rémunération du groupe leur conférant un indice égal ou à défaut immédiatement supérieur à celui acquis au quatrième grade.

que celles-ci ne doivent pas dépasser le quart en nombre des magistrats promus à rang au cours de l'année. Quant aux nominations au troisième grade de magistrats non diplômés de l'Ecole nationale d'administration et de magistrature, ceux-ci ne doivent pas atteindre ou surtout dépasser le cinquième des magistrats qui, pendant la même année, ont été promus à ce niveau. Les quotas non utilisés au terme d'une année n'ont pas à s'ajouter à ceux des années suivantes pour les gonfler et les relever[368].

Du reste, nul ne doit appartenir au corps judiciaire, même pour un laps de temps court, sans avoir prêté serment. Le contenu de ce serment singulier, est célèbre. Son centre de gravité est le suivant : « *Moi (...), je jure devant Dieu et devant les hommes de servir honnêtement le peuple de la République du Cameroun en ma qualité de magistrat, de rendre justice avec impartialité à toute personne conformément aux lois, règlements et coutumes du peuple camerounais, sans crainte ni faveur, ni rancune, de garder le secret des délibérations, et de me conduire en tout, partout et toujours, en digne et loyal magistrat* »[369]. La solennité des audiences pendant lesquelles la formule est prononcée par l'impétrant, dont la main droite doit au demeurant être levée, fonde la sévérité des sanctions retenues lorsque des indélicatesses sont reprochées à un magistrat.

Evidemment, les développements qui précèdent ne concernent pas exclusivement le personnel magistrat des juridictions nationales. Les juridictions communautaires à l'instar de la Cour commune de justice et d'arbitrage de l'OHADA, de la Cour de justice et de la Cour des comptes de la CEMAC, de la Cour de justice et de la Cour des comptes de la CEEAC procèdent au recrutement de leur « personnel magistrat » par des voies qui parfois font songer, même de manière furtive, à une « intégration directe ». Diverses raisons conduisent précisément à y songer. Entre autres, les personnes retenues en qualité de juge ici sont appelées à exercer ces fonctions pendant une durée déterminée laquelle est tantôt de deux, de trois ou de quatre années généralement renouvelables une seule fois. De même, le recrutement en qualité de magistrat ici est presque toujours subordonné à une expérience professionnelle avérée dans un corps professionnel dont l'exercice mobilise la science du droit, par exemple l'avocature, la magistrature, l'enseignement. Elle explique, en partie aussi, ces interrogations que suscite l'accès aux fonctions judiciaires dans ces organisations.

Paragraphe 2. Enigmes

L'examen attentif des modalités du recrutement des magistrats met à nu leurs insuffisances.

---

[368] Sur l'ensemble, voir l'article 14 (6), (7), (8).

[369] Idem, article 23.

Premièrement, les actes règlementaires relatifs au recrutement des magistrats non militaires occulte parfois l'existence du décret n° 2024/555 du 14 novembre 2024 fixant les règles applicables au recrutement et à la discipline du personnel de la justice militaire[370].

Deuxièmement, il est curieux, dans le contexte des réformes engagées à l'université en vue de faciliter la mobilité de ses acteurs, que le décret n° 2012/188 du 18 avril 2012 modifiant l'article 11 du décret n° 95/048 du 8 mars 1995 exige des postulants au statut de magistrat une maîtrise en droit privé, en droit public, en sciences économiques, en gestion ou un master en informatique obtenu au Cameroun. L'étonnement tient à ce que dans la logique dite du « système LMD » dorénavant en cours un peu partout à travers le monde, les diplômes couronnant les études universitaires sont, dans un ordre croissant, la licence, le master, le doctorat. Sur ce versant, la maîtrise qui hier sanctionnait quatre années d'études correspond à la première année de master qui, théoriquement ne donne pas en tant que tel lieu à la délivrance d'un diplôme ; le master en informatique sanctionnant cinq années de formation équivaut au diplôme d'études approfondies aujourd'hui supprimé ou en recul. Derrière de telles ambigüités jaillit la querelle classique de l'égalité des postulants aux emplois publics, laquelle avait déjà été définitivement vidée dans l'arrêt Barel par l'érection de cette règle au rang de principe général de droit[371]. Autant avouer qu'un choix radical s'imposait qui a été esquivé sans que l'on comprenne d'emblée : soit ramener la condition de diplôme à la licence et considérer au terme de la formation à l'Ecole nationale d'administration et de magistrature que l'élève est nanti d'un bac + 5 équivalant au master ;

---

[370] Cet instrument juridique décline les spécificités de la catégorie visée. Il y est résolu :
- Que la qualité de magistrat militaire est réservée aux officiers des forces de défense diplômés de l'Ecole nationale chargée de la formation des magistrats, c'est-à-dire de l'ENAM (article 4) ;
- Que seul pourrait devenir magistrat militaire celui qui remplit les conditions requises pour accéder à la magistrature présentent le concours ouvert à cet effet, « sur autorisation du ministre chargé de la défense. Toutefois, les officiers d'active des forces de défense ayant atteint le deuxième échelon du grade de capitaine ne sont pas autorisés à faire acte de candidature. Exceptionnellement cependant, le ministre de la défense pourrait autoriser les aspirants et les élèves-officiers en fin de formation à présenter le concours dès lors que les intéressés remplissent les autres exigences (articles 5 et 6) ;
- Qu'à l'issue de leur formation, tandis que les auditeurs qui ont obtenu le diplôme de l'ENAM sont mis à la disposition du ministre chargé de la justice militaire, ceux qui n'ont pas pu obtenir ce parchemin sont remis à la disposition de leur formation ou service d'origine (article 6) ;
- Qu'avant leur entrée en fonction, et à la requête du ministre chargé de la justice militaire, les magistrats militaires prêtent serment devant la Cour suprême. La teneur de celui-ci est le suivant : *« Moi, … (grade et nom), je jure devant Dieu et devant les hommes, de servir honnêtement le peuple de la république du Cameroun en ma qualité de magistrat militaire, de rendre justice avec impartialité à toute personne, conformément aux lois, règlements et coutumes du peuple camerounais, sans crainte ni faveur, ni rancune ; de garder le secret des délibérations et de me conduire en tout, partout et toujours en digne et loyal magistrat militaire »* (article 6) ;
- Que le magistrat militaire peut officier comme assesseur (à côté de ses collègues civils et des officiers d'active des forces de défense).

[371] CE, Ass., 28 mai 1954, *Les grands arrêts de la jurisprudence administrative*, Sirey, Paris, 1999, n° 90, pp. 524 et s.

soit la hisser au master dont l'équivalent est non plus la maîtrise, mais bien plutôt le diplôme d'études approfondies et alors le cursus d'un auditeur de justice correspondrait à un Master + 2. A l'extrême, on aurait pu envisager une formation d'une durée de trois années après ce diplôme et alors, le cursus du magistrat correspondrait à celui du médecin, car s'achevant par un diplôme équivalant au doctorat.

Troisièmement, le prisme de l'élargissement de la profession de magistrat aux sciences exactes ne laisse pas indifférent. L'article 11 nouveau du décret n° 95/048 du 8 mars 1995 évoque le droit privé, le droit public, les sciences économiques, les sciences de gestion, l'informatique. On peut être surpris de ne pas y retrouver d'autres disciplines pouvant contribuer à atteindre les objectifs visés par l'opération de toilettage du statut de la magistrature, notamment celui de *« s'arrimer à la nouvelle donne de l'organisation judiciaire (tribunaux administratifs et tribunaux inférieurs des comptes) »*[372]. Il s'agit par exemple de la science politique qui entretient un lien de proximité avec l'économie, le droit, la gestion, l'informatique. Il s'agit plus fondamentalement des « sciences sociales » qui ont la réputation de contribuer à obtenir des solutions consensuelles dans un cadre où le droit positif est parfois mal connu et où les personnes sont attachées aux traditions qui tendent à privilégier le règlement des conflits sociaux à travers la conciliation, la médiation ou la transaction exaltées par « l'arbre à palabre ». On ne peut n'être pas perplexe en réalisant que le communiqué du secrétaire du conseil supérieur de la magistrature, rendu public le même jour que le décret 2012/189, annonce, *expressis verbis*, que la réforme *« supprime la limitation de l'admission à l'Ecole nationale d'administration et de magistrature (division judiciaire) des seuls candidats titulaires de la maîtrise en droit pour l'étendre aux titulaires des maîtrises de droit public, de sciences économiques et de master en informatique (...) »*. En des termes clairs et à supposer que le communiqué retrace fidèlement les assises du conseil ce 18 avril 2012, il n'était pas entrevu que le corps de la magistrature accueille en son sein les titulaires d'une maîtrise en sciences de gestion.

Quatrièmement, le système de l'échevinage résultant du « recrutement latéral » encore dit « tour extérieur », et consistant à appeler à siéger au sein d'une même juridiction des magistrats de carrière et des juges non professionnels, a suscité d'âpres discussions[373].

---

[372] La formule est extraite du communiqué de Monsieur le secrétaire général du conseil supérieur de la magistrature signé le 18 avril 2012 et que l'on retrouve dans le « *Cameroon Tribune* » du 19 avril 2012, page 2.

[373] A propos du détail y relatif, voir notamment MERLE Ph., « Pour un échevinage renouvelé », préc., p. 82. Voir aussi BRULE A., « La rénovation des voies d'accès à la magistrature : place à la réelle méritocratie », *La Semaine Juridique*, E.G., n° 38, sep. 2024, pp. 1522 et s. ; « DOUBLET Y. M., « Nominations au tour extérieur et « pantouflage » dans la haute fonction publique », *RFDA* n° 11, juil.-août 1995, pp. 127 et s.; JAMIN C., XIFARAS M., « Sur la formation des juristes en France. Prolégomènes à une enquête », *https://ssrn.com/abstract=4237792*, p. 386 ; JOURDAN-MARQUES J., « Le tribunal des activités économiques. Une chimère », *D.* 2024, pp. 735 et s. ; Nous même, « Quel juge ... demain ? », op cit., p. 77 ; VALLENS J.-L., « Vers une

Ses partisans, pour commencer par eux, lui reconnaissent le mérite de juguler le besoin en personnel lié à l'accroissement prodigieux du contentieux. Ses partisans lui concèdent également l'avantage de ne pas couper le corps des magistrats des autres personnels de la justice et de l'administration publique. Ils n'hésitent même pas à relever que l'échevinage offre le mérite de la souplesse. C'est que celui-ci permet que la composition des juridictions prenne en considération les politiques publiques de l'heure relatives à la justice, notamment en injectant dans les cours et les tribunaux le personnel adapté donc utile à une époque précise pour fonctionner de manière optimale, mais pas nécessairement à une autre. La conclusion s'impose alors, d'après eux, que le panachage suscite une moins grande méfiance des justiciables qui ont tendance à s'en remettre plus facilement aux conclusions de l'homme de l'art. Le mérite lui est encore attribué de contribuer à la gestion du flux des dossiers et du contentieux sans pour autant exploser les charges publiques. Cela est particulièrement perceptible lorsque cette modalité de recrutement latéral privilégie les auxiliaires de justice libéraux et le personnel rattaché aux organisations du secteur privé, lesquels retourneront à leur profession en temps opportun, évitant ce faisant un recrutement à temps plein de magistrats dont on n'aura pas nécessairement besoin au cas de diminution du contentieux[374]. Enfin, les laudateurs de cette technique de recrutement des magistrats attirent l'attention sur le fait qu'elle permet de corriger les ruptures constatées dans les Etats ayant embrassé la logique juridique bijurale. Pour eux, le procédé constitue un moyen doux d'éviter la disparition d'un héritage qui combine des traditions juridiques différentes, voire opposées. Effectivement, dans l'hypothèse où les conclusions d'audits sérieux accréditent la thèse d'après laquelle l'une des composantes du contrat social tend à avoir la préséance sur l'autre sans que cela ait été formellement désiré, la logique froide d'une cohabitation pacifique durable impose de rétablir un minimum d'équilibre. *A minima*, celui-ci requiert notamment l'intégration dans les corps auxiliaires et judiciaires du groupe défavorisé. Au Cameroun par exemple, la solution aurait pu à sa manière, même imparfaitement, contribuer à désamorcer la polémique ayant récemment embrasé le corps social à propos du délaissement des traditions juridiques, judiciaires et culturelles que charrie la « Common Law » que les « puristes » identifient volontiers sous la formule « English law »[375]. Effectivement, on pourrait estimer que, pour gérer l'urgence relative à la gestion de cette crise sociale, une planche de

nouvelle réforme de la justice commerciale ? », *D.* 2023, pp. 1256 et s. ; TIDO BATIO R., « L'encadrement juridique de la nomination des agents publics au Cameroun : un édifice entamé, mais non encore achevé », *Juridis Périodique* n° 127, juil.-sept. 2021, p. 85.

[374] PERROT R., op cit., p. 270, n° 329. Voir aussi BRULE A., « op cit., pp. 1522 et s. ; MENGONG V. N., op. cit., pp. 68 et s., n° 138 et s ; Nous même, « Quel juge … demain ? », op cit., p. 77.

[375] Sur l'ensemble de ces débats, voir ANYANGWE C., *The cameroonian judicial system*, CEPER, Yaoundé, 1987.

salut consistait, ainsi que cela s'observe dans les pays de « Common law », à accueillir dans la magistrature les avocats, singulièrement ceux en activité dans les régions du Nord-ouest et du Sud-ouest. A la faveur d'une telle vue se trouve notamment l'idée répandue qui voudrait que dans la pratique du droit dans ces régions émerge, tantôt en germes, tantôt fortement, l'essentiel des traits caractéristiques de la famille juridique anglo-saxonne.

Ses détracteurs, de leur côté, lui reprochent de ne pas favoriser le respect des exigences fondamentales du débat judiciaire, notamment parce que le magistrat de carrière pourrait aisément influencer le délibéré du fait de son éloquence, de sa proximité avec les textes ou avec les usages de la chaîne judiciaire, des arcanes du palais de justice. Davantage offensifs, d'autres lui imputent d'entretenir la logique de cooptation ou du « pantouflage » elle-même favorable à une sélection centrée sur des affinités avec les autorités exécutives ou avec le « parti au pouvoir ». Quelques-uns vont plus loin et lui imputent, tous comptes faits, de conduire à confier le règlement des différends à des personnes ayant généralement une connaissance insuffisante de la loi, de la coutume, de la jurisprudence, des pratiques des courts et des tribunaux, des ressorts et des méandres de la fonction de juger. Quelques autres n'hésitent même pas à penser que le recrutement latéral compromet le dogme de l'indépendance ou de l'impartialité de la magistrature, notamment du fait des liens que le magistrat exerçant à titre temporaire conserve avec son milieu professionnel d'origine[376].

L'ancienneté de la querelle invite à se souvenir de deux détails d'importance consignés sous l'article 14 du décret du 8 mars 1995. D'une part, les magistrats en service extraordinaire devront être affectés, par décret, à effectuer un stage dans les services du parquet général d'une Cour d'appel, en tant qu'attachés de justice. Théoriquement, le stage visé durera un an. D'autre part, et cela a été mis en évidence, des quotas sont fixés par année et par grade pour le recrutement latéral des juges ; les quotas non utilisés au titre d'un exercice n'ayant pas vocation à gonfler ceux des années suivantes. Reste à espérer, l'un de ces jours, que l'intégration directe dans le corps judicaire soit aménagée afin de l'ouvrir non seulement à temps plein, mais aussi à temps partiel à des magistrats qui exerceront de manière non permanente. Ce schéma, qui se traduit par l'exercice concomitant de deux activités professionnelles dont l'une est judiciaire, a ses mérites. En gros, ceux-ci consistent notamment à faciliter la « mobilisation » des agents publics aptes à exercer les fonctions judiciaires tout en évitant de provoquer une augmentation importante de l'enveloppe budgétaire affectée au service public de la justice. Reste à veiller, dans cette configuration, à ce qu'une juridiction statuant en collégialité ne soit pas majoritairement composée de juges supplétifs y ayant été nommés ou affectés. On l'aura compris : cela passe par la détermination de leurs proportions ou mieux de leur nombre

---

[376] Pour en savoir d'avantage, voir not. BRULE A., op cit., pp. 1522 et s. ; GUINCHARD S., VARINARD A., DEBARD T., *Institutions juridictionnelles, op cit.*, pp. 1053 et s., n°s 891 et et s.

au sein de la formation de jugement des cours et des tribunaux où ceux-ci sont appelés à officier. Reste à nourrir l'espoir, un jour, de voir creuser la piste de l'élection des magistrats à titre temporaire à temps plein par leurs pairs des corps d'origine. Théoriquement, rien n'empêche même que leur nomination soit confiée aux autorités exécutives, mais qu'un organe indépendant ait préalablement la charge d'apprécier voire de valider les aptitudes ou les expériences des postulants, puis qu'une liste soit dressée et soumise au pouvoir exécutif et au conseil supérieur de la magistrature à l'effet de retenir finalement telle ou telle candidature. S'inspirant du modèle rudimentaire du jury en cours sous d'autres cieux, la voie d'un tirage au sort aurait même pu être retenue

Cinquièmement, et s'agissant toujours des magistrats ayant intégré le corps judiciaire sur le tas, on s'est demandé quel rôle leur sera assigné dans les juridictions ou dans les procès. Serviront-ils qu'au parquet, à l'instruction ou au profit de juridictions spécialisées ? Seront-ils exclusivement affectés à des fonctions consultatives ou se verront-ils attribuer des missions juridictionnelles ? Siègeront-ils dans les formations de jugement sans jamais pouvoir être portés à leur tête ou pourront-ils les présider[377] ? Certes, d'aucuns pourraient objecter que la règle est constante qui veut que les actes de nomination, de mutation ou de promotion aux fonctions judiciaires de magistrats recueillent l'avis préalable du conseil supérieur de la magistrature[378]. Certes encore, d'autres attireront l'attention sur la répartition des emplois judiciaires par grade et par groupe et sur l'existence d'un principe faisant de prime abord obstacle à ce qu'un magistrat non expérimenté assume des responsabilités à un niveau élevé[379]. Une jurisprudence fondatrice de la Cour suprême pourrait même être convoquée.

Il s'agit notamment de l'arrêt Ricault Denis-Marcel contre Ministère public où, se référant à cette exigence matricielle. Dans cet arrêt, une décision forte est prise s'agissant de la violation des principes qui régissent l'organisation judiciaire et de l'article 79 du décret du 26 avril 1966 portant codification des textes relatifs au statut de la magistrature. Elle se décline ainsi : « *Attendu que la règle du double degré de juridiction demande que le juge d'appel soit d'un rang supérieur à celui du magistrat qui a rendu la décision faisant l'objet du recours ;*

Qu'il résulte, en outre, de l'alinéa 2 de l'article 79 du décret susvisé qu'il est interdit aux magistrats d'exercer un pouvoir de contrôle un pouvoir de contrôle ou de direction sur leurs collègues plus élevés dans la hiérarchie judiciaire ;

---

[377] KUATE TAMEGHE S.S., « La réforme du statut de la magistrature au Cameroun », op cit., pp. 421 et s.

[378] Article 6, décret du 8 mars 1995 portant statut de la magistrature.

[379] Voir le décret n° 2012/189 du 18 avril 2012 modifiant et complétant certaines dispositions du décret n° 200/310 du 3 novembre 2000 modifiant le tableau annexe A du décret n° 95/048 du 8 mars 1995 portant statut de la magistrature.

Attendu que l'arrêt attaqué (...) a été rendu par Louis Kollé Mouangué, magistrat de deuxième grade, alors que le jugement entrepris était l'œuvre de M. Rémy Jean Mbaya, magistrat du troisième grade ;

D'où il suit que le texte et les principes énoncés ont été méconnus (CS, arrêt n° 41, 19 nov. 1968, Ricault Denis-Marcel c. Ministère public et Economididès Bruezain, Répertoire chronologique de la jurisprudence de la Cour suprême, tome 1, Droit pénal, préc., p. 91).

Il s'agit notamment de l'arrêt Nanfah Paul contre Tsinda Martin. Ici, se référant à l'exigence angulaire évoquée, une décision est prise dont les maîtres-mots sont ceux-ci : « *Aucun magistrat ne peut connaître des voies de recours intentées à l'encontre d'une décision rendue par un magistrat hiérarchiquement supérieur (...) ;*

Attendu que l'arrêt attaqué a été rendu par Monsieur Matagnigni, magistrat de deuxième grade, conseiller par intérim à la Cour d'appel de l'Ouest à Bafoussam ;

Attendu que le jugement ayant abouti à l'arrêt attaqué avait été rendu par Monsieur Ndoungué Essomba Edouard, alors magistrat de troisième grade, vice-président à ladite cour ;

Attendu qu'au moment où intervenaient ces différentes décisions, les magistrats susnommés exerçaient, chacun en ce qui le concernait, ses fonctions conformément au décret n° 83 du 1er octobre 1983 portant nomination de magistrats du siège... ;

Qu'il appert donc que l'arrêt attaqué a été rendu par un magistrat de grade inférieur à celui qui avait rendu le jugement ;

Attendu qu'en réformant ce jugement, le juge d'appel a méconnu les dispositions de l'article 9 alinéa 4 du décret susvisé ;

Attendu qu'il est constant que l'arrêt n° 03/Soc attaqué rendu le 02 octobre 1986 par la Cour d'appel de Bafoussam, présidée par Monsieur Matagnigni Benjamin, alors magistrat de deuxième grade réformait ainsi le jugement n° 06/Soc du tribunal de grande instance de la Mifi rendu par Monsieur Ndoungué Essomba Edouard, magistrat de troisième grade ;

Que ce faisant le juge d'appel a méconnu les dispositions statutaires visées au moyen ;

D'où il suit que le moyen est fondé... » *(CS, arrêt n° 35/S, 4 mars 1999, Nanfah Paul c. Tsinda Martin, Répertoire chronologique, Droit social, 1980-2000, tome 3, pp. 811-812. Cf également CS, arrêt n° 7, 17 oct. 1967, Warton Henri et Orvis Nelson c. Ministère public, Dieudonné et autres, Répertoire chronologique de la jurisprudence de la Cour suprême, tome 1, Droit pénal, préc., p. 88 ; arrêt n° 55/CC, 29 fév. 1996, Soc. Chalucam c. Mangan Gabriel, Juridis Périodique n° 28, oct.-déc. 1996, pp. 60 et s., note EYIKE-VIEUX ; arrêt n° 14/CC, 02 oct. 1980, Société navale Delmas Vieljeux c. Toko Christophe, RCD n° 25, 1985, p. 136*[380] *; arrêt n° 293/P, 03 juin 1982, Abega Pierre c. Ministère*

[380] La haute juridiction pose ici que pour l'application de la règle du double degré de juridiction qui interdit aux magistrats de juridictions saisies sur recours de connaître de décisions rendues

public, Zogo Modo Zéphirin et autres, Répertoire chronologique de la jurisprudence de la Cour suprême, tome 1, Droit pénal, préc., p. 416[381] *; arrêt n° 230/P, 27 mai 1982,Tatsa Daniel c. Ministère public et Ndille Nsom Jean-Louis, Répertoire chronologique de la jurisprudence de la Cour suprême, tome 1, Droit pénal, préc., p. 1286 ; arrêt n° 107/P,04 mars 1999, Balla Mani Marcel c. Ministère public, Répertoire chronologique de la jurisprudence de la Cour suprême, tome 1, Droit pénal, préc., pp. 1292-1293 ; arrêt n° 78/S, 30 avril 1987, Koulou Maurice c. Compagnie commerciale Hollando africaine, Répertoire chronologique de la jurisprudence, Droit social, 1980-2000, tome 3, pp. 132-133).*

Toutes proportions gardées, l'inquiétude persistera encore pour diverses raisons.

Tout d'abord, la répartition des fonctions judiciaires par grade et par groupe n'incline pas spontanément à accepter qu'un magistrat d'un grade élevé doive être maintenu indéfiniment à un niveau de responsabilités humble du seul fait de sa formation ayant précédé son recrutement. A titre d'exemple, les décrets du 18 avril 2012 modifiant l'article 8 du statut de la magistrature réservent les fonctions de président de chambre à la Cour suprême, dans les juridictions d'appel ou de même envergure aux magistrats hors hiérarchie ou au moins du quatrième grade. Seuls pourraient être nommés procureurs généraux ou avocats généraux ici des magistrats hors hiérarchie ou du quatrième grade. Seuls devraient présider les tribunaux de grande instance ou être hissés à la tête des parquets de ces juridictions les magistrats hors hiérarchie, de quatrième, troisième ou deuxième grades. Seuls pourraient présider les tribunaux de première instance ou être nommés à la tête de leurs parquets les magistrats des grades quatre, trois ou deux. L'article 9 du statut de la magistrature valide d'ailleurs ces vues en proclamant sans équivoque que « *tout magistrat en activité est titulaire d'un emploi judiciaire correspondant au groupe auquel il appartient* » ; « *aucun magistrat ne peut être titulaire d'un emploi soit de chef de juridiction, soit de chef du parquet lui conférant un pouvoir de contrôle ou de direction sur un magistrat hiérarchiquement supérieur* » ; « *aucun magistrat ne peut connaître des voies de recours intentées à l'encontre d'une décision rendue par un magistrat hiérarchiquement supérieur* »[382] *(sur l'ensemble, voir CS, arrêt n° 41,*

---

en première instance par des magistrats hauts gradés, le grade à prendre en considération est celui auquel se trouvait le juge d'appel au jours où la juridiction saisie sur recours a statué.

381 La Cour suprême y juge avec force que « *(...) le principe du double degré de juridiction a pour corollaire l'interdiction absolue à tout juge de connaître d'une cause et des mêmes parties à plus d'un degré de juridiction ; que ce principe est d'ordre public ; que par suite, il convient, eu égard au grade inférieur de tous les magistrats du siège par rapport à celui du président de la cour d'appel de Garoua, d'apporter un rectificatif à l'arrêt (...) de la cour d'appel de céans* »

382 Il a déjà été relevé, sur la base des prescriptions de l'article 7 du statut, que les magistrats sont classés hiérarchiquement comme suit : hors hiérarchie (groupe 2, groupe 1) ; quatrième grade ; troisième grade ; deuxième grade ; premier grade.

Il n'est pas non plus inutile de noter, sur la base des éléments de contenu de l'article 7 (3) du statut que le rang hiérarchique des magistrats d'un même groupe ou grade « *résulte exclusivement de chronologique de leur première nomination audit groupe ou grade* ». Dans l'hypothèse de l'égalité

19 nov. 1968, Ricault Denis-Marcel c. Ministère public et Economididès Bruezain, Répertoire chronologique de la jurisprudence de la Cour suprême, tome 1, Droit pénal, préc. ; arrêt n° 35/S, 4 mars 1999, Nanfah Paul c. Tsinda Martin Répertoire chronologique, Droit social, 1980-2000, tome 3, préc. ; arrêt n° 7, 17 oct. 1967, Warton Henri et Orvis Nelson c. Ministère public, Dieudonné et autres, Répertoire chronologique de la jurisprudence de la Cour suprême, tome 1, Droit pénal, préc. ; arrêt n° 55/CC, 29 fév. 1996, Soc. Chalucam c. Mangan Gabriel, Juridis Périodique n° 28, oct.-déc. 1996, préc. ; arrêt n° 14/CC, 02 oct. 1980, Société navale Delmas Vieljeux c. Toko Christophe, RCD n° 25, 1985, préc. ; arrêt n° 293/P, 03 juin 1982, Abega Pierre c. Ministère public, Zogo Modo Zéphirin et autres, Répertoire chronologique de la jurisprudence de la Cour suprême, tome 1, Droit pénal, préc. ; arrêt n° 230/P, 27 mai 1982, Tatsa Daniel c. Ministère public et Ndille Nsom Jean-Louis, Répertoire chronologique de la jurisprudence de la Cour suprême, tome 1, Droit pénal, préc. ; arrêt n° 107/P, 04 mars 1999, Balla Mani Marcel c. Ministère public, Répertoire chronologique de la jurisprudence de la Cour suprême, tome 1, Droit pénal, préc. ; arrêt n° 78/S, 30 avril 1987, Koulou Maurice c. Compagnie commerciale Hollando africaine, Répertoire chronologique de la jurisprudence, Droit social, 1980-2000, tome 3, préc.).

Ensuite, le principe est ancien qui veut que l'affectation ou la nomination à un poste de responsabilité au sein de l'administration étatique en particulier obéisse au dogme de la discrétion. S'attelant à en décliner méandres à la lumière de la jurisprudence *(notamment CS/CA, jugt. n° 23/2002-2003, 28 nov. 2003, Bedé Collins Chongwain Nkuo c. Etat du Cameroun, inédit ; CFJ/CA, jugt. n° 14, 16 mars 1967, Kolle Mouangue Louis c. Etat du Cameroun, inédit)*, quelques-uns n'hésitent pas à soutenir que l'exigence invite à considérer que l'autorité compétente nomme qui elle veut, quand elle veut, et comme elle veut. Or, parallèlement, des études fouillées dont les résultats sont convergents depuis les années 80 donnent à penser que le politique de gestion des ressources humaines de la fonction publique largement entendue se caractérise par une faible rationalité voire par une grande opacité dans les Etats africains parmi lesquels le Cameroun[383]. Le corps judiciaire n'échapperait pas à ce travers,

d'ancienneté dans un groupe ou au sein d'un grade, l'ordre est déterminé par le « privilège de l'âge ».
Il importe enfin de signaler, sur la base des prescriptions de l'article 21 du statut du corps, que les magistrats en poste dans les juridictions prennent rang dans un ordre précis. Au niveau de la Cour suprême, l'ordre est le suivant : premier président, procureur général, présidents de chambres, conseillers, les avocats généraux, les substituts généraux. Au niveau de la cour d'appel, l'ordre est le suivant : président, procureur général, vice-présidents, conseillers, avocats généraux, attachés. Au niveau du tribunal de grande instance, l'ordre est le suivant : président, procureur de la République, juges, substituts du procureur de la République. Au niveau du tribunal de première instance, l'ordre est le suivant : le président, le procureur de la République, les juges, les substituts du procureur de la République…

[383] MOMO B., « Renforcer la stratégie d'organisation des structures te de gestion de l'Etat du Cameroun », op cit., pp. 49 et s. spéc. ; DUMONT R., *L'Afrique noire est mal partie*, op cit., pp. 68-94 ; DUMONT R., MOTTIN M.F., *L'Afrique étranglée*, op cit., pp. 96-121 ; MBALLA OWONA

singulièrement la catégorie des magistrats du parquet parfois qualifiés d'« agents du pouvoir exécutif »[384].

De même, il est invraisemblable que les magistrats ayant reçu une formation initiale rattachée aux sciences « dures » soient tous affectés auprès de juridictions spécialisées correspondant à leur cursus académique ou, plus encore, que toute leur carrière durant, la possibilité ne leur soit pas offerte de passer du siège au parquet ou à l'instruction et réciproquement, de diriger telle ou telle juridiction. Le dilemme précisément dans cette éventualité est que chaque position requiert des aptitudes ou des savoirs spécifiques, que les présidents de tribunaux ont des attributions juridictionnelles réservées supposant une connaissance solide du droit. Ainsi en va-t-il dans des matières présentées comme urgentes parmi lesquelles la requête et le référé. Ainsi en va-t-il encore du contentieux de l'exécution où, selon les termes de l'article 49 de l'Acte uniforme traitant des procédures simplifiées de recouvrement des créances et des voies d'exécution, « tout litige ou toute demande » se rapportant à elles relève de la seule compétence du président de la juridiction statuant en matière d'urgence *(sur ces questions, voir not. CCJA, arrêt n° 032/2018, 22 févr. 2018, Société des brasseries du Gabon-SOBRAGA c. SCI Claire de Lune, http://www.ohada.org ; arrêt n° 001/2018, 11 janv. 2018 Société Cleo Patra c. Compagnie ivoirienne de promotion pour l'exportation et l'importation dite CIPEXI, http://www.ohada.org ; arrêt n° 001/2017, 26 janv. 2017, Société de dératisation-désinsectisation-traitement des stocks-désinfection dite Attila Koula SARL c. Société structure en bois dite STRUBOIS SARL, http://www.ohada.org ; arrêt n° 147/2017 du 29 juin 2017, Mademoiselle Lauvergne Sabine c. SCI Indivision Lecoeur, http://www.ohada.org ; arrêt n° 146/2017, 29 juin 2017, Conférence épiscopale centrafricaine (C.E.C.A) c. Consorts Mana Yves et autres, ww.ohada.org ; arrêt n° 005/2017, 26 janv. 2017, BSIC- CI SA c. Entreprise de services des produits pétroliers SA, http://www.ohada.org ; arrêt n° 071/2016, 21 avril 2016, Roger Tshiaba Mbangama et Augustin Mbangama Kabundi c. Banque centrale du Congo dite BCC et Banque commerciale du Congo dite BCDC, http://www.ohada.org ; arrêt n° 003/2014, 27 fev. 2014, Société générale de banques au Sénégal dite SGBS c. Massamba Gueye, http://www.ohada.org ; arrêt n° 019/2014, 11 mars 2014, Agence des télécommunications de Côte d'Ivoire dite ATCI c. Société ivoirienne de promotion dite SIPROM, http://www.ohada.org ; arrêt n° 02/2014, 30 janv. 2014, Société TV+ Gabon c. Société DHL international Gabon,*

R., *La notion d'acte administratif unilatéral au Cameroun*, op cit., pp. 78 et s. ; MEDARD J.F., « La spécificité des pouvoirs africains », *Pouvoirs*, n° 35, 1983, pp. 22 et s. ; Nous même, « Quel juge … demain ? », op cit., p. 76 ; OWONA J., *Droit de la fonction publique camerounaise*, op cit., pp. 98 et s. ; PAMBOU TCHIVOUNDA G., *Essai sur l'Etat africain postcolonial*, op cit., pp. 170 et s. ; TIDO BATIO R., « L'encadrement juridique de la nomination des agents publics au Cameroun : un édifice entamé, mais non encore achevé », op cit., pp. 75 et s.

[384] SOCKENG R., *Les institutions judiciaires au Cameroun*, op cit., p. 191 ; MENGONG V.N., op cit., pp. 209 et s., n° 489 et s.

http://www.ohada.org ; arrêt n° 009/2016, 21 janv. 2016, Société générale de banques en Côte d'Ivoire (SGBCI) c. La Société d'lndustrie et de commerce (SICOM) et Société Hyssand transit SARL, Le Nemro, juil.-sept. 2017, pp. 170 et s., obs. LEVOA AWONA S.P. ; arrêt n° 043/2009, 30 juin 2009, Hanna investment and Co SA c. Bank of Africa Côte d'Ivoire dite BOA-CI, Rec. CCJA n° 13, 2009, pp 157 et s. ; arrêt n° 28, 7 avril 2005, Société de transport Fandasso c. Société ivoirienne d'assurances mutuelles dite SIDAM 2, Le Juris-ohada n° 3/2005, p. 37, Rec. CCJA n° 5, janv.-juin 2005, vol. 2, pp. 3 et s. ; arrêt n° 017/2002, 27 juin 2002, Soc. El Nasr import-export c. Ali Darwiche, Le Juris-ohadata n° 4/2002, oct.-déc. 2002, Recueil de jurisprudence de la CCJA, n° spécial, janv. 2003, pp. 33 et s. ; CA du Littoral, arrêt n° 38/REF, 10 fév. 1999, Reemtsma et autres c. Sitabac et autres, Juridis Périodique n° 42, 2000, pp. 52 et 107, note KALIEU ELONGO Y. ; CA du Littoral, arrêt n° 28, 28 janv. 2008, La Société BIC SA c. La Société TBC, in Secrétariat Permanent de l'OHADA, Jurisprudences nationales, préc., p. 186 ; CA de l'Ouest, arrêt n° 151/Civ., 26 déc. 2007, Saah Dominique c. Bangnie, Juridis Périodique n° 76, oct.-déc. 2008, pp. 70 et s., obs. ASSONTSA R. ; CA du Littoral, arrêt n° 101, 14 mai 2008, Ekédi Mbappe Samuel c. Datchoua Hippolite, in Secrétariat Permanent de l'OHADA, Jurisprudences nationales, préc., p. 211 ; CA du Littoral, arrêt n° 28, 28 janv. 2008, La Société Bic SA c. La Société TBC, in Secrétariat Permanent de l'OHADA, Jurisprudences nationales, préc. ; CA de Lomé, arrêt n° 22, 17 juil. 2007, Soeximex c. Prakrash Sathian, Awudja William, Bictogo Moumini, Société Côte d'Ivoire fruits SA, in OHADA, Jurisprudences nationales préc. pp. 261 et s. ; CA du Centre, arrêt n° 57/Civ, 5 nov. 1999, Atangana Pascal c. Chambre d'agriculture, de l'élevage et des forêts, RCDA n° 5, oct.-déc. 2000, pp. 153 et s.).

A eux seuls, ces détails ont poussé à estimer que le plus simple était non pas d'intégrer cette catégorie dans la magistrature, mais de créer à l'effet d'assister le magistrat un corps différent de « collaborateurs » ou d'« assistants de justice »[385]. Ainsi que leur dénomination le laisse transparaître, ces assistants auraient pu être fonctionnarisés et être appelés à apporter un concours aux magistrats dans leurs différents domaines de compétence. Le choix aurait même pu être retenu de donner à ces fonctions un caractère temporaire, par exemple en déterminant une durée d'exercice non renouvelable, l'objectif étant de permettre aux pouvoirs publics de conserver une marge de manœuvre qui facilite la réalisation d'un équilibre entre le recrutement des « agents de justice » et les défis auxquels la justice est confrontée à un moment donné. L'expérience serait loin de l'inédit puisqu'elle a déjà été tentée sous d'autres cieux. En France par exemple, une loi du 8 février 1995 institue cette catégorie dont la mission est strictement temporaire au sens où elle est limitée à une durée de deux ans renouvelable

[385] Les statistiques du *Rapport du ministère de la justice sur l'état des droits de l'homme au Cameroun en 2020*, cité à maintes reprises, plaident pour cette mesure (pages 57 et 58, n°s 147-149). Il y est révélé que le personnel fonctionnaire en poste ici est de 3306, que le personnel non fonctionnaire est estimé à 1353, que le corps des magistrats est constitué de 1826 personnes.

une fois. Ils sont nommés auprès des magistrats des tribunaux d'instance, de grande instance, des cours d'appel et de la Cour de cassation pour leur apporter un concours dans la préparation des dossiers[386]. Un bilan à mi-parcours donne à croire que ces auxiliaires de justice ont évité aux magistrats d'être submergés de tâches accessoires, donc de se détourner de leur véritable fonction qui est celle de juger[387].

Sixièmement, le désir d'arrimer la magistrature aux contraintes de l'heure en l'ouvrant aux non-juristes a une autre face cachée constituée d'effets collatéraux inattendus, se rapportant aux auxiliaires de justice. Ils font jour lorsqu'on garde présent à l'esprit que la justice est rendue à l'issue d'un parcours relativement long au cours duquel interviennent notamment les avocats, les huissiers de justice, les commissaires-priseurs, les notaires, greffiers, officiers et agents de police judiciaire. Après ce constat et un temps de recul, deux réalités antinomiques se déclinent nettement. D'une part, que les réformes d'avril 2012 permettront à coup sûr aux uns de se prononcer en connaissance de cause sur les affaires qui leur sont déférées et de s'arrimer aux exigences de la complexité des différends engendrée par la globalisation ; d'autre part, que le train de la modernisation de l'appareil judiciaire laissera à quai d'autres acteurs clés de la chaîne judiciaire. Le plus troublant dans ce diagnostic est que la formation de ces acteurs de l'appareil judiciaire n'était déjà pas très adaptée à la société contemporaine. A cela s'ajoute une hétérogénéité au niveau de leurs cursus initiaux, car tandis que quelques-uns devaient être titulaires d'une licence en droit ou d'un diplôme équivalent, d'autres ne devaient être nantis que d'un diplôme d'études universitaires générales, d'une capacité en droit ou d'un baccalauréat[388]. Dans des hypothèses il est vrai marginales[389]. le brevet d'études secondaires, le « General certificate of education », le « Ordinary Level » ou des diplômes du même niveau s'avéraient suffisants pour accéder à certaines professions d'auxiliaire de justice.

En conséquence de cette disparité entretenue par le « dépoussiérage » du seul statut des magistrats, le risque est grand que le dialogue judiciaire soit davantage déséquilibré demain que par le passé. Par exemple, sans mésestimer la profession d'avocat ni ignorer la possibilité qui est la sienne

---

[386] Article 20, alinéa 1.

[387] PERROT R., *Institutions judiciaires*, préc., p. 368, n° 475.

[388] Dans le même sens, voir JAMIN C., XIFARAS M., « Sur la formation des juristes en France. Prolégomènes à une enquête », op. cit., p. 386. ; JOURDAN-MARQUES J., op cit., p. 737 ; Nous même, « Quel juge … demain ? », op cit., p. 77 ; NSOGA E.Z. II, *Le jugement*, op cit., pp. 118 et s., n°s 102 et s. ; SOUPGUI E., « L'accès à la justice en matière commerciale dans l'espace OHADA », op cit., pp. 53 et 57 ; VALLENS J.-L., op cit., pp. 1256 et s.

[388] BOKALLI V.E., « L'accès à la justice en matière commerciale dans l'espace OHADA », *UMa Lex, AFSJPUMa*, 2020, n° 1, vol. 1, p. 24 ; nous-même, « La réforme du statut de la magistrature au Cameroun », in *De l'esprit du droit africain, Mélanges en l'honneur de Paul-Gérard Pougoué*, Lamy, Paris, 2014, pp. 421 et s.

[389] Voir les prévisions du statut spécial des fonctionnaires des greffes s'agissant particulièrement du cadre des greffiers adjoints et du cadre des greffiers.

d'employer des collaborateurs, on peut cependant, en s'en tenant uniquement aux programmes universitaires, au moins en apparence, présumer que le magistrat devrait être plus à l'aise lors d'échanges l'opposant à ce dernier. L'écart devrait s'accroître lors d'échanges se rapportant à l'économie, à la gestion, à la comptabilité, à l'informatique ou aux TIC et mettant aux prises un magistrat spécialisé dans ces disciplines et un avocat. La discussion pourrait s'avérer insoutenable au cas toujours à envisager où des données juridiques, politiques, économiques, comptables, financières s'enchevêtreraient ; au cas où l'avocat n'aurait pas reçu suffisamment de moyens pour s'attacher les services d'un spécialiste dans une cause où son client est opposé au ministère public relooké.

L'exemple pris s'agissant des avocats s'étend à d'autres corps, notamment celui des fonctionnaires de greffes. On peut difficilement concevoir une collaboration harmonieuse avec les magistrats dans un environnement où leurs parcours académique et professionnel font essentiellement appel au droit et où, comme cela a été résolu dans le décret n° 2012/188 du 18 avril, l'un des interlocuteurs pourrait n'être que modérément outillé sur le terrain juridique du fait de son appartenance au contingent des gens intégrés dans la magistrature sur la base d'une maîtrise en gestion, en comptabilité, en économie ou d'un master en informatique. L'éventualité est à prendre au sérieux. C'est que l'article 10 du statut spécial des fonctionnaires des greffes du 4 février 2011 signale concernant le greffier en chef que ce dernier assume des fonctions juridictionnelles, administratives et comptables relevant de son greffe ; que les articles 574 et suivants du Code de procédure pénale confient à ces auxiliaires de la justice le soin de transcrire le dispositif des décisions de condamnation sur la fiche de casier judiciaire et plus globalement de veiller à la bonne tenue du fichier d'arrondissement du casier judiciaire, lesquels seront sous peu numérisés. Pourtant, paradoxalement, les articles 16 et 18 du statut spécial du fonctionnaire des greffes subordonnent l'accès au cadre d'administrateurs de greffes à la détention d'une licence en droit, les articles 24 et 27 subordonnent le recrutement dans le cadre des greffiers tantôt à la détention de ce diplôme, tantôt à la détention d'un diplôme d'études universitaires générales en droit. Seuls les postulants au cadre des greffiers adjoints sont titulaires de parchemins leur ayant donné l'occasion de se familiariser avec l'économie, la comptabilité, la gestion, l'informatique[390].

Anodin d'apparence, le déséquilibre visé en amont a de quoi inquiéter, surtout lorsque la question débattue aura une incidence sur la liberté des gens ou sur leurs biens et que l'Etat sera justiciable. Plus fondamentalement, il est à craindre que la position privilégiée de l'un des plaideurs par rapport à son adversaire en arrive à fausser la règle de l'égalité devant la justice ou encore celle de l'égalité des armes, lesquelles à ce jour constituent des éléments essentiels du droit à un procès équitable consacré

---

[390] Article 32.

par plusieurs instruments internationaux relatifs aux droits humains fondamentaux[391]. Une jurisprudence ancienne et constante est d'ailleurs là qui l'a inlassablement rappelé s'agissant de mesures d'instruction ou d'enquête[392] *(sur l'ensemble, même tacitement, voir not. CS, arrêt n° 56/P, 11 déc. 1986, Thomas Ndansi Agwoh c. Ministère public, Répertoire chronologique de la jurisprudence de la Cour suprême, tome 1, Droit pénal, préc., pp. 424-425, in ANOUKAHA F., Les grandes décisions de la jurisprudence pénale camerounaise, Sopecam, Yaoundé, 2018, n° 21, pp. 367 et s., obs. ANOUKAHA F. ; arrêt n° 114/P, 14 mai 1998 inédit, cité par DZEUKOU G.B., Code de procédure pénale, EDJ, Bafoussam, 2007, p. 288 ; The Nord West Court of appeal, 28th january 1999, appeal n°BCA/11CC/97, Fomara Regina Akwa vs. Fomara Henry Che, Cameroon common law report, CCLR, 2002, Part 9, pp. 32 et s. ; CADHP, Communication 242/01, Interights, Institute for human rights and development in Africa, and Association mauritanienne des droits de l'homme vs Islamic Republic of Mauritania, 17th Annual Activity Report, in Institute for human rights and development in Africa, Decisions of the african commission on human and peoples rights on communications, 2002-2007, ABC Press, Cape Town, 2008, pp. 252 et s. ; Communication 241/01, Purohit and Moore vs The Gambia, 16th Annual Activity Report, in Institute for human right and development in Africa, Decisions of the african commission on human and peoples rights on communications, 2002-2007, préc., pp. 179 et s. ; CCJA, arrêt n° 081/2019, 28 mars 2019, Société Nestlé Cameroun c. Groupe Abbassi SARL, http://www.ohada.org ; CADHP, Communication 264/02, Association Que choisir Bénin vs Bénin, 18th Annual Activity Report, in Decisions of the african commission on human and peoples rights on communications, préc., pp. 26 et s. ; CEDH, 6 mai 1985, Bönisch du 6 mai 1985, 10 oct. 2002, Czekalla, 10 oct. 2002, préc.).*

On l'aura compris sur la base de ces analyses, l'initiative de l'intégration dans la magistrature d'économistes, de gestionnaires ou d'informaticiens n'est pas mauvaise dans l'absolu. Elle appelle cependant une réorientation de la perspective de formation des gens[393].

Très concrètement et pour ce faire, il importe que les enseignements délivrés dans les facultés de droit, d'économie ou de gestion, pour s'en tenir

---

[391] Entre autres, on les retrouve dans la Déclaration universelle des droits de l'homme, mais surtout dans la Déclaration des droits de l'homme et du citoyen (articles 1 et 7), dans le Pacte international relatif aux droits civils et politiques (article 14 paragraphe 1). A l'échelle régionale, on la retrouve dans la charte africaine des droits de l'homme et des peuples (articles 2, 3, 7), dans l'Acte uniforme relatif au droit de l'arbitrage (article 9). Au Cameroun elle est consacrée par la constitution dans son préambule et reprise tacitement ou expressément par le Code pénal (article 1), le Code civil, le Code de procédure pénale et d'autres textes appartenant à l'ordre interne.

[392] MARGUENAUD J.P., « Egalité des armes », in *Dictionnaire de la justice*, sous la direction de Loïc Cadiet, PUF, Paris, 2004, pp. 405-407. Cf également ATANGA ESSAMA M.B., *L'égalité davns le procès civil*, thèse, Yaoundé 2, 2018 ; NGASSA NGUEDJO S. C., *L'égalité des armes dans le procès pénal*, thèse, Yaoundé 2, 2014.

[393] JAMIN C., XIFARAS M., op. cit., p. 586 ; Nous même, « Quel juge … demain ? », op cit., p. 77 ; NSOGA E.Z. II, op cit., pp. 118 et s., n°s 102 et s.

à celles-ci, facilitent l'adaptation des apprenants à la complexité grandissante du contentieux et de la vie en société, à l'interpénétration des champs disciplinaires, à la dynamique de l'intégration régionale ou à celle incontournable de la mondialisation. De ce point de vue, la formule jadis en vigueur consistant à former en tronc commun jusqu'en licence puis à réserver la spécialisation aux cycles d'études supérieurs conserve son intérêt. Encore que l'on doive, dans cette configuration, veiller à ce que l'élargissement de l'apprentissage à la base corresponde aux besoins des administrations utilisatrices des personnes appelées à le suivre. Cela suppose non seulement l'ouverture effective des conseils de gestion des facultés ou des universités à des personnalités représentant les administrations utilisatrices et les milieux sociaux professionnels [394] ; mais également la présence et la participation de ces partenaires aux instances chargées d'esquisser les offres de formation et à administrer celles-ci. A n'en pas douter, cela appelle aussi les universités et les facultés à établir et à actualiser un plan des besoins des entreprises, des administrations, de la collectivité ; à être attentives au devenir de leurs étudiants, à questionner leurs méthodes pédagogiques et contenus d'enseignements. Pour tout dire et faire l'économie des mots, ces choix requièrent une réflexion approfondie sur l'ensemble du système éducatif ou du moins une meilleure appropriation dès la base du système LMD que l'on célèbre dans les discours politiques ; ils exigent que la scolarité dans les écoles professionnelles et peut-être aussi dans les instituts d'études judiciaires soit recentrée autour de la déontologie, des spécificités des pratiques professionnelles, de l'étude des disciplines fondamentales qui n'ont pas été abordées en amont du cursus ou, après coup, ont connu des bouleversements[395].

Il importe également que l'on songe à introduire où à intensifier le bagage juridique de l'apprenant dans les filières rattachées au domaine des « sciences exactes » et en particulier de la comptabilité, de l'informatique, du numérique et des TIC, de l'économie et de la gestion.

Il importe encore, inversement, que l'on songe à renforcer l'économie, la gestion, la comptabilité, l'informatique et les outils de télécommunication dans les parcours de formation offerts par les facultés de droit.

Si l'introduction ou le renforcement du droit dans les programmes d'enseignement d'économie, de gestion, de management, des technologies innovantes ou, inversement, le renforcement de l'économie, de la gestion, de la comptabilité ou de l'informatique dans les filières juridiques s'avère lourds, la panacée pourrait consister soit à ramener certaines de ces disciplines à la fin du cursus scolaire dans les lycées et collèges ; soit, en faculté, à rendre obligatoires ou optionnels les enseignements se rapportant

---

[394] Bâtonnier de l'ordre des avocats ou son délégué, président de la chambre nationale des huissiers de justice, président de la chambre professionnelle des notaires, représentant du ministère de la justice, etc.

[395] NSOGA EZ. II, *Le jugement*, op cit., pp. 120 et s., n°s 103.

singulièrement à la gestion, à l'économie, à la comptabilité, à l'informatique, aux télécommunications. Rien n'interdit au demeurant que ces matières puissent périodiquement, à l'issue d'un tirage au sort, être partiellement retenues parmi les épreuves à passer à la fin du semestre ou de l'année académique, voire parmi les épreuves des concours en vue du recrutement dans les métiers dits du droit.

Il importe, enfin, que la formation continue de l'ensemble des magistrats soit une préoccupation majeure des pouvoirs publics. Certes, des séminaires sont parfois organisés au sein des certaines juridictions d'appel ou par la chancellerie[396]. Certes aussi, l'Ecole régionale supérieure de la magistrature organise par à-coup des campagnes de mise à niveau sur la base des orientations de l'activité normative de l'OHADA ou du législateur national lorsque ce dernier donne un écho à celle-ci[397]. Certes encore, le statut de la

---

[396] Le décret n° 2012/389 du 18 septembre 2012 portant organisation du ministère de la justice prévoit au sein de ce département ministériel une direction des affaires générales chargée, entre autres, du suivi de l'application de la politique étatique relative à la formation du personnel judiciaire du ministère. En conséquence, on y retrouve, une « sous- direction des personnels judiciaires » dont la mission est notamment de gérer les personnels concernés, de vulgariser la méthodologie et les outils d'élaboration des plans de formation, du suivi des activités menées dans les écoles nationales et instituts de formation relevant du ministère, « de la recherche et de l'exploitation des offres de bourse de formations », de la gestion des stages, de la tenue du fichier des stagiaires, « de la participation à l'élaboration, à l'évaluation et à l'actualisation des programmes de formation. »
La sous-direction des personnels judiciaire comprend plusieurs services au nombre desquels le « service de la formation et des stages » ainsi que le prévoit l'article 92 du décret n°2012/389 du 18 septembre 2012.

[397] On relèvera que le préambule du traité OHADA met en évidence le désir de ses signataires « *d'accomplir en commun de nouveaux efforts en vue d'améliorer la formation des magistrats et des auxiliaires de justice* ». A propos des méandres de cette formation à l'ERSUMA, voir, entre autres, les articles 18, 19 et 20 du statut l'Ecole à ce jour en vigueur. Il s'y découvre notamment que l'Ecole intervient dans les segments ci-après :
- Formation initiale complémentaire, laquelle vise à renforcer la formation initiale complémentaire se rapportant au droit des affaires et aux droits communautaires africains ;
- Formation continue ou de perfectionnement, laquelle s'adresse à des personnes ayant déjà une activité professionnelle et s'inscrit dans le cours de celles-ci afin de parfaire leurs connaissances dans des matières ou techniques nouvelles ou spécialisées ;
- Formation de spécialité, laquelle permet au bénéficiaire d'acquérir ou d'approfondir des connaissances ou des techniques professionnelles spécifiques.
Autrefois, c'est-à-dire sous l'empire du statut de l'ERSUMA du 3 octobre 1995 à ce jour abrogé, il était résolu à l'article 13 que l'Ecole a compétence pour assurer la formation initiale des magistrats, la formation complémentaire de ceux-ci et enfin, leur formation continue. Affinant la compréhension des choses, les articles 13, 14, 15 et 16 décidaient :
- A propos de la formation initiale des magistrats, qu'elle s'opère à la demande des pays membres ou de certains d'entre eux et qu'elle consiste pour l'Ecole à former le futur magistrat suivant des modalités définies ;
- A propos de la formation complémentaire des auditeurs de justice, qu'elle intervient après la formation des intéressés dans les Etats, mais avant leur entrée en fonction. L'objectif était alors de bonifier leur apprentissage à travers un « complément de formation ». Sans surprise, la règle était que l'inscription des auditeurs de justice est prononcée par le directeur de l'ERSUMA, sur avis du conseil d'établissement, en fonction du nombre total de places disponibles, des quotas nationaux définis par le conseil d'administration et des dossiers des candidats présentés par les Etats ;

magistrature[398] évoque lui-même l'hypothèse que des membres du corps judiciaire soient désignés pour suivre un ou plusieurs cycles d'études au Cameroun, « effectuer un ou plusieurs stages dans d'autres services », « suivre un stage de perfectionnement ou des cycles d'études à l'étranger ». Certes également, on a récemment créé auprès du ministère de la justice un centre de documentation juridique, judiciaire multimédia, présenté comme un établissement public administratif dont la mission est de « collecter, traiter et diffuser la jurisprudence nationale et internationale », « d'organiser des sessions de formation continue d'initiative ou à la demande », « de soutenir toute activité de recherche et de publication juridique et jurisprudentielle »[399].

Ces initiatives ne touchent malheureusement qu'un nombre restreint de magistrats[400]. On découvre bien l'étroitesse de celles-ci en mettant côte à côte, d'une part le rythme croissant du renouvellement des normes ; d'autre part la longueur de la carrière du magistrat. Effectivement, l'âge de départ à la retraite est de 65 ans en ce qui concerne les magistrats hors hiérarchie et ceux du quatrième grade ; de 58 ans s'agissant des magistrats du troisième grade ; de 55 ans s'agissant de ceux des deuxième et premier grades[401] *(CS, arrêt n° 8/A, 15 nov. 1984, Tatsinda Maurice c. Etat du Cameroun - Ministère de la justice, Répertoire chronologique de la jurisprudence de la Cour suprême, tome 5, Droit administratif, 1980-2000, pp. 82 et s.).* La

- A propos des stages de recyclage et de spécialisation, que les cibles sont des magistrats déjà en fonction et surtout que le recyclage et la spécialisation interviennent dans le cadre général de la formation continue. Très logiquement, ceux-ci devaient être sont mis en place en fonction des demandes formulées par les Etats et des besoins jugés prioritaires par le conseil d'administration de l'Ecole.

[398] A ses articles 17 à 19. Lesdits textes vont plus loin. On apprend en consultant ceux-ci que les magistrats appelés à effectuer un stage conservent non seulement les avantages attachés à l'emploi dont ils sont titulaires, mais aussi leur droit à avancement. Ils reprennent de plein droit leurs fonctions à l'issue du cycle d'étude ou du stage.

[399] Voir en ce sens les articles 2 et 3 du décret n° 2012/121 du 15 mars 2012 portant création d'un centre de documentation juridique, judiciaire multimédia.

[400] Le rapport du ministère de la justice sur l'état des droits de l'homme au Cameroun en 2013 confirme ces vues. Aux pages 6 et 7, celui-ci signale au cours de l'année visée :
- La formation complémentaire de 50 magistrats en contentieux administratif à l'Ecole nationale d'administration et de magistrature ;
- Le voyage d'études de sept magistrats de l'inspection générale des services ;
- Un stage de contentieux administratif à l'intention de 10 juges des tribunaux administratifs à l'Ecole nationale d'administration en France ;
- Un séminaire de formation des formateurs à l'école nationale de la magistrature à l'intention de trois magistrats ;
- Un séminaire de formation des formateurs en évaluation de la formation judiciaire à l'Ecole nationale d'administration et de magistrature au profit de 20 magistrats et greffiers ;
- La formation à l'Ecole régionale supérieure de la magistrature de l'OHADA de 40 magistrats, avocats, huissiers de justice et experts comptables.

[401] Article 71 (2), décret du 8 mars 1995, préc.

A dire vrai, l'admission à la retraite du magistrat intervient dans deux circonstances : l'anticipation et la limite d'âge. La retraite anticipée est en quelque sorte prématurée et dès lors, prononcée d'office ou à la demande de l'intéressé, conformément aux termes du statut général de la fonction publique.

situation devient d'avantage préoccupante lorsqu'on se souvient du développement des regroupements au sein de communautés économiques régionales, lequel se traduit tantôt par une harmonisation des normes issues de systèmes juridiques divers, tantôt par une unification des règles par phagocytose de quelques-unes. Enfin, en s'intéressant au critère de choix du petit nombre de ceux qui pourraient être « désignés » pour le bénéfice du perfectionnement professionnel, le risque d'une « politisation » voire d'une « patrimonialisation » du recyclage ne sera jamais à dédaigner, cela d'autant plus qu'il est simplement retenu que la sélection incombe au ministre de la justice lorsque le stage ou le cycle de formation est organisé localement, qu'elle est déployée par cette autorité avec l'accord du président de la République au cas où la mise à niveau se déroule à l'étranger. En s'intéressant au niveau de rémunération des membres du corps judiciaire et mieux des agents publics, la conclusion s'imposera par ailleurs que même la thèse d'une formation continue à leurs frais manque d'emprise avec le terrain. Reste à espérer que les réformes en cours dans les Etats africains dont le Cameroun inversent la tendance[402] et surtout, dissipent les incohérences qui se révèlent parfois au contant du régime disciplinaire des magistrats.

Section 3. La discipline et la responsabilité des magistrats

L'étendue des pouvoirs octroyés au corps judiciaire et la sensibilité de la fonction de juger ou à tout le moins à celle de concourir activement au règlement des différends explique qu'un vif intérêt soit de longue date accordé à la discipline des magistrats. Au Cameroun, elle est confiée à des

[402] Fort heureusement, le décret n° 2018/240 du 09 avril 2018 modifie la donne. En effet, il y est résolu :
- A l'article 4, que l'Ecole nationale d'administration et de magistrature a, entre autres missions, celles « *d'organiser, pour le compte du personnel des corps de son champ de compétence, les activités de formation professionnelle continue ainsi que les séminaires de recyclage pour les candidats admis aux concours professionnels ; d'apporter, en tant que de besoin, aux services publics, une expertise dans les sec- de réaliser des études et des activités de recherche appliquée en administration publique* » ;
- A l'article 26 (1), que la formation continue et le perfectionnement professionnel sont sanctionnés par des certificats délivrés par le chef de l'établissement public « administratif professionnel » ;
- A l'article 26 (2), que les séminaires que l'Ecole nationale d'administration et de magistrature organise sont sanctionnés par des attestations de participation délivrées par le chef de cet établissement public ;
- A l'article 27, que la durée de la formation, l'organisation et le régime des études sont fixés par des textes particuliers du ministre chargé de la fonction publique, après avis du conseil académique et du conseil d'administration ;
- Aux articles 28 et 29, que « *dans le cadre de la formation initiale ou continue, l'ENAM peut mettre en œuvre des projets de recherche appliquée visant l'innovation ou le développement des secteurs relevant de son champ de compétence ou l'amélioration de la qualité des services publics* » ; ces activités de recherche appliquée développées par les élèves ou les experts peuvent faire l'objet de publication après évaluation du conseil académique.

organes qui observent une procédure rigoureuse, laquelle aboutit parfois à des sanctions.

Paragraphe 1. Les instances disciplinaires

Deux organes veillent au respect des obligations que la loi impose aux membres du corps judiciaire. Ils ne sont pas identiques selon que ceux-ci appartiennent au parquet ou au siège.

La discipline des magistrats du parquet est confiée à la commission permanente de discipline, rattachée au ministère de la justice *(CS-CA, jugt. n° 84, 30 juin 1984, Atangana Mbarga Adalbert c. Etat du Cameroun, in KEUTCHA TCHAPNGA C. (dir.), Les grandes décisions annotées de la juridiction administrative du Cameroun, préc., n° 4, pp. 92 et s., note KEUTCHA TCHAPNGA C. ; CS/AP, arrêt n° 2/A, 15 nov. 1984, Massuka Christophe c. Etat du Cameroun-Ministère de la justice, Répertoire chronologique de la jurisprudence, Droit administratif, tome 5, 1980-2000, p. 268).* En sont membres, d'après l'article 52 du statut de la magistrature : le premier président de la Cour suprême qui en est le président ; le procureur général près ladite cour qui en assure la vice-présidence ; le secrétaire général du ministère de la justice qui, en cette qualité en est membre ; un inspecteur général du même ministère désigné par le Garde des sceaux comme membre ; deux magistrats du quatrième grade exerçant au siège, désignés au début de l'année judiciaire par la Cour suprême, pour une durée de deux ans ; deux magistrats du parquet du quatrième grade, désignés au début de l'année judiciaire par la commission chargée du classement en vue de l'avancement des magistrats du parquet, pour une durée de deux ans. Des mises au point sont faites à l'article 52 du statut de la magistrature à propos de la Commission permanente. L'une de celles-ci permet au vice-président de présider l'organe au cas d'absence ou d'empêchement du premier président de la Cour suprême. L'autre donne au secrétaire général du ministère de la justice la possibilité de se faire représenter par l'un quelconque des directeurs de la chancellerie, à la condition expresse que l'intéressé appartienne au corps des magistrats. A supposer que les deux magistrats du siège ou les deux magistrats du parquet membres de la commission en cette qualité ne soient plus à même d'exercer leurs fonctions au sein de celle-ci, ils sont remplacés dans les deux mois de la survenance de l'évènement ouvrant la vacance de leurs postes.

La discipline des magistrats du siège est confiée au conseil supérieur de la magistrature. Présidé par le président de la République, celui-ci comprend : le ministre de la justice qui en est le vice-président[403] ; trois députés choisis sur une liste de 20 personnes désignées au sein de

---

[403] Toutefois, souligne l'article premier, le président de la République peut désigner une autre personnalité en qualité de Vice-président du conseil supérieur de la magistrature.

l'Assemblée nationale à l'issue d'un scrutin secret, à la majorité des deux tiers de ses membres ; trois magistrats du siège du quatrième grade au moins, pris sur une liste de 10 personnes désignées par la Cour suprême siégeant en assemblée plénière ; une personnalité n'appartenant ni à l'Assemblée nationale, ni au corps judiciaire, ni au corps des auxiliaires de justice, désignée par le chef de l'Etat en raison de sa compétence. A eux se greffent « un magistrat en service à Yaoundé », nommé par décret en qualité de secrétaire général du conseil[404] ; éventuellement, des personnalités que le président de la République a le loisir de convier aux travaux du conseil en raison de leur compétence et de la nature spécifique des difficultés à régler, celles-ci étant exclues des délibérations[405]. En tout état de cause, ces personnalités « désignées » et nommées par décret ont la qualité de membres titulaires ; ce qui signifie qu'un membre suppléant à chaque membre titulaire est désigné dans les mêmes conditions pour faire face au cas de figure où celui-ci ne pourrait pas siéger[406]. Il est procédé à la désignation de la « nouvelle cuvée » des membres du conseil supérieur de la magistrature un mois au moins avant l'expiration du mandat en cours des membres du conseil dont la durée est de cinq ans, et les personnes dont le mandant s'achève demeurent en fonction jusqu'à la nomination de leurs « successeurs »[407].

Force est de constater, instantanément, que les instances disciplinaires ci-dessus évoquées ne s'intéressent pas à la discipline de l'ensemble des magistrats rattachés au siège. La meilleure illustration en est la justice militaire, laquelle, sur ce point, obéit à un corps de règles spécifiques. Effectivement, les magistrats du siège et du parquet en poste ici, et qui tendent à être des « militaires », ne relèvent ni du conseil supérieur de la magistrature ni de la commission permanente de discipline précédemment présentée[408]. La chose n'est pas sans inquiéter dans un contexte où les

---

[404] L'article 9 de la loi n° 82/14 du 26 novembre 1982 précitée décide que le Secrétaire du conseil est chargé de la mise en état des dossiers soumis à l'avis du Conseil supérieur de la magistrature ; qu'il veille au fonctionnement administratif de l'organe, en liaison avec les services compétents. Il conclut que l'organisation et le fonctionnement du secrétariat du Conseil supérieur de la magistrature relèvent d'un texte particulier.

[405] Voir en ce sens les articles premier, 2 et 3 de la loi n° 82/14 du 26 novembre 1982 fixant l'organisation et le fonctionnement du conseil supérieur de la magistrature, modifiée par la loi n° 86/16 du 28 juillet 1989.

[406] Article 3. A l'article 4, il est indiqué que la durée du mandat en qualité de membre suppléant cesse à la date d'expiration du mandat des membres titulaires.

[407] Articles 4 et 7.

[408] Le décret n° 2024/555 du 14 novembre 2024 fixant les règles applicables au recrutement et à la discipline du personnel de la justice militaire confie la discipline des professionnels visés à une « Commission permanente de discipline ». Aux articles 15 et 16, il est prescrit :
- Que la commission a comme président le secrétaire général du ministère en charge de la justice militaire. Ses membres sont le chef d'Etat-major de l'armée d'appartenance du magistrat militaire mis en cause ou le directeur central chargé de la coordination pour les officiers de la gendarmerie ; le directeur chargé des affaires administratives et règlementaires au ministère en charge de la justice militaire ; le procureur général près la Cour d'appel territorialement

infractions relevant de la compétence de la justice militaire ont tendance à croître et où la majorité des justiciables devant les tribunaux militaires sont des civils[409].

Force est de constater, sans grand effort, que la discipline des magistrats du parquet préoccupe moins sérieusement que celle des magistrats du siège. C'est en tout cas le sentiment que suggère la présence, au sein des organes qui en ont la charge, ici du président de la République et du ministre de la justice ; l'absence là-bas de ces mêmes autorités. C'est également l'impression que laissent ces prévisions qui permettent à quelques-uns des membres de la commission permanente de se faire remplacer par des personnes qu'elles ont le loisir de désigner. C'est ce qu'inspire l'article 37 (3) de la constitution lorsqu'après avoir affirmé avec l'énergie que lui confère la hiérarchie des normes que le chef de l'Etat est garant de l'indépendance des magistrats, il souligne que celui-ci est assisté dans cette mission par le conseil supérieur de la magistrature et reste silencieux s'agissant de la commission permanente de discipline[410]. S'impose alors une réforme qui mettra davantage les membres du parquet à l'abri de l'arbitraire ou leur confèrera davantage de sérénité lors de l'accomplissement de la mission dont la charge leur incombe, cela d'autant plus que, bien que ces derniers ne jugent pas à proprement, il leur arrive couramment de prendre des décisions d'une exceptionnelle gravité. Concrètement, deux pistes peuvent, à cet égard, être explorées. L'une aboutit à la création d'un organe inédit, lequel n'est ni la commission permanente de discipline ni le Conseil supérieur de la magistrature. Il pourrait s'agir, par exemple, d'un conseil constitutionnel relooké dont les membres sont sélectionnés au sein de corps socio-professionnels représentatifs, qualifiés et crédibles[411]. Il pourrait

---

compétente ; deux commissaires du gouvernement désignés par le ministre chargé de la justice militaire sur proposition du directeur de la justice militaire ;

- Que la commission a une composition spéciale dans quelques cas de figure. A titre d'exemple, lorsque le magistrat mis en cause relève du siège, le procureur général est remplacé par le président de la cour d'appel ; les deux commissaires du gouvernement sont remplacés par deux présidents de tribunaux militaires que le ministre chargé de la justice militaire désigne. A titre d'exemple, lorsque le directeur de la direction de la justice militaire est mis en cause, le responsable des affaires administratives et règlementaires du rang de directeur assume les fonctions de l'intéressé au sein de la commission permanente de discipline ;
- Qu'en cas d'empêchement, *« un membre de la commission peut se faire représenter aux travaux de la commission »* ;
- Que la commission permanente de discipline est toujours constituée de membres ayant un grade au moins égal à celui du magistrat militaire mis en cause.

[409] Voir, dans le tome 1 de cet ouvrage, les développements relatifs au tribunal militaire, singulièrement ceux portant sur la compétence matérielle de cette juridiction.

[410] Dans le même sens, voir la loi n° 82/14 du 26 novembre 1982 précitée. Son article 10 alinéa 2 va plus loin et pose que le conseil de la magistrature peut être consulté sur toute question relative à l'indépendance de la magistrature. Pour en savoir davantage, lire NTAH A MATSAH H.M.M., op. cit., pp. 43 et s., pp. 158 et s. ; FRISON-ROCHE M.-A., « La responsabilité des magistrats : l'évolution d'une idée », *JCPE*, 1999, n°42, pp. 1875 et s.

[411] NGAH NOAH M.U., op cit., p. 146. Voir également SANDIO KAMGA A.H., *La responsabilité des agents de l'administration en droit camerounais*, L'Harmattan, Paris, 2021, pp. 39 et s. ;

s'agir, par exemple, d'un conseil supérieur de justice dont les membres, élus, sont issus de différents corps professionnels (y compris de la magistrature) et de la société civile, lequel gèrerait la carrière et la discipline du magistrat[412]. L'autre aboutit à la fusion des organes chargés de la discipline des magistrats, lesquels passent parfois assez brutalement du parquet au siège et vice-versa[413]. Cette fusion pourrait même n'être qu'imparfaite et déboucher sur la cohabitation au sein du conseil supérieur de la magistrature de deux formations dont l'une s'intéresse à la discipline des magistrats du siège, l'autre à la discipline des magistrats rattachés au ministère public. On peut même songer, en son sein, à trois formations. L'une, générale, s'intéressant aux préoccupations communes à l'ensemble du corps judiciaire ; deux autres, spécialisées, qui se verraient attribuer des missions réservées concernant chaque groupe de magistrats pris isolément. Evidemment, une telle réforme appelle la modification du décret portant statut de la magistrature. Mieux encore, elle peut difficilement s'opérer sans une révision de la constitution[414].

Force est de constater que les magistrats du siège, censés apprécier le comportement de leurs pairs appelés à comparaître devant le conseil supérieur de la magistrature, y sont minoritaires. La même remarque s'impose s'agissant de la commission permanente de discipline où les « magistrats debout », qui, mieux que quiconque connaissent les contraintes de leurs semblables, sont loin d'être majoritaires. En allant plus en avant, il saute à l'œil que la durée des mandats n'est pas homogène, puisque deux ans sont privilégiés ici, cinq ans là-bas.

Force est également de constater qu'on peut légitimement hésiter à indiquer qui de l'assemblée nationale ou du sénat procède à la désignation de ces 20 personnes dont trois seront ensuite nommées par le président de la République en tant que membres du conseil supérieur de la magistrature. L'hésitation n'est pas sans fondements. C'est que, à l'époque où la loi consacrée à son organisation et son fonctionnement fut votée ou toilettée[415], le parlement camerounais ne comprenait pas deux chambres. Lorsque les deux chambres furent instituées, la constitution vint poser, à son article 67, que l'assemblée nationale exerce la plénitude du pouvoir législatif et jouit

---

POUGOUE P.-G., *Il fallait en dire un mot…*, op cit., p. 74 ; TANKEU M., *L'administration de la justice au Cameroun. Vers un dépassement de la colonialité*, L'Harmattan, Yaoundé, 2019 ; ARENS Ch., « La responsabilité du magistrat », *APD* n° 2021, tome 63, pp. 157 et s. ; BARLOW D., « Conseil supérieur de la magistrature », *Juris Classeur Procédure civile*, janv. 2021, n°22 et s. ; SUR S., « Pour un pouvoir judiciaire », op cit., p. 294.

[412] NGAH NOAH M.U., op cit., p. 146.

[413] ONDOA M., Commentaire de la loi n° 96-06 du 18 janvier 1996 portant révisions de la constitution du 02 juin 1972, *Juridis Périodique n° 25*, oct.-déc. 1995, pp. 13. Voir également KUATE TAMEGHE S.S., « Quel juge … demain ? », op cit., pp. 75 et s. ; « La réforme du statut de la magistrature au Cameroun », op cit., pp. 421 et s. ; TIDO BATIO R., « L'encadrement juridique de la nomination des agents publics au Cameroun… », op cit., pp. 75 et s.

[414] Singulièrement de son article 37.

[415] Il a déjà été signalé que la loi fut adoptée le 26 novembre 1982, puis modifiée le 28 juillet 1989.

de l'ensemble des prérogatives réservées au parlement jusqu'à la mise en place du sénat.

Force est encore de constater que la répartition des compétences entre le conseil supérieur de la magistrature et la commission permanente de discipline sera demain au cœur de disputes dans l'hypothèse de la mutation du siège vers le parquet où, à l'opposé de la migration du parquet vers le siège. Quelques principes ont fort heureusement été esquissés que l'on peut mobiliser à l'effet de les résoudre, même partiellement seulement. A en croire l'article 37 de la loi du 26 novembre 1982, sont assimilés aux magistrats du siège pour l'application du régime disciplinaire des magistrats du siège « les magistrats élevés à la hors hiérarchie », ceux du siège délégués dans les fonctions de procureur de la République, les magistrats du parquet mutés au siège, pour compter de la date de leur prise de service ici. De son côté, le statut de la magistrature vient souligner que le magistrat du siège muté au parquet demeure assujetti à la procédure devant la commission permanente de discipline pour les faits commis après son affectation et ne relevant pas des missions juridictionnelles des magistrats du siège[416]. Enfin, la jurisprudence de la Chambre administrative de la Cour suprême invite à s'intéresser moins à l'acte de nomination des magistrats qu'à la date de prise d'effet de celui-ci ; c'est précisément cette date qui, *in fine*, détermine l'instance disciplinaire compétente dans les hypothèses de mutation du siège vers le parquet ou du parquet vers le siège *(CS-CA, jugt. n° 84, 30 juin 1984, Atangana Mbarga Adalbert c. Etat du Cameroun-Ministère de la justice, préc.*[417]*)*.

Force est de constater que ni le conseil supérieur de la magistrature ni la commission permanente de discipline ne sont impliqués dans l'examen des questions se rapportant à la gestion comptable et financière de la magistrature, des juridictions, de la justice. A l'analyse, et pour s'en tenir à ce cas de figure, l'ostracisation du conseil supérieur de la magistrature lors de la détermination du budget du ministère de la justice ne contribue guère à l'affirmation du pouvoir judiciaire. La justesse de cette manière de voir se perçoit lorsqu'on s'intéresse au rôle et à la place réservée aux détenteurs du pouvoir exécutif et législatif dans le processus qui s'achève par l'adoption du budget de l'Etat dont une fraction marginale est orientée vers l'appareil

---

416 Article 61.

417 Dans cette affaire, la haute juridiction juge effectivement : « *Que s'agissant de l'incompétence de la Commission permanente de discipline, le défenseur des intérêts de l'État fait valoir qu'à la différence des décrets actuels fixant la date de leur prise d'effet à la date de prise de service, le décret n°80/298 du 26 juillet 1980 prévoit en son article 1er ... "Sont nommés pour compter de la date de signature du présent décret..." Qu'ainsi, à compter du 26 juillet 1980, Atangana Mbarga cessait d'être Vice-président de la Cour d'appel de Douala, c'est-à-dire magistrat du siège, pour devenir substitut général, c'est-à-dire magistrat du parquet. Qu'en conséquence, la Commission permanente de discipline était compétente pour connaître de son cas* ».

judiciaire. Au demeurant, elle permet de comprendre le surgissement du débat portant sur l'autonomie financière du pouvoir judiciaire[418].

Force est enfin de constater que la politisation de ces instances est difficile voire impossible à contenir, singulièrement celle du conseil supérieur de la magistrature. Au moins trois raisons essentielles le font croire. Tout d'abord, la configuration actuelle du climat politique en Afrique et au Cameroun laisse penser qu'un nombre important d'agents publics occupant un niveau de responsabilité élevé dans les administrations publiques ou dans les entreprises du secteur public et para public est au minimum « sympathisant » du parti au pouvoir. Ensuite, la coloration politique de l'Assemblée nationale révèle clairement la domination d'un parti politique, lequel raisonnablement devrait pourvoir les députés membres du conseil. De même, le président de la République, qui exerce le pouvoir règlementaire et de nomination au palier supérieur, peut se passer du ministre de la justice pour désigner une autre personnalité comme vice-président du conseil. Enfin, il est surprenant que l'on ait estimé que le chef de l'exécutif peut, avec détermination et mieux que le conseil constitutionnel, garantir l'indépendance des magistrats vis-à-vis notamment de l'arbitraire ou des tentatives de « caporalisation » des autorités exécutives[419]. La surprise s'accroît lorsqu'on s'intéresse à la nature du régime politique et que l'on découvre dans le régime « présidentialiste », que les autorités administratives susceptibles de porter atteinte à l'indépendance du corps judiciaire tiennent généralement leurs prérogatives de décrets présidentiels. Fort heureusement, la procédure de leur production est étroitement encadrée.

Paragraphe 2. Les procédures et les sanctions

La procédure disciplinaire n'est pas rigoureusement la même selon que des indélicatesses soient imputées aux magistrats du parquet ou du siège[420].

---

[418] A ce sujet, lire not. GUESSELE ISSEME L., « Le régime financier des organes constitutionnels dans les Etats d'Afrique noire Francophone », *R.I.D.C.* 2021-2, pp. 312 et s. ; NGAH NOAH M.U., op cit., pp. 147 et s. ; Nous même, « Quel juge … demain ? », préc., pp. 78 et s. ; REPUBLIQUE DU CAMEROUN, *Stratégie nationale de développement 2020-2030 du Cameroun*, Ministère de de l'Économie, de la planification et de l'aménagement du territoire, 1ère édition, Yaoundé, 2020, p. 107, n° 390.

[419] En ce sens, CADHP, Communication n°266/03, mai 2009, Mgwanga Gunme et autres c. République du Cameroun, www.achpr.org

[420] Il se devine que le décret n° 2024/555 du 14 novembre 2024 précité esquisse une procédure spécifique et des sanctions particulières s'agissant de la discipline des magistrats militaires. A titre d'exemple, on y découvre notamment aux articles 16 et suivants :
- Que les membres de la commission permanente de discipline sont convoqués par le président de cette instance au moins 15 jours avant la date de tenue des assises, par *« tout moyen laissant trace écrite »* ;
- Que la commission siège à huis clos au ministère en charge de la justice militaire ou en tout autre lieu désigné par le chef de ce département ministériel ;

S'agissant des magistrats du ministère public, l'essentiel est développé sous les articles 46 et suivants du décret n° 95/048 du 8 mars 1995 portant statut de la magistrature. Il y est inscrit que l'action est déclenchée par le Garde des sceaux qui saisit le vice-président de la commission permanente de discipline. Au plus vite, le procureur général près la Cour suprême désigne un rapporteur parmi les membres de la commission auquel la mission peut être confiée, en tant que de besoin, d'ouvrir et de conduire une enquête dont la durée, en tout état de cause, ne saurait excéder trois mois[421]. Si l'enquête n'a pas semblé indispensable ou a été clôturée, le vice-président transmet le dossier disciplinaire au ministre de la justice, assorti de ses observations, dans le délai de quinze jours à compter de sa réception[422]. De deux choses l'une : soit le ministre enraye l'action, soit il convoque formellement une session de la commission permanente de discipline. Dans la seconde hypothèse, le mis en cause est impérativement appelé et son dossier lui est transmis au moins 15 jours avant la tenue des assises afin de permettre l'organisation de sa défendre *(en ce sens, voir CS/AP, arrêt n° 2/A, 15 nov. 1984, Massuka Christophe c. Etat du Cameroun-Ministère de la justice, Répertoire chronologique de la jurisprudence, Droit administratif, tome 5, 1980-2000, p. 268 ; CS-CA, jugt. n°84, 30 juin 1984, Atangana Mbarga Adalbert c. Etat du Cameroun-Ministère de la justice, préc. ; arrêt n° 8/A, 15 nov. 1984, Tatsinda Maurice c. Etat du Cameroun- Ministère de la justice, Répertoire chronologique de la jurisprudence de la Cour suprême, préc., pp. 82 et s.).*

- Qu'avant les assises de la commission, une enquête doit être menée par l'un de ses membres en qualité de « rapporteur », lequel est tenu de dresser un procès-verbal retraçant les actes et diligences accomplies pour les besoins de la manifestation de la vérité ;
- Que le magistrat militaire poursuivi, tenu de comparaître en personne, doit obtenir communication du dossier disciplinaire (au moins 8 jours avant la tenue de la session) à l'effet d'organiser sa défense ; cette dernière s'opère avec l'assistance d'un conseil de son choix ayant la qualité d'avocat, d'officier des forces de défense, de magistrat ;
- Que la commission ne siège valablement qu'en présence de cinq membres au moins dont le président ; ses décisions sont adoptées à la majorité simple des présents, avec en cas d'égalité la prépondérance de la voix du président ;
- Que la commission observe une procédure secrète et que ses membres ne relèvent dans l'exercice de leurs fonctions que de la loi et de leur conscience ;
- Que dans les 15 jours de la fin de la session, à la diligence du président de la commission permanente de discipline, le dossier de l'affaire, assorti des propositions de sanctions, est transmis au ministre de la justice militaire ;
- Que les fautes disciplinaires, listées de manière plutôt exhaustive, peuvent s'avérer d'interprétation difficile à certains égards (acte contraire au serment de magistrat ; manquement à l'honneur, à la dignité et aux bonnes mœurs ; violation du devoir de subordination hiérarchique par un magistrat du parquet ; *« insuffisance professionnelle caractérisée par la méconnaissance des règles élémentaires de la bonne administration de la justice, ou l'inaptitude à produire un rendement raisonnable en dépit des rappels à l'ordre de la hiérarchie »)* ;
- Qu'au gré de la gravité des faits, différentes sanctions peuvent être prononcées par diverses autorités. Il s'agit du ministre en charge de la justice militaire s'agissant de l'avertissement, de la réprimande, de la suspension de fonctions pour une durée inférieure à six mois, de la radiation du tableau d'avancement d'échelon et du reversement au service général des forces de défense. Il s'agit du président de la République s'agissant de la radiation du tableau d'avancement de grade ;

[421] Article 55 (2).

[422] Article 56.

Une chose est sûre, c'est que la commission tient ses assises à la Cour suprême. Celles-ci se déroulent à huis-clos[423], en présence de la personne même du magistrat concerné, lequel se retire néanmoins lorsque vient le moment de délibérer. La latitude lui est concédée d'être assisté par l'un de ses pairs ou par un avocat de son choix[424]. Il est cependant acquis, au cas où le magistrat convoqué ne comparaît pas, sans avoir justifié d'un empêchement ou sans que son absence soit imputable à la force majeure, que la commission permanente de discipline ouvre ses travaux[425].

La validité des délibérations de la commission requiert la présence de cinq au moins de ses membres, dont le président ou le vice-président. Quinze jours après la fin de la session, le président de la commission permanente est tenu de retourner le dossier de disciplinaire au Garde des sceaux, assorti d'un avis motivé quant à la suite à réserver aux faits examinés[426]. A son tour, le ministre de la justice le transmet au président de la République, avec des propositions motivées sur l'ensemble de l'affaire. Au vu de ces éléments, une décision est prise, par décret, et publiée[427].

Quant aux magistrats du siège, la procédure disciplinaire les intéressant est développée dans la loi du 26 novembre 1982 fixant l'organisation et le fonctionnement du conseil supérieur de la magistrature et dans ses textes modificatifs subséquents. Les extraits majeurs de celui-ci signalent que le soin revient au Garde des sceaux de procéder aux premières vérifications lorsque ce dernier est saisi d'une plainte ou d'un fait susceptible de déboucher sur une sanction professionnelle. A ces fins, une demande d'explications écrites lui est adressée, à la diligence de son supérieur hiérarchique[428]. Au gré des conclusions des vérifications entreprises et si les circonstances l'exigent, le ministre peut d'ores et déjà suspendre de ses fonctions, pour une durée n'excédant pas six mois, le magistrat en cause[429] *(CS, arrêt n° 8/A, 15 nov. 1984, Tatsinda Maurice c. Etat du Cameroun-Ministère de la justice, Répertoire chronologique de la jurisprudence de la Cour suprême, tome 5, Droit administratif, 1980-2000, préc., pp. 82 et s.).*

Que celui-ci ait ou non été suspendu, le dossier doit être transmis, avec des observations, au président de la République. Soit ce dernier s'abstient de mettre en mouvement l'action disciplinaire, soit il le fait en saisissant le conseil supérieur de la magistrature[430]. Dans cette hypothèse, une commission chargée de l'instruction des poursuites est constituée comprenant trois membres désignés au sein de cet organe[431]. Le magistrat

---

[423] Article 53.

[424] Article 58 (1).

[425] Article 58 (2).

[426] Article 59.

[427] Article 60.

[428] Article 22.

[429] Article 22 (4), loi du 26 novembre 1982.

[430] Article 25, loi du 26 novembre 1982.

[431] A distinguer du recours en grâce dans le cadre duquel l'instruction est de la compétence du Garde des sceaux ; même si son point de vue doit, d'après l'article 14 de la loi du 26 novembre

incriminé est convoqué dix jours au moins avant la tenue des assises. Copie de son dossier lui est communiquée ainsi que les pièces se rapportant à l'instruction, et la latitude lui est donnée de se faire assister par un pair ou par un avocat. On l'aura compris. Il est précieux que l'occasion soit offerte à l'intéressé d'exposer ses vues ou, si l'on préfère, de se défendre. Cela explique que la Cour suprême estime : « *Considérant, en tout état de cause, que conformément à une jurisprudence établie, le magistrat est non recevable à se prévaloir de tels vices de forme devant le juge de l'excès de pouvoir, dès lors qu' il appert du dossier soumis à l'examen de la cour que le demandeur qui les invoque n'a lors de sa comparution devant le conseil supérieur de la magistrature, émis aucune réserve, ni contesté la régularité de la procédure diligentée antérieurement par la commission disciplinaire dudit conseil » (CS/AP, arrêt n° 2/A, 15 nov. 1984, Massuka Christophe c. Etat du Cameroun- Ministère de la Justice, préc.).*

Au jour fixé pour les assises qui se tiennent à la présidence de la République[432], le concerné est entendu, son conseil éventuellement. La validité de la délibération du conseil suppose notamment le huis clos, la présence de six au moins de ceux qui le composent dont le président de la République, la majorité des suffrages exprimés avec en cas d'égalité la prépondérance de la voix du président[433]. Au vu de l'avis du conseil se rapportant aux sanctions susceptibles d'être retenues[434], le président de la République statue sur les faits et prononce, éventuellement, une sanction disciplinaire à l'encontre du magistrat poursuivi[435] *(pour une bonne application, CS, arrêt n° 2/A, 26 déc. 1996, Atangana Mbarga Adalbert c. Etat du Cameroun-Ministère de la justice, Répertoire chronologique de la jurisprudence de la Cour suprême, tome 5, Droit administratif, 1980-2000, préc., pp. 263 et s.).*

On remarquera que la commission permanente de discipline et le conseil supérieur de la magistrature se bornent à émettre des avis dont la nature n'a pas été précisée avec la clarté que ses conséquences appellent logiquement. Du coup, la haute autorité disciplinaire pourrait estimer que l'avis de ces organes n'est que facultatif. La conséquence juridique majeure en est qu'elle peut passer outre sans que le risque soit important qu'une contestation de la décision rendue soit favorablement accueillie par la justice *(en ce sens, même tacitement, CS/CA, jugt. n° 50, 26 juil. 1990, Essama Joachim Michel c. État du Cameroun-Ministère des affaires étrangères, in KEUTCHA TCHAPNGA C. (dir.), Les grandes décisions annotées de la juridiction administrative du Cameroun, préc., n° 2, pp. 67 et s. ; jugt. n° 25, 25 fév. 1982, Sieur Gang W.V., inédit ; CSCA, jugt. n° 12/CSCA, 13 janv. 1983, Awana Gilbert c. Etat du Cameroun, RCD n° 25, 1983, pp. 116 et s. ; arrêt*

1982 modifiée le 28 juillet 1989, être transmis au secrétariat du conseil supérieur de la magistrature.

[432] L'article 38 prescrit que seul le président de la République peut le convoquer, qu'il lui revient d'arrêter l'ordre du jour.

[433] Article 41.

[434] Article 13.

[435] Article 34.

n° 3/A, 23 nov. 2000, Atangana Ntonga Sylvestre et consorts c. l'Etat du Cameroun-MINFI, Répertoire chronologique de la jurisprudence, Droit administratif, 1980-2000, préc., pp. 212 et s. ; TA du Littoral, jugt. n° 013/FF/2020, 16 janv. 2020, Société Canal + c. Etat du Cameroun-Recette départementale des domaines du Wouri, inédit). Pareille grille de lecture ne devrait pas empêcher de révéler que l'actualité en provenance de quelques-uns des pays rattachés notamment au système juridique romano-germanique suggèrent un schéma différend. Celui-ci va dans le sens de privilégier la piste de l'avis conforme des instances collégiales compétentes en matière de discipline et de gestion de la carrière des magistrats[436].

On remarquera que le décret n° 2012/389 du 18 septembre 2012 portant organisation du ministère de la justice semble vouloir confier l'instruction du dossier disciplinaire des magistrats, sans distinction, à l'inspection générale des services du ministère de la justice[437]. Afin de s'assurer que celle-ci accomplisse au mieux cette mission spécifique, il place à sa tête un inspecteur général et y rattache huit inspecteurs, six contrôleurs, un secrétaire de missions, tous magistrats. Les statistiques du rapport du ministère de la justice sur l'état des droits de l'homme en 2020 au Cameroun révèlent, pour cette année-là, que l'inspection générale des services a reçu et exploité 185 requêtes ; qu'elle a prescrit 52 enquêtes, adressé une demande d'explications, 30 demandes d'observations et saisi l'organe disciplinaire d'un dossier ; qu'un magistrat a été révoqué pour abandon de poste et que les chefs de cours ont été invités à « encadrer plus strictement le personnel relativement au respect des règles d'éthique et de déontologie »[438].

On remarquera également que le conseil supérieur de la magistrature n'est pas qu'un organe disciplinaire. Effectivement, la loi y relative met en relief ses autres attributions. A titre d'exemple, elle décide que celui-ci assiste le président de la République dans sa mission de garant de l'indépendance de l'ensemble du corps judiciaire et pourrait être consulté sur toute question en lien avec l'indépendance de ce corps[439]. Elle subordonne l'exercice du droit de grâce à un avis préalable de cet organe[440]. Elle va jusqu'à retenir que son avis devrait précéder les projets ou propositions de loi et les projets de tous les textes règlementaires relatifs au statut de la magistrature, les propositions d'intégration dans la magistrature, d'affectation et de nomination des magistrats du siège dans

[436] CARIUS M., « Pour la non-punition des erreurs au sein de la magistrature », *https://www.cairn.info/revue-les-cahiers-de-la-justice-2024-2-page-311.htm ;* BARTOLUCCI M., « L'État et les erreurs de la justice judiciaire : le dilemme de la responsabilité », *Cahiers de la justice* 2023, n° 2, pp. 331 et s. ; FRISON-ROCHE M.-A., « La responsabilité des magistrats : l'évolution d'une idée », op cit., pp. 1875 et s. .

[437] Article 5.

[438] REPUBLIQUE DU CAMEROUN, *Rapport du ministère de la justice sur l'état des droits de l'homme au Cameroun en 2020,* Yaoundé, 2022, pp. 59 et 60, n° 154 à 157.

[439] Article 10.

[440] Article 11 (1).

les fonctions judiciaires ainsi que les mutations des magistrats du siège au parquet ou des magistrats du parquet au siège[441] ; que le soin lui revient d'établir les tableaux d'avancement des magistrats du siège en vue d'une promotion de grade[442].

On remarquera que la gamme des sanctions que le président de la République pourrait retenir à l'encontre des magistrats, du siège ou du parquet, ne saurait dépendre de l'aléa. L'inventaire de celles-ci est dressé dans le statut des magistrats qui évoque en les organisant l'avertissement, la réprimande, la radiation du tableau d'avancement, le retard d'avancement ou d'échelon, la rétrogradation, la révocation...[443].

On remarquera que le magistrat victime d'une sanction disciplinaire peut toujours la contester (*CS-CA, jugt. n°84, 30 juin 1984, Atangana Mbarga Adalbert c. Etat du Cameroun-Ministère de la justice, préc.*[444]). La suite s'entrevoit. Si la juridiction administrative saisie estime par extraordinaire que la sanction prononcée n'aurait jamais dû être infligée notamment parce que les agissements imputés au magistrat n'étaient pas avérés[445], il n'est pas à exclure que l'intéressé obtienne d'elle la réparation du préjudice matériel et moral que lui cause la procédure finalement infructueuse (*en ce sens, voir not. CS, ass. Plén., arrêt n° 8/A, 15 nov. 1984, Tatsinda Maurice c. Etat du Cameroun- Ministère de la justice, Répertoire chronologique de la jurisprudence de la Cour suprême, préc.*[446]. *Cf également CS-CA, jugt. n°84, 30 juin 1984, Atangana*

---

441 Article 11 (2)

442 Articles 12, 19.

443 Articles 46 et suivants. Sur renvoi, article 21, loi du 26 novembre 1982, précitée.

444 Le jugement *Atangana Mbarga Adalbert* édifie également à propos du lien entre ces instances disciplinaires et la juridiction administrative. Effectivement, le nœud gordien de la décision de la cour est celui-ci : « *Qu'au surplus, selon la jurisprudence constante du Conseil d'État, mais aussi de la Cour Suprême, le moyen tiré de l'irrégularité de la procédure disciplinaire ne peut être valablement invoqué devant le juge de l'excès de pouvoir que s'il a été au préalable soulevé par le fonctionnaire lors de sa comparution devant le Conseil de discipline.*

Que non seulement le requérant ne rapporte pas la preuve et n'offre même pas de rapporter la preuve qu'il a soulevé devant la Commission permanente de discipline un quelconque moyen tiré de l'irrégularité de la procédure disciplinaire, mais il résulte de procès-verbal de la séance du 28 février "ce qui suit : "le Président demande au magistrat Atangana Mbarga s'il a des observations préalables relatives à la procédure jusque-là engagée. Celui-ci déclare qu'il n'a aucune observation à faire".

Qu'ainsi, le moyen pris de l'incompétence de la Commission permanente de discipline apparaît comme mal fondé et doit être rejeté. »

445 Quelques-uns estiment que celui-ci pourrait même, dans certaines circonstances, plaider le droit à l'erreur ayant occasionné des dysfonctionnements de la justice de moindre gravité. En ce sens, et pour la synthèse, voir BARTOLUCCI M., op cit., pp. 331 et s. ; CARIUS M., op cit. ; FRISON-ROCHE M.-A., « La responsabilité des magistrats : l'évolution d'une idée », op cit., p. 1877.

446 Dans cet arrêt, la Cour suprême accueille favorablement le moyen tendant à la réparation du préjudice matériel et estime que les frais exposés par le demandeur pour le triomphe de sa cause, ainsi que le manque à gagner résultant de son retard à l'avancement en raison d'un avertissement injustement infligé, ouvrent droit à une réparation. A propos du préjudice moral, elle décide : « *Considérant que, comme le relève justement l'appelant (...), la lettre d'avertissement n° 106 du 15 novembre 1978 adressée au magistrat Tatsinda, alors vice-président de la Cour d'appel de Garoua contiennent les termes suivants :*

Mbarga Adalbert c. Etat du Cameroun-Ministère de la justice, préc.[447] *; CS, ass. Plén., arrêt n° 27/A, 24 mars 1983, Etat du Cameroun-Ministère de la fonction publique, Njikiakam Towa Maurice c. Njikiakam Towa Maurice et Etat du Cameroun-Ministère de la fonction publique, Répertoire chronologique de la jurisprudence de la Cour suprême, tome 5, Droit administratif, 1980-2000, préc., pp. 241 et s. ; CS, Ass. Plén., arrêt n° 7/A, 27 mars 1986, Etat du Cameroun-Ministère des forces armées c. Metou Josué, Répertoire chronologique de la jurisprudence de la Cour suprême, tome 5, Droit administratif, 1980-2000, préc., pp. 249 et s. ; ass. Plén., arrêt n° 8/A, 16 déc. 1982, Essimi Fabien c. Etat du Cameroun-DGSN, Répertoire chronologique de la jurisprudence de la Cour suprême, tome 5, Droit administratif, 1980-2000, préc., pp. 232 et s.).*

On remarquera, enfin, que les mesures disciplinaires exposées sont sans lien avec les sanctions civiles et pénales encourues lorsque sont reprochées à un magistrat des indélicatesses dans l'exercice de ses fonctions *(même implicitement, voir not. CADHP, Communication 283/03B/Kenya 17th Annual*

« Vous êtes manifestement de mauvaise foi quand vous alléguez que tout le monde à la chancellerie vous a donné des permissions successives ou illimitées alors qu'il s'agit là d'un mensonge pieux. Votre façon d'interpréter les textes ... dénote votre manque de conscience professionnelle et votre attitude désinvolte. En raison de votre comportement fautif, je vous adresse par la présente un ferme avertissement qui sera classé dans votre dossier... »
Considérant que l'avertissement litigieux a été annulé pour illégalité, que l'Etat reconnaît implicitement mais nécessairement son injustice en s'abstenant de critiquer le jugement attaqué ;
Considérant que, compte tenu des appréciations ci-dessus relevées sur le comportement d'un magistrat qui a exercé pendant plusieurs années les fonctions de vice-président de cour d'appel, et à qui il n'est pas reproché des manquements professionnels antérieurs, et eu égard à l'annulation pour illégalité de la sanction disciplinaire dont Tatsinda a été l'objet, le préjudice moral dont il a souffert est certain, et grave ; que cette sanction injuste classée dans son dossier professionnel pendant plusieurs années porte assurément atteinte à sa réputation de fonctionnaire, à sa considération et à son honneur ; qu'en effet, depuis que l'avertissement litigieux a été classé dans le dossier disciplinaire de l'intéressé, tous les Gardes des sceaux qui ont été nommés au Ministère de la justice, tous les secrétaires généraux de ce ministère ainsi que tous les chefs hiérarchiques du magistrat mis en cause, du fait de ladite sanction, ont certainement, à tort, considéré celui-ci comme un mauvais serviteur de l'Etat ;
Considérant, en conséquence, que le jugement déféré ayant débouté l'appelant de sa demande de réparation du préjudice moral doit être réformé sur ce point et la demande d'indemnisation du préjudice moral souffert par le magistrat Tatsinda Maurice favorablement accueillie... »

[447] L'une des épines dorsales du jugement est celle-ci : « *Qu'en ce qui concerne le moyen tiré de la "fragilité" du décret n°82/011 du 8 janvier 1982, cette fragilité n'est pas démontrée par le requérant. Que la série des questions prétendument "préjudicielles" de l'intéressé part d'une confusion regrettable entre répression disciplinaire et répression pénale. Qu'en l'absence d'énumération légale des fautes professionnelles, c'est l'autorité chargée du pouvoir disciplinaire qui apprécie si un fait présente un caractère suffisamment répréhensible pour justifier une sanction disciplinaire.*
Que si le requérant ne voit pas ou feint de ne pas voir la faute qu'il a commise en refusant de rejoindre son poste d'affectation, son attitude résulte tout simplement d'une myopie volontaire. Que la question de savoir si la faute professionnelle retenue contre M. Atangana Mbarga était de nature à entraîner sa révocation échappe à l'appréciation du juge de l'excès de pouvoir, le contrôle juridictionnel de la décision ne portant exclusivement que sur sa légalité et non sur son opportunité.
Que si le juge administratif a le droit et même le devoir de vérifier si le fait reproché a matériellement existé et constitue juridiquement une faute disciplinaire, en revanche il n'est pas en son pouvoir d'apprécier si la sanction prononcée n'était pas excessive par rapport à la faute commise, dès lors que cette sanction figure dans l'échelle des peines disciplinaires. Qu'ainsi le moyen tiré de la "fragilité" du décret du 8 janvier 1982 est aussi peu fondé que le premier... »

Activity Report, in Institute for human right and development in Africa, Decisions of the african commission on human and peoples rights on communications, 2002-2007, ABC Press, Cape Town, 2008, pp. 231 et s. ; CS, ass. Plén., arrêt n° 8/A, 16 déc. 1982, Essimi Fabien c. Etat du Cameroun-DGSN, préc. ; CS-CA, jugt. n°84, 30 juin 1984, Atangana Mbarga Adalbert c. Etat du Cameroun-Ministère de la justice, préc. ; arrêt n° 183/P, 6 mai 1999, Akono Assam Ella Jean Lebon c. La Cour d'appel du Sud, Répertoire chronologique de la jurisprudence de la Cour suprême, tome 1, Droit pénal, 1980-2000, pp. 1231-1232).

S'agissant des premières, la plus retentissante reste sans doute la prise à partie, organisée par les articles 246 et suivants du Code de procédure civile et commerciale et rapidement évoquée à l'article 64 du Code de procédure pénale que viennent compléter les articles 236 et 237 du même texte. Ces articles commencent par lister les hypothèses dans lesquelles des poursuites peuvent être engagées à ce titre. Ils visent le dol, la concussion, la faute lourde dans le cours d'un jugement ou d'une instruction, le déni de justice consistant à refuser de conduire des enquêtes ou à négliger de juger des affaires en état d'être jugées[448]. Ils dévoilent par la suite que, dans l'hypothèse où les poursuites prospèrent[449], l'Etat procède au paiement de l'indemnité retenue et exerce une action récursoire contre le magistrat

[448] L'article 64 du Code de procédure pénale envisage la prise à partie lorsque l'action publique est suspendue ou arrêtée en dehors des circonstances qui y sont énoncées.

[449] Le Code de procédure civile et commerciale apporte des précisions utiles au sujet de la procédure de la prise à partie. Effectivement, il se découvre, sous les articles 248 et suivants :
- Que le déni de justice est constaté par deux réquisitions faites au juge en la personne des greffiers et signifiées de huitaine en huitaine au moins ;
- Que tout huissier ou agent d'exécution sollicité étant tenu d'accomplir les diligences qui précèdent sera tenu d'accomplir ces réquisitions, à peine d'interdiction ;
- Qu'aucun magistrat en poste dans les juridictions d'appel ne pourra être pris à partie sans une autorisation préalable du premier président de la Cour suprême qui se prononcera après avoir sollicité l'avis du procureur général près ladite cour ;
- Que la demande ne devra jamais comporter des termes injurieux contre les magistrats, à peine d'amende contre l'auteur de celle-ci ;
- Qu'au cas où la requête est recevable, elle sera signifiée au magistrat dans un délai de trois jours, celui-ci ayant ensuite huit jours pour fournir ses arguments en défense ;
- Qu'en cas de condamnation du magistrat, l'Etat a l'obligation de payer et, éventuellement, de se retourner contre le concerné ;
- Que si la requête est infructueuse, le demandeur pourra être condamné à des dommages-intérêts envers le magistrat mis en cause. Pour en savoir davantage, notamment en doctrine, voir not. VALICOURT E., *L'erreur judiciaire*, préc., pp. 233 et s. Voir aussi ARENS Ch., « La responsabilité du magistrat », pp. 163 et s. ; CANIVET G., JOLY-HURARD J., « La responsabilité des juges ici et ailleurs », *RIDC*, n° 4, 2006, pp. 1049 et s. ; FOTSO DJOMKAM D.K., *Le procès pénal et les libertés individuelles au Cameroun*, thèse, UDS, 2021, pp. 216 et s. ; FRISON-ROCHE M.-A., « La responsabilité des magistrats : l'évolution d'une idée », op. cit., pp. 1875 et s. ; JOLY-HURARD J., « La responsabilité civile, pénale et disciplinaire des magistrats », *RIDC*, n° 4, 2006, pp. 444 et s. ; SANDIO KAMGA A.H., *La responsabilité des agents de l'administration en droit camerounais*, L'Harmattan, Paris, 2021, pp. 125 et s. ; NENZEKO KAGHO C.J., *Le pourvoi devant la Cour suprême du Cameroun statuant en matière civile*, préc., pp. 223 et s., n°s 340 et s.

condamné[450] *(en ce sens, voir CS, arrêt n° 183/P, 06 mai 1999, Akono Assam Ella Jean Lebon c. Cour d'appel du Sud, Répertoire chronologique de la jurisprudence de la Cour suprême, tome 1, Droit pénal, préc.*[451]*, DZEUKOU G.B., Code de procédure pénale, préc., p. 55. Cf également CS/AP, arrêt n° 2/A, 15 nov. 1984, Massuka Christophe c. Etat du Cameroun-Ministère de la justice, préc.).* Le regret majeur ici, dans les faits, c'est qu'une sorte de solidarité se soit établie entre les magistrats au point de priver quotidiennement le justiciable de cette possibilité que les textes lui concèdent. Un auteur ayant analysé le phénomène en est arrivé à estimer, s'agissant notamment des magistrats qui animent les juridictions supérieures, que la prise à partie est une

---

[450] L'attention doit également être attirée par les prescriptions des articles 236 et 237 du Code de procédure pénale. Développés sous un chapitre réservé à l'indemnisation en raison notamment d'une détention provisoire, ils retiennent :
- Que l'indemnité susceptible d'être allouée au justiciable ayant subi un préjudice est mise à la charge de l'Etat qui peut exercer une action récursoire contre son agent fautif ;
- Que l'indemnité susceptible d'être allouée est retenue par décision d'une commission d'indemnisation qui statue en premier ressort, sa décision étant assimilée à un « jugement civil » ;
- Que la commission d'indemnisation a à sa tête, comme président, un conseiller à la Cour suprême. Elle a comme membres : deux magistrats de la Cour d'appel, un représentant de l'autorité chargée du contrôle supérieur de l'Etat, un représentant de l'administration en charge de la fonction publique, un représentant de l'administration en charge des finances publiques, un député désigné par le bureau de l'assemblée nationale, le bâtonnier de l'ordre des avocats ou son représentant.
- Que chacune des administrations dont l'un des membres compose la commission d'indemnisation y désigne, en fonction des cas, à la fois, des titulaires et des suppléants pour une durée couvrant trois années judiciaires. Lorsque les concernés proviennent institutions et administrations publiques, ils doivent avoir au moins le rang de directeur de l'administration centrale ;
- Que la commission d'indemnisation est saisie par voie de requête, dans les six mois de la cessation de la garde à vue, de la décision de non-lieu, de relaxe ou d'acquittement devenue définitive ;
- Que la procédure à suivre devant la commission est celle applicable devant la chambre judiciaire de la Cour suprême ;
- Que les fonctions de ministère public incombent ici au parquet général près la Cour suprême.
- Que la décision de la commission est rendue en chambre du conseil et est susceptible d'appel devant la chambre judiciaire de la Cour suprême et n'est susceptible d'aucun autre recours. Pour le reste, voir ASSIRA C., « Privations illégales de libertés : les défis de l'indemnisation des gardes à vue et détentions provisoires abusives », *Juridis Périodique* n° 116, oct.-déc. 2018, pp. 174 et s. ; WANDJI KAMGA A.-D., « L'abus en droit processuel privé camerounais », *Annales Africaines*, n° 18, vol. 1, avril 2023, spécialement les pages 335 et s. ; *Rapport annuel de la CNDHL en 2019*, Yaoundé, mars 2022, p.73 ; REPUBLIQUE DU CAMEROUN, *Rapport du ministère de la justice sur l'état des droits de l'homme au Cameroun en 2020*, op cit., pp. 45 et s.

[451] L'attendu clé de cet arrêt est ainsi rédigé : *« Attendu que l'article 248 du Code de procédure civile et commerciale dispose "Le déni de justice sera constaté par deux réquisitions faites au juge en la personne des greffiers et signifiées de huitaine en huitaine au moins ; tout huissier ou agent d'exécution requis sera tenu de faire des réquisitions à peine d'interdiction" ;*
Que l'article 249 du même code ajoute "« après les deux réquisitions, le juge pourra être pris à partie" ;
Attendu qu'il résulte de ces textes que la prise à partie ne peut être déclenchée qu'à la suite des formalités qu'ils prescrivent ;
Que sieur Akono Assam n'ayant pas justifié que ces formalités ont été accomplies, sa requête s'avère irrecevable… »

« illusion » et que les intéressés sont, à regarder de près, « irresponsables »[452].

Quant aux sanctions pénales, elles sont notamment développées sous les articles 126, 127, 131, 132, 134, 135, 140, 143, 147, 151 du Code pénal, lesquels traitent des « empiètements sur le pouvoir exécutif et sur le pouvoir judiciaire », des « empiètements du judiciaire sur certaines immunités », de la « corruption » active ou passive, de l'« intérêt dans un acte », du « délit d'initié », des « abus de fonctions », du « favoritisme », du « déni de justice », de la « négligence systématique »[453]. Leur nombre ne doit pas cependant pas occulter les prescriptions des articles 629 et suivants du Code de procédure pénale, qui aménagent au profit du magistrat de l'ordre judiciaire un privilège de juridiction. Cette faveur, pour ainsi dire, s'oppose à ce que le magistrat concerné soit jugé par la juridiction près laquelle s'exerce son activité professionnelle. Très concrètement, le concerné est, en ces circonstances, appelé à comparaître devant une juridiction spéciale. Celle-ci est désignée par le président de la Cour suprême à la suite d'une requête du procureur général de Cour d'appel. Au fond, dès sa saisine, le président de la Cour suprême désigne d'urgence un magistrat chargé d'instruire l'affaire, puis trois autres d'un grade au moins égal à celui du mis en cause en vue du jugement éventuel de l'affaire en premier ressort. Après le jugement et en cas d'appel, la cause est examinée par des magistrats issus de la Cour suprême, choisis par la même autorité[454]. S'il se trouve que le collègue poursuivi soit avancé dans la hiérarchie du corps, le jugement incombe alors à la haute juridiction statuant en chambres réunies[455] *(en ce sens, voir CS, arrêt n° 183/P, 06 mai 1999, Akono Assam Ella Jean Lebon c. Cour d'appel du Sud, préc. ; CS/AP, arrêt n° 2/A, 15 nov. 1984, Massuka Christophe c. Etat du Cameroun-Ministère de la justice, préc. ; CSY, 3 nov. 1977, Asouganyi J.T. c. Ministère public, RCD n°s 15 et 16, 1978, n° 21, pp. 155 et s.).* Rien de tel n'est à envisager lorsque des auxiliaires de justice se rendent coupables d'indélicatesses dans le cadre de l'exercice de leurs fonctions.

---

[452] ARENS Ch., op cit., pp. 163 et s. ; CANIVET G., JOLY-HURARD J., op cit., p. 1052 ; FOTSO DJOMKAM D.K., op. cit., pp. 230 et s. ; NENZEKO KAGHO C.J., op cit., p. 225, 343 ; CANIVET G., JOLY-HURARD J., op cit., p. 1052

[453] Sur l'ensemble, voir ANOUKAHA F., *Le code pénal du 12 juillet 2016 et la lutte contre la corruption au Cameroun*, préc., pp. 34 et s.

[454] Article 632.

[455] Article 633.

CHAPITRE 2

Le personnel non-magistrat

Les acteurs de la justice n'ayant pas la qualité de magistrat sont tantôt des auxiliaires de justice, tantôt des collaborateurs de justice. Les premiers, c'est le moins que l'on puisse dire, sont des professionnels qui interviennent dans l'œuvre de justice sans juger, y compris lorsqu'ils sont en juridiction. En apportant leur concours aux magistrats ou aux parties, les intéressés contribuent à leur manière à la mise en œuvre du droit et à la réalisation des droits, au besoin par le concours à l'exécution des titres exécutoires. Quant aux seconds, leur spécificité se résume dans le rattachement à des métiers dont l'exercice ne mobilise pas lourdement le droit et sa science. Parfois aussi, elle consiste à prêter-main forte à la justice et au personnel grâce auquel celle-ci se déploie au jour le jour, que ce soit dans les juridictions ou en dehors de celles-ci[456].

Dans l'un ou dans l'autre cas, au-delà de leur participation à l'administration de la justice lorsque des litiges sont nés, les auxiliaires et les collaborateurs de justice contribuent incontestablement aussi à réduire le taux de processivité et par contrecoup, à éviter l'engorgement des prétoires, à les désengorger. A l'examen, cela se manifeste notamment à travers les précautions qu'ils incitent à prendre en temps utile. Plus sérieusement encore, cela s'opère par leur intervention lors de la conception des contrats ou des actes juridiques. Par moments aussi, cela se réalise à travers leur implication même indirecte dans la production, la formulation ou l'interprétation des normes.

Une certitude se dégage de ce qui précède. C'est que la famille des auxiliaires et des collaborateurs de justice englobe une diversité de métiers du droit et des sciences voisines dont la pratique mobilise le chiffre à des degrés divers[457]. Les uns rentrent dans la catégorie des officiers ministériels parce que leur déploiement suppose une charge habituellement attribuée au

---

[456] BOULEZ J., *Expertises judiciaires*, Delmas, Paris, 2018, p. 9.

[457] Pour en savoir davantage, lire GUINCHARD S., VARINARD A., DEBARD T., *Institutions juridictionnelles*, Dalloz, Paris, 2021, pp. 1165 et s., n°s 992 et s. Voir aussi ASSOCIATION CAPITANT, *Les professions juridiques ? Travaux de l'Association Capitant*, Journées Cambodge-Vietnam, tome LXI, Bruylant, Bruxelles, 2013.

nom de l'Etat par une autorité exécutive, généralement le président de la République. Les autres sont exclus de cette catégorie car leur entrée en fonction ne requiert pas préalablement l'obtention d'une charge, mais parfois aussi parce que leur office est détaché ou lâchement rattaché à la chancellerie et au garde des sceaux. Toujours est-il, et c'est le plus important, qu'on retrouve dans cette famille l'avocat, l'huissier de justice, le notaire, le fonctionnaire des greffes, le personnel de l'administration pénitentiaire et celui de la police judiciaire. Sans vraiment s'expliquer ou convaincre de leur grille de lecture, quelques-uns tentent d'en exclure, entre autres, le séquestre[458], le curateur d'office[459], le secrétaire de la juridiction de droit traditionnel, l'administrateur provisoire, le personnel non spécialiste de la justice militaire. Plus sérieusement, c'est ici que se retrouvent l'agent d'affaires, le porteur de contrainte, le conseil fiscal, l'expert dont le mandataire de justice semble être une excroissance[460].

Section 1. Les auxiliaires de justice

Les auxiliaires de justice sont des professionnels qui, en apportant leur concours aux magistrats ou aux parties de différentes façons au gré des circonstances propres à chaque catégorie d'affaire, contribuent pleinement à l'œuvre de justice, laquelle s'étend à l'après-jugement et notamment à l'exécution des décisions de justice et des titres exécutoires. Parmi eux, une place à part doit être réservée à l'avocat, à l'huissier de justice, au notaire, au fonctionnaire des greffes, au fonctionnaire de l'administration pénitentiaire, au personnel de la police judiciaire.

Paragraphe 1. L'avocat

Selon toute vraisemblance, l'avocat est l'un des auxiliaires de justice les plus anciens. Il semble en effet que la profession remonte à l'époque romaine où l'*advocatus* avait globalement la charge de venir au secours de gens en difficulté, de les consoler dans leurs peines et de les assister en justice[461]. A lui seul, ce tableau, qui a fait dire que la fonction est plus ancienne que le

---

[458] Au sujet du séquestre qui ne sera pas abordé, voir notamment les articles 1955 et suivants du Code civil. Voir également les textes se rapportant à la caisse des dépôts et consignations.

[459] Article 498 et suivants, Code général des impôts.

[460] Voir not. BOULEZ J., op cit., 2018, pp. 9 et s. ; GUINCHARD S., VARINARD A., DEBARD T., op cit., pp. 1165 et s., n°s 992 et s.

[461] Sur historique de la profession, lire OZANAM Y., « Histoire de la profession d'avocat depuis 1830 », *Archives de philosophie du droit*, tome 64, 2023-1, pp. 93 et s. ; SOULEZ-LARIVIERE D., « Avocat », in CADIET L. (dir.), *Dictionnaire de la justice*, PUF, Paris, 2004, pp. 106 et s. Voir aussi ADER H., DAMIEN A., BORTOLUZZI S., PIAU D., WICHERS T., *Règles de la profession d'avocat*, Dalloz, Paris, 2018, pp. 13 et s. ; SUR B., *Histoire des avocats en France, des origines à nos jours*, Dalloz, Paris, 1998, p. 226 et s.

titre lui-même[462], invite à consacrer un temps d'arrêt à l'accès à la profession d'avocat ; puis sur l'exercice de celle-ci.

A. Accès à la profession

En faisant l'économie de la voie dite « directe », l'accès à la profession d'avocat par la voie réputée « normale » comporte trois phases essentielles. La première phase est celle du certificat d'aptitude au stage. La deuxième étape est celle du certificat d'aptitude à la profession d'avocat. La dernière séquence est celle de la prestation de serment.

1. L'obtention du certificat d'aptitude au stage d'avocat

En amont de l'admission en stage afin d'accéder à la profession d'avocat se trouve l'examen d'aptitude au stage. A en croire le décret n° 91/305 du 4 juillet 1991 portant organisation de l'examen concerné, celui-ci devrait se tenir annuellement, au mois de décembre[463]. Le soin revient au ministre de la justice, Garde des sceaux, par arrêté, de fixer les conditions de l'organisation de cet examen, sa date, le lieu de sa tenue, la liste des candidats[464].

Des certitudes font jour lorsqu'on scrute attentivement les termes de ce texte.

L'une des certitudes a trait aux conditions requises des sujets de droit qui peuvent concourir. Seuls prennent part à l'examen d'aptitude les camerounais âgés de 21 ans à la date d'ouverture de celui-ci ; ceux qui jouissent de leurs droits civiques[465] ; les titulaires d'une licence en droit ou d'un diplôme équivalent[466] ; ceux auxquels un accord écrit a été donné par

---

[462] SOULEZ-LARIVIERE D., op cit., p. 107.

[463] Article premier.

[464] Article 2.

[465] L'exigence conduit à mettre à l'écart ceux qui ont pu subir une condamnation parce qu'il leur était reproché d'avoir commis un crime ou d'un délit découlant d'un comportement contraire à la probité ou aux bonnes mœurs. Cela met à l'écart les personnes ayant fait faillite sans par la suite obtenir le bénéfice d'une réhabilitation, celles qui ont été révoquées de la fonction publique ou d'autres corps professionnels pour des actes ou agissements contraires à la probité ou à la moralité publique.

[466] Constitué en deux exemplaires adressés contre récépissé au bâtonnier de l'ordre des avocats au plus tard le premier novembre de l'année du concours, le dossier de candidature comprend une demande timbrée ; une quittance de versement auprès du trésor public des droits d'inscription fixés à 10 000 francs CFA ; une copie d'acte de naissance, le bulletin n° 3 du casier judiciaire datant de moins de trois mois ; une lettre de parrainage d'un avocat exerçant depuis au moins cinq ans ; une copie certifiée conforme du diplôme de licence ou une attestation de réussite audit diplôme (articles 4 et 5 décret n° 91/305 du 4 juillet 1991).

un parrain prêt à les accueillir dans le cadre du stage inhérent à leur formation[467].

Une autre certitude concerne les épreuves à passer. L'examen comporte des épreuves diverses. L'une est orale ; deux sont écrites. L'oral consiste en un entretien avec le jury. L'entretien s'étale sur quinze minutes et le coefficient affecté à l'exercice est deux. L'écrit se décline en une épreuve de culture générale ; puis en un commentaire de décision de justice ou une étude de cas portant sur l'une des matières suivantes : droit patrimonial de la famille, procédure civile, droit pénal, procédure pénale, voies d'exécution, « droit social », « droit administratif »[468]. Tandis que la culture générale dure quatre heures, mais bénéficie du coefficient trois, le « commentaire » ou le « cas pratique » dure quatre heures et est bonifié du coefficient quatre.

La troisième certitude touche au rang des épreuves. Tous les candidats autorisés à concourir ne passent pas les oraux. Seules accèdent à ce stade les personnes ayant obtenu une note au moins égale à dix sur vingt à l'écrit[469]. Au demeurant, ne seront reçus et admis à entrer en stage que les compétiteurs ayant obtenu une note finale d'au moins douze sur vingt (12/20). C'est dire, tous comptes faits, que ceux-ci sont les seuls dont les noms figureront sur la liste que publiera le ministre de la justice ; c'est dire que les personnes concernées seront les seules à se voir délivrer l'attestation d'aptitude au stage d'avocat[470]*(en ce sens, voir président du tribunal administratif du Centre à Yaoundé, ord. n° 48, 22 avril 2015, Atangana Henry Thierry c. Etat du Cameroun- MINJUSTICE, in KEUTCHA TCHAPNGA C. (dir.), Les grandes décisions annotées de la juridiction administrative du Cameroun, L'Harmattan, Yaoundé, 2017, n° 38, pp. 527 et s., note NGUIMFACK VOUFO Th.*[471]*)*.

---

[467] Il n'est pas sans intérêt, dès à présent, de rappeler l'existence au Cameroun d'une loi n° 2010/002 du 13 avril 2010 portant protection et promotion des personnes handicapées. Dans l'un de ses extraits majeurs, l'article 38, la règle est développée selon laquelle « *Les personnes handicapées justifiant d'une formation professionnelle ou scolaire bénéficient des mesures préférentielles, notamment la dispense d'âge lors des recrutements aux emplois publics et privés par rapport aux personnes valides, lorsque le poste est compatible avec leur état* » ; « *A qualification égale, la priorité est accordée à la personne handicapée.* La suite surprend peu. Elle voudrait que les personnes handicapées ne puissent être soumises qu'aux épreuves compatibles avec leur condition ; que le handicap ne soit jamais à lui tout seul un motif de rejet d'une candidature ou de discrimination.

[468] Article 8, décret n° 91/305 du 4 juillet 1991.

[469] Idem, article 7.

[470] Article 11.

[471] Dans cette espèce, le point qui fâche, pour ainsi dire, est relatif à la présence dans la liste des admis des noms de personnes n'ayant pas été déclarées admissibles. Le président du tribunal décide : *« Considérant que la recevabilité requête aux fins de sursis dépend de la nature de l'Acte susceptible de recours pour excès de pouvoir, de l'intérêt du requérant lui donnant qualité pour agir, de l'existence d'un recours gracieux.*

Considérant que le requérant, en fondant sa demande sur la présence dans la liste des admis des noms des personnes n'ayant pas été déclarées admissibles ne justifie pas d'un intérêt à agir, étant donné que même si cet arrêté venait à être annulé, son sort ne serait pas amélioré s'agissant d'un examen où seule la note requise permet d'être reçu ; qu'il convient de déclarer la requête irrecevable ».

Linéaires d'emblée, ces exigences gouvernant l'obtention du certificat d'aptitude au stage d'avocat ne vont pas sans histoires.

Premièrement, il est surprenant que l'accès à la profession soit réservé aux seuls camerounais. C'est que, d'une part, la volonté est clairement affichée, en Afrique Centrale, d'œuvrer en faveur de la circulation des personnes et des biens. Telle est du moins ce qu'inspirent, entre autres, la déclaration de Syrte du 9 Septembre 1999 de l'Union africaine appelant à une accélération du processus d'intégration et à l'adoption de cadres consensuels de coordination et de convergence de l'action des institutions d'intégration. Tels sont ce que suggèrent, tour à tour, le Programme minimum d'intégration de la même organisation ; les conclusions des travaux de la 13ème et 14ème conférence des chefs d'Etats et de gouvernement de la Communauté économique des Etats de l'Afrique centrale tenus respectivement les 30 octobre 2007 à Brazzaville et 24 octobre 2009 à Kinshasa, relatifs à la rationalisation des communautés économiques régionales en Afrique centrale ; les travaux du comité de pilotage de la rationalisation des communautés économiques régionales de cette zone. A l'évidence, la logique profonde de cette dynamique aurait voulu que des non camerounais aient le loisir, dans leur pays, d'accéder à la profession d'avocat qui, somme toute, est libérale. A la limite aurait-on pu, à l'occasion de chaque examen en vue de l'obtention du certificat d'aptitude au stage, déterminer un pourcentage réservé aux ressortissants d'Etats voisins de la sous-région Afrique centrale voire d'autres sous-régions. A n'en pas douter, pareille mesure aurait le mérite de renforcer la crédibilité des formations délivrées au Cameroun. Elle contribuerait également à stimuler dans le corps des avocats la dynamique du travail en concertation ; ce qui rendrait aisé leur concours à la manifestation de la vérité. Incontestablement, elle rejoindrait et renforcerait les prévisions mal connues de ces textes communautaires qui offrent la possibilité à l'avocat d'exercer par moments devant telle ou telle juridiction de tel ou de tel Etat membre de la Communauté économique et monétaire de l'Afrique centrale[472]. La mesure corrigerait sans doute aussi une iniquité inscrite dans la loi d'organisation de la profession, laquelle postule, par dérogation à l'exigence de nationalité affirmée, que les avocats étrangers exerçant au Cameroun au moment de la promulgation de la loi du 19 décembre 1990 sont autorisés à poursuivre l'exploitation de leur activité professionnelle[473].

Deuxièmement, il est surprenant que le nombre de lettres de parrainage que l'avocat ou la société civile professionnelle d'avocats pourrait délivrer soit limité respectivement à trois et à six et dans le prolongement, que seuls puissent parrainer des futurs confrères des avocats en exercice depuis au moins cinq ans. Le trouble a sa source dans la volonté des pouvoirs publics

[472] Voir notamment l'article 6 concerne l'accord de coopération judiciaire entre les Etats membres de la Communauté économique et monétaire de l'Afrique centrale.
[473] Article 73 (4).

de combattre le chômage ; il a également ses racines dans l'orientation des politiques publiques se rapportant à la formation, lesquelles tendent à privilégier la professionnalisation et l'employabilité. A l'évidence, de tels choix auraient pu conduire à envisager que l'avocat et la société civile professionnelle d'avocats aient la latitude de s'attacher les services d'un nombre davantage important de « postulants » qui, du coup, auraient le bénéfice d'une formation initiale complémentaire professionnalisante dans l'hypothèse basse où les portes du barreau ne s'ouvriraient finalement pas à eux.

Reste à savoir, cela réservé, s'il est bien inspiré d'exiger une lettre de confort de celui qui va non pas entrer en stage, mais simplement passer les épreuves d'un examen d'aptitude au stage. Le problème vient précisément de ce que la pratique a été injectée dans différents actes règlementaires et voudrait que seul puisse dresser ce sésame l'avocat à jour de ses contributions auprès du barreau et ayant un cabinet connu. A première vue, il n'est pas sûr que cette exigence soit parfaitement en cohérence avec la loi d'organisation de la profession, laquelle à regarder de près n'évoque la lettre de confort de manière impérative que s'agissant du dossier à soumettre postérieurement à l'examen d'aptitude par celui qui sollicite l'admission en stage. Autant avouer que la promotion du droit au travail et à l'emploi devrait conduire à rendre l'exigence obligatoire après les résultats de l'examen d'aptitude et donc ne concerner que les personnes ayant le projet d'effectuer un stage après cet examen initial. La pertinence d'une telle lecture se perçoit nettement lorsqu'on se souvient que de nombreux évènements conduisent parfois quelques-uns des lauréats de l'attestation de réussite à l'examen d'aptitude à renoncer au stage. Dans le même temps, malheureusement, plusieurs jeunes sont exclus de l'examen faute d'avoir obtenu une lettre de parrainage soit parce que ces derniers n'ont pas été en contact avec des avocats dans le cours de leur formation dont on sait qu'elle est exigeante, soit parce que la lettre de confort est hors de portée en raison de son coût devenu officieusement très onéreux.

Troisièmement, la composition du jury a de quoi inquiéter. D'après l'article 10 du décret n° 91/305 du 4 juillet 1991 précité, on y retrouve le bâtonnier de l'ordre, deux professeurs de droit désignés par le chancelier de l'université de Yaoundé, deux avocats inscrits au tableau de l'ordre et ayant prêté serment depuis au moins cinq ans[474]. L'interprétation littérale du texte conduit à retenir comme seuls membres du jury les professeurs de la faculté de droit de Yaoundé 2, alors pourtant que le pays compte à ce jour plusieurs universités. L'interprétation littérale du texte ne suggère nullement une prise en compte des différentes traditions juridiques qui, au

---

[474] Le jury est assisté d'un secrétariat comprenant un représentant du ministère de la justice et deux représentants du barreau, tous nommés par arrêté du Garde des sceaux. Par ailleurs, il est résolu, à l'article 10 (5) du décret n° 91/305 du 4 juillet 1991 précité, que le ministre de la justice peut adjoindre à la commission d'examen toute personne apte à assister à la surveillance des salles d'examen, la correction des épreuves et l'évaluation orale des candidats.

bout du compte, font la particularité du droit camerounais. Plus fondamentalement encore, rien ne contraint vraiment l'autorité chargée de désigner les membres du jury à prendre en considération les principales sensibilités disciplinaires en lien avec la profession d'avocat. Du coup il est arrivé, et cela arrivera sans doute encore, que le jury réunisse exclusivement ou essentiellement des juristes « privatistes », « publicistes », « affairistes », de « Common law ». Du coup, à rebours, la probabilité est réduite que l'évaluation porte sur la gestion à laquelle l'auxiliaire de justice sera inéluctablement confronté en tant que chef d'entreprise. Or la fortune ou l'infortune de l'étude de l'avocat en dépend de nos jours, spécialement lorsqu'on se réfère au droit OHADA des procédures collectives d'apurement du passif.

Quatrièmement, rien n'est dévoilé à propos des méandres de la matière où seront extraites les épreuves écrites se rapportant au « commentaire » et au « cas pratique ». Ce qui dérange c'est que le droit pénal et la procédure pénale ont des relents tantôt nationaux tantôt supranationaux, tantôt internationaux voire universels, avec des éléments de contours parfois crénelés sinon flous. Ce qui embête c'est que le droit social est parfois entendu au sens large et s'étend au droit de la prévoyance et de la sécurité sociale, parfois au sens étroit réduit au droit du travail. Ce qui embarrasse c'est que peu nombreux ignorent que les voies d'exécution renvoient tantôt à ce qui est national notamment lorsque celles-ci touchent au droit fiscal ou au droit pénal, tantôt à ce qui est supranational sous les auspices de l'OHADA, de l'OAPI, de la CEMAC ou d'autres organisations d'envergure régionale. Ce qui choque, c'est que le « droit administratif » a un spectre étroit correspondant à ce qui est connu comme étant le « droit administratif général », puis un spectre large qui atteint à la fois le « droit administratif général », le « droit administratif spécial », le « droit des procédures administratives contentieuses ». On pourrait même, en forçant le trait cela va de soi, y inclure ce qui a trait au droit constitutionnel et aux procédures contentieuses s'y rapportant.

Cinquièmement, rien n'est dit à propos des contours de l'épreuve de culture générale ou de l'entretien avec le jury dont les coefficients, additionnés, excèdent ceux de l'évaluation écrite. Si le flottement relatif à la culture générale est le moins grave dans la mesure où l'ensemble des candidats devra en tout état de cause être évalué par écrit à l'issue d'une épreuve unique que tous affronteront, il en va différemment de l'entretien avec le jury. Effectivement, celui-ci laisse généralement à quelques-uns un sentiment d'injustice parce que ceux-ci estiment, à tort ou à raison, que les questions posées n'étaient pas de celles dont la réponse est aisée. Quelques autres crient au favoritisme ou à la rupture de l'égalité entre les postulants au stage en estimant que des candidats sont parfois interrogés sur des points de la science juridique n'ayant pas été inscrit ou abordés dans le programme des études du cycle de la licence *(tacitement, président du tribunal administratif du Centre à Yaoundé, ord. n° 48, 22 avril 2015, Atangana Henry Thierry c. Etat du Cameroun- MINJUSTICE, préc.).* Dans des cas extrêmes, des collusions sont évoquées avec des membres du jury qui, à l'avance, auraient révélé à leurs poulains des préoccupations qui leur seront soumises pendant l'examen oral...

Bien que parfois excessives, de telles récriminations ne manquent pas totalement de bon sens. Le législateur en apporte la preuve dans la mesure où, traitant des oraux de l'examen de fin de stage, il circonscrit le champ de l'évaluation au statut et au règlement intérieur des avocats, aux statuts des magistrats, des notaires et des huissiers de justice, à l'organisation judiciaire camerounaise, à la procédure devant la Cour suprême, l'assistance judiciaire, la nationalité, l'actualité[475]. Par ailleurs, il réserve des sanctions sévères, notamment de nature répressive, à ceux qui directement ou indirectement organisent des fraudes lors des examens ou des concours ou encore faussent l'exigence cardinale de l'égalité des candidats[476].

Sixièmement, le débat peut surgir de savoir si les exigences se rapportant aux besoins de la société n'invitent pas à s'orienter vers un tri davantage rigoureux lors de l'examen d'entrée. A supposer qu'une réponse par l'affirmative s'impose, et en mettant à l'écart l'exigence se rapportant aux titres académiques, rien n'interdit de songer à un relèvement à 12/20 de la moyenne initiale. Rien n'empêche que l'assiette des savoirs à apprécier en amont soit accrue. A la limite, elle pourrait fluctuer d'une époque à l'autre au gré des besoins actuels et futurs du « marché », mais aussi au gré de l'évolution de l'état de droit, des déterminants des politiques publiques de l'heure et de demain, etc.

Septièmement, et en droite ligne de ce qui précède, le débat émerge progressivement de savoir si l'examen d'aptitude au stage ne devrait pas être organisé à la fois à Yaoundé et ailleurs. La question s'exprime avec acuité ces temps derniers marqués par la distribution des épreuves et la composition à des heures tardives. Un pic particulièrement élevé aurait été atteint lors de la session 2024 de l'examen d'aptitude au stage marquée par la distribution de la seconde épreuve écrite et la composition longtemps après minuit, situation imputée d'après quelques-uns à la qualité de

---

[475] Article 9, décret n° 91/305 du 4 juillet 1991.

[476] A titre indicatif, on rappellera :

- Que l'article 163-1 du Code pénal, titré « *Corruption en matière de concours administratifs ou d'examens* », réserve une peine privative de liberté de deux à cinq ans et une amende de 200 000 à 2 000 000 de francs, ou de l'une de ces deux peines seulement, à quiconque, en usant de pratiques de corruption, facilite l'admission ou provoque l'échec d'un candidat à un examen ou à un concours administratif. La même peine frappe celui qui, en raison des pratiques en lien avec la corruption, déclare admis un ou différents candidats n'ayant pas composé ;
- Que l'article 163 du Code pénal, titré « fraudes aux examens », punit d'un emprisonnement d'un mois à trois ans et d'une amende de 25 000 à 2 000 000 de francs, ou de l'une de ces deux peines, celui qui commet une fraude dans les examens ou concours dans le but d'obtenir soit l'entrée dans un service public, soit un diplôme, un certificat ou titre délivré par l'Etat ou un service public national ou supranational.

l'organisation, mais sans doute aussi au nombre élevé de candidats. A l'évidence, pour éviter de telles déconvenues à l'avenir, une issue de secours à envisager est celle de la régionalisation de l'examen d'aptitude au stage, laquelle conduira précisément à l'organiser dans les chefs-lieux de régions. Une autre piste à explorer consistera, demain, à envisager que l'examen puisse se tenir à l'échelle du département ou de l'arrondissement, du moins lorsque ceux-ci sont dotés de juridictions dont le personnel pourrait assurer le secrétariat de l'examen. On ne devrait même pas exclure, l'un de ces jours, la mobilisation des technologies de l'information et de la communication afin de permettre quelques-uns de passer les épreuves écrites et orales à distance où mieux à l'endroit où les intéressés se trouvent.

Enfin, la généralité de ces exigences ne doit pas induire en erreur. C'est que, comme cela sera ensuite noté, l'accès à la profession d'avocat peut parfois n'être pas subordonné à l'obtention d'un certificat d'aptitude au stage d'avocat[477]. C'est notamment le cas lorsque les postulants appartiennent à la catégorie des sujets de droit dispensés de stage.

2. L'obtention du certificat d'aptitude à la profession d'avocat

A s'en tenir à l'article 9, mais surtout à l'article 5-5° de la loi n° 90/59 du 19 décembre 1990 portant organisation de la profession d'avocat, l'individu qui nourrit l'ambition d'y accéder devrait disposer d'un certificat d'aptitude à la profession d'avocat[478].

Au juste, l'obtention du parchemin en cause suppose au minimum qu'un stage ait été effectué en amont. Il est exigé du futur stagiaire d'avoir au moins 21 ans et d'adresser au bâtonnier, en double exemplaire, un dossier dont la composition est rigoureusement détaillée. On y retrouve une demande d'admission sur papier timbré, un certificat de nationalité, un extrait d'acte de naissance, un extrait du casier judiciaire dressé depuis moins de trois mois, une copie certifiée conforme du diplôme exigé, c'est-à-dire de la licence en droit ou du diplôme équivalent, une attestation de réussite à l'examen d'aptitude au stage d'avocat, une lettre de parrainage dressée par un avocat exerçant depuis au moins cinq ans ou par une société civile professionnelle dont l'un des associés remplit cette condition[479].

Les postulants titulaires de ce certificat prédisposant au stage d'avocat, qui expriment le vœu d'y entrer, deviennent des avocats stagiaires. A ce titre, les concernés sont tenus de prêter serment devant le tribunal de grande instance du lieu de leur « apprentissage » et d'être inscrits sur la

---

[477] Voir le paragraphe suivant.

[478] En langue anglaise, « The Proficiency certificate for the profession of advocate ».

[479] Aucun avocat ne devrait pouvoir parrainer plus de trois stagiaires ; aucune société civile professionnelle ne devrait en parrainer un nombre de stagiaires supérieur à six.

liste de stage dressée à la diligence du bâtonnier de l'ordre[480][481]. La règle est d'ailleurs ancienne selon laquelle le départ du décompte de la durée du stage, arrêtée à deux ans, se situe à la date de la prestation de serment[482] *(implicitement, CS/AP, arrêt n° 8, 24 août 1995, Maître Moulal Ruben c. Etat du Cameroun-Ministère de la justice, Répertoire chronologique, Droit administratif, tome 4, 1980-2000, pp. 23 et s. Voir aussi Civ. 1ère, 26 fév. 2002, Ordre des avocats du barreau de Toulon c. M. Manoukian Bull. n°2, fev. 2002, pp. 50 et 51, n° 66).*

Pour autant, la durée n'est pas tout. C'est que, d'une part, rien n'exclut que la fourchette emblématique de deux années en arrive à être excédée, notamment lorsque le stage a été suspendu à la suite de la rupture du contrat de collaboration avec le parrain ou lorsque l'évaluation des aptitudes acquises n'est pas concluante[483]. C'est incontestablement la raison pour laquelle le stagiaire est astreint à l'assiduité s'agissant des exercices et conférences organisés par l'ordre ; l'assiduité aux enseignements portant sur les règles, traditions ou usages de la profession et en particulier lorsque ceux-ci touchent à l'art de convaincre et au respect dû aux tribunaux ; la nécessité de fréquenter les audiences et de s'investir dans le travail au sein du cabinet parrain[484]. En ce sens, l'avocat en phase d'apprentissage doit aller au-delà des tâches purement administratives pour plaider dans des affaires à lui confiées par le maître de stage[485]. La jurisprudence semble y être très favorable et le rappelle chaque fois qu'elle en a l'opportunité. C'est par exemple dans cet ordre d'idée que la Cour suprême a pu se déterminer comme suit dans un arrêt du 5 février 1998, *Société Air Gabon contre Essimengama Eya'a Oscar : « Attendu d'une part que l'article 1er du texte susvisé dispose (...) ;*

D'autre part, l'article 11 alinéa 2 (c), (d) et 4 dispose : « L'avocat stagiaire effectue un stage de deux ans à compter de la date de prestation de serment ;

Le stage comporte nécessairement :

c) La fréquentation des audiences ;

d) Le travail pendant la durée du stage dans le cabinet du maître de stage ;

(4) Sous réserve des dispositions de l'article 40, alinéa 1 ci-dessous, l'avocat stagiaire ne plaide que dans les affaires qui lui sont confiées par l'avocat dans le cabinet duquel il effectue son stage » ;

---

[480] Article 10, loi n° 90/59 du 19 décembre 1990. La précision est apportée ici que la formule du serment est celle de l'article 15. A son tour, l'article 15 visé correspond au serment prêté devant la Cour d'appel avant l'inscription au tableau du barreau, donc après l'obtention du certificat d'aptitude à la profession.

[481] Le règlement intérieur du barreau prescrit à son article 38 que l'avocat inscrit porte le titre d'« avocat stagiaire au barreau du Cameroun ».

[482] Idem, article 11 (1).

[483] Ibid., articles 11 (2), 12 (2), loi n° 90/59.
La lecture de ces extraits révèle, dans des cas extrêmes, que la période probatoire pourrait s'étaler sur quatre années.

[484] Article 11 (4), loi n° 90/59 du 19 décembre 1990.

[485] Idem.

Attendu qu'il résulte de ce qui précède que dame Kouna, dès lors que la haute juridiction a décidé dans un arrêt de principe en matière de statut de collaboration d'avocat que « La qualité d'avocat stagiaire implique de toute évidence non seulement une collaboration au plan professionnel, mais encore un lien de subordination au profit du patron de stage » ;

Attendu que l'arrêt attaqué, tout en reconnaissant que dame Kouna Julienne était bien en service au cabinet de Maître Monthé, soutient paradoxalement qu'elle n'avait pas qualité pour agir au nom de son cabinet ;

Que s'il est admis comme l'affirme l'arrêt querellé qu'un tiers n'étant ni avocat ni employé d'Air Gabon peut relever appel pour le compte de cette dernière dès lors qu'il est muni d'une procuration spéciale, il ne saurait être interdit à un collaborateur d'avocat dont le cabinet est régulièrement constitué de relever appel sur instructions de son patron, lequel ne le conteste pas au demeurant... » (CS, arrêt n° 43/S, 5 fév. 1998, Société Air Gabon c. Essimengama Eya'a Oscar, Répertoire chronologique de la jurisprudence de la Cour suprême, Droit social, 1980-2000, pp. 121-122. Voir aussi CS, arrêt n° 78/S, 26 juin 1980, Etude Beaufils c. Lobé Juridis Périodique n° 17, janv.-mars 1994, pp. 57 et s., obs. KENFACK P.E. ; arrêt n° 8, 24 août 1995, Maître Moulal Ruben c. Etat du Cameroun-Ministère de la justice, Répertoire chronologique de la jurisprudence, Droit administratif, 1980-2000, préc.).

Une chose ne semble pas controversée, c'est que le stage s'achève par un examen. Sauf exception, celui-ci se tient à Yaoundé, entre le 15 janvier et le 15 mars[486]. Se révèle alors, à ce niveau, l'une des spécificités de l'accès à la profession d'avocat. Seuls feront acte de candidature à l'examen final ceux qui sont prêts et remplissent d'autres conditions rigoureuses en lien avec la nationalité, la moralité, la probité et l'âge alors hissé à 23 ans au moins[487]. On perçoit à coup sûr aussi le sens de l'exigence faite aux stagiaires de constituer, en deux exemplaires, un dossier de candidature dont l'un est adressé au ministre de la justice, l'autre au bâtonnier de l'ordre des avocats[488].

---

[486] Article premier, décret n° 95/033 du 20 février 1995 portant organisation de l'examen de fin de stage d'avocat et fixant les indemnités des membres de la commission d'examen. Assez curieusement, et pour s'en tenir au décret n° 628/SG/MJ du 18 décembre 2023 fixant les conditions d'organisation de l'examen, ces bornes ne sont généralement pas respectées. A titre d'exemple, l'acte règlementaire en cause retient que les épreuves écrites (session 2024) seront organisées les 23 et 24 mars 2024 ; que l'épreuve orale s'y rapportant se tiendra le 25 mars de l'année 2024 (article 1er).

[487] Article 4, décret n° 95/033 du 20 février 1995. Reste à observer que le droit anglo-saxon est particulièrement strict au sujet de la condition de moralité. Il semble, ici, sous d'autres cieux, que des affiches soient faites dans les juridictions afin de permettre au grand public de s'exprimer concernant telle ou telle candidature à l'inscription au tableau du barreau. Voir MBAH NDAM J., « La profession d'avocat dans la tradition anglo-saxonne », *Juridis Info n° 15*, juil.-sept 1993, p. 74.

[488] Idem, article 6. A l'article 5, les éléments de ce dossier sont énumérés. On y retrouve : un certificat de nationalité, une copie d'acte de naissance, un extrait de casier judiciaire, une attestation de fin de stage délivrée par le parrain de stage ou le cas échéant le bâtonnier.

Il s'imagine, sans doute aussi, que l'examen de fin de stage comporte davantage d'épreuves que l'évaluation de l'aptitude au stage. Cinq épreuves devront être affrontées, dont quatre écrites et une orale. L'oral porte notamment sur le règlement intérieur des avocats, le statut des magistrats, les statuts des notaires et des huissiers de justice. L'exercice porte aussi sur l'organisation judiciaire du Cameroun, la procédure et le fonctionnement de la Cour suprême, l'assistance judiciaire, la nationalité, l'actualité, la culture générale[489]. Quant aux épreuves écrites, elles ont un caractère professionnel et portent tour à tour sur le commentaire de décisions de justice circonscrit aux jugements ou aux arrêts, sur la consultation juridique, sur la rédaction d'un acte de procédure qui n'est pas rattaché exclusivement à la profession de l'avocat. A elles s'ajoute une épreuve de culture générale[490].

Cette présentation angélique des normes relatives au déroulement et à l'achèvement du stage ne doit pas induire en erreur, ne serait-ce que dans la mesure où elle dévoile des zones d'ombre.

La première zone d'ombre surgit lorsqu'on s'intéresse au dossier à soumettre en vue de l'examen de fin de stage, singulièrement à l'exigence se rapportant à l'âge. Le cœur du problème, à s'en tenir à l'inquiétude exprimée, est celui de savoir si l'idéal n'eut pas été, en fixant un âge minimum, de songer à un âge maximum[491]. La réflexion ne se perçoit au mieux qu'en s'intéressant aux données de terrain que révèle l'examen de fin de stage. Il semble parfois que quelques-uns des impétrants aient été âgés de plus de soixante ans et que des membres du jury en soient arrivés à se demander, dans un élan d'humour révélateur, si l'enjeu de l'accès à la profession par ces personnes ne se réduit pas au bénéfice des « hommages judiciaires » à leur mort[492]. Surprenants, ces propos ne manquent pas de pertinence. On en découvre la substance en réalisant que de nombreux candidats ont pleinement conscience, en ces circonstances, de la difficulté qu'ils éprouveront, sous peu, à prendre effectivement part aux audiences dans un contexte où le temps ne leur a pas offert l'occasion de constituer une équipe de postulants ou de stagiaires susceptibles de prêter efficacement main-forte. On en mesure la profondeur en opérant un « bench marking » et en constatant que la limite d'âge pour l'admission à la retraite dans la fonction publique se situe aux alentours de 55 ans s'agissant des agents publics des catégories A et B, à un pic moins élevé s'agissant des agents publics des catégories inférieures…[493] *(même tacitement, voir CS/AP, arrêt n° 8, 24 août 1995, Maître Moulal Ruben c. Etat du Cameroun-Ministère de la*

---

[489] Article 9, décret n° 91/305 du 4 juillet 1991.

[490] Article 8 (1), décret n° 95/033 du 20 février 1995.

[491] Encore que l'on doive se demander si l'âge minimum ne devrait pas, lui-aussi, être revu à la baisse. A la faveur d'une telle construction, il sied de renvoyer à la majorité sociale que prévoit notamment le Code du travail.

[492] A dire vrai, ces commentaires furent recueillis lors de notre participation à différents jurys de l'examen de fin de stage, notamment en 2018 et 2020.

[493] Article 124-1, statut de la fonction publique.

justice, Répertoire chronologique de la jurisprudence, Droit administratif, 1980-2000, préc.).

La deuxième zone d'ombre surgit lorsqu'on se préoccupe de savoir si le stagiaire est un travailleur, donc par ricochet, estimer que celui-ci partage la condition des salariés de son parrain n'ayant pas participé avec succès à l'examen d'aptitude au stage. Parce que la loi n° 90/59 du 19 décembre 1990 a gardé silence à ce propos, quelques-uns peuvent être tentés de répondre par l'affirmative[494]. Malheureusement, en se prononçant ainsi, les intéressés méconnaîtront, sans en avoir conscience, la position de la Cour suprême. Exprimée non sans nuances dans un arrêt du 26 juin 1980, elle est la suivante : « *Attendu que la qualité d'avocat stagiaire implique de toute évidence non seulement une collaboration au plan professionnel, mais encore un lien de subordination au profit de son patron de stage ;*

Attendu qu'il est constant qu'au Cameroun les avocats stagiaires, sans être liés à leurs patrons par des contrats de travail écrits, ne perçoivent pas moins un « secours-salaire » dont le montant varie en fonction de l'importance de l'étude et des charges assumées par le stagiaire ;

Qu'ainsi, en reconnaissant à Lobé Eleme la qualité de travailleur et en fixant à 50 000 (cinquante mille) francs son salaire mensuel pendant la période passée à l'étude Beaufils en qualité de stagiaire, l'arrêt attaqué n'a nullement violé le texte visé au moyen » (CS, arrêt n° 78/S, 26 juin 1980, Etude Beaufils c. Lobé Juridis Périodique n° 17, janv.-mars 1994, préc.). Prolongeant cette construction sans aller au-delà de ce qui a été réclamé, les hauts magistrats de la cour reconnaîtront que les juridictions inférieures ont estimé opportunément que l'étude de l'avocat titulaire remboursera les dépenses exposées par l'ex-stagiaire pour les besoins de la réparation de son véhicule. La restitution va de soi parce que ce dernier était seul à suivre des affaires dans lesquelles le maître de stage a déjà perçu tout ou partie des honoraires. Mieux encore, elle se saisit lorsque les données de l'espèce révèlent que c'est à l'aide de son véhicule personnel que l'intéressé sillonnait les régions du littoral et de

---

[494] Le règlement intérieur du barreau semble rejoindre cette grille de lecture depuis le 12 avril 2005, époque de son homologation. Effectivement, il y est écrit, à l'article 19 alinéa 4, que « *Pendant la durée du stage, la rémunération du stagiaire est librement débattue entre le parrain et lui.* » Auparavant, et cela n'est pas à négliger, le même article pose tour à tour que « *L'avocat stagiaire dont le contrat de collaboration a été dénoncé, ne peut plus exercer aucune activité professionnelle jusqu'à ce qu'un nouveau contrat soit intervenu* » ; « *Le stagiaire qui ne justifie plus de l'accord de stage d'un avocat inscrit est confié par le bâtonnier à un parrain en vue d'un patronat bénévole* ». A toutes fins utiles, le décret n° 2020/2662/PM du 23 juin 2020 portant modalités d'application de certaines dispositions de la loi n° 2018/010 du 11 juillet 2018 régissant la formation professionnelle au Cameroun pose à son article 28 que le maître d'apprentissage doit verser à l'apprenti une allocation dont le montant est, sauf disposition plus favorable des conventions collectives, déterminé en pourcentage du salaire minimum conventionnel de l'emploi occupé et varie, en fonction de la progression de l'apprenti dans les cycles de formation faisant l'objet d'un apprentissage. Les proportions sont celles-ci 1ère année, 25% ; 2ème année, 35% ; à partir de la 3ème année, 50%. L'allocation est soumise aux obligations et garanties prévues par le Code du travail en matière de salaire ; les majorations pour heures supplémentaires étant applicables aux apprentis.

l'ouest pour les besoins de l'étude qui, dès lors, est tenu supporter les frais de réparation de ce moyen de locomotion.

La troisième zone d'ombre provient de la relativité même de l'exigence du stage. Des catégories existent qui peuvent accéder à la profession d'avocat sans être assujetties à cet exercice probatoire[495]. En font notamment partie les anciens magistrats ayant accompli dix années de service en cette qualité et qui n'ont pas été exclus du corps judiciaire au titre d'une sanction professionnelle. En sont membres, les avocats camerounais inscrits à un barreau étranger et n'en ayant pas été radiés pour des agissements contraires à la délicatesse, à la probité, à l'honneur. Sont également concernées, les personnes titulaires d'un certificat de fin de stage obtenu ailleurs qu'au Cameroun, à condition toutefois que la période probatoire soit étalée sur au moins deux années. A ces privilégiés viennent s'adjoindre les *« anciens professeurs, maîtres de conférences ou chargés de cours de la faculté de droit ayant accompli dix ans de service effectif es qualité »*[496]. Au fond, tous ne sont véritablement pas logés à la même enseigne. Tandis que les uns sont totalement exonérés du stage, d'autres, à savoir les universitaires, sont soumis à un recyclage de six mois non renouvelable, « à la diligence du bâtonnier »[497]. Une chose est constante que la Cour de cassation française a jadis mise en surbrillance : la dispense de stage est liée à la qualité professionnelle ou aux fonctions exercées par le postulant et non à proprement parler à un diplôme, fût-il le doctorat en droit *(Civ. 1ere, 12 fév. 2002, Ordre des avocats du barreau de Toulon c. Mme Meyer Royere, Bull., fev. 2002, p. 39, n° 49*[498]*)*.

On se demandera néanmoins quelle est la signification du terme « ancien » concernant les magistrats, professeurs, maîtres de conférences ou chargés de cours pouvant accéder au corps des avocats sans que besoin

---

495 Article 8, loi n° 90/59 du 19 décembre 1990.

496 La loi n° 2023/007 du 25 juillet 2023 portant orientation de l'enseignement supérieur au Cameroun vient renforcer ce dispositif. Effectivement, son article 84 (3) retient que les enseignants des universités ont « *la liberté d'exercer une profession libérale dans le prolongement de leur spécialités* ».

497 Article 8 (2), loi n° 90/59 du 19 décembre 1990. Cela dit, on pourrait se demander si les personnes formées à l'étranger et y ayant obtenu le Certificat d'aptitude à la profession d'avocat devraient être dispensées d'une période probatoire. La question se pose pour deux raisons. D'une part parce que la règle de droit est d'application essentiellement territoriale et que les intéressés ont vocation à se déployer au Cameroun ; d'autre part parce que les règles d'exercice d'un métier ne sont pas rigoureusement identiques d'un pays à l'autre. A elle seule, la préoccupation permet de comprendre pourquoi cette exigence est de mise dans les pays de la Common-Law, notamment en Angleterre et aux Etats-Unis d'Amérique.

498 La Cour s'appuie sur l'article 98.2 du décret du 27 novembre 1991 organisant la profession d'avocat en France pour casser un arrêt de la Cour d'appel d'Aix-en-Provence. Elle décide : « *Attendu que le texte susvisé réserve le bénéfice de la dispense de formation théorique et pratique et du certificat d'aptitude à la profession d'avocat aux maîtres de conférences, maîtres-assistants et chargés de cours qui ont exercé leurs fonctions pendant au moins cinq années en ayant le grade de docteur en droit, en sciences économiques ou en gestion ;*
Attendu qu'en décidant du contraire, au motif qu'il suffisait que Mme Meyer Royere justifiât du grade de docteur en droit au moment de la demande d'inscription, la cour d'appel a méconnu ce texte ».

soit de brandir un certificat d'aptitude. La controverse a récemment pris des proportions inattendues lorsque des hauts magistrats et enseignants, admis à faire valoir leurs droits à la retraite, ont souhaité rejoindre l'avocature et y ont été intégrés. Les uns ont pensé que le législateur n'a jamais distingué entre les anciens magistrats ou enseignants d'université à la retraite et ceux en activité pour conclure que seuls peuvent devenir avocats ceux qui ne sont pas retraités. Les seules conditions requises sont en lien avec la durée effective du service dans leur ancienne qualité, avec la renonciation et, par-dessus tout, avec la probité. D'autres ont soutenu que les rédacteurs de la loi n° 90/59 du 19 décembre 1990 portant organisation de la profession d'avocat n'ont pas voulu que soient « déversés » dans le corps des personnes d'un âge avancé issues d'autres corps de métiers dont l'activité est en lien avec le droit. Un peu extrémiste sur les bords, un chercheur d'emploi est allé jusqu'à soutenir qu'ayant pris part à maintes reprises sans succès aux épreuves du concours pour l'accès au barreau, il lui semble « injuste que des personnes dont la carrière a été remplie se taillent encore la part du lion dans la profession d'avocat » ; cela dans un contexte où aucune enquête approfondie ne peut être menée au sujet de leur moralité, donc où on peut difficilement dire si oui ou non elles ont été de « bons magistrats » ou de « bons enseignants »[499].

On se demandera également s'il était de bonne méthode d'ouvrir les portes du barreau aux seuls anciens magistrats et enseignants des facultés de droit dans un contexte de pénurie[500]. Effectivement, la profession d'avocat aurait pu, plus globalement, accueillir des personnes justifiant d'une expérience dans l'exercice de responsabilités publiques conduisant à prendre directement part au processus relatif à l'élaboration ou à l'application de la loi au sens large. On songe notamment aux membres des forces de l'ordre qui, habituellement, interviennent dans les enquêtes de police et échangent assidûment avec les avocats. On songe aux anciens députés et sénateurs qui ont une formation ou un parcours les ayant mis au contact de la production normative voir simplement de la science du droit. On songe à la catégorie des juristes d'entreprise dont le nombre croit quotidiennement au point de regrouper des personnes ayant acquis des connaissances juridiques solides par des filières différentes des voies universitaires traditionnelles. On songe à ceux qui ont exercé une activité juridique auprès des organisations internationales, que celles-ci soient ou non d'envergure communautaire *(Civ. 1ere, 13 mars 2019, n° 18-12.253, D. 2019, pp. 596 et s. ; Civ. 1ere, 14 déc. 2016, D. 2018, pp. 87 et s, obs. WICKERS T.)*. Au fond, cette déspécialisation de la corporation ne serait pas vraiment inédite. A titre d'exemple, elle a été adoptée en France où un décret n° 2012-441 du 3 avril 2012 relatif aux conditions particulières d'accès à la

[499] NGUEPI N., « Reconversion : magistrats hier, avocats aujourd'hui », *Mutations* n° 391, jeudi 7 mai 2015, p. 5.
[500] TIMTCHUENG M., *Le délai raisonnable en droit processuel camerounais*, op cit., pp. 363 et s.

profession d'avocat dispose que les personnes justifiant de huit ans au moins d'exercice de responsabilités publiques les faisant directement participer à l'élaboration de la loi sont exonérées de la formation théorique et pratique et du certificat d'aptitude à la profession d'avocat ». A supposer que l'intégration directe paraisse inopportune, on pouvait encore admettre, au Cameroun comme dans les Etats voisins de la sous-région dite de l'Afrique centrale, que les catégories auxquelles allusion a précédemment été faite soient dispensées de l'examen d'aptitude. Seules s'imposeraient alors à elles les épreuves du certificat d'aptitude à la profession d'avocat.

Une autre zone d'ombre provient de la composition de la commission d'examen et singulièrement du jury. Celui-ci comprend le bâtonnier de l'ordre des avocats qui en est le président, deux avocats inscrits au « grand tableau » depuis dix ans au moins, deux enseignants de rang magistral des universités du Cameroun[501], deux hauts magistrats provenant généralement de la Cour suprême[502]. A eux vient se greffer un secrétariat composé d'un représentant du ministre de la justice (généralement le directeur en charge des professions auxiliaires de justice) et de deux avocats inscrits au tableau du barreau[503][504]. Certes, l'équipe semble davantage étoffée que celle appelée à siéger lors de l'examen d'aptitude au stage, ne serait-ce que parce que ses membres appartenant au barreau ont une plus grande expérience du métier ou parce que les universitaires qui en font partie sont non seulement de rang magistral, mais pourraient être issus de différentes universités du pays d'où proviennent les candidats. Il n'en demeure pas moins que le grief pourrait encore être fait à cette commission de ne réunir que des enseignants officiant dans des universités étatiques dans un contexte où les institutions étatiques d'enseignement supérieur résistent difficilement au vent de la libéralisation. On peut également regretter que d'autres critères sans lien avec le grade ou le temps mis à exercer telle ou telle profession n'aient pas été envisagés pour encadrer la désignation des avocats ou des universitaires membres du jury. Quelques-

---

[501] L'article 6 (1) du décret n° 95/033 du 20 février 1995 portant organisation de l'examen de fin de stage d'avocat et fixant les indemnités des membres de la commission d'examen précise que le jury ne siège valablement que si au moins cinq de ses membres sont présents.

[502] Un exemple récent est celui qu'offrent l'arrêté n° 109/DPJ/SG/MJ du 06 mars 2020 portant composition du jury et du secrétariat de l'examen de fin de stage d'avocat 2020 et l'arrêté n° 686/SG/MJ du 06 janvier 2020 fixant les conditions d'organisation, la date et le centre de l'examen de fin de stage d'avocat, session 2020.

[503] L'article 7 (2) expose les missions assignées au secrétariat. Celui-ci est chargé de la préparation des salles d'examen ; de l'identification des candidats avant le démarrage des épreuves ; de la distribution du matériel de composition ; de l'anonymat des copies et de la remise de celles-ci au jury pour correction ; du report des notes sur les procès-verbaux.

[504] L'article 6 (4) et (5) du décret n° 95/033 du 20 février 1995 portant organisation de l'examen de fin de stage d'avocat et fixant les indemnités des membres de la commission d'examen énonce les missions du jury. Celui-ci préside la surveillance des salles et le déroulement des épreuves, assure la « correction des épreuves écrites et orales », délibère et dresse le procès-verbal des délibérations qu'il dépose, en même temps que les copies des épreuves, au cabinet du ministre de la justice en présence du chef du secrétariat.

uns iront au-delà pour regretter que la physionomie du procès n'ait pas conduit à songer à inclure dans la liste des évaluateurs des aptitudes acquises, y compris à l'issue d'un tirage au sort, un ou plusieurs représentants d'autres corps auxiliaires, notamment des magistrats, des huissiers de justice, des notaires, des officiers ou des agents de la police judiciaire, des fonctionnaires de greffes appartenant au cadre des administrateurs des greffes. Faisant écho à cette manière de voir pour l'amplifier, d'autres observeront qu'il est inhumain d'exiger d'un jury unique, composé d'un nombre restreint de personnes, de procéder à l'évaluation de plusieurs milliers de candidats dans une fourchette de temps s'étalant sur une vingtaine voire une trentaine de jours. C'est dire qu'une réflexion est à mener qui aboutira à la constitution non plus d'un jury unique quel que soit le nombre de candidats, mais à la composition d'un nombre de jurys fixé en fonction du nombre de personnes appelées à prendre part aux épreuves écrites. C'est l'une des conditions à remplir si le souci est de s'assurer effectivement de l'aptitude des gens à exercer la profession[505]. Dans cette attente, il n'est pas rare, fort heureusement, que les textes soient interprétés de manière extensive et, dès lors, que différents « sous jurys » soient constitués. Bien que fragiles, les fondements de cette approche sont à rechercher dans le décret n° 95/033 du 20 février 1995 portant organisation de cet examen et fixant les indemnités des membres de la commission dédiée. Effectivement, celui-ci résout, à l'article 10 (5), qu'*« ...en cas de besoin, le ministre chargé de la justice peut, par décision, adjoindre à la commission d'examen toute personne apte à assurer la surveillance dans les salles d'examen, la correction des épreuves écrites et l'interrogation lors des épreuves orales »*.

A supposer qu'un bilan doive être ébauché s'agissant de l'achèvement du stage, deux choses seront à retenir. Soit l'examen de fin de stage se solde par une note supérieure ou égale à douze sur vingt (12/20), et le stagiaire obtient son certificat d'aptitude à la profession d'avocat. Soit l'examen en cause n'est pas concluant et alors, le stagiaire peut poursuivre la période probatoire pendant un ou deux ans avant d'être de plein droit radié de la liste de stage par un avis motivé lorsqu'aucune amélioration n'est relevée au terme de ce sursis[506]. On doit alors saluer la Cour suprême d'avoir, assez tôt, rappelé à l'attention de tous ces exigences matricielles. Le support en a été son arrêt du 24 août 1995, affaire Maître Moulal Ruben contre Etat du Cameroun-Ministère de la justice. Elle y juge haut et fort : « *Considérant que la loi sus-invoquée, à laquelle se réfère le susnommé, dispose en son article 12 :*

[505] La même observation peut être reconduite s'agissant du jury de l'examen d'aptitude au stage.
[506] Article 12, loi n° 90/59 du 19 décembre 1990. La question peut se poser de savoir si cette période d'épreuve ne devrait pas, soit être prorogée, soit être supprimée. A dire vrai, les deux perspectives visent le même objectif. En effet, en supprimant la rallonge, un tri qualitatif pourrait être opéré. Pareillement, en démultipliant les sessions de rattrapage et donc en rallongeant la durée du stage, les candidats à potentiel moyen au départ pourraient se bonifier au fil du temps. *In fine*, le soin revient aux pouvoirs publics de trancher.

« (1) Le stage est sanctionné par un certificat de fin de stage délivré après avis motivé du conseil de l'ordre, par le ministre de la Justice ;

« Le ministre chargé de la Justice peut, l'intéressé préalablement entendu, et après avis du conseil de l'ordre, soumettre à un nouveau stage d'une durée d'un an renouvelable une fois, le stagiaire qui n'a pas satisfait aux obligations visées à l'article 11 ;

(3) A l'expiration de la quatrième année de stage, le ministre chargé de la Justice ne peut refuser de délivrer le certificat de stage que par décision motivée susceptible de recours devant la Cour suprême ;

Ce recours est introduit par déclaration au greffe de ladite cour dans un délai de quinze jours à compter de la notification au stagiaire de la décision de refus ;

La Cour suprême statue en chambre de conseil dans le délai d'un mois à compter de sa saisine » ;

Considérant qu'il résulte des dispositions législatives susvisées que l'acte objet du recours est la décision de refus de délivrance du certificat de fin de stage à l'expiration de la quatrième année de stage ;

Que tel n'est pas le cas d'espèce… » (CS/AP, arrêt n° 8, 24 août 1995, Maître Moulal Ruben c. Etat du Cameroun-Ministère de la justice, Répertoire chronologique de la jurisprudence, Droit administratif, préc.).

Enfin, la question surgira, l'un de ces jours, de savoir si la qualité de l'apprentissage antérieur ou concomitant au stage prépare véritablement à exercer au mieux la profession d'avocat.

Une catégorie importante y répondra par la négative. A l'appui de ses vues, elle soulignera que la massification de la formation dans les universités n'est guère favorable à la domestication des savoirs indispensables à la pratique du métier. Elle insistera sur le diplôme requis et attirera l'attention sur le fait que nombre de disciplines utiles lors de l'exercice de la profession sont enseignées, dans les facultés de droit, après le cycle de licence. D'autres savoirs, indispensables à l'exercice fructueux du métier, ne sont à l'ordre du jour ni à la faculté lors de la formation initiale, ni lors du stage. Ainsi en va-t-il des procédures forcées de recouvrement, du droit des procédures collectives d'apurement du passif, du droit spécial des sociétés, du droit patrimonial de la famille, du droit communautaire. Elle relèvera avec force que les conférences de stage ne sont plus ce qu'elles furent jadis dans la mesure où elles sont devenues très irrégulières. Pire encore, il est courant que les postulants à la profession d'avocat ne prennent pas part à ces conférences sans conséquence fâcheuses pour eux[507]. Enfin et

---

[507] La chose surprend, notamment celui qui sait que les articles 17 et 19 du règlement intérieur du barreau prévoient respectivement que :

- Les conférences sont obligatoires et, par-dessus tout, que les absences non justifiées entraînent soit des sanctions disciplinaires, soit une prorogation de la durée du stage arrêtée par le conseil de l'ordre, sur proposition de la commission de la formation ;
- L'avocat stagiaire dont le contrat de collaboration a été dénoncé, ne devrait exercer aucune activité professionnelle es qualité jusqu'à ce qu'un nouveau contrat soit intervenu ;

surtout, elle pointera du doigt le fait que le stage n'incite pas suffisamment les « élèves avocats » à découvrir les perspectives que charrie le conseil aux particuliers, aux associations, aux organisations non gouvernementales, aux sociétés civiles ou commerciales, aux collectivités locales ou plus largement, aux entreprises ou aux sujets de droit ; elle pointera du doigt le fait que peu de choses sont dites lors du stage à propos de la gestion des cabinets ou des sociétés privées professionnelles, des déclinaisons contemporaines de l'art oratoire, des modes alternatifs de règlement des différends où l'avocat occupe une place de choix, laquelle ira en s'amplifiant avec le temps…

Une autre catégorie, non moins importante, y répondra par l'affirmative. De son point de vue, l'avocat camerounais est mieux formé que son homologue rattaché aux barreaux d'autres pays de la sous-région de l'Afrique centrale. En ce sens, elle soutiendra par exemple que, malgré l'exigence dans les textes actuellement en vigueur d'une licence en droit, le niveau du recrutement des stagiaires est assez élevé. Nombreux sont les titulaires d'une maîtrise ou d'un doctorat. Nombreux sont ceux qui, dans l'attente du concours, ont postulé pendant des années dans des cabinets ou des études d'auxiliaires de justice où des aptitudes ont été acquises qui les prédisposent à rattraper les insuffisances de la formation initiale à la faculté. Nombreux sont ceux qui rejoignent la profession après avoir officié en qualité d'enseignant d'université, de magistrat, d'huissier de justice, de greffier, de juriste d'entreprise, de policier, de gendarme. A cela s'ajoute qu'un temps long s'écoule parfois entre la fin de l'apprentissage et l'inscription au grand tableau ou à la prestation de serment *(implicitement, CS/AP, arrêt n° 8, 24 août 1995, Maître Moulal Ruben c. Etat du Cameroun-Ministère de la justice, préc.)*. Enfin, les tenants de la thèse d'une formation satisfaisante du stagiaire se réfèreront aux prescriptions du règlement intérieur du barreau et appelleront l'attention sur la réunion de celui-ci et de ses homologues au sein de centres régionaux ou spéciaux de formation professionnelle, sur l'organisation de séminaires nationaux de mise à niveau statutairement présidées par le bâtonnier ou par un membre du conseil de l'ordre que celui-ci désigne. Il n'est même pas à exclure que l'idée d'un stage de qualité soit défendue en évoquant l'obligation du parrain de lui « assurer, sous la bienveillante attention du bâtonnier une bonne formation professionnelle » voire celle de rendre compte au bâtonnier de l'assiduité au travail et des aptitudes du stagiaire confié à ses soins[508].

En tout état de cause, il faudra, à court terme, se prononcer sur l'harmonisation de la condition relative au diplôme avec celle requise de ceux qui postulent au corps judiciaire, au regard notamment de la réforme des études universitaires et de la mise en place du système Licence – Master – Doctorat. Trois impératifs devront canaliser la réflexion ici : le maintien

- Le parrain est tenu de rendre compte au bâtonnier de l'assiduité au travail et des aptitudes du stagiaire confié à ses soins.

[508] Articles 19 et 20 de ce règlement intérieur.

d'un haut niveau de qualification juridique correspondant aux standards internationaux d'une part ; la préservation de l'attractivité du concours d'accès au barreau dans un contexte caractérisé par un chômage massif des jeunes, singulièrement des juristes ; la considération de la complexité de la vie sociale qui a déjà poussé à ouvrir le corps des magistrats aux économistes, aux gestionnaires, aux spécialistes des technologies de la communication et en particulier de l'informatique.

Autant l'avouer, de telles contraintes militent en faveur de la création d'une école ou d'un centre national de formation des auxiliaires de justice libéraux, donc au fond à se détacher du schéma classique de l'apprentissage sous l'autorité des seuls maîtres de stage et de la corporation des avocats[509][510]. Elle suggère toutefois que les « praticiens » dont l'activité mobilise le droit soient fortement associés aux enseignements dispensés ici et idéalement, que ceux-ci représentent numériquement le plus gros de l'effectif du corps professoral. Dans une certaine mesure, et s'agissant particulièrement de l'avocature, elle incite à supprimer l'examen d'aptitude au stage, puis à renforcer les épreuves du certificat d'aptitude à ce métier. Elle facilite la rencontre de générations de professionnels libéraux issus à la fois du même corps, mais également de corps de métiers différends. Les fruits de ce brassage seront récoltés dans des délais courts. Seront singulièrement appréciés ceux d'entre eux qui iront dans le sens d'une synergie accrue dans la résolution des conflits et, par ricochet, de l'amélioration de la qualité de la justice.

Au cas où pareille solution s'avère difficile à expérimenter, une autre piste peut consister, dans les universités où le réflexe de la professionnalisation et celui de l'employabilité deviennent des préoccupations fortes, à développer des centres d'études judiciaires et auxiliaires dont le rôle sera d'assurer la formation au plan pratique des futurs avocats et à leurs côtés d'autres auxiliaires de justice libéraux. Le recrutement ici pourrait supposer que l'on prenne part, avec succès, à l'examen d'aptitude. Rien n'exclut cependant d'être davantage avant-gardiste et d'ouvrir les portes de ces centres aux étudiants y trouvant un intérêt, mais en greffant les conditions d'entrée à celles requises de ceux qui s'intéressent à l'examen d'aptitude à la profession d'avocat. Autour de tels centres devraient d'ailleurs graviter des filières de formation professionnelle se rapportant aux activités du personnel auxiliaire de

[509] Les pratiques dans la tradition anglo-saxonne peuvent utilement inspirer. En ce sens, voir ANYANGWE C., *The magistracy and the bar in Cameroon*, CEPER, Yaoundé, 1989, pp. 125 et s. ; MBAH NDAM J., « La profession d'avocat dans la tradition anglo-saxonne », op.cit, pp. 63 et s.

[510] Certes, le règlement intérieur prévoit que les avocats stagiaires sont réunis au sein de centres régionaux ou spéciaux de formation professionnelle et des séminaires nationaux de formation. Certes encore, le règlement intérieur ajoute s'agissant toujours de ces conférences qu'elles sont statutairement présidées par le bâtonnier. Dans les faits, les conférences de stage sont très peu nombreuses, pour ne pas dire rares. La situation inquiète lorsqu'on songe aux « centres » auxquels le règlement intérieur fait allusion et qu'on ne perd pas de vue l'obligation faite au parrain d'assurer au stagiaire une bonne formation professionnelle.

justice. Dans la logique d'un tel schéma, le ministère de la justice aurait un rôle moins important à jouer en amont lors de l'accès à ces centres. La scolarité pourrait, lors de la première année, se dérouler essentiellement à l'université et subsidiairement sur le terrain. C'est pendant la deuxième année que la perspective s'inverserait et que l'apprentissage s'opèrerait essentiellement « sur le terrain », « en cabinet » et dans les cours ou les tribunaux. Le parcours devrait idéalement s'achever par l'examen de fin de stage et par le CAPA, organisés au plan national. Ainsi, l'Etat continuerait, en quelque sorte, à garantir la qualité de la formation délivrée dans différents centres de formation éparpillés sur le territoire de la République du Cameroun.

La formation continue doit également préoccuper davantage[511]. Perfectionnée, la construction conduirait, lorsque survient une réforme juridique d'envergure en lien direct avec ce « cœur de métier », à exiger la preuve d'une appropriation satisfaisante de celle-ci. La construction pourrait également conduire, à l'expiration d'une période à déterminer, par exemple de cinq ans, à inviter l'avocat à fournir la preuve d'un recyclage. Ici comme précédemment, le perfectionnement professionnel peut être cantonné dans une durée et correspondre à des enseignements dans un centre[512], à la

---

[511] Sur ces questions et à propos du l'intérêt du perfectionnement professionnel dans l'ensemble, lire not. MEGNE TAGA J.L., « L'avocat et l'exécution forcée au Cameroun », Mémoire pour le Master en droit privé, Université de Yaoundé 2, 2015-2016, pp. 94 et s. ; FEKOUA MOGUE L.B., *Le numérique et la preuve dans l'Acte uniforme OHADA portant sur le droit commercial général*, Mémoire de Master, Théorie et pluralisme juridiques, Yaoundé 2, 2021, pp. 54 et s ; KUATE TAMEGHE S.S., « La justice et le numérique, in *Servir l'Etat, Etudes offertes à David Abouem A Tchoyi*, BIWOLE V., MBAFOU S.C. (dir.), préc., pp. 293 et s. ; NGAH NOAH M.U., « Repenser Thémis : éléments pour une justice plus efficace au Cameroun », in ABOUEM A TCHOYI D., MBAFOU S.C. (dir.), *Améliorer l'efficacité de l'Etat au Cameroun. Propositions pour l'action*, préc., pp. 127 et s. ; NOTANG TOUKAP J., *La qualification professionnelle du travailleur*, thèse, Yaoundé 2, 2020, pp. 269 et s., n°s 498 et s. ; PILLET DES YLOUSES G., « Diversité dans les métiers du droit : 27 recommandations pour comprendre et agir », *La Semaine Juridique*, édition G., n° 11, mars 2020, p. 538.

[512] On observera en ce sens qu'un arrêté du Ministre de l'enseignement supérieur n° 14/0843 du 30 octobre 2014 porte création, organisation et fonctionnement du Centre d'études judiciaires au sein de la Faculté des sciences juridiques et politiques de l'Université de Yaoundé 2. Ses missions, notamment exposées à l'article 2, sont les suivantes :

- Conduire des analyses approfondies sur les systèmes judiciaires nationaux, régionaux et internationaux ;
- Mener et conduire des études juridiques et judiciaires dans les domaines du droit privé, du droit public, du droit des affaires, du droit pénal et de la théorie du droit ;
- Conduire des formations continues et de recyclage des cadres, des acteurs intervenant dans le processus judiciaire. A cet égard, il sert d'appui au ministère de la justice, au barreau du Cameroun, à l'ordre des notaires, à l'ordre des huissiers de justice. A cet égard, il organise et appuie la recherche collective et ou individuelle, organise les rencontres scientifiques (colloques, séminaires, tables rondes, etc.), crée et diffuse des applications périodiques ; publie sous forme d'ouvrage les résultats des travaux de recherche réalisés en son sein ;
- Contribuer au développement et à la promotion de la recherche théorique (fondamentale) et pratique (appliquée) dans les domaines suscités ;
- Développer la coopération africaine et internationale dans lesdits domaines ;

participation à des séminaires « hors mûrs »[513][514]. A l'extrême, on pourrait résoudre que l'auxiliaire de justice qui n'apporte pas la preuve d'avoir mis à

- Organiser les conférences sur les questions d'actualité du droit public, du droit privé, du droit des affaires, du droit pénal et de théorie du droit.
Un autre arrêté, n° 14/0842 du 30 octobre 2014 porte création, organisation et fonctionnement d'un Centre d'études et de recherche en English law, dénommé l'« Institute of advanced legal studies in english law ». Sa mission est d'étendre le bénéfice des mesures déjà évoquées aux hauts fonctionnaires des administrations publiques ou privées, aux responsables des collectivités décentralisées, aux personnels judiciaire et auxiliaire et à toutes autres catégories socioprofessionnelles intéressées par une connaissance technique et pratique approfondie de la English law.
Un troisième arrêté, n° 14/0846 du 30 octobre 2014 porte création, organisation et fonctionnement d'un Centre d'études et de recherche en droit du travail, de la sécurité sociale et des affaires au sein de cette faculté. Le soin lui revient d'organiser des séminaires thématiques de formation au profit des hauts fonctionnaires des administrations publiques ou privées nationales et ou internationales, les responsables des collectivités décentralisées, mais aussi des magistrats, des avocats et de toutes autres catégories socioprofessionnelles intéressées par une connaissance technique et pratique approfondie, des questions ayant un lien avec le droit du travail, de la sécurité sociale et des affaires.
Un quatrième arrêté, n° 14/0849 du 30 octobre 2014 porte création, organisation et fonctionnement d'un Centre d'études et de recherche en droit international et communautaire au sein de cette faculté. Le soin lui revient notamment, dans le domaine de compétence qui est le sien, d'organiser chaque année une session de cours et séminaires à l'intention des étudiants en droit en fin de cursus universitaire et de hauts fonctionnaires ; d'organiser des séminaires thématiques de formation à l'attention des hauts fonctionnaires des administrations publiques ou privées nationales et ou internationales, des responsables des collectivités décentralisées, des magistrats, avocats, diplomates, et toutes autres catégories socioprofessionnelles intéressées par une connaissance technique et pratique approfondie, des questions de droit international et communautaire.
Un cinquième arrêté n° 14/0848 du 30 octobre 2014 porte création, organisation et fonctionnement d'un Centre d'études et de recherches constitutionnelles, administratives et financières. Dans son domaine de compétence, il organisera des formations permanentes et continues au profit des magistrats, des avocats…

[513]A côté d'une proposition initiée à la Chancellerie et dont le contenu demeure mal connu, il a été suggéré la création, par décret, au sein de quelques universités, notamment à l'Université de Yaoundé 2, d'un institut des métiers du droit, en abrégé IMD. Les porteurs du projet de texte relatif à la « Law school » présentent l'Institut comme une école de formation, de recherche et d'expertise à vocation nationale et internationale sur les métiers du droit, notamment l'avocature, le notariat, la profession d'huissier de justice, de commissaire-priseur, de mandataire judiciaire. Très concrètement, cette institution non personnalisée, qui devrait néanmoins jouir d'une autonomie administrative et financière, préparera aux examens et concours d'accès aux différents métiers du droit et de la justice ; s'assurera de la formation continue de ceux qui les exercent, y compris lorsque les concernés sont des agents publics. L'Institut devrait également assurer la formation initiale des avocats stagiaires et des autres auxiliaires de justice, en accord avec les ordres professionnels concernés.
Afin de s'assurer de l'atteinte de ces objectifs, il est prévu, entre autres :
- Que soient notamment représentés au sein du conseil scientifique de l'institution, outre le représentant du ministère de la justice, les représentants des différends corps professionnels dont l'activité a un lien avec les objectifs de l'IMD ;
- Que l'équipe pédagogique de l'IMD est constituée d'enseignants-chercheurs des universités ayant au moins le grade de chargé de cours, de professionnels chevronnés issus des corps de métiers concernés par les activités de l'institut, recrutés après approbation du conseil scientifique.

[514] A toutes fins utiles, l'attention doit être attirée sur un détail. A la suite de la loi n° 2018/010 du 11 juillet 2018 régissant la formation professionnelle au Cameroun, un décret

jour ses savoirs pendant une fourchette de temps circonscrite ou sanctionnée par un parchemin succombera à des poursuites disciplinaires[515].

D'autres réformes semblent aller de soi. On songe par exemple à celle qui éviterait de couper l'avocat de l'entreprise au profit de laquelle l'intéressé œuvrera. On songe également à celle qui associerait plus étroitement les magistrats et les autres auxiliaires de justice à la formation de l'avocat. C'est à cette condition aussi que sera dissipée cette méfiance qui s'est installée dans la grande famille judiciaire et qui n'a de cesse de s'aggraver au fur et à mesure des condamnations des auxiliaires de justice notamment dans le contexte de l'opération dite « épervier ». C'est à cette condition que les uns et les autres se dénigreront moins ou que la courtoisie renaitra dans les rapports avocats-magistrats. C'est à cette condition que les magistrats et les avocats, pour s'en tenir à ces catégories, auront tous comme objectif la manifestation de la vérité et le triomphe d'une justice de qualité auxquels la prestation de serment les engage.

3. La prestation de serment et l'inscription au tableau du barreau

L'article 5-6° de la loi n° 90/59 du 19 décembre 1990 est clair. Nul ne peut exercer la profession d'avocat sans avoir prêté le serment prévu à son article 15. L'article de renvoi ne comporte aucune ambigüité quant aux termes du serment. Son contenu est le suivant : « *je jure comme avocat d'exercer mes fonctions de défense et de conseil en toute indépendance, avec dignité, conscience, probité et humanité, conformément aux règles de ma profession et dans le respect des cours et tribunaux et des lois de la République* ».

A l'analyse, la « profession de foi » précède l'inscription au tableau du barreau que la loi rend obligatoire[516]. En termes simples, cela signifie qu'on ne devrait jamais envisager que l'inscription intervienne sans que le serment de fin de stage soit prêté *(implicitement, CS/AP, arrêt n° 8, 24 août 1995, Maître Moulal Ruben c. Etat du Cameroun, préc.)*. Pareillement, l'avocat ayant prêté serment devra se garder d'oublier les points cardinaux de l'exercice de sa profession, contenus dans la formule récitée. Ceux-ci renvoient au respect des lois de l'Etat et des règles déontologiques, à

---

n° 2020/2592/PM du 19 juin 2020 est venu fixer les modalités de création, d'organisation et de fonctionnement des centres de formation professionnelle et d'apprentissage. Le texte prescrit notamment que ceux-ci sont soit des « centres publics », soit des « centres privés de formation professionnelle et d'apprentissage ».

[515] L'article 18 (2) de chacun des arrêtés précités décide que les cours et séminaires périodiques donnent lieu à la délivrance de certificats et d'attestations de participation.
L'article 21 (3) de chacun de ces textes conclut que l'admission aux sessions de cours et séminaires périodiques s'opère sur étude de dossier. La liste des auditeurs et séminariste est arrêtée par le doyen de la faculté.

[516] L'article 5-9°. Au Cameroun, le règlement intérieur du barreau prescrit, à son article 38, que l'avocat inscrit prend le titre d'« avocat au barreau du Cameroun ».

l'indépendance, à la dignité, la conscience, la probité, l'humanité. Ceux-ci renvoient au respect dû aux juridictions.

Sauf à mettre en évidence des éléments importants concernant tant la prestation de serment que l'inscription au tableau de l'ordre.

Primo, le serment de l'avocat est prêté devant la Cour d'appel du ressort où sera exercée l'activité professionnelle. A rebours, l'exigence invite à distinguer la prestation de serment en vue de l'inscription au « grand tableau » de celle qui précède le démarrage de la phase de l'apprentissage. On ne le sait que trop, celle-ci s'effectue devant le tribunal de grande instance du lieu du stage[517] *(CS/AP, arrêt n° 8, 24 août 1995, Maître Moulal Ruben c. Etat du Cameroun-Ministère de la justice, Répertoire chronologique de la jurisprudence, Droit administratif, 1980-2000, préc.).*

Secundo, l'inscription au tableau du barreau n'intervient pas automatiquement. Elle suppose qu'une requête soit adressée au bâtonnier et déposée au secrétariat du conseil de l'ordre, contre récépissé. De deux choses l'une. Soit le conseil de l'ordre ne lui réserve pas une suite favorable, soit il ordonne l'inscription au « grand tableau »[518]. Une chose est constante, c'est que le silence gardé au terme du mois suivant le dépôt de la demande s'interprète dans le sens d'une acceptation[519]. Dans l'hypothèse plutôt courante où l'instance s'est tacitement exprimée, sa décision est notifiée à l'auteur de la demande et au procureur général près la Cour d'appel de la résidence du titulaire du certificat d'aptitude à la profession d'avocat, par lettre recommandée avec avis de réception, dans les huit jours de la décision[520]. Au même titre que ce dernier, le procureur général dispose d'un délai de deux mois à compter de ce moment pour s'opposer à l'inscription ou au refus d'inscription. En semblable occurrence, le soin reviendra à l'assemblée générale de la Cour d'appel de trancher, non sans que des recherches aient été menées afin de s'assurer du respect de la loi, notamment de ses extraits relatifs aux conditions d'exercice de la profession d'avocat et plus spécifiquement à celles se rapportant à l'âge, aux diplômes et au stage, à la moralité, aux incompatibilités *(sur ces points, voir CS/AP, arrêt n° 6, 11 déc. 1997, Etat du Cameroun-Ministère du développement industriel et commercial c. Etablissements Gortzounian, Répertoire chronologique, Droit administratif, 1980-2000, préc., pp. 86 et s. ; CS/AP, arrêt n° 8, 24 août 1995, Maître Moulal Ruben c. Etat du Cameroun, préc. ; Civ. 1ère, 26 fév. 2002, Ordre des avocats du barreau de Toulon c. M. Manoukian Bull. n°2, fev. 2002, pp. 50 et 51, n° 66).*

Tertio, l'inscription au tableau du barreau ne s'opère pas dans le désordre. Elle intervient « dans l'ordre d'ancienneté ». La nuance ici c'est que cette

---

[517] En ce sens, voir respectivement les articles 10 (3) et 15, loi du 19 décembre 1990.

[518] Communément, la formule permet de distinguer le tableau de l'ordre du tableau de stage.

[519] Article 14, loi n° 90/59 du 19 décembre 1990.

[520] Article 14-5, loi n° 90/59 du 19 décembre 1990.

formalité ne prend date que du jour de la prestation de serment[521], mais surtout que la liste des avocats inscrits est déposée aux greffes des juridictions, affichée à l'entrée des palais de justice et publiée au journal officiel à la diligence du bâtonnier[522].

Quarto, l'inscription au tableau du barreau n'est pas définitive. Au début de chaque année judiciaire, le tableau est actualisé et réimprimé. Toutefois, l'omission (d'un nom) n'est pas laissée à la discrétion du bâtonnier. Certes, elle est diligentée par ses soins ; mais toujours après que le conseil de l'ordre ait pris une décision soit à la demande de l'intéressé, soit d'office soit à la demande du procureur général près la Cour d'appel[523]. Au demeurant, les circonstances d'une décision d'omission ne sont pas aléatoires. Elles concernent les avocats désormais frappés par une incompatibilité et ceux qui ne peuvent pas justifier d'une assurance couvrant leur responsabilité professionnelle. Elles concernent ceux dont l'installation manque de décence. Sont également susceptibles d'en être victimes les avocats condamnés à subir une peine d'emprisonnement et donc détenus ; ceux qui, du fait d'une maladie ou d'une infirmité grave et permanente, ou pour toute autre cause, se sont éloignés du Cameroun ou tout au moins sont dans l'incapacité d'exercer[524] *(implicitement, CS arrêt n° 78/S, 26 juin 1980, Etude Beaufils c. Lobé, préc. Voir aussi Civ. 1ère, 10 déc. 2002, M. X... c. Procureur général près la cour d'appel de Pau et autres, Bull. n° 10, déc. 2002, p. 235, n° 9).* Enfin, et cela ne devrait pas être occulté, le tableau du barreau, à actualiser et réimprimer au début de chaque année, est affiché à l'entrée de chaque palais de justice puis publié au journal officiel, à la diligence du bâtonnier[525].

On l'aura pressenti. La prestation de serment et l'inscription au tableau de l'ordre excluent l'exploitation de tierces activités. C'est en tout cas ce qui transparaît de la loi n° 90/59 du 19 décembre 1990 lorsqu'elle pose que l'exercice de la profession d'avocat exclut tout lien de subordination et est incompatible avec toute activité de nature à porter atteinte à l'indépendance d'esprit et au caractère libéral de la profession[526]. Dans le détail, et sans prétention à l'exhaustivité, sont écartées de la profession les personnes qui exercent toute fonction salariée, que ce soit dans le secteur public ou dans le secteur privé. Sont également écartés ceux qui exploitent

---

[521] Idem, article 16 (1).

[522] Ibid, article 16 (2).

[523] La lecture de l'article 18 donne à penser que l'initiative ne pourrait provenir du président de la Cour d'appel que si l'avocat était inscrit. Elle vise le « procureur de la République du lieu du stage, le cas échéant ».

[524] Articles 17 et 18 de la loi n° 90/59 du 19 décembre 1990. L'article 18 évoque, à la suite de l'omission, la « réinscription au tableau du barreau ». Elle est prononcée par le conseil de l'ordre tenu de vérifier que les conditions à remplir pour être inscrit au tableau et y figurer sont remplies par celui qui sollicite sa réinscription.

[525] Il est précisé à l'article 18, au cas d'omission, que la réinscription ne peut être prononcée que par le conseil de l'ordre, lequel s'assure que la personne concernée par la formalité remplit à nouveau les conditions requises pour figurer au tableau du barreau.

[526] Article 6.

une activité commerciale, même par personne interposée ; les personnes qui exercent les fonctions de « directeur général ou de gérant de société » ; celles qui appartiennent encore à la catégorie des officiers publics ou ministériels. Dans le même sens, l'avocat appelé à exercer les fonctions de membre du gouvernement ne peut simultanément poursuivre son activité professionnelle[527]. La seule dérogation aux règles ainsi exposées est celle développée à l'article 77 s'agissant des enseignants de la faculté de droit qui, longtemps avant l'entrée en vigueur de la loi, exerçaient cumulativement la fonction d'avocat. Ces derniers sont autorisés à continuer l'exploitation de leur activité professionnelle en cette qualité, donc à cumuler les casquettes d'enseignant et d'avocat. A l'inverse, et bien que la pertinence d'une telle solution ne saute pas aux yeux, les enseignants non-inscrits au tableau du barreau au moment de l'entrée en vigueur de la loi du 19 décembre 1990 portant organisation de la profession d'avocat sont atteints par l'incompatibilité qu'elle prévoit. Du coup, la conclusion s'impose qu'il est inconcevable, y compris dans les régions du Sud-ouest et du Nord-ouest, qu'un avocat ait pu prêter serment après le 20 décembre de l'année visée et continue d'exercer parallèlement et à temps plein en qualité d'enseignant d'université au Cameroun.

En tout état de cause, sera coupable de l'infraction d'exercice illégal de la profession l'individu, qui n'étant pas inscrit au tableau de l'ordre, usurpe les fonctions d'avocat, en fait ou prétend accomplir des actes relevant de son ministère, agit de manière à donner lieu de croire qu'elle est autorisée à remplir de telles fonctions ou à accomplir des actes relevant de ce corps de métier[528]. La sanction est impitoyable lorsqu'on la compare à celle généralement appliquée en cas d'usurpation de titre[529]. Elle consiste en une amende comprise entre 500 000 francs et 5 000 000 de francs et en un emprisonnement de six mois à trois ans. Rien ne s'oppose à ce que l'ordre des avocats se constitue partie civile et que soit ordonnée la fermeture de l'office de l'usurpateur dénoncé[530].

Quinto, l'inscription au tableau de l'ordre des avocats n'est pas irrévocable. Assez curieusement pourtant, rien n'est ouvertement prescrit

---

527 L'article 7 précise la situation de certaines catégories déjà évoquées. A titre d'exemple, il retient :

- S'agissant de l'avocat astreint au service militaire ou appelé à exercer une fonction en tant que membre du gouvernement, que l'intéressé ne saurait, pendant sa présence sous les drapeaux ou au gouvernement, « exercer son activité professionnelle » ;
- S'agissant de l'avocat investi d'un mandat parlementaire, que celui-ci devrait se garder d'exercer un acte de sa profession dans les causes où l'Etat, une collectivité publique ou un établissement public est partie ;
- S'agissant de l'avocat investi d'un mandat municipal, que le concerné ne devrait accomplir aucun acte de sa profession dans une affaire où la commune est partie.

528 Article 43.

529 Effectivement, l'article 219 de ce code punit d'un emprisonnement de trois mois à deux ans, et ou d'une amende de 100 000 francs à deux millions de francs, ceux qui font usage sans droit d'un titre attaché à une profession légalement règlementée.

530 Elle est exposée à l'article 44 de la loi du 19 décembre 1990 précitée.

à propos de la limite d'âge. On sait seulement que le titre d'avocat honoraire est parfois conféré, par le conseil de l'ordre, à toute personne inscrite au tableau du barreau depuis au moins vingt ans et qui, pour ainsi dire, a marqué son « temps » par l'observation des normes professionnelles[531]. On imagine spontanément que l'avocat pourrait parfaitement résoudre de démissionner ; que sa décision doit alors être portée à l'attention du conseil de l'ordre. Celui-ci a le pouvoir de s' y opposer si la preuve n'est pas apportée que l'intéressé ne justifie pas que des mesures suffisantes ont été prises pour assurer la dévolution des dossiers en cours dans son cabinet, de ses archives et de sa comptabilité[532]. On imagine également qu'une faute professionnelle de particulière gravité peut parfois aboutir à la radiation du tableau du barreau, que la condamnation à subir une sanction répressive produit le même effet. On sait encore, en cas de décès de l'avocat, qu'un terme est fatalement mis à l'exercice de son activité[533]. Dans l'hypothèse où celle-ci est menée isolément, donc sans associé, le bâtonnier fait apposer, d'urgence, des scellés sur le local et désigne, dans les quinze jours suivants l'évènement malheureux, un ou plusieurs confrères chargés de procéder à la liquidation du cabinet, sous son contrôle. Toujours est-il que les locaux du cabinet devront être libérés dans un délai d'un an à compter de la notification au liquidateur de l'acte par lequel celui-ci a été désigné et ses missions fixées. Un rapport de clôture est dressé et remis au bâtonnier, au procureur général près la Cour d'appel du ressort du cabinet, au ministre de la justice[534]. *A*

[531] Article 70 (1). Assez curieusement, l'arrêté n° 41/DPJ/SG/MJ du 12 avril 2005 portant homologation et publication du règlement intérieur du barreau relève cette fourchette de temps d'exercice. L'article 78 réserve ce titre à l'avocat ayant été inscrit dans la section des personnes physiques du tableau du barreau et qui a exercé durant trente (30) ans la profession. La suite de ce texte surprend davantage, singulièrement lorsqu'on s'intéresse aux prérogatives de l'avocat honoraire, mais aussi aux « activités et missions » de celui-ci. Il y est résolu :
- Que celui-ci a droit au port de la toge à l'occasion des élections, cérémonies et manifestations officielles ; à la participation aux assemblées générales avec voix délibérative ; au vote du bâtonnier et des membres du conseil de l'ordre ;
- Que celui-ci peut être investi par le Bâtonnier ou par le conseil de l'ordre de toute mission ou activité utile à l'administration de l'ordre, à l'intérêt de ses membres ou à celui de la profession ;
- Qu'après autorisation du Bâtonnier, celui-ci peut non seulement accepter une mission de justice, d'arbitrage, d'expertise ou de médiation, mais aussi prendre part à une commission administrative ou à un jury de concours ou d'examen, consulter ou rédiger des actes.

[532] Article 57, arrêté n° 41/DPJ/SG/MJ du 12 avril 2005, préc.

[533] Article 71 (1). L'article 59 du règlement intérieur de la profession offre d'autres information, lesquelles contrarient parfois les prévisions du législateur. On y découvre en effet que lorsque l'avocat décède, hors mis les cas d'association, le bâtonnier ou l'un des membres du conseil de l'ordre désigné par lui dresse un « inventaire des dossiers en cours dans le cabinet » et « prend toutes mesures nécessaires pour assurer la suite de ces dossiers ». Il est également dressé un inventaire exhaustif et contradictoire avec les ayants - droits du défunt de l'ensemble des biens se trouvant à son étude, ainsi que des avoirs dans les comptes bancaires du cabinet. La liquidation, « *faite pour les ayants – droits sera conduite en collaboration avec le conseil de l'ordre chargé de veiller à la protection des intérêts des clients et au respect des dispositions légales, et ce conformément à un cahier des charges* ». Il reste constant que « *Tout avocat a la possibilité de convenir, à l'avance, avec le conseil de l'ordre, des modalités de liquidation de son cabinet, lesquelles seront appliquées* ».

[534] Article 71 (2, 3).

contrario, ce tableau dévoile que l'étude de l'avocat n'est pas à céder lorsque survient son décès ou, plus globalement, l'un de ces évènements censés provoquer la cessation d'activités.

Etait-il bien inspiré de ne pas esquisser une limite d'âge à l'exercice du métier d'avocat ?

Diverses raisons conduisent à être dubitatif. C'est qu'on n'imagine pas spontanément que ce « praticien du droit » exerce au mieux à âge avancé. De même, le constat a été dressé de longue date que le taux de chômage des jeunes est particulièrement élevé en Afrique Centrale. Or une fraction significative de ceux-ci a été formée dans le domaine de la science du droit. C'est assez dire, finalement, que la solution opposée à celle retenue par le droit positif aurait eu différents mérites : rendre le barreau davantage dynamique et attentif aux intérêts de la profession ; ouvrir l'« avocature » à plus de diplômés de l'enseignement supérieur ou des facultés de droit ; contribuer à résorber le chômage sans que l'Etat subisse le contrecoup au plan économique ou financier de l'option retenue. L'idéal aurait alors été que la limite d'âge soit harmonisée avec celle retenue s'agissant d'autres auxiliaires de justice, notamment les huissiers.

En tout état de cause, l'avocat gagne à ne pas s'inquiéter à l'excès si d'aventure une réforme est introduite qui prévoit un âge de départ à la retraite. C'est que la possibilité lui est désormais offerte de souscrire une assurance individuelle pouvant conférer un repos à la fois confortable et paisible. Le décret n° 2014/2377/PM du 13 août 2014 fixant les conditions et les modalités de prise en charge des assurés volontaires au régime d'assurance pension de vieillesse, d'invalidité et de décès est édifiant à ce propos. Son dépouillement révèle notamment :

- Que l'assuré volontaire est toute personne dotée de capacités contributives sans être assujettie à une assurance contre les risques vieillesse, invalidité, décès ; mais aussi les anciens assurés sociaux qui cessent de remplir les conditions d'assujettissement au régime général[535] ;
- Que l'affiliation à l'assurance volontaire n'est pas compliquée. Elle requiert simplement de présenter une demande au centre de l'organisme de sécurité sociale rattaché à son lieu de domicile contre récépissé, laquelle renseigne notamment au sujet de son niveau de revenu[536] ;
- Que l'affiliation ne prend effet qu'à compter du premier jour du mois suivant celui au cours duquel la demande de souscription a été formulée[537].

---

[535] Article 2.

[536] Article 4. En réalité, et à en croire l'article 4 (2), la demande est formulée sur un imprimé que délivre l'organisme de prévoyance sociale compétent. Elle renseigne notamment à propos des noms, prénoms, date et lieu de naissance du requérant, du montant du revenu servant d'assiette pour le calcul des cotisations sociales, de la périodicité avec laquelle seront payées lesdites cotisations. La demande sera accompagnée des pièces suivantes : copie certifiée conforme de l'acte de naissance ; copie certifiée conforme de la carte nationale d'identité ; copie certifiée conforme de l'acte de mariage ; copies certifiées conformes des actes de naissance des enfants en tant que de besoin ; plan de localisation du domicile ou de l'étude ; justificatif des revenus.

[537] Article 8.

Cependant, l'assuré conserve la faculté de résilier son contrat d'assurance par tout moyen laissant trace écrite. En pareilles circonstances, la résiliation produit ses effets à partir du premier jour du mois civil suivant le dernier mois pour le compte duquel la cotisation sociale a effectivement été payée[538] ;

- Que le montant des cotisations à verser est assis sur un gain annuel moyen déterminé d'accord parties par l'assuré et l'organisme de sécurité sociale[539] ; mais qu'en tout état de cause, le soin revient au centre de l'organisme de sécurité sociale du ressort du domicile de communiquer à l'assuré le montant de la cotisation due, la périodicité et le lieu du règlement de celle-ci ;

- Que, sur le plan des principes, le paiement des cotisations devrait intervenir au plus tard dans les quinze jours qui suivent la période à laquelle elles se rapportent. A l'inverse, rien ne s'oppose à ce que l'option soit retenue de payer d'avance, à condition toutefois que le montant à verser ne couvre pas plus de douze mois. Pareillement le défaut de paiement à l'échéance entraîne l'application de majorations et de pénalités de retard[540] ;

- Que la Caisse nationale de prévoyance sociale est tenue, avant le départ à la retraite, d'adresser à l'assuré un relevé des contributions effectuées et des périodes d'activité afin que celui-ci puisse éventuellement élever toute contestation opportune et de nature à provoquer des corrections concernant des périodes d'activité omises[541] ;

- Que les conditions générales relatives au régime des assurances pensions vieillesse, invalidité et décès dont ont le bénéfice tous les assurés sociaux s'appliquent *mutatis mutandis* à l'avocat assuré volontaire autrefois en exercice[542].

---

[538] Lorsque les cotisations sociales ont été payées d'avance, elles seront remboursables pour les périodes non encore échues. Au cas de décès, les cotisations afférentes auxdites périodes sont remboursées aux ayants droit, souligne l'article 11.

[539] Article 6. La précision est cependant apportée ici que le douzième de ce revenu ne doit être ni inférieur au salaire minimum interprofessionnel garanti ni supérieur au plafond des rémunérations en vigueur. Dans tous les cas, il ne doit pas excéder la moyenne des gains perçus au cours des douze derniers mois précédant la cessation d'activité.

Par ailleurs, il convient de ne pas perdre de vue les règles énoncées par le décret n° 2016/076 du 15 février 2016 fixant les taux des cotisations sociales et les plafonds des rémunérations applicables dans les branches des prestations familiales, d'assurance-pensions de vieillesse, d'invalidité et de décès, des accidents du travail et des maladies professionnelles gérées par la Caisse nationale de prévoyance sociale. On songe spécialement à celles développées à son l'article 5. Celui-ci résout que le taux des cotisations sociales applicable aux assurés volontaires au titre de la branche assurance pensions de vieillesse, d'invalidité et de décès est de 8, 4 % de la base cotisable arrêté d'accord partie, dans la limite du plafond des rémunérations en vigueur et sont entièrement à la charge des concernés.

[540] Articles 6 et 7.

[541] Article 10.

[542] Article 5.

B. Exercice de la profession

L'exploitation de la profession d'avocat dévoile plus ou moins nettement les missions de cet auxiliaire de justice. Au-delà, elle découvre le cadre d'exercice de cette activité et, surtout, l'organisation de celle-ci.

1. Missions

Le rôle de l'avocat offre une bonne vue de la mission de cet auxiliaire de justice. Ses droits et obligations viennent compléter cette perception.

a. Les missions révélées par le rôle de l'avocat

L'exposé des méandres de la fonction de l'avocat dévoile les remous que celle-ci provoque lorsqu'on s'y intéresse en prenant du recul.

i. Le détail

Le rôle de l'avocat est décrit dans la loi n° 90/059 du 19 décembre 1990 portant organisation de la profession. En effet, les articles 1 et 2 lui confient deux missions essentielles : une fonction d'assistance ; une mission de représentation[543].

L'avocat assiste dans deux hypothèses traditionnelles.

La première de ces hypothèses est extra contentieuse ou, si l'on préfère, en marge de tout procès. Cela se réalise à travers des conseils prodigués sous la forme de consultations écrites ou orales. Cela s'opère également lorsque l'avocat rédige des statuts, des contrats, des actes juridiques ; lorsque celui-ci conduit des études juridiques au profit d'entreprises publiques ou privées. Cela passe enfin par l'éclairage des personnes physiques ou morales au sujet des évolutions, des conséquences voire de l'interprétation de la norme que celle-ci soit internationale ou nationale, que celle-ci soit d'origine constitutionnelle, d'origine législative ou règlementaire. Il peut même arriver de renseigner à propos de l'évolution de la jurisprudence, singulièrement lorsqu'elle a accédé au rang de source du droit parce que le législateur n'a pas encore eu à intervenir pour des orientations dans un domaine spécifique. Dans bien des cas, ce pan de l'activité de l'avocat va éviter ou réduire les conflits et les violations de

---

[543] On y découvre que la profession d'avocat est une profession libérale qui consiste, contre rémunération, à « *1° assister et représenter les parties en justice, postuler, conclure et plaider, donner des consultations juridiques ; 2° poursuivre l'exécution des décisions de justice, notamment engager et suivre toute procédure extrajudiciaire, recevoir les paiements et donner quittance, accomplir aux lieux et place des parties des actes de procédure* ».

droits humains fondamentaux. Cette intervention va permettre de contenir la saisine des juridictions notamment étatiques ; concourir à empêcher l'encombrement du prétoire. Parfois, elle va faciliter le règlement des différends à travers la transaction, la conciliation, l'arbitrage, la médiation[544][545] *(en ce sens, mais tacitement, voir notamment CCJA, arrêt n° 001/2002, 10 janv. 2002, Compagnie des transports de MAN dite CTM c. Compagnie d'assurances Colina SA, Rec. n° 3 spécial, janv. 2003, pp. 16-17 ; CS, arrêt n° 159/CC, 24 avril 2003, Maître Alix Betayené c. Mangwa Tchuisse Joseph, in ANOUKAHA François (dir.), Les grandes décisions de la jurisprudence civile camerounaise, Bamenda, 2008, pp. 257 et s., obs. TCHOU-BAYO J.P., Juridis Périodique n° 57, janv.-mars 2004, p. 56, obs. KOM J. ; Civ. 1ere, 5 juin 2019, n° 18-13.843, D. 2019. 1235)*. Il n'est même pas à exclure qu'elle concourt fortement à l'exécution, forcée ou non des décisions de justice…

La seconde hypothèse est contentieuse et suppose l'existence d'un litige ou, si l'on préfère, d'un procès. Ici, l'auxiliaire de justice plaide. L'objectif est alors d'assurer la défense d'un sujet de droit devant une juridiction appelée à trancher ; ce qui n'est pas sans lien direct avec le contradictoire qui est l'une des exigences névralgiques du droit processuel. A *contrario* et sur le plan des principes, il n'est pas en tant que tel question de l'engager. L'avocat se tient seulement aux côtés du justiciable pour l'aider à exprimer au mieux ses prétentions à la barre du tribunal[546], prend la parole pour donner un relief ou un écho particulier à sa volonté, notamment en allant au-delà du simple exposé des faits de la cause et des prétentions du client pour

[544] En ce sens, il est notamment écrit ce qui suit à l'article 71.2 du règlement intérieur du barreau du Cameroun : « *Si un différend est susceptible de recevoir une solution amiable, et avant toute procédure, l'avocat peut prendre contact avec la partie adverse avec l'assentiment de son client. Cette prise de contact ne peut avoir lieu qu'en adressant à cette partie une lettre rappelant la faculté pour le destinataire de consulter un avocat et l'invitant à lui faire connaître le nom de son conseil. Dans cette lettre, l'avocat doit s'interdire, à l'occasion de l'exposé succinct de l'objet de la demande, toute présentation déloyale et toute menace. Cette lettre peut mentionner l'éventualité d'une procédure. Ces règles s'appliquent également à l'occasion de toute relation téléphonique, dont l'avocat peut prendre l'initiative.* »

[545] Sur ces questions, voir not. ANYANGWE C., *The magistracy and the bar in Cameroon*, op. cit., p. 144 ; DONGMO GUIMFACK C.M., « L'avocat et la protection des droits de l'homme au Cameroun », *in Boukongou J.D. (dir.), Humanité et liberté en Afrique Centrale*, PUCAC, Yaoundé, 2013, p. 17 ; MBARGA A., *Procédure civile camerounaise*, préc., p. 149, n° 191. Voir également BAKOUNI R., « La déconstitution de l'avocat au Cameroun », Mémoire, Maîtrise en droit privé, université de Yaoundé 2, 2019, pp. 6 et s. ; FOKA MENAMTE B.K., « La défense en justice des intérêts de la société commerciale », Mémoire, Master droit des affaires, option Contentieux et arbitrage des affaires, UCAC, 2024, pp. 25 ; DOSSA R., « Rôle de l'avocat dans la cité : du juridique au judiciaire », *Revue de l'ERSUMA*, n° spéc., nov.-déc. 2011, p. 155 ; SOCKENG R., *Les institutions judiciaires au Cameroun*, préc., p. 102 ; SOULEZ-LARIVIERE D., « Avocat », in CADIET L. (dir.), *Dictionnaire de la justice*, op cit., p. 109.

[546] FONKWE FONGANG J., EWARE A., *Pratique de la procédure pénale au Cameroun, op cit.*, pp. 400 et s. Voir aussi DANET J., « Plaidoirie », in *CADIET L. (dir.), Dictionnaire de la justice*, PUF, Paris, 2004, pp. 984 et s. ; FRYDMAN B. (dir.), *La plaidoirie*, Brulant, Bruxelles, 1998 ; HERON J., LE BARS Th., Droit judiciaire privé, Domat-Montchrestien, Paris, 2012, p. 162, n° 190 ; MARTIN R., *Déontologie de l'avocat*, Litec, Paris, 1999, p. 20, n° 39, pp. 24 et s., n°s 44 et s.

présenter des preuves susceptibles d'emporter la conviction du juge[547]. Parfois aussi, lorsque cela est possible parce que la loi ne l'exclut pas, l'« homme de droit » propose à l'individu qui s'adresse à lui des voies et moyens susceptibles de mettre un terme aux procédures judiciaires et, de la sorte, faire obstacle à ce que le juge tranche. A cet effet, il renseigne le client sur l'opportunité de conduire le procès jusqu'à son terme, sur les risques encourus si le différend est réglé par un jugement ou par un arrêt. Lorsque la démarche est fructueuse, elle aboutit à un arrangement à l'amiable qui prend généralement la forme technique d'une transaction ou d'une conciliation[548]. Fort logiquement, l'auteur de la demande en justice sollicite alors la radiation de l'affaire du rôle au travers d'un désistement *(même tacitement, voir CS, arrêt n° 281/P, 18 juil. 1985, Société Pelenget, Nguemo Jean c. Ministère public, Bisso Marie et autres, Répertoire chronologique de la jurisprudence de la Cour suprême, tome 1, Droit pénal, préc., p. 1163-1164 ; CCJA, ord. n° 010/2009/CCJA, Société Flash Paint c. GETMA Congo, 1er févr. 2005, Rec. CCJA n° 13, janv.-juin 2009, p. 187 ; ord. n° 011/2009/CCJA, 21 juil. 2006, Société d'approvisionnement et de commercialisation dite SAC SARL c. Société Delmas Vieljeux Congo dite SDV Congo, Rec. CCJA n° 13, janv.-juin 2009, p. 189 ; ord. n° 013/2009/CCJA, 12 déc. 2006, Société Bourbon Offshore Surf c. Taty Jean-Claude, Rec. CCJA n° 13, janv.-juin 2009, p. 192 ; ord. n° 012/2009/CCJA, 26 mars 2009, Aka Joséphine épouse Benson c. Société générale de banques en Côte d'Ivoire dite SGBCI, Rec. CCJA n° 13, janv.-juin 2009, p. 190 ; CS, arrêt n° 159/CC, 24 avril 2003, Maître Alix Betayené c. Mangwa Tchuisse Joseph, préc.).*

L'avocat représente son client en accomplissant, dans le cadre d'un procès, des actes de procédure au nom et pour le compte de celui-ci. Il se noue alors, entre l'auxiliaire de justice et la partie au procès, un contrat spécifique qualifié de mandat *ad litem*[549]. La fonction est très visible devant les juridictions où son ministère est obligatoire en raison soit de l'enjeu du litige, soit de la technicité de la démarche à suivre avant qu'une décision soit rendue. Les juridictions visées sont tantôt civiles, tantôt commerciales, tantôt administratives ou disciplinaires ; tantôt de droit commun ou d'exception ; tantôt répressives ou non répressives ; tantôt nationales ou supranationales. Rien ne s'oppose toutefois à ce que cette fonction s'exerce

---

[547] DOSSA R., op cit., p. 158 ; FOKA MENAMTE B.K., op ci., pp. 46 et s. ; KANA DONFACK S., « Le contentieux de la représentation en justice de la société à responsabilité limitée », Mémoire, Master Contentieux et arbitrage des affaires, UCAC, 2018, pp. 23 et s. ; KUATE TAMEGHE S.S., DONFACK KANA S., « Le contentieux relatif à la représentation en justice de la SARL », *Juridis Périodique* n° 123, juil.-sept. 2020, p. 144 et s. ; WAKAP CHONGANG B., « Variations sur les différentes figures de l'avocat dans le procès pénal », *Juridis Périodique* n° 119, juil.-sept. 2019, pp. 168-169 spéc.

[547] Idem, article 43 (2).

[548] DONGMO GUIMFACK C.M., op cit., p. 18.

[549] MARTIN R., *Déontologie de l'avocat*, préc., p. 20, n° 39 ; WAKAP CHONGANG B., « Variations sur les différentes figures de l'avocat dans le procès pénal », op. cit. ; ANYANGWE C., op. cit., p. 144.

dans le cadre du règlement des différends par les juridictions alternatives, singulièrement les juridictions de médiation, d'arbitrage ou de conciliation[550] (*sur ce dernier point, voir CCJA, arrêt n° 098/2014, 30 oct. 2014, SCP Pyramidion c. Agence d'Exécution des Travaux d'Infrastructure du Mali dite AGETIER-Mali, http://www.ohada.org ; arrêt n° 081/2019, 28 mars 2019, Société Nestlé Cameroun c. Groupe Abbassi SARL, préc.*[551] *; CCJA, arrêt n° 0099/2014, 11 nov. 2014, SOGEFCO-SA c. CELTEL Congo devenue AIRTEL Congo SA, http://www.ohada.org ; arrêt n° 136/2021, 24 juin 2021, Kouassi Ouassa Charly c. Diabaté Kaladji, http://www.ohada.org ; CASWR, 23 oct. 2012, Tem Ivo Nfua c. Ministère public, cité par FONKWE FONGANG J., EWARE A., Pratique de la procédure pénale au Cameroun, op cit., p. 400).*

De manière détaillée, la fonction de représentation implique deux activités que l'on a coutume de distinguer, à savoir celle de postuler et celle de conclure. Lorsqu'il postule, l'avocat passe des actes de procédure strictement entendus. A l'analyse, son activité dans ce contexte est généralement écrite. Il se révèle également que les actes accomplis par l'avocat engagent la personne lui ayant donné mandat d'agir ; ce qui n'enlève rien à la qualité de partie de cette dernière, notamment parce que, selon l'adage, « nul ne plaide par procureur ». Lorsqu'il conclut, l'auxiliaire de justice avise de manière écrite le magistrat et l'adversaire au sujet des prétentions de son client, de l'argumentation que celui-ci développe. De tradition, cela s'opère au moyen de « conclusions », de mémoires, d'actes de procédure autres que verbaux. A rebours on découvre, sans effort, que ce qui est oral devrait à première vue être exclu du champ de la représentation ; que le domaine de prédilection de celle-ci est délimité par les procédures écrites, singulièrement dans les cas de figure où le justiciable n'est pas à mesure d'accomplir lui-même telle ou telle formalité[552] voire simplement de se présenter devant ou la juridiction ou le magistrat saisi

---

[550] Voir, dans le tome 1 de cet ouvrage, les développements se rapportant à la justice alternative.

[551] Dans cet arrêt, la CCJA juge : « *Attendu qu'il est reproché à la sentence attaquée la violation du principe du contradictoire tirée de l'inégalité de traitement des parties, la manière dont celles-ci sont traitées au sein de la sentence et l'absence de discussion sur la loi applicable telle que présentée dans les écritures post audience, en ce que, d'une part, la correspondance du tribunal du 24 avril 2016 avait pour but unique de permettre à Abbassi de trouver un fondement plus solide à ses prétentions et, d'autre part, la loi appliquée n'a pas été discutée ; qu'ainsi, selon Nestlé Cameroun, le tribunal arbitral a « rompu l'équilibre du procès (...) et introduit la rupture du traitement à égalité des parties », devant conduire à la nullité de la sentence ;*

Mais attendu que le fait pour un tribunal arbitral d'inviter les parties litigantes à l'éclairer davantage sur des points précis de leur différend, entre dans les pouvoirs d'instruction établis par les dispositions de l'article 19.1 du Règlement d'arbitrage de la Cour commune de justice et d'arbitrage ; qu'il ne caractérise pas un traitement inégalitaire desdites parties violant le principe du contradictoire ; qu'en l'espèce, il résulte de la sentence contestée que les deux parties ont valablement fait valoir leurs moyens de défense y compris sur la loi applicable ; qu'elles ont examiné et discuté les éléments comptables, les pièces et les moyens soumis au tribunal arbitral ; qu'il échet dès lors pour la Cour de rejeter ce motif comme étant mal fondé ».

[552] HERON J., LE BARS Th., op cit., p. 162, n° 190 ; MARTIN R., *Déontologie de l'avocat*, préc., p. 22, n°s 40 et 41.

d'une affaire le concernant. Par moments, malheureusement, elles s'achèvent par des remous.

ii. Les remous

Les fonctions d'assistance ou de représentation de l'avocat ne vont pas sans faire des vagues.

Tout d'abord, et compte tenu de ce que ces attributions ont été présentées comme essentielles, quelques-uns seront intéressés par les autres fonctions qui, elles, sont de second rang. L'article 74 du statut de l'avocat offre une piste utile. Il révèle que « *les avocats installés dans les provinces du Sud-ouest et du Nord-ouest peuvent, à titre transitoire, exercer les fonctions de notaire* ». En d'autres termes, dans les aires géographiques correspondant à ce jour aux régions du sud-ouest et du nord-ouest, l'avocat devrait pouvoir dresser des actes authentiques ou conférer aux actes dressés par des tiers ce caractère. Seulement, cette attribution n'a pas vocation à s'étaler dans le temps, puisque l'obligation s'impose à ce dernier de cesser les fonctions en tant que notaire dès la désignation d'un notaire dans le ressort[553]. De même, l'avocat opérant en tant qu'officier public est tenu de s'abstenir d'instrumenter en dehors du ressort de la Cour d'appel du siège de son cabinet ou au profit de personnes ou de biens domiciliés ou situés en dehors de ce ressort. A eux seuls, ces morceaux choisis conduisent à s'inquiéter de ce que plus d'un demi-siècle après l'indépendance du Cameroun, de nombreux avocats continuent, dans les régions du sud-ouest et du nord-ouest, à exercer les fonctions de notaires. Ils poussent à s'indigner en découvrant qu'un nombre suffisant de charges de notaire n'a pas à ce jour été créé dans les régions visées pour alléger la charge des avocats qui y exercent les missions de cet auxiliaire de justice *(pour une bonne illustration, voir The High court, Fako division, Buéa, 4th dec. 2012, Barrister Talla Ernest vs. Namondo Ekema Alice and Ymeli Kueté Justin, inédit).* Ils invitent à se demander si l'on ne devrait pas envisager que les missions de l'avocat, du notaire et de l'huissier soient exercées par un seul et même professionnel, notamment dans des localités ou dans des ressorts où l'ensemble de ces corps de métiers ne sont pas représentés au mieux. A l'analyse, au-delà de l'intérêt de la justice, de celui du justiciable et d'autres catégories, l'option permettrait vraisemblablement d'attirer les auxiliaires de justice vers l'arrière-pays où leur activité serait davantage rentable.

Ensuite, dans un registre davantage spéculatif, quelques-uns pourraient ne pas hésiter à suggérer que l'on marque un temps d'arrêt afin de questionner la pertinence de cette présentation traditionnelle des fonctions de l'avocat, laquelle conduit à discriminer entre l'assistance et la représentation. La préoccupation ne repose pas sur rien. Il n'est que de

---

[553] Article 76. Lire utilement ANYANGWE C., op. cit., pp. 190 et s.

remarquer que les articles 1 et 2 de la loi de 1990 ne s'en tiennent pas à cette *summa divisio*. Effectivement, l'idée y est simplement développée que la profession est libérale et consiste, contre rémunération, à assister et représenter les personnes en justice, postuler, conclure et plaider, donner des consultations juridiques. Elle s'exerce en poursuivant l'exécution des décisions de justice, en engageant et suivant toute procédure extrajudiciaire, en recevant les paiements et en donnant quittance, en accomplissant aux lieux et place des parties des actes de procédure. Il n'est que de remarquer que de nombreux textes ont tendance à mettre ensemble, d'un côté, la mission de conseil et d'assistance, de l'autre côté la mission de représentation. Un exemple révélateur de cette construction est offert par l'arrêté du 12 avril 2005 portant homologation et publication du règlement intérieur du barreau du Cameroun. Dans quelques-uns de ses extraits en effet, les habilitations légales ou présumées semblent être à distinguer des habilitations expresses ou à prouver ; l'assistance est opposée à la représentation. Dans quelques autres des extraits, la représentation en justice est confrontée à la représentation au-delà de la justice. C'est sans doute dans cette tournure d'esprit que l'article 74.3 envisage que l'avocat puisse recevoir de ses clients un mandat ayant un objet autre que leur assistance ou leur représentation en justice et être notamment investi d'une mission en tant qu'arbitre, médiateur, conciliateur, séquestre ou liquidateur amiable.

Une chose semble se dégager de ce qui précède. C'est que, lorsque les éléments de contenu du mandat spécial de l'avocat sont clairs, leur respect s'impose. Tel est du moins, au second degré, l'enseignement d'un arrêt de la Cour commune de justice et d'arbitrage rendu à propos de l'affaire Société de commerce et de distribution de produits alimentaires congelés. Dans l'espèce en cause, la haute juridiction déclare irrecevable le recours à elle soumis en des termes éloquents : « *Attendu qu'aux termes de l'article 23 du règlement sus indiqué, « le ministère d'avocat est obligatoire devant la Cour... Elle devra en outre produire un mandat spécial de la partie qu'elle représente. » ;*

Attendu que le mandat dont se prévaut maître Yao Emmanuel dans la présente procédure est celui signé le 15 mars 2017 par Monsieur Hotait Ahmad aux fins de « présenter, déposer, décharger, recevoir toutes notifications d'usage en ses bureaux et soutenir pour son compte devant la Cour commune de justice et d'arbitrage de l'Organisation pour l'Harmonisation en Afrique (CCJA-OHADA) sise à Abidjan Côte d'Ivoire : "Une requête aux fins de sursis à l'exécution forcée de l'arrêt n° 030/2017 rendu le 02 mars 2017 par la Cour commune de justice et d'arbitrage dans l'affaire qui l'oppose à la Société Trans-Roulements CI… » ; que le mandat dont est investi Maître Yao Emmanuel dans la procédure de sursis à l'exécution ne peut servir dans la procédure de recours en révision ; qu'il y a lieu de constater que le recours en révision a été présenté par un avocat non muni d'un pouvoir spécial exigé par l'article 23 du règlement de procédure… » (CCJA, arrêt n° 177/2017, 27 juil. 2017, Société de commerce et de distribution de produits alimentaires congelés en sigle CODIPAC c. Société Trans-Roulements CI, http://www.ohada.org. Cf également CCJA, arrêt n° 135/2018, 07 juin 2018, Société Coraf SA c. Société Mani Services SARL, http://www.ohada.org ; CCJA, arrêt n° 007/2022, 20 janv. 2022, Société Groupe Five DRC c. Société d'exploitation de Kipoi et les délégués syndicaux de la société d'exploitation de Kipoi, http://www.ohada.org ; arrêt n° 171/2021, 28 oct. 2021, Société KM Oil SARL c. Fonds de promotion de l'industrie (FPI), La FBN Bank RDC SA, Société Afriland First Bank CD SA, Société Equity Bank SA et autres, http://www.ohada.org[554] *; arrêt n°141/2014, 11 nov. 2014, Société Omnium*

---

[554] Dans cet arrêt, la défenderesse à un pourvoi devant la CCJA a soulevé une exception d'irrecevabilité du recours. Elle reproche au demandeur un défaut de qualité. A son sens, ayant perdu sa qualité de gérant parce que son mandat a expiré, l'intéressé ne peut valablement représenter la société, encore moins donner mandat à des avocats à l'effet de saisir la haute juridiction d'un quelconque recours. La haute juridiction tranche ainsi : « *Attendu que le FPI, soulève par ailleurs l'irrecevabilité du recours au motif que la société demanderesse a délivré au conseil un « mandat général » à l'effet de défendre ses intérêts devant la CCJA en matière de cassation, sans préciser la décision attaquée, ni la juridiction qui l'a rendue, encore moins la date de son prononcé, alors qu'aux termes de l'article 23-1 du Règlement de procédure de la CCJA, le mandat doit être spécial et qu'au regard de la jurisprudence de la Cour Suprême de Justice du Congo, n'est pas spéciale la procuration qui ne mentionne ni la juridiction qui a rendu la décision attaquée, ni la date à laquelle elle a été rendue, ni les noms des parties ;*
Attendu qu'aux termes de l'article 23-1 du Règlement de procédure de la CCJA, « le ministère d'avocat est obligatoire devant la cour (...). Il appartient à toute personne se prévalant de cette qualité d'en apporter la preuve à la cour. Elle devra en outre produire un mandat de la partie qu'elle représente. » ; que l'article 28-5 du même règlement prévoit que « si le requérant (du recours en cassation) est une personne morale, il joint à sa requête :
- Ses statuts ou un extrait récent du registre du commerce et du crédit immobilier, ou toute autre preuve de son existence juridique,
- La preuve que le mandat donné à l'avocat a été régulièrement établi par un représentant qualifié à cet effet. » ;
Attendu qu'il résulte de ces deux dispositions, que le demandeur au pourvoi devant la CCJA, doit être représenté par un avocat, qui doit produire au dossier sous peine d'irrecevabilité, si le demandeur est une personne morale, la preuve que le mandat de représentation lui a été délivré par un représentant qualifié de cette personne morale ;
Attendu qu'aux termes de l'article 124 de l'Acte uniforme relatif au droit des sociétés commerciales : « la désignation ou la cessation des fonctions des dirigeants sociaux doit être publiée au registre du commerce et du crédit mobilier » ; que l'article 324 du même Acte uniforme dispose : « en l'absence des dispositions statutaires, le ou les gérants (d'une société à responsabilité limitée) sont nommés pour quatre (04) ans » ;
Qu'enfin selon les dispositions de l'article 121 du même Acte uniforme, « A l'égard des tiers, les organes de gestion, de direction et d'administration ont, dans les limites fixées par le présent Acte uniforme pour chaque type de société, tout pouvoir pour engager la société, sans avoir à justifier d'un mandat spécial. » ; qu'il ressort de ces dispositions que le gérant qui est le représentant légal d'une société à responsabilité limitée est désigné pour une durée de quatre (04) ans renouvelable sauf dispositions contraires des statuts et que cette désignation de même que la cessation de fonction doit être publiée au registre du commerce et du crédit mobilier ; qu'il s'induit de ces dispositions que la survenance du terme du mandat entraine, à défaut de renouvellement, la cessation de plein droit de la fonction du gérant et partant la perte de sa qualité de représentant légal ;
Attendu qu'en l'espèce, il ressort d'une part, des statuts de la société KM Oil SARL versés au dossier que la durée du mandat de son gérant est de quatre ans et, d'autre part, de la copie du RCCM, que l'inscription y a été faite le 10 septembre 2014 et que Monsieur Kashama Muteba Kami assure les fonctions de gérant ; qu'il résulte de l'analyse de ces pièces que le mandat du susdit gérant commencé en septembre 2014, a pris fin en septembre 2018 et n'a pas connu de renouvellement ; qu'il s'ensuit que le mandat délivré aux avocats le 10 octobre 2020 par le sieur Kashama Muteba Kami pour les besoins du présent recours en cassation, a

gabonais d'assurances et de réassurances dite OGAR c. Société Magasin Grand Village Avenue SARL, http://www.ohada.org[555]*).*

De même, la question est fréquemment débattue de savoir si l'avocat a l'exclusivité de l'assistance et de la représentation.

L'élément de réponse décisif est logé sous l'article 2 du statut de ce corps où cela est affirmé ouvertement. Un autre vient s'y greffer tendant à attirer l'attention sur l'exigence de son intervention devant les juridictions suprêmes, que ces hautes juridictions soient d'envergure nationale ou de dimension communautaire[556] *(CCJA, arrêt n° 171/2021, 28 oct. 2021, Société KM Oil SARL c. Fonds de Promotion de l'Industrie (FPI), en présence de La FBN Bank RDC SA, Société Afriland First Bank CD SA, Société Equity Bank SA et autres, préc. ; CCJA, arrêt n° 034/2018, 22 févr. 2018, Madame Djie Evelyne c. Monsieur Niakoue Haba et Société Générale de Banque en Côte d'Ivoire dite SGBCI, http://www.ohada.org ; arrêt n° 082/2017, 27 avril 2017, Banque Sahélo-Saharienne pour l'investissement et le commerce Côte d'Ivoire dite BSIC-CI c. Compagnie de distribution de Côte d'Ivoire dite CD-CI, http://www.ohada.org ; arrêt n° 010/2017, 23 fev. 2017, Société Grandeur General Trading Côte d'Ivoire (GGT- CI S.A) c. EID Charles Gilbert et Hadad Wahid Adrian Mark, http://www.ohada.com ; arrêt n° 136/2016,07 juil. 2016, Monsieur Bouda Ramonwindé Victor c. CBAO Groupe Attijariwafa Bank et Convergences Ramonwindé-CORAM SA, http://www.ohada.org ; arrêt n° 134/2016, 07 juil. 2016, Lallou Mamadou dit Georges c. Banque commerciale du Burkina dite BCB, http://www.ohada.org ; arrêt n° 062/2016, 21 avril 2016, Institut supérieur d'enseignement technique André Latrille dit ISETA c. Oudjewaine Kadjo Amenan Suzan et 5 autres, http://www.ohada.org ; arrêt*

été donné par une personne qui ne remplissait plus en droit, les fonctions de représentant légal de la société demanderesse au pourvoi ; qu'il y a donc lieu de déclarer ledit recours irrecevable… »

[555] Ici, l'un des plaideurs soulève, in limine litis, l'irrecevabilité du recours de son vis-à-vis, en évoquant la violation des articles 23, 25 et 28 du Règlement de procédure de la Cour commune de justice et d'arbitrage. Plus concrètement, celui-ci estime que l'un des conseils de l'adversaire n'exerce le ministère d'avocat dans l'un des Etats parties au traité OHADA, mais aussi et surtout que le collège des conseils n'a pas de mandat spécial car le « pouvoir » à eux délivré n'est pas daté et ne saurait être valable. La CCJA s'oriente vers l'irrecevabilité du recours, en des termes éloquents : « *Attendu qu'il ressort de l'examen des pièces du dossier de la procédure que les conseils de la société OGAR (…) ont produit un document intitulé « Pouvoir » enregistré au greffe de la cour de céans le 07 juin 2013 ;*

Que ce pouvoir donné à Libreville par Monsieur Bernard Bartoszek, Directeur général de ladite société, ne porte aucune date ; qu'aux termes de l'article 25.1 du Règlement de procédure : « lorsqu'un acte ou une formalité doit en vertu du Traité ou du présent Règlement être accompli avant l'expiration d'un délai, celui-ci a pour origine la date de l'acte, de l'évènement, de la décision ou de la signification qui fait courir ce délai… » ;

Qu'il s'induit de cette disposition que « la date » est un élément substantiel pour apprécier de la validité d'un acte de procédure ; qu'en l'espèce, le « pouvoir » non daté délivré par OGAR à ses conseils doit être déclaré non valide, équivalent à un défaut de « mandat spécial » requis à peine de nullité par l'article 23.1 in fine dudit Règlement de procédure ;

Que OGAR et ses conseils n'ayant pas observé les prescriptions des dispositions sus-énoncées, leur recours encourt l'irrecevabilité… »

[556] En ce sens, voir l'article 19 du traité OHADA. Voir également l'article 23 du règlement de procédure de la Cour commune de justice et d'arbitrage.

n° 061/2016, 21 avril 2016, Société Olam Togo SARL c. Société Vatel SA, http://www.ohada.org ; arrêt n° 053/2016, 21 avril 2016, Fatoumata Gbaté Diallo et Bintou Kouyaté c. Mamadou Dem, Mohamed Diallo, Madame Diallo née M'balou Kaba, http://www.ohada.org ; arrêt n° 055/2015, 27 avril 2015, Ecobank Sénégal SA c. Banque Sahélo Saharienne pour le commerce et l'investissement dite BSIC Sénégal, Ohadata, J-16-55 ; arrêt n° 007/2014, 04 fév. 2014, Etat du Cameroun c. Société Forestière Hazim et compagnie SA dite SFH & Cie, Société camerounaise de raffinage Maya et Compagnie SA, Société Plastics and Co. Sarl et autres, http://www.ohada.org ; arrêt n° 144/2014, 22 déc. 2014, Société Ivoirienne de Concept et de Gestion-Mali dite SICG-Mali c. Banque de l'Habitat du Mali-BHM-SA, http://www.ohada.org ; arrêt n° 027/2013, 18 avril 2013, Société Hann et Compagnie c. Société Générale de Banques de Guinée dite SGBG, Juridata n° J027-04/2013 ; arrêt n° 054/2012, 07 juin 2012, Boni Joseph Henri c. « La Faillite » de la Société Ricoci, Juridata n° J054-06/2012 ; arrêt n° 030/2010, 29 avril 2010, Thalès security systems SAS c. Maître Olivier Kattie, Juridata n° J030-04/2010 [557] *; arrêt n° 037/2007, 22 nov. 2007, Société générale de banques en Côte d'Ivoire dite SGBCI c. Société civile immobilière du centre commerciale de Treichville dite SCI-CCT, Rec. CCJA n° 10, juil.-déc. 2007, pp. 5 et s. ; arrêt n° 021/2006, 26 oct. 2006, Clinique pédiatrique de Batterie IV c. Axa assurances SA, Rec. CCJA n° 8, janv.-juin 2006, pp. 56 et s. ; arrêt n° 058/2005, 22 déc. 2005, Société United plastic services dite UPS SA c. Société de transformation des plastiques du Cameroun dite STPC Sarl, Rec. CCJA n° 6, juin-déc. 2006, p. 87 ; arrêt n° 031/2007, 22 nov. 2007, Société Trans-Ivoire c. Port autonome d'Abidjan et n° 030/2005, 26 mai 2005, Satoya Guinée SA c. Mes Aboubacar Camara et Boubacar Télimélé Sylla, Les grandes décisions de la Cour commune de justice et d'arbitrage de l'OHADA, op.cit., pp. 459 et s., obs. NEMEDEU R. ; arrêt n° 010/2004, 26 fév. 2004, Maître Tonye Arlette c. Banque internationale du Cameroun pour l'épargne et le crédit, Rec. n° 3, janv.-juin 2004, pp. 23 et s. ; arrêt n° 005/2002 du 10 janv. 2002, Socincam c. Société Pierson Meumier Cameroun, Rec. CCJA, numéro spéc., janv. 2003, pp. 7 et s., Le Juris Ohada n° 2/2002, avril-juin 2002, p. 8, Penant n° 843, p. 240 ; arrêt n° 030/2005, 26 mai 2005, Westport- CI SA c. Le Mans assurances internationales, Rec. CCJA n° 5, janv.-juin 2005, vol. 1, p. 16. Voir également : CS, arrêt n° 169, 11 avril 1961, Ndzodo Bikoun Gervais c. Nga Zobo, Répertoire chronologique de la jurisprudence de la Cour suprême, Droit traditionnel, 1960-1980, tome 2, p. 59*[558] *; arrêt n° 6, 13 nov. 1962, Njikam Jean*

---

[557] In MBOCK BIUMLA (dir.), *OHADA. Code bleu*, Jurisafrica, Merignac, 2014, pp. 802 et s.

[558] Cette espèce est l'une des premières à rappeler l'obligatoriété du ministère d'avocat dans le procès devant la Cour suprême. La haute juridiction se prononce au vu des articles 46 de l'ordonnance du 17 décembre 1959 fixant l'organisation judiciaire de l'Etat et 8 du décret du 22 février 1960 fixant le règlement intérieur et le fonctionnement de la Cour suprême. Le point d'orgue de sa décision est celui-ci : *« Attendu qu'il résulte de ces textes non seulement que le ministère d'avocat est obligatoire devant la Cour suprême, mais encore que le défendeur doit, à peine de déchéance, constituer avocat dans le mois qui a suivi sa déclaration du pourvoi ;*

Baptiste c. Ndjoumé Bernard, Répertoire chronologique de la jurisprudence de la Cour suprême, Droit traditionnel, 1960-1980, préc., p. 62 ; arrêt n° 1, 13 nov. 1962, Etat du Cameroun c. Blat et Lolly, Répertoire chronologique de la jurisprudence de la Cour suprême, Droit civil et commercial, 1960-1980, préc., p. 38[559] *; arrêt n° 119, 5 mai 1977, Kamdem Etienne c. Ngomsi Fokoua Justin, Répertoire chronologique de la jurisprudence de la Cour suprême, Droit pénal, tome 1, 1960-1980, préc., pp. 279-280 ; arrêt n° 242, 27 juin 1967, Dayfourou Bouba c. Ministère public, Répertoire chronologique de la jurisprudence de la Cour suprême, Droit pénal, tome 1, 1960-1980, préc., p. 408 ; arrêt n° 192, 3 avril 1975, Yonsi Jean Marie c. Ministère public, Répertoire chronologique de la jurisprudence de la Cour suprême, Droit pénal, tome 1, 1960-1980, préc., pp. 118-119*[560] *; arrêt n° 3, 9 nov. 1971, Commissaire du gouvernement c. Penda Luc, Répertoire chronologique de la jurisprudence de la Cour suprême, Droit pénal, tome 1, 1960-1980, préc., pp. 408-409 ; CA du Centre, arrêt n° 148/ADD/Crim., 23 oct. 2007, Ministère public et Soacam SARL c. Ngandjo Alban Janvier, Ngomedje Norbert, Tedom Tewoto Bonaventure et autres, Juridis Périodique n° 17, avril-juin 2009, pp. 49 et s., obs. KEUBOU Ph. ; Civ. 1ère, 21 janv. 2003, M. Mollet et autres c.*

Attendu que Ndzodo a déclaré au greffe de la Cour d'appel de Yaoundé, le 8 février 1961, se pourvoir en cassation contre un arrêt rendu le 5 octobre 1960 par la Cour d'appel de Yaoundé en matière de droit traditionnel, qu'il a été informé par écrit lors de la déclaration qu'il lui appartenait à peine de déchéance, de faire parvenir au greffier en chef de la Cour suprême, dans le délai d'un mois, le nom de l'avocat choisi par lui pour le représenter, ou éventuellement copie de la demande d'assistance judiciaire qu'il aurait formulée (…) ;
Attendu qu'il ressort des documents de la cause et notamment d'une lettre du greffier en chef de la Cour suprême en date du 16 mars 1961 que Ndzodo n'a pas dans ledit délai, constitué avocat ni sollicité le bénéfice de l'assistance judiciaire, qu'ayant ainsi méconnu les prescriptions des textes susvisés, il doit être déclaré déchu de son pourvoi… »

559 Ici, la décision suivante est prise concernant l'Etat du Cameroun : « *Attendu que de la combinaison de ces textes il résulte non seulement que le ministère d'un avocat est obligatoire devant la Cour suprême, mais encore qu'il appartient au demandeur au pourvoi, à peine de déchéance, de faire parvenir au greffier en chef de la Cour suprême dans le délai d'un mois de l'avis qui lui est donnée par le greffier qui reçoit la déclaration de pourvoi soit s'il estime être en droit de solliciter l'assistance judiciaire, la copie de la demande d'assistance judiciaire certifiée conforme par le secrétaire de la commission d'assistance judiciaire du tribunal de son domicile ;*
Attendu qu'ayant reçu le 18 juin 1962 du greffier en chef de la Cour suprême l'avis prévu par les textes ci-dessus rappelés, le premier ministre représentant l'Etat du Cameroun n'a pas constitué avocat et que sa carence doit recevoir la sanction prévue par la loi ».

560 Dans cet arrêt de cassation, la Cour suprême du Cameroun émet un autre son de cloche en se fondant, entre autres, sur les termes de l'article 18 (2) de l'ordonnance du 26 août 1972 fixant l'organisation de la Cour suprême. Elle s'exprime ainsi : « *Attendu qu'aux termes des textes susvisés, les représentants des parties, à l'exception des avocats, doivent justifier de leur mandat par la production d'un acte authentique, d'un acte sous seing privé avec signature certifiée par le maire ou par tout fonctionnaire habilité à le faire, d'un écrit établi par devant le tribunal (…) ou d'une copie de la déclaration qui le nomme ; à défaut de pouvoir spécial ils ne peuvent, à l'exception des avocats, ni interjeter appel, ni se pourvoir en cassation ;*
Attendu qu'aucune pièce du dossier de la procédure n'établit que Feukeu Isaac, se disant fondé de pouvoir de Ndingué Jean, ait produit un tel pouvoir spécial lui donnant mandat d'interjeter appel contre l'ordonnance entreprise aux lieu et place de ce dernier ;
D'où il suit que l'appel contre l'ordonnance du 11 avril 1972 aurait dû être déclaré irrecevable, la Cour d'appel de Bafoussam n'ayant pas été valablement saisie ».

Ordre des avocats à la Cour d'appel de Paris et autres ; Société ACO Assistance conseil organisation et autres c. Ordre des avocats à la Cour d'appel de Paris et autres, Bull., janv. 2003, n° 1, pp. 12 et 13, n° 17).

Pertinentes, ces pistes ne sont cependant pas totalement convaincantes. La raison en est que nombre de textes sont en sens contraire. Parmi ceux-ci se trouve le décret n° 69/DF/544 du 19 décembre 1969 fixant l'organisation et la procédure devant les juridictions traditionnelles où la résolution est prise non seulement que les justiciables doivent comparaître en personne, mais aussi que « *les avocats défenseurs ne peuvent ni représenter ni assister les parties* »[561]. L'interdiction d'être assisté ou représenté par un professionnel du droit n'est assouplie que lorsqu'une juridiction traditionnelle a été rattachée à un tribunal de première instance ou s'agissant de la rédaction d'actes de procédure[562].

Quelques extraits du statut des avocats offrent eux aussi aux personnes le loisir de se présenter elles-mêmes devant les juridictions afin de postuler et plaider pour leur compte, pour celui de leurs conjoints, ascendants, descendants, collatéraux privilégiés, pupilles[563]. Il s'y ajoute, lorsque dans le ressort d'une juridiction se trouve un nombre de cabinets inférieur à quatre, que la latitude est offerte à toute personne physique d'avoir recours, pour le triomphe de sa cause, aux services d'un mandataire de son choix n'ayant pas obligatoirement la qualité d'avocat dès lors que ce dernier est muni d'une procuration dûment légalisée[564] *(CS, arrêt n° 26, 21 avril 1964, Singa Joseph, Yanaga Hans et Mangoyé Médard contre Moukouri Kouoh Hermann, Répertoire chronologique, Droit civil et commercial, 1960-1980, p. 9*[565] ;

---

[561] A l'article 15 (2).

[562] Idem.

[563] Article 3-1°.

[564] Article 3-2°. Il y a lieu de noter ici que l'avocat ne saurait avoir qu'un cabinet sur l'ensemble du territoire et plus précisément dans le ressort de la juridiction où son activité professionnelle est exploitée. De toute évidence, l'exigence dilue la vigueur du monopole qu'on lui concède sur le plan des principes.

[565] La position affirmée dans cette affaire est celle-ci : « *(...) Attendu que la cour a, d'office, opposé aux appelants une fin de non-recevoir tirée de ce que l'acte d'appel avait été fait par un sieur Koulong Samuel agissant en leur nom sans être muni d'un pouvoir spécial ;*

Mais attendu que l'article 2 du Code de procédure civile permet aux parties devant toutes les juridictions d'agir et de se faire défendre elles-mêmes lorsque le nombre des avocats est insuffisant, de se faire représenter par un mandataire de leur choix, muni d'un pouvoir écrit et exprès, et agréé par le juge ; que de son côté, l'article 2 de l'arrêté du 20 avril 1936 autorise les parties à plaider et à postuler pour elles-mêmes ou par d'autres personnes dont la liste est limitativement énumérée ;

Attendu cependant que l'article 2 du Code de procédure civile ne concerne que la représentation des parties à l'audience ; que la nullité de l'acte d'appel formé par déclaration au greffe par un mandataire dont le pouvoir été irrégulier, n'est pas absolue ; qu'en l'espèce cette nullité était couverte, d'une part par la ratification des appelants qui, par l'intermédiaire de leur avocat (...) avaient, le 20 février 1963, soutenu que l'appel formé en leur nom par leur mandataire était recevable et qui, par ce même avocat, avaient conclu à l'audience, d'autre part, aux termes de l'article 97 du Code de procédure civile, par la défense au fond de leur adversaire ;

Qu'ainsi, en prononçant d'office la nullité de l'acte d'appel, l'arrêt attaqué a fait une fausse application des textes visés au moyen... »

arrêt n° 56, 23 mai 1972, Essindi Alima Jean-Baptiste et Noussi Philippe c. Noussi Philippe et Essindi Alima Jean-Baptiste, Répertoire chronologique, Droit social, 1960-1980, p. 20, TCHAKOUA J.M. (dir.), Les grandes décisions du droit du travail et de la sécurité sociale, préc., pp. 598 et s. ; arrêt n° 192, 3 avril 1975, Yonsi Jean Marie c. Ministère public, Répertoire chronologique de la jurisprudence de la Cour suprême, Droit pénal, tome 1, 1960-1980, préc. ; arrêt n° 115, 11 mai 1978, Ngounou Médard c. Ministère public et Dlélé Pierre, Répertoire chronologique de la jurisprudence de la Cour suprême, Droit pénal, 1960-1980, tome 1, préc., pp. 835 et s. ; arrêt n° 77/P, 29 janv. 1981, Mahouo Samatou c. Ministère public Répertoire chronologique de la jurisprudence de la Cour suprême, tome 1, Droit pénal, préc., p. 422 ; arrêt n° 55/S, 5 avril 1984, BICIC c. Nwaha Pierre, Répertoire chronologique, Droit social, 1980-2000, p. 1120 ; arrêt n° 281/P, 18 juil. 1985, Société Pelenget, Nguemo Jean c. Ministère public, Bisso Marie et autres, Répertoire chronologique de la jurisprudence de la Cour suprême, tome 1, Droit pénal, préc., p. 1163-1164[566] *; arrêt n° 114/S, 5 août 1999, Société Cicam c. Yetgang Pierre, Répertoire chronologique, Droit social, préc., p. 1122 ; arrêt n° 010/2004, 26 fév. 2004, Maître Tonye Arlette c. Banque internationale du Cameroun pour l'épargne et le crédit, Rec. n° 3, janv.-juin 2004, préc.* [567] *; CCJA, arrêt n° 048/2020, 27 fév., 2020, Société Bureau d'études construction et mines dite BECM Sarl c. La Société Congo energy S.A. et Société entreprise Swanepoel SA, http://www.ohada.org).*

---

[566] Dans cet arrêt, la question posée au juge est celle de savoir si le justiciable ayant eu recours aux services d'un avocat pourrait par la suite choisir de se défendre lui-même. Le point de vue de la Cour suprême est clair. Sa substance est celle-ci : « *Attendu que la comparution concomitante d'une partie et de son mandataire devant le juge n'est pas contraire aux dispositions de l'article 2 de la loi du 23 mai 1972 relative à la défense en justice, car n'étant interdite par aucune disposition dudit texte, ni expressément, ni implicitement* ».

[567] D'emblée, la défenderesse au pourvoi soulève, in limine litis, l'irrecevabilité du recours et l'incompétence de la Cour commune de justice et d'arbitrage de l'OHADA. A son sens, le pourvoi ne doit pas être accueilli car la partie demanderesse a violé l'article 19 alinéa 2 du Traité OHADA en même temps que les articles 23-1 et 21- du règlement de procédure de la cour, en ce qu'elle n'a pas déféré à l'exigence du ministère d'avocat et n'a pas produit un mandat spécial. Examinant la prétention, la Haute cour juge : « *Attendu qu'aux termes de l'article 23 du Règlement de procédure de la Cour commune de justice et d'arbitrage, « le ministère d'avocat est obligatoire devant la cour. Est admis à exercer ce ministère toute personne pouvant se présenter en qualité d'avocat dans une juridiction de l'un des Etats parties au traité. Il appartient à toute personne se prévalant de cette qualité d'en apporter la preuve à la cour. Elle devra en outre produire un mandat spécial de la partie qu'elle représente...* » ;
Attendu qu'il n'est pas contesté que la requérante est avocate inscrite au barreau du Cameroun et qu'à ce titre elle peut représenter tout justiciable devant la cour de céans ; qu'il serait contraire à l'esprit du texte sus énoncé de la priver de son droit d'agir par elle-même ;
Attendu que l'on ne saurait lui exiger de produire un mandat spécial qu'elle se serait donnée à elle-même ; qu'il y a lieu en conséquence de rejeter cette fin de non-recevoir ».

[568] La CCJA rend un verdict édifiant dont le centre de gravité est la suivant : « *Attendu qu'il y a lieu de relever d'office qu'aux termes de l'article 2 de l'Acte uniforme relatif au droit des sociétés commerciales et du groupement d'intérêt économique, « sous réserve du respect des dispositions du présent Acte uniforme auxquelles il ne peut être dérogé et des clauses statutaires, les associés peuvent conclure des conventions extrastatutaires en vue notamment d'organiser, selon les modalités qu'ils ont librement arrêtées...* » *; qu'il s'en déduit que les dispositions de l'Acte uniforme susvisé sont d'ordre public, de sorte qu'il ne peut y être dérogé par des conventions particulières ;*

La règle doit être comprise. Le mandataire auquel les justiciables ont le loisir de s'adresser dans l'hypothèse décrite ne devrait pas appartenir, suivant une opinion reçue, à la catégorie des professionnels de l'assistance et de la représentation. Au fond, l'intéressé devrait prêter main-forte de temps en temps *(Civ. 1ère, 21 janv. 2003, M. Mollet et autres c. Ordre des avocats à la Cour d'appel de Paris et autres, Société ACO Assistance conseil organisation et autres c. Ordre des avocats à la Cour d'appel de Paris et autres, préc. 17[569])*.

Quoi qu'il en soit, sur ce point particulier et pour revenir au cœur du débat, l'attention est très souvent attirée sur le nombre d'avocats en activité dans les Etats africains. On observe un peu partout une insuffisance, laquelle est plutôt marquée dans les pays de la zone de l'Afrique centrale. Au Cameroun par exemple, le tableau de l'ordre, diffusé sur le site internet du barreau, signale l'inscription, en 2017, de 1951 avocats[570] ; le rapport du ministère de la justice sur l'état des droits de l'homme évoque, en 2020, l'inscription au tableau du barreau de 3916 avocats dont 3000 hommes et 916 femmes[571]. Or des statistiques dignes de foi inclinent à penser que la population, à cette époque- là, est d'environ 23 248 044 d'âmes ; elles

---

Attendu qu'en l'espèce, il est constant que c'est par un acte postérieur aux statuts de la société BECM Sarl, intitulé annexe II, qu'un « administrateur général » a été nommé à la place d'un « gérant » ; qu'en application de l'article 323 de l'Acte uniforme susvisé, selon lequel la société à responsabilité limitée est dirigée par un ou des gérants, l'on ne saurait nommer dans une telle société, un « administrateur général », dont l'appellation renvoie à un autre type de société, à la place d'un « gérant » ; qu'ainsi, la nomination de Monsieur Amisi Mazozo Jean-Claude Jean Claude en qualité d'administrateur général, est contraire aux statuts de la société BECM Sarl, dont l'article 20 alinéa 2 stipule pourtant que « le gérant est nommé par acte séparé en annexe II des présents statuts », ainsi qu'aux dispositions impératives de l'Acte uniforme précité ; qu'il s'ensuit que le pourvoi formé au greffe de ce siège le 25 avril 2019 au nom et pour le compte de la société BECM Sarl par Monsieur Amisi Mazozo Jean-Claude, dont le statut se révèle ambigu, comme ci-dessus démontré, doit être déclaré irrecevable, dans l'intérêt de la transparence et de la sécurité des situations juridiques… »

569 Dans cette espèce, il est reproché à l'arrêt attaqué d'avoir fait défense à des entreprises privées d'exercer une activité d'assistance et de représentation devant le tribunal de commerce. A l'appui du pourvoi, il est observé que, certes la loi du 31 décembre 1971 organisant la profession d'avocat institue un monopole des avocats pour la représentation et l'assistance en justice, mais c'est sous réserve de l'application des dispositions législatives et règlementaires en vigueur. Les demandeurs au pourvoi ajoutent que l'article 853 du Code de procédure civile déroge à cette disposition générale et permet à tout représentant ou mandataire d'assister les parties devant le tribunal de commerce sans distinguer selon que les intéressés exercent ou non cette activité à titre habituel. Invité à se prononcer sur cet argumentation reposant sur la violation à la fois de l'article 4 de la loi du 31 décembre 1971 et de l'article 353 du Code de procédure civile, la Cour de cassation, qui avait décidé d'une jonction des pourvois, se détermine en ces termes : *« Mais attendu que la cour d'appel, après avoir constaté que, dans le cadre de leur activité professionnelle de recouvrement amiable de créances pour le compte d'autrui, les sociétés demanderesses exerçaient à titre habituel et rémunéré une activité d'assistance et de représentation des parties devant le tribunal de commerce, a exactement énoncé que les prescriptions résultant de l'article 853 du nouveau Code de procédure civile conférant aux parties la faculté de se faire assister ou représenter par toute personne de leur choix devant le tribunal de commerce ne peuvent avoir pour effet, sauf disposition contraire expresse qui n'existe pas en matière de recouvrement de créance pour le compte d'autrui, de déroger au principe suivant lequel seuls les avocats peuvent exercer ces missions à titre habituel ; que c'est donc à bon droit qu'elle leur a interdit l'exercice de cette activité ; que le moyen n'est pas fondé… »*

570 http://www.barreauducameroun.org

571 P. 82, n° 168.

révèlent également que le taux de croissance de cette population se situe aux alentours de 2,4 % par an, avec une projection de 26, 5 millions de personnes en 2020 et de 46 000 000 d'âmes en 2046[572]. Dans le même temps, et au regard de l'historique de la périodicité des examens ouvrant les portes de l'avocature aux sujets de droit, il serait surprenant que de nombreuses campagnes de recrutements soient organisées dans cette fourchette de temps.

D'autres arguments existent qui conduisent à relativiser le monopole dont l'avocat aurait le bénéfice à la fois sur le terrain de l'assistance et de la représentation en justice.

A titre d'exemple, l'attention peut être attirée sur la profession de conseil fiscal, laquelle est régie par le Règlement n° 13/09/UEAC-051-CM-20 du 11 décembre 2009 portant révision du statut de la profession et que complète le Règlement n° 07/11-UEAC-051-CM-22 portant modification des articles 9, 35 et 42 du Règlement n° 13/09/UEAC-051-CM-20 du 11 décembre 2009. Les missions de ce professionnel y sont déclinées, à l'article 2. Entre autres, celui-ci est habileté à donner des consultations en matière fiscale ; à assister les contribuables à l'occasion des contrôles fiscaux, du contentieux fiscal et du recouvrement des impôts, droits et taxes ; à représenter ses clients devant les autorités fiscales, devant les juridictions et devant les organismes publics ou parapublics en matière fiscale dès lors qu'ils justifient d'un mandat régulier ; à accomplir des missions d'audit en matière fiscale. De même, il rédige pour le compte de ses clients tous actes sous seing privé se rapportant directement ou indirectement au droit fiscal ; aide les contribuables à souscrire leur déclaration fiscale et à esquisser les réponses requises par les administrations[573].

A titre d'exemple, l'attention peut être attirée sur le fait que l'article 46 la loi n° 2006/016 du 26 décembre 2006 fixant l'organisation et le fonctionnement de la Cour suprême ne concède cette exclusivité que devant cette juridiction. Cela induit, au moins par moments, une solution contraire devant les juridictions inférieures. L'article 142 du Code du travail va lui aussi dans ce sens et pose, s'agissant de la matière sociale, que les justiciables peuvent se faire assister ou représenter, soit conformément au droit commun, soit par un employeur ou un travailleur appartenant à la même branche d'activité, voire par un représentant des organisations syndicales auxquelles elles sont affiliées *(CS, arrêt n° 56, 23 mai 1972, Essindi Alima Jean-Baptiste et Noussi Philippe c. Noussi Philippe préc. ; arrêt n°55/S, 5 avril 1984, BICIC c. Nwaha Pierre, préc.).*

---

[572] Les sources sont celles de la SND 30, p. 81, n° 266 et s.

[573] Le règlement intérieur de la profession relève quant à lui, à l'article 74 consacré au « champs d'activité professionnel de l'avocat », que ce professionnel est à la fois « *auxiliaire de justice et acteur essentiel de la pratique universelle du droit* ». Il « *a vocation à intervenir à titre professionnel dans tous les domaines de la vie civile, économique et sociale…* » ; « *Il peut être désigné comme représentant fiscal de son client.* »

A titre d'exemple, s'agissant de l'exécution des décisions de justice et des titres exécutoires plus généralement, l'attention est couramment attirée sur le fait que l'avocat est en concurrence avec d'autres auxiliaires de justice, spécialement avec l'huissier de justice[574][575]. Au fond, son intervention ici paraît marginale, y compris dans l'hypothèse parfois évoquée où il est considéré que tandis que l'avocat a la charge des opérations intellectuelles relatives à l'exécution, l'huissier de justice, lui, diligente les opérations matérielles touchant celles-ci. Une chose est acquise. C'est dans cet état d'esprit que la Chancellerie a, à maintes occasions, procédé à des mises au point[576]. Mieux encore, ce diagnostic devrait pousser à questionner la compatibilité de la loi de 1990 portant organisation de la profession d'avocat

---

[574] Voir not. KUATE TAMEGHE S.S., « La place de l'huissier de justice dans le système OHADA des voies d'exécution », *Revue de droit africain*, n° 56, 2010, pp. 237 et s. Lire également, par exemple, l'article 245-17 et 245-18 de l'Acte uniforme révisé portant organisation des procédures simplifiées de recouvrement et des voies d'exécution. La prescription y est développée ,s'agissant de la préparation de la vente forcée du fonds de commerce, qu'*«Il est établi, à la diligence de l'avocat, de l'huissier de justice ou de l'autorité chargée de l'exécution commis par le créancier saisissant, un cahier des charges signé par lui… » ; « Dans les cinq jours de son établissement, le cahier des charges est déposé par l'avocat, l'huissier de justice ou l'autorité chargée de l'exécution commis par le créancier poursuivant au greffe de la juridiction devant laquelle la vente est poursuivie. La date de la vente est fixée dans l'acte de dépôt. »*

[575] L'attention a même été attirée sur le fait qu'il n'est pas rare, de manière formelle ou informelle, que les magistrats, les fonctionnaires de greffes, les psychiatres et bien d'autres personnes rattachées à différents corps de métiers assistent le justiciable. En ce sens, voir MORINEAU A., « L'avocat dans ses relations avec les autres professions judiciaires », *Les Cahiers de la justice* 2020/3, pages 459 et s. (Mis en ligne sur Cairn.info le 02/11/2020, https://doi-org.ressources.univ-poitiers.fr/10.3917/cdlj.2003.0459). Voir également DSEUMO YATIE V.A., « Les pouvoirs de l'huissier de justice dans les procédures simplifiées de recouvrement de créances », Mémoire pour le Master professionnel, option Droit et pratiques juridiques et judiciaires, Université de Yaoundé 2, 2022, pp. 53 et s. ; NTSAME MBIAME L.-P., « L'huissier de justice et le droit OHADA des voies d'exécution », Mémoire pour le Master professionnel, option Droit et pratiques juridiques et judiciaires, Université de Yaoundé 2, 2022, pp. 46 et s.

[576] A titre d'exemple, dans une circulaire en date du 9 novembre 1989, Monsieur Adolphe Moudiki, alors ministre de la justice, écrit ce qui suit aux présidents des cours d'appel, aux procureurs généraux près lesdites cours, aux présidents des tribunaux de première et de grande instance et aux procureurs de la République près lesdits tribunaux : « *Mon attention a été appelée sur le fait que nonobstant les dispositions claires de l'article 2 de la loi n° 87/018 du 15 juillet 1987 portant réorganisation de la profession d'avocat, qui confère aux avocats un monopole de la représentation des parties devant les juridictions, de nombreux mandataires autres que des avocats représentent les parties en justice.*

Si l'article 3 paragraphe 2 du texte précité a entendu déroger à ce principe en permettant la représentation des parties en justice par des mandataires munis d'une procuration, c'est à la condition expresse que le nombre des études d'avocats dans le ressort de la juridiction saisie soit inférieur à cinq.

Or les cas les plus fréquents de représentation des parties en justice ont été notamment relevés à Yaoundé et à Douala où pourtant le nombre des études est de loin supérieur à cinq.

Aussi ai-je l'honneur de demander à ceux des chefs de juridictions dans le ressort desquelles sont installées plus de cinq études d'avocats, de ne pas recevoir ces mandataires, ni les actes qu'ils seraient tentés d'accomplir en faveur de leurs mandants, de même que l'accès au prétoire devra leur être interdit.

Je demande aux procureurs généraux de répercuter ces instructions aux huissiers, qui devront s'abstenir d'instrumenter à la requête des mandataires rémunérés, agissant pour le compte de leurs mandants.

J'attache du prix à l'exécution des présentes instructions, dont vous voudrez assurer la plus large diffusion ».

avec nombre d'engagements internationaux de la République du Cameroun, par exemple avec ceux qui découlent de la signature du traité créant l'OHADA. Effectivement, l'Acte uniforme portant organisation des procédures simplifiées de recouvrement et des voies d'exécution semble prioritairement réserver la mise en œuvre du recouvrement forcé qu'il régit soit à l'huissier de justice, soit à l'agent d'exécution. C'est à l'un ou à l'autre que revient le soin d'ouvrir la procédure par son commandement ; c'est l'un ou l'autre qui, lorsque les conditions sont remplies, pénètre dans les locaux en vue de la mise des biens de l'endetté sous main de justice ; c'est l'huissier de justice ou l'agent d'exécution qui dresse le procès-verbal constatant la saisie ; c'est encore l'un ou l'autre de ceux-ci qui supervise les opérations de « réalisation » des biens et de désintéressement des créanciers[577].

A titre d'exemple, l'attention peut être attirée sur la catégorie controversée que constituent les agents d'affaires. L'introduction au Cameroun de celle-ci est l'œuvre d'un arrêté du 7 juillet 1955, signé selon toute probabilité par le Haut-commissaire de la République. Le texte retient que l'agent d'affaires n'est pas celui qui gère pour le compte d'autrui, de manière salariée ou à tout autre titre, des propriétés ou des exploitations agricoles, commerciales ou industrielles, même si l'intéressé a le bénéfice d'un mandat général délivré à cet effet. En revanche, y peut-on découvrir, c'est celui qui, en dehors des officiers ministériels et des avocats, fait profession habituelle de gérer les affaires d'autrui (tels que le prévoient les textes en vigueur traitant de la direction du procès, du recouvrement des créances, de la rédaction des contrats et d'une façon générale), de renseigner le public et d'intervenir en son nom moyennant rétribution[578]. Fort opportunément, une circulaire du Garde des sceaux Itoé Benjamin, datée du 14 février 1989[579], dévoile la voie à suivre pour dissiper les conflits et esquisser une ligne de démarcation entre l'avocat et l'agent d'affaires. Sa colonne vertébrale se configure ainsi : *« Mon attention a été appelée sur le laxisme avec lequel les juridictions appliquent les dispositions de l'article 2 de la loi n° 87/018 du 15 juillet 1987, portant réorganisation de la profession d'avocat, lesquelles énoncent pourtant de manière formelle, en faveur des membres de celle-ci, le principe du monopole de l'assistance et de la représentation en justice des parties.*

Les dérogations à ce principe constituent l'objet de l'article 3 du même texte, dont l'alinéa 2 dispose notamment que toute personne peut se faire assister ou représenter « par tout mandataire de son choix, muni d'une procuration dûment légalisée, lorsque, dans le ressort de la juridiction saisie, le nombre des études est inférieur à cinq ».

---

577 Voir not. KUATE TAMEGHE S.S., « La place de l'huissier de justice dans le système OHADA des voies d'exécution », préc., p. 241.

578 Article premier.

579 Circulaire *n° 00036/SG/MJ.*

Il s'ensuit que devant les juridictions comportant cinq études d'avocat au moins dans leur ressort territorial, et sous réserve des dérogations rappelées ci-dessus, l'assistance et la représentation en justice des parties incombent aux avocats.

Je vous demande en conséquence de veiller désormais à la stricte application des dispositions légales susvisées, (...) d'assurer la plus large diffusion de la présente circulaire auprès des magistrats placés sous votre autorité, ainsi que des avocats et agents d'affaires installés dans le ressort de vos juridictions... ».

A titre d'exemple, dans les procédures alternatives de règlement des différends, cet auxiliaire de justice se voit également réserver une place marginale. C'est notamment le cas s'agissant de l'arbitrage ou de la médiation où les justiciables ne sont pas obligés de solliciter ses services. La solution opposée ne s'applique qu'à la suite d'une contestation de la sentence arbitrale devant les juridictions étatiques ou lorsque la Cour commune de justice et d'arbitrage est invitée à trancher un différend y relatif dans le cadre d'un pourvoi dont elle est saisie *(CCJA, arrêt n° 0099/2014, 11 nov. 2014, SOGEFCO-SA c. CELTEL Congo devenue AIRTEL Congo SA, http://www.ohada.org*[580]*)*.

A titre d'exemple, l'assurance est acquise que les administrations publiques ont la latitude d'être représentées, devant les juridictions, par un fonctionnaire désigné par l'autorité compétente[581]. En ce sens, l'article 23 de la loi n° 2006-022 du 29 décembre 2006 fixant l'organisation et le fonctionnement des tribunaux administratifs décide que les personnes morales de droit public sont représentées devant la juridiction administrative par l'autorité habilitée à recevoir le recours gracieux, laquelle pourrait valablement se faire représenter par un fonctionnaire, un agent de l'Etat ou d'une collectivité territoriale décentralisée[582], un

---

[580] Le cœur de l'arrêt est ainsi conçu : « *Attendu que l'analyse de la requête de SOGEFCO en contestation de la validité de la sentence arbitrale du 23 juillet 2012 révèle qu'elle n'est fondée que sur un seul motif tiré de la violation de l'ordre public international en ce que le tribunal arbitral a reçu les écritures d'un avocat condamné à une peine d'emprisonnement et qui, en conséquence, se trouve dans l'impossibilité d'agir au nom de Airtel ;*

Mais attendu qu'aux termes de l'article 19.1 alinéa 3 sus-évoqué du Règlement d'arbitrage de la cour de céans, le ministère d'avocat n'est pas obligatoire dans une procédure d'arbitrage ;

Que ce faisant, la présence de l'avocat dont la condamnation est alléguée ne rend en rien la sentence contraire à l'ordre public international ; qu'il échet dès lors de rejeter ce motif ».

[581] Article 3-3, Code de procédure civile et commerciale. Lire ATEBA EYONG A.R., « La doctrine administrativiste camerounaise et « son » juge : chronique d'un divorce aux torts partagés », *in KAMTO M., DOUMBE-BILLE S., METOU B.M. (dir.), Regards sur le droit public en Afrique, Mélanges en l'honneur du Doyen Joseph-Marie Bipoun-Woum*, L'Harmattan, Paris, 2016, pp. 297 et s.

[582] La défense des intérêts de l'Etat en justice a toujours préoccupé les pouvoirs publics. A preuve, différents textes lui sont consacrés. Au nombre de ceux-ci (abrogés dans leurs dispositions contraires à celles du décret n° 2015/457 du 13 octobre 2015 fixant une indemnité au profit des agents publics chargés de la défense en justice des intérêts de l'Etat), l'attention est notamment attirée par :

- Le décret n° 73-51 du 10 février 1973 relatif à la défense de l'Etat en justice. A son l'article 1er, la règle est posée d'après laquelle la défense et la représentation en justice de l'Etat sont assurées, dans chaque cas, par le département ministériel directement intéressé ;

avocat[583] *(sur l'ensemble, voir not. CS, arrêt n° 205, 6 mai 1976, Zanga Godefroy Roger c. Ministère public et Etat du Cameroun, Répertoire chronologique de la jurisprudence de la Cour suprême, Droit pénal, 1960-1980, tome 1, préc., p. 834 ; arrêt n° 35/S, 6 janv. 1985, Fouda Awono c. Bureau chargé des relations commerciales avec la République populaire de Chine, Droit social, 1980-2000, p. 1121 ; arrêt n° 4/S, 7 oct. 1982, Etat du Cameroun-Ministère de la santé c. Djocky Sylvestre, Répertoire chronologique préc., pp. 1119 et s. ; arrêt n° 3/A, 26 nov. 1981, Etat du Cameroun-Ministère de la fonction publique c. Mbarga Richard*[584] *; arrêt n° 56, 23 mai 1972, Essindi Alima Jean-Baptiste et Noussi*

- Le décret n° 78-527 du 15 décembre 1978 portant création d'une indemnité au profit des défenseurs de l'Etat en justice. L'article premier de ce texte créé une indemnité de 20 000 francs à servir au fonctionnaire commis à cette tâche particulière, « après chaque jugement ou arrêt, à l'exception des décisions avant dire droit ». Avant d'accéder à ladite indemnité, le défenseur de l'Etat devant les juges est tenu de produire, outre la décision qui le désigne en cette qualité, un extrait du jugement ou de l'arrêt rendu et un certificat de service fait, délivré par l'autorité administrative compétente concernée. Enfin, et sans surprise, des sanctions sévères accompagnent le dispositif. Elles frappent les agents régulièrement désignés pour défendre les intérêts de l'Etat en justice, auxquels le reproche est adressé de n'avoir pas acquitté cette mission. L'article 3 est davantage précis à ce sujet. Il dispose que, sans préjudice des poursuites disciplinaires et pénales encourues, « *les agents contre lesquels il aura été établi un fait de corruption ou de connivence avec la partie adverse au détriment des intérêts de l'Etat, et ceci, même si le résultat final du procès a été favorable à l'administration* » ;

[583] C'est logiquement alors, ici, que l'avocat est tenu de justifier du mandat qui lui a été donné. Du coup, on comprend la tonalité d'une lettre-circulaire de Monsieur Le Premier ministre du Cameroun, en date du 20 avril 2009. L'intéressé écrit : « *Il m'a été donné de constater que les départements ministériels et certains organismes publics placés sous leur tutelle recourent de plus en plus aux services d'avocats professionnels pour assurer la défense des intérêts de l'Etat et de ses démembrements en justice. A cet effet, des conventions sont signées entre ces avocats et les administrations concernées.*
(…).
Aussi, en vous réitérant les termes de ma circulaire n° 001/CAB/PM du 04 janvier 2006 relative à la défense des intérêts de l'Etat en justice, par laquelle je vous avais prescrit, entre autres, l'amélioration du fonctionnement des cellules juridiques ou des divisions des affaires juridiques de vos départements ministériels respectifs, à travers la nomination en leur sein de juristes chevronnés, ainsi que le renforcement de leurs moyens d'action, je vous demande de ne recourir aux services des avocats professionnels que de manière exceptionnelle, c'est-à-dire, uniquement lorsque la complexité du contentieux en question requiert une telle assistance… » (Lettre circulaire n°002/CAB/PM du 20 avril 2009 relative à la constitution de services d'avocats professionnels dans le cadre de la défense des intérêts de l'Etat en justice).

[584] La solution retenue à propos de la recevabilité des appels du procureur général près la Cour suprême et de Bognso, représentant de l'Etat se décline comme suit : « *Considérant que dans leurs mémoires en défense et en réponse, Maîtres Ngongo-Ottou et Taffou, conseils de Lélé Gustave, soulèvent le moyen pris de l'irrecevabilité des appels du procureur général près la Cour suprême et du sieur Bongso Adolphe, représentant de l'Etat, au motif que le premier n'avait pas qualité pour interjeter appel du jugement entrepris, tandis que le second nommé n'avait aucun mandat spécial pour demander la réformation de la même décision ;*
Considérant, en ce qui concerne l'appel du procureur général près la Cour suprême que celui-ci tient ses pouvoirs de l'article 14 (3) de l'ordonnance n° 72/6 du 26 août 1976 fixant l'organisation de la Cour suprême, aux termes duquel le parquet général peut interjeter appel des décisions rendues par la chambre administrative ;
Considérant, en ce qui concerne l'appel interjeté par le représentant de l'Etat, le sieur Bogsno Adolphe qui représentait déjà l'Etat devant la chambre administrative dans la présente procédure, que son mandat procède des dispositions combinées de l'article 14 (1) de l'ordonnance n° 72/6 du 26 août 1976 susvisée

Philippe préc. Adde : CS, arrêt n° 007/2014, 04 fév. 2014, Etat du Cameroun c. Société forestière Hazim et compagnie SA dite SFH & Cie, Société camerounaise de raffinage Maya et Compagnie SA, Société Plastics and Co. Sarl et autres, préc. ; arrêt n° 428, 20 mars 1962, Kolla Jean, Martin Jacques et Boone Henri c. Ministère public et Mboutou Abeng Joseph, Répertoire chronologique de la jurisprudence de la Cour suprême, tome 1, Droit pénal, p. 65 ; arrêt n° 192, 3 avril 1975, Yonsi Jean Marie c. Ministère public, Répertoire chronologique de la jurisprudence de la Cour suprême, Droit pénal, tome 1, 1960-1980, préc. ; CS/AP, arrêt n° 3, 27 nov. 1986, Office national de commercialisation des produits de base, ONCPB c. Société commerciale africaine, Répertoire chronologique, Droit administratif, tome 4, 1980-2000, pp. 66-67 ; CS/AP, arrêt n° 6, 11 déc. 1997, Etat du Cameroun-Ministère du développement industriel et commercial c. Etablissements Gortzounian, Répertoire chronologique, Droit administratif, 1980-2000, préc., pp. 86 et s.). Affinant cette construction, le décret n° 2012/389 du 18 septembre 2012 portant organisation du ministère de la justice vient créer au sein du département ministériel auquel il est référé une « division du contentieux de l'Etat ». Placée sous l'autorité d'un chef de division et dotée d'un personnel important, elle est explicitement chargée d'assister les administrations publiques dans l'organisation de la défense des intérêts de l'Etat, des institutions publiques, des établissements publics et des autres organismes assimilés devant les juridictions nationales ou internationales et autres institutions similaires, à l'exception des matières relevant des droits de l'homme[585]. Dans le même sens, mais plus récemment, le décret n° 2015/457 du 13 octobre 2015 fixant une indemnité au profit des agents publics chargés de la défense en justice des intérêts de l'Etat prescrit que *« La défense des intérêts de l'Etat ainsi que la représentation en justice sont assurés par le département ministériel directement concerné, avec l'assistance du ministère de la justice »*[586]. Au plan supranational, on retrouve

---

et de l'article 2 (3) de la loi n° 72/LF/5 du 23 mai 1972 modifiée par les lois n° 74/11 du 16 juillet 1974 et 77/28 du 6 décembre 1977 portant organisation de la profession d'avocat ;
Considérant qu'aux termes de ces textes, les administrations publiques peuvent se faire représenter devant toutes les juridictions par un fonctionnaire désigné par l'autorité compétente ;
Considérant à cet égard qu'il y a lieu de rappeler que par arrêt n° 27/A du 19 juin 1980 la Cour suprême a décidé que la représentation de l'Etat en justice est dictée par les nécessités de service ; qu'elle ne saurait être régie par les principes ou les règles de jurisprudence établis à l'égard des particuliers et aux termes desquels pour être valable, la procuration donnée au mandataire pour se pourvoir devant la Cour suprême au nom d'une partie doit être postérieure à la décision attaquée (…) ;
D'où il suit que lesdits appels sont recevables pour avoir été formés conformément à la loi… »

585 Article 85, décret n° 2012/389 du 18 septembre 2012.

586 Article 1er (1). La suite ne surprend guère. L'accent est mis sur différents détails. Entre autres, il y est résolu :

- Que « *les administrations publiques, les institutions publiques, les établissements publics et autres organisations de même nature peuvent se faire représenter devant les juridictions par un agent public désigné par l'autorité compétente » (article 1er (2) ;*
- Que l'agent public chargé de préserver en justice les intérêts de l'Etat bénéficie d'une indemnité de 250 0000 CFA, laquelle est servie pour « une seule et même affaire » sans être imposable

un schéma du même ordre à l'article 8 de l'Acte additionnel n° 004/00-CEMAC-041-CCE-CJ-02 portant règles de procédure de la chambre judiciaire de la Cour de justice de la CEMAC où il est dit que les Etats, institutions et organes de la communauté sont représentés devant la chambre par un agent nommé pour une affaire, mais aussi que ceux-ci ont la possibilité de constituer avocat soit pour assister l'agent soit pour les représenter[587]. Un schéma du même ordre est développé dans le statut de la Cour internationale de justice où on découvre que « *Les parties sont représentées par des agents » ;* mais peuvent se faire assister par des conseils ou des avocats[588].

Pareillement, l'Ecole régionale supérieure de la magistrature a été dotée de missions ayant un lien avec le métier de l'avocat. Telle est du moins l'impression qui se dégage de la lecture du Règlement n° 004/2009/CM/OHADA du 19 décembre 2009 portant statut révisé de l'Ecole en date du 17 juin 2011 et du 28 octobre 2016 dont l'article 23 est ainsi rédigé : *« L'ERSUMA peut accomplir toute mission de consultation dans les domaines juridique et judiciaire au profit de tout Etat ou de tout organisme public ou privé, à titre gracieux ou onéreux »*[589]. Telle est l'impression que laisse une décision récente du Conseil des ministres, à savoir la Décision n° 05/CM/OHADA/2018 relative aux activités payantes de l'Ecole régionale supérieure de la magistrature. Effectivement, après avoir réitéré que l'établissement de formation, de perfectionnement et de recherche rattaché au Secrétariat permanent est autorisé à effectuer des consultations juridiques, le texte précise que *« les consultations dans le domaine juridique et judiciaire consistent en tous conseils ou travaux d'ordre juridique confiés à l'ERSUMA »* [590]. Mieux encore, il souligne que la consultation porte sur

(article 2) et due « après chaque jugement ou arrêt », à l'exception des décisions avant-dire droit (article 2) ;
- Que l'agent public qui, régulièrement désigné à l'effet de défendre les intérêts de l'Etat en justice, ne s'est pas acquitté de cette mission, perd le bénéfice de l'indemnité visée, sans préjudice des poursuites disciplinaires ;
- Que l'agent public contre lequel sera établi un fait de corruption ou de connivence avec la partie adverse au détriment de l'intérêt de l'Etat et des collectivités infra étatiques sera privé de l'indemnité créée et s'exposera à des poursuites disciplinaires et ou pénales.

[587] Les autres parties sont néanmoins tenues d'être représentées par un conseil.

[588] Statut de la cour internationale de justice, article 42. Devant cette juridiction, le rôle des conseils et des avocats est donc amoindri et se réduit ici à l'assistance. Qu'à cela ne tienne, ceux-ci jouissent tous de privilèges et immunité qui ont vocation à garantir l'exercice en toute indépendance de leurs fonctions.

[589] Il convient de signaler par ailleurs que l'article 4 du Règlement portant statut de l'Ecole régionale supérieure de la magistrature mentionne, parmi les missions de l'institution, celle consistant à « *œuvrer, en liaison avec la cour commune de justice et d'arbitrage et les hautes juridictions des états membres, a une harmonisation de la jurisprudence et du droit, principalement dans toutes matières relevant du traité* ».

[590] Article 18. Fort heureusement, l'alinéa 2 de cet article pose que « *Les consultations juridiques réalisées par l'ERSUMA constituent une partie intégrante de la mission d'assistance, de promotion et de mise en place d'un système efficient d'effectivité et d'efficacité de la règle de droit. Elles ne font pas de l'ERSUMA un cabinet privé de conseil* ».

toute préoccupation relative au droit OHADA et aux droits communautaires africains ; qu'elle peut avoir un lien avec les droits nationaux dans l'hypothèse où ceux-ci soulèvent des questions accessoires au droit OHADA, au droit communautaire voire simplement au cas de rattachement à l'une des branches du droit des affaires[591]. La décision du conseil des ministres ajoute que le demandeur d'avis ou de conseil pourrait être toute personne physique ou morale, compte non tenu de sa nationalité, sa profession, son siège ou son domicile ; que les Etats membres de l'Organisation et de ses institutions ne sont pas exclus de cette facilité et de la procédure qui s'y rapporte[592] .

Enfin, dans nombre d'actes uniformes de l'OHADA à ce jour en vigueur, il est clairement envisagé que quelques-unes des fonctions classiquement dévolues à l'avocat soient exercées par d'autres catégories socioprofessionnelles. On songe notamment, dans l'Acte uniforme portant sur le droit commercial général, à la formalité de l'immatriculation au registre du commerce et du crédit mobilier du commerçant ou à celle voisine de la déclaration d'activités de l'entreprenant. Hormis les cas d'utilisation de moyens électroniques, l'article 39 de cet acte uniforme retient que toute déclaration d'activité ou demande d'immatriculation doit être faite sur un formulaire mis à disposition à cet effet par le greffe ou l'organe compétent dans l'Etat partie. « *La demande est signée suivant le cas par le déclarant, le demandeur ou son mandataire qui doit à la fois justifier de son identité et, sauf s'il est avocat, professionnel agrée, huissier, notaire ou syndic, être muni d'une procuration du déclarant ou du demandeur*[593] ». On songe également, dans l'acte uniforme portant organisation des sûretés, aux articles 5 et suivants consacrés à l'agent des sûretés. Ceux-ci décident que, sauf stipulation contraire, les créanciers sont représentés par l'agent des sûretés dans leurs relations avec leurs débiteurs, leurs garants ainsi que les personnes ayant affecté ou cédé un bien en garantie de ces obligations et les tiers ; mais surtout que dans les limites des pouvoirs conférés par les créanciers de la ou des obligations l'agent des sûretés peut intenter toutes actions afin de

---

591 Articles 18 et 19.

592 Articles 20 et 21.

593 A l'examen, on réalise que la loi a voulu que cette formalité soit directement accomplie, en personne, par le candidat au statut d'entreprenant. Elle a parallèlement aussi estimé qu'un tiers muni d'une procuration dûment délivrée devrait pouvoir l'effectuer au profit de l'individu intéressé par l'exercice d'une activité en tant qu'entreprenant, mais qui, pour une raison ou pour une autre, ne peut pas le faire lui-même. La seule condition, dans cette hypothèse, c'est d'avoir recours aux services d'un mandataire nanti d'une procuration spéciale. N'en sont dispensés que les avocats, les professionnels agréés, les huissiers de justice, les notaires ou syndics.
Que l'avocat soit appelé à déclarer l'activité de son client à sa place n'est pas vraiment surprenant, ne serait-ce que parce que la règle est établie depuis la nuit de temps qui voudrait que cet auxiliaire de la justice ait à la fois une mission de représentation et d'assistance. En revanche, la déclaration d'activité provenant de l'huissier de justice et du notaire est une véritable nouveauté. Plus curieuse est la possibilité réservée aux « professionnels agrées » d'effectuer cette formalité au profit de l'auto-entrepreneur, cela d'autant plus que les contours de cette catégorie sont loin d'être connus.

défendre leurs intérêts, y compris en justice ; la seule indication qu'il intervient en sa qualité d'agent des sûretés étant suffisante[594]. On songe inévitablement aussi, dans l'Acte uniforme portant organisation des procédures collectives d'apurement du passif, à l'hypothèse où des entreprises sont en cessation des paiements. La décision d'ouverture d'un redressement judiciaire emporte de plein droit, à compter de sa date et jusqu'à l'homologation du concordat, assistance de l'entreprise débitrice par le syndic pour tous les actes d'administration ou de disposition. Certes, celle-ci peut encore valablement accomplir, isolément, les actes conservatoires et de gestion courante se rapportant à l'activité habituelle de l'entreprise. Toutefois, la règle est consignée aux articles 52 alinéa 3 et 112, pour ne viser que ceux-ci, qu'au cas où des dirigeants s'abstiennent de passer des actes indispensables à la sauvegarde du patrimoine de la personne morale, le syndic peut y procéder tout seul, à charge d'obtenir l'accord du juge-commissaire. Si d'aventure la liquidation s'avère incontournable, la situation est plus radicale, ne serait-ce que dans la mesure où la personne morale est automatiquement dessaisie de l'administration et de la disposition de ses biens[595]. Les droits et actions en lien avec son patrimoine sont exercés par le syndic qui, alors, la représente pendant toute la durée de la procédure *(en ce sens, voir notamment CCJA, arrêt n° 007/2022, 20 janv. 2022, Société Groupe Five DRC c. Société d'exploitation de Kipoi et les délégués syndicaux de la société d'exploitation de Kipoi, http://www.ohada.org*[596]*; CCJA, arrêt n° 074/2012, 29 novembre 2012,*

[594] A toutes fins utiles, on relèvera :
- Avec l'article 5, que « *Toute sûreté ou autre garantie de l'exécution d'une obligation peut être constituée, inscrite ou gérée et réalisée par une institution financière ou un établissement de crédit, national ou étranger, en son nom et en qualité d'agent des sûretés, au profit des créanciers de la ou des obligations garanties l'ayant désigné à cette fin » ;*
- Avec l'article 6, qu'à la base de l'activité de l'agent des sûretés se trouve un acte juridique. Cet acte mentionne, à peine de nullité : la ou les obligations garanties ou, si elles sont futures, les éléments de nature à permettre leur individualisation, tels que l'indication du débiteur, du lieu du paiement.

[595] Article 53 de cet Acte uniforme. Les alinéas 2 et 3 sont rédigés de la sorte : « *La décision qui prononce la liquidation des biens emporte, de plein droit, à partir de sa date, et jusqu'à la clôture de sa procédure, dessaisissement pour le débiteur de l'administration et de la disposition de ses biens présents et de ceux qu'il peut acquérir à quelque titre que ce soit, sous peine d'inopposabilité de tels actes, sauf s'il s'agit d'actes conservatoires.*
Les actes, droits et actions du débiteur concernant son patrimoine sont accomplis ou exercés, pendant toute la durée de la liquidation des biens, par le syndic agissant seul en représentation du débiteur ». Pour en savoir davantage, Cf. KANA DONFACK S., op. cit., pp. 9 et s. ; KOM J., *Droit des entreprises en difficulté OHADA*, PUA, Yaoundé, 2013, pp. 121, n° 244 et s. ; KUATE TAMEGHE S.S., KANA DONFACK S., op. cit., p. 144 et s.

[595] Idem, article 43 (2).

[596] Le nœud de l'arrêt est ficelé de la manière suivante : « *Attendu qu'aux termes de l'article 53 de l'Acte uniforme du 10 septembre 2015 portant organisation des procédures collectives d'apurement du passif, « La décision qui prononce la liquidation des biens d'une personne morale emporte, de plein droit, dissolution de celle-ci.*

Madoua SARL c. La nouvelle société sucrière de la Comoé dite SNSOCO, Jurisdata n° J074-11/2012, Juridis Périodique n° 123, juil.-sept. 2020, p. 72, n° 6, obs. KOM J. et MOHO FOPA A. ; arrêt n° 169/2017, 27 juil. 2017, Société Bayswater constructing and mining Burkina SARL dite BCM c. Société Seguenega mining SA (société en liquidation) dite SMSA, Société Kalsaka mining SA, Société Oryx Burkina Faso SA, Société Faso contractor et Monsieur Zeba Adama http://www.ohada.org ; CA de Bobo Dioulasso, n° 03, 19 janv. 2004, GMB c. Sawadogo Bouro Harouna, préc. ; CA Dakar, arrêt n° 230, 24 avril 2003, Agent judiciaire de l'Etat c. Liquidateur Air Afrique et Alia Diène, http://www.ohada.com, ohadata, J-04-196 ; CA de Dakar, arrêt n° 230, 24 avril 2003, Agent judiciaire de l'Etat c. Liquidateur Air Afrique et Alia Diène, http://www.ohada.com, ohadata, J-03-173 ; CA de Ouagadougou, arrêt n° 084, 21 nov. 2003, Soc. Sahel compagnie dite SOSACO c. Syndics liquidateurs de Sosaco, op.cit. ; CA de Dakar, 21 nov. 2002, Etablissements Nadra Filfili et fils et Pape Cheikh Sadibou Fall c. soc. Midex, Rozenblit Tipiak et autres, http://www.ohada.com, ohadata, J-03-85).

Une autre préoccupation est celle de savoir si l'avocat assiste ou représente hors du Cameroun et, à l'inverse, si un confrère étranger peut exercer ici. L'éclairage est fourni par les instruments de coopération en matière judiciaire. Parmi eux se trouve l'accord entre les gouvernements de la République du Cameroun et de France où on apprend que les ressortissants de chacun des pays peuvent demander leur inscription au barreau de l'autre sous réserve de satisfaire les conditions légales requises pour ladite inscription où celle-ci est sollicitée[597]. Le même texte souligne que les avocats camerounais inscrits à un barreau local peuvent assister ou représenter des personnes devant toutes les juridictions françaises. « *A titre de réciprocité, les avocats français inscrits à un barreau français peuvent assister ou représenter les parties devant les juridictions camerounaises* ». Dans un esprit voisin, l'accord de coopération judiciaire entre les Etats membres de la

---

Elle emporte, de plein droit, à partir de sa date, et jusqu'à la clôture de la procédure, dessaisissement pour le débiteur de l'administration et de la disposition de ses biens présents et de ceux qu'il peut acquérir à quelque titre que ce soit, sous peine d'inopposabilité de tels actes, sauf s'il s'agit d'actes conservatoires.
Les actes, droits et actions du débiteur concernant son patrimoine sont accomplis ou exercés, pendant toute la durée de la liquidation des biens, par le syndic agissant seul en représentation du débiteur…» ;
Attendu qu'en application de ces textes, la décision judiciaire prononçant la liquidation des biens entraine la dissolution de la société et l'expiration des mandats des dirigeants sociaux, en l'occurrence le directeur général. Par conséquent, ce dernier n'a plus le pouvoir de procéder au nom de la société à des actes juridiques ; qu'ainsi, le mandat des dirigeants sociaux de la Société d'exploitation de Kipoi ayant pris fin par l'effet de la décision (…) du 27 octobre 2020 prononçant sa liquidation, lesdits dirigeants n'ont plus le pouvoir de procéder en son nom, à des actes juridiques, cette prérogative étant désormais dévolue au syndic agissant seul en représentation de cette société pendant toute la durée de la liquidation de ses biens ; qu'il en résulte que c'est à tort que la Cour d'appel du Haut-Katanga a jugé recevable, l'appel formé par un avocat porteur d'une procuration spéciale à lui délivrée par un « directeur général par délégation », agissant pour le compte d'une société mise en liquidation des biens ; que ce faisant, elle a violé les dispositions de l'article 53 susvisées et exposé sa décision à la cassation ; qu'il échet de casser son arrêt et d'évoquer, sans qu'il soit nécessaire d'examiner les autres moyens du pourvoi… »

[597] Article 32.

Communauté économique et monétaire de l'Afrique centrale aussi bien que la convention générale de coopération de Tananarive du 12 septembre 1961[598] comportent respectivement un article 5 et un article 6[599] ainsi rédigé : « *Les avocats inscrits à un barreau de l'un des Etats signataires (...) pourront plaider devant les juridictions des autres Etats dans une affaire déterminée, à charge pour eux de se conformer à la législation de l'Etat où se trouve la juridiction saisie* »[600]. Cette prévision est de loin plus libérale, du moment où elle semble ne pas tenir compte des nationalités, mais seulement d'une inscription au barreau d'un Etat. En outre, elle ne subordonne nullement l'exercice sur le territoire de l'un des pays signataires à une quelconque autorisation délivrée par le président du tribunal ou de la cour compétent pour trancher l'affaire débattue. En cela, elle s'écarte radicalement des exigences du statut de l'avocat qui, non seulement subordonnent l'activité (ponctuelle) au Cameroun du confrère étranger à la réciprocité avec son pays d'origine, mais aussi à une autorisation du président de la juridiction saisie, à la révélation au ministère public de la décision prise par le chef de juridiction qui en est l'auteur, à l'information du bâtonnier par le bénéficiaire de l'habilitation, à l'élection de domicile au cabinet d'un avocat installé sur le territoire de la République[601].

Les habiletés du justiciable exonèrent-elles l'avocat de l'obligation de conseil ?

Quelques-uns ont pensé qu'à partir du moment où l'une des missions essentielles de l'avocat consiste précisément à conseiller, celui-ci devrait s'y consacrer en tout état de cause, du seul fait d'avoir été constitué ou d'avoir accepté de l'être ; cela d'autant plus que la profession est indépendante et que l'autonomie s'envisage notamment dans le contexte de la relation avec le mandant. L'argument a même encore été évoqué d'après lequel les connaissances ou l'expérience s'amoindrissent avec le temps, ne serait-ce que parce que les normes ont tendance à foisonner et que les problèmes juridiques se complexifient. En conséquence, cela rend difficile, voire impossible, la totale maîtrise de l'ensemble des rouages de la machine juridique par une personne[602].

---

598 Ont pris part à cette convention le Cameroun, la République centrafricaine, les Républiques du Congo, du Dahomey (Bénin), du Gabon, de Haute-Volta (Burkina Faso), de Mauritanie, du Niger, du Sénégal, du Tchad.

599 L'article 6 concerne l'accord de coopération judiciaire entre les Etats membres de la Communauté économique et monétaire de l'Afrique centrale.

600 C'est sans nul doute aussi la lecture que l'on devrait avoir de l'article 4 de la Convention générale de coopération en matière de justice entre la République du Cameroun et la République du Mali.

601 Article 73. Il y est ajouté que « *Dans le cadre des conventions, des autorisations d'exercer ou de suivre un stage peuvent être accordées par le Ministre chargé de la justice, après avis du conseil de l'ordre, aux avocats étrangers ou aux candidats étrangers postulant au stage d'avocat* ». Par dérogation aux règles énoncées, « *les avocats de nationalité étrangère exerçant en République du Cameroun à la date de promulgation de la présente loi sont autorisés à poursuivre l'exercice de leur profession* ».

602 DONGMO GUIMFACK C.M., op. cit., p. 16. ; FOKA MENAMTE B.K., op cit., pp. 30 et s.

Quelques autres ont développé un avis radicalement opposé. A leur sens, le conseil suppose que la personne à éclairer ne soit pas suffisamment outillée au sujet de tel ou de tel aspect de la science ou de la pratique du droit. Aurait-elle des munitions pour soutenir ses vues qu'il ne serait pas indispensable de recourir aux services de l'avocat, car nombreux sont les cas de figure où le ministère de cet auxiliaire de justice n'est pas obligatoire[603].

Invités à trancher, les tribunaux ont estimé que la formation ou l'expérience du client ne dispense pas l'avocat de son obligation de préconiser une démarche afin de surmonter une difficulté. Allant au-delà, l'idée a été avancée par eux d'après laquelle l'exécution de l'obligation de conseil s'impose avec vigueur lorsqu'une procédure est à engager qui est vraisemblablement vouée à l'échec *(Civ., 23 nov. 2004, D. 2005, p. 167 ; Paris, 19 nov. 2001, D. 2002, pp. 39 et s. ; Trib. civ. Valence, 20 fév. 1905, D.P. 1905.2.97. Tacitement, CS, arrêt n° 281/P, 18 juil. 1985, Société Pelenget, Nguemo Jean c. Ministère public, Bisso Marie et autres, préc.).* A l'examen, l'enseignement de cette jurisprudence s'assimile vite. L'avocat ne devrait se garder d'encourager le justiciable à initier une procédure dont l'issue est d'ores et déjà compromise au regard notamment des éléments de fait ou de droit en sa possession. Parallèlement, il devrait éviter de faire siennes, sans recul, les opinions des personnes attendant de lui d'être assistées ou représentées. Prosaïquement, de telles exigences l'invitent à attirer l'attention du justiciable sur la probabilité de gagner ou de perdre si d'aventure la démarche qui est la sienne est suivie, à charge pour ce dernier de l'inviter, malgré tout, à aller de l'avant. Une chose est sûre, c'est que rien ne le contraint à s'engouffrer dans une voie sans issue ; l'option d'un abandon demeure ouverte[604].

L'avant-dernière inquiétude est celle de savoir si l'idéal est que chaque avocat ait le loisir de prêter main-forte au justiciable et de porter la parole de celui-ci devant toutes les juridictions. A ce sujet, quelques-uns pourraient estimer qu'il est de l'intérêt des parties, des justiciables et même de la justice que les questions graves soient réservées aux avocats expérimentés dont les éléments d'identification pourraient être tributaires, entre autres, de l'expérience professionnelle dont l'un des éléments d'appréciation demeure le temps consacré à l'exercice effectif de la profession. Ce serait notamment le cas de la matière criminelle, de la matière électorale s'agissant des élections politiques majeures, de la matière commerciale lorsque celle-ci a un caractère stratégique en raison de la valeur du différend, du secteur d'activité, de l'objet social des entreprises en cause ou de leurs territoires d'implantation. Quelques autres pourraient estimer que seuls des avocats chevronnés devraient pouvoir accomplir certains actes de procédure et plaider devant les « juridictions supérieures » (à l'instar du conseil

---

[603] Idem.

[604] PERROT R., op cit., p. 345, n° 440. Voir aussi ANYANGWE C., op. cit., p. 144.

constitutionnel, de la cour d'appel, de la cour suprême ou des juridictions du même rang dans la hiérarchie juridictionnelle). A première vue, le législateur camerounais s'est prononcé dans ce débat, mais tacitement seulement. A ce jour en effet, aucun contentieux particulier ne semble réservé à une catégorie d'avocat prédéterminée ; aucune juridiction ne reçoit ou ne prend connaissance que des actes de procédure élaborés exclusivement par un avocat spécialisé, expérimenté, débutant ou récemment inscrit au tableau du barreau.

La dernière préoccupation est celle somme toute ancienne de savoir si l'avocat est autorisé à agir au profit de justiciables différents s'opposant dans le cadre de la même cause. D'après l'article 42 du statut de ce corps, l'avocat ne saurait, ni au cours de l'exécution de sa mission, ni après l'achèvement de celle-ci, représenter, assister ou conseiller dans la même cause ou dans une affaire connexe, une autre personne dont les intérêts sont, même en partie seulement, contraires à ceux de son client. Au fond, l'arrêté n° 41/DPJ/SG/MJ du 12 avril 2005 instruit d'avantage à propos de cette préoccupation[605]. A preuve, la règle y est réitérée d'après laquelle l'avocat ne saurait être le conseil, le défenseur ou le représentant de différentes personnes dans une même affaire au cas de conflit entre leurs intérêts ou si le risque d'une telle collusion est élevé[606]. A preuve, l'effort y est fourni d'exposer les cas d'opposition des intérêts. Précisément, et s'agissant de la fonction de conseil, il y a conflit d'intérêts lorsqu'au jour de sa saisine, l'avocat tenu de donner une information complète, loyale et sans réserve à ses clients ne peut mener à bien cette mission sans compromettre soit par l'analyse de la situation présentée, soit par l'utilisation des moyens juridiques préconisés, soit par la concrétisation du résultat recherché, les intérêts d'une ou de plusieurs parties. Dans la fonction de représentation et de défense, il y a conflit d'intérêt lorsqu'au jour de sa saisine, l'assistance de différentes personnes est susceptible de conduire l'auxiliaire de justice à présenter une défense différente tant dans son développement, dans son argumentation et dans sa finalité, de celle que le concerné aurait privilégié si les intérêts d'une seule personne lui avaient été confiés[607] *(même tacitement,*

---

[605] A son article 64.

[606] La règle est d'ailleurs la même lorsque le secret professionnel court le risque d'être violé, lorsque l'indépendance de l'avocat risque de ne plus être entière.

Quoi qu'il en soit, et pour revenir au point de départ, on observera que le règlement intérieur va plus loin. L'article 64.5 ne permet pas à l'avocat d'accepter l'affaire d'un nouveau client « *si le secret des informations données par un ancien client risque d'être violé, ou lorsque sa connaissance des affaires de ce dernier est susceptible de favoriser le nouveau client de façon injustifiée* ». Le même article décide, lorsque des avocats exercent en groupe, que les dispositions relatives aux conflits d'intérêts sont applicables à la fois au groupe et à ses membres pris isolément.

[607] En revanche, et d'après les termes de l'article 64.4 du règlement intérieur, l'idée du conflit d'intérêts est à exclure :

- Soit lorsqu'après avoir informé ses clients et recueilli leur accord, l'avocat dans ses différentes fonctions cherche à concilier leur contrariété d'intérêts ;

voir CS/AP, arrêt n° 6/A, 11 déc. 1997, Etat du Cameroun-Ministère du développement industriel et commercial c. Etablissements Gortzounian, Répertoire chronologique de la jurisprudence, Droit administratif, tome 5, 1980-2000, préc. ; CJCEMAC, arrêt n° 012/2011, 31 mars 2011, Banque Atlantique du Cameroun, COBAC, Autorité Monétaire du Cameroun, Amity Bank PLC c. arrêt n° 010/CJ/CEMAC/CJ/09 du 13 novembre 2009 défendu par Messieurs Christophe Sielienou, Raphael Futé, Mathurin Ngassa et La Compagnie d'assurances CPA, préc.[608]). A elle seule, la formule annonce l'existence de droits et de devoirs professionnels.

b. Les missions révélées par les droits et les obligations de l'avocat

L'examen des droits et obligations de l'avocat met en exergue les missions de cet auxiliaire de justice. Pourtant, ceux-ci sont à distinguer de celles-là.

i. Les droits

Les droits de l'avocat sont à ce point nombreux et éparpillés que seuls les plus essentiels doivent être présentés.

Primo, l'avocat a le droit d'accepter ou de refuser d'être constitué[609] *(CS, arrêt n° 159/CC, 24 avril 2003, Maître Alix Betayené c. Mangwa Tchuisse*

- Soit lorsqu'en plein accord avec ses clients, l'avocat leur conseille, à partir de la situation qui lui est soumise, une stratégie commune, ou si, dans le cadre d'une négociation, des avocats associés interviennent séparément pour des clients différents, informés de cette appartenance.

[608] A propos du huitième moyen pris de l'irrecevabilité et le rejet du dossier de la procédure diligentée par un avocat dans le cours de cette affaire, les maîtres-mots de l'arrêt de la haute juridiction sont ceux-ci : « *Attendu que la Banque Atlantique soutient que la cour ayant déclaré que Maître Boubou ne peut pas plaider dans la cause contre Amity Bank Cameroon PLC avec laquelle il est lié par un contrat de prestation, la reprise en compte des actes diligentés par Maître Boubou pour la suite de la procédure par Maîtres (D... H..., P... M... et J... N...) ne saurait les régulariser en ce qu'ils ont été diligentés par un avocat non habilité à cet effet ;*
Que les défendeurs relèvent que Maître Boubou est un avocat qu'ils avaient constitué ; que le fait que l'on ait trouvé un possible conflit d'intérêts ne peut avoir pour conséquence, l'invalidation des actes de procédure qu'il a posés comme mandataire ;
Attendu que l'article 42 de la loi n° 90/059 portant organisation de la profession d'avocat au Cameroun dispose : « l'avocat ne peut ni au cours de l'exécution de sa mission, ni après l'achèvement de celle-ci, représenter, assister ou conseiller dans la même affaire ou une autre affaire connexe, une autre personne dont les intérêts sont partiellement contraires à ceux de son client » ;
Que cette disposition légale ne prévoyant pas de sanction et encore moins la nullité, ce moyen est inopérant... »

[609] Une querelle est née sur le point de savoir comment devrait se faire la constitution d'avocat. S'opère- t-elle forcément par écrit ? Quelques-uns y répondent par la négative. Ils estiment que la constitution de l'avocat résulte dans l'immense majorité des cas de la simple remise de documents relatifs à une affaire à cet auxiliaire de justice, mais aussi que l'acceptation du mandat donné est presque toujours tacite. Par conséquent, l'auxiliaire de justice n'a pas à justifier de son

Joseph, préc.). Théoriquement, il n'en va autrement que dans l'hypothèse dite de la commission d'office car alors l'avocat devrait se garder de refuser de prêter son concours sans motif d'excuse ou d'empêchement valable, approuvé par le magistrat commettant[610] *(même tacitement, voir CS, arrêt n° 213, 24 mai 1961, Bidjoka Jacques, Nyouma Samuel, Ndzap Bitdjal jean félix et autres c. Commissaire du gouvernement, consorts Kohn et Njicki Luc Lebrun, Répertoire chronologique de la jurisprudence, Droit pénal, tome 1, préc., pp. 217-218 ; arrêt n° 194, 25 juin 1963, Ngué Mathias c. Ministère public et Etat du Cameroun, Répertoire chronologique de la jurisprudence, Droit pénal, tome 1, préc., pp. 217-218 ; arrêt n° 119, 5 mai 1977, Kamdem Etienne c. Ngomsi Fokoua Justin, Répertoire chronologique de la jurisprudence de la Cour suprême, Droit pénal, tome 1, 1960-1980, préc. Voir également Cass. crim., 13 févr. 2019, JurisData n° 2019-001942 ; La Semaine Juridique, Edition générale n° 13, 1er avril 2019, 340, note COLET Ph.)*. Pareillement, le principe n'est infléchi que lorsque des poursuites concernent certains personnels judiciaires ou auxiliaires de justice. C'est du moins le sens de l'un des extraits du règlement intérieur des barreaux qui pose que l'avocat ne saurait en matière pénale, pour le compte d'autrui, sans se référer préalablement au bâtonnier et sans l'autorisation de celui-ci, initier d'action ni se constituer dans une affaire contre un magistrat prévenu ou accusé, un avocat prévenu ou accusé, un officier ministériel prévenu ou accusé ou tout autre auxiliaire de justice. L'exigence est la même lorsque l'avocat agit à titre personnel, car alors le bâtonnier doit être saisi et « faire usage de sa fonction conciliatrice »[611].

Secundo, l'avocat a le droit de se déconstituer ; ce qui suppose, en amont, que celui-ci ait accepté d'assurer la défense des intérêts d'une personne physique ou morale *(CS, arrêt n° 159/CC, 24 avril 2003, Maître Alix Betayené c. Mangwa Tchuisse Joseph, préc.)*. L'opération n'obéit pas au hasard. Elle doit être notifiée au client et à la juridiction saisie, par lettre recommandée avec

---

mandat en présentant un écrit ; on doit le croire sur parole lorsque celui-ci déclare devant une juridiction, une autorité de police ou de gendarmerie avoir été constitué dans une affaire. Quelques-autres sont de l'avis contraire. A leur sens, il faudrait une lettre missive ou au moins un mot écrit, singulièrement dans le cadre du contentieux administratif où la règle voudrait que les personnes morales publiques soient représentées en justice par un agent public et donc qu'elles n'aient qu'exceptionnellement le choix de confier cette mission à un avocat. Un troisième groupe distingue selon que l'on se trouve, d'une part dans l'avant-procès ou devant les juridictions d'instance, d'autre part devant les juridictions que l'on saisit sur recours, notamment les juridictions suprêmes. Devant ces dernières, l'écrit est indispensable. Un dernier courant estime que l'on pourrait difficilement répondre à la question sans se référer au degré de juridiction, à la matière ou à d'autres paramètres tantôt subjectifs, tantôt objectifs. Pour une bonne synthèse, Cf. Voir aussi ANYANGWE C., op. cit., pp. 150 et 151; MARTIN R., *Déontologie de l'avocat*, préc., p. 23, n° 42. Voir également CS, arrêt n° 192, 3 avril 1975, Yonsi Jean Marie c. Ministère public, *Répertoire chronologique de la jurisprudence de la Cour suprême, Droit pénal, tome 1*, 1960-1980, préc., pp. 118-119*)*.

[610] Article 39 (1). L'article 40 du statut va ne s'en tient pas à cela. Il décide qu'en cas de non-approbation du refus, et si l'avocat persiste dans cette voie, le conseil de discipline prononcera une sanction à son préjudice.

[611] Article 47.

accusé de réception ou par tout moyen susceptible de laisser une trace écrite. Du coup, l'avocat ne sera pas considéré comme s'étant retiré tant que cette preuve n'est pas apportée, cela d'autant plus que la date de l'accusé de réception est parallèlement aussi celle de l'abandon de la cause. Encore n'est-ce pas tout. L'auxiliaire devra ensuite restituer au client son dossier *(même tacitement, voir not. CCJA, arrêt n° 006/2005, 27 janv. 2005, Murielle Corinne Christel Koffi et Sahouot Cédric Koffi c. La société Ecobank, Rec. n° 5, janv.-juin. 2005, pp. 8-10)*. Il faudra également remettre au justiciable tout ou partie des sommes d'agent perçues soit pour son compte soit au titre des honoraires[612]. Mieux, l'avocat qui se sépare d'un justiciable devra poursuivre la mission d'assistance lui incombant pendant un mois au moins à compter de la date de notification du retrait[613] *(sur l'ensemble, voir not CS, arrêt n° 159/CC, 24 avril 2003, Maître Alix Bétayene c. Mangwa Tchuisse Joseph, préc.*[614] *; Ordre des avocats du Cameroun-Cour d'appel du Littoral-Le représentant du barreau –sentence arbitrale du 5 juin 1992, Motsebo Aubin c. Me Talla Victor, Juridis Info n° 19, juil.-sept. 1994, pp. 35 et s., obs. TCHAKOUA J.M.)*. Reste à savoir si l'on pourrait envisager une déconstitution en cas de commission d'office ou si la rupture des liens avec le client (pour telle ou telle raison) ne compromet pas, quoi qu'on dise, le succès de la défense du justiciable ? Le soin reviendra au législateur ou à la jurisprudence d'éclairer l'opinion. La probabilité est néanmoins élevée, s'agissant singulièrement du premier point, que la solution à retenir distingue le cas de figure où le ministère de l'avocat est obligatoire de celui où il ne l'est pas. Dans cette tournure d'esprit, la déconstitution ne devrait s'admettre spontanément que

---

[612] Article 41 (2, 3). A l'inverse, et cela doit être rappelé avec force, le client peut également déconstituer l'avocat à tout moment. Il est simplement exigé de celui qui se sépare de son avocat de porter sa décision à la connaissance de ce dernier, puis de notifier ladite décision au greffier de la juridiction saisie.

Les effets du « dessaisissement » de l'avocat par le justiciable se limitent à l'obligation de remettre le dossier et de restituer tout ou partie des fonds perçus au titre des honoraires. C'est dire que ce professionnel n'est pas tenu de poursuivre la mission d'assistance pendant un mois au moins à compter de la date de notification du retrait. Pour savoir davantage à propos des conditions et les effets de la déconstitution de l'avocat, voir ANYANGWE C., op. cit., pp. 150 et s.; BAKOUNI R., « La déconstitution de l'avocat au Cameroun », préc., pp. 10 et s.

[613] Article 41 (2, 3).

[614] Sur ce point particulier, la Cour suprême est radicale. Elle décide : « *Attendu qu'il ressort des pièces du dossier mentionnées par le premier juge en l'occurrence, la demande d'explications adressée le 22 novembre à dame Ntepi Marie Françoise par Maître Alix Betayéné, que cette dernière s'est déconstituée dans l'une des affaires pour lesquelles elle était constituée par Mangwa Tchuisse ;*

Que par suite de la négligence de l'étude de la demanderesse au pourvoi, la lettre de ladite déconstitution, comme l'indique la réponse à la demande d'explications, a été mal classée et n'a pas été notifiée au client comme l'exige l'article 39 alinéa 2 de la même loi n° 87/018 du 15 juillet 1987 ;

Qu'ainsi l'on ne saurait parler d'une déconstitution quelconque de Maître Bétayené, alors et surtout que comme le stipule l'alinéa 3 de ladite loi, c'est la date de l'accusé de réception qui emporte celle de la déconstitution ;

Que dès lors, le fait pour Maître Bétayené d'avoir abandonné la défense de Mangwa Tchuisse ou de sa mère dans l'une des deux affaires concernées sans avoir notifié les intéressés constituait un acte de négligence grave, même si le client n'avait pas versé la provision de 80 000 francs qu'elle a réclamée ; d'où il suit que le moyen en ses deux branches est autant irrecevable qu'il n'est pas fondé… »

lorsque le recours aux services de l'avocat n'est pas une contrainte imposée aux parties à un procès *(sur l'ensemble, voir not. Civ. 3ème, 27 mars 2002, Consorts Trévisan c. Epoux Basquet, Bull., mars 2002-3, pp. 66 et s., n° 77*[615] *; CCJA, arrêt n° 006/2005, 27 janv. 2005, Murielle Corine Christel Koffi et Sahouot Cédric Koffi c. La société Ecobank, préc.*[616]*).*

---

[615] Les consorts Trévisan font grief à l'arrêt de la cour d'appel d'Agen attaqué d'avoir rejeté l'exception soulevée par eux, tirée de la péremption d'instance. D'après les intéressés, l'attitude de la cour se comprend d'autant moins bien que la constitution d'avocat n'est soumise à aucune forme particulière et qu'en l'espèce, la juridiction, qui a expressément constaté qu'un avocat, au nom de M. Gonelle, avait, après le décès du conseil des époux, continué d'assister ces derniers au cours des opérations d'expertise (c'est-à-dire qu'il avait eu des relations suivies avec les avocats des parties adverses, avec l'expert, avec le juge de la mise en état), devait en déduire que M. Gonelle s'était substitué à l'avocat décédé aux yeux des autres parties et de la juridiction saisie, cela d'autant plus qu'au décès de son prédécesseur aucun suppléant n'avait été désigné. Les demandeurs au pourvoi concluent qu'en omettant de tirer les conséquences de ses propres constatations, la cour d'appel a violé les articles 751 et 814 du nouveau code de procédure civile. Examinant le moyen, la troisième Chambre civile de la Cour de cassation ne suit pas ce raisonnement des demandeurs. Elle décide : *« Mais attendu qu'ayant révélé, à bon droit, que l'interruption d'instance, causée par le décès de l'avocat des époux Basquet, n'avait cessé que lorsque l'instance avait été reprise, ce qui ne pouvait être fait que par une constitution d'avocat, ou des conclusions contenant constitution d'avocat, notifiées à l'autre partie et remises au greffe de la juridiction, la cour d'appel en a exactement déduit que seules les conclusions de reprise d'instance notifiées à l'adversaire et déposées au greffe du tribunal (...) avaient été de nature à faire courir un nouveau délai de péremption de deux ans, de sorte que le moyen d'irrecevabilité soulevé par les consorts Trévisan ne pouvait prospérer... »*

[616] Un extrait de cet arrêt permet de mesurer la profondeur du problème, notamment parce que les carences ne dissuadent pas de conclure que la contradiction a néanmoins joué. On y découvre : « *Vu le Règlement de procédure de la Cour commune de justice et d'arbitrage de l'OHADA ;*

Attendu que comme rappelé ci-dessus, Maître Georges Patrick Vieira, avocat à la Cour d'appel d'Abidjan a formé le 27 novembre 2002 au nom de Murielle Corinne Christel Koffi et Sahouot Cédric Koffi, ayants droit de feu Victor Bersgson, un pourvoi en annulation de l'arrêt n°641 rendu le 17 novembre 2002 par la Cour suprême de Côte d'Ivoire dans l'affaire opposant les susnommés à la Société Ecobank SA ;

(...)

Attendu que le greffier en chef de la Cour a notifié (...) au conseil des demandeurs le mémoire en réponse déposé (...) pour le compte de la Société Ecobank SA ;

Attendu que Maître Georges Patrick Vieira, par lettre (...) du 3 juin 2003, adressée au greffier en chef de la Cour, a informé celui-ci de son déport dans ladite procédure « parce que les demandeurs l'on dessaisi de leurs dossiers » ;

Attendu qu'à son tour, le greffier en chef (...) a informé, le 2 décembre 2003 les demandeurs au pourvoi du déport de leur conseil (...) et les a invités à constituer un autre conseil pour le suivi de l'affaire les opposant à Ecobank SA ;

Attendu que suite à la correspondance qu'il a adressée aux défendeurs pour leur notifier le déport (...), le greffier en chef (...) a reçu le 4 décembre 2003 de Maître Sonté Emile, avocat à la Cour d'appel d'Abidjan, une lettre l'informant de sa constitution au soutien des intérêts des ayants droit de feu Bergson Koffi et en invitant le greffier en chef à lui communiquer le dossier de l'affaire « pour lui permettre de préserver efficacement les intérêts de ses clients » ;

Attendu que par lettre (...) du 17 décembre 2003, le greffier en chef a notifié son refus d'accéder à la demande de l'avocat et a prié ce dernier de s'adresser à son confrère Maître Georges Patrick Vieira ou d'utiliser toute autre voie pour l'obtention des documents demandés ;

Attendu que faute de réaction de Maître Sonté aux recommandations rapportées ci-dessus du greffier en chef de la Cour, ce dernier a fait savoir à l'avocat qu'il lui est à nouveau imparti un délai de 15 jours pour présenter d'éventuelles observations ou pour déposer toutes écritures pour le compte des demandeurs au pourvoi ;

Que malgré cela, le conseil des ayants droit (...) s'est contenté de réitérer sa demande initiale ;

Tertio, l'avocat a le choix tant des moyens de défense que des modalités de leur exposé[617]. Pour cette raison, et sans préjudice des pouvoirs de police ou de direction des débats octroyés au président de la juridiction devant laquelle il officie, son temps de parole n'est pas limité[618][619]. Pour la même raison, son indépendance est consacrée[620]. Du coup, on imagine mal que celui-ci se borne à épouser systématiquement et inconditionnellement des thèses qu'on lui propose de soutenir à la barre d'une juridiction. Pour des raisons identiques, et d'après les justes propos d'un auteur, il n'y a aucun lien de subordination entre le client et lui. L'avocat ne commet donc aucune faute en refusant de suivre la voie que suggère l'individu assisté ou

---

Attendu qu'il résulte de toutes les démarches ci-dessus rapportées du greffier en chef de la Cour que le dossier est en état et que le principe du contradictoire a été respecté… »

[617] Articles 19 (1), 39 (1).

[618] Article 19 (2).

[619] Bien que la règle soit celle-là, une opinion croissante estime, notamment à la lumière de la pratique devant les juridictions de l'Union européenne, que le temps de parole devrait être limité à l'audience lors des plaidoiries lorsque le droit permet au tribunal d'inviter les parties à se prononcer par écrit ou oralement sur certains aspects du litige. Elle ajoute d'ailleurs que les fourchettes de temps à déterminer pourraient varier d'une matière à une autre. En ce sens, voir not. BROCHIER E., BROCHIER M., « L'audience est un droit des parties au procès civil », *D.* 2022 p.1223 et s. ; BROCHIER E., BROCHIER M., « Le droit de plaider, nouveau principe directeur ? », *JCP* 2015, n° 391, pp. 650 et s. ; DANET J., « Plaidoirie », in *CADIET L. (dir.), Dictionnaire de la justice*, op cit., p. 986 ; NIANGO G., « La libre parole de l'avocat », *Archives de philosophie du droit*, Tome 64, 2022-1, pp. 443 et s.

[620] Il n'est pas sans intérêt, ici, de ne pas se détacher des éléments de contenu des « Directives et principes sur le droit à un procès équitable et à l'assistance judiciaire en Afrique ». L'exercice ne s'impose pas sans raisons. A l'examen, une sous rubrique entière, le « I », est réservée à l'indépendance de l'avocat, perçue au sens large. Effectivement, l'idée y est développée d'après laquelle cette indépendance exige que les Etats veillent à ce que l'avocat exerce son métier sans entrave, intimidation, harcèlement ni ingérence indue ; qu'il puisse voyager et consulter librement ses clients dans le pays comme à l'étranger. Il y est également posé : que l'indépendance de l'avocat suppose que les autorités compétentes veillent à ce que celui-ci ait accès aux renseignements, dossiers et documents pertinents en leur possession ou sous leur contrôle, dans des délais suffisants pour pouvoir fournir une assistance juridique efficace aux personnes ; que l'indépendance de l'avocat s'oppose à ce que celui-ci soit assimilé au client ou à la cause du concerné en raison de l'exercice de son métier ; que l'indépendance de l'avocat pourrait être compromise si les communications et consultations avec le justiciable n'étaient pas marquées du sceau de la confidentialité. L'idée y est défendue : que l'avocat doit avoir l'assurance, si d'aventure sa sécurité est menacée dans le cadre professionnel qu'une protection appropriée lui sera offerte par l'Etat ou par ses excroissances ; que le bénéfice d'une immunité pénale et civile s'agissant des déclarations faites de bonne foi dans le cadre l'exercice de l'activité professionnelle renforce chez l'avocat le sentiment d'indépendance ; que cet auxiliaire de justice est tenu, pour les besoins de son indépendance, de protéger son client en promouvant la cause de la justice, en cherchant à faire respecter les droits humains et les libertés fondamentales reconnues par le droit international et national. Enfin, et en cascade, la Commission des droits de l'homme et des peuples, auteur des « Directives et principes sur le droit à un procès équitable et à l'assistance judiciaire en Afrique », estime que la liberté d'expression, d'association et de réunion sont indispensables à l'avocature. Dès lors, l'avocat doit pouvoir prendre part à toutes discussions publiques portant sur le droit, l'administration de la justice, la promotion et la protection des droits humains ; les avocats doivent pouvoir constituer des associations professionnelles autonomes ou adhérer à des associations ayant pour objet de représenter leurs intérêts, promouvoir leur éducation et leur formation continue, préserver leur intégrité professionnelle…

représenté[621]. En de telles circonstances, de deux choses l'une. Soit le mandant reprend le dossier pour le confier à un confrère ou résout de se passer des services du conseil lorsque la procédure le permet, soit l'avocat arrête de suivre la cause et donc se déconstitue (*même tacitement, voir Civ., 23 nov. 2004, D. 2005, p. 167 préc. ; Paris, 19 nov. 2001, D. 2002, pp. 39 et s. préc. ; Trib. civ. Valence, 20 fév. 1905, D.P. 1905.2.97 ; CS, arrêt n° 281/P, 18 juil. 1985, Société Pelenget, Nguemo Jean c. Ministère public, Bisso Marie et autres, préc.*).

Quarto, l'avocat a le bénéfice d'un nombre non négligeable d'immunités à l'exclusion du privilège de juridiction[622].

Il s'agit tout d'abord de celle qui touche directement à la parole et aux écrits. Ce privilège s'oppose à ce que les propos tenus à l'audience et les écrits versés aux débats ou produits dans le dossier d'une affaire donnent lieu à des poursuites en diffamation, en injure ou outrage[623]. Toutefois, si les propos de l'avocat sont tenus devant des journalistes ou plus globalement en dehors de la salle d'audience et de « mauvaise foi » alors même que l'audience n'était pas publique, sa responsabilité sera difficile à écarter[624]. Des poursuites pourront encore prospérer au plan pénal, notamment pour « commentaires tendancieux »[625], « publications équivoques »[626]. De même, sa responsabilité doit pouvoir être engagée si

[621] PERROT R., op cit., p. 345, n° 440. Cf. également DOSSA R., op cit., p. 161 ; GARAPON A., « Magistrats - avocats, des relations sans règle du jeu », *Les Cahiers de la justice* 2020-3, pages 449 et s. ; MORINEAU A., op. cit., p. 463 et s.

[622] Précisément, la question a été posée de savoir si l'avocat ne devrait pas en avoir le bénéfice. Quelques-uns pourraient y répondre par l'affirmative en observant que l'avocat est l'une des figures qui incarne la justice et en constitue le miroir. De leur point de vue, l'image de la justice est nécessairement écornée et cette dernière affaiblie lorsque l'avocat est « trainé » devant les juridictions où celui-ci exerce (en présence notamment de ses clients). Quelques autres pourraient s'y opposer en observant que le privilège de juridiction étant une entorse à l'égalité de tous devant la justice, il vaudrait mieux ne pas l'étendre au plus grand nombre. D'ailleurs, si l'avocat en obtient le bénéfice, le débat surgira à coup sûr de savoir si d'autres auxiliaires de justice ne devraient pas, eux-aussi, être mis à l'abri. A l'extrême, certaines catégories à l'instar des enseignants, des chefs traditionnels et religieux pourraient légitimement revendiquer ce privilège. Tous comptes faits, mieux vaudrait que les causes intéressant ces catégories soient éventuellement rangées dans le groupe de celles qui peuvent être jugées à huis-clos.

[623] Article 21. Le Code pénal va dans le même sens. En effet, son article 306-3 exclut a priori l'infraction s'agissant des débats judiciaires, des discours prononcés ou des écrits produits devant les cours et tribunaux.

[624] TGI Paris, 14 juin 1999, *D. 2004*, 2826, obs. BLANCHARD.

Au Cameroun, en se référant par exemple à l'article 169 du Code pénal, on conclura que les comptes rendus d'audiences publiques, faits de bonne foi, ne sont pas punissables.

[625] D'après l'article 169 du Code pénal, encourt un emprisonnement de quinze jours à trois mois et une amende de 10 000 francs à 100 000 francs celui qui relate publiquement une procédure judiciaire non définitivement jugée dans des conditions susceptibles d'influencer, même non intentionnellement, l'opinion d'autrui contre l'une des parties. Au cas où l'infraction est perpétrée par voie de presse écrite, de radio ou de télévision, l'emprisonnement varie entre trois mois et deux ans ; l'amende pouvant s'élever ici jusqu'à cinq millions de francs.

[626] L'article 198 du Code pénal frappe d'une amende pouvant aller jusqu'à 500 000 francs celui qui rend public un acte de procédure criminelle ou correctionnelle avant sa lecture en audience publique ; celui qui fait un compte rendu du débat judiciaire alors que le huis clos a été ordonné ;

d'aventure un discours tenu par lui est contraire au serment prêté et concernant notamment le respect dû aux cours ou aux tribunaux[627]. La loi suggère que de tels manquements soient consignés dans le plumitif de l'audience et que le conseil de l'ordre soit saisi de la situation par le ministère public. Dans le délai de trentaine à dater de sa saisine, la « juridiction professionnelle » peut prononcer l'une des sanctions disciplinaires relevant de sa compétence[628] *(en ce sens, voir not. CS, arrêt n° 5, 27 oct. 1970, Nkili Abessolo Martin c. Ministère public, Répertoire chronologique, de la jurisprudence, Droit pénal, tome 1, préc., pp. 219-220, in DZEUKOU G.B., Code de procédure pénale, préc., pp. 123-124[629] ; 03 nov. 1977, RCD n° 17-18,*

---

celui qui divulgue des débats touchant au jugement des mineurs ; celui qui rend publique une information en lien avec les travaux d'une commission d'enquête parlementaire avant le dépôt du rapport général ; celui qui divulgue une information relative aux travaux du conseil supérieur de la magistrature sans en être le président ou le vice-président…

[627] Voir ANYANGWE C., op. cit., p. 150. Lire aussi DANET J., « Plaidoirie », op cit., p. 986 ; FOURMENT V., « Le droit à la preuve confronté à la protection du secret des affaires : exception au principe ou droits concurrents ? », *D.* 2025, pp. 289 et s. ; KLEIN J., « Le secret professionnel de l'avocat ne fait pas en soi obstacle au prononcé de mesures d'instruction in futurum », *RTD civ.* 2024. 193 ; KENGNE « Propos sur les incidents d'audience », *Juridis Périodique* n° 31, juil.-sept. 1997, pp. 57 et s. ; NGO NDJIGUI R.Y., *Le secret des affaires dans le droit des pays de l'espace OHADA et en droit français, préc.*, pp. 154 et s., n°s 154 et s. ; RICHARD B., SAGE F., « La responsabilité de l'avocat », *Gaz Pal.* 1994.2. doctr.1324 et s. ; WAKAP CHONGANG B., « Variations sur les différentes figures de l'avocat dans le procès pénal », op cit., p. 169.

[628] Article 67.

[629] L'extrait majeur de cet arrêt concerne le second moyen. Il s'appuie sur la violation non seulement de l'article 5 de l'arrêté du 20 avril 1936 créant un corps des avocats-défenseurs près les tribunaux du Cameroun, mais aussi de l'article 181 du Code d'instruction criminelle. En substance, le demandeur estime que l'arrêt contesté a considéré les faits reprochés à Maître N… comme un délit de droit commun, alors que ceux-ci devaient être vus comme une faute professionnelle à laquelle s'applique la procédure prévue à cet effet, et non comme un délit de droit commun. La haute juridiction tranche de la sorte : « *Attendu qu'aux termes de l'article 9 de l'arrêté précité, "les tribunaux peuvent, soit d'office, soit à la requête du ministère public, prononcer immédiatement le rappel à l'ordre, la censure, la censure avec réprimande, la suspension jusqu'à trois mois contre l'avocat-défenseur qui, dans ses plaidoiries ou ses écrits s'écartera du respect dû aux lois et aux autorités publiques ou manquera aux obligations que lui impose le serment professionnel auquel il sera astreint en vertu de l'article 2. Toute infraction résultant d'une atteinte portée par l'avocat-défenseur au secret de l'instruction, notamment par la communication de renseignements extraits du dossier ou la publication de documents, pièces ou lettres intéressant l'information en cours, est réprimée dans les conditions prévues à l'article 8 du présent arrêté. Les sanctions prononcées sont celles qui sont énumérées au premier paragraphe du présent article" ;*

Attendu que Maître Nkili, avocat-défenseur à Yaoundé s'est régulièrement pourvu en annulation de l'arrêt n° 581 du 2 mars 1970, rendu par la Cour d'appel qui, pour outrage à magistrat, dénonciation calomnieuse, l'a relaxé du chef de dénonciation calomnieuse mais l'a déclaré coupable d'outrage à magistrat et condamné à trois mois d'emprisonnement avec sursis, à vingt mille francs d'amende et aux dépens ;

Attendu que la prévention retenue contre le demandeur était fondée sur un incident d'audience qu'il avait provoqué le 1er septembre 1969, alors qu'il assurait la défense de son client F… Innocent, poursuivi pour défaut d'assurance ; que le procès-verbal de l'incident relate que Maître Nkili aurait déclaré que M. Bissombi, représentant du ministère public, a eu lui aussi un retard de sept jours dans le renouvellement de sa police d'assurance et se serait offert de rapporter la preuve de ses allégations ;

pp. 188 et s., cité par DZEUKOU G.B., Code de procédure pénale, préc., p. 124[630] *; TGI du Mfoundi, jugt. n° 98/CRIM, 12 janv. 1996, Juridis Périodique n° 26, avril-juin 1996, pp. 49 et s., note EYIKE-VIEUX. Cf également Cass. crim., 18 janv. 2006, Juris-Data n° 2006-031898, com. BUISSON J.*[631] *; Cass. crim., 13*

Attendu qu'en les supposant établis, les faits reprochés à l'avocat-défenseur susnommés constituent, par l'écart de leur propos et leur caractère irrévérencieux, non une infraction pénale, mais une faute professionnelle génératrice de poursuites disciplinaires au sens de l'article 9 susvisé ; qu'en effet, ledit texte a entendu formellement instituer dans l'intérêt et les exigences de la défense, une espèce d'immunité sur le plan répressif à propos des plaidoiries, discours et écrits intéressant directement le ministère d'avocat et commis dans l'exercice de ce dernier ; d'où il suit que le moyen est fondé… »

630 La cour juge ici : « *Attendu que Monsieur M... N... Victor, inscrit au barreau du Cameroun (…) s'est pourvu en annulation de l'arrêt contradictoire rendu le 16 avril 1974 par la Cour d'appel ayant confirmé un jugement en date du 27 août 1975 par lequel le tribunal de première instance l'avait condamné à 300 000 francs d'amende et à un an d'emprisonnement, pour outrage envers le tribunal ;*
Attendu que la prévention retenue contre l'actuel demandeur au pourvoi était fondée sur un incident d'audience que ce dernier avait provoqué le 21 août 1973 alors qu'en sa qualité d'avocat, il assistait à l'audience publique du tribunal de première instance ;
Qu'il appert des énonciations tant du jugement entrepris que de l'arrêt confirmatif attaqué, qu'après avoir protesté du fait qu'à l'occasion de l'appel des causes, le président du tribunal avait accordé la priorité à un confrère moins ancien que lui, Maître M… N… refuse d'obtempérer aux injonctions du magistrat l'invitant à s'asseoir et patienter ou sortir, et se répandit en récriminations tout en rétorquant que le président du tribunal était en train de raconter des sottises et des absurdités ;
Attendu que les articles visés au moyen sont ainsi conçus :
Article 152 alinéa 2 du Code pénal : " Les exceptions prévus à l'article 306 alinéa 3 s'appliquent à l'outrage" ;
Article 306 alinéa 3 du même code : " Ne constituent pas une infraction (…) les débats judiciaires, les discours prononcés ou les écrits produits devant une juridiction" ;
Attendu que le mot « discours » s'applique à la plaidoirie proprement dite, aux simples observations soit des avocats, avoués ou agréés, soit des parties et s'étend aux simples propos ;
Qu'en outre, les discours sont considérés comme prononcés devant les tribunaux lorsque leur auteur s'est comme dans le cas d'espèce, exprimé devant les juges dans l'exercice de leurs fonctions ;
Attendu qu'il est clair que les articles 152 alinéa 2 et 306 alinéa 3 du Code pénal proclament d'une manière absolue l'immunité des paroles prononcées ou des écrits produits devant les juridictions ; qu'il est constant que l'immunité ainsi instituée dans le but d'assurer la liberté et l'indépendance de la défense non seulement met obstacle à une condamnation pénale, mais encore rend la poursuite non recevable et ne permet pas la constatation de la parole ou de l'écrit ;
Attendu en tout état de cause qu'il résulte de l'article 45 alinéa 4 de la loi n° 72-LF du 23 mai 1972 (voir aujourd'hui les articles 22 alinéa 2 et 56 et suivants de la loi n° 90-059 du 19 décembre 1990 portant organisation de la profession d'avocat NDLA), qu'en cas de violation de son serment professionnel perpétrée à l'audience par un avocat, la sanction ne peut résider que dans le rappel à l'ordre prononcé immédiatement, soit d'office, soit à la demande du ministère public, par la juridiction saisie de l'affaire ;
Qu'en effet, il est hors de discussion que le législateur de 1972 a entendu formellement se conformer aux dispositions existantes du Code pénal en n'érigeant pas en infraction pénale le manquement aux obligations que lui impose son serment commis à l'audience par un avocat ;
D'où il suit que le moyen est fondé… »

631 Dans cet arrêt de cassation rendu au visa des articles 66-5 de la loi du 31 décembre 1971, 100-5 et 206 du Code de procédure pénale, 8 de la Convention européenne des droits de l'homme, les principaux attendus sont ainsi configurés : « *Attendu qu'il résulte de ces textes que, même si elle est surprise à l'occasion d'une mesure d'instruction régulière, la conversation entre un avocat et l'un de ses clients ne peut être transcrite et versée au dossier de la procédure que s'il apparaît que son contenu est de nature à faire présumer la participation de cet avocat à une infraction ; que la violation de ce principe doit être relevée, même d'office, par la chambre de l'instruction chargée d'examiner (…) la régularité de la procédure qui lui est soumise ;*

déc. 2022, n° 21-87.435, B : JurisData 2022-021052, La Semaine du droit, Edition générale, n° 5, 6 Février 2023, pp. 268 et s., note N. JEANNE[632]*).*

A dire vrai, nombre d'instruments d'envergue communautaire sont davantage sévères. L'un de ceux-ci, c'est le règlement de procédure de la Cour commune de justice et d'arbitrage. II y est résolu que l'avocat dont le comportement est incompatible avec la dignité de la CCJA ou qui use des droits dont le bénéfice lui est acquis à des fins autres que celles pour lesquelles ces droits lui ont été reconnus peut, après avoir été entendu, être exclu à tout moment de la procédure par le président de la haute juridiction. Le concerné rend alors une ordonnance, laquelle est immédiatement exécutoire. En conséquence, la procédure est suspendue jusqu'à l'expiration du délai que le président prescrit afin de permettre au justiciable intéressé

Attendu que, pour rejeter le moyen d'annulation proposé par Sony et Vito M., pris de l'irrégularité de l'enregistrement et de la transcription dans le dossier de la procédure de conversations téléphoniques échangées entre leur père et son avocat, qui, aux termes de l'arrêt attaqué ; « se trouve être aussi le leur », les juges relèvent que les requérants sont sans qualité pour contester l'interception et la transcription, ordonnées sur commission rogatoire du juge d'instruction, des conversations échangées, sur une ligne téléphonique qui ne leur est pas attribuée, entre une tierce personne et son avocat ;
Mais attendu qu'en statuant ainsi, sans rechercher, comme elle y était tenue, s'il avait été porté atteinte au principe de la confidentialité des conversations téléphoniques entre un avocat et un client, la chambre de l'instruction a méconnu le sens et la portée des textes susvisés et du principe énoncé ci-dessus. »

632 Dans cette espèce, il est reproché à une cour d'appel d'avoir rejeté la requête tendant à l'annulation de procès-verbaux de retranscription des conversations téléphoniques des avocats avec leurs clients. La Chambre criminelle de la Cour de cassation se prononce ainsi : « *(...)* • *7. Pour rejeter le moyen d'annulation pris de l'irrégularité de la transcription de deux conversations interceptées sur la ligne téléphonique de Mme [S], l'arrêt attaqué retient qu'elles ne concernent pas des échanges avec des avocats mais avec leur secrétariat et qu'elles n'entrent pas dans le champ de l'interdiction de la loi.*
• *8. En statuant ainsi, la chambre de l'instruction a fait l'exacte application des dispositions de l'article 100-5, alinéa 3, du code de procédure pénale.*
• *Mais sur les conversations transcrites entre les avocats et Mme [S] (cotes D 397 et D 401) Vu les articles 6, § 3, et 8 de la Convention européenne des droits de l'homme, 66-5 de la loi du 31 décembre 1971, 100-5 du code de procédure pénale, issu de la loi n° 2010-1 du 4 janvier 2010 :*
• *9. Il résulte de ces textes que l'interdiction de la transcription des correspondances entre un avocat et son client, relevant de l'exercice des droits de la défense, s'étend à celles échangées à ce sujet entre l'avocat et les proches de celui-ci. Il n'en va autrement que s'il apparaît que le contenu et la nature des échanges sont propres à faire présumer la participation de cet avocat à une infraction.*
• *10. Pour rejeter le moyen d'annulation pris de l'irrégularité de la transcription de deux autres conversations interceptées sur la ligne téléphonique de Mme [S], entre celle-ci et des avocats, qu'elle a successivement sollicités afin que l'un d'eux assure la défense de son compagnon, M. [X], l'arrêt attaqué retient qu'elles ne concernent pas la défense de la personne placée sous surveillance.*
• *11. Les juges constatent que, pour l'un, il n'a été donné aucune suite à cet échange et que, pour l'autre, M. [X] n'était pas encore son client à la date de la communication.* • *12. En se déterminant ainsi, la chambre de l'instruction a méconnu les textes susvisés et les principes ci-dessus rappelés pour les motifs qui suivent.*
• *13. En premier lieu, il ressort des procès-verbaux de transcription de ces conversations, dont la Cour de cassation a le contrôle, qu'elles relèvent de l'exercice des droits de la défense de M. [X].*
• *14. En second lieu, il ne résulte pas des conversations transcrites qu'elles sont de nature à faire présumer la participation de l'un ou l'autre des avocats à une infraction.*
• *15. La cassation est par conséquent encourue de ce chef (...) »*

de se doter d'un avocat[633]. La mesure étant exceptionnelle, le législateur n'est heureusement pas radical. En effet, il retient très opportunément, à l'article 23-3 du règlement de procédure évoqué, que les ordonnances prises en exécution de celle-ci peuvent être rapportées par son auteur, à la requête de l'avocat exclu *(implicitement, voir not. CCJA, arrêt n° 137/2016, 07 juil. 2016, Banque commerciale du Niger dite BCN c. Chérif Ould Abdine, Société générale des travaux publics dite SGTP, Compagnie Dubaï Office Niger, http://www.ohada.org).*

Il s'agit ensuite de celle qui touche à son cabinet et, par ricochet, à sa correspondance. Celui-ci est inviolable. En conséquence, aucune perquisition ne peut y avoir lieu dans l'espoir d'entrer en possession de documents susceptibles d'asseoir la culpabilité d'un client. La règle n'est atténuée que lorsque l'avocat est lui-même mis en cause dans une procédure judiciaire ou encore lorsque des objets sont conservés dans son étude qui sont totalement étrangers à sa profession[634]. A la vérité, son immunité ne s'évanouit pas entièrement en ces circonstances. A preuve, la perquisition suppose une autorisation. Elle se déroule sous le contrôle d'un magistrat, lequel est généralement le juge d'instruction ; requiert la présence de l'avocat concerné, du bâtonnier ou de son représentant. A preuve, et d'après les termes du législateur, la perquisition « *est effectuée dans des conditions qui préservent (...) la dignité de l'avocat* »[635], « *n'a lieu que pour saisir les documents ou objets en rapport avec une procédure judiciaire* »[636]. Sans surprise, le Code de procédure pénale conclut avec force que la violation de ces formalités annule la procédure engagée[637].

On l'aura compris. L'immunité déjà très fragile de l'avocat ne protège pas l'intéressé lorsqu'elle est alléguée pour échapper aux sanctions civiles et, *a fortiori*, à des poursuites disciplinaires ou pénales. C'est donc à bon droit que la Cour de cassation française a pu la rejeter dans une espèce où elle était évoquée pour enrayer de telles actions *(Cass. Civ., 16 déc. 2003, D. 2004, p. 294, obs. BLANCHARD ; Cass. crim., 18 janv. 2006, Juris-Data n° 2006-031898, préc. ; Cass. crim., 13 déc. 2022, préc. ; Cass. Com., 5 juin 2024, n° 23-10.954, Contentieux-Procédure, 4 juil. 2024, note ADELINE A.)*[638]. C'est à bon droit que la Cour suprême a validé la décision des juges inférieurs condamnant pour outrage au tribunal l'avocat ayant proféré des injures à des magistrats qualifiés de « salauds » *(sur l'ensemble, voir not. CS, arrêt n° 159/CC, 24 avril 2003, Maître Alix Betayené c. Mangwa Tchuisse Joseph,*

[633] Article 23-2.
[634] Article 22 (1, 2). Dans le même sens, voir les articles 106 et suivants du Code de procédure pénale.
[635] Article 22 (3).
[636] Article 106-1, Code de procédure pénale.
[637] Idem, article 106-3.
[638] On les retrouve à l'article 154 dudit code. Il s'agit d'un emprisonnement de 3 mois à 3 ans et d'une amende comprise entre 100 000 francs et deux millions de francs.

préc.[639] *; TGI du Mfoundi, jugt. n° 98/CRIM, 12 janv. 1996, Juridis Périodique n° 26, avril-juin 1996, pp. 49 et s., note EYIKE-VIEUX*[640]*. Cf également CS, arrêt n° 5, 27 oct. 1970, Nkili Abessolo Martin c. Ministère public, Répertoire chronologique, de la jurisprudence, préc.).* C'est vainement, demain, qu'un auxiliaire de justice ayant la qualité d'avocat mettra en avant son immunité dans l'espoir d'échapper aux peines prévues par le Code pénal en cas de filouterie de loyers ou de détérioration des lieux loués[641] *(voir not. CS, arrêt n° 5/P, 27 oct. 1970, préc. ; 3 nov. 1977, préc. ; TGI du Mfoundi, jugt. n° 98/CRIM, 12 janv. 1996, préc.).* C'est toujours sans succès que l'avocat évoquera son immunité en songeant à l'occasion se mettre à l'abri des poursuites du chef d'escroquerie ou d'abus de confiance que sa qualité tend d'ailleurs à aggraver, du moins lorsqu'on se réfère à l'article 321 du Code pénal[642].

On l'aura deviné. L'immunité de l'avocat ne le préservera pas des procédures collectives. L'article 1-1 de l'Acte uniforme portant organisation des procédures collectives d'apurement du passif récemment adopté le laisse penser. Il y est révélé que celles-ci s'appliquent dorénavant à toute personne

---

[639] Sur ce point particulier, la Cour suprême a pu décider : « *Attendu au demeurant que le moyen dénature les motifs du jugement entrepris lorsqu'il allègue que l'arrêt confirme le jugement sur la responsabilité de Maître Alix Bétayené en le considérant comme « suffisamment motivé, lequel jugement énonce que les agissements de Maître Bétayéné sont constitutifs de négligence fautive tel que le prévoient les dispositions des articles 1382 et 1383 du Code civil, alors que les relations (...) avec son client étaient contractuelles » ;*

Qu'en réalité l'affirmation, selon laquelle les agissements de Maître Bétayéné constituent une négligence fautive au regard des articles 1382 et 1383 du Code Civil susvisé fait partie des arguments soutenus par Maître Mangwa et non les motifs du premier juge qui énonce plutôt ce qui suit : « Attendu que la mission de l'avocat consiste en général à représenter son client, l'assister en plaidant pour lui ; qu'il s'agit donc là d'une obligation de dévouement et de délicatesse ;

Qu'ayant accepté un dossier pour lequel il a déjà perçu des honoraires, il ne peut refuser son ministère sous peine d'engager sa responsabilité. Telle est la position de la jurisprudence et de la doctrine d'emprunt notamment française qui, par deux arrêts (...) ont affirmé que la mission de défense doit être accomplie par l'avocat qui demeure personnellement responsable de ses négligences et fautes et de celles de ses collaborateurs ... » ;

Attendu que par ces motifs suffisants et pertinents, le premier juste a justifié sa décision ; d'où il suit que celui-ci est autant irrecevable qu'il n'est pas fondé... »

[640] Les faits de cette espèce sont à peine imaginables. Ils se produisent le 16 janvier 1996, à l'occasion d'une audience criminelle du tribunal de grande instance du Mfoundi. Le représentant du ministère public ayant sollicité un renvoi afin de présenter ses réquisitions, l'avocat de la partie poursuivie profère des injures devant le public médusé. Entre autres, le magistrat est traité de salaud par l'auxiliaire de justice qui, dans un temps proche, quitte les lieux. Le TGI n'hésite pas à suspendre l'audience, puis à condamner le concerné, par défaut, à un emprisonnement de trois mois et à une amende de 200 000 francs.

[641] A titre d'information, il est désormais prévu par le Code pénal, à l'article 322-1, qu'est puni d'un emprisonnement de six mois à trois ans et d'une amende de cent mille à trois cent mille francs, ou de l'une de ces deux peines seulement, le preneur par bail, dûment enregistré, d'un immeuble bâti ou non qui, débiteur de deux mois de loyers, n'a ni payé lesdits loyers, ni libéré l'immeuble concerné un mois après avoir reçu une sommation de payer ou de libérer les locaux. L'article 322-2 réserve la même sanction au locataire qui, au moment de quitter les lieux, détériore tout ou partie des équipements s'y trouvant.

[642] WAKAP CHONGANG B., « Variations sur les différentes figures de l'avocat dans le procès pénal », op cit., p. 170.

physique exerçant une activité professionnelle indépendante, que celle-ci soit civile, commerciale, artisanale ou agricole, et à toute personne morale de droit privé. Il y est dit que les procédures de conciliation, de règlement préventif, de redressement judiciaire et de liquidation des biens s'appliquent aux personnes morales de droit privé qui exercent une activité soumise à un régime particulier lorsque la règlementation spécifique régissant celle-ci ne dispose pas autrement[643]. Et la jurisprudence récente de la Cour commune de justice et d'arbitrage n'entretient pas de doute sur la possibilité que ces procédures puissent parfois être déclenchées par des créanciers au nombre desquels les salariés. En phase avec la loi, elle n'exclut pas davantage l'extension des poursuites aux dirigeants dans l'hypothèse de l'exploitation concertée d'une activité, notamment par le biais de l'entreprise en société *(en ce sens, voir par exemple CCJA, arrêts n°s 121/2018, 31 mai 2018, Office national de télécommunication dit ONATEL S.A c. Société Fadoul Technibois SA, www, ohada.org; arrêt n° 08/2018, 11 janv. 2018, Société camerounaise de fer, dite SOFERCO SARL c. Société tractafric motors Cameroon SA, ohada.org; arrêt n° 169/2017, 27 juil. 2017, Société bayswater constructing and mining Burkina SARL dite BCM c. Société Seguenega mining SA (société en liquidation) dite SMSA, Société Kalsaka mining SA, Société Oryx Burkina Faso SA, Société Faso Contractor et Monsieur Zeba Adama http://www.ohada.org. Adde : CA Paris, 3e ch., sect. B., 26 juin 2008, Chef de service comptable du service des impôts des entreprises centralisateurs de Paris « Champs élysées » c. G., JurisData n° 2008-367578 ; Gaz. Pal. 14-16 sept. 2008, n° 258 à 260, p. 19 et s., note IACOVELLI F. ; CA Paris, 3e ch., sect. B., 18 sept. 2008, Caisse nationale des barreaux français c. Pellegrini, JurisData n° 2008-370702 ; D. 2008, p. 2666, obs. LEINHARD A., Dr. sociétés 2008, comm. 252 ; CA Montpellier, 2e ch., 20 mai 2008, n° 07/05711, JurisData n° 2008-001816, Droit des sociétés n° 3, mars 2009, p. 144, obs. LEGROS J.P.).*

Quinto, l'avocat a droit à des émoluments, mais surtout à des honoraires, au remboursement de ses frais et débours et à la distraction des dépens. En

---

[643] Voir not. NDAM I., « La protection de l'intérêt des créanciers en droit OHADA des procédures collectives », *Le Nemro,* oct.-déc. 2018, pp. 232 et s. Voir également FAVARIO Th., « L'avocat en difficulté (application de la loi de sauvegarde à l'avocat exerçant en nom) », *Bull. Joly* 2006, p. 691 ; KALIEU ELONGO, Y.R., *Le droit des procédures collectives de l'OHADA,* PUA, Yaoundé, 2016, pp. 73 et s. ; KOM J., *Droit des entreprises en difficulté OHADA,* PUA, Yaoundé, 2013 ; KOM J., *Droit des entreprises en difficulté OHADA,* L'Harmattan, Paris, 2021, pp. 117 et s., n°s 197 et s. ; LECUYER H., « Les nouveaux débiteurs », *Rev. proc. coll.* 2006, p. 332 ; LISANTI C., « L'originalité des procédures collectives » in Dossier « Les groupements libéraux », *Journal des sociétés* 2010, n° 76, pp. 38 et s. ; MARTIN R., NEVEU P., « L'application à la profession d'avocat de la loi du 26 juillet 2005 sur la sauvegarde des entreprises », *JCP* G, 2006, I 125 ; NANDJIP MONEYANG S., « La réforme des procédures collectives OHADA : Quelle avancée pour le traitement des difficultés de l'entreprise ? », *Le Nemro,* juil.-sept. 2017, pp. 207 et s. ; RETIF S., « L'extension des procédures collectives aux professions libérales », *Dr. et patr.,* mensuel 2006, p. 95 ; SOINNE B., « Profession libérale et procédure collective », *Rev. proc. coll.* 1997, pp. 377 et s. ; SAWADOGO F. M., « Les procédures de prévention dans l'AUPC révisé : la conciliation et le règlement préventif », *Droit et Patrimoine,* n° 253, déc. 2015, pp. 30 et s.

occultant volontiers les émoluments[644], les frais, débours et dépens pour ne cibler que les honoraires qui, au quotidien, constituent l'essentiel des gains de cet auxiliaire de justice, on dira que leur montant est librement débattu avec celui au profit duquel le service est rendu[645]. Pourtant, le constat peut se faire que les honoraires de l'avocat provoquent un contentieux croissant[646]. L'une des sources de la querelle provient de l'absence de discussions en amont entre l'auxiliaire et le justiciable dans un contexte précisément où très peu de choses sont rendues publiques au profit du client et qui pourraient permettre de dialoguer en connaissance de cause. L'autre source provient de l'attitude de celui-ci qui, dans certaines circonstances, notamment lorsque la cause n'a pas prospéré, rechigne à acquitter ce qui a été convenu *(CCJA arrêt n° 013/2018, 25 janv. 2018, Société camerounaise de Bananeraies de Penja dite SCBP c. Société générale Cameroun anciennement Société générale de banques au Cameroun dite SGBC, http://www.ohada.org*[647] ;

---

[644] Il est d'ordinaire soutenu que les émoluments constituent une rémunération tarifée, due lorsque des actes de procédure spécifiques ou des diligences ont été accomplis pour le client. Sur cette distinction, voir COUCHEZ G., *Procédure civile*, Litec, 2009, p. 135, n° 134. En ce sens, voir également les prévisions de l'article 2 (nouveau) du décret n° 93/087 du 15 mars 1993 fixant les modalités de répartition des émoluments des greffes des cours et tribunaux, modifié par le décret n° 97-27 du 25 avril 1997.

Pourtant, l'instruction ministérielle n° 2014/0001 du 13 février 2014 portant procédure de contrôle comptable et de règlement des frais de justice criminelle dresse une typologie spécifique des frais de justice. Signée des mains du Garde des sceaux, du ministre délégué à la présidence de la République chargé de la défense et du ministre des finances, elle décide qu'il existe trois catégories de frais de justice, à savoir les mémoires, les taxes et les émoluments. Les mémoires sont des décisions établies pour régler les frais de missions des magistrats, des greffiers, des assesseurs et des autres personnels judicaires, ainsi que les honoraires dus aux avocats et experts commis d'office par une juridiction. Les taxes sont les indemnités dues aux témoins et aux interprètes. Enfin, les émoluments sont d'une part les rémunérations des diligences, des recherches et autres travaux relatifs à la délivrance des actes légaux effectués par les huissiers de justice et d'autre part la prime de rendement servie trimestriellement aux personnels magistrats et non-magistrats des services judiciaires.

[645] La règle doit être accueillie avec recul. Effectivement, la liberté affirmée est relative lorsqu'on songe au cas atypique de l'« avocat salarié » qui ne reçoit pas en tant que tel des honoraires, mais bien plutôt un salaire dont le montant est connu et la périodicité fixée longtemps à l'avance.

[646] TIENTCHEU NJIAKO A., « Les ordonnances de taxe à l'épreuve des honoraires des avocats du Cameroun et de France », *Annales de la faculté des sciences juridiques et politiques, Université de Dschang*, tome 8, 2004, pp. 99 et s. Voir également BOCCARA B., « Du pouvoir judiciaire de réduction des honoraires de l'avocat », *Gaz Pal.* 1998,2, pp. 1142 et s. ; CROZE H., « Frais et dépens en matière civile », *Juris-Classeur*, éd. 2003, Fasc 10, n° 101-108, pp. 16 et s . ; KENMOGNE POLLA V., *La pratique des dépens en droit processuel camerounais*, Mémoire, Master droit et pratique juridiques et judiciaires, Yaoundé 2, 2024, p. 12, mais aussi les pages 23 et s. ; KUATE TAMEGHE S.S., DONFACK KANA S., op. cit., p. 147 ; MARTIN R., « La réduction des honoraires de l'avocat par le pouvoir judiciaire –Recherche archéologique », *JCP 1999*, I, 110 ; SINCLAIR L.O., « Fixation des honoraires d'avocat par le juge et principe dispositif : embarcation sur le rideau procédural de la Méduse ! », *Rec. Dalloz* 2023, pp. 274 et s.

[647] Dans cette affaire, le cœur de la décision prise est celui-ci : *« Attendu que dans son mémoire en réponse enregistrée le 1er juillet 2016, la Société Générale Camerounaise a conclu à l'irrecevabilité de la requête aux motifs que Maître Woappi a agi en son nom propre sans aucune qualité ;*
Mais attendu que si cette exception est recevable relativement aux frais de greffe, elle ne l'est pas pour les honoraires, les frais de séjour et de déplacement de l'avocat qui peuvent être réclamés par celui-ci sans mandat de la partie gagnante ». Sur le fond, la demande est rejetée au motif que l'avocat ne prouve

arrêt n° 014/2018, 25 janv. 2018, Maître Paul Tchuenté c. Société Afriland First Bank, http://www.ohada.org[648] *; arrêt n° 154/2017, 29 juin 2017, 1- Société la savonnerie camerounaise c. Société Afriland First Bank SA, 2- Sieur Fotso Jean c. Société Afriland First Bank SA, 3- Société commerciale des produits manufacturiers c. Société Afriland First Bank SA, http://www.ohada.org*[649]*),*

---

ni le montant des honoraires convenus entre lui et la SCBP ni celui de son déplacement et de son séjour au siège de la CCJA à l'occasion du litige.

[648] La Cour y décide : « *Attendu que la défenderesse a conclu au rejet de toutes les demandes ; que selon elle, aucun élément du dossier n'établit de façon irréfutable que l'avocat s'est déplacé pour cette affaire ; qu'il n'est versé ni billet d'avion ni quittance d'une Compagnie aérienne fixant les prix ; que si des visas mentionnent le 21 avril et le 25 avril comme dates départ et d'arrivée, ces dates ne se rattachent à aucun acte de procédure ou d'audience ;*
Attendu, en effet, qu'aucune pièce justificative n'est versée par rapport aux honoraires, que de même les dates des 21 et 25 avril ne sont pas mises en corrélation avec les pièces du dossier ; qu'il y a donc lieu de rejeter la requête relativement aux honoraires, aux frais de déplacement et de séjour… »

[649] La Cour se détermine en ces termes à propos du fond de l'affaire : « *Attendu que selon l'article 43 du Règlement de procédure de la cour de céans et la décision n° 001/2000/CCJA du 16 février 2000 fixant la rémunération, les frais de déplacement et de séjour des avocats :*
« 1. Il est statué sur les dépens dans l'arrêt qui met fin à l'instance.
2. Sont considérés comme dépens récupérables :
…b) les frais indispensables exposés par les parties aux fins de la procédure, notamment les frais de déplacement et de séjour et la rémunération des avocats, selon le tarif fixé par la cour… » ;
Que la décision n° 001/2000/CCJA quant à elle prévoit, en son article 1er que la rémunération due à l'avocat est fixée à 2,5% de l'intérêt du litige lorsqu'il est supérieur à 1 000 000 000 conformément au tableau annexé ;
Attendu qu'en l'espèce, il est constant comme résultant des propres énonciations des jugements numéros 20/08, 21/08 et 22/08 rendus le 11 avril 2008 par le tribunal de première instance de Bafoussam, ainsi que des arrêts numéros 151/Civ., 152/Civ. et 149/Civ. en date du 09 décembre 2009 de la Cour d'appel de Bafoussam au Cameroun, que les actions du sieur Fotso, de la Société La Savonnerie et de la Société Commerciale des produits manufacturiers étaient relatives à l'annulation des cautionnements souscrits en garantie des engagements qui « s'élevaient à la somme de 1 424 249 034 (…) » ; que l'intérêt du litige étant supérieur à 1 000 000 000 de F CFA, la rémunération de l'avocat correspondant à 2,5 % du montant sus-indiqué doit être fixée a trente-cinq million six cent six mille deux cent vingt-cinq (35 606 225) de francs (..) et ce, pour l'ensemble des arrêts susvisés rendus par la cour de céans ayant le même objet ; qu'il y a lieu de débouter les requérants pour le surplus de leurs demandes et pour la condamnation séparée… »

Auparavant, la CCJA s'était prononcée à propos de sa compétence s'agissant du contentieux relatif aux honoraires. Sur cette question, elle a jugé : « *Attendu que par mémoires en réponse reçus au greffe de la cour de céans l'un le 27 février 2017 et les deux autres le 06 mars 2017, Afriland First Bank SA a soulevé l'irrecevabilité des requêtes respectives du Sieur Fotso Jean, de la Société La savonnerie camerounaise et de la Société commerciale des produits manufacturiers, aux motifs qu'elles manquent de fondement, l'article 43 du Règlement de procédure de la cour (…) n'étant pas applicable à la procédure de taxation des dépens ; que les arrêts rendus par la CCJA ont déjà reçu une exécution totale de la part des requérants qui ne sauraient plus s'en prévaloir (…) ;*
Mais attendu que les requêtes du Sieur Fotso Jean, de la Société La Savonnerie camerounaise et de la Société commerciale des produits manufacturiers sont adressées à la cour pour y être statué par arrêt, et non par ordonnance de taxation ; qu'elles ne manquent pas de fondement légal dans la mesure où elles visent l'article 43 du Règlement de procédure de la CCJA et la Décision n° 001/2000/CCJA du 16 février 2000 fixant la rémunération, les frais de déplacement et de séjour des avocats ; qu'en outre, il n'est pas prouvé que les requérants aient renoncé à faire liquider les dépens prononcés par les arrêts rendus à leur profit par la cour (…) ; qu'enfin, la cour de céans étant saisie à titre initial, aucune instance relative à la liquidation des dépens ne s'étant tenue devant les juridictions nationales, les dispositions de l'article

arrêt n° 030/2016, 25 fév. 2016, Banque internationale de l'Afrique occidentale Côte d'Ivoire dite BIAO-CI c. Société ivoirienne de produits de négoce dite IPN et SCPA Abel Kassi, Kobon et associés, http://www.ohada.org ; arrêt n° 133/2014, 11 nov. 2014, Cabinet Avocat-Plus Seina c. Groupe Sotel-Tchad, http://www.ohada.org ; arrêt 088/2014, 23 juil. 2014, La Société des produits Nestlé S.A. c. Maître Medafe Marie Chantal et La Société Nestlé Côte d'Ivoire S.A, http://www.ohada.org ; ord. n° 003/2010/CCJA, 02 juin 2010 (Liquidation des dépens), Etat du Cameroun-SONARA c. Société African petroleum consultants dite APC, inédit ; arrêt n° 010/2004, 26 fév. 2004, Maître Tonye Arlette c. Banque internationale du Cameroun pour l'épargne et le crédit, Rec. n° 3, janv.-juin 2004, pp. 23 et s. ; CS, arrêt n° 159/CC, 24 avril 2003, Maître Alix Betayené c. Mangwa Tchuisse Joseph, préc.). Un autre foyer, récent, se rapporte à ce que la jurisprudence qualifie de « dépendance » ou de « violence » économique, laquelle entretient des liens étroits avec les vices du consentement découlant de la crainte d'un mal menaçant directement les intérêts du justiciable *(Cass. 2e civ., 9 déc. 2021, Unedic AGS, n° 20-10.096, P+B, JurisData n° 2021-019849, La Semaine Juridique, E.G., 10 janv. 2022, n° 1, pp.19 et s., obs. CASEAU-ROCHE C.*[650]*. Voir aussi les arrêts suivants cités*

28.1-b) du Règlement de procédure susvisées ne sont pas applicables ; (...) qu'il y a donc lieu de rejeter l'exception soulevée, de déclarer les requêtes recevables... »

[650] Le pourvoi est rejeté en ces termes : *«• 4. L'AGS fait grief à l'ordonnance de fixer à 252 350 euros TTC la somme qu'elle reste à devoir à l'avocat, alors « que si la violence économique exercée contre celui qui a contracté l'obligation est une cause de nullité, seule l'exploitation abusive d'une situation de dépendance économique, faite pour tirer profit de la crainte d'un mal menaçant directement les intérêts légitimes de la personne, permet de caractériser ce vice ; que la profession d'avocat est une profession libérale et indépendante quel que soit son mode d'exercice, et que, dès lors, l'avocat exerce ses fonctions avec indépendance, dans le respect des termes de son serment ; que ces principes guident l'avocat en toutes circonstances, en sorte qu'il ne saurait se placer en situation de dépendance économique vis-à-vis de l'un de ses clients ; qu'en retenant pourtant que Maître [S] était en difficulté financière et était donc dépendant de l'AGS, pour annuler la convention d'honoraires conclue entre eux le 13 février 2013, laquelle fixait à 90 000 euros hors taxe le montant des honoraires forfaitaires perçus par l'avocat pour la procédure d'appel, et fixer ces honoraires à la somme de 350 000 euros, le premier président de la cour d'appel a violé l'article 1112 du code civil dans sa rédaction antérieure à l'ordonnance du 10 février 2016, ensemble les articles 1 et 3 de la loi n° 71-1130 du 31 décembre 1971. »*

Réponse de la Cour.

• 5. Selon l'article 1111 ancien du code civil applicable à la cause, la violence exercée contre celui qui a contracté l'obligation est une cause de nullité.

• 6. Selon l'article 1er de la loi n° 71-1130 du 31 décembre 1971, la profession d'avocat est une profession libérale et indépendante et, selon son article 3, l'avocat prête serment d'exercer ses fonctions « avec dignité, conscience, indépendance, probité et humanité ».

• 7. S'il résulte de ces deux derniers textes que l'avocat doit en toutes circonstances être guidé dans l'exercice de sa profession par le respect de ces principes et s'il doit, en particulier, veiller à préserver son indépendance, ces dispositions ne sauraient priver l'avocat, qui se trouve dans une situation de dépendance économique vis-à-vis de son client, du droit, dont dispose tout contractant, d'invoquer un consentement vicié par la violence, et de se prévaloir ainsi de la nullité de l'accord d'honoraires conclu avec ce client.

• 8. C'est donc sans encourir le grief du moyen que l'arrêt, ayant caractérisé l'état de dépendance économique dans lequel l'avocat se trouvait à l'égard de l'AGS, ainsi que l'avantage excessif que cette dernière en avait tiré, en déduit que cette situation de contrainte était constitutive d'un vice du consentement au sens de l'article 1111 ancien du code civil, excluant la réalité d'un accord d'honoraires librement

par Madame Caseau-Roche : Cass. 2e civ., 18 déc. 2003, n° 02-16.426 : JurisData n° 2003-021497 ; JCP G 2004, 1326 ; LPA 25 oct. 2004, n° 213, p. 14, obs. G. KESSLER. - Cass. 2e civ., 8 sept. 2005, n° 04-12.041 : JurisData n° 2005-029684 ; JCP G 2005, IV 3171 ; RTD civ. 2006, p. 108, obs. J. MESTRE J. et B. FAGES ; Cass. 2e civ., 5 oct. 2006, n° 04-11.179 : JurisData n° 2006-035279 ; Contrats, conc. consom. 2007, comm. 44, L. LEVENEUR ; D. 2007, p. 2215, note G. RAOUL-CORMEIL).

Prenant acte de la récurrence de ces différends, le législateur a aménagé une procédure spéciale, laquelle vise notamment à préserver l'avocat de la probabilité de voir apprécier la valeur de son travail par des magistrats qui n'en maîtrisent pas nécessairement les arcanes. Dans ses grandes lignes, et s'agissant principalement de la première hypothèse, elle passe par une requête adressée au bâtonnier qui endosse la robe spéciale de « juge de l'honoraire » et doit alors statuer dans le mois de sa saisine. Celui-ci entend éventuellement le client et rend une décision à notifier aux parties dans les huit jours de sa date. La décision du « juge de l'honoraire » est susceptible de recours, dans le mois de la notification[651], devant le président de la juridiction ayant connu de l'affaire ou, à défaut, devant le président du tribunal de grande instance du lieu de résidence de l'avocat[652]. La règle est d'ailleurs identique lorsque le bâtonnier n'a pas tranché dans le mois de sa saisine, car alors la partie intéressée peut directement s'adresser au président du tribunal. En tout état de cause, l'auxiliaire de justice et son client sont encore appelés et entendus. L'ordonnance sanctionnant la procédure est susceptible d'appel dans la quinzaine à compter de sa notification par le greffier en chef ou par le demandeur ou le défendeur. L'appel, lui aussi, est singulier. C'est que, d'une part, celui-ci est porté devant le président de la Cour d'appel. D'autre part, la décision rendue par ses soins échappe au pourvoi en cassation[653]. A l'évidence, elle servira éventuellement à mettre sous main de justice les biens du client indélicat *(CCJA, arrêt n° 030/2016, 25 fév. 2016, Banque internationale de l'Afrique occidentale Côte d'Ivoire dite BIAO-CI c. Société ivoirienne de produits de négoce dite IPN et SCPA Abel Kassi, Kobon et associés, préc. ; arrêt n° 154/2017, 29 juin 2017, 1- Société la savonnerie camerounaise c. Société Afriland First Bank SA, 2- Sieur Fotso Jean c. Société Afriland First Bank SA, 3- Société commerciale des produits manufacturiers c. Société Afriland First Bank SA, http://www.ohada.org ; arrêt 088/2014, 23 juil. 2014, La Société des produits*

---

consenti entre les parties, et fixe les honoraires dus à l'avocat en application des critères définis à l'article 10 de la loi du 31 décembre 1971 ... ».

[651] Il n'est pas vraiment surprenant que cette décision soit assez souvent contestée par les justiciables. Effectivement, ceux-ci doutent de l'impartialité du bâtonnier et considèrent qu'il est à la fois juge et « partie » en raison notamment de l'exigence de confraternité.

[652] Lorsqu'un conflit oppose le président de l'assemblée générale, son vice-président ou le bâtonnier ou les membres de l'ordre à leurs clients, il est directement soumis au président du tribunal.

[653] Article 24.

Nestlé S.A. c. Maître Medafe Marie Chantal et La Société Nestlé Côte d'Ivoire S.A, préc. ; *arrêt n° 010/2004, 26 fév. 2004, Maître Tonye Arlette c. Banque internationale du Cameroun pour l'épargne et le crédit, Rec. n° 3, janv.-juin 2004, pp. 23 et s.* ; *arrêt n° 133/2014, 11 nov. 2014, Cabinet Avocat-Plus Seina c. Groupe Sotel-Tchad, préc.* ; *CA de Lomé, arrêt n° 088, 26 mai 2009, Jean Samvi K. de Souza c. La Brasserie BB Lomé SA, in Secrétariat Permanent de l'OHADA, Jurisprudences nationales OHADA, Cotonou, 2010, n°5TG238, pp. 286 et s.*).

A dire vrai, la querelle portant sur les honoraires pourrait être moins abondante si les uns et les autres ne se détournent pas du minimum d'encadrement développé tantôt dans les textes d'envergure supranationale tantôt dans des textes nationaux et se rapportant à la nécessité de conclure par écrit des conventions d'honoraires, tantôt aux usages[654]. Au Cameroun, on songe notamment à l'arrêté de Monsieur le ministre de la justice en date du 12 avril 2005 auquel allusion à déjà été faite à maintes reprises[655]. Effectivement, après avoir réitéré que les honoraires doivent être convenus[656], celui-ci donne des orientations utiles ici.

A propos des éléments de la rémunération, il y est dit que les honoraires sont fonction des usages et du temps consacré à l'affaire, du travail de recherche à effectuer, de la nature et de la complexité du dossier, de l'importance des intérêts en cause, de l'incidence des frais et charges du cabinet auquel est rattaché le praticien, de sa notoriété voire de celle du client, des titres, de l'ancienneté, de l'expérience et de la spécialisation de l'avocat, des avantages procurés au client par l'implication du conseil, de la situation géographique du client[657]. Rien n'exclut d'ailleurs, l'un de ces jours, que ces éléments servent à déterminer un « taux moyen » qui, à son tour, permettrait dans un acte règlementaire d'esquisser un minimum et un maximum par matière, juridiction, localité, etc.[658] ;

A propos de l'époque de l'estimation des honoraires, il y est dit que l'avocat est tenu d'informer son client des modalités de leur fixation dès le

---

[654] SINCLAIR L.O., op cit., pp. 274 et s. ; MAGNIER-MERRAN, « Pour un renouveau des usages de la profession d'avocat », *Droit et patr.* n° 272, sept. 2017.

[655] On songe également à la lettre circulaire du premier ministre du 20 avril 2009 déjà évoquée. Il y est spécifiquement déploré que les départements ministériels et les organismes publics placés sous leur tutelle recourent assidument aux services d'avocats pour assurer la défense en justice des intérêts de l'Etat et de ses démembrements. Il y est déploré que des conventions soient signées entre les intéressés et les entités concernées, mais surtout que des montant exorbitants soient servis aux avocats au titre de leurs honoraires, sans commune mesure avec les prestations réalisées. Il y est déploré que prospère ici une pratique prohibée consistant à indexer le montant des honoraires sur le résultat des procès. A juste titre, le chef du gouvernement regrette encore que les conventions d'honoraires débouchent fréquemment sur l'octroi de libéralités ou d'enrichissement indu au détriment de la collectivité nationale. Afin de contenir ces dérapages, le signataire de la circulaire invite les acteurs à « *négocier dorénavant les montants des honoraires des avocats professionnels avant constitution définitive de leurs services, lesquels devront être soumis au préalable à la validation du ministre chargé de la justice* ».

[656] L'exigence est sans préjudice des développements relatifs à l'hypothèse de la commission d'office développée au paragraphe suivant.

[657] Article 65-2.

[658] SINCLAIR L.O., op cit., pp. 274 et s.

début du mandat et exceptionnellement, dans le cours de l'exécution de celui-ci[659]. La règle est claire : les éléments servant de calcul de la rémunération devront être portés à la connaissance du client dès les premiers moments. Rien n'exclut cependant que ceux-ci soient révisés en cours ou à la fin du procès, mais « d'accord parties ». Rien n'interdit par ailleurs que l'avocat sollicite et obtienne du justiciable des « honoraires périphériques » dus à un surcroît de travail lié à la modification du mandat initial[660] *(implicitement ou tacitement, voir CCJA, arrêt n° 154/2017, 29 juin 2017, 1- Société la savonnerie camerounaise c. Société Afriland First Bank SA, 2- Sieur Fotso Jean c. Société Afriland First Bank SA, 3- Société commerciale des produits manufacturiers c. Société Afriland First Bank SA, préc. ; Civ. 2e, 14 janv. 2016, n° 14-10.787, D. 2017, pp. 74 et s., obs. WICKERS T., Gaz. Pal. 2016, n° 7, p. 14, note PIAU D. ; CA de Lomé, arrêt n° 088, 26 mai 2009, Jean Samvi K. de Souza c. La brasserie BB Lomé SA, préc. ; Civ. 2ème, 21 mars 2002, Directeur général des impôts c. M. Rahon et autres, Bull., mars 2002-3, pp. 44 et 45, n° 53)* ;

A propos des provisions sur frais et honoraires, il y est écrit en substance que l'avocat ayant accepté la charge d'un dossier est en droit de solliciter d'exiger le versement préalable d'une provision à valoir sur ses frais et honoraires, à moins d'estimer que des circonstances particulières l'en dispensent. La somme d'argent demandée ne devrait cependant pas excéder ce qui sera raisonnablement acquitté au titre des honoraires et des débours. A défaut de paiement de celle-ci, l'avocat aura le choix soit de renoncer à s'occuper de l'affaire soit de s'en retirer, mais jamais sans mettre en péril les intérêts du client[661] ou de procéder à des prélèvements d'autorité sur des sommes d'argent appartenant au client et qui se trouvent entre ses mains *(même tacitement, voir not. CS, arrêt n° 159/CC, 24 avril 2003, Maître Alix Betayené c. Mangwa Tchuisse Joseph, préc. ; arrêt n° 56, 4 janv. 1966, Papadopoulos c. Ebo, Répertoire chronologique de la jurisprudence de la Cour suprême, Droit pénal, tome 1, 1960-1980, préc., pp. 27-28)* ;

A propos des modalités du paiement des honoraires, il y est écrit en substance que celles-ci sont tributaires de ce que prévoient les textes en vigueur. C'est dire que le paiement s'opère en espèces, par chèque, virement, billet à ordre, carte bancaire. Certes, le règlement par lettre de change est admis dès lors que celle-ci est acceptée par le tiré, client de l'avocat. Toutefois, l'endossement ne peut intervenir qu'au profit de la banque de « l'homme de parole » et, surtout, aux seules fins d'encaissement[662] ;

A propos du débiteur des honoraires, le client ou son mandataire sont désignés au premier chef. Il n'est cependant pas perdu de vue qu'un confrère pourrait bien être à l'origine de la relation de l'avocat avec son client. A

---

659 Idem.

660 Article 65-3.

661 Article 65-4.

662 Article 65-6.

supposer que celui-ci se contente de mettre en lien le justiciable et l'intéressé, la charge des honoraires ne lui incombera guère. Au cas contraire, celui où l'avocat ne se limite pas à mettre en relation les parties, donc par exemple confie un dossier à son confrère ou le consulte, le soin lui revient personnellement d'acquitter les honoraires, frais et débours dus au titre des prestations accomplies à sa demande par celui-ci[663].

Enfin, et cela mérite d'être souligné dans un contexte où la clientèle est parfois liée à la localisation géographique de l'étude, l'avocat a droit, dans certaines circonstances, au renouvellement de son bail à usage professionnel[664]. Tels sont du moins les éléments de contenu de quelques extraits majeurs de l'Acte uniforme OHADA portant sur le droit commercial général. Il s'agit des articles 101 et 103, lesquels insistent sur l'objet et la cause de cette convention censée permettre à toute personne d'exploiter dans des locaux ou immeubles ou dans une partie de ceux-ci, une activité professionnelle quelconque *(en ce sens, voir not. CCJA, arrêt n° 055/2016, 21 avril 2016, Succession Miller Hagame et Kokou Mawukplimi c. Société Saint-Michel et CO, http://www.ohada.org ; CA Abidjan, arrêt n° 373, 02 février 2004, Asseu Yao Marie-Louise c. Adama N. Odette, http://www.ohada.com, J-04-497. Adde : CCJA, 3ème ch., arrêt n° 106/2018, 26 avril 2018, Gnare Kadiatou, Samailan Abdourahimoune Ely et autres c. Haidar Moustapha et entreprise industrielle de bâtiments et divers dite EIB, http://www.ohada.org ; arrêt n° 022/2017, 23 fév. 2017, Société Papigraph-CI c. Sté Codipac, http://www.ohada.org ; arrêt n° 036/2008 du 3 juil. 2008, Société Burkina et Shell c. Ouedraogo Sibiri Philippe, in POUGOUE P.-G., KUATE TAMEGHE S.S. dir., Les grandes décisions de la Cour commune de justice et d'arbitrage de l'OHADA, op.cit., pp. 29 et s., com. NJEUFACK TEMGWA R.).* Il s'agit également de l'article 123 d'après lequel le droit au renouvellement du bail à durée déterminée ou indéterminée est acquis au preneur qui justifie avoir exploité son activité professionnelle conformément aux engagements pris, pendant une durée minimale de deux ans ; mais surtout qu'aucune stipulation du contrat ne peut faire échec au droit au renouvellement dont la durée est au minimum de trois ans *(voir not. CCJA, arrêt n° 030/2007, 22 nov. 2007, SCI Golfe de Guinée c. Marina Atlantic SARL, Rec. CCJA n° 10, juil.-déc. 2007, préc.).* Il s'agit incontestablement aussi de l'article 124 où la règle est développée d'après laquelle, lorsque le

---

[663] Article 65-5. Cet article ajoute opportunément que les deux avocats concernés peuvent néanmoins, dès l'origine et par écrit, convenir du contraire ; que le premier avocat peut à tout moment, par écrit, limiter son engagement au montant des sommes dues à cette date et exclure sa responsabilité pour l'avenir.

[664] L'Acte uniforme visé consacre d'autres prérogatives importantes à ne pas perdre de vue. On songe singulièrement à celle que prévoit l'article 110 où la règle est posée que le bail à usage professionnel ne prend pas fin par la cessation des droits du bailleur sur les locaux ; le nouveau bailleur est substitué de plein droit dans les obligations de l'ancien loueur et est tenu de poursuivre l'exécution du contrat. On songe à l'article 118 où la règle est posée que la cession du bail est tantôt libre, tantôt subordonnée à l'accord du bailleur ; que la sous-location est normalement interdite, mais pourrait néanmoins être convenue, etc.

bail est à durée déterminée, le preneur ayant droit au renouvellement devrait idéalement solliciter le renouvellement soit par signification d'huissier de justice, soit par notification ou par tout moyen pouvant établir la réception effective par le bailleur, au plus tard trois mois avant la date d'expiration du bail. Le reste est implacable : le locataire qui n'a pas formé sa demande de renouvellement dans ce délai est déchu du droit y relatif ; le bailleur n'ayant pas réagi à la demande de renouvellement dans le mois avant l'expiration du contrat est réputé avoir accepté le renouvellement de celui-ci *(CCJA, arrêt n° 030/2007, 22 nov. 2007, SCI Golfe de Guinée c. Marina Atlantic SARL, préc.)*. Il s'agit de l'article 126 qui concède au bailleur la faculté de s'opposer au renouvellement en payant au locataire une indemnité d'éviction et conclut qu'à défaut d'entente au sujet du montant de celle-ci, l'indemnité en cause sera fixée par la juridiction compétente. Pour les besoins de l'exercice, celle-ci devra tenir compte, entre autres, du montant du chiffre d'affaires, des investissements réalisés par le preneur, de la situation géographique du local, des frais de déménagement imposés par le défaut de renouvellement *(CCJA, arrêt n° 030/2007, 22 nov. 2007, SCI Golfe de Guinée c. Marina Atlantic SARL, préc. ; arrêt n° 017/2006, 26 oct. 2006, Société nationale des télécommunications dite Sonatel c. Société d'exploitation de la clinique Sokhna Fatma, in POUGOUE P.-G., KUATE TAMEGHE S.S. dir., Les grandes décisions de la Cour commune de justice et d'arbitrage de l'OHADA, op.cit., pp. 61 et s., obs. KENMOGNE SIMO A. ; arrêt n° 030/2017, 02 mars 2017, Société Trans-roulements CI c. Société commerce et distribution de produits alimentaires congelés dite CODIPAC, http://www.ohada.org ; arrêt n° 030/2007, 22 nov. 2007, SCI Golfe de Guinée c. Marina Atlantic SARL, préc.)*. L'exigence ne choque pas vraiment lorsqu'on songe aux obligations dont l'avocat a la charge.

ii. Les obligations

Les obligations de l'avocat sont plutôt nombreuses lorsqu'on s'intéresse, entre autres, à sa relation avec les magistrats, avec l'Etat, ses clients, ses confrères[665].

D'emblée, on les découvre en s'intéressant aux interdictions.

Précisément, il est interdit de fixer ses honoraires par un « *pacte de quota litis* »[666]. En termes simples, l'avocat doit se garder de passer avec ses clients des conventions aléatoires subordonnées à l'issue du différend, notamment de stipuler que ses honoraires seront représentés par une fraction ou un

[665] Seules sont exposées ici les plus essentielles. A propos du détail, voir not. ANYANGWE C., op. cit., pp. 153 et s.
[666] Article 27 (1).

pourcentage arrêté à l'avance avec le justiciable, sur la base d'avantages que celui-ci escompte du procès[667][668].

Dans le même sens, l'avocat devrait se garder de recevoir des honoraires de personnes dont la cause est défendue par ses soins lorsque celles-ci sont bénéficiaires de commissions d'office ou de l'assistance judiciaire[669].

Faut-il en inférer, lorsque l'auxiliaire de justice agit dans le contexte de commissions d'office, que ses services sont gratuitement offerts ? On ne saurait le dire de manière tranchée. C'est qu'une instruction interministérielle sur le paiement des frais de justice, signée le 12 octobre 1989 par les ministres des finances, de la justice et de la défense, décide, au sujet des « commissions d'office », que l'avocat résident au siège de la juridiction saisie percevra 5 000 francs de vacation par jour et par dossier. Au sujet de celui qui ne réside pas dans le ressort de la juridiction où il est commis, le même texte retient à son profit, outre les frais de vacation de 5 000 francs par jour et par dossier, un forfait journalier de 25 000 francs auxquels se greffent les frais de transport[670].

N'y a-t-il pas lieu de craindre, lorsque la commission d'office est à l'ordre du jour, que l'auxiliaire de justice désigné par le magistrat n'appartienne pas à la catégorie de ceux qui, au mieux, peuvent assurer la défense du justiciable ? La préoccupation a un intérêt singulier lorsqu'on se souvient des prévisions de l'article 7 de la Charte africaine des droits de l'homme et des peuples, lequel reconnaît au plaideur le droit de se défendre et, surtout, de bénéficier de l'assistance d'un « défenseur de son choix » *(en ce sens, voir not. CADHP, Communication 222/98 et 229/99– The Law office of Ghazi Suleiman c. Sudan, 16th Annual Activity Report, in institute for human rights and development in Africa, Decisions of the African commission on human and peoples rights on communications, 2002-2007, ABC Press, Cape Town, 2008, pp. 341 et*

---

[667] Ainsi que le prescrit notamment l'article 52 du Code de procédure civile et commerciale, l'avocat peut déclarer avoir « fait la plus grande partie des avances », donc en réalité supporter une partie importante des frais générés par le procès. Le droit lui est alors reconnu de solliciter du juge la distraction de dépens à son profit.

[668] Le règlement intérieur du barreau du Cameroun est d'avantage précis ici. A son article 65-3, il est retenu que « *Le pacte de quota litis est une convention passée entre l'avocat et son client avant décision judiciaire définitive, qui fixe exclusivement l'intégralité de ses honoraires en fonction du résultat judiciaire de l'affaire, que ces honoraires consistent en une somme d'argent ou en tout autre bien ou valeur* ». Pour aller plus loin, voir not. MARTIN R., « Quota litis », in CADIET Loïc (dir.), *Dictionnaire de la justice*, PUF, Paris, 2004, pp. 1121 et s. ; SINCLAIR L.O., « Fixation des honoraires d'avocat par le juge et principe dispositif : embarcation sur le rideau procédural de la Méduse ! », op cit., pp. 274 et s.

[669] L'article 40 du statut va au-delà. Celui-ci décide que l'avocat régulièrement commis d'office ne peut refuser son ministère sans motif d'excuse ou d'empêchement valables approuvés par le magistrat commettant. En cas de non-approbation, et si l'avocat persiste dans son refus, le conseil de discipline prononce une sanction à son préjudice.

[670] Article 27 (3). D'autres exigences sont classiques s'agissant des commissions d'office. Parmi elles, l'obligation faite aux magistrats de choisir sur place l'avocat ; l'obligation de s'abstenir d'avoir recours à un avocat non résident lorsqu'il en existe sur place ; l'obligation en cas de carence d'avocat dans le ressort du tribunal d'en choisir un dans le ressort le plus proche de la juridiction.

s.[671] *; CS, arrêt n° 194, 25 juin 1963, Ngué Mathias c. Ministère public et Etat du Cameroun, préc.).* Elle a un intérêt particulier en matière répressive, notamment lorsqu'un crime est imputé à une personne. On comprend alors l'abondance du contentieux se rapportant à la contestation de la substitution d'avocat et à la commission d'office dans le procès pénal *(en ce sens, voir not. CS, arrêt n° 285/P, 27 sept. 1961, BACS n° 5, p. 193*[672] *; arrêt n° 355, 12 déc. 1961, Ngo Bayiha Rosine c. Commissaire du gouvernement, Répertoire chronologique de la jurisprudence de la Cour suprême, Droit pénal, 1960-1980, tome 1, préc., p. 334 ; arrêt n° 194, 25 juin 1963, Ngué Mathias c. Ministère public et Etat du Cameroun, préc.*[673] *; arrêt n° 20/P, 09 nov. 1965, BACS n° 13, p. 1162*[674] *; arrêt n° 3/P, 09 nov. 1971, BACS n° 25, p. 3190 ; arrêt n° 242/P, 27 juin 1967, BACS n° 16, p. 1643*[675] *; arrêt n° 12/P, 10 mai 1979,*

---

671 Aux points n° 59 et 60, on découvre : « *Concerning the issue of the right to the defence, Communications 48/90, 50/91, 89/83-Amnesty international et al. vs Sudan are clear on this subject. The African Commission held in those communications that "the right to choose freely ones's counsel is fundamental for the guarantee of a fair trial. To recognize that the court has the right of veto on the choice of a counsel of one's choice amounts to an unacceptable violation of this right. There should be an objective system of registration of lawyers so that those lawyers so registered are no longer prevented from assisting in given cases. Il is essential that the national Bar is an independent organ which regulates the profession of lawyers and that courts do not longer play this role contrary to the right to defense"*
Refusing the victims the rights to be represented by the lawyers choice, Ghazi Suleiman, amounts to a violation of Article 7 (1) c of the African Charter ».

672 Dans cet arrêt de rejet, la haute juridiction tranche ainsi : « *Attendu que la violation des dispositions de la loi relatives à la désignation d'office d'un défenseur à l'accusé qui n'en a pas encore choisi un, bien que non sanctionnée formellement de nullité, constitue une nullité de procédure substantielle mais que l'interprétation des textes dont découlent les nullités substantielles aussi bien que de ceux qui constituent formellement une nullité doit se faire restrictivement ;*
Attendu que s'il prévoit la désignation par le président du tribunal du siège de la cour criminelle dix jours au moins avant l'ouverture de la session d'un défenseur d'office à l'accusé qui n'en a pas encore choisi un, la disposition précitée ne prévoit pas la forme spéciale pour la désignation de ce défenseur d'office, encore moins pour son remplacement ; que ce remplacement doit en conséquence être présumé avoir été effectué régulièrement si, comme c'est le cas, l'accusé a accepté les débats... »

673 Dans cet arrêt de rejet, le demandeur plaide la violation des droits de la défense, motif pris de ce que l'avocat désigné d'office par le président du tribunal criminel avait été récusé par ce dernier. La Cour suprême se détermine ainsi : « *Attendu que si au cours de l'information Ngué Mathias a manifesté l'intention de déconstituer son avocat, il ressort des pièces du dossier que le même avocat a assisté l'accusé jusqu'à la clôture de l'information judiciaire sans désaveu de sa part ; que de même, il ne résulte nullement des énonciations de l'arrêt attaqué que l'assistance du même avocat à l'audience ait été le fait d'une désignation d'office par le président du tribunal criminel spécial...* »

674 Dans cet arrêt de rejet, la haute juridiction tranche en ces termes : « *Sur le deuxième moyen pris de la violation des droits de la défense, en ce que M..., qui s'était opposé à la désignation d'un avocat, n'a pas été assisté d'un défenseur ;*
Attendu que l'arrêt attaqué énonce que M... n'ayant pas de conseil, Maitre F... qui a accepté la défense de l'intéressé a été commis d'office par le président ; qu'ainsi, il a été satisfait aux prescriptions de la loi ;
Attendu que le refus manifesté par M... d'être assisté ne peut constituer un moyen de nullité alors que le tribunal et le ministère public sont restés étrangers à l'absence de défenseur et qu'il est constaté que l'accusé a assuré sa défense et a eu la parole le dernier... »

675 La Cour suprême rejette les moyens du pourvoi en ces termes : « *Attendu qu'en cas d'absence constatée du conseil de l'accusé, celui-ci est en droit de demander la remise de l'affaire ou le renvoi à une autre session s'il estime que le remplacement de son défenseur, effectué à la dernière minute, est susceptible de compromettre sa défense ; que D... ayant expressément accepté ce remplacement, aucune nullité ne*

RCD 1979, n° 17-18, pp. 159-162, rapp. Ebongué Nyambe ; arrêt n° 145/P, 12 avril 1990, inédit[676]*, tous reproduits par DZEUKOU G.B., Code de procédure pénale, préc., pp. 198-199. Adde : CS, arrêt n° 119, 5 mai 1977, Kamdem Etienne c. Ngomsi Fokoua Justin, Répertoire chronologique de la jurisprudence de la Cour suprême, Droit pénal, tome 1, 1960-1980, préc.*[677] *; arrêt n° 3, 9 nov. 1971, Commissaire du gouvernement c. Penda Luc, Répertoire chronologique de la jurisprudence de la Cour suprême, Droit pénal, tome 1, 1960-1980, préc., pp. 408-409 ; Cass. crim., 13 févr. 2019, La Semaine Juridique, Edition Générale n° 13, 1er avril 2019, 340, note COLET Ph.*[678]*)*. On comprend sans doute aussi que

---

saurait être tirée de ce que le président de la cour criminelle lui a, à l'ouverture des débats, désigné d'office un autre avocat… »

[676] Dans cet arrêt de rejet, la haute juridiction décide : « *Attendu que la règle visée au moyen (…) fait défense aux juridictions répressives de juger des criminels non assistés par un défenseur ; qu'en cas d'absence de défenseur, il en sera donné d'office à l'accusé comparant ;*

Attendu que faute de mention contraire énoncée dans l'arrêt, il y a lieu de présumer que les défenseurs désignés par Monsieur le président à l'accusé T… Elie l'ont été avant que celui-ci ait fait le choix d'un conseil avocat de carrière ;

Que c'est à bon droit que ce président d'une juridiction criminelle a désigné d'office des défenseurs à l'accusé pour assurer le respect des droits de la défense … »

[677] Dans cette affaire, la demanderesse au pourvoi estime que les articles 294 et 295 du Code d'instruction criminelle et l'article 5 de l'ordonnance du 26 août 1972 ont été violés. Au soutien de ses allégations, elle observe qu'il a été désigné pour assurer sa défense un conseil qui n'est pas membre de l'ordre des avocats. Or les dispositions visées imposent aux magistrats, lorsque la personne poursuivie pour une infraction criminelle ne pourrait pas se procurer les services d'un conseil, de commettre au profit de celle-ci un conseil. Elle critique l'arrêt de la Cour d'appel de Bafoussam en ce que celui-ci a approuvé la décision du tribunal de grande instance de la même ville ayant commis, trois jours avant l'audience à l'effet de défendre sa cause, le sieur Santsa Martin, puis remplacé celui-ci par Maître Moyo le jour de l'audience. Pour la demanderesse, ce conseil improvisé qu'elle n'a jamais rencontré avant la phase finale et décisive du procès n'était pas à même à l'audience de défendre au mieux sa cause. Malheureusement, le moyen est rejeté. La Cour estime que le prévenu n'est point recevable à présenter comme moyen de cassation les nullités commises en première instance et qu'il n'aurait pas soulevées devant la juridiction d'appel. Elle ajoute au demeurant que « *non seulement la désignation de Santsa Martin obéissait aux prescriptions de l'article 38 du décret du 27 novembre 1947 (…) habilitant le président de la juridiction criminelle, lorsque l'accusé n'aura pas le choix d'un défenseur, à lui en désigner un, choisi parmi les avocats inscrits au barreau du Cameroun, ou, à défaut, parmi les citoyens capables de l'assister dans sa défense, mais encore aucune nullité ne saurait être tirée du remplacement du conseil dès lors que l'accusé ne s'y est pas opposé ; que, de même, l'accusé ayant accepté les débats sans aucune protestation ni réserve, est mal fondé à invoquer le fait qu'il nait pu, avant l'audience du tribunal de grande instance, communiquer avec son défenseur…* »

[678] Dans cette espèce, le demandeur au pourvoi estime la désignation d'un avocat commis d'office lui cause un grief car elle le prive de l'assistance du conseil de son choix. Pour en convaincre, l'intéressé observe que l'avocat désigné par ses soins était seul en possession de justificatifs de sa situation professionnelle. Ces documents n'ayant pas été présentés au juge en raison de sa substitution, le magistrat a, pour ordonner la révocation du contrôle judiciaire, estimé que le dossier ne comportait pas d'élément offrant la preuve de l'exercice par lui d'une activité professionnelle. Invitée à se prononcer, la Cour casse et annule l'arrêt de de la chambre de l'instruction de la Cour d'appel de Montpellier rendu le 24 octobre 2018. Au visa des articles 145 et 141-2 du Code de procédure pénale français, elle juge : « *Attendu qu'il se déduit de ces textes que l'avocat choisi par le mis en examen doit être avisé des actes de la procédure, notamment d'un débat contradictoire sur l'éventuel placement en détention provisoire de son client après révocation de son contrôle judiciaire antérieurement ordonné ;*

la Commission africaine des droits de l'homme et des peuples s'y soit penchée dans le document consacré aux « *Directives et principes sur le droit à un procès équitable* ». Celles-ci engagent les Etats à aménager au profit des bénéficiaires de commissions d'office le droit de contester le choix de l'avocat retenu ; préconisent aux Etats de s'assurer que le commis d'office est qualifié pour représenter et défendre le citoyen ; que celui-ci a une formation et une expérience correspondant à la fois à la nature et à la gravité de ce qui est débattu devant le juge. Surtout, la Commission africaine des droits de l'homme et des peuples encourage les membres de l'union africaine à s'assurer que l'avocat commis d'office soit libre d'exprimer ses vues professionnelles de manière indépendante, à l'abri de toute influence ; que sa rémunération soit suffisante, afin de l'inciter à représenter l'accusé ou la partie à une affaire civile de manière « adéquate et efficace »[679][680].

Vu la prohibition des « pactes de quota litis », il est difficile de ne pas s'interroger sur la régularité d'une pratique qui tend à se répandre. Elle consiste à trouver un accord avec le client au sujet d'une fraction de la rémunération du conseil, puis, dans le même temps, à faire dépendre une autre portion, secrète en tant que de besoin, de la qualité du service rendu ou du résultat judiciaire obtenu. Connu sous la formule « honoraire de résultat », de « convention d'honoraires » ou de « convention d'honoraires

---

Attendu qu'il résulte de l'arrêt attaqué, de l'ordonnance qu'il confirme et des pièces de la procédure que, mis en examen pour vol qualifié et placé sous mandat de dépôt, le 2 novembre 2016, M. L. a été libéré sous contrôle judiciaire, le 21 décembre 2017 ; qu'en raison de la révocation de ce contrôle, il a de nouveau été placé en détention provisoire, à compter du 4 octobre 2018, par ordonnance du juge des libertés et de la détention dont il a interjeté appel ;
Attendu que pour écarter l'exception de nullité de l'ordonnance du juge des libertés et de la décision ordonnant la révocation du contrôle judiciaire de M. L. et son placement en détention provisoire, l'arrêt énonce que l'absence au débat contradictoire préalable à cette décision de l'avocat désigné par le mis en examen pour l'assister tout au long de la procédure n'a pas porté atteinte aux droits de la défense, ce dernier ayant été assisté par un avocat de permanence, qui a pu consulter la procédure, s'entretenir avec lui, n'a formulé aucune remarque particulière et n'a pas sollicité un délai supplémentaire pour préparer sa défense ;
Mais attendu qu'en statuant ainsi, sans constater que le juge des libertés et de la détention, avant de faire appel à l'avocat de permanence, s'était trouvé dans l'impossibilité de joindre l'avocat désigné par le mis en examen ou avait relevé l'empêchement de ce dernier, la chambre de l'instruction a méconnu les textes susvisés et le principe ci-dessus rappelé ; d''où il suit que la cassation est encourue... »

679 Paragraphe H.

680 L'autre préoccupation, non moins essentielle, touche au procès pénal. Elle pousse à se demander si l'on ne devrait pas, explicitement, prévoir la possibilité pour le juge d'instruction de commettre d'office des avocats. L'inquiétude trouve ses racines dans la gravité des circonstances où s'ouvre l'information judiciaire, lesquelles sont généralement liées au crime et exceptionnellement au délit. La préoccupation trouve ses racines dans l'analyse criminologique qui semble accréditer le discours invitant à admettre que les infractions les plus graves sont presque toujours perpétrées par des marginaux, c'est-à-dire par des personnes qui estiment n'avoir plus rien à perdre ou à gagner parce que la société ne leur offre pas l'occasion de s'y insérer, notamment en exploitant une activité professionnelle susceptible de leur procurer des ressources indispensables pour leur survie. La préoccupation tient à ce que cette phase du procès pénal est celle pendant laquelle sont rassemblés des éléments qui, qu'on le veule ou qu'on ne le veule pas, détermineront la décision que prononcera la formation de jugement. Au moins pour cette raison, le juge d'instruction devrait pouvoir, à son niveau, donner un contenu à la gratuité de la justice comme il le fait lorsqu'elle court le risque de n'être pas continue.

complémentaires », l'usage, toléré par le règlement intérieur du barreau, ne semble pas *a priori* en harmonie avec la loi, singulièrement lorsque les gains procurés par la convention représentent finalement la fraction la plus consistante de la rémunération de l'auxiliaire de justice[681]. En ce sens, mais avec ces nuances qu'on leur connaît, deux arrêts de la première chambre civile de la cour de cassation française, rendus le même jour, ont pu poser que la convention d'honoraires complémentaires est licite dès que la preuve de la constitution de l'avocat ne fait pas de doute, dès que l'accord avec le client au sujet des honoraires a précédé l'accomplissement des missions dont celui-ci a la charge et surtout, dès que la convention est fonction du résultat obtenu ou du service rendu, au-delà de la rémunération des prestations effectuées *(Civ., 3 mars 1998, Gaz. Pal., 11 juil. 1998, note DAMIEN A.)*. A bien regarder, le raisonnement de la haute juridiction et la solution par elle retenue étaient inévitables. Effectivement, la convention d'honoraires est licite en France à la condition que la rémunération du conseil dépende de critères que sont les difficultés soulevées par l'affaire, la notoriété de l'avocat, les diligences effectuées, les frais exposés par l'avocat, la fortune du client. Lorsque ces éléments ne sont pas réunis, il est courant que soit envisagée une réduction des honoraires[682].

D'autres interdictions complètent les précédentes. Parmi elles, la proscription d'acquérir des droits litigieux ou de prendre un intérêt quelconque dans des affaires à lui confiées[683]. Le sens de la prohibition n'est pas caché. Elle veut préserver ce minimum d'indépendance sans laquelle l'avocat peut difficilement agir conformément au serment prêté lors de l'accès à sa profession. D'une certaine façon, cela permet de comprendre qu'une faute disciplinaire doive être retenue au cas de violation de l'exigence évoquée. D'une certaine façon, cela explique ou justifie que quelques-uns entrevoient parfois l'application des sanctions sévères que prévoit le Code pénal en ses articles 131, 135, 136, 140, 142, 143, 148, etc. L'examen de la jurisprudence suggère d'ailleurs de songer aux peines que retient l'article 321 de ce code traitant de l'escroquerie et de l'abus de confiance aggravés, cela notamment parce qu'un contrat est à la base de la relation de ce professionnel avec son client *(même tacitement, voir not. CS, arrêt n° 13, 19 oct. 1965, Massoma Peh Samel c. Ministère public, Compagnie d'assurances l'Urbaine et la Seine et Tchatchoua Jean-Pierre, Répertoire chronologique de la jurisprudence de la Cour suprême, Droit pénal, 1960-1980, tome 1, p. 27 ; arrêt n° 26, 27 nov. 1962, Mvogo bernard c. Nzanekong David, Répertoire*

[681] L'article 65-3 du règlement intérieur prévoit en effet que « *L'avocat est en droit de solliciter et d'obtenir des honoraires de résultat à titre complémentaire, en fonction du résultat ou du service rendu* ».

[682] Voir not. MARTIN R., « Quota litis », op cit., p. 1121. Voir aussi BOCCARA B., « Du pouvoir judiciaire de réduction des honoraires de l'avocat », préc. p. 1144 ; KUATE TAMEGHE S.S., DONFACK KANA S., op. cit., p. 147 ; MARTIN R., « La réduction des honoraires de l'avocat par le pouvoir judiciaire … », *JCP* 1999, I, 110, op cit.

[683] Article 27 (2) ; article 284, Acte uniforme OHADA portant organisation des procédures simplifiées de recouvrement et des voies d'exécution.

chronologique de la jurisprudence de la Cour suprême, Droit pénal, 1960-1980, tome 1, p. 26 ; arrêt n° 56, 4 janv. 1966, Papadopoulos c. Ebo, Répertoire chronologique de la jurisprudence de la Cour suprême Droit pénal, 1960-1980, tome 1, préc., pp. 27-28 ; arrêt n° 106, 28 fév. 1967, Eyango Embola Thomas c. Ministère public et Dipoko Soné Paul, Répertoire chronologique de la jurisprudence de la Cour suprême, Droit pénal, 1960-1980, tome 1, préc., p. 29). L'avocat est également tenu, lorsque celui-ci s'est constitué, de prendre part aux audiences, en robe et aux heures prévues pour la tenue de celles-ci[684][685]. Cela signifie, contrairement à ce que l'on pense souvent, que sa présence au tribunal ou à la Cour n'est pas facultative lorsque l'affaire dont la charge lui a été confiée est enrôlée ou programmée. L'exigence n'est assouplie que dans très peu d'hypothèses, notamment dans celle où l'avocat est suspendu, car il ne lui est permis ni de se constituer dans des affaires nouvelles, ni de plaider devant des juridictions, ni de consulter dans son cabinet[686]. Le reste s'imagine aisément : les absences aux audiences devraient être signalées au président de la juridiction. Lorsque l'absence de la localité où l'activité professionnelle est exploitée excède un mois, le président de la Cour d'appel du ressort et le bâtonnier de l'ordre sont également informés de la date de départ de l'avocat et de celle de son retour. En de telles circonstances, l'auxiliaire de justice a la latitude, au nom de la confraternité, soit de se retourner vers un confrère qui se substitue à lui, soit de solliciter le renvoi de l'affaire à une date ou à une audience ultérieure[687]. *A contrario*, il se devine que le renvoi suppose au minimum deux choses : que le juge ait été tenu au courant de l'impossibilité de prendre part à l'audience pour assurer la défense du client ; que le renvoi ait été demandé et accordé. Surgissent deux préoccupations. Celle de savoir dans quels délais la juridiction doit être informée par l'avocat de son projet de ne pas prendre part à l'audience et celle relative aux voies de droit dont dispose l'auxiliaire de justice lorsque le renvoi sollicité n'a pas été accordé. Sur le premier point, aucune piste n'est offerte en législation, ce qui ouvre la voie à une solution prétorienne attendue. Sur le second point, les textes de procédure évoquent l'existence d'une voie de recours spécifique, l'opposition[688] *(sur l'ensemble, CS, arrêt*

---

[684] Il se comprend aussi que l'obligation d'arborer une toque est tombée en désuétude.
[685] L'avocat doit cependant éviter de mettre sa toge ou de la retirer dans la salle d'audience devant les magistrats. Tel est notamment le sens de l'article 41 du règlement intérieur du barreau du Cameroun. La question s'est récemment posée de savoir si les toges devraient être arborées lors de cérémonies ou d'évènements privés. Au Cameroun, la polémique est née à la suite des réjouissances consécutives à l'arrêt des poursuites d'un avocat, président d'un parti politique et candidat malheureux à l'élection présidentielle en 2018. Le bâtonnier de l'ordre des avocats s'est prononcé par la négative. A son sens, l'esprit des textes et les usages de la profession n'y sont pas favorables. Au sujet de cette mise au point, voir www.barreauducameroun.org.
[686] Article 58 (6).
[687] Articles 28 (2), 30. Voir DAMIEN A., « La confraternité », in CADIET Loïc (dir.), *Dictionnaire de la justice*, PUF, Paris, 2004, p. 204.
[688] Sur ces questions, voir BAKOUNI R., « La déconstitution de l'avocat au Cameroun », préc., pp. 17 et s.

n° 159/CC, 24 avril 2003, Maître Alix Bétayéné c. Mangwa Tchuisse Joseph, préc. ; Ordre des avocats du Cameroun-Cour d'appel du Littoral-Le représentant du barreau, sentence arbitrale du 5 juin 1992, affaire Motsebo Aubin c. Me Talla Victor, préc. ; CS, arrêt n° 11/COM, 03 sept. 2015, SIAC Brasseries Isenbeck et autres c. Société Warstener et autres, www.minjustice.gov.cm ; CS, arrêt n° 11/COM, 1er oct. 2015, Société MTN Cameroun SA c. Société Kakotel SA, www.minjustice.gov.cm ; arrêt n° 05/COM, 02 juin 2016, Ndengoué Dieudonné c. Ondoua Joseph-Marie, www.minjustice.gov.cm ; Civ., 1er juil. 1958, D. 1958, 528, note CREMIEU).

Une autre obligation de l'avocat est celle de respecter scrupuleusement les devoirs que charrient les traditions et usages professionnels[689]. A l'évidence, l'une des vocations du stage est de faciliter la maîtrise des traditions et usages visés. Après coup, l'examen de fin de stage ou d'aptitude offre l'occasion au jury de s'assurer que seuls exerceront en tant qu'avocats ceux qui ont pu, entre autres, avoir une maîtrise suffisante des traditions et des usages professionnels du métier. Une chose est sûre, c'est que les devoirs en cause ont principalement trait à la relation avec le client, le confrère, le magistrat, les autres personnels auxiliaires de justice[690]. Ils

---

[689] Article 29.

[690] Sur l'ensemble, voir not. DAMIEN A., « La confraternité », préc. L'auteur estime que, bien que la confraternité ne soit pas rigoureusement encadrée, elle repose sur des principes essentiels. Au nombre de ceux-ci :

- La courtoisie consistant notamment à ne pas solliciter une remise sans avoir prévenu son adversaire et donc le conseil de l'intéressé ;
- L'aide et l'assistance confraternelle, laquelle invite par exemple, lorsqu'un avocat n'est pas présent à l'audience de l'excuser, de le justifier au besoin, de solliciter un renvoi de l'affaire par la juridiction qui en est saisie ;
- Le secours et la pension à l'avocat nécessiteux, notamment au cas de difficultés n'ayant pas forcément un lien avec l'exercice de sa profession ;
- La loyauté dans la concurrence, laquelle invite à s'abstenir de détourner à son profit la clientèle d'un confrère, mais aussi à ne reprendre le dossier d'un avocat qu'après un minimum d'investigations au sujet de la réalité de son abandon du dossier, des circonstances et conditions du retrait. Au-delà, la loyauté invite à communiquer les pièces et à s'écrire sans que les correspondances soient nécessairement versées au dossier de l'affaire ouvert par une juridiction ;
- La solidarité confraternelle, laquelle suggère, en cas de différend entre des avocats, de solliciter le bâtonnier pour son règlement « en famille ».

Au Cameroun, le Règlement intérieur du barreau est moins imprécis sur ce point.

A titre d'exemple, l'article 48 de celui-ci est ainsi conçu : « *l'avocat dans ses rapports avec ses confrères, doit se comporter avec courtoisie et modération.*

Il doit s'abstenir de toute attaque personnelle, et ne pas partager l'animosité des clients. Il doit respecter les engagements pris vis-à-vis d'un confrère et ne pas paralyser la bonne marche d'une procédure par des demandes de renvoi dilatoires ou non justifiées.

Il ne doit pas profiter de l'absence occasionnelle d'un confrère constitué pour la partie adverse pour en tirer avantage, en dépit des pressions éventuelles de son client. »

A titre d'exemple, les articles 49 et 50 de celui-ci ajoutent très explicitement qu'aux audiences, l'ordre d'appel des causes tient compte du rang d'inscription ; que la règle précédente s'applique à l'auxiliaire de justice venu de l'extérieur ; que les avocats ayant priorité eu égard aux règles de courtoisie pourraient néanmoins y renoncer au profit des confrères ayant un motif légitime d'en obtenir le bénéfice. Les mêmes dispositions ajoutent que l'avocat qui reçoit l'offre d'une clientèle ou un dossier doit s'assurer, avant d'accepter celle-ci, qu'aucun confrère n'a été préalablement

touchent à la loyauté, la confraternité, la probité, la délicatesse, l'indépendance, l'honneur. Du coup, on comprend que l'avocat ne soit pas autorisé, au cours de l'exécution de sa mission ou après l'achèvement de celle-ci de représenter, d'assister ou de conseiller dans la même cause ou dans une affaire connexe une tierce personne, dont les intérêts sont même partiellement contraires à ceux de son client[691]. Du coup, on comprend que le praticien doive se tenir à la place qui lui est réservée dans une salle d'audience, mais aussi que son départ de celle-ci doive s'opérer au regard des formes et de la courtoisie due aux cours et aux tribunaux. Du coup, il n'est pas étrange que celui-ci doive se garder de paralyser la bonne marche des procédures judiciaires par le biais de demandes de renvois dilatoires ou non justifiées[692]. Du coup, on n'admet pas que l'avocat entende profiter de l'indisponibilité occasionnelle du « confrère d'en face » pour en tirer avantage bénéfique au client. On trouve blâmable que le souci de l'auxiliaire de justice, rendu à l'audience, soit de plaider une cause avant un confrère ayant le bénéfice de l'antériorité au barreau ; que celui-ci accepte de se constituer dans une cause déjà confiée à l'un de ses collègues[693]. Il est dans l'ordre des choses, hormis les cas « *d'amicus curiae* », que l'avocat n'intervienne pas dans des procédures sans constitution préalable ou sans constitution d'une personne n'ayant pas ce pouvoir ; que celui-ci doive se garder de se constituer spontanément en faveur d'une personne qui ne s'est pas adressée à lui[694]. Au-delà, il se comprend que le règlement intérieur de la profession prohibe ce qui y est qualifié tantôt de « démarchage », tantôt de « sollicitation »[695] *(implicitement ou explicitement, voir CCJA, arrêt*

---

chargé des intérêts du client dont la défense pourrait lui échoir ; que lorsque l'avocat intervient dans une cause à la suite ou aux côtés d'un confrère, la charge lui incombe de s'assurer que celui-ci a été complètement désintéressé.

[691] Articles 42 (1).

[692] Article 41, 45 et 48 du règlement intérieur du barreau du Cameroun.

[693] Articles 48, 49, 50.

A l'article 49 sont inscrites des règles essentielles. On y découvre :

- Que l'ordre d'appel des causes aux audiences tient compte du rang d'inscription au tableau de l'ordre ;
- Que le bâtonnier a la priorité sur ses confrères ;
- Qu'après le bâtonnier, la priorité doit être accordée aux « avocats venus de l'extérieur » ;
- Que l'avocat bénéficiaire d'une préférence peut néanmoins, compte tenu des règles de courtoisie, y renoncer en faveur de l'un des confrères ayant un motif légitime de le leur demander.

A l'article 50, le principe est posé qui veut que l'avocat qui reçoit l'offre d'une clientèle ou un dossier doive s'assurer, avant d'accepter cette offre, qu'aucun confrère n'a été préalablement chargé des intérêts du client dont la défense lui est proposée. Dans l'hypothèse d'une intervention à la suite d'un autre avocat ou à ses côtés, la coutume veut qu'il s'assure que le devancier a été complètement désintéressé.

[694] Article 43.

[695] Ces termes se trouvent à l'article 62-2 titré « Formes prohibées de publicité ». Dans le détail, on y apprend que le démarchage s'entend du fait d'offrir ses services, notamment en se rendant personnellement ou en envoyant un mandataire au domicile, à la résidence d'une personne, sur les lieux de travail, de repos, de traitement ou dans un lieu public. Quant à la sollicitation, elle renvoie à une proposition personnalisée de prestations de services de l'avocat alors que celui-ci n 'y a pas été préalablement invité ». La précision est même apportée, s'agissant du démarchage

n° 003/2017, 26 janv. 2017, Société Vodacom international Limited c. Société congolese Wireless Network SPRL, http://www.ohada.org[696] *; arrêt n° 103/2016, 02 juin 2016, Société Olam Togo SARL c. Société Vatel SA, http://www.ohada.org ; arrêt n° 135/2018, 07 juin 2018, Société Coraf SA c. Société Mani Services SARL, http://www.ohada.org ; CS, arrêt n° 355, 12 déc. 1961, Ngo Bahiha Rosine c. Commissaire du gouvernement, Répertoire chronologique de la jurisprudence de la Cour suprême, Droit pénal, 1960-1980, tome 1, préc., p. 334*[697] *; CS/AP, arrêt n° 6/A, 11 déc. 1997, Etat du Cameroun-Ministère du développement industriel et commercial c. Etablissements Gortzounian, Répertoire chronologique de la jurisprudence, Droit administratif, tome 4, 1980-2000, pp. 89 et s.*[698] *; arrêt n° 159/CC, 24 avril 2003, Maître Alix Bétayéné c. Mangwa Tchuisse Joseph, préc. ; CS/CJ, arrêt n° 05/COM, 02 juin 2016, Ndengoué Dieudonné c. Ondoua Joseph-Marie, préc. ; arrêt n° 11/COM, 03 sept. 2015, SIAC Brasseries Isenbeck et autres c. Société Warstener et autres, préc. ; CS, arrêt n° 11/COM, 1er oct. 2015, Société MTN Cameroun SA c. Société Kakotel SA, préc. ; CADHP, Communication 222/98 et 229/99- The Law office of Ghazi Suleiman c. Sudan, préc. ; arrêt n° 41, 4 juin 1968, Djamen Jacques c.*

---

ou de la sollicitation prohibés que ceux-ci s'étendent aux offres de services et les propositions personnalisées de prestations de service faites par tous moyens techniques de communication à distance.

696 La spécificité de cet arrêt c'est de permettre de réaliser, même tacitement, que la constitution doit être sollicitée par une personne qui en a le pouvoir. L'un de ses extraits révèle : « *Attendu que dans son mémoire en réponse reçu au greffe le 27 juin 2014, Congolese Wireless Network a conclu à l'irrecevabilité du pourvoi au motif que la preuve que le mandat donné à l'avocat ne l'a pas été par un représentant qualifié à cet effet, que dans le dossier aucune pièce ne prouve que les sieurs J. Vander Watt, G.A. Van Niekerk, R. Kumalo, J.M. Lallah, Wong Yuen Tien qui ont signé le mandat sont légalement membres du conseil d'administration ;*
Mais attendu que la société défenderesse, co-associée de Vodacom, n'apporte pas la preuve contraire à l'acte de résolution portant délégation de pouvoir ; qu'il y a lieu en l'état de déclarer le mandat bon et valable et dire que le pourvoi est recevable » …

697 La Cour est invitée à se prononcer sur un moyen soulevé d'office, tiré de la violation des droits de la défense. Très concrètement, le demandeur reproche au tribunal militaire de Yaoundé d'avoir commis d'office un avocat pour assurer la défense de trois personnes accusées alors que les intérêts de deux de celles-ci étaient opposés. La sentence suivante est rendue par la Cour : *« Attendu qu'aux termes même du jugement, Libai Déborah, réfutant cette déclaration fondée sur les déclarations de Ngo Bahiha pour qui elle pouvait constituer une circonstance atténuante, a été acquittée à la suite des conclusions de l'avocat commun aux deux accusés, s'associant au Commissaire du gouvernement pour demander cette relaxe ; d'où il suit qu'un seul et même avocat n'a pu être utilement désigné pour la défense de deux accusés et que la défense de Ngo Bahiha n'a pas suffisamment été assurée… »*

698 Assez curieusement, la Cour suprême prend la position suivante : « *Attendu qu'il appartient à la chambre administrative de dire si Maître Antoine Epassy pourrait être à, la fois liquidateur de l'ONCPB, donc partie au procès, intéressé à son résultat, car salarié en tant que liquidateur, et avocat du MINDIC, organisme de tutelle (…) et de la liquidation dont il est indéniablement le subordonné ;*
Qu'il ne peut être à la fois partie intéressée au résultat et avocat d'une partie qu'est le MINDIC, organisme de tutelle de l'ONCPB en liquidation (…) ;
Considérant que le liquidateur d'une société ne peut être assimilé à un fonctionnaire ou à un salarié subordonné à la tutelle de ladite société ;
Considérant par ailleurs qu'il ne saurait être interdit à un avocat d'assurer la défense d'une société en liquidation et celle de la tutelle de cette société, les deux parties concernées ayant les mêmes intérêts ;
Qu'il s'en suit que la représentation de l'Etat est régulière en l'espèce (…) »

CFDPA Total, Répertoire chronologique, Droit civil et commercial, 1960-1980, tome 4, pp. 95-96 ; Civ. 1ère, 10 déc. 2002, M. Maurice X… c. Procureur général près la cour d'appel de Paris et autres, Bull. n°10, déc. 2002, p. 236, n° 301).

Cela dit, on gagne à ne pas oublier que le droit a désormais un marché qui, ces temps derniers, a une propension à évoluer. Malheureusement, et à l'inverse, l'encadrement de l'activité de l'avocat n'est que très peu renouvelé. Dès lors, des pratiques apparemment normales à un moment précis paraîtront incompatibles avec les traditions liées au métier à un autre. A titre d'illustration, les usages ne semblent pas favorables à ce que l'avocat ait recours à des procédés publicitaires à l'instar de plaquettes, d'annonces, de films cinématographiques ou des technologies de l'information et de la communication afin d'accéder à davantage de visibilité, donc par contrecoup accroître de la sorte son portefeuille[699]. La quête de clients par des indications extérieures appelant l'attention sur un cabinet cadre mal avec l'image que les générations passées ont pu construire au sujet de cet auxiliaire de justice et de l'exercice de son art[700]. Sans doute même n'était-

[699] A propos de l'actualité de cette mutation ailleurs, Cf. not. JARIEL L., « Les nouveaux modes de communication de certains officiers publics ou ministériels », *La Semaine Juridique, Edition générale* n° 17, 29 avril 2019, 450.

[700] En 2005, allant au-devant de la loi n° 90/059 du 19 décembre 1990, l'article 62 du règlement intérieur du barreau du Cameroun a prévu et organisé le contenu du papier à lettre de l'avocat, de la carte de visite professionnelle, des plaquettes, de la présence sur internet.

A propos du papier à lettre il est résolu que l'on doit impérativement y retrouver des références concernant l'adresse, les nom et prénom de l'avocat, du barreau ; le numéro de téléphone et de télécopie ; la dénomination du cabinet s'il y a lieu ; le cadre de l'exploitation lorsque l'activité professionnelle n'est pas exploitée individuellement. A côté des mentions obligatoires, on peut y retrouver le numéro de télex, l'adresse électronique ; les titres universitaires, diplômes et fonctions d'enseignement supérieur ; une ou plusieurs spécialisations régulièrement acquises ; les distinctions professionnelles ; un titre dont le port permet l'exercice de la profession à l'étranger ; l'identité des avocats collaborant au sein du cabinet ; la participation à des structures de mise en commun de moyens, à un groupement, à des réseaux, à des correspondances organiques, à condition toutefois que cela corresponde à des réalités professionnelles et à des conventions déposées auprès de l'ordre ; la mention du logo de la profession.

A propos de la carte de visite professionnelle, la règle est posée d'après laquelle celle-ci pourrait comporter les mentions autorisées sur les papiers à en-tête et renseigner au sujet des fonctions exercées par l'avocat dans la structure à laquelle celui-ci est rattaché.

Au sujet des plaquettes qui ont vocation à présenter le cabinet de l'avocat, il est résolu qu'elle doit être communiquée au conseil de l'ordre et agréée par cet organe avant sa diffusion ; qu'elle pourrait contenir l'ensemble des informations que l'on retrouve sur le papier à lettre. On pourrait en outre contenir des mentions relatives à des références concernant l'adresse, les nom et prénom. Il pourrait y être mentionné, notamment, l'ancienneté dans la profession de chacun des avocats membres du cabinet ; l'organisation et les structures du cabinet ; les domaines d'activité du cabinet ; les langues étrangères pratiquées ; le mode de fixation des honoraires ; sous réserve de leur accord, le nom des professionnels non avocats collaborant de manière régulière et significative avec ledit cabinet ; la participation des avocats à des activités d'enseignement ; la liste des correspondants à l'étranger sous réserve qu'il existe avec chacun d'eux une convention déposée à l'ordre. En revanche, il est interdit d'y faire apparaître l'identité des clients ; leur accord peut être diffusé à l'étranger dans les pays dans lesquels une telle diffusion est autorisée. Enfin, il est prohibé de diffuser les plaquettes dans des lieux publics, de les remettre à des tiers en vue de leur diffusion. Concernant la présence sur internet, il est décidé que ce type de publicité doit se conformer aux principes généraux relatifs à la publicité professionnelle, mais surtout que les

il pas à envisager, à une époque, que des discussions serrées soient fréquemment engagées avec le justiciable concernant les honoraires. Incontestablement, on n'a pas songé de longue date que ce « praticien du droit » soit membre d'un parti politique résolu à conquérir le pouvoir étatique ou que son projet à un moment donné soit de rejoindre une équipe gouvernementale ou de servir en tant que magistrat ; que les « stars du barreau » soient en majorité non pas des maîtres de la procédure civile ou de la procédure pénale, mais des limiers de la procédure administrative contentieuse, du droit fiscal, du droit des sociétés, du droit du crédit. Les « anciens » n'imaginaient pas, un jour, que leurs confrères pourraient prendre part à une audience sans se trouver physiquement au palais de justice, notamment grâce à la « visio audience » ou à d'autres outils numériques et technologiques ; ils étaient loin d'accepter que les avocats autrefois issus de l'aristocratie, côtoieraient des huissiers de justice, des notaires, des fonctionnaires des greffes ou des magistrats sans qu'un dialogue sincère se développe entre eux afin que la vérité finisse par triompher[701] . D'aucuns pourraient même être surpris, l'un de ces jours, que soit radicalement levée l'interdiction mythique de conclure avec les justiciables des conventions aléatoires alignant la rémunération de l'avocat sur ce qui sera obtenu au terme du procès devant des cours ou des tribunaux. La probabilité de voir tolérer de tels accords est d'autant plus amplifiée que la majorité de la population ploie aujourd'hui sous le poids de la pauvreté et que les gens éprouvent de plus en plus le besoin de s'adresser à un magistrat lorsque leurs droits fondamentaux sont violés. Surtout, l'admission du « pacte de quota litis » ou au moins de la pratique « convention d'honoraires complémentaires » pourrait rendre peu utile le maintien de l'assistance judiciaire[702].

L'avocat est encore astreint au respect du secret professionnel[703]. L'existence de l'obligation est justifiée. Sans elle, les personnes défendues

---

mentions autorisées sont celles qui ont été retenues pour les plaquettes ; que l'avocat intéressé par un site internet doit en informer le barreau et lui communiquer les références du centre d'hébergement et les modalités d'accès au site.

[701] GARAPON A., op. cit., pp. 452 et s. ; MORINEAU A., op. cit., pp. 459 et s.

[702] MARTIN R., « Quota litis », op cit., p. 1121.

[703] Si le secret professionnel se présente comme une obligation pour l'avocat, celui-ci constitue également un droit pour ce dernier. Du coup, cet auxiliaire de justice devrait pouvoir, sans conséquence, refuser de révéler des détails auxquels il a accédé lors de l'exercice de sa profession. Sur ces questions, voir not. ANYANGWE C., op. cit., pp. 160 et s. ; FOURMENT V., « Le droit à la preuve confronté à la protection du secret des affaires : exception au principe ou droits concurrents ? », op cit., pp. 289 et s. ; KLEIN J., « Le secret professionnel de l'avocat ne fait pas en soi obstacle au prononcé de mesures d'instruction in futurum », op cit., pp. 193 et s. ; NGO DJIGUI R.Y., *Le secret des affaires dans le droit des pays de l'espace OHADA et en droit français*, thèse, Evry, 2005, pp. 114 et s. ; TCHEUMALIEU FANSI M.R., « Le secret bancaire : l'entrée d'un programme au purgatoire », *Banque et droit* n° 160, mars-avril 2015, pp. 15 et s. ; VARAUT J.M., RUET L., « Le secret professionnel et la confidentialité dans les professions juridiques et judiciaires », *Gaz. Pal.*, 1997, 1054 ; VUILLEMIN-GONZALEZ C., *L'obligation de non-divulgation*, thèse, Perpignan, 2000.

seraient fondées à redouter, l'un de ces jours, que leur avocat en vienne à divulguer des informations rendues disponibles. A coup sûr, la qualité de la défense ne manquerait pas d'en être affectée. L'activité de conseil au sens strict en pâtirait elle aussi, ne serait-ce que dans la mesure où elle n'est jamais efficacement menée que lorsque, mise en confiance, la personne physique ou morale, en ayant besoin, révèle fidèlement à l'auxiliaire de justice chargé de l'éclairer les méandres de l'affaire la concernant.

Au fond, qu'est-ce qui est à garder secret ?

D'emblée, beaucoup songent à l'ensemble de ce qui a trait aux liens avec le client. De ce point de vue, l'attitude consistant à délier l'avocat de l'obligation au secret est sans conséquence. C'est du mois la leçon à tirer de cet extrait du statut de l'avocat qui indique que l'obligation au secret professionnel est d'ordre public, de cet extrait qui résout que l'obligation demeure quand bien même les propos du client ou les termes du mandat porteraient à croire que celui-ci en est affranchi[704]. Détaillant les choses, l'arrêté n° 42/DPJ/SG/MJ de Monsieur le Garde des sceaux ministre de la justice souligne utilement que le domaine du secret s'étend à toutes les matières, que ce soit dans le domaine du conseil que dans celui de la défense. Très concrètement, il vise les consultations adressées à un sujet de droit ou destinées à celui-ci ; les correspondances échangées par l'homme de parole avec l'usager ou celles échangées entre confrères ; les notes d'entretien et les pièces du dossier de chaque affaire ; les informations et confidences reçues par l'avocat dans l'exercice de la profession ; l'identité des clients et l'agenda de l'auxiliaire de justice ; les règlements pécuniaires et les maniements de fonds effectués au profit du justiciable ; les informations transmises aux commissaires aux comptes ou aux tous tiers[705]. Il n'est pas sans intérêt de se souvenir également des exigences relatives au secret de l'instruction, lesquelles enseignent que, sans remettre en cause les droits de la défense, l'avocat est tenu de respecter le secret de l'instruction en matière répressive. En conséquence, le « praticien » doit s'abstenir de communiquer, sauf à son client et pour les besoins de la défense, des renseignements extraits du dossier, de publier des documents, pièces ou lettres intéressant une information en cours. Lorsque l'option est prise de se remettre au client telle ou telle pièce se rapportant à l'instruction rendues disponibles sous sa seule responsabilité, la précaution doit être prise d'agir avec une prudence extrême sous-tendue notamment par les sanctions susceptibles de le frapper[706].

---

[704] Article 20.

[705] Article 60. L'article 61 suivant exclut du champ de la confidentialité, et donc du secret professionnel, les correspondances ayant pour unique objet de transmettre un acte de procédure (lettre de procédure), « les correspondances portant la mention « officielle », les conventions entre avocats portant la mention « officielle ».

[706] Article 60-4. Pour en savoir davantage, voir, dans le tome 1 de cet ouvrage, les développements se rapportant à la publicité de la justice.

L'actualité ici touche à deux choses. L'une se rapporte au point de savoir si le secret professionnel dont l'avocat a le bénéfice s'oppose à sa mise sur écoute, notamment lorsqu'on a des raisons de croire que la personne défendue, en intelligence avec lui, fait obstacle à la manifestation de la vérité. Dans cette affaire qui a animé les passions sous d'autres cieux, un ancien chef d'Etat était soupçonné d'avoir tenté d'induire les juges en erreur en dissimulant des faits commis pendant ses fonctions, cela de connivence avec son avocat. L'autre actualité se rapporte à l'identification des sanctions encourues lorsque le secret professionnel est dévoilé. A ce sujet, il ne fait pas de doute que la violation de cette obligation cardinale est constitutive d'une faute disciplinaire[707]. La responsabilité civile de l'avocat peut également être engagée en ces circonstances. Plus gravement encore, on ne peut pas exclure que ce dernier en arrive à subir les sanctions développées à l'article 310 du Code pénal titré « secret professionnel »[708]. Le fait d'avoir révélé des éléments couverts par le secret à des personnes tenues d'une obligation du même ordre, notamment à un confrère voire au bâtonnier de l'ordre n'absout pas l'avocat *(Crim., 16 mai 2000, D. 2000, IR, 199)*. Il n'en va autrement que lorsque les déclarations litigieuses ont été présentées aux autorités judiciaires ou de police au sujet de faits susceptibles de constituer un crime ou un délit, lorsque des révélations surviennent à la suite d'une demande formulée par ces dernières[709].

Le tableau des obligations de l'avocat n'est pas complet. Ce dernier doit souscrire, auprès d'une compagnie d'assurance agréée, une police d'assurance couvrant les risques inhérents à l'exploitation de son activité professionnelle. Quittance de cette police est d'ailleurs à présenter au bâtonnier au début de chaque année judiciaire[710]. Fort logiquement, l'avocat n'ayant pas soumis ce document court le risque d'être omis du tableau de l'ordre au moment de son actualisation par le chef de l'exécutif du barreau. L'exigence est fondée. Très peu nombreux sont les « hommes de parole » capables de réparer instamment le préjudice que plusieurs clients peuvent

[707] L'article 68 indique clairement que toute infraction résultant d'une atteinte portée par l'avocat au secret de l'information judiciaire, notamment la communication des renseignements extraits du dossier ou la publication des documents, pièces ou lettres intéressant l'information en cours, est réprimée dans les conditions prévues par les articles 56 et suivants de la loi portant organisation de la profession d'avocat.

[708] Il y est prévu une peine d'emprisonnement de trois mois à trois ans et une amende de 20 000 à 100 000 au cas de révélation sans l'autorisation de celui à qui il appartient un fait confidentiel connu ou confié en raison de l'exercice d'une profession ou de fonctions.

[709] Article 310 (2).

Après avoir rappelé la sanction encourue en cas révélation du secret professionnel, il décide que ces sanctions ne s'appliquent pas : aux déclarations judiciaires ou de police judiciaire portant sur des faits susceptibles de constituer un crime ou un délit, ni aux réponses en justice à quelque titre que ce soit ; aux médecins et aux chirurgiens qui sont toujours tenus au secret professionnel, sauf dans la limite d'une réquisition légale d'une commission d'expertise. Les sanctions concernées ne s'appliquent pas non plus aux fonctionnaires sur un ordre écrit du gouvernement, aux ministres du culte, aux avocats.

[710] Articles 5 alinéa 1 et 32.

subir. De ce point de vue, il apparait que l'assurance apporte un peu de tranquillité à l'avocat, accroît sa sérénité et son indépendance[711].

Les textes relatifs à la prévoyance sociale imposent également des obligations à l'avocat. Au nombre de ceux-ci trône l'ordonnance n° 73-17 du 22 mai 1973 portant organisation de la prévoyance sociale. Au nombre de ceux-ci se trouve le décret n° 90/1198 du 3 août 1990 fixant le taux et l'assiette des cotisations sociales dues à la CNPS pour les branches des prestations familiales et de l'assurance pensions de vieillesse, d'invalidité et de décès. Au nombre de ceux-ci se trouve le décret du 16 juillet 2015 fixant les modalités d'application de la loi du 18 décembre 2001 portant réaménagement des procédures de recouvrement des créances liées à ces cotisations. Ce dernier texte en particulier met à la charge de l'avocat, en tant qu'employeur, l'obligation de s'affilier à la Caisse nationale de prévoyance sociale et surtout d'immatriculer les personnes employées. Celui-ci impose à l'auxiliaire de justice de procéder mensuellement à des déclarations nominatives et, dans le prolongement de celles-ci, de payer les cotisations sociales en se conformant à la loi[712]. A supposer que cette exigence spécifique ne soit pas respectée, l'assujetti devra malheureusement se tenir prêt à subir des pénalités, lesquelles peuvent atteindre 10 % de ce qui est dû d'après les calculs de l'organisme en charge de la prévoyance sociale. Elles pourraient au demeurant être augmentées de 3 % par trimestre écoulé après les trois mois de l'échéance. L'article 20 du décret du 16 juillet 2015 précité est davantage sévère dans la mesure où il prévoit que ces majorations de retard doivent être acquittées dans les sept jours de la date de leur notification. Si d'aventure le paiement n'intervient pas spontanément, les pénalités seront recouvrées dans les mêmes conditions et délais que les cotisations principales *(CS/CA, jugt. n° 11, 16 janv. 2008, Maître Bouopda c. Caisse Nationale de Prévoyance Sociale-CNPS, in KEUTCHA TCHAPNGA C. (dir.), Les grandes décisions annotées de la juridiction administrative du Cameroun, préc., n° 21, pp. 291 et s., note KEUTCHA TCHAPNGA C. ; Juridis Périodique n° 114, avril-juin 2018, pp. 56 et s., note BIPELE KEMFOUEDIO J.*[713]*. Cf également CPCPS de*

---

711 ANYANGWE C., op. cit., p. 164.

712 Articles 3 à 16.

713 Le recours de Maître Bouopda est favorablement accueilli. Mieux encore, il est déclaré fondé car l'examen des pièces du dossier ne révèlent pas que les services de contrôle de la Caisse nationale de prévoyance sociale ont mis le concerné en demeure de payer. Qu'à cela ne tienne, la haute juridiction rappelle ici : « *(...) Attendu, par ailleurs, que selon l'article 13 alinéas 1 et 2 de l'arrêté conjoint METPS/MINEFI n° 035 du 12 juillet 2002 fixant les modalités d'application de la loi n° 2001/017 du 18 décembre 2001 précitée :*

1) Est taxé d'office, tout employeur qui :

- N'a pas déposé les déclarations des salaires dues au titre de la période concernée ;

- N'a pas présenté une comptabilité susceptible de permettre l'établissement du montant exact des salaires.

- N'a pas donné suite à l'avis de passage du contrôleur de cotisations sociales.

2) En cas d'absence de déclaration, le montant des cotisations est établi par l'administration fiscale après notification à l'employeur d'une mise en demeure de déclarer ».

l'Ouest, jugt. n° 09/002, 8 mai 2001, Dodié Joseph c. Commune urbaine de Bafoussam, Juridis Périodique n° 57, janv.-mars 2004, p. 67, obs. KOM J. ; CPCS de l'Ouest, jugt. n° 10/001, 18 janv. 2001, Fongang c. Directeur de la société Soquicam, Juridis Périodique n° 57, janv.-mars 2004, p. 67, obs. KOM J. Adde : Soc., 23 janv. 2003, Mme Bouthier-Perrier c. Union de recouvrement des cotisations de sécurité sociale et d'allocations familiales (URSSAF) de l'Ardèche, Bull., janv. 2003-1, n° 19, p. 18).

Il est encore de l'intérêt de l'avocat de ne pas occulter quelques-uns des extraits du décret n° 2016/076 du 15 février 2016 fixant les taux des cotisations sociales et les plafonds des rémunérations applicables dans les branches des prestations familiales, d'assurance-pensions de vieillesse, d'invalidité et de décès, des accidents du travail et des maladies professionnelles gérées par la Caisse nationale de prévoyance sociale. On songe singulièrement à l'article 2 de ce texte où l'exigence est affirmée que le taux des cotisations sociales dues à la CNPS au titre des prestations familiales est, pour les travailleurs relevant du régime général, de 7 % du salaire cotisable[714]. On songe à l'article 3 qui retient que le taux des cotisations sociales dues au titre de l'assurance-pensions de vieillesse, d'invalidité et de décès est de 8, 4 % du salaire cotisable et que celui-ci est supporté jusqu'à hauteur de la moitié par l'auxiliaire de justice, le reste par la personne employée par lui[715]. On songe à l'article 5 où il est écrit que le taux des cotisations sociales applicables aux assurés volontaires au titre de la branche d'assurance-pensions de vieillesse, d'invalidité et de décès est de 8, 4 % de la base cotisable arrêtée d'accord parties, dans la limite du plafond des rémunérations en vigueur, tout cela à la charge de l'assuré volontaire. On songe aux articles 7 et 8 qui commencent par fixer les taux des cotisations sociales pour la branche des accidents du travail et des maladies professionnelles et, en fonction de la gravité et de la fréquence des risques, classe les entreprises en trois groupes, à savoir le groupe A correspondant à un risque faible, le groupe B correspondant à un risque moyen, le groupe C renvoyant à un risque élevé. La suite se devine : le taux des cotisations dues à ce titre à la Caisse nationale de prévoyance sociale au titre des accidents du travail et des maladies professionnelles s'élève à 1, 75 % s'agissant des professions libérales, conseils juridiques, officiers ministériels, taux assis sur l'ensemble des rémunérations versées par l'employeur, déduction faite des frais professionnels[716]. On ne perd pas de vue les termes de l'article 6

Attendu qu'en l'espèce, le rapport de contrôle du 28 mars 2005 indique qu'il s'agit d'une taxation d'office infligée au recourant à qui il est reproché de n'avoir fait aucune déclaration depuis sa prestation de serment comme avocat en décembre 1985... »

714 Le salaire cotisable est celui qui est effectivement versé à l'employé. En tout état de cause, celui-ci ne saurait être inférieur au salaire minimum interprofessionnel garanti.

715 4, 2 % de ce taux est donc à la charge de chacune des parties. Le taux des cotisations ici est assis sur un plafond de rémunérations de 750 000 francs par mois ou de 9 000 000 francs par an.

716 Ce taux est celui que retient l'Annexe au décret n° 2016/076 du 15 février 2016 fixant les taux des cotisations sociales et les plafonds des rémunérations applicables dans les branches des

où le principe est développé non seulement que les pensions à liquider sont calculées sur la base du salaire réellement perçu par les bénéficiaires, mais aussi que la rémunération mensuelle moyenne à considérer pour les calculs ne devrait en aucun cas être inférieure au salaire minimum interprofessionnel garanti, le SMIG. On garde à l'esprit, enfin, les prescriptions des articles 10 et 11 qui décident que le montant des cotisations sociales dues au titre des branches des prestations familiales, accidents du travail et maladies professionnelles est à la charge exclusive de l'employeur ; que « *les taux des cotisations sociales sont révisables tous les deux (2) ans » (pour les applications, même tacitement, voir not. CS/CA, jugt. n° 11, 16 janv. 2008, Maître Bouopda c. Caisse Nationale de Prévoyance Sociale-CNPS, préc. ; CPCPS de l'Ouest, jugt. n° 09/002, 8 mai 2001, Dodié Joseph c. Commune urbaine de Bafoussam, préc. ; CPCS de l'Ouest, jugt. n° 10/001, 18 janv. 2001, Fongang c. Directeur de la société Soquicam, préc. Adde : CPCPS du Littoral, jugt. n° 16/15/CT/CNPS, 24 juin 2015, Dame Veuve Dallé Ngongole Madeleine c. CNPS, reproduit par ANAZETPOUO Z., La législation sociale camerounaise et les garanties de mise à la retraite, préc., pp. 329 et s. ; CPCPS du Littoral, jugt. n° 005, 24 fév. 2006, Ndoum Samuel c. CNPS, in La législation sociale camerounaise et les garanties de mise à la retraite, préc., pp. 302 et s. ; CSCA, jugt. n° 55/2008/CACS, 2 avril 2008, Ayeme Yemié Félix c. Caisse nationale de prévoyance sociale, préc. ; CA du Centre, arrêt n° 227/SOC, 24 nov. 2010, Caisse nationale de prévoyance sociale c. Dame veuve Barry née Maka Charlotte, in TCHAKOUA J.M. (dir.), Les grandes décisions du droit du travail et de la prévoyance sociale, préc., pp. 724 et s., obs. TWENGEMBO F. ; CA de l'Ouest, arrêt n° 15/S, 6 mars 2008, Caisse nationale de prévoyance sociale c. Peudjié Gaston, in La législation sociale camerounaise et les garanties de mise à la retraite, préc., pp. 304 et s. ; CA de l'Ouest, arrêt n° 53/Soc, 6 nov. 2008, Caisse nationale de prévoyance sociale c. Kouedji Joseph, in La législation sociale camerounaise et les garanties de mise à la retraite, préc. ; CA de l'Ouest, arrêt n° 17/S, 6 mars 2008, Tahombe Jean c. Caisse nationale de prévoyance sociale, Les grandes décisions du droit du travail et de la prévoyance sociale, préc., obs. BWAKA A.S. ; CA de l'Ouest, arrêt n° 01/SOC, 03 juil. 2003, Collège laïc Bellevue de Bafang c. CNPS, Juridis Périodique n° 60, oct.-déc. 2004, préc. ; CSCA, jugt. n° 24/2010/CA/CS, 3 fév. 2010, Compagnie équatoriale de peinture c. Etat du Cameroun-Caisse nationale de prévoyance sociale, in Les grandes décisions du droit du travail et de la prévoyance sociale, préc. ; Soc., 23 janv. 2003, Mme Bouthier-Perrier c. Union de recouvrement des cotisations de sécurité sociale et d'allocations familiales (URSSAF) de l'Ardèche, préc.).*

Les articles 33 et suivants du statut des avocats imposent à ceux qui exercent cette profession des obligations comptables *(même tacitement, voir CS/CA, jugt. n° 11, 16 janv. 2008, Maître Bouopda c. Caisse Nationale de*

---

prestations familiales, d'assurance-pensions de vieillesse, d'invalidité et de décès, des accidents du travail et des maladies professionnelles gérées par la Caisse nationale de prévoyance sociale.

Prévoyance Sociale-CNPS, préc.). En attendant leur mise en harmonie avec les stipulations de l'Acte uniforme OHADA portant organisation et harmonisation des comptabilités des entreprises et avec le plan comptable qui lui est en quelque sorte annexé, on retiendra qu'elles se réduisent à l'établissement du livre journal, du grand livre, de la balance, du carnet à souches[717]. Au sujet du journal, la précision est apportée que l'on y retrouve par ordre de date, sans blanc, interligne, renvoi en marge ou rature, les recettes et dépenses tant en matière civile et commerciale qu'en matière répressive, sociale ou administrative, et notamment les encaissements, les dépenses effectuées au titre de la procédure, les reversements aux justiciables[718]. A propos du grand livre, il est exigé que ce dernier reprenne au nom de chaque client et pour chaque affaire les opérations de débit et de crédit. Le débit comprend l'ensemble des dépenses à l'instar des sommes consignées aux greffes, du montant des frais servis aux huissiers de justice ou aux agents d'exécution, des frais de grosses ou expéditions supportées par l'avocat et réellement avancées, des droits et vacations indiquant le fondement de leur imputation. De son côté, le crédit récapitule les recettes au nombre desquelles se retrouvent les restitutions de sommes consignées et que l'avocat a pu recouvrer, les provisions produites par le client pour les besoins du suivi de sa cause[719]. Quant à la balance, elle renvoie au solde du compte, lequel est soit créditeur soit débiteur. S'il se trouve que celui-ci soit débiteur, le remboursement s'imposera avec la force de l'évidence[720]. Le carnet à souche, lui, comporte pour chaque reçu délivré trois feuillets dont deux devraient pouvoir être extraits pour être remis au client et versés dans le dossier de procédure. Les feuillets évoqués mentionnent au minimum les noms, prénoms et adresse de la partie versante, la date, le fondement et le montant du versement[721].

Au-delà de ce décompte arithmétique des documents comptables dont la tenue est incontournable, il importe d'attirer l'attention sur le fait que ceux-ci doivent être côtés et paraphés par le président du tribunal du ressort où est établi l'avocat. Du reste, le procureur général près la Cour d'appel et le bâtonnier de l'ordre peuvent, à tout moment, procéder à la vérification des règles de tenue[722]. Pareillement, il importe d'attirer l'attention sur l'urgence d'insérer dans le parcours de la formation de l'avocat des disciplines pouvant lui permettre soit d'accomplir directement et par lui-même ces obligations, soit de pouvoir contrôler efficacement ces préposés qui, au sein de son étude, ont la charge de les effectuer.

---

[717] Lire NEMEDEU R., WANDA R., « Obligations comptables et financières », in POUGOUE P.-G. (dir.), *Encyclopédie du droit OHADA,* Lamy, Paris, 2011, pp. 1280 et s. ; ANYANGWE C., op. cit., pp. 162 et s.

[718] Article 34.

[719] Articles 35.

[720] Idem.

[721] Articles 36.

[722] Articles 33 (2) et 38.

Là n'est pas tout. L'avocat doit ouvrir, dans une banque, un compte spécial intitulé « compte-clients ». Le régime juridique de celui-ci est rigoureux. Entre autres, le « compte-clients » n'est pas censé héberger des fonds personnels de l'avocat. Le compte ne peut essuyer aucune procédure forcée de recouvrement provenant des créanciers de cet auxiliaire de justice. Aucun prélèvement ne peut y être opéré sans que les personnes au profit desquelles celui-ci a été ouvert dans les livres d'une banque n'aient fourni une autorisation consignée dans un écrit[723]. A tout moment, le bâtonnier a le pouvoir de contrôler sa tenue et de vérifier les opérations comptables et les dépôts qui y ont été effectués[724] *(tacitement, voir not. CCJA, arrêt n° 012/2014, 27 févr. 2014, Maître Sérigne Mbaye Badiane c. Maître Aissatou Gueye Diagne, http://www.ohada.org ; arrêt n° 020/2002, 31 oct. 2002, Yapo Yapo Gérard et autres c. Maître Denise-Richmond Marcelle, Rec. n° 3 spécial, janv. 2003, pp. 35 et s. ; Trib. Civ. St-Calais, 26 mai 1955, RTD Com. 1955, p. 717 ; TI de Chauny, 21 juil. 1964, JCP 1964 IV, n° 4523, obs. J.A.).*

Enfin, et sans surprise, l'avocat est tenu de rendre compte aux personnes ayant sollicité son expertise *(voir not. CS, arrêt n° 159/CC, 24 avril 2003, Maître Alix Bétayéné c. Mangwa Tchuisse Joseph, préc. ; Ordre des avocats du Cameroun-Cour d'appel du Littoral-Le représentant du barreau, sentence arbitrale du 5 juin 1992, affaire Motsebo Aubin c. Me Talla Victor, préc.)*. L'obligation ne surprend nullement lorsqu'on se souvient que la relation avec le client découle d'un mandat et que le Code civil impose au mandataire de rendre compte[725]. L'obligation concerne notamment l'état d'avancement ou d'évolution de la cause, les voies de recours en cas d'échec, la substance de ce qui a été jugé, des sommes d'argent perçues. S'agissant des sommes d'argent reçues au profit des clients, l'exigence est davantage stricte, ne serait-ce que dans la mesure où elle est circonscrite dans le temps. Effectivement les sommes reçues pour les clients doivent leur être reversées dans des délais courts n'excédant pas un mois décompté à partir de leur versement[726]. Des sanctions disciplinaires, civiles ou répressives frappent le professionnel qui passe outre[727] *(CS, arrêt n° 66, 16 janv. 1968, Ribama Dagobert c. Yombo Appolinaire, Répertoire chronologique de la jurisprudence de la Cour suprême, Droit pénal, tome 1, 1960-1980, préc.[728] ; arrêt n° 56, 4 janv.*

[723] Voir, pour le détail sur ce point : IPANDA F., *Le tiers dans les voies d'exécution OHADA*, Thèse PhD, droit privé, Yaoundé 2, 2020, pp. 54 et s. ; WANDJI KAMGA A.D., obs. sous CCJA, arrêt n° 020/2006, 26 oct. 2006, Komenan Kouadio Christophe c. BICICI, in *Les grandes décisions de la Cour commune de justice et d'arbitrage de l'OHADA*, préc., p. 508.

[724] Articles 37 et 38.

[725] Article 1993, Code civil.

[726] Le bénéfice de l'immunité n'exclut au demeurant pas que les sommes d'argent recouvrées et conservées pour le compte d'un client identifié soient appréhendées entre les mains de l'avocat revêtant alors la casquette de tiers saisi. En ce sens, voir not. WANDJI KAMGA A.D., obs. sous CCJA, arrêt n° 020/2006, 26 oct. 2006, Komenan Kouadio Christophe c. BICICI, préc., p. 508.

[727] Article 37 (4).

[728] Ce qui oppose les personnes dans cette espèce porte sur le « détournement » présumé de sommes remises pour faire face aux frais d'un procès dans l'intérêt de l'Etat. La Cour suprême y

1966, Papadopoulos c. Ebo, Répertoire chronologique de la jurisprudence de la Cour suprême, Droit pénal, tome 1, 1960-1980, préc., pp. 27-28[729]. *Voir aussi CS, arrêt n° 001/SSP/CS, 09 juin 2015, Ministère public et Etat du Cameroun c. Yen Eyoum Lydienne, inédit ; arrêt n° 005/SSP/CS, 29 avril 2014, Siyam Siewé et autres c. Ministère public et Port autonome de Douala inédit ; CS/CJ, arrêt n° 05/COM, 02 juin 2016, Ndengoué Dieudonné c. Ondoua Joseph-Marie, préc. ; arrêt n° 11/COM, 03 sept. 2015, SIAC Brasseries Isenbeck et autres c. Société Warstener et autres, préc. ; arrêt n° 11/COM, 1er oct. 2015, Société MTN Cameroun SA c. Société Kakotel SA, préc. ; arrêt n° 148, 11 avril 1967, Tchuenté Gottlieb c. Dame Mballa Bernadette, Répertoire chronologique de la jurisprudence de la Cour suprême, tome 1, Droit pénal, préc. ; arrêt n° 13, 19 oct. 1965, Massoma Peh Samuel c. Ministère public, Compagnie d'assurance urbaine et la Seine et Tchatchoua Jean-Pierre, Répertoire chronologique de la jurisprudence de la Cour suprême, Droit pénal, tome 1, 1960-1980, préc., p. 27).* On peut d'ailleurs croire que le juge se montrera plus sévère que par le passé. C'est qu'une caisse de dépôts et consignations a récemment été mise en place[730] dont l'une des missions consiste à recevoir et à conserver, entre autres, les fonds issus de règlements judiciaires et des liquidations de biens, ceux provenant de

---

juge : « *Attendu que l'arrêt confirmatif énonce que, le 19 octobre 1962, Yombo adressait un mandat-poste de la somme de 5 600 francs à Ribama, destinée à être versée à titre de provision à Maître Pucheu, avocat-défenseur à Yaoundé, qui avait accepté d'assurer sa défense et dont Ribama était le clerc ; que celui-ci, après avoir d'abord soutenu n'avoir pu toucher le mandat du fait que son nom était mal écrit et l'avoir retourné au bureau émetteur, reconnut l'avoir encaissé et promit de rembourser Yombo, mais a conservé cette somme par devers lui, l'a sciemment dissipé et s'est mis dans l'impossibilité de la restituer ;*

Attendu qu'en l'état de ces contestations, qui relèvent tous les éléments du délit d'abus de confiance, les juges du fond ont pu, sans violer les textes visés au moyen, faire application au prévenu des peines prévues par l'article 408 du Code pénal ;

Qu'au surplus, le contrat de dépôt en vertu duquel la somme (...) avait été confiée à Ribama, à charge pour lui de la remettre à son employeur (...), n'a pas été modifié par le fait que Yombo a renoncé à poursuivre son action devant le tribunal d'Etat... »

[729] L'affaire ne concerne pas l'avocat. Toutefois, la solution que les hauts magistrats de la Cour suprême y retiennent peut s'appliquer à lui dans certaines circonstances. Sa colonne vertébrale se décline ainsi : « *Vu l'article 3 de l'arrêté qui interdit aux agents d'affaires de prélever le montant de leurs honoraires sur les fonds qu'ils détiennent pour le compte de leurs clients sans le consentement formel de ceux-ci ou, à défaut, sans une décision de justice ;*

Attendu que l'arrêt attaqué énonce, d'une part, que Papadopoulos soutient que, contre son gré, l'agent d'affaires Ebo a prélevé 250 000 francs sur la somme de 1 250 000 francs qu'il avait mission de remettre à un tiers, et, d'autre part, qu'Ebo affirme avoir effectué ce prélèvement pour le paiement d'honoraires avec l'autorisation du mandant ;

Attendu que, pour déclarer non établi le délit d'abus de confiance reproché à Ebo, la Cour d'appel s'est bornée à relever que le contenu précis du mandat confié par la partie civile au prévenu n'avait pas pu être déterminé et qu'il n'avait pas davantage été prouvé que Papadopoulos n'était pas débiteur de frais et honoraires envers Ebo ;

Attendu qu'en statuant ainsi le juge d'appel a faussement appliqué les textes visés au moyen ; qu'en effet, c'était au prévenu qui ne contestait pas la réalité du mandat, à établir le fait justificatif qu'il invoquait et, notamment, à prouver que le prélèvement opéré par lui l'avait été en conformité avec les dispositions de l'article 3 de l'arrêté... »

[730] Par la loi n° 2008/003 du 14 avril 2008 précitée. Elle est également régie par le décret n° 2011/105 du 15 avril 2011 portant organisation et fonctionnement de la caisse des dépôts et consignations.

successions indivises et ceux détenus par les auxiliaires de justice dans l'exercice des fonctions qui leur sont assignées. Assez logiquement, il est résolu que les sommes d'argent actuellement en dépôt ou en consignation au trésor public ou dans des établissements financiers ou de crédit, en raison d'une disposition législative ou règlementaire devront être reversées entre les mains de cet établissement public administratif[731]. Peu importe le cadre d'exercice de la personne qui paye.

2. Cadre d'exercice

Les modalités de l'exercice de la profession d'avocat rendent compte de la marge de manœuvre laissée à celui-ci s'agissant du choix du cadre de l'exploitation de son métier. Tout à côté, le rattachement à un ordre professionnel complète utilement la vision que l'on devrait avoir de l'exploitation de la profession d'avocat en laissant découvrir comme une obligation d'y adhérer.

a. Le cadre à choisir

L'avocat a la latitude d'exercer isolément son activité. L'hypothèse en cause est celle où cet auxiliaire de justice s'installe tout seul et, cela va de soi, exploite le cabinet fondé par lui-même. Cette modalité d'exploitation est assez développée dans la tradition juridique romaniste et dans les pays que l'on y rattache[732]. Elle procède de l'idée que le cabinet de l'avocat, au même titre que celui du médecin ou du notaire, est un lieu de confidences. En conséquence, une relation personnelle se développe entre cet auxiliaire de justice et son client, chose difficilement envisageable lorsque la profession est exercée « collectivement »[733]. L'exercice individuel ou solitaire, pour ainsi dire, a ses avantages, lesquels renvoient à l'autonomie et à l'indépendance tantôt matérielle, tantôt financière, tantôt intellectuelle[734]. Il comporte, on s'en doute, des inconvénients liés notamment à la charge de l'ensemble des frais généraux du l'étude (loyer, documentation, personnel, etc.). D'autres inconvénients ont été recensés qui touchent au poids du travail qui s'accroit avec l'entassement des textes, à

---

[731] Article 11.

[732] Les informations produites par le site internet du barreau du Cameroun (http://www.barreaucameroun.org) en mars 2024 révèlent que dans leur grande majorité, les avocats exercent à titre individuel et que le plus grand nombre exerce dans la région du littoral ; que le pays compte 50 sociétés civiles professionnelles agrées et que le siège de la moitié environ se trouve dans la région du littoral.

[733] PERROT R., *Institutions judiciaires*, Montchrestien, Paris, 2002, p. 343, n° 439.

[734] MARTIN R., *Déontologie de l'avocat*, préc., p. 85, n° 126. Cf également GARAPON A., op. cit., p. 452.

l'amplification de la jurisprudence, au développement de l'entreprise et à sa compétitivité[735].

L'avocat peut également exercer avec ses pairs dans le cadre d'une société civile professionnelle. L'option n'est pas sans fondements ou sans avantages. Ceux qui se regroupent dans une telle entreprise semblent davantage outillés lorsque vient le moment de braver la complexité et le foisonnement contemporain des règles de droit. Mieux encore, la création d'une société civile professionnelle offre l'opportunité de couvrir différents champs disciplinaires que l'avocat établi seul a généralement du mal à fréquenter assidûment. C'est que, comme on l'a observé, l'accès à la profession requiert le niveau de la licence. Or, de nombreuses licences sont délivrées dans les universités qui tantôt sont en lien avec le droit public, tantôt en lien avec le droit privé, tantôt en rapport avec la Common law. Malheureusement, peu nombreux sont ceux pouvant avoir une bonne maîtrise de l'ensemble de ces sous-branches de la science juridique qui, pourtant, seront utiles lorsque vient le moment d'exploiter une activité professionnelle en tant qu'avocat. Au-delà, et le fait est lui aussi connu aujourd'hui mieux qu'autrefois, bien de matières dont la connaissance permet d'exercer efficacement la profession, notamment celles relatives au recouvrement individuel ou collectif des créances, sont rarement abordées avant les études au niveau du master. Du reste, la société civile professionnelle permet d'affronter avec davantage de chances de succès la concurrence qui va aller en s'intensifiant avec la disparition des barrières douanières, la libre circulation des personnes et des biens en Afrique centrale ou ailleurs, le développement des supports de communication *(implicitement, TGI Douala, n° 246, 15 janv. 1998, Etat du Cameroun c. ONCPB, SMIC, Maître Etoke Joël, Maître Iya Soulemanou, Sodecoton, Juridis Périodique n° 36, oct.-déc.1998, pp. 41 et s., note SOUOP S. ; CJUE, 24 mars 2022, aff. C-529/18 et C-531/18, La Semaine Juridique Edition Générale n° 18, 9 Mai 2022, pp. 598 et s., note NOTO-JAFFEUX N.).*

Ces atouts exposés, il convient encore de noter qu'au moins deux conditions sont requises pour que des avocats se réunissent pour les besoins de l'exploitation de la profession. Tout d'abord, l'accord du conseil de l'ordre est exigé, ce qui présuppose une demande provenant des associés futurs[736]. Ensuite et à supposer que la requête ait été favorablement accueillie, l'avis de cette instance doit encore être notifié au procureur de la République, même s'il est vrai que rien n'est ouvertement dit à propos des délais de cette formalité et de celui qui devrait s'en charger. Enfin, l'association n'est possible que lorsque le nombre de cabinets existant dans une agglomération excède quatre[737]. *A contrario*, cela induit qu'une société

[735] Idem.

[736] Article 4 (3).

[737] Article 4 (4). Il n'est pas intérêt d'attirer l'attention sur le fait que l'article 76 du règlement intérieur de la corporation retient que la création d'une société civile professionnelle n'est

civile professionnelle ne saurait être créée dans un centre urbain où sont établis deux ou trois avocats seulement. L'exigence n'est pas assouplie dans l'hypothèse jamais à exclure où une ville couvrirait le ressort de différentes juridictions. Tel est du moins le sens de la loi qui s'en tient à la formule d'après laquelle « *les avocats résidant dans la même ville peuvent exercer leur activité dans le même cabinet, sous forme de société civile professionnelle…* »[738]. En conséquence, lorsqu'une agglomération englobera le ressort de plusieurs tribunaux, la constitution d'une société civile professionnelle deviendra impossible si d'aventure l'on n'y retrouve moins de trois avocats.

Ces atouts exposés, la question surgit quotidiennement de savoir qui a le pouvoir d'engager la société civile professionnelle. Elle s'exprime avec force depuis que le règlement intérieur du barreau est venu prescrire qu'il peut être convenu que la double signature ou le visa soient apposés sur tous actes, correspondances, études ou consultations[739]. Elle n'était pas absente auparavant lorsque l'exigence était affirmée d'après laquelle le ministère de l'avocat est obligatoire devant les juridictions suprêmes et qu'un mandat spécial était couramment requis ici. Avec patience, la Cour commune de justice et d'arbitrage de l'OHADA rappelle son opinion, notamment dans ce qu'il convient bien de qualifier d'affaires Olam Togo SARL contre la Société Vatel SA.

Dans la première de ces espèces ayant donné lieu à l'arrêt du 21 avril 2016, la CCJA décide, à propos de la recevabilité du pourvoi : « *Attendu que la défenderesse soulève in limine litis l'irrecevabilité du recours, au motif qu'il violerait l'article 23 (nouveau)-1 du règlement de procédure de la CCJA ; qu'elle soutient d'une part que le document délivré le 04 juin 2014 par la société Olam Togo à la SCP Aquereburu et partners ne saurait valoir mandat spécial, car établi « non avec le papier entête de ladite société mais avec un en-tête intitulé Cour commune de justice et d'arbitrage », comme s'il « émanait de cette dernière institution » ; que d'autre part, en admettant son authenticité, ledit mandat est donné à la « société civile professionnelle représentée par son gérant en la personne de Maître Coffi Aquereburu », seul habilité à agir en son nom ; que cette qualité fait défaut aux collaborateurs de ce dernier, à savoir maîtres Bakho Kossi et Alphonse Nate Gakoto, respectivement signataires de la requête de pourvoi du 27 juin 2014 et du mémoire en réplique du 13 avril 2015 ;*

Attendu que selon l'article 23 du règlement susvisé, « Le ministère d'avocat est obligatoire devant la cour. Est admis à exercer ce ministère toute personne pouvant se présenter en qualité d'avocat devant une juridiction de l'un des Etats parties au

---

possible que lorsque le nombre de cabinets existant dans une ville est « supérieur ou égal à quatre ».

[738] La formule permet de comprendre qu'il est à exclure que des avocats se réunissent et exercent en toute indépendance dans un cabinet sans avoir créé une société civile professionnelle ; ce qui est regrettable. Effectivement, on devrait sérieusement envisager que plusieurs avocats puissent exercer ensemble sans créer une société civile professionnelle et sans être liés par un contrat de collaboration.

[739] Article 77.3.

traité. Il appartient à toute personne se prévalant de cette qualité d'en apporter la preuve à la cour. Elle devra en outre produire un mandat spécial de la partie qu'elle représente » ; qu'il oblige l'avocat à prouver sa qualité, sa capacité à plaider devant les juridictions d'un Etat partie et son mandat ;

Qu'en l'espèce, la qualité d'avocats et de membres du cabinet Aquereburu & Partners de maîtres Bakho et Gakoto et leur capacité à plaider devant les juridictions togolaises ne sont pas contestées ; que leur pouvoir de signer les actes de procédure engageant le cabinet dont ils relèvent ne peut être sérieusement remis en cause par la défenderesse sur la base d'arguments tirés de l'organisation interne audit cabinet qui ne les a pas désavoués ; qu'enfin, la mention « Cour commune de justice et d'arbitrage » sur le mandat du 04 juin 2014 n'entame en rien le contenu de celui-ci, en ce qu'il investit pleinement la SCP Aquereburu et partners des pouvoirs nécessaires aux fins des présentes ; que le moyen n'étant donc pas fondé, il convient de le rejeter et de déclarer le pourvoi recevable… » (CCJA, arrêt n° 061/2016, 21 avril 2016, Société Olam Togo SARL c. Société Vatel SA, http://www.ohada.org. Cf également CCJA, arrêt n° 042/2020, 27 fév. 2020, Lintega Bayomma c. Agence d'Appui aux Initiatives de Base Région Maritime, http://www.ohada.org[740] *; CCJA, arrêt n° 007/2022, 20 janv. 2022, Société Groupe Five DRC c. Société d'exploitation de Kipoi et les délégués syndicaux de la société d'exploitation de Kipoi, http://www.ohada.org*[741]*).*

---

[740] Sur le point relatif à la demande de nullité de la procédure pour défaut de pouvoirs de deux avocats à représenter une société civile professionnelle d'avocats, la CCJA oppose un rejet. Elle « *Dit et juge que les nommés Bakoh Kossi et Gakoto Alphonse Natè sont des avocats exerçant à la SCP Aquereburu & partners et n'ont besoin d'aucun mandat spécial pour agir au nom et pour le compte de ladite SCP* ». La solution surprend dans la mesure où aucun élément du dossier ne donne à penser que les avocats concernés étaient sociétaires de la SCP Aquereburu & partners.

[741] L'affaire ne concerne pas directement la gérance de la société civile professionnelle. Qu'à cela ne tienne, la solution retenue ici s'appliquera à celle-ci lorsqu'elle est en difficulté. Sa substance est celle-ci : « *Attendu qu'aux termes de l'article 53 de l'Acte uniforme du 10 septembre 2015 portant organisation des procédures collectives d'apurement du passif, « La décision qui prononce la liquidation des biens d'une personne morale emporte, de plein droit, dissolution de celle-ci.*
Elle emporte, de plein droit, à partir de sa date, et jusqu'à la clôture de la procédure, dessaisissement pour le débiteur de l'administration et de la disposition de ses biens présents et de ceux qu'il peut acquérir à quelque titre que ce soit, sous peine d'inopposabilité de tels actes, sauf s'il s'agit d'actes conservatoires.
Les actes, droits et actions du débiteur concernant son patrimoine sont accomplis ou exercés, pendant toute la durée de la liquidation des biens, par le syndic agissant seul en représentation du débiteur… » ;
Attendu qu'en application de ces textes, la décision judiciaire prononçant la liquidation des biens entraine la dissolution de la société et l'expiration des mandats des dirigeants sociaux, en l'occurrence le directeur général. Par conséquent, ce dernier n'a plus le pouvoir de procéder au nom de la société à des actes juridiques ; qu'ainsi, le mandat des dirigeants sociaux de la Société d'Exploitation de Kipoi ayant pris fin par l'effet de la décision RAF 003 du 27 octobre 2020 prononçant sa liquidation, lesdits dirigeants n'ont plus le pouvoir de procéder en son nom, à des actes juridiques, cette prérogative étant désormais dévolue au syndic agissant seul en représentation de cette société pendant toute la durée de la liquidation de ses biens ; qu'il en résulte que c'est à tort que la Cour d'appel du Haut-Katanga a jugé recevable, l'appel formé par un avocat porteur d'une procuration spéciale à lui délivrée par un « directeur général par délégation », agissant pour le compte d'une société mise en liquidation des biens ; que ce faisant, elle a violé les dispositions de l'article 53 susvisées et exposé sa décision à la cassation ; qu'il échet de casser son arrêt et d'évoquer… »

Dans la seconde de ces affaires dont l'aboutissement est l'arrêt du 02 juin 2016, la CCJA décide, toujours à propos de la recevabilité du pourvoi : « *Attendu que dans son mémoire en réponse reçu au greffe de la cour de céans le 30 janvier 2015, la société Vatel SA soulève l'irrecevabilité du recours de la société Olam Togo SARL pour violation de l'article 23 du règlement de procédure de ladite cour au motif que (...) la requête aux fins de pourvoi n'a pas été signée par le gérant de la SCP Aquereburu et partners, mais par un avocat collaborateur ;*

Attendu que les articles 23.1 et 28.1 du règlement de procédure de la cour de céans disposent respectivement que le ministère d'avocat est obligatoire devant la cour de céans ; est admis à exercer ce ministère, toute personne pouvant se présenter en qualité d'avocat devant une juridiction de l'un des Etats parties au traité. Il appartient à toute personne se prévalant de cette qualité d'en apporter la preuve à la cour de céans ; tout avocat doit produire un mandat spécial à lui délivré par la partie qu'il représente, ce mandat devant nécessairement émaner d'un représentant qualifié ;

Mais attendu (...) que par ailleurs, l'avocat collaborateur agit sous la responsabilité du cabinet où il travaille ; qu'il a qualité pour signer tout acte de procédure et tous les actes qu'il pose sont fait pour le compte de son cabinet ; que pour cela, il n'a pas besoin d'un pouvoir spécial pour agir ; qu'il résulte de tout ce qui précède que l'exception d'irrecevabilité soulevée par la société Vatel SA n'est pas fondée ; que le recours est recevable (...) » *(CCJA, arrêt n° 103/2016, 02 juin 2016, Société Olam Togo SARL c. Société Vatel SA, http://www.ohada.org. Voir aussi CCJA, arrêt n° 073/2014, 23 avril 2014, Monsieur Mandonou Oswald Attin c. Banque of Africa (BOA-Bénin), http://www.ohada.org*[742] *; arrêt n° 098/2014, 30 oct. 2014, SCP Pyramidion c. Agence d'exécution des travaux d'infrastructure du Mali dite AGETIER-Mali, http://www.ohada.org*[743] *;*

CCJA, arrêt n° 135/2018, 07 juin 2018, Société Coraf SA c. Société Mani Services SARL, http://www.ohada.org).[744]

742 L'un des extraits de l'arrêt est rédigé de la sorte : « *Attendu, d'autre part, qu'aucun texte du Règlement n'interdit, comme c'est le cas dans la pratique, la substitution d'un avocat par un de ses collaborateurs, justifiant de la qualité d'avocat ; qu'il échet dès lors de rejeter ladite irrecevabilité du mémoire en réponse comme non fondée* ».

743 Le recours est déclaré recevable en la forme sur ces bases : « *Attendu que l'Agetier-Mali soulève in limine litis l'irrecevabilité du recours ; qu'elle fait valoir que l'un des avocats de la SCP Pyramidion, Maître Mohamed Bathily, dont la constitution est mentionnée dans la requête introductive du recours, n'a pas produit le mandat spécial prévu à l'article 28 du Règlement de procédure ;*
Mais attendu que la requête, de même que les autres écritures de la SCP Pyramidion, ne comportent que la signature de Maître Mamadou G. Diarra, avocat à la cour au Mali, au nom de la Société civile professionnelle d'avocats Juri-Partner, dont le mandat spécial de représentation a été régulièrement produit aux débats et n'a pas été contesté ; que l'irrecevabilité du recours ne saurait résulter du défaut de production d'un mandat au nom de Maître Mohamed Bathily, qui n'est signataire ni de la requête, ni d'un quelconque mémoire déposé au nom de la recourante ... »

744 L'épine dorsale de la décision d'irrecevabilité se présente ainsi : « *Attendu qu'aux termes des dispositions de l'Article 28-5 du Règlement de procédure de la cour de céans : « Si le requérant est une personne morale de droit privé, il joint à sa requête :*
- ses statuts ou un extrait récent du registre de commerce, ou toute autre preuve de son existence juridique ;

On se demande parfois aussi si les parts d'associés sont soit cessibles, soit transmissibles. Ardues, ces interrogations ont des éléments de réponse somme toute classiques. Ces paramètres de décision font appel à la qualité d'avocat inscrit au tableau de l'ordre, nœud gordien de la création d'une société civile professionnelle de « techniciens ». Exceptionnellement et a minima, ils font appel à l'inscription sur la liste de stage ou à la titularité du certificat d'aptitude à la profession et à la prestation de serment. Mieux encore, ils font appel à l'intitus personae qui pourrait rendre incontournable l'information des sociétaires au sujet du projet de cession, mais surtout l'agrément du futur ayant droit ou du futur associé[745]. Toujours est-il, et la jurisprudence française est dans ce sens, que les conflits y relatifs devraient idéalement être portés, préalablement, à la connaissance de la juridiction ordinale *(Civ. 1ere, 9 mai 2019, Rev. sociétés 2019. 688, note BARBIERI J.-F. ; Civ. 1ere, 6 fév. 2019, D. 2019, pp. 313 et s)*. Toujours est-il, et la Cour de cassation française le rappelle avec constance lorsqu'elle en a l'occasion, que la cession de parts d'associés d'une société civile professionnelle en vue de l'installation individuelle pourrait avoir un impact sur quelques-unes des obligations de ceux qui ont créé l'entreprise ou de l'entreprise elle-même, notamment sur le terrain de la sécurité sociale *(Soc., 23 janv. 2003, Mme Bouthier-Perrier c. Union de recouvrement des cotisations de sécurité sociale et d'allocations familiales (URSSAF) de l'Ardèche, Bull., janv. 2003-1, n° 19, p. 18[746])*.

- la preuve que le mandat donné à l'avocat a été régulièrement établi par un représentant qualifié à cet effet » ;

Attendu, en l'espèce, qu'il résulte des pièces versées aux débats, notamment des statuts et de l'extrait du RCCM que la société Coraf SA a pour administrateur général Monsieur Denis Christel Sassou Nguesso et qu'il est de ce fait, la seule personne qualifiée et habilitée à agir au nom et pour le compte de celle-ci et à donner mandat aux fins de droit ; que les dispositions de l'article 14 des statuts, sur lequel s'est fondé le directeur de l'usine de cette société pour délivrer le mandat spécial litigieux, ne prévoit que la possibilité, sur proposition de l'administrateur général, pour l'actionnaire unique de donner un mandat à une ou plusieurs personnes physiques d'assister l'administrateur général à titre d'administrateur général adjoint ; qu'or, la société Coraf SA ne produit ni n'offre de produire aucune preuve d'une délégation spéciale donnée à cette fin au directeur usine… »

745 MARTIN R., *Déontologie de l'avocat*, préc., pp. 98 et s., n° 144 et s.

746 Dans cet arrêt de cassation, la haute juridiction retient ce qui suit : « *Attendu qu'il résulte du premier de ces textes que bénéficient de l'exonération des cotisations patronales de sécurité sociale les personnes non salariées qui ont exercé leur activité sans le concours du personnel salarié durant les douze mois précédant l'embauche ; que la condition de l'absence de personnel salarié antérieurement à l'embauche ne s'apprécie que dans le cadre de l'activité au titre de laquelle l'exonération est demandée ;*

Attendu, selon les juges du fond que Madame Bouthier-Perrier, avocate, a été associée et cogérante à compter du premier janvier 1991 d'une société civile professionnelle d'avocats qui a engagé un salarié ; qu'elle a cédé à son coassocié ses parts, le 28 mars 1997, et a exercé, à compter du 1er avril 1997, la profession d'avocat à titre individuel ; qu'elle a embauché un salarié le 3 avril 1997 et demandé au titre de cette embauche l'exonération des cotisations patronales prévue par l'article 6 de la loi 89-18 du 13 janvier 1989 …

Attendu que pour rejeter le recours, l'arrêt attaqué énonce que Mme Bouthier-Perrier qui a embauché un salarié à compter du 4 avril 1997 dans le cadre de son activité individuelle, après avoir eu à son service, dans les douze mois ayant précédé cette embauche un salarié comme membre d'une société civile

La préoccupation émergera bientôt aussi de savoir si « l'homme de la parole » peut, à dessein d'exploiter son activité, recourir à certains statuts de création récente à l'instar de celui de l'entreprenant ou du groupement d'intérêt économique[747]. Apparemment banale, l'interrogation n'est pas de celles dont la réponse est facile à proposer.

S'agissant du statut de l'entreprenant, quelques-uns réagiront effectivement par la négative. Pareille grille de lecture trouvera à coup sûr ses bases dans la philosophie ayant présidé la mise en place de l'entreprise à développer par l'entreprenant. Si l'objectif à atteindre était de rendre aisée la création d'entreprises et de réduire la taille du secteur de l'économie informelle, alors la conclusion s'impose que ce statut n'a pas été conçu pour les libéraux ; cela d'autant plus que la plupart des professions libérales n'étaient pas à proprement parler à rattacher à l'économie de survie. Quelques autres auront une réaction opposée. A l'appui de cette manière de voir, ceux-ci relèveront tout d'abord que l'article 3 de l'Acte uniforme portant sur le droit commercial général prévoit clairement que le statut d'entreprenant a notamment été imaginé pour l'exercice d'activités de nature « civile » ou « professionnelle ». Lui faisant écho, l'article 63-5° évoque, parmi les pièces à verser au dossier de la déclaration d'activité à laquelle est assujetti l'entreprenant, l'autorisation d'exploiter telle ou telle activité en tant que de besoin. Au soutien d'une réaction favorable pourraient également être évoquées les évolutions survenues ailleurs, notamment en France[748].

A la réflexion, ces prises de position gagneront à être nuancées. On peut difficilement contester, s'agissant d'activités libérales non règlementées, que la casquette d'entreprenant serve à ceux qui souhaitent s'y consacrer. En revanche, il faudrait, pour ainsi dire, sonder les textes nationaux

---

professionnelle au sein de laquelle elle exerçait la même activité professionnelle d'avocat, ne peut prétendre, au seul motif de changement de forme juridique, au bénéfice de l'exonération sollicitée ;
Qu'en statuant ainsi, alors qu'il résultait de ses propres constatations que la société civile professionnelle n'avait pas été dissoute après la cession des parts de Mme Bouthier-Perrier, de sorte que celle-ci, qui exerçait son activité d'une manière distincte juridiquement et économiquement de la précédente pouvait bénéficier de l'exonération, la cour d'appel a violé les textes susvisés… »

[747] Il n'est pas sans intérêt de relever que la question a été résolue ailleurs. En France, depuis la loi n° 2015-990 du 6 août 2015 pour la croissance, l'activité et l'égalité des chances économiques, dite loi Macron, les avocats peuvent créer, y compris avec des tiers, des sociétés où les associés n'ont pas à ce seul titre la qualité de commerçant. A ce sujet, voir DONDERO B., « Le cabinet d'avocats constitué en société de droit commun », *La Semaine Juridique Edition Générale* n° 28, 18 juil. 2022, doctr., pp. 889 et s., DONDERO B., « Les sociétés par les nombres », *D.* 2022, pp. 611 et s. ; JENSEN D., SAINTOURENS B., « Structures d'exercice : critères de choix et conséquences », *Dalloz avocats*, n° 1, janv. 2013, pp. 12 et s. ; PARLEANI V. G., « L'exercice en société des professions libérales - essentiellement juridiques - dans la loi Macron », *Rev. Sociétés* 2015, pp. 638 et s. En jurisprudence, voir Cass. 1re civ., 11 mai 2022, *JCP G* 2022, act. 667, obs. BORTOLUZZI S. ; Cass. com., 21 juin 2011, *D.* 2011, pp. 1754 et s., obs. LIENHARD A.

[748] Voir not. DONDERO B., « Le cabinet d'avocats constitué en société de droit commun », préc. ; « Les sociétés par les nombres », préc. ; JENSEN D., SAINTOURENS B., « Structures d'exercice : critères de choix et conséquences », préc. ; PARLEANI V. G., « L'exercice en société des professions libérales - essentiellement juridiques - dans la loi Macron », préc.

organisant les professions libérales règlementées avant de conclure avec assurance si ceux-ci s'ouvrent au statut de l'entrepreneur individuel tel qu'aménagé par le droit OHADA. La lecture de l'article premier de l'Acte uniforme portant sur le droit commercial général semble en tout cas suggérer de procéder de cette façon. Son alinéa 2 révèle que, « sauf dispositions contraires », les personnes ayant opté pour le statut d'entreprenant lui sont assujetties. Et l'alinéa 3 renforce la règle ainsi consacrée en soutenant que tout entreprenant demeure soumis aux lois non contraires applicables dans l'Etat où se situe son établissement ou son siège[749].

Quant au point de savoir si des avocats pourraient se rassembler dans le cadre d'un groupement d'intérêt économique, les éléments de réponse se trouvent tantôt dans l'Acte uniforme relatif au droit des sociétés commerciales, tantôt dans les textes qui, à l'échelle nationale, régissent le statut de l'avocat. Et, en de telles circonstances, la controverse est difficilement évitable, surtout si la hiérarchie des normes est perdue de vue. C'est que les uns peuvent, en se référant à l'Acte uniforme visé, observer que celui-ci retient à son article 871 que « *deux ou plusieurs personnes physiques ou morales peuvent constituer entre elles un groupement d'intérêt économique, y compris les personnes physiques exerçant une profession libérale soumise à un statut législatif ou règlementaire ou dont le titre est protégé* ». D'autres peuvent à juste titre, en prenant appui sur la relation du droit commun et du droit spécial, attirer l'attention sur le fait qu'en l'état actuel des textes d'organisation de la profession, seules deux possibilités sont offertes à l'avocat par la loi qui organise son statut. Soit s'établir « en solo » en cabinet, soit s'établir avec des confrères dans le cadre d'une société civile professionnelle. Théoriquement, cela écarte la possibilité de créer avec eux des entreprises n'ayant pas la forme d'une société civile professionnelle.

Un tel schéma n'est pas dénué de toute logique. Effectivement, on ne peut pas sérieusement envisager que l'avocat en arrive à créer avec des tiers une société en commandite simple ou plus radicalement une société en nom collectif où les pères fondateurs ont la qualité de commerçant. Or, le fait est connu, la qualité d'avocat est incompatible avec celle de commerçant et exclut tout cumul[750]. On ne peut pas non plus accepter sans hésitation que ces auxiliaires de justice exploitent leur activité par le truchement d'une société à responsabilité limitée, d'une société anonyme ou d'une société par actions simplifiée qui apparait comme une excroissance de cette dernière.

---

[749] Sur ces questions, voir POUGOUE P.G., KUATE TAMEGHE S.S., *L'entreprenant OHADA*, PUA, Yaoundé, 2013, n° 52, p. 64. Voir également DELPECH X., « *Élargissement du statut de l'auto-entrepreneur au secteur libéral* », *D.* 2009 ; REYGROBELLET A., « L'auto-entrepreneur : vers un statut de l'activité indépendante », *Rev. Lamy Droit des affaires*, 2009-3, n° 2217, pp. 77 et s. ; TRICOT D., « Statut du commerçant et de l'entreprenant », *Droit et Patrimoine*, n° 201, mars 2011, pp. 67 et s.

[750] La règle est inscrite dans l'Acte uniforme portant sur le droit commercial général, à l'article 9.

Incontestable autrefois, ce raisonnement doit de nos jours être nuancé. Diverses raisons y sont favorables. Parmi elles se trouvent la reconnaissance et l'organisation de l'apport en industrie dans l'Acte uniforme relatif au droit des sociétés commerciales et du groupement d'intérêt économique[751]. D'après lui, ce type d'apport est celui de « connaissances techniques », « professionnelles » ou « de services »[752]. Les modalités de sa libération et sa durée sont décrites dans les statuts, lesquels par ailleurs circonscrivent le régime de sa liquidation et la contrepartie à réserver à l'apporteur. Ce n'est que lorsque le pacte social est demeuré silencieux à ce propos que les droits de vote attachés aux titres sociaux qui en découlent ne sauraient être supérieurs à vingt-cinq pour cent de l'ensemble des droits de vote et que les bénéfices de l'associé ne peuvent excéder vingt-cinq pour cent du bénéfice total, de l'actif net ou des pertes enregistrées par l'entreprise[753].

Une autre raison de ne pas écarter la possibilité d'exploiter collectivement de la profession d'avocat dans le cadre du groupement d'intérêt économique tient aux caractéristiques de cette forme sociale. A titre d'illustration, l'entreprise est de celles généralement qualifiées de légères parce que conçues pour permettre aux personnes exploitant une activité professionnelle d'unir leurs efforts là où elles ont des intérêts communs tout en conservant leur indépendance ou leur autonomie. En ce sens, la formule est célèbre qui rappelle que son but n'est pas en tant que tel de donner lieu à réalisation et à partage de bénéfices, mais, autant que cela est possible, de réaliser des économies dans le cadre de baux à usage professionnel, de secrétariats ou de personnels administratifs, de bibliothèques[754]. A cela s'ajoute que le groupement d'intérêt économique est impérativement le prolongement de l'activité de ses fondateurs ou de ses adhérents et donc devrait avoir un caractère auxiliaire par rapport à celle-ci, laquelle d'après les termes de l'article 871, pourrait être « une profession libérale soumise à un statut législatif ou règlementaire ou dont le titre est protégé ». L'entreprise a encore l'avantage de pouvoir être tantôt civile tantôt commerciale et de se constituer avec ou sans capital[755]. Ici plus que dans les formes sociales voisines, les promoteurs de l'entreprise jouissent d'une liberté s'agissant de son administration, de sa gestion et de la contribution aux dettes sociales, lesquelles peuvent parfaitement, par le truchement des statuts, être supportées de manière égale[756]. Enfin, la

[751] En ce sens, voir également les articles 33 et 43 de l'Acte uniforme relatif aux sociétés coopératives.
[752] Articles 40-3, 50-1.
[753] Article 50-2, 3.
[754] Article 869, Acte uniforme relatif au droit des sociétés commerciales et du groupement d'intérêt économique.
[755] Article 870 alinéa 2.
[756] Articles 873, 876, 879.

structure accepte de nouveaux membres sans s'opposer au retrait de ceux qui désirent la quitter[757].

Entre l'exploitation en société et l'exercice « en solo », de manière individuelle, se trouve la possibilité du recours à la collaboration. Cette pratique, largement inspirée de celle en cours sous d'autres cieux tend à consacrer la figure du collaborateur que le droit positif camerounais ne reconnaît que vaguement, ne serait-ce que parce que le statut des avocats, « norme fondamentale de la profession », n'y fait jamais expressément référence. L'analyse de ce texte fondateur pourrait même conduire les uns à conclure à son illégalité, singulièrement sur la foi de l'incompatibilité de la profession d'avocat avec toute fonction salariée. Fort heureusement, et la jurisprudence va dans ce sens, la coutume en la matière fait véritablement office de source du droit *(en sens contraire, voir CS, arrêt n° 43/S, fév. 1998, Société Air Gabon c. Essimengama Eya'a Oscar, préc. Voir également CCJA, arrêt n° 073/2014, 23 avril 2014, Monsieur Mandonou Oswald Attin c. Banque of Africa (BOA-Bénin), http://www.ohada.org[758]; arrêt n° 103/2016, 02 juin 2016, Société Olam Togo SARL c. Société Vatel SA, préc.).*

Quoi que l'on en dise, le collaborateur a la latitude d'avoir une clientèle dans les conditions énoncées par le contrat qui le consacre. En cela, il se distingue de l'avocat salarié dont l'existence ne semble pas en phase avec la lettre la loi n° 90/059 du 19 décembre 1990 portant organisation de la profession d'avocat, laquelle énonce des incompatibilités provoquées par le lien de subordination. Paradoxalement pourtant, la posture d'avocat salarié ne s'éloigne pas beaucoup de l'exigence qui subordonne l'ouverture d'un cabinet à la disposition de locaux décents ou à la souscription d'une police d'assurance onéreuse que le débutant ayant choisi d'exercer en zone semi-rurale pourrait avoir du mal à souscrire. En attendant de pouvoir s'installer à son compte, ce dernier échappera rarement au salariat pendant un laps de temps court, notamment lorsqu'un contrat de collaboration n'aura pas été conclu avec l'un de ses confrères. On perçoit alors la pertinence d'une réforme qui viendrait organiser une telle relation en permettant à ce praticien d'exercer dans le contexte d'un lien de subordination dilué[759].

---

[757] Article 876. A propos du reste, voir les articles 869 et suivants de l'Acte uniforme relatif au droit des sociétés commerciales et du GIE. Egalement, lire ANOUKAHA F., CISSE A., DIOUF N. et al, *OHADA. Sociétés commerciales et G.I.E.*, coll. DUA, Bruylant, Bruxelles, 2002, pp. 532 et s., n° s 1196 et s. ; MBAYE M.N., « Groupement d'intérêt économique », in POUGOUE P.-G. dir., *Encyclopédie du droit OHADA*, Lamy, Paris, 2011, pp. 909 et s.

[758] L'un des extraits de l'arrêt est ainsi ficelé : « *Attendu, d'autre part, qu'aucun texte du Règlement n'interdit, comme c'est le cas dans la pratique, la substitution d'un avocat par un de ses collaborateurs, justifiant de la qualité d'avocat ; qu'il échet dès lors de rejeter ladite irrecevabilité du mémoire en réponse comme non fondée* ».

[759] Au sujet des axes d'une telle réforme en France, voir not. CALVET F., CHOQUET L., LEON A. et autres, « Aperçu de la loi n° 2010-1609 du 22 décembre 2010 relative à l'exécution des décisions de justice, aux conditions d'exercice de certaines professions règlementées et judiciaires, *Droit et procédures*, n° 3, mai 2011, pp. 58 et s. ; SALATI O., « Présentation de la loi du 28 mars 2011 de modernisation des professions judiciaires ou juridiques et certaines professions règlementées », *Droit et procédures*, n° 5, mai 2011, pp. 111 et s.

A dire vrai, la réflexion appelant la réforme évoquée doit être accueillie avec recul. La raison en est que, bien qu'il soit parfois allé au-delà de l'esprit et parfois de la lettre de la loi du 19 décembre 1990 portant organisation de la profession d'avocat, l'arrêté n° 41/DPJ/SG/MJ du 12 avril 2005 portant homologation et publication du règlement intérieur du barreau a esquissé des pistes utiles sur ce terrain et qui semblent servir de repères.

Au nombre de ces pistes se trouve celles de l'article 77-1 consacré à la définition de la collaboration et du salariat. L'idée y est développée d'après laquelle la collaboration est un mode d'exercice professionnel exclusif de tout lien de subordination dans le contexte duquel, sur la base d'une convention, l'avocat consacre toute ou partie de son activité au cabinet d'un confrère. Dans une telle relation, et sans surprise, la possibilité est reconnue de disposer d'une clientèle personnelle. A l'opposée, le salariat est décrit comme un mode d'exercice professionnel dans lequel il n'existe de lien de subordination entre le titulaire du cabinet et un ou différends confrères qu'à propos des conditions de travail. Du coup et très logiquement, l'avocat "employé" ne saurait avoir une clientèle qui lui soit rattachée. Les seules dérogations à cette sorte de privation d'une clientèle personnelle concernent les hypothèses de commissions d'office et d'aide juridictionnelle[760].

Au nombre de ces pistes se trouve celles des articles 77-2 et 77-3 consacrés aux exigences relatives au contenu, mais surtout à la forme du contrat de la collaboration ou de salariat. L'idée y est développée d'après laquelle les conventions de collaboration devront être soumises au contrôle du conseil de l'ordre dans la quinzaine de leur signature ou de leur modification. Exerçant cette prérogative de veille, l'organe visé a le pouvoir de mettre les parties en demeure de procéder à des amendements afin de rendre leur accord conforme aux « règles professionnelles »[761]. Une chose est acquise. C'est que la convention ne saurait entraver l'exercice du droit à la formation permanente ou à l'acquisition d'une spécialité. Elle devrait se garder de compromettre la faculté concédée à l'avocat de demander à être déchargé d'une mission contraire à sa conscience, de porter atteinte à la préservation du secret professionnel ou à l'indépendance de l'avocat, au droit du collaborateur de constituer une clientèle personnelle, de la développer, de se retirer et de s'établir à son compte *(voir également CJUE,*

---

[760] D'autres articles du règlement intérieur vont dans ce sens. On songe particulièrement :
- A cet extrait de l'article 77-3. Il y est prescrit que l'avocat salarié ne peut constituer ni développer de clientèle personnelle ; que celui-ci doit se consacrer exclusivement au traitement des dossiers qui lui sont confiés pendant l'exécution de son contrat de travail ainsi qu'aux missions d'aide juridictionnelle et de commission d'office pour lesquelles il a été désigné ;
- A cet extrait de l'article 77-3 titré « Indépendance technique ». La règle y est développée d'après laquelle « l'avocat collaborateur ou salarié reste maître de l'argumentation qu'il développe et des conseils qu'il donne ». Lorsque l'argumentation est contraire à celle que développerait l'avocat avec lequel celui-ci collabore, obligation lui est faite, avant d'agir, de l'en informer.

[761] Lequel s'exerce dans le mois de la transmission de la convention.

24 mars 2022, aff. C-529/18 et C-531/18, La Semaine Juridique Edition Générale n° 18, 9 Mai 2022, pp. 598 et s., préc.[762]). Le contrat ne devrait pas non plus comporter de stipulations relatives à la renonciation par avance aux clauses impératives énoncées. On doit nécessairement y retrouver des dispositions se rapportant à la durée de la relation et aux modalités d'exercice de la profession, des détails portant sur la rémunération et sur le remboursement des frais professionnels engagés par le cabinet. On doit inévitablement y mentionner des règles relatives à la prise en charge des absences de l'avocat collaborateur ou salarié, puis la clause de recours au bâtonnier pour la conciliation en cas de différend.

Au nombre de ces pistes se trouve celles dessinées à l'article 77-3 et 77-4 consacrés à la suspension et à la rupture de la collaboration ou du salariat.

---

[762] La haute juridiction retient ce qui suit à propos du débat portant sur l'indépendance du collaborateur : « • *66 Conformément à la jurisprudence de la Cour, l'exigence d'indépendance se définit non seulement de manière négative, c'est-à-dire par l'absence d'un rapport d'emploi, mais également de manière positive, à savoir par une référence à la discipline professionnelle (...).*

• *69 S'agissant de la définition positive de la notion d' « indépendance » incombant à l'avocat, la Cour a souligné expressément que cette indépendance doit être comprise comme l'absence non pas de tout lien quelconque de l'avocat avec son client, mais uniquement de ceux qui portent manifestement atteinte à sa capacité à assurer sa mission de défense en servant au mieux les intérêts de son client, dans le respect de la loi et des règles « professionnelles et déontologiques (...).*

• *70 C'est à la lumière des considérations qui précèdent que doit être apprécié le bien-fondé des premier et deuxième moyens du pourvoi (...).*

• *77 Après avoir analysé, aux points 62 et 63 de l'ordonnance attaquée, la structure du cabinet d'avocats Z et le processus décisionnel au sein de celui-ci, le tribunal a conclu, au point 63 de cette ordonnance, que PJ exerçait un contrôle effectif sur les décisions du cabinet concernant Me S. et que cette circonstance avait pour effet que Me S., en dépit de sa soumission aux règles professionnelles de la profession d'avocat, ne jouissait pas à l'égard de PJ du même degré d'indépendance qu'un avocat exerçant dans un cabinet autre que celui dont son client est associé.*

• *78 À cet égard, force est de constater que la relation qui unit Me S. au cabinet d'avocats Z, voire à PJ en sa qualité d'associé de ce cabinet, ne saurait d'office être qualifiée comme étant un rapport d'emploi impliquant l'absence de toute indépendance ainsi qu'il ressort des points 66 à 68 du présent arrêt.*

• *79 En effet, il est notoire que la profession d'avocat peut s'exercer sous différentes formes, qui peuvent aller de l'avocat individuel aux grands cabinets internationaux. Il appartient aux avocats qui s'associent de définir les modalités de leur collaboration et leurs relations contractuelles peuvent même revêtir une forme salariale, pour autant que la loi, les règles professionnelles nationales et les règles déontologiques applicables le permettent. Or, il doit être présumé qu'un avocat collaborateur dans un cabinet, même s'il exerce sa profession dans le cadre d'un contrat de travail, remplit les mêmes exigences d'indépendance qu'un avocat exerçant individuellement ou comme associé dans un cabinet.*

• *80 Toutefois, si un avocat collaborateur dans un cabinet est présumé satisfaire, en principe, aux exigences d'indépendance au sens de l'article 19 du statut de la Cour de justice de l'Union européenne, y compris dans l'hypothèse où il exerce ses fonctions dans le cadre d'un contrat de travail ou dans le cadre d'une autre relation subordonnée, il convient d'opérer une distinction en fonction de la situation du client représenté.*

• *81 En effet, alors que la situation dans laquelle le client est une personne physique ou morale tierce par rapport au cabinet d'avocats dans lequel le collaborateur en cause exerce ses fonctions ne soulève pas de problème d'indépendance particulier dans le chef de celui-ci, il en va différemment de la situation dans laquelle le client, personne physique, est lui-même coassocié et membre fondateur du cabinet d'avocats et peut, de ce fait, exercer un contrôle effectif sur le collaborateur. Dans cette dernière situation, il doit être considéré que les liens existant entre l'avocat collaborateur et l'associé client sont tels qu'ils portent manifestement atteinte à l'indépendance de l'avocat.*

• *82 Au vu de ce qui précède, et par substitution de motifs, il convient donc de rejeter les premier et deuxième moyens (...) ainsi que le deuxième moyen du pourvoi (...) comme étant non fondés...* »

S'agissant de la collaboration, la personne enceinte a le droit de suspendre le lien pendant au moins quatorze semaines réparties selon son choix avant et après l'accouchement, mais avec un minimum de dix semaines après l'accouchement. Chaque partie a le loisir de mettre un terme au contrat de collaboration dès lors qu'elle a pris la précaution d'en informer le vis-à-vis au moins deux mois à l'avance. Il n'en va autrement que si l'accord initial avait prévu des clauses plus favorables, si la collaboration a excédé cinq années, si le point de départ du préavis se situe aux mois de mai, juin, juillet[763]. A propos du salariat, certes la maladie et la grossesse suspendent le contrat conclu, mais le soin revient au conseil de l'ordre de déterminer les minima de salaire et les conditions de prise en charge des absences ; l'avocat salarié pouvant du reste être licencié dans les conditions prévues par le Code du travail. Dans tous les cas de figure, il est rappelé avec force que l'ancien collaborateur ou l'ancien salarié doit s'interdire toute pratique de concurrence déloyale ; ce qui correspond à une contrainte.

b. Le cadre à subir

Afin de concilier l'indépendance au cœur du métier de l'avocat avec la nécessité d'un minimum d'ordre, ces auxiliaires de justice ont, depuis la nuit des temps, ressenti l'urgence de s'organiser au sein d'un ordre connu sous l'appellation « barreau » ou « Bar Association » en anglais. Historiquement, ces regroupements remonteraient au moyen-âge où s'était établi un usage incitant les « hommes de la parole » à se constituer au sein d'une corporation afin d'assurer au mieux la défense des intérêts à eux confiés et ceux de leur corps de métier[764].

Une chose est sûre. L'ordre comprend de nos jours, pour l'essentiel, d'une part l'assemblée générale, d'autre part le conseil de l'ordre[765].

L'assemblée générale a une composition, des missions, un fonctionnement.

---

[763] Le règlement intérieur retient en effet que le délai est porté à trois mois s'il commence à courir pendant les mois de mai, juin et juillet ; que les délais sont doublés au-delà de cinq ans de présence ; qu'ils ne s'imposent plus en cas de manquement grave et flagrant aux règles professionnelles.

[764] PERROT R., op cit., p. 325, n° 407.

[765] Le détail invite à faire allusion notamment au « secrétaire » et au « trésorier » de l'ordre. Cela est peu utile dans la mesure où ceux-ci peuvent être nombreux et, surtout, que tous sont « nommés » par le bâtonnier d'après les termes de l'article 12 de l'arrêté du 12 avril 2005 précité. Cela dit, et à s'en tenir à l'article 13 du règlement intérieur, le secrétaire assure la préparation et le service des assemblées du barreau et du conseil de l'ordre, tient les registres des actes. Les méandres de ses attributions sont fixées par le bâtonnier.

Cela dit, et à en croire l'article 14 du règlement intérieur, le trésorier gère, sous le contrôle du bâtonnier, les fonds et les biens de l'ordre des avocats. Le soin lui revient à ce titre de procéder au recouvrement des cotisations, de délivre des quittances dans ce cadre, de tenir les comptes du barreau.

La composition de l'assemblée générale n'est pas compliquée. On y retrouve tous les avocats inscrits au tableau de l'ordre et le représentant du Garde des sceaux[766]. C'est assez dire que les chefs de cours d'appels ou de parquets n'ont pas à y prendre part, exception faite précisément du cas de figure où le ministre de la justice les aurait désignés afin de l'y représenter[767]. C'est sans doute le lieu de ne pas occulter cette nuance développée dans le règlement intérieur du barreau du Cameroun, laquelle postule que seuls doivent en être membres les avocats inscrits au tableau de l'ordre « et autorisés à exercer »[768].

Le rôle de l'assemblée générale, lui aussi, se perçoit instinctivement. C'est à cette instance que revient la charge de définir les modalités du stage que « l'élève avocat » subit, de fixer le taux des cotisations et les règles qui gouvernent leur paiement, d'approuver le budget de fonctionnement du barreau. C'est également à elle qu'échoit la tâche d'élire au scrutin secret, pour deux ans[769] les membres du conseil de l'ordre puis le bâtonnier, d'approuver le règlement intérieur du barreau. Plus globalement, c'est à elle que revient le soin de fixer le détail des normes relatives à l'organisation et au fonctionnement de l'ordre des avocats, de fixer les conditions de l'admission à l'honorariat[770], d'« examiner toutes les questions urgentes relatives à la profession à elle soumises dans les conditions visées par la loi »[771].

Venant à son fonctionnement, l'assemblée générale se déploie dans le cadre très formel de sessions qui, tantôt sont ordinaires, tantôt sont extraordinaires.

Sur le plan des principes, les sessions ordinaires sont convoquées au minimum une fois par an par le président de l'assemblée ou par son vice-président, sans que l'on sache quelle est la hiérarchie entre ceux-ci. Du coup, il a pendant longtemps été difficile de se prononcer quant à la préoccupation qui a agité le barreau sur le point de savoir si le vice-président pourrait purement et simplement se substituer au président pour convoquer l'assemblée lorsque celle-ci n'a pas été appelée au terme d'une année[772]. Prenant acte de ce blocage, le règlement intérieur est venu apporter un

---

[766] Articles 47 (1) et 50 (3). Il n'est pas sans intérêt de souligner, sur la foi des informations produites par le site internet du barreau du Cameroun (www.barreaucameroun.org), que celui-ci compte à ce jour environ 2000 membres. Ce chiffre s'accroitra sous peu lorsque seront inscrits les stagiaires ayant récemment prêté serment.

[767] Pourtant, le procès-verbal des assemblées doit impérativement être communiqué aux chefs de cours d'appel.

[768] Article 4, alinéa 1.

[769] Le bâtonnier est rééligible une fois.

[770] Articles 48 et 49.

[771] Article 6, règlement intérieur.

[772] On remarquera utilement que l'article 4 alinéa 3 de l'arrêté du 12 avril 2005 de Monsieur le Vice premier ministre, ministre chargé de la justice, Garde des sceaux portant homologation et publication du règlement intérieur du barreau du Cameroun est autrement rédigé. Effectivement, il donne clairement à penser que seul le président de l'assemblée générale a compétence pour convoquer ses assemblées générales ordinaires.

léger correctif en retenant que les sessions ordinaires se réuniront désormais « sur convocation individuelle » du président faite « *par tous moyens laissant trace* »[773]. Les sessions extraordinaires, ainsi que l'indique l'appellation, n'ont pas une périodicité identifiée à l'avance et donc devraient se réunir dès que cela est indispensable. Elles ne sont convoquées que soit par la majorité absolue de ceux qui forment l'assemblée générale et sont « autorisés à exercer », soit par le conseil de l'ordre, soit par le ministre de la justice[774]. Pour autant, cela est loin de signifier qu'un avocat ou un groupe d'avocats ne saurait proposer l'inscription d'une question à l'ordre du jour. Effectivement, la loi l'autorise sans malheureusement spécifier si le président de l'assemblée a en ces circonstances l'obligation de verser aux débats l'élément concerné. De même, elle exige que les questions à discuter soient portées à la connaissance de l'autorité de tutelle dans les quinze jours qui précèdent la tenue des assises. Le pouvoir lui est même donné d'interdire les assemblées ordinaires ou extraordinaires lorsque celles-ci ont le projet de se prononcer sur des éléments sans lien avec la profession d'avocat[775].

Reste à souligner quelques repères autres précieux avant d'abandonner l'examen du fonctionnement de l'instance. *Primo*, qu'à l'ouverture de ses travaux, l'assemblée procède à la constitution d'un bureau composé du président assisté du vice-président (en exercice) et de deux secrétaires (désignés par la majorité des membres de l'instance présents). Lorsqu'elle est ordinaire, il doit être désigné trois commissaires aux comptes chargés de dresser un rapport sur les comptes de l'exercice « avant la clôture de la session suivante »[776]. *Secundo*, que l'assemblée ne délibère valablement que si la moitié au moins des avocats inscrits au tableau du barreau est effectivement présente ou représentée. Elle statue au scrutin secret sans que soient autorisés à y participer les avocats stagiaires, les avocats suspendus ou ceux omis du tableau notamment du fait d'une détention ou parce que frappés par une incompatibilité[777]. Au premier tour, la majorité est celle des deux tiers. Au second tour, elle est davantage souple et se réduit à la majorité simple. La seule exception à l'élection à deux tours concerne la désignation du bâtonnier, lequel est élu à la majorité simple des membres du corps électoral[778].

Quant au conseil de l'ordre, il rassemble un nombre de « praticiens » que l'on a souhaité variable au gré de l'effectif du corps des avocats. Sur cette base, le chiffre 7 a été retenu lorsque les avocats sont en nombre inférieur

[773] Article 4, alinéa 1.

[774] Le règlement intérieur du barreau exige, dans cette hypothèse, qu'il soit établi un procès-verbal signé par eux, et que le président est obligé de procéder à la convocation de l'assemblée par lettre individuelle, « avec un délai minimum de 30 jours franc ».

[775] Article 50 (4) ; article, règlement intérieur.

[776] Article 5, règlement intérieur.

[777] Il n'est pas superflu de relever que le règlement intérieur de la corporation prescrit à son article 4, au dernier alinéa, que les avocats stagiaires participant aux assemblées peuvent y prendre la parole, mais n'ont pas le droit de vote.

[778] Article 51.

ou égal à 50. Le chiffre 9 a été choisi lorsque les avocats sont compris entre 50 et 100. Le chiffre onze a été choisi lorsque ceux-ci se situent dans la fourchette 100 et 200. Le chiffre 15 a été privilégié lorsque l'effectif atteint ou excède 200[779].

A l'évidence et pour iconoclaste que cela paraisse, on ne peut ne pas s'interroger de savoir si le législateur a voulu que le nombre de professionnels formant le conseil de l'ordre demeure figé alors même que le nombre d'avocats inscrits au « grand tableau » excéderait de loin le plafond retenu à l'époque de son entrée en vigueur. Le doute est permis pour ceux qui ne perdent pas de vue le nombre des inscrits au tableau du barreau camerounais, lequel au demeurant est centralisé. Naît alors une autre interrogation, celle de savoir s'il n'eut pas été opportun de s'inspirer, s'agissant de la composition voire du fonctionnement du conseil de l'ordre, des règles gouvernant le conseil d'administration de la société anonyme. La solution aurait eu un mérite majeur, celui de permettre de se référer au régime juridique de cette forme sociale lorsque le statut des avocats a été silencieux et ainsi, d'éviter ou de contenir ce contentieux qui se développe et tend à faire les « choux gras » de la presse à sensation. En attendant qu'elle soit consacrée l'un de ces jours, on se bornera à attirer l'attention sur le fait que seuls peuvent intégrer le conseil de l'ordre ceux qui, au Cameroun, ont accumulé une expérience professionnelle d'au moins cinq années[780]. En sont écartés, sans surprise, les avocats suspendus ou omis du tableau et ceux ayant succombé à une sanction[781].

A l'évidence aussi, et bien que cela ne soit pas souvent évoqué, le conseil de l'ordre dispose d'une organisation interne, et notamment de

---

[779] L'attention a déjà été attirée sur le fait que les membres du conseil de l'ordre sont élus pour deux ans. Les fonctions de membre du conseil de l'ordre prennent fin à l'expiration du mandat, en cas de décès ou démission, ou dans le cas où le conseiller se trouverait n'être plus en mesure d'exercer ses fonctions. Une assemblée générale doit alors être convoquée dans les deux mois qui suivent à l'effet de constater l'empêchement et de procéder à de nouvelles élections visant le remplacement le membre du conseil décédé, démis ou empêché. En tout état de cause, la durée du mandat du nouveau membre ainsi élu ne peut excéder celle du conseil en exercice.

[780] En s'intéressant au regard des missions du conseil de l'ordre, la question surgit de savoir si une expérience professionnelle davantage importante n'est pas nécessaire pour exercer efficacement comme membre de l'organe. A l'évidence, une réponse positive s'impose. Simplement, cette expérience professionnelle ne devrait pas être pas excessivement longue. Un moyen terme raisonnable serait un minimum de dix années d'exercice comme avocat…

[781] Sans doute convient-il, au regard de la sensibilité de ce point et sous toutes réserves, de réitérer les orientations de l'article 9 du règlement intérieur à ce jour en vigueur. Elles prescrivent que les candidatures à l'élection sont reçues par le président de l'assemblée générale, six semaines au moins avant la date du scrutin, et transmises au secrétaire de l'ordre. Ensuite, elles doivent être révélées aux membres du barreau par les soins du secrétaire de l'ordre, au moins un mois avant le scrutin par convocation indiquant l'ordre du jour de l'assemblée générale. Le scrutin est organisé sous le contrôle et la présidence du président de l'assemblée générale, lequel s'adjoint, comme scrutateurs, le plus ancien et le plus jeune avocat inscrit au tableau de l'ordre et participant aux assises. Le reste va de soi : il est permis de donner un mandat de représentation sur papier en tête du mandant, signés et cacheté par ce dernier, mais aucun avocat électeur n'est autorisé à représenter plus d'un confrère ; les contestations relatives aux élections sont tranchées par la Cour d'appel du siège de l'ordre.

commissions. Au nombre de celles-ci se trouve la commission du tableau de l'ordre, la commission des relations internationales, la commission de la formation, la commission de la déontologie, la commission des droits de l'homme, la commission des affaires sociales, la commission des services, la commission des publications scientifiques, la commission pour la vérification des comptes du trésorier, la commission de la patente, la commission du contrôle de la comptabilité, la commission de la souscription de la police d'assurances, la commission du cautionnement des avocats. A ce jour, les membres de ces commissions sont désignés par le bâtonnier, non sans une marge de discrétion. On est réduit à espérer, demain, que d'anciens bâtonniers en fassent partie ou soient consultés lors des assises de celles-ci, au moins pour assurer la continuité des fonctions dévolues à l'ordre.

Au sujet des missions du conseil de l'ordre, il est constant que celui-ci administre quotidiennement le barreau. Dans le détail, et à s'en tenir à l'article 55 de la loi du 19 décembre 1990, la tâche lui revient de statuer sur les demandes d'admission au barreau et, à l'issue de cette activité, de dresser la liste de stage, d'établir le tableau de l'ordre en indiquant le rang de ceux qui s'y trouvent. La tâche revient également au « Council of the Bar Association » de veiller au respect de la déontologie professionnelle et d'assurer la discipline des avocats, raison pour laquelle on considère que le conseil de l'ordre est « la juridiction disciplinaire du barreau »[782] *(Civ. 1ère, 12 fév. 2002, Procureur général près la cour d'appel de Paris c. Mme X..., Bull., fev. 2002, p. 39, n° 50 ; Civ. 1ère, 26 fév. 2002, Ordre des avocats du barreau de Toulon c. M. Manoukian Bull. n°2, fev. 2002, pp. 50 et 51, n° 66 ; Civ. 1ère, 10 déc. 2002, M. Maurice X... c. Procureur général près la cour d'appel de Paris et autres, Bull. n°10, déc. 2002, p. 236, n° 301).* Il lui appartient encore d'élaborer le projet de règlement intérieur aussi bien que le projet de budget de l'ordre, lesquels seront ultérieurement soumis au vote de l'assemblée générale. Enfin, et en vrac, c'est cet organe qui autorise le bâtonnier à ester en justice, à accepter des dons et des legs au profit du barreau, à consentir toutes aliénations ou hypothèques ou à contracter des emprunts, à connaître, de façon générale, de toute question relative à l'exercice de la profession d'avocat et au bon fonctionnement du barreau.

On le devine, le conseil ne peut exercer au mieux ses missions qu'en étant coiffé par un chef. Appelé « bâtonnier » en souvenir de l'époque lointaine où le « supérieur » de la confrérie des avocats tenait un bâton lors de cérémonies publiques et marchait à la tête des processions impliquant ce

---

[782] La formule est celle que l'on retrouve à l'article 56 (2). Cela mis de côté, force est de constater que le décret n° 2012/389 du 18 septembre 2012 portant organisation du ministère de la justice semble vouloir aussi confier le contrôle de la profession au ministère de la justice. Aussi existe-t-il ici une direction des professions judiciaires. L'une de ses sous-directions spécifiquement dénommée « sous-direction du suivi des avocats ». Dans le détail et à en croire l'article 39, elle s'occupe du suivi des questions relatives au barreau ; de la mise en état des dossiers des avocats et des avocats stagiaires ; de la tenue du fichier des avocats et des stagiaires ; du contrôle de la formation des avocats.

corps, celui-ci est élu par l'assemblée générale pour un mandat de deux ans renouvelable une fois ; ce qui peut sembler court[783]. Il reste que ses attributions sont variées et étroitement liées à celles du conseil. Pour l'essentiel, le soin lui revient de représenter la confrérie des avocats dans les actes de la vie civile. A cela s'ajoutent des missions administratives se traduisant par la convocation et la présidence des assemblées générales et du conseil. Viennent ensuite des fonctions de conciliation consistant à « ramener à la raison » des confrères en désaccord lorsque ces derniers ont choisi de se référer à lui ; de trouver un terrain d'entente entre l'avocat et son client lorsqu'une contestation les oppose au sujet des débours ou des honoraires[784] *(voir not. CCJA, arrêt n° 030/2016, 25 fév. 2016, Banque internationale de l'Afrique occidentale Côte d'Ivoire dite BIAO-CI c. Société ivoirienne de produits de négoce dite IPN et SCPA Abel Kassi, Kobon et associés, préc. ; arrêt n° 154/2017, 29 juin 2017, 1- Société la savonnerie camerounaise c. Société afriland first bank SA, 2-Sieur Fotso Jean c. Société afriland first bank SA, 3- Société commerciale des produits manufacturiers c. Société afriland first bank SA, préc.*[785] *; arrêt n° 010/2004, 26 fév. 2004, Maître Tonye Arlette c. Banque internationale du Cameroun pour l'épargne et le crédit, préc. ; CA de Lomé, arrêt n° 088, 26 mai 2009, Jean Samvi K. de Souza c. La Brasserie BB Lomé SA, préc.).* Au bout de la chaîne des attributions du bâtonnier se situent des missions consultatives consistant à exprimer une opinion à propos de préoccupations touchant au corps des avocats[786].

---

[783] Article 53 (1).

[784] Au sujet de la jurisprudence y relative, voir TIENTCHEU NJIAKO A., « Les ordonnances de taxe à l'épreuve des honoraires des avocats du Cameroun et de France », op cit., pp. 99 et s.

[785] L'exigence admet des nuances devant les juridictions supranationales à l'instar de la Cour commune de justice et d'arbitrage de l'OHADA. Dans cet arrêt déjà évoqué, la cour régulatrice retient la solution suivante à propos de sa compétence à connaître du contentieux des honoraires : *« Attendu que par mémoires en réponse reçus au greffe de la cour de céans l'un le 27 février 2017 et les deux autres le 06 mars 2017, Afriland First Bank SA a soulevé l'irrecevabilité des requêtes respectives du Sieur Fotso Jean, de la Société La Savonnerie camerounaise et de la Société commerciale des produits manufacturiers, aux motifs qu'elles manquent de fondement, l'article 43 du Règlement de procédure de la cour (…) n'étant pas applicable à la procédure de taxation des dépens ; que les arrêts rendus par la CCJA ont déjà reçu une exécution totale de la part des requérants qui ne sauraient plus s'en prévaloir (…) ;*
Mais attendu que les requêtes du Sieur Fotso Jean, de la Société La Savonnerie camerounaise et de la Société commerciale des produits manufacturiers sont adressées à la cour pour y être statué par arrêt, et non par ordonnance de taxation ; qu'elles ne manquent pas de fondement légal dans la mesure où elles visent l'article 43 du Règlement de procédure de la CCJA et la Décision n° 001/2000/CCJA du 16 février 2000 fixant la rémunération, les frais de déplacement et de séjour des avocats ; qu'en outre, il n'est pas prouvé que les requérants aient renoncé à faire liquider les dépens prononcés par les arrêts rendus à leur profit par la cour (…) ; qu'enfin, la cour de céans étant saisie à titre initial, aucune instance relative à la liquidation des dépens ne s'étant tenue devant les juridictions nationales, les dispositions de l'article 28.1-b) du Règlement de procédure susvisées ne sont pas applicables ; (…) qu'il y a donc lieu de rejeter l'exception soulevée, de déclarer les requêtes recevables… »

[786] A son article 12, le règlement intérieur du barreau est venu donner davantage de détails en précisant que le bâtonnier a des fonctions de quatre ordres : une fonction représentative, une fonction administrative, une fonction consultative, une fonction conciliatrice.

Etant entendu que le conseil de l'ordre est la juridiction disciplinaire du barreau, il n'est pas sans intérêt de se demander dans quelles circonstances celui-ci exerce cette fonction particulière. Plus en avant, et légitimement, on devrait s'intéresser à la procédure appliquée par cette instance disciplinaire, aux sanctions susceptibles d'être prononcées par elle, aux recours dont disposent ceux qui y succombent.

Au sujet des circonstances de l'exercice par le conseil de l'ordre de ses missions juridictionnelles, l'ambigüité a été partiellement levée. L'avocat, titulaire ou stagiaire, est appelé à être jugé lorsqu'une faute disciplinaire lui est imputée. Celle-ci s'entend des manquements au serment prêté ou aux « devoirs de son état », ce qui renvoie à bien regarder à la « loyauté », à la « probité », à « l'honneur », à la « délicatesse », à la « dignité »[787]. En revanche, on a du mal à penser qu'une faute disciplinaire doive être retenue lorsque des faits qui sont en lien avec sa vie privée et touchent aux valeurs énoncées sont reprochés à l'avocat *(même tacitement, voir not. CS, arrêt*

A propos de la fonction représentative du bâtonnier, le règlement intérieur retient, à son article 12, que :

- L'intéressé représente l'ordre dans tous les actes de la vie civile, notamment dans les instances judiciaires, et vis-à-vis des autorités publiques. « *Il ne peut cependant ni acquérir, ni aliéner, donner à bail, ou hypothéquer des biens immobiliers au nom du barreau du Cameroun, ni contracter des emprunts, sans accord préalable du conseil de l'ordre* » ;
- L'intéressé représente également l'ordre dans toutes les cérémonies et marche le cas échéant en tête du conseil ;
- L'intéressé porte à la famille du confrère décédé les condoléances du barreau, assiste aux obsèques et prononce son oraison funèbre ;
- L'intéressé organise chaque année une réception en l'honneur du ministre de la justice, des autorités judiciaires, de ses confrères, et des représentants des auxiliaires de justice.

A propos de la fonction administrative du bâtonnier, le règlement intérieur souligne, à son article 13, que le soin lui revient :

- De convoquer et présider le conseil de l'ordre ;
- D'établir l'ordre du jour des sessions du conseil de l'ordre en tenant compte des demandes qui lui sont présentées par les membres du conseil de l'ordre ;
- De nommer les membres des commissions qui fonctionnent régulièrement au sein du conseil de l'ordre ;
- De recruter les employés et agents salariés de l'ordre et a autorité sur eux.
- Préside la conférence du stage et, tous les ans, prononce un discours sur un sujet qui intéresse la profession ;
- De désigner les avocats d'office dans les cas prévus par les textes en vigueur.
- S'occupe de toute question intéressant l'exercice de la profession d'avocat ;
- En tant que de besoin, de formuler des observations sur les délibérations émanant d'une autorité publique, d'une cour, d'un tribunal, d'un magistrat, et portant atteinte aux droits des avocats.

A propos de la fonction consultative du bâtonnier, le règlement intérieur indique, à son article 12 que le concerné donne des avis et consultations aux administrations publiques et aux personnes, de même qu'aux barreaux étrangers qui le sollicitent, en consultant le conseil de l'ordre en tant que de besoin.

A propos de la fonction conciliatrice du bâtonnier, le règlement intérieur lui réserve le soin de recevoir les requêtes concernant les manquements professionnels de ses pairs ; de prévenir les litiges entre confrères et, en tant que de besoin, de les concilier en vue d'un apaisement ou de saisir le conseil de l'ordre pour le règlement du différend.

[787] Article 56.

n° 5/P, 27 oct. 1970, BACS n° 23, p. 2769, préc. ; 3 nov. 1977, RCD n° 17-18, pp. 188 et s., préc. ; TGI du Mfoundi, jugt. n° 98/CRIM, 12 janv. 1996, préc. Voir aussi Civ. 1ère, 12 fév. 2002, Procureur général près la cour d'appel de Paris c. Mme X…, préc. ; Civ. 1ère, 26 fév. 2002, Ordre des avocats du barreau de Toulon c. M. Manoukian, préc. ; Civ. 1ère, 10 déc. 2002, M. Maurice X… c. Procureur général près la cour d'appel de Paris et autres, préc.).

Au sujet du déclenchement de la procédure disciplinaire, les choses sont moins confuses. La saisine du conseil de l'ordre incombe tantôt au bâtonnier, tantôt au procureur général près la Cour d'appel. A rebours, cela signifie que certaines catégories ne pourraient pas directement s'adresser à lui, notamment celle regroupant les clients et les confrères. Doit-on sur de telles bases conclure ceux-ci sont abandonnées à leur sort ? L'article 59 de la loi n° 90/059 du 19 décembre 1990 y répond en disposant : « *en cas de refus ou d'inaction pendant deux mois du bâtonnier de déférer au conseil de l'ordre une plainte émanant d'un particulier, d'un confrère ou une demande de poursuites disciplinaires du procureur général près la Cour d'appel ou de l'autorité de tutelle contre un avocat, le ministre chargé de la justice saisit le procureur général près la Cour d'appel qui, après enquête sur les faits dénoncés, traduit l'avocat mis en cause devant la Cour d'appel qui statue en chambre du conseil* ». Au total, et pour restituer l'enseignement de cet extrait, lorsque des clients ou des confrères estiment qu'un avocat a commis une faute disciplinaire, ceux-ci devraient s'adresser au bâtonnier qui, à son tour, saisira le conseil de l'ordre[788][789]. Le regret ici c'est que cette prérogative soit peu ou mal connue, mais également que le « supérieur » des avocats et le procureur général n'initient que très extraordinairement les démarches susceptibles d'aboutir aux sanctions disciplinaires dans un contexte où précisément, de nombreuses dérives sont couramment imputées aux auxiliaires de justice.

En ce qui concerne la procédure à proprement parler, en occultant volontiers la place marginale réservée aux outils technologiques et au numérique[790], il sied de souligner que, dès sa saisine, le conseil de l'ordre est tenu de désigner, en son sein, un ou plusieurs avocats qui se voient confier la charge d'instruire l'affaire. Le dossier disciplinaire de l'individu mis en cause doit également lui être communiqué, avec l'ensemble des pièces de l'enquête. L'enjeu ici étant de faciliter la préparation de la défense de celui-ci, la communication du dossier s'opère au moins trente jours avant

---

[788] TCHAKOUA J.M., note sous Ordre des avocats du Cameroun-Cour d'appel du Littoral, Le représentant du barreau –sentence arbitrale du 5 juin 1992, affaire Motsebo Aubin c. Me Talla Victor, *Juridis Info n° 19*, juil.-sept. 1994, p. 37.

[789] Les poursuites disciplinaires contre le président de l'assemblée générale, les membres du conseil de l'ordre ou contre le bâtonnier obéissent à un régime différend. Les plaintes sont en effet portées devant la cour d'appel par le procureur général près ladite juridiction agissant soit à la suite d'une plainte, soit d'office, soit à la demande du ministre de la justice.

[790] Sur l'actualité s'y rapportant, lire BORTOLUZZI S., « Déontologie et discipline des avocats. Une co-construction normative inédite », *La Semaine Juridique*, E.G., n° 8-9, 24 fév. 2025, act., 246 ; « La justice et le numérique », in BIWOLE V., MBAFOU S.C. (dir.), *Servir l'Etat. Etudes offertes à David Abouem A Tchoyi*, op cit., pp. 293 et s.

la date du jugement de l'affaire. Elle ne s'oppose cependant pas à ce que le défendeur soit entendu ou « appelé » par tout moyen laissant trace écrite ; encore moins que les parties puissent être confrontées par le rapporteur. D'ailleurs, l'avocat traduit devant la juridiction disciplinaire est tenu de comparaître en personne[791], mais conserve le droit d'être assisté. Ce n'est qu'au cas de maladie ou d'empêchement dûment justifié que la possibilité lui est reconnue de se faire représenter[792].

Les sanctions que le conseil retient ne sont pas identiques suivant que la personne poursuivie ait le statut de stagiaire ou qu'elle soit inscrite au « grand tableau ». Lorsqu'il s'agit d'un « élève avocat », ce dernier n'est passible que d'un rappel à l'ordre, d'un avertissement, d'un blâme, de la radiation de la liste de stage. Lorsqu'il ne s'agit plus d'un avocat stagiaire, la suspension temporaire d'une durée maximale d'un an vient compléter cet arsenal. De même, la radiation du tableau du barreau se substitue à l'expulsion de la liste de stage et le conseil peut en outre priver l'auxiliaire de justice poursuivi du droit d'être électeur ou membre du conseil de l'ordre pendant un laps de temps n'excédant pas trois ans[793] *(Civ. 1ère, 10 déc. 2002, M. Maurice X… c. Procureur général près la cour d'appel de Paris et autres, préc.)*. En tout état de cause, la peine retenue est notifiée, dans la dizaine de sa date, au procureur général près la Cour d'appel du ressort où le condamné exerce, de manière à ce que cette autorité en surveille l'exécution[794]. Elle n'est cependant pas irréversible. Hormis la radiation, toute sanction disciplinaire peut être effacée par la réhabilitation, à l'expiration d'une période de trois ans. L'accès à cette faveur suppose toutefois que l'avocat condamné n'ait entre-temps essuyé aucune autre poursuite disciplinaire ou pénale et qu'il en fasse la demande à l'autorité ayant décidé de la sanction[795].

Au sujet des voies de recours, elles n'ont pas toujours été organisées à travers le temps. A une époque, la thèse dominante invitait à considérer que la juridiction du conseil de l'ordre est souveraine et que sa décision s'impose avec force. Celle-ci devait d'autant plus être à l'abri de contestations qu'elle émane de pairs indépendants qui ont une grande expérience professionnelle et une bonne connaissance des contraintes du métier. Au fil du temps, cette tournure d'esprit a changé et admis la possibilité de recours, y compris à l'encontre des décisions relatives à l'inscription au tableau du stage ou au

[791] La charge revient au secrétaire du conseil de l'ordre de rédiger la citation à comparaître devant le conseil siégeant en matière disciplinaire. Elle est notifiée à l'avocat mis en cause par tout moyen emportant preuve certaine de la réception et contient, à peine de nullité, l'indication précise des faits poursuivis, la référence aux dispositions législatives ou réglementaires réprimant les manquements professionnels reprochés à l'avocat, l'avis de mise à la disposition de l'intéressé du dossier de la procédure, l'invitation à se faire assister du conseil de son choix.

[792] Article 58.

[793] Article 59.

[794] Le bâtonnier a la charge d'« assurer l'exécution » de la sanction et de rendre compte au procureur général près la Cour d'appel qui, lui, en « surveille l'exécution ». Cette répartition des tâches est celle que retient l'article 63.

[795] Article 62 (2) et (3).

« grand tableau ». L'une de ces voies de recours est l'opposition. Elle est ouverte lorsqu'un « arrêté disciplinaire » a été rendu par défaut, à condition d'être formée dans le mois suivant la notification de la décision[796]. L'« arrêté disciplinaire » peut également, dans le même délai, à l'initiative de l'avocat sanctionné ou du procureur général près la cour, essuyer un appel[797]. La spécificité de ce recours tient à la possibilité d'être formé par simple lettre adressée concomitamment au bâtonnier et au procureur général, contre récépissé[798].

Qu'à cela ne tienne, trois griefs sérieux peuvent être nourris contre cette construction. L'un tient à ce que rien ne fait radicalement obstacle à ce que des avocats ayant participé à l'instruction se retrouvent ensuite dans la formation de jugement du conseil de l'ordre ; ce qui parfois compromet l'impartialité de celle-ci *(en jurisprudence, mais à propos des magistrats, voir CS, arrêt n° 114, 23 avril 1963, Tanebi Martin Oscar c. Commissaire du gouvernement, in Les grandes décisions de la jurisprudence pénale camerounaise, préc., n° 17, pp. 269 et s., obs. ANOUKAHA F. Cf également CS, arrêt n° 28/CC, 29 fév, 1972, BACS n° 26, p. 3594 et CS, arrêt n° 152/P, 28 mars 1972, BACS n° 26, p. 3392, RCD n° 3, 1973, p. 73, tous reproduits par DZEUKOU G.B., Code de procédure pénale, préc., pp. 81 et 46).* L'autre a sa source dans le fait que des renseignements détaillés ne sont pas livrés quant aux conditions de quorum et de majorité à la lumière desquelles se tiennent les assises en matière disciplinaire. Le dernier grief tire son origine de l'étalement dans un temps plutôt long de la procédure, dans un contexte ou une faute disciplinaire est alléguée. Effectivement, et raisonnant à partir de l'exemple du particulier, sa plainte est adressée au bâtonnier qui dispose de deux mois pour saisir le conseil. A compter de sa saisine, l'instance disciplinaire organise l'instruction du dossier, dans une fourchette de temps illimitée. En y ajoutant le temps imparti au défendeur pour préparer sa défense, on peut se faire une idée précise de la longueur de la procédure disciplinaire. Certes, d'aucuns argueront que le ministre de la justice conserve le pouvoir de dessaisir le conseil lorsqu'aucune décision n'a été rendue dans les six mois suivant sa saisine. Mais, même dans cette hypothèse où la compétence de la Cour d'appel s'impose désormais, peu nombreux sont ceux qui pourraient estimer avec des chances sérieuses de succès le moment où interviendra une décision[799]. Fort heureusement, il n'est pas à exclure, dans l'attente d'un verdict sur le fond que le ministre de la justice suspende l'avocat, singulièrement lorsque ce dernier est parallèlement poursuivi ou détenu pour crime ou pour délit. Lorsque pareille décision a été prise, il va de soi que le soin revient au bâtonnier de désigner un ou plusieurs des confrères

[796] Article 65.
[797] Article 66.
[798] Idem.
[799] Article 60.

de l'auxiliaire de justice suspendu pour administrer son cabinet[800]. Ceux-ci ne sauraient donc être des huissiers de justice.

Paragraphe 2. L'huissier de justice

On peut difficilement, dans une formule ramassée, présenter l'huissier de justice[801]. Du coup, la nécessité s'impose de s'arrêter sur l'organisation de cette profession et sur les missions de cet auxiliaire de justice.

A. Organisation de la profession

Au Cameroun, un texte essentiel a pendant longtemps organisé la profession à l'ordre du jour, à savoir le décret du 5 novembre 1979 portant règlementation des fonctions et fixant le statut des huissiers. Modifié au moins à deux reprises[802], il a finalement été abrogé par le décret n° 2023/042 du 25 janvier 2023 portant statut et organisation de la profession d'huissier de justice et d'agent d'exécution[803]. Le mérite revient à cet acte règlementaire d'une part d'esquisser les conditions à remplir pour accéder à ce statut, d'autre part de rassembler les personnes exerçant cette profession au sein d'une corporation censée contribuer fortement à son contrôle et concourir à garantir un minimum de discipline.

1. L'accès à la profession d'huissier de justice

L'accès à la profession d'huissier de justice ou « bailiffs », autrefois appelé « sergent de justice » et devenu le « commissaire de justice » sous d'autres cieux[804], suppose que soient observées des conditions préalables, mais aussi de se conformer à une procédure spécifique.

a. Les exigences de fond

Les conditions à remplir sur le terrain du fond, pour s'exprimer de cette manière, sont listées avec rigueur à l'article 6 du décret n° 2023/042 du 25 janvier 2023 précité.

---

[800] Article 58.
[801] De plus en plus, on parle aussi de l'huissière de justice.
[802] Notamment par les décrets n° 85/238 du 22 février 1985 et n° 98/170 du 27 août 1998.
[803] Voir KUATE TAMEGHE S.S. « Un dépoussiérage à l'eau. A propos du décret n° 2023/042 du 25 janvier 2023 portant statut et organisation de la profession d'huissier de justice et d'agent d'exécution », *Le Nemro, Revue trimestrielle de droit économique*, avril-juin 2023, pp. 46 et s.
[804] En France, il a été décidé que les offices des huissiers de justice et des commissaires-priseurs judiciaires deviendront des offices de « commissaires de justice ».

On y retrouve l'exigence relative à la nationalité camerounaise et celle concernant la jouissance de ses droits civiques. On y retrouve la contrainte d'être âgé de 23 ans révolus ; celle d'être titulaire d'une licence en droit des universités camerounaises ou d'un diplôme juridique étranger reconnu équivalent au Cameroun. On y retrouve l'exigence d'une bonne moralité. A cela s'ajoutent les exigences relatives aux incompatibilités ; puis l'obligation de disposer d'un certificat de stage et, enfin, celle du bénéfice d'une nomination par décret du président de la République.

Sans forcer le trait, il apparait que des non camerounais ne peuvent accéder à la profession. Du coup, la dynamique d'intégration amorcée ces jours-ci dans les Etats membres de la Communauté économique et monétaire de l'Afrique centrale, au sein de la Communauté économique de l'Afrique centrale voire à l'échelle de l'Union Africaine, ne saurait infléchir la règle. Pire encore, l'harmonisation des parcours de formation dont le corollaire est la mobilité, ne devrait rien y changer. Pourtant, le bon sens suggérait d'envisager la possibilité de se former ici ou là-bas, mais de réserver l'attribution et l'exploitation des charges aux Etats.

Pareillement, il se révèle que l'individu ayant récemment acquis sa majorité civile ne doit pas pouvoir être éligible à la profession. Cela ne laisse pas indifférent celui qui réalise qu'au fur et à mesure que le temps s'écoule, nombre de jeunes sont scolarisés précocement et achèvent assez tôt les deux premiers cycles de formation à l'université. Cela trouble lorsqu'on réalise que l'accès aux autres métiers de la justice, notamment à l' « avocature », à la magistrature ou au notariat ne requiert pas, s'agissant de l'âge, un minimum aussi élevé.

Sans forcer le trait, il apparaît que l'on ne devrait pas sacrifier les catégories auxquelles un sort spécifique doit être réservé au titre de la solidarité. Au nombre de celles-ci et en bonne place se trouvent les handicapés. A en croire la loi n°2010/002 du 13 avril 2010 portant protection et promotion des personnes handicapées, lorsque celles-ci justifient d'une formation professionnelle ou scolaire, elles bénéficient impérativement de mesures préférentielles, notamment de la dispense d'âge lors des recrutements aux emplois publics et privés. *« A qualification égale, la priorité est accordée à la personne handicapée »* ; toutefois, celle-ci ne peut être soumise qu'aux épreuves compatibles avec sa condition ; en aucun cas, le handicap ne peut constituer un motif de rejet d'une candidature ou de discrimination dès lors que l'emploi est compatible avec l'état de la personne qui en est victime[805].

Sans forcer le trait, il se découvre que l'impétrant ne devrait pas appartenir à la catégorie de ceux qui ont été écartés d'un corps

[805] Article 38. L'article 39 va plus loin et pose que les personnes qui, du fait de la sévérité de leur handicap ne peuvent affronter les conditions normales de travail en milieu naturel, bénéficient des emplois protégés. L'emploi protégé y est décrit comme « *(…) le poste de travail aménagé en tenant compte des possibilités fonctionnelles et des capacités de rendement de la personne handicapée* ».

professionnel, singulièrement de l'un des métiers de la fonction publique ou de l'un des métiers traditionnels du droit lié à la justice. On imagine mal, à la lumière de cette règle, que les portes de la profession s'ouvrent à des personnes révoquées de la fonction parapublique ou à des individus destitués d'une charge d'officier public ou ministériel, à celles radiées de la liste des avocats stagiaires ou du barreau pour des actes contraires à l'honneur, à la probité ou aux bonnes mœurs.

Sans forcer le trait, on imagine mal, à l'aune de cette exigence, que l'activité en tant qu'huissier de justice s'ouvre à des personnes coupables d'infractions en lien avec le patrimoine ou à celles condamnées pour des infractions graves[806].

Sans forcer le trait, il se découvre que l'impétrant ne devrait pas être de ceux qui sont membres du gouvernement, de ceux qui exercent une fonction élective ou sont inscrits au tableau du barreau des avocats, ont la qualité de fonctionnaire ou de salarié du secteur public, celle d'officier ministériel, de directeur, d'administrateur de société, de commissaire aux comptes et d'agent comptable[807];

Sans forcer le trait, il apparait aussi que la profession n'est pas accessible aux titulaires d'une licence en sciences politiques. De même, et aux antipodes des conditions imposées aux gens intéressés par la magistrature, elle ne requiert nullement la titularité d'un master en économie, en gestion, en droit ou un master en informatique. Il n'est pas requis des postulants à ce métier des connaissances sommaires dans ces domaines pourtant utiles à l'exploitation de l'activité professionnelle à laquelle ceux-ci candidatent. Pourtant, la certitude s'assoit progressivement qu'avec la poussée du numérique, la dématérialisation amorcée des procédures et les mutations technologiques, les habiletés d'hier ne suffiront pas pour être efficace aujourd'hui et pire encore demain[808].

---

[806] Voir notamment l'article 6, décret n° 2023/042 du 25 janvier 2023.

[807] Voir l'article 5, décret n°2023/042 du 25 janvier 2023.

[808] En ce sens, voir l'Acte uniforme révisé portant organisation des procédures simplifiées de recouvrement et des voies d'exécution. Lire not. ASSONTSA R., *L'immatériel et le droit OHADA des saisies*, L'Harmattan, Yaoundé, 2017, pp. 14 et s. ; BEPYASSI OUAFO V., « Le droit des technologies de l'information dans la Communauté économique et monétaire de l'Afrique centrale », *Les Cahiers du droit*, vol. 60, n°3, sept. 2019, pp. 653 et s., n° 57 et s., https ://doi.org/10.7202/1064652ar ; BRUSCHI J., GIRARD-GAYMARD T., « Les voies d'exécution sur crypto-actifs », *Recueil Dalloz* 2024, pp. 1686 et s. ; HUET J., « La modification du droit sous l'influence de l'informatique : aspects de droit privé », *JCP* 1983.I.3095 ; JARIEL L., « Les nouveaux modes de communication de certains officiers publics ou ministériels», *La Semaine Juridique Edition Générale* n° 17, 29 avril 2019, 450 ; KOM KAMSU M., « L'accès à la justice civile et le numérique au Cameroun », *UMa Lex, AFSJPUMa*, 2020, n°1, vol. 1, p. 349 ; KUATE TAMEGHE S.S., « La justice et le numérique, in *Servir l'Etat. Etudes offertes à David Abouem A Tchoyi*, BIWOLE V., MBAFOU S.C. (dir.), préc., pp. 293 et s. ; NGAH NOAH M.U., « Repenser Thémis : éléments pour une justice plus efficace au Cameroun », in ABOUEM A TCHOYI D., MBAFOU S.C. (dir.), *Améliorer l'efficacité de l'Etat au Cameroun. Propositions pour l'action*, préc., pp. 127 et s. ; TEPI S., « Les nouvelles technologies de l'information et de la communication : une solution pour le juge de demain ? », in *Le droit au pluriel. Mélanges en hommage au doyen Stanislas Meloné*, MEBU NCHIMI J.C. dir., PUA, Yaoundé, 2018, pp. 1049 et

Sans trop d'efforts, et plus fondamentalement, on devine que la profession n'est pas à cumuler avec une autre ou avec certaines activités ou qualités à l'instar de celles de membre du gouvernement, de salarié du secteur public ou du secteur privé, d'officier public ou ministériel, de dirigeant ou d'administrateur de société, d'agent comptable, de commissaire aux comptes, de commerçant[809]. De même, il se devine que le métier est incompatible avec « toute fonction élective », notamment publique[810].

Sans trop d'efforts, l'existence de dispositions transitoires se devine. A toutes fins utiles, après avoir formellement abrogé le décret n° 79/448 du 5 novembre 1979 et ses textes modificatifs subséquents autrefois en vigueur, l'article 74 du décret n°2023/042 du 25 janvier 2023 décide néanmoins que ceux-ci demeureront applicables s'agissant des conditions d'accès à la profession d'huissier de justice et d'agent d'exécution par quelques-uns. Il s'agit de ceux qui étaient déjà en fonction à la date de l'entrée en vigueur du nouveau statut. Il s'agit également des stagiaires ayant satisfait à l'examen de fin de stage mais non encore titulaires d'une charge en janvier 2023. Il s'agit aussi des stagiaires ayant prêté serment avant l'entrée en vigueur du nouveau statut de l'huissier de justice. Tous comptes faits, et pour décliner nettement les choses, les spécificités de l'accès au métier dans les régions du Nord-ouest et du Sud-ouest du Cameroun survivent pour peu de temps, sur quelques points. Tous savent qu'il avait été envisagé ici, dans la limite du quart des charges disponibles, que le métier soit exercé par d'anciens magistrats ou par d'anciens greffiers non révoqués. Peu nombreux sont ceux qui ignorent que dans ces aires géographiques la fonction d'huissier de justice était non seulement exploitée par d'anciens avocats nantis d'une expérience professionnelle d'au moins cinq ans, mais aussi qu'elle s'ouvrait aux administrateurs de greffe ou aux greffiers principaux titulaires d'une licence en droit avec cinq années d'expérience professionnelle dans le grade. Une procédure spécifique avait d'ailleurs été aménagée dans ce sens, laquelle précisément devrait être délaissée.

b. Les exigences de procédure

La procédure à suivre par celui qui souhaite devenir huissier de justice comporte différentes phases.

La première phase est celle du concours d'aptitude au stage. Les personnes intéressées par le métier d'huissier de justice sont tenues

---

s. ; YATERA A., « Saisie immobilière: non à l'excès de pouvoir du juge de l'exécution dans la fixation du montant de la mise à prix », obs. sous Cass. 2e civ., 13 juin 2024, n° 22-10.790, *B : JurisData n° 2024-009312, La Semaine Juridique E.G.*, n° 27, juil. 2024, pp. 1232 et s. ; Nous même, « La justice et le numérique », communication au colloque international « *Le numérique et la souveraineté* », Yaoundé, 7-8 juin 2023, inédit.

[809] Voir l'article 5, décret n°2023/042 du 25 janvier 2023.

[810] Article 5 alinéa 1 b).

d'adresser au Garde des sceaux, en même temps que la demande d'admission en stage, un dossier dont la composition est encadrée. Ses éléments de contenu sont pour l'essentiel : un certificat de nationalité, une copie certifiée conforme de l'acte de naissance, un bulletin n°3 du casier judiciaire, une copie du diplôme requis et le cas échéant d'un état des services faits, de l'agrément « délivré sans frais » de l'officier ministériel dans l'étude duquel s'accomplira le stage[811].Théoriquement, il faut, au moment de la formulation de la demande, que le postulant ait au moins 21 ans révolus. Une chose est sûre. Le dossier de candidature sera examiné avec soin. Les candidats issus de ce filtre subissent les épreuves du concours d'aptitude dont le programme et les modalités d'organisation sont fixés par arrêté du Ministre chargé de la justice, en collaboration avec la Chambre nationale des huissiers de justice. L'option n'est pas pleinement satisfaisante, notamment aux yeux de celui qui estime que l'idéal demeure que la périodicité et les épreuves du concours d'aptitude au stage soient connues d'avance, de manière à ce que le postulant à ce métier puisse réduire l'aléa et se former en connaissance de cause. Le reste va de soi. Il sera difficile, s'agissant des preuves tantôt écrites tantôt orales, de se passer de la culture générale, de se passer du droit des personnes, du droit judiciaire privé ou public.

La phase suivante est celle du stage. Ici, l'admission est prononcée, après les résultats du concours d'aptitude au stage, par un arrêté du Garde des sceaux[812]. Avant le démarrage de l'apprentissage proprement dit, le futur stagiaire prête serment devant le tribunal de première instance du siège de l'office où la formation s'effectue[813]. Pendant l'époque du stage dont la durée est de deux ans[814], obligation lui est faite de fréquenter les audiences ; de prendre part aux séminaires et conférences organisés par la chambre professionnelle et sanctionnés par une attestation que délivre le président du Comité directeur national. Obligation lui est faite d'être présent à l'étude du maître de stage ; de s'imprégner effectivement, auprès du parrain ayant délivré la lettre d'agrément, des exigences liées à l'exercice du métier. C'est donc logiquement que le stagiaire doit pouvoir instrumenter dans des affaires relevant de l'huissier de justice dès lors du moins qu'elles lui ont été confiées soit par une juridiction soit par le titulaire de l'étude *(tacitement,*

---

[811] Article 8. Le même article ajoute qu'aucun huissier de justice ne délivre plus de deux agréments aux candidats à cette profession ; que ce nombre est limité à 4 lorsqu'il s'agit d'une société civile professionnelle ; que le futur maître de stage doit disposer d'une *« étude appropriée, convenable, décente et connue » attestée par le président du Comité directeur de la Chambre nationale des huissiers de justice et « être à jour de ses obligations fiscales »*. L'article 8 (4) conclut que le nombre de stagiaires en formation dans une étude ne saurait excéder deux si le titulaire de la charge exploite seul, que celui-ci ne saurait excéder quatre au cas d'exercice dans une société civile professionnelle.

[812] Article 9.

[813] Idem.

[814] Article 10. Exceptionnellement, le stage pourrait excéder deux ans et aller jusqu'à trois ans si l'issue de celui-ci est infructueuse.

voir CCJA, arrêt n° 136/2021, 24 juin 2021, Kouassi Ouassa Charly c. Diabaté Kaladji, http://www.ohada.org). C"est sans surprise que la personne admise en stage perçoit de son maître une indemnité égale au salaire d'un clerc assermenté[815]. Reste à espérer que l'exigence ne fasse pas obstacle à ce que la délivrance des lettres de parrainage ou que celle-ci provoque dans la pratique des « retro-rémunérations » consistant à retourner illégalement et clandestinement au titulaire de la charge l'indemnité servie.

Doit-on, sur la base de cet extrait, considérer que le stagiaire est un clerc assermenté ou « Sworn Clerk » en langue anglaise[816]? Il semble bien que non. Les clercs sont des salariés de l'huissier de justice dont le rôle est de l'assister voire de le suppléer dans l'accomplissement de quelques-uns des actes se rapportant à son ministère[817]. A dire vrai, les employés de l'officier ministériel n'accèdent pas tous au statut privilégié de clerc assermenté, lequel légitime l'accomplissement des actes de procédure déjà évoqués *(tacitement, voir CCJA, arrêt n° 136/2021, 24 juin 2021, Kouassi Ouassa Charly c. Diabaté Kaladji, préc.*[818]. Le soin revient au titulaire de la charge de solliciter du tribunal de première instance de la localité de son étude l'agrément de tel ou de tel de ses employés. De son côté, la juridiction saisie ne réserve

---

[815] Article 10 (2), (3). Voir aussi l'article 8 (2) où la règle est posée que *« l'agrément est délivré sans frais ».*

[816]ANYANGWE C., *The magistracy and the bar in Cameroon*, CEPER, Yaoundé, 1989, pp. 188.

[817] L'article 12 décide que les clercs assermentés ne sont pas autorisés à établir les procès-verbaux de constats, de saisie et de récolement.

[818] Dans cette espèce, le demandeur au pourvoi reproche à la cour d'appel d'avoir, pour annuler une décision d'une juridiction inférieure, établi un parallèle entre les dispositions de l'article 7 de la loi n°97-514 du 04 septembre 1997 portant statut des huissiers de justice et la validité de la carte professionnelle présentée par l'huissier de justice auxiliaire lors de la signification de l'acte d'appel. De son point de vue, nulle part, à la lecture de l'article 7 précité, il n'est fait allusion à la nullité de l'acte accompli en raison de l'invalidité de la carte professionnelle portée au moment d'instrumenter. A propos de cette branche du moyen et sur le reste, la CCJA juge : « *Attendu qu'il résulte de ce texte que la nullité est encourue notamment lorsque l'huissier de justice agit hors de sa compétence d'attribution telle que définie par l'article 5 alinéa 1 de la même loi qui dispose « Les huissiers de justice ont seuls qualité pour signifier ou notifier les exploits ou les actes et mettre à exécution des décisions de justice ou les actes ou titres en forme exécutoire, lorsqu'aucun autre mode de signification, de notification ou d'exécution n'a été précisé par les lois ou les règlements » ; que la violation des compétences d'attribution de l'huissier, au sens de ces textes, doivent s'entendre comme visant non seulement les cas dans lesquels un huissier pose un acte qui ne relève pas de sa compétence d'attribution, mais aussi les cas dans lesquels une personne autre qu'un huissier de justice pose un acte qui relève de la compétence exclusive des huissiers de justice ;*

Attendu en l'espèce, que l'acte litigieux a été instrumenté par une personne se prévalant de la qualité de clerc assermenté, alors même que, selon l'article 9 alinéa 1 de la loi n°97-514 du 04 septembre 1997 susvisée « Les clercs assermentés justifiant d'une année de cléricature et remplissant les conditions 1 à 7 de l'article 14 peuvent suppléer les huissiers de justice titulaires de charges dans tous les actes de leur ministère » ;

Mais attendu qu'il résulte des énonciations de l'arrêt attaqué que Monsieur Bayoro, clerc ayant signifié l'acte d'appel, ne remplissait pas les conditions prévues par ce texte en ce qu'il n'a ni la qualité de clerc assermenté ni celle d'huissier titulaire de charge, agissant ainsi en violation de la compétence d'attribution des huissiers de justice telle que définie à l'article 5 la loi n°97-514 du 04 septembre 1997 précitée ;

Que dès lors, en prononçant la nullité de l'appel sur le fondement de l'article 7 de la loi n°97-514 du 04 septembre 1997 précitée, la cour d'appel n'a nullement violé ce texte… »

une suite favorable à la requête formulée que lorsque le concerné a au moins 21 ans, est de nationalité camerounaise, offre des garanties de moralité notamment car n'ayant pas été révoqué de la fonction publique ou parapublique, n'ayant pas été destitué d'aucune charge d'officier public ou ministériel, encore moins radié de la liste des avocats stagiaires ou du tableau du barreau pour des agissements contraires à l'honneur, à la probité, aux mœurs. La juridiction saisie veille enfin à ce que le futur « Sworn Clerc » soit titulaire au moins de la capacité en droit ou d'un diplôme reconnu équivalent ; qu'il dispose d'une ancienneté de cinq années consécutives dans la même étude et bénéficie de l'agrément de l'huissier[819].

En droite ligne de ce qui précède, l'huissier de justice doit encore être distingué de l'agent d'exécution (« Process-server ») auquel l'opinion publique a malheureusement tendance à l'assimiler. Au fond, au Cameroun, l'agent d'exécution ne peut être retrouvé que dans le ressort de tribunaux de première instance dépourvus d'huissiers[820]. En semblable occurrence, étant entendu que le service public est gouverné par l'exigence de continuité, le soin revient au ministre chargé de la justice d'en nommer un, après l'avis du Procureur général près la Cour d'appel du ressort. Evidemment, la nomination de celui-ci n'est pas dictée par le hasard. Des orientations sont livrées à l'article 70 du décret n° 2023/042 du 25 janvier 2023 où il est écrit que les agents d'exécution sont choisis parmi les clercs assermentés d'huissiers ou à défaut, parmi les « greffiers et greffiers-adjoints » justifiant au moins de quatre années d'ancienneté. A *priori*, et contrairement à ce que la pratique consacre, cela induit que des greffiers ou des greffiers-adjoints ne deviendront agents d'exécution que dans l'hypothèse de l'inexistence de clercs assermentés dans le ressort d'une juridiction. Pareillement, on ne devrait jamais envisager, en l'état actuel des textes, que l'administrateur des greffes ou le clerc non assermenté soit appelé à assumer cette responsabilité. De même, et c'est une exigence forte du décret précité[821], le ministère de l'agent d'exécution s'achève avec la prestation de serment d'un huissier de justice dans la localité concernée ; l'huissier de justice récemment nommé n'exerce concurremment avec des agents d'exécution désignés avant lui que dans l'hypothèse marginale où ceux-ci sont installés dans des arrondissements autres que celui du siège du tribunal où sa charge a été octroyée *(pour l'application de cette prévision, voir not. CS, arrêt n° 13, 19 oct. 1965, Massoma Peh Samuel c. Ministère public, Compagnie d'assurance urbaine et la Seine et Tchatchiua Jean-Pierre, Répertoire*

---

[819] Articles 12 et 13. Reste à ne pas perdre de vue que les clercs assermentés prêtent serment devant le tribunal de première instance et que leur serment ne se distingue en rien de celui de l'huissier de justice (article 14) ; que ledit tribunal peut retirer l'agrément octroyé à la requête du ministère public, à la demande du titulaire de la charge, d'office (article 15).

[820] Au fond, le décret n° 2023/042 du 25 janvier 2023 incline à penser qu'on pourrait le retrouver « en tout lieu où cela s'avère nécessaire », et notamment au siège des tribunaux de première instance dépourvus d'huissiers de justice.

[821] Article 69.

chronologique de la jurisprudence de la Cour suprême, Droit pénal, tome 1, 1960-1980, préc. ; arrêt n° 42, 30 nov. 1965, Ebo Samson c. Le président de chambre Delamotte, Répertoire chronologique de la jurisprudence de la Cour suprême, tome 1, Droit pénal, préc., p. 818 ; CA de l'Ouest, arrêt n° 01/Civ., 14 oct. 1998, ayants-droit de feu Minwouo Marie Noël c. Me Tsouapague et Hôpital Ad Lucem de Bafang, Juridis Périodique n° 50, avril-mai-juin 2002, obs. TIMTCHUENG M.). Enfin, et telle est l'orientation du statut de la profession d'huissier de justice et d'agent d'exécution, ce dernier peut être relevé de ses fonctions par l'autorité de nomination après enquête, explications du mis en cause et avis du procureur général ; il est mis fin aux fonctions de l'agent d'exécution ayant atteint l'âge de 65 ans, mais le Ministre de la justice peut d'office, pour nécessité de service ou à la demande de l'intéressé, accorder une prolongation d'activités de deux ans renouvelables une fois[822].

La troisième phase est celle de l'examen de fin de stage et, idéalement, celle de l'obtention du certificat de fin de stage que délivre le Garde des sceaux[823]. A ce jour, quatre épreuves sont au programme dont deux sont écrites et deux orales. L'une des épreuves écrites porte sur la culture générale ou sur les relations entre officiers publics, entre officiers ministériels et avocats. L'autre épreuve écrite porte sur la rédaction des actes du ministère de l'huissier de justice. Quant aux épreuves orales, elles ont trait, tout d'abord, à l'organisation judiciaire, au statut des huissiers de justice, aux agents d'exécution, aux attributions des commissaires-priseurs, à la représentation en justice, aux éléments servant à l'identification des personnes, singulièrement le nom et le domicile, à la propriété et ses démembrements, aux régimes fonciers. Elles ont trait, ensuite, au droit processuel avec un accent sur la citation, les assignations, les exploits, les procédures forcées de recouvrement entendues au sens le plus large[824].

Cela dit, des détails essentiels sont à relever s'agissant du stage et de l'examen qui le sanctionne.

Tout d'abord, le statut des huissiers de justice décide que le programme et les modalités de l'examen de fin de stage sont fixés par le Garde des sceaux. Malheureusement, l'observation révèle que ceux-ci n'ont pas souvent été revus à l'effet de s'assurer que la formation ou les aptitudes du futur officier ministériel et public correspondent aux besoins de la société ou aux méandres de son activité. En ce sens, il n'est que d'attirer l'attention sur la date du dernier arrêté s' y rapportant, laquelle se situe en septembre 1982[825]. En allant au-delà pour s'intéresser aux disciplines sur lesquelles l'examen porte, on s'aperçoit ahuri que celles souvent rattachées à la famille du droit public sont marginalisées ; que rien ne renvoie à la gestion de cette entreprise à la tête de laquelle l'auxiliaire de justice sera bientôt hissé. La

---

[822] Articles 72 et 73.
[823] Article 11.
[824] Article 2, arrêté du 28 septembre 1982 fixant les modalités d'examen de fin de stage d'huissier.
[825] Du 28 septembre précisément.

composition du jury, elle-même, laisse perplexe. On y retrouve, en tant que président, un conseiller à la Cour suprême ; un magistrat du parquet général de la Cour d'appel du centre ; un magistrat en service à la Chancellerie ; un huissier de justice[826]. Autant conclure que l'évaluation incombe essentiellement aux magistrats ; que les huissiers de justice sont faiblement représentés dans le jury ; que les enseignants des facultés de droit n'en font pas partie. A l'évidence, un rééquilibrage s'impose en faveur des huissiers de justice, des avocats, des universitaires…

Ensuite, seuls seront déclarés admis, à l'issue de l'examen professionnel, les candidats ayant pu obtenir une moyenne que le statut ne fixe pas impérativement comme naguère. Le stagiaire n'ayant pas été reçu à cet examen « est autorisé » à effectuer un nouveau stage dont la durée est d'un an. A l'expiration de cette troisième année, au cas d'un second échec à l'examen professionnel de fin d'apprentissage, celui-ci est radié de la liste de stage. La réadmission ne peut alors s'envisager qu'à titre exceptionnel, par arrêté du ministre de la justice faisant suite à une requête[827].

Les postulants à la profession d'huissier de justice ne subissent pas tous le feu du stage et, par ricochet, de l'examen qui le couronne. Sont concernés au premier chef les agents d'exécution ou les clercs assermentés titulaires d'une licence en droit, pouvant justifier de huit années ininterrompues de service en cette qualité. Sont également concernés, mais partiellement seulement, les administrateurs de greffes non révoqués ; effectivement, ceux-ci sont dispensés du concours d'aptitude, mais obligés de subir un stage dans une étude d'huissier de justice dont la durée minimale est de trois mois et le plafond de six mois[828]. En tout état de cause, l'avis de l'assemblée générale de la juridiction d'appel du ressort précèdera la nomination aux fonctions d'huissier de justice, que l'on se trouve dans l'hypothèse de l'exonération de stage ou dans celle voisine où le « recyclage » est prescrit pour un temps court[829].

A une époque et aujourd'hui encore, la surprise est grande de réaliser que le notaire ou l'avocat n'appartient pas à la catégorie de ceux auxquels s'ouvre la profession d'huissier de justice avec dispense de stage. L'omission surprend d'autant plus qu'il avait autrefois été envisagé, dans les régions du Nord-ouest et du Sud-ouest, que des avocats ayant une expérience professionnelle de cinq années puissent exceptionnellement accéder à ce métier. Il ne se comprend pas non plus que la profession ne soit pas ouverte aux anciens magistrats et au personnel de la police judiciaire ayant la qualité d'officier de police judiciaire disposés à passer par un recyclage de brève durée ; que soient mis à l'écart certains agents publics dont l'activité entretien un lien avec les actes de l'huissier de justice et notamment ceux

[826] Article premier, arrêté du 28 septembre 1982 précité.
[827] Article 11 (3, 4).
[828] Article 7.
[829] Idem.

qui se rapportent au recouvrement, à l'exemple de ceux de l'administration fiscale que celle-ci soit centrale ou locale[830]. Il est également de compréhension difficile que les conseils juridiques et les juristes d'entreprise ayant une expérience professionnelle avérée soient privés de l'opportunité de rejoindre la profession après un recyclage en tant que de besoin. L'exclusion de ceux-ci se comprend d'autant moins que leur activité les conduit assidûment à interagir ou à collaborer avec le personnel judiciaire et auxiliaire de justice, mais surtout parce que quelques-uns de ceux-ci sont précisément chargés du recouvrement des créances dans quelques entreprises spécialisées à l'instar de la Société de recouvrement des créances du Cameroun ou à l'exemple des entités publiques ayant le bénéfice du privilège du trésor.

A une époque et aujourd'hui encore, la surprise est grande de réaliser, dans le corps des fonctionnaires de greffes, que seuls les administrateurs des greffes ont la latitude de devenir huissiers de justice. La surprise tire sa source dans le fait que ce corps comprend de nos jours plusieurs cadres, à savoir celui des administrateurs des greffes regroupant le grade d'administrateur principal des greffes et celui d'administrateur des greffes[831] ; le cadre des greffiers où se retrouvent deux grades, à savoir celui de greffier principal et celui de greffier ; celui des greffiers-adjoints rassemblant un grade unique, celui des greffiers-adjoints[832].

Autrefois et aujourd'hui encore, la surprise est grande de découvrir qu'on n'a pas eu à cœur, à l'occasion du stage, de veiller effectivement à l'approfondissement de la relation du futur officier ministériel et public avec l'ensemble des professionnels qui seront à coup sûr ses interlocuteurs de tous les jours. Si pareille préoccupation avait été forte, l'option aurait été retenue, comme sous d'autres cieux[833], d'envisager que le stage soit effectué partiellement dans une étude d'huissier de justice et pour moitié ailleurs, notamment auprès d'un notaire, d'un avocat, d'un comptable ou d'un expert-comptable agréé. A l'extrême, il pouvait être décidé qu'un moment de l'apprentissage s'effectuera auprès des services en charge des affaires juridiques et du contentieux d'une personne morale de droit public, d'une entreprise dite du « secteur public », d'une entreprise privée.

La dernière phase est celle de la prestation de serment et de l'installation. Pour commencer par lui, le serment est prêté devant le tribunal de première

[830] On pourrait d'ailleurs y ajouter quelques-uns des enseignants d'université. Effectivement, la loi n° 2023/007 du 25 juillet 2023 portant orientation de l'enseignement supérieur décide à son article 84 (3) que ceux-ci ont « *la liberté d'exercer une profession libérale dans le prolongement de leur spécialités* ».

[831] Article 13, décret n° 2011/020 du 4 février 2011.

[832] Article 30.

[833] En France par exemple, voir l'article 1er du décret n°77-770 du 14 août 1975 relatif aux conditions d'accès à la profession d'huissier de justice ainsi qu'aux modalités de création, transfert et suppression d'offices d'huissier de justice et concernant certains officiers ministériels et auxiliaires de justice.

instance[834]. Au fond, avant d'en arriver là, des charges devront avoir été créées et rattachées à un tribunal de première instance[835]. Il faudra, corrélativement, que le président de la République procède à la nomination de ceux qui en seront titulaires. C'est assez dire que l'acte d'investiture du chef de l'Etat confère véritablement le droit d'exercer. Ce droit, baptisé « titre », se distingue de la « finance » qui, elle, représente la valeur en termes comptables, à un moment donné, de la charge. A elle seule, la distinction a le mérite de faciliter la compréhension de cette construction traditionnelle qui veut que le titre ait un caractère extrapatrimonial, mais que la finance est estimable en argent et du coup, rythme les transactions, notamment avec le « repreneur » de l'étude.

Les huissiers de justice stagiaires sont appelés à exprimer leur préférence à propos du lieu où sera exploitée leur future activité. Malheureusement, les souhaits ne sont pas toujours retenus[836]. La raison en est que des arbitrages doivent ensuite s'opérer en faveur des ressorts judiciaires éloignés des grands centres urbains, lesquels sont rarement sollicités[837]. Toutefois, en cas de pluralité de candidatures à un poste identique, un avis de la Chambre nationale des huissiers de justice sera nécessaire pour départager les gens, avis susceptible de recours devant l'assemblée générale de la Cour d'appel compétente[838]. Enfin, le démarrage de ses activités suppose non seulement que le jeune officier ministériel et public souscrive une police d'assurance à présenter au procureur de la République territorialement compétent, mais aussi que celui-ci constitue une caution dont le montant est déterminé par le Garde des sceaux[839] et surtout que ce dernier justifie d'une installation

---

[834] A en croire l'article 22 (4) du décret du 25 janvier 2023, l'huissier de justice s'engage en jurant de se conformer scrupuleusement et avec probité aux lois et règlements concernant son ministère.

[835] Article 3-1.

[836] Le statut de l'huissier de justice et de l'agent d'exécution est moins flexible sur ce point. Effectivement, sous l'empire du décret du 5 novembre 1979 abrogé, la règle était posée d'après laquelle :
- à sa demande et après avis de l'assemblée générale de la cour d'appel compétente, l'huissier de justice titulaire d'une charge peut être nommé à un autre officie ministériel. La nomination emporte démission de la charge précédemment attribuée ;
- lorsqu'un tribunal de première instance est créé dans un arrondissement, l'huissier de justice en fonction au siège d'un tribunal voisin couvrant différents arrondissements dont celui-ci peut continuer à exercer jusqu'à la nomination d'un confrère au siège de la juridiction nouvellement mise en place.

[837] Cela dit, le répertoire national des huissiers de justice et agents d'exécution que l'on retrouve sur site internet des huissiers de justice du Cameroun (http://huissiers-cameroun.com) révèle que le plus gros de l'effectif de ce corps officie à ce jour dans la région du Centre. Cela est assez paradoxal lorsqu'on s'intéresse à la répartition de la population dans les régions du pays, singulièrement dans les régions du Littoral et de l'extrême nord. Cela est également surprenant lorsqu'on ne perd pas de vue que la région du littoral est souvent qualifiée de « poumon économique » du pays. Le moins que l'on puisse dire c'est que cette répartition de ne contribue pas vraiment à rapprocher la justice du justiciable.

[838] Article 6 (2).

[839] L'article 22 du décret n° 2023/042 du 25 janvier 2023 décide que le montant de cette caution ne peut être inférieur à 200 000 francs ni supérieur à 500 000 francs. Une décision du secrétaire

décente agréée par le chef du parquet de la juridiction de rattachement[840]. L'exigence conduit à se demander si l'on n'aurait pas dû envisager, en début de « carrière » tout au moins, que l'huissier de justice ait l'opportunité d'exercer en qualité de salarié ou de collaborateur du titulaire d'une charge ayant lui-même une expérience avérée à déterminer. L'un des avantages de ce schéma aurait été que le concerné pourrait aisément souscrire la police d'assurance exigée et, le moment venu, s'installer décemment. Au demeurant, une telle mesure offre l'avantage : de multiplier en nombre les officiers ministériels et publics avec l'assurance que tous ne s'installeront pas au même moment, de conserver sur eux un contrôle effectif à travers les normes déontologiques, de parachever le processus d'acquisition des ficelles du métier dans des conditions stimulantes[841]. Pareillement, on peut se demander s'il n'eût pas été opportun d'instituer une aide financière à l'installation dans « l'arrière-pays » et notamment dans les zones économiquement défavorisées ou sinistrées, laquelle serait partiellement et impérativement alimentée par une contribution financière des confrères établis dans les grandes agglomérations et collectée par la Chambre professionnelle. On doit également s'interroger quant à savoir si la charge d'huissier ne devrait pas être attribuée par le ministre de la Justice. C'est qu'au fur et à mesure que le pays se développe, la fonction de président de la République devient à ce point contraignante que l'attente d'une charge dure de longues années. Les huissiers de justice en attente de charge n'ont de cesse de le rappeler, y compris par le biais de manifestations publiques.

2. Le regroupement des huissiers de justice

Le décret n° 2023/042 du 25 janvier 2023 portant statut et organisation de la profession d'huissier de justice et d'agent d'exécution a prévu deux principaux cadres de regroupement des huissiers de justice. L'un est véritablement corporatiste et l'autre l'est un peu moins.

a. Le regroupement au sein d'une société civile professionnelle

A la faveur de l'entrée en vigueur du nouveau statut de la profession d'huissier de justice et d'agent d'exécution, ce professionnel peut désormais exploiter son activité dans le cadre d'une société civile professionnelle.

---

général du ministère de la justice n° 0047/SG/MJ du 5 novembre 1992 est venue préciser que le taux du cautionnement est de 400 000 francs pour les charges d'huissier de Yaoundé et de Douala, de 300 000 francs pour les charges de Bafoussam, Garoua, Nkongsamba. La même décision retient que le taux du cautionnement est de 200 000 francs pour les charges d'huissier du siège des autres juridictions du Cameroun.

[840] Article 22 (1).

[841] En ce sens, voir MENUT B., « L'huissier de justice salarié : enjeux et perspectives », *Droit et procédures*, n° 8, sept. 2011, pp. 195 et s.

Les formes de la SCP, comme le législateur lui-même suggère de l'abréger, sont au nombre de deux. Soit elle est titulaire de charge, soit elle n'est pas titulaire de charge. La société civile professionnelle titulaire d'une charge d'huissier de justice est constituée entre des huissiers de justice attributaires d'une charge, lesquels théoriquement démissionnent de leurs charges respectives au profit de l'entreprise qu'ils créent. Du coup, la règle est que *« Nul ne peut à la fois exercer individuellement et par l'entremise d'une société civile professionnelle titulaire d'une charge d'huissier de justice »*[842] ; que *« Les charges desquelles démissionnent les huissiers de justice (...) sont vacantes. Un liquidateur, qui ne peut être ni le démissionnaire ni aucun membre de la société civile professionnelle titulaire, y est nommé... »*[843]. Quant à la société civile non titulaire d'une charge d'huissier de justice, dite « société de moyens », elle est créée par des officiers ministériels et publics d'un même ressort de compétence qui décident chacun de conserver sa charge et s'engagent seulement à partager « les responsabilités » liées au fonctionnement de leurs études respectives[844].

Les conditions de fond de la création de la SCP sont connues[845]. Tout d'abord, une demande de constitution est indispensable. Elle est adressée au Ministre chargé de la justice, accompagnée d'un dossier. Ensuite, il ne faudrait pas, dans le ressort juridictionnel de rattachement des huissiers de justice intéressés par la société civile, que moins de trois charges aient été attribuées. De même, il ne faudrait pas que l'une des personnes intéressées par l'exercice concertée en entreprise soit déjà membre d'une société civile professionnelle. Enfin, il se révèle nettement que les agents d'exécution ne sont pas a priori concernés par le regroupement au sein d'une SCP. Dans le prolongement, ceux-ci ne peuvent pas, entre eux, créer une telle entreprise. Pareillement, on n'a pas envisagé qu'une société civile professionnelle puisse avoir comme membres un ou plusieurs huissiers de justice et un ou plusieurs autres auxiliaires de justice libéraux, notamment des avocats et ou des notaires. Cela surprend dans un contexte où le durcissement du marché du droit appelle un travail en équipe de professionnels ayant des expertises différentes et relevant parfois de corps de métiers hétérogènes. L'observation incline d'ailleurs à penser, sous d'autres cieux, que ce mouvement d'interprofessionnalité centré sur la collaboration et sur la mise en commun des expertises est avancé et semble irréversible, contribue à améliorer la qualité de la justice et la protection du justiciable[846].

---

842 Article 59.

843 Article 59 (2) et (3).

844 Article 57, décret n°2023/042 du 25 janvier 2023.

845 Article 58.

846 Pour aller plus loin sur cette question particulière, lire notamment GUINCHARD S., VARINARD A., DEBARD T., op cit., pp. 137 et s., n°s 1214 et s. Voir également DAIGRE J.J., « Des professions libérales règlementées », *Rec. Dalloz* 2023, pp. 557 et s. ; DONDERO B., « Le cabinet d'avocats constitué en société de droit commun », *La Semaine Juridique Edition Générale* n° 28, 18 juil. 2022, doctr., pp. 889 et s. ; DONDERO B., « Les sociétés par les nombres », *D.*

La procédure à observer et les formalités à accomplir en vue de la création de la société civile professionnelle sont déclinées[847]. Dans un ordre approximatif, les points d'orgue de celles-ci sont :

- l'élaboration des statuts de la société. Ceux-ci enseignent notamment sur les membres de l'entreprise, les ressources de celle-ci, les modalités de répartition des bénéfices et d'ouverture des comptes sociaux, la clé de répartition des charges, les règles relatives à la responsabilité civile des membres[848] ;

- le dépôt au ministère de la justice d'un dossier complet. Ce dossier comprend pour l'essentiel une demande timbrée au tarif en vigueur ; le projet de l'acte de création de la société ; en deux exemplaires, les déclarations fiscales souscrites par les membres postulants de la SCP au cours des 5 années précédant la demande de constitution de l'entreprise et le cas échéant, les déclarations fiscales des postulants concernés portant sur la durée effective de service lorsque cette dernière est inférieure à 5 ans ; l'état des revenus de chaque membre de l'entreprise, en deux exemplaires[849] ;

- l'instruction du dossier. Très concrètement, dès réception de celui-ci, le Ministre de la justice le transmet au Comité directeur de la Chambre nationale des huissiers de justice, « pour instruction »[850]. Après son appréciation faite à l'aune de la personnalité des postulants et de leurs qualités professionnelles, le Comité émet un avis motivé avant de transmettre l'ensemble au procureur général près la cour d'appel dans un délai de trente jours. A son tour, et dans le même délai, le chef du parquet général rend un avis puis communique le dossier au Garde des sceaux. A ce stade, de deux choses l'une. Soit la société à créer relève de la compétence du Ministre chargé de la justice et l'intéressé va prendre une décision à ce sujet ; soit elle ne relève pas de sa compétence et le Garde des sceaux émettra un avis à transmettre avec le fond de dossier à la présidence de la République[851] ;

- l'acte d'attribution d'une charge d'huissier de justice à la société civile professionnelle titulaire de charge ou l'autorisation de créer la société civile professionnelle non titulaire de charge. Dans le premier cas, il s'agit d'un décret du président de la République pris après avis du garde des sceaux au terme de la procédure d'instruction déjà évoquée [852]. Dans le second cas, il s'agit d'un arrêté du Ministre chargé de la justice intervenant non sans une instruction de la cause [853] ;

2022, pp. 611 et s. ; PARLEANI V. G., « L'exercice en société des professions libérales - essentiellement juridiques - dans la loi Macron », *Rev. Sociétés*, 2015, pp. 638 et s.

[847] Article 58.

[848] Articles 60 et 61 (2).

[849] Articles 60 et 61 (2).

[850] Article 62.

[851] Idem.

[852] Articles 58 (2), 59 (5) et 62.

[853] Articles 61 (1) et 62.

- l'information du public, d'une part par le dépôt de l'acte de constitution de l'entreprise au greffe de la cour d'appel territorialement compétente, d'autre part par publication ou par insertion d'un extrait de l'acte de création de la société dans un journal d'annonces légales[854] ;

- la souscription de polices d'assurances. L'une de celles-ci couvre la responsabilité individuelle des membres de la société civile professionnelle ; l'autre couvre la responsabilité civile professionnelle collective[855].

Des observations s'imposent, parfois sous la forme d'une interrogation, afin de mieux comprendre le droit des sociétés civiles professionnelles d'huissiers de justice et par contrecoup, leur fonctionnement.

Force est de relever, en premier lieu, que l'on est fondé à se demander s'il était nécessaire de créer la société civile professionnelle de moyens dans un contexte où le groupement d'intérêt économique et la société en participation sont déjà encadrés par le droit positif à l'échelle de l'OHADA. Sur cette question sans fin, l'unanimité peut difficilement s'obtenir. Dès lors, la sagesse commande de renoncer à la polémique et de considérer que les huissiers de justice peuvent également opter de se rassembler au sein d'un GIE voire dans une société en participation lorsque cela est utile[856].

---

[854] Article 58 (10).

[855] Articles 58 (7), 61 (6).

[856] A toutes fins utiles, s'agissant du GIE, les article 869 et suivants de l'Acte uniforme visé prescrivent notamment que :

- Son but exclusif est de mettre en œuvre, pour une durée déterminée, des moyens propres à faciliter ou à développer l'activité économique de ses membres, à améliorer ou à accroître leurs résultats ;

- Son objet se rattache nécessairement à l'activité économique de ses membres et ne pourrait qu'avoir un caractère auxiliaire par rapport à celle-ci ;

- « *Deux ou plusieurs personnes physiques ou morales peuvent constituer entre elles un groupement d'intérêt économique, y compris les personnes exerçant une profession libérale soumise à un statut législatif ou réglementaire ou dont le titre est protégé* » ;

- Celui-ci ne donne pas lieu par lui-même à réalisation et à partage des bénéfices ; jouit de la personnalité morale et de la pleine capacité à compter de son immatriculation au registre du commerce et du crédit mobilier et que les droits des membres ne peuvent être représentés par des titres négociables ;

- En cours de vie sociale, le groupement peut accepter de nouveaux membres dans les conditions fixées par le contrat. Sur ce point particulier, l'article 3 (3) relève que l'huissier de justice membre d'une société civile professionnelle peut être transformé, sur demande et après avis de la chambre nationale des huissiers de justice et des agents d'exécution, dans une autre société civile professionnelle. Pareillement, chaque membre peut se retirer du groupement dans les conditions prévues dans le contrat, sous réserve d'avoir exécuté ses obligations ;

- Ceux qui le créent et en sont membres sont tenus des dettes de l'entreprise sur leur patrimoine propre et sont solidaires du paiement des dettes du groupement, sauf convention contraire avec le tiers cocontractant ; toutefois, si le contrat de base le prévoit, le nouveau membre pourrait être exonéré des dettes antérieures à son entrée dans le groupement d'intérêt économique ;

- Les créanciers du groupement ne peuvent poursuivre le paiement des dettes contre un associé qu'après avoir vainement mis en demeure le groupement par acte extrajudiciaire ;

- Le contrat de base détermine son organisation et fixe librement la contribution de chaque membre aux dettes. À défaut, chaque membre supporte une part égale ;

- Celui-ci est administré par une ou plusieurs personnes physiques ou morales et que le contrat ou le cas échéant l'assemblée organise librement l'administration du groupement et nomme les administrateurs et détermine leurs attributions, pouvoirs, révocation.

Force est de relever, en deuxième lieu, que la forme de la société civile professionnelle doit apparaître dans l'ensemble des correspondances et documents émanant d'elle et, surtout, figurer à côté de la raison sociale de l'entreprise[857].

Force est de relever, en troisième lieu, que le statut de la profession d'huissier de justice et d'agent d'exécution décide que le règlement intérieur de la Chambre professionnelle nationale fixera les interstices des modalités de l'organisation, du fonctionnement et du régime de dissolution des sociétés civiles professionnelles d'huissiers de justice.

Force est de relever, en quatrième lieu, que les membres d'une société civile professionnelle ont une obligation d'information mutuelle dans le domaine qui les unit ou les lie[858].

Force est de relever, en cinquième lieu, que la cessation des droits des membres d'une société civile professionnelle s'opère au profit d'une personne ayant les qualités requises pour être membre de cette entreprise. Sans surprise, elle est autorisée par décret du président de la République dans la société civile professionnelle titulaire d'une charge d'huissier de justice et par autorisation du Ministre chargé de la justice dans la société dépourvue de charge[859].

Force est de relever, en sixième lieu, s'agissant spécialement de la société civile professionnelle titulaire d'une charge que les obligations et restrictions prescrites aux huissiers de justice exerçant individuellement s'imposent à celle-ci ; que la société ne peut dresser des actes dans lesquels l'un de ses membres ou les parents ou alliés de ce dernier sont parties ou intéressés. Par ailleurs, les membres d'une telle entreprise ne devraient pas pouvoir instrumenter ensemble dans des actes requérant le concours de

---

A propos de la société en participation, les articles 854 et suivants décident notamment :
- Que celle-ci est une forme de société dans laquelle les associés conviennent qu'elle n'est pas immatriculée au registre du commerce et du crédit mobilier. Dès lors, l'entreprise n'a pas la personnalité morale et n'est pas soumise à publicité ;
- Que les sociétaires conviennent librement de l'objet, de la durée, des conditions du fonctionnement, des droits des associés, de la fin de la société sous réserve de ne pas déroger aux règles impératives des dispositions communes aux sociétés ;
- Que les biens nécessaires à l'activité sociale sont mis à la disposition du gérant de la société ; toutefois, chaque associé conserve la propriété des biens mis à la disposition de la société ; les associés peuvent convenir de mettre certains biens en indivision ou que l'un d'entre eux est propriétaire de tout ou partie des biens qu'il acquiert en vue de la réalisation de l'objet social ;
- Que les biens acquis par emploi ou par remploi de deniers indivis en cours de vie sociale ainsi que ceux qui se trouvaient indivis avant d'être mis à la disposition de la société sont réputés indivis entre les associés ; sauf clause contraire des statuts, ceux-ci ne pourront être partagés tant que la société n'est pas dissoute ;
- Que chaque associé contracte en son nom personnel et est seul engagé à l'égard des tiers. Toutefois, si les associés agissent en se présentant en leur qualité, chacun de ceux qui ont agi est tenu par les engagements des autres et les obligations souscrites dans ces conditions les engagent indéfiniment et solidairement.

[857] Article 58 (9).

[858] Article 57 (7).

[859] Article 58 (8).

deux huissiers de justice titulaires de charges distinctes. De même, les associés sont obligés de tenir une comptabilité unique et doivent tous, à égalité, être détenteurs et responsables des copies des actes servis. Cela n'empêche pas, si le besoin est ressenti, que les écritures passées par chacun des sociétaires soient individualisées[860].

Force est de relever, en septième lieu, s'agissant spécialement de la société civile professionnelle non titulaire d'une charge d'huissier de justice que l'entreprise n'a pas à poser ces actes qui constituent l'âme du métier et que le décret n°2023/042 du 25 janvier 2023 précité décline à son article 2[861]. La prohibition est assortie de sanctions exposées à l'article 61. Celui-ci décide qu'est nul et de nul effet tout acte relevant du ministère de l'huissier de justice que dresse une société civile professionnelle non titulaire de charge sans préjudice de la dissolution, des sanctions disciplinaires et des poursuites pénales qu'encourent ses membres. Au plan comptable, et d'après la formule de l'article 61 (5), les associés tiennent une comptabilité unique dans les seuls domaines qui les unissent et que les statuts précisent.

Force est de relever, en huitième lieu, que si la société civile professionnelle répond des actes professionnels de chacun de ses membres[862], la responsabilité disciplinaire des intéressés a un caractère personnel accentué et donc que *« les règles relatives à la discipline des huissiers de justice sont inapplicables à la SCP »* [863] . La formule ne doit cependant pas induire en erreur. En effet, l'huissier de justice destitué est déchu de sa qualité de membre de la société et dès lors, doit cesser son activité à compter du jour de la notification du décret de destitution. Pareillement, le membre d'une société civile professionnelle suspendu de ses fonctions ne devrait pas pouvoir exercer pendant la durée de la sanction ; ce qui est loin de signifier que l'intéressé perd sa qualité de sociétaire. Des nuances sont introduites lorsque la durée de la suspension est égale ou supérieure à trois mois. En de telles circonstances, le droit aux bénéfices est perdu. Surtout, la possibilité est offerte aux coassociés de l'intéressé, à l'unanimité, de le contraindre à se retirer de l'entreprise, ses droits étant alors liquidés[864].

Force est de relever, neuvièmement, que si les méandres de l'organisation de la dissolution de la SCP sont abandonnés à la Chambre professionnelle, des orientations y relatives sont données dans le nouveau statut de l'activité. Les unes, de compréhension parfois difficile, ont trait aux causes de dissolution. Elles sont tantôt volontaires au sens où elles touchent à l'expiration de la durée de la société ou pour toute raison jugée opportune par les membres de l'entreprise. Elles sont tantôt involontaires ou « d'office », notamment en cas de destitution ou décès de l'ensemble des

---

[860] 59 (1), (6), (7).
[861] Article 61 (2).
[862] Article 58 (6)
[863] Article 63.
[864] Article 64.

membres de la société, de destitution, de décès ou de retrait de l'une des parties lorsque l'entreprise n'est constituée que de deux membres ; de retrait successif ou collectif de tous ses membres[865]. Les autres, de compréhension moins laborieuse, ont trait aux modalités et aux effets de la dissolution. Elles soulignent précisément que la dissolution d'une SCP titulaire de charge est prononcée par le président de la République qui en ordonne la liquidation ; que la décision de dissolution d'une société civile professionnelle non titulaire de charge est prise par le Garde des sceaux qui nomme un liquidateur ; que les membres d'une société civile professionnelle titulaire de charge déclarée dissoute peuvent postuler à une autre à l'issue des formalités de liquidation[866].

b. Le regroupement au sein de la « Chambre nationale des huissiers de justice »

Au Cameroun, il existe une corporation des officiers ministériels et publics appelée « Chambre nationale des huissiers de justice ». Dotée de la personnalité morale, l'organisation professionnelle a son siège à Yaoundé. Les textes ne s'opposent cependant pas à ce que par région ou par groupe de régions, les huissiers de justice se regroupent au sein de chambres régionales elles aussi dotées de la personnalité juridique et donc d'une certaine autonomie, et dont le fonctionnement est similaire à celui de la Chambre nationale[867]. En conséquence, il en existe dix de nos jours, correspondant au nombre de régions que compte le pays.

La chambre est organisée autour d'une assemblée générale et d'un comité directeur.

L'assemblée générale rassemble les huissiers titulaires de charges autorisés à exercer[868]. Elle tient au moins une session ordinaire par an, sur convocation de son président. Toutefois, la possibilité est ouverte d'en tenir plusieurs qualifiées d'extraordinaires, cela à la demande soit de la majorité absolue de ses membres, soit des 2/3 de ceux qui forment le comité directeur, soit enfin du Garde des sceaux[869]. En principe, l'ordre du jour de celle-ci ne porte que sur des questions touchant à l'exercice de leur activité professionnelle[870] ; ce qui surprend dans un contexte où, pour s'exprimer de la sorte, aucun "syndicat" n'existe. Quoi qu'il en soit, l'assemblée ne peut valablement se réunir que si la majorité de ses membres est soit présente

[865] Article 65.

[866] Articles 66, 67, 68.

[867] Article 35 (1), (3), (4).

[868] La consultation du répertoire national des huissiers de justice et agents d'exécution sur le site internet des huissiers de justice du Cameroun (http://huissiers-cameroun.com) donne à penser, en janvier 2015, que l'assemblée générale compte à ce jour environ 397 membres.

[869] Articles 37 (2).

[870] Articles 39 (2).

soit représentée[871]. Elle statue à la majorité de deux tiers de ses membres présents ou représentés au premier tour, à la majorité simple au second tour lorsque celui-ci est nécessaire. Logiquement, les huissiers de justice suspendus disciplinairement et ceux qui ne sont pas à jour de leurs cotisations sont exclus du vote et des délibérations[872].

La mission essentielle de cet organe est univoque. Elle a la charge de désigner un président dont le mandat est de trois ans renouvelable plusieurs fois. Elle a la charge, de désigner les membres du comité directeur, d'arrêter et de modifier le règlement intérieur de la chambre qui devrait par la suite être homologué par le Garde des sceaux[873].

Le comité directeur se présente, en quelque sorte, comme l'organe de gestion au jour le jour de la chambre. Le soin lui revient de veiller au respect des exigences de probité, de désintéressement, de pondération au cœur de la profession de l'huissier de justice ; il est chargé de gérer le patrimoine de la corporation et de veiller au respect de l'obligation qui pèse sur les membres de celle-ci de souscrire une police d'assurance. A lui revient encore le soin de connaître, d'une façon générale, de toutes les préoccupations relatives au métier et au bon fonctionnement de la chambre[874].

La composition du comité directeur n'a pas le mérite de la simplicité. La raison en est qu'on y retrouve un président, lequel est parallèlement à la tête de l'assemblée générale. Ce membre de droit côtoie des membres élus parmi les huissiers n'ayant pas subi de sanctions disciplinaires graves, pour une durée de trois ans. Dans le détail, ce sont le vice-président, le secrétaire général, le trésorier, le commissaire aux comptes, deux conseillers[875].

On ne pourrait ne pas regretter que l'organisation professionnelle des officiers ministériels et publics soit ouvertement réservée à cette catégorie et que rien ne soit explicite à propos du rattachement à la Chambre de la catégorie des agents d'exécution. Le silence gêne car on croyait savoir, d'après les termes mêmes du décret n°2023/042 du 25 janvier 2023 dont le titre est très parlant[876], que *« les agents d'exécution sont soumis aux mêmes obligations et aux mêmes règles de discipline que les huissiers de justice »* [877]. Surtout, le silence bouleverse dans un contexte car la précarité de l'activité en qualité d'agent d'exécution n'a pas empêché que la règle soit énoncée que celui-ci pourra exercer jusqu'à soixante-cinq ans[878].

On ne pourrait ne pas regretter que le décret n°2023/042 du 25 janvier 2023 n'établisse aucun lien entre la Chambre nationale des huissiers de

---

[871] Article 40 (1).
[872] Article 40 (2) et (3).
[873] Articles 34 et 35.
[874] Article 38.
[875] En ce sens, voir not. PAINPOGNY A.K., *Le contrôle de l'huissier de justice par le procureur de la République au Cameroun*, Mémoire pour le Master en droit privé, Yaoundé 2, 2018, pp. 9 et s.
[876] « Décret (...) portant statut et organisation de la profession d'huissier de justice et d'agent d'exécution. »
[877] Article 71.
[878] Article 73.

justice et les regroupements corporatistes d'envergure supranationale, notamment avec l'Union internationale des huissiers de justice, mais davantage avec l'Union africaine des huissiers de justice et officiers judiciaires dont le lien ombilical avec le Cameroun et quelques-uns des membres de la Chambre nationale des huissiers de justice sont séculaires.

On devrait regretter que le décret n°2023/042 du 25 janvier 2023 soit silencieux au sujet d'un cadre syndical de regroupement des huissiers de justice et des agents d'exécution susceptible de contribuer à améliorer significativement la défense des intérêts de ceux-ci. A l'évidence, l'affirmation de la liberté syndicale aurait été d'un grand intérêt pour les agents d'exécution qui ne semblent pas a priori rattachés à la corporation des huissiers de justice.

On pourrait regretter que l'ordre du jour de l'assemblée générale dépende essentiellement voire exclusivement du bon vouloir du président. En effet, certes des cas sont prévus où celui-ci peut être saisi un mois avant la session de questions émanant soit des membres de la chambre soit du président du comité directeur voire du ministre de la justice. Il n'est cependant pas précisé dans ces hypothèses que le président de l'assemblée générale est tenu de les inscrire à l'ordre du jour. Du coup, rien ne semble s'opposer à ce que celui-ci estime, lorsque des idées sont exprimées, que la latitude lui revient d'apprécier l'opportunité de les soumettre à l'examen de ses pairs.

On pourrait également regretter l'insuffisante clarté sur le point de savoir si le président de l'assemblée générale peut être désigné en dehors de son sein ou si celui-ci doit impérativement en être issu, c'est-à-dire être un huissier de justice titulaire de charge. Dans le prolongement de cette inquiétude, il est à regretter que la question de la représentation aux assemblées générales soit tranchée sans rigueur. Enfin, on comprend mal que les attributions de l'assemblée générale et celles du comité directeur s'enchevêtrent à maintes reprises. On comprend mal que la chambre professionnelle joue un rôle moins important que le ministère public et la Chancellerie dans le contrôle de l'huissier de justice. A n'en pas douter, ce choix de politique législative n'endiguera pas l'impunité qui creuse un sillon profond lorsque des indélicatesses sont avérées dans l'art de servir. Du coup, l'efficacité du régime disciplinaire de cet auxiliaire de justice demeure une préoccupation du juriste et du justiciable.

3. La discipline et la responsabilité des huissiers de justice

L'article 43 du décret n° 2023/042 du 25 janvier 2023 énonce que « *les huissiers exercent leur activité sous la direction et le contrôle des magistrats du parquet et du ministère chargé de la justice* » ; puis que « *le pouvoir disciplinaire à l'égard des huissiers de justice appartient aux procureurs généraux près les cours d'appel et au ministre chargé de la justice* ».

L'inventaire général des instances chargées de la discipline des « bailiffs », pour les désigner de la sorte[879], ne surprend pas d'emblée. Effectivement, l'examen de l'organisation administrative des parquets découvre l'existence au niveau de chaque juridiction, singulièrement d'instance et d'appel, de services chargés du suivi des auxiliaires de justice au rang desquels se trouvent ces officiers ministériels et publics. Au demeurant, on n'ignore pas l'existence au sein des services centraux du ministère d'une « direction des professions judiciaires », mais surtout d'une « sous-direction du suivi des notaires, des huissiers de justice et des autres auxiliaires de justice ». Le décret n° 2012/389 du 18 septembre 2012 portant organisation du ministère de la justice semble vouloir confier à celle-ci, entre autres, le « contrôle des études et de la discipline [880] ». Le constat s'impose même, au sein de la sous-direction en cause, que le contrôle des études et de la discipline est spécifiquement confié à l'un de ses démembrements, à savoir le « service des huissiers et autres auxiliaires de justice »[881]. Il était donc dans l'ordre des choses, à la faveur du dépoussiérage du statut des huissiers de justice, que la surveillance de ces officiers ministériels et publics ne relève pas des seuls parquets des ressorts où sont exploitées leurs activités.

Pour autant, cet exposé liminaire n'évacue pas entièrement les zones d'ombre appelant inévitablement l'affinement du foyer normatif en vigueur.

Au nombre des zones d'ombre se trouve, d'abord et avant tout, la difficulté à identifier la politique voulue ou prônée par le législateur qui évoque, tour à tour, la "direction" et le "contrôle" de l'huissier de justice par le ministère public. Si l'on considère spontanément et sans réticence que celui-ci exerce son activité sous le contrôle du ministère public, on peut hésiter à suivre la logique de la direction de l'activité par le parquet. La réserve a notamment sa source dans l'idée qui voudrait que la profession d'huissier de justice appartienne, même en partie seulement, à la catégorie de celles que l'on qualifie de libérales. D'une certaine manière, elle permet d'accepter que la Cour suprême n'hésite plus à confirmer les décisions des juridictions inférieures annulant des procès-verbaux de mainlevée de saisies décidées à la suite d'instructions de procureurs généraux ou de procureurs de la République lorsque ceux-ci évoquent le risque d'un trouble à l'ordre public. L'arrêt Mitcam SA contre Société Afrique Amérique Gideppe en est l'exemple vivant. Dans cette espèce faiblement diffusée, il est jugé, s'agissant de la saisie-vente, que la mainlevée de cette voie d'exécution ne doit être ordonnée que par le juge du contentieux de l'exécution ou, à l'extrême, à la suite d'un acte de volonté du créancier saisissant et ou des

---

[879] Appellation de l'huissier de justice dans les régions du Nord-ouest et du Sud-ouest.

[880] Article 40.

[881] Au fond, les attributions de ce service sont plutôt larges. Il est chargé « du traitement des questions relatives à la profession », de l'instruction des dossiers de candidature à celle-ci, « du contrôle de la discipline et des centres professionnels d'auxiliaires de justice », de la tenue du fichier des huissiers et des membres des autres professions d'auxiliaire de justice.

créanciers opposants. La conclusion se dégage, logiquement, que le procureur général près la Cour d'appel n'a ni le droit ni le pouvoir de le faire *(CS, arrêt n° 19/Civ., 05 janv. 2017, Mitcam SA c. Société Afrique Amérique Gideppe SA Juridis Périodique n° 118, avril-juin 2019, pp. 88 et s., note TIMTCHUENG M. et NGUEGHO A.)*[882].

Au nombre des zones d'ombre, et en droite ligne de ce qui précède, se trouvent l'auteur et les modalités du contrôle évoqué. Heureusement, une lettre circulaire rédigée par le ministre de la justice au début de l'année 2014[883], adressée à Madame et Messieurs les procureurs généraux près les cours d'appel, vient confier aux parquets généraux le soin de contrôler les études d'huissiers de justice et agents d'exécution et précise bien de choses. A en croire le Garde des sceaux, le contrôle porte notamment sur la comptabilité, l'organisation et le fonctionnement de l'étude. Dans le détail, la circulaire décide que les vérifications à effectuer auront un lien étroit avec l'état de l'étude, la situation du personnel, le paiement des impôts et autres charges, la comptabilité et les registres, la régularité des actes et le respect du tarif. Sur le point relatif au cadre d'exercice, la précision est apportée que vérifications prescrites touchent l'emplacement du cabinet, l'état des locaux, l'état du matériel de travail, la bibliothèque, les archives. A propos de la situation du personnel, le contrôle est celui du respect des exigences de la législation du travail, singulièrement de celles qui se rapportent au recrutement des salariés, à la qualification et à la classification professionnelle de ceux-ci, à la régularité du paiement des salaires, à l'immatriculation à la Caisse nationale de prévoyance sociale et au paiement des cotisations exigibles. Venant au paiement des impôts et des autres charges, les vérifications concernent le versement du cautionnement, la souscription de la police d'assurance exigée, le paiement de la patente de l'exercice en cours, l'acquittement des cotisations patronales et des charges diverses, l'acquittement des loyers du bail à usage professionnel conclu. Quant à la comptabilité et aux registres, les vérifications ont trait à l'établissement des documents dont la tenue est inévitable, à l'observation des exigences relatives à la de tenue desdits documents, à la conformité des écritures comptables de l'étude avec la situation de la caisse et des soldes bancaires, à l'exactitude des décomptes des frais réclamés à la clientèle et des mentions y relatives portées dans les répertoires, au reversement aux créanciers, « dans un délai de trois mois, des fonds recouvrés pour leur compte ». S'agissant de la régularité des actes et le respect des tarifs, l'opération de contrôle porte sur « la célérité dans le traitement des diligences » (signification dans les délais des actes, retour rapide des exploits subséquents, exécution des décisions de justice, etc.) ; l'affichage du tarif des actes d'huissier de justice et l'application rigoureuse de celui-ci ; la

[882] Voir not. IPANDA F., *Le tiers dans les voies d'exécution OHADA*, op cit., pp. 23 et s.
[883] Sous le n° 0009/DP/S/CIR/DPJ. En réalité, cette circulaire a été précédée et suivie par de nombreuses autres circulaires, toutes relatives au contrôle des études d'huissiers de justice.

ventilation des frais au pied des actes dressés. Là n'est pas tout. A côté de l'objet même du contrôle, la lettre circulaire du Garde des sceaux renseigne au sujet de la périodicité des vérifications et de leur achèvement. Elle a lieu trimestriellement. Surtout, l'opération se termine par un rapport à transmettre à la Chancellerie, assorti d'analyses et de propositions de son auteur[884].

Au nombre des zones grises se trouvent, ensuite, les incertitudes liées à l'identification de la faute disciplinaire. Elle est présentée comme étant la violation par un officier ministériel et public des devoirs de son état, notamment toute erreur professionnelle grave, tout manquement à l'honneur, à la délicatesse, au respect dû aux autorités ou à la dignité[885]. Précisément, le problème vient de ce qu'au moment de l'entrée en fonction, le serment est prêté de se conformer scrupuleusement « aux lois et règlements » relatifs au ministère de l'huissier et non pas en tant que tel de ne pas violer des « devoirs » d'un « état » qui, à l'évidence, sont plutôt lâches[886]. Le problème vient sans doute aussi de ce que seule constitue une erreur susceptible d'aboutir à une sanction disciplinaire celle qui est « grave », l'appréciation de la gravité étant fortement discrétionnaire dans un contexte où la jurisprudence peine à être stable *(en ce sens, voir notamment CS-CA, jugt. n°84, 30 juin 1984, Atangana Mbarga Adalbert c. Etat du Cameroun, préc.*[887]*)*. Il s'y ajoute le manquement « au respect dû aux autorités », lesquelles ne sont pas déterminées avec rigueur ; puis les manquements à la « délicatesse » que l'on a du mal à cerner spontanément.

Au nombre des zones d'ombre se trouve également l'intervention du juge. Une lecture rapide des extraits exposés incline instantanément à exclure les magistrats du siège des cours et des tribunaux du régime de la discipline des huissiers de justice. La vision ne rend pas fidèlement compte de la vérité. Des cas de figure existent où ceux-ci ont le pouvoir de prononcer une sanction en marge de l'intervention de procureurs généraux. Le plus visible d'entre eux se trouve à l'article 53 du statut de la profession où est développée la règle selon laquelle les fautes commises ou constatées

---

[884] A propos de l'efficacité de ce contrôle, voir PAINPOGNY A.K., op cit., pp. 9 et s. ; NTSAME MBIAME L.-P., « L'huissier de justice et le droit OHADA des voies d'exécution », Mémoire, Droit et pratiques juridiques et judiciaires, Université de Yaoundé 2, 2022, pp. 48 et s. ; TACHAGO YOUMSSI N.D., *Le ministère public et les voies d'exécution en droit OHADA*, op cit., pp. 102 et s. ; TSALA MAMA Th. M., *La saisie des récoltes sur pied en droit OHADA*, Thèse, Université de Yaoundé II, 2021, pp. 191 et s., n°s 483 et s.

[885] Article 44.

[886] Article 18 (3).

[887] Le centre nerveux de l'un des extraits de ce jugement indique qu'*« en l'absence d'énumération légale des fautes professionnelles, c'est l'autorité chargée du pouvoir disciplinaire qui apprécie si un fait présente un caractère suffisamment répréhensible pour justifier une sanction disciplinaire (…).*
Que si le juge administratif a le droit et même le devoir de vérifier si le fait reproché a matériellement existé et constitue juridiquement une faute disciplinaire, en revanche il n'est pas en son pouvoir d'apprécier si la sanction prononcée n'était pas excessive par rapport à la faute commise, dès lors que cette sanction figure dans l'échelle des peines disciplinaires.
Qu'ainsi le moyen tiré de la "fragilité" du décret du 8 janvier 1982 est aussi peu fondé que le premier… »

à l'audience sont susceptibles de déboucher sur un rappel à l'ordre formulé par les cours et tribunaux, au besoin séance tenante. Cette sanction n'est d'ailleurs pas la seule qui puisse être décidée par les magistrats du siège en de telles circonstances. Ils ont également le pouvoir de suspendre provisoirement l'huissier de justice. Les seules exigences attachées à l'exercice de cette prérogative souveraine sont de deux ordres : la durée de la suspension qui ne doit jamais excéder trois mois ; la nécessité de prêter attention à la fois aux « explications » de l'huissier de justice mis en cause et aux réquisitions du ministère public[888].

Au nombre des zones d'ombre se trouve aussi la procédure qui débouche parfois sur une sanction disciplinaire dont la nomenclature est dressée[889]. Effectivement, le statut des huissiers de justice ne la décline pas de manière cohérente. Il y est seulement exposé que le procureur général « peut », après que les intéressés aient été entendus, adresser des avertissements, blâmes, rappels à l'ordre aux huissiers de justice et huissiers stagiaires de son ressort[890]. Dans l'hypothèse où la sanction encourue pourrait consister en une suspension d'une durée inférieure à deux années, il est dit que le procureur général adresse un rapport au ministre de la justice après avoir entendu le mis en cause. A la suite de ce rapport que produit le procureur général, le Garde des sceaux entend ou fait entendre le concerné. Après l'avoir écouté, le ministre peut alors retenir la sanction de la suspension auxquelles peuvent s'adjoindre ou se substituer l'avertissement, le blâme, le rappel à l'ordre[891]. En attendant le dénouement de cette procédure qui, parfois prend du temps, rien ne s'oppose à ce qu'une suspension provisoire soit décidée par cette autorité[892]. S'agissant de la radiation et de la destitution, et à en croire l'article 51 (5), deux acteurs ont la décision ultime. Effectivement, tandis que celle-ci est prononcée par arrêté du Ministre chargé de la justice qui au demeurant peut suspendre l'officier ministériel ou le stagiaire en attendant l'aboutissement de la procédure[893], celle-là est

[888] Article 53. Il y est prévu que la décision rendue puisse faire l'objet d'un appel sans que l'appel soit suspensif, mais aussi que la décision prononcée en appel n'est susceptible d'aucune voie de recours.

[889] Voir cette liste à l'article 47.

[890] Article 50 (1).

[891] Article 46 (2).

[892] Article 48. A propos des cas et du contentieux y relatif, voir not. EKANI S.C., *Liberté de saisir et exécution forcée dans l'espace OHADA*, L'Harmattan, Paris, 2015, pp. 265 et s. ; IPANDA F. P, op cit., pp. 23 et s. ; WANDJI KAMGA A.-D., *Le droit à l'exécution forcée, réflexion à partir des systèmes juridiques camerounais et français*, Thèse, Yaoundé II et Limoges, 2009, pp. 219 et s. ; « L'abus en droit processuel privé camerounais », *Annales Africaines*, n° 18, vol. 1, avril 2023, pp. 301 et s.

[893] L'article 52 prescrit qu'en attendant l'issue de la procédure de radiation de la liste ou de la destitution engagée contre un stagiaire ou un huissier de justice, la nécessité peut être ressentie de suspendre l'intéressé. La décision, nécessaire lorsque l'huissier de justice ou le stagiaire sont en détention provisoire, relève du Garde des sceaux. Lorsqu'elle a été prise, et sauf hypothèse d'un retrait par l'intéressé, la suspension produit ses effets jusqu'au prononcé de la décision disciplinaire ou pénale sur le fond.

réservée au président de la République qui se prononce par décret[894]. Toujours est-il, dans l'un ou dans l'autre cas, que le Garde des sceaux, d'office ou à la suite d'une plainte des parties ou des justiciables, saisit préalablement l'assemblée générale de la Cour d'appel dont relève l'huissier de justice poursuivi, pour avis. A cet effet, l'assemblée générale de la cour est complétée par deux huissiers membres du Comité directeur du ressort de ladite juridiction. En tout état de cause, et à peine de nullité, l'avis escompté doit être exprimé dans le mois de la saisine de la cour, avec l'obligation d'y associer et donc de faire siéger effectivement au moins l'un des deux officiers ministériels précédemment évoqués. De son côté, l'auxiliaire de justice poursuivi est tenu de comparaître en personne et a le loisir de se faire assister d'un confrère voire d'un avocat de son choix. Il n'est passé outre la comparution personnelle et l'avis exprimé que lorsque, régulièrement convoqué, l'huissier de justice poursuivi ne se présente pas sans qu'un cas de force majeure explique ou justifie son attitude[895].

Au nombre des zones d'ombre se trouve enfin l'existence de sanctions d'un autre ordre, que cache l'exposé des mesures disciplinaires auxquelles l'huissier de justice pourrait succomber. Elles sont tantôt civiles, tantôt pénales.

Parmi les sanctions civiles se découvre la nullité de l'exploit et, naturellement, ses conséquences sur la procédure engagée par celui qui s'est adressé au tribunal. A ce propos, il importe pour le justiciable, notamment le demandeur, de ne pas perdre de vue que la nullité est rarement obligatoire. Du coup, et hormis les hypothèses dans lesquelles des textes particuliers retiennent le contraire, elle a un caractère facultatif pour le juge qui peut toujours soit accueillir favorablement l'action introduite dans cette perspective, soit la rejeter[896]. Généralement, en occultant les hypothèses d'incompétence *(voir not. CCJA, arrêt n° 136/2021, 24 juin 2021, Kouassi Ouassa Charly c. Diabaté Kaladji, préc.* [897]*)*, cette sanction radicale ne sera

---

[894] Article 51 (5).

[895] Article 51 (2, 3).

[896] L'exigence est posée dans différents textes de procédure, singulièrement à l'article 602 du Code de procédure civile et commerciale, aux articles 53 et 54 du Code de procédure pénale. Dans le même sens, voir les articles 4 et 4 du Code de procédure pénale.

[897] L'un des extraits de cet arrêt de rejet, concernant le troisième moyen, se configure ainsi : « *Attendu enfin, que Monsieur Kouassi Ouassa Charly reproche à l'arrêt attaqué de manquer de base légale en ce qu'il a fait application de l'article 7 de la loi n°97-514 du 04 septembre 1997 portant statut des huissiers de justice qui ne traite pas de la nullité de l'acte accompli par l'huissier instrumentaire en rapport avec la validité ou l'invalidité de la carte professionnelle dont celui-ci est muni, alors, selon le moyen, que l'arrêt ne dit pas en quoi les mentions portées sur la carte professionnelle présentée par l'huissier instrumentaire étaient insuffisantes et n'a pas recherché s'il en était résulté un préjudice pour le défendeur ;*
Mais attendu que, pour parvenir à l'arrêt attaqué, la cour d'appel énonce « considérant qu'il ressort des mentions figurant sur la copie de l'acte d'appel en date du 15 juin 2018 que ledit exploit, portant le cachet de Maître Dape Sylvain a été servi par Monsieur Bayoro Axel Evrad Didier, auxiliaire de justice, sans autre précision, comme l'atteste la photocopie de sa carte professionnelle versée au dossier ;
Qu'il s'ensuit que ce dernier qui n'a pas qualité de clerc assermenté, ne peut suppléer Maître Dape Sylvain dans l'exercice de ses fonctions ;

prononcée que lorsque des omissions ou erreurs, relevées par l'un des plaideurs, ont porté atteinte à ses intérêts. En matière de recouvrement forcé des créances, et sur le point de savoir si l'omission de telle mention ou de telle formalité emporte inévitablement l'anéantissement d'un acte de procédure où elle aurait dû être insérée, la réponse apportée par la Cour commune de justice et d'arbitrage est légèrement nuancée et diffère selon les hypothèses. A son sens, lorsque la nullité n'est pas formellement prévue, le prononcé de celle-ci est subordonné à l'existence d'un préjudice. En revanche, lorsque la nullité est prescrite de plein droit, elle doit être retenue sans que besoin soit d'apporter la preuve d'un grief quelconque[898].

Tel est notamment le sens de l'arrêt n° 012/2004 du 18 mars 2004, affaire BCN contre H. La substance de cette importante jurisprudence est en effet celle-ci : « *Attendu que l'article 100 de l'Acte uniforme dispose : « L'huissier ou l'agent d'exécution dresse un inventaire des biens.*

L'acte de saisie contient, à peine de nullité (...) :

5) Si le débiteur est présent, la déclaration de celui-ci au sujet d'une éventuelle saisie antérieure des mêmes biens ; (...)

11) La reproduction des articles 143 à 146 ci-après » ;

Attendu en effet que l'examen du « procès-verbal de saisie-vente » en date du 25 janvier 2002 établi par l'huissier instrumentaire à la requête de Monsieur H., défendeur au pourvoi, révèle que ledit acte ne mentionne ni la déclaration de la BCN au sujet d'une éventuelle saisie antérieure des mêmes biens ni ne contient la reproduction des articles 143 à 146 de l'Acte uniforme susvisé ; que ces mentions étant, selon les termes mêmes de l'article 100.5) et 11) sus énoncé, prescrites à peine

---

Il sied de déclarer nul l'acte d'appel en date du 15 juin 2018 et en conséquence, irrecevable l'appel relevé (...) du jugement ... » ; qu'en prononçant la nullité de l'acte d'appel sur le fondement des articles 5 et 7 de la loi n°97-514 du 04 septembre 1997 portant statut des huissiers de justice, ladite cour a fait une exacte application de ces textes et, donné une base légale à sa décision ; que le moyen tiré du manque de base légale n'est donc pas fondé et doit être rejeté... »

[898] Cette grille de lecture semble avoir conduit à des mises au point dans l'Acte uniforme révisé portant organisation des procédures simplifiées de recouvrement et des voies d'exécution.
Effectivement, il y est dorénavant prévu s'agissant des nullités pour vice de forme, à l'article 1-16, aux alinéas 1, 2 et 3 qu'aucun acte de procédure ne peut être annulé si la nullité n'a pas été expressément prévue par l'Acte uniforme. « *La nullité ne peut être prononcée qu'à charge pour celui qui l'invoque de prouver qu'il a subi un grief du fait de l'inobservation de la formalité ou du défaut d'une mention sur un acte* ». « *Nonobstant les dispositions des alinéas 1 er et 2 du présent article, la nullité peut être prononcée en cas d'inobservation d'une formalité substantielle ou d'une règle d'ordre public* ».
Effectivement, il y est prévu à l'article 28-3, s'agissant de la nullité pour vice de fond que celle-ci frappe les mesures conservatoires prises ou les voies d'exécution exercées par ou contre une personne dépourvue de la capacité d'exercice ; les mesures conservatoires prises ou les voies d'exécution exercées par une personne agissant pour le compte d'autrui alors qu'elle ne justifie pas des pouvoirs nécessaires ; les actes pris par un huissier de justice ou une autorité chargée de l'exécution en dehors de son ressort de compétence ; les actes pris par toute personne non habilitée en qualité d'huissier de justice ou d'autorité chargée de l'exécution ; les voies d'exécution pratiquées sans titre exécutoire.
Effectivement, il y est prévu, à l'article 28-4, que « *La nullité pour vice de fond peut être prononcée alors même que celui qui l'invoque ne justifie d'aucun grief. Elle peut être soulevée d'office par le juge lorsqu'elle est fondée sur la violation d'une règle d'ordre public. Dans ce cas, le juge invite les parties à fournir leurs explications.* »

de nullité, leur absence ou omission dans ledit acte rend celui-ci nul sans qu'il soit besoin, pour prononcer cette nullité, de rechercher la preuve d'un quelconque grief ou préjudice ;

Attendu que pour débouter la BCN de ses demandes de nullité de l'acte de saisie-vente et de mainlevée de ladite saisie, la cour d'appel, après avoir relevé « qu'effectivement il ne résulte pas du procès-verbal de saisie que la mention prévue à l'article [100.5) et 11)] ait été portée et que s'agissant de la reproduction des articles 143 à 146, le procès-verbal mentionne qu'une photocopie des dispositions de ces articles est jointe sans jamais l'annexer », et par suite, « qu'il y a lieu de constater que les formalités prévues (...) ne sont pas remplies », a cependant soutenu, d'une part, que les omissions des mentions de l'article [100.5) et 11)] constituent des erreurs de rédaction de l'acte de saisie », qu'« il n'y a eu qu'oubli à annexer la photocopie des articles 143 et 146 d'autant plus que l'acte de saisie mentionne que la photocopie en sera jointe », et d'autre part, « qu'en tout état de cause, la BCN n'apporte pas la preuve de l'existence d'une saisie antérieure, ni celle de la non-présentation de sa demande en nullité, avant la vente, situations qui peuvent lui porter préjudice (...) » ;

Attendu qu'en statuant ainsi alors, d'une part, qu'elle devait non pas justifier les omissions qu'elle a constatées dans l'acte de saisie-vente, mais plutôt sanctionner celles-ci en prononçant la nullité dudit acte et alors, d'autre part, que contrairement à ses énonciations, l'article 100 de l'Acte uniforme susvisé n'a assorti la nullité qu'il a prévue d'aucune exigence de preuve d'un grief ou préjudice, la cour d'appel a violé ledit article ; qu'il échet en conséquence de casser l'arrêt attaqué et d'évoquer » (CCJA, arrêt n° 012/2004, 18 mars 2004, BCN c. H., Les grandes décisions de la Cour commune de justice et d'arbitrage de l'OHADA, op.cit., pp. 667 et s., note TIMTCHUENG M. Voir également CCJA, arrêt n° 022/2018, 08 fév. 2018, Société Touton négoce Côte d'Ivoire c. Monsieur Ouedraogo Paouindé, http://www.ohada.org[899] *; arrêt n° 023/2020, 30 janv. 2020, Saham assurances*

[899] Dans cette affaire, il est reproché à une juridiction d'appel deux choses. Tout d'abord, d'avoir commis une erreur dans l'application de la loi en validant une saisie attribution de créances contestée en jugeant que le titre exécutoire exigé par l'article 157 alinéa 2-2° de l'Acte uniforme portant organisation des procédures de recouvrement et des voies d'exécution ne concerne que la décision qui a donné lieu à la condamnation de la partie qui a succombé et que les frais d'huissier mentionnés dans le procès- verbal de saisie le sont conformément à l'article 246 du code de procédure civile, alors que l'article 157 alinéa 2-2 exige que l'acte de saisie contienne à peine de nullité l'énonciation du titre exécutoire en vertu duquel la saisie est pratiquée, et que le titre exécutoire en vertu duquel les sommes représentant les émoluments de l'huissier ont été saisies n'est pas mentionné dans l'acte de saisie, ce qui le rend nul. Ensuite de n'avoir pas au mieux interprété car la Société Touton Négoce Côte d'Ivoire ayant invoqué la nullité de la saisie pour absence de décompte des sommes réclamées au titre des frais d'huissier, la cour a décidé que « ... *Les droits de recette qui reviennent à l'administration fiscale n'ont pas besoin de décompte. Les frais de l'huissier qui sont mentionnés dans le procès-verbal de saisie, le sont conformément à l'article 246 du Code de procédure civile* ». Appelée à se prononcer sur la querelle, la CCJA décide : « *Attendu qu'aux termes de l'article 157 de l'Acte uniforme portant organisation des procédures simplifiées de recouvrement et des voies d'exécution « le créancier procède à la saisie par un acte signifie au tiers par l'huissier ou l'agent d'exécution. Cet acte contient à peine de nullité : ... 2- l'énonciation du titre exécutoire en vertu duquel la saisie est pratiquée ; 3.- le décompte distinct des sommes réclamées en principal, frais et*

SA ex-Colina c. Mandji alimentation générale SARL, http://www.ohada.org[900] *; arrêt n° 136/2021, 24 juin 2021, Kouassi Ouassa Charly c. Diabaté Kaladji, préc.*[901]*).*

---

intérêts échus, majores d'une provision pour les intérêts à échoir dans le délai d'un mois prévu pour élever une contestation ; qu'il résulte de l'analyse des dispositions, ci- dessus, de l'Acte uniforme susvisé que la saisie attribution des créances suppose nécessairement, d'un part, une interpellation du tiers-saisi par l'huissier poursuivant qui doit recueillir ses déclaration et communication sur le champ et faire mention des renseignement fournis dans l'acte de saisie ; que, d'autre part, ledit acte doit contenir, à peine de nullité, les mentions prescrites à l'article 157 précité » ;
Attendu que l'article 47 alinéa 1er de l'Acte uniforme portant organisation de procédures simplifiées de recouvrement et des voies d'exécution dispose que « les frais de l'exécution forcée sont à la charge du débiteur, sauf s'il est manifeste qu'ils n'étaient pas nécessaires au moment où ils ont été exposes » ; qu'il ressort de cette disposition qu'indépendamment du titre exécutoire, l'exécution engendre des frais qu'il est demandé au saisissant de préciser dans l'acte de saisie en les distinguant du principal des sommes réclamées, lesquelles ressortent du titre exécutoire ; qu'en indiquant les émoluments de l'huissier instrumentaire, à côté du principal et des intérêts, le saisissant s'est conformé à l'article 157 alinéa 2-3° de l'Acte uniforme susvisé ; qu'au regard de ce qui précède, la Cour d'appel n'a pas commis les griefs à elle reprochés et il y a lieu de rejeter le pourvoi comme non fondée… »

900 Au sujet du moyen tiré de la violation de l'article 157 de l'Acte uniforme portant organisation des procédures simplifiées de recouvrement et des voies d'exécution, la haute juridiction juge : « *Attendu qu'il est fait grief à l'arrêt attaqué d'avoir fait une interprétation erronée de l'article 157 susmentionné, en ce qu'elle a ordonné la poursuite de l'exécution entamée contre la Compagnie Saham assurances SA, alors, selon le moyen, que « les mentions à peine de nullité de l'acte de saisie édictées par la disposition précitée ont été radicalement violées en leur principe » ;*
Attendu que l'article 157 de l'Acte uniforme portant organisation des procédures simplifiées de recouvrement et des voies d'exécution dispose que : « le créancier procède à la saisie par un acte signifié au tiers par l'huissier ou l'agent d'exécution. Cet acte contient à peine de nullité :
1) L'indication des nom, prénom et domicile des débiteur et créancier ou, s'il s'agit de personnes morales, de leurs formes, dénomination et siège sociales.
2) (…) » ;
Attendu qu'en l'espèce, il est observé que dans le procès-verbal de saisie-attribution de créances du 31 mars 2016, l'huissier de justice a indiqué l'adresse du créancier saisissant de façon laconique : « Port Gentil…, BP 2624…, Quartier Grand village » ; qu'il est de jurisprudence constante que la domiciliation à une boite postale est insuffisante et que l'absence de précisions de nature à permettre la localisation précise du siège social d'une personne morale rend nulle la saisie- attribution ; qu'en occultant cette nullité, au lieu de la sanctionner, la Cour d'appel a violé la loi et exposé son arrêt à la cassation ; qu'il échet de casser l'arrêt et d'évoquer, sans analyser le moyen restant… »

901 L'un des extraits de l'arrêt est rédigé de la sorte : « *Attendu que le demandeur au pourvoi reproche à la cour d'appel d'avoir, pour parvenir à sa décision de nullité de l'appel, établi un parallèle entre les dispositions de l'article 7 de la loi n°97-514 du 04 septembre 1997 portant statut des huissiers de justice et la validité de la carte professionnelle présentée par l'huissier de justice auxiliaire lors de la signification de l'acte d'appel alors, selon le moyen, que nulle part, à la lecture de l'article 7 précité, il n'est fait allusion à la nullité de l'acte accompli par l'huissier de justice en rapport avec la validité ou l'invalidité de la carte professionnelle dont celui-ci est muni lors de l'accomplissement de son acte ;*
Attendu qu'aux termes de l'article 7 sus-évoqué « Tout exploit ou tout acte accompli par un huissier de justice hors des limites de son ressort territorial en ce qui concerne les huissiers de justice auxiliaires ou hors de sa compétence d'attribution, telles que définies par l'article 5 est atteint de nullité absolue » ;
Attendu qu'il résulte de ce texte que la nullité est encourue notamment lorsque l'huissier de justice agit hors de sa compétence d'attribution telle que définie par l'article 5 alinéa 1 de la même loi qui dispose « Les huissiers de justice ont seuls qualité pour signifier ou notifier les exploits ou les actes et mettre à exécution des décisions de justice ou les actes ou titres en forme exécutoire, lorsqu'aucun autre mode de signification, de notification ou d'exécution n'a été précisé par les lois ou les règlements » ; que la violation des compétences d'attribution de l'huissier, au sens de ces textes, doivent s'entendre comme visant non seulement les cas dans lesquels un huissier pose un acte qui ne relève pas de sa compétence d'attribution, mais aussi

Tel est également le sens de l'arrêt n° 011/2002 du 28 mars 2002, La société Manutech contre La société Dolomies et Derives de Côte d'Ivoire dite DDCI. La solution suivante y est développée à l'issue de l'examen du premier moyen : « *(...) Mais attendu qu'aux termes de l'alinéa 1-2° de l'article 246 du Code ivoirien de procédure civile, commerciale et administrative susvisé, « les exploits dressés par les huissiers de justice contiennent notamment le nom du requérant, ses prénoms, profession, nationalité et domicile réel ou élu, et le cas échéant, les nom, prénoms, profession et domicile de son représentant légal ou statutaire ; si le requérant est une personne physique, la date et le lieu de sa naissance » ;*

Qu'aux termes de l'article 25 de l'Acte uniforme susvisé, « le siège social ne peut pas être constitué uniquement par une domiciliation à une boîte postale. Il doit être localisé par une adresse ou une indication géographique suffisamment précise » ;

Attendu qu'il ne résulte d'aucune des dispositions citées ci-dessus que l'indication du domicile du représentant d'une société et les précisions relatives à son siège social dans les exploits dressés par les huissiers de justice soient des mentions prescrites à peine de nullité ; que l'absence de ces mentions ne peut, dès lors, être sanctionnée par la nullité qu'à la condition que le requérant rapporte la preuve que ladite absence lui ait causé un quelconque préjudice ; que la requérante n'ayant pas rapporté la preuve de l'existence d'un quelconque préjudice subi par elle, il y a lieu de déclarer le moyen tiré de la violation des articles 246 alinéa 1 et 2° et 25 sus-indiqués, non fondé et de le rejeter (...) » (CCJA, arrêt n° 011/2002, 28 mars 2002, La société Manutech c. La société Dolomies et Derives de Côte d'Ivoire dite DDCI, Rec. n° 3 spécial, janv. 2003, pp. 26 et s.[902]*. Dans le même sens, voir not. CCJA, arrêt*

les cas dans lesquels une personne autre qu'un huissier de justice pose un acte qui relève de la compétence exclusive des huissiers de justice ;
Attendu en l'espèce, que l'acte litigieux a été instrumenté par une personne se prévalant de la qualité de clerc assermenté, alors même que, selon l'article 9 alinéa 1 de la loi n°97-514 du 04 septembre 1997 susvisée « Les clercs assermentés justifiant d'une année de cléricature et remplissant les conditions 1 à 7 de l'article 14 peuvent suppléer les huissiers de justice titulaires de charges dans tous les actes de leur ministère » ;
Mais attendu qu'il résulte des énonciations de l'arrêt attaqué que monsieur Bayoro, clerc ayant signifié l'acte d'appel, ne remplissait pas les conditions prévues par ce texte en ce qu'il n'a ni la qualité de clerc assermenté ni celle d'huissier titulaire de charge, agissant ainsi en violation de la compétence d'attribution des huissiers de justice telle que définie à l'article 5 la loi n°97-514 du 04 septembre 1997 précitée ;
Que dès lors, en prononçant la nullité de l'appel sur le fondement de l'article 7 de la loi n°97-514 du 04 septembre 1997 précitée, la cour d'appel n'a nullement violé ce texte... »

[902] Le second moyen de l'arrêt ne manque pas lui aussi d'intérêt. Sa rédaction est celle-ci : « *(...) Mais attendu qu'aux termes de l'article 11 de l'Acte uniforme portant organisation des procédures simplifiées de recouvrement et des voies d'exécution, « l'opposant est tenu, à peine de déchéance et dans le même acte que celui de l'opposition :*
- De signifier son recours à toutes les parties et au greffe de la juridiction ayant rendu la décision d'injonction de payer ;
- De servir assignation à comparaître devant la juridiction compétente à une date fixe qui ne saurait excéder le délai de trente jours à compter de l'opposition » ;
Que ledit article n'impose donc pas que les notifications faites aux parties figurent obligatoirement sur la copie de l'exploit délaissée au greffe de la juridiction ayant rendu la décision d'injonction de payer et vice-

n° 022/2014, 11 mars 2014, Standard chartered bank Cameroon dite SCBC c. Caisse nationale de prévoyance sociale du Cameroun dite CNPS et Institut des relations internationales du Cameroun dit IRIC (Université de Yaoundé II), http://www.ohada.org[903] *; arrêt n° 017/2008, Back Home international c. Cameroon airlines SA, http://www.ohada.org ; arrêt n° 044/2005, 07 juil. 2005, Société de transport aérien Middle east ailines air Liban dite MEA c. Madame Kamagate Mangnale, Rec. juil.-déc. 2005, pp. 29-31 ; arrêt n° 012/2018, 25 janv. 2018, Eglise de Jésus Christ des Saints des derniers jours c. Société Atlantique Technologie S.A, http://www.ohada.org ; arrêt n° 005/2017, 26 janv. 2017, BSIC-CI SA c. Entreprise de services des produits pétroliers SA, http://www.ohada.org ; arrêt n° 147/2017, 29 juin 2017, Mademoiselle Lauvergne Sabine c. SCI Indivision Lecoeur, http://www.ohada.org ; arrêt n° 144/2017, 29 juin 2017, Mamadou Doukouré et Société New Market Sarl c. Banque Crédit du Congo, http://www.ohada.org ; arrêt n° 007/2016, 21 janv. 2016, Bouazo Zegbehi Edmond c. Loba Aye Evrad, http://www.ohada.org*[904] *; arrêt n° 040 /2016, 03 mars 2016, Kouamé Kouamé c. Déa Tieu Apollinaire, Togba Gbego Daniel, Achuo Yapi Jules et autres, http://www.ohada.org ; arrêt n° 096/2016, 02 juin 2016, Société Buring Guardian Security partners dite BGSP c. Monsieur Boa Ehui, http://www.ohada.org ; arrêt n° 028/2014, 13 mars 2014, Port autonome d'Abidjan dit PAA c. La banque Atlantique de Côte d'Ivoire dite BACI et Maître Aboa Alain Cyrille, http://www.ohada.org ; arrêt n° 033/2005, Compagnie des*

---

versa, la seule obligation à la charge de l'opposant étant de signifier son recours et de servir assignation dans le même acte ;

Que par conséquent, en décidant que l'exploit de notification délaissé à la société (...) est en conformité avec l'article 11 susmentionné, la Cour d'appel n'a en rien violé ledit article ; qu'il s'ensuit que le pourvoi doit également être rejeté sur ce point (...) »

903 A juste titre, la Cour décide ici : « *Attendu qu'il est reproché à l'arrêt attaqué d'avoir validé la saisie, alors que le procès-verbal de saisie-attribution du 24 avril 2008 est nul en ce que le droit de recette de l'huissier instrumentaire, qui doit être calculé sur la base du principal de la créance, l'a été sur la base dudit principal et des intérêts légaux confondus ;*

Mais attendu que la simple erreur de calcul commise par l'huissier sur le montant des frais, alors que l'omission d'aucune des mentions exigées à peine de nullité par l'article 157 n'est pas par ailleurs invoquée par le moyen, ne peut entraîner la nullité de l'exploit de saisie... »

904 Dans cet autre arrêt de cassation, la décision est celle-ci : « *Attendu que l'article 160 al.2.2 de l'Acte uniforme portant organisation des procédures simplifiées de recouvrement et des voies d'exécution dispose que « Cet acte contient à peine de nullité (...) ;*

2) en caractères très apparents, l'indication que les contestations doivent être soulevées, à peine d'irrecevabilité dans un délai d'un mois qui suit la signification de l'acte et la date à laquelle expire ce délai, ainsi que la désignation de la juridiction devant laquelle les contestations pourront être portées. » ; et que l'article 335 du même Acte uniforme précité dispose que : « les délais prévus dans le présent Acte uniforme sont des délais francs » ;

Attendu que lorsque le délai est franc ni le premier jour, « dies a quo », ni le dernier jour, « dies ad quem », de la signification ne sont pris en compte dans la computation ; qu'il appert que l'agent de l'exécution a l'obligation d'indiquer la date à laquelle expire le délai de contestation et que toute erreur entraîne la nullité ; qu'en l'espèce l'indication du 22 octobre au lieu du 23 octobre 2009, comme dernier jour du délai pour élever des contestations, viole l'article 160 al. 2 (2) de l'AUPSRVE précité et l'arrêt qui a confirmé cette violation encourt la cassation... »

transports commerciaux dite COTRACOM et Aminata Youssouf c. Banque internationale de l'Afriqe de l'Ouest-Côte d'Ivoire dite BIAO-CI, Réc. Jurisprudence CCJA, n° 10, juil.-déc. 2007, pp. 23 et s. ; arrêt n° 026, 7 avril 2005, Bou Chebel Malek c. La station Mobil de Yamoussoukro, arrêt n° 009/2002, 21 mars 2002, Me Bohoussou G. Juliette c. Société Ivoire Coton, in Les grandes décisions de la Cour commune de justice et d'arbitrage de l'OHADA, op. cit., pp. 557 et s., note NEMEDEU R. ; arrêt n° 08, 26 fév. 2004, BCN c. HBN, Rec. arrêt n° 3, janv.-juin 2004, p. 90 ; arrêt n° 011/2002, 28 mars 2002, La société Manutech c. La société Dolomies et Derives de Côte d'Ivoire dite DDCI, Rec. n° 3 spécial, janv. 2003, pp. 26 et s. ; arrêt n° 044/2005, Société de transport aérien middle east Air Liban dite MEA c. Mme Kamagate Mangnale, Recueil de jurisprudence de la CCJA, n° 6, juin-déc. 2005, p. 29, Le juris ohada n° 1/2006, p. 11).

A la vérité, l'opinion de la haute juridiction communautaire est loin de l'inédit. Elle rejoint une autre, exprimée longtemps déjà, par de nombreuses juridictions nationales.

On songe, tout d'abord, aux juridictions ivoiriennes. Reprenant à son compte cette jurisprudence, la CCJA lui donne un écho puissant le 13 mars 2014, dans le cadre du règlement du différend opposant le Port Autonome d'Abidjan à La Banque Atlantique de Côte d'Ivoire et Maitre Aboa Alain Cyrille. L'extrait majeur de cet arrêt est celui-ci : « *Attendu que le Port autonome d'Abidjan fonde la nullité de ces actes sur la violation de l'article 246 du code ivoirien de procédure civile, commerciale et administrative qui dispose que : « les exploits dressés par les huissiers de justice contiennent notamment : (…) 2° le nom du requérant, ses prénoms, professions, nationalité et domicile réel ou élu, et le cas échéant les nom, prénoms, profession et domicile de son représentant légal ou statutaire ; si le requérant est une personne physique, la date et le lieu de sa naissance … »*

Attendu que s'il est exact que la date de naissance de Maître Aboa Alain Cyrille n'est mentionnée ni sur le procès-verbal de saisie ni sur l'exploit de dénonciation, cependant, l'article 246 du code suscité ne fixe aucune sanction sur l'inobservation de cette mention obligatoire ; qu'au surplus, l'article 123 dudit code prescrit que : « la nullité des actes de procédure est absolue ou relative. Elle est absolue lorsque la loi le prévoit expressément ou que l'acte porte atteinte à des dispositions d'ordre public. Dans tous les autres cas, la violation d'une règle de procédure n'entraine la nullité de l'acte que s'il en résulte un préjudice pour la partie qui s'en prévaut ; que le demandeur ne rapportant pas la preuve du préjudice que cette irrégularité lui a causé, il convient de le débouter de sa demande… » (CCJA, arrêt n° 028/2014, 13 mars 2014, Port autonome d'Abidjan dit PAA c. La Banque atlantique de Côte d'Ivoire dite BACI et Maitre Aboa Alain Cyrille, http://www.ohada.org. Cf aussi CCJA, arrêt n° 044/2005, 07 juil. 2005, Société de transport aérien Middle east airlines air Liban dite MEA c. Madame Kamagate Mangnale, Rec. Juil.-déc. 2005, préc.[905]*)*.

On songe, ensuite, aux juridictions camerounaises. Un bon exemple ici est la position de la Cour suprême dans un arrêt du 9 décembre 1969, affaire Eboa Aaron contre Nkéné Jean. A propos du moyen pris de la violation de l'ordonnance du 17 décembre 1959 portant organisation judiciaire, en ce que l'arrêt attaqué a estimé irrégulière la signification litigieuse alors qu'il admet contradictoirement dans ses motifs que l'exploit ne contient pas la copie d'une expédition délivrée par le greffier du jugement concerné, mais celle d'une copie libre dudit jugement non délivrée par cet auxiliaire de justice, le rejet est décidé. La haute juridiction judiciaire tranche en ces termes : « *Attendu que l'arrêt énonce dans le motif qui lui est reproché que « l'acte de signification doit contenir copie du texte du jugement signifié, copie qui doit être faite sur la grosse ou une expédition de ce jugement délivrée par le greffier ; qu'en l'espèce, la copie du jugement remise à Eboa Aaron le 5 mai 1964 porte les mentions « Pour copie certifiée conforme », « Nkongsamba le 27 avril 1964, l'huissier », avec la signature et le cachet à l'encre de Nana Jean-Gustave ; que l'accomplissement de cet acte de son ministère par l'huissier agissant dans le cadre de ses attributions légales lui donne le caractère authentique » ;*

Attendu qu'ainsi, sans constater dans ses motifs que l'exploit de la signification reproduisait une copie libre, non délivrée par le greffier, et alors au surplus qu'il n'est pas précisé au moyen en quoi l'exploit aurait altéré le jugement litigieux, l'arrêt s'est fondé sur la présomption que, pour certifier conforme sa copie, l'huissier se référait à la grosse ou à une expédition délivrée par le greffier du jugement litigieux » ;

« Que par suite, le moyen manque en fait... » (CS, arrêt n° 15, 9 déc. 1969, Eboa Aaron c. Nkéné Jean, Répertoire chronologique, Droit civil et commercial, tome 4, 1960-1980, pp. 12-13. Voir aussi CS, arrêt n° 01/COM, 06 nov. 2018, Ngué Samuel c. La Société RINCAM, www.minjustice.gov.cm ; arrêt n° 15, 9 déc. 1969, Eboa Aaron c. Nkéné Jean, Répertoire chronologique, Droit civil et

---

[905] La CCJA rejette le pourvoi et donc approuve ce faisant les vues de la Cour d'appel d'Abidjan. Elle juge : « *Attendu qu'aux termes de l'article 8 de l'Acte uniforme susvisé, "à peine de nullité, la signification de la décision portant injonction de payer contient sommation ... soit à payer au créancier le montant de la somme fixée par la décision ainsi que les intérêts et frais de greffe dont le montant est précisé... » ;*

« Mais attendu qu'il résulte de l'examen des pièces du dossier de la procédure que pour déclarer que l'acte de signification 'était pas nul, la Cour d'appel a retenu « qu'en l'espèce, il faut noter que l'intimée n'a pas réclamé des intérêts dans sa requête aux fins d'injonction de payer ; que dès lors, ce défaut d'indication dans l'exploit de signification n'entache pas la validité de cet acte ; qu'en tout état de cause, elle est en droit de ne demander que le principal » ; que ladite Cour d'appel ne s'est, à aucun moment, prononcée sur le défaut d'indication des frais de greffe, d'autant que le requérant lui-même n'avait pas invoqué ce moyen dans son acte d'appel valant premières conclusions puisque ayant simplement soutenu que l'acte de signification ne contient pas sommation à la requérante d'avoir à payer les intérêts de droit dont le montant aurait dû être précisé ; que lesdits intérêts n'ayant pas été demandés par la défenderesse au pourvoi dans sa requête aux fins d'injonction de payer, il ne peut lui être reproché de ne les avoir pas mentionné dans l'acte de signification ; qu'il suit qu'en statuant comme elle l'a fait, la Cour d'appel d'Abidjan n'a en rien viol les dispositions sus énoncées de l'article 8 de l'Acte uniforme susvisé... »

commercial, tome 4, 1960-1980, préc. ; *arrêt n° 171, 27 août 1968, Dame Abena Noah Dorothée c. Noah Ahanda Armand, Bulletin des arrêts de la Cour suprême du Cameroun Oriental, n° 19, 1968, pp. 2268 et s.* ; *arrêt n° 89/S, 8 août 1985, Mbiakop François c. Société Mory Compagnie, Répertoire chronologique, Droit social, 1980-2000, p. 1125* ; *arrêt n° 209/S, 19 sept. 1996, Société Tanicam c. Ndjudja Lucas Bellevue, Répertoire chronologique, Droit social, 1980-2000, préc., pp. 777 et s.*[906] ; *CA du Littoral, arrêt n° 198, 17 nov. 2008, Soc. Crédit Agricole-SCB Cameroun c. Soc. Viamer interntional SARL, in Secrétariat Permanent de l'OHADA et autres, OHADA, Jurisprudences nationales, Cotonou, 2010, pp. 220 et s.* ; *CA de Zinder, arrêt n° 4, 4 août 2006, ONG Care international c. M.G.L. et Sonibank SA, in OHADA, Jurisprudences nationales préc., pp. 300 et s.* ; *CA de Lomé, arrêt n° 118, 18 août 2009, Oando-Togo SA c. Compagnie africaine de pétrole dite Cap-Togo SA, in OHADA, jurisprudences nationales, op. cit., pp. 280-281* ; *CA de Niamey, arrêt n° 09, 07 fév. 2006, Boubakary Maîga Adamou c. Hamani Yayé in OHADA, Jurisprudences nationales, op.cit., pp. 257-258* ; *CA de Niamey, arrêt n° 86, 23 août 200 6, Dame Omar Félicité c. Pharmacie Biopharm, in OHADA, Jurisprudences nationales, op.cit., p. 253* ; *CA de Niamey, arrêt n° 4, 10 janv. 2007, Abdoulaye Yacouba c. El Hadji Cheffou Aboubakar Ugan, in OHADA, Jurisprudences nationales, op.cit., pp. 245-246* ; *CA du Littoral, arrêt n° 043/REF, 19 janv. 2009, Dame Lodjio Martine c. Soc. Le Chausseur SARL, Juridis Périodique n° 84, oct.-déc. 2010, pp. 114-115, obs. ASSONTSA R.* ; *CA du Centre, ord. n° 1080/RG/2009, 9 juin 2009, SIAC Brasseries isenberg c. Ebassa Zénon Vincent, Juridis Périodique n° 92, oct.-déc. 2012, p. 70, obs. du même auteur* ; *ord. n° 181/Civ., 24 avril 2009, Socadin SARL c. Menye Eyebé Chantal et Maître Ebodé Raphaël, Juridis Périodique n° 92, oct.-déc. 2012, pp. 71 et s., obs. du même auteur* ; *ord. n° 09/Civ., 08 janv. 2010, Société AES Sonel SA c. Momo Vincent et Maître Ngwé Emmanuel, Juridis Périodique n° 92, oct.-déc. 2012, pp. 75 et s., obs. ASSONTSA R.* ; *TPI Yaoundé, ord. n° 387, 24 fév. 2000, Office national de développement des forêts dit ONADEF c. Belibi Edoa Rupert, RCDA n° 6, janv.-*

---

[906] La décision de la Cour suprême frappe dans cette affaire. Sa substance est celle-ci : « *Attendu qu'il est de jurisprudence constante de la cour de céans que toute erreur ou omission dans le libellé de la formule exécutoire eu égard à son caractère sacramentel, entraine ipso facto, la nullité de la signification, du jugement ou de l'arrêt et de tout autre acte d'exécution (en ce sens, Cour suprême n° 27 du 02 mai 1967) ;*
Que la Cour d'appel de l'Adamaoua, en apposant sur l'arrêt dont pourvoi une formule exécutoire qui n'a plus cours au Cameroun, a violé les formes légales prescrites à peine de nullité par l'article 285 du Code de procédure civile et commerciale, en violation des articles 147, 156 et 176 de la loi n° 92/007 du 14 août 1992 portant nouveau Code du travail ;
Qu'il s'ensuit que l'arrêt dont pourvoi encourt annulation d'ordre public ;
Qu'il échet d'annuler l'arrêt n° 06/Soc rendu le 08 mars 1993 par la Chambre sociale de la Cour d'appel de l'Adamaoua ;
Attendu que contrairement aux affirmations du moyen, l'arrêt attaqué ne porte pas de formule exécutoire qui est plutôt apposée sur les expéditions et grosses des jugements et arrêts exécutoires comme le stipulent les articles 61 du Code de procédure civile et commerciale et 147 de la loi n° 92/007 du 14 août 1992 visé audit moyen… »

mars 2001, pp. 155 et s. ; CA du Centre arrêt n° 332/Civ, 16 juin 2000, Office national de développement des forêts dit ONADEF c. Belibi Edoa Rupert, RCDA n° 6, janv.-mars 2001, pp. 151 et s. ; The High Court, Fako division, 3rd oct. 2012, Victoria customs cooperative credit union Ltd vs. Wanki Amaanwi, Taguedong Nkentsa Nathalie, inédit ; TM de Yaoundé, jugt. n° 213/CRIM, 28 nov. 2016, Ministère public c. Mtambo Allan Awa, Nguelemo Solefack Baudouin Devis, Gbuko Catherine Wavie, préc. ; TPI Edéa, Ord. n°03/CE/TPI/011, 21 juil. 2011, Sieur Luc Lionel Sainsot c. Dame Thérèse Mango Kala Lobè et Me Ntamack Epanda, Ohadata J-12-252).

Parmi les sanctions civiles se trouvent également les dommages et intérêts et les mesures connexes à ceux-ci. Si l'on occulte les textes d'envergure supranationale en raison de leur grande diversité[907], il restera que l'obligation de réparer est notamment mise à la charge de l'officier ministériel par le Code de procédure civile et commerciale qui retient que si un exploit est déclaré nul par son fait ou par celui de l'agent d'exécution, ce professionnel pourra, suivant les circonstances, être condamné aux frais de l'exploit et de la procédure annulée, sans préjudice des dommages et intérêts[908]. L'obligation de réparer est également à envisager au cas de refus d'instrumenter[909]. Elle sera parfois retenue au cas de retard injustifié dont la durée a été estimée à environ trente jours[910]. L'obligation de réparer semble encore devoir s'imposer lorsque la preuve est apportée qu'une procédure forcée de recouvrement a été conduite sans titre exécutoire ou sans autorisation de saisir ; lorsque l'huissier a signifié avec désinvolture ou complaisance les actes de son ministère ou saisi des biens que l'on ne devrait pas saisir ; lorsque celui-ci a engagé une procédure forcée de recouvrement dans un contexte où la partie débitrice appartient à la catégorie de ceux qui ont le bénéfice de l'immunité d'exécution ou de délais de grâce. Plus globalement, la sanction civile consistant en une réparation sera difficile à occulter lorsque des agissements fautifs de l'officier ministériel causeront un préjudice à des personnes, que celles-ci soient des clients ou des tiers[911].

Tel est, à côté des textes, ce que suggère une lecture au second degré de cette jurisprudence de la Cour suprême consignée dans un arrêt du 13 juin 1972, affaire Bello Addou Moumini contre Kamseu André. En l'espèce, la

---

[907] Effectivement, pour ne viser que lui, l'Acte uniforme portant organisation des procédures simplifiées de recouvrement et des voies d'exécution évoque à maintes reprises l'idée d'une responsabilité civile de l'officier ministériel et public. Il est d'ailleurs frappant d'observer que l'un de ses premier articles, l'article 1-2, prescrit que « *Seules les autorités chargées de l'exécution ou de la vente dans l'État partie sont habilitées à accomplir les mesures conservatoires ou actes d'exécution prévus par le présent acte uniforme » ; « Les autorités visées à l'alinéa précédent du présent article sont tenues de prêter leur concours conformément aux règles régissant leur profession. Elles sont déliées de l'obligation lorsque la mesure requise présente un caractère manifestement illicite ; le refus d'exécution opposé en violation de cette règle engage leur responsabilité civile* ».

[908] Article 17. Dans le même sens, voir notamment l'article 55 du Code de procédure pénale.

[909] Article 24 (3), décret n°2023/042 du 25 janvier 2023.

[910] Lecture combinée des articles 24 (3) et 21 (2).

[911] Article 25 (1, 2) ; articles 603 Code de procédure civile et commerciale précité.

Cour est invitée à se prononcer sur le moyen unique du pourvoi, pris de la violation des articles 1992, 1382 et 1383 du Code civil, 3 et 37 alinéa 2 de l'ordonnance 59-86 du 17 décembre 1959. En réalité, le demandeur n'admet pas que la juridiction inférieure ait pu, pour confirmer le jugement de débouté, estimer que l'huissier de justice instrumentaire n'avait commis aucune faute en exécutant une ordonnance du président du tribunal de Garoua, alors que cet officier ministériel avait malicieusement et illégalement saisi son véhicule par voie de saisie conservatoire et sans faire suivre cette mesure d'une assignation en validité. Il est ainsi décidé pour les besoins du règlement du litige : « *Attendu que pour statuer (...), l'arrêt énonce notamment dans ses motifs que si, par son action révélée injustifiée le sieur Ould Sidi Mohamed a pu occasionner un préjudice au sieur Bello Abdou, notamment en faisant pratiquer la saisie-conservatoire de la voiture 5698-C7 de Bello Abdou, par voie de saisie conservatoire, et sans faire suivre cette saisie d'une assignation en validité ;*

Attendu que pour statuer comme il l'a fait, l'arrêt énonce notamment que si, par son action révélée injustifiée, le sieur Ould Sidi Mohamed a pu occasionner un préjudice au sieur Bello Abdou, notamment en faisant pratiquer la saisie-conservatoire de la voiture 5698-C7 et en désignant comme gardien de ce véhicule le chef du garage administratif, ce fait ne saurait être imputé à l'huissier de justice qui, en pratiquant cette saisie, a exercé son ministère ;

Attendu que ce faisant, alors surtout qu'il n'est pas prouvé que cet officier ministériel a excédé le cadre du mandat à lui confié, l'arrêt dont les motifs sont suffisants, a légalement justifié sa décision (...) » (CS, arrêt n° 60, 13 juin 1972, Bello Addou Moumini contre Kamseu André, Répertoire chronologique de la jurisprudence, Droit civil et commercial, 1960-1980, pp. 178 et 179).

Tel est, à côté des textes, ce que suggère une lecture au second degré de cette jurisprudence de la Cour suprême consignée dans son arrêt de cassation du 27 avril 1971, rendu à propos de l'affaire opposant Mevoa Biloa Robin à la CEAC. La cour y résout avec force « *(...) qu'en matière de saisie-exécution, il est de principe qu'il n'est donné copie du recollement ni au gardien régulièrement établi, ni à la partie saisie et qu'il n'est délivré copie du procès-verbal d'adjudication dont l'huissier conserve la minute qu'aux parties qui en font la demande et à leurs frais ;*

Qu'ainsi, dans une procédure en dommages-intérêts par le saisi contre le saisissant et l'huissier, l'impossibilité de produire les susdits procès-verbaux par celui-là n'établit pas elle seule l'inexistence du recollement et de la vente ;

Attendu qu'après avoir admis l'existence d'une saisie-exécution et constaté l'impossibilité du saisi de produire les copies des procès-verbaux de recollement et d'adjudication, la Cour d'appel, en se bornant à en déduire la preuve de leur inexistence et donc le défaut de preuve du paiement par Mevoa au-delà de ce qu'il devait à la CEAC, sans rechercher si l'huissier, également partie au procès, pouvait produire lesdites pièces et établir ainsi le bienfondé de la réclamation du demandeur au pourvoi, a, non seulement insuffisamment motivé sa décision, mais aussi faussement interprété les textes visés au moyen » (*CS, arrêt n° 60, 13 juin 1972, Maeva Biloa Robin c. la CEAC, Répertoire chronologique de la jurisprudence, Droit civil et commercial, 1960-1980, p. 178. Cf aussi TGI Paris, Jex, 26 juin 1995, Gaz. Pal. 1998.92, note BOURDILLAT J.-J.*).

Tel est, à côté des textes, ce que suggère l'examen au second degré de cette jurisprudence de la Cour suprême consignée dans un arrêt de cassation du 27 janvier 1983, prononcé pour trancher le différend opposant Welissane Moudissa Yvonne à Maître Enonchong Henry et les établissements Dikabo et fils. La juridiction suprême juge se prononce ainsi dans cet arrêt de cassation : « *Attendu qu'en mettant hors de cause Maître Tchouan Daniel, huissier instrumentaire ayant procédé à l'expulsion entrainant un préjudice matériel et commercial aux établissements Dikabo et fils expulsés, préjudice constaté et dont la réparation a été ordonnée, les juges qui ont pourtant constaté que le préjudice ainsi causé résulte du jet de leurs matériels et marchandises dehors, ont violé l'article 1382 du Code civil aux termes duquel tout fait quelconque de l'homme qui cause à autrui un dommage, oblige celui par la faute duquel il est arrivé, à le réparer ;*

Attendu qu'il est constant que le dommage causé aux établissements Dikabo et fils résulte de la faute de l'huissier Tchouan Daniel qui a jeté sans ménagement les effets et marchandises desdits établissements dehors ;

Que dès lors, il est aberrant qu'on rende Dame Welissane Moudissa, qui n'était même pas présente lors des opérations d'expulsion, responsable des agissements de Tchouan Daniel, huissier instrumentaire, alors surtout qu'en cas d'expulsion, l'huissier est responsable du préjudice causé au locataire par le jet de son mobilier dans la rue et la perte de souvenirs de famille ;

Attendu que si la constatation et l'appréciation de la faute en matière de responsabilité relèvent du pouvoir souverain des juges du fond, il n'en reste pas moins que la faute entendue comme élément de la responsabilité n'est constatée et appréciée par ceux-ci que sous le contrôle de la Cour suprême, contrôle s'étendant à l'appréciation du degré de gravité de la faute, de l'imputation de la faute et spécialement de la qualification de la faute lourde… » (CS, arrêt n° 78/CC, 27 janv. 1983, Welissane Moudissa Yvonne à Maître Enonchong Henry et les établissements Dikabo et fils, RCD n° 31-32, 1986, pp. 339 et s., rapp. Ebongué Nyambe. Adde : CS, arrêt n° 148, 11 avril 1967, Tchuenté Gottlieb c. Dame Mballa Bernadette, Répertoire chronologique de la jurisprudence de la Cour suprême, tome 1, Droit pénal, 1960-1980, p. 492 ; TPI Edéa, Ordonnance n°03/CE/TPI/011 du 21 juillet 2011, Sieur Sainsot Luc Lionel c. Dame Mbango Kala Lobé Thérèse et Me Ntamack Epanda, Ohadata J-12-252, décision n°17).

Tel est, à côté des textes, ce que suggère l'examen de l'un des arrêts de la Cour commune de justice et d'arbitrage en date du 27 mai 2021, affaire Maître Amegbo Ablamvi contre Sieur Bechada Jamito et autres. A l'origine de cette espèce se trouve une ordonnance du président du tribunal de première instance de Lomé désignant un huissier de justice à l'effet de vendre aux enchères publiques un navire saisi et consigner le produit de l'adjudication au greffe de ladite juridiction. Le navire vendu, les sommes d'argent récoltées vont être atteintes par une saisie-attribution avant d'être consignées. Contre toute attente, une ordonnance du juge de l'urgence du même tribunal décide du décaissement des fonds au profit des créanciers ayant engagé la saisie-attribution. Après coup, le sursis de l'ordonnance prescrivant le décaissement est décidé par le président de la Cour d'appel de Lomé. Dans le sillage de cette décision, un arrêt de la même cour d'appel enjoint aux créanciers bénéficiaires du décaissement et à l'officier ministériel et public de consigner au greffe du tribunal de première instance visé les sommes décaissées, cela sous astreinte. Saisie sur renvoi de la Cour suprême du Togo, la CCJA approuve la position du juge d'appel. L'épicentre de son arrêt est configuré de la sorte :

« Attendu que le demandeur fait valoir d'une part qu'il n'a pas eu le temps de procéder à la consignation des fonds avant que la saisie attribution querellée ne soit pratiquée entre ses mains en vertu d'un titre exécutoire et que, d'autre part, la saisie attribution pratiquée entre ses mains ayant pour effet de rendre la somme indisponible du fait de la loi, la cour d'appel ne pouvait valablement retenir contre lui une fraude, au seul motif qu'il n'a pas procédé à la consignation des fonds devenue légalement impossible ; qu'ainsi, la cour d'appel n'a pas donné de base légale à sa décision qui encourt de ce fait la cassation ;

Mais attendu que le moyen remet en discussion des faits souverainement appréciés par les juges du fond, lesquels ont estimé que c'est en violation des dispositions des articles 160, 164 et 165 de l'Acte uniforme portant organisation des procédures simplifiées de recouvrement et des voies d'exécution, que le décaissement litigieux a été effectué, ce qui n'est pas contesté par le pourvoi ; que de même, l'arrêt entrepris énonce « que c'est en fraude organisée que le décaissement a été ordonné ... ; qu'il s'infère de tout ce qui précède que toute la procédure ayant abouti à l'ordonnance attaquée est émaillée de fraudes et de violations de toutes sortes ...» ; qu'indépendamment de ce qui précède, le même arrêt attaqué ne manque pas de base légale, d'autant que le tiers saisi ne saurait se prévaloir d'un paiement effectué en violation des dispositions de la loi, et qu'il ne peut se dessaisir des sommes saisies entre ses mains et rendues ainsi indisponibles, sur la base d'une ordonnance de référé, même assortie de l'exécution provisoire, sans s'assurer de l'existence d'un certificat de non-appel... » (CCJA, arrêt n° 099/2021, 27 mai 2021, Maître Amegbo Ablamvi à Sieur Bechada Jamito et autres, Société CSSC Guangzou Huangpu Shipbuilding Co Ltd, Société Sicuro Sa et autres, http://www.ohada.org. A toutes fins utiles, voir également CCJA, arrêt n° 043/2018, 22 fév. 2018, Paul Tchuenté c. Afrilandfirst Bank SA, en présence de la BEAC - Banque des Etats de l'Afrique Centrale, http://www.ohada.org ; arrêt n° 103/2018, 26 avr. 2018, Mbulu Museso, La société des grands hôtels du Congo, La Trust Merchant Bank SA, la Rawbank SA et autres, http://www.ohada.org ; arrêt n° 043/2005, 7 juil. 2005, Aziablevi Yovo et autres c. Société Togo Télécom, Les grandes décisions de la Cour commune de justice et d'arbitrage de l'OHADA, op. cit., pp. 611 et s., obs. KENFACK P.E. ; arrêt n° 014/2016, 11 fév. 2016, BIAO Côte d'Ivoire c. Comité de pilotage de la restructuration des chambres d'agriculture, http://www.ohada.org ; arrêt n° 043/2016, 18 mars 2016, Le bureau du vérificateur général c. Fadel Dicko, http://www.ohada.org ; arrêt n° 044/2016, 18 mars 2016, Gnankou Goth Philippe c. Fonds d'entretien routier dit FER et Société Ecobank Côte d'Ivoire, http://www.ohada.org ; CA du Centre, ord. n° 40/Civ, 29 janv. 2010, Cameroon civil aviation authority dite CCAA c. Nsima Ntock Justin et autres, Juridis Périodique n° 92, oct.-déc. 2012, pp. 74 et s., obs. KEUGONG WATCHO R. ; CA du Centre, ord. n° 501/Civ., 10 août 2007, Tchoungang Ch. c. Société de recouvrement de créances du Cameroun, Juridis Périodique n° 82, avril-juin 2010, pp. 74 et s., obs. DJOUFANG D.A. ; CA du Centre n° 142/C du 14 janv. 2002, Tamo c. Caisse nationale de réassurance dite CNR, RCDA n° 6, janv. mars 2001, pp. 167 et s. ; TPI de Dschang, ord. n° 12, 11 sept. 2000, Université de Dschang c. Tonyé Dieudonné, Juridis Périodique n° 48, oct. déc. 2001, pp. 67 et s., obs. TIMTCHUENG M. ; TPI de Ngaoundéré, ord. n° 03/CRD, 20 déc. 1999, Université de Ngaoundéré c. Nang Mindang Hyppolite, Juridis Périodique n° 44, oct.-déc. 2000, pp. 31 et s., obs. FOMETEU J. ; TPI de Bafoussam, jugt. n° 1191/C, 7 août 2001, Camtel c. Manga Ngoumaba et SCB-CL, SGBC, BICEC, CCEI, Standard Chartered Bank, inédit, etc. ; TC de Brazzaville, 12 déc. 2001, Office national des postes et télécommunications, dite ONPT c. Etablissements Air-Mer Congolaise et Société STHIC, http://www.ohada.com, Ohadata, J-02-73, obs. ISSA-SAYEGH J. ; Civ.1ère, 12 mars 2002, M. X… c. M. Becquet et autres, Bull., mars 2002-3, p. 70, n° 90[912]*).*

---

[912] Dans cette espèce, une personne se porte adjudicataire d'un véhicule de marque Ferrari lors d'une vente publique aux enchères conduite par un commissaire-priseur. Estimant après coup que le véhicule acheté ne présente pas le caractère d'authenticité allégué par l'officier ministériel et par l'expert judiciaire ayant collaboré avec lui pour les besoins de l'opération, l'adjudicataire engage la responsabilité de ces derniers. Par un arrêt en date du 30 novembre 1998, la Cour d'appel de Douai, à son tour, condamne les mis en cause à réparer le préjudice subi. Ces derniers introduisent un pourvoi. A l'appui de leur recours, les demandeurs observent que les juges du fond auraient dû rechercher s'il ne se déduisait pas des mentions figurant dans le catalogue que la voiture n'était pas un véhicule d'origine mais un véhicule restauré, ces mentions excluant toute garantie d'authenticité. Mieux encore, ils reprochent à l'arrêt attaqué de n'avoir pas recherché si les informations figurant dans le catalogue n'étaient pas conformes aux énonciations retenues par l'expert chargé de présenter les caractéristiques techniques des véhicules mis en vente et s'il ne résultait pas du rapport de l'expert judiciaire commis que les anomalies et défauts constatés pouvaient être décelés par l'acquéreur et constituaient un vice caché exclusif de la responsabilité du commissaire-priseur. Le moyen est rejeté avec fermeté en ces termes : « … *Attendu que la cour d'appel a énoncé, à bon droit, que le commissaire-priseur était tenu non seulement de donner des informations exactes dans les catalogues mis à la disposition de la clientèle, mais également, en exécution des conditions générales de la vente, de garantir l'authenticité des véhicules ; qu'elle a relevé, après avoir procédé aux recherches prétendument omises, qu'il résultait de l'expertise judiciaire que si le châssis et le moteur étaient « d'origine Ferrari », le véhicule acquis par M. Becquet n'était pas un modèle 365 GTC et n'était pas davantage une Ferrari en raison de très nombreuses et importantes modifications apportées parfois au mépris des règles de l'art ou des prescriptions du constructeur Ferrari ; qu'elle a constaté que compte tenu des transformations ainsi subies, le véhicule acquis (…) pour le prix de 1 900 000 francs, avait, en réalité, une valeur marchande de l'ordre de 200 000 francs ; que la cour d'appel a pu en déduire que le commissaire-priseur avait engagé sa responsabilité en reproduisant dans son catalogue les indications erronées fournies par son propre expert et sans mettre en évidence, dans les informations fournies à M. Becquet, le défaut d'authenticité du véhicule qualifié pourtant d'automobile de collection…* »

Quant aux sanctions pénales, elles sont développées dans le décret n° 2023/042 du 25 janvier 2023 et dans d'autres textes davantage généraux, à l'instar du Code pénal et du Code de procédure pénale[913]. A titre d'exemple, du moins d'après l'article 25 (3) du décret précité, si la preuve d'une fraude imputable à ce dernier est alléguée et établie, les peines des articles 134, 135, 140, 143 et 144 du Code pénal réprimant la « corruption » active ou passive, les « abus de fonctions », le « favoritisme », le « faux dans un acte » pourront être appliquées[914]. Il est aussi constant, aux termes de

[913] Il convient néanmoins de relever que l'Acte uniforme révisé portant organisation des procédures simplifiées de recouvrement et des voies d'exécution comporte un titre entier réservé aux dispositions pénales dont certaines concernent exclusivement l'huissier de justice et d'autres qui pourraient s'appliquer à lui au titre de la coaction voire de la complicité. Effectivement, il y est prévu qu'une sanction pénale est encourue : par le débiteur saisi ou le tiers détenteur qui ne se conforme pas aux obligations attachées à sa qualité de gardien (article 335) ; par le débiteur ou le tiers qui, dans le cas d'une saisie conservatoire aliène ou déplace un bien, sans justifier d'une cause légitime rendant nécessaire ce déplacement ou cette aliénation ou n'informe pas préalablement, le créancier, sauf en cas d'urgence absolue ; en cas de déplacement des biens, n'indique pas au créancier où ceux-ci se trouvent (article 335-1) ; par le gardien qui, en dehors du cas prévu par la loi aliène ou déplace un bien faisant l'objet d'une saisie-vente (article 335-2) ; par le gardien qui, dans le cadre d'une procédure de vente amiable, déplace, sauf en cas d'urgence absolue, un bien avant la consignation du prix ; par le débiteur qui, sans se conformer à la procédure prévue pour la vente amiable, aliène les biens faisant l'objet de la saisie-vente (article 335-3) ; par l'autorité de justice habilitée à procéder à la vente aux enchères publiques qui reçoit une somme au-dessus de l'enchère (article 335-4). Une sanction pénale est également encourue : par tout détenteur qui, en dehors du cas prévu par le législateur, aliène ou déplace un bien faisant l'objet d'une saisie-revendication ; par le propriétaire du fonds de commerce saisi qui, en violation de l'interdiction liée à l'indisponibilité, cède celui-ci ou y consent un droit réel ou une charge (article 335-6) ; par le débiteur ou le tiers détenteur qui, en violation de la loi, aliène ou déplace un bien faisant l'objet d'une saisie conservatoire de bétail (article 335-7) ; par le gardien ayant aliéné ou déplacé, sauf pour le pâturage, le bétail objet d'une saisie, sans en avertir l'huissier de justice ou l'autorité chargée de l'exécution (article 335-8) ; par l'huissier ou l'autorité chargée de l'exécution qui détourne de leur finalité des renseignements communiqués (article 335-9).

[914] L'article 134, déjà évoqué à maintes reprises, se comprend au mieux à partir de l'article 131 du Code pénal qui, lui, considère que le terme « fonctionnaire » s'étend aux officiers publics et ministériels. Le reste va de soi : une peine de cinq à dix an et une amende de 200 000 à 2 000 000 de francs frappe le fonctionnaire qui accomplit ou s'abstient d'accomplir un acte relevant de ses fonctions ou l'ajourne, à son bénéfice ou à celui d'un tiers, en contrepartie d' offres, de promesses, de dons, de présents.

L'article 135, déjà évoqué lui aussi, réserve une privation de liberté d'une durée d'un à cinq ans et une une amende de 200 000 à 2 000 000 de francs à l'huissier de justice qui, directement ou indirectement, prend ou reçoit un intérêt dans les actes ou adjudications soumis à son avis, ou dont il avait la surveillance, le contrôle.

L'article 140, intitulé « abus de fonction », punit d'un emprisonnement d'un à trois ans et d'une amende de 5 000 à 50 000, ou de l'une de ces peines, celui qui abuse de ses fonctions pour porter atteinte aux intérêts des privés. Si l'infraction est perpétrée pour se procurer à soi même ou à autrui un avantage quelconque, l'emprisonnement est deux à dix ans et d'une amende de 50 000 à 1 000 000 de francs.

L'article 143, déjà évoqué, frappe d'un emprisonnement de un à cinq ans, entre autres, l'officier ministériel qui agit par faveur ou par inimité contre l'une des parties.

Quant à l'article 144 consacré au « faux dans un acte », il réserve un emprisonnement de dix à vingt ans et une amende de 300 000 à 3 000 000 francs au notaire, au commissaire priseur, à l'huissier ou l'agent d'exécution qui contrefait ou altère, soit dans sa substance soit dans les signatures, dates et attestations, un acte ou un écrit qu'il a le devoir d'établir, de recevoir, de constater ou de notifier.

l'article 321 du Code pénal, qu'un emprisonnement pouvant aller jusqu'à vingt ans, avec à la clé une amende de deux millions de francs, frappe l'huissier de justice ou le commissaire-priseur qui se rend coupable d'une escroquerie ou d'un abus de confiance, infractions que ses titres et qualités aggravent forcément. Entre ces deux bornes du Code pénal se trouvent les sanctions encourues en cas de « concussion » consistant à exiger des droits, taxes, impôts ou contributions qui ne sont pas dus[915] ; les sanctions prévues en cas de violation de domicile, lesquelles frappent celui qui s'introduit et se maintient dans le domicile d'autrui sans son consentement[916] *(même tacitement, voir not. CS, arrêt n° 26, 03 déc. 1963, Guéa Jacques Philippe c. Commissaire du gouvernement, arrêt n° 37, 24 déc. 1963, Loé Elémé Charles c. Commissaire du gouvernement, in Les grandes décisions de la jurisprudence pénale camerounaise, préc., n° 27, pp. 483 et s., obs. ANOUKAHA F. ; arrêt n° 66, 16 janv. 1968, Ribama Dagobert c. Yombo Appolinaire, Répertoire chronologique de la jurisprudence de la Cour suprême Droit pénal, 1960-1980, tome 1, p. 31 ; arrêt n° 1, 7 oct. 1971, Enama Télesphore c. Ministère public et Nemi Valère, Répertoire chronologique de la jurisprudence de la Cour suprême, Droit pénal, tome 1, 1960-1980, préc., pp. 177-178 ; arrêt n° 13, 19 oct. 1965, Massoma Peh Samel c. Ministère public, Compagnie d'assurances l'Urbaine et la Seine et Tchatchoua Jean-Pierre, Répertoire chronologique de la jurisprudence de la Cour suprême Droit pénal, 1960-1980, tome 1, p. 27 ; arrêt n° 26, 27 nov. 1962, Mvogo bernard c. Nzanekong David, Répertoire chronologique de la jurisprudence de la Cour suprême, Droit pénal, 1960-1980, tome 1, p. 26; arrêt n° 56, 4 janv. 1966, Papadopoulos c. Ebo, Répertoire chronologique de la jurisprudence de la Cour suprême, Droit pénal, 1960-1980, tome 1, préc., pp. 27-28 ; arrêt n° 106, 28 fév. 1967, Eyango Embola Thomas c. Ministère public et Dipoko Soné Paul, Répertoire chronologique de la jurisprudence de la Cour suprême, Droit pénal, 1960-1980, tome 1, préc., p. 29 ; arrêt n° 01/COM, 06 nov. 2018, Ngué Samuel c. La Société RINCAM, www.minjustice.gov.cm ; CA de Garoua, arrêt n° 100/P, F… Victor c. Ministère public, 11 janv. 1974, RCD n° 9, janv.-avril 1976, pp. 48-49) ;* celles attachées au « refus d'un service dû »[917], au « détournement de biens saisis »[918], aux entraves à la liberté des enchères[919]. Dans le même sens, l'article 25 du statut des huissiers de justice et agents d'exécution retient une amende de 100 000 francs au cas de désinvolture ou de

[915] La peine attachée à cette infraction est un emprisonnement compris entre deux et dix ans et une amende de 20 000 à 2 millions de francs CFA.

[916] La sanction visée est un emprisonnement de 15 jours à un an et une amende de 5 000 à 100 000 francs ou l'une de ces deux peines seulement.

[917] L'article 148 du Code pénal punit d'un emprisonnement de trois mois à deux ans l'huissier de justice, le commissaire-priseur ou l'agent d'exécution qui, étant légalement requis d'accomplir un devoir de sa fonction, s'en abstient.

[918] Puni à l'article 190 du Code pénal d'un emprisonnement d'un à cinq ans et d'une amende de 50 000 à un million de francs.

[919] L'article 254 du Code pénal prévoit un emprisonnement d'un à six mois et d'une amende de 50 000 à un million de francs toute personne qui trouve la liberté ou entrave la sincérité des enchères.

complaisance dans l'accomplissement de ses missions. L'article 51 (1) du Code de procédure pénale entrevoit une amende de 5 000 à 25 000 francs lorsque le coût de l'acte et son détail sont omis[920]. Le Code général des impôts prévoit des amendes qui viennent s'ajouter à l'obligation de payer les droits d'enregistrement et de timbre lorsque des actes relevant du ministère de l'huissier ont été dressés sans avoir préalablement été enregistrés[921][922].

Du coup, peu nombreux sont ceux qui ont vraiment été surpris par ce jugement où, sur le fondement des articles 318 du Code de procédure civile et commerciale et de la loi n° 92/008 du 14 août 1992 fixant certaines dispositions relatives à l'exécution des décisions de justice telle que modifiée en 1997, le tribunal de première instance de Dschang tranchait de la sorte : « *Attendu que Maître Vougmo reconnaît lui-même à ce sujet qu'en revenant le soir du 26 janvier 2007 à son étude, il a trouvé glissé sous sa porte le certificat de dépôt de la requête de défense à exécution de la décision qu'il s'apprêtait à exécuter ;*

Mais attendu que cette signification « à poteau » telle que qualifiée par ce dernier n'en demeure pas moins une notification au sens de l'article 8 de la loi susvisée puisque Maître Vougmo Djua Magloire a fini par prendre connaissance de son contenu ;

Qu'il lui revenait dès lors de suspendre immédiatement l'exécution même commencée de la décision attaquée ; qu'en refusant de s'exécuter, il s'exposait à l'abus de fonction prévu par l'article 140 du Code pénal ;

Attendu que cet article parle de fonctionnaire s'agissant de l'auteur des faits ;

Que ce fonctionnaire s'entend selon l'article 131 du Code pénal de tout magistrat, tout officier public ou ministériel, tout préposé ou commis de l'Etat (...) ;

Que le prévenu Vougmo Djua Magloire est huissier de justice près les tribunaux de Dschang et de la Menoua ;

Qu'officier ministériel de son état, il a agi dans le cadre de ses fonctions s'agissant de l'exécution d'une décision de justice ; qu'il s'en suit que tous les éléments constitutifs du délit mis à sa charge sont bien réunis en l'espèce ; qu'il échet

---

[920] La lecture de l'article 26 du décret n° 2023/042 du 25 janvier 2023 trouble. La raison en est que celui-ci semble sortir du domaine du règlement fixé par la constitution et prescrire une sanction davantage contraignante que celle que retient la loi portant Code de procédure pénale. Effectivement, sa rédaction incline à penser que « *L'huissier de justice mentionne, sous peine d'une amende civile de cinquante mille (50 000) FCFA prononcée par la juridiction devant laquelle est produit, au bas de l'original et de chaque copie, le coût de l'acte, et indique en marge de l'original et des copies, le nombre des rôles, de copies des pièces ainsi que le détail de tous les articles rentrant dans le coût de l'acte* ».

[921] Article 355, 356, 359. A ces sanctions viennent s'ajouter celles développées dans le livre des procédures fiscales aux articles L107 et suivants.

[922] Sur l'ensemble, voir not. IPANDA F., op cit., pp. 23 et s. ; LAUZIERE H., « La responsabilité civile des huissiers de justice », *Rev. du notariat* n° 102-2, pp. 207 et s. Voir aussi EKANI S.C., *Liberté de saisir et exécution forcée dans l'espace OHADA*, op cit., p. 266 ; KEM CHEKEM B., « Le principe de proportionnalité et la protection du débiteur saisi en droit OHADA », *Horizons du droit - Bulletin n°28*, sept. 2021, pp. 465 et s. ; OBERDENO G.-M., « La règlementation du recouvrement forcé de l'impôt sur les sociétés en République gabonaise », Mémoire pour le Master contentieux et arbitrage des affaires, UCAC, Yaoundé, 2020, pp. 39 et s. ; WANDJI KAMGA A.-D., « L'abus en droit processuel privé camerounais », op cit., p. 314.

de l'en déclarer coupable... » (TPI de Dschang, n° 414/COR, 13 juil. 2010, Ministère public et Dame Nougmi née Tsafack Joséphine, Melonou Joseph, Ejuka Guy Achille c. Dame Tessa Mawamba, sieurs Feudjio Georges et Vougmo Djua Tchoupa Mbou'Seko Magloire, Penant n° 875, pp. 267 et s., obs. ASSONTSA R.).

Très peu nombreux sont également ceux qui n'ont pas approuvé l'arrêt de la Cour suprême n° 148 du 11 avril 1967 où la haute juridiction rejoint la décision contestée ayant retenu au préjudice d'un officier ministériel les sanctions prévues au titre de l'abus de confiance. Pour la petite histoire, dans l'espèce à la quelle allusion est faite, il est reproché à la Cour criminelle du Dja-et-Lobo d'avoir condamné le demandeur, ex-huissier de justice à Sangmélima, à huit ans de réclusion et à 80 000 francs de dommages-intérêts dans un contexte où l'intention frauduleuse de détourner les sommes reçues est absente et où le concerné n'a commis aucune faute de service passible des peines disciplinaires de l'article 21 de l'arrêté du 16 décembre 1954 sur le service des huissiers. S'exprimant dans cette affaire à l'effet de régler le litige, la Cour prononce, pour ainsi dire, une sentence riche d'enseignements. Elle se décline ainsi : « *Mais attendu que l'existence de l'intention frauduleuse est une question de fait qui relève de l'appréciation souveraine des juges du fond et échappe au contrôle de la Cour suprême ;*

Attendu, au surplus, bien que l'intention frauduleuse des juges du fond soit un élément constitutif de l'abus de confiance, qu'il n'est pas nécessaire qu'elle fasse l'objet d'une déclaration explicite des juges du fond ; qu'elle peut s'induire des circonstances de fait relevées par eux ; qu'elle résulte de la déclaration de culpabilité retenue dans les termes mêmes de l'article 408 du code pénal ;

Attendu que, pour condamner Tchuenté pour abus de confiance aggravé, l'arrêt attaqué énonce qu'il résulte du dossier et des débats la preuve contre Tchuenté d'avoir, à Sangmélima courant 1962-1963, étant officier ministériel, frauduleusement détourné ou dissipé au préjudice de la dame (...), qui en était légitime propriétaire, la somme de 72 000 francs qui ne lui avait été remise qu'à titre de mandat, à charge, par lui, de la remettre à la bénéficiaire... » (CS, arrêt n° 148, 11 avril 1967, Tchuenté Gottlieb c. Dame Mballa Bernadette, Répertoire chronologique de la jurisprudence de la Cour suprême, Droit pénal, tome 1, 1960-1980, préc. Voir aussi CA de Garoua, arrêt n° 100/P, F... Victor c. Ministère public, 11 janv. 1974, RCD n° 9, janv.-avril 1976, pp. 48-49).

Moins nombreux encore sont ceux qui n'ont pas compris le raisonnement de la Cour suprême, développé à propos de l'affaire Massoma Peh Samuel contre ministère public. Il n'est pas sans intérêt de rappeler que dans l'espèce évoquée, le reproche était fait à l'ex cour criminelle du département du Moungo d'avoir condamné Massoma Peh Samuel à huit années de privation de liberté pour abus de confiance aggravé, infraction commise dans le cours de l'exécution de ses fonctions en tant qu'agent d'exécution. De l'avis du demandeur, une telle peine n'aurait jamais dû être prononcée à son préjudice car l'agent d'exécution est un fonctionnaire. Il n'est donc pas un officier public, encore moins un officier ministériel, catégories concernées par la sanction esquissées à l'article 408 du Code pénal. Pour régler le différend porté à sa connaissance, la Cour suprême juge : « *Attendu que cet article sanctionne de la peine de réclusion les abus commis par un officier public ou ministériel ; que ces termes désignent le titulaire d'un office public ou ministériel ;*

Attendu que Massoma Peh Samuel n'était, au moment des faits, ni officier public ni officier ministériel, aucune charge d'huissier n'ayant été créée auprès des tribunaux de Mbanga, mais avait la qualité de fonctionnaire public, énumérée par les articles 25 et suivants du décret du 5 novembre 1960 sur les fonctions et le statut des huissiers et avait été nommé, dans les fonctions prévues par ce texte, agent d'exécution auprès desdits tribunaux ; que seuls, aux termes du décret du 5 décembre 1960, les huissiers ont la qualité d'officier ministériel ;

Qu'ainsi, l'article 408, punissant de la réclusion l'abus de confiance commis par un officier public ou ministériel ne lui était pas applicable ;

Que, par suite, en déclarant Massoma Peh Sammuel coupable de ce crime, l'arrêt a fait une fausse application des textes visés au moyen… » (CS, arrêt n° 13, 19 oct. 1965, Massoma Peh Samuel c. Ministère public, Compagnie d'assurance urbaine et la Seine et Tchatchiua Jean-Pierre, Répertoire chronologique de la jurisprudence de la Cour suprême, Droit pénal, tome 1, 1960-1980, préc. ; arrêt n° 148, 11 avril 1967, Tchuenté Gottlieb c. Dame Mballa Bernadette, Répertoire chronologique de la jurisprudence de la Cour suprême, tome 1, Droit pénal, préc. ; arrêt n° 56, 4 janv. 1966, Papadopoulos c. Ebo, Répertoire chronologique de la jurisprudence de la Cour suprême, Droit pénal, tome 1, 1960-1980, préc. ; arrêt n° 66, 16 janv. 1968, Ribama Dagobert c. Yombo Apollinaire, Répertoire chronologique de la jurisprudence de la Cour suprême, Droit pénal, tome 1, 1960-1980, préc.).

Le nombre et la gravité de ces sanctions invitent à considérer que les temps changent. La matière des procédures forcées de recouvrement vient le confirmer. A l'origine et pendant longtemps, ces procédures, diligentées presque toujours par les huissiers de justice, étaient fortement marquées par des préjugés. L'un de ceux-ci suggérait de considérer que l'exécution met aux prises, d'une part, « un mauvais payeur à l'affût de toutes les astuces dilatoires » et, d'autre part, « un bon créancier dont la confiance a été trompée ». L'opinion a bien été restituée par Ripert dans son célèbre ouvrage sur « *Le régime démocratique et le droit civil moderne* » où l'auteur est de l'avis que les hommes criblés de dettes représentent un danger pour la société ; « ce sont facilement des aventuriers et en tout cas des révoltés ». Parce qu'on cherchait à infliger à ces débiteurs une punition exemplaire susceptible d'inspirer l'effroi à ceux qui seraient tentés d'agir de la même manière, le climat psychologique de l'exécution ne pouvait être que centré sur la vengeance. Dans un tel contexte, l'image de l'huissier de justice, anciennement dénommé « sergent de justice », était celle d'un vengeur masqué agissant moins au profit de la justice que pour le compte du créancier. Entre-temps, les mentalités collectives ont heureusement évolué.

Etre débiteur n'est plus guère une tare ; le respect des droits humains fondamentaux est devenu un hymne ; l'intégrité des gens, leur intimité, leur domicile sont désormais des sanctuaires auxquels on doit se garder de porter atteinte[923]. Cette évolution des mentalités n'a pas manqué de déteindre sur la place de l'huissier de justice et sur sa mission. De la posture de bourreau d'hier, celui-ci semble être devenu, parfois, un conciliateur. On en escompte une paix sociale renforcée ; une pérennité des relations d'affaires entre les parties ; une plus grande prospérité du créancier qui, à bien regarder, s'enrichit en faisant crédit aux uns et aux autres.

B. Missions, prérogatives et obligations de l'huissier de justice

Les contours des missions de l'huissier de justice apparaissent nettement lorsqu'on s'intéresse aux prérogatives reconnues à cet officier ministériel. A leur tour, ces dernières renseignent au sujet des obligations de ce professionnel.

1. Les missions et prérogatives de l'officier public et ministériel

Le décret n° 2023/042 du 25 janvier 2023 portant statut et organisation de la profession d'huissier de justice et d'agent d'exécution comporte un article premier ainsi conçu :

« *(1) L'huissier de justice est un officier public et ministériel ayant pour mission :*

a) D'accomplir, à la demande des parties, du juge ou sur réquisition du ministère public, certains actes nécessaires à l'ouverture et à l'instruction des procédures ;

b) D'exécuter les décisions de justice et tous acte susceptible d'exécution forcée ;

c) De faire des constats, sommations, offres, mises en demeure et interpellation extrajudiciaires ;

d) D'accomplir tout acte prescrit par la loi ;

---

[923] KUATE TAMEGHE S.S., « La place de l'huissier de justice dans le système OHADA des voies d'exécution », préc., p. 246 ; DJONGA P. , « Le contrôle du juge en matière d'abus du droit de saisir en voies d'exécution OHADA », *RASJ*, n° spécial, fév. 2015, pp. 101 et s. ; KEM CHEKEM B., « Le principe de proportionnalité et la protection du débiteur saisi en droit OHADA », op. cit., pp. 464 et s. ; NEMEDEU R., « Le droit processuel et moralisation du droit », *RRJ, Droit prospectif*, 2015-4, pp. 1511 et s. ; MEGNE TAGA J.L., « L'avocat et l'exécution forcée au Cameroun », op. cit., p. 88 ; OMAM Fl., « Le rôle de l'huissier en matière d'exécution des décisions depuis l'Acte uniforme OHADA portant organisation des procédures simplifiées de recouvrement et des voies d'exécution », *RCDA* n° 4, juil.-sept. 2000, pp. 7 et s. ; ONANA ETOUNDI F., *L'incidence du nouveau droit communautaire OHADA sur le droit interne de l'exécution des décisions de justice en matière non répressive (cas du Cameroun)*, op. cit., pp. 329 et s. ; WANDJI KAMGA A.-D., op cit., pp. 301 et s. ; *Le droit à l'exécution forcée. Réflexion à partir des systèmes juridiques camerounais et français*, E.U.E., Sarrebrucken, 2011, pp. 219 et s., n° 481 et s.

e) D'exécuter les mandats de justice et d'assurer le service des audiences des juridictions ;

(2) L'huissier de justice exerce en outre les fonctions de commissaire-priseur ».

Lu à l'endroit et à l'envers, l'extrait charrie des enseignements précieux, tacitement et explicitement.

Le premier enseignement c'est que l'huissier de justice, qui dispose d'une carte professionnelle censée notamment faciliter son identification en cette qualité[924], n'instrumente jamais de son initiative propre. Le déploiement de celui-ci suppose théoriquement soit une demande provenant des justiciables ou du juge, soit des réquisitions formulées par le ministère public[925]. Il se comprend alors, en matière sociale, que l'officier ministériel et public officie à la requête des présidents des tribunaux de première instance et de grande instance et de la Cour d'appel, lesquels sont rattachés au siège *(CS, arrêt n° 87/S, 14 mai 1998 Société Sawa Novotel c. Dame Ngadma née Fagmou Pauline Nicole, Répertoire chronologique de la jurisprudence de la Cour suprême, Droit social, 1980-2000, tome 3, p. 782 ; arrêt n° 103/S, 13 avril 2000, Communauté urbaine de Nkongsamba c. Ndendjui Maurice, Répertoire chronologique op.cit., p. 783*[926] *; arrêt n° 171, 27 août 1968, Dame Abena Noah Dorothée c. Noah Ahanda Armand, Bulletin des arrêts de la Cour suprême du Cameroun Oriental, n° 19, 1968, pp. 2268 et s. Directement ou indirectement, voir également CS, arrêt n° 2, 24 oct. 1974, Comacico c. Belibi Joseph, Répertoire chronologique, Droit social, 1960-1980, tome 3, p. 381 ; arrêt n° 60/S, 14 juin 1981, Konchupé c. Onana Pierre, RCD n° 25, 1983 ; arrêt n° 53/S, 15 mai 1986, Brasseries du Cameroun c. Fortoh Atud Joseph et n° 89/S, 24 juil. 1997, Snicic c. Longlap François, Répertoire chronologique, Droit social, 1960-1980, tome 3, p. 780, in TCHAKOUA J.M. (dir.), Les grandes décisions du droit travail et de la sécurité sociale, Jusprint, Yaoundé, 2016, pp. 468 et s., obs. WANDJI KAMGA A. ; arrêt n° 150/S, 15 juin 2000, Société Ciacam c. Ngo Kilama Louise Répertoire chronologique de la jurisprudence, Droit social, 1980-2000, pp. 733-734 ; arrêt n° 239/S, 21 sept. 2000, Ngou Germain c. Banque camerounaise de*

---

[924] Voir, dans cet ouvrage, les développements relatifs à la carte professionnelle.

[925] Dans le même sens, voir l'article 24 (1) du Statut.

[926] La haute cour se prononce à propos du premier moyen de cassation pris de la violation de l'article 157 du Code du travail, en ce que l'arrêt critiqué ne désigne pas l'huissier de justice qui prêtera son ministère au travailleur pour son exécution. Elle décide : « *Attendu qu'aux termes du texte visé au moyen, "les travailleurs bénéficient de plein droit de l'assistance judiciaire pour l'exécution des jugements et arrêts rendus à leur profit. Le président de la juridiction désigne à cet effet l'huissier qui prêtera son ministère au travailleur" ;*
Attendu qu'en l'espèce, l'arrêt critiqué n'a désigné aucun huissier conformément aux dispositions du texte visé au moyen ;
Qu'on arguera vainement de ce que la violation dudit texte n'a causé aucun préjudice l'exposant à la sanction d'une disposition légale n'étant pas soumise à cette condition ;
Que toute décision judiciaire doit être régulière en la forme et quant au fond ;
Attendu que la demanderesse au pourvoi ne rapporte pas la preuve du préjudice subi par elle du fait de la violation du texte susvisé, encore et surtout que l'inobservation de celui-ci n'est assortie d'aucune sanction ; D'où il suit que ce moyen est irrecevable faute d'intérêt… »

développement, Répertoire chronologique de la jurisprudence, Droit social, 1980-2000, pp. 546-547 ; TPI Yaoundé, ord. n° 183, 8 déc. 1999, Société Razel Cameroun c. Maître Jean Paul Bikoun et Dame Douma Ekotto, RCDA n° 3, avril-juin 2000, pp. 61 et s.).

Si l'officier ministériel ne peut passer aucun acte au nom d'un sujet de droit sans un pouvoir exprès, l'exigence n'est pas rigide. On considère dans nombre d'hypothèses qu'un mandat lui a tacitement été octroyé ; ce qui emporte renversement de la charge de la preuve. C'est le cas, en matière de recouvrement de créances, lorsque des actes, jugements, arrêts ou titres exécutoires ont été remis à l'officier ministériel[927]. C'est le cas, en toutes les matières, lorsque des émoluments et débours ont, même partiellement, été versés à l'auxiliaire de justice[928]. Dans un sens, cela permet de comprendre que la Cour commune de justice et d'arbitrage de l'OHADA ait estimé dans un arrêt n° 020/2006 du 26 octobre 2006, affaire Komenan Kouadio Christophe contre BICICI, que « *l'huissier de justice, de par son statut d'officier ministériel et officier public n'a pas besoin de justifier de la part du créancier d'un mandat exprès de saisir ou d'encaisser, la remise à lui du jugement ou de l'acte valant pouvoir pour toute exécution pour laquelle il n'est pas exigé un pouvoir spécial* ». Le raisonnement a conduit la haute juridiction communautaire à conclure que la sommation d'avoir à payer entre ses mains, provenant d'un huissier de justice, est régulière dès lors que ce dernier est porteur d'un titre exécutoire. Le même raisonnement a permis de considérer que le paiement effectué entre les mains de cet officier ministériel exclut que la responsabilité du tiers-saisi soit engagée sous le prétexte que le paiement n'a pas eu lieu[929] *(CCJA, arrêt n° 020/2006, 26 oct. 2006, Komenan Kouadio Christophe c. BICICI, Rec. n° 8, juil.-déc. 2006, pp. 23 et s., in Les grandes décisions de la Cour commune de justice et d'arbitrage préc., pp. 499 et s., obs.*

---

[927] Article 26 (2), décret n°2023/042 du 25 janvier 2023. C'est également la substance de l'article 28-2 de l'Acte uniforme révisé portant organisation des procédures simplifiées de recouvrement et des voies d'exécution dont l'article 28-2 décide que « *Nul ne peut prendre une mesure conservatoire ou exercer une voie d'exécution pour le compte d'autrui s'il ne dispose d'un pouvoir délivré à cet effet ».*

La remise du titre exécutoire à l'huissier de justice ou à l'autorité chargée de l'exécution vaut pouvoir pour toute mesure conservatoire ou exécution forcée, sauf s'il est exigé un pouvoir spécial. »

[928] Idem.

[929] Reste à se souvenir, entre autres, des prescriptions des articles 161, 164 et 164 de l'Acte uniforme portant organisation des procédures simplifiées de recouvrement et des voies d'exécution. Effectivement, celles-ci encadrent strictement les conditions du paiement dans une saisie-attribution des créances. L'article 165 singulièrement décide que « *Le paiement est effectué contre quittance entre les mains du créancier saisissant ou de son mandataire justifiant d'un pouvoir spécial qui en informe immédiatement son mandant* ».

Reste également à se souvenir des prescriptions des articles 28-2 alinéa 2 et 28-3. L'un et l'autre décident : que « *La remise du titre exécutoire à l'huissier de justice ou à l'autorité chargée de l'exécution vaut pouvoir pour toute mesure conservatoire ou exécution forcée, sauf s'il est exigé un pouvoir spécial* » ; que la nullité pour vice de fond est encourue lorsque des mesures conservatoires ou des voies d'exécution sont pratiquées par une personne agissant pour le compte d'autrui alors qu'elle ne justifie pas des pouvoirs nécessaires ; lorsque des actes ont été accomplis par un huissier de justice ou par une autorité chargée de l'exécution en dehors de son ressort de compétence.

WANDJI KAMGA A.D.[930]. *Dans le même sens, Cf. CCJA, arrêt n° 017/2016, 11 fév. 2016, Diarra Abdoulaye c. Société de gestion des stocks pétroliers de Côte d'Ivoire, dite GESTOCI, http://www.ohada.org*[931] *; TPI Bafang, jugt. n° 27/CIV/TPI/85, Banque internationale du commerce et de l'industrie du Cameroun, dite BICIC c. Diffo Gabriel, Juridis Périodique n° 30, avril-juin 1997, p. 38, note TCHAKOUA J.M. ; TPI Yaoundé, ord. n° 183, 8 déc. 1999, Société Razel Cameroun c. Maître Jean Paul Bikoun et Dame Douma Ekotto, préc.).*

---

930 Les méandres de l'arrêt édifient davantage. L'un de ses extraits est celui-ci : « *Attendu qu'aux termes de l'article 165 de l'Acte uniforme susvisé, « le paiement est effectué contre quittance entre les mains du créancier saisissant ou de son mandataire justifiant d'un pouvoir spécial qui en informe immédiatement son mandant.*
Dans la limite des sommes versées, ce paiement éteint l'obligation du débiteur et celle du tiers saisi » ;
Mais attendu qu'en effet, l'huissier de justice, de par son statut d'officier ministériel et d'officier public chargé des significations et de l'exécution forcée des actes publics, n'a pas besoin de justifier de la part du créancier, d'un mandat exprès de saisir ou d'encaisser, la remise à lui du jugement ou de l'acte valant pouvoir pour toute exécution pour laquelle il n'est pas exigé de pouvoir spécial ; qu'à cet effet, l'article 29 décret n° 69-243 du 9 juin 1969 fixant les modalités d'application de la loi portant statut des huissiers de justice lequel, en l'espèce, n'a pas encore été abrogé, contrairement à ce que soutiennent les requérants, dispose qu' « en matière de recouvrement judiciaire, la remise des actes ou décisions à l'huissier de justice, vaut mandat d'encaisser sauf preuve contraire » ; qu'en l'espèce, il n'est pas contesté que l'huissier instrumentaire ayant pratiqué la saisie-attribution au profit des époux Komenan a fait sommation à la BICICI d'avoir à « payer immédiatement et sans délai aux requérants des mains de moi huissier, porteur des présents, ayant charge de recevoir et pouvoir de donner bonne et valable quittance, le montant de la saisie (…) » ; que la BICICI ayant payé entre les mains de l'huissier sur la base d'un mandat légal, il ne saurait lui être reproché de s'être conformé à la sommation de ce dernier ; qu'en statuant comme elle l'a fait, la Cour d'appel d'Abidjan n'a en rien violé l'article 165 sus énoncé de l'Acte uniforme susvisé ; qu'il suit que ce premier moyen doit être rejeté comme non fondé (…) ».

931 L'arrêt expose les conditions du paiement par le tiers saisi dans l'hypothèse d'une saisie attribution. L'un de ses extraits, se rapportant au premier moyen, est ainsi conçu : « *Attendu qu'il est reproché à l'arrêt attaqué d'avoir rejeté le moyen de Diarra Abdoulaye tiré du défaut d'objet de l'appel au motif qu'il n'était pas prouvé que le paiement effectué par la BIAO-CI l'ait été « sur présentation de l'un des documents prévus à l'article 164 de l'Acte uniforme susvisé, en l'occurrence le certificat du greffe attestant qu'aucune contestation n'a été formée dans le mois suivant la dénonciation des saisies ou la décision exécutoire de la juridiction rejetant la contestation », alors selon le requérant que l'appel de la GESTOCI était devenu sans objet, l'ordonnance n° 4234 du 7 janvier 2013 qui a donné effet à la saisie litigieuse ayant déjà été entièrement exécutée, et ledit recours ayant été formé contre une ordonnance exécutoire sur minute 11 jours après son prononcé ;*
Mais attendu qu'il ne peut être sérieusement soutenu que l'appel formé par la GESTOCI contre l'ordonnance n° 4234 du 7 janvier 2013 était devenu sans objet, dès lors que celle-ci n'a jamais acquiescé ladite décision et qu'il n'est pas établi que les dispositions légales en vigueur ont été observées dans le paiement intervenu en exécution de ladite décision ;
Attendu en effet qu'aux termes de l'article 164, alinéa 1er, de l'Acte uniforme portant organisation des procédures simplifiées de recouvrement et des voies d'exécution, le tiers saisi procède au paiement du créancier poursuivant «sur présentation de la décision exécutoire de la juridiction rejetant la contestation » ; qu'en l'espèce, il est constant comme résultant de l'examen des pièces du dossier de la procédure que le 07 janvier 2013, le juge des référés du tribunal de première instance d'Abidjan a partiellement rejeté la contestation élevée par la GESTOCI par une décision exécutoire sur minute ; que Diarra Abdoulaye ne rapporte pas la preuve que cette décision a été présentée à la BIAO-CI au moment du paiement comme l'exige l'article 164 de l'Acte uniforme précité, alors que le caractère exécutoire sur minute de celle-ci ne le dispensait pas de cette exigence légale ; qu'en considérant dans ces conditions que le moyen élevé devant elle et tendant à dire l'appel de la GESTOCI sans objet n'était pas fondé, la Cour d'appel d'Abidjan n'a ni violé ni commis une erreur d'application des textes visés au moyen ;
Que le moyen sera par conséquent rejeté … »

On l'aura compris ou au moins deviné. Le refus de collaborer ou la production de déclarations inexactes ou incomplètes à la suite de ces questions que l'huissier de justice pose dans le cadre des saisies engage notamment la responsabilité de celui qui, en ces circonstances, a la qualité de tiers[932][933] ou, pour être davantage précis, celle de tiers-saisi. La sanction encourue est d'ailleurs similaire lorsque celui-ci ne refuse pas en tant que tel de prêter main-forte, mais choisit de le faire à sa guise, à son heure. Il en va notamment ainsi au cas de déclarations tardives dans des circonstances où, précisément, le législateur exige que des informations déterminées soient fournies à l'officier ministériel ou à l'agent d'exécution soit sur le champ, soit dans les cinq jours lorsque l'exploit de saisie n'a pas été signifié à la personne même du « débiteur du débiteur », soit dans les huit jours de la dénonciation de l'exécution au tiers-saisi ou au tiers détenteur n' ayant pas assisté aux opérations y relatives[934]. De la même manière, le tiers saisi

---

[932] L'article 38 de l'Acte uniforme portant organisation des procédures simplifiées de recouvrement et des voies d'exécution est, dans l'ordre, le premier à résoudre que « *Les tiers ne peuvent faire obstacle aux procédures en vue de l'exécution ou de la conservation des créances. Ils doivent y apporter leur concours lorsqu'ils en sont légalement requis. Tout manquement par eux à ces obligations peut entrainer leur condamnation à verser des dommages-intérêts* » ; « *Le tiers entre les mains duquel est pratiquée une saisie peut également, et sous les mêmes conditions, être condamné au paiement des causes de la saisie sauf son recours contre le débiteur* ». La même prescription se retrouve notamment aux articles 81, 107, 156, 168, 184 de cet Acte uniforme, lesquels parfois précisent les modalités de cette formalité. Enfin, et à toutes fins utiles, l'Acte uniforme révisé portant organisation des procédures simplifiées de recouvrement et des voies d'exécution précise que « *(…) pour fixer le montant des dommages-intérêts, le juge prend en compte la gravité du préjudice causé au créancier poursuivant, sans toutefois dépasser le montant global des causes de la saisie* » ; « *(…) s'il y a plusieurs tiers, le montant cumulé des condamnations ne peut être supérieur aux causes de la saisie* ».

[933] On notera que cet article comporte des subtilités lorsque sa lecture s'opère au second degré. Quelques-uns ont estimé, en s'en tenant à l'article 38 précité, que la réponse à la préoccupation est brouillée car ce texte comporte des variables d'analyse lorsqu'on le lit froidement au premier et au second degré. A leur sens, l'exercice révèle, d'une part, que l'alinéa premier s'intéresse « aux tiers » à l'épreuve des procédures forcées de recouvrement et des voies d'exécution ; d'autre part que l'alinéa 2 traite singulièrement du tiers saisi dans ce contexte. « Les tiers » sont invités à ne pas s'opposer aux procédures en vue de l'exécution ou de la conservation des créances et doivent y apporter leur concours lorsqu'ils en sont légalement requis, sous la menace d'une condamnation à des dommages-intérêts. *« Le tiers entre les mains duquel est pratiquée une saisie »*, quant à lui, pourrait au cas de réquisition légale et de défaillance, encourir une condamnation au paiement des causes de la saisie et disposer d'un recours contre le débiteur. A dire vrai, la réponse se rapportant à la notion de tiers n'est pas nettement exposée dans l'Acte uniforme portant organisation des procédures simplifiées de recouvrement et des voies d'exécution, notamment dans ses extraits traitant des saisies conservatoires, de la saisie attribution et de ses excroissances. Face à ce flottement, et cela est louable, les juges de la Cour commune ont dû « prendre leurs responsabilités » et esquisser des pistes de secours. Voir not. IPANDA F., *Le tiers dans les voies d'exécution*, préc., pp. 26 et s. ; KUATE TAMEGHE S.S., « Morceaux choisis de la jurisprudence de la Cour commune de justice et d'arbitrage de l'OHADA relative aux obligations de l'établissement bancaire ou de microfinance tiers saisi », *Rev. Dr. Afric.* n° 95, 2020, pp. 413 et s. ; TONLEU TEINKELA J.A., *La cause de la saisie en droit OHADA de l'exécution forcée*, thèse, UDS, 2021, pp. 56 et s., n°s 80 et s.

[934] En ce sens, voir notamment les articles 110, 232. Sauf à relever que ces exigences ont connu quelques bouleversements à la faveur de la révision de l'Acte uniforme portant organisation des procédures simplifiées de recouvrement et des voies d'exécution concernant certaines saisies. A titre d'exemple, l'article 156 prévoit dorénavant que les déclarations et communications du tiers

échappera difficilement à une condamnation au paiement des causes du recouvrement voire au paiement de dommages-intérêts lorsqu'une saisie ayant été engagée, celui-ci ne consigne pas entre ses mains une somme d'argent appartenant au débiteur et correspondant à ce qui a été autorisé par la juridiction compétente[935] ; lorsqu'ayant déclaré détenir des sommes d'argent pour le compte de la partie endettée, il refuse de payer. En de telles circonstances, l'article 168, pour ne mentionner que lui, indique que la contestation est portée devant une juridiction qui peut délivrer un titre exécutoire contre le tiers[936].

C'est donc à juste titre que la Cour commune de justice et d'arbitrage a tranché comme suit dans l'un de ses arrêts en date du 19 mai 2016, affaire Banque commerciale du Niger dite BCN SA contre Abdoul Kadiri Daouda Madougou, mandataire des ayants-droit de Daouda Madougou : « *(...) Attendu que Abdoul Kadiri Daouda Madougou, au soutien de son appel, a, par la voix de son conseil (...), invoqué la violation des articles 38 et 156 de l'AUPSRVE, faisant valoir que suite à la saisie attribution du 11 décembre 2013, la Banque commerciale du Niger a fait une déclaration inexacte ou incomplète ; qu'il se fonde sur la déclaration faite par la Banque commerciale du Niger le 25 octobre 2013, lors de la saisie-attribution de créance pratiquée par Souleymane Mamane, un autre créancier de la carte brune CEDEAO ; qu'il soutient que la dite banque ne pouvait sans violer les dispositions des articles précités, déclarer que « le compte de la carte brune (...) était créditeur de 67 082 403 F CFA le 25 octobre 2013 et débiteur le 11 décembre 2013 » ; que la déclaration faite le 11 décembre 2013 est mensongère puisqu'à cette date, la saisie du 25 octobre 2013 était toujours en cours ; que le compte logé à la BCN SA, en dehors de la saisie du 25 octobre 2013 portant sur la somme de 3 085320 F CFA, n'a fait l'objet d'aucune autre opération de débit ; qu'il conclut à l'annulation de l'ordonnance entreprise et à la condamnation de la BCN SA aux causes de la saisie et à 10 000 000 F CFA de dommages-intérêts ;*

---

saisi devront être faites dans les deux jours ou, au plus tard, dans les cinq jours si l'acte de saisie n'est pas signifié à personne.

[935] Reste à ne pas perdre de vue une exigence propre à la saisie conservatoire des créances que l'on retrouve consignée à l'article 81 de l'Acte uniforme portant organisation des procédures simplifiées de recouvrement des créances et des voies d'exécution. C'est que, le tiers saisi qui sans motif légitime ne fournit pas les renseignements escomptés par l'huissier de justice ou l'agent d'exécution ne devra éventuellement payer les sommes pour lesquelles la mesure a été pratiquée que si celle-ci est convertie en saisie-attribution. C'est dire que l'on ne devrait jamais songer à la sanction prévue par le législateur aux articles 38 et 156 que lorsque survient un acte de conversion.

[936] Voir également les articles 36, 57, 81, 156 et bien d'autres. Pour une bonne synthèse, voir not. EKANI S.C., *Liberté de saisir et exécution forcée dans l'espace OHADA*, op cit., pp. 264 et s. ; ENOTI FILS H., *L'Etat et l'exécution forcée*, thèse, Yaoundé II, 2020, pp. 43 et s. ; IPANDA F., *Le tiers dans les voies d'exécution OHADA*, préc., pp. 22 et s., pp. 53 et s., pp. 176 et s. ; KUATE TAMEGHE S.S., « Morceaux choisis de la jurisprudence de la Cour commune de justice et d'arbitrage de l'OHADA relative aux obligations de l'établissement bancaire ou de microfinance tiers saisi », op. cit., p. 426 ; ONANA ETOUNDI F., op. cit., pp. 320 et s. ; TONLEU TEINKELA J.A., op. cit., pp. 58 et s., n°s 86 et s. ; WANDJI KAMGA A.-D., op cit., pp. 211 et s., n° 481 et s.

Attendu que la Banque commerciale du Niger, par son conseil (...), rétorque que ledit compte est débiteur et a été transféré au contentieux ; qu'elle précise que c'est le cumul des saisies antérieures qui correspond à la somme de 67 082 403 FCFA ; qu'elle plaide le rejet des prétentions et moyens de l'appelant et conclut à la confirmation de l'ordonnance entreprise ;

Attendu qu'il ressort des pièces du dossier qu'avant la saisie du 11 décembre 2013, à la diligence de Abdoul Kadiri Daouda Madougou, une autre du 25 octobre 2013 était déjà en cours ; qu'à l'occasion de cette saisie, la BCN SA avait déclaré que le compte de la carte brune était créditeur de 67 082 403 FCFA ; qu'elle ne pourrait donc moins de deux mois après déclarer que ce même compte était débiteur sans apporter la preuve d'une opération entre les deux ; que la saisie du 25 octobre 2013 portant sur un montant de 3 085 320 F CFA n'ayant été levée que le 13 décembre 2013, la BCN SA avait l'obligation de signaler, le 11 décembre 2013, le reliquat, soit 63 997 083 F CFA ; qu'en ne le faisant pas, sa déclaration est manifestement inexacte ; qu'il y a donc lieu de faire droit à la requête de Abdoul Kadiri Daouda Madougou en ramenant les dommages intérêts à une juste proportion, conformément à l'article 138 de l'Acte uniforme portant organisation des procédures simplifiées de recouvrement et des voies d'exécution » (CCJA, arrêt n° 092/2016, 19 mai 2016, Banque commerciale du Niger dite BCN SA c. Abdoul Kadiri Daouda Madougou, mandataire des ayants-droit de Daouda Madougou, http://www.ohada.org).

C'est sans surprise que la Cour commune de justice et d'arbitrage a pu, le 13 mars 2014, décider d'un rejet dans l'affaire Banque internationale du Cameroun pour l'épargne et le crédit contre Monsieur Deffo. Dans cette espèce, la juridiction régulatrice tranche le litige dont elle est saisie en ces termes : « *(...) Attendu que l'article 156 de l'Acte uniforme sus-indiqué fait obligation au tiers saisi, dès la signification de l'exploit, de faire sur le champ à l'huissier, une déclaration sur l'étendue de ses obligations à l'égard du débiteur saisi ainsi que les modalités qui pourraient les affecter ; qu'un délai de cinq jours pour répondre lui est accordé au cas où il n'a pas personnellement reçu l'acte ;*

Mais attendu qu'il ressort des pièces de la procédure que les fonds des ex-employés de la BICIC ont été déposés dans le compte de la Caisse autonome d'amortissement (CAA) domicilié à la BICEC ; que la signification de la saisie a été faite au service du contentieux de la BICEC avec décharge ; qu'il résulte du procès-verbal de saisie conservatoire de créances du 05 juillet 2006 que la BICEC a déclaré à l'huissier instrumentaire que « la réponse suivra » et a, par courrier du 06 juillet 2006, informé l'huissier requis que « la BICEC n'est pas débitrice des droits des ex-employés de la BICIC ; par conséquent, nous ne pouvons constituer de provision pour cette saisie » ; que conformément à la jurisprudence de la cour de céans, le terme tiers saisi désigne la personne qui détient des sommes d'argent dues au débiteur saisi en vertu d'un pouvoir propre et indépendant, même si elle le détient pour le compte d'autrui ; que la BICEC reconnait détenir dans ses livres un compte ouvert au nom de la Caisse autonome d'amortissement pour recueillir les montants des droits sociaux des compressés des banques ; qu'il est constant que la CAA a viré depuis le 28 juin 2006 à la BICEC les fonds des ex- employés de la BICIC ; qu' en déclarant que la « réponse suivra » et en adressant le lendemain un courrier à l'huissier instrumentaire, alors qu'aux termes de l'article 156 précité, il lui est fait obligation de répondre sur le champ, la Cour d'appel qui a considéré que la BICEC ne s'est pas conformée aux exigences de l'article sus indiqué n'a pas dénaturé les faits et n'a en rien violé ledit article... » (CCJA, arrêt n° 025/2014, 13 mars 2014, Banque internationale du Cameroun pour l'épargne et le crédit dite BICEC c. Monsieur Deffo, http://www.ohada.org[937]*. Voir également en ce sens et sur l'ensemble, CCJA, arrêt n° 017/2020, 23 janv. 2020, Banque internationale du Cameroun pour l'épargne et le crédit c. Maître Kontchou Gabriel, Maître Dassi Michel et cabinet Benie, http://www.ohada.org ; arrêt n° 006/2018, 11 janv. 2018, Société United bank for Africa (UBA) S.A c. Société Axe communication SARL, http://www.ohada.org ; arrêt n° 103/2018, 26 avr 2018, Mbulu Museso, La société des grands hôtels du Congo, La Trust Merchant Bank SA, la Rawbank SA et autres, http://www.ohada.org ; arrêt n° 111/2016, 09 juin 2016, Société Oikocredit c. Orabank Côte d'Ivoire, anciennement dénommée BRS Côte d'Ivoire, venant aux droits et obligations de la Banque régionale de solidarité du Sénégal (BRS-Sénégal), http://www.ohada.org*[938]* ; arrêt n° 174/2017, 23 fév. 2017, Relation Main d'œuvre dite RMO sous traitance c. Cofipa investment bank Côte d'Ivoire dite Cofipa-CI, Essan Assoman et 18 autres, http://www.ohada.org ; arrêt n° 176/2017, 23 fév. 2017, Monsieur Marcel Lukusa Ditaba c. Save children international, http://www.ohada.org ; arrêt n° 168/2017, 27 juil. 2017, Monsieur Marcel Lukusa Ditaba c. Save children international, http://www.ohada.org ; arrêt n° 171/2017, 27 juil. 2017, Sani Al Hadj Ousmane c. Société générale Tchad, http://www.ohada.org*[939]* ; arrêt*

[937] La décision rendue à propos du deuxième et du troisième moyen est davantage explicite. Le deuxième moyen met en évidence la spécificité de l'attitude répréhensible ici et la distingue des autres cas de figure. Son extrait essentiel est ainsi formaté : « *Attendu que la demanderesse au pourvoi fait grief à l'arrêt attaqué d'avoir, par absence de motivation, violé l'article 38 de l'Acte uniforme portant organisation des procédures simplifiées de recouvrement et des voies d'exécution, en ce que pour confirmer l'ordonnance entreprise, la Cour d'appel s'est appuyée sur ledit texte sans dire en quoi les déclarations de la BICEC constituent un obstacle aux procédures en vue de l'exécution ou de la conservation de la créance d'une part et d'autre part, sans répondre à sa demande par laquelle elle indiquait avoir respecté les obligations légales en faisant une déclaration complémentaire dans sa lettre du 06 juillet 2007 ;*

Mais attendu qu'en considérant que les sommes des ex-employeurs réclamées étaient déjà virés à la BICEC pour paiement à qui de droit et que la déclaration de la BICEC en ces termes « la réponse suivra », n'était pas conforme aux prescriptions de l'article 156 de l'Acte uniforme précité, et en déduisant que cette réponse est une absence de déclaration qui fait obstacle aux procédures d'exécution ou de conservation des créances, la Cour d'appel, a implicitement répondu à la demande sur la déclaration complémentaire par lettre du 06 juillet 2007 et n'a pas violé l'article visé au moyen... »

[938] L'enseignement majeur de cet arrêt, développé dans le second moyen, est que « *(...) le tiers saisi est fondé à se prévaloir pour sa défense de tous les vices affectant la saisie qu'on lui oppose et n'engage sa responsabilité qu'à raison d'une mesure d'exécution forcée régulière.* »

[939] Dans cette affaire, il est reproché au tiers de n'avoir pas rendu indisponibles les sommes d'argent détenues pour le compte de la partie exécutée. Au visa de l'Acte uniforme portant organisation des procédures simplifiées de recouvrement et des voies d'exécution, la CCJA tranche le différend de la sorte : « *Attendu qu'il est fait grief à l'arrêt attaqué d'avoir, pour condamner*

n° 003/2014, 30 janv. 2014, Société générale d'informatique et de télécommunications, dite SOGITEL c. Banque commerciale du Chari dite BCC, http://www.ohada.org ; arrêt n° 011/2014, 27 fév. 2014, Tang Emmanuel c. Banque internationale du Cameroun pour l'épargne et le crédit dite BICEC et Caisse autonome d'amortissement, http://www.ohada.org ; arrêt n° 143/2014, 11 nov. 2014, Monsieur Henri Flavien Loé Eyiké c. La Banque internationale du Cameroun pour l'épargne et le crédit dite BICEC, préc. ; arrêt n° 13, 29 juin 2006, Agence des travaux d'intérêt public pour l'emploi dite Agetipe-Mali c. Société Smets et Zonen, préc. ; arrêt n° 09/2005, 27 janv. 2005, Société Afrocom-Côte d'Ivoire c. Citibank, Ohadata, J-05-191 ; arrêt n° 012/2002, 18 avril 2002, Société Elf Oil Côte d'Ivoire devenue Total Fina Elf c. Cotracom, Rec. CCJA spéc., janv. 2003, pp. 53-54 ; arrêt n° 019/2008, 24 avril 2008, Maitre Bohoussou Juliette c. Banque internationale pour le commerce et l'industrie de Côte d'Ivoire dite BICICI, inédit ; arrêt n° 023/2008, 30 avril 2008, Soc. Loteny Telecom SA c. Société insurance Broker Association, dite Ibas SARL, inédit ; arrêt n° 004/2005, 27 janv. 2005, Société générale de banques en Côte d'Ivoire dite SGBCI c. Ayants droit Tahirou Moussa, Rec. n° 5, janv.-juin. 2005, pp. 5 et s.).

C'est également à bon droit, peut-on penser, que la haute juridiction a pu rendre le verdict suivant dans son arrêt n° 120 du 23 juin 2016, affaire Cissé Abdoulaye contre Bank of Africa dite Boa : « *Attendu que, dans une première branche, il est reproché au juge d'avoir méconnu l'article 156 visé au moyen en refusant de condamner la Bank of Africa au paiement des causes de la saisie, nonobstant le constat que sa déclaration était inexacte et incomplète alors, selon le moyen, que toute déclaration inexacte, incomplète ou tardive expose le tiers saisi à être condamné au paiement des causes de la saisie, sans préjudice d'une condamnation au paiement de dommages-intérêts ; que, dans une deuxième branche, il est fait grief au juge d'avoir considéré comme nouvelle la demande de paiement de dommages-intérêts alors que le fondement de cette demande est le même que celui de la prétention au paiement des causes de la saisie, à savoir l'article 156 susvisé ; que ce texte étant invoqué dès l'instance introductive, c'est à tort que le juge d'appel a déclaré nouvelle la demande tendant au paiement des dommages-intérêts ;*

Mais attendu que, sur la première branche, la saisie attribution dont le paiement des causes est poursuivi était annulée ; que, dès lors, aucune condamnation ne saurait

---

Sani à payer à la SGT la somme saisie, violé, par fausse application, l'article 154 de l'Acte uniforme précité en décidant que « la créance saisie était effectivement sortie du patrimoine de la SGT pour entrer dans celui de sieur Sani Al Hadj Ousman et que par le mécanisme de l'effet d'attribution immédiate prévu à cet article, il y a eu transfert instantané de la créance saisie dans le patrimoine du saisissant » alors, selon le moyen, que l'attribution immédiate de la créance au profit du saisissant rend le tiers saisi créancier du saisissant d'une part et, d'autre part, que l'indisponibilité de la somme saisie interdit la libération à qui que ce soit de celle-ci ;
Attendu qu'il résulte de l'article 154 de l'Acte uniforme précité que l'acte de saisie emporte attribution immédiate de la créance saisie entre les mains du tiers rendant ainsi le créancier saisissant, créancier du tiers saisi ; que le tiers saisi ne peut se libérer des sommes saisies entre les mains du créancier saisissant que sur présentation d'un certificat de greffe attestant qu'il n'y a pas contestation ou sur présentation de la décision rejetant la contestation… »

être prononcée du fait des déclarations relativement à cette même saisie ; que, par rapport à la deuxième branche, la condamnation aux dommages-intérêts, même si elle a le même fondement que le paiement des causes de la saisie, doit être présentée dès la première instance ; que cela n'étant pas fait, c'est à juste raison qu'elle a été considérée comme demande nouvelle ; qu'il y a lieu donc de rejeter ce moyen » (CCJA, arrêt n° 120/2016, 23 juin 2016, Cissé Abdoulaye c. Bank of africa dite Boa, http://www.ohada.org. Cf également CCJA, arrêt n° 038/2016, 29 fév. 2016, BGFI Bank c. Sandé Sany Ikama, Société SHO Congo Tractafric, 29 fév. 2016, http://www.ohada.org ; arrêt n° 057/2016, 21 avril 2016, Kaunan Kouassi Antoine et Madame Billes Elaine Heloise épse Kaunan c. Société ivoirienne de banques dite SIB, http://www.ohada.org[940] *; arrêt n° 024/2017, 23 fév. 2017, Banque nationale d'investissement dite BNI c. Monsieur Perinati Gianfranco, http://www.ohada.org*[941] *; arrêt n°143/2014, 11 nov. 2014, Monsieur Henri Flavien Loé Eyiké c. La Banque internationale du Cameroun pour l'épargne et le crédit dite BICEC, http://www.ohada.org*[942]*).*

---

[940] Dans cette espèce, la décision retenue est la suivante : « *Mais attendu, en l'espèce, qu'il est constant comme résultant des pièces du dossier de la procédure que sans relever un quelconque grief contre la saisie-attribution qu'ils avaient pratiquée sur les avoirs de la Citibank-CI auprès de la défenderesse en date du 03 novembre 2011 à l'occasion de laquelle cette dernière avait déclaré sur le champ détenir sur le compte n° 3003371589059100 de Citibank-CI des sommes couvrant largement le montant des sommes dont le recouvrement était recherché et avait immédiatement cantonné la somme totale de 53 220 500 FCFA, objet de la saisie, les demandeurs au pourvoi avaient donné mainlevée pleine et entière de ladite saisie par exploit de mainlevée amiable de saisie attribution de créance en date du 08 mars 2012 ; que pour infirmer l'ordonnance de référé (…) ayant condamné la SIB au paiement des causes de cette même saisie attribution, et débouter les demandeurs de leur demande en paiement des dommages-intérêts, la Cour d'appel d'Abidjan par l'arrêt attaqué, considère « que par leur mainlevée unilatérale et volontaire, les époux Kaunan ont mis fin à ladite saisie et aux vices qu'elle comporte ; qu'elle ne peut par conséquent plus servir de fondement à une action en paiement des causes de la saisie conformément à la jurisprudence de la CCJA, qu'en déclarant l'existence d'un seul compte à partir duquel elle a cantonné le montant de la saisie qui couvrait la créance des époux Kaunan, la SIB n'a nullement commis de faute susceptible d'ouvrir droit à des dommages-intérêts à leur profit et que ces derniers ne justifient pas non plus que lors de la seconde saisie, la SIB a refusé de recevoir immédiatement l'huissier instrumentaire » ;*
Attendu qu'en se déterminant ainsi, la Cour d'appel d'Abidjan n'a en rien violé l'article 156 de l'Acte uniforme susmentionné et n'encourt pas le reproche allégué car, d'une part, l'opportunité d'ordonner une mesure d'instruction relève de l'appréciation souveraine des juges du fond, et d'autre part, l'action en paiement des causes de la saisie et des dommages-intérêts contre le tiers-saisi ne peut pas prospérer dès lors que le procès-verbal de la saisie-attribution sur lequel se fonde ladite action est privé d'effet par la mainlevée unilatérale donnée par les saisissants alors même que la déclaration faite était de nature à permettre à ces derniers de poursuivre en toute connaissance de cause la saisie attribution engagée ; qu'il suit que le moyen unique de cassation n'est pas fondé et doit être rejeté… »

[941] Dans cette affaire, il est reproché au tiers saisi d'avoir déclaré l'existence de trois comptes tenus au profit du débiteur, annoncé la fusion de ceux-ci et finalement, de n'avoir réuni que deux des comptes concernés. Examinant la prétention fondée sur l'article 156 de l'Acte uniforme portant organisation des procédures simplifiées de recouvrement et des voies d'exécution, la CCJA juge que « … *l'article 156 cité n'est pas relatif aux obligations du débiteur dans les livres du tiers saisi, mais à celles du tiers saisi à l'égard du débiteur ; qu'à cet effet la déclaration faite à l'huissier doit être conforme en tous points aux documents communiqués ; qu'en l'espèce, il est manifeste que la déclaration de la fusion ne reflète pas exactement le contenu de la lettre émanant du débiteur…* »

[942] Le raisonnement de la CCJA, dans cette espèce, mérite d'être reproduit et de servir de leçon. Sa substance est celle-ci : « *Attendu qu'il ressort du procès-verbal de saisie-attribution du 26 décembre 2008 que la BICEC a déclaré lors de l'opération de saisie que « sauf erreur ou omission, nous sommes sans*

C'est toujours à bon droit que la Cour commune de justice et d'arbitrage s'est exprimée dans un arrêt du 30 janvier 2014, affaire Société générale d'informatique et de télécommunications contre Banque commerciale du Chari. Ici, le cœur de son verdict se décline de la sorte : *« Attendu qu'il est fait grief à l'arrêt déféré, par le premier moyen, d'avoir violé les articles 80 et 81 de l'Acte uniforme susvisé en ce que pour infirmer le jugement entrepris, il a estimé que l'Etablissement Abou Soumeya dont l'existence est ignorée de la Banque commerciale du Chari, est différent de la Société Abou Soumeya, alors que ladite banque n'a fait aucune déclaration notamment pour préciser que seule la Société Abou Soumeya a un compte dans ses livres ; que par le deuxième moyen, il est fait état de la violation des articles 38, 156 et 161 du même Acte uniforme en ce que nonobstant le refus de déclaration de la banque, elle a été mise hors de cause alors que son manquement aux obligations mises à sa charge doit entraîner des sanctions ;*

Mais attendu que toutes ces dispositions s'appliquent exclusivement au tiers-saisi, terme désignant la personne qui détient des sommes d'argent dues au saisi ; qu'elles ne peuvent s'appliquer lorsque la personne qui a fait la déclaration ou qui s'est abstenue de toute déclaration, n'a pas la qualité de tiers ; qu'en l'occurrence la cour a relevé que l'Etablissement Abou Soumeya, débiteur saisi, n'avait pas de compte au niveau de la Banque Commerciale du Chari qui, dès lors ne peut être considérée comme tiers saisi ; qu'il échet de dire que les moyens ne sont pas fondés et de rejeter le pourvoi (CCJA, arrêt n° 003/2014, 30 janv. 2014, Société générale d'informatique et de télécommunications, dite SOGITEL c. Banque commerciale du Chari dite BCC, préc. Cf. aussi CCJA, arrêt n° 006/2018, 11 janv. 2018, Société united bank for Africa-UBA S.A. c. Société Axe communication SARL, http://www.ohada.org[943] *; arrêt n° 172/2017, 27 juil. 2017, Ecobank Tchad*

---

relation avec la société Hospitex SA. Par conséquent, nous ne pouvons constituer de provision pour votre saisie. » ; que la société Hospitex n'est pas inconnue de la BICEC auprès de qui elle a ouvert le compte n° 6800027010/28, clôturé depuis le 31 janvier 1995 ; qu'aucun document ni les différents relevés de compte de GTM Cameroun versés au dossier de la procédure ne prouvent pas que ladite société est associée avec la société Hospitex ; que l'unique compte au nom de Hospitex produit, a été clôturé bien avant l'opération de saisie et, en déclarant qu'il n'existe pas de relation entre elle et la société Hospitex, la BICEC n'a fait aucune déclaration mensongère pouvant entrainer sa condamnation au paiement des causes de la saisie ; qu'il echet de débouter Henri Flavien Loé Eyiké de sa demande… »

[943] La décision que prend la haute juridiction dans cette affaire peut surprendre. Sa teneur est celle-ci : « *Attendu que le recourant fait grief à la décision déférée d'avoir violé les dispositions des articles 38 et 156 AUPSRVE par mauvaise interprétation et application desdites dispositions en condamnant la banque UBA à des dommages et intérêts et pour les causes de la saisie, alors que ces dispositions ne s'appliquent qu'au tiers valablement saisi ; que le tiers saisi désigne la personne qui détient les sommes d'argent appartenant au débiteur saisi ; qu'en l'espèce, aucune somme d'argent n'est détenue par l'UBA qui n'a dans ses livres qu'un compte ouvert au nom de la Société Prestige Diamant, compte du reste, débiteur ;*

Attendu que pour infirmer l'ordonnance n° 3550 du 18 juin 2014 et condamner la banque UBA en paiement, la Cour d'appel a énoncé que « … le tiers saisi est tenu à une déclaration exacte, complète et non tardive ; que le manquement à ces obligations entraine suivant les articles 38 et 156 précités, sa condamnation au paiement des causes de la saisie ou à des dommages intérêts, sans qu'il soit besoin de rechercher un quelconque préjudice souffert par le saisissant » ;

Attendu qu'en statuant ainsi, alors que le tiers saisi est, au sens de l'article 156 de l'AUPSRVE, celui qui détient effectivement des fonds appartenant au débiteur au moment de la saisie, et qu'en l'espèce le compte

c. Tchana Pelguem, http://www.ohada.org[944] ; *arrêt n° 022/2014, 11 mars 2014, Standard chartered bank Cameroon dite SCBC c. Caisse nationale de prévoyance sociale du Cameroun dite CNPS et Institut des relations internationales du Cameroun dit IRIC (Université de Yaoundé II), préc. ; arrêt n° 009/2017, 26 janv. 2017, Société canadian ressources international dite CNR international SARL c. Monsieur Sinte Seka Philibert, Société Foxtrot international L.D.C S.A, Standard chartered bank Côte d'Ivoire S.A et autres, http://www.ohada.org ; arrêt n° 011/2014, 27 fév. 2014, Tang Emmanuel c. Banque internationale du Cameroun pour l'épargne et le crédit dite BICEC et Caisse autonome d'amortissement, préc.).*

Là n'est pas tout lorsque le tiers saisi manque à ses obligations, notamment celle de collaborer à l'exécution. Dans un élan pédagogique, la Cour commune de justice et d'arbitrage fournit des orientations devant servir à taire la querelle relative à la juridiction à saisir pour les besoins de la condamnation au paiement des causes de la saisie et, éventuellement, de la réparation du préjudice subi. Cela a été fait, tantôt dans l'arrêt Société Sodicaro SARL contre Standard chartered bank Côte d'Ivoire, tantôt dans l'arrêt Banque internationale du Cameroun pour l'épargne et le crédit contre Monsieur Deffo déjà évoqué.

Dans l'arrêt Société Sodicaro SARL contre Standard chartered bank Côte d'Ivoire, la CCJA se détermine ainsi : « *Attendu, en l'espèce, que l'action initiée par la Sodicaro SARL, par sa demande de titre exécutoire ayant abouti à l'obtention de l'ordonnance de référé querellée n° 1939 du 25 avril 2002, tendait à contraindre la Standard chartered Bank Côte d'ivoire, tiers saisi, à lui payer les sommes, cause de la saisie ; que cette action qui oppose le créancier saisissant au tiers saisi ne relève pas d'une contestation de saisie au sens ci-dessus indiqué mais d'une difficulté d'exécution ; qu'en tant que telle, ladite action est régie notamment par les*

---

de la Société Prestige Diamant dans les écritures de la banque UBA était débiteur à la date de la saisie, la Cour d'appel a mal appliqué les textes visés au moyen… »

[944] La CCJA se situe dans sa ligne de jurisprudence. Effectivement, elle précise ici la notion de tiers saisi et en tire des conséquences au cas de déclaration tardive. On y découvre : « *Attendu qu'il est reproché à l'arrêt attaqué d'avoir violé l'article 156 de l'Acte uniforme précité en ce qu'il a condamné la banque au paiement des causes de la saisie pour déclaration tardive alors, selon le moyen, que cette sanction n'est prévue qu'à l'encontre du tiers saisi, entendu comme la personne qui détient des sommes d'argent dues au débiteur en vertu d'un pouvoir propre et indépendant ; que, ne détenant aucune somme d'argent pour le compte de la Commune de Doba au moment de la saisie-attribution, la banque ne peut se voir reprocher une déclaration tardive ou un défaut de déclaration ouvrant droit au paiement des causes de la saisie-attribution ;*

Attendu en effet qu'au sens de l'article 156 de l'Acte uniforme sus indiqué, le tiers saisi est celui qui détient des fonds appartenant au débiteur du saisissant et dont l'absence de déclaration ou l'inexactitude des déclarations sur l'étendue de ses obligations à l'égard du débiteur l'expose au paiement des causes de la saisie ; qu'en l'espèce, il est constant comme résultant des pièces du dossier qu'au moment de la saisie pratiquée le 31 octobre 2014, la Commune de Doba n'avait pas encore de compte ouvert dans les livres de Ecobank Tchad ; que cette absence de relation avec le débiteur poursuivi prive la banque de la qualité de tiers saisi et ne peut par conséquent l'exposer au paiement des causes de la saisie, même en cas de déclarations tardives ou inexactes sur l'étendue de ses obligations à l'égard du saisi ; que dès lors, en statuant ainsi qu'elle l'a fait, la Cour d'appel a violé les dispositions de l'article 156 susvisé et fait encourir la cassation à sa décision… »

articles 154, 168 et 49 de l'Acte uniforme susvisé, lesquels édictent en substance, d'une part, que l'acte de saisie rend le tiers saisi personnellement débiteur des causes de la saisie dans la limite de son obligation et en cas de refus de paiement par lui des sommes qu'il a reconnues devoir ou dont il a été jugé débiteur, la contestation est portée devant la juridiction compétente qui peut délivrer un titre exécutoire contre lui ; que, d'autre part, la juridiction compétente pour statuer sur tout litige ou toute autre demande relative à une mesure d'exécution forcée ou à une saisie conservatoire est le président de la juridiction statuant en matière d'urgence ou le magistrat délégué par lui, la décision ainsi rendue étant susceptible d'appel dans un délai de quinze jours à compter de son prononcé ; que dès lors, ayant elle-même considéré que « la société Sodicaro a fondé son action sur l'article 168 de l'Acte uniforme [susvisé] », la Cour d'appel, en se prononçant sur la recevabilité de l'appel de la Standard chartered bank Côte d'ivoire relevé de l'ordonnance de référé n°1939 du 25 avril 2002, ne pouvait lui appliquer les dispositions de l'article 172 sus énoncé de l'Acte uniforme susvisé alors que seules celles de l'article 49 dudit Acte uniforme régissaient, en la cause, cet appel ; d'où il suit qu'en statuant comme elle l'a fait, la Cour d'appel a violé ledit article... » (CCJA, arrêt n° 54/2005, 15 déc. 2005, Société Sodicaro SARL c. Standard chartered bank Côte d'Ivoire, Rec. CCJA n° 6, juil.-déc. 2005, pp. 77 et s.).

Dans l'arrêt Banque internationale du Cameroun pour l'épargne et le crédit dite BICEC contre Monsieur Deffo, et s'agissant du troisième moyen, elle tranche de la manière suivante : « *Attendu que la demanderesse au pourvoi fait grief à l'arrêt attaqué d'avoir violé l'article 168 de l'Acte uniforme portant organisation des procédures simplifiées de recouvrement et des voies d'exécution en confirmant l'ordonnance entreprise qui a condamné la BICEC aux reversements des causes de la saisie conservatoire des créances sans observer les exigences de l'article 164 de l'Acte uniforme sus indiqué qui subordonne le paiement par le tiers saisi à certaines conditions alors que selon le moyen, en notifiant à l'huissier instrumentaire dans sa lettre du 06 juillet 2006 n'être pas débitrice des droits des ex-employés de la BICIC et en refusant ainsi d'avoir à payer les sommes consignées dans le procès-verbal de saisie conservatoire, le saisissant devait élever une contestation devant la juridiction compétente qui doit statuer sur le bien-fondé du refus de payer et obtenir par la suite le titre exécutoire condamnant le tiers saisi au reversement des causes de la saisie ;*

Mais attendu que l'article 168 de l'Acte uniforme sus indiqué dispose : « en cas de refus de paiement par le tiers des sommes qu'il a reconnu devoir ou dont il a été jugé débiteur, la contestation est portée devant la juridiction compétente qui peut délivrer un titre exécutoire contre le tiers saisi » ; qu'au sens de cet article, le juge compétent pour connaître l'action du créancier tendant à l'obtention de la condamnation du tiers saisi qui oppose un refus de paiement des sommes saisies est le juge de l'article 49, juge du contentieux de l'exécution qui se prononce sur le fond du litige et qui peut condamner au paiement des sommes d'argent et la décision à intervenir est un titre exécutoire ; que ce juge statuant sur tout litige ou toute demande relative à une mesure d'exécution forcée, est donc compétent pour se prononcer sur la condamnation du tiers saisi aux causes de la saisie et sa décision vaut titre exécutoire ; que contrairement à l'interprétation faite par la BICEC de l'article sus mentionné, il n' y a pas lieu à deux instances distinctes dont l'une se prononcerait sur la condamnation des causes de la saisie et l'autre, sur l'obtention du titre exécutoire ; qu'en confirmant l'ordonnance ayant condamné la BICEC au paiement des causes de la saisie, la Cour d'appel a fait une bonne application de la loi... » (CCJA, arrêt n° 025/2014, 13 mars 2014, Banque internationale du Cameroun pour l'épargne et le crédit dite BICEC c. Monsieur Deffo, http://www.ohada.org. Cf également CCJA, arrêt n° 032/2020, 30 janv. 2020, Banque nationale d'investissement dite BNI c. Medical computers communication dite MC3-Côte d'Ivoire, http://www.ohada.org[945] *; arrêt n° 008/2002, 21 mars 2002, La société palmafrique c. Etienne Konan Bally Kolajakou, http://http://www.ohada.com/download/ ohadata/J-02-163, Juriscope.org ; arrêt n° 168/2017, 27 juil. 2017, Monsieur Marcel Lukusa Ditaba c. Save children international, http://www.ohada.org*[946] *; arrêt n° 019/2008, 24 avril*

[945] Dans cet arrêt, s'agissant du moyen unique pris en sa branche tirée de la violation de l'article 168 de l'Acte uniforme portant organisation des procédures simplifiées de recouvrement et des voies d'exécution, la CCJA juge : « *Attendu qu'il est fait grief à l'arrêt déféré d'avoir violé l'article 168 visé au moyen, en condamnant la BNI au paiement des causes de la saisie sur le fondement de l'article 38 de l'Acte uniforme portant organisation des procédures simplifiées de recouvrement et des voies d'exécution, alors, selon le moyen, que l'action visant l'obtention d'un titre exécutoire contre le tiers saisi qui refuse de payer ne concerne pas la sanction sur le manquement à l'obligation de renseignement de celui-ci ; qu'en pareille hypothèse, il ne pouvait qu'être prononcé, en application de l'article 168 susvisé, la condamnation du tiers saisi au paiement des sommes qu'il a reconnu devoir et délivré un titre exécutoire à son encontre ;*
Attendu en effet qu'aux termes de l'article 168 de l'Acte uniforme portant organisation des procédures simplifiées de recouvrement et des voies d'exécution, « En cas de refus de paiement par le tiers saisi des sommes qu'il a reconnu devoir ou dont il a été jugé débiteur, la contestation est portée devant la juridiction compétente qui peut délivrer un titre exécutoire contre le tiers saisi » ; qu'en l'occurrence, il n'est pas reproché à la BNI un manquement à ses obligations de collaboration lors de l'opération de saisie-attribution mais plutôt un refus de mise à disposition du créancier poursuivant des sommes saisies et cantonnées par ses soins ; que, dès lors, en la condamnant au paiement des causes de la saisie en application de l'article 38 dudit Acte uniforme, la Cour d'appel de Commerce d'Abidjan a commis le grief formulé au moyen ; qu'il échet de casser l'arrêt attaqué et d'évoquer... »

[946] Dans cet arrêt, la cour n'admet pas spontanément que le créancier obtienne une ordonnance d'injonction de payer à l'effet de mettre sous main de justice les biens du tiers auquel on reproche l'inexécution de l'obligation de concours dans le cadre d'une saisie. Elle estime ici : « *Attendu selon l'article 49 de l'Acte uniforme sus indiqué : « la juridiction compétente pour statuer sur tout litige ou toute demande relative à une mesure d'exécution forcée (...) est le président de la juridiction statuant en matière d'urgence. » ;*
Attendu qu'en prononçant, par une procédure d'injonction de payer, la condamnation de Save Children International au paiement de diverses sommes d'argent en principal et en dommages-intérêts, sur la base de l'article 168 de l'Acte uniforme sus indiqué selon lequel, « En cas de refus de paiement par le tiers saisi des sommes qu'il a reconnu devoir ou dont il a été jugé débiteur, la contestation est portée devant la juridiction compétente qui peut délivrer un titre exécutoire contre le tiers saisi. », le président du tribunal de grande instance de Mbujimayi a violé l'article 49 dudit Acte uniforme précité et expose son ordonnance d'injonction de payer n° 055/2013 du 13 juin 2013, fondement des saisies pratiquées, à l'annulation sans qu'il soit nécessaire d'examiner les autres moyens... »

2008, Maître Bohoussou Juliette c. Banque internationale pour le commerce et l'industrie de Côte d'Ivoire dite BICICI, http://www.ohada.org[947]*).*

Reste à ne pas perdre de vue, cela dit, que le tiers saisi est loin d'être le seul obligé de coopérer et d'être loyal. L'examen du droit positif révèle que cette contrainte est également imposée à d'autres personnes n'ayant pas forcément cette qualité, que ce soit en cours de saisie ou dans la phase terminale de l'exécution forcée. On songe, parmi elles, aux personnes appelées à assumer la garde des biens sans forcément avoir la qualité de débiteur ou celle de tiers saisi, et qu'une opinion qualifie de « collaborateurs occasionnels », en particulier les séquestres, les gérants d'exploitations[948][949] *(CA de Niamey, arrêt n° 86, 23 août 2006, Bank of Africa Niger (BOA-Niger) c. Ali Adamou et Hassane Adamou, in Secrétariat Permanent de l'OHADA, Jurisprudences nationales OHADA, Cotonou, 2010, n°5NE216, pp. 251 et s. ; CA de Lomé, arrêt n° 043, 17 mars 2009, BIA-Togo SA c. Nosoco-Togo SARL, in Secrétariat Permanent de l'OHADA, Jurisprudences nationales OHADA, Cotonou, 2010, n°5TG237, pp. 281 et s. Tacitement, CCJA, arrêt n° 099/2021, 27 mai 2021, Maître Amegbo Ablamvi à Sieur Bechada Jamito et autres, Société CSSC Guangzou Huangpu Ship Building Co Ltd, Société Sicuro*

---

[947] Dans cet arrêt, une décision inattendue est prise. A l'origine, il est reproché à la Cour d'appel d'Abidjan d'avoir violé les dispositions de l'article 49 de l'Acte uniforme portant organisation des procédures simplifiées de recouvrement et des voies d'exécution, en ce que celle-ci a confirmé le jugement du tribunal de première instance de la même ville, rendu à propos d'une action en condamnation au paiement des causes de la saisie. Le demandeur au pourvoi soutient avec force que le tribunal n'aurait jamais dû examiner cette demande en remboursement relative à une mesure d'exécution forcée, laquelle est de la seule compétence de la juridiction statuant en matière d'urgence que vise l'article 49 évoqué. Ayant examiné la cause, la CCJA rend le verdict suivant : « *Mais attendu que contrairement à l'argumentaire de Maître Bohoussou, l'action récursoire intentée par un tiers saisi contre le débiteur en remboursement des causes d'une saisie attribution payée au profit du créancier poursuivant relève de la compétence des juridictions de droit commun et non du président de la juridiction statuant en matière d'urgence visée à l'article 49 de l'Acte uniforme sus indiqué ; que l'action récursoire prévue à l'article 38 du même Acte uniforme se situe en dehors de la procédure de saisie attribution et met en rapport le tiers qui a payé et qui devient demandeur et le débiteur à la saisie qui devient défendeur à l'instance ; qu'il suit que le moyen n'est pas fondé et doit être rejeté…* »

[948] Voir not. IPANDA F., *Le tiers dans les voies d'exécution OHADA*, préc., pp. 179 et 271 et s. ; KUATE TAMEGHE S.S., « Les pouvoirs du débiteur sur les biens saisis : une lecture à partir du système OHADA des voies d'exécution », *Revue de droit international et de droit comparé*, avril - juin 2007, pp. 204 et s. ; TONLEU TEINKELA J.A., op. cit., pp. 57 et s., n°s 83 et s. ; TSALA MAMA Th. M., op. cit., pp. 116 et s., n°s 274 et s.

[949] A toutes fins utiles, l'Acte uniforme révisé portant organisation des procédures simplifiées de recouvrement et des voies d'exécution prévoit ce qui suit à son article 13 : « *Le président de la juridiction compétente, saisi par requête, ou le juge délégué par lui, peut autoriser tout huissier de justice ou toute autorité chargée de l'exécution, muni d'un titre exécutoire, à demander aux administrations d'État, aux autres personnes morales de droit public et aux bureaux d'information sur le crédit, de lui communiquer les renseignements utiles, sans que puisse lui être oppose le secret professionnel.*

Les renseignements visés à l'alinéa premier du présent article, concernent la composition du patrimoine du débiteur, son adresse, s'il y'a lieu, l'identité et l'adresse de son employeur, à l'exclusion de tout autre renseignement

La personne désignée pour communiquer les informations peut saisir le juge d'une demande en rétractation.

La décision de rejet de la requête ainsi que celle par laquelle le juge se prononce sur la demande de rétractation sont insusceptibles de recours ».

SA et autres, préc.). En occultant volontiers la surenchère, on doit situer dans ce spectre les exigences relatives à la folle enchère, laquelle correspond à regarder de près à une sanction frappant celui qui, déclaré adjudicataire du bien mobilier ou immobilier vendu aux enchères publiques, ne parvient pas à exécuter les obligations qui sont les siennes en cette qualité, notamment celle de payer le montant du prix de l'adjudication[950]. Précisément, l'adjudicataire indélicat sera tenu non seulement des intérêts du prix jusqu'au jour de la nouvelle vente, mais aussi de la différence entre ce prix et celui de la seconde adjudication lorsque celle-ci est davantage fructueuse. Là n'est pas tout. L'adjudicataire défaillant devra supporter les frais que provoque la mise en vente de ce la chose, notamment ceux relatifs à sa conservation et ceux indispensables à l'accomplissement des formalités de publicité. Au demeurant, si le prix de la deuxième adjudication est inférieur à celui de la précédente, la différence ne profitera jamais à adjudicataire qui n'a pas payé[951] *(en ce sens, voir not. CCJA, arrêt n° 148/2017, 29 juin. 2017, Société Isa Tulu SARL et Issiaka Adama Fomba c. Monsieur Cheick Oumar Kanté et Camec, http://www.ohada.org)*.

Reste à ne pas perdre de vue, cela dit, que les tiers ne sont pas les seuls obligés de coopérer, d'être de bonne foi et loyaux. L'Acte uniforme portant organisation des procédures simplifiées de recouvrement et des voies d'exécution assoit cette conviction en énonçant à maintes reprises que la personne dont les biens ont déjà été appréhendés est tenue, sous peine de dommages-intérêts voire de sanctions pénales, d'indiquer à tout nouveau créancier, dans de brefs délais à compter de la connaissance qu'elle a de la saisie, l'existence d'une précédente procédure d'exécution et l'identité de celui qui y a procédé, puis de produire l'acte d'exécution a lui remis ou signifié[952]. On peut même observer, avec la jurisprudence, que le débiteur devrait se garder de recevoir le produit de la saisie, donc de priver l'exécution engagée par l'huissier de justice de son efficacité[953]. Il n'est pas rare que le soin lui revienne d'organiser la vente de ses biens mobiliers devenus indisponibles après leur mise sous main de justice[954] ; de prendre part à la détermination de l'identité de celui qui aura la charge de conserver les biens frappés d'indisponibilité, notamment lorsque ni lui ni le tiers saisi ne souhaitent en être gardiens. La loi uniforme va jusqu'à prévoir que l'endetté défaillant doit contribuer à l'identification du lieu de

[950] Voir notamment les articles 125, 290, 319 et suivants de l'Acte uniforme dédié.
[951] Idem, article 323.
[952] Article 36 alinéa 3. On y retrouve le délai de cinq jours à compter de la connaissance par le débiteur de la saisie. De nombreux autres articles de l'Acte uniforme réitèrent l'exigence en évoquant parfois un délai différend lorsque le débiteur ne se trouve pas sur les lieux de l'exécution forcée, lequel s'élève à huit jours.
[953] WANDJI KAMGA A.-D., « L'abus en droit processuel privé camerounais », op cit., p. 314.
[954] Voir notamment les articles 115 et suivants de l'Acte uniforme dédié. Pour un renvoi à celui-ci, se reporter aux articles 75 et suivants, 87, etc.

l'adjudication[955] ; que celui-ci a la latitude, notamment lorsque sont en cause des saisies de sommes d'argent, d'autoriser par écrit le créancier à se faire remettre sans délai, par le tiers-saisi, les sommes ou partie des sommes dues[956]. Au terme des opérations d'adjudication, il ne devrait pas être nécessaire de procéder à son expulsion de l'immeuble *(en ce sens, CCJA, arrêt n° 070/2014, 25 avr. 2014, Bank of Africa et Konaté Zegué Hamidou c. Ayants droit feu Sanou Mamadou, Juridis Périodique n° 120, oct.-déc. 2019, obs. ASSONTSA R. et SILIENOU Herline Idèle, pp. 125-126 ; CA du Littoral, arrêt n° 125, 26 juin 2006, Société générale de banques au Cameroun c. Sorid SA, in Secrétariat Permanent de l'OHADA, Jurisprudences nationales, préc., pp. 172-173. Voir aussi CCJA, arrêt n° 063/2005, 22 déc. 2005, SDV-CI SA c. Société Rial Trading, Rec. n° 6, juil.-déc. 2005, pp. 51 et s.*[957] *; CEDH, 25 fev. 1993, Funke c. France et CEDH, 29 nov. 1993, Miailhe c. France, in BERGER V., Jurisprudence de la Cour européenne des droits de l'homme, Sirey, Paris, 2007, pp. 348 et s.).*

---

955 L'un des repères de l'exigence c'est l'article 120 de l'Acte uniforme portant organisation des procédures simplifiées de recouvrement et des voies d'exécution auquel renvoient de nombreux autres articles.

956 Articles 160, 164, etc.

957 Dans cette affaire, il est reproché à l'arrêt attaqué d'avoir commis une erreur dans l'application de la loi en ce que, pour prendre la décision attaquée, la cour d'appel n'a pas recherché si les conditions énoncées par l'article 232 du Code de procédure civil ivoirien étaient réunies. Le demandeur au pourvoi est davantage offensif. Pour lui, à partir du moment où sa créance parait fondée en son principe et son recouvrement mis en péril, il était dans l'ordre des choses que le juge, de façon souveraine, ordonne les mesures conservatoires différentes de celles prévues par les dispositions spéciales du droit OHADA. Sa conclusion est alors que l'ordonnance délivrée lui permettait, conformément de procéder à une vente purement conservatoire et de consigner le prix entre les mains du greffier. Saisie de l'affaire, la CCJA rend un arrêt dont le cœur se configure ainsi : *« Mais attendu que pour infirmer les décisions du premier juge et rétracter l'ordonnance sur requête (...) ayant autorisé la vente du sucre saisi conservatoirement (...), la Cour d'appel a, entre autres, considéré qu' « il importe de retenir que s'il résulte de dispositions combinées des articles 232 et 28 susvisés que le créancier peut prendre des mesures provisoires propres à assurer la sauvegarde de ses droits, il en va autrement lorsque, comme en l'espèce, ledit créancier procède lui-même à la vente des objets conservatoirement saisis dans des proportions frisant le bradage et donc sans précaution pour les intérêts du débiteur, lequel offrait de procéder lui-même à la vente des biens saisis, dont il demeure le propriétaire, pour en séquestrer le produit, alors et surtout que l'existence du risque allégué de détérioration desdits produits pour le temps de la procédure sur opposition à l'ordonnance d'injonction de payer, est contesté, à juste raison par le débiteur saisi, lequel n'a cessé d'aviser la juridiction saisie de ce que la vente aux enchères lui causerait nécessairement un préjudice, eu égard à l'importance du stock évalué à plus d'un milliard de francs CFA et au procédé choisi pour ladite vente qui s'apparente à un bradage ; aussi c'est à tort que le premier juge, affirmant que le sucre en stock début 1999 courait le risque de détérioration à la date du 09 octobre 2000, date de renvoi de la procédure sur opposition à injonction de payer, et que la société Rial Trading ne pouvant souffrir de préjudice en ce que le prix de la vente est à séquestrer, a statué comme il l'a fait et sa décision, là encore, mérite la censure de la cour » ; que contrairement à ce que soutient la demanderesse au pourvoi, la Cour d'appel ne s'est point fondée sur les prescriptions des articles 232 et 28 sus indiqués pour asseoir sa décision, mais a plutôt opéré une distinction entre biens consomptibles et denrées périssables pour conclure que l'état des stocks de sucre saisis en l'espèce ne présentait pas le risque de détérioration ayant motivé l'autorisation de vendre lesdits biens donnée par le premier juge ; que la Cour d'appel qui, en l'espèce, n'a en rien violé les dispositions des articles 232 et 28 sus indiqués ; qu'il s'ensuit que le moyen n'est pas fondé en ses deux branches et doit être rejeté... »*

A côté de l'Acte uniforme, le législateur national exige de l'endetté une contribution sincère à l'exécution. Un exemple, digne d'intérêt, est incontestablement celui qu'offre le dispositif développé dans la loi n° 2019/014 du 24 décembre 2019 fixant certaines règles relatives à l'activité de crédit dans les secteurs bancaire et de la microfinance au Cameroun. Celle-ci commence par dresser un inventaire des obligations de la personne ayant sollicité un tel crédit. Le texte souligne ensuite que, si d'aventure l'emprunteur ne rembourse pas ce qui est dû ou l'une des échéances de la dette, une lettre de rappel doit lui être adressée, enjoignant de régulariser sa situation dans un délai de trente jours à compter de la réception de celle-ci[958]. Au terme de ce délai, à supposer que l'obligation de payer ne soit toujours pas exécutée, une mise en demeure doit être servie, laquelle est faite soit par exploit de l'huissier de justice, soit par lettre recommandée avec accusé de réception, enjoignant au débiteur d'honorer son engagement dans un second délai de huit jours. Cette fourchette de temps passée, si le non remboursement perdure, l'établissement de crédit bancaire ou de microfinance procède à un arrêt juridique des comptes et engage l'une des procédures forcées de recouvrement reconnues et organisées. A la suite de cet arsenal, d'autres mesures, gravées dans la loi n° 2019/014 du 24 décembre 2019[959], ont vocation à « mettre le débiteur sous pression ». Au rang de celles-ci se trouve l'interdiction de crédit, laquelle peut être décidée dès l'échéance du délai de la mise en demeure non suivie d'effets[960]. Au rang de celles-ci se trouvent la responsabilité et des sanctions spécifiques pour non remboursement du crédit. A ce titre, une peine d'emprisonnement comprise entre 6 mois et 5 ans et ou une amende de 100 000 à 100 000 000 de francs CFA[961] pourrait frapper la personne

[958] Article 11 (1).

[959] La précision est apportée à l'article 11 (4) que l'établissement de crédit prêteur est exempté des préalables de la lettre de rappel, de la mise en demeure et de l'arrêté juridique des comptes lorsque la défaillance concerne un crédit restructuré ou rééchelonné.

[960]Article 12 (1). Il n'est pas superflu de rappeler avec l'article 12 (2) et (3) que l'interdiction de crédit emporte interdiction de conclure une opération de crédit auprès de tout autre établissement assujetti ; qu'elle est effective par la notification à l'emprunteur, par tout moyen laissant trace écrite, d'une lettre indiquant le détail des mesures prises et les raisons de celles-ci ; que la lettre visée doit également indiquer à l'emprunteur qu'il recouvrera la faculté de conclure une opération de crédit auprès d'un établissement de crédit dès que celui-ci justifie avoir régularisé la situation en remboursant en principal et intérêts, la créance objet de l'incident de crédit.

[961] Articles 20 et 21. L'article 21 ne s'en tient d'ailleurs pas à cela. Il prescrit que l'amende est fonction du montant de ce qui est dû. Le détail se décline ainsi : 100 000 à 1 000 000, pour les montants de crédits non remboursés inférieurs ou égaux à 5 000 000 ; 1 000 000 à 2 000 000, pour les montants supérieurs à 5 000 000 et inférieurs ou égaux à 1 0 000 000 ; 2 000 000 à 5 000 000, pour les montants supérieurs à 10 000 000 et inférieurs ou égaux à 50 000 000 ; 5 000 000 à 10 000 000, pour les montants supérieurs à 50 000 000 et inférieurs ou égaux à 100 000 000 ; 10 000 000 à 25 000 000, pour les montants supérieurs à 100 000 000 et inférieurs ou égaux à 500 000 000 ; 25 000 000 à 50 000 000, pour les montants supérieurs à 500 000 000 et inférieurs ou égaux à 1 000 000 000 ; 50 000 000 à 100 000 000, pour les montants supérieurs à 1 000 000 000.

n'ayant pas, de mauvaise foi, remboursé le prêt obtenu auprès d'un établissement de crédit ou celle qui n'a pas respecté un moratoire concédé[962].

Reste à ne pas occulter, cela dit, que le créancier, n'est pas épargné[963]. Il est connu que celui-ci peut faciliter la tâche à l'huissier de justice et donc à lui-même, en tirant profit de la possibilité concédée à celui-ci de mobiliser les prévisions de l'Acte uniforme relatif aux sûretés se rapportant à l'attribution en propriété du bien affecté en tant que garantie du crédit[964].

---

[962] D'autres infractions et sanctions sont prévues dans le Code pénal qui devraient inciter le débiteur sinon à collaborer, du moins à payer.
Il s'agit notamment du refus d'exécuter une décision de justice définitive. Ici, l'article 181-1 frappe d'un emprisonnement compris entre un et cinq ans celui qui n'exécute pas une décision de justice devenue définitive, mais aussi celui qui s'oppose à cette exécution sans se référer au juge de l'exécution. La qualité de fonctionnaire ne met pas à l'abri de la sanction retenue, encore moins celle de personne morale. En effet, le refus d'exécuter une décision de justice devenue définitive donne éventuellement lieu, s'agissant de celle-ci, à une amende de deux cent mille à dix millions de francs.
Il s'agit de l'insolvabilité organisée. A ce titre, la règle est posée qu'une peine d'emprisonnement comprise entre un et cinq ans pourrait frapper la personne qui organise son insolvabilité après sa condamnation par une décision de justice, que celle-ci soit ou non définitive.
Il s'agit de la pension alimentaire. A ce titre, l'article 180 du Code pénal prévoit qu'est puni d'un emprisonnement d'un mois à un an et d'une amende de 20 000 à 400 000 francs CFA, ou de l'une de ces deux peines seulement, celui qui est demeuré pendant plus de deux ans sans fournir la totalité de la pension qu'il a été condamné à verser à son conjoint, à ses ascendants ou à ses descendants. La précision est ensuite apportée que le défaut de paiement est présumé volontaire, que l'insolvabilité liée à l'inconduite habituelle, notamment l'ivrognerie, ne constitue guère une excuse au profit de l'endetté…

[963] Voir not. IPANDA F., *Le tiers dans les voies d'exécution OHADA*, préc., pp. 217 et s. ; KEM CHEKEM B., « Le principe de proportionnalité et la protection du débiteur saisi en droit OHADA », op. cit., pp. 464 et s. ; KWATI E. BANINJOYOH « The treatment of the creditor in insolvency proceedings under OHADA », *Juridis Périodique* n° 99, pp. 91 et s. Y ajouter DJONGA P. , « Le contrôle du juge en matière d'abus du droit de saisir en voies d'exécution OHADA », op cit., pp. 101 et s. ; MOHAMED SALAH M.-M., « La place des principes et des techniques civilistes dans le droit des affaires », *Rev. Jur. Com.* n° 42, fév. 1998, p. 54 ; PERROT R., THERY Ph., *Procédures civiles d'exécution*, Dalloz, Paris 2000, p. 139, n° 123 ; PUYATIER L., « L'huissier de justice et les ventes aux enchères publiques », *Rev. Huissiers* n° 64, 2000, p. 6. ; WANDJI KAMGA A.-D., *Le droit à l'exécution forcée…*, préc., pp. 221 et s. ; « L'abus en droit processuel privé camerounais », préc., pp. 313 et s.

[964] A ce sujet, on songe, s'agissant des meubles :
- A l'article 104 qui souligne que le créancier peut faire ordonner par la juridiction compétente que le bien gagé lui sera attribué en paiement jusqu'à concurrence du solde de sa créance et d'après les estimations suivant les cours ou à dire d'un expert. L'attribution judiciaire évoquée ici côtoie l'attribution conventionnelle que le législateur envisage lorsque le bien mis en gage est une somme d'argent, une chose faisant l'objet d'une cotation officielle, un meuble corporel lorsque le débiteur est un professionnel ;
- A l'article 105 qui décide, en cas d'attribution judiciaire ou conventionnelle d'un meuble mis en gage que si d'aventure la valeur du bien excède le montant de ce qui est dû, le créancier gagiste est tenu de consigner une somme qui équivaut à la différence dans l'hypothèse où il existerait d'autres créanciers ayant le bénéfice d'un gage sur le même bien. A défaut, cette différence est remise au constituant du gage.
A ce sujet, on songe, s'agissant des immeubles :
- A l'article 198 qui retient que, à moins qu'il ne poursuive la vente du bien hypothéqué selon les modalités prévues par les règles de la saisie immobilière, auxquelles la convention d'hypothèque

Mieux encore, et ainsi que l'indique notamment l'article 36 alinéa 6 de l'Acte uniforme portant organisation des procédures simplifiées de recouvrement et des voies d'exécution, celui-ci est tenu de porter à la connaissance des autres créanciers les actes et informations que les personnes intéressées par le recouvrement forcé communiquent. En des termes accessibles, cela signifie que le créancier doit « faciliter les choses » à l'huissier de justice du vis-à-vis, donc, en quelque sorte qu'il a comme une obligation de loyauté vis-à-vis de ses concurrents. Le regret, ici, c'est que la défaillance ne soit pas sanctionnée de la même manière que celle du débiteur ou celle voisine du débiteur de l'endetté. Tel est en tout cas le sentiment de celui qui réalise, en lisant l'article précité, que le créancier ayant manqué de loyauté ne s'expose qu'à des poursuites en vue du paiement de dommages-intérêts. Toutefois, il faut l'avouer, la sanction visée n'est pas la seule susceptible de s'abattre sur le créancier saisissant ou opposant et exposant au grand jour l'existence de l'obligation de contribuer à l'achèvement heureux de l'exécution forcée entreprise. Effectivement, lorsqu'on s'intéresse par exemple à la vente amiable déjà évoquée, il apparait que des délais courts sont impartis à la personne ayant engagé une voie d'exécution portant sur un meuble corporel pour « prendre parti » à propos des propositions reçues par le débiteur et communiquées par l'huissier de justice. En l'absence de réponse dans les quinze jours à compter de la formalité accomplie par cet

---

ne saurait déroger, le créancier hypothécaire impayé peut demander en justice que l'immeuble lui demeure en paiement. L'usage de cette faculté suppose toutefois que l'immeuble ne constitue pas la résidence principale du constituant ;

- A l'article 199 qui retient qu'il pourrait être convenu dans la convention d'hypothèque que le créancier deviendra propriétaire de l'immeuble hypothéqué à deux conditions : que le constituant soit une personne morale ou une personne physique immatriculée au registre du commerce et du crédit mobilier ; que l'immeuble hypothéqué ne soit pas à usage d'habitation.
- A l'article 200 où il est résolu que, que l'attribution de l'immeuble soit conventionnelle ou judiciaire, il doit être recouru amiablement ou judiciairement aux services d'un expert pour l'estimation de sa valeur. Toujours est-il que si sa valeur est supérieure à celle de la créance garantie, le créancier est tenu de verser au constituant une somme égale à la différence, laquelle pourrait être consignée au cas de pluralité de créanciers hypothécaires. Toute clause contraire est réputée non écrite. Pour aller plus loin, voir not. NJEUFACK TEMGWA R., « Réflexion sur les procédés alternatifs de réalisation des sûretés réelles conventionnelles en droit OHADA », *RRJ, Droit prospectif*, 2012-2, pp. 1001 et s. ; KALIEU ELONGO Y.R., *Droit et pratique des sûretés réelles OHADA*, PUA, Yaoundé, 2010, pp. 79 et s. ; KALIEU ELONGO Y.R., « Gage », *in* P. G. POUGOUÉ (dir.), *Encyclopédie du droit OHADA*, Lamy, Paris, 2011, pp. 886 et s. ; « Hypothèque », *in Encyclopédie du droit OHADA*, préc., pp. 917 et s. Voir aussi CROCQ P., « Les sûretés fondées sur une situation d'exclusivité et le projet de réforme de l'Acte uniforme portant organisation des sûretés », *Dr. et patrim.* n°197, nov. 2010, pp. 197 et s. ; « Les grandes orientations du projet de réforme de l'Acte uniforme portant organisation des sûretés », *Dr. et patr.* n°197, nov. 2010, pp. 52 et s. ; BRIZOUA-BI M., « L'attractivité du nouveau droit OHADA des hypothèques », », *Dr. et patr.* n°197, nov. 2010, pp. 60 et s. ; KUATE TAMEGHE S.S., KENDA NANA D., « L'efficacité des sûretés judiciaires dans le droit uniforme issu de l'OHADA », *Revue de droit africain* n° 42, avril - juin 2007, pp. 3 et s. ; YONDO BLACK L., « Enjeu économique de la réforme de l'Acte uniforme OHADA portant organisation des sûretés : un atout pour faciliter l'accès au crédit », *Dr. et Patrim.* 2010, 197 ; MEDEFFO B.F., « L'attribution en pleine propriété de l'immeuble hypothéqué en droit OHADA », Mémoire pour le Master en droit privé, Yaoundé 2, 2019.

officier ministériel, le créancier sera réputé avoir consenti au transfert de propriété[965]. Lorsqu'on s'intéresse à l'hypothèse d'une pluralité de saisies, il apparaît que, certes le premier saisissant a le privilège de poursuivre la procédure d'exécution à laquelle se greffent les créanciers postérieurs. Il reste que, si celui-ci est négligent et n'engage pas à temps les formalités utiles à l'adjudication, ceux-ci peuvent, après une interpellation demeurée infructueuse pendant huit jours, se substituer à lui de plein droit. Le premier saisissant défaillant va donc être déchargé du droit de diligenter la saisie ; l'intéressé sera obligé de restituer au subrogé les documents y relatifs[966]. Dans la saisie des immeubles, des scénarii du même ordre se côtoient. Hormis les oppositions, on songe, par exemple, aux contraintes et sanctions se rapportant à la durée de l'écriture et du dépôt au greffe du cahier de charges[967], à celles entourant l'accomplissement des exigences de publicité antérieures à l'adjudication[968] *(sur l'ensemble, voir not. CCJA, arrêt n° 005/2017, 26 janv. 2017, BSIC- CI SA c. Entreprise de services des produits pétroliers SA, http://www.ohada.org ; arrêt n° 144/2017, 29 juin 2017, Mamadou Doukouré et Société New Market Sarl c. Banque crédit du Congo, http://www.ohada.org; CA Littoral, a rrêt n° 76/REF du 24 mai 1999, Dame Mantoh Jeanne c. CCAR et Tchoffor, R.C.D.A. n° 2, janv.-fév.-mars 2000, pp. 19 et s., obs. IPANDA F. ; TGI Ouagadougou, n° 303, 14 avril 1999, Iboudo Ambroise c. Vandamme Raphaël, http://www.ohada.com, Ohadata J-02-47, obs. ISSA-SAYEGH J. ; Req. 26 déc. 1893, D. 1895.1.529).*

Le deuxième enseignement c'est que l'huissier de justice exploite son activité professionnelle dans les limites de l'espace géographique que couvre la juridiction d'instance près laquelle on le retrouve, en l'occurrence le tribunal de première instance[969]. Toutefois, et cela est capital, la compétence territoriale de l'officier ministériel et public couvre l'ensemble du département où son étude est domiciliée[970] *(même tacitement seulement, voir CCJA, arrêt n° 136/2021, 24 juin 2021, Kouassi Ouassa Charly c. Diabaté Kaladji, préc.)*. A juste titre, d'aucuns considèrent que l'exigence facilite l'encadrement de celui-ci, ne serait-ce que parce qu'elle évite que l'huissier de justice « se disperse » ou que son activité échappe au contrôle quotidien des magistrats officiant près de lui[971]. Qu'à cela ne tienne, si d'aventure plusieurs charges ont été créées et rattachées à un tribunal de première instance comme c'est généralement le cas dans les grandes villes, la compétence territoriale de chacun des titulaires de charge couvrira

[965] Article 117.

[966] En ce sens, voir notamment les articles 132, 134, 135, 305 et 306 de l'Acte uniforme portant organisation des procédures simplifiées de recouvrement et des voies d'exécution.

[967] Idem, aarticle 266.

[968] Ibid., aarticles 276 et s.

[969] Article 3 (1) et article 22 (5).

[970] Article 3 (1).

[971] PERROT R., op. cit., n° 461, p. 358. A la vérité, la thèse contraire pourrait être développée, singulièrement par ceux qui songent au contrôle et à la subordination hiérarchique du ministère public.

l'ensemble de la zone géographique de compétence du tribunal. Au cas où un huissier de justice couvre plusieurs arrondissements non encore pourvus de tribunaux et où un tribunal est créé entretemps, celui-ci continue à exercer son ministère dans le ressort de cette juridiction jusqu'à ce qu'une charge soit attribuée ici[972]. Enfin, rien n'interdit la mutation de l'huissier à une autre charge[973]. Cela s'image même intuitivement, la mutation requiert non seulement l'assentiment de l'officier public et ministériel exprimé sous la forme d'une demande expresse. Cela appelle nécessairement un avis de la Chambre nationale des huissiers de justice, lequel est susceptible de recours lorsqu'il est négatif. La mutation à une charge emporte vacance de la précédente charge[974].

Le troisième enseignement c'est que les actes relevant du ministère de l'huissier de justice sont hétérogènes.

Quelques-uns ont vocation à faciliter la tâche au justiciable lorsque vient le moment d'apporter des preuves. Sont particulièrement en cause les constats de faits ou de situations juridiques d'une grande dissemblance et ayant un lien avec différentes matières juridiques[975]. De jurisprudence plutôt constante, ceux-ci font foi jusqu'à inscription de faux contre l'exploit dressé par l'officier ministériel où on les retrouve *(CCJA, arrêt n° 030/2005, 26 mai 2005, Satoya Guinée SA c. Maîtres Aboubacar Camara et Boubacar Télimélé Sylla, Les grandes décisions de la Cour commune de justice et d'arbitrage de l'OHADA préc., pp. 460 et s., obs. NEMEDEU R. ; arrêt n° 020/2004, 17 juin 2004, Ehua Assouan Julien c. Zarour Gassane, Rec. n° 3, janv.-juin 2004, pp. 69 et s. ; CS, arrêt n° 15, 9 déc. 1969, Eboa Aaron c. Nkéné Jean, Répertoire chronologique, Droit civil et commercial, tome 4, 1960-1980, préc. ; arrêt n° 171, 27 août 1968, Dame Abena Noah Dorothée c. Noah Ahanda Armand, Bulletin des arrêts de la Cour suprême du Cameroun Oriental, n° 19, 1968, pp. 2268 et s. ; arrêt n° 64, 15 déc. 1970, Bannem Jean c. Ministère public, dame Ngo Dibog Marie-Adèle et Essombo Mbous Samuel, Répertoire chronologique de la jurisprudence de la Cour suprême, tome 1, Droit pénal, p. 70 ; Civ., 7 mars 2006, Juris-Data n° 2006-032546, Procédures n° 6, juin 2006, pp. 138 et s., comm. PERROT R.[976])*. En droite ligne de l'exigence, et le Code pénal est assez

---

[972] Article 3.

[973] Article 3 (4).

[974] Idem.

[975] THIERS J.M., « Du rôle de l'huissier de justice dans les conflits du travail avec occupation d'usine », *Rev. Huissiers*, 1976, pp. 234 et s.

[976] Dans son arrêt de rejet, la haute juridiction tranche ainsi : *« Attendu que M. c. a chargé M. Le H., huissier de justice associé, de procéder à une saisie-vente à l'encontre de la société L'Escale, pour l'exécution d'une ordonnance de référé ; que les 14 février et 1er mars 2001, l'huissier de justice, accompagné d'un serrurier et de deux témoins dans la perspective d'une éventuelle ouverture forcée des portes, a procédé à des actes de saisie dans les locaux de la station-service exploitée par le débiteur auxquels il a pu accéder librement en raison de la présence d'une personne sur les lieux ; que la société L'Escale a engagé une procédure d'inscription de faux contre les deux procès-verbaux de saisie comportant des mentions énonçant de manière, selon elle, inexacte que l'huissier de justice avait procédé aux opérations « assisté de deux témoins » ;*

précis à ce niveau, encourt de lourdes peines d'emprisonnement celui qui contrefait ou altère soit dans sa substance soit dans ses signatures, dates et attestations un acte dressé par un officier ministériel[977]. Des sanctions du même ordre ont également vocation à s'abattre sur celui dont l'attitude a simplement consisté à faire usage de l'acte ainsi contrefait ou altéré[978].

Quelques-uns ont trait à l'ouverture des procédures, juridictionnelles en particulier. En matière pénale, la représentation la plus nette en est la citation, laquelle est une sorte de sommation à comparaître devant une juridiction répressive lorsque l'information judiciaire n'est pas obligatoire [979]. En matière non répressive, on songe spontanément à l'assignation, laquelle invite le justiciable à se présenter à une date précise devant une juridiction afin de répondre d'agissements qu'on lui impute. Ici et là-bas, les exploits qui les contiennent sont ordinairement délivrés aux adversaires de ceux qui se sont adressés au juge[980]. Ces derniers sont couramment servis à personne, sur les lieux de travail, à domicile, à mairie ou à parquet[981] *(CS,*

Attendu que la SCP Le H., appelée en intervention forcée, reproche à l'arrêt attaqué (...), d'avoir déclaré faux les deux procès-verbaux de saisie (...).
Mais attendu qu'ayant, d'une part, constaté que les deux témoins n'avaient pas assisté l'huissier par une présence effective à ses côtés tout au long des opérations et, d'autre part, énoncé à bon droit qu'en cas d'inscription de faux, seule la véracité des énonciations portées par l'officier public était contestée, de sorte que l'exactitude de la mention relatant les opérations, arguée de faux, devait s'apprécier, indépendamment de la validité de la saisie, en considération de la réalité des diligences et des formalités décrites et non de leur nécessité ou de leur inutilité, la cour d'appel, en l'absence de toute dénaturation, en a justement déduit que les mentions litigieuses étaient fausses ; que le moyen, en aucune de ses branches, n'est fondé... ».

[977] Article 205 (1). La peine d'emprisonnement est comprise entre dix et vingt ans.

[978] Sa peine est comprise entre cinq et dix ans selon l'article 205 (2).

[979] Article 40 et suivants, Code de procédure pénale. Voir l'article 39 de ce code qui met parfois à contribution l'officier de police judiciaire et retient la voie administrative pour les notifications.

[980] A dire vrai, d'autres personnes peuvent être invitées devant le juge par ce moyen. Il peut s'agir de témoins, de l'assureur, etc.

[981] L'article 7 du Code de procédure civile et commerciale est nuancé. Celui-ci retient :
- Que les assignations devront être servies à personne ou à domicile, mais que si l'huissier ou l'agent d'exécution ne trouve au domicile ni la partie saisie ni ses parents ou serviteurs ou si ceux-ci refusent de recevoir une copie de l'acte, celui-ci la remettra sans délai soit au maire ou à son adjoint, soit au fonctionnaire en faisant fonction, soit au chef de l'unité administrative locale (chef de subdivision, de poste, etc.), soit enfin, à défaut de ceux-ci, aux chefs de groupement ou de village ;
- Que les huissiers ou agents d'exécution ne sont pas tenus de se déplacer lorsque la personne assignée est domiciliée dans un rayon de 20 kilomètres de leur résidence ; que ces derniers peuvent être dispensés de se déplacer par ordonnance du président lorsque la personne à citer réside dans une localité située à plus de 7 kilomètres d'une voie carrossable. Dans l'une ou dans l'autre de ces hypothèses, l'huissier ou l'agent d'exécution fait parvenir à l'autorité administrative la plus proche du domicile de la partie à assigner, par lettre recommandée, les pièces nécessaires à l'assignation. Celle-ci accomplit les diligences nécessaires à la remise de l'acte, contre récépissé, dans de brefs délais, etc. A propos du régime général de la notification des actes de procédure, voir not. COSNARD, « La lettre missive, acte de procédure », *D.* 1960, Chron. 97 ; DEBRAY, « La lettre recommandée dans la procédure civile et commerciale », *D.* 1968, Chron. 155 ; VIATTE A., « La signification des actes d'huissiers de justice », *Gaz. Pal.* 1973, 498 ; BERAUD, « Peu recommandable, la lettre recommandée », *Ann. Loy.*, 1981, 527 ; HANINE, « Observations sur les modalités de signification des actes de procédure », *Rev. Huiss.* 1985, 406 ; RENAUT M. H., « Les diligences de l'huissier de justice en matière de signification », *Rev. Huiss. 2001*, pp. 216

arrêt n° 42/P, 17 juin 2010, Yaya Dairou c. Ministère public et Issa Babanguida, Miroir du droit, avril-sept. 2012 spéc., pp. 269 et s. ; arrêt n° 01/COM, 06 nov. 2018, Ngué Samuel c. La Société RINCAM, www.minjustice.gov.cm ; arrêt n° 04/COM, 03 sept. 2015, Ketchadji Daniiel c. C.I.F.C. Ltd. S.A., www.minjustice.gov.cm ; arrêt n° 15, 9 déc. 1969, Eboa Aaron c. Nkéné Jean, préc. ; CA de Douala, arrêt n° 60, 27 fév. 2006, Socca SA c. Succession Hamadou Haman, in OHADA, Jurisprudences nationales, Cotonou, 2010, pp. 208-209 ; CA du Littoral, arrêt n° 047/ADD, 21 fév. 2014, Dame Sylvana Combet c. Société Arno, Juridis Périodique n° 100, oct.-déc. 2014, pp. 86-87, note ASSONTSA R. ; The High court of Fako division, 3rd oct. 2012, Victoria customs cooperative credit union Ltd vs. Wanki Amaanwi, Taguedong Nkentsa Nathalie, préc. Adde : CCJA, arrêt n° 034/2020, 13 fev. 2020, Société hygiène et salubrité du Cameroun c. Société africaine de distribution et de promotion industrielle, préc. ; arrêt n° 028/2018, 08 févr. 2018, Association Mission Laïque Côte d'Ivoire c. Monsieur Ouedraogo Abdoulaye, http://www.ohada.org ; arrêt n° 017/2020, 23 janv. 2020, Banque internationale du Cameroun pour l'épargne et le crédit c. Maître Kontchou Gabriel, Maître Dassi Michel et Cabinet Benie, préc. ; arrêt n° 032/2018, 22 févr. 2018, Société des brasseries du Gabon (SOBRAGA) c. SCI Claire de Lune, préc. ; arrêt n° 179/2017, 11 mars 2014, Jacquet Simone épse Kakou Kassi c. SCI Dankro syndic remplacé par Gepica CI, http://www.ohada.org[982] *; arrêt n° 006/2003, 24 avril 2003, Koné Fatoumata c. Kinda Augustin Joseph, Les grandes décisions de la Cour commune de justice et d'arbitrage de l'OHADA, préc., pp. 91 et s., obs. KENMOGNE SIMO A.*[983] *; arrêt*

---

et s. ; D'AMBRA D., « L'application de l'article 659 du nouveau Code de procédure civile et le procès équitable », *Rev. Huiss.* 2004, pp. 16 et s.

982 La CCJA prend ici une position dont le souvenir demeurera. Elle juge : « *Attendu que la requérante fait grief à l'arrêt querellé d'avoir estimé que la mention selon laquelle dame Jacquet « copropriétaire d'un local situé au rez-de-chaussée de la résidence Front Lagunaire sis à Abidjan-Plateau » s'analysait en une mention du domicile, sans dire en quoi la seule référence à un local à usage commercial pouvait être considérée comme le domicile d'une personne physique ; que par cette confusion, l'arrêt querellé a violé l'article visé au moyen ;*

Attendu en effet que dans la requête il est seulement spécifié « dame Jacquet épse Kakou Kassi propriétaire d'un local situé au rez-de-chaussée de la résidence Front Lagunaire sis à Abidjan-Plateau, côté rue du commerce, 06 BP 63 Abidjan 06 », alors qu'aux termes de l'article 4 susvisé le domicile s'entend du lieu où vit effectivement la partie et qui relativement à la défenderesse détermine la juridiction compétente conformément à l'article 3 de l'Acte uniforme précité ; qu'aucune référence n'étant faite à sa propriété, c'est à tort que la Cour d'appel a retenu le local situé à la résidence Front Lagunaire, un établissement commercial, comme domicile ; qu'il échet donc de casser l'arrêt déféré… »

983 La CCJA expose les grands axes du régime de la signification à personne et à mairie que l'on retrouve dans le droit interne d'un nombre important d'Etats membres de l'OHADA. Elle y juge : « *Mais attendu que l'article 101 de l'Acte uniforme portant sur le droit commercial général dispose qu'« à défaut de paiement du loyer ou en cas d'inexécution d'une clause du bail, le bailleur pourra demander à la juridiction compétente la résiliation du bail et l'expulsion du preneur et de tous occupants de son chef, après avoir fait délivrer, par acte extrajudiciaire, une mise en demeure d'avoir à respecter les clauses et conditions du bail.*

Cette mise en demeure doit produire, sous peine de nullité, les termes du présent article et informer le preneur qu'à défaut de paiement ou de respect des clauses et conditions du bail dans un délai d'un mois, la résiliation sera poursuivie… » ;

n° 018/2014, 11 mars 2014, Société camerounaise des dépôts pétroliers dite SCDP c. Etablissements constructions modernes, http://www.ohada.org[984]*; arrêt n° 033/2005, Compagnie des transports commerciaux dite COTRACOM et Aminata Youssouf c. Banque internationale de l'Afrique de l'Ouest-Côte d'Ivoire dite BIAO-CI, Réc. CCJA, n° 10, juil.-déc. 2007, pp. 23 et s.*[985]*)*[986]. On y

---

Attendu en l'espèce qu'il ressort des pièces du dossier de la procédure, que par acte extrajudiciaire en date du 09 novembre 1998 reproduisant les termes de l'article 101 de l'Acte uniforme portant sur le droit commercial général, un commandement « d'avoir dans un délai d'un (01) mois, ... à payer... la somme en principal de 20.100.000 francs cfa représentant les loyers échus et impayés de la période d'août 1996 à novembre 1998, soit 24 mois... » a été servi par le bailleur à la requérante, préalablement à l'assignation en référé-expulsion en date du 15 décembre 1998 de celle-ci ; que la requérante, sans préciser en quoi la disposition sus énoncée a été violée, se borne à déplorer le mode de remise dudit acte qui a été faite à mairie alors que la signification à mairie est prévue à l'article 251 du code ivoirien de procédure civile, commerciale et administrative ; que c'est suite aux diligences infructueuses constatées lors de la remise de « l'exploit contenant sommation de payer » à la personne même de la requérante que l'huissier instrumentaire a procédé comme il l'a fait et a avisé l'intéressée par lettre recommandée avec demande d'avis de réception conformément aux prescriptions de l'article précité ; que dès lors, la procédure ainsi suivie est régulière et l'article 101 de l'Acte uniforme portant sur le droit commercial général n'ayant nullement été violé, le moyen doit en conséquence être rejeté... »

[984]Au nombre des extraits majeurs de cet arrêt se trouvent les suivants : « *Attendu que selon la jurisprudence établie de la cour de céans en matière de signification, une signification servie à une personne étrangère au service et non à un responsable habilité à la recevoir ne peut faire courir le délai d'opposition spécifié à l'alinéa 2 de l'article 10 de l'Acte uniforme portant organisation des procédures simplifiées de recouvrement et des voies d'exécution* » ;

« *Attendu qu'il ressort des pièces du dossier de la procédure que la signification de l'ordonnance d'injonction de payer a été faite à un agent de sécurité au service d'une société de gardiennage et posté à la guérite de la SCDP ; que cet agent, n'étant lié à la SCDP par aucun contrat de travail, il ne saurait être considéré comme un responsable ou un fondé de pouvoir habilité à recevoir une signification ; qu'en conséquence, il y a lieu de confirmer le jugement entrepris en ce qu'il a déclaré l'opposition (...) recevable...* »

[985] La teneur de la décision de la cour est celle-ci : « *Mais attendu que contrairement à ce que soutiennent les demandeurs au pourvoi, l'expression « ... doit être signifié au débiteur... » ne signifie pas que la signification doit être faite exclusivement à la personne même du débiteur, mais plutôt selon l'une des formes de signification prévues par les textes en vigueur ; qu'en l'espèce, la signification a été faite au domicile du débiteur telle que prévue par les articles 249 et 250 du code ivoirien de procédure civile, commerciale et administrative à savoir que l'huissier a remis une copie de l'exploit à la personne présente au domicile et avisé par lettre recommandée avec demande d'avis de réception le débiteur absent ; (...) qu'en statuant comme il l'a fait, le premier juge n'a en rien violé les dispositions de l'article 254 de l'Acte uniforme sus indiqué...* »

[986] A ce jour, l'Acte uniforme révisé portant organisation des procédures simplifiées de recouvrement et des voies d'exécution est l'un des plus élaborés sur ce point. En effet, la règle y est posée :

- Que les actes de procédure sont signifiés soit sur support papier, soit par voie électronique (article 1-7) ;
- Que la signification par voie électronique doit être considérée comme réalisée ou effectuée lorsqu'il y a utilisation d'un procédé de signature ou de tout autre moyen électronique permettant d'attester la date de l'acte, de garantir l'identité de l'expéditeur et du destinataire de l'acte et de la réception effective de celui-ci (article 1-8) ;
- Que la signification des actes se rapportant aux procédures simplifiées de recouvrement et des voies d'exécution doit, en principe, être faite à personne et se traduire par la remise d'une copie de ceux-ci au destinataire lui-même (s'il s'agit d'une personne physique), à son représentant légal, à un fondé de pouvoir de ce dernier ou à tout préposé ou agent habilité à cet effet (s'il s'agit d'une personne morale). La signification est réputée avoir été faite à personne lorsque le destinataire de l'acte ou la personne habilitée à le recevoir, après en avoir pris connaissance, refuse d'en

retrouve, au bas mot, la date de leur délivrance, les noms, prénoms, filiation, date et lieu de naissance, profession, adresse, résidence et éventuellement le domicile élu du requérant[987]. On y retrouve également des renseignements similaires concernant le destinataire, c'est-à-dire le défendeur, mais surtout sa signature[988]. Dans l'hypothèse jamais à exclure où la personne immédiatement concernée n'a pas été directement touchée, on y retrouve l'identité de celle à laquelle le document a été remis, sa qualité par rapport au destinataire[989]. On y retrouve l'identité complète de l'officier ministériel et son adresse. Y figurent encore les faits incriminés et leur fondement juridique ; les renseignements concernant la juridiction saisie de l'affaire ; les lieux et heures de l'audition ou du jugement[990][991]. A bien y regarder, peu nombreux sont ceux qui n'établissent pas un lien, même lâche, avec l'exigence se rapportant à la contradiction, noyau dur du droit du procès, que ce droit soit civil et commercial, pénal, administratif, fiscal *(en ce sens, voir not. CCJA, arrêt n° 136/2021, 24 juin 2021, Kouassi Ouassa Charly c. Diabaté Kaladji, préc. ; arrêt n° 028/2018, 08 févr. 2018, Association Mission Laïque Côte d'Ivoire c. Monsieur Ouedraogo Abdoulaye, préc.*[992]*; arrêt*

accuser formellement réception. En pareilles circonstances, le document doit être transmis à la personne intéressée par lettre recommandée ou par tout moyen laissant trace écrite et permettant d'établir la réception effective par celle-ci (article 1-9) ;
- Que la signification à domicile s'impose lorsque la signification à personne s'avère impossible. Effectivement, à s'en tenir à l'article 1-10, en de telles circonstances (hormis le cas où celle-ci est le seul mode de signification admis), la copie de l'acte peut être remise à la personne trouvée par l'huissier de justice ou l'autorité chargée de l'exécution au domicile ou à la résidence à charge pour lui d'indiquer la qualité déclarée par cette personne. Ce n'est que dans l'hypothèse où personne n'est trouvé au domicile que la signification est faite selon le cas soit au chef de village ou au chef de quartier, soit au concierge s'agissant d'un immeuble collectif, soit au gérant dont l'huissier de justice ou l'autorité chargée de l'exécution indiquera le nom et l'adresse. Toujours est-il que l'officier ministériel devra indiquer le numéro, les dates de délivrance et d'expiration ainsi que l'autorité signataire de la pièce d'identité de la personne qui reçoit l'acte ;
- Que l'huissier de justice ou l'agent d'exécution est tenu de remettre à l'autorité municipale, à son adjoint ou à tout agent préposé à cet effet voire à l'autorité administrative locale, sans délai, la copie de l'acte si la personne trouvée au domicile, le chef du village ou du quartier, le concierge ou le gérant refusent de recevoir l'acte ou ne peuvent présenter de pièce d'identité. La règle est la même dans l'hypothèse où le domicile ou la résidence de la personne concernée par l'acte est inconnu. En tout état de cause, en cas de remise de l'acte à l'autorité municipale ou à l'autorité administrative, l'officier ministériel doit à peine de nullité, au plus tard dans les deux jours suivant la remise, aviser par lettre recommandée ou par tout moyen laissant trace écrite le destinataire (article 1-11).

987 Idem, article 41 (1).

988 Il va de soi, dans l'hypothèse du refus de signer, que l'huissier de justice le mentionnera sur l'exploit.

989 Article 45, 51, Code de procédure pénale ; articles 7 et 605 et suivants du Code de procédure civile et commerciale.

990 Idem, article 41 (2).

991 L'inventaire qui précède ne doit pas tromper. L'acte de procédure que l'huissier de justice dresse n'a pas le même contenu d'une matière à l'autre.

992 La solution retenue par la haute juridiction dans cette affaire est cohérente. Elle se décline ainsi : *« Attendu qu'il est reproché à la Cour d'appel d'avoir violé ce texte, en déclarant la saisie régulière, alors que les formalités prescrites par les articles 246 et 251 du Code de procédure civile n'ont pas été respectées lors de la dénonciation de la saisie ; qu'il résulte en effet de ces textes que l'exploit d'huissier doit*

n° 006/2018, 11 janv. 2018, Société United Bank For Africa (UBA) SA c. Société Axe Communication SARL, préc. ; arrêt n° 179/2017, 11 mars 2014, Jacquet Simone épse Kakou Kassi c. SCI Dankro syndic remplacé par Gepica-CI, préc. ; arrêt n° 104/2016, 02 juin 2016, 02 juin 2016, Monsieur Sodji Ahlim c. Monsieur Adamah Folly Foligan Bruno, http://www.ohada.org ; CS, arrêt n° 28, 21 déc. 1971, Mission catholique d'Etam-Kouma c. Mme Manga Ekassi, née Ngono Cadellia, Répertoire chronologique de la jurisprudence, Droit social, 1960-1980, tome 2, p. 18 ; arrêt n° 40, 8 fév., 1972, Compagnie soudanaise c. Mekoula Lucien, Répertoire chronologique de la jurisprudence, Droit social, 1960-1980, préc., p. 19 ; arrêt n° 75/S, 27 mai 1982, Congrégation baptiste camerounaise c. Ndoumi Moïse, Répertoire chronologique de la jurisprudence, Droit social, 1980-2000, pp. 1110-1111 ; arrêt n° 38/S, 15 janv. 1998, Sncic c. Fometeu Paul, Répertoire chronologique de la jurisprudence, Droit social, 1980-2000, pp. 1112-1113 ; arrêt n° 118/S, 16 sept. 1998, Ondoa Richard c. Entreprise camerounaise de bâtiments, Répertoire chronologique de la jurisprudence, Droit social, 1980-2000, préc., pp. 1111-1112 ; Metz, 17 avril 2001, Joly c. Me Nodée, Recueil juridique de l'est, juil.-sept. 2001, pp. 114 et s.).

Quelques-uns ont trait au service des audiences des juridictions. A propos de cette sous-catégorie, peu de choses sont révélées. Tout au plus sait-on, lorsque les huissiers de justice ou leurs stagiaires assument cette mission, que le port du costume d'audience leur est imposé ; que cet habit se compose d'une toque noire, d'une robe de même couleur, d'une épitoge garnie d'hermine blanche en ses deux extrémités, d'un rabat blanc plissé[993]. Quelques autres ont trait à l'exécution des décisions de justice et, plus largement, des actes susceptibles d'exécution forcée[994]. Parfois, la mesure est précédée d'une « sommation », d'une « itérative sommation », d'une « réitération de la demande de paiement », d'un commandement, d'une demande de renseignement. Toujours est-il que l'exécution forcée donne

---

comporter le nom de la personne à qui il a été remis, mentionner les diligences de l'huissier ainsi que les réponses à ses différentes interpellations, et que si la personne trouvée sur place refuse de recevoir l'exploit, l'huissier doit remettre copie de l'exploit à la mairie en la personne du maire et aviser sans délai de cette remise la partie que l'exploit concerne par lettre recommandée ;
Mais attendu que l'exploit de dénonciation du 03 mai 2016 mentionne bien que « la personne trouvée à la réception (du Lycée), qui a refusé de décliner son identité ainsi déclarée et qui a reçu copie de l'exploit et refusé de signer les originaux » ; que la personne trouvée sur place ayant reçu copie de l'exploit, c'est à bon droit que le juge d'appel a rejeté la demande d'annulation de celui-ci, qui a été servi dans les formes prescrites par la loi ; que le moyen doit être également être rejeté… »

[993] Article 23.

[994] L'article 1-6 de l'Acte uniforme révisé portant organisation des procédures simplifiées de recouvrement et des voies d'exécution décide avec force que, sans préjudice des dispositions propres à chaque type de mesure ou procédure, tout acte établi par un huissier de justice ou une autorité chargée de l'exécution comporte à peine de nullité : la date ; les éléments d'identification que sont, pour la personne physique, les nom, prénoms et domicile, pour la personne morale, la dénomination, la forme, le siège social et le représentant légal ; les nom, prénoms, adresse professionnelle et signature de l'huissier de justice ou l'autorité chargée de l'exécution ; l'heure à laquelle l'acte est établi ; si l'acte doit être signifié, les nom, prénoms et domicile du destinataire ou, s'il s'agit d'une personne morale, sa dénomination et son siège social.

lieu à une saisie que constatent, entre autres, les procès-verbaux de saisie, de carence, de dénonciation. Dans la foulée, il est procédé à la vérification des biens, à leur vente amiable et ou forcée constatée par des procès-verbaux de vérification, de vente amiable, d'adjudication. Une chose est constante. En se reportant à l'Acte uniforme OHADA portant organisation des procédures simplifiées de recouvrement et des voies d'exécution, on a un aperçu net du substrat de ces mesures que l'huissier de justice diligente ici[995]. Y sont visées les saisies conservatoires, la saisie-vente avec son excroissance qu'est la saisie des récoltes sur pied, la saisie-attribution, la saisie des rémunérations, la saisie-appréhension, la saisie-revendication, la saisie des droits d'associés et des valeurs mobilières, la saisie immobilière. A elles s'ajoutent, à la faveur de la révision de l'Acte uniforme en cause : la saisie des biens placés dans des coffres- forts, la saisie du fonds de commerce ; la saisie de savoirs en monnaie électronique dont le débiteur peut disposer en effectuant un retrait, un paiement ou un transfert ; la saisie du bétail entendu au sens large comme l'ensemble des d'animaux élevés dans une ferme, dans une exploitation ou en transhumance et, de manière générale, les animaux ayant une valeur marchande (à l'exception des animaux de compagnie)[996]. Pour autant, d'autres mesures conservatoires et d'exécution sont régies par des textes particuliers où ce professionnel du droit demeure l'une des chevilles ouvrières ou du moins joue un rôle important. Celles-ci ont notamment trait aux navires, aux aéronefs, aux créances publiques, aux biens relevant de la propriété intellectuelle en cas de contrefaçon[997], à la contrainte par corps, aux mises en fourrières, au droit de rétention, à l'expulsion *(pour la jurisprudence, voir not. CCJA, arrêt n° 144/2017, 29 juin 2017, Mamadou Doukouré et Société New Market Sarl c. Banque crédit du Congo, préc. ; arrêt n° 017/2017, 23 fév. 2017, Ecobank-Mali c. Office malien de l'habitat et La Société immobilière franco-africaine, ww.ohada.org ; arrêt n° 034/2020, 13 fev. 2020, Société hygiène et salubrité du Cameroun c. Société africaine de distribution et de promotion industrielle, préc. ; arrêt n° 017/2020, 23 janv. 2020, Banque internationale du Cameroun pour*

---

[995] Au sujet du détail, entre autres, voir ASSI-ESSO A.-M., DIOUF N., *OHADA. Recouvrement des créances*, coll. D.U., Bruxelles, Bruylant, 2002, p. 11 et s. ; EKANI S.C., *Liberté de saisir et exécution forcée dans l'espace OHADA*, op cit., pp. 79 et s., mais aussi les pages 128 et s. ; KUATE TAMEGHE S.S., *La protection du débiteur dans les procédures individuelles d'exécution*, L'Harmattan, Paris, 2004, pp. 19 et s., n° 7 ; OMAM Fl., « Le rôle de l'huissier en matière d'exécution des décisions depuis l'Acte uniforme OHADA portant organisation des procédures simplifiées de recouvrement et des voies d'exécution », *RCDA* n°4, juil.-sept. 2000, p. 12 ; THERY Ph., « La notion d'exécution : Rapport introductif », XXIIIe colloque des instituts d'études judiciaires, in *L'exécution*, L'Harmattan, Paris, 2001, pp. 9 et s. ; TSALA MAMA Th. M., *La saisie des récoltes sur pied en droit OHADA*, *op. cit.*, pp. 1 et s., n°s 1 et s. ; WANDJI KAMGA A.-D., *Le droit à l'exécution forcée. Réflexion à partir des systèmes juridiques camerounais et français*, op cit., pp. 331 et s., n°s 765 et s. Voir aussi DSEUMO YATIE V.A., op cit., pp. 13 et s. ; NTSAME MBIAME L.-P., op cit., pp. 14 et s.

[996] Voir l'article 1-1 de l'Acte uniforme visé.

[997] A propos de la saisie contrefaçon, se référer notamment l'accord de Bangui révisé, singulièrement à l'Annexe III, en ses articles 51 et s.

l'épargne et le crédit c. Maître Kontchou Gabriel, Maître Dassi Michel et cabinet Benie, préc. ; *arrêt n° 157/2017, 13 juil. 2017, Monsieur Mibé Célestin Jean Pierre c. Monsieur Ngokseu Richard, http://www.ohada.org*; *arrêt n° 096/2016, 02 juin 2016, Société Buring Guardian Security partners dite BGSP c. Monsieur Boa Ehui, http://www.ohada.org*; *arrêt n° 141/2015, 19 nov. 2015, Société Bourbon Offshore SURF, SAS c. Monsieur Taty Jean Claude, http://www.ohada.org*[998] ; *arrêt 081/2014, 25 avril 2014, Société Négoce Internationale (SONEI SARL) c. Société de Meunière Tunisienne SA, http://www.ohada.org*[999] ; *arrêt n° 020/2004, 17 juin 2004, Ehua Assouan Julien c. Zarour Gassane, Rec. n° 3, janv.-juin 2004, pp. 69 et s.* ; *arrêt n° 025/2008, 30 avril 2008, Société générale de banques en Côte d'Ivoire dite SGBCI c. Dame Konan Marie Aimée et Sieur Konan Kouadio Camille et CCJA, arrêt n° 003/2008, 28 fév. 2008, Mohamed Taïb Kettani c. Grunitzky Victoria Geneviève, Les grandes décisions de la Cour commune de justice et d'arbitrage de l'OHADA, préc., obs. AKOMNDJA AVOM V., pp. 414 et s.* ; *arrêt n° 010/2005, 29 juin 2006, Société d'études et de représentation en Afrique centrale, dite SERAC c. Bureau de recherche, d'études et de contrôle géotechniques SARL, dite BRECG, Rec. n° 7, janv. juin 2006, pp. 16 et s.* ; *arrêt n° 022/2006, 26 oct. 2006, SCI Golfe de Guinée c. Promemer SARL, Rec. n° 8, juil.-déc. 2006, pp. 9 et s.* ; *arrêt*

---

[998] Dans le deuxième moyen pris en sa deuxième branche, la partie demanderesse reproche à la Cour d'appel de Pointe-Noire au Congo d'avoir violé les dispositions de l'article 160 alinéa 1 de l'Acte uniforme portant organisation des procédures simplifiées de recouvrement et des voies d'exécution. A ses yeux, l'arrêt attaqué de cette juridiction n'a pas désapprouvé le fait qu'un huissier instrumentaire lui serve, par actes distincts, un procès-verbal de saisie attribution de créances et l'exploit de dénonciation de ladite saisie. La CCJA se prononce ainsi dans sa décision de rejet : « … *attendu que contrairement aux allégations de la recourante, il ne résulte pas de la lecture des dispositions de l'article 160 alinéa 1 de l'Acte uniforme précité que, le procès-verbal de dénonciation et celui de la saisie attribution doivent être confondus en un seul et même acte ; qu'il en résulte plutôt que le procès-verbal de la saisie attribution doit être visé dans l'exploit de dénonciation et sa copie jointe à l'acte de dénonciation ; que par conséquent, l'huissier instrumentaire, comme c'est le cas en l'espèce, ne viole pas lesdites dispositions lorsqu'il vise dans l'acte de dénonciation le procès-verbal de saisie qu'il joint effectivement au procès-verbal de dénonciation…* »

[999] L'un des moyens de cet arrêt est ainsi rédigé : « *Attendu que la recourante fonde son second moyen sur la fausse application de l'article 277 de l'Acte uniforme susvisé, estimant qu'en application dudit article, le délai de prescription cesse de courir lorsque le créancier de l'obligation a accompli tout acte qui d'après la loi nationale est considéré comme interruptif de prescription ; que contrairement à l'affirmation des juges du fond, l'article 2244 du code civil nigérien ne cite pas la sommation de payer parmi les actes interruptifs de la prescription et nulle part, il n'a été question d'échéance d'une lettre de change comme base de calcul du délai interruptif de prescription ; qu'elle conclut que la Cour d'appel, en statuant comme elle l'a fait, a fait une fausse interprétation de l'article susvisé et que sa décision encourt cassation de ce chef ; Mais attendu qu'aux termes des dispositions de l'article 277 dudit Acte uniforme, « Le délai de prescription cesse de courir lorsque le créancier de l'obligation accomplit tout acte qui d'après la loi de la juridiction saisie, est considéré comme interruptif de prescription » ; que selon les dispositions de l'article 2244 du code civil nigérien, sont considérés comme interruptifs de prescription les actes ci-après : « une citation en justice, un commandement ou une saisie, signifiés à celui qu'on veut empêcher de prescrire » ; Attendu qu'en l'espèce, la Cour d'appel de Niamey, en considérant la sommation de payer comme interruptif de la prescription, n'a en rien violé les dispositions légales sus énoncées car la sommation comme le commandement sont des actes d'huissier de justice qui poursuivent les mêmes effets à savoir enjoindre au débiteur d'une dette de payer sous peine d'être saisi ; qu'au demeurant la dette n'est ici même pas contestée ; qu'il échet dès lors d'écarter ce second moyen et de déclarer le recours mal fondé…* »

n° 051/2005, 21 juil. 2005, Société Texaco Côte d'Ivoire dite Texaco-CI c. La Société Groupe frégate, Rec. n° 6, juil.-déc. 2006, pp. 15-16[1000] *; arrêt n° 006/2003, 24 avril 2003, Koné Fatoumata c. Kinda Augustin Joseph, préc. Voir également : CS, arrêt n° 165/REF, 12 août 2009, Noubissi Fils c. Ngasseu Théodore et Nguemezi Armand, Juridis Périodique n° 84, oct.-déc. 2010, pp. 103 et s., note ASSONTSA R. ; arrêt n° 163/REF, 12 août 2009, Société Continental merchants Ltd c. Capitaine Commandant du navire MV "Tim Buck" et la Société NB Shipping Ltd, Juridis Périodique n° 84, oct.- déc. 2010, pp. 103 et s., note du même auteur ; arrêt n° 039/REF, 19 janv. 2009, Ndi Moïse c. AES Sonel, Juridis Périodique n° 84, oct.-déc. 2010, pp.105-106, note ASSONTSA R. ; TPI Yaoundé, ord. n° 807/D du 6 juil. 2000 préc. ; TPI n° 920/C du 10 août 2000, Wandji Thomas c. Nguekouang Patricia, R.C.D.A. n° 4, juil. sept. 2000, p. 133 et s.*[1001] *; ord. n° 11, 5 oct. 2000, CCEI Bank c. High-Tech Computer, R.C.D.A. n° 5, oct.-déc. 2000, pp. 199 et s. ; TPI Bafoussam, ord. n° 11 du 11 nov. 1994, Legiofa et ord. n° 08/Civ., 27 oct. 2000, Tagne Ngeko Emmanuel c. Sikavig et Me Tchoua inédits ; TPI de Dschang, ord. n° 04 du 12 mars 1997, Tsobny Panka Paul et Ecame c. SRC, inédit ; CA Littoral, n° 93/C du 10 mars 1999, SGBC et*

1000 Le point de désaccord ici concerne la reprise d'une station-service donnée en location gérance. Une ordonnance de référé du président du tribunal de première instance d'Abidjan Plateau ayant fait droit à la demande de reprise, le propriétaire du fonds de commerce, Texaco-CI, entreprend une expulsion par l'entremise d'un huissier de justice de la place. Contestant les actes d'exécution engagés, le locataire-gérant saisit le président de la Cour d'appel d'Abidjan qui ordonne sa réinstallation sur le site de la station-service litigieuse, sous astreinte de 2 000 000 francs par mois de retard. Insatisfaite, Texaco-CI s'adresse à la Cour suprême de Côte d'Ivoire qui se déclare incompétente au motif que le loueur du fond eût dû s'adresser au président de ladite cour. Un pourvoi est alors introduit devant la CCJA. La haute juridiction commence par rappeler les termes des articles 1, 3 et 14 du traité qui lui permettent, lorsqu'elle est saisie par la voie du recours en cassation, de se prononcer sur les décisions rendues par les juridictions d'appel des Etats parties dans toutes les affaires soulevant des questions relatives à l'application des actes uniformes et des normes dérivées du traité, à l'exception des décisions appliquant les sanctions répressives. Après ce visa, elle rend la sentence suivante : « *Attendu que l'exécution forcée des décisions attaquées, sur la base desquelles le société Texaco-CI a repris la station-service litigieuse n'a pas été pratiquée en vertu d'une des mesures d'exécution forcée prévues par l'Acte uniforme portant organisation des procédures simplifiées de recouvrement et des voies d'exécution invoqué par la requérante ; d'où il suit que l'affaire, ne soulevant pas des questions relatives à l'application de l'Acte uniforme susvisé, ne relève pas de la compétence de la cour de céans, laquelle doit en conséquence se déclarer incompétente pour statuer sur le recours en cassation formé par la requérante* ».

1001 La colonne vertébrale de la décision prise ici est celle-ci : « *Mais attendu que les dispositions de la loi communautaire OHADA relative aux voies d'exécution sont en effet claires et ne laissent aucune place au doute quant à la nécessité d'un commandement préalable à la saisie-vente ;*
Que si le créancier peut se faire autoriser par le juge des requêtes à pratiquer une saisie conservatoire sans commandement préalable, il en va différemment en matière de saisie-vente, saisie à fin d'exécution dont la mise en œuvre nécessite toujours la délivrance d'un commandement préalable ;
Qu'il s'agit là d'une prescription impérative à laquelle la loi n'a point prévu la possibilité de déroger en recourant au juge des requêtes ;
Qu'il apparaît que c'est en trompant la religion du juge des requêtes que la défenderesse a obtenu l'ordonnance (…) autorisant à pratiquer une saisie-vente sur les meubles et effets mobiliers du demandeur ;
Qu'ayant été édictée en violation des prescriptions impératives des articles 92 et suivants de l'Acte uniforme portant organisation des procédures simplifiées de recouvrement et des voies d'exécution, l'ordonnance sus-indiquée mérite rétractation… ».

Ets Gortzounian c. ONCPB-Liquidation et Etat du Cameroun, R.C.D.A. n° 3, avril-juin 2000, p. 99 et s., obs. IPANDA F. ; CA du Littoral, arrêt n° 101, 14 mai 2008, Ekédi Mbappe Samuel c. Datchoua Hippolite, in Secrétariat Permanent de l'OHADA, Jurisprudences nationales, préc., p. 211 ; CA du Littoral, arrêt n° 019, 18 avril 2008, La Société Nguessi avenue hôtel SARL c. BICEC, in Secrétariat Permanent de l'OHADA, Jurisprudences nationales, préc., p. 181 ; CA du Littoral, arrêt n° 28, 28 janv. 2008, La Société BIC SA c. La Société TBC, in Secrétariat Permanent de l'OHADA, Jurisprudences nationales, préc., pp. 186 et s. ; CA du Littoral, arrêt n° 109, 1er août 2008, La Compagnie africaine pour le commerce international au Cameroun dite CACIC c. Société Afriland first bank, in Secrétariat Permanent de l'OHADA, Jurisprudences nationales, préc., pp. 192 et s..[1002] *. CA Abidjan, 09 fév. 2007, Nando Ncho Edouard, Tchimou Innocent, Yavo Benjamin et Latt Elysée Antoine c. Dame Angoh Magnin, in Secrétariat Permanent de l'OHADA, Jurisprudences nationales, préc., n°2C125, pp. 23-24 ; CA Bobo-Dioulasso, arrêt n° 08/09, 22 avril 2009, Dera Hamadou c. Sonar-IARD, in Secrétariat Permanent de l'OHADA, Jurisprudences nationales, préc., n°2BF126, pp. 25-30 ; CA Bobo-Dioulasso, arrêt n° 12/06, 22 mars 2006, Gnane Amina c. Traoré Ali, in Secrétariat Permanent de l'OHADA, Jurisprudences nationales, préc., n°2BF127, pp. 31 et s. ; TGI du Lom et Djerem,*

[1002] L'épine dorsale de la décision de la cour se présente ainsi : « *Considérant qu'il ressort de l'article 254 (1) de l'Acte uniforme OHADA sur les procédures simplifiées de recouvrement et des voies d'exécution « qu'à peine de nullité, toute poursuite en vente forcée d'immeuble doit être précédée d'un commandement aux fins de saisie. A peine de nullité, ce commandement doit être signifié au débiteur et le cas échéant au tiers détenteur de l'immeuble et contenir : (...) la reproduction ou la copie du titre exécutoire et le montant de la dette (...) » ;*

« Considérant qu'il ressort de ce qui précède que le créancier poursuivant doit remettre à l'huissier instrumentaire le titre exécutoire ou la copie dudit titre ;

Que l'huissier instrumentaire doit donc soit joindre à son commandement la copie du titre exécutoire, soit reproduire le titre qu'il est censé détenir ;

Qu'il en résulte que l'article 254 (1) sus repris exclut l'exploitation et l'utilisation de la simple photocopie du titre exécutoire pour établir le commandement aux fins de saisie immobilière (...) ;

Considérant en l'espèce que tant dans leurs dires et observations du 18 octobre 2006 que dans leurs écrits en cause d'appel, les conseils de la Cacic SA et Garba Aoudou reprochent à l'huissier instrumentaire de s'être servi pour établir son commandement du 23 mai 2006 non pas des titres exécutoires ou des copies desdits titres exécutoires comme le prescrit l'article 254 (1) sus cité, mais plutôt des photocopies ;

Que dans ses écrits datant du 16 mai 2007 page 6 in fine, Me Penka, conseil de Afriland first bank a affirmé que l'huissier instrumentaire a reproduit les titres exécutoires en photocopie ;

Qu'il y a là un aveu judiciaire qui démontre que ce sont des photocopies qui ont été remises à l'huissier de justice instrumentaire lequel s'en est servi pour établir le commandement du 23 mai 2006 (...) ;

Qu'ainsi l'aveu judiciaire sus indiqué fait par Me Penka au regard de l'article 1356 du Code civil fait pleine foi contre Afriland first bank (...) ;

Qu'il y a là une option qui consacre le mépris des dispositions de l'article 254 (1) sus cité et des articles 1334 et 1335 du Code civil qui ne reconnaissent pas de valeur probante à la photocopie (...) ;

Que les photocopies d'actes même authentiques n'ont aucune valeur juridique en matière de saisie immobilière et ne peuvent suppléer au défaut de production des originaux ou des copies des originaux qui seuls sont de nature à renseigner de manière fiable sur l'enregistrement régulier du titre et des autres ;

Qu'il convient dès lors d'annuler le commandement aux fins de saisie immobilière sus cité du 23 mai 2006 et d'infirmer le jugement entrepris dans ce sens, le premier juge ayant fait une mauvaise application de la loi en passant outre le moyen ... »

jugt. n° 06/Civ., 01 fév. 2018, Keminsi Pierre c. Mutuelle communautaire de croissance de Bertoua rural, www.minjustice.gov.cm[1003] *;The High court, Fako division, 3rd oct. 2012, Victoria customs cooperative credit union Ltd vs. Wanki Amaanwi, Taguedong Nkentsa Nathalie, préc.).*

La quatrième leçon tient à l'existence de prérogatives que l'on n'imagine pas spontanément à la lecture du droit positif, mais que la jurisprudence expose.

A titre d'exemple, dans un arrêt du 3 mai 1960 demeuré une référence, la Cour suprême a pu résoudre que rien ne s'oppose vraiment à ce que cet officier ministériel et public agisse en tant qu'interprète. Au départ de cette décision iconoclaste se trouve un moyen de cassation pris de la violation de l'article 16 de l'arrêté du 16 décembre 1954 règlementant l'organisation et le service des huissiers, en ce que les fonctions concernées auraient été exercées à tort par l'huissier-audiencier. A l'arrivée, la Cour se prononce ainsi : « *Attendu que s'il est exact que Boula Djougal a été désigné comme interprète alors qu'il remplissait les fonctions d'huissier-audiencier, il ne saurait résulter de là aucun motif d'annulation ;*

Qu'en effet, si l'article 332 du Code d'instruction criminelle, qui régit l'interprétation devant les juridictions de droit pénal, dispose que l'interprète ne peut à peine de nullité être pris parmi les témoins, les juges, les jurés, ces incompatibilités sont de droit étroit et ne peuvent être étendues à d'autres personnes que celles-ci-dessus énumérées et notamment à l'huissier de justice audiencier ; que par ailleurs, l'énumération figurant à l'article 16 de l'arrêté du 16 décembre 1954 n'est aucunement limitative des fonctions auxquelles peut être temporairement appelé un huissier ;

D'où il suit que le premier moyen n'est pas fondé » (*CS, arrêt n° 19, 3 mai 1960, Haman Tikabi, Tchinakou Bouladang Alias Senakouam Belatan, Ahmadou Salbidi, Guizi Sorbi et Kaltoum Handou c. Procureur général, Répertoire chronologique de la jurisprudence de la Cour suprême, tome 1, Droit pénal, préc.,*

1003 Dans cette espèce, le tribunal se prononce en ces termes : « *Attendu que les Keminsi affirment avoir épongé leur dette vis-à-vis de MC2, et sollicitent la discontinuation des poursuites soit ordonnée ;*
Attendu que d'après l'exploit de commandement aux fins de saisie immobilière cause de la présente procédure, Keminsi doit payer à MC2 la somme de 15 896 459 francs en principal et intérêts réunis ;
Que la MC2 ne conteste pas le paiement (…) de ladite somme ;
Que toutefois, l'article 261 de l'Acte uniforme précise que le commandement à la conservation foncière est radié par le conservateur sur main-levée donnée par le créancier poursuivant, si le paiement a été fait dans le délai de 20 jours fixé dans l'exploit de commandement ;
Que l'article 262 du même texte dispose qu'« en cas de non-paiement le commandement vaut saisie à compter de son inscription » ;
Que du 03 décembre 2015, date de la signification au débiteur du commandement, celui-ci avait 20 jours pour s'acquitter de sa dette, c'est-à-dire jusqu'au 23 janvier 2016 ;
Qu'il ressort des pièces produites au dossier de procédure que sieur Keminsi a commencé a payé sa dette le 03 février 2016, c'est-à-dire après l'expiration du délai de 20 jours ;
Que faute d'avoir payé sa dette à temps, les dispositions de l'article 262 sont applicables au saisi ;
Qu'en conséquence, le paiement intervenu hors délai ne saurait arrêter les poursuites engagées ;
Qu'il y a dès lors lieu dès lors d'ordonner la poursuite de la vente de l'immeuble saisi suivant exploit de commandement… »

p. 491 ; arrêt n° 241, 13 juin 1961, Fonkou Joseph, Kouam Jean et Tala Paul c. Commissaire du gouvernement, Répertoire chronologique de la jurisprudence de la Cour suprême, Droit pénal, tome 1, 1960-1980, préc., pp. 331 et s.).

A titre d'exemple, dans un arrêt du 13 juin 2006, la Cour d'appel d'Abidjan estime que cet officier ministériel et public doit pouvoir être désigné et servir en tant que mandataire judiciaire. Le cœur de la décision est ainsi libellé : « *Il résulte des pièces versées aux débats, tant par les appelants que les intimés, que la société (...) est une société à responsabilité limitée régulièrement constituée... ;*

Il y a donc lieu de dire que R. et F. ont la qualité d'associés de ladite société et sont fondés, en vertu de l'article 337 de l'Acte uniforme sur les sociétés commerciales et en raison de ce qu'ils sont (...) majoritaires, à solliciter la nomination d'un mandataire judiciaire, à l'effet de convoquer une assemblée générale ;

(...) cette demande présentée sous la forme d'une requête est conforme à l'article 615 de l'Acte uniforme susvisé, en ce qu'elle tend à faire nommer par le président de la juridiction compétente, en vertu des articles 221 ou 232 du Code de procédure civile et commerciale, un mandataire judiciaire ; il y a donc lieu d'en juger ainsi et de rejeter la demande en rétractation, et ce, surtout qu'il apparaît au dossier, d'une part, que le gérant statutaire n'a jamais convoqué d'assemblée générale depuis la création de la société le 23 novembre 1999, spoliant ainsi les associés de leur droit fondamental statutaire et légal à l'information, et d'autre part, que le mandataire a régulièrement convoqué les associés... » *(CA d'Abidjan, arrêt n° 712, 13 juin 2006, R. et un autre c. T. et un autre, in Secrétariat Permanent de l'OHADA, Jurisprudences nationales, préc., pp. 89 et s.).*

La cinquième leçon, déjà évoquée, c'est que l'huissier de justice cumule ses fonctions avec celles du commissaire-priseur. A la vérité, les choses ne se sont pas toujours présentées de cette façon au Cameroun. Autrefois, ces professions étaient distinctes et exercées séparément. En ce sens, le décret n° 61-84 du 6 juin 1961 relatif aux fonctions de commissaire-priseur réservait à cet officier ministériel le soin de procéder à l'estimation et à la vente publique aux enchères de meubles et effets corporels, y compris ceux de personnes en faillite. Au demeurant, le même texte lui réservait la police des ventes en lui concédant le pouvoir de présenter toutes réquisitions utiles pour y maintenir l'ordre[1004]. On l'aura compris à l'aune de ce rappel, c'est dorénavant à l'huissier de justice que revient le soin d'estimer les biens à vendre publiquement aux enchères, du moins dans les cas de figure où la vente amiable n'est pas prescrite ou encore lorsqu'elle s'est révélée infructueuse[1005].

[1004] Articles 1 et 4.

[1005] Quand bien même les effets du débiteur doivent être vendus à l'amiable dans le cours d'une saisie où cette phase est prévue, l'huissier de justice a encore un rôle à jouer. En effet, les articles 115 et suivants de l'Acte uniforme portant organisation des procédures simplifiées de recouvrement et des voies d'exécution inclinent à penser que celle-ci se déroule sous son contrôle. C'est ainsi par exemple que le débiteur est tenu de lui transmettre, par écrit, toutes les propositions d'acquisition qui lui sont faites. C'est ainsi par exemple l'huissier de justice a la

L'option ainsi retenue n'emporte pas l'adhésion de tous. Le reproche peut lui être adressé de ne pas tenir compte du contenu de la formation des juristes, laquelle ne les prédispose pas à estimer les biens et à organiser au mieux leur vente aux enchères. Le grief peut également lui être imputé de concentrer l'emploi dans un contexte où les jeunes sortis des universités ploient sous le coup du chômage et où, curieusement, la réduction du chômage est affichée comme une priorité gouvernementale. En ce sens, le jumelage se comprend d'autant moins que les recrutements massifs dans la fonction publique et dans les entreprises du secteur public ont des conséquences financières qui auraient été évitées si l'accès aux professions d'huissier et de commissaire-priseur avait été ouvert et ces dernières scindées[1006].

Le sixième enseignement c'est que l'huissier de justice a le droit d'être assisté de clercs assermentés et de clercs, y compris au cas d'empêchement. Ainsi que cela a déjà été relevé, il peut se faire suppléer dans tous les actes de son ministère par des « Sworn Clerks », sauf en ce qui concerne l'établissement des procès-verbaux de constat et de récolement. Simplement, les clercs assermentés doivent, en ces circonstances, mentionner en marge des actes dressés à l'effet de suppléer le titulaire de la charge leurs noms, prénoms, qualités[1007]. La jurisprudence de la Cour commune de justice et d'arbitrage, pour ne viser que cette dernière, est fixée sur ce point notamment depuis l'arrêt du 24 juin 2021, affaire Kouassi Ouassa Charly contre Diabaté Kaladji[1008].

Le septième enseignement, dans la foulée du précédent, c'est que le « baillif » instrumente difficilement seul dans maintes hypothèses, notamment en matière de constats ou de saisies. En conséquence de cela, l'exigence est posée dans l'Acte uniforme OHADA portant organisation des procédures simplifiées de recouvrement des créances et des voies d'exécution qui veut que l'officier ministériel et public puisse parfois se faire assister d'un ou de deux témoins. Trois choses sont alors précieuses. L'une invite à se souvenir que le créancier ne devrait pas, sauf nécessité constatée

---

charge de communiquer aux créanciers saisissants et opposants, notamment par lettre recommandée avec avis de réception, les propositions provenant de l'endetté. C'est auprès de l'huissier que les créanciers sont invités à prendre le parti d'accepter ou de refuser les propositions qui leur sont adressées et, éventuellement, de se porter acquéreurs. Là n'est pas tout. A en croire l'article 118 de l'Acte uniforme précité, il faudrait que le prix de la vente amiable soit consigné entre les mains de l'huissier de justice ou au greffe pour que soit envisagée la délivrance des biens et surtout le transfert de leur propriété au profit de l'acquéreur.

[1006] Un retour au passé n'est pas à exclure. En effet, à son article 1-1, l'Acte uniforme révisé portant organisation des procédures simplifiées de recouvrement et des voies d'exécution semble distinguer « l'huissier de justice ou l'autorité chargée de l'exécution » de « l'autorité de justice chargée de la vente ». A la vérité, et à s'en tenir aux travaux préparatoires, cette dernière formule se justifie par l'inexistence dans certains pays membres de l'organisation de la profession d'huissier de justice dont les fonctions sont assumées par un agent public ayant parfois la qualité de fonctionnaire.

[1007] Voir l'article 12 (1), (2), (3), mais aussi les articles 18 et 19.

[1008] CCJA, arrêt n° 136/2021, 24 juin 2021, Kouassi Ouassa Charly c. Diabaté Kaladji, préc.

par la juridiction compétente, prendre part aux opérations de saisie[1009]. L'autre suggère de garder présent à l'esprit que les témoins retenus devront être majeurs et, surtout, n'avoir aucun lien de parenté ou d'alliance direct avec les parties, encore moins se trouver à leur service[1010]. Simplement, le procès-verbal que celui-ci établit doit alors, impérativement, mentionner l'identité des témoins, la profession de chacun des concernés ainsi que leurs domiciles et signatures[1011] *(Civ., 7 mars 2006, Juris-Data n° 2006-032546, Procédures n° 6, juin 2006, pp. 138 et s., comm. PERROT R.)*. Enfin, le nombre de témoins n'est pas sans bornes. Ceux-ci ne sauraient être au-dessus de deux. En toute hypothèse, le choix est laissé à l'auxiliaire de justice conduisant une procédure d'exécution de se déterminer dans la fourchette visée.

L'huissier de justice devrait également pouvoir être assisté par un officier de police judiciaire, sur autorisation du procureur de la République[1012]. Dans le prolongement, on a envisagé, en cas d'opposition à l'exercice des activités relevant des attributions de cet auxiliaire de justice, des difficultés. Et, cela est acquis, non seulement le refus de l'Etat de « prêter main-forte » engage sa responsabilité, mais la preuve de l'illégalité de la décision de refus aboutit parfois à l'annulation de cette dernière par le juge administratif[1013].

[1009] Article 46, alinéa 3.

[1010] Article 44.

[1011] Idem.

[1012] Article 4, Statut. Il n'est pas sans intérêt de revenir sur l'une des circulaires du garde des sceaux du 31 octobre 1985, en ce qu'elle éclaire au sujet des circonstances dans lesquelles la réquisition de la force publique doit être envisagée. Adressée aux procureurs généraux près les cours d'appel, son point d'orgue est celui-ci : « *Mon attention a été appelée sur la facilité avec laquelle les parquets d'instance visent quasi systématiquement les réquisitions de la force publique que leur présentent les huissiers de justice pour être assistés lors de l'exécution des décisions judiciaires qu'ils signifient.*

Ainsi, ai-je eu à constater pour le déplorer, que certains huissiers procèdent à des significations d'actes à des organismes étatiques ou à des banques, parfaitement insolvables, en se faisant escorter de plusieurs policiers qui non seulement sont nombreux mais parfois armés, alors que la signification de l'acte ne me paraît pas, dans de tels cas et bien d'autres, nullement justifier ce déploiement de des forces qui engendrent nécessairement des attroupements inutiles sans pour autant aider à l'exécution de la décision.

Je rappelle qu'il résulte des dispositions de l'article 2 du décret 79/448 du 5 novembre 1979, modifié par décret n° 85/238 du 22 février 1985 fixant le statut des huissiers de justice, que ces derniers ont la faculté et non pas l'obligation de se faire assister d'un seul officier de police judiciaire et non de plusieurs policiers, bien souvent n'ayant pas cette qualité et sur autorisation du parquet.

Ce n'est qu'en cas de résistance avec violences qu'ils peuvent adresser une demande d'assistance à la force publique, tant au procureur de la République qu'à l'autorité administrative qui dans ce cas, se concertent.

Vous voudrez donc bien prescrire à vos substituts d'apprécier l'opportunité ou la nécessité dans l'un et l'autre cas évoqué de cette assistance et d'en obtenir préalablement l'autorisation de ma chancellerie.

J'attacherai du prix à une diffusion de la présente circulaire à tous vos substituts, et à un rappel aux huissiers d'une application stricte des dispositions déjà évoquées de leur statut en la matière ».

[1013] Sur l'ensemble, voir not. ENOTI FILS H., op cit, pp. 102 et suivantes, mais aussi les pages 153 et s. ; MAH E.P, *La profession d'huissier de justice au Cameroun francophone*, L'Harmattan, Paris, 2014 pp. et s. ; NTSAME MBIAME L.-P., op cit., pp. 21-22 ; ONANA ETOUNDI F., op. cit., pp. 409 et s. ; TACHAGO YOUMSSI N.D., *Le ministère public et les voies d'exécution en droit OHADA*, préc., pp. 32 et s., mais aussi les pp. 91 et s. ; TSALA MAMA Th. M., op. cit., pp. 44 et

A l'aune de ces exigences, la Cour commune de justice et d'arbitrage a récemment rendu un arrêt qui fera date. Sa teneur est celle-ci : « *Attendu qu'il est reproché à l'arrêt déféré la violation de l'article 48 de l'Acte uniforme portant organisation des procédures simplifiées de recouvrement et des voies d'exécution, en ce que la Cour a reçu Bernard Diazola en sa demande, alors qu'il n'est pas un huissier qui seul peut, par assignation, saisir la juridiction compétente, s'il rencontre des difficultés dans l'exécution forcée d'un titre ; que selon le moyen, l'arrêt attaqué a violé les dispositions du texte précité et encourt la cassation ;*

Attendu qu'aux termes du texte visé au moyen, « l'huissier (...) peut toujours, lorsqu'il rencontre une difficulté dans l'exécution d'un titre exécutoire, prendre l'initiative de saisir la juridiction compétente. L'huissier (...) délaisse, aux frais du débiteur, assignation à comparaître des parties en les informant des jour, heure et lieu de l'audience au cours de laquelle la difficulté sera examinée (...) » ; qu'il appert que cette faculté reconnue à l'huissier de justice instrumentaire n'interdit nullement aux personnes ayant intérêt et qualité d'agir en leurs noms propres pour la défense de leurs intérêts ;

Qu'il suit de là que le moyen n'est pas fondé et que le pourvoi doit être rejeté... » *(CCJA, arrêt n° 016/2018, 25 janv. 2018, Société Airtel Congo S.A. c. Bernard Diazola, http://www.ohada.org).*

Dans la même tournure d'esprit, mais avec davantage de hardiesse, le Conseil d'Etat français a rendu un arrêt devenu une pierre angulaire du droit administratif. Ses extraits majeurs sont connus : « *Considérant qu'il résulte de l'instruction que, par jugement en date du 13 février 1908, le tribunal de Sousse a ordonné « le maintien en possession du sieur Couitéas des parcelles de terre du domaine de Tabia-el-Houbira dont la possession lui avait été reconnue par l'Etat » et lui a conféré « le droit d'en faire expulser tous les occupants » ; que le requérant a demandé, à plusieurs reprises, aux autorités compétentes, l'exécution de cette décision ; mais que le gouvernement français lui a toujours refusé le concours de la force militaire d'occupation reconnu indispensable pour réaliser cette opération de justice, en raison des troubles graves que susciterait l'expulsion de nombreux indigènes dont ils s'estiment légitimes occupants depuis un temps immémorial ;*

Considérant qu'en prenant, pour les motifs et dans les circonstances ci-dessus rappelées, la décision dont se plaint le sieur Couitéas, le gouvernement n'a fait qu'user des pouvoirs qui lui sont conférés en vue du maintien de l'ordre et de la sécurité publique dans un pays de protectorat ;

Mais considérant que le justiciable nanti d'une sentence judiciaire revêtue de la formule exécutoire est en droit de compter sur la force publique pour l'exécution du titre qui lui est ainsi délivré ; que si, comme il a été dit ci-dessus, le gouvernement a le devoir d'apprécier les conditions de cette exécution et de refuser le concours de la force armée, tant qu'il l'estime qu'il y a danger pour l'ordre et la sécurité, le

---

s., n°s 90 et s. ; WANDJI KAMGA A.-D., *Le droit à l'exécution forcée*, op cit, pp. 226 et s., n°s 514 et s.

préjudice qui résulte de ce refus ne saurait, s'il excède une certaine durée, être une charge incombant normalement à l'intéressé, et qu'il appartient au juge de déterminer la limite à partir de laquelle il doit être supporté par la collectivité ;

Considérant que la privation de la jouissance totale et sans limitation de durée résultant, pour le requérant, de la mesure prise à cet égard, lui a imposé, dans un intérêt général, un préjudice pour lequel il est fondé à demander une réparation pécuniaire ; que, dès lors, c'est à tort que le ministre des affaires étrangères lui a dénié tout droit à indemnité… » (CE, 30 nov. 1923, Couitéas, S. 1923.3.57, note HAURIOU M. Dans le même sens, voir not. CE, 3 juin 1938, Société La cartonne et imprimerie Saint-Charles, RDP 1938, pp. 375 et s., note JEZE G., Rec., p. 98 ; Société Townsend car ferries, JCP 1985.II.20444, note PACTEAU J., Les grands arrêts de la jurisprudence administrative, Sirey, Paris, 1999, p. 247 ; CE, 28 déc. 1949, Société des automobiles Berliet, Rec., pp. 579 et s., S. 1951.3.1., concl. Guionin, note MATHIOT A. Adde même tacitement CCJA, arrêt n° 027/2008, 30 avril 2008, Soc. African Petroleum consultants dite APC c. Etat du Cameroun, inédit ; CS, arrêt n° 19/Civ., 05 janv. 2017, Mitcam SA c. Société Afrique Amérique Gideppe SA, préc. ; TPI Yaoundé, jugt. n° 109/Cor, 28 oct. 1986, inédit[1014] ; CS, arrêt n° 171, 27 août 1968, Dame Abena Noah Dorothée c. Noah Ahanda Armand, préc. ; CA Abidjan, n° 1124, 08 avril 2003, Société ASH International et autres c. Hamed Bassam Traoré et autres, Actualités Juridiques 2004, n° 43, pp. 10 et 11[1015]).

Le huitième enseignement, dans le sillage de ce qui précède, c'est que l'huissier de justice a le bénéfice d'une protection spéciale indispensable à l'exercice serein de ses fonctions dans un contexte d'exacerbation de la violence et de remise en cause de l'autorité de l'Etat[1016]. L'une des matrices de la protection aménagée est consignée à l'article 17 du statut révisé qui révèle avec fermeté non seulement que l'étude de l'officier ministériel et public est accessible, inviolable et insaisissable, mais aussi que celle-ci ne devrait être scellée ou essuyer des perquisitions qu'à la lumière des textes en vigueur. L'autre matrice de la protection aménagée est consignée à l'article 4 (4) où il est résolu, dans l'hypothèse où l'opposition à l'exercice du ministère de l'huissier de justice est accompagnée de violences ou de menaces de violence graves et que l'emploi de la force publique s'avère nécessaire, que l'auxiliaire de justice dresse un procès-verbal contresigné par l'officier de police judiciaire éventuellement présent. La dernière tranchée de cette protection, décisive, est constituée par le Code pénal qui complète l'arsenal civil existant. Entre autres, celui-ci punit les menaces, les violences à fonctionnaire, la rébellion y compris en groupe, la « soustraction

1014 Cité par ONANA ETOUNDI F., op. cit., p. 416.

1015 La cour estime que « *l'article 29 de l'Acte uniforme sur le recouvrement interdit la pratique des réquisitions d'assistance au Procureur de la République, la formule exécutoire seule, valant réquisition directe de la force publique* ».

1016 LESGUILLIER M., « La saisie immobilière : une procédure qui fonctionne bien », *J.C.P.* 1978, 1, doctr., p. 2901, n° 5.

et destruction de pièces publiques », les usurpations de titres, la corruption, la concussion, le trafic d'influence [1017].

Le neuvième enseignement c'est que l'huissier de justice qui a prêté serment et s'est installé devrait se voir délivrer une carte professionnelle[1018]. Le document est établi par le Garde des sceaux sur présentation, par la chambre nationale des huissiers de justice, d'un dossier comprenant entre autres une copie du décret d'attribution de la charge, une expédition du procès-verbal de prestation de serment, une photographie, une copie certifiée conforme de l'acte de naissance. D'une validité de dix ans, la carte professionnelle dont semble privé l'agent d'exécution renseigne, en anglais et en français, au sujet du nom de son titulaire, de ses dates et lieux de naissance, de son numéro d'ordre, de sa signature, de la date de délivrance du document, de la signature et du timbre de l'autorité l'ayant délivré. Cela va de soi, l'officier ministériel et public sera parfois astreint à la présenter avant d'accomplir quelques-uns des actes relevant de son ministère *(CCJA, arrêt n° 136/2021, 24 juin 2021, Kouassi Ouassa Charly c. Diabaté Kaladji, préc. ; CS, arrêt n° 225/P, 28 sept. 1986, Kenne Dieudonné c. Ministère public et Fotié Paul, Répertoire chronologique de la jurisprudence de la Cour suprême, tome 1, Droit pénal, 1980-2000, pp. 448 et s.).*

Le dixième enseignement c'est que d'autres prérogatives sont octroyées à l'huissier de justice qui, tantôt ont trait aux congés, tantôt à sa « rétribution ».

Etant entendu que cet auxiliaire de justice jouit d'un véritable monopole s'agissant d'un nombre important d'actes ou de procédures, cette trêve se devait d'être strictement encadrée[1019]. Sa durée ne peut, sauf cas de maladie, excéder deux mois par année. L'officier ministériel et public n'a pas à s'octroyer le congé visé. La décision provient du ministre de la justice qui se prononce par arrêté. Pour le suppléer, le président du tribunal de première instance du coin désigne un intérimaire présenté par le titulaire de la charge, non sans se référer aux réquisitions du ministère public[1020]. L'intérimaire est soit un huissier du ressort, soit un stagiaire soit un clerc assermenté. Il n'est procédé autrement qu'en cas de détention provisoire ou de suspension, car alors l'intérimaire est désigné soit parmi les stagiaires titulaires d'un certificat de fin de stage, soit parmi les clercs assermentés, sur une liste de trois noms présentés par le parquet sans que l'avis du titulaire de la charge soit requis[1021]. L'intérimaire agit sous la responsabilité et la caution solidaire de l'huissier de justice titulaire lorsque le congé ou l'empêchement a un caractère ordinaire ; en revanche, il instrumente sous

---

[1017] Voir, en cascade, les articles 134, 142, 156, 157, 158, 161, 181-1 du Code de procédure pénale.

[1018] Article 20, décret n° 2023/042 du 25 janvier 2023.

[1019] Article 18, statut des huissiers de justice et des agents d'exécution préc.

[1020] Un huissier de justice intérimaire est également désigné lorsque l'huissier de justice subit une détention préventive ou une suspension. Dans ces hypothèses, l'avis du titulaire n'est pas requis et l'intérimaire est seul responsable des fautes qui pourraient lui être imputées.

[1021] Article 18 (3).

sa seule responsabilité dans l'hypothèse où l'indisponibilité titre sa source dans la détention provisoire ou est provoquée par celle-ci[1022] *(en ce sens, voir CCJA, arrêt n° 136/2021, 24 juin 2021, Kouassi Ouassa Charly c. Diabaté Kaladji, http://www.ohada.org*[1023] *; CS, arrêt n° 225/P, 28 sept. 1986, Kenne Dieudonné c. Ministère public et Fotié Paul, Répertoire chronologique de la jurisprudence de la Cour suprême, tome 1, Droit pénal, 1980-2000, pp. 448-4450*[1024]*).*

[1022] Article 18 (2, 3). Les articles 18 (4) et 19 ajoutent que l'intérimaire jouit des mêmes droits et est soumis aux mêmes obligations que l'huissier de justice titulaire ; qu'il est tenu de verser au titulaire de la charge la moitié des bénéfices réalisés par l'étude pendant le temps du congé, déduction faite des charges ; l'autre moitié lui revient donc de droit. La solution est légèrement différente lorsque l'intérim est motivé par une sanction disciplinaire ou par une détention préventive car alors, la moitié des bénéfices revenant au titulaire de la charge est versée au trésor public.

[1023] Ici, la demanderesse reproche à la cour d'appel d'avoir, pour faire échec à ses prétention en appel, établi un lien entre les dispositions de l'article 7 de la loi n° 97-514 du 04 septembre 1997 portant statut des huissiers de justice et la validité de la carte professionnelle présentée par l'huissier de justice auxiliaire lors de la signification de l'acte d'appel. A ses yeux, la lecture de l'article visé n'évoque nulle part la nullité de l'acte accompli par l'huissier de justice en rapport avec la validité ou l'invalidité de la carte professionnelle dont celui-ci est muni. La CCJA se prononce sur les mérites de cette prétention dans une tournure de langage dont les maîtres-mots sont univoques : « *Attendu qu'aux termes de l'article 7 sus-évoqué « Tout exploit ou tout acte accompli par un huissier de justice hors des limites de son ressort territorial en ce qui concerne les huissiers de justice auxiliaires ou hors de sa compétence d'attribution, telles que définies par l'article 5 est atteint de nullité absolue » ;*
Attendu qu'il résulte de ce texte que la nullité est encourue notamment lorsque l'huissier de justice agit hors de sa compétence d'attribution telle que définie par l'article 5 alinéa 1 de la même loi qui dispose « Les huissiers de justice ont seuls qualité pour signifier ou notifier les exploits ou les actes et mettre à exécution des décisions de justice ou les actes ou titres en forme exécutoire, lorsqu'aucun autre mode de signification, de notification ou d'exécution n'a été précisé par les lois ou les règlements » ; que la violation des compétences d'attribution de l'huissier, au sens de ces textes, doivent s'entendre comme visant non seulement les cas dans lesquels un huissier pose un acte qui ne relève pas de sa compétence d'attribution, mais aussi les cas dans lesquels une personne autre qu'un huissier de justice pose un acte qui relève de la compétence exclusive des huissiers de justice ;
Attendu en l'espèce, que l'acte litigieux a été instrumenté par une personne se prévalant de la qualité de clerc assermenté, alors même que, selon l'article 9 alinéa 1 de la loi n° 97-514 du 04 septembre 1997 susvisée « Les clercs assermentés justifiant d'une année de cléricature et remplissant les conditions 1 à 7 de l'article 14 peuvent suppléer les huissiers de justice titulaires de charges dans tous les actes de leur ministère » ;
Mais attendu qu'il résulte des énonciations de l'arrêt attaqué que Monsieur Bayoro, clerc ayant signifié l'acte d'appel, ne remplissait pas les conditions prévues par ce texte en ce qu'il n'a ni la qualité de clerc assermenté ni celle d'huissier titulaire de charge, agissant ainsi en violation de la compétence d'attribution des huissiers de justice telle que définie à l'article 5 la loi n° 97-514 du 04 septembre 1997 précitée ;
Que dès lors, en prononçant la nullité de l'appel sur le fondement de l'article 7 de la loi n° 97-514 du 04 septembre 1997 précitée, la cour d'appel n'a nullement violé ce texte… »

[1024] C'est à l'examen au second degré de la décision de la cour que les principes se découvrent. Effectivement, celle-ci y est appelée à se prononcer sur un moyen pris de la violation de l'article 5 de l'ordonnance n° 72/4 du 26 août 1972 et des articles 1er et 16 du décret du 5 novembre 1979 règlementant la profession d'huissier de justice. Au fond, le demandeur au pourvoi estime que l'arrêt contesté n'a pas répondu à l'exception de nullité d'une citation directe fondée sur le fait que le sieur Edjenguelé Emmanuel, « simple agent de l'étude de Maître Tchio Jacob de Mbouda » qui a conçu, rédigé et signé cet exploit n'a ni la qualité d'huissier de justice ni celle d'huissier ad-hoc, d'autant que l'article 16 alinéa 2 visé au moyen dispose expressément qu'un

Venant à la rémunération de la prestation de cet auxiliaire de justice, le décret n° 2023/042 du 25 janvier 2023 n'a pas changé grand-chose au dispositif préexistant. La règle y est posée, à l'article 16, que les droits et émoluments des huissiers de justice sont fixés par décret. Dans l'attente de cet acte règlementaire, on continue à se référer aux prévisions du décret n° 79/85 du 13 mars 1979 fixant le tarif des huissiers et des agents d'exécution tel que complété par un autre décret n° 80/142 du 28 avril 1980. En substance, on y découvre[1025] en ce qui concerne les matières civile, commerciale et coutumière[1026] que pour chaque acte dressé, des émoluments sont dus qui comprennent forfaitairement la rémunération des diligences, examen des pièces, recherches et autres travaux antérieurs[1027] ; que ces émoluments comprennent également les frais accessoires exposés à l'exception de ceux relatifs aux correspondances, aux droits de timbre et

---

préposé d'huissier ne peut avoir la qualité d'huissier ad-hoc qu'à la suite de l'intervention d'une ordonnance du président du tribunal du ressort et sur réquisition du ministère public. La Cour suprême tranche ainsi : « *Mais attendu qu'il ne ressort ni de l'examen des pièces versées au dossier, ni du jugement (...) rendu dans cette affaire par le tribunal correctionnel (...), ni même de l'arrêt (...) attaqué, que des conclusions avaient été déposées par les parties, lesquelles avaient comparu seules sans l'assistance des avocats ;*

Attendu qu'il ne saurait être fait grief aux juridictions du fond ayant examiné ce dossier de n'avoir pas répondu à des conclusions qui n'avaient pas été produites aux débats ;

Attendu par ailleurs que la question de la qualité d'un huissier ad-hoc est une question de fait laissée à la libre appréciation des juges du fond et qu'elle ne peut être examinée pour la première fois par la Cour suprême ; (...) qu'il s'ensuit que ce moyen n'est pas fondé ».

[1025] Article premier.

[1026] Les émoluments dus en d'autres matières sont déterminés à l'article 15. Il y est mentionné que les huissiers de justice ont droit, pour toutes citations en matière pénale, pour la signification des mandats de comparution, des décisions de justice ou autres actes ou pièces à 500 francs pour l'original ; 200 francs pour la copie ; 100 francs pour la copie des pièces annexées, par rôle. L'article 16 exige en outre le remboursement des frais de poste par eux avancés.

[1027] Il convient ici de rappeler les termes d'une circulaire de Monsieur le Ministre de la justice Adolphe Moudiki en date du 28 février 1990. Titrée « *Visa des états d'émoluments des officiers ministériels* », la teneur de cet acte règlementaire en cause est celle-ci : « *De nombreuses irrégularités et des actes frauduleux ont été constatés sur les états d'émoluments des officiers ministériels, artificiellement gonflés et qui sont dès lors de véritables sources d'enregistrement illicite.*

Ces procédés au demeurant malhonnêtes et constitutifs d'atteintes à la fortune publique susceptible de poursuites répressives ne sauraient être tolérés davantage.

Pour mettre un terme à ces fraudes d'une gravité évidente, seuls les mandements de citations ou autres actes judiciaires dûment délivrés par le Ministère public et régulièrement portés dans le registre tenu à cet effet au parquet du ressort de l'huissier ou de l'agent d'exécution, seront pris en considération lors du contrôle et du visa des états d'émoluments trimestriels.

Les irrégularités qui seraient couvertes par des signatures complaisantes engageront leur responsabilité personnelle de leurs auteurs.

Vous voudrez bien en conséquence en vue du redressement de cette situation :

1°) Veiller à la tenue rigoureuse du registre des actes sus évoqués dont les mentions utiles devront correspondre à celles du même registre tenu dans chaque étude d'huissier ou d'agent d'exécution ;

2°) Adresser désormais à la chancellerie assortis de toutes observations utiles un exemplaire de chacun de ces états en même temps qu'un extrait certifié conforme du registre y afférent à compter du premier trimestre 1990 ;

3°) Me faire part des suggestions ou difficultés éventuelles relatives à l'application des présentes instructions... »

d'enregistrement[1028]. A cela s'ajoutent : 1000 francs pour tous les actes autres que les protêts ; 1000 francs pour les protêts de perquisition ; 750 francs pour les protêts simples ; 2000 francs pour les procès-verbaux par vacation de trois heures. On y découvre que les sommes à servir pour des copies devraient représenter le cinquième de celles versées pour un original ou pour la première vacation. On y apprend qu'un droit gradué dont l'assiette varie entre 150 et 1500 francs leur est alloué sur les protêts, commandements, exploits de saisie, procès-verbaux d'offres réelles lorsque la somme portée à l'acte est supérieure à dix mille francs. Le décret n° 79/85 du 13 mars 1979 révèle même, en matière d'adjudication, que l'huissier de justice se voit allouer 400 francs pour la publication du cahier des charges et 600 francs pour droit de criée, par lot. S'agissant toujours du recouvrement forcé des créances, il prévoit un droit de recette proportionnel aux sommes effectivement recouvrées ou encaissées[1029]. Lorsque la procédure a été engagée en vertu d'un acte non revêtu de la formule exécutoire, ce droit de recette est avancé par le créancier et représente 10 % jusqu'à 50 000 francs, 8 % entre 50 001 et 500 000 francs, 5 % au-dessus de ce montant. Lorsque l'exécution forcée a été entreprise sur la base d'un acte revêtu de la formule exécutoire, le droit de recette, à la charge du débiteur cette fois-ci, est de 7 % jusqu'à 50 000 francs, de 4 % entre 50 001 et 500 000 francs, de 3 % au-dessus de 500 000[1030] *(tacitement, voir not. CCJA, arrêt n° 022/2018, 08 fév.*

[1028] Reste à se souvenir des termes de l'instruction ministérielle n° 2014/0001 du 13 février 2014 portant procédure de contrôle comptable et de règlement des frais de justice criminelle, signée des mains du Garde des sceaux, du ministre délégué à la présidence de la République chargé de la défense et du ministre des finances. Il y est dit :

- Que les frais de justice sont de trois ordres : les mémoires, les taxes et les émoluments. Les mémoires sont des décisions établies pour régler les frais de missions des magistrats, des greffiers, des assesseurs et des autres personnels judicaires, ainsi que les honoraires dus aux avocats et experts commis d'office par une juridiction. Les taxes sont les indemnités dues aux témoins et aux interprètes. Enfin, les émoluments sont d'une part les rémunérations des diligences, des recherches et autres travaux relatifs à la délivrance des actes légaux effectués par les huissiers de justice et d'autre part la prime de rendement servie trimestriellement aux personnels magistrats et non-magistrats des services judiciaires ;
- Que le greffier en chef établit un état trimestriel d'émoluments. Les pièces requises à ces fins sont : une attestation du procureur de la République certifiant la régularité des actes dressés par l'huissier de justice qui en est bénéficiaire ; une attestation du procureur général certifiant la régularité des actes dressés par l'huissier de justice ; un état d'émolument assorti de la réquisition du procureur de la République et du procureur général ; des visas des responsables du contrôle ; l'ordonnance de taxation du président de la cour ou du tribunal ;
- Que les frais de justice sont payés en numéraires entre les mains du bénéficiaire, ou par virement bancaire.[1028] Cette règle doit être accueillie avec recul. Effectivement, cette liberté est relative lorsqu'on songe au cas atypique de l'« avocat salarié » qui ne reçoit pas en tant que tel des honoraires, mais bien plutôt un salaire dont le montant est connu et la périodicité fixée longtemps à l'avance. Pour un approfondissement, lire CROZE H., « Frais et dépens en matière civile », op cit., pp. 16 et s. ; KENMOGNE POLLA V., *La pratique des dépens en droit processuel camerounais*, op cit., pp. 273 et s.

[1029] Article 9.

[1030] On ne perdra pas davantage de vue :

- Les prévisions de l'article 2 (nouveau) du décret n° 93/087 du 15 mars 1993 fixant les modalités de répartition des émoluments des greffes des cours et tribunaux, modifié par le décret n° 97-27

2018, Société Touton Négoce Côte d'Ivoire c. Monsieur Ouedraogo Paouindé, préc. ; arrêt n° 022/2014, 11 mars 2014, Standard chartered bank Cameroon dite SCBC c. Caisse nationale de prévoyance sociale du Cameroun dite CNPS et Institut des relations internationales du Cameroun dit IRIC-Université de Yaoundé II, préc.).

Ces morceaux choisis, relatifs aux appointements de l'huissier de justice, posent des problèmes sérieux difficile à occulter.

On peut, tout d'abord, se demander si l'estimation de cette « rémunération » est en harmonie avec le contexte économique et social d'aujourd'hui. Une réponse négative semble s'imposer[1031]. A preuve et pour s'en convaincre résolument, il suffit de ne pas perdre de vue cette somme d'environ 250 francs qui devrait leur être versée lorsque des moyens de transport n'ont été fournis ni par l'administration ni par les parties, pour un déplacement sur une distance de 5 kilomètres du siège de la juridiction où se trouve l'étude[1032]. Il suffit sans doute aussi d'avoir présent à l'esprit cette somme de 300 francs qui devrait parfois être allouée au titre du remboursement forfaitaire des frais de correspondance, d'affranchissement et de papeterie[1033], lesquels révèlent l'obsolescence et l'inadéquation du cadre règlementaire de la rémunération de l'officier public et ministériel[1034].

On peut, ensuite, se demander si le tarif des huissiers de justice et agents d'exécution est exhaustif ou, plus simplement, si toutes les activités dont ces derniers ont la charge ont été identifiées lors de l'estimation de ce qui en constitue la contrepartie. Ici également, le doute est malheureusement permis. C'est du moins ce que laisse croire l'article 11 du décret du 13 mars 1979 lorsque ce dernier énonce que pour les travaux, diligences, formalités ou missions non compris dans le tarif rendu public, les frais et honoraires sont fixés d'accord parties. A défaut, ils sont taxés par le président du tribunal du siège de l'étude *(TPI de Bafang, jugt. n° 27/CIV/TPI/85, Banque internationale du commerce et de l'industrie du Cameroun dite BICIC c. Diffo*

---

du 25 avril 1997. Il y est énoncé que les émoluments de chaque juridiction sont perçus et répartis trimestriellement, suivant les modalités ci-après, déduction faite des débours : 15 % de la masse nette sont versés au trésor public ; 10 % au fonds complémentaire d'équipement des services judiciaires ; 40 % sont destinés au personnel non magistrat en activité dans les juridictions, à l'exception du greffier en chef ; 10 % au personnel non magistrat en service à la chancellerie ; 7 % au greffier en chef ; 11 % au personnel magistrat en activité dans les juridictions à l'exception des chefs de cour ; 1 % au personnel magistrat visé à l'article 1er alinéa précédemment évoqué ;
- Les prévisions de la circulaire n° 2014 du 13 février 2014 portant procédure de contrôle administratif, de contrôle comptable et de règlement des frais de justice criminelle. Ce texte subordonne l'établissement des états relatifs aux émoluments des huissiers de justice à la production d'une attestation du procureur de la République certifiant la régularité des actes dressés, d'une attestation du procureur général certifiant la régularité des actes dressés par l'huissier de justice bénéficiaire de l'état d'émolument ; d'un état d'émolument…

[1031] KENMOGNE POLLA V., op cit., p. 67.

[1032] L'article 19 du décret du 13 mars 1979 ajoute que, lorsque l'huissier de justice se transporte au-delà de cinq kilomètres du siège de la juridiction où il exerce, l'indemnité doit être calculée à raison de 5 francs par kilomètre parcouru tant à l'aller qu'au retour.

[1033] Article 2-e.

[1034] KENMOGNE POLLA V., op cit., p. 67.

Gabriel, préc.). Esquissant une synthèse de l'arsenal juridique en vigueur, quelques-uns ont estimé que *« The fees payable to bailiffs and process-servers is specified in an official quite complex fee schedule established »*[1035] ; quelques-autres concluent que la rémunération de l'huissier de justice relève de deux régimes tarifaires , à savoir une tarification libre, dont le taux est défini d'accord parties avec le client et à défaut soumis à l'appropriation du tribunal du siège de l'étude ; une tarification règlementée et généralement graduée, dont les méandres se retrouvent dans le tarif et dans d'autres actes règlementaires[1036].

De même, l'exposé de ce tarif ne met pas distinctement en évidence les conséquences du bénéfice de l'assistance judiciaire sur la rétribution de l'intervention de l'huissier de justice. Pour n'évoquer qu'un exemple, le Code du travail prévoit, s'agissant du contentieux social, que le travailleur bénéficie de plein droit de l'assistance judiciaire pour les besoins de l'obtention de la décision de justice ou pour l'exécution des jugements et arrêts rendus à son profit. Simplement, le code confie aux présidents de juridictions le soin de désigner l'officier ministériel appelé à prêter son ministère à cet effet[1037]. Du coup, la préoccupation est usuelle de savoir s'il ne faudrait pas, urgemment, offrir au bénéficiaire de cette faveur la latitude de s'orienter vers un huissier de justice de son choix pour les besoins de l'exécution forcée. A ce jour, aucune des opinions exprimées n'est véritablement à l'abri de la dispute. Le législateur devra donc trancher. L'idéal serait alors d'esquisser une solution à différentes détentes : l'une, médiane, pour le court terme ; l'autre, audacieuse, pour le long terme *(CS, arrêt n° 87/S, 14 mai 1998 Société Sawa Novotel c. Dame Ngadma née Fagmou Pauline Nicole, préc. ; arrêt n° 103/S, 13 avril 2000, Communauté urbaine de Nkongsamba c. Ndendjui Maurice, préc. ; arrêt n° 2, 24 oct. 1974, Comacico c. Belibi Joseph, Répertoire chronologique, Droit social, 1960-1980, tome 3, préc. ; arrêt n° 60/S, 14 juin 1981, Konchupé c. Onana Pierre, RCD n° 25, 1983, préc. ; arrêt n° 53/S, 15 mai 1986, Brassseries du Cameroun, c. Fortoh Atud Joseph et n° 89/S, 24 juil. 1997, Snicic c. Longlap François, Répertoire chronologique, Droit social, 1960-1980, tome 3, Droit social, 1960-1980, tome 3, p. 780, in TCHAKOUA J.M. (dir.), Les grandes décisions du droit travail et de la sécurité sociale, Jusprint, Yaoundé, 2016, pp. 468 et s., obs. WANDJI KAMGA A. ; arrêt n° 150/S, 15 juin 2000, Société Ciacam c. Ngo Kilama Louise Répertoire chronologique de la jurisprudence, Droit social, 1980-2000, préc. ; arrêt n° 239/S, 21 sept. 2000, Ngou Germain c. Banque camerounaise de développement, Répertoire chronologique de la jurisprudence, Droit social, 1980-2000, préc.).*

Le douzième enseignement découle d'une préoccupation, celle de savoir si l'exercice de la fonction d'huissier de justice n'est pas finalement

---

[1035] ANYANGWE C., *The magistracy and the bar in Cameroon*, op cit., p. 189 ; KENMOGNE POLLA V., op cit., pp. 41 et s.

[1036] KENMOGNE POLLA V., op cit., p. 42.

[1037] Articles 138 et 143.

circonscrit dans le temps ; ce qui renvoie a priori, à regarder de près, à ce que l'on qualifie trivialement de droit à la retraite.

Quelques éléments de réponse à l'inquiétude exprimée ont déjà été énoncés, notamment lors de l'examen du régime disciplinaire. Il ne semble pas douteux, lorsqu'une suspension ou une destitution ont été prononcées par les instances disciplinaires compétentes, que ces sanctions provoquent inévitablement l'arrêt de l'activité en tant qu'officier ministériel.

D'autres éléments de réponse à la préoccupation soulevée se trouvent dans le statut d'autres corps judiciaires ou auxiliaires. Là-bas en effet, la possibilité est offerte à l'huissier de justice, tantôt de faire le choix de devenir avocat, tantôt de résoudre de devenir magistrat[1038]. A supposer que ces options soient opérées, il en découlera forcément une incompatibilité. En conséquence, l'officier ministériel devra cesser d'exercer en cette qualité.

Les ultimes éléments de réponse à l'inquiétude, de loin plus généraux, sont logés sous l'article 54 du statut de ce corps. Hier, la norme était que l'exercice des fonctions qui sont les siennes s'achève lorsque l'âge 60 ans est atteint, à la suite d'un décret du président de la République. De nos jours, à la faveur du dépoussiérage du statut, la limite d'âge est de 65 ans. En cas de démission, de limite d'âge, de destitution, de décès ou d'incapacité dûment constatée, y peut-on lire, *« 1° Le procureur de la République fait apposer immédiatement les scellés sur les locaux de l'étude » ; « 2° (nouveau). Le Ministre chargé de la justice nomme, par arrêté, pour une durée de six mois, renouvelable une seule fois, un liquidateur choisi parmi les huissiers de justice stagiaires titulaires d'un certificat de fin de stage ou, à défaut, parmi les huissiers stagiaires ou les huissiers de justice du ressort. L'avis du titulaire est cependant requis en cas de démission »*, conclut l'article 55. Eclairants, ces éléments demeurent néanmoins insuffisants. On ne sait pas comment interpréter le terme « immédiatement », lequel enferme finalement les délais de scellé de l'office. On ne sait pas non plus sur quelles bases et dans quel laps de temps le Garde des sceaux désigne le liquidateur parmi ceux auxquels le décret n°2023/042 du 25 janvier 2023 réserve cette mission délicate, en particulier dans l'hypothèse de l'inexistence des huissiers de justice stagiaires titulaires d'un certificat de fin de stage. On est davantage encore perplexe au sujet de la nature de cet avis que le titulaire de la charge devrait émettre en cas de démission. On sait très peu de choses au sujet de la prolongation d'activité qui est sommairement évoquée[1039]. ; peu de choses sont dites quant aux pouvoirs du liquidateur, lesquels par le passé ont alimenté des querelles devant les tribunaux (*TPI Yaoundé, ord. n° 183, 08 déc. 1999, Société Razel*

1038 Voir les extraits de cet ouvrage consacrés à ces statuts.

1039 Article 54 (3) du Statut révisé. La règle y est énoncée que le président de la République peut, d'office, pour nécessité de service ou à la demande de l'intéressé, accorder une prolongation d'activités de deux ans, renouvelable une fois, à l'huissier de justice qui a atteint la limite d'âge.

Cameroun c. Maître Jean Paul Bikoun et Dame Douma Ekoto, RCDA, n° 3, avril-juin 2000, pp. 61 et s.[1040]).

Une chose est constante depuis peu de temps. C'est que les opérations de liquidation proprement dites sont dorénavant encadrées avec minutie. A ce sujet, le nouveau statut de la profession souligne que le rôle du liquidateur consiste à réaliser l'actif, à apurer le passif, à verser éventuellement à l'huissier de justice ou à ses ayants–droit ce qui reste de l'actif après avoir apuré le passif, c'est-à-dire le boni de liquidation[1041]. A rebours, le liquidateur ne saurait poser de nouveaux actes. Mieux encore, celui-ci est tenu, à la fin de sa mission, d'adresser un rapport de liquidation au Garde des sceaux ressortant clairement le bilan de ses opérations avec un accent sur les informations se rapportant notamment à son acte de désignation en cette qualité, au procès-verbal d'ouverture des portes, à l'inventaire des dossiers et du matériel de travail, à la comptabilité, à la situation du personnel, aux comptes-clients[1042].

Une autre chose est acquise depuis peu de temps. C'est que l'huissier de justice qui a exercé ses fonctions avec honneur et probité pendant quinze ans au moins peut, à la cessation de celles-ci, obtenir le titre d'huissier de justice honoraire. Ce titre est décerné par le ministre de la justice à la suite d'une proposition faite par le procureur général compétent, après avis de la Cour d'appel et de la Chambre nationale des huissiers de justice. Le porteur de celui-ci a la latitude d'assister, en costume, aux audiences solennelles des cours et des tribunaux ; il jouit des honneurs et privilèges que confère cette qualité[1043].

Une dernière chose est acquise récemment, laquelle est susceptible d'apaiser l'huissier de justice qui penserait que la cessation d'activité devrait être retardée parce que la charge ne s'obtient pas en temps opportun. C'est que la possibilité existe dorénavant de souscrire une assurance volontaire à même d'octroyer une retraite davantage reposante et confortable, donc d'évacuer cette angoisse du dénuement qui pousse le plus grand nombre à envisager avec tristesse la cessation d'activité. Le décret n° 2014/2377/PM du 13 août 2014 fixant les conditions et les modalités de prise en charge des assurés volontaires au régime d'assurance pension de vieillesse, d'invalidité et de décès est édifiant de ce point de vue. On y découvre, il est vrai non sans controverse :

1040 L'extrait majeur de cette ordonnance de mainlevée de saisie est ainsi rédigé : « *Attendu qu'il est constant que Maître Jean Paul Bikoun est huissier de justice liquidateur de l'étude (...) et ne doit par conséquent instrumenter des actes que dans les affaires en cours dans ladite étude ;*
Que l'exécution du jugement n° 192/COR/93-94 rendu le 28 décembre 1993 par le tribunal de première instance de Sangmelima et levé le 27 juillet 1999 est une affaire nouvelle qui échappe à sa compétence ;
Que la saisie-attribution pratiquée le 8 novembre 1999 sur les comptes de la société (...) dans les banques sus-énoncées est irrégulière ».

1041 Idem, article 55.

1042 Idem.

1043 Article 56.

- Que l'assuré volontaire est notamment la personne dotée de capacités contributives, mais non assujettie à une assurance obligatoire contre les risques vieillesse, invalidité, décès[1044] ;

- Que pour solliciter une affiliation à l'assurance volontaire, celui qui y trouve intérêt présente simplement une demande au centre de l'organisme de sécurité sociale rattaché à son lieu de domicile, contre récépissé. En réalité, et à en croire l'article 4 (2), la requête est formulée sur un imprimé que délivre l'organisme de prévoyance sociale compétent. Elle renseigne notamment à propos des noms, prénoms, date et lieu de naissance de l'intéressé, du montant du revenu servant d'assiette pour le calcul des cotisations sociales, de la périodicité avec laquelle seront acquittées lesdites cotisations. Elle est accompagnée de diverses pièces : copies certifiées conformes de l'acte de naissance, de la carte nationale d'identité, de l'acte de mariage, des actes de naissance des enfants en tant que de besoin, plan de localisation du domicile ou de l'étude, justificatif des revenus [1045] ;

- Que le montant des cotisations à verser est assis sur un gain annuel moyen déterminé d'accord parties par l'assuré et l'organisme de sécurité sociale ; mais qu'en tout état de cause, le soin revient au centre de l'organisme de sécurité sociale du ressort du domicile de communiquer à l'assuré le montant de la cotisation due, la périodicité et le lieu du règlement de celle-ci[1046] ;

- Que, sur le plan des principes, le paiement des cotisations s'opère, au pire des cas, dans les quinze jours qui suivent la période qu'elles concernent. Naturellement, rien ne s'oppose à ce que l'option soit retenue de payer d'avance, à condition toutefois que le montant à verser couvre moins de douze mois. A l'inverse, le défaut de paiement à l'échéance entraîne l'application de majorations et de pénalités de retard[1047] ;

- Que l'affiliation ne prend effet qu'à compter du premier jour du mois civil suivant celui du mois au cours duquel la demande de souscription a été formulée[1048]. Cependant, l'assuré conserve la faculté de résilier son contrat d'assurance par tout moyen laissant trace écrite[1049] ;

[1044] Article 2.

[1045] Article 4.

[1046] Article 6. La précision est cependant apportée ici que le douzième de ce revenu ne doit être ni inférieur au salaire minimum interprofessionnel garanti, ni supérieur au plafond des rémunérations en vigueur. Dans tous les cas, il ne doit pas excéder la moyenne des gains perçus au cours des douze derniers mois précédant la cessation d'activité.

[1047] Articles 6 et 7. L'article 12 vient ajouter qu'en cas de cessation de paiement des cotisations sociales pendant une période consécutive de douze mois, l'organisme de sécurité procède à une mise en demeure de payer dans le délai de trente jours. Au cas où celle-ci reste sans effet, il a le loisir de procéder à la résiliation de l'assurance volontaire. Il n'est pas procédé au remboursement des cotisations sociales versées. Et, en cas de résiliation dans ces circonstances, l'assuré ne peut être réadmis qu'une seule fois au régime d'assurance volontaire, sauf lorsque ladite résiliation a été justifiée par la reprise d'une activité salariée

[1048] Article 8.

[1049] En pareilles circonstances, la résiliation prendra effet à compter du premier jour du mois civil qui suit le dernier mois pour le compte duquel la cotisation sociale a été acquittée. « *Si les*

- Qu'une année avant l'âge de la retraite, la Caisse nationale de prévoyance sociale est tenue de lui adresser un relevé des contributions effectuées et par ricochet des périodes d'activité afin d'offrir à l'assuré l'opportunité d'élever toute contestation opportune et de nature à provoquer des corrections concernant des périodes d'activité omises[1050] ;

- Que les conditions générales relatives au régime des assurances pensions de vieillesse, d'invalidité et de décès dont ont le bénéfice tous les assurés sociaux s'appliquent mutatis mutandis à l'assuré volontaire[1051].

L'avant dernier enseignement c'est que le décret n°2023/042 du 25 janvier 2023, à l'instar de son prédécesseur du 5 novembre 1979 abrogé ne semble pas entrevoir, à brève échéance, que l'exploitation de l'activité professionnelle en tant qu'huissier de justice doive pleinement s'arrimer aux nouvelles technologies de l'information et de la communication. L'aurait-on envisagé qu'il aurait été prévu, comme c'est le cas ailleurs, que quelques-uns des actes de procédure relevant de son ministère puissent par exemple être portés à la connaissance des sujets de droit par courrier électronique ou que ses services soient proposés en ligne, de manière dépersonnalisée en tant que de besoin. Y aurait-on songé qu'il aurait été envisagé que l'écrit dressé par cet officier ministériel puisse, demain, être couché sur un support numérique et transmis par ce même canal à son client ou à la partie adverse[1052]. Fort heureusement, dans le sillage de l'Acte uniforme portant sur le droit commercial général, l'activité de révision de l'Acte uniforme portant organisation des procédures simplifiées de recouvrement et des voies d'exécution impulsera une dynamique de conquête ou de domestication de l'immatériel souhaitée et attendue par la majorité dans les Etats parties, y compris au Cameroun[1053].

---

cotisations sociales ont été payées d'avance, celles-ci sont remboursables pour les périodes non encore échues. Toutefois, en cas de décès, les cotisations (…) afférentes auxdites périodes sont remboursées aux ayants droit », souligne l'article 11.

[1050] Article 10.

[1051] Article 5.

[1052] Voir not. ASSONTSA R., *L'immatériel et le droit OHADA des saisies*, op cit., pp. 155 et s., n°s 219 et s. ; ANSAULT J.-J., « La saisie des actifs numériques », in *10e anniversaire du code des procédures civiles d'exécution*, LexisNexis, Paris, 2023, pp. 97 et s ; BRUSCHI J., GIRARD-GAYMARD T., « Les voies d'exécution sur crypto-actifs », *Dalloz* 2024, pp. 1686 et s. ; JARIEL L., « Les nouveaux modes de communication de certains officiers publics ou ministériels », op cit., 450. ; LEQUETTE S., *Droit du numérique*, LGDJ, Paris, 2024, n° 1158 à 1160

[1053] En effet, l'Acte uniforme révisé prévoit entre autres :

- A l'article 1-5, que « *Les actes dressés en vue de la conservation ou du recouvrement des créances peuvent être établis sur support papier ou sur support électronique* ». « *Les actes sous forme électronique sont équivalents aux actes sur support papier lorsqu'ils sont établis et maintenus selon un procédé technique fiable qui garantit à tout moment l'origine de l'acte et son intégrité au cours des traitements et transmissions* » ;

- Aux articles 1-7 et 1-8, que la signification d'un acte de saisie est faite sur support papier ou par voie électronique. La signification par voie électronique est considérée comme effectuée au cas d'utilisation d'un procédé de signature électronique présentant les caractéristiques que retient l'Acte uniforme portant sur le droit commercial général ou de tout autre moyen électronique permettant notamment d'attester la date de l'acte, de garantir l'identité de

Le dernier enseignement, c'est que le décret n° 2023/042 du 25 janvier 2023 concède un quasi-monopole, fragile, à l'huissier de justice. C'est assez-dire que l'auxiliaire de justice sera parfois en concurrence avec des catégories socio-professionnelles s'agissant de ses missions traditionnelles[1054]. On songe, d'abord et avant tout, à l'agent des sûretés à propos duquel l'article 5 de l'Acte uniforme y relatif décide que « *toute sûreté ou autre garantie de l'exécution d'une obligation peut être constituée, inscrite, gérée et réalisée par une institution financière ou un établissement de crédit, national ou étranger, agissant, en son nom et en qualité d'agent des sûretés, au profit des créanciers de la ou des obligations garanties l'ayant désigné à cette fin »*[1055]. On songe, ensuite, aux magistrats et spécialement aux juges impliqués dans la saisie immobilière ou dans la distribution du prix[1056] *(CCJA, Chambre, arrêt n° 143/2023 du 29 juin 2023, Monsieur Akram Nehme c. Les héritiers de feu Sékou Souare, www.ohada.org*[1057] *; CCJA, Chambre, arrêt n° 028/2016 du 25 fév.*

l'expéditeur et du destinataire, de s'assurer de la réception effective de l'acte. « *La transmission d'un acte par lettre recommandée est considérée comme effectuée lorsqu'il est acheminé, par voie électronique, par un tiers selon un procédé permettant d'identifier celui-ci, de désigner l'expéditeur, de garantir l'identité du destinataire et d'établir la réception effective de cet acte par le destinataire* ».

1054 Les corps de métiers visés ne sont pas les seuls à contribuer à affaiblir l'idée d'un quasi-monopole de l'huissier de justice s'agissant des actes relevant de son ministère. Le Code de procédure civile pose, sous une section titrée « De la comparution volontaire », à l'article 18, que « *Les parties pourront se présenter volontairement, sans citation, devant le juge pour y être jugées ; dans ce cas, il en sera fait mention au jugement.*
Elles pourront également se présenter devant un tribunal autre que celui de leur domicile ou résidence ; mention de leur comparution volontaire sera insérée au jugement. »

1055 A toutes fins utiles, on relèvera :
- Avec l'article 5 que toute sûreté ou garantie de l'exécution d'une obligation peut être constituée, inscrite, gérée et réalisée par une institution financière ou un établissement de crédit, national ou étranger, en son nom et en qualité d'agent des sûretés, au profit des créanciers de la ou des obligations garanties l'ayant désigné à cette fin ;
- Avec l'article 6 qu'à la base de l'activité de l'agent des sûretés se trouve un acte juridique. Cet acte mentionne, à peine de nullité : la ou les obligations garanties ou, si elles sont futures, les éléments de nature à permettre leur individualisation, tels que l'indication du débiteur, du lieu du paiement, de leur montant ou l'évaluation de ce dernier, et de leur échéance.

1056 Il est bien connu, entre autres, que le soin revient au juge de conduire la vente aux enchères sur saisie des immeubles, à côté du notaire. Pareillement, d'après les prescriptions de l'article 245-16 de l'Acte uniforme portant organisation des procédures simplifiées de recouvrement et des voies d'exécution révisé, la vente forcée du fonds de commerce saisi a lieu à la barre de la juridiction compétente en matière commerciale du lieu où celui-ci est exploité.

1057 La matrice de cette décision est la suivante : *« Attendu qu'il est fait grief à l'arrêt attaqué d'avoir violé l'article 324 de l'Acte uniforme portant organisation des procédures simplifiées de recouvrement et des voies d'exécution, en ce que, visant cette disposition légale, la cour d'appel s'est fondée sur d'autres articles pour statuer, puis a reçu un appel relevé d'une ordonnance de distribution du prix de l'adjudication alors, selon le moyen, qu'une telle voie de recours n'est pas prévue en la matière par ce texte ;*
Attendu qu'aux termes de l'article 324 de l'Acte uniforme susvisé, " s'il n'y a qu'un seul créancier, le produit de la vente est remis à celui-ci jusqu'à concurrence du montant de sa créance, en principal, intérêts et frais, dans un délai de quinze jours, au plus tard, à compter du versement du prix de la vente.
Dans le même délai, le solde est remis au débiteur.
A l'expiration de ce délai, les sommes qui sont dues produisent intérêt au taux légal ";
Attendu qu'à l'examen, l'ordonnance de distribution du prix susvisée a été rendue consécutivement à une demande de distribution du prix de Monsieur Akram Nehme, alors seul créancier ; que ce cas n'implique

2016, Citibank Côte d'Ivoire c. Madame Billes Héloïse Elaine épouse Kaunan, Monsieur Kaunan Kouassi Antoine, www.ohada.org). On entrevoit aussi l'avocat, le notaire, le fonctionnaire des greffes et le personnel spécialisé de l'administration fiscale[1058]. On songe aux animateurs de certaines activités professionnelles davantage informelles ou relevant de ce qui est parfois qualifié de tolérance administrative, dont l'existence fut dévoilée par un arrêt de l'assemblée plénière de la Cour suprême en date du 21 novembre 1985 *(CS/AP, arrêt n° 4/A, 21 nov. 1985, Etat du Cameroun-Ministère de la justice c. Kouoh Ngando Emmanuel Christian, Répertoire chronologique de la jurisprudence, Droit administratif, tome 4, 1980-2000, pp. 110 et s.*[1059]*).* On songe

---

pas l'office du juge, le produit de la vente étant simplement remis au seul créancier à concurrence du montant de sa créance, en principal, intérêts et frais, tels qu'ils ressortent du dossier, lesquels ne produisent des intérêts qu'à l'expiration d'un délai de quinze jours, à compter du versement du prix de la vente ; que la distribution judiciaire, susceptible d'appel, n'intervient qu'en cas de pluralité de créanciers et faute d'accord unanime entre eux, dans les conditions définies par les articles 326 et suivants du même Acte uniforme ; qu'en l'espèce, les décisions rendues en première instance et en appel l'ont été par des juges statuant en matière de distribution du prix dans une procédure où il n'y avait qu'un seul créancier, alors que le recours judiciaire n'y est pas consacré ; qu'en statuant dans ces conditions, l'arrêt attaqué a violé le texte visé au moyen ; qu'il échet par conséquent de le casser et d'évoquer l'affaire, sans qu'il n'y ait besoin d'examiner les autres moyens… »

1058 Sur l'ensemble, voir MEGNE TAGA J.L., « L'avocat et l'exécution forcée au Cameroun », Mémoire pour le Master en droit privé, Université de Yaoundé 2, spéc., pp. 60 et s. ; DSEUMO YATIE V.A., « Les pouvoirs de l'huissier de justice dans les procédures simplifiées de recouvrement de créances », Mémoire, Master professionnel, option Droit et pratiques juridiques et judiciaires, Université de Yaoundé 2, 2022, pp. 53 et s. ; GRIMALDI M., GIJSBERS C., « Negotium et instrumentum », *RTD Civ.*, 2024 pp. 577 et s. ; NTSAME MBIAME L.-P., « L'huissier de justice et le droit OHADA des voies d'exécution », Mémoire, Master professionnel, option Droit et pratiques juridiques et judiciaires, Université de Yaoundé 2, 2022, pp. 46 et s.

1059 Dans cette espèce curieuse, une décision troublante est prise par l'assemblée plénière de la Cour suprême. Effectivement, elle rejette l'appel de l'Etat du Cameroun et confirme le jugement de la Chambre administrative attaqué en raisonnant de la sorte : « *Considérant que pour conclure à l'annulation demandée le jugement dont appel relève qu'il est reproché d'une part à Monsieur le Garde des sceaux d'avoir pris sa circulaire en violation de la loi ; d'autre part, d'avoir pris un acte hors de sa compétence ;*

Que la requérante estime que suivant la constitution camerounaise, l'on ne peut légiférer que par des lois ou par des actes règlementaires du pouvoir exécutif et non par voie de circulaire (…) ;

Qu'en effet, tant dans la circulaire susvisée que dans le mémoire en défense du représentant de l'Etat, l'on relève expressément que la profession d'agent de recouvrement de créances n'est ni connue ni réglementée par la législation camerounaise ; qu'il est certain qu'on y retrouve des individus indélicats, encore que ces individus ne soient pas l'apanage de la seule profession d'agent de recouvrement, puisqu'on les rencontre aussi parmi les officiers ministériels ou publics ;

Que, ainsi que l'a rappelé le requérant, l'article 20 de la constitution du 2 juin 1972 fixe les matières qui sont du domaine de la loi, entre autres le régime des obligations civiles et commerciales ;

Qu'aux termes de l'article 22, les matières autres que celles qui sont du domaine de la loi ressortissent du pouvoir réglementaire ; que par conséquent il revenait à l'autorité compétente de prendre l'acte adéquat, soit pour interdire, soit pour réglementer la profession d'agent du recouvrement ; que quoique le représentant de l'Etat s'en défende, la circulaire attaquée sous le couvert de mesure d'ordre intérieur n'interprète rien ;

Qu'au contraire, elle édicte des mesures ayant plutôt un caractère réglementaire ; que pour s'en convaincre il suffit de la lire : « pour mettre fin à la profession d'agent de recouvrement qui n'est réglementée par aucun texte camerounais, je vous prescris (…) 4- de procéder enfin à la fermeture immédiate des cabinets

à la catégorie controversée des agents d'affaires introduite au Cameroun par un arrêté du 7 juillet 1955, signé des mains du Haut-commissaire de la République. Effectivement, après avoir décidé que l'agent d'affaires n'est pas celui qui gère pour le compte d'autrui à titre salarié ou à tout autre titre des propriétés ou exploitations agricoles, commerciales ou industrielles y compris lorsque celui-ci a obtenu un mandat général, l'article premier de l'acte règlementaire dévoile les missions de ce professionnel. A côté des officiers ministériels et des avocats, l'intéressé gère habituellement les affaires d'autrui conformément aux textes en vigueur se rapportant à la direction du procès, procède au recouvrement des créances et à la rédaction des contrats, renseigne le public et agit en son nom moyennant rétribution[1060].

A la vérité, ces personnes ne sont pas, pour s'exprimer de la sorte, les seules à imposer une concurrence aux huissiers de justice.

La conviction s'acquiert en prenant connaissance des termes du Livre des procédures fiscales[1061], mais surtout de ceux de la loi n° 2023/010 du 25 juillet 2023 régissant les garanties et le recouvrement des créances par les entités publiques bénéficiaires du privilège du trésor. Ses extraits révèlent, s'agissant par exemple du recouvrement de ces créances, que les personnes morales publiques en cause devraient pouvoir disposer en leur sein d'une structure dédiée au recouvrement[1062]. Celles-ci ont comme chevilles ouvrières les porteurs de contraintes que désignent les dirigeants de ces entités[1063]. Après leur nomination et leur prestation de serment au tribunal de grande instance du lieu du siège social de l'entité publique employeur, ces « agents de poursuite » assermentés ont une mission à divers égards similaire à celle des huissiers de justice. En effet, dans le cadre du recouvrement des créances publiques, le principe est posé qu'ils exercent pour le compte de l'Etat une mission de service public[1064] et donc *« remplissent les fonctions d'huissier du trésor public »* pour le recouvrement de

---

existants et ceux à ouvrir, après avoir interdit à leurs titulaires d'exercer cette profession non connue ni réglementée par la législation camerounaise sous peine d'être poursuivis du chef d'usurpation de fonction (...) » ;

Qu'il s'ensuit qu'en l'absence d'un texte législatif ou réglementaire interdisant la profession d'agent de recouvrement, le ministre de la justice a commis un excès de pouvoir en décidant de l'interdiction de cette profession par voie de circulaire (...) ;

Considérant que de la simple lecture de l'acte incriminé et d'une analyse objective des thèses respectives défendues par les parties, il appert que la chambre administrative a donné une exacte interprétation de la nature de la circulaire du 12 mai 1979 du ministre de la justice, ordonnant la fermeture des cabinets de recouvrement des créances et interdisant l'exercice de cette activité ;

Qu'il échet en conséquence, par adoption de motifs, d'entériner cette interprétation au demeurant conforme à la lettre et à l'esprit de la circulaire querellée ... »

[1060] Article premier.

[1061] Voir notamment les articles L51, L57, L60, L67.

[1062] Article 21 (3).

[1063] Les porteurs de contraintes de l'Etat sont désignés par le Ministre des finances ainsi que le prévoit notamment l'article L 59 du Livre des procédures fiscales.

[1064] Article 28 (1).

ces créances[1065]. Sans surprise, un pouvoir d'investigation et de réquisition leur est concédé, lequel permet sans subir ni le secret professionnel ni le secret bancaire : d'accéder non seulement à différentes bases de données, mais aussi aux biens mobiliers et immobiliers de l'endetté ; de solliciter tout document utile et de mener toutes diligences pouvant faciliter la recherche, la localisation et l'identification des biens et avoirs des débiteurs ; de requérir la force publique[1066]. D'autres extraits de la loi n° 2023/010 du 25 juillet 2023 révèlent que les porteurs de contraintes font et feront concurrence à l'huissier de justice. Il s'agit de ceux qui prévoient que sa compétence territoriale couvre l'étendue du territoire national[1067]. Il s'agit de ceux qui décident que les agents de poursuites ont le loisir, sous l'autorité du dirigeant de l'entité publique de rattachement, d'avoir recours soit aux mesures de poursuite du droit commun logées dans l'Acte uniforme portant organisation des procédures simplifiées de recouvrement et des voies d'exécution, soit aux mesures particulières de recouvrement régies par la loi n° 2023/010 du 25 juillet 2023[1068]. Il s'agit de ceux qui prescrivent, pour les besoins du recouvrement, que l' « huissier du trésor public » peut recourir au ministère d'un huissier de justice[1069] ; des dispositions relatives à la préparation et à la conduite des poursuites ordinaires et spéciales relevant de leur compétence : sommation sans frais, commandement de payer, saisie de biens, vente des biens saisis, etc.[1070]

La conviction s'acquiert en prenant notamment connaissance du décret n° 2020/016 du 9 janvier 2020 portant réorganisation et fonctionnement de la Société de recouvrement des créances du Cameroun, dite SRC. A s'en tenir à cet instrument juridique, il s'agit d'une société à capital public ayant l'Etat comme actionnaire unique ayant son siège se trouve à Yaoundé, avec la possibilité pour l'entreprise se doter de bureaux ou de représentations à l'intérieur ou à l'extérieur du territoire national[1071]. La société est chargée, en priorité, du recouvrement de créances diverses « *pour le compte de l'Etat, contre rémunération* »[1072]. Sont spécialement concernées les créances douteuses, litigieuses ou contentieuses des administrations publiques, des institutions financières publiques, y compris internationales ; les créances dont le recouvrement lui est confié par des entreprises non financières du

---

[1065] Article 22 (3).

[1066] Article 26.

[1067] Article 23. La règle y est néanmoins posée que ceux-ci cessent leurs fonctions lorsque leur relation de travail avec l'employeur prend fin pour quelque raison que ce soit.

[1068] Article 35. Le même article mentionne que « *l'option en faveur de l'une des mesures de poursuite prévues à l'alinéa 1 ci-dessus, n'empêche pas la mise en œuvre ultérieure de l'autre mesure, à condition de révoquer expressément le premier choix, s'il s'agit de la même procédure* ».

[1069] Voir notamment les articles 35 (3), 36 (1), 45 (1).

[1070] Articles 38 et suivants.

[1071] Articles 2 et 3.

[1072] Article 4 (1). Dans le même sens, voir l'article 12 de l'arrêté n° 00000638/MINFI du 17 juillet 2023 fixant les conditions d'octroi et les modalités de mise en œuvre de la garantie de l'Etat aux établissements publics et aux entreprises publiques ou privées.

secteur public et par les entreprises du secteur parapublic ; les créances issues des condamnations pécuniaires au profit de l'Etat dans le cadre des actions en justice tantôt au plan national, tantôt à l'étranger, *« en liaison avec le Ministre en charge de la justice »*[1073]. La société est chargée, ensuite, contre rémunération, du recouvrement des créances des organisations ou entreprises du secteur privé, avec un accent sur celles des établissements de microfinance. Elle a également comme mission la conduite de la liquidation des établissements financiers[1074], la gestion du patrimoine[1075] ainsi que de « l'appui-conseil »[1076]. Une chose est acquise. Pour l'accomplissement de sa mission se rapportant au recouvrement, d'importantes prérogatives lui sont concédées. A titre d'exemple, l'entreprise dispose, s'agissant du recouvrement des créances de l'Etat et de ses démembrements, « des prérogatives de puissance publique et du privilège du trésor » [1077]. A titre d'exemple, l'entreprise dispose d'un pouvoir de réquisition et d'investigation, mais également du droit de demander et de se faire délivrer, contre décharge, tout document utile à la réalisation des tâches dont elle a la charge[1078]. A titre d'exemple, la Société dispose d'un « personnel préposé au recouvrement », lequel est assermenté. La formalité visée confère à celui-ci « *la qualité et les fonctions d'huissier du trésor public. Les actes posés en cette qualité sont réputés authentiques, jusqu'à inscription de faux* ». Ces porteurs de contraintes agissent sur la base de contraintes émises par le directeur général de la SRC, lesquelles sont des titres exécutoires et doivent être revêtues de la formule exécutoire[1079] ; ils peuvent requérir la force publique, accéder à différentes bases de données, aux immeubles, locaux et propriétés des débiteurs ou à ceux de leurs cautions[1080]. A titre d'exemple, il ne saurait

---

[1073] Idem.

[1074] Dans le détail, la SRC procède amiablement à la liquidation des actifs et passifs de tout établissement public de crédit ; à la liquidation du fonds de commerce de tout établissement financier qui lui est confié par la Commission bancaire de l'Afrique centrale ; à la liquidation du patrimoine de tout établissement financier qui lui est confié par les cours et les tribunaux ; à la gestion du portefeuille des créances douteuses et ou compromises des banques publiques ou privées en restructuration.

[1075] En cette matière, la SRC est chargé de la gestion et de l'administration du patrimoine issu des portefeuilles des créances des liquidations, ainsi que des mandats de recouvrement que l'Etat lui confie, de la prise des participations dans les sociétés nationales et ou étrangères, de l'entretien, de la maintenance et de la réhabilitation d'immeubles dont la gestion lui est dévolue ou confiée.

[1076] Idem.

[1077] Article 7 (1 a).

[1078] Article 8. Le même article retient que ces privilèges prennent rang immédiatement après les créances de salaire ainsi que les impôts et taxes dus à l'Etat.

[1079] Articles 13 et 33. L'article 29 décide au demeurant que la Société de recouvrement des créances du Cameroun dispose d'un personnel d'une grande variété. L'article 34, enfin, indique contre toute attente que les dirigeants et porteurs de contrainte effectuent une mission de service public et agissent pour le compte et dans l'intérêt de l'Etat. « *Ils ne peuvent de ce fait, sauf cas de flagrant délit dûment constaté, subir au cours de l'exécution de leur mandat, aucune poursuite, ni mesure privative ou restrictive de liberté, sans l'accord préalable du président de la République* ».

[1080] Idem.

être opposé à la Société de recouvrement des créances du Cameroun ni le secret bancaire ni le secret professionnel[1081]. Enfin, et cela est véritablement à souligner, les créances dont la société a la charge échappent à nombre de règles de droit commun, en raison non seulement du caractère imprescriptible et inaliénable de celles-ci, mais de l'identité de leur titulaire[1082]. L'analyste a alors des raisons de craindre que l'entreprise fasse un usage abusif des prérogatives dont elle a le bénéfice, singulièrement dans un contexte où elle a du mal à exécuter au mieux ses obligations.

2. Les obligations de l'officier public et ministériel

Les obligations de l'huissier de justice, et par ricochet celles de l'agent d'exécution, sont nombreuses. Elles sont énoncées dans le statut qui organise ces professions, dans le décret relatif à leur tarif, dans le décret n° 61-84 du 6 juin 1961 relatif aux fonctions de commissaire-priseur. On les retrouve également dans le Code général des impôts, dans le Code de procédure civile et dans le Code de procédure pénale, Code de procédure pénale, pour ne citer que ces repères essentiels.

Qu'à cela ne tienne, et nonobstant les mises au point déjà opérées à ce sujet, un accent doit d'emblée être porté sur l'obligation de souscrire une police d'assurance et de la présenter au procureur de la République compétent. Dans le prolongement, l'attention doit être attirée sur l'obligation de produire devant cette autorité le reçu de reversement d'un cautionnement dont le montant et les conditions de libération sont fixés par le Garde des sceaux, sur l'obligation de prêter serment dont la méconnaissance est constitutive d'une renonciation au droit d'exercer voire d'une démission[1083].

Qu'à cela ne tienne, et nonobstant les clarifications déjà tacitement opérées sous le point se rapportant à la compétence territoriale de l'huissier de justice, un accent spécial doit encore être porté sur l'obligation de résider dans la localité où il a été nommé et a son étude. A juste titre, et cela a déjà été souligné, si l'on occulte les sanctions ayant un caractère civil *(CCJA, arrêt n° 136/2021, 24 juin 2021, Kouassi Ouassa Charly c. Diabaté Kaladji, http://www.ohada.org)*, le contrevenant à cette exigence doit être considéré comme démissionnaire[1084].

Qu'à cela ne tienne, un accent doit d'entrée de jeu être porté sur l'interdiction de se rendre, même indirectement, adjudicataire des objets qu'il s'est chargé de vendre ; sur celle de se rendre cessionnaire de droits ou actions litigieux dans le ressort de la juridiction près laquelle s'exerce son

---

[1081] Article 9. Dans le même sens, la règle est posée à l'article 5 que la SRC bénéficie du concours des organes compétents de l'Etat dans l'exercice de ses missions.

[1082] Articles 11, 12, 13, etc.

[1083] Article 22 (1, 3, 6).

[1084] Article 22 (5) et article 47 (5).

office ; sur l'interdiction d'accepter une gérance d'affaires commerciales ou de commercer par personne interposée[1085]. *A contrario*, et cela doit être mis en évidence, la prohibition est levée lorsque sont concernées des ventes publiques aux enchères dans le cadre desquelles l'officier ministériel n'a pas prêté ses bons offices. Pareillement, rien n'empêche à celui-ci de se porter acquéreur de droits ou d'actions litigieux devant des juridictions de ressorts voisins où son ministère ne devrait théoriquement pas être exercé.

Un accent est également à mettre sur l'interdiction d'instrumenter à leur propre profit, au bénéfice de leurs conjoints, ascendants et descendants, collatéraux, oncles, au même degré[1086]. Allant plus loin, mais en matière répressive seulement, le Code de procédure pénale est davantage rigoureux sur ce terrain, ne serait-ce que parce que l'interdiction s'étend aux employés de l'officier ministériel, aux parents des alliés au même degré[1087].

Un accent doit être porté sur l'obligation que différents textes de procédure mettent à la charge de l'officier public et ministériel consistant à accomplir toutes les diligences afin de tenir l'adversaire au courant de ce qui lui est reproché, mais aussi de la juridiction saisie devant laquelle l'affaire sera examinée, de la date de l'audience. Un autre doit être porté sur l'obligation d'inviter solennellement l'intéressé à exécuter ses obligations. En sens, il est généralement exigé que soit mentionné sur l'original ainsi que sur la copie de l'exploit délivré qu'un exemplaire de celui-ci a été laissé au destinataire de l'acte, que telle ou telle diligence a été effectuée, que les réponses aux interpellations de l'officier public et ministériel ont été celles-ci ou celles-là[1088] *(implicitement ou explicitement, voir not. CS, arrêt n° 42/P, 17 juin 2010, Yaya Dairou c. Ministère public et Issa Babanguida, préc. ; arrêt n° 38/S, 15 janv. 1998, SNCIC c. Fometeu Paul, préc. ; arrêt n° 75/S, 27 mai 1982, Congrégation baptiste camerounaise c. Ndoumi Moïse, préc. ; arrêt n° 40, 8 fév., 1972, Compagnie Soudanaise c. Mekoula Lucien, préc. ; arrêt n° 28, 21 déc. 1971, Mission catholique d'Etam-Kouma c. Mme Manga Ekassi, née Ngono Cadellia, préc. ; arrêt n° 252/P, 28 juin 1973, Kanga Metogo Salomé c. Ministère public et Nama René, arrêt n° 146, 4 avril 1967, Simo Julien c. Allong Jean et Eboa Maurice, Répertoire chronologique de la jurisprudence de la Cour suprême,*

[1085] Article 45, statut.

[1086] Article 46, statut.

[1087] Article 58, Code de procédure pénale.

[1088] Voir notamment les articles 43 et suivants du Code de procédure pénale ; les articles 7, 605 et suivants du Code de procédure civile et commerciale. Voir également les nombreuses prévisions de l'Acte uniforme révisé portant organisation des procédures simplifiées de recouvrement et des voies d'exécution (articles 1-9, 1-10, 1-11, 1-12, 99, 100, etc.) où obligation est faite à l'huissier de justice, avant la saisie, de réitérer verbalement la demande de paiement et de consigner dans le procès-verbal la réaction du débiteur ; d'interroger le débiteur ou le tiers sur le point de savoir si les biens entre ses mains ont déjà été saisis par un autre créancier et de consigner sa réponse dans le procès-verbal de saisie ; de lui faire savoir qu'il est constitué gardien des biens mis sous main de justice et de recueillir son point de vue au sujet de l'exercice de cette prérogative et éventuellement, de la renonciation au pouvoir qui est le sien de conserver les objets saisis…

Droit pénal, tome 1, 1960-1980, préc., pp. 804-805, DZEUKOU G.B., Code de procédure pénale, préc., p. 38 ; arrêt n° 225/P, 28 sept. 1986, Kenne Dieudonné c. Ministère public et Fotié Paul, Répertoire chronologique de la jurisprudence de la Cour suprême, tome 1, Droit pénal, 1980-2000, préc. ; CA de Douala, arrêt n° 60, 27 fév. 2006, Socca SA c. Succession Hamadou Haman, préc. ; CCJA, arrêt n° 018/2014, 11 mars 2014, Société camerounaise des dépôts pétroiliers dite SCDP c. Etablissements constructions modernes, préc. ; arrêt n° 179/2017, 11 mars 2014, Jacquet Simone épse Kakou Kassi c. SCI Dankro syndic remplacé par GEPICA-CI, préc. ; arrêt n° 157/2017, 13 juil. 2017, Monsieur Mibé Célestin Jean Pierre c. Monsieur Ngokseu Richard, http://www.ohada.org ; arrêt n° 141/2015, 19 nov. 2015, Société Bourbon Offshore SURF, SAS c. Monsieur Taty Jean Claude, préc. ; arrêt n° 022/2014, 11 mars 2014, Standard chartered bank Cameroon dite SCBC c. Caisse nationale de prévoyance sociale du cameroun dite CNPS et Institut des relations internationales du Cameroun dit IRIC (Université de Yaoundé II), préc. ; arrêt n° 104/2016, 02 juin 2016, Monsieur Sodji Ahlim c. Monsieur Adamah Folly Foligan Bruno, http://www.ohada.org ; arrêt n° 022/2018, 08 fév. 2018, Société Touton Négoce Côte d'Ivoire c. Monsieur Ouedraogo Paouindé, préc. ; arrêt n° 012/2018, 25 janv. 2018, Eglise de Jésus Christ des Saints des derniers jours c. Société Atlantique Technologie S.A, préc. ; arrêt n° 144/2017, 29 juin 2017, Mamadou Doukouré et Société New Market Sarl c. Banque crédit du Congo, préc. ; arrêt n° 020/2004, 17 juin 2004, Ehua Assouan Julien c. Zarour Gassane, préc. ; arrêt n° 006/2003, 24 avril 2003, Koné Fatoumata c. Kinda Augustin Joseph, Les grandes décisions de la Cour commune de justice et d'arbitrage de l'OHADA, préc. ; CA du Littoral, arrêt n° 101, 14 mai 2008, Ekédi Mbappe Samuel c. Datchoua Hippolite, in Secrétariat Permanent de l'OHADA, Jurisprudences nationales, préc., p. 211 ; CA du Littoral, arrêt n° 019, 18 avril 2008, La Société Nguessi Avenue Hôtel SARL c. Bicec, in Secrétariat Permanent de l'OHADA, Jurisprudences nationales, préc., p. 181 ; CA du Littoral, arrêt n° 28, 28 janv. 2008, La Société Bic SA c. La Société TBC, in Secrétariat Permanent de l'OHADA, Jurisprudences nationales, préc., pp. 186 et s. ; CA du Littoral, arrêt n° 109, 1er août 2008, La Compagnie africaine pour le commerce international au Cameroun dite CACIC c. Société Afriland first Bank, préc. ; CA Abidjan, 09 fév. 2007, Nando Ncho Edouard, Tchimou Innocent, Yavo Benjamin et Latt Elysée Antoine c. Dame Angoh Magnin, préc. ; CA Bobo-Dioulasso, arrêt n° 08/09, 22 avril 2009, Dera Hamadou c. Sonar-IARD, préc. ; CA Bobo-Dioulasso, arrêt n° 12/06, 22 mars 2006, Gnane Amina c. Traoré Ali, préc. ; High courtof Fako division, 3rd october 2012, Victoria customs cooperative credit union Ltd vs. Wanki Amaanwi, Taguedong Nkentsa Nathalie, préc.).

Un accent doit être mis sur l'obligation, dans certaines circonstances, de prendre des précautions particulières avant l'exercice de son ministère.

Un exemple édifiant ici se trouve dans différents textes d'organisation des institutions d'enseignement supérieur, lesquels aménagent au profit de la communauté universitaire des franchises. En effet, la loi portant orientation de cet ordre d'enseignement[1089], mais aussi le décret portant dispositions communes aux universités du secteur public[1090] et les actes règlementaires gouvernant chaque institution étatique d'enseignement supérieur au Cameroun[1091] sont explicites à cet égard. Il y est dit, d'emblée, que celle-ci est un « lieu clos ». Il y est écrit, ensuite, qu'aucun membre des forces de l'ordre et aucun huissier de justice ne peut y pénétrer pour constater un délit ou exécuter un mandat de justice contre un étudiant, un enseignant, un personnel non enseignant sans une autorisation du chef de l'institution. En tout état de cause, ceux-ci doivent présenter au chef de l'institution l'autorisation spéciale et écrite des autorités compétentes ; « *les convocations, assignations, significations et toutes notifications adressées par les autorités de police, de gendarmerie ou de justice et destinées à un membre étudiant, enseignant ou personnel non enseignant de l'Université sont remises au chef d'établissement concerné qui les fait parvenir au destinataire, puis en fait accuser réception par ce dernier* ».

Un autre exemple a trait aux titres sur la base desquels l'exécution forcée devrait être entreprise. Sur ce terrain, l'huissier de justice gagne à avoir constamment à l'esprit, au risque de voir sa responsabilité être engagée, les exigences qui s'appliquent aux décisions de justice, sentences arbitrales et actes publics provenant de l'étranger. Théoriquement, et sauf cas exceptionnels[1092], ceux-ci devraient préalablement être reconnus suivant les modalités exposées dans la loi du 19 avril 2007 instituant le juge du contentieux de l'exécution et fixant les conditions de l'exécution des actes publics étrangers ainsi que les sentences arbitrales étrangères. En appui de ce texte, il conviendrait également, dans un contexte de libre circulation des personnes et des biens, de se souvenir des prescriptions de l'accord de coopération judiciaire entre les Etats de la CEMAC, signé par les chefs d'Etats de la Communauté le 28 janvier 2004. Cet instrument juridique indique à son article 14 qu'en matière civile et commerciale, la décision contentieuse ou gracieuse rendue par les juridictions de l'une des hautes parties a, de plein droit, l'autorité de la chose jugée sur les territoires des autres Etats membres de la communauté. Des conditions sont toutefois exigées pour y arriver. Globalement, la décision doit émaner d'une juridiction compétente selon la législation de l'Etat sur le territoire duquel elle a été rendue et n'être pas contraire à_la jurisprudence de celui sur le territoire duquel l'exécution est entrevue ; elle doit être passée en force de

[1089] Article 87, loi n°2023/007 du 25 juillet 2023 portant orientation de l'enseignement supérieur, laquelle abroge la loi n° 2001/005 du 16 avril 2001.

[1090] Décret n° 93/027 du 19 janvier 1993, article 42.

[1091] Il s'agit notamment des décrets organisant les universités de Bamenda, Buéa, Douala, Dschang, Maroua, Ngaoundéré, Yaoundé I, Yaoundé II.

[1092] En mettant de côté des textes comme la convention de Tananarive, ces exceptions se trouvent notamment dans le droit OHADA, singulièrement dans le traité créant l'organisation, le règlement de la CCJA, les actes uniformes relatifs au droit de l'arbitrage, à la médiation, aux procédures collectives d'apurement du passif.

chose jugée et avoir été prononcée à la suite d'un procès équitable offrant les garanties de représentation des parties ; elle doit être conforme à l'ordre public de l'Etat où s'envisage l'exécution. Le même instrument retient qu' *« une décision déclarée exécutoire sur le territoire d'un Etat peut donner lieu à l'exécution forcée sur les biens du débiteur dans les conditions prévues par les textes en vigueur de l'Etat requis »*[1093] ; que l'exequatur est accordé, quelle que soit la valeur du litige, par le président de la juridiction du lieu de l'exécution, laquelle aurait été matériellement compétente pour connaitre du désaccord ; que l'exequatur peut être accordé soit totalement, soit partiellement pour l'un ou l'autre seulement des chefs de la décision dont l'exécution est en cause ; que le chef de la juridiction compétente est saisi par voie de requête et que sa décision ne peut être attaquée que par un recours en cassation[1094]. Au sujet des sentences arbitrales spécifiquement, l'Accord de coopération judiciaire souligne que les sentences arbitrales rendues sur le territoire de l'un des Etats signataires du traité instituant la CEMAC ont, sur les territoires des Etats, l'autorité de la chose jugée et sont exécutoires aux mêmes conditions que les décisions contentieuses et gracieuses précédemment évoquées[1095]. Sur bien des points, de telles exigences sont en phase celles que l'on retrouve dans la convention de Tananarive de 1961. Elles sont également en phase avec le droit OHADA, singulièrement avec le traité créant l'organisation, avec le règlement de procédure de la CCJA, avec les actes uniformes relatifs au droit de l'arbitrage, à la médiation, aux procédures collectives d'apurement du passif *(sur l'ensemble, en jurisprudence, voir not. CCJA, arrêt n° 166/2017, 27 juil. 2017, Société Geodis projects Cameroon (G.P. CAM) S.A. anciennement dénommée Tchad Cameroun Logistique (TCL) S.A. c. Société Tenga S.A., www.ohada.org ; arrêt n° 003/2017, 26 janv. 2017, Société Vodacom international Limited c. Société congolese Wireless Network SPRL, http://www.ohada.org ; arrêt n° 104/2015, 15 oct. 2015, Etat du Bénin représenté par l'Agent judiciaire du trésor c. Société Commune de Participation et Patrice Talon, http://www.ohada.org ; CCJA, ord n° 02 /2007/CCJA, Banque internationale du Burkina dite BIB c. Kiendreogo Rayi Jean, Rec. n° 9, janv.-juin 2007, p. 100 ; CS, arrêt n° 21/Civ, 15 juil. 2010, Zouhair Fadoul c. Omais Kassim, Société Omais Kassim Sélecta SARL, inédit ; arrêt n° 53/CC, 28 avril 1970, Roy Robert c. Girard Georges, BACS n° 22, 1970, pp. 2745 et s., ANOUKAHA F. dir., Les grandes décisions de la jurisprudence*

[1093] Article 15.

[1094] Articles 16 et 17. Le dernier article exige, pour que la requête aux fins d'obtention de l'exequatur soit recevable, qu'elle soit accompagnée : d'une expédition de la décision à mettre à exécution, remplissant les conditions d'authenticité, de l'original de l'exploit de signification de cette décision, d'un certificat dressé par le greffier de la juridiction ayant rendu la décision attestant que celle-ci n'est susceptible d'aucun recours, le cas échéant d'une copie de la citation ou de la convocation de la partie défaillante à l'instance, copie certifiée conforme par le greffier de la juridiction précédemment visée et le cas échéant, de toutes pièces susceptibles d'établir que cette citation ou convocation a été effectuée en temps utile.

[1095] Article 18.

civile camerounaise, Bamenda, 2008, pp. 630 et s., obs. DJUIDJE CHATUE B. ; CS de Côte d'Ivoire, arrêt n° 501, 13 juin 2002, Soc. Icafa SA c. J. Aron Ans Company UK, Ohadata, J-08-271, Répertoire quinquennal OHADA, 2006-2010, p. 53 ; CA Littoral, arrêt n° 95/REF, 23 mai 2005, Guerezebanga Gabriel Gaétan c. BDEAC, Revue camerounaise de l'arbitrage n° 39, oct.-déc. 2007, pp. 23 et s., note BEBOHI EBONGO S.I. ; CA d'Abidjan, arrêt n° 741, 02 juil. 2004, Société civile immobilière Plaza-Center c. Société de coordination et d'ordonnancement d'Afrique de l'ouest, Ohadata, D-08-259, obs. KOMOIN F. ; PTPI de Cotonou, ord. n° 19/94, 25 janv. 1994, Adeossi Moïse, c. Sonapra, Revue camerounaise de l'arbitrage n° 2, juil.-sept. 1998, p. 15, Ohadata, J-08-176 ; PTPI de Douala, ord. n° 955, Revue camerounaise de l'arbitrage n° 10, juil.-août 2000, pp. 7 et s., note TCHAKOUA J.M.).

Un intérêt doit aussi être porté sur l'obligation d'inscrire au pied de leurs actes le coût de ceux-ci, le nombre de rôles, de copies ou de pièces ainsi que le détail, article par article, des éléments ayant servi à déterminer le prix total[1096]. Dans un ordre d'idées voisin, et pour ne pas surprendre les gens susceptibles de recourir à leurs services, les huissiers de justice doivent tenir affiché à leur étude un tableau qui renseigne clairement et d'un coup d'œil sur les tarifs des actes de leur ministère *(implicitement, voir CS, arrêt n° 15, 12 nov. 1963, Meva'a Simon Pierre c. Ministère public, Répertoire chronologique de la jurisprudence de la Cour suprême, tome 1, Droit pénal, p. 59 ; arrêt n° 13, 19 oct. 1965, Massoma Peh Samuel c. Ministère public, Compagnie d'assurance urbaine et la Seine et Tchatchoua Jean-Pierre, Répertoire chronologique de la jurisprudence de la Cour suprême, Droit pénal, tome 1, 1960-1980, préc. ; CCJA, arrêt n° 022/2018, 08 fév. 2018, Société Touton Négoce Côte d'Ivoire c. Monsieur Ouedraogo Paouindé, préc. ; arrêt n° 022/2014, 11 mars 2014, Standard chartered bank Cameroon dite SCBC c. Caisse nationale de prévoyance sociale du Cameroun dite CNPS et Institut des relations internationales du Cameroun dit IRIC (Université de Yaoundé II), préc. ; TPI de Bafang, jugt. n° 27/CIV/TPI/85, Banque internationale du commerce et de l'industrie du Cameroun, dite BICIC c. Diffo Gabriel, préc. Adde : Civ. 2ème, 21 mars 2002, Directeur général des impôts c. M. Rahon et autres, Bull., mars 2002-3, pp. 44 et 45, n° 53)*[1097]. En cas de trop-perçu, et sans préjudice des sanctions pénales et disciplinaires, conclut le décret n°2023/042 du 25 janvier 2023, le parquet établit le montant de l'émolument réellement du et ordonne le reversement des sommes perçues en sus à leurs propriétaires.

[1096] Article 22 (1), statut ; article 51, Code de procédure pénale.

[1097] Article 24 (2), décret n° 2023/042 du 25 janvier 2023 précité. Reste à rappeler, à toutes fins utiles, que la loi n° 2004/015 du 21 avril 2004 fixant le taux d'intérêt légal en matière d'exécution des décisions de justice et le taux d'intérêt conventionnel formule des exigences à garder à l'esprit. On songe à celles qui indiquent que le taux d'intérêt légal pour l'exécution des décisions de justice est, au plus, celui des appels d'offre de la Banque des Etats de l'Afrique centrale tel que fixé par le gouverneur de cette institution ; que ce taux doit être publié périodiquement par le ministre de la justice et son homologue des finances ; que l'intérêt court à compter de la signification du commandement de payer.

Un intérêt doit être porté sur l'obligation de conserver, pendant 20 ans au minimum, copies des actes dressés et surtout, servis[1098]. Cette fourchette de temps doit donc être clairement distinguée de la durée de conservation des documents comptables et des pièces justificatives accompagnant d'ordinaire ceux-ci, laquelle est de loin moins longue et se réduit à 10 ans[1099].

Un intérêt peut également être porté sur l'obligation d'aviser avec célérité les clients du résultat de leurs diligences et le cas échéant, « aussitôt », de leur verser le produit de celles-ci[1100]. Si d'aventure des sommes d'argent sont consignées entre ses mains à l'effet de procéder à des enregistrements ou dresser des actes particuliers, l'obligation est mise à sa charge de rembourser le trop-perçu, dans le délai d'un mois à compter de l'accomplissement des diligences concernées[1101] *(sur l'ensemble, voir CCJA, arrêt n° 099/2021, 27 mai 2021, Maître Amegbo Ablamvi à Sieur Bechada Jamito et autres, Société CSSC Guangzou Huangpu Shipbuilding Co Ltd, Sociét Sicuro Sa et autres, préc. ; arrêt n° 020/2006, 26 oct. 2006, Komenan Kouadio Christophe c. BICICI, préc. ; CS, arrêt n° 148, 11 avril 1967, Tchuenté Gottlieb c. Dame Mballa Bernadette, Répertoire chronologique de la jurisprudence de la Cour suprême, tome 1, Droit pénal, préc. ; arrêt n° 13, 19 oct. 1965, Massoma Peh Samuel c. Ministère public, Compagnie d'assurance urbaine et la Seine et Tchatchoua Jean-Pierre, Répertoire chronologique de la jurisprudence de la Cour suprême, Droit pénal, tome 1, 1960-1980, préc. ; arrêt n° 56, 4 janv. 1966, Papadopoulos c. Ebo, Répertoire chronologique de la jurisprudence de la Cour suprême, Droit pénal, tome 1, 1960-1980, préc., pp. 27-28 ; arrêt n° 66, 16 janv. 1968, Ribama Dagobert c. Yombo Appolinaire, Répertoire chronologique de la jurisprudence de la Cour suprême, Droit pénal, tome 1, 1960-1980, préc. ; TPI de Bafang, jugt. n° 27/CIV/TPI/85, Banque internationale du commerce et de l'industrie du Cameroun, dite BICIC, préc.).* Affinant l'exigence, l'article 45 (1-d) du statut des huissiers interdit corrélativement de conserver par-devers eux, pendant une fourchette de temps supérieure à quinze jours[1102], les sommes d'argent reçues au nom de clients ; en amont, l'article 26 (2) vient requérir l'ouverture dans un établissement bancaire d'un compte où est reversé l'argent détenu pour le ou les clients. Pendant longtemps, il a été souhaité que ces prescriptions soient en cohérence avec les prévisions de la

[1098] Article 29.

[1099] En ce sens, voir notamment l'article 24 de l'Acte uniforme relatif au droit comptable et à l'information financière.

[1100] Article 24. De son côté, l'Acte uniforme portant organisation des procédures simplifiées de recouvrement et des voies d'exécution prévoit, notamment à ses articles 324 et suivants, que le règlement du créancier saisissant doit être effectué dans les quinze jours qui suivent le paiement du prix de la vente publique aux enchères. Au cas de pluralité de poursuivants, il s'effectue dans le même délai courant à compter de la réception de l'accord obtenu par ceux-ci à l'issue des assises consacrées à la répartition consensuelle du produit de l'adjudication. A l'expiration de ce délai, les sommes dues produisent intérêt au taux légal.

[1101] Article 27 (2), décret n° 2023/042 du 25 janvier 2023 précité.

[1102] Un mois autrefois, d'après les termes de l'article 42 du statut de la profession à ce abrogé.

loi n° 2008/003 du 14 avril 2008 régissant les dépôts et consignations, puis avec celles du décret n° 2011/105 du 15 avril 2011 portant organisation et fonctionnement de cet établissement public particulier[1103]. Le cri a été entendu. Cela a été fait à la faveur de l'entrée en vigueur du décret n° 2023/08500/PM du 1er décembre 2023 fixant les modalités de transfert des fonds et valeurs dévolus à la Caisse des dépôts et consignations[1104], mais

---

[1103] L'époque devrait donc être révolue où des circulaires étaient fréquemment adressées aux procureurs généraux près les cours d'appel, invitant les concernés à adresser des rappels à l'ordre aux huissiers de justice. En ce sens, voir la circulaire du Garde des sceaux du 22 novembre 1976, intitulé « Consignation des parties civiles-versement par les huissiers ». Son contenu est celui-ci : « *Mon attention a été appelée sur le fait que certains huissiers, requis pour diligenter une citation directe, demandent à leurs requérants de verser entre leurs mains les sommes destinées à servir de consignation des frais de justice au greffe du tribunal.*

Outre le fait que le montant de la consignation doit être fixé par le tribunal pour chaque affaire et que l'huissier de justice ne peut savoir à l'avance la somme qu'il doit réclamer à son client, il s'avère qu'à l'issue du procès le greffier en chef restitue cette somme à l'officier ministériel porteur du reçu délivré au moment du versement, lequel ne la rembourse toujours pas à son vrai propriétaire qui ignore sinon ses droits, du moins le moment du remboursement effectué par le greffe.

Afin d'aplanir cette difficulté, j'ai l'honneur de vous demander de bien vouloir interdire aux huissiers de justice de percevoir toute somme destinée à la consignation ou à l'avance des frais de justice et aux greffiers exerçant dans votre ressort de recevoir les consignations de toutes sortes versées par les huissiers à la suite d'exploit diligentés par eux-mêmes ».

[1104] En réalité, ce décret du premier ministre chef du gouvernement renseigne davantage au sujet des exigences relatives aux modalités de transfert des fonds et valeurs dévolus à la Caisse des dépôts et consignations. On y découvre entre autres :

- Que les fonds et valeurs à transférer à la CEDEC, dans un délai de six mois à compter du 1er décembre 2023, sont ceux que détiennent les administrations publiques, les établissements et entreprises publics ou privés, les membres des professions judiciaires, les personnes physiques ou morales (articles 1er et 2) ;
- Que chaque opération de transfert des fonds et ou valeurs dévolus à la Caisse des dépôts et consignations s'accompagne de documents spécifiques liés à l'identification des bénéficiaires des ressources déposées et ou consignées et d'un fichier électronique présenté dans un format spécifique mentionnant en tant que de besoin les informations suivantes se rapportant à l'identification des bénéficiaires (avec, pour les personnes morales, un accent sur leur dénomination, nature, adresse, numéro d'identifiant unique, registre de commerce, numéro téléphone, siège social, identité du représentant légal, références bancaires ; et pour les personnes physiques, un accent sur le nom, le prénom, la nationalité, le domicile, le statut matrimonial, l'adresse, les numéros identifiant unique et de téléphone, le numéro et la date d'émission de la carte nationale d'identité ou du passeport, les références bancaires) ; le type de dépôt ou de consignations ; le montant du dépôt ou de la consignation ; la durée d'inactivité du compte ou la période durant laquelle les fonds et valeurs ne pourraient être réclamés (article 4 (1)) ;
- Que l'opération de transfert donne lieu à l'établissement préalable d'un procès-verbal signé par les parties, mais surtout à la délivrance d'un récépissé de transfert et le cas échéant un avis de débit ou de crédit. Dans l'hypothèse d'un transfert des fonds par chèque ou par virement, le récépissé de transfert doit être délivré dans les 24 heures suivant la date du crédit du compte de la CDEC (article 4 (2 et 3)) ;
- Que les fonds ou valeurs à transférer sont en numéraire ou en titres financiers ; les établissements bancaires et les compagnies d'assurance sont obligés de clôturer les comptes avant le transfert des soldes créditeurs des comptes à vue, des comptes courants, des comptes d'épargne et des comptes des assurances en déshérence (article 5) ;
- Que les fonds et valeurs transférés à la Caisse des dépôts et consignations à la fin de ce processus sont conservés dans le délai légal et font l'objet d'une restitution a première demande du bénéficiaire. Toujours est-il qu'après 30 ans sans manifestation ni du bénéficiaire ni de ses ayants-

davantage encore à la faveur de la révision du statut de l'huissier de justice et de l'agent d'exécution. En effet, la règle est énoncée dans le dernier instrument juridique évoqué que *« L'huissier de justice est en outre tenu de verser à la Caisse des dépôts et consignations ou au trésor public, après quinze jours, les sommes et fonds qu'il détient pour le compte de ses clients »*[1105]. Reste à observer, avec la loi n° 2008/003 du 14 avril 2008 et avec les décrets n° 2011/105 du 15 avril 2011 et n° 2023/08500/PM du 1er décembre 2023 visés, que l'on range dans la catégorie des consignations administratives et des consignations judiciaires, entre autres, les fonds issus de saisies et en attente de distribution, le reliquat des ventes aux enchères publiques des objets en dépôt de douane, les sommes d'argent représentant les offres réelles, les fruits naturels ou industriels, les loyers et fermages recueillis après le dépôt du commandement ou le prix qui en provient[1106]. Dans la catégorie des dépôts, sont rangés notamment les fonds des clients détenus par les auxiliaires de justice, dont l'huissier. En tout état de cause, les fonds à ce jour en dépôt ou en consignation au trésor public ou dans des établissements financiers ou de crédit en raison d'une prévision législative ou règlementaire devront être reversées à la Caisse des dépôts et consignations[1107] *(tacitement, voir CCJA, arrêt n° 012/2014, 27 fév. 2014, Maître Sérigne Mbaye Badiane c. Maître Aïssatou Gueye Diagne, www.ohada.org. Voir aussi, tacitement, TCS, arrêt n° 002/CRIM/TCS, 7 fév. 2020, Ministère*

droits, la CDEC reverse définitivement ces fonds et ou valeurs a l'Etat au titre de la déchéance trentenaire (article 6) ;

- Que passé le délai de 30 ans précité, la Caisse des dépôts et consignations est habilitée à commander des audits externes ou à procéder à des missions de vérification sur pièce et sur place de l'exhaustivité des fonds ou valeurs détenus afin de s'assurer de la sincérité des dépôts. Il ne peut être opposé aux agents assermentés de la CDEC commis à cet effet le secret professionnel ; les fonds ou valeurs détenus et découverts au cours d'une mission de vérification ou d'audit sont transférés dans un délai de 30 jours après mise en demeure. Tout transfert dévolu à la CDEC, qui intervient au-delà des délais règlementaires ouvre droit au paiement à la Caisse d'un intérêt de retard calculé au taux de la facilité de prêt marginal de la Banque des Etats de l'Afrique Centrale, majoré de deux points (article 7) ;
- Qu'en cas de non-respect des obligations de transfert des fonds ou valeurs dévolus à la Caisse des dépôts et consignations, le directeur général procède au recouvrement des sommes dues par toutes les voies de droit (article 8) ;
- Que des modalités particulières de transfert peuvent être établies d'accord parties avec l'entité agissant en qualité de dépositaire ou de consignataire, après transmission par ce dernier à la Caisse de l'état exhaustif des fonds ou des valeurs détenus ou déposés en consignation. A la demande les personnes physiques ou morales éligibles, le recours aux modalités particulières des transferts s'effectue à l'appréciation du directeur général de la Caisse. S'il s'agit des établissements de établissements de crédit ou de microfinance, le transfert de ce qui est dévolu à la CDEC s'effectue selon le cas dans un compte ouvert dans leurs livres au nom de la Caisse (article 9).

[1105] Article 30 (3).

[1106] Article 5.

[1107] Article 11. Pour une meilleure compréhension, lire not. SOUOP S., « Incidences de l'existence de la caisse des dépôts et consignations sur l'activité bancaire, observations à la suite de la loi n° 2008/003 du 14 avril 2008 régissant les dépôts et consignations et du décret n° 2011/105 du 15 avril 2011 portant organisation et fonctionnement de la caisse des dépôts et consignations », *Juridis Périodique* n ° 95, juil.-août. 2013, pp. 130 et s.

public et Etat du Cameroun-Ministère des finances c. Mbia Emmanuel, Maale Ngoumé épouse Toué Toué Salomé, Nkenmouo Alphonse, Mekou Moumeni Alain Raoul et autres, Recueil des arrêts du tribunal criminel spécial, tome 4, pp. 419 et s. ; CA de Niamey, arrêt n° 86, 23 août 2006, Bank of Africa Niger-BOA-Niger c. Ali Adamou et Hassane Adamou, préc. ; CA de Lomé, arrêt n° 043, 17 mars 2009, BIA-Togo SA c. Nosoco-Togo SARL, préc.).

Ces prescriptions relatives à l'obligation de rendre compte n'ont pas empêché de se demander quelle est la nature des fonctions dont l'huissier de justice est investi, notamment s'agissant des constats, des interpellations extrajudiciaires, des actes relatifs à l'exécution des décisions de justice. Agit-il en tant qu'agent public ou en tant que mandataire de son client, notamment du saisissant [1108] ? Plus que par le passé l'interrogation est d'importance. Effectivement, de la réponse esquissée pourrait dépendre non seulement la réaction de la partie en face, laquelle est parfois le saisi, donc de sa collaboration en vue d'un prompt aboutissement de la procédure[1109]. Il se peut, du reste, qu'elle ait des répercussions sur le terrain de la responsabilité, notamment dans l'éventualité de la réparation d'un préjudice dont le débiteur prétendrait avoir souffert[1110].

Sur cette querelle d'une d'actualité brûlante, certains[1111] sont persuadés et soutiennent que l'huissier de justice est d'avantage un mandataire de son client. L'analyse est soutenue à l'aide de plusieurs séries d'arguments, singulièrement par l'idée que cet auxiliaire de justice n'instrumente

[1108] KUATE TAMEGHE S.S., *La protection du débiteur dans les procédures individuelles d'exécution*, préc., pp. 54 et s., n° 45. Voir également CALBAIRAC G., « L'exécution des décisions de justice », préc., pp. 79 et s. ; DUFOUR O., « Huissier de justice : une profession en voie de rénovation ? », *Les Petites Affiches*, 2 juin 1999, pp. 3 et s. ; NICOD B., « L'huissier de justice, quel partenaire ? », *Gaz. Pal.* 7-9 mars 1999, pp. 2 et s. ; OMAM Fl., op cit., p. 11.

[1109] Les huissiers de justice affirment couramment être pourchassés, parfois avec une machette, par des personnes notamment débitrices, lorsqu'ils se rendent dans des propriétés privées à l'effet de signifier des actes de procédure, les concernés considérant que ces auxiliaires de justice sont des mandataires de l'adversaire ou de connivence avec lui. A l'occasion de l'une des sessions ordinaires de la Chambre des huissiers de justice du Cameroun, on a abondamment discouru au sujet des mauvais traitements dont ceux-ci sont victimes et les risques auxquels les exposent les saisies, notamment celles diligentées en zone rurale. ATANGANA Y., « Les huissiers camerounais veulent plus d'équité », *Cameroon Tribune*, 23 août 2002, p. 23. Cette situation n'est pas spécifique au Cameroun. En France, Lesguillier signale, dans l'affaire Portal, le cas de ce saisi qui attendait le personnel de l'exécution avec un fusil chargé. « La saisie immobilière : une procédure qui fonctionne bien », *J.C.P.* 1978, 1, doctr., p. 2901, n° 5.

[1110] La jurisprudence de la Cour européenne des droits de l'homme a récemment donné l'occasion de s'en rendre compte. On se souvient en effet que dans l'affaire Platakou, pour échapper à l'action en responsabilité engagée à son encontre du fait de préjudices divers causés par la négligence d'un huissier, l'Etat Grec avait fait valoir pour sa défense que les huissiers de justice ont un statut particulier et que, n'étant pas fonctionnaires et donc ne représentant pas l'Etat, il ne peut être tenu responsable des indélicatesses commises dans l'exercice de leurs fonctions. 11 janv. 2001, *Dr et procédures* 2001-4, pp. 233 et s., obs. MARGUENAUD J.-P.

[1111] ASSI-ESSO A.-M., DIOUF N., *OHADA. Recouvrement des créances*, coll. DU, Bruylant, Bruxelles 2002, p. 40 ; CROSIO A., op cit., p. 12 ; VINCENT J., PREVAULT J., op. cit, p. 32, n° 47.

couramment que lorsque ses services ont été requis[1112]. Et, en pratique, cela est fait au moment de la remise à celui-ci de différents documents, notamment des titres exécutoires. A cela s'ajoute que ce professionnel opère de manière libérale dans le choix de ses collaborateurs, de son local professionnel voire de la rémunération de nombre de ses prestations.

A l'opposé de cette thèse, qui a reçu la caution de nombreux auteurs, d'autres contestent sa qualité de mandataire du client et du créancier saisissant[1113]. Le pouvoir conféré par la formule exécutoire le ferait agir, non en qualité de mandataire de la personne qui s'est adressée à lui, mais en tant qu'agent public, investi d'une mission qui relève plus du droit public que d'un mandat de droit privé. De surcroit, l'accès à la profession dès le stage autorisé par l'administration, l'attribution d'une charge par décret du président de la République, la tutelle manifestée par le pouvoir de direction, de contrôle et de sanction du parquet et des pouvoirs publics, l'aggravation de la responsabilité pénale par l'assimilation au fonctionnaire établissent à suffisance que l'huissier de justice agit en tant qu'agent public.

Dans des querelles de ce type, la vérité se trouve rarement aux extrémités. Certes, l'officier ministériel et public peut agir de sa seule initiative, est rémunéré par les particuliers, gère librement son étude. Cependant, le caractère « libéral » de la profession se trouve édulcoré, d'une part par le fait que son statut relève du droit public, d'autre part par le fait qu'en tant qu'officier ministériel il est nommé par le président de la République et, à la demande d'un sujet de droit, exerce sous le contrôle d'une autorité administrative ou judiciaire. Dès lors, l'idéal semble de considérer que les huissiers de justice sont des auxiliaires de justice semi-libéraux[1114].

[1112] Au Cameroun, certaines des dispositions du Statut des huissiers tel que modifié et complété par le décret du 22 février 1985 l'ont fait penser autrefois. L'article 26 (2) du nouveau statut de la profession va dans le même sens en décidant que « *L'huissier de justice ne peut faire aucun acte au nom d'une partie sans un pouvoir exprès* » ; toutefois, et sauf preuve contraire, conclut le texte, valent pouvoir tacite la remise des actes ou jugements en matière d'exécution et le paiement même partiel des émoluments et débours en toutes matières. L'article 28-2 de l'Acte uniforme révisé portant organisation des procédures simplifiées de recouvrement et des voies d'exécution est en cohérence avec le droit interne. D'une part, ils retiennent que « *Nul ne peut prendre une mesure conservatoire ou exercer une voie d'exécution pour le compte d'autrui s'il ne dispose d'un pouvoir délivré à cet effet* » ; « *La remise du titre exécutoire à l'huissier de justice ou à l'autorité chargée de l'exécution vaut pouvoir pour toute mesure conservatoire ou exécution forcée, sauf s'il est exigé un pouvoir spécial* ». D'autre part, ils énoncent des sanctions lorsque ces exigences sont méconnues, lesquelles consistent en des nullités, notamment pour vice de fond.

[1113] OMAM F., op cit., p. 11. Cf aussi RENAULT M.-H., « Les diligences de l'huissier en matière de signification » *Droit et Procédures*, 2001-4, p. 219 spéc.

La Cour européenne des droits de l'homme s'est prononcée dans ce sens, dans son arrêt déjà cité du 11 janv. 2001, Platakou c. Grèce. A son sens, à partir du moment où la loi investit l'huissier des missions dont la charge lui revient, « *il agit en tant qu'organe de l'Etat* ». La conséquence en est précisément que l'Etat doit répondre des dommages que cet auxiliaire de justice cause à autrui, à charge pour lui de se retourner contre l'intéressé.

[1114] Nous même, *La protection du débiteur dans les procédures individuelles d'exécution*, L'Harmattan, Paris, 2004, p. 54, n° 45. Voir également CALBAIRAC G., « L'exécution des décisions de

L'attention doit encore être attirée sur les obligations fiscales incombant à l'huissier de justice[1115]. Elles sont, pour l'essentiel, développées dans le Code général des impôts. Au Cameroun, il y est mentionné, au titre de la fiscalité sur le revenu des personnes physiques, un impôt sur les bénéfices des professions non commerciales qui concerne les professions libérales, les charges et offices dont les titulaires n'ont pas la qualité de commerçants[1116].

La loi fiscale nationale ne s'en tient pas à cela. Elle va au-delà.

Au sujet des obligations déclaratives, celle-ci décide que tout contribuable assujetti à l'impôt sur le revenu des personnes physiques est tenu de souscrire, avant le 15 mars de chaque année, au centre des impôts du lieu d'imposition, une déclaration détaillée de ses revenus au cours de l'année fiscale écoulée, sur un imprimé fourni par l'administration. Dans le prolongement de cette exigence ou en amont de celle-ci, le livre des procédures fiscales institue un numéro identifiant unique. Attribué à titre définitif par la direction générale des impôts après sa localisation effective, il peut supposer, pour les besoins de sa délivrance, la prise des empreintes digitales et de l'image photographique de l'attributaire[1117] ;

A propos du régime d'imposition, celle-ci décide que les huissiers de justice relèvent du régime du réel, quel que soit le montant de leur chiffre d'affaires[1118] ;

A propos de la base d'imposition, celle-ci prescrit que ce socle est représenté par le bénéfice net déterminé d'après les résultats de l'ensemble des opérations effectuées au cours de la période servant de base à l'impôt, déduction faite des charges imposées directement par l'exercice de l'activité. Dans l'hypothèse toujours à envisager d'une absence de déclaration ou de comptabilité, l'assiette de l'impôt est circonscrite à partir du chiffre d'affaires reconstitué par l'administration sur la base d'éléments réels en sa

---

justice », préc., p. 79 ; DAHAN G., « L'acte, l'huissier de justice et sa signature », *Ann. Loy.* n° 3, mars 2002, p. 554 et s. ; DUFOUR O., « Huissier de justice : une profession en voie de rénovation ? », *Les Petites Affiches,* 2 juin 1999, pp. 3 et s. ; DYMANT M., « De la saisie des meubles en général et du domicile en particulier », *Gaz. Pal.* 1996-2, doctr., p. 897 ; FILIBERTI E., MIRJANA C., op cit., « Le portrait de l'huissier de justice de demain... », *Les Petites Affiches* n° 66, 2 avril. 2002, p. 4 ; HUGON C., « La Cour européenne des droits de l'homme et les huissiers de justice », *Rev. Huissiers* n° 6, nov.-déc. 2002, p. 341 ; LANDZE R. D., « La place de l'acte extra judiciaire dans les procédures simplifiées de recouvrement », *http://www.ohada.com ;* NICOD B., « L'huissier de justice, quel partenaire ? », *Gaz. Pal.* 7-9 mars 1999, pp. 2 et s. ; DESDEVISES Y., « Equilibre et conciliation dans la réforme des procédures civiles d'exécution, » in *Nouveaux juges, nouveaux pouvoirs, Mélanges en l'honneur de Roger Perrot,* Dalloz, Paris 1996, p. 103.

1115 Pour un aperçu synthétique, lire TOGOLO O., « Chronique de législation financière et fiscale : la loi de finances 2012 », *RASJ,* 2012-9, pp. 281 et s. ; ABENG MESSI F., « Les obligations fiscales de l'exercice budgétaire 2020 à l'épreuve de la Covid-19 au Cameroun », *Rafip* n° 7, 1er semestre 2020, pp. 141 et s. ; PEKASSA NDAM G.M., « Actualité fiscale relative au droit des affaires », *RASJ,* 2012-9, pp. 277 et s.

1116 Article 56.

1117 Article L1, Livre des procédures fiscales.

1118 Article 63.

possession, frappé d'intérêts de retard et de majorations drastiques[1119]. Au cas de constat d'insuffisances, d'inexactitudes, ou d'omissions dans la présentation des éléments censés servir de base au calcul de l'impôt, des redressements correspondants sont effectués suivant une procédure contradictoire et sanctionnés d'intérêts de retard et de majorations[1120].

Au sujet du calcul de l'impôt, celle-ci prescrit que l'on applique au revenu net global arrondi au millier de francs inférieur, le taux de 10 % sur la tranche des revenus comprise entre 0 et 2 000 000 francs ; 15 % sur la tranche comprise entre 2 000 001 et 3 000 000 francs ; 25 % sur la tranche comprise entre 3 000 001 et 5 000 000 francs ; 35 % sur la tranche au-dessus de 5 000 0000 francs. L'article 69 *infine* ajoute deux choses importantes : d'une part, que l'impôt ainsi calculé ne peut être inférieur à 1 % du chiffre d'affaires réalisé au cours de l'exercice ; d'autre part, que l'impôt calculé et le minimum de perception ci-dessus visé sont est majorés de 10 % au titre des centimes additionnels communaux[1121].

Au sujet des modalités de paiement, celle-ci prescrit que l'impôt est à acquitter à la fin de chaque exercice[1122]. Des aménagements accompagnent toutefois l'obligation que l'on retrouve sous les articles 91 et suivants, qui envisagent un règlement fractionné selon un découpage strict. Dans le détail, et concernant le régime du réel, un acompte de 1 % du chiffre d'affaires du trimestre devra être payé au plus tard le 15 du mois suivant, sur la base d'une déclaration dont l'imprimé est offert par l'administration. L'impôt annuel définitif est naturellement diminué du montant des acomptes payés pendant l'exercice.

D'autres obligations sont formulées dans le Code général des impôts[1123]. On songe en particulier à celle qui prescrit que les huissiers de justice ne pourront délivrer aucun acte soumis à l'enregistrement sur la minute ou l'original ni faire aucun acte en conséquence avant l'enregistrement quand bien même le délai pour l'enregistrement ne serait pas encore expiré *(CS, arrêt n° 15, 12 nov. 1963, Meva'a Simon Pierre c. Ministère public, préc. ; CA du Littoral, arrêt n° 047/ADD, 21 fév. 2014, Dame Sylvana Combet c. Société Arno,*

[1119] Le livre des procédures fiscales prévoit par exemple :
- A l'article L 97, que le contribuable qui, après une mise en demeure de déclarer, n'a pas souscrit sa déclaration, subit une taxation d'office et sa cotisation est majorée de 100 %. La majoration est portée à 150 % en cas de récidive.
- A l'article L 98, que l'intérêt de retard, en cas d'insuffisance de déclaration telle que prévue à l'article L 95 est calculé à compter du jour suivant celui du dépôt légal de la déclaration jusqu'au dernier jour du mois de la notification, tout mois commencé étant compté pour un mois entier. Le montant de l'intérêt de retard étant en tout état de cause plafonné à 50 %.

[1120] Le livre des procédures fiscales prescrit à l'article L 96 que les insuffisances, omissions ou dissimulations susceptibles d'affecter la base ou les éléments d'imposition et qui ont conduit l'administration à effectuer des redressements, donnent droit à l'application des majorations suivantes : 30 % en cas de bonne foi, 100 % en cas de mauvaise foi, 150 % en cas de manœuvres frauduleuses, sans préjudice des poursuites pénales.

[1121] Article 70.

[1122] Article 80.

[1123] Aux articles 354, 355, etc.

Juridis Périodique n° 100, oct.-déc. 2014, pp. 86-87, note ASSONTSA R. ; arrêt n° 117/CC, 04 avril 2011, Sienche Maurice c. Cetello Coffi, Juridis Périodique n° 96, oct.-déc. 2013, pp. 81 et s., note ASSONTSA R. ; tacitement, CCJA, arrêt n° 022/2018, 08 fév. 2018, Société Touton Négoce Côte d'Ivoire c. Monsieur Ouedraogo Paouindé, préc. ; arrêt n° 144/2017, 29 juin 2017, Mamadou Doukouré et Société New Market Sarl c. Banque crédit du Congo, préc.) ; à celle qui retient qu'aucun officier ministériel et public ne pourra faire ou rédiger des actes sur la base d'actes sous seing privé ou passés hors du territoire si ces derniers n'ont pas, préalablement, été enregistrés[1124]...

L'attention doit aussi être attirée sur les obligations comptables de l'auxiliaire de justice, lesquelles connaissent des nuances lorsque celui-ci est membre d'une société civile professionnelle[1125]. Hier, elles étaient peu détaillées. Seuls devaient être tenus quelques répertoires généraux dont l'un concernait la matière civile et l'autre la matière pénale. Ceux-ci étaient complétés par le livre journal, le grand livre, le carnet à souches[1126]. A ce jour, des amendements ont été introduits par le décret n°2023/042 du 25 janvier 2023. A l'article 30 de ce texte, la règle est posée que l'huissier de justice tient désormais un répertoire général en matière civile, un répertoire général en matière commerciale, un répertoire général en matière administrative, un répertoire général en matière sociale, un répertoire général en d'arbitrage et de conciliation, un livre journal[1127], un grand livre[1128] et un carnet à souches[1129]. A l'article 31, il est résolu que les

---

[1124] Il n'est pas futile de noter que l'article 276 du Code général des impôts est consacré aux délais d'enregistrement des actes. Celui-ci retient notamment :
- Que ces délais sont compris entre 15 jours et un mois à compter de leur date pour les actes des notaires, greffiers, huissiers, commissaires-priseurs, leurs suppléants ainsi que les actes de tous les agents ayant le pouvoir de faire des exploits et procès-verbaux y compris les transactions, soumissions en matière administrative, tenant lieu ou non de procès-verbaux ;
- Que ce délai peut être porté à 3 mois lorsqu'il n'existe pas de centre des impôts à la résidence des officiers publics ou ministériels ou des fonctionnaires rédacteurs ;
- Que ce délai est de six mois à compter de leur date pour les actes authentiques ou sous seing privés passés hors d'un Etat de la CEMAC, et qui portent mutation de propriété, d'usufruit ou de jouissance d'immeubles ou de fonds de commerce situés dans cet Etat ou constitution de sociétés ayant leur siège social dans cet Etat ;
- Que le délai d'enregistrement varie entre trois et six mois à compter du décès du testateur pour les testaments déposés ou non chez un notaire, à la diligence des héritiers, donataires, légataires ou exécuteurs testamentaires.

[1125] Voir, dans cet ouvrage, les développements relatifs à la société civile professionnelle.

[1126] Articles 26 et 30, statut de la profession abrogé.

[1127] Le livre journal met en évidence, au jour le jour, par ordre de dates, sans blanc ni interligne ni renvoi en marge ou rature, les recettes et les dépenses relatives aux matières auxquelles sont consacrés les répertoires généraux. Un accent doit y être mis sur les encaissements et dépenses effectuées dans le cadre de la procédure ainsi que les versements au profit des justiciables (article 32).

[1128] On y retrouve un compte ouvert au nom de chaque client. Ledit compte décline les sommes consignées pour la couverture des frais de procédure ainsi que celles perçues ou payées (article 33).

[1129] A en croire l'article 34, le carnet à souches comporte, pour chacun des reçus, trois feuillets dont deux sont détachables. Chaque feuillet porte, pour chaque année, une série de numéros

répertoires généraux déclinent sans blanc ni interligne, et par ordre de dates, tous les actes et exploits y compris les constats ; que l'on y retrouve des mentions se rapportant au coût des actes, des frais de déplacement ou de voyage, des débours et autres sommes perçues à la lumière des distinctions du tarif des huissiers de justice.

A ce jour, quelques amendements ont été introduits par le système comptable OHADA. Comme tout contribuable assujetti au régime du réel, l'huissier de justice est obligé de tenir sa comptabilité conformément au système normal. On le sait bien, le système normal de comptabilité évoqué côtoie d'autres qui ne s'appliquent donc pas à l'officier ministériel. D'une part, le « système allégé » qui ne concerne que les entreprises dont le chiffre d'affaires excède trente millions sans dépasser cent millions, et requiert l'établissement d'un bilan, d'un compte de résultat, d'une annexe, simplifiés dans les conditions définies par le système comptable OHADA. D'autre part, le « système minimal de trésorerie », lequel repose sur l'établissement d'un état de recettes et de dépenses dégageant le résultat de l'exercice dressé à partir de la comptabilité de trésorerie et qui s'applique aux très petites entreprises dont le chiffre d'affaires est généralement inférieur à trente millions de francs CFA[1130].

Quoi qu'il en soit, et cela a été relevé, les documents comptables de l'huissier de justice devront être tenus fidèlement et avec sincérité. D'ailleurs, obligation lui est faite de les présenter au président du tribunal de première instance du ressort de l'étude afin que celui-ci les côte et les paraphe[1131]. Pareillement, quelques-uns d'entre eux (les répertoires généraux) devront, trimestriellement, être soumis au visa du receveur de l'enregistrement afin que cette autorité financière les vérifie, constate éventuellement les omissions ou retards et sanctionne ceux-ci[1132]. Quelques autres (notamment le livre journal) devront être soumis trimestriellement à la vérification et au visa du procureur de la République compétent (et au plus tard le 31 du mois qui suit) afin que l''intéressé confronte le solde de ce livre avec celui de la Caisse des dépôts et consignations ou de tout organisme qui en tient lieu[1133]. Les règlements vont jusqu'à exiger de l'officier ministériel et public, à l'expiration de chaque année judiciaire et au plus tard le 31 janvier, d'adresser au procureur de la République du siège

identiques. Ces feuillets renseignent au sujet des noms et prénoms de la partie versante, de la date, de la cause et du montant du versement.

[1130] Voir les articles 12 et suivants de l'Acte uniforme portant organisation et harmonisation des comptabilités des entreprises. Voir NEMEDEU R., WANDA R., « Obligations comptables et financières », in *Encyclopédie OHADA*, dir. P.G. Pougoué, Lamy, Paris, 2011, pp. 1280 et s.

[1131] Article 30 (2).

[1132] Article 31 (2). Il y est prévu une amende de 10 000 francs CFA par manquement. Le délai de trois mois est doublé dans l'hypothèse où aucun bureau d'enregistrement n'existe dans la localité où se trouve l'étude.

[1133] Article 32 (2). Il y est résolu que les résultats de la vérification sont transmis au procureur général.

de l'étude un compte sommaire tant des sommes consignées entre ses mains que de celles employées ou restituées aux parties[1134].

Reste à se souvenir des prévisions des différents textes relatifs à la prévoyance sociale, singulièrement celles du décret n° 2015/2527/PM du 16 juillet 2015 fixant les modalités d'application de la loi n° 017/2001 du 18 décembre 2001 portant réaménagement des procédures de recouvrement des créances des cotisations sociales[1135]. Ici, il est réitéré avec vigueur que « *Les ordres professionnels sont assujettis au régime de la prévoyance sociale* »[1136]. Rien de tout cela ne surprend. Effectivement, on sait que l'employeur est tenu de s'affilier auprès de l'organisme en charge du recouvrement des cotisations sociales dans un délai maximum de huit jours à compter du recrutement du premier travailleur qu'il doit au demeurant immatriculer. On sait que la latitude est offerte au travailleur d'exécuter cette obligation en cas de défaillance de l'employeur et que la Caisse nationale de prévoyance sociale peut même y procéder d'autorité sur la base des investigations et enquêtes diligentées par ses services, d'un contrôle ou d'une dénonciation ou à partir de fichiers rendus disponibles par telle ou telle administration[1137]. Effectivement, on sait aujourd'hui mieux qu'hier que chaque employeur doit adresser mensuellement à la CNPS une déclaration

[1134] Article 34. Le procureur de la République transmet ce compte au procureur général, avec ses observations.
Le Code général des impôts va dans le même sens. Voir notamment :
- Les articles 382, 383 et 384. Il y est écrit que les huissiers de justice tiendront des répertoires à colonnes sur lesquels ils inscriront, jour après jour, sans blanc ni interligne et par ordre de numéro tous les actes et jugements qui doivent être enregistrés. Chaque article du répertoire général comportera son numéro, la date de l'acte, sa nature, les noms et prénoms des parties et leur domicile, la relation de l'enregistrement. La suite s'imagine : les huissiers de justice sont tenus, tous les trois mois, de présenter ces répertoires aux receveurs des impôts de leur résidence chaque année, dans la première quinzaine des mois de janvier, avril, juillet et octobre. Ceux-ci les visent et énoncent dans leurs visas le nombre des actes inscrits.
- Les articles 388. On y apprend que les huissiers tiennent, sous peine d'amendes, un répertoire spécial sur registre non timbré, côté et paraphé par le président du tribunal civil. Dans ce répertoire lui aussi à colonnes sont inscrits, jour par jour, sans blanc ni interligne et par ordre de numéro, tous les actes, jugements et arrêts qui sont dispensés des formalités du timbre et de l'enregistrement ». Chaque article renseigne impérativement au sujet de son numéro, de la date de l'acte, sa nature, les noms et prénoms des parties et leur domicile. Au même titre que le répertoire général, le répertoire spécial devra être présenté au visa du receveur des impôts du ressort chaque année, dans la première quinzaine de chacun des mois de janvier, avril, juillet et octobre.
- A l'article 385. On y retrouve le principe d'après lequel les fonctionnaires de greffes sont astreints, indépendamment de la représentation de leurs registres, à l'obligation de communiquer leurs répertoires, à toute réquisition, aux préposés de l'enregistrement qui se présenteront chez eux pour les vérifier.

[1135] D'autres textes le précèdent ou le suivent. Il s'agit notamment de l'ordonnance n° 73-17 du 22 mai 1973 portant organisation de la prévoyance sociale, au décret n° 90/1198 du 3 août 1990 fixant le taux et l'assiette des cotisations sociales dues à la Caisse nationale de prévoyance sociale pour les branches des prestations familiales et de l'assurance pensions de vieillesse, d'invalidité et de décès.

[1136] A son article 73.

[1137] Article 3, décret n° 2015/2527/PM du 16 juillet 2015 précité.

nominative de tous les travailleurs permanents ou non, en faisant ressortir les périodes d'emploi et les rémunérations servies ou dues, au risque de subir une taxation d'office[1138]. Effectivement, on sait que le montant des cotisations sociales dues en raison des rémunérations et gains versés est acquitté dans les premiers jours du mois suivant, au moment du dépôt du récépissé des déclarations des salaires auprès du centre des impôts de rattachement[1139] *(même tacitement, voir CS/CA, jugt. n° 11, 16 janv. 2008, Maître Bouopda c. Caisse nationale de prévoyance sociale-CNPS, préc. ; TCS, arrêt n° 001/CRIM/TCS, 31 janv. 2020, Ministère public, Caisse nationale de prévoyance sociale et Université de Douala c. Bekolo Ebe Bruno, in Recueil des arrêts du tribunal criminel spécial, tome 5, Yaoundé, 2020, pp. 616 et s.).*

Reste également à se souvenir des prescriptions du décret n° 2016/076 du 15 février 2016 fixant les taux des cotisations sociales et les plafonds des rémunérations applicables dans les branches des prestations familiales, d'assurance-pensions de vieillesse, d'invalidité et de décès, des accidents du travail et des maladies professionnelles gérées par la Caisse nationale de prévoyance sociale. Effectivement, ce texte souligne que le taux des cotisations sociales dues à l'organisme visé au titre des prestations familiales est, pour les travailleurs relevant du régime général, de 7 % du salaire cotisable[1140] ; que le taux des cotisations sociales dues au titre de l'assurance-pensions de vieillesse, d'invalidité et de décès est de 8, 4 % du salaire cotisable et que celui-ci est supporté pour moitié par l'auxiliaire de justice, pour moitié par les salariés de celui-ci[1141]. L'idée y est également développée d'après laquelle le taux des cotisations sociales dues à la Caisse nationale de prévoyance sociale au titre des accidents du travail et des maladies professionnelles s'élève à 1,75 % s'agissant des catégories rattachées au groupe A où se trouvent les professions libérales, conseils juridiques, officiers ministériels[1142].

L'huissier de justice est-il outillé pour exécuter ces obligations ou mieux exploiter avec dextérité le quasi-monopole qui lui est parfois reconnu, singulièrement dans le domaine du recouvrement des créances ?

D'emblée, une réponse positive n'est pas saugrenue. Pour tenter de persuader ceux qui en doutent, l'attention peut être attirée sur le fait que la formation professionnelle de cet auxiliaire de justice dure deux ans. L'actualité de ces dernières années, abondamment relayée par la presse, porte à croire au terme de ce parcours du combattant que le « baillif » est

[1138] Idem, articles 6 à 12.

[1139] Articles 15 et 16. On y découvre que ce paiement s'effectue soit par chèque, soit par virement dans les comptes de la CNPS.

[1140] Article 2.

[1141] 4, 2 % de ce taux est donc à la charge de chacune des parties.

[1142] Ce taux est celui que retient l'Annexe au décret n° 2016/076 du 15 février 2016 fixant les taux des cotisations sociales et les plafonds des rémunérations applicables dans les branches des prestations familiales, d'assurance-pensions de vieillesse, d'invalidité et de décès, des accidents du travail et des maladies professionnelles gérées par la Caisse nationale de prévoyance sociale.

presque toujours un homme pétri d'expérience et ayant une grande expérience de la vie, donc véritablement prêt à assumer au mieux son ministère. Au-delà, on observe que cet auxiliaire de justice a généralement recours au service de clercs spécialisés dans le domaine de la comptabilité et de la gestion, de la fiscalité, des outils d'aide à la décision.

Convaincants, ces arguments seront cependant accueillis avec un minimum de recul par quelques-uns. Les raisons de cette réserve sont connues. Il arrive que les candidats à la profession n'aient jamais pris part à des enseignements en rapport avec la fiscalité, l'économie, la gestion. Il n'est pas rare que les postulants à la profession d'huissier de justice n'aient pas pris part à l'enseignement consacré aux voies d'exécution qui, dans nombre de facultés de droit, est dispensé en année de maîtrise ou, si l'on s'en tient à la nomenclature du système LMD, en Master. A cela s'ajoute, s'agissant en particulier des obligations comptables et fiscales de sa charge que l'huissier de justice débutant n'a généralement pas suffisamment de ressources pour pouvoir s'attacher les services d'un nombre important de clercs. Dans les hypothèses marginales ou cela est possible, les contraintes occasionnées par le dépeuplement des zones rurales où ce dernier est appelé à exercer rendent peu probable le recrutement de travailleurs spécialisés en comptabilité, en gestion, en informatique qui font généralement le choix de s'établir dans les grandes agglomérations.

On comprend alors l'intérêt, dans les facultés de droit, de densifier les enseignements relatifs à l'économie, à la gestion, aux nouvelles technologies de l'information et de la communication. On perçoit également l'urgence d'un élargissement des thèmes débattus dans le cadre des conférences de stage à l'effet d'y intégrer l'ensemble de ceux qui touchent véritablement à l'exercice de la profession d'huissier de justice ou d'agent d'exécution. On perçoit incontestablement aussi, surtout si ses missions en viennent à muter, que prospère l'idée d'une formation continue. En tant que de besoin, celle-ci serait imposée à une périodicité à fixer par le Garde des sceaux, en accord avec la Chambre nationale des huissiers de justice. Dans une large mesure, rien ne s'opposerait à ce que cette mission soit entièrement déléguée à la chambre professionnelle qui intervient déjà activement dans la formation du stagiaire par le biais des conférences et séminaires qu'elle organise. Au besoin, le « recyclage » pourrait se faire aux côtés d'autres auxiliaires de justice libéraux ou semi-libéraux dans le cadre d'un institut dédié aux métiers de la justice ou, si l'on préfère, du droit[1143].

Des préoccupations sont encore à aborder avant de tourner la page consacrée aux obligations de cet officier ministériel et public. L'une est de

---

[1143] Sur l'ensemble, voir ANSAULT J.-J., op cit., pp. 97 et s ; BRUSCHI J., GIRARD-GAYMARD T., « Les voies d'exécution sur cryptoactifs », *Recueil Dalloz* 2024, pp. 1686 et s. ; JAMIN C., XIFARAS M., « Sur la formation des juristes en France. Prolégomènes à une enquête », *https://ssrn.com/abstract=4237792*, p. 386 ; JOURDAINE N., « Justice - Quel projet annuel de performance pour la « Justice judiciaire ? », *La Semaine Juridique* Ed. G., n° 36, 09 sept. 2024, doctr. 1039.

savoir si la latitude lui est accordée d'exercer ses fonctions à toute heure. L'autre renvoie à la question de savoir si l'officier ministériel accomplit les diligences relevant de son ministère tous les jours. La dernière est celle de savoir si tous les sujets de droit pourraient subir le recouvrement forcé et si l'ensemble de leurs biens pourraient être mis sous main de justice.

Sur le premier point, celui de l'heure de l'exercice de ses fonctions, les éléments de réponse ne sont pas homogènes. L'une des pistes est à rechercher à l'article 24 (4) du statut où la règle est gravée que *« Sauf dispositions contraires des textes en vigueur ou autorisation de la juridiction compétente »*, l'huissier de justice ne peut instrumenter *« avant et après 18 heures »*. L'autre se trouve à alinéa 46 alinéa 2 de l'Acte uniforme portant organisation des procédures simplifiées de recouvrement et des voies d'exécution qui retient qu'aucune mesure d'exécution ne peut être commencée avant huit heures ou après dix-huit heures, hormis les cas de nécessité, avec l'autorisation de la juridiction compétente et seulement dans les lieux qui ne servent pas à l'habitation[1144].

Bien que consacrée à la seule matière des procédures forcées de recouvrement, la disposition appelle un arrêt tant sur le principe qu'elle assoit que sur l'atténuation qu'elle admet. L'huissier de justice ne peut procéder à des voies d'exécution que dans la fourchette horaire prévue à cet effet, laquelle est comprise entre huit heures et dix-huit heures[1145]. Il n'est donc pas possible d'ouvrir les portes du débiteur avant huit heures, pas plus que d'engager de telles mesures à son encontre après dix-huit heures *(en ce sens, CCJA, arrêt n° 012/2009, 26 fév. 2009, Société négoce et représentation commerciale en Côte-d'Ivoire c. Alpi Côte d'Ivoire, dite ALPICI, Rec. n° 3, janv.-juin 2009, pp. 152 et s., Ohadata, J-10-63. Voir aussi CS, arrêt n° 171, 27 août 1968, Dame Abena Noah Dorothée c. Noah Ahanda Armand, préc.*[1146] *; arrêt n° 64,*

[1144] Une autre piste est celle de l'article 152-7 de l'Acte uniforme révisé où la règle est énoncée que l'huissier de justice ou l'autorité chargée de l'exécution peut procéder à la saisie du bétail en dehors des heures légales, sur autorisation du président de la juridiction compétente ou du juge délégué par lui.

[1145] Dans l'avant-projet de l'Acte uniforme, il était prévu que les mesures d'exécution ne devaient pas être commencées « *avant le lever du soleil ou après son coucher* ». La rédaction était certainement originale et en harmonie avec la vie sociale en Afrique, spécialement en zone rurale ; elle a vivement été critiquée, comme pouvant donner lieu à des abus, par exemple à la possibilité pour le débiteur de soustraire quelques-uns de ses biens à la saisie à venir, car il peut bien arriver que le jour se soit levé sans pour autant que le soleil ait apparu. C'est notamment le cas en saison des pluies où il pleut parfois des journées entières. En conséquence, il lui a préféré la formule consistant à déterminer avec précision l'heure à laquelle la saisie devrait débuter, que le soleil se soit ou pas levé, l'important étant seulement de ne pas troubler une personne raisonnable.

[1146] Dans cette espèce, le demandeur au pourvoi reproche à la cour d'appel la violation du préambule de la constitution du 4 mars 1960 qui pose le principe de l'inviolabilité du domicile, des articles 322 et 609 du Code de procédure civile et commerciale, des articles 3 et 37 de l'ordonnance du 17 décembre 1959 sur l'organisation judiciaire. Le point névralgique de la position de la Cour suprême est celui-ci : « *Attendu que si, en vertu des textes visés au moyen, on ne peut pénétrer de jour dans la maison d'un particulier en vertu d'une loi, nul n'a le droit d'y entrer la nuit, si ce n'est en vertu d'une autorisation expresse du juge en cas de péril en la demeure ou des autorités habilitées en cas d'état d'urgence, ou en cas de réclamation faite de l'intérieur ;*

15 déc. 1970, Bannem Jean c. Ministère public, dame Ngo Dibog Marie-Adèle et Essombo Mbous Samuel, Répertoire chronologique de la jurisprudence de la Cour suprême, tome 1, Droit pénal, p. 70[1147]*)*.

A dire vrai, on pouvait difficilement disposer autrement. Et pour cause, si les différents aspects du droit à la vie privée sont pendant longtemps restés dans l'ombre, ceux-ci ont, depuis des décennies accédé à une visibilité difficile à ignorer. Pour l'essentiel, la démonstration a été apportée que l'immixtion chez le débiteur à des heures indues pourrait porter atteinte au secret de sa vie privée, c'est-à-dire selon les justes propos de Monsieur Kayser[1148], à « l'opacité pour autrui de sa vie personnelle, affective et familiale ». En s'introduisant avant huit heures dans la demeure d'une personne, réceptacle et tréfonds par excellence des discrétions de la vie privée, l'huissier de justice, l'agent d'exécution et éventuellement les agents de la force publique qui l'accompagnent troubleront la quiétude et l'intimité de celui-ci. Plus sérieusement encore, il arrivera, lorsque de telles mesures auront été engagées à une heure reculée, que la tranquillité de ceux qui vivent avec l'endetté sous son toit soit perturbée[1149]. Les suites de telles

---

Que tel n'est pas le cas de l'espèce ;
Attendu que l'huissier Penda a pénétré de nuit dans les deux concessions, sur simple demande du sieur Noah Ahanda Henri, mari de la demanderesse au pourvoi ;
Attendu que dans ces conditions, il a méconnu la règle générale et absolue qui, sauf exception législativement précisée, interdit de s'introduire pendant la nuit au domicile des citoyens ;
Attendu que les constats produits, entachés d'une nullité radicale du fait de leur caractère illicite, ne sauraient produire aucun effet et doivent être entièrement écartés des débats ;
D'où il suit qu'en maintenant aux débats, pour valoir comme preuve, le procès-verbal dressé la nuit (...) dont la nullité devrait être déclarée, la Cour a violé les dispositions visées au moyen... »

1147 Dans cet arrêt fondateur, la Cour suprême tranche comme suit : « *Attendu que doit être écarté des débats et ne peut servir de base à une condamnation du chef d'adultère et de complicité de ce délit, un constat dressé par un huissier pendant la nuit et en dehors des heures légales ;*
Attendu que pour relaxer dame Ngo Dibog du chef d'adultère, et Essombo du chef de complicité de ce délit, l'arrêt attaqué relève que le constat d'adultère reconnu valable par le premier juge qui a retenu la complicité des prévenus, a été dressé le 21 mars 1969 à 24 heures 30, et que la femme n'a pas été retrouvée dans la chambre d'Essombo, mais dans celle de sa mère où elle est allée passer la nuit, les deux femmes devant se rendre au champ de bonne heure le lendemain ;
Attendu qu'en statuant comme il l'a fait, abstraction faite des motifs surabondants, l'arrêt attaqué a suffisamment motivé sa décision et n'a violé aucun des textes visés au moyen... »

1148 KAYSER P., *La protection de la vie privée par le droit. Protection du secret de la vie privée*, 3e édition, P.U.A.M., Economica, Paris 1995, p. 12. Voir aussi ABOMO M.L., « Le droit à l'image de la personne : Quelle protection au Cameroun ?», *Juridis Périodique* n° 64, oct.-déc. 2005, pp. 80 et s. ; ATANGANA-MALONGUE Th., *Droits africains des personnes*, Bruylant, Bruxelles, 2022, pp. 290 et s., n° 383 et s. ; COLLET Ph., « La latitude pour les prises de photographies dans les lieux accessibles à tous », *La Semaine du droit*, édition Générale, 30 sept. 2024, pp. 1120 et s. ; EKANI S.C., *Liberté de saisir et exécution forcée dans l'espace OHADA*, op cit., pp. 235 et s. ; ESSAMA MEKONGO P., *The protection of personal financial Data in Cameroon : a legal and human rights perspective*, Thèse, Yaoundé 2, 2013, pp. 220 et s. ; MEBU CHIMI J.C., « Vie privée et liberté d'expression dans l'ordre juridique camerounais », *RASJ*, n° 2, 2014, pp. 11 et s. ; ONANA ETOUNDI F., op. cit., pp. 343 et s. ; TONLEU TEINKELA J.A., op. cit., pp. 282 et s., n°s 393 et s.

1149 Il n'est pas superflu de souligner que le droit à la vie familiale est garanti par de nombreux instruments internationaux relatifs aux droits humains à l'exemple de la Déclaration universelle

nuisances seront inimaginables lorsque les victimes en seront des personnes particulièrement vulnérables à l'exemple d'enfants en bas âge, de personnes âgées ou malades. Sans doute cela explique-t-il que d'aucuns soutiennent de façon tranchée qu'une saisie engagée en dehors des heures prévues à cet effet constitue une violation de domicile[1150] pouvant notamment aboutir à la mise en jeu de la responsabilité professionnelle de celui qui instrumente[1151] *(CEDH, 25 fev. 1993, Funke c. France, 25 fev. 1993, Crémieux c. France et enfin, 29 nov. 1993, Miailhe c. France, préc. Tacitement, CS, arrêt n° 64, 15 déc. 1970, Bannem Jean c. Ministère public, dame Ngo Dibog Marie-Adèle et Essombo Mbous Samuel, préc. ; arrêt n° 171, 27 août 1968, Dame Abena Noah Dorothée c. Noah Ahanda Armand, préc.).*

A regarder de près, et cela a déjà été souligné d'une manière ou d'une autre, le dessein de garantir la quiétude de la personne poursuivie et des siens n'est pas, dans l'univers de l'exécution des décisions de justice, une nouveauté[1152]. Elle remonte à une époque lointaine. Des écrits, davantage philosophiques que juridiques il est vrai, avaient déjà attiré l'attention sur l'aspiration de chaque individu, quels que soient ses charges ou devoirs, à s'isoler de la masse de ses semblables en compagnie de sa famille ou de ses amis de telle sorte que, après s'être ainsi créé un micro-environnement à son usage, il abandonne volontiers la société à elle-même pendant un temps plus ou moins long[1153]. Des écrivains parmi lesquels Vigny, et dans une moindre proportion Balzac et Rousseau, sont allés jusqu'à romancer ce

des droits de l'homme, des pactes internationaux relatifs aux droits civils et politiques et aux droits économiques, sociaux et culturels, de la Convention de New-York sur les droits de l'enfant, de la Convention européenne des droits de l'homme, de la Charte africaine de droits de l'homme et des peuples. Pour le détail, Cf. not. MILLARD E., « La protection du droit à la vie familiale », *Les Petites Affiches* n° 95, août 1996, pp. 13 et s.

[1150] Prévue à l'article 299 du Code pénal camerounais, l'infraction est punie d'un emprisonnement de dix jours à un an et d'une amende de 5000 à 50 000 francs, ou de l'une de ces deux peines seulement. Les peines sont aggravées et doublées, est-il précisé à l'alinéa 2, si le délit a été perpétré de nuit ou consommé à l'aide de menaces, violences ou voies de fait.

[1151] KUATE TAMEGHE S.S., *La protection du débiteur dans les procédures individuelles d'exécution*, op cit., pp. 224 et s., n° 267 et s. ; « Délicatesse, convivialité, humanité… et voies d'exécution », *Juridis Périodique n° 62*, avril - juin 2005, pp. 41-51 ; ANOUKAHA F., TJOUEN A.D., *Les procédures simplifiées de recouvrement et les voies d'exécution en OHADA*, coll. D.U., PUA, Yaoundé, 1999, p. 25, n° 64 ; ATANGANA-MALONGUE Th., op cit., pp. 332 et s., n° 444 et s., pp. 451 et s., n° 629 et s.

[1152] Au Cameroun, un arrêt de la Cour suprême a interdit depuis longtemps déjà la pénétration de nuit dans le domicile des citoyens en ces termes : « *(…) si, en vertu des textes visés au moyen, on peut pénétrer de jour dans la maison d'un particulier en vertu d'une loi, nul n'a le droit d'y entrer la nuit, si ce n'est en vertu d'une autorisation expresse du juge en cas de péril en la demeure… Attendu que l'huissier (…) a pénétré de nuit dans la concession (…), que dans ces conditions il a méconnu la règle générale et absolue qui, sauf exception législativement précisée, interdit de s'introduire pendant la nuit au domicile des citoyens (…)* », n° 171, 27 août 1968, *BACS*, n° 19, p. 2269. Il est vrai que dans la cause qui donna lieu à cette décision, l'huissier de justice avait pénétré dans un domicile afin de constater un adultère. La tonalité et la généralité avec laquelle la cour fustigea la pratique permit de comprendre qu'elle ne manquerait pas de réitérer cette grille de lecture en d'autres matières, notamment s'agissant de saisies.

[1153] Tocqueville cité par KAYSER P., op cit., p. 13.

besoin primaire de l'homme. Le Code de procédure civile et commerciale en particulier a partagé ce point de vue. Il prévoyait et prévoit de nos jours encore, à l'article 609, qu'aucun constat, signification ou exécution ne pourra être faite, avant six heures du matin et après six heures du soir. Globalement, la philosophie en toile de fond est que le domicile est une sorte de lieu sacré ; que toute forme de vie sociale s'arrête à la porte du lieu où la cellule familiale se réfugie[1154] *(sur l'ensemble, voir not. CS, arrêt n° 64, 15 déc. 1970, Bannem Jean c. Ministère public, Dame Ngo Dibog Marie-Adèle et Essombo Mbous Samuel, préc. ; arrêt n° 171, 27 août 1968, Dame Abena Noah Dorothée c. Noah Ahanda Armand, préc.).*

La prohibition d'instrumenter de nuit n'est cependant pas absolue. A en croire l'article 46 alinéa 2 de l'Acte uniforme OHADA précité, l'huissier de justice peut dans des circonstances particulières, et à des conditions précises, instrumenter avant huit heures ou après dix-huit heures. L'article 609 du Code de procédure civile et commerciale va dans le même sens lorsque les conditions qui s'y trouvent énoncées sont réunies. Le décret n°2023/042 du 25 janvier 2023 prescrit que l'heure de l'accomplissement par l'huissier de justice des actes de son ministère s'impose *« sauf dispositions contraires des textes en vigueur ou autorisation de la juridiction compétente »*[1155] *(en ce sens, voir not. CCJA, arrêt n° 012/2009, Société négoce et représentation commerciale en Côte-d'Ivoire c. Alpi Côte d'Ivoire, dite ALPICI, Ohadata, J-10-63 ; CS, arrêt n° 64, 15 déc. 1970, Bannem Jean c. Ministère public, préc. ; arrêt n° 171, 27 août 1968, Dame Abena Noah Dorothée c. Noah Ahanda Armand, préc.).*

L'une des conditions requises pour instrumenter en dehors des heures légales, en droit OHADA et en droit interne, renvoie à la nécessité. Certes, aucun éclairage n'a été donné à ce sujet. Mais on peut d'emblée songer à la situation du justiciable jamais présent à son domicile pendant la semaine ou aux heures prescrites pour faire des constats, des significations, des interpellations extrajudiciaires, soit parce qu'il a été tenu au courant de l'imminence de ceux-ci, soit pour des impératifs liés à sa profession[1156]. On peut encore songer, à la lumière des termes du Code de procédure civile et commerciale, à l'éventualité du « péril en la demeure »[1157]. Les cas de péril en la demeure vont du simple au complexe et peuvent englober, entre autres, l'ensemble des hypothèses où les biens seraient menacés d'un danger imminent susceptible de les détruire et, par la même occasion, d'amoindrir ou de vider le patrimoine du débiteur d'éléments importants.

L'autre condition exigée pour instrumenter en dehors des heures légales en droit OHADA et en droit interne, a trait à l'assentiment du juge. Même

---

1154 DYMANT M., « De la saisie des meubles en général et du domicile en particulier », op cit., p. 894 spéc.

1155 Article 24 (4) précité.

1156 ASSI-ESSO A.-M., DIOUF N., *OHADA. Recouvrement des créances,* préc., p. 64.

1157 CS, n° 171 du 27 août 1968, préc.

dans les circonstances de péril en la demeure, l'huissier de justice ne peut commencer à accomplir les actes relevant de son ministère avant huit heures ou après dix-huit heures qu'après avoir demandé et reçu une autorisation expresse du juge compétent, lequel est généralement le juge du contentieux de l'exécution. Il ne saurait donc, dès l'introduction de sa demande et avant la décision de ce dernier, procéder à des constats, des sommations, des significations saisies[1158]. A défaut d'une telle autorisation, le justiciable serait parfaitement fondé à soutenir que son domicile a été violé, que sa vie privée perturbée, qu'un préjudice a été subi qui doit être réparé *(tacitement, CCJA, arrêt n° 012/2009, Société négoce et représentation commerciale en Côte d'Ivoire c. Alpi Côte d'Ivoire, dite ALPICI, préc. ; CEDH, 25 fev. 1993, Funke c. France et CEDH, 29 nov. 1993, Miailhe c. France, préc. ; CS, arrêt n° 64, 15 déc. 1970, Bannem Jean c. Ministère public, Dame Ngo Dibog Marie-Adèle et Essombo Mbous Samuel, préc. ; arrêt n° 171, 27 août 1968, Dame Abena Noah Dorothée c. Noah Ahanda Armand, préc.).*

L'ultime exigence s'agissant spécifiquement des saisies susceptibles d'être pratiquées avant huit heures ou après dix-huit heures, c'est que ces dernières ne sont à mettre en œuvre que dans des lieux ne servant pas à l'habitation. Aucune procédure forcée de recouvrement ne peut dès lors être initiée avant ou après ces heures dans une maison habitée, que celle-ci soit sa résidence principale ou qu'elle ne soit qu'un lieu où le débiteur séjourne de manière occasionnelle. Quel que soit le péril encouru par les biens à placer sous main de justice qui y sont entreposés ou conservés, le juge ne peut valablement autoriser à commencer la saisie avant huit heures et après dix-huit heures[1159] *(tacitement, CS, arrêt n° 64, 15 déc. 1970, Bannem Jean*

[1158] Idem. Voir utilement DJONGA P., « Le contrôle du juge en matière d'abus du droit de saisir en voies d'exécution OHADA », *RASJ*, n° 2, 2014, pp. 101 et s. ; ESSAMA MEKONGO P., op cit., pp. 220 et s. ; ONANA ETOUNDI F., op. cit., pp. 329 et s.

[1159] Peu nombreux sont ceux qui contestent que cette exigence préserve directement le droit à la vie privée et par contrecoup, le logement du débiteur. Toutefois, telle qu'elle est énoncée, la prohibition de saisir de nuit dans un lieu servant à l'habitation ne manquera pas de soulever des difficultés pour le moins imprévues. A titre d'illustration, et pour mesurer la pertinence du propos, il suffit de songer à l'éventualité où un débiteur mal intentionné entendrait soustraire de la saisie des objets jusque-là conservés dans un lieu ne lui servant pas d'habitation, par exemple dans un conteneur ou un débarras. Averti de l'imminence d'une telle mesure par la grâce du commandement que lui aura servi l'huissier de justice, il aura le délai de huitaine laissé pour déménager ces objets vers l'endroit où il habite. La conséquence en sera redoutable : non seulement ils ne pourront être mis sous main de justice que si l'huissier de justice sollicite et obtient entre temps le quitus du juge, mais surtout la probabilité sera grande qu'une partie de ces biens devienne insaisissable dans la mesure où ils pourraient se retrouver dans la catégorie à laquelle il est interdit de toucher quelles que soient les circonstances. Par ailleurs, et c'est peu dire, il est étonnant que l'on se soit peu soucié du sort du tiers saisi lorsque l'exécution est susceptible de se réaliser au moyen d'une intrusion dans sa demeure. Certes, il est par exemple prévu s'agissant de la saisie-vente, que si l'exécution porte sur des choses détenues par ce dernier et a vocation à survenir dans des locaux habités par lui, l'huissier ne peut y pénétrer qu'à la condition d'être muni d'une autorisation délivrée par la juridiction du lieu où sont situés les biens. Certes encore, l'agent d'exécution est tenu, préalablement à la mise sous l'autorité de la justice des biens détenus par le tiers, de signifier un commandement de payer.

c. Ministère public, dame Ngo Dibog Marie-Adèle et Essombo Mbous Samuel, préc. ; TPI Yaoundé, ord. n°149, 13 avril 1995,inédit, TPI Douala Bonanjo, ord. n° 243/Cont., 28 mai 2000, inédit, TPI Douala Bonanjo, ord. n° 366/Cont., 20 nov. 2002, inédit, tous cités par ONANA ETOUNDI F.[1160]*).*

Sur le second point se rapportant à la préoccupation de savoir quels jours l'huissier de justice instrumente, l'article 46 alinéa 1 de l'Acte uniforme portant organisation des procédures simplifiées de recouvrement et des voies d'exécution décide qu'« *aucune mesure d'exécution ne peut être effectuée un dimanche ou un jour férié si ce n'est en cas de nécessité et en vertu d'une autorisation spéciale de la juridiction dans le ressort de laquelle se poursuit l'exécution* »[1161]. De son côté, le Code de procédure civile et commerciale exclut, à l'article 609 déjà cité à maintes reprises, « les jours de fête légale ». Quant à lui, le décret n° 2023/042 du 25 janvier 2023 décide que l'huissier de justice ne peut instrumenter les dimanches et jours fériés, sauf dispositions contraires des textes en vigueur ou autorisation du juge compétent[1162] *(en ce sens, voir not. CCJA, arrêt n° 012/2009, Société négoce et représentation commerciale en Côte d'Ivoire c. Alpi Côte d'Ivoire, dite ALPICI, préc.).*

Cette prescription appelle elle aussi l'examen. D'emblée, l'exécution par force, au même titre que les autres actes du ministère de l'huissier de justice, sont exclus les dimanches et jours fériés. L'idée explicative de la prohibition, en ce qui concerne le dimanche tout d'abord, c'est que dans la tradition judéo-chrétienne ce jour est réservé à la vénération de Dieu et par ricochet au repos du fidèle. Accomplir certains actes de procédure, opérer des constats, des interpellations extrajudiciaires et pire encore des saisies ce jour-là n'aurait pour conséquence que de troubler l'individu endetté, et, dans une certaine mesure, de faire obstacle à l'exercice par lui de la liberté de croyance reconnue par les textes constitutionnels et par différents instruments relatifs aux droits de l'homme[1163]. Quant aux jours fériés, si nombre d'entre eux ont un rapport avec la religion au sens où ceux-ci sont la plupart du temps accordés à l'occasion des fêtes religieuses, il y a lieu de croire que l'impossibilité de saisir ces jours-là s'explique aussi par le fait que

---

Assez curieusement, cette signification ne semble devoir être adressée qu'au débiteur. C'est ce qui s'infère de l'article 106 de l'Acte uniforme portant organisation des procédures simplifiées de recouvrement et des voies d'exécution qui prescrit expressément que, « *sur présentation du commandement de payer conforme aux articles 92 à 94 ci-dessus signifié au débiteur, à l'expiration d'un délai de huit jours après sa date, et sur présentation éventuelle de l'autorisation de la juridiction prévue à l'article précédent, l'huissier ou l'agent d'exécution peut saisir entre les mains d'un tiers, les biens que celui-ci détient pour le compte du débiteur* ».

[1160] ONANA ETOUNDI F., préc., pp. 347 et s.

[1161] Dans l'Acte uniforme révisé portant organisation des procédures simplifiées de recouvrement et des voies d'exécution, la règle est développée d'après laquelle « *Aucune mesure d'exécution ne peut être effectuée en dehors des jours ouvrables, si ce n'est en cas de nécessité et en vertu d'une autorisation spéciale du président de la juridiction dans le ressort de laquelle se poursuit l'exécution ou du juge délégué par lui* »

[1162] Article 24 (4).

[1163] Au Cameroun, par exemple, le préambule de la constitution prescrit que « *la liberté du culte et le libre exercice de sa pratique sont garantis* ».

l'huissier instrumentaire ne pourrait pas être assisté de la force publique si cette assistance s'avère utile. De surcroît, ni le bénéficiaire ni le destinataire de l'acte de procédure, encore moins le saisissant ou le saisi ne pourraient si un incident se produisait s'adresser le plus rapidement possible à l'autorité administrative ou judiciaire comme cela est souhaité en de telles circonstances.

Il convient cependant de remarquer que si les actes du ministère de l'huissier de justice et en particulier ceux touchant à l'exécution forcée ne sont pas à accomplir les dimanches et jours fériés, rien ne s'y oppose les jours chômés. Le recouvrement non volontaire, pour ne viser que lui, devient ainsi possible les samedis alors que dans la plupart des pays africains membres de l'OHADA, à l'exemple du Cameroun, le samedi est un jour non ouvrable[1164]. De là le débat qui aura probablement cours – s'il se trouve que celui-ci ne soit pas encore en cours – sur le point de savoir à quelle autorité l'huissier qui saisit ces jours-là devrait s'adresser, notamment dans l'éventualité d'une rébellion ; surtout qu'en principe, la mobilisation et l'intervention des forces de police ou de gendarmerie doivent être requises et autorisées par l'autorité administrative compétente *(CCJA, arrêt n° 012/2009, 26 fév. 2009, Société négoce et représentation commerciale en Côte-d'Ivoire c. Alpi Côte d'Ivoire, dite ALPICI, préc.).*

D'autre part, l'interdiction de saisir les dimanches et jours fériés est assortie de tempéraments en cas de nécessité et en vertu d'une autorisation spéciale du président de la juridiction dans le ressort de laquelle se poursuit l'exécution[1165]. Lorsque ces conditions sont réunies, l'officier ministériel peut outrepasser l'exigence de ne pas saisir le dimanche et les jours fériés ; ce qui ne l'affranchit nullement des précautions à prendre au moment d'ouvrir les portes du logis de l'endetté. Au demeurant, la norme est formulée à l'article 152-7 de l'Acte uniforme portant organisation des procédures simplifiées de recouvrement et des voies d'exécution que *« L'huissier de justice ou l'autorité chargée de l'exécution peut procéder à la saisie du bétail en dehors des jours (...) légaux, sur autorisation du président de la juridiction compétente ou du juge délégué par lui ; le juge saisi statue dans les deux jours de sa saisine ».*

A n'en pas douter, une mise à jour des textes relatifs à l'exercice de sa mission par l'huissier de justice urge. C'est que les exigences en la matière ne s'emboitent pas toujours et, en fin de compte, manquent de cohérence et pourraient appeler comme une insécurité juridique. Les écarts frappants découlent d'une confrontation de quelques-uns des extraits analysés. A titre d'illustration, le décret n° 2023/042 du 25 janvier 2023 pose que *« Sauf dispositions contraires des textes en vigueur ou autorisation de la juridiction compétente, l'huissier de justice ne peut instrumenter : (...) les jours ouvrables avant 6 heures et après 18 heures. Toutefois, une exécution commencée avant 18 heures*

[1164] ANOUKAHA F., TJOUEN A.-D., op.cit, p. 26, n° 64.
[1165] Article 46 al. 1 déjà cité.

peut se poursuivre au-delà ; (…) les dimanches et jours fériés » ; le Code de procédure civile et commerciale retient qu'*« aucune signification ni exécution ne pourra être faite avant six heures du matin et après six heures du soir ; non plus que les jours de fête légale, si ce n'est en vertu d'une permission du juge, dans le cas où il y aurait péril en la demeure »*[1166] ; l'Acte uniforme portant organisation des procédures simplifiées de recouvrement et des voies d'exécution en vigueur prescrit qu'aucune mesure d'exécution ne doit être effectuée un dimanche ou un jour férié si ce n'est en cas d'urgence et en vertu d'une autorisation du procureur de la République ; qu'aucune procédure forcée de recouvrement n'est à commencer avant huit heures ou après dix-huit heures, sauf en cas de nécessité et seulement dans des lieux ne servant pas à l'habitation. A la faveur de la révision de celui-ci, on sait, demain, qu'*« Aucune mesure d'exécution ne peut être effectuée en dehors des jours ouvrables, si ce n'est en cas de nécessité et en vertu d'une autorisation spéciale du président de la juridiction dans le ressort de laquelle se poursuit l'exécution ou du juge délégué par lui »*. [1167].

Sur le dernier point centré sur la préoccupation de savoir si tous les sujets de droit subissent le recouvrement forcé et si l'ensemble de leurs biens sont saisissables, la perspective de réponse a varié avec le temps. Autrefois, le soin revenait aux législations internes, sur renvoi notamment du législateur OHADA, de déterminer les biens et droits exclus de l'exécution forcée. Avec la révision de l'Acte uniforme portant organisation des procédures simplifiées de recouvrement et des voies d'exécution, la perspective a changé. L'essentiel de ce qui est à saisir et de ce qui ne l'est pas est listé aux articles 50 et 51 de cet Acte uniforme ; ce qui signifie qu'il n'est renvoyé aux droits nationaux et supranationaux que très subsidiairement ou pour certains éléments spécifiques[1168]. Pareillement, une

---

[1166] Pour aller plus loin, voir l'article 23 du Code de procédure pénale qui, lui aussi, s'en tient à six heures et à dix-huit heures.

[1167] La tournure langagière de l'Acte uniforme révisé donne à penser que le soin reviendra à chaque Etat, sur son territoire, de déterminer les jours ouvrables et ceux qui ne le sont pas, donc par ricochet de déterminer les jours où l'exécution est exclue. Cette grille d'analyse est confirmée au contact de l'article 1-1 où la définition du « jour ouvrable » évoque un *« jour de la semaine autre que les jours de repos hebdomadaire et les jours déclarés fériés en application de la loi nationale de chaque État partie »*.

[1168] Effectivement, les articles 51 et 52 de l'Acte uniforme révisé uniforme portant organisation des procédures simplifiées de recouvrement et des voies d'exécution dressent dorénavant la liste des biens insaisissables. Y sont recensés :
- les provisions alimentaires adjugées par décision de justice ;
- les biens déclarés indisponibles par la loi nationale des États parties ;
- les sommes et objets disponibles, déclarés insaisissables ou inaliénables par le testateur ou le donateur, lorsque la saisie est poursuivie par les créanciers postérieurs à l'acte de donation ou à l'ouverture du legs, sauf autorisation du juge et pour la portion que celui-ci détermine ;
- les biens que la loi rend incessibles à moins qu'il n'en soit disposé autrement ;
- les provisions, sommes et pensions à caractère alimentaire, sauf pour le paiement des aliments déjà fournis par le saisissant à la partie saisie ;
- les biens mobiliers nécessaires à la vie du débiteur et de sa famille ;

exigence inédite est exprimée à l'article 30 qui invite l'huissier de justice à se garder de prêter son concours à celui qui est intéressé par la saisie des biens des personnes morales de droit public nationales ou étrangères ou par ceux des organisations internationales bénéficiaires de l'immunité d'exécution ; ce qui signifie a contrario que les biens des entreprises publiques autrefois insaisissables ne sont guère à l'abri[1169] *(même tacitement,*

- les biens mobiliers nécessaires à l'exercice de l'activité professionnelle du saisi, si ce n'est pour paiement de leur prix, sauf si ces biens se trouvent dans un lieu autre que celui où le saisi demeure ou travaille habituellement, ou s'ils constituent des éléments corporels d'un fonds de commerce ;
- les objets indispensables aux personnes en situation de handicap ou destinés aux soins des personnes malades ;
- les avoirs des banques ainsi que ceux des autres établissements de crédit, de microfinance ou de paiement sous forme de dépôts dans les comptes des banques centrales ;
- les biens et droits déclarés insaisissables par les États parties ;
- les créances insaisissables dont le montant est versé sur un compte. Pour en savoir davantage sur ce point spécifique, voir not. KUATE TAMEGHE S.S., *La protection du débiteur dans les procédures individuelles d'exécution*, op cit., pp. 224 et s., n° 267 et s. ; « Délicatesse, convivialité, humanité… et voies d'exécution », op cit., pp. 41 et s. ; « La stratégie de protection du logement dans le système OHADA des voies d'exécution », *Revue internationale de droit africain* n° 68, janv. - mars 2006, pp. 7-38 ; « Les mystères des articles 50 alinéa 1 et 51 de l'Acte uniforme OHADA portant organisation des procédures simplifiées de recouvrement et des voies d'exécution », *Afrilex*, 2006, pp. 177 et s. ; EKANI S.C., *Liberté de saisir et exécution forcée dans l'espace OHADA*, op cit., pp. 229 et s. ; ESSAMA MEKONGO P., op cit., pp. 220 et s. ; ONANA ETOUNDI F., op. cit., pp. 428 et s., pp. 434 et s. ; TSALA MAMA Th. M., o*p. cit.*, pp. 241 et s., n°s 615 et s. ; WANDJI KAMGA A.-D., *Le droit à l'exécution forcée. Réflexion à partir des systèmes juridiques camerounais et français*, op cit., pp. 414 et s., n° 953 et s.

[1169] Des bouleversements d'envergure ont donc été apportés au droit antérieurement en vigueur. Effectivement, l'article 30-1, 2, 3 de l'Acte uniforme révisé portant organisation des procédures simplifiées de recouvrement et des voies d'exécution prévoit dorénavant que :
- « *Sauf renonciation expresse, il n'y a pas d'exécution forcée ni de mesures conservatoires contre les personnes morales de droit public, notamment l'État, les collectivités territoriales et les établissements publics* » ;
- « *Sauf renonciation expresse, il n'y a pas d'exécution forcée ni de mesures conservatoires contre les personnes morales de droit public étrangères et les organisations internationales qui bénéficient de l'immunité d'exécution en vertu de conventions sur les relations diplomatiques ou consulaires ou d'accords d'établissement ou de siège* » ;
- « *Toute créance constatée par un titre exécutoire ou toute créance certaine, liquide et exigible due par un établissement public ou par toute autre personne morale de droit public peut, après mise en demeure adressée à l'organe dirigeant et restée infructueuse pendant un mois à compter de la notification, faire l'objet d'une inscription d'office dans les comptes de l'exercice et dans le budget de ladite personne morale, au titre des dépenses obligatoires* ».
La demande d'inscription adressée au ministre chargé des finances, est accompagnée des pièces justificatives de la créance et de la mise en demeure. Le défaut de réponse dans les quatre mois vaut rejet.
Les créances inscrites à la suite d'une demande d'inscription d'office portent de plein droit intérêt au taux légal en vigueur à compter de la mise en demeure » ;
- « *Lorsque l'exécution forcée et les mesures conservatoires sont entreprises à l'égard de personnes morales autres que celles visées à l'article 30 du présent acte uniforme et sont de nature à porter gravement atteinte à la continuité du service public, le juge peut, pour prévenir ou mettre fin au trouble, prendre toutes mesures appropriées, en subordonnant au besoin de telles mesures à l'accomplissement, par le débiteur, d'actes propres à faciliter ou à garantir le paiement de la dette* ».
Au demeurant, au Cameroun, des mises au point ont récemment été faites au sujet de l'inscription d'office dans une Lettre circulaire n°00000022/MINFI du 13 septembre 2024 relative à la procédure d'inscription d'office instituée par l'Acte uniforme OHADA portant organisation des procédures simplifiées de recouvrement et des voies d'exécution (AUPSRVE), révisé. Dans cet

TA Centre, jugt. n° /2015/TA-Ydé, 3 nov. 2015, Sieur Kébé Paul c. Etat du Cameroun-MINFI et autres, préc.). Dans le prolongement de ces règles, des voies de droit sont aménagées au profit de celles-ci lorsque ces exigences sont méconnues par le créancier et par son « bras armé », l'huissier de justice[1170]. C'est donc sans surprise que la Cour commune de justice et d'arbitrage s'est attelée à des mises au point et que sa jurisprudence, appelée à évoluer, a accédé à la connaissance du grand public.

Cela est fait, dans un premier temps, à l'occasion de l'examen d'une exception d'incompétence. L'exception en cause est tirée de ce que le recours dont la CCJA est saisie est en dirigé contre une violation du droit interne de la République Démocratique du Congo, car la question de la détermination des entreprises bénéficiaires de l'immunité d'exécution est renvoyée au droit interne de chaque membre de l'OHADA et donc exclue de la compétence de la Cour. La haute juridiction rejette le moyen en ces termes : « *(...) attendu que l'Acte uniforme portant organisation des procédures simplifiées de recouvrement et des voies d'exécution n'ayant nullement renvoyé au droit national la question de la détermination des personnes bénéficiaires de l'immunité d'exécution, comme il l'a fait pour les biens insaisissables, celle-ci entre dans la compétence de la Cour de céans ; qu'il s'en suit que cette exception ne peut être accueillie » (CCJA, arrêt n° 103/2018, 26 avr. 2018, Mbulu Museso, La*

acte règlementaire, le ministre des finances invite les départements ministériels et les personnes morales de droit public, entre autres, à « privilégier le règlement négocié des dettes résultant des titres exécutoires ; à « mettre un accent sur la gestion préventive des différends, afin d'en réduire l'incidence financière et budgétaire », etc. A propos des méandres l'immunité d'exécution et de ses tempéraments, voir notamment ASSONTSA R., « Les bénéficiaires de l'immunité d'exécution dans le nouveau droit OHADA de l'exécution forcée sommes-nous enfin sortis de l'auberge », *Juridis Périodique* n° 139, juil.-sept., pp. 157 et s. ; BODIAN Y., *La situation de l'Etat dans les procédures d'exécution,* Thèse, UCAD, 2012, pp. 33 et s. ; DELVOLVE P., « L'exécution contre l'administration », *RTD Civ.* 1993, n° spécial hors-série, pp. 151 et s. ; DELION A., « L'insolvabilité des entités publiques autres que l'Etat », *RJDC* n° 2, avril-juin. 2002, pp. 603 et s. ; EKANI S.C., *Liberté de saisir et exécution forcée dans l'espace OHADA,* op cit., pp. 229 et s. ; ENOTI F.H., *L'Etat et l'exécution forcée,* thèse, Yaoundé II, 2020, pp. 183 et s. ; FOTUE S.M., *L'immunité d'exécution en droit OHADA,* thèse, UDS, 2018 ; KUATE TAMEGHE S.S., *La protection du débiteur dans les procédures individuelles d'exécution,* L'Harmattan, Paris 2004, pp. 325 et s., mais aussi pp. 224 et s., n° 267 et s. ; « Quelques paradoxes du recouvrement impliquant l'administration », in *La refondation de l'Etat en Afrique, Annales du CERJUSP* n° 001, 2009, pp. 127 et s. ; « La stratégie de protection du logement dans le système OHADA des voies d'exécution », *Revue internationale de droit africain* n° 68, janv.-mars 2006, pp. 7-38 ; « Les mystères des articles 50 alinéa 1 et 51 de l'Acte uniforme OHADA portant organisation des procédures simplifiées de recouvrement et des voies d'exécution », *Afrilex,* 2006, pp. 177 et s. ; TSALA MAMA Th. M., *La saisie des récoltes sur pied en droit OHADA,* Thèse, Université de Yaoundé II, 2021, pp. 241 et s., n°s 615 et s. ; OBERDORFF H., L'exécution par l'administration des décisions du juge administratif, Thèse, Paris II Panthéon-Assas, 1981, pp. 257 et s. ; OULD BOUBOUTT A. S., « Les voies d'exécution contre les personnes publiques en droit mauritanien », in *L'effectivité des droits fondamentaux dans les pays de la communauté francophone,* AUPELF-UREF, Montréal, 1994, pp. 583 et s. ; WANDJI KAMGA A.-D., *Le droit à l'exécution forcée. Réflexion à partir des systèmes juridiques camerounais et français,* pp. 425 et s., n° 974 et s.

[1170] Voir, dans l'Acte uniforme visé, les très nombreux développements consacrés aux incidents de saisie.

société des grands hôtels du Congo, La Trust Merchant Bank SA, la Rawbank SA et autres, http://www.ohada.org).

Cela est fait, ensuite, à l'occasion de la querelle portant sur le point de savoir si la société à capital public pourrait subir une voie d'exécution. La Cour commune de justice et d'arbitrage surprend le lecteur de ses décisions ayant une bonne connaissance de sa jurisprudence en jugeant : *« Attendu que le requérant fait grief à l'arrêt attaqué d'avoir violé les dispositions de l'article visé au moyen en ce qu'il a confirmé l'annulation et la mainlevée des saisies-attributions, au motif que la Société des grands hôtels est bénéficiaire de l'immunité d'exécution alors que, selon le moyen, ladite immunité, prévue à l'article 30 de l'Acte uniforme portant organisation des procédures simplifiées de recouvrement et voies d'exécution, ne doit bénéficier qu'à l'Etat et ses démembrements et aux entreprises publiques ; qu'au regard de la législation congolaise, la défenderesse n'est pas une entreprise publique mais une société d'économie mixte soumise au régime des sociétés privées ; qu'en lui accordant l'immunité d'exécution, les juges ont violé non seulement l'article 30 susvisé mais aussi l'article 3 de la loi 18/10 du 07 juillet 2008 fixant les règles relatives à l'organisation et à la gestion du portefeuille de l'Etat ;*

Attendu que l'article 30 de l'Acte uniforme susvisé pose, en son alinéa 1er, le principe général de l'immunité d'exécution des personnes morales de droit public et en atténue les conséquences à l'alinéa 2, à travers le procédé de la compensation des dettes qui s'applique aux personnes morales de droit public et aux entreprises publiques ; qu'en l'espèce, il est établi que le débiteur poursuivi est une société anonyme dont le capital social est détenu à parts égales par des personnes privées et par l'Etat du Congo et ses démembrements ; qu'une telle société étant d'économie mixte, elle demeure une entité de droit privé soumise comme telle aux voies d'exécution sur ses biens propres ; qu'en lui accordant l'immunité d'exécution prescrite à l'article 30 susmentionné, la Cour de Kinshasa/Gombe a fait une mauvaise application de la loi et expose sa décision à la cassation ; qu'il échet de casser l'arrêt déféré et d'évoquer… » (CCJA, arrêt n° 103/2018, 26 avr. 2018, Mbulu Museso, La société des grands hôtels du Congo, La Trust Merchant Bank SA, la Rawbank SA et autres, http://www.ohada.org. Voir également CCJA, arrêt n° 043/2018, 22 févr. 2018, Paul Tchuenté c. Afriland first bank SA, en présence de la BEAC - Banque des Etats de l'Afrique Centrale, http://www.ohada.org ; arrêt n° 043/2005, 7 juil. 2005, Aziablevi Yovo et autres c. Société Togo télécom, Les grandes décisions de la Cour commune de justice et d'arbitrage de l'OHADA, op.cit., pp. 611 et s., obs. KENFACK P.E. ; arrêt n° 014/2016, 11 fév. 2016, BIAO Côte d'Ivoire c. Comité de pilotage de la restructuration des chambres d'agriculture, http://www.ohada.org ; arrêt n° 043/2016, 18 mars 2016, Le bureau du vérificateur général c. Fadel Dicko, http://www.ohada.org ; arrêt n° 044/2016, 18 mars 2016, Gnankou Goth Philippe c. Fonds d'entretien routier dit FER et Société Ecobank Côte d'Ivoire ; arrêt n° 044/2016, 18 mars 2016, Gnankou Goth Philippe c. Fonds d'entretien routier dit FER et Société Ecobank Côte d'Ivoire, http://www.ohada.org ; arrêt n° 022/2014, 11 mars 2014, Standard chartered bank Cameroon dite SCBC c. Caisse nationale de prévoyance sociale du Cameroun dite CNPS et Institut des relations internationales du Cameroun dit IRIC (Université de Yaoundé II), préc. ; CA du Centre, ord. n° 40/Civ, 29 janv. 2010, Cameroon civil aviation authority dite CCAA c. Nsima Ntock Justin et autres, Juridis Périodique n° 92, oct.-déc. 2012, pp. 74 et s., obs. KEUGONG WATCHO R. ; CA du Centre, ord. n° 501/Civ., 10 août 2007, Tchoungang Ch. c. Société de recouvrement de créances du Cameroun, Juridis Périodique n° 82, avril-juin 2010, pp. 74 et s., obs. DJOUFANG D.A. ; TPI de Ngaoundéré, ord. n° 03/CRD, 20 déc. 1999, Université de Ngoundéré c. Nang Mindang Hyppolite, Juridis Périodique n° 44, oct.-déc. 2000, pp. 31 et s., obs. FOMETEU J. ; TPI de Dschang, ord. n° 12, 11 sept. 2000, Université de Dschang c. Tonyé Dieudonné, Juridis Périodique n° 48, oct. déc. 2001, p. 67 et s., obs. TIMTCHUENG M. ; TPI de Bafoussam, jugt. n° 1191/C, 7 août 2001, Camtel c. Manga Ngoumaba et SCB-CL, SGBC, BICEC, CCEI, Standard chartered Bank, inédit, etc. CA du Centre n° 142/C du 14 janv. 2002, Tamo c. Caisse nationale de réassurance dite CNR, RCDA n° 6, janv. mars 2001, pp. 167 et s. ; TC de Brazzaville, 12 déc. 2001, Office national des postes et télécommunications, dite ONPT c. Etablissements Air-Mer congolaise et Société STHIC, http://www.ohada.com, Ohadata, J-02-73, obs. ISSA-SAYEGH J.).

Cela a été fait, récemment encore, lorsque la querelle a surgi de savoir si des fonds publics se retrouvant dans des comptes bancaires privés tenus au profit d'une association échappent à l'exécution forcée. Ici aussi, la Cour régulatrice a désorienté les familiers de sa jurisprudence. Effectivement, le cœur de l'arrêt qu'elle rend public pour le règlement de l'affaire Lintega Bayomma contre Agence d'appui aux initiatives de base région maritime est celui-ci : « *Mais attendu que statuant « sur le caractère public ou non des comptes saisis », l'arrêt querellé énonce « qu'il est ressorti clairement des débats qu'aussi bien les comptes saisis que les fonds y contenus ne constituent pas la propriété privée d'AGAIB qui peut en disposer comme elle l'entend ; que ces fonds dont les intitulés révèlent aisément la destination à savoir PDC/PLUS/AGAIB sont le fruit des accords de partenariat qui lient l'association à l'Etat togolais à travers les projets de développements financés par l'Etat lui-même et la Banque mondiale ; qu'il est important de rappeler que c'est après une première saisie-attribution infructueuse sur les propres comptes d'AGAIB que cette seconde saisie a été initiée sur les comptes sus-intitulés ; que ces fonds sont destinés au financement des projets communautaires pour satisfaire les objectifs même d'AGAIB, une association à but non lucratif qui vise des actions socio-collective de base en vue de contribuer au développement économique et social durable dans la perspective de réduction de la pauvreté au niveau local ; que les arguments de l'intimé selon lesquels les fonds pour ne s'être pas logés au trésor public et pour avoir été donnés en subvention par l'Etat constituent la propriété privée de l'association ne résistent devant la preuve contraire ; qu'il est important de rappeler que les fonds publics peuvent être logés dans les institutions privées bancaires de la place ; que c'est ce qui ressort de l'arrêt n°11 du 27 mars 2008 rendu par la CCJA (...) ; que dès lors que la preuve est suffisamment rapportée que les fonds proviennent de subventions publiques et qu'ils sont destinés au financement des projets publics, ils doivent bénéficier des dispositions de l'article 30 de l'AUPSRVE en ce qu'ils ne peuvent faire l'objet d'exécution forcée »* ;

Attendu que par ces motifs, la cour a amplement mis en évidence la nature de deniers publics des fonds litigieux pour en déduire, à bon droit, qu'ils ne pouvaient faire l'objet d'une quelconque saisie ; que la cour ayant donc fondé principalement sa décision sur l'article 51 de l'Acte uniforme portant organisation des procédures simplifiées et des voies d'exécution, relatif aux insaisissabilités, le visa malencontreux de l'article 30 du même Acte uniforme, qui est plutôt relatif aux immunités d'exécution, ne saurait entrainer la cassation de son arrêt ; que le moyen unique étant inopérant, le pourvoi qu'il sous-tend mérite le rejet... » (CCJA, arrêt n°042/2020, 27 fév. 2020, Lintega Bayomma c. Agence d'Appui aux initiatives de Base Région Maritime (AGAIB), http://www.ohada.org. Cf également CCJA, arrêt n° 012/2014, 27 fév. 2014, Maître Sérigne Mbaye Badiane c. Maître Aissatou Gueye Diagne, préc.[1171] *; arrêt n° 022/2014, 11 mars 2014, Standard chartered bank Cameroon dite SCBC c. Caisse nationale de prévoyance sociale du Cameroun dite CNPS et Institut des relations internationales du Cameroun dit IRIC-(Université de Yaoundé II, préc.).* A l'évidence, l'interdiction de saisir certains biens ou celle d'engager une saisie au préjudice des personnes morales de droit public, réaffirmée et circonscrite, ne concerne pas que l'huissier de justice mobilisé par le créancier. Elle s'applique au notaire, notamment lorsque celui-ci agit dans le cadre du recouvrement forcé.

Paragraphe 3. Le notaire

Le notaire est l'un des officiers ministériels les plus anciens dans la tradition juridique romano-germanique[1172]. A travers le temps, l'entrée

---

[1171] En se référant au droit national auquel il est renvoyé s'agissant de l'inventaire des biens et droits insaisissables, la CCJA retient la thèse de l'insaisissabilité des comptes professionnels du notaire. Elle juge : « *(...) Attendu que de son côté, Maître Serigne Mbaye Badiane soutient que l'appelante à qui il appartient de rapporter la preuve que les fonds saisis avaient été déposés, il y a plus de six mois et qu'il n'aurait pas obtenu décharge de ses clients dans ce délai, cherche à renverser la charge de la preuve ; qu'étant par ailleurs lié par le secret professionnel, il ne pourrait produire son livre journal et que le blocage du compte pendant plus de dix-huit mois du fait de la saisie le dispense de reverser les sommes à la caisse des dépôts et consignations, et constituerait la justification, devant le procureur général, du non reversement ; que ce compte avait un caractère professionnel et c'est à bon droit qu'il a été déclaré insaisissable par le premier juge ;*
Attendu qu'il n'est pas prouvé que Maître Serigne Mbaye Badiane disposait d'autre compte que l'on pourrait supposer être ouvert à titre personnel ; que le seul existant et ouvert pour la gestion de l'intérim est présumé être professionnel et bénéficie dès lors de l'insaisissabilité prévue par l'article 27 alinéa 3 du décret 2002-1032 du 15 octobre 2002... »

[1172] A propos des origines de la profession, voir LEVY J.Ph., CASTALDO A., *Histoire du droit civil*, Dalloz, Paris, 2002, p. 852, n° 584. Au Cameroun, voir not. ANYANGWE C., op. cit., pp. 190 et s.

dans ce corps particulier d'auxiliaire de justice a toujours été strictement encadrée. A l'opposée, l'exercice des fonctions du « gentilhomme à qui appartient le sceau » tend à évoluer.

A. L'entrée dans la profession

L'accès à la profession de notaire se déroule en trois étapes déclinées dans le décret n° 95/034 du 24 février 1995 portant statut et organisation de la profession. Celle de la postulation, celle du stage, celle de la charge et de la prestation de serment qui lui est inhérente.

1. L'aspiration

Il n'est pas prévu que les personnes intéressées par la profession de notaire subissent en amont un concours. Effectivement, les aspirants au notariat doivent simplement obtenir leur inscription sur ce registre de stage que tient le greffier en chef de chaque tribunal de première instance, dès lors du moins que l'autorisation du procureur de la République est acquise[1173].

La décision du chef du parquet n'est pas prise à l'emporte-pièce.

L'aspirant est tenu de réunir des conditions sur le terrain du fond. Tout d'abord, celui-ci doit être de nationalité camerounaise, puis jouir de ses droits civiques et politiques. *A minima*, cela exclut que l'aspirant ait par le passé été condamné à une peine attachée à la commission d'un crime ou d'un délit découlant d'un comportement contraire à la probité ou aux bonnes mœurs. Cela exclut également que l'impétrant soit de ceux qui ont été déclarés en faillite ou mis en liquidation judiciaire ; qu'il ait été révoqué de la fonction publique à la suite d'une procédure disciplinaire ou pour des faits touchant à la probité ou à la moralité publique. Ne pourraient pas non plus aspirer au titre de clerc de notaire les individus radiés du barreau ou destitués de leurs fonctions en tant qu'officier ministériel. En sont écartées les personnes ayant moins de vingt ans révolus et celles ne possédant pas une licence en droit[1174].

L'aspirant est tenu, ensuite, de produire un dossier. Dans le détail, on y retrouve : une copie certifiée conforme de l'acte de naissance ; un certificat de nationalité dressé depuis moins de trois mois ; une copie certifiée conforme du diplôme de licence en droit ou au moins l'attestation de réussite à ce diplôme. A ceci s'ajoutent un extrait de casier judiciaire ne datant pas de plus de trois mois ; une attestation de non-faillite ; un document offrant la preuve de ce que l'impétrant n'a pas été exclu de la fonction publique ou de l'un des corps auxiliaires de justice. Enfin, l'une des

---

[1173] Article 15, décret n° 95/034 du 24 février 1995.
[1174] Articles 7, 14 (1).

pièces difficiles à obtenir et à verser au dossier est cette attestation provenant du notaire pressenti pour parrainer le stage *(CS, jugt. n° 27, 28 sept. 1983, Ndjoumi Maurice c. Etat du Cameroun-MINJUSTICE, in KEUTCHA TCHAPNGA C. (dir.), Les grandes décisions annotées de la juridiction administrative du Cameroun, L'Harmattan, Yaoundé, 2017, n° 3, pp. 78 et s., note KEUTCHA TCHAPNGA C.).*

Ces exigences ne sont pas sans restriction.

L'une des restrictions touche à la condition de diplôme. A côté de la licence en droit, un « diplôme juridique reconnu » comme équivalent est recevable. Les seules incertitudes ici renvoient à l'autorité chargée de valider l'équivalence, puis à la configuration du diplôme que l'on qualifiera de juridique, donc au fond aux critères de la juridicité *(CS, jugt. n° 27, 28 sept. 1983, Ndjoumi Maurice c. Etat du Cameroun-MINJUSTICE, préc.).* Les enjeux ne sont pas à prendre à la légère. Une interprétation extensive du terme conduit par exemple à ouvrir le notariat aux titulaires de licences en sciences politiques, lesquels ont presque toujours abordé plusieurs disciplines relatives au droit dans leur parcours académique. A l'opposée, l'interprétation restrictive du terme conduit par exemple à écarter de la profession de notaire les titulaires de licences en sciences sociales, y compris lorsque ceux-ci portent l'option « sciences juridiques »[1175].

Une autre restriction concerne la preuve de l'absence d'exclusion de la catégorie des auxiliaires de justice. Strictement entendue, l'exigence requiert d'obtenir de l'exécutif des différentes corporations d'auxiliaires une attestation susceptible de convaincre dans ce sens. Plus simplement, elle suggère l'établissement d'une déclaration sur l'honneur et, à sa suite, la conduite d'enquêtes visant à s'assurer de la sincérité de ce document. A ce sujet, il n'est pas sans intérêt de relever l'existence, au sein du ministère de la justice, d'une « sous-direction du suivi des notaires, des huissiers de justice et des autres auxiliaires de justice ». La mission de celle-ci est notamment de procéder à l'instruction des dossiers de candidature à la profession[1176]. Théoriquement, cela devrait se faire à la lueur de la jurisprudence de la Cour suprême en la matière, notamment celle consignée dans l'arrêt Ndjoumi Maurice contre Etat du Cameroun *(CS, jugt. n° 27, 28 sept. 1983, Ndjoumi Maurice c. Etat du Cameroun-MINJUSTICE, préc.)*[1177].

[1175] Dans certaines universités à l'exemple de l'université catholique d'Afrique centrale, il est considéré que le droit est une science sociale parmi d'autres. Du coup, une initiation à ces sciences est organisée dans le cadre d'un tronc commun aux semestres 1 et 2. C'est seulement à partir du troisième semestre que les apprenants s'orientent vers des options. Au nombre de ces dernières se trouve l'option « sciences juridiques et politiques ».

[1176] Article 40 (1), décret n° 2012/389 du 18 septembre 2012 portant organisation du ministère de la justice.

[1177] L'un des extraits de cet arrêt est relatif à la violation de l'article 41 du décret n° 60/172 du 20 septembre 1960 réglementant le statut des notaires. Ses termes sont ceux-ci : « *Attendu qu'il convient de relever de prime abord que, contrairement à ce qui est soutenu par le représentant de l'État, Njoumi Maurice a déposé une seule candidature, datée du 04 août 1979 ; sa lettre du 23 mai 1979 adressée*

Une troisième restriction concerne le lieu où se dépose le dossier. Celui-ci correspond à l'endroit où se trouve l'étude du notaire pressenti comme parrain de stage. Du coup, on comprend que l'autorisation d'inscription ne devrait pas être obtenue lorsque l'aspirant au notariat souhaite se voir inscrire ailleurs que dans le ressort judiciaire où officie le notaire ayant délivré la lettre de parrainage[1178]. Si d'aventure cette règle est méconnue, ses auteurs devraient être rattrapés à un autre stade du processus car la preuve du stage devra encore être apportée au moment du dépôt du dossier de nomination aux fonctions de notaire[1179].

Enfin, et cela n'est pas à négliger, l'ensemble des documents produits par le candidat au titre de clerc est à conserver aux archives du greffe. Le registre de stage dans lequel s'opère l'inscription y est également préservé. Bien que le procureur de la République ait seul compétence pour autoriser l'inscription, ce registre est côté et paraphé par le président du tribunal de première instance[1180]. Un extrait est parfois sollicité par ceux qui souhaitent offrir la preuve d'être stagiaires dans une étude de notaire.

2. Le stage et la cléricature

A propos du stage, peu de choses sont dévoilées dans le statut du notaire.

On sait seulement que sa durée est de trois ans. La règle n'est cependant pas d'application stricte. C'est que des hypothèses peuvent être formulées dans lesquelles la profession est exercée sans qu'un stage doive être subi ou sans que sa durée soit de trois ans.

A preuve, le statut de l'avocat permet à ceux de ces auxiliaires installés dans les régions actuelles du Sud-ouest et du Nord-ouest, à titre transitoire, d'exercer les fonctions notariales. En termes accessibles, cela signifie que dans ces aires géographiques, les personnes inscrites au tableau de l'ordre sont dispensées de la condition de stage qui précède l'accomplissement d'actes juridiques relevant de la compétence du notaire[1181]. Certes en ces

---

au ministre de la Justice constituait une demande de renseignements ainsi que cela résulte des termes même de cette correspondance ;

Qu'il convient de mentionner ensuite que l'article 38 du décret visé énumère les conditions que doit remplir un candidat pour être nommé notaire, qu'au regard de ce texte, le dossier de candidature introduit par Ndjoumi Maurice le 04 août 1979 et qui renfermait à l'appui : un certificat de nationalité camerounaise, un extrait de casier judiciaire (B3), une copie d'acte de naissance, une attestation de réussite à l'examen de 1er clerc, une photocopie du diplôme de capacité en droit, une attestation de réussite au probatoire du DECS, une autorisation du garde de sceaux, était complet ; qu'aussi, en exigeant aux fonctionnaires candidats à des charges de notaire le désengagement préalable de la fonction publique par la mise en disponibilité, démission ou mise à la retraite, condition qui ne figure pas dans l'énumération de l'article 38 précité, le ministre de la Justice ajoute au texte et viole par conséquent celui-ci… ».

1178 Article 14 (2).

1179 Article 8 alinéa 1-e.

1180 Articles 12 (2, 3), 15 (3).

1181 Article 115 ; articles 75 et 76, loi n° 90/59 du 19 décembre 1990 portant organisation de la profession d'avocat.

circonstances, le ministère en qualité d'officier public cesse à compter du jour de la nomination d'un notaire dans le ressort de la juridiction. Toutefois, la latitude leur est encore conférée de renoncer à la fonction d'avocat et d'exercer celle de notaire sans être astreints à un stage *(en ce sens, voir not. The High Court, Fako Division, 4th dec. 2012, Barrister Talla Ernest vs. Namondo Ekema Alice and Ymeli Kuete Justin, inédit).*

A preuve encore, après avoir entrevu la possibilité d'un stage à l'étranger de durée inférieure à trois ans, l'article 7 (2) du décret n° 95/034 du 24 février 1995 précité ajoute que, dans tous les cas, le « notaire stagiaire » doit avoir effectué au moins une année de stage au Cameroun ; ce qui revient finalement à reconnaître que la durée du stage concernant cette catégorie n'est pas de trois ans sur le territoire de la République. Ceux qui ont effectué leur « apprentissage » ailleurs qu'au Cameroun devront donc subir, ici, un autre stage d'une durée d'au moins douze mois.

A ce stade, la préoccupation ne peut ne pas apparaitre de savoir quelles raisons ont poussé à ne pas envisager que le notariat ouvre ses portes à d'autres corps de métiers dont l'activité n'en est pas éloignée, notamment celui des conseils fiscaux, des experts-comptables, des fonctionnaires des greffes appartenant à la catégorie des fonctionnaires des greffes ; des huissiers de justice, magistrats, enseignants des facultés de droit *(tacitement, voir CS, jugt. n° 27, 28 sept. 1983, Ndjoumi Maurice c. Etat du Cameroun-MINJUSTICE, préc.).* L'inquiétude doit être exprimée avec force. C'est que le recrutement dans quelques-uns de ces corps requiert des postulants des savoirs non seulement en droit, mais également en économie, en gestion, en informatique ; toute chose que le notaire gagne à apprivoiser afin d'exploiter sans gêne son activité professionnelle. C'est qu'on voit mal comment des notaires établis dans le ressort d'une juridiction pourraient être efficaces si les TIC sont sacrifiées, si leurs études ne sont pas interconnectées à telle enseigne que quelques-uns des actes passés par l'un ne demeurent pas dans l'incognito, donc idéalement que ceux-ci soient connus instantanément des autres. L'inquiétude découlera également de ce que des passerelles existent qu'un notaire peut emprunter pour rejoindre d'autres métiers du droit en abandonnant son statut actuel[1182]. A l'inverse et contre toute attente, il est décrété avec force que les fonctions de notaire sont incompatibles avec celles de membres de toute juridiction, d'avocat, d'huissier de justice, de commissaire-priseur, d'agent d'exécution, de préposé de la contribution des recettes directes ou indirectes, d'employé d'une administration publique ou de salarié au sens du Code du travail[1183].

Une autre préoccupation est celle de savoir si la liste des incompatibilités est exhaustive. Elle mérite d'être exprimée avec ardeur, car rien n'est

---

[1182] A titre d'exemple, et comme le prévoit l'article 11 du statut de la magistrature, le corps judiciaire est ouvert au notaire lorsque son activité et sa compétence le qualifient pour l'exercice des fonctions judiciaires. Il suffit que ce dernier soit titulaire d'une maîtrise en droit et ait exercé en tant que notaire pendant au moins cinq ans.

[1183] Article 84.

ouvertement dit dans le statut de ce corps auxiliaire de la justice au sujet de l'exercice d'une fonction publique élective ou d'une fonction gouvernementale. Or, le notaire est durablement attaché à un arrondissement et parfois n'hésite pas à présenter sa candidature aux fonctions de conseiller municipal, de maire, de député, de sénateur. Lorsque ce dernier ne postule pas spontanément à l'une ou à l'autre d'entre elles, le fait n'est pas rare de l'y voir nommé par les autorités exécutives ayant ce pouvoir. Il y a d'ailleurs gros à parier que cette tendance ira en grandissant avec le développement de la « culture de la démocratie », de la décentralisation ou avec l'éducation politique des masses en zone rurale. C'est que, précisément, le notaire est censé offrir des garanties de probité ; que cet officier public charrie l'image du « gentilhomme » qui ne manque pas d'inspirer confiance dans le ressort de la juridiction où s'exerce sa fonction. Du coup, le profil ne peut ne pas séduire les politiques désireux tantôt de s'implanter dans une localité, tantôt de conserver une assise solide à l'échelle d'une circonscription électorale. Dans le prolongement de cette tournure d'esprit, un spécialiste de l'histoire du droit va jusqu'à suggérer, un jour, que la catégorie des griots soit formée et impliquée ou associée aux activités notariales dans les localités où dans les terroirs où leur activité est reconnue et considérée par la majorité[1184].

Quoi qu'il en soit, et pour revenir au stage, celui-ci est couronné par un examen qualifié à juste titre de « professionnel ». Organisé par le ministre, chargé de la justice, à Yaoundé, ce « test » comprend deux séries d'épreuves dont les unes sont écrites et les autres orales.

A l'écrit, l'« élève notaire » subit des épreuves dont la consistance est fixée par arrêté du ministre de la justice après avis de la chambre professionnelle[1185]. Le schéma a ses mérites. Faciliter l'adaptation de la formation et donc de l'évaluation aux aptitudes que requiert l'exercice de l'activité de notaire à un moment donné. Il charrie toutefois des inquiétudes. Effectivement, les personnes intéressées par la profession ont du mal, singulièrement dans le contexte de l'éducation adossée au LMD, à définir un parcours et les éléments de contenu qui faciliteront l'accès à la profession. Du reste rien n'exclut, au terme de son stage, que le clerc soit évalué sur des questions n'ayant pas forcément été approfondies durant la période probatoire. La probabilité d'une telle occurrence n'est pas à négliger dans un contexte où le métier s'apprend essentiellement auprès d'un parrain dont l'étude se trouve dans une contrée à l'intérieur du pays.

A l'oral, le stagiaire passe des épreuves dont le détail n'est pas encadré. Tout au plus sait-on que celles-ci se déroulent devant un jury de sept membres regroupant, en tant que président, un conseiller de la Cour

---

1184 NGANDO B.A., « La charte de Kurukan Fuga de 1236 ou la constitution de l'Empire Manding : acte authentique ou légende ? », *Revue internationale de l'histoire du notariat*, n° 92, juil.-sept. 2017, p. 8.

1185 Article 17 (1).

suprême. En qualité de membres, on y retrouve le directeur de l'enregistrement, du timbre et de la curatelle ; trois notaires ; deux enseignants d'université, de droit privé et de rang magistral. Un secrétariat assiste le jury qui est assuré par un magistrat issu du ministère de la justice. La composition du jury surprend, ne serait-ce que parce que la précaution n'a pas été prise visant à s'assurer que ceux qui en sont membres sont nantis de savoirs couvrant les champs disciplinaires que le notaire devrait maîtriser ou au moins ne pas ignorer dans le contexte de l'exploitation de son activité professionnelle. De ce point de vue, et c'est peu dire, il est étonnant que le droit public ait été marginalisé, que les sciences de gestion et notamment la comptabilité n'aient pas été considérées, que le droit des affaires ou la Common law n'aient pas été évoqués, que les outils modernes de communication soient sacrifiés. A coup sûr, d'aucuns objecteront que ces champs disciplinaires n'auraient jamais pu être pris en considération dans la composition d'un jury sans que ce dernier soit pléthorique. Il restera encore que des prévisions du statut du notaire auraient pu les intégrer quitte à envisager l'hypothèse d'un tirage au sort des matières à privilégier lors de chaque session d'évaluation ; que l'on gagne à ce que le statut soit adapté aux contraintes actuelles de la profession et serve à colmater ces brèches que le temps a créé sans que les textes relatifs à la profession permettent de contenir[1186].

On sait enfin, lorsque l'examen professionnel est concluant, que celui qui l'a subi avec succès acquiert le titre très convoité de « premier clerc de notaire ». Au fond, et contrairement à celle de « clerc » découlant de l'inscription au registre de stage, la qualité de « premier clerc » est attribuée par arrêté du Garde des sceaux *(CS, jugt. n° 27, 28 sept. 1983, Ndjoumi Maurice c. Etat du Cameroun-MINJUSTICE, préc.)*. S'en suit la prestation de serment de celui qui en a le bénéfice devant le tribunal de première instance et avec elle, l'espoir d'une charge.

Cela évacué, il reste à espérer que les pouvoirs publics perçoivent l'urgence d'envisager que l'accès au notariat puisse également s'opérer par la voie universitaire ou par une voie davantage professionnalisante.

Dans l'une des éventualités, la première, des centres de formation rattachés aux facultés et par ricochet aux universités pourraient ouvrir leurs portes aux gens intéressés par la profession de notaire ; des masters professionnels spécifiques peuvent être créés qui soient relatifs à ce statut. On l'aura compris : il ne serait pas absolument indispensable qu'une autorisation du procureur précède l'inscription sur la liste de stage. Toutefois, les centres ou les scolarités devraient s'assurer que les conditions de connaissances, de moralité ou d'âge soient respectées par les aspirants. Pareillement, les universités devraient impliquer fortement les notaires et

---

[1186] Sur ces questions, lire not. JARIEL L., « Les nouveaux modes de communication de certains officiers publics ou ministériels », *La Semaine Juridique Edition Générale* n° 17, 29 avril 2019, préc.

d'autres « praticiens » au processus d'apprentissage qui serait traversé de séjours « hors murs ». L'examen national ne viendrait donc que compléter l'arsenal et, à sa manière, concourir à l'évaluation de la formation professionnelle permettant d'accéder au corps des notaires. Reste à nourrir le vœu que ce test national soit organisé à intervalle de temps régulier et au moins annuellement, donc que l' « élève notaire » n'attende plus comme autrefois une décennie après l'entrée en stage pour passer l'examen qui le couronne.

Dans l'autre éventualité, la seconde, la formation pourrait davantage reposer sur les épaules de la communauté des notaires réunis au sein de leur chambre professionnelle nationale. A l'échelle locale, les excroissances de la corporation peuvent parfaitement prendre le relai de la formation. Cette dernière pourrait d'ailleurs héberger et contrôler un ou plusieurs centres ou masters crées dans les universités ou encore conclure avec elles ces partenariats que l'on voit de plus en plus fleurir avec les institutions privées d'enseignement supérieur. *A contrario* et en termes clairs, l'apprentissage dépendrait un peu moins que par le passé du bon vouloir du seul parrain pris isolément. Les modalités du déroulement du stage des clercs ne seraient plus abandonnées à la corporation qui, malheureusement, ne semble guère en faire une priorité[1187]. En tout état de cause, elle serait sanctionnée par un examen national dont l'issue conditionne l'attribution d'un office. 3. La charge

A l'issue du stage et de l'examen qui le sanctionne, d'importantes démarches sont à accomplir par le désormais premier clerc qui est à la recherche d'une charge.

Au départ se trouve un dossier à constituer et à déposer au ministère de la justice, contre récépissé. Pour l'essentiel, ce dossier comprend : une demande timbrée, une copie certifiée conforme de l'acte de naissance, un certificat de nationalité établi depuis moins de trois mois, une copie certifiée conforme de la licence en droit ou au moins du relevé de notes, une attestation de réussite à l'examen professionnel de premier clerc, une attestation de stage dressée par le parrain de stage et visée par le procureur de la République du ressort où ce dernier a été effectué, un extrait de casier judiciaire délivré depuis moins de trois mois, une attestation de non-faillite *(même tacitement, voir CS, jugt. n° 27, 28 sept. 1983, Ndjoumi Maurice c. Etat du Cameroun-MINJUSTICE, préc.).*[1188].

Ici également, des réserves s'imposent. La nomination suppose que le postulant ait 23 ans révolus sans excéder 50 ans ; que celui-ci soit de nationalité camerounaise ou, si l'on préfère, n'ait pas changé de nationalité entre temps ; qu'il jouisse de ses droits civiques et politiques, donc que l'une de ces peines provoquant des interdictions n'ait pas entre-temps frappé le

[1187] L'article 93 du statut des notaires avait en effet confié à l'assemblée générale de la chambre professionnelle le soin de définir les modalités du déroulement du stage. Malheureusement, elle ne s'y intéresse que très peu lorsque se tiennent ses assises.

[1188] Article 8.

premier clerc. Elle suppose également que l'impétrant n'appartienne pas à la catégorie des gens ayant succombé à une sanction pour crime ou pour délit ; que celui-ci n'ait pas autrefois été exclu d'un corps judiciaire ou auxiliaire pour une faute contraire à l'honneur, à la probité, voire aux bonnes mœurs[1189]. En tout état de cause, l'acte de nomination est un décret du président de la République[1190]. Sur le plan des principes, de deux choses l'une. Soit la charge n'existe pas, et la nomination suppose préalablement qu'elle soit créée ; soit la charge existe, et l'hypothèse de son attribution à autrui suppose que le notaire qui en est titulaire ne soit plus à même d'assumer les fonctions qui sont les siennes *(même tacitement, voir CS, jugt. n° 27, 28 sept. 1983, Ndjoumi Maurice c. Etat du Cameroun-MINJUSTICE, préc.)*

De toute façon, des leçons sont à tirer de cette procédure.

Tout d'abord, la création de charges semble n'être pas dictée par le hasard. Théoriquement, elles sont rattachées au siège des tribunaux de première instance[1191][1192]. La formule ne doit cependant pas faire illusion, car si le tribunal de première instance existe à l'échelle de l'arrondissement, il n'est pas rare que le ressort de la juridiction couvre plusieurs de ces circonscriptions administratives.

Ensuite et à l'opposé, plusieurs charges sont parfois créées dans le ressort d'un tribunal. La situation se rencontre couramment dans les grandes villes ou du moins dans des agglomérations couvrant un espace géographique important ou densément peuplées, à l'instar de Douala ou de Yaoundé. L'option n'est pas sans fondements. Effectivement, l'article 4 de la loi n° 95/034 1995 portant statut et organisation de la profession de notaire laisse au chef de l'Etat le loisir d'apprécier le nombre de charges à créer sur le territoire de la République du Cameroun.

De même, l'attribution d'une charge n'est pas perpétuelle. C'est dans cette tournure d'esprit que la loi a encadré la cessation temporaire et la cessation définitive de fonctions.

La cessation temporaire s'impose quand le notaire ne se conforme pas à l'obligation lui incombant de résider au lieu fixé dans l'acte de nomination, notamment lorsque ce dernier s'en éloigne pendant une période de trente jours sans qu'une autorisation lui ait été octroyée. Elle a encore lieu en cas d'empêchement dûment constaté par le procureur général, soit d'initiative, soit à la suite d'une proposition de la chambre professionnelle. La cessation

---

[1189] Article 7 (1).

[1190] Articles 4 (1), 9 (1).

[1191] Article 4 (1). Le dernier rapport en date du Ministère de la justice sur l'Etat des droits de l'homme au Cameroun signale l'existence, en 2022, de 493 charges de notaires. (REPUBLIQUE DU CAMEROUN, *Rapport du ministère de la justice sur l'état des droits de l'homme au Cameroun en 2022*, Yaoundé, 2023, p. 50, n° 166).

[1192] On note comme une concentration des notaires dans la région du centre où exerce le plus grand nombre. Tel est, en tout cas, ce que révèle la consultation récente du site internet de la profession (http://www.notaires.cm).

temporaire résulte encore d'une maladie ou d'une infirmité grave ; de la décision du garde des Sceaux octroyant des congés dont la durée n'excède pas deux mois ; de la suspension[1193].

La survenance de l'un de ces évènements ne provoque pas instantanément la perte de la charge. En réalité, le ministre de la justice désigne un notaire intérimaire parmi les premiers clercs ou les notaires du ressort de l'étude, donc à l'exclusion des « simples clercs » ou des aspirants au notariat. En cas d'empêchement de l'intérimaire désigné, le Garde des sceaux procède à un remplacement, mais jamais sans que l'avis du procureur général soit sollicité et que le notaire titulaire ou à défaut le bureau de la chambre fasse une proposition[1194]. Une chose est certaine. C'est que le recours à un intérimaire suppose une gestion provisoire de six mois ; que l'intérim prend fin à compter de la reprise de la direction de l'étude par celui qui en avait initialement la charge[1195] ; que la prise de fonction du gestionnaire remplaçant et la reprise de fonction du titulaire sont constatées par une déclaration faite au greffe et signifiée au ministre de la justice ; que l'intérimaire exploite sous la responsabilité de l'« ordinaire » et sous la garantie de son cautionnement ; que l'individu appelé à gérer provisoirement un office n'a droit qu'à la moitié des émoluments ou des honoraires habituellement servis à l'auxiliaire de justice bénéficiaire de la charge…[1196]

La cessation définitive, elle, est provoquée par trois évènements. La rétractation à propos de laquelle peu de développements sont généralement consacrés ; le décès du notaire ; la limite d'âge qui survient à soixante ans[1197]. Au cas de limite d'âge et si cela est utile, un « intérimaire chargé de l'administration provisoire ou de la liquidation de l'étude » est désigné par le ministre de la justice. En revanche, lorsque survient le décès, le procureur de la République du lieu de résidence du défunt requiert d'urgence le scellé des minutes, des répertoires et des registres de l'office. La décision relative aux scellés échoit au président du tribunal de première instance qui ordonne

---

[1193] Article 54.

[1194] L'exigence doit être comprise. Au cas de cessation de fonctions temporaire, l'avis du notaire n'est pas sollicité en vue de la désignation de l'intérimaire. La consultation ne s'impose que lorsque l'intérimaire doit à son tour être remplacé.

[1195] Lorsque le recours aux services d'un intérimaire trouve son fondement dans une maladie ou une infirmité, la demande aux fins de reprise de fonctions devra être instruite et appuyée d'un certificat médical dressé par le médecin traitant. Sauf à relever dans cette éventualité que le remplacement du notaire titulaire passe par l'avis conforme d'une commission ad hoc composée d'un représentant du ministère de la justice qui en assure la présidence, du procureur général près la Cour d'appel du siège de l'office qui en est membre, d'un représentant du ministère des finances lui aussi membre, d'un médecin désigné comme membre par le ministre de la santé publique, d'un notaire choisi par la chambre professionnelle.

[1196] Article 55.

[1197] Articles 62 (1), 63 (1). Malheureusement, les notaires vont rarement à la retraite à l'âge de 60 ans. En ce sens, il suffit de s'intéresser aux débats provoqués par le décret n° 2017/199 du 8 mai 2017, l'un des derniers textes en date mettant fin aux fonctions de ces auxiliaires de justice au Cameroun. Les analystes du décret en cause n'ont pas manqué d'attirer l'attention sur un élément à la disparité des âges des 24 notaires visés par le départ à la retraite que l'on y retrouve.

la mesure « toutes affaires cessantes », puis désigne une personne chargée d'assurer la garde des scellés et des archives jusqu'à la nomination d'un notaire intérimaire[1198]. Une chose est constante, c'est que la vacance d'une charge est portée à la connaissance du public par le biais d'un avis inséré au journal officiel, dans des journaux habilités à recevoir des annonces légales ou par « tous autres moyens de publicité ». La formalité est effectuée à la diligence du Garde des sceaux qui invite les personnes intéressées et remplissant les conditions requises pour se voir attribuer une charge à se signaler dans les deux mois de son accomplissement *(sur l'ensemble, voir CS, jugt. n° 27, 28 sept. 1983, Ndjoumi Maurice c. Etat du Cameroun-MINJUSTICE, préc.[1199])*. Idéalement, deux situations peuvent alors se produire. Plusieurs candidatures peuvent être enregistrées. Dans cette éventualité, le ministre de la justice a la latitude soit de retenir l'une de celles-ci sur la base de critères que le statut ne présente pas ; soit de consulter la chambre des notaires afin qu'elle délibère et s'exprime au sujet de chaque dossier reçu ; donc éventuellement, procède à un classement des impétrants sur des bases qui ne sont pas non plus identifiées. Aucune

---

[1198] Article 63 (1, 2).

[1199] Dans cette espèce, il est jugé ce qui suit : *« Attendu qu'aux termes de l'article 41 « toute vacance à une charge de notaire est portée à la connaissance des candidats éventuels par une insertion au journal officiel et par tous les moyens de publicité appropriée, à la diligence du (...) ministre de la justice. Par ces avis les intéressés sont invités à adresser leur requête avec pièces à l'appui au garde des sceaux (...), dans les deux mois de l'insertion au Journal officiel. Le Garde des sceaux, ministre de la justice fait procéder à une enquête et transmet, à l'expiration du délai ci-dessus, le ou les dossiers au président de la Cour d'appel qui en saisit la cour en assemblée générale. La Cour d'appel, sur rapport d'un conseiller et conclusions du procureur général, donne son avis sur chaque candidat réunissant les conditions requises et dresse, par ordre de mérite, s'il y a lieu, la liste de ceux-ci pour toute charge vacante » ;*
Attendu qu'on constatera que le législateur a pris soin de mettre en relief le mot journal officiel, ce qui signifie que, indépendamment des autres moyens de publicité appropriés, tels que le communiqué à la radio ou au quotidien national « Cameroon Tribune » qui doivent être eux aussi accomplis, l'insertion au journal officiel est nécessaire et obligatoire ;
Attendu que l'argument du représentant de l'État selon lequel le ministre de la justice n'était pas lié par les dispositions de l'article 41 précité à partir du moment où le dossier de Ndjoumi Maurice était incomplet ne saurait être pris au sérieux, car, d'une part le dossier du recourant était complet, d'autre part, les formalités de publicité prescrites doivent impérativement être accomplies dès l'ouverture de la vacance et avant l'introduction des requêtes ou candidatures ;
Attendu que la formalité de publicité de la vacance prescrite a pour but de susciter des candidatures et d'assurer la protection des citoyens contre les inégalités et que la connaissance personnelle qu'un éventuel candidat peut avoir de telle ou telle vacance de la charge ne suffit pour dispenser le ministre de la justice de l'obligation qui lui est faite de publier la vacance d'une charge ;
Attendu qu'il ressort des pièces de la procédure que le dossier de candidature de Eben Moussi Séverin, nommé notaire à la quatrième charge de Yaoundé, a été instruit et transmis à la Cour d'appel de Yaoundé qui a émis son avis en assemblée générale le 3 mai 1979 avant la formalité qui n'a été réalisée que le 26 juin 1979 au moyen d'un communiqué du ministre de la justice publié dans le quotidien national « Cameroon Tribune » n° 1507 ;
Attendu que la publicité de la vacance d'une charge de notaire étant une formalité substantielle, son omission dans le cas d'espèce a violé toute la procédure ayant abouti à la nomination de Eben Moussi Séverin ;
Qu'il y a lieu de déclarer fondé le recours de Ndjoumi Maurice et d'annuler en conséquence le décret déféré. »

candidature ne pourrait ne pas être enregistrée. Dans cette hypothèse, les mesures de publicité devront être effectuées jusqu'à ce que des personnes s'enregistrent ou que la charge soit pourvue[1200]. La suite sera, évidemment, l'exercice de l'activité.

B. L'exercice de la profession

La profession de notaire s'exerce dans un cadre donné. Des missions lui sont attribuées qui créent à son profit ou à sa charge des droits ou des obligations et, tout naturellement, n'échappent pas à un minimum de contrôle.

1. Le cadre d'exercice

Deux schémas sont offerts aux personnes projetant d'exploiter leur activité professionnelle en tant que notaire.

D'abord, la profession s'exerce de manière individuelle. L'hypothèse, qui rallie nombre de suffrages, est celle où le premier clerc ayant obtenu sa charge choisit de « s'installer à son compte ». C'est elle qui, en première approximation, se profile en toile de fond lorsqu'on évoque les causes de cessation temporaire d'activité, singulièrement celles touchant au congé annuel, au décès, à la maladie, à l'absence, aux empêchements. C'est elle qui, au premier chef, est visée par cette exigence qui voudrait que le notaire n'exerce ses fonctions qu'après avoir prêté serment. Et la prestation de serment suppose au minimum que le texte de nomination soit notifié à l'intéressé par le procureur général près la Cour d'appel du ressort où ce dernier est appelé à s'installer et à officier en qualité de notaire ; que l'individu nommé ait présenté au président de la juridiction d'appel une ampliation de son acte de nomination et une attestation justifiant de la souscription d'une police d'assurance couvrant sa responsabilité civile professionnelle ; que le notaire nouvellement nommé prête serment dans les trois mois devant la Cour d'appel du lieu où une charge lui a été attribuée[1201].

Le reste se devine : des sanctions pénales, notamment celles prévues au cas d'usurpation de titre sont susceptibles de frapper l'individu qui accomplit les actes relevant du champ de compétence de cet officier public ou se présente comme tel sans que ce préalable ait été respecté[1202]. La sanction de la déchéance est également susceptible de s'abattre sur celui qui

---

[1200] Article 6.

[1201] Article 10 (1,2, 3).

[1202] Effectivement, l'article 219 de ce code punit d'un emprisonnement de trois mois à deux ans et ou d'une amende de 100 000 francs à deux millions de francs ceux qui font usage sans droit d'un titre attaché à une profession légalement réglementée.

n'a pas prêté serment dans les trois mois de sa nomination ; la formule du serment offre un avant-goût des obligations du notaire, ne serait-ce que parce que cet auxiliaire jure de remplir ses fonctions « *avec loyauté, exactitude et probité et d'observer en tout les devoirs qu'elles imposent* »[1203].

Ensuite, la profession s'exerce par le truchement d'une société civile professionnelle. La création de pareille entreprise est cependant subordonnée à des exigences draconiennes tant sur le plan du fond que de la forme.

Sur le fond, la société ne doit être créée que par des notaires résidant dans la même ville, et seulement lorsque le nombre de charges du ressort excède trois. A cela s'ajoute que nul n'est autorisé à être membre de plus d'une société civile professionnelle[1204].

Sur le terrain de la procédure, ceux qui entendent créer une telle société sont astreints à quatre choses d'importance :

- *Primo*, solliciter un agrément du ministre de la justice. Le dossier comprend une demande timbrée au tarif en vigueur, un projet de statuts qui renseigne au sujet des membres de la société, de son capital, des modalités de répartition des dividendes et de la ventilation des dettes de l'entreprise, des modalités de l'information des associés. A eux s'ajoutent notamment les déclarations fiscales des associés en devenir couvrant cinq ans, l'état des revenus de ces derniers en deux exemplaires...[1205]

- *Secundo*, obtenir l'agrément sollicité. Au fond, la demande et les pièces justificatives sont immédiatement communiquées à la chambre des notaires « pour instruction ». La corporation se prononce au regard de la « personnalité » et de la « valeur professionnelle » des futurs associés. Motivé, l'avis du bureau de la chambre notariale est communiqué, en même temps que le reste du dossier, au procureur général près la Cour d'appel. A son tour, cette autorité relaye le dossier, assorti d'un avis, au Garde des sceaux. Le ministre de la justice se prononce dans les trente jours à compter de la réception des éléments soumis, puis transmet sa décision au procureur général pour notification aux membres de la société civile dont la création est envisagée et au président de la chambre des notaires[1206].

- *Tertio*, tenir le public au courant de la création de la société. Très concrètement, cela se fait au moyen du dépôt de l'acte de constitution au greffe de la Cour d'appel, d'une part ; de l'insertion d'un avis y relatif dans un journal d'annonces légales, d'autre part[1207].

[1203] Article 10 (4).

[1204] Articles 64 (1, 4) et 70 (1).

[1205] Articles 67 et 68 (1, 2).

[1206] Article 69 (1, 2, 3, 4).

[1207] Article 69 (5).

Il n'est pas sans intérêt, sur la base de l'article 257 de l'Acte uniforme relatif au droit des sociétés commerciales et du groupement d'intérêt économique, d'observer ici que la formule renvoie aux quotidiens nationaux d'information générale justifiant d'une vente effective et qui paraissent depuis au moins six mois et justifient d'une diffusion à l'échelle nationale.

- *Quarto,* souscrire une police d'assurance couvrant la responsabilité civile professionnelle des associés, que ceux-ci soient pris individuellement ou collectivement[1208].

Utiles, ces clarifications ne dissipent que vaguement les interrogations que suscite l'exercice des fonctions de notaire par le truchement d'une société civile professionnelle.

L'une de ces curiosités tient à ce que de nombreux extrait du décret n° 95/034 du 24 février 1995 donnent parfois à penser que le regroupement des notaires au sein d'une pareille structure suppose que ceux-ci aient autrefois exercé individuellement pendant environ cinq ans. C'est du moins ce que suggère l'interprétation au second degré de ces extraits du décret portant statut et organisation de la profession de notaire qui exigent de verser au dossier les déclarations fiscales et l'état des revenus des associés en devenir au cours des cinq années précédant la demande de constitution de la société civile[1209].

L'autre curiosité tient à ce que l'article 66 (2) du décret précité du 24 février 1995 incite à penser que la société civile professionnelle peut être créée par un officier public avec comme associés, un ou plusieurs premiers clercs[1210]. Sans surprise, et à en croire cette disposition, les concernés portent le titre de « notaires associés ». La seule rupture se trouve à l'article 70 (1) qui rappelle que toutes les dispositions règlementaires se rapportant à l'exercice individuel de la fonction de notaire sont applicables aux membres de la société civile professionnelle.

Une troisième curiosité découle de la formule d'après laquelle « *le notaire titulaire d'une charge peut s'associer à un ou plusieurs premiers clercs remplissant les conditions requises pour être nommés notaires. Dans ce cas, les premiers clercs sont désignés associés* »[1211]. Le trouble ici ne surprend pas. L'extrait est susceptible d'interprétations diverses. Quelques-uns estimeront, à juste titre, qu'elle signifie que des clercs de notaire sans charge devraient pouvoir s'associer avec un notaire dans le cadre d'une société civile professionnelle pour la constituer. D'autres soutiendront que l'existence d'une entreprise de ce genre ne se conçoit pas lorsque ses pères fondateurs n'ont pas tous la qualité de notaire. A leur sens, les premiers clercs ne sauraient isolément

---

Il n'est pas non plus inutile de relever, s'agissant des sociétés commerciales en particulier, que cette formalité de publicité n'est pas la seule. D'autres exigences du même ordre sont accomplies au niveau du registre du commerce et du crédit mobilier. Et, à en croire l'article 256-2 de l'Acte uniforme précité, les formalités effectuées auprès du registre du commerce et du crédit mobilier font l'objet d'avis insérés dans le bulletin des registres du commerce et du crédit mobilier, lorsqu'il en existe.

Là n'est pas tout. Un document d'information doit encore être publié lorsqu'une entreprise sociétaire a recours, soit pour les besoins de sa création soit pour l'augmentation de son capital à l'appel public à l'épargne. Tel est du moins ce que prévoient les articles 81 et suivants de l'Acte uniforme relatif au droit des sociétés commerciales et du groupement d'intérêt économique.

[1208] Article 69 (6).

[1209] Article 68 (2) c, d, e.

[1210] Article 66 (2).

[1211] Article 66 (1).

accéder à la qualité d'associé que lorsque des notaires titulaires ont résolu de la créer. C'est seulement après coup, pour adopter cette tournure d'esprit ou de langage, que des clercs privilégiés parmi leurs pairs acquièrent la qualité d'associé. En sens contraire, cela induit que les clercs n'ont pas le pouvoir de créer une telle entreprise, que des premiers clercs ne devraient pas, isolément, envisager d'exploiter leur activité professionnelle par le biais de celle-ci.

La quatrième curiosité touche aux formalités de publicité. Elles ne sont pas totalement en harmonie avec l'esprit du droit issu du traité OHADA. Les points de divergence concernent d'abord le sens de la formule « journal d'annonces légales » où doit être inséré un avis destiné à l'information du public et qui, ici, est imprécis[1212]. Les points de divergence ont trait, ensuite, à l'obligation de s'immatriculer au registre du commerce et du crédit mobilier. A s'en tenir aux actes uniformes qui y consacrent leurs dispositions[1213], l'exigence doit désormais être satisfaite non seulement par les sociétés commerciales par leur forme ou par leur objet, mais également par certaines sociétés civiles[1214]. Seules y échappent, partiellement au demeurant, les sociétés coopératives. Celles-ci sont en effet enregistrées au niveau local au registre des sociétés coopératives dont la tenue est assurée dans chaque Etat par une autorité administrative déterminée, laquelle est un organe déconcentré ou décentralisé, chargée de l'administration territoriale[1215]. C'est après seulement que les informations produites par le registre des sociétés coopératives sont centralisées au fichier national du registre du commerce et du crédit mobilier. Au travers de ces éléments, il se devine que les notaires qui exploitent leur activité par le biais de la société civile professionnelle gagneraient à ce que celle-ci, un jour, soit immatriculée au registre du commerce. L'avantage le plus décisif tient à ce que celui-ci recense un nombre important d'opérateurs économiques susceptibles de devenir des clients, mais surtout à ce que sa numérisation offre l'avantage de rendre l'office notarial accessible et de faciliter la réalisation de l'objectif de sécurité et de transparence indispensables au développement de l'économie.

La cinquième curiosité touche au fonctionnement de la société civile professionnelle créée. Celle-ci a des particularités qu'on gagne à avoir constamment à l'esprit. Elles concernent notamment :

- Le droit reconnu aux sociétaires de se retirer de l'entreprise et donc de retrouver l'exercice individuel de la profession. En de telles circonstances, les associés peuvent se faire délivrer, à leurs frais, copie des écritures

---

[1212] Article 256-2, Acte uniforme relatif au droit des sociétés commerciales et du groupement d'intérêt économique précité.

[1213] Il s'agit essentiellement des actes uniformes portant sur le droit commercial général et relatif au droit des sociétés commerciales et du groupement d'intérêt économique. S'y ajoute l'Acte uniforme relatif au droit des sociétés coopératives.

[1214] Article 34, Acte uniforme portant sur le droit commercial général.

[1215] Article 70, Acte uniforme relatif au droit des sociétés coopératives.

comptables tenues par l'entreprise pendant les dix années qui précédent la décision de se retirer[1216]. Toutefois, le retrait ne peut suivre l'exploitation à titre individuel qu'après que celui qui se retire ait satisfait à ses engagements contractuels auprès de la société civile professionnelle ;

- Le droit reconnu à chacun des associés de gérer l'entreprise et, en contrepartie, de tenir ses coassociés au courant des actes posés relatifs à leur activité exploitée collectivement dans le cadre de leur entreprise[1217].

La sixième curiosité a trait à la dissolution de la société civile professionnelle qui ne peut survenir que dans certaines circonstances et produit des effets inédits.

S'agissant tout d'abord de ses causes, la dissolution est soit d'office soit volontaire. La société civile professionnelle est dissoute de plein droit au cas de destitution ou de décès du notaire titulaire de la charge ; de retrait successif ou collectif de l'ensemble des associés ; de décès de l'un ou l'autre des membres de la société lorsque l'entreprise n'avait été constituée que par deux personnes ou lorsque tous sont concernés par cet évènement malheureux ; de retrait de l'agrément par le Garde des sceaux. A l'opposée, la dissolution volontaire concerne l'expiration de la durée retenue dans le contrat de société et l'accord des associés consigné dans les statuts.

S'agissant ensuite des effets de la dissolution, elle est soit constatée par le ministre de la justice, soit prononcée par cette autorité. En tout état de cause, l'arrêté du Garde des sceaux organise les opérations de liquidation. Dans le détail, celles-ci passent par la désignation du liquidateur, lequel est soit un notaire, soit une personne ayant compétence dans ce domaine. Celles-ci passent également par la détermination des attributions du liquidateur qui se voit interdire de recevoir de nouveaux actes ou de contracter des dettes. Celles-ci passent aussi par la fixation de la rémunération du liquidateur, laquelle peut être fixe ou dépendre de l'importance de l'entreprise dissoute. Enfin, les opérations de liquidation sont circonscrites dans leur durée dont le point de départ est la date de la décision ministérielle. Elles s'achèvent par la tenue d'une assemblée où sont conviés les membres de la société civile dissoute ou leurs ayants droit qui statuent sur le compte définitif et constatent la clôture de la liquidation[1218].

La dernière curiosité est celle de savoir si le notaire entendant exercer autrement qu'individuellement est condamné à choisir la société civile professionnelle. Indirectement, cela revient à s'interroger quant à savoir si le notariat peut s'exercer dans d'autres formes de sociétés[1219].

[1216] Articles 65 et 75 (2).

[1217] Article 73.

[1218] Articles 79, 80, 81.

[1219] En France, le législateur y a répondu notamment à travers la loi n° 2015-990 du 6 août 2015 pour la croissance, l'activité et l'égalité des chances économiques, dite loi Macron. Nombre de professionnels libéraux peuvent créer, y compris avec des personnes extérieures à leurs corps de métiers, des formes sociales dans lesquelles les associés n'ont pas la qualité de commerçant, notamment la SARL, la SAS. A ce sujet, voir DONDERO B., « Le cabinet d'avocats constitué en

L'interprétation stricte des termes du décret du 24 février 1995 suggère une réponse par la négative, puisque ces derniers n'envisagent pas, même indirectement, le recours à d'autres types de sociétés. A dire vrai, cette grille de lecture peut être prise en défaut sur divers points. L'un d'entre eux consiste à faire remarquer que de nouvelles formes d'entreprises ont été imaginées et consacrées qui n'existaient pas à l'époque où fut élaboré le statut à ce jour en vigueur de cet officier public. On songe singulièrement au groupement d'intérêt économique dont le but exclusif est de mettre en œuvre, pour une durée déterminée, tous les moyens propres à faciliter ou à développer l'activité économique de ses membres, à améliorer ou à accroître les résultats de celle-ci. L'Acte uniforme OHADA relatif au droit des sociétés ajoute d'ailleurs, utilement, que l'objet du groupement se rattache essentiellement à l'activité de ses membres et n'a qu'un caractère auxiliaire par rapport à celle-ci[1220]. Plus en avant, et pour achever de convaincre, l'article 871 décide, très expressément, que deux ou plusieurs personnes physiques ou morales y compris celles qui exercent une profession libérale soumise à un statut législatif ou règlementaire ou dont le titre est protégé peuvent constituer, entre elles, un groupement d'intérêt économique. On peut donc envisager que le notaire accomplisse les missions qui lui sont confiées dans ce cadre ou à l'aide de cette forme d'entreprise.

2. Les missions du notaire

Le public a une représentation des missions du notaire qui est loin de rendre compte de l'étendue de son activité. C'est assez dire que les attributions de cet officier public sont tantôt bien connues par quelques-uns, tantôt moins bien connues par quelques autres.

a. Les missions les plus en vue

La profession de notaire confère à celui qui a cette qualité le droit de dresser et de signer des actes juridiques ayant deux particularités sur le terrain de la sécurité juridique. Celle d'être authentiques d'une part ; celle d'être exécutoires d'autre part.

Estimer que cet officier public a compétence pour établir des actes authentiques (encore qualifiés de publics) revient simplement à penser que la valeur des actes provenant de lui est différente de celle de ces écrits

---

société de droit commun », *La Semaine Juridique Edition Générale* n° 28, 18 juil. 2022, doctr., pp. 889 et s., DONDERO B., « Les sociétés par les nombres », *D.* 2022, pp. 611 et s. ; JENSEN D., SAINTOURENS B., « Structures d'exercice : critères de choix et conséquences », *Dalloz avocats,* n° 1, janv. 2013, pp. 12 et s ; PARLEANI V. G., « L'exercice en société des professions libérales - essentiellement juridiques - dans la loi Macron », *Rev. Sociétés* 2015, pp. 638 et s.

[1220] Article 869.

rédigés et signés par les parties elles-mêmes ou par leurs mandataires, dits sous seing privé[1221]. C'est que, sur le terrain de sa force, l'écrit sous signature privée semble, dans bien des cas, avoir une valeur moindre que l'acte public ; qu'il jouit d'une crédibilité moins forte que l'autre forme d'écrit[1222]. Effectivement, tandis que celui-ci fait foi jusqu'à preuve contraire ; celui-là s'impose aux juges et fait foi jusqu'à inscription de faux ; cette procédure pouvant être soit principale car intervenant avant le procès, soit incidente car se manifestant après son déclenchement devant le tribunal[1223] *(sur l'ensemble, voir not. CCJA, avis n° 327/2020, 22 oct. 2020,*

[1221] Telle est notamment la teneur de l'article 1319 alinéa 1 du Code civil ainsi rédigé : « *L'acte authentique fait pleine foi de la convention qu'il renferme entre les parties contractantes et leurs héritiers ou ayants cause* ». Reste à ne pas perdre de vue certaines exigences du Code civil qui peuvent parfois affecter cet acte. Sont spécialement en cause :
- L'article 1318, où il est décidé que « *L'acte qui n'est point authentique par l'incompétence ou l'incapacité de l'officier, ou par un défaut de forme, vaut comme écriture privée, s'il a été signé des parties* » ;
- L'article 1336, où il est décidé que la transcription d'un acte sur les registres publics ne pourra servir que de commencement de preuve par écrit. Pour ce faire, il faudra « *1° Qu'il soit constant que toutes les minutes du notaire de l'année dans laquelle l'acte paraît avoir été fait, soient perdues, ou que l'on prouve que la perte de la minute de cet acte a été faite par un accident particulier* » ; « *2° Qu'il existe un répertoire en règle du notaire, qui constate que l'acte a été fait à la même date* » ; « *Lorsqu'au moyen du concours de ces deux circonstances la preuve par témoins sera admise, il sera nécessaire que ceux qui ont été témoins de l'acte, s'ils existent encore, soient entendus* » ;
- L'article 1334, où il est décidé que « *Les copies, lorsque le titre original subsiste, ne font foi que de ce qui est contenu au titre, dont la représentation peut toujours être exigée* » ;
- L'article 1335, dont la rédaction révèle que lorsque le titre original n'existe plus, les copies font foi d'après les distinctions suivantes : « *1° Les grosses ou premières expéditions font la même foi que l'original. Il en est de même des copies qui ont été tirées par l'autorité du magistrat, parties présentes ou dûment appelées, ou de celles qui ont été tirées en présence des parties et de leur consentement réciproque.*
2° Les copies qui, sans l'autorité du magistrat, ou sans le consentement des parties, et depuis la délivrance des grosses ou premières expéditions, auront été tirées sur la minute de l'acte par le notaire qui l'a reçu, ou par l'un de ses successeurs, ou par officiers publics qui, en cette qualité, sont dépositaires des minutes, peuvent, au cas de perte de l'original, faire foi quand elles sont anciennes » ;
- L'article 1320 d'après lequel « *L'acte, soit authentique, soit sous seing privé, fait foi entre les parties, même de ce qui n'y est exprimé qu'en termes énonciatifs, pourvu que l'énonciation ait un rapport direct à la disposition. Les énonciations étrangères à la disposition ne peuvent servir que d'un commencement de preuve* ».

[1222] En réalité, de nombreuses dispositions du Code civil font penser que l'écrit sous signature privée a la même valeur que l'acte authentique dans des conditions ou circonstances qu'elles exposent. Au nombre des dispositions en cause, une place à part doit être réservée à l'article 1322 d'après lequel « *L'acte sous seing privé, reconnu par celui auquel on l'oppose, ou légalement tenu pour reconnu, a, entre ceux qui l'ont souscrit et entre leurs héritiers et ayants cause, la même foi que l'acte authentique* ».

[1223] Celui qui l'allègue est alors tenu de démontrer que l'officier public s'est rendu coupable d'indélicatesses ou de fraudes. L'opinion est répandue qui veut que cette preuve ne soit pas facile à établir. C'est que la procédure y relative manque de clarté. Effectivement, elle n'est exposée que par bribes dans différents textes.
A titre d'exemple, dans la loi du 24 février 1995 portant statut et organisation de la profession, on apprend simplement qu'« *En cas d'inscription en faux principal (…), l'exécution de l'acte argué de faux est suspendue par renvoi devant la juridiction de jugement* » ; « *En cas d'inscription en faux faite incidemment, les tribunaux peuvent, suivant la gravité des circonstances, suspendre provisoirement l'exécution de l'acte* » ;
A titre d'exemple, dans le Code civil, on apprend en consultant l'article 1319 alinéa 2 qu'« *(…) en cas de plainte en faux principal, l'exécution de l'acte argué de faux sera suspendue par la mise en*

Monsieur Fadoul El Achkar Zouhair Michel et Maître Makamté Kamkui Rose c. Monsieur Omais Kassim et Transport Omais Kassion Sélecta Sarl, http://www.ohada.org ; arrêt n° 185/2020, Projet Cerco Bénin c. Assanatou Boureima Sanya, http://www.ohada.org[1224] *; arrêt n° 144/2017, 29 juin 2017, Mamadou Doukouré et Société New Market Sarl c. Banque crédit du Congo, http://www.ohada.org ; arrêt n° 129/2016, 23 juin 2016, Awa Diallo et Aîssatou Diallo c. CBAO Groupe Attijariwafa, Monsieur Bathie Gueye, Dame Oumou Salamata Tall, Sieur Habibou Datt, http://www.ohada.org ; arrêt n° 111/2016, 09 juin 2016, Société Oikocredit c. Orabank Côte d'Ivoire, anciennement dénommée BRS Côte d'Ivoire, venant aux droits et obligations de la Banque régionale de solidarité du Sénégal (BRS-Sénégal), http://www.ohada.org ; arrêt n° 060/2016, 19 mai 2016, Kuadjovi Ayédewu Kuaovi Alexandre c. Klousseh Komlanvi Michel et Akapo Solo, http://www.ohada.org*[1225] *; arrêt n° 121/2016, 23 juin 2016, Hubert Grandis*

---

accusation ; et en cas d'inscription de faux faite incidemment, les tribunaux pourront, suivant les circonstances, suspendre provisoirement l'exécution de l'acte » ;

A titre d'exemple, dans le Code de procédure civile et commerciale, la règle est posée d'après laquelle lorsque la fausseté d'un acte sous seing privé est alléguée, le soin appartient à celui qui entend faire usage de cet acte d'en prouver la sincérité. S'il s'agit d'un acte public ou authentique, c'est au justiciable qui en soutient la fausseté de prouver que la pièce est fausse ou falsifiée, ajoute sèchement l'article 99.

1224 Les faits de cette espèce sont ordinaires. Le demandeur fait grief à la décision attaquée de manquer de base légale en ce que, pour donner gain de cause à son adversaire, la cour d'appel a *considéré que l'attestation délivrée par le notaire fait foi jusqu'à inscription de faux alors que la preuve de la remise d'une somme d'agent au notaire n'a pas été démontrée, encore moins celle du dépôt desdites sommes dans un compte bancaire. A son sens, le document délivré ne saurait ni être qualifié d'acte authentique ni constituer une déclaration notariée de souscription et de versement au sens de l'article 314 de l'Acte uniforme relatif au droit des sociétés commerciales et du GIE. La CCJA départage les plaideurs en jugeant : « Attendu qu'en vertu de l'article 314 de l'Acte uniforme relatif au droit des sociétés commerciales et du GIE, la libération et le dépôt des fonds sont constatés par un notaire du ressort du siège social, au moyen d'une déclaration notariée de souscription et de versement qui indique la liste des souscripteurs avec les noms, prénoms, domicile pour les personnes physiques, dénomination sociale, forme juridique et siège social pour les personnes morales, ainsi que la domiciliation bancaire des intéressés, s'il y a lieu, et le montant des sommes versées par chacun ;*

Attendu qu'en l'espèce, même si l'attestation au cœur des débats, délivrée par le notaire et qui certifie que Madame Sy a fait apport de la totalité du capital est un acte authentique, elle ne dit rien sur la composition du capital et ne correspond pas du tout à la déclaration notariée de souscription et de versement visée à l'article 314 précité ; qu'elle n'a pas non plus vocation à régler la question cruciale de la souscription des parts sociales et de la libération des apports qui demeurent dans le champs des statuts ;

Attendu qu'en ignorant complètement les statuts de la société et en faisant droit à la demande introduite par Madame Assanatou Boureima Sanya, sur la base d'une simple attestation du versement du capital dressée par un notaire, sans au préalable vérifier si ladite attestation contient les indications prévues à l'article 314 précité, la Cour d'appel n'a pas donné de base légale à sa décision ; qu'il échet dès lors de casser l'arrêt querellé et d'évoquer, sans qu'il soit nécessaire d'analyser les autres moyens… »

1225 Dans cette espèce, le reproche est notamment adressé aux juges du fond d'avoir estimé que l'authenticité de l'acte du notaire s'attache également aux faits qui se sont produits en dehors de sa vue alors d'après le demandeur au pourvoi què le caractère authentique de l'acte rédigé par le notaire s'attache uniquement aux faits et déclarations que celui-ci a reçus, vérifiés, rédigés, datés et signés de sa propre main. La CCJA rejette le moyen parce que celui-ci est développé pour la première fois. Sur un autre moyen que la juridiction reçoit, tiré de la violation de l'article 9 de l'ordonnance n° 78-35 portant organisation judiciaire et de l'article 128 du Code de procédure

c. Maître Idrissa Niang, syndic de la liquidation de la société « Dingo SARL et Les Lodges des Almadies SARL http://www.ohada.org ; arrêt n° 043/2010, 1er juil. 2010, Etablissements Unimarché c. Union bank of Cameroon dite UBC PLC, http://www.ohada.org ; arrêt n° 021/2014, 11 mars 2014, Société Total Guinée SA c. La Compagnie pétrolière de Guinée dite COPEG Guinée SA et l'Etat Guinéen, http://www.ohada.org ; arrêt n° 034/2008/PC, 03 juil. 2008, Bassirou Ka c. Abdoulaye Cissé, Mohamed El Béchir Sissoko et Djibril Cissé, préc. ; arrêt n° 024/2006, 16 nov. 2006, Samaïla Dan Moussa, Ali Maré c. Hamidou Abdou dit « Crise », Les grandes décisions de la Cour commune de justice et d'arbitrage de l'OHADA, préc., pp. 153 et s., obs. FONE MDONTSA A.M. ; arrêt n° 020/2004, 17 juin 2004, Ehua Assouan Julien c. Zarour Gassane, Rec. n° 3, janv.-juin 2004, pp. 69 et s. ; CS, arrêt n° 01/COM, 06 nov. 2018, Ngué Samuel c. La Société RINCAM, www.minjustice.gov.cm ; arrêt n° 238/P, 14 mai 1992, Fossi Antoine c. Ministère public et Veuve Moundi et autres, in Les grandes décisions de la jurisprudence pénale camerounaise, préc., n° 42, pp. 866 et s., obs. ASSONTSA R. ; arrêt n° 15/CC, 13 nov. 1986, Bassama Pierre c. Essomba Jean, RJA, 1990, pp. 83 et s., obs. ANOUKAHA F. ; arrêt n° 7, 18 janv. 1973, Ebana Cécile c. Nloga Nyounaï Benoit et Nbena Bernard, Répertoire chronologique de la jurisprudence, Droit civil et commercial, 1960-1980, p. 13 ; arrêt n° 8, 28 oct.1976, Lewat Joseph c. Lozonou Nana Jean et Ngongang Daniel, Répertoire chronologique de la jurisprudence, Droit civil et commercial, 1960-1980, p. 169 ; arrêt n° 56, 1er avril 1969, Dame Manga Victorine c. Dame Ebenyé Manga Gustave, Répertoire chronologique de la jurisprudence, Droit civil et commercial, 1960-1980, pp. 11-12 ; arrêt n° 55, 1er avril 1969, Faillite Espitalier (Gonthier Gaston) c. Dame Jouye Agnès, Répertoire chronologique de la jurisprudence de la Cour suprême, Droit civil et commercial, 1960-1980, pp. 184 ; CA Littoral, ord. n° 036/CE, 06 avril 2011, Sieur Tsobny Djiotsa Kakeu Désiré c. Le Conservateur de la propriété foncière du Wouri, RDA OHADA, n° 4, juil.-déc. 2013, pp. 76 et s., obs. ASSONTSA R. ; CA Lomé, n° 44, 31 juil. 2007, in OHADA, Jurisprudences nationales OHADA, préc., n° 2TG144, pp. 74-75 ; CS, arrêt n° 24, 05 déc. 1974, Ayina Christophe c. Mbassi Nkama, Répertoire chronologique de la jurisprudence de la Cour suprême, Droit traditionnel, 1960-1980, préc., pp. 383-384 ; arrêt n° 66/CC, 07 fév. 2002,

---

civile national, sa décision est celle-ci : « *Attendu qu'il est reproché à l'arrêt querellé de ne s'être pas prononcé sur la cause illicite de la créance et d'avoir mis en avant le caractère exigible de la créance ; qu'en passant sous silence la cause illicite du prêt sans chercher à motiver son rejet, l'arrêt encourt la cassation pour défaut de motif.*

Mais attendu que l'arrêt déféré en se référant aux actes notariés du 27 mars 2007 que les deux parties ont dûment signés et "qu'aux termes des dispositions de l'article 1134 du Code civil, les conventions légalement formées entre les parties tiennent lieu de loi (...) est suffisamment motivé ; que ce moyen ne peut prospérer ».

« Sur le sixième moyen tiré de la fausse application de l'article 1134 du Code civil.

Attendu, selon le moyen, s'il est exact que les conventions légalement formées tiennent lieu de loi aux parties et qu'elles ne peuvent être révoquées que de leur consentement mutuel, il n'en demeure pas moins que la révocation est autorisée lorsque les causes sont contraires à la loi.

Mais attendu que les juges du fond ont fait le constat des actes notariés et ont conclu que la révocation n'est pas invoquée de bonne foi ; que dès lors il echet rejeter le moyen ».

Kamdem Bruno c. Kam Mathias, Juridis Périodique n° 56, 2003, p. 61, obs. KOM J. ; arrêt n° 69/CC, 11 avril 1991, Ngongang Francois c. Simen Zacharie et autres, Juridis Info n° 15, juil.-sept 1993, p. 52., obs. NYAMA J.M. ; arrêt n° 12-P, 20 mars 2014, Procureur général près la Cour d'appel du Littoral c. Ekoubé Henri et Tatabong Alexandre c. Ministère public et Epoh Basile, Juridis Périodique n° 107, juil.-sept. 2016, pp. 96-97, note TCHOUMBIA TOMTOM L.J.B. et TCHABO SONTANG H.M. ; The High court, Fako division, 4 th dec. 2012, Barrister Talla Ernest vs. Namondo Ekema Alice and Ymeli Kuete Justin, préc. ; CC, Décision n°01/SCA/G/SG/CC, 27 fev. 2019, affaire Sieur Mba Gibson Njey Tegha c. Président de la République, Président de l'assemblée nationale, Président du Sénat, Etat du Cameroun (Ministère des domaines et des affaires foncières, inédite ; CC, Décision n°03/SCA/G/SG/CC, 27 fev. 2019, affaire Sieur Nnomo Joachim c. Président de la République, Président de l'assemblée nationale, Président du sénat, Etat du Cameroun-Ministère des domaines et des affaires foncières, inédite ; Décision n°04/SCA/G/SG/CC, 27 fev. 2019, affaire Bikié Jeannine c. Président de la République, Président de l'assemblée nationale, Président du sénat, Etat du Cameroun-Ministère des domaines et des affaires foncières, préc., inédite ; Com., 12 mars 2002, Monsieur Lellouche et autres c. Direction des Douanes, Bull., mars 2002-3, p. 55, n° 54 ; Civ. 1ère, 11 juin 2003, Mme Audibert et autre c. Maisonneuve et autres, Bull., juin 2003-6, 1ère partie, p. 109, n° 139[1226]).

A cela s'ajoute que l'acte sous signature privée doit parfois être enregistré pour être opposable aux tiers ; que celui-ci n'est valable s'agissant de la preuve de conventions synallagmatiques que lorsque les protagonistes ont établi suffisamment d'originaux afin qu'un exemplaire soit conservé par chacun d'entre eux ; qu'il ne peut servir de titre au profit de son auteur s'il s'agit d'un registre ou d'un papier domestique[1227] ; qu'avec le développement des signatures électroniques, les gens désavouent quotidiennement des écrits voire des signatures qu'on leur attribue et sollicitent la vérification d'écriture ou de signature que le juge pourrait bien

---

[1226] Dans cette espèce, la cour de cassation française décide : « *Attendu que Mmes Audibert et Lambert font grief à l'arrêt confirmatif attaqué (...) d'avoir déclaré leur demande irrecevable, alors, selon le moyen, qu'en retenant qu'elles n'étaient pas recevables à solliciter devant le juge des référés la désignation d'un expert chargé de dire si la signature figurant sur une procuration authentique consentie par leur feu grand-père était la sienne dès lors qu'il existait la procédure spécifique d'inscription de faux, la cour d'appel a violé les articles 145 et 314 du nouveau code de procédure civile ;*
Mais attendu que les dispositions spéciales et d'ordre public des articles 306 et 314 du nouveau code de procédure civile, excluent l'application de l'article 145 du même code ; que, dès lors, la cour d'appel a décidé, à bon droit, que l'expertise sollicitée, qui avait pour effet de mettre en cause la force probante d'un acte authentique, ne pouvait être ordonnée même préalablement à une procédure d'inscription de faux... »
[1227] L'article 1331 du Code civil prescrit que les registres et papiers domestiques font cependant foi contre celui qui les a rédigés lorsque ceux-ci évoquent formellement un paiement reçu, lorsque leur contenu mentionne expressément qu'ils serviront en tant que titre en faveur de celui au profit duquel une obligation est énoncée.

ne pas ordonner[1228]. Parfois, l'écrit sous seing privé, utile à la manifestation de la vérité, se trouve entre les mains de l'adversaire ou d'un tiers et soulève le problème sérieux de la production forcée de la preuve qui est étranger à l'acte notarié[1229] *(sur ces points, voir not. CS, arrêt n° 56, 1er avril 1969, Dame Manga Victorine c. Dame Ebenyé Manga Gustave, préc. ; arrêt n° 55, 1er avril 1969, Faillite Espitalier (Gonthier Gaston) c. Dame Jouye Agnès, préc. ; arrêt n° 26, 12 janv. 1971, Compagnie camerounaise d'électricité générale, CCEG (Guillen Germain) c. Etoa Toto Mandengue, Répertoire chronologique, Droit civil et commercial 1960-1980, p. 152 ; arrêt n° 8, 28 oct. 1976, Lewat Joseph c. Lozonou Nana Jean et Ngongang Daniel, Répertoire chronologique de la jurisprudence, Droit civil et commercial, 1960-1980, préc.*[1230] *; arrêt n° 3/CC, 02*

[1228] Il convient de noter, notamment avec la loi n° 2010/012 du 21 décembre 2010 relative à la cybersécurité et à la cybercriminalité au Cameroun, que la signature électronique avancée a la même valeur juridique que la signature manuscrite et produit les mêmes effets que cette dernière. Ayant ainsi décidé, l'article 18 de cette loi ajoute toutefois que la signature électronique avancée doit remplir des conditions précises :
- Avoir été créée au moyen d'un dispositif sécurisé dont les caractéristiques techniques sont fixées par un texte du ministre chargé des télécommunications ;
- Etre générée sur la base d'un certificat qualifié dont les critères sont énoncés par un texte du ministère chargé des télécommunications ;
- Etre mise au point à partir de données liées exclusivement au signataire et être sous son contrôle exclusif ;
- Offrir la possibilité de déceler aisément toute modification à elle apportée.
L'article 20 de la loi est davantage troublant et susceptible d'alimenter la dispute. Il prévoit en substance qu'un certificat électronique émis hors du territoire national produit des effets juridiques identiques à ceux d'un certificat qualifié émis au Cameroun, à condition toutefois qu'il existe un acte de reconnaissance de l'autorité émettrice signé par le ministre chargé des télécommunications.

[1229] Article 1324, Code civil ; articles 98 et suivants, Code de procédure pénale. Lire également KERE KERE G., *Droit civil processuel*, Sopecam, Yaoundé, 2006, pp. 160 et s. ; GRIMALDI M., GIJSBERS C., « Negotium et instrumentum », *RTD Civ.*, 2024 pp. 577 et s. ; GUEGUANG, GUEGUANG GHOMO, *La responsabilité des notaires*, L'Harmattan-Cameroun, Paris, 2018, pp. 47 et s. ; LARGUIER V. J., *La notion de titre en droit privé*, Dalloz, Paris,1951, pp. 231 et s.

[1230] Les morceaux les plus importants de cet « arrêt de principe » ont trait au second moyen de cassation tiré de la violation de l'article 1334 du Code civil. Il est reproché à la Cour d'appel de s'être exclusivement basée sur la photocopie d'une convention dite de gage pour débouter M. Lewat Joseph de sa demande en expulsion des sieurs Lozenou Nana Jean et Ngongang Daniel, alors qu'une jurisprudence constante enseigne que les photocopies d'actes sous seing privé n'ont aucune valeur juridique et ne peuvent suppléer au défaut de production de l'original (Req., 16 fév. 1926, *D.P.* 1981.89). A l'issue de l'examen du moyen, la juridiction suprême se prononce ainsi : « *Attendu que l'article 1334 du Code civil dispose « Les copies, lorsque le titre original subsiste, ne font foi que de ce qui est contenu au titre, dont la présentation peut toujours être exigée » ;*
Attendu qu'il n'apparaît à aucun moment dans le dossier soumis à la cour qu'au cours de la procédure, tant en première instance que d'appel, Lewat ait exigé la représentation de l'original de la photocopie produite aux débats et qui figure au dossier en deux exemplaires cotés 1 et 11 (...) que, mieux encore, Lewat dans ses conclusions du 19 février 1972 (cote 12) ne conteste nullement l'authenticité des deux photocopies ci-dessus, mais se borne à préciser le sens de la « convention passée entre le concluant (lui-même et le sieur Lozenou Nana au mois de février 1964 ») qui selon lui, est un contrat à usage et non un contrat de gage ;
Attendu que le jugement confirmé par adoption de motifs par l'arrêt attaqué énonce : « Attendu qu'à l'appui de ses prétentions, Lezonou Nana Jean verse aux débats, une photocopie du contrat établi le 5

oct. 1980, BIAO c. Atangana Mebé Gaston et établissements Kleopas, RCD n° 25, 1983, p. 134 ; arrêt n° 7, 18 janv. 1973, Ebana Cécile c. Nloga Nyoumai Benoît et Nbena Bernard, Répertoire chronologique de la jurisprudence de la Cour suprême, Droit civil et commercial, 1960-1980, p. 13 ; The Court of appeal, Buea, CASWP/11/2002, 6th may 2004, Mfondi Ousmanou and Ntangsi Max Memfuh vs Pangop Louis, Cameroon common law report, CCLR, 2005, Part 11, pp. 63 et s. ; TGI du Lom et Djerem, jugt. n° 11/Civ., 02 juin 2016, Bilonougou Félix c. Yima Ekanga Jean Thermidor, www.minjustice.gov.cm ; The High Court, Fako division, 4th dec. 2012, Barrister Talla Ernest vs. Namondo Ekema Alice and Ymeli Kuete Justin, préc. ; CCJA, arrêt n° 085/2016, 28 avril 2016, Monsieur Zorkot Nabil c. Madame Sidibé Salimata épouse Fabre et Monsieur Adoubé N'daka Luc, http://www.ohada.org[1231] *; arrêt n° 144/2017, 29 juin 2017, Mamadou Doukouré et Société New Market Sarl c. Banque crédit du Congo, préc. ; arrêt n° 043/2010, 1er juil. 2010, Etablissements Unimarché c. Union bank of Cameroon dite UBC PLC, http://www.ohada.org ; arrêt n° 024/2006, 16 nov. 2006, Samaïla Dan Moussa, Ali Maré c. Hamidou Abdou dit « Crise », préc. ;*

---

septembre 1964 longuement rappelé ci-dessus, lequel a été enregistré le 29 septembre 1972, volume 6, folio 47 case 6, aux droits de 6 850 francs ;
Attendu que le sieur Lewat Joseph n'a apporté aucun argument pouvant étayer ses prétentions ;
Attendu que ce faisant, et alors que Lewat n'avait pas demandé la présentation de l'original du contrat et avait de plus reconnu implicitement l'authenticité de la photocopie produite, le premier juge dont celui d'appel a adopté les motifs n'a pas violé l'article 1334 du Code civil ;
D'où il suit que le moyen n'est pas fondé (...) »

1231 La décision de la CCJA est celle-ci : « *Attendu que le requérant fait grief à l'arrêt attaqué d'avoir violé les dispositions, d'une part, des articles 1582, 1583, 1604 et 1605 du Code civil et d'autre part, de l'article 136 de l'Acte uniforme portant organisation des sûretés ; qu'il estime en effet que, l'arrêt critiqué en infirmant le jugement aux motifs que le demandeur au pourvoi n'avait pas publié son droit de propriété, a fait fi non seulement de l'existence du contrat de vente passé entre lui et le vendeur, mais en plus, il a ignoré les effets dudit contrat ; qu'il estime que sa qualité de propriétaire n'est pas contestée et n'ayant aucun lien de créancier à débiteur entre eux, les conditions prescrites par l'article 136 de l'Acte uniforme susvisé ne sont pas réunies ; qu'il conteste enfin la promesse de vente qui selon des déclarations du vendeur porterait plutôt sur le lot 301 et conclut à la cassation dudit arrêt ;*
Mais attendu que, d'une part, la violation alléguée des dispositions des articles 1582, 1583, 1604 et 1605 du Code civil ivoirien, n'est pas fondée ; qu'en effet, les dispositions desdits articles ont plutôt trait au contrat de vente et à ses effets entre les parties audit contrat ; qu'elles ne régissent pas les relations entre l'acheteur et le tiers, comme c'est le cas en l'espèce et ne peuvent dès lors être violées ; que d'autre part, la violation alléguée de l'article 136 de l'Acte uniforme précité, n'est pas non plus fondée, le demandeur au pourvoi n'ayant publié son droit de propriété que le 28 mars 2006 et l'hypothèque conservatoire de Madame Sidibé Salimata, épouse Fabre ayant été inscrite sur ledit livre foncier le 24 mars 2014 ; qu'en application de l'article 21 du décret du 26 juillet 1932 portant réorganisation du régime de la propriété foncière en Afrique occidentale française, la propriété des biens immeubles ne produit d'effet à l'égard des tiers qu'autant qu'elle a été rendue publique dans les formes légales ; que dès lors, madame Sidibé Salimata, épouse Fabre, tiers audit contrat de vente, ne pouvait se voir opposé cette vente qu'à partir de sa publication au livre foncier soit le 28 mars 2006 ; que dès lors, la Cour d'appel d'Abidjan qui ayant constaté : « Qu'ainsi Madame Sidibé en faisant inscrire son hypothèque conservatoire le 24 mars 2006, l'a fait en toute régularité, la vente intervenue entre M. Zorkot et M. Aboudé ne lui étant pas, à cette date, opposable n'a en rien enfreint les dispositions des articles dont la violation est alléguée ; qu'enfin, les allégations du requérant sur l'existence ou non de la promesse de vente sont nouvelles et mélangées de fait et de droit et ne peuvent être accueillies pour la première fois devant la cour de céans ; qu'il échet dès lors de rejeter ce premier moyen comme étant non fondé ».

arrêt n° 020/2004, 17 juin 2004, Ehua Assouan Julien c. Zarour Gassane, préc. ; Civ. 1ere civ., 15 déc. 2011, SARL Mavi Vacances c. Sté financière Antilles Guyane (Sofiag) et A., Procédures n° 2, fev. 2012, pp. 29 et s., Comm. PERROT R.[1232]*).*

Soutenir que cet officier public a compétence pour établir des titres exécutoires revient à estimer que les actes dressés par lui devraient servir à mobiliser les voies d'exécution. Il suffit que les actes visés contiennent, au nom du peuple camerounais, l'ordre de procéder à l'exécution, lequel constitue la colonne vertébrale de la formule exécutoire. A juste titre, les voies d'exécution sont présentées comme des procédures légales permettant à un créancier impayé soit de saisir les biens de son débiteur et, au besoin, les vendre et être payé ; soit de procéder à une saisie de créance en vue de se la faire attribuer ; soit, enfin, de se faire délivrer ou restituer un bien mobilier corporel *(en ce sens, voir not. CCJA, arrêt n° 098/2017, 27 avril 2017, Afriland first Bank SA c. Société Castor Bâtisseur et Monsieur Achindati, http://www.ohada.org ; arrêt n° 144/2017, 29 juin 2017, Mamadou Doukouré et Société New Market Sarl c. Banque crédit du Congo, préc. ; CCJA, arrêt n° 115/2014, Caisse populaire coopérative du Littoral-CAPCOL c. N'Gowi Emmanuel, http://www.ohada.com, Juridis Périodique n° 120, oct.-déc. 2019, obs. ASSONTSA R. et SILIENOU H.I., pp. 121-122 ; arrêt n° 076/2014, 25 avr. 2014, Société impricolor, Bonato Jean Marc c. Abdoulaye Cissé, Juridis Périodique n° 120, oct.-déc. 2019, obs. ASSONTSA R. et SILIENOU H.I., pp. 118-119 ; arrêt n° 010/2005, 29 juin 2006, Soc. d'études et de représentation en Afrique centrale dite SERAC c. Bureau de recherche, d'études et de contrôle géotechniques SARL dite BRECG, Rec. n° 7, janv.-juin 2006, pp. 16 et s. ; arrêt n° 121/2016, 23 juin 2016, Hubert Grandis c. Maître Idrissa Niang, syndic de la liquidation de la société « Dingo SARL et Les Lodges des Almadies SARL, préc. ; arrêt n° 043/2010, 1er juil. 2010, Etablissements Unimarché c. Union bank of Cameroon dite UBC PLC, http://www.ohada.org ; CS, arrêt n° 21/Civ, 15*

[1232] Dans cet arrêt de cassation qui fera date, la cour vise opportunément articles 1315 et 1317 du Code civil et de l'article 122 du Code de procédure civile. Elle retient : « *Attendu, selon l'arrêt attaqué, que par acte authentique (…), la société Sodega a consenti à la société Mavi Vacances un prêt garanti par une hypothèque ; que (…) la société financière Antilles Guyane (société Sofiag), déclarant venir aux droits de la société Sodega, a fait délivrer à la société Mavi vacances un commandement valant saisie immobilière d'avoir à lui payer la somme due au titre du prêt puis l'a fait citer devant le juge de l'exécution en lui demandant de fixer sa créance (…) ; que la société Mavi Vacances a soutenu que la société Sofiag n'avait pas qualité pour agir ;*

Attendu que, pour déclarer recevables les demandes de la société Sofiag, l'arrêt retient que celle-ci a qualité à agir aux lieu et place de la société Sodega, le procès-verbal de son conseil d'administration du 23 décembre 2004 faisant état de la fusion-absorption par la première de la seconde ayant été mis au rang des minutes d'un office notarial le 18 janvier 2005, que cette pièce constitue une preuve de la réalité de la fusion nonobstant le fait qu'elle émane de la société Sofiag, dès lors que le procès-verbal du conseil d'administration est authentifié par un notaire dont le devoir est de vérifier la réalité des faits authentifiés afin d'assurer l'efficacité de l'acte notarié ;

Qu'en statuant ainsi, alors que la seule remise à un notaire d'un procès-verbal pour qu'il soit déposé au rang des minutes de son étude ne lui confère pas valeur authentique, la cour d'appel a violé les textes susvisés… »

juil. 2010, Zouhair Fadoul c. Omais Kassim, Société Omais Kassim Sélecta SARL, inédit ; CA du Littoral, arrêt n° 109/C, 1er août 2008, Compagnie africaine pour le commerce international au Cameroun, dite CACIC c. Soc. Afriland first bank SA, in OHADA, jurisprudences nationales, préc. pp. 192-194. Tantôt expressément, tantôt tacitement, voir Cass. 2e civ., 25 juin. 2020, n° 19-23.219, n° 829, P+B+R+I : JurisData n° 2020-008819, La Semaine Juridique, Edition Générale n° 37, 7 Sept. 2020, 983, note LAHER R. ; Civ. 1ère civ., 15 déc. 2011, SARL Mavi Vacances c. Sté financière Antilles Guyane (Sofiag) et A., préc.). Au fond, il peut s'agir de saisies conservatoires de meubles corporels ou incorporels, de saisies-vente, de saisies de récoltes sur pied, de la saisie-attribution, de saisies de rémunérations, de saisies appréhension ou revendication, de saisies de droits d'associés ou de valeurs mobilières, de la saisie de la saisie immobilière ; il peut également s'agir, à la faveur de l'entrée en vigueur de l'Acte uniforme révisé portant organisation des procédures simplifiées de recouvrement de la saisie du bétail, de la saisie des biens placés dans un coffre-fort, de la saisie du fonds de commerce[1233]. Une chose est constante, c'est que le détenteur de l'acte notarié revêtu de la formule exécutoire n'a plus à s'adresser aux tribunaux lorsque vient le moment d'obliger le débiteur à payer. Le contraire aurait surpris : la « *publica fides* », prolongement de la force obligatoire, suggère que rien n'entrave l'ordre que comporte la formule exécutoire invitant à s'y conformer, appelant les forces de l'ordre à secourir ceux qui en sont détenteurs au cas de résistance. On va jusqu'à dire que le titre authentique revêtu de ladite formule a cette force parce que « c'est le juge qui parle en iceux »[1234] ; ce qui n'empêche pas de conclure que ce caractère ne concerne prioritairement que ceux qui y ont directement été impliqués. C'est en tout cas le message véhiculé par une jurisprudence célèbre de la Cour commune de justice et d'arbitrage de l'OHADA en date du 18 mars 2004, affaire Fotoh Fonjungo Tobias contre Société générale de banques au Cameroun. Dans cette espèce, il est résolu, au regard des articles 33 et 247 de l'Acte uniforme portant organisation des procédures simplifiées de recouvrement et des voies d'exécution : « *Attendu que Monsieur Fotoh Fonjungo Tobias demande que soit ordonné l'arrêt immédiat du commandement aux fins de saisie immobilière*

[1233] Sur les méandres des procédures forcées de recouvrement, se référer à l'Acte uniforme portant organisation des procédures simplifiées de recouvrement et des voies d'exécution, singulièrement à la version révisée de celui-ci. Voir également ADJAKA M., La *pratique des procédures simplifiées de recouvrement de créances dans l'espace OHADA*, Cotonou, 2008 ; ANOUKAHA F., TJOUEN A.D., *Les procédures simplifiées de recouvrement et les voies d'exécution en OHADA*, préc. ; ASSI-ESSO A.-M., DIOUF N., *OHADA. Recouvrement des créances*, préc. ; ; EKANI S.C., *Liberté de saisir et exécution forcée dans l'espace OHADA*, op cit., pp. 79 et s., mais aussi les pages 128 et s. ; POUGOUE P.G., NJEUFACK TEMGWA R., *Saisies et mesures conservatoires de droit OHADA*, préc. ; TSALA MAMA Th. M., *La saisie des récoltes sur pied en droit OHADA, op. cit.*, pp. 1 et s., n°s 1 et s. ; WANDJI KAMGA A.-D., *Le droit à l'exécution forcée. Réflexion à partir des systèmes juridiques camerounais et français*, op cit., pp. 331 et s., n°s 765 et s.

[1234] LEVY J.Ph., CASTALDO A., n° 584, p. 853. Dans le même sens, GRIMALDI M., GIJSBERS C., op cit., pp. 577 et s. ; LARGUIER V. J., op cit., pp. 232 et s.

à lui servi par la SGBC, le 04 octobre 1999, motif pris de ce qu'il conteste le montant de son endettement tel qu'établi par la SGBC et qui s'élève à 70 954214 francs CFA, intérêts compris ;

Attendu que les articles 247 et 33 de l'Acte uniforme susvisé disposent respectivement que « la vente forcée d'immeuble ne peut être poursuivie qu'en vertu d'un titre exécutoire constatant une créance liquide et exigible ;

La poursuite peut également avoir lieu en vertu d'un titre exécutoire par provision ou pour une créance en espèce non liquidée ; mais l'adjudication ne peut être effectuée que sur un titre définitivement exécutoire et après la liquidation » ; « constituent des titres exécutoires : (...) les actes notariés revêtus de la formule exécutoire (...) » ;

Attendu qu'en l'espèce, l'examen des pièces du dossier de la procédure révèle que la réalisation de l'hypothèque consentie par Monsieur Fotoh Fonjungo Tobias est poursuivie en vertu d'un acte notarié revêtu de la formule exécutoire, à savoir la grosse en forme exécutoire de la convention de compte courant avec affectation hypothécaire conclue le 21 novembre 1985 par la SGBC et Monsieur Fotoh Fonjungo Tobias par-devant Me Senghor Lankeuh, notaire ; que la convention de compte courant dont il s'agit a été dénoncée par lettre en date à Limbé du 14 février 1993 ayant pour objet la « dénonciation du compte courant et déchéance du terme » ; qu'à ladite date les trois comptes de Monsieur Fotoh Fonjungo Tobias étaient débiteurs de 29 031 528 francs non compris les intérêts ; que c'est après deux mises en demeure infructueuses (...) tendant à obtenir les concours financiers, principal et intérêts compris, que la SGBC a décidé de réaliser l'hypothèque consentie (...) ;

Attendu qu'aux termes de l'article 247 sus énoncé de l'Acte uniforme susvisé, la vente forcée d'immeuble peut être poursuivie en vertu d'un titre exécutoire constatant une créance liquide et exigible ; que la grosse en forme exécutoire de la convention de compte courant liant la SGBC à Monsieur Fotoh Fonjungo Tobias est un titre exécutoire au sens de l'article 33 précité de l'Acte uniforme susvisé (...) » (CCJA, arrêt n° 013, 18 mars 2004, Fotoh Fonjungo Tobias c. Société générale de banque au Cameroun, dite SGBC, in POUGOUE P.-G., KUATE TAMEGHE S.S. dir., Les grandes décisions de la Cour commune de justice et d'arbitrage de l'OHADA, op.cit., pp. 371 et s., obs. NEMEDEU R.).

C'est sans doute aussi le sens d'un arrêt n° 075/2016, rendu le 21 avril 2016 où la CCJA décide ce qui suit concernant le moyen tiré de la violation des articles 33 et 153 de l'Acte uniforme portant organisation des procédures simplifiées de recouvrement et des voies d'exécution : « *Attendu qu'il est fait grief aux arrêts déférés d'avoir considéré que l'acte notarié revêtu de la formule exécutoire ne constitue pas un titre exécutoire, s'il ne constate pas une créance liquide et exigible alors que l'article 33 n'a jamais défini le titre exécutoire d'un acte notarié à partir des caractères de liquidité et d'exigibilité de la créance ; que d'ailleurs l'arrêt querellé ne dit pas pourquoi la convention ne constate pas une créance liquide ; qu'en effet il est acquis que la créance est liquide lorsqu'elle est évaluée en argent ou que les éléments figurant dans le titre permettent de procéder à l'évaluation de la créance, comme c'est le cas ;*

Attendu que pour parvenir à la mainlevée des saisies, les juges d'appel ont motivé que « la grosse de la convention notariée n'indique pas le montant de la créance dont le recouvrement est poursuivi alors que l'article 153 précité n'ouvre droit à la saisie-attribution de créance que lorsque le créancier est muni d'un titre exécutoire qui constate une créance liquide (…) » alors que l'article 25 de la convention a expressément prévu conformément à l'article 33 visé que la grosse notariée de la convention de crédit constitue un titre exécutoire direct contre le bénéficiaire pour les sommes que celui-ci restera devoir ; qu'en l'occurrence le montant initial du prêt était connu de même que les différents versements et la dernière échéance ; que dès lors la liquidité et l'exigibilité sont caractérisées ; que donc en statuant comme ils l'ont fait, les arrêts querellés ont violé les dispositions visées au moyen et encourent la cassation ; qu'il échet de les casser et d'évoquer » (CCJA, arrêt n° 075/2016, 21 avril 2016, Société générale de banques en Côte d'Ivoire, dite SGBCI c. Kobenan Tah Thomas et Société ivoirienne de banque dite SIB, http://www.ohada.org).

C'est encore la matrice de raisonnement des hauts magistrats de la CCJA dans l'arrêt n° 098/2017 du 27 avril 2017, affaire Afriland first Bank SA contre Société Castor Bâtisseur et Monsieur Achindati. Ses séquences fortes sont celles-ci : *« Attendu qu'il est fait grief à l'arrêt déféré d'avoir violé les dispositions visées au moyen en ce que pour annuler les poursuites et donner mainlevée du commandement, l'arrêt querellé a soutenu que la convention notariée n'existerait plus du fait que les prêts consentis sur la base de ladite convention et de ses avenants auraient été entièrement payés alors même qu'il ressort d'une expertise, l'existence d'un compte courant débiteur en faveur de la mémorante ; que c'est à tort qu'un distinguo a été fait entre le principal du crédit qui serait garanti et les intérêts et frais qui ne seraient pas garantis ; qu'aux termes de l'article 33 « constituent les titres exécutoires : "4/ les actes notariés revêtus de la formule exécutoire" ; que de son côté l'article 1134 du code civil énonce que « les conventions légalement formées tiennent lieu de lois à ceux qui les ont faites - elles ne peuvent être révoquées que de leur consentement mutuel, ou pour les causes que la loi autorise… » ;*

Attendu en effet que c'est à tort que l'arrêt querellé, tout en faisant le constat que le compte-courant présente un solde débiteur de cent soixante millions neuf cent seize mille sept cent soixante-seize (160 916 776) francs CFA, lui méconnaît cependant la qualité de titre exécutoire, en se prévalant du paiement des trois premiers prêts et du non versement du troisième avenant en violation de l'article 33 visé au moyen dont les termes péremptoires sont relatifs aussi bien au principal d'une créance qu'aux intérêts et aux agios ; qu'il echet donc de casser l'arrêt déféré et d'évoquer » (CCJA, arrêt n° 098/2017, 27 avril 2017, Afriland first Bank SA c. Société Castor Batisseur et Monsieur Achindati, http://www.ohada.org. Voir aussi CCJA, arrêt n° 144/2017, 29 juin 2017, Mamadou Doukouré et Société New Market Sarl c. Banque Crédit du Congo, préc. ; arrêt n° 111/2016, 09 juin 2016, Société Oikocredit c. Orabank Côte d'Ivoire, anciennement dénommée BRS Côte d'Ivoire, venant aux droits et obligations de la Banque régionale de solidarité du Sénégal, préc. ; *arrêt n° 072/2016, 21 avril 2016, ONG World Vision Niger c. El hadj Younassa LIlla, http://www.ohada.org* ; *arrêt n° 115/2014, Caisse populaire coopérative du Littoral-CAPCOL c. N'Gowi Emmanuel, préc.* ; *arrêt n° 043/2010, 1er juil. 2010, Etablissements Unimarché c. Union bank of Cameroon dite UBC- PLC, préc.*[1235] ; *CA du Littoral, ord. n° 036/CE, 06 avril 2011, Sieur Tsobny Djiotsa Kakeu Désiré c. Monsieur le Conservateur de la propriété foncière du Wouri, préc.* ; *CA du Centre, n° 240/Civ., 14 avril 1997, R.C.D.A. n° 5, oct. déc. 2000, pp. 139 et s.*[1236] ; *CA du Littoral, arrêt n° 020/REF,*

1235 Dans cette espèce, il est reproché aux juridictions du fond d'avoir considéré qu'une créance constatée par une convention de compte courant est exigible et que l'acte notarié qui le constate est un titre exécutoire. D'après le demandeur, selon la pratique bancaire, la créance ne devient exigible qu'à la clôture du compte courant et après l'établissement du solde. La convention au cœur du litige le confirme car elle dispose que la clôture interviendra suite à l'émission de l'avis de qui sera donné ou adressé trois (3) mois avant la fin de la période à l'autre par celle des parties qui voudra mettre fin au compte, à moins que cette dernière n'ait, dans son avis, fixé la clôture du compte à une date ultérieure. La demanderesse au pourvoi conclut qu'en tout état de cause, l'un des préposés de la banque a posé différents actes de gestion malheureux qui se sont avérés préjudiciables pour elle ; qu'une action en responsabilité est en cours contre UBC PLC laquelle fait perdre à la créance alléguée son caractère liquide et exigible.
La haute juridiction communautaire se prononce sur le moyen en ces termes : « *Attendu qu'aux termes des articles 33.4 et 247 de l'Acte uniforme susvisé, « constituent des titres exécutoires : (...)*
4) « Les actes notariés revêtus de la formule exécutoire » et « la vente forcée d'immeubles ne peut être poursuivie qu'en vertu d'un titre exécutoire constatant une créance liquide et exigible. La poursuite peut également avoir lieu en vertu d'un titre exécutoire par provision, ou pour une créance en espèce non liquide ; mais l'adjudication ne peut être effectuée que sur un titre définitivement exécutoire et après la liquidation ».
Attendu, en l'espèce, que contrairement à ce que soutiennent les demandeurs au pourvoi, c'est en vertu de l'acte n° 3776 du 28 mars 2003 intitulé « Avenant à la convention de compte courant entre « UBC PLC » et l'Etablissement Unimarché », lequel stipule en son article V- Exigibilité Anticipée » que « toutes les sommes dues pourront exigibles intégralement dans les cas suivants :
- en cas de redressement judiciaire ou de liquidation des biens ;
- à défaut d'exécution d'une seule des obligations et engagements pris au présent acte par le bénéficiaire ;
- en cas d'aliénation de tout ou partie de l'immeuble hypothéqué ;
Que ledit acte notarié est un titre exécutoire au sens des dispositions des articles 33.4 et 247 de l'Acte uniforme susvisé ; qu'au surplus, le tribunal appelé à se prononcer sur les dires et observations des requérants n'avait à se prononcer ni sur les actes de gestion du cadre de la banque détaché, ni sur la responsabilité éventuelle de UBC-PLC du fait de cette gestion, lesquels relèvent de la compétence du juge du fond et non de celle du juge de la saisie immobilière ; qu'il suit qu'en statuant comme il l'a fait pour déclarer non fondés les dires et observations de l'Etablissement Unimarché et de Monsieur Piwelé Grégoire, le tribunal de grande instance de Douala n'a en rien violé les dispositions sus énoncées des articles 33.4 et 247 susvisés ; qu'il échet en conséquence de déclarer non fondé le deuxième moyen et de le rejeter ».

1236 Le droit de saisir n'étant normalement ouvert qu'à la personne qui dispose d'une créance paraissant fondée en son principe, le cœur du débat était de savoir si une saisie conservatoire pourrait prospérer au cas où elle est sollicitée à l'encontre d'un associé pour une dette contractée par la société dont il fait partie. La réponse des juges, livrée à la suite d'un litige né d'un contrat de prêt notarié consenti par une banque au profit d'une société en nom collectif a été celle-ci : « *l'acte notarié de prêt dont se prévaut l'UCB ne constitue un titre exécutoire qu'à l'égard du seul emprunteur (...) et non à l'égard des associés de cette société, bien que chaque associé en nom soit tenu indéfiniment et solidairement des dettes sociales. Que, dès lors, les inscriptions d'hypothèque litigieuses ne pouvaient être prises sur les biens de l'associé (...) qu'en vertu d'une permission préalable du juge, conformément aux dispositions de l'article 67 de la loi susvisée du 9 juillet 1991 ; que cette permission n'ayant pas été sollicitée, les inscriptions en question sont annulées et leur radiation ordonnée ...* »

16 janv. 2009, Ngowi Emmanuel c. Capcol, Juridis Périodique, n° 84, oct.-déc. 2010, pp. 110 et 111, note ASSONTSA R.).

Pertinents, de tels développements peuvent néanmoins être pris en défaut sur plusieurs aspects.

Le reproche peut leur être adressé de perdre de vue que tous les actes notariés ne servent pas à déclencher l'exécution forcée. Effectivement, le notaire reçoit et conserve différents types d'actes qu'il ne se tient pas toujours prêt à rendre exécutoire. On y retrouve les grosses qui ne font foi de leur date et de leur contenu que parce que l'homme de l'art a été en mesure de vérifier personnellement. On y retrouve également les expéditions qui, en quelque sorte, constituent des copies certifiées conformes de quelques-uns des actes juridiques dressés. On y retrouve les énonciations que l'officier public ne fait que relater sans avoir procédé à une quelconque vérification ou au constat de leur exactitude, s'en tenant à ce que révèlent les personnes qui s'adressent à lui et déclarent avoir accompli l'acte (consistant notamment en un transfert de propriété) « hors de la vue du notaire »[1237]. Seules servent donc à engager des procédures forcées de recouvrement les grosses délivrées en forme exécutoire, encore que le document permette d'identifier rigoureusement l'identité du débiteur et ce qui est dû *(même tacitement, voir CCJA, arrêt n° 144/2017, 29 juin 2017, Mamadou Doukouré et Société New Market Sarl c. Banque crédit du Congo, préc. ; arrêt n° 098/2017, 27 avril 2017, Afriland first Bank SA c. Société Castor Batisseur et Monsieur Achindati, préc. ; arrêt n° 115/2014, Caisse populaire coopérative du Littoral (CAPCOL) c. N'Gowi Emmanuel, préc. ; arrêt n° 076/2014, 25 avr. 2014, Société impricolor, Bonato Jean Marc c. Abdoulaye Cissé, préc. ; arrêt n° 111/2016, 09 juin 2016, Société Oikocredit c. Orabank Côte d'Ivoire, anciennement dénommée BRS Côte d'Ivoire, venant aux droits et obligations de la Banque régionale de solidarité du Sénégal, préc. ; arrêt n° 075/2016, 21 avril 2016, Société générale de banques en Côte d'Ivoire c. Kobenan Tah Thomas et Société ivoirienne de banque, préc. ; arrêt n° 060/2016, 19 mai 2016, Kuadjovi Ayédewu Kuaovi Alexandre c. Klousseh Komlanvi Michel et Akapo Solo, préc. ; arrêt n° 072/2016, 21 avril 2016, ONG World Vision Niger c. El hadj Younassa Lilla, préc. ; arrêt n° 043/2010, 1er juil. 2010, Etablissements Unimarché c. Union bank of Cameroon dite UBC- PLC, préc. ; arrêt n° 013, 18 mars 2004, Fotoh Fonjungo Tobias c. Société générale de banque au Cameroun, dite SGBC, préc. ; CS, arrêt n° 21/Civ, 15 juil. 2010, Zouhair Fadoul c. Omais Kassim, Société Omais Kassim Sélecta SARL, préc. ; Cass. 2e civ., 25 juin. 2020, préc.*[1238] *; CA du Littoral, ord. n° 036/CE, 06 avr. 2011, sieur*

[1237] TERRE F., *Introduction générale au droit*, op. cit., p. 488, n° 508. Voir également GRIMALDI M., GIJSBERS C., op cit., pp. 577 et s. ; LARGUIER V. J., op cit., pp. 231 et s.

[1238] Après avoir visé l'article L. 111-5, 1°du Code des procédures civiles d'exécution dans sa rédaction antérieure à la loi n° 2019- 222 du 23 mars 2019, la cour de cassation se prononce en ces termes dans l'arrêt de cassation qu'elle rend : *« • 13. Aux termes de ce texte, « dans les départements du Bas-Rhin, du Haut-Rhin et de la Moselle, constituent des titres exécutoires les actes établis par un notaire de ces trois départements ou du ressort des cours d'appel de Colmar et de Metz lorsqu'ils*

Tsobgny Djiotsa Kakeu Désiré c. Monsieur Le Conservateur de la propriété foncière du Wouri, RDAO n° 4, juil.-déc. 2013, obs. ASSONTSA R. ; CA du Littoral, arrêt n° 109/C, 1er août 2008, Compagnie africaine pour le commerce international au Cameroun, dite CACIC c. Soc. Afriland first bank SA, préc. ; CA du Littoral, arrêt n° 020/REF, 16 janv. 16 janv. 2009, Ngowi Emmanuel c. CAPCOL, préc. ; CA du Littoral, arrêt n° 115/C, 21 août 2009, Hama Andrew c. Djeuyag Abraham, Juridis Périodique, n° 86, avril-juin 2011, pp. 72 et 73, obs. ASSONTSA R. ; CA du Littoral, arrêt n° 141/C, 20 nov. 2009, Owona Kono Joseph c. Towa Fotso Luc, préc. ; High court of Fako division, 4th dec. 2012, Barrister Talla Ernest vs. Namondo Ekema Alice and Ymeli Kuete Justin, préc. ; TGI de la Mifi, Jugt. n°49/Civ, 5 mar s 1996, Succession Fokam Kamga Paul, Juridis Périodique n°34, avril-mai 1998, pp. 43 et s., note TIMTCHUENG M.).
Encore qu'en cas de contestation pour faux, il est résolu que l'exécution du document litigieux est suspendue par renvoi de l'affaire devant la juridiction de jugement. Ce n'est que dans le cas d'inscription de faux soulevé incidemment que les juges sont éventuellement autorisés, suivant la gravité des circonstances, à décider de suspendre ou de ne pas suspendre provisoirement l'exécution amorcée[1239].

---

sont dressés au sujet d'une prétention ayant pour objet le paiement d'une somme d'argent déterminée ou la prestation d'une quantité déterminée d'autres choses fongibles ou de valeurs mobilières et que le débiteur consent dans l'acte à l'exécution forcée immédiate. » • 14. Si, d'une part, la Cour de cassation a interprété ce texte en ce sens que les actes notariés ne peuvent servir de titre exécutoire que s'ils ont pour objet le paiement d'une somme déterminée et non pas seulement déterminable et si le débiteur consent à l'exécution forcée immédiate (notamment : 1ere Civ., 6 avril 2016, pourvoi n° 15-11.077 ; 3e Civ., 18 mai 2017, pourvoi n° 16-14.671 ; 2e Civ., 19 octobre 2017, pourvoi n° 16-19.675 ; 2e Civ., 19 octobre 2017, pourvoi n° 16-26.413 ; 2e Civ., 22 mars 2018, pourvoi n° 17-10.635), cette jurisprudence, suivie par l'arrêt contre lequel le pourvoi a été formé, a soulevé des controverses doctrinales et des divergences de jurisprudence entre les cours d'appel de Metz et de Colmar, qui justifient un nouvel examen. • 15. D'autre part, en modifiant l'article L. 111-5, 1°, du Code des procédures civiles d'exécution, la loi du 23 mars 2019, même si elle n'est pas applicable en l'espèce, a modifié le texte en vue de mettre le droit local en conformité avec les règles applicables sur le reste du territoire national. • 16. Il convient, dès lors, de rapprocher les règles applicables en droit local de celles du droit général et de considérer que constitue un titre exécutoire, au sens de l'article L. 111-5, 1°du Code des procédures civiles d'exécution, alors applicable, un acte notarié de prêt qui mentionne, au jour de sa signature, outre le consentement du débiteur à son exécution immédiate forcée, le montant du capital emprunté et ses modalités de remboursement permettant, au jour des poursuites, d'évaluer la créance dont le recouvrement est poursuivi. •
17. Pour rejeter la demande de vente par voie d'exécution immobilière forcée, l'arrêt retient que si le contrat de prêt notarié en cause porte indication de la somme empruntée, du taux nominal des intérêts, du nombre de mensualités, reproduits dans un tableau d'amortissement, la créance invoquée à l'appui de la mesure d'exécution forcée immobilière ne résulte pas de cet acte, sauf à devoir la déterminer, une fois la déchéance du terme acquise, par le solde rendu exigible, augmenté des intérêts échus, des intérêts à courir et de l'indemnité forfaitaire calculée sur un solde qui n'est pas encore fixé.
•18. Il retient encore que le décompte déterminé de la créance de la banque ne figure que dans le commandement de payer délivré le 2 novembre 2017.
19. L'arrêt en déduit que la créance, pour laquelle la vente forcée des biens est poursuivie, ne se trouve pas suffisamment déterminée dans l'acte notarié servant de fondement aux poursuites. •
20. En statuant ainsi, la cour d'appel a violé le texte susvisé.
[1239] Articles 36 (3, 4) du statut des notaires.

Le reproche peut leur être adressé de ne pas considérer que rien n'exclut qu'un acte notarié, même exécutoire, comporte l'obligation d'avoir recours à un préalable obligatoire, à savoir la justice alternative. Effectivement, des personnes qui s'adressent à un notaire pour conférer le caractère exécutoire à un engagement ou au titre qui le contient peuvent résoudre, en cas d'inexécution, de faire précéder tout recouvrement par la force d'une transaction, d'une conciliation, d'un arbitrage voire d'une médiation. De tels accords pourraient être stipulés singulièrement avant le déclenchement d'une saisie immobilière dont on sait par ailleurs qu'elle comporte de nombreuses phases marquées par l'intervention du juge[1240]. A supposer qu'il ait ainsi été convenu, il va de soi, en quelque sorte, que l'acte visé perdra même pendant une fourchette de temps seulement son caractère exécutoire *(Civ. 1ère, 1er oct. 2014, D. 2015, pp. 287 et s., obs. FRICERO N. ; Civ. 2eme, 22 juin 2017, RTD civ. 2017. 653, obs. BARBIER H.).*

Le reproche peut également être adressé à la construction esquissée de dédaigner les exigences propres aux actes notariés provenant, pour s'exprimer de la sorte, de l'étranger. C'est que la règle est posée dans la loi n° 2007/001 du 19 avril 2007 qui veut que de tels actes ne soient reconnus et rendus exécutoires au Cameroun que par le juge du contentieux de l'exécution. Précisément, ceux-ci doivent être exequaturés par le président du tribunal de première instance du lieu où l'exécution est poursuivie ou est envisagée et, à défaut, par le magistrat délégué à cette tâche. Avant l'exequatur, la précaution doit être prise de vérifier qu'ils réunissent les conditions d'authenticité dans le pays de provenance et ne sont pas contraires à l'ordre public camerounais. L'exigence est-elle impérative ? C'est le cœur du débat qui a souvent cours devant les tribunaux et dont le point de départ est la question de savoir si l'exequatur s'impose encore lorsqu'un acte notarié est dressé par un auxiliaire exploitant dans l'un de ces pays ayant conclu avec le Cameroun des accords spécifiques touchant au droit processuel. Dans un arrêt n° 21/Civ du 15 juillet 2010[1241], la Cour suprême s'est exprimée dans cette discussion. Elle a résolu : « *Attendu qu'il découle du principe de la hiérarchie des normes affirmé par l'article 45 de la constitution et des dispositions de l'article 29 de la convention internationale suscitée que cette dernière loi interne qui institue des formalités supplémentaires pour l'exécution des actes notariés entre la République du Bénin (ancien Dahomey) et la République du Cameroun doit être écartée dans la solution de la présente cause* ». « *Attendu en l'espèce que pour éviter de constater l'opposabilité directe aux parties de l'acte notarié régulier comme dûment dressé n° 33/01 de Maître V.A.K.D., notaire au Bénin, tel que prévu par la convention internationale susvisée, l'arrêt attaqué a fait application de l'article 10 de la loi nationale contraire audit*

[1240] VEYRE L., « La clause de conciliation : un régime à perfectionner ! », *D.* 2020, pp. 1046 et s. Adde : CROZE H., « Notion de procédure de conciliation obligatoire préalable à la saisine du juge », *JCP* 2014, n° 607.

[1241] Affaire Zouhair Fadoul c. Omais Kassim, Société Omais Kassim Selecta SARL, inédite.

traité violant ainsi les articles 45 de la constitution et 29 du traité ». L'argumentation ne se décrypte vraiment que si l'on se souvient du raisonnement du demandeur au pourvoi. Celui-ci sollicitait la cassation de l'arrêt d'appel ayant subordonné l'exécution de l'acte dressé par un notaire béninois à l'exequatur du président du tribunal de première instance du lieu envisagé pour l'exécution. A son sens, l'exigence est vidée de sa substance par la convention générale de coopération en matière de justice signée à Tananarive le 12 septembre 1961[1242]. Celui-ci proclame avec force que, « *Seront admis sans légalisation, sur les territoires des hautes parties contractantes (...) les actes notariés* ». En termes simples, lorsque vient le moment de l'exécution, les grosses et expéditions établis sur le territoire des Etats signataires, échappent aux contraintes s'imposant aux actes notariés dressés localement.

Comme on pouvait s'y attendre dans un contexte caractérisé par la circulation de personnes et de biens et la globalisation des échanges, la solution a récemment été reconduite par la Cour commune de justice et d'arbitrage. Dans l'affaire Société Oikocredit contre Orabank Côte d'Ivoire, anciennement dénommée BRS Côte d'Ivoire, elle tranche le différend dont elle est saisie en ces termes : « *Mais attendu qu'en disposant que constituent des titres exécutoires, les actes notariés revêtus de la formule exécutoire, l'article 33-4) de l'Acte uniforme portant organisation des procédures simplifiées de recouvrement et des voies d'exécution vise exclusivement les actes dressés par les notaires des Etats-parties au traité de l'OHADA, et non ceux établis dans leurs pays par des notaires étrangers, lesquels ne peuvent justifier une exécution forcée qu'après leur exequatur obtenue devant les juridictions nationales compétentes des Etats parties ;*

Attendu qu'en l'espèce, il est constant comme résultant des pièces du dossier de la procédure et des débats, que l'attestation dressée à Amersfoort, Pays-Bas, par Maitre M.F.E. de Waard-Preller, notaire hollandais, le 25 août 2005, sur laquelle figure la formule exécutoire destinée à faire du contrat de prêt signé à Dakar le 23 septembre 2005 un titre exécutoire, n'a jamais été soumise à ladite formalité comme l'exige en l'occurrence l'article 793 du Code de procédure civile sénégalais, alors que sa confirmation, comme annexe du contrat précité, par un notaire sénégalais qui n'en est pas l'auteur, ne saurait la substituer ; qu'en décidant dans ces conditions, d'une part, que ce contrat n'est pas un titre exécutoire pouvant fonder la conversion, par simple acte d'huissier, de la saisie pratiquée sur autorisation judiciaire, en saisie attribution de créances et, d'autre part, que la B.R.S. Sénégal ne saurait être condamnée, non seulement aux causes d'une saisie frappée de caducité faute par la saisissante, Oikocrédit, d'avoir observé les termes de l'article 61 de l'Acte uniforme susvisé, qui lui imposaient d'accomplir les formalités nécessaires à l'obtention d'un titre dans le mois suivant la saisie conservatoire de créances, mais également à des dommages-intérêts, la Cour d'appel de Dakar a fait une excellente application des dispositions légales applicables à la cause ; qu'ainsi, le reproche qui lui est fait ne

---

[1242] Ratifiée par un décret du 9 avril 1962.

pouvant justifier une quelconque cassation de sa décision, le moyen, pris en ses deux branches, manque de pertinence et mérite rejet » (CCJA, arrêt n° 111/2016, 09 juin 2016, Société Oikocredit c. Orabank Côte d'Ivoire, anciennement dénommée B.R.S. Côte d'Ivoire, venant aux droits et obligations de la Banque régionale de solidarité du Sénégal, préc. Voir aussi CCJA, avis n° 327/2020, 22 oct. 2020, Monsieur Fadoul El Achkar Zouhair Michel et Maître Makamté Kamkui Rose c. Monsieur Omais Kassim et Transport Omais Kassion Sélecta Sarl, préc.).

Le reproche peut encore être adressé à la construction esquissée de ne pas faciliter l'établissement d'un lien avec le délai de prescription. Fort heureusement, la jurisprudence a aplani les zones d'ombre que le flottement aurait pu provoquer durablement. Les orientations clé se trouvent dans l'arrêt BIAO Côte d'Ivoire contre Traoré Matenin épouse Coulibaly, puis dans l'arrêt Kondo Njanga Samuel contre la Société générale de banques au Cameroun et la Société de recouvrement des créances du Cameroun.

La rédaction de l'arrêt BIAO Côte d'Ivoire, pour commencer par lui, est celle-ci : « *Attendu qu'il est fait grief à l'arrêt déféré d'avoir violé cette disposition en considérant que l'acte notarié du 31 juillet 1989 portant ouverture de crédit signé par les parties constitue un acte de commerce, alors que ledit acte notarié est un acte synallagmatique comportant des obligations pour chacune des parties ; que cet acte ne constitue pas davantage une obligation née à l'occasion d'un commerce ; que c'est à tort que la prescription quinquennale lui a été appliquée ;*

Mais attendu qu'il est manifeste que Moussa Traoré, pharmacien, et la banque, ont tous les deux la qualité de commerçant ; que les actes accomplis par eux et les obligations qu'ils assument entre eux ou à l'égard d'autres personnes entrent bien dans le champ de l'article 18 visé au moyen ; qu'en l'occurrence, s'agissant d'une action en justice pour avoir paiement d'une somme objet de leurs transactions, peu importe la forme en laquelle l'obligation a été constatée, elle tombe sous le coup de la prescription quinquennale ; que dès lors il echet de dire que l'arrêt déféré a fait une exacte application de l'article 18 et que le moyen doit être écarté » (CCJA, arrêt n° 008/2016, 21 janv. 2016, BIAO Côte d'Ivoire c. Traoré Matenin, épouse Coulibaly, http://www.ohada.org. Voir également CCJA, arrêt n° 018/2011, 29 nov. 2011, Société Catram c. Diha Paul, Revue de l'ERSUMA n° 1, juin 2012, p. 417, note WAMBO J. ; arrêt n° 20, 17 juin 2002, EAJCI c. G., Le juris ohada n° 3, juil.-oct. 2004, p. 6 ; arrêt n° 020/2004, 17 juin 2004, Ehua Assouan Julien c. Zarour Gassane, préc. ; CA de Ouagadougou, arrêt n° 38, 18 juin 2009, Société des grands travaux du Faso dite SGTF SARL c. Société générale des banques au Burkina dite SGBB, Ohadata, J-10-216 ; CA d'Abidjan, arrêt n° 436 du 15/04/2005, B. Y. c. Sifca-SA, Le Juris Ohada, n° 4/2006, p. 43, Ohadata, J-03-27 ; CA d'Abidjan, arrêt n° 683, 31 mai 2002, Zarour Gassano c. Ehua Julien, Ohadata, J-03-27 ; TGI de Bobo-Dioulasso, n° 320, 11 sept. 2003, Sieur O.T. c. Sieur A.B., Ohadata, J-07-211).

La substance de l'arrêt Kondo Njanga, quant à elle, se décline ainsi : « *Attendu que la SGBC, dans son mémoire en réponse au mémoire ampliatif, enregistré au greffe de la cour de céans le 08 janvier 2015, soulève, in limine litis, l'incompétence de la Cour (…) à connaitre du présent litige, motifs pris de ce qu'il est constant que l'acte de cautionnement consenti par Kondo Njanga Samuel en date du 02 février 1980 à son profit est une sûreté dont le fondement ne saurait et ne pourrait se trouver dans l'Acte uniforme du 17 avril 1997 ; que dès lors, l'incompétence de la cour de céans à connaitre d'un acte de cautionnement passé antérieurement à l'entrée en vigueur de l'Acte uniforme sur les sûretés et donc nécessairement sur le fondement d'une autre législation, est évidente ;*

Attendu qu'il résulte des dispositions de l'article 14 alinéa 3 du traité relatif à l'harmonisation du droit des affaires en Afrique que « Saisie par la voie du recours en cassation, la cour se prononce sur les décisions rendues en dernier ressort par les juridictions d'appel des Etats parties dans toutes les affaires soulevant des questions relatives à l'application des actes uniformes et des règlements prévus au traité, à l'exception des décisions appliquant des sanctions pénales. Elle se prononce dans les mêmes conditions sur les décisions non susceptibles d'appel rendues par toute juridiction des Etats parties dans les mêmes contentieux » ;

Attendu qu'il résulte des pièces du dossier de la procédure que les conditions énumérées aux dispositions sus énoncées de l'article 14 alinéas 3 et 4 du traité, ne sont pas réunies ; qu'en effet, en l'espèce, les juges du fond appréciant, souverainement les faits à eux soumis, dont notamment la date de la signature du contrat de cautionnement constitué le 02 février 1980, en ont déduit que le contrat de cautionnement antérieur à l'entrée en vigueur des actes uniformes portant organisation des sûretés et droit commercial général était régi par le Code civil camerounais, écartant ainsi l'application, alléguée par le recourant, des dispositions de l'article 18 de l'Acte uniforme portant droit commercial général, en appliquant strictement audit litige les dispositions du Code civil du Cameroun ; qu'ainsi, aucun article d'un Acte uniforme n'étant et ne pouvant être appliqué par les juges du fond,il y a lieu de se déclarer incompétent pour connaitre du présent recours » (CCJA, arrêt n° 198/2016, 29 déc. 2016, Kondo Njanga Samuel c. Société générale de banques au Cameroun dite SGBC SA, Société de recouvrement des créances du Cameroun, http://www.ohada.org. Cf également CCJA, arrêt n° 043/2010, 1er juil. 2010, Etablissements Unimarché c. Union bank of Cameroon dite UBC- PLC, préc.).

Le notaire a-t-il le bénéfice d'un monopole s'agissant des missions qui sont les siennes ?

Quelques-uns y répondent par l'affirmative[1243]. Les arguments avancés au soutien de cette conception ne manquent pas. Sont notamment exposées les incompatibilités qui n'autorisent pas d'envisager que la profession soit cumulée avec une autre. Sont également exposées les aptitudes spécifiques que l'accomplissement des actes relevant du ministère de cet officier public requiert, lesquelles sont loin d'être partagées au sein de la communauté des juristes. Sont encore convoquées au soutien de la thèse du bénéfice d'un

---

[1243] VINCENT J., GUINCHARD S., VARINARD A., *Institutions judiciaires*, Dalloz, Paris, 2001, p. 790, n° 770.

monopole, les prévisions de l'article 148 du Code pénal. Intitulé « refus d'un service », elles punissent d'un emprisonnement de trois mois à deux ans le notaire qui, étant légalement requis d'accomplir un devoir de sa fonction, s'en abstient. Enfin, est parfois évoquée l'existence d'actes juridiques que seul ce professionnel peut valablement dresser. Etablis par des personnes n'ayant pas cette qualité, de tels actes encourent tantôt la nullité, tantôt l'inopposabilité *(en ce sens, voir not. CS, arrêt n° 61, 30 janv. 1968, Ekwe Mbimbe David et consorts c. Ndoumbè Nkaké Guillaume, Répertoire chronologique de la jurisprudence de la Cour suprême, Droit traditionnel, 1960-1980, tome 1, p. 14*[1244] *; arrêt n° 88, 8 juin 1971, Tchounda Victor c. Ngiandieu Jean, Répertoire chronologique, Droit civil et commercial 1960-1980 préc., p. 152*[1245] *; arrêt n° 26, 12 janv. 1971, Compagnie camerounaise d'électricité générale, CCEG (Guillen Germain) c. Etoa Toto Mandengue, Répertoire chronologique, Droit civil et commercial 1960-1980 préc.; arrêt n° 50, 8 mai 1972, Stéphanou Nicolas c. Sincom et Papadopoulos, Répertoire chronologique, Droit civil et commercial 1960-1980, préc., p. 44; arrêt n° 24, 5 déc. 1974, Ayina Christophe c. Mbassy Nkama, Répertoire chronologique, Droit traditionnel, 1960-1980, préc., pp. 384-385; arrêt n° 90/CC, 16 avril 1981, Kingue Isaac et Njoh Félix c. Dackam Dieudonné, RCD n° 26, 1983, IR, n° 22, p. 145; arrêt n° 15/CC, 13 nov. 1986, Bassama Pierre c. Essomba Jean, RJA, 1990, pp. 83 et s., obs. ANOUKAHA F.; arrêt n° 238/P, 14 mai 1992, Fossi Antoine c. Ministère public et Veuve Moundi et autres, préc.; CA du Littoral, arrêt n° 67/L, 27 juin 2008, Atangana Gabriel c. Yah Mani Simon et Ndjigui Mvogo Vincent, Juridis Périodique n° 87, juil.-sept. 2011, p. 50, obs. DJOFANG D.A.; CA du Littoral, arrêt n° 100/CC, 17 juin 2011, Sieur Tsobny Panka Paul*

[1244] Dans cette espèce, la Cour suprême juge, à propos du moyen substitué d'office à ceux proposés et pris de la violation des articles 16 du décret du 7 octobre 1959 sur la constatation des droits coutumiers, et 1er de la loi du 27 juin 1961, relative aux actes notariés : « *Attendu qu'il résulte de la combinaison de ces textes –la vente du terrain litigieux ayant eu lieu le 6 août 1962-que les actes translatifs de droits coutumiers doivent, à peine de nullité, être établis en la forme notariée ;*
Attendu qu'il résulte des énonciations de l'arrêt attaqué que, par acte sous seing privé en date du 9 juillet 1962, le chef Dhin Dicka, représentant la collectivité de Bonantoné-Deido, assisté de trois notables, a attribué au sieur Ebongue Hubert, membre de cette collectivité, un terrain urbain de 2004 m2 et qu'Ebongue a vendu au sieur Nkake Guillaume ;
Attendu que c'est à tort, dans ces conditions, que l'arrêt a déclaré opposable à Ekwe et consorts l'attribution de droits coutumiers sur le terrain vendu à Nkaké, lequel en a requis l'immatriculation, attribution qui était nulle pour n'avoir été constatée que par acte sous seing privé et alors surtout que la légitimité de cette attribution était formellement contestée par Ekwe … » ; d'où il suit que le moyen est fondé…

[1245] La décision de la cour est la suivante dans cette affaire : « *Attendu que sont nuls de plein droit tous les actes qu'une disposition légale déclare nuls ; que toute personne intéressée est autorisée à se prévaloir d'une telle nullité, laquelle n'est susceptible d'être couverte ni par une confirmation ou ratification, ni par la prescription ;*
Attendu en l'espèce que l'article 1er Ia) de la loi n° 61-20 du 27 juin 1961 exige, à peine de nullité, la forme notariée pour tous les actes translatifs de droits réels ;
Que l'acte sous seing privé du 10 décembre 1969 litigieux étant translatif de droits réels ; c'est par une fausse application et une méconnaissance flagrante des textes visés au moyen que l'arrêt a déclaré ledit acte valable et ordonné l'expulsion du sieur Tchounïa Victor de la case ; d'où il suit que le moyen est fondé et que l'arrêt encourt la cassation. »

c. Sieur Signing Donghoun Jims, Juridis Périodique n° 98, avril-mai 2014, pp. 42 et s., note ASSONTSA R. ; Court of appeal, South West region, CASWP/11/2002, 6th may 2004, Mfondi Ousmanou and Ntangsi Max Memfuh vs Pangop Louis, Cameroon common law report, préc., Part 11, pp. 63 et s. ; Court of appeal, South West region, 26 th sept. 2013, Thomas Abunakar Epupu vs. William Tatia Diony, S.L.R., vol. 7, 2017, pp. 17 et s. ; TGI du Lom et Djerem, jugt. n° 11/Civ., 02 juin 2016, Bilonougou Félix c. Yima Ekanga Jean Thermidor, www.minjustice.gov.cm ; The Court of appeal, South West region, 15th may 2014, Tsakam Ernest vs. Nancy Bessey, Yomb Marcel, Ako Esther, Tchuisseu Elvice et autres, S.L.R., vol. 7, 2017, pp. 2 et s. ; The High Court, Fako division, 4th dec. 2012, Barrister Talla Ernest vs. Namondo Ekema Alice and Ymeli Kuete Justin, préc. ; CA du Littoral, arrêt n° 82/CC, 07 mars 2011, sieurs Aoumbé Stanislas, Ngeufack François et autres c. Tsolefack Jean Calvin, inédit ; CA du Littoral, arrêt n° 115/CC, 04 avril 2011, Kengne Bernard c. Sobtamho François, inédit. Enfin, TGI du Mfoundi, jugt. n° 179, 23 janv. 2002, Yathou Anne-Marie et autres c. Standard Chartered Bank, Juridis Périodique n° 96, oct.-déc. 2013, pp. 61 et s., note TCHABO SONTANG H.M. ; CCJA, arrêt n° 073/2016, 21 avril 2016, Société civile immobilière Choucair et frères c. Société générale de banque en Côte d'Ivoire, http://www.ohada.org[1246] *; arrêt n° 121/2016, 23 juin 2016, Hubert Grandis c. Maître Idrissa Niang, syndic de la liquidation de la société « Dingo SARL et Les Lodges des Almadies SARL, préc.).*

Quelques autres y répondent par la négative[1247]. Ici aussi, des arguments sont produits. Entre autres est mise en avant l'existence d'une passerelle entre les métiers du droit. La passerelle en cause conduit parfois à confier à des personnes appartenant à tel corps professionnel rattaché à la justice

---

1246 La haute juridiction s'est elle aussi exprimée sur ce point. Elle est appelée à se à prononcer à propos d'un moyen de cassation tiré de la violation de l'article 8 de l'annexe fiscale de la loi n° 70-209 du 10 mars 1970 portant loi des finances pour la gestion de l'année 1970, et de l'article 5 du décret n° 71-74 du 16 février 1971 relatif aux procédures domaniales et foncières. L'extrait essentiel de sa décision est celui-ci : *« Attendu que la SCI Choucair et frères reproche à l'arrêt attaqué d'avoir infirmé le jugement entrepris, en se basant sur divers courriers de notaires pour déduire qu'il a été convenu entre la SCI Choucair et frères et la SGBCI l'acquisition des lieux loués par cette dernière et de conclure que dès lors aucun acte matériel n'a légalement remis en cause la vente intervenue entre les parties, bien que cette vente n'ait pas été constatée par un acte notarié ; alors que l'article 8 de l'annexe fiscale de la loi n° 70-209 du 10 mars 1970 portant loi des finances pour la gestion 1970 sanctionne de nullité absolue la passation sous seing privé de tout acte translatif de droits réels immobiliers et que l'article 5 du décret n° 7174 du 16 février 1971 relatif aux procédures domaniales et foncières dispose que « tous faits, conventions ou sentences ayant pour objet de constituer, transmettre, déclarer, modifier ou éteindre un droit réel immobilier, d'en changer le titulaire ou les conditions d'existence, (...) doivent être conclus et passés devant notaire » ;*
Attendu qu'en l'espèce, il est constant, que la vente des lieux loués entre la SCI Choucair et frères et la SGBCI, n'a été matérialisée par aucun acte notarié, que l'arrêt attaqué, en se déterminant comme il l'a fait, a violé le décret visé au moyen et encourt la cassation, sans qu'il soit besoin d'examiner les autres moyens. »

1247 PERROT R., *Institutions judiciaires*, op cit., p. 360, n° 462. Voir aussi HARTMAN F., « Nouvelle répartition des rôles entre le juge et le notaire dans la procédure de partage judiciaire dit complexe », *Recueil Dalloz*, 2024, p. 1005.

l'accomplissement d'actes relevant sur le plan du principe des fonctions de tel autre corps rattaché à ce service public. On songe singulièrement, par exemple, à l'acte juridique qui établit la qualité d'héritier. On songe aux titres exécutoires à propos desquels il est connu aujourd'hui mieux qu'autrefois que le notaire n'est pas le seul à pouvoir les dresser. La liste de ces titres, répertoriée dans l'Acte uniforme portant organisation des procédures simplifiées de recouvrement et des voies d'exécution, est là qui en apporte la preuve[1248] *(pour les applications, voir not. CS, arrêt n° 28, 3 avril 1975, Noubissié Lucien c. Africauto, Répertoire chronologique de la jurisprudence, Droit social, 1960-1980, p. 265 ; CCJA, arrêt n° 034/2018, 22 févr. 2018, Madame Djie Evelyne c. Monsieur Niakoue Haba et Société générale de banque en Côte d'Ivoire dite SGBCI, http://www.ohada.org ; arrêt n° 098/2017, 27 avril 2017, Afriland first Bank SA c. Société Castor Batisseur et Monsieur Achindati, préc. ; arrêt n° 022/2014, 11 mars 2014, Standard chartered bank Cameroon dite SCBC c. Caisse nationale de prévoyance sociale du Cameroun dite CNPS et Institut des relations internationales du Cameroun dit IRIC (Université de Yaoundé II), préc. ; arrêt n° 129/2016, 23 juin 2016, Awa Diallo et Aîssatou Diallo c. CBAO Groupe Attijariwafa, Monsieur Bathie Gueye, Dame Oumou Salamata Tall, sieur Habibou Datt, préc.[1249] ; arrêt n° 048/2014, 23 avr. 2014, Bassirou Ibo c. Yacouba Kodako Ahoum Chaibou, http://www.ohada.com, Juridis Périodique n° 120, oct.-déc. 2019, obs. ASSONTSA R. et SILIENOU Herline Idèle, pp. 126-127 ; Com., 12 mars 2002, Monsieur Lellouche et autres c. Direction des Douanes, Bull., mars 2002-3, p. 55, n° 54[1250])*. Là n'est d'ailleurs pas tout. D'autres arguments sont appelés pour achever de convaincre de la fragilité du monopole du notaire en matière d'authentification, notamment des textes récents à l'instar de la loi n° 2024/001 du 24 juillet 2024 régissant les archives au Cameroun[1251], de

[1248] Pour approfondir ce point, lire EKANI S.C., *Liberté de saisir et exécution forcée dans l'espace OHADA*, op cit., pp. 167 et s. ; ILBOUDO W. J., op cit., pp. 6 et s. ; OBERDENO G.-M., op. cit., pp. 24 et s. ; GRIMALDI M., GIJSBERS C., « Negotium et instrumentum », op cit., p. 579 ; LARGUIER V. J., *La notion de titre en droit privé*, op cit., pp. 231 et s ; WANDJI KAMGA A.-D., *Le droit à l'exécution forcée. Réflexion à partir des systèmes juridiques camerounais et français*, op cit., pp. 25 et s., n°s 39 et s.

[1249] La substance de cet arrêt est celle-ci : « *Attendu en effet qu'aux termes de l'article 403 du Code de la famille du Sénégal, « (...) la qualité d'héritier s'établit par tous les moyens. Elle peut être établie à l'égard des tiers par un intitulé d'inventaire notarié, par un acte de notoriété dressé par un notaire ou par un jugement d'hérédité établi par le juge de paix sur la déclaration de deux témoins et rendu en audience publique » ;*

Attendu qu'il ressort de l'examen des pièces du dossier de la procédure que les requérantes n'ont présenté, à l'appui de leur demande, aucun document, ni preuve de leur qualité d'ayants-droits (...) ; que le recours étant ainsi initié par des parties dépourvues de la qualité pour agir, il y'a lieu de le déclarer irrecevable ».

[1250] Dans cet arrêt de cassation, la Chambre commerciale et financière de la Cour de cassation tranche de la sorte : « *Attendu que les procès-verbaux de douanes, lorsqu'ils sont rédigés par deux agents de douanes, sont, 0877en raison de la qualité de ceux qui, en apposant leur signature, en authentifient les constatations et énonciations, des actes publics et authentiques qui font foi jusqu'à inscription de faux des faits matériels constatés...* ».

[1251] Les articles 28 et suivants de cette loi posent qu'« *il peut être établi des expéditions et des extraits authentiques relatifs aux archives communicables au public* » ; « *les conditions et modalités de délivrance des expéditions et des extraits authentiques des archives sont fixées par voie réglementaire* » ; « *en cas de*

la loi n° 2010/013 du 21 décembre 2010 régissant les communications électroniques au Cameroun, de la loi n° 2010/012 du 21 décembre 2010 relative à la cybersécurité et à la cybercriminalité dans ce pays, du décret n° 2017/0877/PM du 28 février 2017 fixant les modalités d'authentification des statuts de la société à responsabilité limitée établis sous seing privé dans les centres de formalité de création d'entreprises au Cameroun[1252]. La loi n° 2010/012 du 21 décembre 2010, par exemple, introduit dans le corps social un discours inédit dont les piliers sont la « certification électronique », le « certificat électronique », le « certificat électronique qualifié », l'« autorité de certification », l' « autorité de certification racine », laquelle est l'Agence nationale des technologies de l'information et de la communication, en abrégé ANTIC [1253], etc.

Le droit positif adopte une position médiane. Celle-ci consiste à affirmer que les notaires ont le monopole des actes à passer dans le ressort du tribunal de première instance du siège de leur étude. Cette exclusivité est ensuite infléchie dans la mesure où elle est circonscrite dans un espace géographique délimité *(TGI de Douala, n° 246, 15 janv. 1998, Etat du Cameroun c. ONCPB, SMIC, Maître Etoke Joël, Maître Iya Soulemanou, Sodecoton, Juridis Péridique n° 36, oct.-déc.1998, pp. 41 et s., note SOUOP S.).* Mieux, et cela a déjà été relevé, dans certaines régions sur le territoire de la République, celles du Sud-ouest et du Nord-ouest, les missions du notaire

litige, la production par l'organisme public en charge de la gestion du système national d'archivage de la copie certifiée conforme d'un document sous sa responsabilité donne droit à l'admission de celle-ci en qualité de preuve, au même titre que l'original dudit document » ; « si le litige engage les intérêts stratégiques de l'État, la production de l'original d'un document par l'organisme public en charge de la gestion du système national d'archivage, pour des besoins de preuve, doit se faire par un personnel assermenté dûment mandaté ».

1252 Les articles 2 et suivants de ce texte énoncent l'essentiel des règles à retenir. Elles ont trait, entre autres, à l'authentification par le chef du Centre de formalité de création d'entreprises des statuts des sociétés à responsabilité limitée dressés sous seing privé ; aux délais de l'accomplissement de cette formalité ; aux éléments de forme ou de contenu des statuts à authentifier, etc. Les méandres des exigences y relatives se trouvent dans cet ouvrage, sous les développements se rapportant aux obligations de l'huissier de justice.

1253 Il y est prescrit, notamment à l'article premier, que :

- La certification électronique est l'émission de certificats agréée. Plus concrètement, elle consiste, après l'obtention de l'agrément évoqué, à mettre en place et l'exploitation d'une infrastructure en vue d'émettre, de conserver et de délivrer les certificats électroniques qualifiés ; à mettre à la disposition du public des clés publiques de tous les utilisateurs ; à rendre disponible auprès du public la prestation d'audit de sécurité, d'édition de logiciels de sécurité et de toutes les autres prestations de services de sécurité ;
- Le certificat électronique est un document électronique sécurisé par la signature électronique de la personne qui l'a émis et qui atteste après constat, la véracité de son contenu ;
- Le certificat électronique qualifié est un certificat électronique émis par une autorité de certification agrée ;
- L'autorité de certification est une autorité de confiance chargée de créer et d'attribuer des clés publiques et privées ainsi que des certificats électroniques ;
- L'autorité de certification racine est un organisme investi de la mission d'accréditer les autorités de certification, de celle de valider la politique de certification des autorités de certifications accréditées, de la vérification et de la signature de leurs certificats respectifs…

peuvent être exercées par des avocats[1254]. Le tarif des actes de cet auxiliaire de justice va bien au-delà pour insinuer que les greffiers ou des agents publics pourraient eux aussi, quelques-fois, être investis des attributions du notaire[1255]. Pareillement, le Code civil complète imparfaitement l'arsenal en exigeant de passer acte devant notaire ou sous signatures privées de toutes choses excédant la somme ou la valeur de cinq cents francs, même pour dépôts volontaires[1256]. L'exigence s'y trouve consignée selon laquelle « *il n'est reçu aucune preuve par témoins contre et outre le contenu aux actes, ni sur ce qui serait allégué avoir été dit avant, lors ou depuis les actes, encore qu'il s'agisse d'une somme ou d'une valeur moindre de cinq cents francs ; le tout sans préjudice de ce qui est prescrit traditionnel dans les lois relatives au commerce* » *(en ce sens, voir CS, arrêt n° 37/CC, 15 mars 1973, C… Jacques c. W… Simon, RCD n° 9, janv.-avril 1976, pp. 62-63. Voir également CS, arrêt n° 90/CC, 16 avril 1981, Kingue Isaac et Njoh Félix c. Dackam Dieudonné, RCD n° 26, 1983, IR, n° 22, p. 145 ; arrêt n° 34, 18 nov. 1969, Dame Dikongué Charlotte c. Dame Dikongué Christine, Répertoire chronologique de la jurisprudence de la Cour suprême, Droit, 1960-1980, tome 2, préc., pp. 375-376*[1257]*. Voir également CS, arrêt n° 75/S, 27 janv. 1983, Société Vasnitex c. Agoueyi Joseph, RCD n° 31-32, 1986, pp. 422 et s., rapp. Otto Pondy S., concl. Ndjeundji*). Enfin, et pour ne pas rallonger la liste[1258], différentes prévisions de l'Acte uniforme relatif au droit des sociétés confirment de telles vues, ne serait-ce que dans la mesure où elles envisagent tantôt que les statuts soient dressés par le notaire, tantôt que ceux-ci soient élaborés par d'autres professionnels[1259]. L'exemple

---

[1254] Article 115 ; articles 75 et 76 du statut de l'avocat.

[1255] Article 23, tarif des actes notariés.

[1256] A juste titre, la question est débattue de savoir à quoi correspond de nos jours la valeur de 500 francs évoquée. Les uns et les autres ne s'accordent pas sur ce point. A propos de la synthèse des vues, lire TCHAKOUA J.M., *Introduction générale au droit camerounais*, op cit., n° s 261 et 262, p. 215.

[1257] La haute juridiction est invitée ici à se prononcer sur le moyen tiré de la méconnaissance de l'article 1341 du Code civil. En réalité, il est reproché à la décision attaquée de s'être bornée, pour trancher, à admettre la preuve par témoignage alors que l'engagement litigieux est d'une valeur supérieure au seuil que prévoit l'article visé du Code civil. L'auguste juridiction tranche en ces termes : « *Attendu qu'aux termes des articles 44 et 51 du décret du 31 juillet 1927 sur les tribunaux de droit local, ces derniers en matière civile et commerciale appliquent exclusivement la coutume des parties ;*

Attendu, en conséquence, qu'en l'espèce, c'est à bon droit que la cour, statuant en matière coutumière, ne s'est pas référée à l'article 1341 du Code civil inapplicable en l'espèce, et a admis la preuve par témoins prévue par la coutume douala régissant les parties … »

[1258] A titre d'exemple, le Règlement n° 13/09/UEAC-051-CM-20 du 11 décembre 2009 portant révision du statut de la profession de conseil fiscal que complète le Règlement n° 07/11-UEAC-051-CM-22 portant modification des articles 9, 35 et 42 du Règlement n° 13/09/UEAC-051-CM-20 du 11 décembre 2009 donne à penser que ce professionnel est habileté à donner des consultations en matière fiscale ; à assister les contribuables à l'occasion des contrôles fiscaux, du contentieux fiscal et du recouvrement des impôts, droits et taxes ; à rédiger pour le compte de ses clients tous actes sous seing privé se rapportant directement ou indirectement au domaine fiscal…

[1259] En effet, il y est résolu tour à tour à l'article 10 que « *Sauf dispositions nationales contraires, les statuts sont établis par acte notarié ou par tout acte offrant des garanties d'authenticité dans l'Etat du*

retentissant à cet égard est représenté par cet extrait dans le sillage duquel se situent non seulement la loi n° 2016/014 du 14 décembre 2016 fixant le capital social minimum et les modalités de recours aux services du notaire dans le cadre de la création d'une société à responsabilité[1260], mais aussi le décret n° 2017/076 du 28 février 2017 fixant les modalités d'authentification des statuts de la société à responsabilité limitée établis sous seing privé dans les centres de formalités de création d'entreprises au Cameroun[1261][1262].

Que le notaire jouisse même par à-coup seulement d'un monopole ne devrait nullement induire en erreur. Théoriquement, le ministère dont l'intéressé a le bénéfice demeure facultatif. En conséquence, son intervention suppose généralement une démarche provenant de personnes souhaitant que leurs engagements soient constatés non pas par un titre sous

---

siège de la société avec reconnaissance d'écritures et de signature par toutes les parties au rang des minutes d'un notaire... » ; à l'article 11, que « *Lorsque les statuts sont établis par acte sous seing privé, il en est dressé autant d'originaux qu'il est nécessaire pour le dépôt d'un exemplaire au siège social et l'exécution des diverses formalités requises par les textes en vigueur* ».

[1260] Effectivement, on y découvre que le capital social minimum d'une société à responsabilité limitée est fixé à 100 000 FCFA, divisé en parts sociales égales dont la valeur nominale ne peut être inférieure à 5000 francs CFA (article 2). On y découvre que les statuts de la SARL peuvent être établis par acte notarié, ou par tout acte offrant des garanties d'authenticité, déposé avec reconnaissance d'écriture et de signatures par toutes les parties au rang des minutes d'un notaire ; que lorsque les statuts de la SARL sont établis par acte sous seing privé, leur authenticité est garantie par les centres de formalités de création d'entreprises, avec reconnaissance d'écriture et de signatures par toutes les parties prenantes. Enfin, et cela est de la première importance, il y est résolu que le recours aux services du notaire est optionnel pour la création d'une SARL, lorsque cette dernière est créée sous la forme unipersonnelle ou lorsque son capital est inférieur ou égal à un million francs CFA (article 4).

[1261] Cf. notamment les articles 2 et suivants déjà évoqués.

[1262] D'autres instruments juridiques peuvent être utilement évoqués. Parmi eux, la loi n° 61-20 du 27 juin 1961 relative aux actes notariés toujours en vigueur, dont les extraits ont été insérés dans des textes connexes. Ses prévisions majeures sont :

- L'article premier dont la rédaction est celle-ci : « *Outre les actes pour lesquels les lois et règlements en vigueur imposent cette formalité, devront être établis à peine de nullité en la forme notariée :*

1°) S'agissant de droits réels ou de privilèges immobiliers, que ces droits ou privilèges soient régis par les dispositions du code civil, par celles du régime de l'immatriculation ou celles résultant du décret du 7 octobre 1959 organisant la contestation des droits fonciers coutumiers :

a) Tous actes constitutifs, déclaratifs, translatifs, extinctifs desdits droits ou en changeant les titulaires ;

b) Tous les actes déterminant ou modifiant l'étendue, la consistance ou le mode de jouissance de ces droits, à l'exception des baux d'une durée inférieure à trois ans ;

c) Toutes attestations en constatant la mutation par décès testamentaire ou ab intestat ;

2°) Tous les actes constitutifs d'une société anonyme, en commandite par action ou à responsabilité limitée, modifiant les statuts de ces sociétés, réduisant ou augmentant leur capital social, constatant le versement de ce capital ou la réalisation des apports, de tous actes relatifs à la dissolution ou à la liquidation de ces sociétés ;

3°) Les actes suivants : cahiers de charges de ventes immobilières, cessions de droits successifs, partages de communauté et de succession, ventes et nantissements de fonds de commerce, actes obligatoirement établis antérieurement en la forme prévue par le décret du 29 septembre 1920 abrogé ci-après ».

- L'article 2 dont la rédaction est celle-ci : « *En dehors des cas où l'article précédent impose la forme notariée à certains actes, celle-ci pourra être donnée par les parties à tous autres actes, obligations, constatations et décharges de droit écrit ou de droit coutumier en vue de leur conférer la valeur d'acte authentique à la seule exception des cas dans lesquels la loi imposerait une autre forme* ».

seing privé, mais par un acte authentique. Il n'en va autrement que lorsque la loi exige, en raison de sa gravité, qu'un engagement spécifique ne se prenne pas ailleurs que par devant lui. Tel est le cas des actes constitutifs, translatifs ou extinctifs de droits réels immobiliers, lesquels à en croire l'article 8 de l'ordonnance n° 74/1 du 6 juillet 1974 fixant le régime foncier doivent, à peine de nullité, être constatés en la forme notariée[1263][1264]. Tel est le cas des contrats de mariage ou encore des donations où cet auxiliaire de justice doit inévitablement être sollicité[1265]. Telle est également la réalité

[1263] Formulée de longue date, l'exigence facilite la compréhension de bien d'autres que l'on retrouve dans tes textes récents relatifs notamment à la copropriété des immeubles. L'un de ceux-ci, le décret n° 2018/8137/PM du 19 septembre 2018 modifiant et complétant certaines dispositions du décret n° 2012/1870/PM du 04 juillet 2012 fixant les modalités de délivrance du titre de propriété dans le cadre de la copropriété des immeubles bâtis fait à maintes reprises appel au ministère du notaire. L'officier ministériel intervient dans la constitution du dossier de la procédure et reçoit la demande de délivrance du titre de propriété. La charge lui revient, en cas d'indivision, de recevoir la déclaration de chaque indivisaire. Après la conclusion définitive du contrat par devant lui, le notaire doit veiller à son enregistrement et a la charge de transmettre le dossier à la conservation foncière. Son intervention est également marquée dans le cadre spécifique de la vente de lots à construire : saisine du notaire par le promoteur ; notification du futur acquéreur par le notaire ; rédaction du contrat de réservation par le notaire ; saisine de l'administration fiscale par le notaire, etc. (voir le texte visé, article 2).

[1264] La question a récemment surgi de savoir si une vente immobilière conclue sous signature privée est valablement passée et donc pourrait servir à contraindre l'une des parties au contrat à accomplir les formalités d'authentification y relatives que prévoit l'ordonnance n° 74/1 du 6 juillet 1974 fixant le régime foncier. Dans cette espèce où le vendeur refusait de se rendre chez un notaire à l'effet de d'authentifier la vente d'immeuble, l'acquéreur sollicite du tribunal de grande instance de la Mifi non seulement d'enjoindre à l'intéressé de procéder à la régularisation auprès d'un notaire, mais aussi d'assortir la décision à prononcer d'une astreinte à compter de la signification de cette dernière. L'épine dorsale de la décision du tribunal de grande instance, « hautement discutable » d'après l'un de ses commentateurs, se présente ainsi : « *Attendu que l'article 8 de l'ordonnance n°71-1 du 06 juillet 1974 fixant régime foncier dispose que les actes constitutifs, translatifs ou extinctifs de droits immobiliers doivent, à peine de nullité, être établis en forme notariée ;*
Que loin de remplir cette exigence, la vente dont régularisation est sollicitée aux moyens de la présente action, est matérialisée non pas par un acte notarié, mais plutôt par des reçus de paiement, une attestation d'abandon des droits coutumiers et un simple certificat de vente ;
Que ces documents, qui sont juridiquement inaptes à donner corps à cette transaction et encore moins à une promesse de vente de l'immeuble litigieux, doivent obligatoirement être passés sous forme notariée pour mettre en exergue et concrétiser la volonté des parties de conclure une vente sur celui-ci, lorsque toutes les circonstances sont réunies ;
Que pour qu'il en soit justement ainsi, il faudra qu'elles se conforment aux dispositions de l'article 8 de l'ordonnance n°71-1 du 06 juillet 1974 fixant régime foncier, comme le sollicite la demanderesse qui doit, en contrepartie de la signature de l'acte de vente notarié, verser le reliquat du prix convenu ;
Qu'en l'absence de paiement de ce reste, on ne saurait objectivement contraindre, sous astreinte, la défenderesse à aller dans le sens de ses demandes sauf, pour elle, à procéder au remboursement des sommes perçues, ce qui n'est manifestement pas demandé en l'espèce ;
Que dans ces circonstances, il convient de dire l'action (…) prématurée et de laisser les dépens de la procédure à sa charge » (TGI Mifi, jugt. n°27/Civ., 07 avril 2020, Dame Méli Yvette Delphine c. Dame Mefono Françoise Fanny veuve Kalh, *Juridis Périodique n°130*, avril-juin 2022, pp. et s., obs. TINKE TCHINDA C.).

[1265] A ceci s'ajoutent ces nuances qu'introduisent quelques-uns des extraits du code de procédure civile et commerciale. A titre d'exemple, les articles 437 et 438 disposent, mot pour mot, que le notaire qui refusera de délivrer expédition ou copie d'un acte aux parties intéressées en nom direct, héritiers ou ayants droit, y sera condamné, sur assignation à bref délai, donnée en vertu

en droit des sociétés concernant soit les statuts, soit l'acte de cession des parts, lesquels courent le risque tantôt de la nullité tantôt de l'inopposabilité lorsque la forme notariée n'est pas privilégiée[1266]. Lorsque l'inopposabilité n'est pas en cause ici, l'acte notarié s'avèrera encore utile à celui qui ignore qu'en matière commerciale, la liberté de la preuve a été érigée en dogme, et donc que la preuve s'administre par tous les moyens *(sur l'ensemble de ces points, voir CS, arrêt n° 14/CC, 02 oct. 1980, Schumeler Paul c. Mission catholique de Bafou, RCD n° 25, 1983, p. 135 ; arrêt n° 14/CC, 02 oct. 1980, Société navale Delmas Vieljeux c. Toko Christophe, RCD n° 25, 1983, p. 136*[1267] *; arrêt n° 25/CC, 23 oct. 1980, Babem léa épouse Bolla c. Bolla Benoît et Wasu, RCD n° 25, 1983, p. 136; arrêt n° 75/S, 27 janv. 1983, Société Vasnitex c. Agoueyi Joseph, RCD n° 31-32, 1986, pp. 422 et s., rapp. Otto Pondy S., concl. Ndjeundji*[1268] *; arrêt n° 24, 05 déc. 1974, Ayina Christophe c. Mbassi Nkama, Répertoire chronologique de la jurisprudence de la Cour suprême, Droit traditionnel, 1960-1980, préc. ; Court of appeal, South West region, 26 th sept. 2013, Thomas Abunakar Epupu vs. William Tatia Diony, préc. ; Court of appeal, South West region, 15th may 2014, Tsakam Ernest vs. Nancy Bessey, Yomb*

---

d'une permission du tribunal de première instance ou du juge de paix à compétence étendue ; « *le jugement sera exécuté nonobstant opposition* ». Pareillement, l'article 442 dispose : « *La partie qui voudra se faire délivrer une grosse, soit d'une minute d'un acte, soit par forme d'ampliation sur une grosse déposée présentera, à cet effet, une requête au président du tribunal de première instance ou au juge de paix à compétence étendue ; en vertu de l'ordonnance qui interviendra, elle fera sommation au notaire pour faire la délivrance à jour et heure indiqués, et aux parties intéressées pour y être présentées ; mention sera faite de cette ordonnance au bas de la seconde grosse, ainsi que de la somme pour laquelle on pourra exécuter, si la créance est acquittée ou cédée en partie* ».

[1266] En ce sens, voir notamment les articles 10 à 12, 275, 297, 318 à 320, etc.

[1267] La haute juridiction pose ici que, s'il résulte de l'article 1341 du Code civil qu'en cette matière aucune preuve par témoins ne doit être accueillie contre et outre un acte écrit d'une certaine valeur, il n'en est pas de même en matière commerciale où la preuve par présomption est admise quelle que soit la valeur de l'acte juridique querellé. Un tel moyen n'est irrecevable que lorsque celui-ci est soulevé pour la première fois devant la Cour suprême.

[1268] Dans cet arrêt majeur, s'agissant du premier moyen du pourvoi, la Cour suprême est invitée à dire si les juridictions inférieures peuvent valablement admettre le paiement d'une commission d'une valeur de 956 204 francs dans un contexte où l'un des plaideurs fonde sa demande sur un accord verbal dont l'existence est contestée par l'autre. Elle juge : « *Sur le premier moyen pris de la violation de l'article 1341 du Code civil, en ce que le juge d'appel (…) a fait droit à la demande de paiement de commissions s'élevant à la somme de 956 204 francs du seul fait que le demandeur à l'instance a fait valoir un accord verbal qui serait intervenu entre lui et son employeur au moment de son embauchage (…), alors que l'article 1341 du Code civil exige que soit passé acte devant notaire ou sous seing privé de toute somme excédant 500 francs ;*
Attendu que tous les modes de preuve sont admissibles en matière commerciale y compris les simples présomptions ; que la force et la portée de celles-ci sont souverainement appréciées par les juges du fond ;
Attendu que pour faire droit au chef de demande repris au moyen, le jugement dont l'arrêt confirmatif attaqué s'est approprié les motifs énonce : "Attendu qu'il résulte de l'examen des pièces du dossier que l'engagement d'Agoueyi appuyé d'une consignation (…) avait en réalité un caractère spécial, assorti d'un règlement pour prime (…) ; que cette prime n'ayant pas été versée au demandeur, il est en droit de réclamer son paiement" ;
« *Attendu que le caractère commercial de l'accord dont s'agit résulte surabondamment des énonciations du jugement susvisé ; que les juges du fond ont pu affirmer l'existence d'après les règles du droit commercial sans violer l'article 1341 du Code civil visé au moyen…* »

Marcel, Ako Esther, Tchuisseu Elvice et autres, préc. ; The High court, Fako division, 4th dec. 2012, Barrister Talla Ernest vs. Namondo Ekema Alice and Ymeli Kueté Justin, préc. ; CCJA, arrêt n° 073/2016, 21 avril 2016, Société civile immobilière Choucair et frères c. Société générale de banque en Côte d'Ivoire, http://www.ohada.org ; arrêt n° 021/2014, 11 mars 2014, Société Total Guinée SA c. La Compagnie pétrolière de Guinée dite COPEG Guinée SA et l'Etat Guinéen, préc. ; arrêt n° 017/2018, 25 janv. 2018, Obame Nguema Richard c. SARL Orient bâtiment, http://www.ohada.org ; arrêt n° 010/2002, 21 mars 2002, Société négoce Ivoire c. Société Gnab, Le Juris Ohada, n° 4, 2002, pp. 33 et s., note M. E. Beira ; Recueil de jurisprudence CCJA, n° spécial, janv. 2003, pp. 23 et s. ; arrêt n° 024/ 2006, 16 nov. 2006, Samaïla Dan Moussa, Ali Maré c. Hamidou Abdou dit « Crise », préc.[1269]. *Voir également CCJA, arrêt*

« Attendu qu'il est reproché à l'arrêt attaqué, d'une part, d'avoir retenu que la lettre en date du 29 septembre 2000, par laquelle la société Côte d'Ivoire céréales a proposé à la société Shanny consulting l'apurement du solde de leur compte, d'un montant de 26 900 000 francs (…), s'analysant en une reconnaissance de dette, alors que celle-ci n'était pas manuscrite par la société Côte d'Ivoire céréales et ne comportait pas la mention « bon et approuvé », comme l'exige l'article 1326 du code civil ; qu'en statuant ainsi, la Cour d'appel a violé l'article susvisé ; d'autre part, d'avoir fait droit à la demande de paiement de la somme de 26 900 000 francs (...) formulée par la société Shanny consulting, sans vérifier si cette dernière avait exécuté toutes ses obligations contractuelles ; qu'ainsi, l'arrêt attaqué est sans fondement et doit être cassé ;

Mais attendu que l'article 1326 du Code civil ne s'applique pas lorsqu'il s'agit, à l'égard des commerçants, de prouver des actes de commerce, lesquels, conformément à l'article 5 de l'Acte uniforme relatif au droit commercial général, se prouvent par tous moyens ;

Attendu que par lettre en date du 29 septembre 2000 adressée à la société Shanny consulting, la société Côte d'Ivoire céréales ayant pour activité la commercialisation du maïs et du riz, s'était engagée à apurer le solde du compte existant entre elles ; que dès lors, en retenant que ladite lettre valait reconnaissance de dette de la société Côte d'Ivoire céréales (…), l'arrêt attaqué se trouve légalement justifié au regard des seules dispositions de l'article 5 de l'Acte uniforme susvisé ; que par voie de conséquence, la Cour d'appel d'Abidjan, à qui il est reproché d'avoir omis de vérifier si la société Shanny consulting avait exécuté toutes ses obligations contractuelles, n'avait pas à effectuer de recherche sur ce point excipé par la requérante ; d'où il suit que les moyens ne sont pas fondés et doivent être rejetés… »

1269 La position de la haute juridiction, ici, est celle-ci : « *Attendu qu'il est reproché à l'arrêt attaqué d'avoir retenu que, faute par les appelants d'avoir rapporté la preuve de la libération de leurs parts sociales, ils ne peuvent avoir les qualités d'associés, alors que, selon le moyen, l'article 314 de l'Acte uniforme relatif au droit des sociétés commerciales et du groupement d'intérêt économique ne déterminant pas la personne chargée de faire la déclaration notariée de souscription de parts sociales et de versement de fonds, cette déclaration pouvant être faite par « le ou les fondateurs, par l'un d'entre eux voire par les associés ou encore par le notaire lui-même », il ne pouvait, par conséquent, être imposé aux seuls appelants la charge de la preuve de la libération de leurs parts sociales, sans qu'il soit reproché à la cour d'appel de Niamey d'avoir violé l'article susvisé ;*

Mais attendu que c'est après avoir apprécié souverainement les statuts soumis aux débats par messieurs Samaïla Dan Moussa et Ali Maré, lesquels ne comportaient ni signature, ni date et ceux produits par Monsieur Hamidou Abdou dit « Crise », gérant de la compagnie « Contact », lesquels avaient été régulièrement établis par Maître Nakobo, notaire à Niamey, et ne mentionnaient pas « la participation » à ladite société de Messieurs Samaïla Dan Moussa et Ali Maré, que la cour d'appel de Niamey a estimé que ces derniers ne rapportaient pas la preuve de leur qualité d'associés de la compagnie « Contact » ; que de ces constatations, il résulte que la Cour d'appel de Niamey s'est prononcée en l'espèce, en considération des documents produits par toutes les parties au litige ; que dès lors la charge de la preuve a été supportée par toutes les parties litigantes et non par les seuls requérants ; que par conséquent le moyen pris de la

n° 185/2020, Projet Cerco Bénin c. Assanatou Boureima Sanya, http://www.ohada.org[1270] ; *CCJA, arrêt n°/2005, 15 déc. 2005, Société Société Côte d'Ivoire céréales c. Société Shanny consulting, Les grandes décisions de la Cour commune de justice et d'arbitrage de l'OHADA, op.cit., pp. 72 et s., obs. MOUTHIEU NDJANDEU M., pp. 72 et s.*[1271] ; *CS, arrêt n° 61, 30 janv. 1968, Ekwe Mbimbe David et consorts c. Ndoumbè Nkaké Guillaume, préc. ; arrêt n° 88, 8 juin 1971, Tchounda Victor c. Ngiandieu Jean, préc. ; arrêt n° 50, 8 mai 1972, Stéphanou Nicolas c. Sincom et Papadopoulos, Répertoire chronologique, Droit civil et commercial 1960-1980 préc. ; arrêt n° 24, 5 déc. 1974, Ayina Christophe c. Mbassy Nkama, Répertoire chronologique, Droit traditionnel, 1960-1980, préc. ; CA du Littoral, arrêt n° 67/L, 27 juin 2008, Atangana Gabriel c. Yah Mani Simon et Ndjigui Mvogo Vincent, préc. ; CA du Littoral, arrêt n° 100/CC, 17 juin 2011, Sieur Tsobny Panka Paul c. Sieur Signing Donghoun Jims, préc. ; TGI du Mfoundi, jugt. n° 179, 23 janv. 2002, Yathou Anne-Marie et autres c. Standard Chartered Bank, préc. ; The Court of appeal of Buea, CASWP/11/20002, 6th may 2004, Mfondi Ousmanou and Ntangsi Max Memfuh vs Pangop Louis, Cameroon common law report, CCLR, 2005, Part 11, pp. 63 et s.).* A regarder de près, un tel sujet de droit sera assez-souvent un non-professionnel.

---

violation de l'article 314 susvisé de l'Acte uniforme sus indiqué, lequel ne comporte pas de dispositions spécifiques régissant le mode de preuve, n'est pas fondé et doit être rejeté… »

1270 Le point d'orgue de la décision de la CCJA, qui dévoile l'essentiel des faits et de la procédure, se décline ainsi : « *Attendu qu'il est fait grief à l'arrêt attaqué d'avoir manqué de base légale, en ce que, pour donner acte à Madame Sy de ce que c'est elle seule qui a procédé au versement du capital, il a considéré que l'attestation délivrée par le notaire, conformément à l'article 314 de l'Acte uniforme relatif au droit des sociétés commerciales et du GIE, fait foi jusqu'à inscription de faux et que le nommé Alain Capo Chichi, résident à l'étranger, n'apporte aucune preuve de remise d'argent au notaire, ou de dépôt dans un compte bancaire alors que l'attestation délivrée par Maître Oumou Malet Kane Diallo, qui ne saurait ni être qualifiée d'acte authentique ni avoir plus de valeur probante que les statuts de la SARL CERCO Mali, n'est pas une déclaration notariée de souscription et de versement au sens de l'article 314 (…) ;*

Attendu qu'en vertu de l'article 314 de l'Acte uniforme relatif au droit des sociétés commerciales et du GIE, la libération et le dépôt des fonds sont constatés par un notaire du ressort du siège social, au moyen d'une déclaration notariée de souscription et de versement qui indique la liste des souscripteurs avec les noms, prénoms, domicile pour les personnes physiques, dénomination sociale, forme juridique et siège social pour les personnes morales, ainsi que la domiciliation bancaire des intéressés, s'il y a lieu, et le montant des sommes versées par chacun ;

Attendu qu'en l'espèce, même si l'attestation au cœur des débats, délivrée par le notaire et qui certifie que madame Sy a fait apport de la totalité du capital est un acte authentique, elle ne dit rien sur la composition du capital et ne correspond pas du tout à la déclaration notariée de souscription et de versement visée à l'article 314 précité ; qu'elle n'a pas non plus vocation à régler la question cruciale de la souscription des parts sociales et de la libération des apports qui demeurent dans le champs des statuts ;

Attendu qu'en ignorant complètement les statuts de la société et en faisant droit à la demande introduite par Madame Assanatou Boureima Sanya, sur la base d'une simple attestation du versement du capital dressée par un notaire, sans au préalable vérifier si ladite attestation contient les indications prévues à l'article 314 précité, la Cour d'appel n'a pas donné de base légale à sa décision ; qu'il échet dès lors de casser l'arrêt querellé et d'évoquer, sans qu'il soit nécessaire d'analyser les autres moyens… »

1271 La décision suivante est prise, sur le fondement de l'article 5 de l'Acte uniforme portant sur le droit commercial général :

b. Les missions les moins en vue

Le statut du notaire ne dévoile pas rapidement l'une des missions de celui-ci que l'on connaît mal, à savoir la fonction de conseil.

En tant que conseil, et pour reprendre la formule d'un auteur, celui-ci ne se borne pas à tenir la plume[1272]. Tout d'abord, le notaire prend une part active dans la construction intellectuelle de l'opération pour laquelle son intervention est souhaitée. Nombreuses sont les personnes venues le voir pour les besoins de l'enregistrement d'un acte rédigé par elles qui finissent par renoncer à ce qui avait été entrevu et s'en tiennent à ce que l'officier public suggère. Cela se réalise en procédant aux vérifications et investigations utiles et éventuellement, en corrigeant quelques-unes des stipulations initialement ébauchées ; cela se réalise au moyen d'une réécriture de l'ensemble du contrat ou de l'acte juridique projeté *(même tacitement, voir Civ. 1ere, 12 fév. 2002, Consorts X... c. M. Y... et autres, Bull., fev. 2002, p. 42, n° 54).*

En tant que conseil, le notaire propose aux personnes qui ont assidûment recours à ses services des solutions face aux difficultés qu'elles rencontrent et susceptibles d'avoir des conséquences sur leur patrimoine. Ces difficultés ont généralement un lien étroit avec l'activité économique des clients. A titre d'exemple, il peut s'agir des conditions d'un investissement, de choisir une structure juridique devant servir à exploiter une activité parmi toutes celles reconnues et organisées[1273]. Les difficultés soumises peuvent parfois aussi avoir un rapport avec la vie privée des personnes physiques. Ainsi en va-t-il des questions touchant au choix d'un régime matrimonial, de celles se rapportant aux modalités de la répartition des biens au profit de proches ou de tiers ou mieux, de celles provoquées par la rédaction d'un testament ou d'une donation[1274].

[1272] PERROT R., op cit., p. 360, n° 462.

[1273] Société en nom collectif, société en commandite simple, société à responsabilité limitée, société anonyme, société en participation, société par actions simplifiée, groupement d'intérêt économique, société coopérative, etc. Dans quelques cas, son rôle sera d'ailleurs plus affirmé. A titre d'exemple, dans le processus de création de certaines de ces entreprises, il intervient dans la collecte des fonds constitutifs du capital social lorsque celui-ci est réuni par apports en numéraires. Plus en avant, la mission lui échoit de dresser la « déclaration de régularité et de conformité » ...

[1274] S'agissant en particulier du testament, la majorité a tendance à considérer qu'il est soit olographe, soit authentique ou mystique, oubliant que le Code de civil y ajoute celui qui est « fait par acte public ».

Le testament olographe a ses spécificités. Entre autres, il est rédigé, daté et signé de la main de celui qui y exprime ses dernières volontés. C'est dire que ce dernier devrait se passer des service d'un notaire et que le document ne devrait pas être dactylographié. Qu'à cela ne tienne, le conseil est souvent donné de le soumettre à la lecture d'un professionnel, lequel veillera simplement à ce que les exigences en la matière soient respectées.

Le testament authentique a ses spécificités. Entre autres, il est reçu ou, mieux encore, rédigé par un notaire, lequel se conforme aux instructions et volontés du testateur. En principe, deux témoins au moins, et parfois un autre notaire, assistent à la révélation de ses dernières volontés par la personne désireuse de transmettre ses biens à des tiers. La suite se réduit à des formalités

Dans l'une ou dans l'autre de ces hypothèses, l'intervention du notaire constitue une garantie réconfortante et apaisante pour les parties. C'est que, hormis la confidentialité qui est préservée, la probabilité est réduite que ces dernières en arrivent à traiter avec un incapable, à conclure un contrat avec une personne dont l'identité est fausse, à acquérir une chose dont le vendeur n'est pas propriétaire. S'en suit une minimisation des risques de perte ou des coûts d'exploitation, une réduction du taux de processivité, davantage de sécurité juridique *(CCJA, avis n° 327/2020, 22 oct. 2020, Monsieur Fadoul El Achkar Zouhair Michel et Maître Makamté Kamkui Rose c. Monsieur Omais Kassim et Transport Omais Kassion Sélecta Sarl, http://www.ohada.org).*

Qu'on le veule ou non, cette fonction de conseil ira en s'intensifiant avec le temps. Diverses raisons y sont favorables. Tout d'abord, les règles de droit ont une propension à se complexifier et à se diversifier. Ensuite, les échanges entre les personnes n'ont de cesse de croître au Cameroun, en Afrique et à travers le monde à la faveur des dynamiques liées à l'intégration sous régionale et au développement local. Enfin, le citoyen et les entreprises perçoivent progressivement l'utilité de prendre des conseils avant de souscrire des engagements susceptibles d'avoir des répercussions sur leur patrimoine. Or, peu nombreux sont les individus ayant une bonne connaissance des disciplines juridiques très spécialisées à l'instar du droit des sociétés, des successions, des régimes matrimoniaux, du droit comptable, du droit du crédit et des effets de commerce, du droit des télécommunications ou des communications électroniques, du droit fiscal, du droit douanier, du droit des ressources naturelles, droit de la santé.

Au-delà de l'encadrement ou du conseil, le notaire officiera demain en tant que mandataire de quelques-uns. L'illustration la plus représentative sur ce terrain est logée dans l'Acte uniforme OHADA portant sur le droit commercial général où on apprend, au sujet de la déclaration d'activité, que l'idéal serait que celle-ci soit directement accomplie, en personne, par le candidat au statut d'entreprenant. Prenant conscience de ce que ce vœu est

---

précises ; lecture au testateur du document rédigé ; signature par l'ensemble des acteurs y compris par les témoins ayant assisté à la retranscription ; enregistrement et conservation par le notaire de l'acte dressé.

Le testament mystique est souvent présenté comme une combinaison ou une fusion du testament olographe et du testament authentique. Ici, le testateur se charge, comme dans le cadre d'un testament olographe, de dresser un manuscrit qu'il introduit dans une enveloppe, clos, cachette et scelle. Cette enveloppe, dont l'intéressé est à connaître le contenu (d'où le mysticisme), est ensuite transmise par ses bons soins au notaire, en présence de deux témoins. Parfois, l'option est retenue de sceller le document en présence de ces derniers. En tout état de cause, en de telles circonstances, le rôle de l'officier public est connu. A s'en tenir aux prévisions de l'article 976 du Code civil, « le *notaire en dressera en brevet, l'acte de suscription qu'il écrira ou qu'il fera écrire à la main ou mécaniquement sur ce papier ou sur la feuille qui servira d'enveloppe et portera la date et l'indication du lieu où il a été passé, .la description du pli et de l'empreinte du sceau et mention de toutes les formalités ci-dessus, cet acte sera signé tant par le testateur que par le notaire et les témoins* ». Pour aller plus loin, NGUEGHO A., « La validité des testaments au Cameroun. Etude de jurisprudence », Mémoire, Master en droit et carrières judiciaires, Université de Dschang, 2014, pp. 24 et s.

difficile à réaliser dans un contexte où la frange majoritaire de la population active opère dans le secteur informel, le législateur prévoit qu'un tiers muni d'une procuration dûment délivrée pourra effectuer la formalité au profit de l'individu intéressé par l'exercice d'une activité professionnelle en tant qu'entreprenant, mais qui, pour une raison ou pour une autre, ne peut pas lui-même se déclarer. La seule condition, dans cette hypothèse, c'est d'avoir recours aux services d'un mandataire nanti d'une procuration spéciale. N'en sont dispensés que les avocats, les professionnels agréés, les huissiers de justice, les syndics et les notaires. L'enseignement est univoque : au même titre que l'avocat, l'huissier de justice, le syndic, le notaire est appelé à se charger de déclarations d'activités pour le compte de ceux qui souhaitent devenir entreprenants. Le même texte préconise d'ailleurs que ce professionnel peut se voir confier la mission d'immatriculer au registre du commerce et du crédit mobilier des commerçants, que ceux-ci soient des personnes physiques ou morales. Bien que cela ne soit pas explicitement révélé, il s'imagine aisément qu'un mandat peut lui être donné pour solliciter une immatriculation secondaire, une inscription complémentaire, une radiation[1275]*(en ce sens, même tacitement, voir not. CCJA, avis n° 327/2020, 22 oct. 2020, Monsieur Fadoul El Achkar Zouhair Michel et Maître Makamté Kamkui Rose c. Monsieur Omais Kassim et Transport Omais Kassion Sélecta Sarl, préc. ; arrêt n° 008/2017, 26 janv. 2017, 1- Soc. Getma Togo SA et Soc. Manuport Togo SA c. Etablissements comptoir international pour le commerce, 2- Kpokpoya Akouété c. Soc. Getma Togo SA, Soc. Manuport Togo SA, Groupe Necontrans, http://www.ohada.org ; arrêt n° 180/2017, 27 juil. 2017, Société Delta Rich Development (DRD) et Monsieur Ousmane N. Adamou c. China National Petroleum Company (CNPC), China national oil and gaz explorations and development corporation (CNODC), CNPC international Niger Ltd, CNPC international Teneré Ltd, CNPC international Ltd, CNPC Niger petroleum (CNPC-NP), http://www.ohada.org ; arrêt n° 157/2017, 13 juil. 2017, Monsieur Mibé Célestin Jean Pierre c. Monsieur Ngokseu Richard, http://www.ohada.org).*

Il s'imagine aussi, demain, que le notaire sera davantage sollicité en matière d'exécution forcée. Cela se fera notamment au stade de la vente sur saisie des biens immobiliers où son intervention est mal connue de la majorité des juristes. En effet, le législateur invite l'avocat du créancier, dans le cahier des charges et à peine de nullité de cet acte de procédure, d'indiquer la juridiction ou le notaire convenu avec le débiteur saisi devant qui l'adjudication sera poursuivie *(CCJA, arrêt n° 048/2014, 23 avr. 2014, Bassirou Ibo c. Yacouba Kodako Ahoum Chaibou, http://www.ohada.com, préc.)*[1276]. Or, dans le même temps, il est couramment fait grief à la saisie

[1275] POUGOUE P.G., KUATE TAMEGHE S.S., *L'entreprenant OHADA*, PUA, Yaoundé, 2013, pp. 104 et 105, n° 97.

[1276] Article 267, Acte uniforme portant organisation des procédures simplifiées de recouvrement et des voies d'exécution.

immobilière d'être anormalement longue sur le terrain de sa durée, singulièrement lorsque l'adjudication se réalise devant une juridiction[1277]. De nombreuses études, menées avec le concours de praticiens d'une compétence difficilement contestable ont confirmé le point de vue en révélant l'existence de saisies initiées depuis un quart de siècle et non encore achevées. Une enquête moins ancienne, conduite par le Laboratoire de sociologie juridique de l'Université de Paris, a fait apparaître, malgré les réformes intervenues entre temps, que la durée moyenne d'une saisie immobilière est en moyenne de 18 mois. Si un incident survenait, il fallait compter, d'après cette même enquête, de deux à trois ans au moins. Là n'est pas tout. Il est parfois imputé aux membres du tribunal chargé de la vente aux enchères publiques de l'immeuble des indélicatesses dont les victimes sont, à regarder de près, le créancier et le débiteur[1278]. Précisément, ceux-ci ont l'opportunité de décider que l'adjudication s'opèrera par-devant notaire et devraient plus que par le passé s'orienter vers cette option.

Enfin, et cela ne surprend pas vraiment, le notaire officiera demain en tant que conciliateur. Au fond, cette casquette entretien un lien profond avec le conseil et l'encadrement des personnes, notamment lorsque des tiraillements surgissent entre celles-ci. En réalité et plus en avant, rien ne s'oppose sérieusement à ce que le notaire s'investisse activement dans le règlement alternatif des différends, notamment en tant qu'arbitre. Simplement, des obligations spécifiques lui incomberont à ce titre.

3. Les droits et obligations

La profession de notaire est de celles dont l'exercice crée davantage d'obligations que de droits.

a. Les droits

L'envergure des missions confiées au notaire et son implication dans la formation de ses confrères expliquent ou justifient que ce dernier n'exploite que rarement et de manière isolée. Incontestablement aussi, ils offrent l'occasion de comprendre pourquoi on a dû accorder à cet officier public le droit d'habiliter un ou plusieurs de ses clercs à accomplir telle ou telle mission particulière.

[1277] NDZEUKEU A., « L'OHADA et la réforme des procédures civiles d'exécution en droit africain : l'exemple du Cameroun », *Juridis Périodique* n° 50, avril-juin 2002, p. 133 ; Nous même, *La protection du débiteur dans les procédures individuelles d'exécution*, préc., pp. 245 et s., n°s 289 et s.

[1278] FLEURIOT, « A propos de la réforme de la saisie immobilière », *Gaz. Pal.* 1996, 2, doctr., p. 904 ; Nous même, *La protection du débiteur dans les procédures individuelles d'exécution*, préc., pp. 252 et s., n°s 296 et s.

Sont concernés au premier chef les premiers clercs. Le notaire titulaire devrait pouvoir leur confier le soin de recevoir les personnes qui s'adressent à lui et de recueillir leur signature. Toutefois, il peut arriver et il arrive fréquemment qu'un client entende préserver un minimum de confidentialité dans une affaire particulière. La loi lui permet alors de s'opposer à l'exercice du droit de déléguer et par contrecoup, impose de recevoir le client puis de recueillir lui-même sa signature[1279].

Sont ensuite concernés les clercs et les personnes employées dans l'étude. Ceux-ci peuvent, très exceptionnellement, bénéficier d'une habilitation leur conférant le droit de recueillir des signatures[1280], de délivrer des expéditions[1281]. En pareille occurrence, l'acte dressé devra notamment être signé par le clerc et porter des mentions renseignant au sujet de son identité et de l'habilitation qui lui confère le pouvoir d'agir.

L'intervention des clercs et autres bénéficiaires d'un mandat spécial suppose cependant que des précautions soient préalablement observées. Elles se traduisent par la communication d'un exemplaire de l'acte d'habilitation au greffe du tribunal du ressort, au procureur général près la Cour d'appel et au bureau de la chambre professionnelle des notaires. Lorsque le mandat confère le droit de signer des documents, il va de soi qu'un spécimen de la signature devra être transmis à ces mêmes autorités[1282]. Très logiquement, l'habilitation est révocable à tout moment et, en tout état de cause, a vocation à prendre fin avec la cessation des fonctions du notaire ou du clerc qui l'a obtenu. Cela se comprend d'autant plus que le clerc exerce ses fonctions sous le couvert de la responsabilité civile du titulaire de la charge[1283].

Le secret de ce que l'on qualifie d' « affaires du notaire » doit être préservé. Divers mécanismes facilitent la jouissance de cette prérogative. Dans un premier temps, le pouvoir lui est attribué de refuser de se dessaisir des minutes relatives aux actes reçus par ses soins. Ensuite, son office est personnel, incessible, insaisissable[1284]. La juste conséquence en est que le notaire est en droit de refuser de délivrer des grosses ou des expéditions à des personnes autres que celles qui y sont directement intéressées par l'acte en cause ; que la loi lui permet de ne pas toujours de dévoiler à des tiers le contenu des actes en sa possession[1285]. De même, les créanciers de ce dernier

---

[1279] Article 28 (1).

[1280] Article 28 (2).

[1281] Article 42 (1).

[1282] Voir notamment les articles 29 et 42.

[1283] Article 29 (1).

[1284] Article 4 (3).

[1285] Après la loi pénale, la loi n° 2024/001 du 24 juillet 2024 régissant les archives au Cameroun est venue remettre en cause quelques aspects de cette confidentialité consacrée de longue date. En effet, il y est décidé :
- Que les archives sont des documents ou des données, quels que soient leur date, leur nature, leur forme, leur support et lieu de conservation, produits ou reçus par une personne physique ou morale ou par tout service ou organisme public ou privé dans l'exercice de ses activités ; que ces

ne devraient pas pouvoir mettre sous l'autorité de la justice des biens de l'office notarial, encore moins des sommes d'argent logées dans des comptes professionnels ouverts au profit de la clientèle *(CCJA, arrêt n° 012/2014, 27 fév. 2014, Maître Sérigne Mbaye Badiane c. Maître Aïssatou Gueye Diagne, http://www.ohada.org*[1286] *; arrêt n° 020/2002, 31 oct. 2002, Yapo Yapo Gérard et autres c. Maître Denise-Richmond Marcelle, Rec. n° 3 spécial, janv. 2003, pp. 35 et s.*[1287] *; Cass. Com., 5 juin 2024, n° 23-10.954, Contentieux-Procédure, 4*

---

documents et données sont conservés dans l'intérêt public, tant pour des besoins de gestion et de justification des droits des personnes physiques ou morales que pour la documentation historique (article 2) ;
- Que les archives sont tantôt privées, tantôt publiques. Cette dernière catégorie regroupe entre autres les documents relatifs aux audiences publiques devant les juridictions de toute nature, y compris les enregistrements audiovisuels et sonores présentant un intérêt pour la constitution des archives historiques de la justice ; les minutes et répertoires des officiers publics ou ministériels (articles 3 et 4) ;
- Que les archives publiques peuvent être consultées à tout moment par toute personne intéressée qui en fait la demande. Qu'à cela ne tienne, sous réserve des dispositions législatives ou réglementaires spécifiques ou des mesures d'ordre public, ne sont communicables au public après l'expiration d'un délai de 30 ans à compter de la clôture du dossier que les archives relatives notamment au *« secret des délibérations du gouvernement et des autorités relevant du pouvoir exécutif, du pouvoir législatif et du pouvoir judiciaire… »*. Le délai de communication au public est porté à 100 ans pour *« les documents relatifs aux affaires portées devant les juridictions, y compris les décisions de grâce, pour les minutes et répertoires des notaires »* ; *« les documents relatifs aux enquêtes réalisées par les services de la police judiciaire, aux affaires portées devant les juridictions, sous réserve des dispositions particulières relatives aux jugements et à l'exécution des décisions de justice dont la communication porte atteinte à l'intimité des personnes »* (article 22) ;
- Que l'organisme public en charge de la gestion du système national d'archivage peut, après avis de l'administration ou de l'organisation dont sont issues les archives, autoriser leur consultation avant l'expiration des délais prescrits ; cette consultation n'est assortie d'aucune restriction, sauf disposition expresse de l'acte d'autorisation (article 23).

1286: Dans cette affaire, il est reproché à l'arrêt attaqué d'avoir méconnu la loi en jugeant qu'un compte ouvert dans les livres d'une banque intitulé « Maître Sérigne Mbaye Badiane, notaire intérimaire de la charge de Dakar 2 » n'est pas un compte spécial au sens de l'article 80 du décret 2002-1032 et ne saurait bénéficier de l'insaisissabilité de l'article 27 du décret précité. Le point de vue de la CCJA est exprimé en ces termes : « *Attendu que l'article 27 alinéa 3 du décret 2002-1032 du 15 octobre 2002 dispose que « la charge de notaire, comme l'ensemble de ses valeurs d'exploitation est insaisissable comme participant au fonctionnement du service public » et l'article 80 alinéa 7 dispose qu'« il pourra être crée un compte spécial destiné à recevoir les fonds détenus par les notaires pour les transactions » ;*
Attendu que la Cour d'appel pour débouter le demandeur de sa prétention a motivé sa décision comme suit : « (…) qu'il résulte de la sommation adressée à la BIS que le compte bancaire sur lequel a été pratiquée une saisie-attribution de créance a été ouvert au nom de Maître Sérigne Mbaye Badiane, notaire intérimaire de la charge de Dakar 2 ; que cet intitulé reflétait un caractère plus personnel que professionnel du compte ; qu'en effet, pour être considéré comme le compte spécial prévu par l'article 80 du décret 2002-1032 du 15 octobre 2002 modifiant le décret n° 79-1029 du 5 novembre 1979 fixant le statut des notaires et qui pourrait seul bénéficier de l'insaisissabilité prévue par l'article 27 du même décret, le compte litigieux aurait dû être plutôt ouvert au nom de l'étude du notaire Maître Sérigne Mbaye Badiane » ;
Attendu qu'en refusant au compte le caractère professionnel au motif que seul le compte spécial visé à l'article 80 bénéficie du régime de protection de l'article 27 alinéa 3, le juge d'appel a ajouté auxdites dispositions une condition qu'elles ne comportent pas ; que pour cette mauvaise application, l'arrêt déféré encourt la cassation ; qu'il y a lieu donc de casser l'arrêt attaqué, évoquer et statuer… »

1287 Dans cet autre arrêt qui fera date, la CCJA estime à juste titre, à propos du premier moyen soumis à son examen : « *Attendu qu'il est fait grief à l'arrêt attaqué d'avoir manqué de base légale*

juil. 2024, note ADELINE A.). Même dans les cas de figure marginaux où des atteintes sont portées à ces exigences, celles-ci sont fortement encadrées afin de ne pas vider ces privilèges de leur substance[1288]. Ainsi en va-t-il lorsque les parties expriment le souhait de se voir délivrer une minute. Non seulement cela n'est possible que lorsqu'elles le requièrent expressément ; mais cela ne concerne que des actes rigoureusement limités à l'instar des certificats de vie, des procurations, des actes de notoriété, des quittances de fermage, de loyers ou de salaires, des arrérages de pensions ou de rentes[1289]. Ainsi en va-t-il aussi lorsque le requièrent le président de la juridiction du ressort et plus globalement, les courts ou les tribunaux[1290]. Ainsi en va-t-il lorsqu'une requête est formulée par l'administration publique ou par l'une de ses excroissances auxquels le secret des affaires est rarement opposable[1291].

---

résultant de l'absence, de l'obscurité ou de la contrariété des motifs en ce que la cour a retenu l'argumentation de Maître Denise-Richmond Marcelle tendant à dire qu'elle ne saurait être concernée qu'en sa qualité d'administrateur de l'étude de Maître Amon Kouassi Richard et, qu'au surplus, il n' y a pas lieu de faire une distinction entre ses comptes personnels et professionnels, alors que d'une part, la saisie litigieuse ayant été pratiquée en exécution de l'arrêt définitif n° 97 du 27 janvier 2000 qui a condamné Maître Denise-Richmond Marcelle, la cour ne pouvait ordonner la mainlevée de ladite saisie sans apprécier au préalable le caractère personnel ou professionnel des comptes saisis et, d'autre part, elle n'avait pas dit en quoi les comptes de Denise-Richmond Marcelle seraient insaisissables alors qu'il existe contre elle une décision revêtue de l'autorité de la chose jugée l'ayant condamnée au paiement des sommes, objet de saisies ;
Mais attendu qu'en se fondant sur le fait que Denise-Richmond Marcelle a été condamnée en sa qualité d'administrateur de l'étude de Maître Amon Kouassi Richard et que les requérants ont reconnu depuis les 10 et 16 mars 1999 il y a eu passation de charge (...) pour ordonner la mainlevée de la saisie-attribution pratiquée entre les mains de la SGBCI le 24 mars 2000, la Cour d'appel a, contrairement aux allégations des demandeurs au pourvoi, motivé sa décision et a donné une base légale à celle-ci ; qu'il s'ensuit que le premier moyen n'étant pas fondé doit être rejeté … »
Le second moyen va dans le même sens. L'auguste juridiction y retient : « *Mais attendu que contrairement à ce que soutiennent les requérants, la Cour d'appel n'a en aucun moment dit que les biens de Maître Denise-Richmond Marcelle étaient insaisissables ; qu'elle a plutôt considéré « que la condamnation dont l'exécution est entreprise concerne Maître Denise-Richmond Marcelle en sa qualité d'administrateur de l'étude de Maître Amon Kouassi richard et que depuis les 10 et 16 mars 1999 il y a eu passation de charge entre Maîtres Denise-Richmond Marcelle et Fanny Aïssatou Koné relativement à l'administration de l'étude (…) ; que le premier juge a méconnu le droit en statuant comme il l'a fait et que par conséquent il y a lieu d'ordonner la mainlevée de la saisie-arrêt pratiquée entre les mains de la SGBCI le 24 mars 2000 » ; que la Cour d'appel, en statuant comme elle l'a fait n'a en rien excédé ses pouvoirs ; qu'il s'ensuit que le second moyen n'est pas davantage fondé et doit également être rejeté »*.

[1288] Sur le sujet, lire notamment FOURMENT V., « Le droit à la preuve confronté à la protection du secret des affaires : exception au principe ou droits concurrents ? », *D.* 2025, pp. 289 et s. ; KLEIN J., « Le secret professionnel de l'avocat ne fait pas en soi obstacle au prononcé de mesures d'instruction in futurum », *RTD civ.* 2024. 193 ; NGO NDJIGUI R.Y., op cit., pp. 90 et s., n°s 117 et s., mais aussi les pages 287 et s., n°s 424 et s.

[1289] Article 37, décret du 24 février 1995.

[1290] Articles 37 (2), 40 (2 et 3), décret du 24 février 1995.

[1291] Voir dans cet ouvrage les développements consacrés au porteur de contraintes, mais aussi ceux relatifs à la loi n° 2023/010 du 25 juillet 2023 régissant les garanties et le recouvrement des créances par les entités publiques bénéficiaires du privilège du trésor, etc. Lire ADELINE A., « La protection du secret des affaires mise à mal par le droit à la preuve », note sous Cass. Com. 5 juin 2024, n° 23-10.954, *Contentieux-Procédure*, 4 juil. 2024.

Le notaire a droit à des « émoluments ». Le tarif de ses actes, issu du décret du 28 février 1995[1292], révèle que ceux-ci sont tantôt fixes, tantôt proportionnels. A ce noyau dur se greffent des rémunérations spéciales, notamment s'agissant d'abandons de biens, d'acquiescement, d'actes complémentaires, d'affectations hypothécaires, d'affiches et d'insertions, d'arbitrages ou d'expertises, d'assurances, de baux, de louages d'ouvrages et d'industrie, de cautionnements, de cessions de parts ou de titres sociaux, de consignations, dations en paiement, délégations...[1293]. Cet arsenal est complété par diverses indemnités, notamment celles dues au titre des frais de transport lorsque l'auxiliaire de justice est obligé de se transporter à plusieurs kilomètres du siège de son étude pour un acte relevant de son ministère[1294]. S'y ajoutent, entre autres, le droit au remboursement de frais accessoires touchant à la papeterie ou au matériel de bureau, les sommes dues à des tiers et acquittées pour le compte des clients par le notaire à l'instar des droits d'enregistrement et de timbre, des taxes hypothécaires, cadastrales, domaniales, les émoluments dus à d'autres officiers publics ou ministériels[1295] *(pour une illustration du droit aux honoraires mis en œuvre à travers la saisie conservatoire des biens du client, voir TPI Garoua, ordonnance n° 09/R, 16 janv. 2002, Maître Kamté Neossi et Maître Denise Deffo Bakam c. Maître Bruno Mbongue Eboa et autres, Juridis Périodique n° 57, janv.-mars 2004, p. 67, obs. NDZUENKEU A., pp. 48 et s. Adde : Civ. 1ère, 12 fév. 2002, M. X... c. Société civile professionnelle Y..., Bull., fev. 2002, p. 41, n° 53).*

L'existence de ce tarif soulève des interrogations.

La première de ces préoccupations est celle de savoir si l'on est recevable à imaginer que les services du notaire ne puissent générer aucune dépense à la charge de l'individu s'étant adressé à lui ou, encore, que les sommes à exposer soient inférieures à celles énoncées dans le tarif. C'est qu'une lecture au second degré de l'existence d'un « tarif des actes notariés » incline à penser qu'aucun de ceux-ci n'est accompli gratuitement. A

[1292] Modifié par le décret n° 2019/344 du 9 juillet 2019 modifiant et complétant les dispositions du point 167 du Tableau du tarif annexé au décret n° 038 du 28 février 1995 fixant le tarif des actes notariés. Il y est résolu que les prévisions du point 167 sont désormais celles-ci :
- S'agissant de l'acte de société, les émoluments s'élèvent à 10 000 lorsque le capital est compris entre 100 000 et 999 999, à 2% dans la fourchette de 1 000 000 à 3 000 000, à 1,5% dans la fourchette de 3 000 001 à 10 000 000, à 1% dans la fourchette de 10 000 001 à 25 000 000, à 0,5% dans l'intervalle 25 000 001 à 50 000 000, à 0,25% au-dessus de 50 000 000.
- S'agissant de la déclaration de souscription du capital, lorsque l'acte a été reçu à l'étude du notaire, les émoluments sont fixes. Au cas où ceux-ci sont reçus dans une autre étude, ils correspondent à ce qui aurait été perçu sur l'acte de société. Enfin, et pêle-mêle, s'agissant de l'augmentation du capital ou de la prorogation de la société, ils sont les mêmes que ci-dessus ; s'agissant de la prorogation de la société, ils sont la moitié de ce qui est servi pour l'acte de société ; pour la dissolution de la société, ils sont fixes, hors mis le cas où il y a lieu à émolument proportionnel à raison des conventions que renferme l'acte.

[1293] A propos du détail, Cf. l'annexe au décret du 28 février 1995 fixant le tarif des actes notariés.

[1294] Article 2. Lire KENMOGNE POLLA V., *La pratique des dépens en droit processuel camerounais*, op cit., pp. 43 et s.

[1295] Voir l'annexe au décret du 28 février 1995 précité fixant le tarif des actes notariés.

l'examen, la réalité est loin d'être celle que cette réflexion suggère spontanément. A titre d'exemple, le tarif précité décide, lorsqu'un certificat d'indigence délivré par une autorité compétente est produit, que tout acte relatif au mariage de celui qui le produit doit être reçu gratuitement. Pareillement, les actes à recevoir au profit de personnes bénéficiaires de l'assistance judiciaire ne requièrent aucun frais supporté par elles lorsque ces derniers doivent être visés, timbrés et enregistrés en débet[1296]. Les notaires ont la latitude de consentir une remise de la totalité des émoluments afférents à quelques actes, singulièrement ceux reçus ou dressés à l'occasion de la même affaire[1297]. Lorsqu'un acte unique regroupe différentes conventions dérivant ou dépendant les unes des autres, il n'est perçu d'émoluments que sur le principal[1298], ce qui signifie à rebours que l'accessoire est en quelque sorte gratuit. Enfin, et en cascade, les sommes d'argent versées au titre d'émoluments devront être restituées au cas d'annulation imputable à une négligence ou à une faute du notaire[1299] ; lorsqu'un délai aura été imparti au notaire commis par la justice pour accomplir un acte ou une série d'actes relevant de son ministère, le montant des émoluments consignés dans le barème officiel sera réduit de moitié au cas où la mission n'est pas effectuée dans les délais du fait du notaire, des trois quarts si d'aventure le double dudit délai expire[1300].

La deuxième des interrogations, traditionnelle, est celle de savoir si l'inventaire des émoluments est exhaustif. Paradoxalement, la réponse est gravée dans le « tarif des actes notariés ». Il y est écrit : « *Pour les actes relevant de la profession de notaire et qui ne sont pas compris dans le tarif, ainsi que pour les services rendus dans l'exercice de fonctions accessoires que les notaires sont dûment autorisés à remplir, les frais et honoraires sont, à défaut de règlement amiable entre le notaire et les parties et sauf opposition à taxe, taxés par le président du tribunal* »[1301]. Le sens de la formule est univoque. La liste des actes tarifiés ouvrant droit à des émoluments est indicative. Lorsqu'une opération est passée que le tarif ne régit pas, la rétribution de l'officier public est librement négociée avec le client. A supposer que les protagonistes ne s'accordent pas sur le prix à payer, le bureau de la chambre professionnelle pourrait être mis à contribution. La proposition émanant de celle-ci pourrait néanmoins être contestée. La décision ultime appartiendra alors au président du tribunal de première instance du ressort de l'étude. La règle ne se limite pas aux frais proprement dits. Elle s'étend aux « honoraires » du notaire, à condition toutefois que ceux-ci soient la contrepartie de

[1296] Article 21, tarif des actes notariés.
[1297] Article 9, tarif.
[1298] Article 11, tarif.
[1299] Article 10, tarif.
[1300] Article 17, tarif.
[1301] Article 4, tarif des actes notariés.

missions que l'officier public est « dûment autorisé à remplir »[1302] *(Civ. 1ère, 12 fév. 2002, M. X… c. Société civile professionnelle Y…, préc.)*.

Une autre interrogation, ancienne elle aussi, est celle de savoir si les émoluments à servir demeureront ceux que prévoit le tarif lorsque le client a prêté main-forte en ébauchant tel ou tel acte. La préoccupation est appelée à s'amplifier parce que de nombreux textes tendent à accorder aux parties la latitude de dresser elles-mêmes certains actes quitte à les soumettre *a posteriori* à la formalité de l'enregistrement confiée au notaire. C'est notamment le cas s'agissant des statuts des sociétés commerciales qui ne sont plus obligatoirement rédigés par le notaire, donc peuvent être sous seing privé[1303]. Pendant longtemps, on a estimé, dans l'attente de l'éclairage des tribunaux et surtout du législateur, qu'il n'est pas saugrenu d'envisager que le montant des émoluments soit celui que versent des personnes n'ayant fourni aucun effort particulier pour les besoins de la mise au point de l'acte à formaliser[1304]. La solution a été présentée comme inique, ne serait-ce que dans la mesure où elle n'incite pas à découvrir la loi que nul ne devrait ignorer. Elle s'explique cependant par le fait que le notaire se contente rarement d'enregistrer ce qui lui est soumis ; un tri s'impose parfois ce professionnel à mettre de côté quelques-uns des éléments ou documents présentés par les parties[1305]. Quoi qu'il en soit, le constat s'impose que des doutes demeurent malgré les éclaircissements apportés par le décret n° 2019/344 du 9 juillet 2019 modifiant et complétant les dispositions du point 167 du tableau du tarif annexé au décret n° 038 du 28 février 1995 fixant le tarif des actes notariés[1306].

La quatrième interrogation porte sur le point de savoir qui recueille les émoluments lorsque le notaire exerce dans le cadre d'une société civile professionnelle. A ce sujet, il ne semble pas faire de doute que le produit de l'activité des associés est acquis de plein droit à la société[1307]. Pour autant, la répartition des dividendes n'est pas forcément proportionnelle. Quelques-

[1302] KENMOGNE POLLA V., op cit., pp. 43 et s., mais aussi les pages 67 et s.

[1303] Articles 10, 11, Acte uniforme relatif au droit des sociétés commerciales et du groupement d'intérêt économique.

[1304] La rédaction actuelle de l'article 12 du tarif des actes notariés épouse ce point de vue.

[1305] Nous même, *La justice, ses métiers, ses procédures*, L'Harmattan, Paris, 2021, p. 1124.

[1306] A l'article 1er de cet acte règlementaire, il est résolu que les prévisions du point 167 du tarif des actes notariés sont modifiées et complétées comme suit :

- S'agissant de l'acte de société, les émoluments s'élèvent à 10 000 lorsque le capital est compris entre 100 000 et 999 999, à 2% dans la fourchette de 1 000 000 à 3 000 000, à 1,5% dans la fourchette de 3 000 001 à 10 000 000, à 1% dans la fourchette de 10 000 001 à 25 000 000, à 0,5% dans l'intervalle 25 000 001 à 50 000 000, à 0,25% au-dessus de 50 000 000.
- S'agissant de la déclaration de souscription du capital, lorsque l'acte de société a été reçu à l'étude du notaire, les émoluments sont fixes. Au cas où celui-ci a été reçu dans une autre étude, ils correspondent à ce qui aurait été perçu sur l'acte de société. Enfin, et pêle-mêle, s'agissant de l'augmentation du capital ou de la prorogation de la société, les émoluments sont les mêmes que ci-dessus ; s'agissant de la prorogation de l'entreprise, ils sont la moitié de ce qui est servi pour l'acte de société ; pour la dissolution, ceux-ci sont fixes, à moins qu'il y ait lieu à émolument proportionnel à raison des conventions que renferme l'acte.

[1307] Article 73 (2).

uns peuvent même estimer qu'une répartition inversement proportionnelle est encouragée *(voir Civ. 1ère, 12 fév. 2002, M. X... c. Société civile professionnelle Y..., préc.)*. A l'appui d'une telle lecture, ils ne manqueront pas de remarquer que le loisir est donné aux sociétaires, à tout moment, de solliciter une « individualisation » des écritures passées par eux, de se faire délivrer une copie des écritures comptables de l'entreprise[1308]. L'attention pourrait également être attirée sur le fait que la société est tantôt créée par un notaire titulaire avec des premiers clercs, tantôt par un notaire expérimenté avec de jeunes confrères. Il est illusoire, en semblable occurrence, de songer à une répartition égale du produit de l'activité notariale.

La cinquième préoccupation est relative à l'identification du bénéficiaire des émoluments et honoraires lorsque la gestion d'une étude a été confiée à un intérimaire du fait d'une cessation temporaire de fonctions. Ici également, l'ambigüité a heureusement été levée. Effectivement, une solution a été esquissée qui veut, lorsqu'une gestion provisoire s'ouvre, que celui qui a la charge de l'étude ait droit à la moitié des émoluments et honoraires alloués aux notaires conformément au tarif en vigueur[1309]. On le comprend vite, les charges générées par le fonctionnement de l'étude sont préalablement imputées ; l'autre moitié des émoluments et honoraires revient automatiquement au titulaire de la charge. Il n'en va autrement que lorsqu'une charge est vacante à la suite d'un décès. En effet, le notaire constitué dépositaire des minutes de l'étude dans ces circonstances a droit à la moitié des produits nets de celle-ci, « sauf convention contraire »[1310]. Le reste est alors versé aux ayants droit de l'officier public décédé.

Une chose est constante, c'est que le paiement de la rétribution du notaire est garanti par ce droit de rétention qui lui est expressément reconnu. La précision est cependant apportée que ce droit ne saurait être invoqué pour obtenir le paiement forcé de ces honoraires que le notaire peut parfois négocier librement, notamment lorsque l'acte à accomplir n'est pas répertorié dans le tarif des actes de son ministère[1311]. La prérogative ne devrait pas faire illusion. Le droit au paiement des sommes dues pour les actes relevant de cet officier public se prescrit par cinq ans à compter de la date de ces actes ou du jour du décès s'agissant de ceux dont les effets ne se produisent qu'à compter de la mort de leurs auteurs[1312].

Un autre droit du notaire est celui à une carte professionnelle[1313]. D'une validité de dix ans, le document est établi par le Garde des sceaux. Théoriquement, l'officier public devrait porter sa carte et la présenter à

[1308] Article 75.
[1309] Article 56 (2).
[1310] Article 20.
[1311] KENMOGNE POLLA V., op cit., pp. 66 et s.
[1312] L'exigence est ancienne. On la retrouve à l'article premier de la loi du 24 décembre 1897 relative au recouvrement des frais dus aux notaires, avoués et huissiers.
[1313] Article 111.

toute réquisition provenant d'agents de l'administration. Au-delà, il est même envisagé qu'elle soit présentée aux personnes intéressées par ses services et qui souhaiteraient avoir la conviction de traiter avec un officier public ayant compétence pour passer les opérations qui les intéressent[1314]. On peut y voir comme une obligation de présenter la carte professionnelle dans ces circonstances.

b. Les obligations

Le notaire est tenu de résider dans le ressort de la juridiction à laquelle son acte de nomination le rattache. Sans surprise, interdiction lui est faite d'instrumenter en dehors de ces limites, de dresser des actes relatifs à des personnes ou à des biens situés hors de ce ressort[1315] *(CA de l'Ouest, arrêt n° 10/Civ., Tsobny Panka Paul et Dame Tsobny c. Société de recouvrement des créances du Cameroun, Juridis Périodique n° 78, oct.-déc. 2008, pp. 73 et 74, obs. ASSONTSA R. ; TGI de Douala, n° 246, 15 janv. 1998, Etat du Cameroun c. ONCPB, SMIC, Maître Etoke Joël, Maître Iya Soulemanou, Sodecoton, préc.).*

Le cantonnement territorial de l'activité de cet officier public se justifie par le souci qu'on a eu, à l'origine, de le rattacher à un espace dont les contours lui sont familiers. On pensait effectivement que le « gentilhomme à qui appartient le sceau » ne peut au mieux exercer ses fonctions sans avoir un bon aperçu du terroir où celles-ci seront exercées et singulièrement des personnes qui y sont établies, des biens qui s'y trouvent, des usages y ayant cours. A une époque on a estimé que la limitation territoriale de l'office du notaire est dominée par le souci d'éviter que le contrôle de son activité n'échappe au juge et à l'Etat. Et ce contrôle a semblé capital, car le notaire se range dans la catégorie très réservée de ceux qui accèdent au détail du patrimoine des personnes et dont les fonctions sont étroitement en rapport avec l'économique d'une région ou d'un pays[1316]. La suite va sans dire. Tout acte dressé en violation de cette prescription est « nul et de nul effet » ; la responsabilité du notaire peut du reste être engagée aux plans civils et disciplinaires et aboutir à la sanction radicale de la destitution[1317] *(CA de l'Ouest, arrêt n° 10/Civ., Tsobny Panka Paul et Dame Tsobny c. Société de recouvrement des créances du Cameroun, préc. ; TGI de Douala, n° 246, 15 janv. 1998, Etat du Cameroun c. ONCPB, SMIC, Maître Etoke Joël, Maître Iya Soulemanou, Sodecoton, préc.).*

Inévitablement, l'exigence se devait d'être adoucie. Trois voies ont été empruntées pour y parvenir. Tout d'abord, compte tenu de ce que nombre d'arrondissements au Cameroun ne comportent pas de tribunaux de première instance autonomes, le ressort des uns couvre assidûment

---

[1314] Article 113 (3).

[1315] Article 5 (1), 48 (1).

[1316] LEVY J.-P., CASTALDO A., *Histoire du droit civil*, op cit., p. 852, n° 584.

[1317] Article 48 (2, 3).

plusieurs de ces unités administratives[1318]. Du coup, l'exercice de la profession de notaire épouse les contours de cette extension de compétence. La précaution est toutefois prise d'exclure qu'un notaire en arrive à établir des actes relevant de sa profession au-delà des limites du territoire de la Cour d'appel de rattachement de son office[1319]. Ensuite, et par souci de cohérence, il a fallu prévoir, lorsque l'acte principal intéressant une personne physique ou morale comporte des conséquences juridiques sur des biens situés dans les ressorts de juridictions différentes qu'un notaire peut tout seul recevoir les actes concernant ces biens éparpillés. Simplement, une autorisation du ministre de la justice doit préalablement être sollicitée et obtenue[1320]. Enfin, il a été décidé d'autorité que lorsque le montant des émoluments excède 20 000 000 de francs CFA s'agissant d'actes concernant les administrations publiques, les collectivités territoriales, les entreprises du secteur public et parapublic, plusieurs notaires du ressort d'une Cour d'appel doivent être impliqués. Le nombre d'officiers publics appelés à instrumenter est alors fixé à raison d'un notaire par tranche supplémentaire même incomplète de dix millions de francs[1321]. Même implicitement, on comprend alors la profondeur de ce jugement du tribunal de grande instance de Douala n° 246 du 15 janvier 1998, affaire Etat du Cameroun contre ONCPB, SMIC, Maître Etoke Joël, Maître Iya Soulemanou, Sodecoton où sont développées les idées suivantes s'agissant de la validité d'un acte notarié (n° 145 du 13 septembre 1994) : *« Attendu, sur le lieu de signature de l'acte litigieux, qu'il résulte explicitement de celui-ci, en son troisième rôle, qu'il a été successivement fait et passé à Douala et Garoua, en l'étude des notaires soussignés ;*

Que cette seule mention qui prévaut sur les simples supputations de l'Etat et de la Sodecoton, fait échec au grief tiré de la prétendue violation de compétence territoriale par l'un ou l'autre des deux notaires instrumentaires ;

Qu'au surplus, la signature à Douala et à Garoua d'un même acte, le même jour est loin de relever de l'utopie, au regard du réseau national des voies de communication existant ;

Attendu par ailleurs qu'en raison de leur nature essentiellement mobilière, les actions litigieuses pouvaient valablement être cédées en tout lieu, à la convenance de leur titulaire (…) ; (…) que les vices allégués contre l'acte notarié querellé sont tous inopérants »[1322].

Là n'est pas la seule contrainte imposée au notaire dans l'exercice de son métier. Des interdictions lui sont adressées sous les articles 21, 53, 74 et 83

1318 Voir la carte judiciaire insérée dans les rapports 2020 (paru à Yaoundé en 2022), 2021 et 2022 (parus à Yaoundé en 2023) du Ministère de la justice sur l'Etat des droits de l'homme au Cameroun.
1319 Articles 47 (2) et 48 (1).
1320 Article 48 (4).
1321 Article 49.
1322 *Juridis Périodique n° 36*, oct.-déc.1998, pp. 41 et s., note SOUOP S.

du décret n° 95/034 du 24 février 1995 portant statut et organisation de la profession[1323]. Elles révèlent qu'il ne lui est pas permis :

- De manière directe ou indirecte, de se livrer à des opérations de spéculation de bourse, de commerce, de banque, d'escompte, de courtage *(implicitement, TGI de Douala, jugt. n° 151, 21 janv. 1991, T.M.P. c. N.J.C., Juridis Info n° 13, janv.-mars 1993, p. 47, note NYAMA J.M.)* ;

- De souscrire sous quelque prétexte que ce soit, par lui-même ou par personne interposée des lettres de change ou des billets à ordre[1324] ;

- De s'immiscer dans l'administration des entreprises commerciales en particulier *(TGI de Douala, jugt. n° 151, 21 janv. 1991, T.M.P. c. N.J.C., préc.)* ;

- De se livrer, même indirectement, à des activités de spéculation sur des immeubles et se traduisant par des achats en vue de reventes ;

- De recevoir des actes contenant des dispositions en sa faveur ou pire encore, d'avoir un intérêt dans les affaires pour lesquelles son ministère est prêté ;

- D'instrumenter au profit de parents ou d'alliés en ligne directe à tous les degrés et en ligne collatérale jusqu'au degré d'oncle ou de neveu inclusivement, y compris dans l'hypothèse de l'exploitation dans le contexte d'une société civile professionnelle *(TGI de Douala, jugt. n° 151, 21 janv. 1991, T.M.P. c. N.J.C., préc.)* ;

- De retenir, même en cas d'opposition des sommes d'argent qui doivent être versées par lui au trésor public lorsque des lois et des règlements l'exigent ;

- De conserver par-devers lui, au-delà de trois mois, des sommes d'argent détenues pour le compte de tiers. Dans l'hypothèse exceptionnelle où cette durée doit être excédée, la précision est apportée que la demande écrite du client s'impose, que le procureur de la République doit urgemment en être informé, que les sommes d'argent en cause sont à conserver dans le compte client qu'il est tenu d'ouvrir et que la conservation ne saurait excéder une nouvelle période de même durée que la précédente[1325] *(même tacitement, CS, arrêt n° 13, 19 oct. 1965, Massoma Peh Samuel c. Ministère public, Compagnie d'assurance urbaine et la Seine et Tchatchoua Jean-Pierre, Répertoire chronologique de la jurisprudence de la Cour suprême, Droit pénal, tome 1, 1960-1980, préc. ; arrêt n° 56, 4 janv. 1966, Papadopoulos c. Ebo, Répertoire chronologique de la jurisprudence de la Cour suprême, Droit pénal, tome 1, 1960-1980, préc. ; CCJA, arrêt n° 012/2014, 27 fév. 2014, Maître Sérigne Mbaye*

[1323] D'autres articles reprennent ces exigences. Il s'agit notamment des articles 26, 35, etc.

[1324] L'article 83 (5) et (9) va plus loin et lui interdit de placer en son nom personnel des fonds reçus même à la condition d'en servir des intérêts ; de recevoir ou de conserver des fonds à charge d'en servir d'intérêt, d'affecter même temporairement les sommes ou valeurs à eux confiés à un titre quelconque, à un usage auquel elles ne seraient pas destinées.

[1325] Il n'en va autrement, mentionne l'article 53 (4) que s'agissant de sommes d'argent versées au notaire à titre de provision sur frais d'actes à intervenir. Ceux-ci peuvent les conserver pendant une durée indéterminée.

Badiane c. Maître Aïssatou Gueye Diagne, http://www.ohada.org). Evidemment, ces exigences doivent être lues en parallèle avec celles de la loi n° 2008/003 du 14 avril 2008 régissant les dépôts et consignations[1326]. La raison en est que celle-ci range dans la catégorie des consignations judiciaires, entre autres, les fonds issus des règlements judiciaires et des liquidations de biens, ceux provenant de successions indivises, les sommes d'argent représentant les offres réelles, les fonds revenant à des mineurs non émancipés ou à des incapables. On retrouve sous cette même rubrique, les fonds récoltés dans le cadre de ventes sur saisie et en attente de distribution[1327]. Dans la catégorie des dépôts, elle range notamment les fonds des clients détenus par les auxiliaires de justice et singulièrement par le notaire en exécution de ses fonctions. L'exigence est ensuite énoncée qui veut que les fonds à ce jour en dépôt ou en consignation au trésor public ou dans des établissements financiers ou de crédit, en raison d'une disposition législative ou règlementaire, soient reversées à la Caisse des dépôts et consignations [1328]. Au-delà, le rituel du dépôt est strictement encadré[1329] *(en*

[1326] Complété par : le décret n°2011/105 du 15 avril 2011 portant organisation et fonctionnement de la Caisse des dépôts et consignations, en abrégé CDEC ; le décret n° 2023/08500/PM du 1er décembre 2023 fixant les modalités de transfert des fonds et valeurs dévolus à la Caisse des dépôts et consignations.

[1327] Article 5.

[1328] Article 11.

[1329] Le décret n° 2023/08500/PM du 1er décembre 2023 fixant les modalités de transfert des fonds et valeurs dévolus à la Caisse des dépôts et consignations renseigne davantage quant aux exigences s'y rapportant. Elles voudraient notamment :

- Que chaque opération de transfert des fonds et ou valeurs dévolus à la Caisse des dépôts et consignations s'accompagne de documents spécifiques liés à l'identification des bénéficiaires des ressources déposées et ou consignées et d'un fichier électronique présenté dans un format spécifique mentionnant en tant que de besoin les informations suivantes se rapportant à l'identification des bénéficiaires (avec, pour les personnes morales, un accent sur leur dénomination, nature, adresse, numéro d'identifiant unique, registre de commerce, numéro téléphone, siège social, identité du représentant légal, références bancaires ; et pour les personnes physiques, un accent sur le nom, le prénom, la nationalité, le domicile, le statut matrimonial, l'adresse, les numéros identifiant unique et de téléphone, le numéro et la date d'émission de la carte nationale d'identité ou du passeport, les références bancaires) ; le type de dépôt ou de consignations ; le montant du dépôt ou de la consignation ; la durée d'inactivité du compte ou la période durant laquelle les fonds et valeurs ne pourraient être réclamés (article 4 (1)) ;
- Que l'opération de transfert donne lieu à l'établissement préalable d'un procès-verbal signé par les parties, mais surtout à la délivrance d'un récépissé de transfert et le cas échéant un avis de débit ou de crédit. Dans l'hypothèse d'un transfert des fonds par chèque ou par virement, le récépissé de transfert doit être délivré dans les 24 heures suivant la date du crédit du compte de la CDEC article 4 (2 et 3)) ;
- Que les fonds ou valeurs à transférer sont en numéraire ou en titres financiers ; les établissements bancaires et les compagnies d'assurance sont obligés de clôturer les comptes avant le transfert des soldes créditeurs des comptes à vue, des comptes courants, des comptes d'épargne et des assurances en déshérence (article 5) ;
- Que les fonds et valeurs transférés à la Caisse des dépôts et consignations à la fin de ce processus sont conservés dans le délai légal et font l'objet d'une restitution a première demande du bénéficiaire. Toujours est-il qu'après 30 ans sans manifestation ni du bénéficiaire ni de ses ayants-droits, la CDEC reverse définitivement ces fonds et ou valeurs a l'Etat au titre de la déchéance trentenaire (article 6) ;

ce sens, voir not. TCS, arrêt n° 002/CRIM/TCS, 7 fév. 2020, Ministère public et Etat du Cameroun-Ministère des finances c. Mbia Emmanuel, Maale Ngoumé épouse Toué Toué Salomé, Nkenmouo Alphonse, Mekou Moumeni Alain Raoul et autres, Recueil des arrêts du tribunal criminel spécial, tome 4, pp. 419 et s. Tacitement, voir CCJA, arrêt n° 099/2021, 27 mai 2021, Maître Amegbo Ablamvi à Sieur Bechada Jamito et autres, Société CSSC Guangzou Huangpu Shipbuilding Co Ltd, Société Sicuro Sa et autres, http://www.ohada.org) ;

- De placer en son nom personnel des fonds reçus des clients, de les conserver ou de les affecter à un usage différent de celui auquel ils sont destinés ;

- De se constituer garant ou caution des crédits qui auraient été consentis par son intermédiaire ou pour lesquels il a été sollicité pour constater par acte public ou privé ;

- D'exiger des clients le paiement de sommes d'argent supérieures aux tarifs en vigueur ;

- De se garder d'annexer aux actes reçus soit les originaux signés par les parties, soit la traduction certifiée par un interprète assermenté de documents provenant d'autres officiers publics et auxquels les nouvelles conventions renvoient ;

- De se garder d'exposer dans son étude un tableau dévoilant les sujets de droit qui, dans le ressort de sa juridiction de rattachement, bénéficient de l'assistance d'un conseil judiciaire ;

De toute évidence, d'autres contraintes s'imposent au notaire dans l'exécution de ses missions. Au rang de celles-ci se trouvent les obligations inhérentes au contenu même des actes que cet officier public dresse quotidiennement. A ce sujet, il est exigé[1330] :

- Que passé le délai de 30 ans précité, la Caisse des dépôts et consignations est habilitée à commander des audits externes ou à procéder à des missions de vérification sur pièce et sur place de l'exhaustivité des fonds ou valeurs détenus afin de s'assurer de la sincérité des dépôts. Il ne peut être opposé aux agents assermentés de la CDEC commis à cet effet le secret professionnel ; les fonds ou valeurs détenus et découverts au cours d'une mission de vérification ou d'audit sont transférés dans un délai de 30 jours après mise en demeure. Tout transfert dévolu à la CDEC, qui intervient au-delà des délais règlementaires ouvre droit au paiement à la Caisse d'un intérêt de retard calculé au taux de la facilité de prêt marginal (TPFM) de la Banque des Etats de l'Afrique Centrale, majoré de deux points (article 7) ;
- Qu'en cas de non-respect des obligations de transfert des fonds ou valeurs dévolus à la Caisse des dépôts et consignations, le directeur général procède au recouvrement des sommes dues par toutes les voies de droit (article 8) ;
- Que des modalités particulières de transfert peuvent être établies d'accord parties avec l'entité agissant en qualité de dépositaire ou de consignataire, après transmission par ce dernier à la Caisse de l'état exhaustif des fonds ou des valeurs détenus ou déposés en consignation. A la demande les personnes physiques ou morales éligibles, le recours aux modalités particulières des transferts s'effectue à l'appréciation du directeur général de la caisse. S'il s'agit des établissements de établissements de crédit ou de microfinance, le transfert de ce qui est dévolu à la CDEC s'effectue selon le cas dans un compte ouvert dans leurs livres au nom de la Caisse (article 9).

[1330] Articles 33, 35, etc.

- Que ceux-ci comportent des indications pouvant faciliter l'identification de l'officier public qui les dresse, en particulier que l'on y retrouve ses nom, prénoms, lieu de résidence ;

- Que l'on y retrouve des mentions susceptibles de rendre aisée l'identification de leur espèce ou, si l'on préfère, de leur nature *(voir not. CCJA, arrêt n° 060/2016, 19 mai 2016, Kuadjovi Ayédewu Kuaovi Alexandre c. Klousseh Komlanvi Michel et Akapo Solo, http://www.ohada.org)* ;

- Qu'il y soit mentionné des renseignements permettant de savoir de prime abord la date de leur établissement et que l'on y retrouve énoncés en toutes lettres, l'identité de ceux qui y prennent part, leur qualité, leur domicile, ainsi que ceux des témoins lorsque ceux-ci sont sollicités *(CA du Littoral, arrêt n° 111/C, 1er sept. 2008, Bibéhé Alphonse c. Commercial bank of Cameroon, dite CBC, OHADA, jurisprudences nationales, préc., pp. 119-120. Voir également CCJA, arrêt n° 144/2017, 29 juin 2017, Mamadou Doukouré et Société new market Sarl c. Banque crédit du Congo, préc.)* ;

- Que ces derniers soient écrits à la main ou encore dactylographiés, imprimés, lithographiés ou typographiés au moyen d'une encre noire indélébile ;

- Que ceux-ci soient écrits en un seul et même contexte, lisiblement, sans abréviation ni blanc, surcharge ou addition ;

- Que l'on y retrouve les signatures du notaire, des parties, des témoins. Lorsque les principaux concernés déclarent ne pas savoir ou pouvoir signer, leurs propos sont consignés dans le document à dresser. Deux témoins les remplacent dans cet exercice non sans que leurs empreintes digitales y aient été apposées. Au cas où l'une des personnes intéressées s'exprime mal en français ou en anglais, l'assistance d'un interprète assermenté est obligatoire. Le traducteur n'est ni un parent ou un allié en ligne directe à tous les degrés ou en ligne collatérale jusqu'au degré d'oncle ou de neveu inclusivement ; ni le bénéficiaire d'un legs *(CS, arrêt n° 69/CC, 11 avril 1991, Ngongang François c. Simen Zacharie et autres, Juiridis Info n° 15, juil.-sept 1993, p. 52, obs. NYAMA J.M. ; CA du Centre, arrêt n° 366/Civ., 6 juin 2007, Temgoua Martin c. Ayants-droit de feu Ndifo Marc et Dame veuve Ndifo née Kouké Anne, Juridis Périodique n° 82, avril-juin 2010, p. 66, obs. DJOFANG D.A.)* ;

- S'agissant singulièrement de ceux qui touchent aux biens immobiliers et peuvent aboutir à un transfert de propriété, qu'il y soit énoncé la nature, la situation, la contenance, les tenants et aboutissants de ces biens ainsi que les noms des précédents propriétaires et des mutations successives y relatives[1331] *(CCJA, arrêt n° 060/2016, 19 mai 2016, Kuadjovi Ayédewu*

[1331] Il n'est d'ailleurs pas superflu, aux termes du décret n° 79-07 du 13 janvier 1979 relatif aux transactions immobilières privées que le vendeur et l'acquéreur doivent s'adresser au notaire. L'article 7 de ce texte dévoile le reste : « *Le notaire doit porter à la connaissance de l'acquéreur les charges et les servitudes qui grèvent l'immeuble sous peine d'engager sa propre responsabilité, mention en est faite dans l'acte* ».

Kuaovi Alexandre c. Klousseh Komlanvi Michel et Akapo Solo, préc. ; arrêt n° 15/CC, 13 nov. 1986, Bassama Pierre c. Essomba Jean, préc. ; CA du Littoral, arrêt n° 111/C, 1er sept. 2008, Bibéhé Alphonse c. Commercial bank of Cameroon, dite CBC, OHADA, jurisprudences nationales, préc.).

Le reste concernant les éléments de contenu de l'acte notarié va de soi. Le prononcé d'une annulation en raison notamment de l'absence de l'une des mentions prescrites a vocation à provoquer un changement de nature et à le rapprocher de l'acte sous signature privée. C'est en tout cas la substance d'un enseignement consigné à l'article 1318 du Code civil. Celui-ci veut que l'acte notarié ne soit point authentique en cas d'incompétence ou d'incapacité de l'officier ministériel ou en cas de défaut de forme et que sa valeur soit celle d'un acte sous écriture privée dès lors du moins que les parties l'ont signé *(CA du Centre, arrêt n° 366/Civ., 6 juin 2007, Temgoua Martin c. Ayants-droit de feu Ndifo Marc et Dame veuve Ndifo née Kouké Anne, Juridis Périodique n° 82, avril-juin 2010, préc.*[1332] *; arrêt n° 15/CC, 13 nov. 1986, Bassama Pierre c. Essomba Jean, préc. ; CA du Littoral, arrêt n° 111/C, 1er sept. 2008, Bibéhé Alphonse c. Commercial bank of Cameroon, dite CBC, OHADA, Jurisprudences nationales, préc.).*

Au rang des contraintes imposées au notaire dans l'exercice de ses fonctions apparaissent ensuite des obligations ayant un lien étroit avec la publicité. A titre d'exemple, à l'entrée de chaque étude et au-dessus de la porte sont scellés des écussons en cuivre appelés « panonceaux » dont la forme est ronde, de 35 centimètres de diamètre, aux armes de la République[1333]. A l'intérieur de l'office et en particulier dans la pièce servant de bureau au titulaire de la charge figure impérativement la photographie du président de la République[1334]. Dans le même sens, un exemplaire du tarif des notaires doit ostensiblement être affiché dans le hall[1335]. Lors des cérémonies publiques, le notaire est tenu d'arborer ce costume que portent les huissiers de justice. De manière détaillée, et à l'attention du « maître tailleur » chargé de l'exécuter[1336], il est décidé que ce vêtement est une robe en tissu de couleur noire aux manches larges. Dépourvue d'épitoge, elle est nantie d'un rabat blanc plissé et accompagnée d'une toque de couleur similaire. Sur le côté droit de la robe, à hauteur de la poitrine, se trouve cependant un distinctif du corps. Le signe distinctif en cause est constitué d'un insigne en tissus de couleur noir, de forme ronde, ayant 80 millimètres

---

[1332] Dans cette espèce, la Cour d'appel décide que le notaire peut apposer sa signature sur un contrat constatant la vente d'un immeuble longtemps après l'avoir établi. A son sens, l'acte sur lequel la signature du praticien n'apparaît qu'après le décès de l'une des parties ne doit pas être considéré comme conclu sous signature privée ; l'acte demeure un acte authentique.

[1333] Voir l'article 2 de l'arrêté du 3 janvier 1961 déterminant le costume des notaires, les signes distinctifs des études et les conditions d'emploi des sceaux publics par les notaires.

[1334] Article 2 alinéa 2, arrêté du 3 janvier 1961, précité.

[1335] Article 25, tarif des actes notariés.

[1336] TARRADE P., « L'habit des notaires de Paris. Etude sur les origines d'une tradition », *Revue internationale de l'histoire du notariat*, n° 92, juil.-sept. 2017, p. 11 ; ANYANGWE C., op. cit., pp. 195.

de diamètre et sur lequel sont brodées, en fil d'or, les armoiries de la République[1337][1338].

Au rang des contraintes imposées au notaire dans l'exercice de ses fonctions se trouvent également des obligations comptables qui, elles-mêmes sont d'une grande variété.

Il s'agit, tout d'abord, de celles consignées dans l'Acte uniforme OHADA relatif au droit comptable et à l'information financière et touchant à la régularité, à la sincérité, à la transparence[1339]. Dans le détail, ces exigences se traduisent par une description adéquate, loyale et claire, précise et complète des opérations se rapportant à l'exercice, par le respect de bonne foi des procédures en vigueur, par l'existence de moyens de contrôle de la véracité, de l'ampleur des opérations ou des situations en lien avec les activités du notaire. Dans un tel contexte, on imagine mal que la comptabilité soit tenue sans exhaustivité ou à contretemps. On imagine mal qu'elle ne respecte pas la règle cardinale de la partie double ou qu'elle se tienne en une langue ou en une unité monétaire différente de celle du pays où l'activité professionnelle est exploitée[1340]. On conçoit mal que la comptabilité ne soit pas tenue sans blanc ni altération d'aucune sorte[1341]. Dans l'éventualité toujours à entrevoir où le notaire procèderait à un traitement informatisé de sa comptabilité, les articles 22 et l'article 67 de l'Acte uniforme portant organisation et harmonisation des comptabilités des entreprises s'avèreront incontournables. Leur économie suggère que le respect des exigences de régularité et de sincérité suppose en pareille occurrence, au minimum : que les données se rapportant aux opérations enregistrées comprennent au moment de leur entrée dans le système de traitement comptable l'indication de l'origine, du contenu et de l'imputation de celles-ci et que l'on soit capable de les restituer sur papier ou sous une forme directement intelligible ; que le traitement effectué soit irréversible, c'est-à-dire que l'officier public soit dans l'impossibilité après coup de procéder à des suppressions, additions ou modifications de ce qui a été

1337 Article premier, arrêté du 3 janvier 1961, précité.

1338 Au sujet de l'historique, un auteur, notaire, écrit que c'est sous Napoléon III et précisément à l'époque de la présidence de la Compagnie des notaires de Paris par Maître Antoine Juste Alphonse Thomas, que furent adoptés les repères essentiels relatifs à la fois au principe de la prestation de serment en tenue et des éléments du costume de cet auxiliaire de justice. A cette époque, ce costume est présenté comme un habit « *à la française en drap noir, doublé en soie noire. Longueur : les basques touchent à terre, l'homme étant à genoux. Sept boutons sur la poitrine, deux boutonnières seulement sont ouvertes. Parements des manches 10 centimètres de haut, portant chacun trois boutons en haut du parement et en dessus. Pattes à 3 pointes au-dessus de la taille avec 3 boutons sous les pontes et paraissant à moitié. Deux boutons à la taille. Les boutons sont en soie façon dite à la française, leur diamètre est de 23 millimètres* », *etc. D'autres actes vont venir affiner les choses, notamment l'a*rrêté du 2 Nivôse an XI « *qui règle le costume des membres de tribunaux, des gens de loi et des avoués* ». TARRADE P., op cit., pp. 11 et s.

1339 Voir les articles 3, 6, 9, 14, etc. Pour aller plus loin, voir NEMEDEU R., WANDA R., « Obligations comptables et financières », in POUGOUE P.-G. (dir.), op. cit., pp. 1280 et s.

1340 Articles 15, 17.

1341 Articles 20, 66, Acte uniforme.

enregistré parce qu'il a été prévu une « procédure dite de validation » activée au terme de chaque période dont la durée ne devrait pas excéder un mois ; que la chronologie des enregistrements soit figée par le biais d'une procédure de « clôture informatique » mise en œuvre au moins chaque trimestre afin d'écarter toute possibilité d'insertion intercalaire ou d'addition ultérieure ; que la durabilité des transcriptions soit assurée de sorte à offrir des conditions de garantie et de conservation des écritures ; que le traitement des données ne compromette en rien le contrôle éventuel, ne rende pas impossible la reconstitution du cheminement suivi ou n'obstrue pas l'accès à la documentation se rapportant aux analyses et à la programmation ; que les états périodiques fournis par le traitement informatisé soient numérotés et datés *(même tacitement, voir CCJA, arrêt n° 012/2014, 27 fév. 2014, Maître Sérigne Mbaye Badiane c. Maître Aissatou Gueye Diagne, préc. ; arrêt n° 144/2017, 29 juin 2017, Mamadou Doukouré et Société new market Sarl c. Banque crédit du Congo, préc.).*

Il s'agit, ensuite, des obligations comptables que l'on retrouve dans le décret n° 95/034 du 24 février 1995. Ces obligations réservées qui côtoient celles que l'on qualifie de traditionnelles, conduisent le notaire à tenir un répertoire général et un registre particulier, documents que le receveur de l'enregistrement visera et surtout, que le président du tribunal du ressort cotera et paraphera[1342].

Le répertoire général est censé recevoir, dans une perspective chronologique, l'ensemble des actes reçus. Sans surprise, celui-ci renseigne au sujet de leurs numéros d'ordre, date, nature, espèce. Il comporte des mentions renvoyant à l'identité des parties, aux caractéristiques des biens, à leur situation, au prix convenu, aux noms des clercs en stage dans l'étude, au temps de travail accompli par eux et à leur rang de cléricature. On y retrouve parfois aussi des mentions relatives à la somme prêtée, cédée ou transportée. La création d'une société civile professionnelle ne supprime pas ces exigences. Effectivement, chacun des associés de l'entreprise tient un répertoire des actes reçus par lui et conserver tout seul les minutes de ses actes[1343].

Quant au registre particulier, son utilité première est d'accueillir et de centraliser les opérations portant sur les testaments olographes. En conséquence, le notaire est tenu d'y porter, à la date de dépôt du testament, les noms, prénoms, professions, domicile, lieu de naissance des testateurs. Il est invité à accomplir personnellement ces diligences dont la délicatesse se perçoit spontanément et justifie amplement l'exclusion du recours ici aux services de stagiaires ou de clercs. L'invitation se transforme et devient radicale lorsqu'après le décès du testateur, personne ne se présente à lui afin que soient mises en œuvre des formalités qui précèdent l'ouverture du

[1342] Articles 50, 51, 52, statut.
[1343] Article 71 (2).

testament et l'exécution des dernières volontés du défunt[1344]. Effectivement, en de telles circonstances, seul l'officier public devrait présenter le testament au président du tribunal et donner avis au procureur de la République.

Au rang des obligations imposées au notaire se trouvent celles développées dans le décret n° 2005/187 du 31 mai 2005 portant organisation de l'Agence nationale d'investigation financière. Pour en cerner les contours, il sied de garder à l'esprit que l'ANIF a pour mission, entre autres, de recevoir, traiter et transmettre aux autorités judiciaires tous renseignements inclinant à penser qu'un lien existe entre des fonds ou des opérations et la lutte contre le blanchiment de capitaux et le financement du terrorisme. L'Agence a également vocation à constituer une banque de données se rapportant à la criminalité financière[1345] ; elle coopère avec différentes administrations à l'instar de la police, de la gendarmerie, de la direction générale de la recherche extérieure, des douanes, de la justice, du ministère du commerce, du ministère des relations extérieures et avec toute personne dont l'activité pourrait avoir un lien avec le blanchiment de capitaux, le terrorisme, le trafic de stupéfiants. Dans cette logique, l'article 13 en cohérence avec la législation communautaire, institue la déclaration de soupçon et indique les personnes assujetties à cet exercice. Sont ouvertement visées les personnes physiques ou morales qui, dans le cadre de leur profession, réalisent, contrôlent ou conseillent des opérations entrainant des dépôts, des échanges, des placements, des conversions ou tout autre mouvement de capitaux. En bonne place se trouvent « les notaires et les autres membres des professions juridiques indépendantes » lorsque ceux-ci conseillent ou assistent des clients ou agissent à leur nom et pour leur compte en vue de l'achat ou la vente de biens mobiliers ou immobiliers, de l'achat ou la cession d'entreprises ou de fonds de commerce, de la manipulation d'actifs ou de de titres, de l'ouverture de comptes, de la constitution ou la gestion des sociétés de fiducie[1346]. La suite ne surprend guère : la déclaration de soupçon est soit verbale soit écrite ; elle s'opère soit au téléphone soit par télécopie ou autrement…[1347]

Au rang des contraintes imposées au notaire se trouvent celles en lien avec la gestion de son étude et dont le siège est l'Acte uniforme OHADA portant organisation des procédures collectives d'apurement du passif récemment adopté. En substance, celui-ci l'invite à solliciter l'ouverture de ces procédures si d'aventure des difficultés financières ou économiques sérieuses surviennent ou se profilent à l'horizon. Selon que les difficultés soient prévisibles ou avérées, qu'elles se traduisent par une cessation des paiements ou que cet état extrême ne soit pas déjà atteint, le notaire devra

---

[1344] On les retrouve dans le Code civil, sous les articles 1002 et suivants.

[1345] Article 3.

[1346] Article 13.

[1347] Article 17.

requérir du juge compétent l'ouverture de la conciliation, du règlement préventif, du redressement judiciaire, de la liquidation des biens. Sa requête pourra même être conjointement rédigée avec un ou plusieurs de ses créanciers[1348] *(même tacitement, Cf. CCJA, arrêt n° 006/2011, 25 août 2011, Burkina et Shell SA c. Les syndics liquidateurs de la Société Tagui SA, Juridis Périodique n° 113, janv.-mars 2018, pp. 54, obs. MOHO FOPA E. A. ; arrêt n° 169/2017, 27 juil. 2017, Société Bayswater Constructing and mining Burkina SARL dite BCM c. Société Seguenega mining SA (société en liquidation) dite SMSA, Société Kalsaka mining SA, Société Oryx Burkina Faso SA, Société Faso contractor et Monsieur Zeba Adama http://www.ohada.org ; arrêt n° 007/2008, 28 fév. 2008, Société de fournitures industrielles du Cameroun c. Liquidation Banque méridien BIAO Cameroun, http://www.ohada.org ; arrêt n° 007/2008, 28 fév. 2008, Société de fournitures industrielles du Cameroun dite SFIC SA c. Liquidation Banque méridien BIAO Cameroun, in Les grandes décisions de la Cour commune de justice et d'arbitrage de l'OHADA, SOH FOGNO D.R. pp. 273 et s.).*

Au rang des contraintes imposées au notaire dans l'exercice de ses fonctions trône l'obligation d'être à jour avec la législation relative à la prévoyance sociale, notamment l'ordonnance n° 73-17 du 22 mai 1973 portant organisation de la prévoyance sociale, le décret n° 90/1198 du 3 août 1990 fixant le taux et l'assiette des cotisations sociales dues à la Caisse nationale de prévoyance sociale pour les branches des prestations familiales et de l'assurance pensions de vieillesse, d'invalidité et de décès. A ces textes viennent encore s'ajouter le décret du 16 juillet 2015 fixant les modalités d'application de la loi du 18 décembre 2001 portant réaménagement des procédures de recouvrement des créances liées à ces cotisations, puis le décret n° 2016/076 du 15 février 2016 fixant les taux des cotisations sociales et les plafonds des rémunérations applicables dans les branches des prestations familiales, d'assurance-pensions de vieillesse, d'invalidité et de décès, des accidents du travail et des maladies professionnelles gérées par la Caisse nationale de prévoyance sociale. Le premier de ces décrets rappelle avec force l'obligation de s'affilier et celle d'immatriculer les personnes employées auprès de la CNPS. Il insiste ensuite sur les modalités de

[1348] Articles 5, 6, etc. Voir également NANDJIP MONEYANG S., « La réforme des procédures collectives OHADA : Quelle avancée pour le traitement des difficultés de l'entreprise ? », préc., pp. 207 et s. ; NDAM I., « La protection de l'intérêt des créanciers en droit OHADA des procédures collectives », préc., pp. 232 et s. Adde : KALIEU ELONGO, Y.R., *Le droit des procédures collectives de l'OHADA,* préc., pp. 73 et s. ; KOM J., *Droit des entreprises en difficulté OHADA,* préc. ; LECUYER H., MARTIN R., NEVEU P., « L'application à la profession d'avocat de la loi du 26 juillet 2005 sur la sauvegarde des entreprises », *JCP* G, 2006, I 125 ; MOUYANGOU M.P., *La conciliation dans l'Acte uniforme OHADA portant organisation des procédures collectives d'apurement du passif,* Mémoire, Master Contentieux et arbitrage des affaires, UCAC, 2021, p. 18 ; RETIF S., « L'extension des procédures collectives aux professions libérales », préc., p. 95 ; SOINNE B., « Profession libérale et procédure collective », préc., pp. 377 et s. ; SAWADOGO F. M., « Les procédures de prévention dans l'AUPC révisé : la conciliation et le règlement préventif », préc., pp. 30 et s.

l'exécution de ces obligations, notamment sur le délai de l'immatriculation, le délai des déclarations nominatives relatives au personnel permanent et non permanent utilisé, l'époque et les modalités de l'acquittement des cotisations sociales dues[1349] *(même tacitement, voir CS/CA, jugt. n° 11, 16 janv. 2008, Maître Bouopda c. Caisse Nationale de Prévoyance Sociale-CNPS, préc. ; CPCPS de l'Ouest, jugt. n° 09/002, 8 mai 2001, Dodié Joseph c. Commune urbaine de Bafoussam, préc. ; CPCS de l'Ouest, jugt. n° 10/001, 18 janv. 2001, Fongang c. Directeur de la société Soquicam, préc. Adde : CPCPS du Littoral, jugt. n° 16/15/CT/CNPS, 24 juin 2015, Dame Veuve Dallé Ngongole Madeleine c. CNPS, reproduit par ANAZETPOUO Z., La législation sociale camerounaise et les garanties de mise à la retraite, préc., pp. 329 et s. ; CPCPS du Littoral, jugt. n° 005, 24 fév. 2006, Ndoum Samuel c. CNPS, in La législation sociale camerounaise et les garanties de mise à la retraite, préc., pp. 302 et s. ; CSCA, jugt. n° 55/2008/CACS, 2 avril 2008, Ayeme Yemié Félix c. Caisse nationale de prévoyance sociale, préc. ; CA du Centre, arrêt n° 227/SOC, 24 nov. 2010, Caisse nationale de prévoyance sociale c. Dame veuve Barry née Maka Charlotte, in TCHAKOUA J.M. (dir.), Les grandes décisions du droit du travail et de la prévoyance sociale, préc., pp. 724 et s., obs. TWENGEMBO ; CA de l'Ouest, arrêt n° 15/S, 6 mars 2008, Caisse nationale de prévoyance sociale c. Peudjié Gaston, in La législation sociale camerounaise et les garanties de mise à la retraite, préc., pp. 304 et s. ; CA de l'Ouest, arrêt n° 53/Soc, 6 nov. 2008, Caisse nationale de prévoyance sociale c. Kouedji Joseph, in La législation sociale camerounaise et les garanties de mise à la retraite, préc. ; CA de l'Ouest, arrêt n° 17/S, 6 mars 2008, Tahombe Jean c. Caisse nationale de prévoyance sociale, Les grandes décisions du droit du travail et de la prévoyance sociale, préc., obs. BWAKA A.S. ; CA de l'Ouest, arrêt n° 01/SOC, 03 juil. 2003, Collège laïc Bellevue de Bafang c. CNPS, Juridis Périodique n° 60, oct.-déc. 2004, préc. ; CSCA, jugt. n° 24/2010/CA/CS, 3 fév. 2010, Compagnie équatoriale de peinture c. Etat du Cameroun-Caisse nationale de prévoyance sociale, in Les grandes décisions du droit du travail et de la prévoyance sociale, préc. ; TCS, arrêt n° 001/CRIM/TCS, 31 janv. 2020, Ministère public, Caisse nationale de prévoyance sociale et Université de Douala c. Bekolo Ebe Bruno, préc.)*. Reste à se souvenir d'une chose. Quant au décret n° 2016/076 du 15 février 2016, il pose que le taux des cotisations sociales dues à la Caisse nationale de prévoyance sociale au titre des prestations familiales est, pour les travailleurs relevant du régime général, de 7 % du salaire cotisable, lequel correspond à la rémunération effectivement réellement versée à l'employé sans que celle-ci jamais inférieure au salaire minimum interprofessionnel garanti[1350]. Il décide que le taux des cotisations sociales dues au titre de l'assurance-pensions de vieillesse, d'invalidité et de décès est de 8, 4 % du salaire cotisable et que celui-ci est supporté de moitié par le notaire et de

[1349] Articles 3 à 16.
[1350] Articles 2 et 6.

moitié par le travailleur[1351]. Il retient que le taux des cotisations sociales à acquitter auprès de la Caisse nationale de prévoyance sociale au titre des accidents du travail et des maladies professionnelles s'élève à 1,75 %[1352].

Au rang des contraintes imposées au notaire dans le cadre de son métier se trouvent enfin des obligations en lien avec la fiscalité. Sur ce point, le Code général des impôts que les magistrats appliquent parfois fidèlement est clair *(implicitement ou tacitement, voir TGI de Douala, jugt. n° 151, 21 janv. 1991, T.M.P. c. N.J.C., Juridis Info n° 13, janv.-mars 1993, p. 47, préc. ; CA du Littoral, arrêt n° 047/ADD, 21 fév. 2014, Dame Sylvana Combet c. Société Arno, préc. ; arrêt n° 117/CC, 04 avril 2011, Sienche Maurice c. Cetello Coffi, préc. ; CCJA, arrêt n° 144/2017, 29 juin 2017, Mamadou Doukouré et Société new market Sarl c. Banque crédit du Congo, préc.)*[1353]. On y découvre :

- Au sujet des délais d'enregistrement des actes notariés, que cette formalité est à accomplir dans la fourchette de temps comprise entre quinze jours et un mois à compter de la date des actes en cause. Des dérogations ne sont envisagées que très exceptionnellement, et dans des cas réservés. L'un de ceux-ci est celui où aucun centre des impôts n'existe au lieu de résidence du notaire. En cette circonstance particulière, le temps de l'enregistrement est porté à trois mois[1354]. Un autre cas est celui où des actes authentiques ou sous seing privé ont été passés en dehors du territoire de l'un des Etats membres de la CEMAC, et qui portent mutation de propriété, d'usufruit ou de jouissance d'immeubles ou de fonds de commerce situés dans cet Etat ou constitution de sociétés ayant leur siège social dans ce pays. Dans cette hypothèse, le délai est porté à six mois.
- A propos des obligations déclaratives, que tout contribuable assujetti à l'impôt sur le revenu des personnes physiques est tenu de souscrire, au plus tard le 15 mars de chaque année, au centre des impôts du lieu d'imposition, une déclaration détaillée de ses revenus au cours de l'année fiscale écoulée, sur un imprimé fourni par l'administration[1355][1356] ;
- A propos du calcul de l'impôt, que l'on applique au revenu net global arrondi au millier de francs inférieur, le taux de 10 % sur la tranche de ces revenus comprise entre 0 et 2 000 000 francs ; 15 % sur la tranche comprise

---

[1351] Article 3.

[1352] Article 7. En doctrine, voir not. ANAZETPOUO Z., *La législation sociale camerounaise et les garanties de mise à la retraite*, L'Harmattan, Paris, 2018

[1353] Lire utilement, entre autres : ABENG MESSI F., « Les obligations fiscales de l'exercice budgétaire 2020 à l'épreuve de la Covid-19 au Cameroun », op. cit., pp. 141 et s. ; PEKASSA NDAM G.M., « Actualité fiscale relative au droit des affaires », op. cit., pp. 276 et s. ; TOGOLO O., « Chronique de législation financière et fiscale : la loi de finances 2012 », op. cit., pp. 281 et s.

[1354] Article 276, Code général des impôts.

[1355] L'article 93 septies du CGI décide que les titulaires des charges notariales relèvent du régime du réel.

[1356] La violation de ces exigences est sanctionnée sous l'article L 100 du livre des procédures fiscales. Sa rédaction est la suivante : « *3) Donne lieu à l'application d'une amende d'un million de francs par opération, l'utilisation frauduleuse d'un numéro identifiant unique* ».

entre 2 000 001 et 3 000 000 francs ; 25 % sur la tranche comprise entre 3 000 001 et 5 000 000 francs ; 35 % sur la tranche au-dessus de 5 000 0000 francs[1357] ;

- Au sujet du paiement et de ses modalités, que l'impôt est à acquitter à la fin de chaque exercice[1358]. Des aménagements accompagnent toutefois l'exigence s'agissant notamment des bénéfices artisanaux, agricoles et commerciaux. En effet, les articles 91 et suivants retiennent la formule d'un règlement fractionné selon un découpage strict. L'impôt annuel définitif est naturellement diminué du montant des acomptes payés pendant l'exercice ; le solde étant apuré par un versement unique au plus tard le 15 mars de l'exercice suivant.

Ces exigences liées à la fiscalité qualifiée de directe ne sont pas les seules. A elles viennent s'ajouter les impôts, taxes et redevances prélevés au profit des collectivités territoriales décentralisées. On songe singulièrement à celles énoncées dans la loi du 15 décembre 2009 relative à la fiscalité locale. Il s'agit, entre autres[1359], de la taxe de développement local[1360], de la contribution des patentes[1361]. Très logiquement, le paiement de ces impôts locaux est strictement contrôlé.

[1357] Ces données chiffrées ne devraient pas conduire à perdre de vue l'existence d'autres obligations fiscales spécifiques, notamment celles se rapportant à la taxe spéciale sur le revenu. En effet, le Code général des impôts institue une taxe spéciale au taux global de 15 % sur les revenus servis au titre de notamment des rémunérations pour études, consultations, assistance technique, financière ou comptable (article 225).

[1358] Article 80. L'article 106 du Livre des procédures fiscales ajoute que le paiement tardif de l'impôt entraîne l'application d'un intérêt de retard de 1,5 % par mois de retard. Lorsqu'il s'agit des impôts à versement spontané, le paiement à contretemps donne lieu à une pénalité de 10 % par mois de retard, sans excéder 30 % de ce qui est dû en principal. Enfin, la règle est posée d'après laquelle, sans préjudice des sanctions notamment pénales, le non reversement dans les délais prescrits par la loi des impôts, droits et taxes retenus à la source donne lieu à une amende forfaitaire non susceptible de remise ou de modération suivant le barème ci-après : de 0 à 5 000 000 F CFA, 500 000 ; de 5 000 001 à 25 000 000 francs, 2 000 000 ; de 25 000 001 à 50 000 000 francs, 5 000 000 ; plus de 50 000 000 francs , 10 000 000 francs.

[1359] L'article 2 de ladite loi décide que les impôts locaux comprennent les impôts communaux, les centimes additionnels communaux sur les impôts et taxes de l'Etat, les taxes communales, les impôts et taxes des régions, tout autre type de prélèvements prévus par la loi. C'est après coup que le détail de chaque catégorie visée est exposé.

[1360] A en croire notamment l'article 57, elle sert à couvrir les charges liées aux services de base à l'instar de l''éclairage public, l'assainissement, l'enlèvement des ordures ménagères, le fonctionnement des ambulances, l'adduction d'eau, l'électrification. S'agissant des personnes exploitant des professions libérales, que ces dernières soient ou non règlementées, cette taxe est généralement déterminée au regard de la valeur de la contribution des patentes. Elle est la suivante, chaque année : impôt en principal égal ou inférieur à 30 000 francs : 7 500 francs ; impôt en principal compris entre 30001 et 60000 : 9000 francs ; impôt en principal compris entre 60 001 et 100 000 : 15 000 francs ; impôt en principal compris entre 100 001 et 150 000 : 22 500 francs ; impôt en principal compris entre 150 001 et 200 000 : 30 000 francs ; impôt en principal compris entre 200 001 et 300 000 : 45 000 francs ; impôt en principal compris entre 300 001 et 400 000 : 60 000 francs ; impôt en principal compris entre 400 001 et 500 000 : 75 000 francs ; impôt en principal supérieur à 500 000 : 90 000 francs.

[1361] Reste à ne pas occulter :

4. Le contrôle de l'exercice

L'exercice de la profession de notaire, au même titre que les autres, est contrôlé. Des organes existent qui s'y consacrent ; des moyens existent qui le sanctionnent.

a. Les organes de contrôle

D'entrée de jeu, il convient de signaler que l'activité professionnelle du notaire est contrôlée par ses clients. Elle devrait également être surveillée par ses coassociés ou par un commissaire aux comptes lorsque la société civile professionnelle par le truchement de laquelle celle-ci est exploitée en compte un. Plus fondamentalement, l'exercice en tant que notaire s'opère sous l'autorité du ministère public[1362]. L'histoire est d'ailleurs là qui

---

- Que les activités assujetties à la contribution des patentes, même en cas d'exonération, font l'objet d'une déclaration par écrit, dans les dix jours suivant le démarrage de l'activité, au Centre des impôts compétent ;
- Que les entreprises nouvelles bénéficient d'une exonération de la contribution des patentes pour une période de deux ans ;
- Que la patente est due pour l'année entière ;
- Que la contribution des patentes est fixée en fonction du chiffre d'affaires annuel déclaré. Elle résulte de l'application d'un taux dégressif sur le chiffre d'affaires réalisé. Le taux est arrêté par les collectivités territoriales bénéficiaires du produit de la patente, à l'intérieur d'une fourchette fixée par tranche de chiffre d'affaires.
- Que la patente a un caractère personnel et ne peut servir qu'à celui à qui elle a été délivrée.
- Que le chiffre d'affaires à prendre en compte pour le calcul de la patente est lorsque l'activité est nouvelle, celui déclaré au premier jour du commencement de celle-ci. Lorsque l'activité date d'un ou de plus d'un an, il est celui réalisé au cours de l'exercice précédent ;
- Que le titre de patente doit être affiché au lieu où l'activité est exploitée et, pour être valable, s'accompagner des quittances constatent son règlement. Le défaut d'affichage est sanctionné d'une amende fiscale de 10.000, laquelle fait l'objet d'un bulletin de versement payable immédiatement ;
- Que l'assujetti à la contribution des patentes sont tenus de déclarer et de s'acquitter en une seule fois des droits auxquels ils sont soumis soit dans les deux mois qui suivent le début de l'année fiscale, en cas de renouvellement de la patente ; soit dans les deux mois qui suivent la fin de l'exonération temporaire ;
- Que celui qui n'a pas acquitté sa patente dans le délai ou n'a pas fourni en temps opportun les renseignements nécessaires à l'établissement de la patente est passible d'une pénalité de 10% par mois de retard avec un maximum de 30 % de l'impôt dû. Celui qui exerce une activité soumise à la patente sans en avoir acquitté les droits, est taxé d'office pour l'année entière et sa cotisation est assortie d'une majoration de 50 % à 100 % selon que sa bonne foi soit ou non établie.

[1362] Cela réservé, force est de constater ici aussi que le décret n° 2012/389 du 18 septembre 2012 portant organisation du ministère de la justice semble parallèlement aussi confier le contrôle de la profession aux « services centraux » du ministère de la justice. Effectivement, il existe ici une direction des professions judiciaires dont l'une des sous-directions est spécifiquement dénommée « sous-direction du suivi des notaires, des huissiers de justice et des autres auxiliaires de justice ». Dans le détail et à en croire l'article 40 de ce décret, elle s'occupe notamment du traitement des questions relatives à la profession de notaire, du contrôle des études et de la discipline des notaires…
Reste à relever, sur la base des données chiffrées développées dans le rapport du ministère de la justice sur l'état des droits de l'homme au Cameroun en 2013 que le corps des notaires est à côté

enseigne que ce contrôle ne date pas d'aujourd'hui. Dès le quinzième siècle et après cette époque, le roi et les pouvoirs publics ont manifesté un souci fort d'organiser et de surveiller le notariat[1363].

Les considérations historiques évacuées, le constat s'impose que l'organe le plus efficace s'agissant du contrôle de l'activité du notaire demeure sa communauté professionnelle de rattachement, ne serait-ce que dans la mesure où cette dernière a mieux que quiconque connaissance des règles auxquelles est assujetti l'officier ministériel, des contraintes qui s'imposent quotidiennement à lui. On comprend du coup que l'article 85 du statut de ce corps indique que la chambre veille au bon fonctionnement des études, au respect de l'éthique professionnelle, au déroulement harmonieux des stages.

A la vérité, le notaire n'est pas contrôlé par l'ensemble de la chambre. C'est que celle-ci comprend deux organes dont les missions ne sont pas rigoureusement identiques, à savoir l'assemblée générale et le bureau.

L'assemblée générale regroupe les notaires en fonction au Cameroun[1364]. De manière davantage précise, elle a la charge d'élaborer et surtout d'adopter les normes consignées dans le règlement intérieur de la corporation, lesquelles concernent singulièrement le mode de saisine et la procédure applicable devant l'assemblée ou devant le bureau, y compris en matière disciplinaire ; les modalités de déroulement du stage des clercs[1365]. Naturellement, ces prérogatives de l'assemblée générale sont encadrées. A preuve, le règlement intérieur et les correctifs qui lui sont apportés doivent, après leur adoption, être impérativement transmis au garde des Sceaux afin que ce dernier les rende exécutoires[1366]. Au-delà, le ministre a le pouvoir de solliciter la modification des dispositions qui ne seraient pas en harmonie avec l'ordre public ou avec les lois ou les règlements. Dans certaines hypothèses, plutôt que de renvoyer le projet de texte à l'assemblée et requérir son toilettage par cette instance, le ministre de la justice peut modifier d'office et rendre exécutoire le projet de règlement intérieur[1367].

Sauf à souligner, pour en finir avec l'assemblée générale :

- Qu'elle a à sa tête un président élu pour un mandat de trois ans renouvelable une seule fois[1368] ;

---

de celui des huissiers de justice l'un de ceux où on impute une violation assidue des obligations déontologiques et, plus globalement, des irrégularités diverses ou des abus. Il semble, pour la seule année 2013, que 1983 poursuites aient été engagées qui, pour la plupart, sont en cours d'instruction. Voir le *Rapport du ministère de la justice sur l'état des droits de l'homme au Cameroun en 2013*, Yaoundé, 2014, p. 49.

[1363] LEVY J. Ph., CASTALDO A., op cit., p. 852, n° 584.

[1364] Le tableau des notaires est exposé sur le site internet de la chambre professionnelle (http://www.notaires.cm/tableau-des-notaires.php).

[1365] Articles 92, 93.

[1366] Sauf à préciser que trente jours lui sont accordés pour ce faire. Passé ce délai, le projet de règlement intérieur est réputé avoir tacitement été approuvé et devient exécutoire de plein droit à la suite d'une décision du président du bureau.

[1367] Article 92.

[1368] Article 87 (2).

- Qu'elle tient deux sessions ordinaires par an, lesquelles sont convoquées par son président[1369] ;

- Qu'elle se réunit parfois en session extraordinaire convoquée par la majorité absolue de ses membres, par le bureau, par le ministre chargé de la justice[1370] ;

- Que, l'ordre du jour de ses assises est établi non pas par son président, mais par le président du bureau de la chambre et porte « exclusivement sur les questions relatives à l'exercice de la profession ». Ce n'est donc qu'à titre exceptionnel que le garde des Sceaux et les confrères peuvent, à condition de s'y prendre un mois au moins avant la date de tenue de la session, s'adresser au président du bureau afin de voir inscrite telle ou telle préoccupation à l'ordre[1371] ;

- Que l'ordre du jour de ses assises est obligatoirement communiqué au garde des Sceaux auquel le pouvoir est donné d'interdire la réunion lorsque les points à débattre ne touchent pas à l'exercice de la profession de notaire [1372] ;

- Que le ministre chargé de la justice s'y fait représenter et, à sa convenance, peut délivrer une communication en cette occasion[1373] ;

- Qu'elle statue au scrutin secret et qu'au premier tour la majorité requise pour la validité d'une décision est celle des deux tiers des membres présents ou représentés. Au second tour, les délibérations sont votées à la majorité simple[1374]. Il va sans dire que le notaire suspendu ou celui qui n'est pas à jour de ses cotisations ne peut ni prendre la parole ni participer au vote. Un sort plus enviable, mais restrictif est réservé aux bénéficiaires de l'honorariat qui, eux, ont le droit de s'exprimer, mais sont privés de celui de prendre part au scrutin[1375] ;

- Qu'un procès-verbal est obligatoirement dressé au terme de ses travaux et qui est transmis au procureur général près la Cour d'appel du centre, lequel à son tour le fait parvenir au Garde des sceaux[1376].

Venant au bureau de la chambre professionnelle, sa composition est fonction du nombre de notaires en exercice, mais se limite à quinze membres dès lors que ceux-ci sont plus de cinquante. Seuls font acte de candidature aux fonctions de membre du bureau les notaires en activité et à jour de leurs cotisations. Elus par l'assemblée générale, ceux-ci désignent à leur tour parmi eux, pour une durée de deux ans renouvelable deux fois, un président. Secret, le vote est acquis au premier tour à celui qui recueille deux tiers des suffrages exprimés ; au second tour à celui qui rallie la

[1369] Article 87 (3).
[1370] Article 87 (2), alinéa 2.
[1371] Article 88.
[1372] Article 89.
[1373] Article 90.
[1374] Article 91 (1).
[1375] Article 91 (2, 3).
[1376] Article 91 (4).

majorité absolue des suffrages ; au troisième tour au profit duquel a été exprimée la majorité relative des voix ou à ce stade, au candidat le plus âgé[1377]. Les contestations y relatives ne doivent provenir que d'un notaire en exercice, membre ou non du bureau. Elles sont déférées à la Cour d'appel du siège de la chambre dans les dix jours suivant la proclamation des résultats ; la juridiction ayant l'obligation de rendre sa décision dans le délai de quinzaine à compter de sa saisine faite par simple déclaration à son greffe[1378].

Pour le reste, et à titre de rappel, la tâche échoit un bureau d'administrer quotidiennement la chambre. C'est à lui que revient la charge de s'assurer du bon fonctionnement des études et de garantir le respect des règles déontologiques. A côté de ces prérogatives s'ajoutent d'autres, non moins importantes :

- Celle d'émettre des avis sur les questions relatives à la profession de notaire, notamment lorsque la chambre est sollicitée par le ministère de la justice ;
- Celle de veiller au respect de l'ensemble de la législation et de la règlementation touchant au notariat ;
- Celle de trancher les litiges d'ordre professionnel susceptibles d'opposer deux notaires. Dans ce cadre spécifique, le bureau est appelé à tenter la conciliation des protagonistes. Ce n'est que lorsque la tentative de règlement à l'amiable n'a pas d'issue heureuse que, pour reprendre les mots du législateur, il « tranche par des décisions »[1379] *(même tacitement, voir Civ. 1ere, 12 fév. 2002, M. X... c. Société civile professionnelle Y..., préc.[1380])* ;
- Celle d'opérer en tant qu'instance disciplinaire des notaires[1381]. Cette attribution lui est cependant retirée lorsque des fautes sont imputées au président du bureau de la chambre professionnelle, à un ancien président ou aux membres du bureau pour des faits remontant à un mandat arrivé à son terme. En pareilles circonstances, les poursuites disciplinaires sont

---

[1377] Article 95.

[1378] Article 96.

[1379] Article 97 (1).

[1380] Dans cette affaire, le notaire X assigne la Société civile notariale Y devant le tribunal d'instance de Vincennes, en paiement d'émoluments pour diverses prestations accomplies en qualité de notaire en second. En réplique, la SCP estime que le demandeur se livrait à des détournements de clientèle à son préjudice et par conséquent, conteste la compétence du tribunal saisi. De son point de vue, le litige étant d'ordre déontologique, seul le conseil supérieur du notariat devrait en connaître. Prenant appui sur l'article 6 de l'ordonnance du 2 novembre 1945 relative au notariat, la Cour de cassation tranche en ces termes : « *Attendu que pour rejeter le contredit formé contre le jugement ayant accueilli cette exception, l'arrêt attaqué retient que le conseil supérieur du notariat était seul compétent dès lors que le litige ne pouvait s'analyser en un simple recouvrement de créance ne mettant en cause aucun problème déontologique ;*
Attendu qu'en statuant ainsi, alors qu'elle avait constaté que l'action engagée par M.X. était une action en paiement et que la compétence du conseil supérieur du notariat, pour régler les différends d'ordre professionnel entre les notaires ne relevant pas du même conseil régional, n'exclut pas leur droit de soumettre tous litiges au juge, conformément au droit commun, la cour d'appel a violé le texte susvisé... »

[1381] Article 100.

engagées devant la Cour d'appel du lieu de résidence des personnes concernées[1382].

- Que le président du bureau et ceux qui en sont membres sont « solidairement responsables de leur gestion devant l'assemblée générale ». Il se comprend alors que celle-ci puisse les priver de ce quitus de gestion qui, en quelque sorte, légitime éventuellement un renouvellement de mandat[1383].

Ici comme ailleurs, des regrets peuvent être exprimés.

On peut regretter que les premiers clercs de notaires, dont le rôle dans le fonctionnement des études se passe de commentaires, ne puissent pas prendre part aux travaux de la chambre professionnelle. Rien n'aurait empêché que ces derniers soient invités soit aux assemblées générales ou aux assises du bureau sans que leur soit conféré le droit de s'exprimer lors des votes. Il semble particulièrement injuste que des retraités admis à l'honorariat soient autorisés à assister aux assemblées, mais que des premiers clercs en attente de charge en soient exclus.

On peut regretter que la corporation ne soit pas aussi forte et présente que certaines corporations voisines, notamment celle des avocats, celle des experts comptables, celle des conseils fiscaux. En irait-il autrement que nombre d'initiatives ou constructions notariales irradieraient le corps social et impulseraient des réformes de nature règlementaire ou législative. Le vide bouleverse d'autant plus que, de tous les juristes, cet auxiliaire est l'un des mieux outillés qui pouvait émettre une opinion à laquelle un intérêt soit accordé par la majorité. En songeant aux modèles ayant fait leurs preuves à l'étranger, on est réduit à entretenir l'espoir, demain, que le notaire exprime sa pensée et ses aspirations profondes à travers des canaux traditionnels à l'instar des revues ou, si l'on préfère, des "répertoires" du notariat. Il est à souhaiter, demain, que la corporation initie et soutienne la mise en place d'un cadre susceptible de faciliter l'exercice du métier et, dans cette tournure d'esprit, qu'un accent particulier soit porté sur l'usage des technologies de l'information et de la communication. En effet, en accroissant la sécurité des transactions où le notaire intervient à un titre ou à un autre, l'option contribuera à coup sûr à réduire la probabilité de voir engager sa responsabilité. La profondeur de l'affirmation se saisit avec force dans un contexte où l'indélicatesse ou la malhonnêteté de quelques-uns des clients est des fois à l'origine de l'établissement de différents actes authentiques portant sur le même bien, singulièrement en matière de cession ou de vente de meubles ou d'immeubles.

On peut regretter que la chambre professionnelle ne soit pas décentralisée ou en tout cas ne dispose pas d'antennes locales. C'est que, comme a pu le suggérer une opinion autorisée, il est difficile d'administrer au mieux de loin, de Yaoundé notamment. Du coup, nombreux sont ceux

---

[1382] Article 108.

[1383] Article 98.

qui souhaitent, un jour, à la faveur de la densification du corps des notaires qui à ce jour sont moins d'un demi-millier à exercer sur le territoire de la République, qu'un déploiement sur le territoire de la chambre. Le moins que l'on puisse dire c'est qu'il devrait en résulter un contrôle plus efficace de la fonction notariale et l'amélioration de la qualité des services que cet officier ministériel est appelé à rendre ; que la justice que le notaire sert à sa façon devrait se rapprocher des sujets de droit et accroître chez eux le sentiment de la sécurité juridique qui galvanise les investissements[1384]. Tous y ont à gagner, des personnes morales aux personnes physiques, de ceux que l'on rattache au secteur public à ceux qui appartiennent au secteur privé. Le renforcement des sanctions couronnant le contrôle irait dans le même sens et parachèverait l'édifice.

b. La sanction du contrôle

Lorsque son activité professionnelle est exercée dans le respect des règles y relatives, le notaire acquiert parfois une notoriété qui ne manque pas d'avoir des répercussions sur son patrimoine personnel. Dans le cas de figure où l'activité est exploitée en société, la situation ne change pas radicalement, puisque des dividendes seront récoltés et répartis.

Plus sérieusement, l'individu qui exerce ses fonctions en qualité de notaire avec honneur et probité devrait pouvoir, après la cessation de celles-ci, accéder à la dignité de notaire honoraire. Il suffit que lesdites fonctions aient été exercées pendant au moins vingt-cinq années consécutives, que le bureau de la chambre professionnelle en fasse la proposition au ministre de la justice et que le procureur général du siège de l'étude du notaire émette un avis favorable à ce sujet. Le bénéficiaire continuera alors à jouir des honneurs et privilèges liés à l'état de notaire[1385].

On l'imagine spontanément, un sort radicalement différent est réservé à ceux qui se sont rendus coupables de contraventions aux obligations de leur charge. Ces derniers encourent des poursuites au plan disciplinaire. Théoriquement, celles-ci sont déclenchées suite à une plainte des victimes. Parfois également, elles sont indirectement déclenchées par des confrères ou mises en œuvre, d'office, par le procureur général[1386] *(implicitement, voir not. CCJA, arrêt n° 020/2002, 31 oct. 2002, Yapo Yapo Gérard et autres c. Maître Denise-Richmond Marcelle, Rec. n° 3 spécial, janv. 2003, pp. 35 et s. ; CS, arrêt n° 7, 2 fév. 1965, Mongo Philippe c. Société commerciale de l'Afrique*

[1384] GUEGUANG, GUEGUANG GHOMO, *La responsabilité des notaires*, préc., pp. 108 et s.

[1385] Article 11.

[1386] Lorsque les poursuites concernent le président du bureau, les anciens présidents ou ceux qui en sont membres, la cour n'est pas directement saisie par la victime. L'action disciplinaire est engagée par le procureur général qui reçoit les plaintes. La saisine d'office n'est cependant pas exclue lorsqu'elle fait suite à une demande du ministre de la justice. Voir l'article 108.

française, Répertoire chronologique, Droit civil et commercial, 1960-1980, préc., p. 10).

Les sanctions susceptibles d'être retenues sont hétérogènes et proviennent d'autorités différentes[1387].

Au procureur général près la Cour d'appel est réservé l'avertissement dont le prononcé est transmis au bureau de la chambre pour classement au dossier de celui qui en est frappé[1388].

Au bureau de la chambre professionnelle revient le soin de décider du rappel à l'ordre, du blâme ici appelé « censure simple » ; du blâme avec inscription au dossier connu sous la formule « censure avec réprimande » ; de la suspension consistant en une cessation d'activité pendant une période comprise entre un et cinq ans *(tacitement, voir CCJA, arrêt n° 012/2014, 27 fév. 2014, Maître Sérigne Mbaye Badiane c. Maître Aïssatou Gueye Diagne, préc.).* Une procédure doit cependant précéder ces sanctions : instruction de l'affaire par un collège de trois notaires que la chambre choisit en son sein ; remise à l'instance disciplinaire, dans le délai de deux mois, d'un rapport circonstancié relatif au résultat des investigations de la commission d'instruction ; « audience » du bureau dans les trente jours du dépôt du rapport[1389].

Au ministre de la justice, mais après avis du bureau de la chambre est réservé le prononcé du « remplacement d'office » censé frapper l'individu qui ne réside pas dans le ressort de sa nomination[1390].

Au président de la République est réservée la destitution. Celle-ci n'est retenue qu'après deux avis motivés, respectivement émis par le bureau et par le ministre de la justice[1391].

Ce panorama des « peines » disciplinaire appelle des remarques.

Premièrement, ces sanctions sont à distinguer de celles auxquelles pourraient succomber les aspirants au notariat. Contre ces derniers, le procureur de la République ne prononce jamais que le rappel à l'ordre, la censure, la suspension de stage d'une durée inférieure à douze mois. La régularité de la décision passe au minimum par l'audition du parrain de stage d'une part, l'avis du bureau de la chambre d'autre part[1392].

Deuxièmement, des précautions ont été prises dans le sens d'éviter que les plus lourdes d'entre elles créent de graves inconvénients à la clientèle. Pour s'en tenir à un exemple significatif, les décisions de suspension, de remplacement ou de destitution ordonnent en tant que de besoin le dépôt des minutes et archives, soit au greffe du tribunal de première instance du ressort, soit à l'étude d'un confrère. Le procureur de la République du

---

[1387] A propos du détail, voir GUEGUANG, GUEGUANG GHOMO, préc., pp. 27 et s.

[1388] Article 103.

[1389] Article 104.

[1390] Article 105. Il pourrait être passé outre l'avis du bureau de la chambre si celui-ci ne l'a pas émis dans le délai de quinze jours décompté à partir de sa saisine par le Garde des sceaux.

[1391] Article 106.

[1392] Article 19.

ressort est tenu de veiller à ce qu'un état des minutes soit dressé, que celles-ci soient effectivement et d'urgence déposées, que décharge en soit donnée au pied dudit état et que des doubles soient remis l'un au greffe de la Cour d'appel, l'autre au président du bureau de la chambre professionnelle[1393]. Par ailleurs, la liquidation de l'étude est organisée et généralement confiée à un confrère *(implicitement, CCJA, arrêt n° 020/2002, 31 oct. 2002, Yapo Yapo Gérard et autres c. Maître Denise-Richmond Marcelle, préc. ; Civ.1ère, 12 mars 2002, Procureur général de la Cour d'appel de Doaui c. M. X... et autres, Bull., mars 2002-3, pp. 70-71, n° 91).*

Troisièmement, des voies de recours hétérogènes sont aménagées au profit des notaires frappés par ces sanctions. Celles prononcées par le bureau peuvent faire l'objet d'un appel, par simple déclaration au greffe de la Cour d'appel, dans la quinzaine de sa notification par le président du bureau de la chambre[1394]. Celles énoncées par le ministre de la justice et par le président de la République sont éventuellement attaquées devant les juridictions administratives. La jurisprudence de la Cour suprême est là qui, sur ce point particulier, comble les silences du décret n° 95/034 du 24 février 1995 *(tacitement, Civ.1ère, 12 mars 2002, Procureur général de la Cour d'appel de Doaui c. M. X... et autres, préc.).*

Quatrièmement, étant entendu que les sanctions disciplinaires ont un caractère éminemment personnel, leur régime ne s'applique pas vraiment à ceux qui ont préféré créer une société civile professionnelle. Pour autant, cela ne signifie nullement que le « notaire associé » doit y échapper. Lorsque l'un des fondateurs de la société civile a été suspendu de ses fonctions, il ne lui est plus permis, pendant que dure l'épreuve, d'exercer. Sa qualité de membre de la société est donc sauve. Avec elle vont logiquement des obligations à l'exclusion du droit aux dividendes. L'expulsion de l'entreprise n'est autorisée que lorsque la suspension est supérieure à trois mois, et à condition que les autres membres de l'entreprise y consentent unanimement[1395]. Elle semble être inévitable lorsque le notaire a été destitué[1396].

Séduisante lorsqu'on défend avec acharnement l'idéal d'une justice rendue avec des mains « propres », ces exigences ont de quoi inquiéter. Rien n'est dit au sujet du sort de la fraction des dividendes qui récompense la participation, même dans un laps de temps court, aux activités de la société civile professionnelle de celui qui a été suspendu. Rien n'est non plus révélé à propos des exigences qui, au terme de l'exercice, guideront la répartition des dividendes. Très curieusement aussi, la solution est retenue inclinant à croire, au cas d'exclusion de notaires suspendus, que leurs parts devront prioritairement être cédées aux coassociés. Aucune précaution n'est prise

[1393] Article 107.
[1394] Article 104 (5).
[1395] Article 76.
[1396] Article 77.

pour s'assurer que l'expulsion ne devienne le principe et qu'un contentieux se développe s'agissant des conditions de la cession des parts de la personne exclue[1397].

Cinquièmement, les poursuites disciplinaires ne sont pas les seules que redoute le notaire qui ne se conforme pas aux obligations de son statut. D'autres actions existent qui débouchent parfois sur des sanctions tantôt civiles, tantôt pénales[1398].

Au titre des sanctions civiles se trouvent notamment l'annulation des actes passés au mépris des exigences légales et règlementaires[1399] *(voir not. CCJA, avis n° 327/2020, 22 oct. 2020, Monsieur Fadoul El Achkar Zouhair Michel et Maître Makamté Kamkui Rose c. Monsieur Omais Kassim et Transport Omais Kassion Sélecta, préc. ; CCJA, arrêt n° 144/2017, 29 juin 2017, Mamadou Doukouré et Société New market Sarl c. Banque crédit du Congo, préc.[1400])*. Au titre des sanctions civiles se trouve aussi l'obligation de réparer le préjudice subi soit par le client soit par des tiers. On doit donc savoir gré à la Cour de cassation française d'avoir pris appui sur l'article 1382 du Code civil et jugé ce qui suit : « *Attendu, tenu, en vertu de sa qualité d'officier public, d'assurer*

[1397] Les conflits sont ici inévitables. Il suffit, pour en persuader, de relever que les règles susceptibles d'être évoquées sont elles-mêmes diverses. A titre d'illustration, dans l'Acte uniforme relatif au droit des sociétés commerciales, l'article 59 retient que « *Dans tous les cas où le présent Acte uniforme prévoit la cession des titres sociaux d'un associé, ou le rachat de ceux-ci par la société, la valeur de ces droits est déterminée, à défaut d'accord amiable entre les parties, par expert désigné, soit par les parties, soit à défaut d'accord entre elles, par décision de la juridiction compétente statuant à bref délai* ».

[1398] A propos du détail, voir not. GUEGUANG, GUEGUANG GHOMO, préc., pp. 27 et s.

[1399] Au passage, on se souviendra utilement de l'exigence déjà évoque de l'article 1318 du Code civil d'après laquelle l'acte authentique annulé a valeur d'écriture sous seing privé dès lors que les parties l'ont signé.

[1400] Dans cet arrêt, la haute juridiction exprime, rendu au dixième moyen, une position digne d'intérêt. On la comprend en se souvenant que le demandeur reproche aux juges nationaux d'appel d'avoir violé les articles 61 et 100 du Livre 1 du Code général des impôts du Congo. Son opinion est que cette juridiction n'aurait jamais dû valider l'enregistrement tardif du commandement aux fins de saisie-immobilière dans un contexte où plus de dix jours s'étaient écoulés entre la date de l'acte et celui de l'enregistrement de ce commandement. Le raisonnement de la CCJA est différent. Effectivement, elle commence par relever que l'article 61 dudit Code général des impôts dispose que le délai d'enregistrement des actes des agents d'exécution et des autres professionnels ayant pouvoir de faire des exploits et des procès-verbaux est de dix jours. Elle ajoute que l'article 100 du même code prescrit que la peine susceptible de frapper l'agent d'exécution ou le professionnel ayant compétence pour dresser des exploits ou des procès-verbaux est, pour un exploit ou un procès-verbal non présenté à l'enregistrement dans le délai, d'une amende de 10 000 FCFA et de plus, d'une somme équivalente au montant du droit de l'acte non enregistré ; que l'exploit ou procès-verbal non enregistré est déclaré nul et le contrevenant responsable de cette nullité envers la partie. Ayant procédé à ces mises au point, la Cour rend un verdict parlant. D'après elle, « *il ressort de la combinaison de ces deux dispositions que l'enregistrement d'un acte, exploit ou procès-verbal, effectué au-delà du délai de dix jours imparti par l'article 61 sus-énoncé n'est sanctionné par l'article 100 que d'une amende de 10 000 FCFA et d'une somme équivalente au montant du droit d'enregistrement de l'acte, mais pas de nullité ; que seul est passible de nullité l'acte qui n'a pas du tout été enregistré ; que la Cour d'appel de Pointe-Noire, en ne prononçant pas cette nullité contre l'exploit de commandement querellé, a fait une saine application des dispositions susmentionnées…* »

l'efficacité et la sécurité des actes qu'il instrumente, le notaire doit vérifier la qualité de propriétaire du vendeur à l'acte de vente qu'il établit et engage sa responsabilité en se bornant à reprendre, d'un acte antérieur, une origine de propriété qui se révèle erronée » (Civ. 1ère, 12 fév. 2002, Consorts X... c. M. Y... et autres, Bull., fév. 2002, p. 42, n° 54[1401]*. Adde : Civ. 1ère, 18 déc. 2002, Consorts X... et autres c. Mutuelle du Mans assurances IARD et autres, Bull. n°10, déc. 2002, p. 246, n° 313).*

Au titre des sanctions pénales sont encourues ces amendes prévues par le statut des notaires[1402]. A elles s'ajoutent les peines consignées dans le Code pénal au titre du « faux dans un acte », de « concussion », d'abus de fonctions, de « refus d'un service », de « négligence systématique » d'« usure », d' « abus de confiance et escroquerie aggravés » [1403]. Le tableau

---

[1401] La solution était inévitable. Un autre extrait de l'arrêt le dévoile. Sa teneur est celle-ci : « *Attendu que, pour se prononcer ainsi, l'arrêt «énonce que, s'il appartient au notaire de vérifier l'origine de la propriété trentenaire du bien vendu en l'absence de titre de propriété du vendeur, il n'a pas, en l'état d'un titre authentique, à rechercher les origines antérieures de la propriété du bien vendu et, partant, à se faire juge de la validité d'un tel titre, de sorte qu'en établissant l'acte du 11 octobre 1982 sur le fondement du titre authentique du 23 septembre 1964, M.Y. a commis une faute de nature à engager sa responsabilité délictuelle à l'égard des consorts X...* ;

Attendu qu'en se déterminant ainsi et alors qu'elle n'avait pas constaté que l'usucapion de la parcelle était acquise au moment de l'intervention du notaire, ce qui était contesté par les consorts X..., la cour d'appel a violé le texte susvisé... ».

[1402] Articles 24, 25.

[1403] En ce sens, voir notamment les articles 140, 142, 144, 148, 321, etc.

L'article 140, intitulé « Abus de fonction » punit d'un emprisonnement de trois mois à un an et d'une amende de 5 000 à 50 000, ou de l'une de ces peines, celui qui abuse de ses fonctions pour porter atteinte aux intérêts des privés. Si l'infraction est perpétrée pour se procurer à soi même ou à autrui un avantage quelconque, l'emprisonnement est de trois mois à trois ans et l'amende peut aller jusqu'à un million de francs.

L'article 142 titré « Concussion » punit d'un emprisonnement de deux à dix ans et d'une amende de 20 000 francs à deux millions de francs le notaire, le commissaire-priseur, l'huissier de justice ou l'agent d'exécution et leurs préposés « qui exigent des droits, taxes, redevances, impôts et contributions qui ne sont pas dûs ou des avantages matériels sans en payer le juste prix ».

L'article 144, intitulé « Faux dans un acte », réserve un emprisonnement de dix à vingt ans au notaire, à l'huissier de justice ou au commissaire priseur qui contrefait ou altère, soit dans sa substance soit dans les signatures, dates et attestations, un acte ou un écrit qu'il a le devoir d'établir, de recevoir, de constater ou de notifier.

L'article 148, intitulé « Refus d'un service » punit d'un emprisonnement de trois mois à deux ans le fonctionnaire, le notaire, le commissaire priseur, l'huissier de justice ou l'agent d'exécution qui, étant légalement requis d'accomplir un devoir de sa fonction, s'en abstient.

L'article 151, titré « Négligence systématique », frappe d'une peine d'emprisonnement de trois mois à deux ans l'agent public qui, par négligence ou obstruction systématique, provoque des ajournements ralentissement ou des désordres ou s'abstient systématiquement d'exécuter des actes relevant de sa fonction. La spécificité de cette infraction, à en croire ce texte, c'est que l'initiative de la plainte est réservée au supérieur hiérarchique.

L'article 321 du Code pénal, intitulé « abus de confiance et escroquerie aggravés », réserve un emprisonnement de dix à vingt ans et une amende pouvant atteindre de deux millions de francs au notaire qui commet cette infraction précisément aggravée par ses titres et qualités.

L'article 325, intitulé « usure », réserve une amende de 5000 à 1 000 000 de francs à au prêteur qui exige ou reçoit des intérêts ou autres rétributions supérieurs aux taux fixés par la loi pour des crédits de même nature ; la peine est doublée et assortie d'un emprisonnement compris entre quinze jours et un an au cas de récidive.

est complété par les peines que prévoit l'article 8 de l'ordonnance n° 74/1 du 6 juillet 1974 fixant régime foncier. Peu nombreux ont alors été surpris de découvrir le point de vue suivant de la Cour suprême dans l'arrêt Fossi Antoine : « *Attendu que si l'article 8 de l'ordonnance n° 74/1 du 6 juillet 1974 fixant régime foncier dispose que les actes constitutifs, translatifs ou extinctifs de droits réels immobiliers doivent à peine de nullité être établis en la forme notariée, et que sont nulles de plein droit les cessions et les locations de terrains urbains ou ruraux non immatriculés au nom du vendeur ou du bailleur, ce même texte rend les vendeurs, bailleurs ainsi que les notaires et les greffiers-notaires auteurs desdits actes passibles d'une amende de 25 000 francs à 100 000 francs et d'un emprisonnement de 15 jours à 3 ans ou de l'une de ces deux peines seulement… (CS, arrêt n° 238/P, 14 mai 1992, Fossi Antoine c. Ministère public et Veuve Moundi et autres, in Les grandes décisions de la jurisprudence pénale camerounaise, préc., n° 42, pp. 866 et s., obs. ASSONTSA R*[1404]*. Voir également, implicitement ou tacitement : CCJA, arrêt n° 129/2016, 07 juil. 2016, United bank of Africa c. Société Grassefields holding et Maitre Désiré Kangah, http://www.ohada.org ; arrêt n° 021/2014, 11 mars 2014, Société Total Guinée SA c. La Compagnie pétrolière de Guinée dite COPEG Guinée SA et l'Etat Guinéen, préc.*[1405] *; TPI de Dschang, n° 414/COR, 13 juil. 2010, Ministère public et Dame Nougmi née Tsafack Joséphine, Melonou Joseph, Ejuka Guy Achille c. Dame Tessa Mawamba, sieurs Feudjio Georges et Vougmo Djua Tchoupa Mbou'Seko Magloire, préc. ; arrêt n° 26, 03 déc.1963, Guéa Jacques Philippe c. Commissaire du Gouvernement, arrêt n° 37, 24 déc. 1963, Loé Elémé Charles c. Commissaire du gouvervement, in Les grandes décisions de la jurisprudence pénale camerounaise, préc., n° 27, pp. 483 et s., obs. ANOUKAHA F ; arrêt n° 238/P, 14mai 1992, Fossi Antoine c. Ministère public et Veuve Moundi et autres, in Les grandes décisions de la jurisprudence pénale camerounaise, préc., n° 42, pp. 866 et s., obs.*

1404 Dans cette affaire, la décision suivante est également prise : « *Considérant qu'il s'en suit que commet l'infraction d'escroquerie foncière celui qui vend, par acte notarié, un terrain non immatriculé à son nom, ainsi que le notaire qui lui prête son concours, qu'il n'en est plus ainsi comme en l'espèce, lorsque la vente a lieu entre les parties, par acte sous seing privé, que dans ce cas, il n'est loisible à l'acheteur que d'invoquer la nullité de pareille vente en réclamant le remboursement du prix au plan civil* ». Enfin, il y est soutenu avec force que « *le délit d'escroquerie foncière prévu et réprimé par ledit texte, n'implique nullement l'intervention d'un notaire ou greffier-notaire à la transaction, que cette exigence n'étant prévue par aucune des dispositions dudit texte qui par ailleurs punit le bailleur et le vendeur des terrains urbains et ruraux non immatriculés, que l'acte concerné soit sous seing privé ou notarié* ».

1404 Article 109.

1405 Dans cette espèce, la décision retenue est celle-ci : « *(…) attendu que l'effet du droit de préemption est de conférer à son bénéficiaire le doit de se substituer à l'acheteur initialement pressenti, mais non de lui conférer la propriété du bien sur lequel il porte ; que l'annulation de la fusion et de la vente entre Mobil oil Guinée et Total Guinée par le jugement n°31 du 15 mai 2008 ne peut avoir pour effet de restituer à l'Etat son droit de propriété sur les actions qu'il avait cédées à Mobil oil Guinée par l'acte de vente du 20 décembre 1996 ; que ni le paiement du prix par la COPEG, ni l'homologation de l'acte de cession du 11 août 2008 par le tribunal de Conakry, même par jugement devenu définitif, ni son classement au rang des minutes d'un notaire, ne peuvent avoir pour effet d'en couvrir l'irrégularité.* »

ASSONTSA R.[1406] *; CA du Centre, arrêt n° 02/CRIM, 12 fév. 2008, Ministère public, Chedjou Jean Marie, Gankeu Emmanuel et Adjea Ambo'o Brigitte c Djilo Wambo Rosine et Kamdem Jérôme, Juridis Périodique n° 17, avril-juin 2009, pp. 48-49, obs. KEUBOU Ph. ; CA de l'Ouest, arrêt n° 179/CRIM, 12 nov. 2007, Ministère public et Nguimbous André c. Sané Pierre, Kamdem Jean-Pierre, Segnou Souffo Florence et Bouh Janques, Juridis Périodique n° 82, avril-juin 2010, pp. 61-62, obs. KEUBOU Ph. ; TCS, arrêt n° 002/CRIM/TCS/2017, 30 janv. 2017, Ministère public et Etat du Cameroun-Ministère des finances (partie civile) c. Ntonga Ato, Nkouo Rné, Onana Abanda Gallus, Recueil des arrêts du tribunal criminel spécial, tome 1, préc., pp. 279 et s.).*

Reste à observer que le notaire appelé à subir des poursuites judiciaires n'a pas le bénéfice d'un privilège particulier. Du coup, les juridictions compétentes sont celles du droit commun, c'est-à-dire celles du lieu où se trouve le siège de son étude et où s'exerce son ministère[1407]. La probabilité est alors grande que soit prononcée une interdiction d'exercer contre l'intéressé, notamment à la requête du ministère public. Cela ne surprend pas lorsqu'on sait que celui-ci assure le contrôle des auxiliaires de la justice.

Paragraphe 4. Les fonctionnaires des greffes

De tous les corps auxiliaires de la justice, celui des fonctionnaires des greffes est à ce jour l'un des plus complexes à cerner, notamment par celui qui se souvient de l'existence de la catégorie des greffiers militaires qui préoccupera assez peu[1408]. Assez paradoxalement, ce corps est parallèlement l'un des mieux élaborés et préparés à affronter les défis qui

---

[1406] La teneur de l'un des extraits de l'arrêt est celle-ci : « *Considérant qu'il s'en suit que commet l'infraction d'escroquerie foncière celui qui vend, par acte notarié, un terrain non immatriculé à son nom, ainsi que le notaire qui lui prête son concours, qu'il n'en est plus ainsi comme en l'espèce, lorsque la vente a lieu entre les parties, par acte sous seing privé, que dans ce cas, il n'est loisible à l'acheteur que d'invoquer la nullité de pareille vente en réclamant le remboursement du prix au plan civil* ».

Dans le même arrêt se trouve un autre morceau choisi digne d'intérêt. Son noyau se présente comme suit : « *Attendu que si l'article 8 de l'ordonnance n° 74/1 du 6 juillet 1974 fixant régime foncier dispose que les actes constitutifs, translatifs ou extinctifs de droits réels immobiliers doivent à peine de nullité être établis en la forme notariée, et que sont nulles de plein droit les cessions et les locations de terrains urbains ou ruraux non immatriculés au nom du vendeur ou du bailleur, ce même texte rend les vendeurs, bailleurs ainsi que les notaires et les greffiers-notaires auteurs desdits actes passibles d'une amende (...) et d'un emprisonnement (...) ou de l'une de ces deux peines seulement ;*

Qu'il en résulte que pour être constitué, le délit d'escroquerie foncière prévu et réprimé par ledit texte, n'implique nullement l'intervention d'un notaire ou greffier-notaire à la transaction, que cette exigence n'étant prévue par aucune des dispositions dudit texte qui par ailleurs punit le bailleur et le vendeur des terrains urbains et ruraux non immatriculés, que l'acte concerné soit sous seing privé ou notarié ».

[1407] Article 109.

[1408] A ce sujet, voir le décret n° 85/520 du 13 avril 1985 portant organisation administrative des juridictions militaires. Surtout, voir le décret n° 2024/554 du 14 novembre 2024 portant organisation administrative des tribunaux militaires et le décret n° 2024/555 du 14 novembre 2024 fixant les règles applicables au recrutement et à la discipline du personnel de la justice militaire.

interpellent la justice. L'allégation se vérifie particulièrement lorsqu'on s'intéresse à son organisation ou lorsqu'on prend connaissance de ses missions.

A. Organisation du corps des fonctionnaires des greffes

Le personnel des greffes est ventilé dans des cadres dont l'accès, la gestion et la discipline sont strictement règlementés.

1. Les cadres du corps

A s'en tenir aux termes du décret n° 2011/020 du 4 février 2011 portant statut spécial des fonctionnaires des greffes tel que modifié le 20 août 2021[1409], les membres de ce corps sont soit des administrateurs de greffes, soit des greffiers, soit des greffiers-adjoints[1410].

Le cadre des administrateurs des greffes est le plus élevé. Celui-ci regroupe deux grades hiérarchisés : le grade d'administrateur principal des greffes appartenant à la catégorie A2 de la fonction publique ; le grade d'administrateur de greffes appartenant à la catégorie A1 de la fonction publique camerounaise[1411].

Le cadre des greffiers est intermédiaire. On y retrouve deux grades : celui de greffier principal appartenant à la catégorie B2 de la fonction publique ; celui de greffier rattaché à la catégorie B1.

Le cadre des greffiers-adjoints est le plus humble. On y retrouve un grade unique, celui des greffiers adjoints rattachés à la catégorie C de la fonction publique[1412].

Des précautions ont été prises pour ne pas, à un moment ou à un autre, que l'ensemble des fonctionnaires des greffes se concentre dans l'un des cadres ou des grades créés. La mesure était indispensable, car elle permet d'éviter une paralysie soit au sommet de la pyramide, soit à la base de celle-ci. On ne saisit mieux sa pertinence qu'en songeant au cas de figure heureusement improbable où tous les fonctionnaires du corps des greffes appartiendraient tous soit à la catégorie des administrateurs principaux des greffes, soit à celle des administrateurs des greffes, soit encore à celle des greffiers principaux.

Très concrètement, le résultat a été atteint en décidant, à l'article 4 du décret n° 2011/020 du 4 février 2011, que les effectifs du corps des fonctionnaires de greffes sont répartis dans les trois grades qui le

---

[1409] Par le décret n° 2021/442 du 20 août 2021 modifiant et complétant certaines dispositions du décret n° 2011/020 du 04 février 2011 portant statut spécial des fonctionnaires des greffes.

[1410] Article 3.

[1411] Article 13, décret n° 2011/020 du 4 février 2011.

[1412] Article 30.

composent d'une manière particulière. A l'aune de celle-ci, les administrateurs des greffes n'excèdent pas 15 % de l'ensemble du personnel. Pareillement, le cadre des greffiers n'excède pas 50 % de l'ensemble des personnels formant le corps. Enfin, les greffiers adjoints devraient représenter, en valeur absolue, 35 % des effectifs.

A l'intérieur des cadres, d'autres garde-fous sont construits. C'est ainsi que, s'agissant du grade d'administrateur principal des greffes, le statut spécial prescrit que la catégorie des administrateurs principaux des greffes de classe exceptionnelle ne devrait pas représenter plus de 20% de l'effectif total ; qu'un maximum de 30% des administrateurs des greffes devrait relever de la catégorie des administrateurs principaux des greffes de première classe ; qu'un maximum de 50% des administrateurs des greffes devrait être rattaché à la catégorie des devrait relever de la catégorie des administrateurs principaux de deuxième classe. 50% de l'effectif[1413]. C'est ainsi que, s'agissant du grade d'administrateur des greffes, le statut spécial prescrit que la catégorie des administrateurs des greffes de classe exceptionnelle ne devrait pas représenter plus de 20% de l'effectif total ; que les administrateurs des greffes de première classe ne devraient pas excéder 30% de l'effectif ; qu'un maximum de 50% des administrateurs des greffes devrait être rattaché à la catégorie des administrateurs des greffes de deuxième classe[1414]. C'est ainsi que le cadre des greffiers représentant 50 % de l'effectif total du corps comprend au plus 30 % de greffiers principaux et 70 % de greffiers[1415]. Les greffiers-adjoints qui représentent 35 % de l'effectif total des fonctionnaires des greffes sont ventilés tels que seuls 20 % d'entre eux appartiennent à la catégorie des greffiers adjoints de classe exceptionnelle, 30 % à la catégorie des greffiers adjoints de première classe de ce grade, 50 % pour les greffiers adjoints de deuxième classe du grade.

A tout prendre, l'attention est attirée sur trois points primordiaux.

Tout d'abord, contrairement à ce que prévoyait le décret n° 75/771 du 18 décembre 1975 à ce jour abrogé, le cadre des commis de greffe a été supprimé. On a préféré que les tâches d'exécution courantes autrefois assumées par celui-ci reviennent dorénavant au greffier adjoint qui les reçoit comme héritage. En conséquence, le constat s'impose qu'à l'avenir le fonctionnaire du cadre des greffiers adjoints assumera à la fois, des tâches d'exécution courante et des tâches d'exécution spécialisées ; donc au fond que la réforme accroît le volume de ses fonctions.

Ensuite, la répartition des fonctionnaires dans les différents cadres n'est pas celle d'autrefois. La suppression du cadre des commis de greffe invitait instamment à accroître l'effectif des greffiers-adjoints et ainsi, à la base de la pyramide, de disposer d'un personnel plus important qui contribue à son niveau à rendre la justice davantage accessible au citoyen. La construction

[1413] Article 15.
[1414] Article 15.
[1415] Article 21 (2).

était attendue car le greffier-adjoint est généralement celui que l'on retrouve aux portes des cours ou des tribunaux et qui donne d'utiles renseignements au sujet du règlement juridictionnel des différends. Prenant cette construction à contrepied, une logique différente a été retenue faisant du cadre des greffes la strate phare d'un point de vue numérique. A la configuration de 10 % des administrateurs de greffes, de 20 % de greffiers, de 30 % de greffiers adjoints et de 40 % des commis de greffe se substitue le découpage conduisant à un effectif comprenant au plus 15 % des administrateurs de greffes, 50 % des greffiers, 35 % des greffiers adjoints. La logique retenue a également abouti à davantage de visibilité s'agissant du grade des administrateurs des greffes qui, dorénavant, regroupe un nombre plus important de personnels avec à leur tête un grade nouvellement créé, celui des administrateurs principaux. Elle n'ira cependant pas sans querelles, notamment celle de savoir si l'objectif affiché de restreindre le cadre des administrateurs des greffes à 15 % ou celui des greffiers à 50 % de l'effectif total est réaliste. En ce sens, on relèvera que la conjoncture économique pousse parfois l'Etat à cesser de recruter ; ce qui a comme conséquence inattendue de bloquer le processus de rajeunissement des agents publics. Or, parallèlement, les fonctionnaires des greffes ont le bénéfice des avancements d'échelons tous les deux ans en cas de notation favorable. De surcroît, une bonification de plusieurs échelons leur est acquise lorsque ceux-ci se forment à leurs frais ou obtiennent le bénéfice de ces stages de formation, de spécialisation ou de perfectionnement que prévoit leur statut spécial[1416] *(en ce sens, voir C.S.C.A., jugt. n° 10, 27 oct. 1994, Libam Michelin, in Les grandes décisions annotées de la juridiction administrative du Cameroun, préc., n° 15, note KEUTCHA TCHAPNGA C., pp. 218 et s.).*

Enfin, il n'est pas superflu, en se référant aux orientations autrefois fournies par le décret n° 75/771 du 18 décembre 1975 abrogé, mais surtout à celles des articles 3 et 4 du décret n° 2011/020 du 4 février 2011, de réitérer que les cadres du corps des fonctionnaires de greffes n'ont pas la même place dans la hiérarchie administrative. Les uns, à savoir les administrateurs de greffes, assument des fonctions de direction, de conception et de contrôle. Les autres fonctionnaires du cadre des greffes assurent en général des fonctions de préparation ou d'application. Les derniers, les greffiers-adjoints se voient confier des tâches d'exécution spécialisée et d'exécution courante, ainsi que cela a déjà été relevé. Surgit alors une préoccupation : celle de savoir s'il ne faudra pas, bientôt, que la spécialité soit d'avantage prise en compte lors de la définition des cadres du corps des fonctionnaires des greffes et donc débouche sur une reconfiguration de ceux-ci. *A priori*, si une telle option est privilégiée, elle conduira forcément, par exemple, à spécialiser les personnels tantôt en fonction de la nature des différends, tantôt en fonction des types ou des degrés de juridictions. Au gré de la formation et de l'expérience, il ne serait

[1416] Notamment aux articles 20, 26, 29, 34, 51.

pas à exclure que la même personne en arrive au cumul de ces différentes habiletés. L'option ainsi pensée devrait à son tour entraîner une relecture des procédures relatives à la sélection de ces agents publics.

2. L'entrée dans le corps

D'entrée de jeu[1417], le décret n° 2011/020 du 4 février 2011 attire l'attention sur un détail important. C'est que le statut des fonctionnaires des greffes étant spécial, ses prévisions doivent être complétées par celles du statut général de la fonction publique dans l'ensemble des circonstances où celui-ci est silencieux[1418]. C'est donc sans surprise que l'article 5 ajoute que « *l'accès aux différents cadres est ouvert à toute personne justifiant des conditions requises par le statut général de la fonction publique de l'Etat et des conditions particulières d'accès à chaque cadre selon les modalités définies par le présent statut* ».

Ces clarifications apportées, un élément doit être mis en perspective, à savoir que le recrutement des fonctionnaires des greffes obéit à un régime quelque peu hétérogène d'un cadre à un autre.

S'agissant tout d'abord des greffiers-adjoints, les voies d'accès sont au nombre de quatre.

L'une de celles-ci est réservée aux anciens élèves de l'Ecole nationale d'administration et de magistrature, section greffe de la division judiciaire. La seule réserve ici est celle qui veut que le postulant ait obtenu une moyenne générale de notes « inférieure à douze sur vingt, mais égale ou supérieure à dix sur vingt »[1419]...

L'autre voie, dite du concours direct, concerne les personnes titulaires du brevet d'études du premier cycle dont l'équivalant est le « General certificate of education, ordinary level » d'une part ; les détenteurs du certificat d'aptitude professionnelle, option secrétariat ou employé de bureau d'autre part.

La troisième piste, dite du concours spécial, est offerte aux agents publics titulaires soit du brevet d'études du premier cycle équivalant au « General certificate of education, ordinary level », soit du certificat d'aptitude professionnelle, option secrétariat ou employé de bureau. Simplement, ceux-ci doivent être âgés de quarante-cinq ans au plus et justifier d'une ancienneté de cinq années dans le service au début de l'année du concours[1420].

1417 A l'article premier.

1418 On se souviendra singulièrement de celles qui se rapportent à la nationalité camerounaise, de celles qui touchent à l'âge (hormis les dérogations, celui-ci est de dix-sept ans au moins et trente-cinq ans au plus pour les fonctionnaires des catégories A et B ; de dix-sept ans au moins et de trente ans au plus pour ceux des catégories C et D). On songe aussi aux exigences en lien avec la moralité...

1419 Article 32 alinéa 1.

1420 Sans surprise, il est inscrit à l'article 34 que les personnes recrutées par cette voie perçoivent éventuellement, durant leur stage et après leur titularisation, une indemnité compensatrice

La dernière voie, dite de l'intégration exceptionnelle, est réservée à une catégorie de personnels en activité au ministère de la justice ou dans les juridictions et n'ayant pas atteint la limite d'âge de départ à la retraite. Sont concernés par cette « mesure transitoire » ceux qui, autrefois, avaient le statut de commis des greffes. Sont également concernés les agents de l'Etat des catégories 5 et 6 et les contractuels de septième catégorie titulaires du certificat d'aptitude professionnelle option sténodactylographie ou employé de bureau, du brevet d'études du premier cycle ou du « General certificate of education, Ordinary level » obtenu en trois matières à la même session d'examens, exceptée la matière baptisée « Religious knowledge »[1421].

S'agissant du cadre des greffiers, les voies d'accès ne sont pas identiques selon qu'on s'intéresse au grade des greffiers ou à celui des greffiers principaux.

Les greffiers sont recrutés [1422] :

Primo, parmi les anciens élèves de l'Ecole nationale d'administration et de magistrature titulaires du Brevet de la section greffe de la division judiciaire ou d'un diplôme étranger reconnu équivalent au Cameroun ;

Secundo, parmi les greffiers adjoints titulaires du diplôme d'études universitaire générales en droit ou d'un diplôme équivalent obtenu postérieurement à l'intégration dans le corps des fonctionnaires des greffes ;

Tertio, par le truchement du concours professionnel ouvert aux greffiers adjoints nantis d'une expérience professionnelle d'au moins cinq ans de service effectif au grade au début de l'année de lancement du concours[1423] ;

Quarto, par voie d'avancement de grade au choix en fonction de l'ancienneté et d'une évaluation concluante, parmi les greffiers adjoints âgés de 40 ans au moins et ayant atteint le dernier échelon de la deuxième classe de ce grade depuis deux ans au moins ;

Quinto, à titre exceptionnel, parmi les contractuels d'administration des catégories 8 et 9 titulaires d'un baccalauréat, d'une capacité en droit, du « General certificate of education, Ordinary level » obtenu en deux matières lors de la même session d'examen, excepté la matière baptisée « Religious knowledge »[1424].

Quant aux greffiers principaux, ils sont recrutés[1425] :

En premier lieu, parmi les anciens élèves du cycle A de l'Ecole nationale d'administration et de magistrature, section greffe de la division judiciaire

dégressive représentant la différence entre leur rémunération de base d'origine et celle afférente à leur indice de grade.

[1421] Article 118.

[1422] Articles 27 et 117 (1).

[1423] Ici comme précédemment, il est inscrit à l'article 28 que les personnes recrutées par cette voie conservent pendant la durée de la formation leur salaire et les accessoires de celui-ci à l'exclusion des primes de rendement.

[1424] Article 117. Au demeurant, il est décidé que les intéressés sont, après leur perfectionnement à l'école, classés dans l'échelon de leur nouveau grade en fonction de leur ancienneté et de leur diplôme.

[1425] Article 24.

ayant obtenu à l'examen de sortie une moyenne générale de notes « inférieure à douze sur vingt, mais égale ou supérieure à dix sur vingt ».

En deuxième lieu, parmi les greffiers en activité, titulaires d'une licence en droit ou d'un diplôme équivalent.

En troisième lieu, par voie de concours professionnel ouvert aux greffiers nantis d'une expérience professionnelle d'au moins cinq ans de service effectif dans le grade au début de l'année de lancement du concours[1426].

En quatrième lieu, par voie d'avancement de grade au choix, en fonction de l'ancienneté et d'une évaluation favorable, parmi les greffiers âgés de quarante ans au moins. La seule réserve ici est celle qui veut que le postulant ait atteint au moins le dernier échelon de la deuxième classe du grade de greffier depuis au moins deux ans.

Venant au cadre des administrateurs des greffes, ceux-ci sont intégrés à la fonction publique par décret présidentiel. Sauf cas exceptionnels, l'intégration n'est possible que lorsque le bénéficiaire est titulaire du diplôme de l'Ecole nationale d'administration et de magistrature. Le parchemin visé constate que l'intéressé a subi une formation au sein de la division judiciaire, section greffe ; mais surtout que la formation a offert l'occasion d'effectuer un stage pendant lequel des aptitudes spécifiques ont été acquises[1427].

De compréhension aisée, le schéma suscite des mises au point.

La première mise au point est précisément en lien avec le grade des administrateurs principaux des greffes[1428]. Trois modalités sont prévues pour leur recrutement qui, de prime abord, en éloignent les jeunes diplômés de l'enseignement supérieur. Effectivement, l'article 16 du décret n° 2011/020 du 4 février 2011 prévoit que ce cadre est accessible :

- Par la voie du concours professionnel, réservée aux anciens administrateurs de greffes qui peuvent apporter la preuve d'avoir une ancienneté d'au moins cinq années de service dans ce grade ;

- Par la voie de l'avancement au choix en fonction de l'ancienneté et d'une évaluation favorable, ouverte au profit des administrateurs de greffes ayant au moins quarante ans et se trouvant au moins au premier échelon de la deuxième classe de ce grade depuis au moins deux ans ;

- Par la voie réservée aux administrateurs des greffes titulaires d'une licence en droit ou d'un diplôme équivalent et ayant une ancienneté d'au moins dix ans dans le grade.

La deuxième mise au point touche spécialement au grade des administrateurs de greffes[1429]. Le recrutement ici s'opère suivant différentes

[1426] Ici comme précédemment, il est inscrit à l'article 28 que les personnes recrutées par cette voie conservent, pendant la durée de la formation, leur salaire et les accessoires de celui-ci à l'exclusion des primes de rendement.

[1427] Articles 2, 7.

[1428] Article 18.

[1429] Article 16 (nouveau).

modalités. L'une concerne les diplômés de l'enseignement supérieur titulaires du diplôme de l'Ecole nationale d'administration et de magistrature, division judiciaire, section greffe. L'autre concerne les greffiers principaux justifiant d'une expérience professionnelle d'au moins dix ans et titulaires soit d'une licence en droit ou d'un titre similaire, soit d'un diplôme reconnu équivalent, obtenu postérieurement à l'intégration dans le corps des fonctionnaires des greffes. La troisième est celle du concours professionnel ouvert aux greffiers principaux justifiant d'au moins cinq années de service effectif dans ce grade au premier janvier de l'année du concours[1430]. L'avant dernière issue est celle de l'avancement de grade au choix en fonction de l'ancienneté et d'une évaluation jugée favorable. Elle ne concerne que les greffiers principaux âgés de 40 ans au moins et qui ont atteint le denier échelon de la deuxième classe de ce grade depuis deux ans au moins[1431]. La dernière voie est réservée aux agents de l'Etat en service au ministère de la justice ou dans les juridictions, rattachés au groupe des contractuels des catégories 10, 11 et 12. Ceux d'entre eux qui sont en fonction depuis au moins dix ans ont la latitude, à titre spécial, de solliciter une admission à la section greffe de la division judiciaire de l'Ecole nationale d'administration et de magistrature. La décision finale est prise par le ministre en charge de la justice. En tout état de cause, elle ne profite aux personnes ayant formulé une demande dans ce sens dans les douze mois suivant l'entrée en vigueur du décret n° 2011/020 du 4 février 2011[1432].

La troisième mise au point se rapporte à la transversalité des dispositions du statut spécial se rapportant à l'intégration des fonctionnaires des greffes dans leur corps. A cet égard, il est résolu que les administrateurs principaux des greffes sont intégrés au corps des fonctionnaires des greffes par décret du président de la République. A propos de leurs collègues ayant le grade de greffier principal et de greffier-adjoint, il est résolu que leur intégration dans le corps est décidée par arrêté du ministre de la justice, Garde des sceaux[1433].

Au bout du compte, et à supposer qu'il faille faire le point, on regrettera :

- Que le statut des fonctionnaires des greffes ait été toiletté et donne lieu tantôt à la création de nouveaux grades, tantôt à la suppression de cadres existant par le passé sans pour autant que l'organisation administrative des juridictions soit modifiée. La conséquence en est qu'on ne sait pas, rigoureusement, quelle catégorie se retrouvera désormais à la tête des greffes des juridictions d'appel ou d'instance, pour ne viser que ces

---

[1430] L'article 19 (1) b) signale utilement que les candidats sélectionnés par la voie du concours professionnel sont, après avoir effectué le stage de mise à niveau d'une année, nommés administrateurs des greffes du premier échelon. Pendant la durée de la formation, l'ancien greffier principal conserve son salaire et les accessoires de celui-ci, à l'exclusion des primes liées au rendement.

[1431] Article 26 nouveau.

[1432] Article 117 (1).

[1433] Article 7.

catégories les plus courantes. On ne sait pas exactement si les services administratifs des parquets seront confiés à des greffiers, à des greffiers principaux, à des administrateurs de greffes, à des administrateurs principaux de greffes. L'incertitude est d'autant plus à prendre au sérieux que la règle est par ailleurs énoncée qui veut qu'un greffier ne soit jamais nommé à un emploi susceptible de lui conférer un pouvoir de contrôle ou de direction sur un collègue d'un grade supérieur dans une même juridiction ou dans les services centraux du ministère de la justice[1434]. Elle s'amplifie lorsqu'on réalise, depuis son entrée en vigueur, que le décret y relatif n'a guère suscité de débats ;

- Que les dispositions du statut spécial relatives au recrutement des greffiers adjoints, des greffiers, des greffiers principaux, des administrateurs des greffes manquent à ce point de clarté qu'elles exhortent à conclure que l'accès à ces cadres et grades s'opère par quatre voies. Effectivement, les articles 18, 24, 27 et 32 retiennent tantôt tacitement, tantôt expressément que la sélection intervient d'abord et avant tout parmi les anciens élèves de l'Ecole nationale d'administration et de magistrature, section greffe de la division judiciaire qui ont obtenu, à l'issue de l'examen de sortie, une moyenne générale de notes inférieure à douze sur vingt, mais égale ou supérieure à dix sur vingt. De là à estimer que les diplômés performants de l'Ecole visée sont destinés à d'autres corps professionnels, le pas peut vite être franchi par ceux qui s'en tiennent à une lecture au premier degré de ces prescriptions ;

- Que la préoccupation ne soit pas suffisamment affirmée d'intégrer dans le corps des fonctionnaires des greffes, en quantité et en qualité, des personnes formées dans des disciplines non juridiques, notamment l'économie, la gestion, l'informatique, les nouvelles technologies de l'information et de la communication[1435]. Aurait-on privilégié cette grille de

---

[1434] Article 12.

[1435] Sur ces questions, voir not. DELABRIERE A., « Le registre du commerce et du crédit mobilier (RCCM), instrument d'information et de sécurité des créanciers dans l'espace OHADA », *Penant* n° 840, juil.-sept. 2002, pp. 389 et s. ; FEKOUA MOGUE L.B., *Le numérique et la preuve dans l'Acte uniforme OHADA portant sur le droit commercial général*, Mémoire de Master, Théorie et pluralisme juridiques, Yaoundé 2, 2021, pp. 12 et s. ; KOM KAMSU M., « L'accès à la justice civile et le numérique au Cameroun », *UMa Lex, AFSJPUMa*, 2020, n° 1, vol. 1, p. 349 ; KUATE TAMEGHE S.S., « La justice et le numérique, in *Servir l'Etat, Etudes offertes à David Abouem A Tchoyi*, BIWOLE V., MBAFOU S.C. (dir.), Les impliqués Editeur, Paris, 2024 à paraître, pp. 293 et s. ; MENGONG V.N., *L'organisation judiciaire des Etats membres de l'OHADA*, Thèse, Yaoundé 2, 2021, pp. 92 et s., n° 198 et s. ; MODO MESSI Y.H., *Le registre du commerce et du crédit mobilier dans l'espace OHADA*, Mémoire, Université de Yaoundé II, 2012, pp. 4 et s. ; NGAH NOAH M.U., « Repenser themis : éléments pour une justice plus efficace au Cameroun », in ABOUEM A TCHOYI D., MBAFOU S.C. (dir.), *Améliorer l'efficacité de l'Etat au Cameroun. Propositions pour l'action*, L'Harmattan, Paris, 2019, pp. 160 et s. ; NGAMBO NJIGANG G.S., *L'informatisation du registre du commerce et du crédit mobilier*, préc., 2015, pp. 3 et s ; REPUBLIQUE DU CAMEROUN, *Stratégie nationale de développement du Cameroun 2020-2030* (SND 30), Ministère de de l'Économie, de la planification et de l'aménagement du territoire, 1ère édition, Yaoundé, 2020, pp. 112, n°415 ; TEPI S., « Les nouvelles technologies de l'information et de la communication : une solution pour le juge de demain ? », in *Le droit au pluriel. Mélanges*

lecture que le certificat d'aptitude serait mis en avant, au moins s'agissant du recrutement des greffiers-adjoints. Aurait-on privilégié cette approche que le recrutement des greffiers ferait une place même résiduelle aux titulaires du diplôme universitaire de technologie, en abrégé, le « DUT ». Malheureusement, seul est évoqué, s'agissant du parchemin requis pour accéder à ce grade le « DEUG », le diplôme d'études universitaires générales[1436]. Or on sait que le contexte se caractérise par un déclin de la formation continue et du perfectionnement professionnel, du fait notamment de l'insuffisance des ressources de l'Etat . Fort heureusement, quelques points de satisfactions existent, qui ont été amplifiés à la faveur de la révision du statut spécial des fonctionnaires des greffes par le décret du 21 août 2021 déjà évoqué à maintes reprises. On songe tout d'abord à l'éventualité, lors du recrutement, de considérer les diplômes obtenus postérieurement à l'intégration dans le corps, lequel pourrait avoir un lien avec les champs disciplinaires évoqués. On songe également à la généralisation du recrutement par la voie des concours spéciaux, laquelle autrefois était réservée à quelques-uns des cadres du corps. Tel est du moins le cliché que dévoile l'article 33 nouveau du statut spécial des fonctionnaires des greffes. Effectivement, il y est décidé que des concours spéciaux peuvent être ouverts aux agents de l'Etat relevant du code du travail en service au ministère de la justice ou dans les juridictions en vue de leur recrutement et de leur intégration dans les cadres permanents du corps des fonctionnaires des greffes. Mieux encore, il y est résolu que *« les agents de l'Etat relevant du code du travail en service au ministère de la justice ou dans les juridictions, disposant d'une qualification dans un domaine spécifique utile au fonctionnement de l'administration judiciaire, peuvent présenter des concours spéciaux en vue de leur intégration dans les cadres permanents du corps des fonctionnaires des greffes, en tenant compte de leur spécialité »*. Simplement, les intéressés devront remplir les mêmes conditions que celles requises des candidats aux concours directs de même niveau, exception faite de celle se rapportant à l'âge. Par ailleurs, seuls pourraient postuler les agents publics relevant du code du travail ayant à la date du concours spécial au moins cinq années de service effectif. Au demeurant, les personnes intéressées par l'accession de manière permanente au corps des fonctionnaires des greffes pour des emplois relevant des catégories A et B seront assujetties à un stage de mise à niveau d'une durée de neuf mois à la section greffe de la division judiciaire de l'Ecole nationale d'administration et de magistrature ; celles intéressées par des emplois relevant de la catégorie C seront assujetties à

en hommage au doyen Stanislas Meloné, MEBU NCHIMI J.C. dir., PUA, Yaoundé, 2018, pp. 1049 et s.

[1436] Voir l'article 27 (2).

un stage de mise à niveau d'une durée équivalente, lequel se déroulera dans les juridictions[1437] ;

- Que le statut spécial du personnel des greffes récemment adopté et en vigueur ne permette pas *a priori* de réaliser que celui-ci est incompatible avec différents statuts ou activités. En effet, en tant que fonctionnaire, celui-ci ne devrait pas avoir dans une entreprise, par lui-même ou par personne interposée, des intérêts susceptibles de compromettre son indépendance. De même, il ne lui est pas permis d'exercer, à titre personnel, une activité privée lucrative. Il n'en va autrement que lorsque celle-ci a un lien avec la production rurale, la production d'œuvres scientifiques, artistiques ou littéraires ; lorsque des enseignements sont à donner à titre complémentaire ou vacataire[1438] *(implicitement ou tacitement, CS.CA, jugt. n° 50/ADD, 27 avril 1995, 2ème espèce, Nguenang Jean-Pierre c. Etat du Cameroun-Ministère de la fonction publique et de la réforme administrative, in KEUTCHA TCHAPNGA C. (dir.), Les grandes décisions annotées de la juridiction administrative du Cameroun, préc., n° 16, pp. 225 et s., note KEUTCHA TCHAPNGA C.)* ;

- Que quelques-uns des repères majeurs du décret n° 2000/686/PM du 13 septembre 2000 fixant le régime général des concours administratifs ne se perçoivent pas spontanément par le lecteur du statut spécial du

---

[1437] D'après les termes de l'article 33 (5) nouveau, un arrêté conjoint du Ministre de la justice et de son homologue de la fonction publique détermine le contenu des programmes, la durée de la formation à l'ENAM et celle du stage pratique en juridiction du personnel des greffes rattaché aux catégories A et B.

[1438] Tel est du moins le sens de l'article 37 du statut général de la fonction publique auquel le statut spécial des fonctionnaires des greffes renvoie au cas de silence (dès son article premier). Des précisions supplémentaires sont offertes par le décret n° 2000/691/PM du 13 septembre 2000 fixant les modalités d'exercice des activités privées lucratives par les fonctionnaires. On y découvre :

- A l'article 2, que sans préjudice des articles 36 et 38 du statut général de la fonction publique, l'agent public peut exercer une activité privée lucrative, à condition que celle-ci ne nuise pas à son indépendance et à la mission d'intérêt général liée à son statut. « *Toutefois, est incompatible avec le statut de fonctionnaire, l'exercice d'une activité commerciale, telle que définie à l'article 3 de l'Acte uniforme de l'OHADA du 17 avril 1997 (...)* ».

- A l'article 3, que le fonctionnaire qui entend exercer une activité privée lucrative non prohibée, à titre personnel ou par l'entremise d'un tiers, doit en faire la déclaration au ministre utilisateur ou au responsable de l'organisme de détachement, suivant le cas. « *Sont exempts de l'obligation de déclaration : les prises de participation dans le capital des sociétés anonymes et des sociétés parapubliques privatisés ; les prises de participation dans les activités relatives à la production rurale, d'œuvres scientifiques, littéraires ou artistiques ; les enseignements donnés à titre complémentaire ou de vacataire* ».

- A l'article 4, que la déclaration visée à l'article 3 ci-dessus comporte les noms, prénom, grade, numéro matricule et poste de travail ; la nature et le titre de l'activité concernée ; la raison ou la dénomination sociale ; l'identité complète du gérant de l'activité ; en tant que de besoin, l'engagement sur l'honneur de ne consacrer que ses heures libres à ladite activité, de d'acquitter dans les délais requis des obligations fiscales y afférentes ;

- A l'article 5, que le ministre utilisateur et au ministre chargé de la fonction publique qui prennent, s'il y a lieu, des mesures propres à sauvegarder l'intérêt du service ;

- A l'article 6, que « *Le défaut de déclaration de l'exercice d'une activité privée lucrative par le fonctionnaire constitue une faute professionnelle" ; "constitue également une faute professionnelle, le fait pour un fonctionnaire d'utiliser, dans l'exercice d'une activité privée lucrative, les personnels, les biens meubles ou immeubles appartenant à l'administration.* »

fonctionnaire des greffes qui s'en tient à celui-ci, donc oublie le renvoi au droit commun tel que suggéré à l'article 5 du décret n° 2011/020 du 4 février 2011. Au nombre de ces jalons se trouvent ceux relatifs à l'ouverture du concours, aux programmes, à la nature des épreuves et singulièrement aux épreuves orales, à l'époque du concours, à la publicité indispensable ici[1439]. Parmi ces repères se trouvent ceux qui sont relatifs aux sanctions en cas de fraude, lesquelles alimentent quotidiennement la polémique en de telles circonstances[1440]. Une attention soutenue doit enfin être accordée à l'article 60 qui réserve au premier ministre, par arrêté, de fixer les quotas de places disponibles lors des concours administratifs aux candidats de chaque région[1441]. Le texte prend à ce sujet des précautions utiles. L'une des

---

[1439] Sur l'ensemble de ces points, il est résolu :
- A l'article 3, que les postes de travail disponibles en vue des recrutements sont déterminés par un arrêté du ministre chargé de la fonction publique sur la base d'un planning annuel et des dotations budgétaires, en fonction des besoins exprimés par les départements ministériels ; que les concours administratifs sont ouverts par la même autorité qui en assure l'organisation en liaison avec les départements ministériels concernés. Il n'en va autrement que s'agissant de l'entrée dans des établissements publics qui ne forment pas les fonctionnaires. Dans ce cas de figure, le concours administratif relève de la compétence des ministres qui assument la tutelle desdits établissements ;
- A l'article 4, que des arrêtés du ministre chargé de la fonction publique fixent, sur proposition des ministres intéressés, notamment du Garde des sceaux, différents programmes des concours administratifs. Ces programmes sont annexés à l'acte d'ouverture du concours ;
- A l'article 5, que la décision ouvrant le concours précise les conditions à remplir par les impétrants ainsi que la nature des épreuves à affronter par eux.
- A l'article 33, que sauf urgence, tout concours administratif doit être ouvert au moins trois mois avant la date fixée pour son déroulement. L'acte d'ouverture est rendu public par voie d'affichage, de presse ou d'insertion au journal officiel.

[1440] On y découvre, sous les articles 57 et 58 qu'en cas de violation grave des principes d'organisation des concours administratifs, ou lorsqu'une fraude est constatée sous quelque forme que ce soit, à une étape quelconque du déroulement d'un concours administratif, le ministre chargé de la fonction publique doit, par arrêté, annuler selon le cas, soit les résultats dudit concours s'agissant du candidat concerné ou de l'ensemble des candidats convaincus de fraude, soit le concours lui-même. « *Sans préjudice des poursuites pénales et civiles qu'elle encourt, toute personne recrutée comme fonctionnaire à la suite de manœuvres frauduleuse lors d'un concours administratif est, dès découverte de celles-ci radiée des effectifs par l'autorité investie du pouvoir de nomination* ».

[1441] Hier, le fondement en était principalement le décret n° 82/407 du 07 septembre 1982 modifiant et complétant certaines dispositions du décret du 3 juillet 1975 fixant le régime général des concours administratifs, mais aussi de l'arrêté du ministre de la fonction publique, n° 4107 du 04 octobre 1982 fixant les quotas de places par province d'origine, pris en application du décret visé. Esquissés sur la base de "l'importance démographique et du taux de scolarisation de chaque province", les quotas concernaient non seulement les originaires de chaque province, mais aussi les anciens militaires sans distinction d'origine, candidats aux concours administratifs d'entrée aux différentes catégories de la fonction publique et aux concours donnant accès aux établissements nationaux de formation. Une règle importante accompagnait cette répartition qui voulait que les places non pourvues par les candidats réservataires soient réparties proportionnellement aux autres candidats. Très concrètement, le détail se présentait ainsi : province du Centre-Sud, 19 % ; province de l'Est, 4 % ; province du Littoral, 12 % ; province du Nord, 30 % ; province du Nord-Ouest, 12 % ; province de l'Ouest, 13 % ; province du Sud-ouest, 8 % ; anciens militaires, 2 %.

précautions consiste à poser que l'application de la règle des quotas régionaux ne doit jamais conduire à déclarer définitivement admis le candidat n'ayant pas réuni dans l'ensemble des épreuves une note globale correspond au moins à la moyenne de douze sur vingt. L'autre précaution consiste à décider, pour les besoins de l'équilibrage recherché, que la région de chaque personne intéressée par le concours est déterminée par « *la province d'origine de son père ou, le cas échéant, celle de sa mère* ». Assez curieusement, peu de choses sont dites au sujet de l'hypothèse jamais à exclure où aucun des candidats originaires d'une région n'obtiendrait la moyenne requise ;

- Qu'il ne se découvre pas d'emblée que la profession de fonctionnaire des greffes est l'une de celles qui sont ouvertes en priorité à certaines catégories auxquelles les lois accordent un intérêt aigu. Au nombre de celles-ci, les personnes handicapées. Tel est du moins ce que suggère la lecture de la loi n° 2010/002 du 13 avril 2010 portant protection et promotion des personnes handicapées. Effectivement, celle-ci retient, lorsque cette catégorie justifie d'une formation professionnelle ou scolaire, qu'elle a le bénéfice de préférences particulières se rapportant notamment à la dispense d'âge lors des recrutements aux emplois publics et privés[1442]. A qualification égale, la priorité est accordée à la personne handicapée, laquelle ne saurait cependant se voir imposer des épreuves incompatibles avec sa condition[1443]. D'aucune manière le handicap ne peut à lui tout seul fonder le rejet d'une candidature ou une discrimination dès lors que l'emploi en concurrence est compatible avec l'état de celui qui y postule[1444].

- Qu'il n'apparaisse pas au plus vite que les fonctionnaires des greffes sont tenus de prêter serment après leur intégration dans la fonction publique, mais avant d'accomplir tout acte de leur fonction. Ils jurent alors, en substance, de bien et loyalement remplir les fonctions qui leur sont confiées, d'observer en toute circonstance les devoirs attachés à leur qualité avec honneur, dignité, probité. La formule du serment, non renouvelable,

---

A l'issue d'une actualisation en 1992, et avec la création de nouvelles régions, les quotas sont désormais les suivants : Centre, 15 % ; Sud, 4 % ; Nord, 7 % ; Extrême-nord, 18 % ; Adamaoua, 5% ; Est, 4 % ; Nord-Ouest, 12 % ; Ouest, 13 % ; Sud-ouest, 8 % ; Littoral, 12 %.

[1442] Le décret n° 2018/6233/PM du 26 juillet 2018 fixant les modalités d'application de la loi n° 2010/002 du 13 avril 2010 portant protection et promotion des personnes handicapées précise cependant, à son article 13 (2), que la dispense d'âge est accordée, selon le cas, par le ministre chargé de la fonction publique pour la présentation à un concours administratif, et par le premier ministre pour l'intégration dans la fonction publique de l'Etat. Dans tous les cas, elle ne saurait excéder un plafond de cinq ans maximum au-dessus de la limite d'âge règlementaire.

[1443]L'article 14 du décret n° 2018/6233/PM du 26 juillet 2018 déjà cité prescrit en ce sens que des fiches de candidature doivent être dressées lors des recrutements aux emplois publics, lesquelles comportent des mentions pouvant permettre de distinguer les candidats handicapés de ceux qui sont valides.

[1444] Article 38. L'article 39 va plus loin et pose que les personnes qui, du fait de la sévérité de leur handicap ne peuvent affronter les conditions normales de travail en milieu naturel, bénéficient des emplois protégés. « *Est réputé emploi protégé, le poste de travail aménagé en tenant compte des possibilités fonctionnelles et des capacités de rendement de la personne handicapée* ».

est déclinée devant la Cour d'appel du centre siégeant en audience solennelle[1445]. Peu importe que les lauréats aient en projet d'exercer dans le ressort de juridictions tierces.

- Qu'il n'apparaisse pas au plus vite que des règles spécifiques organisent l'entrée dans le corps des greffiers militaires. Effectivement, s'agissant de ces derniers, les repères majeurs sont, d'une part le décret n° 2024/554 du 14 novembre 2024 portant organisation administrative des tribunaux militaires, d'autre part le décret n° 2024/555 du 14 novembre 2024 fixant les règles applicables au recrutement et à la discipline du personnel de la justice militaire. Entre autres, il y est retenu que seuls devraient postuler à l'entrée à l'école nationale en charge de la formation des greffiers les camerounais ayant au moins le grade de sous-officier subalterne ; que seuls des militaires de rang pourraient accéder au corps par une formation à « l'Ecole spécialisée du Ministère en charge de la défense »[1446]. Une chose est sûre. Avant d'entrer en fonction, le greffier issu de l'Ecole nationale en charge de la formation des greffiers prête serment devant la cour d'appel du ressort de sa juridiction d'affectation, à la requête du commissaire du gouvernement près ledit tribunal. Quant à son homologue provenant de l'Ecole spécialisée du ministère en charge de la défense, il est tenu de prêter serment devant le tribunal militaire du lieu d'affectation ou d'exercice siégeant en collégialité. Le reste se devine : tandis que le ministre chargé de la justice militaire a compétence pour nommer à diverses fonctions le personnel non magistrat en poste dans les tribunaux militaires, les greffiers en chef de ces juridictions sont nommés par arrêté du président de la République[1447]. Ces actes administratifs laissent entrevoir la manière dont le corps est géré et la discipline assurée en son sein.

3. La gestion du corps et le régime disciplinaire

La gestion et la discipline des fonctionnaires des greffes sont confiées à des organes particuliers, lesquels appliquent une procédure tout aussi originale.

a. Les organes

Au sujet de la gestion du corps des fonctionnaires des greffes, l'article 87 décide qu'elle incombe d'abord et avant tout au ministre de la justice. Pour les besoins de l'accomplissement de cette mission spécifique, le ministre est

---

1445 Article 9.

1446 Article 8, décret n° 2024/555 du 14 novembre 2024 précité.

1447 Articles 3 (3) et 22 (2) et (3), décret n° 2024/554 du 14 novembre 2024 portant organisation administrative des tribunaux militaires.

assisté de deux organes, à savoir la commission administrative paritaire d'une part, le conseil permanent de discipline d'autre part.

Que le Garde des sceaux soit le gestionnaire en chef des fonctionnaires des greffes ne surprend pas vraiment. Simplement, cette tâche est quotidiennement déléguée aux chefs de juridictions ou de parquets. On l'aura compris, la position de détachement et la position de disponibilité ne remettent pas en cause cette prérogative du ministre de la justice. A preuve, de telles décisions relèvent généralement de son domaine de compétence. Dans les hypothèses exceptionnelles où la décision est réservée au premier ministre ou au président de la République, l'avis du Garde des sceaux est incontournable[1448]. C'est donc sans surprise que le statut spécial de ces auxiliaires de justice envisage à maintes reprises, lorsque les nécessités de service l'exigent, que des fonctionnaires de greffes en activité soient désignés pour prendre part à des stages dont l'issue est l'amélioration de leurs aptitudes et rendement. Les candidats aux formations de spécialisation ou de perfectionnement sont sélectionnés, prescrit l'article 51, soit à l'issue d'un test, soit sur proposition de leur supérieur hiérarchique direct, par décision du ministre chargé de la justice[1449].

Venant aux commissions administratives paritaires, elles sont constituées par décision du Garde des sceaux qui en assure la présidence et les convoque. Elles comprennent chacune le ministre de la justice ou son représentant, deux « représentants de l'administration de la justice », quatre représentants du personnel choisis parmi les fonctionnaires des greffes du grade concerné[1450]. Au fond, le détail de cette composition ne se comprend que si lorsqu'on a à l'esprit les attributions de cet organe. A ce propos, le décret n° 2011/020 du 4 février 2011 retient que la commission paritaire est consultée sur toutes les questions à caractère individuel concernant les fonctionnaires des greffes de grade ou groupes de grades au sein duquel elle est constituée. Elle exprime notamment son avis sur la qualification des stagiaires ; sur les avancements, sur les octrois de récompenses.

S'agissant du conseil permanent de discipline, il a une composition particulière. On y retrouve deux représentants de l'administration de la justice dont un rapporteur, que désigne le ministre de la justice ; cinq représentants du personnel désignés parmi les membres de la commission administrative paritaire. A eux, viennent s'ajouter le Garde des sceaux ou

---

[1448] Articles 53, 57.

[1449] Article 51.

[1450] Articles 89 et 92. Les articles 90 et 91 y ajoutent chacun en son temps qu' à l'intérieur de chaque grade, les délégués du personnel aux commissions administratives paritaires sont élus au scrutin uninominal à un tour et nommés pour une durée de trois ans renouvelable par le Garde des sceaux ; chaque commission administrative est composée de telle manière que ses membres ne puissent pas émettre un avis sur le dossier d'un collègue d'un grade supérieur.

son représentant qui, cela va sans dire, sont les seuls à pouvoir présider le conseil[1451].

Les missions du conseil permanent de discipline des fonctionnaires des greffes se devinent aisément. C'est à lui que revient le soin de connaître des fautes professionnelles commises par ces auxiliaires de justice. Au-delà, à l'exception de l'avertissement et du blâme avec inscription au dossier, aucune sanction ne saurait être prononcée sans que le conseil permanent de discipline ait exprimé son avis au sujet de celle-ci. Le seul regret ici c'est que la nature de l'avis concerné ne soit pas précisée[1452]. Peu nombreux sont en effet ceux, qui à la lecture des textes, pourraient affirmer de manière tranchée qu'il est consultatif ou conforme.

Reste à relever que la gestion et la discipline des greffiers militaires ont des spécificités. Entre autres, on sait que les greffiers militaires en poste au siège ou au parquet des tribunaux militaires sont évalués par leurs chefs utilisateurs respectifs, sur proposition du greffier en chef[1453]. On sait que la procédure disciplinaire à l'encontre des intéressés relève d'une commission chargée parallèlement de la discipline du personnel de l'administration pénitentiaire militaire. Ladite commission est présidée par le directeur de la justice militaire ; son rapporteur est un magistrat militaire désigné par le ministre chargé de la justice militaire, sur proposition du directeur de la justice militaire. En sont membres le greffier en chef de la Cour d'appel du ressort de la juridiction de rattachement du mis en cause ; le greffier en chef du tribunal militaire d'appartenance de l'intéressé ; un représentant des greffiers ayant le même grade que le mis en cause, lequel est désigné par le ministre chargé de la défense[1454]. Il se devine que l'instance observe une procédure originale et, en tant que de besoin, propose des sanctions appropriées[1455].

b. Les procédures et les sanctions

Lorsqu'une faute est imputée à un fonctionnaire des greffes, la loi suggère que lui soit d'entrée de jeu adressée une demande d'explication

---

[1451] Article 97.

[1452] Article 98 (2).

[1453] Article 20, décret n° 2024/554 du 14 novembre 2024 précité.

[1454] Article 25, décret n° 2024/555 du 14 novembre 2024 précité.

[1455] D'après les articles 25 et suivants du décret n° 2024/555 du 14 novembre 2024 précité, la commission est convoquée par son président, au moins huit jours avant la date de tenue de ses assises. Elle siège à la majorité simple des voix de ses membres présents, lesquels en tout état de cause sont au moins au nombre de 4 dont le président ; le mis en cause comparaît en personne et peut se faire assister d'un conseil de son choix ayant soit la qualité d'avocat, soit celle de magistrat ou d'officier des forces de défense ; la commission propose des sanctions que prononce le ministre chargé de la justice militaire.

écrite. Elle provient du supérieur hiérarchique qui le fait soit à son initiative soit sur instructions du ministre de la justice[1456].

Une chose n'est pas discutée, c'est que la saisine du conseil est réservée au seul ministre de la justice. L'individu appelé à comparaître devant lui est convoqué et invité à prendre connaissance de son dossier afin de préparer sa défense. Le concerné comparaît en personne sans que la possibilité lui soit donnée de bénéficier de l'assistance de l'un de ses collègues ainsi que cela semble être la règle devant les instances disciplinaires concernant les autres métiers de la justice[1457]. *« Le conseil statue à la majorité simple de ses membres présents »* [1458] ; ce qui signifie en première approximation que l'on ne devrait pas s'empêcher d'imaginer que celui-ci puisse siéger en l'absence de quelques-uns de ceux qui en sont membres. Du coup, des inquiétudes naissent à propos du quorum à observer en de telles circonstances. Elles s'amplifient lorsqu'on se souvient que le conseil est composé de huit membres. Elles s'amplifient davantage encore lorsqu'on prend connaissance de cette prévision du statut qui postule en cas d'égalité de voix que celle de président est prépondérante[1459] *(tacitement, voir CSCA, jugt. n° 12/CSCA/8/82, 28 janv. 1982, Dame Binam née Ngo Njom Fidèle c. Etat du Cameroun, RCD n° 25, 1983, pp. 95 et s., note NLEP R.G.).*

Dans tous les cas, la typologie des sanctions que le ministre de la justice prononce à la suite de l'avis du conseil est connue[1460]. Il s'agit de l'avertissement, du blâme avec inscription au dossier, du retard à l'avancement pour une durée d'un an, de l'abaissement d'un ou de deux échelons, de l'abaissement de grade, de la suspension temporaire dont la durée n'excède pas six mois, de la révocation avec ou sans suppression des droits à pension *(tacitement, voir CSCA, jugt. n° 12/CSCA/8/82, 28 janv. 1982, Dame Binam née Ngo Njom Fidèle c. Etat du Cameroun, préc. ; CS, ass. Plén., arrêt n° 8/A, 16 déc. 1982, Essimi Fabien c. Etat du Cameroun-DGSN, Répertoire chronologique de la jurisprudence de la Cour suprême, tome 5, Droit administratif, 1980-2000, préc., pp. 232 et s. ; CE, 29 avril 1994, Gaz. Pal. n°s 125-126, mai 1995, pp. 4 et s., note BIAKAN J.)*[1461].

A la vérité, le Garde des sceaux n'a pas le pouvoir de frapper de ces sanctions l'ensemble des fonctionnaires des greffes. Lorsque des poursuites disciplinaires ont été engagées à l'encontre des administrateurs principaux des greffes ou des administrateurs des greffes et que le conseil permanent de discipline a exprimé son avis, la sanction n'est prononcée que par le président de la République. La dérogation ne surprend pas vraiment. Les auxiliaires de justice appartenant aux cadres de cette catégorie y sont

---

[1456] Article 105.

[1457] Articles 106, 107.

[1458] Article 106 (2).

[1459] Article 106 (3).

[1460] On la retrouve exposée à l'article 101.

[1461] Voir not. SANDIO KAMGA A.H., *La responsabilité des agents de l'administration en droit camerounais*, L'Harmattan, Paris, 2021, pp. 39 et s.

intégrés par décret du président de la République[1462]. La hiérarchie des normes et le parallélisme des formes seraient remis en cause si des sanctions radicales comme la révocation pouvaient provenir d'autorités administratives ou politiques inférieures.

Cela réservé, trois éléments précieux doivent encore être mis en évidence.

Premièrement, toute décision infligeant une sanction disciplinaire doit être motivée. L'exigence ne concerne pas uniquement les sanctions que le Garde des sceaux a le pouvoir d'infliger. Elle vise également la catégorie des sanctions dont le prononcé incombe au président de la République[1463]. Telle est la substance d'un jugement de la Chambre administrative de la Cour suprême en date du 27 avril 1995. Dans l'espèce en cause, opposant le dénommé Nguenang Jean-Pierre à l'Etat du Cameroun, le point d'orgue du verdict est celui-ci : « *(...) Attendu qu'il est constant et avéré que M. Nuenang Jean-Pierre, Ingénieur statisticien en service au Ministère du plan et de l'aménagement du territoire a, avec d'autres collègues, créé un Centre de recherche et d'études en économie et sondages (CRETES) et publié sous le couvert dudit centre certains sondages d'opinion, parus notamment dans la presse écrite privée ;*

Attendu qu'il fut traduit devant le Conseil de discipline pour exercice d'activités privées lucratives (..) ; qu'à la suite de cette traduction, il sera, par décision attaquée, sanctionné d'abaissement de trois échelons et ramené ainsi de l'indice 630 à l'indice 480 ;

Que cependant ladite décision, pour tout fondement, se borne à mentionner qu'elle a été prise pour exercice d'activités à but lucratif en violation de l'article 48 du statut général de la fonction publique, sans dire en quoi son action au sein du CRETES constitue une activité lucrative ; alors surtout que l'article 48 (b) susmentionné autorise que les fonctionnaires participent à la production d'œuvres scientifiques ;

Or, attendu que toute décision administrative doit énoncer les motifs propres et suffisants qui justifient la mesure prise contre le fonctionnaire (..) ; que selon la doctrine, cette motivation qui est placée sous le contrôle de la juridiction administrative, juge de la légalité, doit être écrite et comporter l'énoncé des considérations de droits et de fait qui constitue le fondement de la décision. Elle doit être aussi explicite et complète que possible. Que l'obligation où l'administration se trouve de motiver suffisamment la sanction disciplinaire qu'elle inflige à un fonctionnaire la contraint en même temps à réfléchir, à s'assurer d'une part que la loi ou la réglementation qu'elle se propose d'appliquer est bien celle qui convient à l'espèce. Aussi doit être annulée, pour vice de forme, erreur de droit ou détournement de pouvoir, toute décision de l'autorité administrative non motivée ou comportant des motifs inexacts, erronés et inexistants et qui inflige une sanction disciplinaire à un fonctionnaire... » *(CS.CA, jugt. n° 50/ADD, 27 avril 1995, 2ème espèce,*

[1462] Article 7 (1).

[1463] Article 103 (1).

Nguenang Jean-Pierre c. Etat du Cameroun-Ministère de la fonction publique et de la réforme administrative, préc.).

Deuxièmement, toute décision infligeant une sanction disciplinaire doit être notifiée à celui qui est appelé à la subir et archivée dans son dossier administratif[1464].

Troisièmement, les décisions de particulière gravité retenant une sanction disciplinaire doivent être divulguées. Sont notamment visées les suspensions temporaires qui sont publiées au journal officiel. Sont également visées les révocations que l'on doit porter à la connaissance du public par le truchement de la presse écrite ou parlée pour ne s'en tenir qu'à ces supports médiatiques les plus usités[1465]. Celui qui les subit est appelé à cesser d'exercer, au minimum pendant un certain temps.

B. Missions du corps des fonctionnaires des greffes

Bien qu'elles varient sensiblement d'un cadre à un autre, les missions assignées aux fonctionnaires des greffes ont une nomenclature que l'on peut identifier. Par ailleurs, elles créent tantôt des contraintes à leur charge, tantôt des privilèges à leur profit.

1. Nomenclature

Quelques-unes des fonctions du personnel des greffes sont strictement juridictionnelles au sens où elles ont un lien direct avec le procès ; d'autres (davantage administrative et financière) sont non-juridictionnelles et logiquement, sont sans lien immédiat avec le contentieux devant une cour ou un tribunal.

a. Les missions en lien direct avec le procès

Le décret n° 2011/020 du 4 février 2011 est des plus clairs lorsqu'il dispose, à son article 8, que « *Les fonctionnaires des greffes assurent le service public de la justice soit au greffe ou au parquet des juridictions* ».

En réalité, et pour reprendre les justes propos d'un auteur, les membres des greffes se mettent à la disposition du magistrat afin de l'assister dans l'accomplissement de sa mission. L'assistance concernée intervient en amont avant les audiences, à mi-parcours pendant le procès, en aval après l'audience[1466].

[1464] Article 103 (2).

[1465] Article 103 (3).

[1466] LEFORT C., « Greffiers (s)/greffes », in CADIET L. (dir.), *Dictionnaire de la justice*, PUF, Paris, 2004, p. 565.

Avant la tenue de l'audience, le dossier de l'affaire doit être ouvert. Des actes sont à déposer au greffe qui ont vocation tantôt à asseoir chez le juge la conviction que des personnes se sont adressées à lui afin qu'il se prononce sur une affaire. Tantôt, ces actes visent à asseoir chez le magistrat la certitude que les uns et les autres ont été tenus au courant de la date de l'audience ; que le justiciable est au courant des prétentions de son adversaire et a été invité à développer les arguments en vue de sa défense au moyen de déclarations, de conclusions, de mémoires. En matière répressive, le soin leur revient, notamment avant le jugement, donc à l'étape de l'instruction lorsqu'elle est obligatoire, de consigner par écrit ce que révèlent les auditions, les transports sur les lieux, les perquisitions[1467]. De manière plus générale on estime, en paraphrasant en quelque sorte le législateur, que le fonctionnaire des greffes est un maillon essentiel dans l'opération de mise en état des dossiers et des procédures avant la phase décisive du jugement[1468]. Dans une large mesure, l'assertion explique ou justifie, parfois, que la Cour suprême sanctionne sa mise à l'écart, notamment lorsque sa signature n'apparait pas sur une ordonnance du juge d'instruction ou, parfois, sur un procès-verbal relatif à une enquête ou de descente sur les lieux *(sur l'ensemble, Cf not. CS, arrêt n° 194, 25 juin 1963, Ngué Mathias c. Ministère public et Etat du Cameroun, Répertoire chronologique, de la jurisprudence, Droit pénal, tome 1, préc., pp. 217-218 ; arrêt n° 37, 28 mars 1974, Silvio Fabrici c. la Société immobilière de la rue du roi Georges, Répertoire chronologique de la jurisprudence de la Cour suprême, Droit civil et commercial, 1960-1980, préc., pp. 24-25*[1469] *; arrêt n° 353/P, 14 août 1980, Jean Burban*

[1467] Sur ces points, on consultera utilement, entre autres, les articles 20 et suivants du Code de procédure civile et commerciale.

[1468] Article 2, décret n° 80/299 du 26 juillet 1980.

[1469] Le moyen de cassation est fondé ici sur le vice de forme et la violation des articles 14, 214, 191 du Code de procédure civile et commerciale, en ce que la cour a appelé la cause et mis l'affaire en délibéré avant que les parties aient reçu notification d'une ordonnance présidentielle leur indiquant la date de l'appel de la cause ou la date de production des défenses. La haute juridiction accueille favorablement l'argumentaire. Elle décide : « *Attendu que les articles 14 et 214 du code fixent les délais ordinaires d'assignation à 8 jours pour ceux qui sont domiciliés dans « le lieu du siège de la juridiction » ;*
Attendu que l'article 191 alinéa 3 dispose : « Après son enregistrement (de la requête d'appel), le président de la juridiction d'appel rendra une ordonnance donnant acte de la requête reçue et fixant à l'intimé un délai pour produire ses défenses et la date de l'audience. Avis de la requête et de l'ordonnance rendue sera donné par le greffier de la juridiction à la partie intimée et à son représentant. Avis sera également donné à la partie appelante de l'ordonnance. Un récépissé sera retiré par le greffier » ;
Attendu que l'alinéa 4 du même article prévoit : « Dans les cas où l'avis destiné à l'intimé sera retourné au greffe avec mention de sa non-remise, le greffier en avertira l'appelant. Celui-ci fera alors signifier son appel comme il est dit à la section « Les assignations », en observant pour l'assignation à comparaître devant la juridiction d'appel les délais portés aux articles 13 et 14 du présent arrêté » ;
Attendu qu'il résulte de l'article 191 notamment que la cause fixée par l'ordonnance du président à une audience ne peut être appelée à celle-ci et a fortiori y être mise en délibéré sans que l'ordonnance présidentielle de fixation du délai pour produire les défenses et de la date de l'audience ait été notifiée aux parties afin de permettre à celles-ci de se mettre en état pour faire valoir leurs moyens respectifs ; qu'il s'agit là d'une formalité substantielle ;

c. Ministère public et Matemb Mayinga Luc, Répertoire chronologique de la jurisprudence de la Cour suprême, tome 1, Droit pénal, préc. ; arrêt n° 91/P, 19 déc. 2013, Mal Hamadou Ibrahim et Adama Sali c. Temkreo Joël, inédit ; TCS, arrêt n° 019/CRIM/TCS, 22 juin 2016, Ministère public c. Atangana Mebara Jean-Marie et Mendouga Jerôme, préc. arrêt n° 15/P, 27 mars 2008, Procureur général près la Cour suprême c. Fodjeu Marius, Juridis Périodique n° 84, oct.-déc. 2010, p. 97, obs. KEUGONG NGUEKEN R., épse WATCHO ; arrêt n° 71-P, 16 juil. 2015, Kingué Paul-Eric c. Procureur général près la Cour d'appel du Littoral, Société des plantations du Haut-Penja et autres et arrêt n° 72-P, 16 juil. 2015, Kingué Paul-Eric c. Commune de Njombé-Penja, préc. ; arrêt n° 89/S, 8 août 1985, Mbiakop François c. Société Mory et Compagnie, Répertoire chronologique de la jurisprudence, Droit social, 1980-2000, pp. 1125. Voir aussi CCJA, arrêt n° 137/2016, 07 juil. 2016, Banque commerciale du Niger dite BCN c. Chérif Ould Abdine, Société générale des travaux publics dite SGTP, Compagnie Dubaï Office Niger, http://www.ohada.org ; CA du Centre, arrêt n° 95/Crim, 12 juin 2007, Amougou Etienne et Tchinda Matha Moussa épse Djedou c. Ministère Public et Ministère des postes et télécommunications, Juridis Périodique n° 82, avril-juin 2010, pp. 59-60, n° 8, note KEUBOU Ph.).

A l'étape de la tenue de l'audience, le rôle du fonctionnaire des greffes s'accroît. A titre d'exemple, la tâche lui revient, d'entrée de jeu, d'appeler les protagonistes lorsque s'ouvrent les assises. Le soin lui revient de porter les mesures d'instruction à l'attention des justiciables et, parfois, de les diligenter pour leur compte. Le soin lui revient de participer à l'audience. A ce propos, c'est à lui que revient la charge, hier davantage que de nos jours, de « tenir la plume » et de consigner par écrit, sous forme de « notes d'audience », les déclarations des uns et des autres, singulièrement des plaideurs et des témoins. Dans le registre d'audience qu'il tient, qualifié de « plumitif », se retrouvent la date du procès, l'identité des magistrats, celle des protagonistes, l'identité des personnes ayant représenté ou assisté les justiciables, la nature de l'affaire qui les oppose ou provoque leur comparution devant la juridiction, les incidents survenus, le dispositif du « jugement » tel que rendu[1470]. Autant révéler que l'original de la décision de la juridiction, appelé minute, est copié dans ce registre par les soins du fonctionnaire des greffes *(expressément ou tacitement, CS, arrêt n° 84-P, 16 juil. 2015, Société générale de banques au Cameroun dite SGBC et Tapondjou Albert*

Attendu qu'en l'espèce aucun récépissé de notification des avis aux intéressés ne figure au dossier, que de plus, il ressort des conclusions des parties que lesdites notifications n'ont été faites que tardivement à la veille de l'audience ou après l'audience ;

Attendu dans ces conditions que le juge d'appel ne pouvait, sans vérifier que son ordonnance n° 104-RG du 2 juillet 1973 fixant la production des défenses de l'intimé au plus tard au 14 juillet 1973 et la date à laquelle la cause devait être appelée au 20 juillet 1973 avait été régulièrement notifiée en temps utile aux parties et que récépissé de ces notifications figuraient au dossier, appeler la cause à l'audience du 20 juillet 1973 et la mettre en délibéré ; qu'en le faisant, avec une hâte injustifiée, le juge d'appel a violé les textes visés au moyen… »

[1470] En ce sens, voir notamment l'article 41 du Code de procédure civile et commerciale.

c. Ministère public et Aguemo Mbakou, Juridis Périodique n° 107, juil.-sept. 2016, pp. 98 et 99, note TCHOUMBIA TOMTOM L.J.B. et TCHABO SONTANG H.M. ; arrêt n° 16/P, 22 déc. 1988, Mounden Idrissou c. Ministère public et Pamansie Josué, Répertoire chronologique de la jurisprudence de la Cour suprême, tome 1, Droit pénal, préc., p. 1151[1471] *; arrêt n° 25/S, 04 fév. 1993, Transcap c. Tamla Joseph, Répertoire chronologique de la jurisprudence, Droit social, 1980-2000, p. 801 ; arrêt n° 51/S, 5 fév. 1998, SGTE c. Ekey Sadrack, Répertoire chronologique de la jurisprudence, Droit social, 1980-2000, tome 3, p. 780 ; arrêt n° 63/S, 26 fév. 1998, Serec c. Omgba Marcel, Répertoire chronologique de la jurisprudence, Droit social, 1980-2000, pp. 817 et s.*[1472] *; arrêt n° 29/S, 5 janv. 1984, BP Cameroun c. Ndeugoué Dieudonné, Répertoire chronologique de la jurisprudence, Droit social, 1980-2000, préc., p. 392 ; arrêt n° 70/S, 23 mai 1985, Etat du Cameroun c. Mbeyo Marvitch, Répertoire chronologique, Droit social, 1980-2000, p. 404 ; arrêt n° 240/S, 21 sept. 2000, Moneins René c. Société nouvelle imprimerie, Répertoire chronologique, Droit social, 1980-2000, pp. 6 et 7 ; arrêt n° 89/S, 8 août 1985, Mbiakop François c. Société Mory Compagnie, Répertoire chronologique, Droit social, 1980-2000, p. 1125 ; arrêt n° 30, 24 avril 1975, Atanga Bernard c. Entreprise EGBC, Répertoire chronologique de la jurisprudence, Droit social, 1960-1980, préc., pp. 265 et s. ; arrêt n° 137/P, 05 mai 1994, Procureur général près la Cour d'appel de Maroua c. Siddi Bouba et autres, Répertoire chronologique de la jurisprudence de la Cour suprême, Droit pénal, 1980-2000, tome 1, préc., pp. 1194 et 1195*[1473]*).*

[1471] Dans cet arrêt de rejet, il est jugé, concernant le premier moyen fondé notamment sur l'article 155 du Code d'instruction criminelle, « *qu'« (…) il ne résulte pas de ce texte que l'obligation imposée aux greffiers de tenir des notes d'audience est prescrite à peine de nullité* ».

[1472] La solution privilégiée ici est celle qui voudrait que « *(…) les énonciations du plumitif ne peuvent prévaloir contre celles de la minute du jugement ou de l'arrêt qui constitue seul un acte authentique faisant foi jusqu'à inscription de faux* ». On comprend mieux la solution en se souvenant d'une chose. C'est que le demandeur au pourvoi évoquait la violation des articles 140 et 153 alinéa 3 du Code du travail d'une part, l'article 38 du Code de procédure civile et commerciale d'autre part. Dans le détail, l'auteur du pourvoi reproche à la Cour d'appel d'indiquer que sa décision a été rendue le 22 avril 1987 par le magistrat Tchangang Benoît avec à ses côtés, comme assesseurs, Many Fouda Jean et Medjo Me Zengué Aloys. Or l'extrait du plumitif mentionne qu'à l'audience du 22 avril 1987, la Cour d'appel était présidée par Monsieur Touna Atangana avec comme assesseurs Ntondo Lehman et Nida Christine. L'intéressé conclut alors que le nom du magistrat indiqué comme ayant siégé est faux et viole les stipulations de l'article 38 du code de procédure civile ; que la minute du jugement n'est pas signée du président qui aurait dû le faire, en violation des stipulations de l'alinéa 3 de l'article 153 du Code du travail ; que les assesseurs n'étaient pas ceux appelés au cours du procès, en violation des stipulations de l'alinéa 2 de l'article 140 du Code du travail.

[1473] Dans cet arrêt surprenant, mais édifiant, il est reproché à la Cour d'appel d'avoir prononcé une peine inférieure au minimum légal sans avoir préalablement accordé des circonstances atténuantes. En réalité, le demandeur au pourvoi estime qu'en rédigeant son factum, le président de la juridiction d'appel a accordé des circonstances atténuantes qui n'avaient pas été prononcées à l'audience. Il a, entre les mots peine et ramène, ajouté les lettres CA (circonstances atténuantes) mises entre parenthèses sur la chemise du dossier de procédure. La demanderesse conclut avec force qu'en modifiant la décision rendue à l'audience publique lors de la rédaction de la minute, le chef de cour a commis un faux. Invitée à trancher, la Cour suprême rejette le moyen. Elle estime que « *les circonstances atténuantes indiquées dans l'arrêt querellé ne peuvent être remises en cause*

Au terme du procès, le greffier aide le magistrat à mettre en forme la décision prononcée ou à prononcer (minute). La tâche est délicate lorsque la composition de la juridiction n'est pas collégiale. Elle n'est pas à négliger lorsque, comme devant les juridictions de droit traditionnel, il arrive que des assesseurs ne sachent ni lire ni écrire, et donc que le risque soit grand que la décision retenue ne retrace pas avec netteté ce qui a été résolu dans le cadre du délibéré. Au terme du procès, le personnel des greffes des cours et des tribunaux est également dépositaire des minutes et des archives dont la conservation lui échoit. Parfois, la mission lui incombe de notifier des actes à ce stade. Enfin, et plus significativement, le soin lui revient de délivrer à la partie victorieuse une copie de la décision originale (expédition ou grosse), revêtue en tant que de besoin de la formule exécutoire. On comprend alors le sens de la vieille formule législative selon laquelle la tâche lui échoit de veiller à la « mise en état d'exécution des dossiers après jugement », à la « mise en état d'exécution des sanctions pénales »[1474]. On comprend que d'aucuns affirment en substance dans leurs écrits que le fonctionnaire des greffes atteste de la régularité formelle de ce qui s'est passé devant un collège de juges ou devant le magistrat ayant statué isolément ; que sa présence authentifie les actes du juge dont ce praticien est le témoin vivant et, d'une certaine manière, le garant de la régularité[1475]. On comprend sans doute aussi pourquoi la non-présence du fonctionnaire des greffes entachera presque toujours la régularité de la décision de justice. Enfin, et cela est à ne pas négliger, le soin lui revient, dans nombre de procédures, d'accueillir les recours, notamment l'appel et le pourvoi *(sur l'ensemble, voir not. CS, arrêt n° 97, 10 fév. 1997, Voundi Mbida Laurent c. Ministère public, Répertoire chronologique de la jurisprudence de la Cour suprême, Droit pénal, tome 1, 1960-1980, préc., p. 683 ; arrêt n° 15/P, 27 mars 2008, Procureur général près la Cour suprême c. Fodjeu Marius, préc. ; arrêt n° 51/S, 5 fév. 1998, SGTE c. Ekey Sadrack, préc. Voir également CS, arrêt n° 16/P, 22 déc. 1988, Mounden Idrissou c. Ministère public et Pamansie Josué, Répertoire chronologique de la jurisprudence de la Cour suprême, tome 1, Droit pénal, préc. ; arrêt n° 209/S, 19 sept. 1996, Société Tanicam c. Ndjudja Lucas Bellevue, Répertoire chronologique, Droit social, 1980-2000, préc., pp. 777 et s. ; arrêt n° 15, 9 déc. 1969, Eboa Aaron c. Nkéné Jean, Répertoire chronologique, Droit civil et commercial, tome 4, 1960-1980, pp. 12-13 ; CA du Centre, arrêt n° 95/Crim, 12 juin 2007, Amougou Etienne et Tchinda Matha Moussa épse Djedou c. Ministère public et Ministère des postes et télécommunications, préc. ; arrêt n° 70, 16 fév. 1965, Mbongol Ndjobassa c. Ministère public et Songué Mouaha Robert, Répertoire chronologique de la jurisprudence de la Cour suprême, tome 1, Droit pénal, pp. 115-116 ; arrêt n° 264, 27 juin 1972, Zama Owona*

---

sous le prétexte du faux, la minute d'un jugement ou d'un arrêt primant sur le plumitif ou sur tout autre renseignement ».

1474 Article 2 (1), décret n° 80/299 du 26 juillet 1980, préc.

1475 PERROT R., op cit., p. 669, n° 566 ; ONANA ETOUNDI F., préc., pp. 34 et s.

Vincent, Procureur général près la Cour d'appel de Douala c. Ministère public et Zama Owona Vincent, Répertoire chronologique de la jurisprudence de la Cour suprême, tome 1, Droit pénal, pp. 116-117 ; arrêt n° 184, 19 avril 1973, Ndounkoumou Nkili Jean c. Ministère public et Eyébé Gabriel, Répertoire chronologique de la jurisprudence de la Cour suprême, tome 1, Droit pénal, p. 117 ; arrêt n° 192, 26 août 1976, Temdenou Jean Bosco c. Ministère public et Massop Julienne, Répertoire chronologique de la jurisprudence de la Cour suprême, tome 1, Droit pénal, pp. 117-118).

Avant de quitter le point se rapportant aux missions judiciaires des fonctionnaires des greffes, quatre choses sont à remarquer.

Certes, le greffier « compose » les juridictions et peut-on dire, en fait partie. Il n'en demeure pas moins que celui-ci ne prend pas part, au sens strict, à l'élaboration de la décision d'une cour ou d'un tribunal. La possibilité ne lui est donc pas offerte de participer au délibéré. Mieux, sa mise à l'écart doit être rigoureusement respectée ici *(CS, arrêt n° 97, 10 fév. 1997, Voundi Mbida Laurent c. Ministère public, Répertoire chronologique de la jurisprudence de la Cour suprême, Droit pénal, tome 1, 1960-1980, préc. ; arrêt n° 51/S, 5 fév. 1998, SGTE c. Ekey Sadrack, préc.[1476])*. Reste à savoir, cela rappelé, jusqu'à quel point le personnel des greffes est impliqué dans la rédaction de la décision de justice. La question ne peut ne pas se poser dans un contexte de rupture entre les prévisions de la loi d'organisation judiciaire, celles du Code de procédure pénale et enfin, celles du Code de procédure civile et commerciale. En effet, tandis que celles-ci semblent s'en remettre au magistrat ou à la juridiction sans autre considération, celles-là procèdent comme à une répartition du travail entre les acteurs de la chaîne judiciaire en décidant que *« Les greffiers sont spécialement chargés, sous la surveillance du juge, de la rédaction des qualités qui comprennent l'acte introductif d'instance et le dispositif des conclusions des parties »* [1477]. A l'évidence, et dans l'attente de clarifications jurisprudentielles, rien ne semble faire obstacle, y compris dans la tournure de langage du Code de procédure civile et commerciale, à ce que le juge diligent, investi d'une mission de « surveillance » des fonctionnaires des greffes via le parquet s'oriente vers la piste de l'écriture de l'ensemble de la décision de justice à rendre[1478].

[1476] Dans cette affaire, la haute juridiction estime que le moyen manque de fait ; la Cour d'appel ayant d'après elle siégé « avec la participation d'un greffier ». Il n'est pas inopportun de relever que le mémoire ampliatif déposé par l'avocat du demandeur au pourvoi évoque la violation des articles 5 et 19 de l'ordonnance n° 72/4 du 26 août 1972 portant organisation judiciaire. Celui-ci estime que la teneur de l'arrêt attaqué ne donne pas à penser que la juridiction d'appel était assistée d'un greffier audiencier tenant la plume, alors que les règles relatives à la composition des juridictions sont d'ordre public et que toute décision de justice doit renfermer en elle-même la preuve de la composition légale de la juridiction dont elle émane. Sa conclusion va de soi. Les règles relatives à la composition des juridictions étant d'ordre public, leur violation doit être soulevée en tout état de cause et même pour la première fois devant la Cour suprême.

[1477] Article 43, Code de procédure civile et commerciale.

[1478] A propos des méandres, voir MBARGA A., *Procédure civile camerounaise*, op cit., pp. 262 et s., n°s 332 et s. ; NSOGA EZ, *Le jugement*, op cit, pp. 247 et s., n°s 257 et s.

Certes, le fonctionnaire des greffes assiste le ou les magistrats. Tous ne prêtent cependant pas main-forte de la même manière ou, en tout cas, n'interviennent pas au même niveau. A preuve, ce corps auxiliaire regroupe différents cadres, lesquels sont fortement hiérarchisés : administrateur principal, administrateur, greffier principal, greffier, greffier adjoint. La figure traditionnelle du greffier en chef est à cet égard particulièrement édifiante. Celle du greffier frappe davantage, notamment celui qui se réfère aux extraits du statut spécial du corps des fonctionnaires des greffes où la règle est gravée d'après laquelle, en cas de vacance de l'intéressé, celui-ci est supplée dans ses fonctions par le greffier le plus ancien dans le grade le plus élevé à la Cour suprême, le cas échéant par un greffier en chef des chambres. Dans les autres cas, celui-ci est suppléé, hier par un chef de section, de nos jours par un chef de chambre[1479]. A preuve aussi, et pour quitter ce point, le décret n° 2024/554 du 14 novembre 2024 portant organisation administrative des tribunaux militaires décide que les greffiers militaires assurent les tâches de conception, de préparation et d'exécution spécialisées ou courantes devant chacun des organes qui composent la juridiction. Mieux encore, il souligne qu'au siège, ceux-ci assurent le fonctionnement du greffe (en veillant particulièrement au classement des pièces dans les dossiers de procédure, en accomplissant les diligences qui leur sont prescrites, en veillant à l'établissement des pièces d'exécution, à la tenue des registres du siège et des dossiers de procédure). Il souligne qu'à l'instruction, ceux-ci sont chargés de l'ouverture, de la tenue des dossiers et des registres, de la préparation des diligences pertinentes, de la notification des actes et de l'accomplissement de toute mission légale que leur confie le juge d'instruction. La conclusion ne surprend guère s'agissant de la mission des greffiers en poste au parquet : ils veillent au fonctionnement, à la tenue des registres et des dossiers administratifs ; exécutent les diligences ordonnées par le tribunal ; mettent en état les dossiers de procédure[1480].

Certes, les missions du fonctionnaire des greffes ayant un lien direct avec le procès sont différentes de celles des autres auxiliaires de justice œuvrant pour la manifestation de la vérité. Toutefois, cet agent public pourrait être autorisé à officier en qualité d'agent d'exécution. A la vérité, celui-ci ne pose des actes juridiques en tant qu'agent d'exécution que dans le ressort de tribunaux de première instance dépourvus d'huissiers de justice. En ces circonstances, une procédure est à suivre en amont dont l'aboutissement est la décision de nomination que prend le Garde des sceaux, ministre de la justice, jamais sans l'avis du procureur général près la Cour d'appel du ressort. A ce sujet, les textes ont d'ailleurs tendance à privilégier la désignation de clercs assermentés et à défaut seulement, des fonctionnaires

[1479] Article 11. L'article 12 est des plus précis. Le greffier ne saurait être nommé à un emploi qui lui confèrerait un pouvoir de contrôle ou de direction sur un collègue d'un grade supérieur, que ce soit en juridiction ou à la chancellerie.
[1480] Article 5.

des greffes ayant le bénéfice d'un minimum d'expérience au plan professionnel. Telle est en tout cas la substance de l'article 54 du décret du 5 novembre 1979 d'après lequel « *les agents d'exécution sont choisis parmi les clercs assermentés d'huissiers ou à défaut, parmi les greffiers et greffiers adjoints réunissant au moins quatre années d'ancienneté* ». Une chose est constante : le ministère de l'agent d'exécution n'a pas vocation à s'étaler dans le temps. Elle prend automatiquement fin lorsqu'un huissier de justice prête serment dans la localité concernée. La cohabitation dans le ressort d'une juridiction d'un ou de différends huissiers de justice et d'un ou de différents agents d'exécution est donc à exclure[1481]. A priori, et bien que les textes ne soient pas détaillés sur ce point particulier, rien ne devrait sérieusement s'opposer à la poursuite et à l'achèvement des actions et procédures que l'agent d'exécution diligentait déjà avant l'attribution d'une charge d'huissier de justice dans le ressort d'une juridiction n'ayant pas d'huissier de justice.

Enfin, les missions du personnel des greffes sont parfois exercées par des personnes n'ayant pas forcément ce statut ou, si l'on préfère, cette qualité. L'exemple retentissant demeure incontestablement celui de ces secrétaires appelés à animer le tribunal du premier degré ou le tribunal coutumier. A l'examen, les concernés ont rarement séjourné à l'Ecole nationale d'administration et de magistrature, à la section greffe de la division judiciaire. Pourtant, c'est à eux que revient le soin d'assister aux audiences, d'assurer la transcription des jugements dans le registre réservé à leur conservation, d'effectuer les démarches ou opérations indispensables à la mise en ordre des procédures et au fonctionnement du tribunal. Cela explique ou justifie que l'on souhaite parfois, demain, que le fonctionnaire des greffes formé à l'Ecole nationale d'administration et de magistrature exerce au profit des juridictions de droit traditionnel en lieu et place des secrétaires que l'on y retrouve de nos jours[1482].

A ce stade de l'examen des missions des fonctionnaires des greffes, un espoir doit être formulé. C'est qu'un jour les greffes des juridictions soient dotées de moyens qui leur permette d'accomplir avec probité, diligence et efficacité leurs missions en rapport direct avec le procès. La réalisation de tels vœux rendrait aisée l'exercice des missions qui leur sont assignées et qui n'ont qu'un lien lâche avec le procès.

[1481] On se souviendra, cela réservé, des prévisions de l'article 3 du décret du 5 novembre 1979. Il s'y découvre :

- Qu'à la demande d'un huissier de justice et après avis de l'assemblée générale de la cour d'appel compétente, celui-ci peut être nommé à un autre office ministériel ; l'acte de nomination emporte démission de la charge précédemment attribuée ;
- Que lorsqu'un tribunal de première instance est nouvellement créé dans un arrondissement, l'huissier de justice en fonction au siège d'un tribunal voisin couvrant autrefois différents arrondissements dont celui de création récente peut continuer à exercer jusqu'à la nomination d'un confrère au siège de la juridiction.

[1482] KUATE TAMEGHE S.S., « La réorganisation des juridictions de l'ordre judiciaire au Cameroun », in ABOUEM A TCHOYI D., MBAFOU S.C. (dir.), *Améliorer l'efficacité de l'Etat au Cameroun*, L'Harmattan, Paris, 2019, p. 171.

b. Les missions sans lien direct avec le procès

Le décret n° 2011/020 du 4 février 2011 est le premier à prescrire que « *Les fonctionnaires des greffes assurent le service public de la justice (...) dans les services centraux du ministère en charge de la justice* ». « *Au ministère de la justice, ils assurent toutes les tâches administratives confiées par la hiérarchie compte tenu de leur grade et des fonctions occupées* »[1483].

A dire vrai, les attributions des fonctionnaires de greffes sans lien direct avec le procès sont tantôt de nature administrative, tantôt de nature comptable ou financière[1484].

Au plan administratif, la mission revient aux fonctionnaires des greffes de procéder à l'organisation des services des greffes placés sous leur direction ou, éventuellement, de contribuer à cette organisation lorsque l'opportunité ne leur a pas été offerte d'être à la tête de ceux-ci. A cet égard, la référence aux différents textes se rapportant à l'organisation administrative des juridictions est particulièrement édifiante, spécialement lorsqu'elle se cristallise sur le décret n° 80/299 du 26 juillet 1980 modifié et complété le 8 juillet 1981[1485]. On y découvre que les fonctionnaires des greffes assurent, suivant leur cadre, au siège ou au parquet de la juridiction, soit des fonctions de direction, de conception et de contrôle, soit les fonctions d'élaboration et d'application, soit les fonctions relatives aux tâches d'exécution spécialisées ou courantes[1486]. On y découvre que ces derniers officient tantôt au siège, tantôt au parquet. On y découvre que les fonctionnaires des greffes exercent leurs responsabilités administratives sous la surveillance et le contrôle des « deux chefs de juridiction » suivant une répartition précise[1487]. Au sujet des greffes des juridictions d'instance, il y est consigné que ceux-ci comprennent différents services placés chacun sous l'autorité d'un fonctionnaire du corps ayant au moins le grade de greffier, l'ensemble étant supervisé par un greffier principal[1488]. Au sujet de

---

[1483] Article 8 (1, 3).

[1484] Article 10.

[1485] L'observation concerne également le tribunal militaire. En effet, le décret n° 85/520 du 13 avril 1985 portant organisation administrative des juridictions militaires souligne que le parquet de celles-ci comprend trois bureaux : le bureau des affaires pénales, le bureau du courrier et du fichier, le bureau des affaires administratives et financières. Tous ont à leur tête des greffiers.

[1486] Article premier.

[1487] Article 3.

[1488] A propos du détail, voir les articles 16 et suivants décret n° 80/299 du 26 juillet 1980. Leurs missions y sont exposées. On y évoque notamment celle consistant à tenir le registre des plaintes et de simple police, à procéder à l'ouverture des procédures d'information, assurer la tenue du sommier, servir de secrétariat aux magistrats en charge de l'instruction lorsque cette dernière incombait au ministère public, établir les ordonnances d'arbitrage, procéder à l'enrôlement des affaires pénales, veiller à l'exécution des diligences prescrites par le tribunal dans le cours des audiences, le suivi de l'exécution des diligences sollicitées par les parquets extérieurs ou étrangers, de tenir le registre des mandements de citations ou des significations. On y mentionne la mission consistant à tenir le registre de l'exécution des peines, formaliser les pièces d'exécution transmises au greffe ou au parquet et de les soumettre à la signature du procureur de la

la Cour suprême, la décision est retenue selon laquelle les services des greffes sont placés sous l'autorité d'un greffier en chef ayant au moins le grade soit d'administrateur des greffes, soit de greffier principal.

Au plan comptable et financier, le greffe a en charge la comptabilité des opérations de recettes et de dépenses liées au fonctionnement des juridictions ou à certaines procédures portées à la connaissance de celles-ci. Son intervention se situe à un double niveau : en amont lors de la conception du projet de budget des juridictions aux côtés des chefs de celles-ci ; en aval lors de l'assistance à la gestion des crédits alloués, lors de la perception des frais de consignation et des provisions relatives aux expertises, lors de la réception ou de la conservation du produit de l'exécution des condamnations pécuniaires liées au procès pénal[1489], de celle de certaines voies d'exécution à l'instar de la saisie-vente ou de la saisie des rémunérations. Cela explique pourquoi on assiste, ces dernières années, à des poursuites engagées contre des greffiers en chef devant le tribunal criminel spécial. Et, on ne le sait que trop depuis l'entrée en vigueur de la loi n° 2012/011 du 16 juillet modifiant et complétant les dispositions de la loi n° 2011/028 du 14 décembre 2011, ladite juridiction est compétente pour connaître, lorsque le préjudice est d'un montant minimum de 50 000 000 de francs CFA, des infractions de détournement de biens publics et des infractions connexes prévues par le Code pénal et les conventions internationales ratifiées par le Cameroun. Lorsque les sommes distraites sont inférieures au montant évoqué, les greffiers ne bénéficient pas d'une immunité. Des poursuites seront souvent engagées devant les tribunaux de première instance ou de grande instance suivant que le comportement punissable appartienne à la catégorie des délits ou à celle des crimes[1490] *(TCS, arrêt n° 007/CRIM/TCS, 5 avril 2013, Ministère public et Etat du Cameroun-Ministère de la justice c. Tikela née Fanta Elisabeth Marie et Akono Ousmanou Françis, Recueil des arrêts du tribunal criminel spécial, tome 4, pp. 7 et s. ; arrêt n° 002/CRIM/TCS, 7 fév. 2020, Ministère public et Etat du Cameroun-Ministère des finances c. Mbia Emmanuel, Maale Ngoumé épouse Toué Toué Salomé, Nkenmouo Alphonse, Mekou Moumeni Alain Raoul et autres, Recueil des arrêts du tribunal criminel spécial, tome 4, préc., pp. 419 et s.).*

En tout état de cause, et cela n'est pas à négliger rendu à ce stade, les fonctionnaires des greffes et surtout les greffiers sont appelés à gérer les crédits de fonctionnement des cours et des tribunaux, sous le contrôle des

République, transmettre aux officiers de police judiciaire et aux paquets extérieurs ou étrangers les pièces d'exécution et de s'assurer de l'exécution, suive les dossiers de recours en grâce et de réhabilitation judiciaire, de dresser les statistiques de l'activité du parquet. Il y est évoqué la gestion du courrier, la tenue du fichier des dossiers administratifs, l'organisation au plan matériel des cérémonies et réunions de la juridiction, l'entretien des locaux, du matériel, des véhicules du tribunal ; d'assurer le fonctionnement de la bibliothèque lorsqu'elle existe, de conserver les archives et la documentation.

[1489] Voir les articles 556 et suivants du Code de procédure pénale.

[1490] Voir, dans le tome 1 de cet ouvrage, les développements concernant les tribunaux de première et de grande instance et le tribunal criminel spécial.

chefs de juridictions cela s'entend. C'est encore sous le contrôle des chefs de juridictions que ceux-ci gèrent le matériel et le mobilier indispensable au fonctionnement du service public de la justice sur le « terrain »[1491].

Cette présentation des attributions administratives et comptables ou financières de ceux qu'on qualifiait autrefois de greffiers ne fera pas illusion.

Il convient effectivement de ne pas perdre de vue que ceux-ci exercent parfois des tâches administratives au profit d'entités qui ne se rattachent pas forcément aux juridictions ou au ministère de la justice. Tel est du moins l'enseignement qu'inspirent les extraits du statut spécial évoquant la perspective d'une position de détachement.[1492]. Le cadre du détachement et ses modalités y sont d'ailleurs exposés. Sur le premier point, il s'agit d'une collectivité territoriale décentralisée, d'un établissement public administratif, d'une entreprise du secteur public ou parapublic, d'une organisation internationale ; ce qui pose le problème jamais à éluder du caractère indicatif ou exhaustif de l'inventaire. Sur le second point, la demande peut provenir de l'intéressé ou de l'organisme de détachement. Elle est prononcée après avis du Garde des sceaux soit par arrêté du premier ministre, soit par arrêté du président de la République lorsque le détachement concerne le cadre des administrateurs de greffes[1493].

Il convient également de ne pas oublier les exigences de la loi n° 2008/003 du 14 avril 2008 régissant les dépôts et consignations[1494]. Celle-ci range dans la catégorie des « consignations judiciaires », entre autres, les fonds issus des règlements judiciaires et des liquidations de biens, ceux provenant de successions indivises, les sommes d'argent représentant les offres réelles, les consignations consécutives aux décisions de justice exécutoires par provision, celles en lien avec le produit des ventes sur saisie en attente de distribution, les saisies de droits d'associés et valeurs mobilières[1495]. Dans cette même rubrique se trouvent les fonds des greffes, les retenues opérées à la suite des saisies sur les rémunérations, les fonds rendus indisponibles par l'effet d'une enquête ou d'une instruction judiciaire, les fruits naturels et industriels, loyers et fermages recueillis après le dépôt d'un commandement ou le prix qui en provient[1496]. Dans une autre catégorie, dite des « dépôts », sont rangés notamment les fonds des clients détenus par les auxiliaires de justice et singulièrement par le greffier en exécution de ses fonctions, les fonds complémentaires d'équipement des services judiciaires. Dans la rubrique des « consignations administratives »

[1491] LEFORT C., op cit., p. 567.

[1492] Article 53.

[1493] La suite s'imagine. Le fonctionnaire des greffes détaché conserve l'ensemble des droits relatifs à sa promotion dans sa carrière.

[1494] Cette loi est complétée par le décret n°2011/105 du 15 avril 2011 portant organisation et fonctionnement de la Caisse des dépôts et consignations, en abrégé CDEC ; le décret n° 2023/08500/PM du 1er décembre 2023 fixant les modalités de transfert des fonds et valeurs dévolus à la Caisse des dépôts et consignations.

[1495] Article 5.

[1496] Idem.

sont listés les consignations de la quote-part des émoluments affectés aux tribunaux, les dépôts pour main d'œuvre pénale...[1497]. La conclusion est tirée que les fonds actuellement en dépôt ou en consignation au trésor public ou dans des établissements financiers ou de crédit, en raison des termes d'une disposition législative ou règlementaire, doivent être reversés à la Caisse des dépôts et consignation. Un sort identique est réservé aux fonds placés sous séquestre, aux fonds des professions judiciaires et à ceux rendus indisponibles par l'effet d'une enquête ou d'une instruction judiciaire, et aux fonds des greffes[1498]. Du coup et logiquement, l'époque sera bientôt passée où des sommes d'argent étaient consignées aux greffes et durablement conservées par les fonctionnaires de greffes. Pareillement, on conçoit difficilement que ces derniers continuent pendant longtemps à conserver par-devers eux le produit de la saisie des rémunérations, ainsi que cela se faisant avant la création de la Caisse des dépôts et des consignations. On imagine mal, avec la promulgation de la loi n° 2008/003 du 14 avril 2008 (et surtout avec les décrets n° 2011/105 du 15 avril 2011 portant organisation et fonctionnement de la Caisse des dépôts et consignations et n° 2023/08500/PM du 1er décembre 2023 fixant les modalités de transfert des fonds et valeurs dévolus à la Caisse des dépôts et consignations[1499]), que survivent les prévisions de l'article 556 du Code de procédure pénale consacrées aux condamnations pécuniaires, lesquelles retiennent que les amendes et frais de justice sont payés au greffier en chef de la décision qui a rendu la décision [1500]*(tacitement, TCS, arrêt n° 007/CRIM/TCS, 5 avril 2013, Ministère public et Etat du Cameroun-Ministère de la justice c. Tikela née Fanta Elisabeth Marie et Akono Ousmanou Françis, préc. ; arrêt n° 002/CRIM/TCS, 7 fév. 2020, Ministère public et Etat du Cameroun-Ministère des finances c. Mbia Emmanuel, Maale Ngoumé épouse Toué Toué Salomé, Nkenmouo Alphonse, Mekou Moumeni Alain Raoul et autres, préc. ; CCJA, arrêt n° 099/2021, 27 mai 2021, Maître Amegbo Ablamvi à Sieur Bechada Jamito et autres, Société CSSC Guangzou Huangpu Shipbuilding Co Ltd, Société Sicuro Sa et autres, préc.).*

Il convient encore d'avoir présent à l'esprit que le greffier qui, jusqu'à une époque n'avait que la charge de tenir le répertoire général, le dossier de chaque affaire et le registre d'audience, se voit attribuer des tâches tout à fait nouvelles depuis l'entrée en vigueur du traité de Port-Louis créant l'Organisation pour l'harmonisation en Afrique du droit des affaires. A dire

---

[1497] Ibid.

[1498] Article 11.

[1499] A propos du détail y relatif, voir, dans cet ouvrage, les développements se rapportant aux obligations du notaire.

[1500] Elles sont davantage circonscrites. Il y est prescrit que, avant le paiement, le greffier en chef délivre au condamné, sans frais, une décision contenant le décompte des amendes et frais. Après le paiement, il est délivré au condamné une quittance extraite d'un carnet à souches et, lorsque la décision est devenue irrévocable, une copie sans frais de ladite quittance. Le fonctionnaire des greffes concerné transmet au ministère public une copie du reçu dudit paiement.

vrai, ces missions visent tantôt à éviter que le secret des affaires porte préjudice aux tiers et à la société dans son ensemble, tantôt à permettre aux Etats d'avoir un regard sur l'activité commerciale que le droit interne et le droit international ouvrent à tous dans le cadre général de la liberté du commerce et de l'industrie. Une chose est constante. Les tâches assignées au fonctionnaire des greffes ici ont un lien avec la publication d'opérations juridiques, économiques et même sociales liées aussi bien à l'entreprise qu'à ses dirigeants, ses associés, ses partenaires *(en ce sens, voir not.CCJA, avis n° 327/2020, 22 oct. 2020, Monsieur Fadoul El Achkar Zouhair Michel et Maître Makamté Kamkui Rose c. Monsieur Omais Kassim et Transport Omais Kassion Sélecta Sarl, http://www.ohada.org ; arrêt n° 157/2017, 13 juil. 2017, Monsieur Mibé Célestin Jean Pierre c. Monsieur Ngokseu Richard, http://www.ohada.org. Adde : CCJA, arrêt n° 171/2021, 28 oct. 2021, Société KM Oil SARL c. Fonds de Promotion de l'Industrie (FPI), en présence de La FBN Bank RDC SA, Société Afriland First Bank CD SA, Société Equity Bank SA et autres, http://www.ohada.org).* A l'observation, elles ne sont pas demeurées rigoureusement les mêmes dans le temps[1501].

Hier, elles étaient ardues. C'est que la tenue de différents registres et répertoires leur incombait au premier chef. A titre d'exemple, les personnes physiques ou morales astreintes à l'obligation de s'immatriculer devaient obligatoirement se rendre au greffe de la juridiction de l'endroit où se déroulera leur activité. A cela s'ajoute que la tenue du registre du commerce et du crédit mobilier était essentiellement « manuelle » à l'époque de l'entrée en vigueur de la version initiale de l'Acte uniforme portant sur le droit commercial général, de l'Acte uniforme relatif au droit des sociétés commerciales et du groupement d'intérêt économique, de l'Acte uniforme portant organisation des sûretés. Le greffier devait, et cela sous sa responsabilité, procéder à des vérifications et contrôles dans un laps de temps court (trois mois) sans que soient forcément mis à sa disposition des moyens appropriés à cet effet[1502]*(CCJA, avis n° 327/2020, 22 oct. 2020, Monsieur Fadoul El Achkar Zouhair Michel et Maître Makamté Kamkui Rose c. Monsieur Omais Kassim et Transport Omais Kassion Sélecta Sarl, http://www.ohada.org*[1503]*).* Enfin, dans le domaine des procédures simplifiées

---

[1501] Sur l'ensemble, lire not. DIFFO TCHUNKAM J., *Droit des activités économiques et du commerce électronique*, L'Harmattan, Paris, 2011, pp. 39 et s., n°s 36 et s. ; NGUEBOU TOUKAM J., *Le droit commercial général dans l'Acte uniforme OHADA*, PUA, Yaoundé, 1999, pp. 28 et s. Voir également FEKOUA MOGUE L.B., *Le numérique et la preuve dans l'Acte uniforme OHADA portant sur le droit commercial général*, op. cit., pp. 12 et s. ; MANE KEYANGUE R., *Le refus de s'immatriculer au registre du commerce et du crédit mobilier*, Mémoire de Master, Théorie et pluralisme juridiques, Université de Yaoundé II, 2021, pp. 5 et s. ; MODO MESSI Y.H., *Le registre du commerce et du crédit mobilier dans l'espace OHADA*, op cit., pp. 4 et s.

[1502] Voir notamment les articles 21, 41 et 50 de la version aujourd'hui abrogée de l'Acte uniforme portant sur le droit commercial général.

[1503] Dans cette espèce, une fin de non-recevoir est opposée à l'action initiée par Omaïs Kassim et la société Tok SARL. Son auteur fait valoir d'une part que ladite action manque de fondement légal, car celle-ci vise l'annulation d'une mention inscrite au RCCM alors que l'article 68 de

de recouvrement et des voies d'exécution, et s'agissant notamment des injonctions de payer, de délivrer ou de restituer, la charge lui incombait de tenir un registre côté et paraphé par le président de celle-ci, dans lequel sont inscrits les noms, prénoms, professions et domiciles des créanciers et des débiteurs, la date de la décision portant injonction ou celle du refus de l'accorder, le montant et la cause de la dette, la date de délivrance de l'expédition de l'ordonnance, la date de l'opposition dans l'hypothèse où elle est élevée, celle de la convocation à l'audience de conciliation, le contenu de la décision rendue sur opposition…

De nos jours, elles semblent allégées et moins pénibles. Diverses raisons le font d'emblée croire.

Tout d'abord, le loisir a récemment été donné aux Etats membres de l'OHADA, sur leur territoire, de confier la déclaration d'activité ou l'immatriculation au registre du commerce et du crédit mobilier à des organes désignés par eux[1504]. C'est ainsi, au Cameroun, qu'ont été institués des Centres de formalités de création d'entreprises qui, en quelque sorte, soulagent les fonctionnaires de greffes s'agissant de l'immatriculation des opérateurs commerçants ou de la déclaration d'activité de

---

l'Acte uniforme portant sur le droit commercial général énumère limitativement des sanctions précises. Son auteur considère, d'autre part, que cette action aurait dû être dirigée contre le greffier en charge du registre du commerce et du crédit mobilier, en vertu des dispositions de l'article 66 alinéa 6 du même Acte uniforme . Le centre de gravité de la décision de la CCJA est celui-ci : « *Attendu qu'en réplique, Omaïs Kassim et la société Tok SARL observent que l'article 68 de l'Acte uniforme précité ne s'applique pas en l'espèce, car il ne concerne que les actions engagées contre les personnes immatriculées au RCCM, ce qui n'est pas le cas ; que selon eux, ce texte ne saurait être invoqué par Maître Makamté Kamkui Rose qui a elle-même induit le greffier en chef en erreur en lui communiquant des informations inexactes ;*

Mais attendu, d'une part, que selon l'article 66 de l'Acte uniforme portant sur le droit commercial général, le greffier chargé du RCCM est responsable de la régularité des demandes et déclarations, ses décisions étant susceptibles de recours devant la juridiction compétente ; que cela s'applique aux contestations entre les assujettis ou les déclarants et le greffier ou le responsable de l'organe compétent dans l'Etat partie, et entre les tiers et le greffier ou le responsable de l'organe compétent dans l'Etat partie ;

Attenu qu'il résulte de ces dispositions que les actions en contestation des déclarations sont dirigées contre le greffier en charge du RCCM ayant procédé à leur inscription ; qu'il en va ainsi en raison de la mission de transparence des affaires et de sécurité juridique …

Attendu qu'en l'espèce, il est manifeste que Omaïs Kassim conteste les inscriptions modificatives portées au RCCM (…) du tribunal de première instance de Ngaoundéré ; qu'il devait donc assigner le greffier de ladite juridiction, responsable desdites inscriptions ;

Attendu, d'autre part, que selon l'article 68 de l'Acte uniforme précité, la juridiction compétente (…) peut, le cas échéant, enjoindre à toute personne immatriculée (…) de faire procéder soit aux mentions complémentaires ou rectificatives, soit aux mentions ou rectifications nécessaires en cas de déclaration inexacte ou incomplète, soit à sa radiation ;

Attendu que ce texte ne prévoit pas d'action en annulation d'une formalité mentionnée au RCCM contre la personne l'ayant demandée ;

(…) Attendu qu'au regard de tout ce qui précède, il y a lieu pour la cour de céans d'infirmer le jugement entrepris en toutes ses dispositions et, statuant à nouveau, de déclarer l'action en annulation initiée par Omaïs Kassim, tant pour lui-même que pour le compte de la société Tok SARL, irrecevable… »

[1504] En ce sens, voir notamment l'article 36 de l'Acte uniforme portant sur le droit commercial général.

l'entreprenant[1505]. Renforçant cette construction, un décret a récemment été publié, qui fixe les modalités d'authentification des statuts de la société à responsabilité limitée établis sous seing privé dans les centres de formalités de création d'entreprises au Cameroun[1506]. De même, une politique publique tend à se répandre dont le cœur est le déploiement sur l'étendue du territoire national d'un nombre accru de centres de formalités de création d'entreprises, lesquels autrefois avaient une envergure régionale.

Ensuite, depuis le toilettage et l'entrée en vigueur des Actes uniformes visés, de nouveaux statuts professionnels ont vu le jour qui doivent parfois être enregistrés. Certes encore, obligation est faite aux fonctionnaires des greffes, lorsque ceux-ci tiennent les fichiers (locaux ou nationaux) du registre du commerce et du crédit mobilier de rendre disponibles, au profit des acteurs de la vie des affaires et du public, dans un laps de temps court, des renseignements dont les concernés ont besoin pour contracter voire simplement à l'effet de satisfaire aux exigences de sécurité, de transparence ou de loyauté que l'OHADA estime nécessaires au développement des activités économiques[1507]. Il n'en demeure pas moins que ledit registre

---

[1505] Le lieu de la déclaration d'activité de l'auto-entrepreneur n'est pas celui où s'immatriculent les sociétés coopératives. En effet, il est consigné à l'article 70 de l'Acte uniforme relatif aux sociétés coopératives que le registre des sociétés coopératives est tenu au niveau local par l'autorité administrative chargée de la tenue dudit registre ; que dans chaque Etat, « *l'autorité administrative chargée de la tenue du registre des sociétés coopératives est l'organe déconcentré ou décentralisé de l'autorité nationale chargée de l'administration territoriale ou l'autorité compétente, auquel est immédiatement rattaché le siège de la société coopérative* » ; enfin, que le fichier national du registre du commerce et du crédit mobilier prévu par l'Acte uniforme portant sur le droit commercial général centralise les renseignements consignés dans chaque registre des sociétés coopératives.

[1506] Il s'agit du décret n° 2017/076 du 28 février 2017.

[1507] Les articles 74 et 78 de l'Acte uniforme portant sur le droit commercial général, chacun en son alinéa 2, décident qu'à toute demande d'informations, le greffier ou l'organe compétent dans chaque Etat signataire du traité OHADA doit répondre immédiatement ou, au plus tard, dans un délai de quarante-huit heures à compter de la réception de celle-ci. Auparavant, les articles 34 et 35 renseignent, même indirectement, à propos des informations dont le partenaire pourrait avoir besoin. Effectivement, ils prescrivent que le registre du commerce et du crédit mobilier est institué aux fins :

- De recevoir les demandes d'immatriculation, notamment des personnes physiques ayant la qualité de commerçant ; des sociétés commerciales ; des sociétés civiles par leur forme et commerciales par leur objet ; des groupements d'intérêt économique ; des succursales ; des groupements dotés de la personnalité juridique que la loi soumet à l'immatriculation ; de toute personne physique exerçant une activité professionnelle que la loi soumet à l'immatriculation audit registre ; des établissements publics ayant une activité économique et bénéficiant de l'autonomie juridique et financière.
- De recevoir la déclaration d'activité de l'entreprenant et de lui délivrer, dès le dépôt de celle-ci, un numéro de déclaration d'activité ;
- De recevoir les demandes de mentions modificatives, complémentaires et secondaires concernant les opérateurs économiques astreints à ces formalités ; mais aussi les demandes de radiation de toute mention effectuée ;

Le registre du commerce et du crédit mobilier accueille également toutes les demandes d'inscription des sûretés ; les demandes d'inscription modificative ou de renouvellement d'inscription y relatives ; les demandes de radiation des inscriptions de sûretés ;

pourra, demain, être tenu par voie électronique. D'ailleurs, peu d'importance semble accordé à la configuration matérielle des documents à verser au dossier de déclaration d'activité ou d'immatriculation. Ce type de support est même à encourager dans la mesure où il est constant, à très court terme, que l'informatisation des greffes et du registre du commerce se généralisera. L'Acte uniforme portant sur le droit commercial général annonce les couleurs en énonçant que la demande ou la déclaration ainsi que les pièces justificatives peuvent se présenter, en totalité ou en partie, sous forme électronique[1508]. Le conseil des ministres de l'OHADA ne dit pas autre chose dans sa délibération spéciale adoptée à Ndjamena le 29 mai 2009, mais surtout à travers la décision de son président signée le 29 mai 2009 portant orientation stratégique quinquennale pour l'harmonisation du droit des affaires, laquelle préconise nettement la généralisation de la gestion informatisée des fichiers du registre du commerce et du crédit mobilier dans l'ensemble des Etats membres ainsi que le fichier régional. Ces mêmes orientations ont encore été rappelées lors de ses assises du 17 juin 2011 à Bissau et des 13 et 14 décembre 2012 à Cotonou[1509].

En conséquence de ce qui précède, on est recevable à estimer que le fonctionnaire des greffes pourra, en produisant moins d'efforts, procéder à telle ou à telle vérification, communiquer telle ou telle information[1510]. Sous

---

Le registre du commerce et du crédit mobilier a vocation à délivrer, à toute époque, les documents nécessaires pour établir l'exécution par les assujettis des formalités prévues par les Actes uniformes et toute autre disposition légale ; de mettre à la disposition du public les informations figurant dans les formulaires d'immatriculation ou de déclaration d'activité voire de demande d'inscription de sûretés.

Les articles 43 et 100 complètent cet arsenal.

Le premier énonce que l'on doit transcrire d'office au registre du commerce et du crédit mobilier les décisions intervenues dans les procédures individuelles de faillite ou dans les procédures collectives d'apurement du passif ; les décisions prononçant des sanctions patrimoniales contre les dirigeants des personnes morales ; les décisions de réhabilitation ou les mesures d'amnistie faisant disparaître les déchéances ou interdictions. « *Le greffe de la juridiction ou l'organe compétent dans l'Etat partie qui a rendu une décision dont la transcription doit être faite au registre du commerce et du crédit mobilier communique un exemplaire signé de cette décision dans les meilleurs délais aux greffes ou aux organes compétents dans l'Etat partie dans le ressort desquels les formalités doivent être accomplies. Toute personne intéressée peut également requérir du ou des registres du commerce et du crédit mobilier concernés, la transcription de la décision en cause.* »

Le second souligne qu'en tant que de besoin, le registre du commerce et du crédit mobilier transmet par voie électronique, aux organismes administratifs destinataires des Etats signataires du traité OHADA, les informations et pièces justificatives les concernant, y compris celles qui auraient un caractère personnel.

[1508] Article 86.

[1509] POUGOUE P.G., KUATE TAMEGHE S.S., *L'entreprenant*, op cit., p. 111, n° 106. Adde : AKUETE PEDRO S., ALEMAWO K.., « Registre du commerce et du crédit mobilier », in POUGOUE P.-G. (dir.), *Encyclopédie du droit OHADA*, Lamy, Paris, 2011, pp. 1510 et s. ; NGAMBO NJIGANG G.S., *L'informatisation du registre du commerce et du crédit mobilier*, Mémoire, Université de Yaoundé II, 2015, pp. 3 et s.

[1510] Dans ce sens, l'article 93 de l'Acte uniforme portant sur le droit commercial général pose que « *Le greffe ou l'organe compétent dans l'État partie en charge du registre du commerce et du crédit mobilier peut répondre par voie électronique à toute demande d'information qui lui est adressée par cette voie. Aucune confirmation sur papier n'est nécessaire tant pour la demande que pour la réponse* ».

peu, l'époque va être révolue où les greffes des cours et des tribunaux étaient pour la plupart dotés d'un matériel inapproprié ne permettant pas d'assumer efficacement les missions qui sont les leurs[1511]. Effectivement, il

---

Auparavant, l'article 92 énonce que les registres du commerce et du crédit mobilier, les fichiers nationaux et le fichier régional peuvent fournir un service informatique accessible par l'internet, sécurisé, permettant au demandeur ou au déclarant, selon son choix, de faire toute demande ou déclaration ; de transmettre, notamment par messagerie électronique, un dossier unique de demande ou de déclaration composé de documents sous forme électronique et de pièces justificatives numérisées ; de préparer une demande de manière interactive en ligne, notamment sur le site web du registre du commerce et du crédit mobilier concerné, et la transmettre par cette voie.

Après, l'article 96 souligne que la transmission des dossiers individuels, de copies ou d'extraits prévue peut s'effectuer par moyens électroniques, notamment en la numérisant préalablement dans des conditions garantissant sa reproduction à l'identique selon les recommandations émises par le comité technique de normalisation des procédures électroniques prévu à l'article 81 du présent acte uniforme. « *Les informations sont considérées être envoyées par moyens électroniques lorsqu'elles sont émises et reçues à destination au moyen d'équipements électroniques de traitement, y compris la compression numérique, et de stockage de données et entièrement transmises, acheminées et reçues par fils, par radio, par moyens optiques ou par d'autres moyens électromagnétiques selon des modalités définies par les États parties, mais permettant l'interopérabilité entre le système d'information des émetteurs et récepteurs. Des accusés de réception sont envoyés par les organismes destinataires aux organismes émetteurs. Ils sont munis de la signature électronique qualifiée du greffier ou du responsable de l'organe compétent dans l'État partie de l'organisme destinataire* ».

Enfin, les articles 98 et 99 viennent clôturer la liste. Le premier décide en substance que les informations données sous forme électronique ne sont pas certifiées conformes, sauf demande expresse du demandeur. A défaut de certification, les informations données ne valent que comme simple renseignement. L'article 99, quant à lui, prévoit que les sommes d'argent exposées pour obtenir une information, un extrait ou d'une copie intégrale sur support papier ou sur support électronique ne saurait être supérieur au coût administratif de l'opération.

[1511] Pour d'amples développements sur ce point, voir notamment AKUETE PEDRO.S., ALEMAWO K., « Registre du commerce et du crédit mobilier », préc., pp. 1510 et s. ; DELABRIERE A., « Le registre du commerce et du crédit mobilier (RCCM), instrument d'information et de sécurité des créanciers dans l'espace OHADA », *Penant* n° 840, juil.-sept. 2002, pp. 389 et s. ; DIFFO TCHUNKAM J., *Droit des activités économiques et du commerce électronique*, op cit., pp. 178 et s., n°s 320 et s. ; NGWE M.A., « La réforme du registre du commerce et du crédit mobilier », *Droit et Patrimoine*, n° 201, mars 2011, pp. 56 et s. ; KALIEU ELONGO Y., « Le rôle du registre du commerce et du crédit mobilier OHADA dans l'amélioration de l'accès au crédit », in AKAM AKAM A. (dir.), *Les mutations juridiques dans le système OHADA*, L'Harmattan, Paris, 2010, p. 133, n° 1 ; KEUGONG NGUEKENG R. épse WATCHO, « L'accès des consommateurs camerounais à la justice : analyse et perspectives des voies de recours à la disposition du consommateur », *UMa Lex, AFSJPUMa*, 2020, n°1, vol. 1, pp. 339 et s. ; KWEMO S., *L'OHADA et le secteur informel. L'exemple du Cameroun*, Larcier, Bruxelles, 2012, pp. 140 et s. n° s 342 et s. ; MODO MESSI Y.H., *Le registre du commerce et du crédit mobilier dans l'espace OHADA*, préc., pp. 5 et s. ; NGAMBO NJIGANG G.S., *L'informatisation du registre du commerce et du crédit mobilier*, préc., 2015, pp. 3 et s ; Nous même, « La justice et le numérique, in *Servir l'Etat, Etudes offertes à David Abouem A Tchoyi*, BIWOLE V., MBAFOU S.C. (dir.), préc., pp. 293 et s. ; SAKHO M., « Le nouvel Acte uniforme OHADA portant organisation des sûretés : propos introductifs autour d'une réforme d'envergure », *Revue de l'ERSUMA* spéc., nov.-déc. 2011, pp. 87 et s. ; YONDO BLACK L., « Les enjeux de la réforme : une volonté de favoriser la création d'entreprises, les échanges commerciaux et la confiance dans la zone OHADA », *Droit et Patrimoine*, n° 201, mars 2011, pp. 42 et s. Adde : FEKOUA MOGUE L.B., *Le numérique et la preuve dans l'Acte uniforme OHADA portant sur le droit commercial général*, op. cit., pp. 35 et s. ; KISSISSOU A., *Le fonctionnement des greffes et l'immatriculation au registre du commerce et du crédit mobilier*, Mémoire, Université de Yaoundé 2,

est courant lorsqu'on s'éloigne des centres urbains ou des grandes villes, que les greffes des juridictions ne disposent ni du matériel de sténographie, ni à plus forte raison d'un parc d'ordinateurs. Dans ces conditions, le justiciable est couramment mis à contribution quand vient le moment de solliciter une expédition. On comprend corrélativement que l'idée d'une justice gratuite ne soit pas partagée par tous. On comprend à coup sûr aussi que le service public de la justice se caractérise par des lenteurs que les uns et les autres n'ont de cesse de fustiger.

Cela réservé, il importe d'observer, à la lumière des termes de l'Acte uniforme portant sur le droit commercial général, que le fonctionnaire de greffes a de nos jours des attributions davantage précises en lien tantôt avec la déclaration d'activité, avec l'immatriculation ou la radiation de celles-ci, tantôt avec l'inscription des sûretés[1512]. A titre d'exemple, celui-ci reçoit les demandes d'immatriculation notamment des commerçants, des sociétés commerciales, des sociétés civiles par leur forme et commerciales par leur objet, des succursales, de tous les groupements dotés de la personnalité juridique astreints à l'accomplissement de ces formalités. Il reçoit la demande de toute personne physique exerçant une activité professionnelle et assujettie à l'immatriculation, des établissements publics ayant une activité économique et bénéficiant d'une autonomie juridique. A titre d'exemple, le greffier reçoit la déclaration d'activité de l'entreprenant[1513]. A cet auxiliaire de justice revient encore le soin de délivrer des accusés d'enregistrement ou de déclaration d'activité. Après la délivrance de ces documents, la mission lui échoit encore, dans une fourchette de quatre-vingt-dix jours, de procéder à un minimum d'investigations visant à garantir la sincérité des informations produites par les requérants et qui pourraient intéresser leurs partenaires[1514]. Pareillement, le fonctionnaire des greffes a la charge, après l'immatriculation ou après la déclaration d'activité, d'accueillir les demandes de mentions modificatives, complémentaires ou secondaires. En ce sens, le soin lui revient de transcrire au registre du commerce et du crédit mobilier les décisions intervenues dans les procédures collectives d'apurement du passif, les décisions prononçant

2018, pp. 108 et s. ; PIETTE-COUDOL Th., « La révision de l'Acte uniforme portant sur le droit commercial général : ouverture à la dématérialisation et aux échanges électroniques sécurisés », *Revue de l'ERSUMA* n° 4, sept. 2014, pp. 339 et s.

1512 Sans doute ne faudrait-il pas oublier que le greffier est aussi comme une sorte de bibliothécaire de la juridiction où sa profession est exercée. Le droit OHADA insiste sur cette mission lorsque le soin lui est confié de conserver différents documents relatifs tantôt à l'immatriculation ou à la déclaration d'activités, tantôt aux injonctions de payer, de délivrer, de restituer, tantôt à la constatation des sûretés, etc.

1513 Article 35, Acte uniforme portant sur le droit commercial général.

1514 En ce sens, lire l'article 50 de l'Acte uniforme visé. Voir également l'article 66 où l'idée est développée, entre autres, que « *Le greffier (…) s'assure, sous sa responsabilité, que la demande et la déclaration sont complètes et vérifie la conformité de leurs énonciations aux pièces justificatives produites (…) ; exerce son contrôle sur la régularité formelle de la demande et de la déclaration qui lui sont soumises. S'il constate des inexactitudes ou s'il rencontre des difficultés dans l'accomplissement de sa mission, il peut convoquer le demandeur ou le déclarant pour recueillir toutes explications et pièces complémentaires.* »

des sanctions patrimoniales contre les dirigeants des personnes morales[1515]. Le soin lui revient, enfin, de recevoir les demandes de radiation des immatriculations ou de déclarations d'activités[1516]. La formalité est cruciale. A preuve, elle emporte la perte des droits résultant de l'acquisition du statut de commerçant ou d'entreprenant. A preuve, le greffe doit pouvoir procéder à la radiation des immatriculations ou des déclarations d'activités y compris lorsqu'aucune demande n'a été exprimée par les bénéficiaires de ces statuts, du moment où la juridiction ou l'organe compétents en ont ainsi résolu *(même tacitement, voir not. CCJA, avis n° 327/2020, 22 oct. 2020, Monsieur Fadoul El Achkar Zouhair Michel et Maître Makamté Kamkui Rose c. Monsieur Omais Kassim et Transport Omais Kassion Sélecta Sarl, préc.; arrêt n° 171/2021, 28 oct. 2021, Société KM Oil SARL c. Fonds de Promotion de l'Industrie (FPI), en présence de La FBN Bank RDC SA, Société Afriland First Bank CD SA, Société Equity Bank SA et autres, préc.; CCJA, arrêt n° 008/2017, 26 janv. 2017, 1- Soc. Getma Togo SA et Soc. Manuport Togo SA c. Etablissements comptoir international pour le commerce (CIC), 2- Kpokpoya Akouété c. Soc. Getma Togo SA, Soc. Manuport Togo SA, Groupe Necotrans, http://www.ohada.org*[1517] *; arrêt n° 180/2017, 27 juil. 2017, Société delta rich development (DRD) et Monsieur Ousmane N. Adamou c. China national petroleum company (CNPC), China national oil and gaz explorations and development corporation (CNODC), CNPC international Niger Ltd, CNPC international Teneré Ltd, CNPC international Ltd, CNPC Niger petroleum (CNPC-NP), http://www.ohada.org; arrêt n° 157/2017, 13 juil. 2017,*

[1515] Idem, article 43.

[1516] Ibid., article 55 ; article 268, Acte uniforme relatif au droit des sociétés commerciales et du groupement d'intérêt économique, etc.

[1517] La teneur de la décision rendue, qui a le mérite de dévoiler les faits de l'espèce, est celle-ci : « *Attendu qu'il est fait grief à l'arrêt déféré d'avoir étendu le nom commercial CIC aux héritiers de feu Doussouvi Colamvi, alors que ce droit n'avait été reconnu au de cujus que du fait de son immatriculation au registre de commerce qui lui a conféré la quantité de commerçant ; qu'en effet l'article 25 alinéa 1 dispose que « toute personne physique ayant la qualité de commerçant aux termes du présent Acte uniforme doit, dans le premier mois d'exploitation de son commerce, requérir du greffe de la juridiction compétente dans le ressort de laquelle ce commerce est exploité, son immatriculation au registre » et l'article 36 alinéa 2 « en cas de décès d'une personne physique immatriculée, ses ayants droit doivent dans le délai de trois mois à compter du décès, demander la radiation de l'inscription au registre ou sa modification, s'ils doivent eux-mêmes continuer son exploitation » et l'alinéa 3 « à défaut de demande de radiation dans le délai visé… le greffe procède à la radiation après décision de la juridiction compétente … » ; que les héritiers ne s'étant pas conformés aux dispositions impératives susmentionnées, la Cour d'appel devait déclarer le sieur Kpokpoya Akoueté irrecevable en ses prétentions de représenter les Etablissements CIC ; que pour avoir déclaré « recevables les héritiers de feu Doussouvi Comlavi, promoteur des Etablissements CIC représentés par le sieur Kpokpoya Akouaté Cosmas en leur appel », le juge d'appel a exposé son arrêt à la cassation ;*

Mais attendu que contrairement aux allégations des moyens, l'immatriculation qui est une simple mesure de publicité, ne confère pas la qualité de commerçant mais s'applique à une personne l'ayant déjà, de même la radiation laisse subsister certains éléments du fonds de commerce parmi lesquels le nom commercial, avec son actif et son passif ; qu'en l'occurrence le décès du promoteur a pour effet de transférer les Etablissements CIC dans le patrimoine des héritiers qui à leur tour peuvent se faire représenter en justice, s'agissant d'une action transmissible à cause de mort ; qu'il y a donc lieu de déclarer les moyens mal fondés et les rejeter… »

Monsieur Mibé Célestin Jean Pierre c. Monsieur Ngokseu Richard, http://www.ohada.org). D'une certaine manière, de telles missions créent des contraintes à la charge du fonctionnaire des greffes.

2. Contraintes et acquis

Les contours des prérogatives des fonctionnaires des greffes ne peuvent, au mieux, être cernés que si elles sont présentées en parallèle avec les obligations dont cet auxiliaire de justice est tenu.

a. Les droits des fonctionnaires de greffes

Etant des agents publics, les fonctionnaires ont le bénéfice de ces prérogatives que le statut général de la fonction publique concède aux personnes avec lesquelles a été développée une relation de travail.

Force est alors de constater qu'on n'est pas surpris de lire à l'article 37 du décret n° 2011/020 du 4 février 2011 que les greffiers-adjoints, greffiers, greffiers principaux, administrateurs des greffes et administrateurs principaux des greffes ont droit à un congé administratif annuel. Dans l'attente des éléments de détail qui, d'après l'article 37 esquisseront les lignes directrices du régime du congé annuel, on est tenu de se souvenir de l'existence d'une règlementation stricte des vacances judiciaires. Pareillement, il sied d'avoir à l'esprit les extraits saillants du décret n° 2000/689/PM du 13 septembre 2000 fixant le régime du congé administratif des fonctionnaires. Entre autres, ceux-ci prohibent le cumul ou le report du congé annuel. Ceux-ci posent que le fonctionnaire en activité a droit, après douze mois de service effectif, à un congé annuel d'une durée de trente jours consécutifs, à solde entière, y compris les indemnités et primes. Ceux-ci arrêtent que le congé annuel est concédé par le ministre utilisateur s'agissant des fonctionnaires des services centraux, par les gouverneurs les préfets s'agissant des fonctionnaires des services extérieurs. Il semble d'ailleurs que les autorités concernées soient tenues de prendre leur décision après consultation de l'agent public, pour l'époque considérée ; que celui qui, se conformant à la règlementation prend à sa charge des frais de transport, y compris ceux des familiers a droit au remboursement des frais exposés. Théoriquement, le remboursement ne s'effectue qu'à l'expiration du congé, sur requête adressée au chef du département ministériel utilisateur, assortie de pièces justificatives[1518].

[1518] Le décret n° 2000/689/PM du 13 septembre 2000 fixant le régime du congé administratif des fonctionnaires résout également que pour les besoins du congé l'agent public, le conjoint et ses enfants mineurs ont droit aux frais de transport en aller et retour pour eux-mêmes et leurs bagages, du lieu de service à la localité d'origine où se déroulera la trêve.

Force est de constater qu'il n'est pas étrange, aux articles 38 et suivants du statut spécial, d'apprendre que le fonctionnaire des greffes a droit au congé maladie, lorsque celle-ci a été constatée par un médecin agrée qui atteste de l'impossibilité d'exercer. Peu nombreux sont ceux qui découvrent que, pour accéder à ce congé, ou pour obtenir sa prorogation ou son renouvellement, le fonctionnaire des greffes est tenu de s'adresser au ministre en charge de la justice, par voie hiérarchique, avec à l'appui de ses prétentions, un certificat médico-légal. Moins nombreux encore sont ceux qui découvrent la durée de ce congé est de trois mois sans que besoin soit de consulter le conseil national de la santé institué auprès du ministre chargé de la santé publique, et dont le siège est à Yaoundé[1519]. A rebours, lorsque plus de trois mois doivent s'écouler pour espérer que la santé soit recouvrée, un avis doit être émis par cette instance attestant que la maladie requiert un traitement prolongé et que le malade est cliniquement inapte à servir[1520] *(CS, arrêt n° 25/A, 24 mars 1983, Fetgo Hilaire c. Etat du Cameroun-*

[1519] Au sujet des éléments de détail concernant cette instance, lire le décret n° 2000/686/PM du 13 septembre 2000 portant organisation et fonctionnement des conseils de santé. Le texte prescrit notamment :

- Que le conseil national de la santé a à ses côtés des conseils provinciaux dont les sièges se trouvent dans les chefs-lieux des provinces d'hier et des régions d'aujourd'hui (article 2). Le conseil national de santé a à sa tête le directeur chargé de la médecine hospitalière ou son suppléant. En tant que membres, on y retrouve : le sous-directeur chargé des formations sanitaires ou son représentant ; trois médecins qualifiés et en cas de besoin, un ou plusieurs spécialistes de son choix. En qualité de secrétaire, on y retrouve le service d'appui au conseil national de santé. Non loin, le conseil provincial de santé réunit comme président, le délégué provincial de la santé publique ou son suppléant ; comme membres : trois médecins qualifiés exerçant dans la région et, au besoin, un ou des spécialistes exerçant dans la région ; un secrétariat laissé à l'initiative du président (article 7) ;
- Que le ministre chargé de la santé publique désigne les membres du conseil national de santé ainsi que le suppléant du président dudit conseil ; que les membres des conseils provinciaux sont désignés par les gouverneurs de région sur proposition des délégués régionaux de la santé territorialement compétents (article 8) ;
- Que le conseil national de santé est l'organe consultatif suprême pour les décisions techniques relatives aux dossiers médico-administratifs des agents publics. Celui-ci est obligatoirement saisi par le ministre chargé de la fonction publique des problèmes médicaux se rapportant notamment à l'aptitude mentale ou physique requise pour l'accès ou le maintien des agents dans la fonction publique, au congé de longue durée pour maladie, à la réintégration des agents publics à l'issue du congé visé. Le conseil national a également compétence pour connaître des présomptions de maladie invoquées par le fonctionnaire absent de son poste de travail pour une durée supérieure à six mois et des demandes d'évacuation sanitaire à l'extérieur du territoire national (article 3) ;
- Que les « conseils provinciaux de santé » connaissent en premier ressort des cas de maladies pouvant entraîner un congé d'une durée inférieure à six mois, des cas d'accidents de travail et de maladies professionnelles, des demandes d'évacuation sanitaire à l'intérieur du territoire national. Lesdits conseils sont saisis tantôt par le ministre utilisateur de l'agent public concerné, tantôt par le gouverneur de province territorialement compétent, à qui ils adressent le résultat de leurs délibérations (article 4).

[1520] Cela va de soi, le fonctionnaire des greffes bénéficiaire d'un congé de maladie l'intégralité de sa rémunération ; ce qui tranche avec les prévisions du statut général de la fonction publique où la règle est développée, à l'article 58, que le bénéficiaire du congé de maladie conserve l'intégralité de son traitement indiciaire auquel s'ajoutent la totalité des prestations dues au titre des charges familiales. Enfin, et pour revenir aux termes du décret du 04 février portant statut spécial des fonctionnaires des greffes, les congés de longue durée sont accordés par le ministre en charge de

Ministère de la santé publique, Répertoire chronologique de la jurisprudence de la Cour suprême, tome 5, Droit administratif, 1980-2000, préc., p. 8).

Force est de constater que rien n'est inédit lorsqu'on apprend que les fonctionnaires des greffes bénéficient de permissions ou d'autorisations d'absences « *pour convenance personnelle dûment justifiée* »[1521] ; que des autorisations spéciales d'absence leur sont accordées pour l'accomplissement d'une mission d'intérêt public voire pour des évènements familiaux. De telles permissions ne sont à déduire du congé administratif annuel que lorsque leur durée a excédé dix jours pour le même exercice budgétaire[1522].

Moins étonnante encore est l'affirmation du droit à un congé de maternité au profit des fonctionnaires de greffes de sexe féminin, surtout lorsqu'il est subsidiairement ajouté que l'accès à celui-ci est subordonné à la présentation d'un certificat de grossesse du sixième mois ; que sa durée est de quatorze semaines consécutives ; qu'à la reprise du service est garantie une heure de « tétée » par journée de travail jusqu'à ce que l'enfant atteigne l'âge de quinze ans [1523].

Cela réservé, et quoique les droits des fonctionnaires des greffes ne soient pas rigoureusement identiques d'un cadre à un autre, d'un grade à un autre, d'une fonction à une autre, des prérogatives spécifiques sont concédées à chacun d'entre eux afin de faciliter l'exercice des missions dont la charge lui est confiée.

Le statut spécial insiste sur le droit à rémunération. On l'imagine, sauf exception, la prérogative n'est acquise qu'à l'issue du « service fait ». Au bas mot, la rémunération comprend le traitement indiciaire, les suppléments

---

la justice, pour une durée de d six mois, sans jamais au total excéder cinq ans. D'après les termes des articles 42 et 45, à supposer que la maladie ait été contractée à l'occasion de l'exercice de ses fonctions le congé-maladie de longue durée pourrait atteindre huit ans ; le fonctionnaire des greffes atteint d'une maladie professionnelle reconnue ou victime de blessures résultant d'un accident de travail le mettant dans l'incapacité totale de servir conserve l'intégralité de sa rémunération jusqu'à ce qu'il soit en état de reprendre ses fonctions ou jusqu'à le retraite, y compris prise par anticipation.

[1521] Article 49. Offrant le détail de ces congés, l'article 50 évoque notamment l'accouchement de l'épouse légitime, le mariage ou le décès du conjoint, du descendant, de l'ascendant au premier degré ou du collatéral.

[1522] Idem.

[1523] Articles 46, 47, 48. On ne perdra pas non plus de vue les prévisions de l'article 128-1 du statut général de la fonction publique. L'idée y est développée que, lorsque des fonctionnaires servant au profit de la même administration et résidant dans la même localité sont mariés, le soin revient à leur utilisateur, au regard des besoins du service, de leur situation de famille et de l'état de leur santé attesté par des certificats médicaux, de choisir la localité où ils seront rapprochés. Il y est dit qu'au cas où des agents publics appartenant à des administrations différentes et résident dans la même localité sont mariés, le soin revient à leurs différents ministres utilisateurs de leur offrir selon la préférence qu'ils auront conjointement exprimée l'un des postes correspondant à leur qualification soit dans la localité où exerce le mari, soit dans celle où l'épouse est en poste. Il y est résolu que lorsque deux fonctionnaires résidant dans des localités différentes sont mariés, il appartient aux ministres utilisateurs dont les concernés relèvent de leur offrir l'un des postes de travail correspondant à leur qualification soit dans celle ou exerce l'époux soit dans celle où exerce l'épouse.

pour charge de famille, l'indemnité de port de robe. A ce minimum viennent naturellement s'adjoindre d'autres primes et indemnités que prévoient des textes particuliers[1524]. Au nombre de ceux-ci se trouvent la loi n° 88/015 du 16 décembre 1988 fixant l'assiette des émoluments des greffes des cours et des tribunaux, mais aussi le décret n° 93/087 du 15 mars 1993 fixant les modalités de répartition des émoluments des greffes des cours et tribunaux[1525] où est consacrée la « prime de rendement »[1526]. A l'origine, l'article 2 de ce texte révélait qu'après déduction des débours, 35 % des émoluments de chaque juridiction sont perçus et réservés au personnel non magistrat, à l'exception du greffier en chef ; que 7 % de ceux-ci sont affectés au personnel non magistrat en service à la chancellerie. Au profit du greffier en chef sont attribués les débours étant mis de côté, 5 % de ces sommes d'argent. De nos jours, à la faveur de l'entrée en vigueur du décret n° 97/078 du 25 avril 1997, une nouvelle clé de distribution de la prime de rendement a été esquissée. Elle prévoit que les émoluments de chaque

---

[1524] Article 79.

[1525] Modifié par un décret n° 97/078 du 25 avril 1997 portant sur le même sujet.

[1526] Voir en particulier l'article 1er (4) de la loi n° 88/015 du 16 décembre 1988 fixant l'assiette des émoluments des greffes des cours et des tribunaux. Quelques-uns morceaux choisis de cette loi sont à garder à l'esprit. Il s'agit :

- De l'article 1er (1) où est posée la règle d'après laquelle les émoluments dus aux greffes des cours et tribunaux portent exclusivement sur la constitution du dossier de la procédure lors de la saisine d'une juridiction, sur les actes judiciaires, les actes de procédure et d'instruction, notamment les ordonnances et les décisions du justice intervenues en toutes matières. En sont cependant exclus, entre autres, les actes judiciaires et de procédure délivrés aux bénéficiaires e l'assistance judiciaire;

-De l'article 1er (4) ou la règle est gravée d'après laquelle les émoluments sont perçus trimestriellement par le personnel magistrat et non magistrat des services judiciaires ;

-De l'article 5 où la règle est exprimée d'après laquelle, certes les amendes civiles et pénales recouvrées par les régisseurs des recettes judiciaires sont versées au trésor public, toutefois, 20% de celles-ci donnent lieu à la perception d'émoluments sur la base de 20% du montant des sommes recouvrées ;

-De l'article 10 qui décline dans les méandres du tarif des émoluments des greffes du tribunal coutumier, du tribunal du premier degré, de l'alkali court, de la customary court, du tribunal de première instance et du tribunal de grande instance ;

-De l'article 12 qui décline dans le détail le montant des redevances du greffe de la cour d'appel ;

-De l'article 14 qui expose les méandres des émoluments du greffe de la cour suprême en matières civile, commerciale, coutumière, pénale, administrative ;

-Des articles 2 et 15 où sont d'emblée précisés les actes de justice qui ne donnent pas lieux à perception d'émoluments. A la suite de l'inventaire qui y est déroulé, la prescription est faite que, par dérogation à ce qui est exposé dans la liste, les redevances des greffes des juridictions des régions du Nord-ouest et du Sud-ouest sont exceptionnellement perçues, en outre, sur les demandes en justice, les requêtes aux fins de nomination d'un administrateur en matière de succession ab intestat, les décisions avant-dire droit, les déclarations sous serment, les actes judiciaires effectués en vue de l'exécution d'une décision de justice, les citations à témoins, la mise en état des dossiers d'appel et de pourvoi. Dans les régions visées, les émoluments perçus exceptionnellement sur les actes qui précèdent sont versés au trésor public à hauteur de 50%, le reliquat rentrant dans la masse des émoluments du greffe à répartir au personnel magistrat et non magistrat des services judiciaires. Pour en savoir davantage, confère KENMOGNE POLLA V., *La pratique des dépens en droit processuel camerounais,* Yaoundé 2, 2024, p. 12 et s. ; KERE KERE G., *Droit civil processuel,* op cit., p. 165 ; CROZE H., « Frais et dépens en matière civile », op cit., pp. 16 et s . ; KENMOGNE POLLA V., op cit., p. 12, mais aussi les pages 23 et s.

juridiction sont perçus et répartis suivant les modalités ci-après, après déduction des débours : 15 % de la masse nette sont versés au trésor public ; 10 % au fonds complémentaire d'équipement des services judiciaires ; 40 % sont destinés au personnel non magistrat en activité dans les juridictions, à l'exception du greffier en chef ; 10 % au personnel non magistrat en service à la chancellerie ; 7% au greffier en chef ; 11% au personnel magistrat en activité dans les juridictions à l'exception des chefs de cour ; 1 % au personnel magistrat en détachement auprès du secrétariat général de la présidence de la République, au secrétariat du conseil supérieur de la magistrature et éventuellement au secrétariat général des services du premier ministre. Le reste se passe de commentaires, malgré le tumulte médiatique entretenu un peu partout ces temps derniers. A la diligence du président de la Cour d'appel, un état des émoluments, provenant de chaque juridiction du ressort, est trimestriellement adressé au ministre de la justice[1527]. Dans cette même fourchette de temps, la répartition doit être organisée[1528]. Le fonctionnaire dont le rendement qualitatif et quantitatif au cours du trimestre n'atteint pas au minimum 70 % du travail à effectuer perd le bénéfice de ce droit s'agissant de la période en cause[1529].

Le statut spécial insiste sur le droit à la formation, à la spécialisation, au perfectionnement[1530]. Dans bien des circonstances, lorsque ces activités s'achèvent par un diplôme de spécialité en lien avec les activités du corps des fonctionnaires des greffes, celui qui y a participé obtient une

---

[1527] Article 2 (2). Ce texte s'achève de la sorte : « *Toute irrégularité donne lieu à un redressement à la charge et aux frais du greffier en chef de la juridiction concernée sans préjudice des poursuites disciplinaires et, le cas échéant, des poursuites pénales* ».

[1528] Article 1, loi n° 88/015 du 16 décembre 1988 fixant l'assiette des émoluments des greffes des cours et des tribunaux. Reste à garder à l'esprit, sur la foi des termes de l'article 7 du décret n° 93/087 du 15 mars 1993 fixant les modalités de répartition des émoluments des greffes des cours et tribunaux, modifié le 25 avril 1997, que la répartition de la prime de rendement incombe :
- Pour le greffier en chef de la Cour suprême, par décision des chefs de ladite cour ;
- Pour les autres personnels non magistrat en service à la Cour suprême, par décision des chefs de cour, sur proposition du secrétaire général de ladite cour ;
- Pour le greffier en chef de la Cour d'appel et les chefs des services du parquet général, par décision conjointe des chefs à la cour d'appel, sur proposition du greffier en chef et du chef de service du contrôle des greffes, parquets et professions judiciaires, en ce qui concerne les personnels des greffes, et sur proposition de chaque chef des services du parquet général en ce qui concerne les personnels relevant de chacun des services ;
- Pour le greffier en chef du tribunal de grande instance et les chefs de services du parquet de grande instance, par décision conjointe des chefs de juridiction. Pour les autres personnels non-magistrats en service au tribunal de grande instance, par décision conjointe des chefs de juridiction, sur proposition du greffier en chef s'agissant des fonctionnaires des greffes ;
- Pour le greffier en chef du tribunal de première instance et les chefs de services du parquet de première instance, par décision conjointe des chefs de juridiction. Pour les autres personnels non-magistrats en service au tribunal, par décision conjointe des chefs de juridiction sur proposition du greffier en chef s'agissant des fonctionnaires des greffes.

[1529] Article 8.

[1530] Articles 26, 34, 51, etc.

bonification, tantôt de deux échelons, tantôt d'un plus grand nombre d'échelons[1531].

Le statut spécial pointe ensuite le doigt sur le droit à un rang protocolaire. On imagine sans difficulté aucune que celui-ci est largement tributaire des fonctions exercées soit au niveau des tribunaux et des cours, soit au niveau du ministère de la justice[1532]. Dans un nombre non négligeable de circonstances, le rang protocolaire dépendra incontestablement aussi du cadre auquel l'auxiliaire de justice appartient, du grade qui est actuellement le sien. Telle est du moins ce qui s'infère de cette disposition du statut spécial des fonctionnaires des greffes qui prévoit en cas d'empêchement ou de vacance que le greffier en chef est suppléé dans ses fonctions par son collègue le plus ancien dans le grade le plus élevé. Tel est le sens de cet autre extrait déjà évoqué qui s'oppose à ce qu'un fonctionnaire des greffes en arrive à avoir autorité sur un collègue d'un grade supérieur soit au sein d'une juridiction soit dans les services centraux du ministère de la justice[1533].

Le statut spécial souligne également le droit à un dossier professionnel individuel[1534]. A l'inverse de ce que l'on imagine couramment, celui-ci comporte des feuillets gris, notamment en lien avec les sanctions subies ou les insuffisances relevées par les supérieurs hiérarchiques. Le plus souvent cependant, les pages du dossier professionnel seront d'avantage gaies ou valorisantes et se rapporteront tantôt aux récompenses, tantôt aux avancements, tantôt à la réhabilitation. Effectivement, le principe est posé qui veut que l'avancement d'échelon intervienne tous les deux ans à partir du moment où l'évaluation du supérieur est favorable. La suite est classique : l'évaluation porte sur le rendement et le dévouement au service,

---

[1531] Articles 26 et 34, préc. Les méandres de ce droit, de moins en moins effectif, sont exposés dans le décret n° 2000/697/PM du 13 septembre 2000 fixant le régime de la formation permanente des fonctionnaires. En effet, le texte visé dévoile nettement, notamment à ses articles 2, 3, 4, 5, 13 :

- Que l'Etat est tenu d'assurer au fonctionnaire en activité une formation permanente en vue d'accroître ses performances, son efficacité et son rendement professionnels ;
- Que le droit au moins à une formation permanente est acquis au fonctionnaire après chaque période de cinq ans ;
- Que la formation permanente s'opère par deux canaux. Celui du stage d'une part ; celui du séminaire d'autre part. Le stage, qui est soit un stage de formation, soit un stage de perfectionnement, a la spécificité de s'étaler sur une fourchette de temps supérieure à quatre-vingt-dix jours ; mais aussi de déboucher sur l'acquisition d'un titre nouveau ou à l'amélioration des connaissances professionnelles. En principe, il ouvre droit à tantôt une bonification d'échelons, tantôt à un reclassement, tantôt à un changement de corps. Le séminaire lui est une session de formation d'une durée inférieure ou égale à quatre-vingt-dix jours. Sa vocation est de maintenir ou de parfaire la qualification actuelle du fonctionnaire et de le préparer à gérer au mieux des mutations techniques, culturelles, scientifiques, économiques, sociales ;
- Que tandis que la mise en stage pour une formation ou un perfectionnement est constatée par le ministre de la fonction publique, la participation à un séminaire est décidée par le ministre utilisateur.

[1532] Article 80.

[1533] Articles 11 et 12.

[1534] Article 82.

avec des appréciations particulières sur le caractère, la personnalité[1535]. Les défauts relevés au préjudice de la personne évaluée ou toute mauvaise note attribuée sont portés à sa connaissance par le biais d'une correspondance confidentielle l'invitant à s'amender. La latitude est toujours reconnue au fonctionnaire de contester la note professionnelle obtenue et d'adresser une requête motivée au ministre de la justice afin de la voir réformée. La campagne d'évaluation étant ouverte à partir du premier mai, le tableau d'avancement est arrêté au plus tard le 15 octobre de chaque année par le Garde des sceaux, après avis des commissions administratives paritaires[1536].

Enfin, le statut spécial évoque les récompenses. Elles s'adressent au fonctionnaire des greffes qui dans l'exercice des fonctions relevant de son état s'est particulièrement distingué par sa manière de servir. Le concerné peut recevoir une lettre d'encouragement, une lettre de félicitations, un témoignage officiel de satisfaction, la mention honorable, le diplôme de l'excellence, l'honorariat[1537].

Il va sans dire que ces récompenses ne sont pas décernées par la même autorité et suivant une procédure unique. A titre d'exemple ; la lettre d'encouragement, la lettre de félicitations et le témoignage officiel de satisfaction sont du ressort du Garde des sceaux. La mention honorable est également décernée par lui, mais suppose un avis de la commission administrative paritaire, sur proposition du supérieur hiérarchique du fonctionnaire concerné. Le diplôme d'excellence et l'honorariat ne peuvent être attribués que par le président de la République. On l'imagine, il faudra ici que la commission paritaire compétente et le ministre de la justice aient tour à tour donné un avis favorable. A cela s'ajoute, s'agissant de l'honorariat, que cette récompense ne devrait jamais être attribuée qu'au fonctionnaire des greffes admis à faire valoir ses droits à la retraite.

Pareillement, les effets des récompenses ne sont pas homogènes. Les uns à l'instar de la lettre d'encouragement et de l'honorariat semblent n'être que symboliques et donner lieu à une satisfaction morale. Les autres sont pécuniaires et produisent un avancement d'échelons. Ainsi en va-t-il du témoignage officiel de satisfaction et de la mention honorable qui ouvrent le droit à une bonification d'un échelon ; du diplôme d'excellence qui provoque un avancement de deux échelons[1538]. Il est alors dans l'ordre des choses, lorsque les obligations mises à leur charge ne sont pas exécutées, que des sanctions produisant un effet contraire frappent le greffier, le greffier adjoint, l'administrateur des greffes.

[1535] Article 74.

[1536] Articles 76, 77, 78.

[1537] Article 109.

[1538] Article 115.

b. Les obligations des fonctionnaires des greffes

Les obligations du fonctionnaire des greffes sont nombreuses et, parfois, varient en fonction des cadres, des grades, des fonctions administratives exercées. Qu'à cela ne tienne, les plus importantes d'entre elles logées dans le statut spécial des fonctionnaires des greffes. Ce n'est donc que très incidemment qu'on les retrouve dans d'autres textes.

i. Obligations inscrites dans le statut spécial

Obligation lui incombe de « servir en toute circonstance ». La formule mérite explication. Elle suppose incontestablement que l'auxiliaire de justice soit en activité, donc que l'exercice de sa profession n'ait pas cessé. En pareille occurrence, il est attendu du fonctionnaire des greffes que celui-ci se soumette aux contraintes du serment prêté avant son entrée en fonction et, dès lors, que l'inexécution de l'une de ses obligations essentielles ne nuise pas à l'usager du service public de la justice. C'est donc fort opportunément que la Cour suprême a pu juger ce qui suit dans un vieil arrêt en date du 15 mai 1975, à propos de l'affaire Entreprise La Résistance contre Kell Joseph : « *Attendu qu'il résulte du dossier, ce qui n'est d'ailleurs pas contesté par l'arrêt, que le jugement a été rendu par le tribunal de travail de Douala le 8 mai 1972, que Maître Ninine, avocat-défenseur au nom de sa cliente l'entreprise « La Résistance » s'est présenté au greffe du tribunal du travail le 19 mai 1972 pour déposer sa requête d'appel ; que le greffier a, sous un prétexte fallacieux, refusé de recevoir l'appel ; que Maître Ninine a requis un huissier de l'accompagner pour dresser constat de ce refus au cas où il serait réitéré ; que le procès-verbal de constat rapporte notamment que Maître Ninine a déclaré au greffier de la juridiction qu'il venait déposer une requête d'appel dans l'affaire qui oppose sa cliente « La résistance » à Kell Joseph et que le greffier lui a répondu en ces termes : « cet après-midi on ne travaille pas et je suis là pour arranger mon bureau » alors que le 19 mai était un jour ouvrable ;*

Attendu qu'en déclarant irrecevable comme tardif l'appel de l'entreprise « La résistance » alors qu'il n'était pas contesté que son avocat s'était présenté au greffe pour former appel dans le délai légal, que la carence coupable du greffier était constatée par procès-verbal d'huissier et que dès lors l'intention de faire appel était réalisée et prouvée, le juge d'appel a manifestement violé les textes visés au moyen ; que l'appel qui n'avait pas été enregistré à sa date pour des circonstances imprévisibles et indépendantes de la volonté de son auteur, en l'espèce le refus injustifiable et injustifié du greffier compétent, était recevable… » (CS, arrêt n° 38, 15 mai 1975, Entreprise La Résistance c. Kell Joseph, Répertoire chronologique de la jurisprudence Cour suprême, Droit social, tome 3, 1960-1980, préc., pp. 24 et s.).

Si le fonctionnaire de greffes est tenu de servir en toutes circonstances, la situation se configure différemment lorsque ses fonctions cessent. L'arrêt d'activités est soit temporaire soit définitive.

Les causes et les conséquences d'une cessation temporaire sont triviales. Ce sont la suspension, l'absence irrégulière, la détention, la disponibilité[1539].

La suspension est généralement liée à une faute grave. Elle est prononcée, en attendant l'avis du conseil permanent de discipline, par le ministre de la justice. Pendant sa durée qui n'excède guère six mois, le fonctionnaire suspendu ne peut prétendre qu'aux prestations familiales. Au terme de celle-ci, de deux choses l'une. Le concerné peut réintégrer de plein droit son emploi si aucune sanction n'a été retenue et, alors, recouvrer l'intégralité de ses droits sans que la non-fourniture de telle ou de telle prestation lui soit imputée. Le concerné peut subir d'autres sanctions lorsque sa cause n'a pas obtenu le bénéfice d'un classement sans suite ou d'un non-lieu[1540] *(même tacitement seulement, voir CS, arrêt n° 135, 19 mai 1964, Koum Eitel Folabert c. Ministère public et Ekobo Joseph, Répertoire chronologique de la jurisprudence de la Cour suprême, Droit pénal, 1960-1980, tome 1, préc., pp. 276-277)*.

L'absence irrégulière correspond à la situation du fonctionnaire qui, pendant une période n'excédant pas trente jours, sans motif valable, ne se présente pas au lieu du service. Elle renvoie aussi à l'attitude du greffier adjoint, du greffier ou de l'administrateur des greffes affecté qui, délais de route non compris, ne se présente pas à son nouveau poste de travail dans cette même fourchette de temps. Constatée par le Garde des sceaux à la suite d'un rapport du supérieur hiérarchique, elle emporte perte du droit à rémunération en permettant néanmoins de n'être pas privé de la totalité des prestations familiales. En outre, le fonctionnaire des greffes en position d'absence irrégulière est traduit devant le conseil permanent de discipline qui peut statuer par défaut. Passé le délai de trente jours évoqué, on s'en tiendra au constat d'un abandon de poste[1541] *(même tacitement, voir not. CS, arrêt n° 8/A, 15 nov. 1984, Tatsinda Maurice c. Etat du Cameroun-Ministère de la justice, Répertoire chronologique de la jurisprudence de la Cour suprême, tome 5, Droit administratif, 1980-2000, pp. 82 et s. ; ass. Plén., arrêt n° 40/A, 25 juin 1983, Etat du Cameroun-Ministère de la fonction publique c. Ndongo André, Répertoire chronologique de la jurisprudence de la Cour suprême, tome 5, Droit administratif, 1980-2000, préc., pp. 245 et s.)*.

La probité étant l'une des qualités attendues de celui qui relève du cadre des greffiers adjoints, des greffiers ou des administrateurs des greffes, sa détention en vertu d'un mandat de justice ne peut que provoquer une suspension temporaire que le ministre de la justice constate. Très logiquement, la libération provisoire ou le non-lieu emporte reprise de

---

1539 Article 62.

1540 Article 63.

1541 Article 64.

l'intéressé sans que celui-ci puisse obtenir la rémunération dont il a été privé pendant la période de détention. Pareillement, la condamnation à une peine d'emprisonnement inférieure ou égale à six mois ou avec sursis emporte suspension, mais l'intéressé est repris en service sans que puisse prospérer sa demande en vue d'un rappel de solde ou à une reconstitution de carrière[1542]. En revanche, la condamnation à une peine privative de liberté devenue définitive et dont la durée excède six mois a comme conséquence la traduction devant le conseil permanent de discipline[1543].

La disponibilité, elle, est prononcée par le Garde des sceaux et provoque la perte des droits à rémunération, à avancement et à pension. Il en va ainsi lorsque le fonctionnaire des greffes entend exercer des activités artistiques, culturelles, sociales, économiques ou financières pour une durée de trois ans renouvelable deux fois par tacite reconduction. Il en va encore ainsi lorsque des convenances personnelles sont évoquées, mais la trêve ne saurait alors excéder deux ans. Il en va ainsi lorsque le fonctionnaire entreprend des études ou des recherches, à condition toutefois qu'elles n'excèdent pas six ans. A ces cas s'ajoutent ceux du cadre des greffiers adjoints, des greffiers ou des administrateurs des greffes dont le conjoint est devenu membre du gouvernement ou assimilé ; celui du fonctionnaire de greffes dont le conjoint est affecté dans une mission diplomatique ou consulaire du Cameroun, dans un organisme international ou une organisation non gouvernementale établie à l'étranger, dans une ville à l'intérieur du Cameroun où il n'existe pas de poste de travail correspondant à sa qualification professionnelle ; celui du fonctionnaire de greffes dont le conjoint est mis en stage à l' étranger par l'administration[1544]. Sans surprise, la disponibilité prend fin soit parce que l'administration l'a voulu, soit parce le bénéficiaire l'a souhaité, soit parce que l'âge de départ à la retraite a entre-temps été atteint[1545] *(CS, arrêt n° 52/S, 29 avril 1992, Organisation camerounaise de la banane c. Silatsa Jean, Répertoire chronologique, Droit social, tome 3, 1980-2000, préc., pp. 775 et s.*[1546]*. Voir également, CS, arrêt*

[1542] Il n'en va autrement que si les poursuites avaient un lien avec des infractions comme le vol, les faux, l'escroquerie, la corruption, les détournements de deniers publics, l'abus de confiance.

[1543] Sur l'ensemble, voir l'article 65.

[1544] Pour le détail, voir les articles 58, 59, 60.

[1545] C'est ce que prévoit l'article 60 précité.

[1546] Après avoir visé l'article 116 (1) du décret portant statut général de la fonction publique qui affirme le caractère essentiellement révocable du détachement, puis l'article 117 du même décret qui prescrit que le détachement peut prendre fin à tout moment à la demande du fonctionnaire ou de l'organisme de détachement, la Cour tranche en ces termes la querelle dont elle est saisie : « *Attendu qu'il résulte de ces dispositions que, hormis le cas prévu à l'alinéa 2 de l'article 117 du statut général de la fonction publique (cas du fonctionnaire appelé à exercer les fonctions de membre du gouvernement et de l'assemblée nationale), la fin du détachement peut intervenir à tout moment, même contre le gré du fonctionnaire ;*
Attendu que la jurisprudence est très ferme sur ce point, elle qui rappelle souvent que l'agent détaché n'a aucun droit à être maintenu en détachement envers et contre tout ;

n° 4/S, 12 oct. 1995, SODECOTON c. Njinang Marc, Répertoire chronologique, Droit social, 1980-2000, préc., pp. 776-777 ; arrêt n° 95/S, 28 mars 1998, Fondation Ad Lucem c. Baba Louis, Njinang Marc, Répertoire chronologique, Droit social, 1980-2000, préc., pp. 777-778).

Les circonstances de la cessation définitive et les effets qu'elles charrient ne sont pas non plus ambigus.

L'une concerne la démission. Obligation est alors faite à l'auxiliaire de justice de s'adresser, par voie hiérarchique, à l'autorité investie du pouvoir de nomination concernant son cadre et son grade. Soit cette dernière y répond favorablement, soit elle garde le silence et alors le silence gardé pendant trois mois à compter de la demande vaudra « libération ». Implicitement, cela signifie que le fonctionnaire de greffes démissionnaire continue à travailler en attendant la réaction de l'autorité administrative supérieure, donc que ses obligations en cette qualité ne sont pas encore éteintes[1547].

L'autre circonstance est liée au licenciement. La mesure correspond rien moins qu'à l'exclusion définitive du corps pour des raisons sans lien avec la discipline. Il en ira ainsi en cas d'inaptitude physique irréversible incompatible avec le poste de travail occupé. Il en ira ainsi en cas d'insuffisance professionnelle au regard notamment des évaluations. Non seulement les éventuels droits à pension ne seront pas perdus, mais une indemnité lui sera versée en une seule fois qui correspond à douze fois son traitement mensuel indiciaire en cas d'inaptitude physique, à trois fois son traitement mensuel indiciaire au cas d'insuffisance professionnelle *(en ce sens, même tacitement, Cf. not. CS, arrêt n° 14/S, 30 oct. 1986, Sodicam et Njiasom Ibrahim c. Njiasom Ibrahim et Sodicam c. Silatsa Jean, Répertoire chronologique, Droit social, tome 3, 1980-2000, pp. 786 et s. ; arrêt n° 98/S, 21 juil. 1994, Polyclinique Sendé c. Um Nken Marie-Claire, Répertoire chronologique, Droit social, tome 3, 1980-2000, p. 787 ; arrêt n° 96/S, 30 mars 2000, Fondjo Emmanuel c. Djoumessi Dieudonné, Répertoire chronologique, Droit social, tome 3, 1980-2000, préc., pp. 788-789 ; arrêt n° 121/S, 22 sept. 1994, Sumoca c. Mbondo André Privat, Répertoire chronologique, Droit social, tome 3, 1980-2000, pp. 697-698 ; arrêt n° 132/S, 17 sept. 1998, Camair c. Atangana Catherine, Répertoire chronologique, Droit social, tome 3, 1980-2000, pp. 700 et*

Attendu que l'article 117 du statut de la fonction publique dit que " le détachement peut prendre fin à tout moment sur la demande du fonctionnaire ou de l'organisme de détachement", ce qui signifie que l'initiative de la rupture peut provenir à tout moment soit du fonctionnaire soit de l'organisme de détachement ;
Qu'il n'est nullement question ici d'une demande présentée au ministre de la fonction publique ;
Attendu que la solution préconisée par les articles (...) du statut général de la fonction publique est une dérogation au parallélisme des formes, la remise du fonctionnaire à son administration d'origine pouvait alors s'effectuer par un simple acte de l'autorité ou de l'organe de gestion de l'organisme auprès duquel le fonctionnaire intéressé était détaché. »

[1547] Article 67. A juste titre, il a droit au remboursement des prélèvements opérés sur son traitement au titre de la pension de retraite.

701 ; arrêt n° 89/S, 30 mars 2000, Nengsu Victor et Camair c. Nengsu Victor, Répertoire chronologique, Droit social, tome 3, 1980-2000, pp.703 et s).

La troisième circonstance est celle plutôt classique de la révocation. Mesure définitive d'exclusion, elle intervient dans trois hypothèses : à la suite d'une faute professionnelle ; à la suite d'une condamnation à une peine privative de liberté grave dont la durée est supérieure à six mois ; en cas d'abandon de poste ou de refus de réintégrer le corps des fonctionnaires de greffes au terme d'une mise en disponibilité. Une chose est sûre, c'est que la sanction est prononcée tantôt par arrêté du ministre de justice lorsqu'il s'agit des greffiers ou des greffiers adjoints, tantôt par le président de la République lorsque le concerné relève de la catégorie des administrateurs de greffes. Dans tous les cas de figure, l'avis du conseil permanent de discipline doit être requis[1548].

La quatrième circonstance a trait à la limite d'âge Le plafond est de soixante ans en ce qui concerne le cadre des administrateurs des greffes et celui des greffiers ; de cinquante-cinq ans s'agissant des fonctionnaires du cadre des greffiers adjoints[1549]. Dans l'un ou l'autre cas, l'admission à la retraite est prononcée par arrêté du ministre de la justice, lequel procède à la liquidation des droits à pension du retraité[1550]. Reste à ne pas oublier, cela réservé, que des dérogations sont aménagées s'agissant de la limite d'âge. Effectivement, en raison de la nature ou de la spécificité de certaines fonctions ou lorsque les besoins du service l'exigent, le président de la République peut, discrétionnairement, sur proposition du garde des sceaux, déroger à ces paliers[1551]. Utile dans des rares cas, la restriction occulte le principe cardinal de l'égalité des gens ayant postulé à un emploi public ou qui l'exercent. Du coup, il est à craindre qu'elle heurte parfois l'exigence d'indépendance ou de neutralité escomptée des personnes impliquées dans le processus dont le couronnement est l'ordonnance, le jugement, l'arrêt[1552]. L'atteinte à cette indépendance est d'autant plus importante que rien n'a été prescrit au sujet de la durée de la prorogation et des droits et obligations qu'elle emporte.

[1548] Article 71.

[1549] Article 72 (2) nouveau.

[1550] Reste à ne pas perdre de vue, à la lumière de l'article 72 nouveau :
- Que l'admission à la retraite pourrait intervenir d'office lorsqu'à l'issue de cette période, le bénéficiaire d'un congé de maladie de longue durée n'est plus apte à exercer, dans un contexte où l'intéressé remplit les conditions prévues par le régime des pension pour y prétendre ;
- Que la retraite peut intervenir par anticipation aux conditions énoncées par le régime des pensions civiles.

[1551] Article 72 (3) nouveau.

[1552] Les causes du départ à la retraite ne sont pas que celles-là. Il s'y ajoute le cas du bénéficiaire d'un congé maladie qui n'est pas apte à reprendre le service à l'issue de la période de congé lorsque celle-ci est de longue durée. De même, on ne doit pas exclure que le fonctionnaire des greffes sollicite une retraite par anticipation. En tout état de cause, et d'après les prescriptions de l'article 72 du statut spécial des fonctionnaires de greffes, elle est prononcée par le ministre de la justice et donne lieu à la liquidation des droits du concerné.

La dernière circonstance de la cessation définitive d'activité, aisément imaginable, est liée au décès de l'administrateur des greffes, du greffier, du greffier adjoint. Elle donne droit, au profit des ayants droit du défunt, d'une part à un capital-décès, d'autre part à une pension de réversion dont les contours sont ceux que prévoit le statut général de la fonction publique[1553].

L'obligation de « servir en toute circonstance » n'est pas la seule imposée au fonctionnaire des greffes. Celui-ci est assujetti à d'autres contraintes instituées par le statut spécial dont il relève.

Au nombre de celles-ci apparait l'obligation de porter sa robe lors des audiences et aux cérémonies solennelles, notamment celles qui se tiennent au siège de la juridiction au profit de laquelle son activité professionnelle est exploitée[1554]. Au fond, cette obligation spécifique n'est pas difficile à observer, notamment parce que le fonctionnaire de greffes se voit allouer une indemnité à ce titre[1555].

Au nombre de celles-ci apparait l'obligation d'exercer ses fonctions avec probité, honneur, dévouement, respect des lois et des règlements de la République[1556]. Dans ce sens, et d'après les termes de l'article 85, interdiction ferme est faite aux fonctionnaires des greffes de détourner, soustraire ou détruire des documents de service, dossiers de procédure, scellés et valeurs mobilières en dépôt *(en ce sens, voir CS, arrêt n° 135, 19 mai 1964, Koum Eitel Folabert c. Ministère public et Ekobo Joseph, Répertoire chronologique de la jurisprudence de la Cour suprême, Droit pénal, 1960-1980, tome 1, préc., pp. 276-277 ; arrêt n° 38, 15 mai 1975, Entreprise La Résistance c. Kell Joseph, Répertoire chronologique de la jurisprudence Cour suprême, Droit social, tome 3, préc. ; TCS, arrêt n° 007/CRIM/TCS, 5 avril 2013, Ministère public et Etat du Cameroun-Ministère de la justice c. Tikela née Fanta Elisabeth Marie et Akono Ousmanou Françis, préc.).*

Au nombre de celles-ci figure l'obligation au « strict respect du devoir de réserve » et au secret professionnel[1557]. En conséquence de l'exigence, on imagine mal que le fonctionnaire des greffes dévoile des faits ou actes parvenus à sa connaissance dans le contexte de l'exercice de fonctions rattachées à son état. Plus radicalement, on imagine mal des « fuites » qui ne lui soient pas directement imputables, mais touchent aux dossiers dont il a la charge. Cela se comprend : interdiction est faite au fonctionnaire des greffes non seulement de communiquer, mais aussi de reproduire sans nécessité des documents de service ou des dossiers de procédure[1558]. Seule une autorisation spéciale du ministre de la justice pourrait le délier de cette contrainte somme toute draconienne.

[1553] Article 73.
[1554] Article 84.
[1555] Article 79.
[1556] Article 83 (2).
[1557] Article 83 (3).
[1558] Article 85.

Parmi les obligations consacrées par le statut spécial se trouve aussi celle de s'abstenir de tout acte, geste, parole, manifestation ou comportement tendant à discréditer la justice. La contrainte a un domaine plutôt large. Elle doit être exécutée lorsque le fonctionnaire de greffes est en service. Elle ne disparaît nullement lorsque cesse le service, du moins pas tant que le fonctionnaire des greffes n'a pas définitivement cessé ses fonctions[1559].

Enfin, et à en croire l'article 86, certes les fonctionnaires des greffes doivent instinctivement rendre service aux sujets de droit qui le requièrent. Des garde-fous existent cependant qui visent à éviter les conflits d'intérêts. Effectivement, ceux-ci devront s'abstenir de remplir leurs fonctions dans des procédures impliquant leurs conjoints, parents, alliés jusqu'au second degré. Pareillement, interdiction leur est faite, comme à tout fonctionnaire du reste, d'avoir un intérêt même indirect dans les procédures où leur intervention est sollicitée. Plus radicalement, l'invitation leur est adressée de s'abstenir d'exercer lorsque le conjoint est membre d'une juridiction, qu'elle soit d'instruction ou de jugement, inférieure ou supérieure, de droit commun ou d'exception. Sur ce point, le statut spécial est utilement complété par des orientations logées dans des textes de portée plus générale.

ii. Obligations inscrites ailleurs que dans le statut spécial

A côté de ces obligations d'ordre général prévues par le statut spécial du corps des fonctionnaires des greffes et par le statut général de la fonction publique viennent se greffer d'autres obligations non moins importantes, développées dans les prévisions de différents codes.

Dans le Code général des impôts, l'accent peut être porté sur :

- L'article 354. L'idée y est inscrite, en substance, que le personnel des greffes n'est autorisé à délivrer aucun acte soumis à l'enregistrement sur la minute ou l'original ou qui en est la conséquence, avant que celui-ci n'ait été enregistré. L'exigence demeure inchangée quand bien même le délai pour l'enregistrement serait expiré ;
- L'article 355. Il y est écrit en substance que les greffiers devront s'abstenir de dresser des actes sur la base de documents sous seing privé ou passés hors du territoire si ces derniers n'ont pas préalablement été enregistrés. L'exigence est assouplie à l'article 356 où on lit, mot pour mot littéralement, que les fonctionnaires de greffes pourront accomplir des actes en vertu et par suite de documents sous seing privé non enregistrés et les énoncer dans leurs actes. Cela suppose cependant que chacun de ces actes sous seing privé demeure annexé à celui dans lequel il se trouvera mentionné et soumis en même temps que lui à la formalité de l'enregistrement ;

[1559] Article 83 (4).

- L'article 358. Ici, est formellement interdit au greffier, sous peine d'amende, de ne recevoir aucun acte de dépôt sans dresser acte de ce dépôt ;

- Les articles 382, 383 et 384. Obligation y est faite aux greffiers de tenir des répertoires à colonnes sur lesquels seront inscrits, jour après jour, sans blanc ni rature, ni interligne, et par ordre de numéro, tous les actes et jugements qui doivent être enregistrés. Chaque article du répertoire général comporte son numéro, la date de l'acte, sa nature, les noms et prénoms des parties et leur domicile, la relation de l'enregistrement. La suite s'imagine : les fonctionnaires des greffes sont tenus, tous les trois mois, de présenter ces répertoires aux receveurs des impôts de leur résidence chaque année, dans la première quinzaine des mois de janvier, avril, juillet et octobre. Ceux-ci les visent et énoncent dans leurs visas le nombre des actes inscrits ;

- Les articles 388 et 389. On y apprend que les greffiers tiennent, sous peine d'amende, un répertoire spécial sur registre non timbré, côté et paraphé par le président du tribunal civil. Dans ce répertoire, à colonnes lui aussi, sont inscrits, jour par jour, sans blanc ni interligne et par ordre de numéro, tous actes, jugements et arrêts dispensés des formalités du timbre et de l'enregistrement. Chaque article renseigne impérativement au sujet de son numéro, de la date de l'acte, de sa nature, des noms et prénoms des parties, de leur domicile. Au même titre que le répertoire général, le répertoire spécial devra être présenté au visa du receveur des impôts du ressort chaque année, dans la première quinzaine de chacun des mois de janvier, avril, juillet, octobre ;

- L'article 385. On y retrouve le principe d'après lequel les fonctionnaires de greffes sont astreints, indépendamment de la représentation de leurs registres, à l'obligation de communiquer leurs répertoires, à toute réquisition, aux préposés de l'enregistrement qui se présenteront chez eux pour les vérifier.

Dans le Code de procédure pénale, l'accent peut être porté sur les prévisions consacrées au casier judiciaire. Celles-ci confient aux fonctionnaires des greffes ayant le grade de greffier en chef le soin de tenir le fichier d'arrondissement du casier judiciaire[1560]. Tel est le sens de l'article 580 (2) ainsi conçu : « *Le bulletin délivré par le greffier en chef du tribunal de première instance est signé du procureur de la République* ».[1561]

Au juste, pour comprendre le rôle du greffier en chef ici, on doit remonter à l'époque où est rendue une décision de justice[1562]. A cette époque, obligation lui incombe de transcrire le dispositif de la décision sur une fiche

---

[1560] A côté du fichier d'arrondissement se trouve le fichier central qui se trouve au ministère de la justice. En réalité, ce fichier centralise les renseignements que produisent les fichiers locaux. Surtout, il renseigne au sujet des personnes de nationalité camerounaise nées à l'étranger ou des étrangers nés ou établis au Cameroun.

[1561] Le même texte indique que ce document peut également être délivré par le service central du casier judiciaire et signé du ministre de la justice ou de son représentant.

[1562] Pour le détail, voir l'article 574 du Code de procédure pénale.

appelée « fiche de casier judiciaire »[1563] que le greffier en chef établit en cinq exemplaires. Deux exemplaires seront adressés au greffe du tribunal de première instance du lieu de naissance du condamné pour classement à son casier. Deux autres exemplaires seront adressés au casier central institué au ministère de la justice. Le dernier exemplaire est classé dans le dossier de l'affaire à conserver au greffe.

Pour saisir la profondeur de l'obligation à la charge du fonctionnaire de greffe s'agissant du casier judiciaire, il importe encore de relever :

- Que, lorsque des voies de recours ont été exercées, le greffier en chef de la juridiction qui a statué adresse une copie de l'acte de recours aux différents fichiers[1564] ;

- Que le casier judiciaire de chaque individu comporte autant de fiches de condamnations ou de mesures de sûretés prononcées séparément à son encontre par une juridiction répressive au Cameroun ou à l'étranger[1565] ;

- Qu'à l'inverse de ce que l'on croit souvent, le greffier en chef délivre trois types de bulletins de casier judiciaire. Le bulletin numéro 1 et le bulletin numéro 2 ne sont délivrés qu'aux autorités administratives et judiciaires. Leur particularité est d'être détaillé et de récapituler intégralement les éléments des fiches du casier judiciaire concernant les personnes, lesquels vont jusqu'à renseigner au sujet des mesures d'expulsion prononcées contre elles. Le bulletin numéro 3, qui a la spécificité de n'être délivré qu'au titulaire du casier judiciaire lorsque celui-ci le requiert, d'être moins détaillé que les précédents[1566].

Dans le Code de procédure pénale toujours, l'accent peut être porté sur le registre d'exécution des peines que le greffe des parquets doit tenir[1567].

Dans le Code de procédure civile et commerciale, on les retrouve à l'article 42 (2) d'après lequel il est expressément interdit au greffier de délivrer expédition d'un jugement avant que celui-ci ait été signé, sous peine d'être poursuivi comme faussaire.

Dans les textes d'envergure supranationale et notamment dans ceux issus du traité OHADA, on les retrouve, cela a déjà été évoqué, dans les prévisions qui font obligation d'accueillir les demandes d'immatriculation et de déclaration d'activités ou d'inscription des sûretés. On les retrouve dans l'exigence de renseigner immédiatement, ou au plus tard dans un délai de 48 heures, toute personne intéressée par des informations concernant l'opérateur économique assujetti à l'immatriculation ou à la déclaration d'activités. On les retrouve dans l'obligation de transcrire d'office au

[1563] D'après l'article 577 du Code de procédure pénale, la fiche concernée comporte : les renseignements d'identité, la photographie, les empreintes digitales, les signalements morphologiques et anthropométriques ; les condamnations et mesures de sûretés prononcées ; les mesures spéciales retenues ; les avis de recherche ; les jugements déclaratifs de faillite ou de liquidation judiciaire ; les décisions de grâce ; les décisions de réhabilitation…

[1564] Article 576.

[1565] Idem.

[1566] Article 581.

[1567] Article 546 et s.

registre du commerce et du crédit mobilier les décisions intervenues dans les procédures individuelles de faillite ou dans les procédures collectives d'apurement du passif, les décisions prononçant des sanctions patrimoniales contre les dirigeants des personnes morales, celles relatives à la réhabilitation ou à l'amnistie et faisant disparaître les interdictions d'exercice de l'activité commerciale[1568] *(en ce sens, voir not. CCJA, avis n° 327/2020, 22 oct. 2020, Monsieur Fadoul El Achkar Zouhair Michel et Maître Makamté Kamkui Rose c. Monsieur Omais Kassim et Transport Omais Kassion Sélecta Sarl, préc. ; arrêt n° 171/2021, 28 oct. 2021, Société KM Oil SARL c. Fonds de Promotion de l'Industrie (FPI), en présence de La FBN Bank RDC SA, Société Afriland First Bank CD SA, Société Equity Bank SA et autres, préc. ; arrêt n° 008/2017, 26 janv. 2017, 1- Soc. Getma Togo SA et Soc. Manuport Togo SA c. Etablissements comptoir international pour le commerce, 2- Kpokpoya Akouété c. Soc. Getma Togo SA, Soc. Manuport Togo SA, Groupe Necotrans, préc. ; arrêt n° 180/2017, 27 juil. 2017, Société delta rich development (DRD) et Monsieur Ousmane N. Adamou c. China national petroleum company (CNPC), China national oil and gaz explorations and development corporation (CNODC), CNPC international Niger Ltd, CNPC international Teneré Ltd, CNPC international Ltd, CNPC Niger petroleum (CNPC-NP), préc. ; arrêt n° 157/2017, 13 juil. 2017, Monsieur Mibé Célestin Jean Pierre c. Monsieur Ngokseu Richard, préc.)*. Le personnel de la police judiciaire pourrait, exceptionnellement, avoir à prêter main-forte ici.

[1568] Voir notamment les articles 34, 35, 74, 78, 97 de l'Acte uniforme portant sur le droit commercial général, précités. Voir également, entre autres, les articles 35, 36, 37 de l'Acte uniforme portant organisation des procédures collectives d'apurement du passif.
A en croire l'article 35, le greffe de la juridiction compétente en matière de procédure collective, singulièrement de redressement judiciaire et de liquidation des biens, est tenu d'adresser sans délai une copie de la décision d'ouverture au ministère public.
A en croire l'article 36, le greffe de la juridiction compétente en matière de procédure collective est tenu de porter mention, sans délai, de la décision d'ouverture d'une procédure collective au registre du commerce et du crédit mobilier. Lorsque le débiteur est une personne morale de droit privé non commerçante, la mention doit être portée au registre chronologique. Par ailleurs une fiche est établie au nom du débiteur au fichier alphabétique avec mention de la décision la concernant. Lorsque l'endetté est une personne physique ou morale exerçant une profession ou une activité libérale soumise à un statut réglementé, la décision est également, à la diligence du greffe, notifiée au représentant légal de son ordre professionnel ou de son autorité compétente.
A en croire l'article 37, la décision de justice qui ouvre la procédure de redressement judiciaire ou de liquidation des biens est publiée, à la diligence du greffe de la juridiction compétente, dans un journal d'annonces légales diffusé à partir du siège de la juridiction compétente. A côté de cette publicité obligatoire dans un journal habileté à recevoir les annonces légales, une publicité supplémentaire peut également être faite dans tous autres médias. « *Une deuxième publicité doit être faite, dans les mêmes termes, à la diligence du greffe de la juridiction compétente, au plus tôt dans les quinze jours et au plus tard dans les trente jours à compter de la date de la première publicité* ».

Paragraphe 5. Le personnel de la police judiciaire

Au Cameroun comme dans les autres pays de la sous-région de l'Afrique Centrale, le personnel de la police judiciaire est varié et est doté de missions spécifiques.

A. Typologie

L'inventaire de ceux qui ont la charge d'animer la police judiciaire est exposé à l'article 78 du Code de procédure pénale. Il y est relevé que « *La police judiciaire est exercée, sous la direction du procureur de la République, par les officiers de police judiciaire, les agents de police judiciaire et tous autres fonctionnaires ou personnes auxquels des lois spéciales confèrent des pouvoirs de police* ».

Divers enseignements doivent être tirés de cet extrait.

Le premier des enseignements à tirer est que le personnel clé de la police judiciaire est tantôt un officier, tantôt un agent[1569].

La qualité d'officier de police judiciaire est réservée. On y retrouve les officiers et sous-officiers de gendarmerie ; les gendarmes nommés, même à titre intérimaire, à la tête d'une brigade ou d'un poste de gendarmerie ; les commissaires de police ; les officiers de police ; les gendarmes et inspecteurs de police ayant passé avec succès l'examen spécifique d'officier de police judiciaire et prêté serment en cette qualité ; les fonctionnaires exerçant, même par intérim, des fonctions en tant que chef d'un service extérieur de la sûreté nationale[1570].

La qualité d'agent de police judiciaire n'est pas accessible au premier venu. On y retrouve les gendarmes non officiers de police judiciaire, les inspecteurs de police et les gardiens de la paix. Leur spécificité est d'assister les officiers de police judiciaire dans l'exercice des missions qui sont les leurs et de rendre compte à leurs supérieurs hiérarchiques de toute infraction dont ils ont connaissance.

Le deuxième des enseignements à tirer est que quelques-uns des personnels de la police ou de la gendarmerie n'appartiennent à proprement parler ni à la catégorie des officiers de police judiciaire, ni à celle des agents de police judiciaire[1571]. On songe notamment aux élèves ayant achevé leur formation et en attente de l'acte administratif d'investiture. On songe aux

---

[1569] Voir, pour un approfondissement, YAWAGA S., *La police judiciaire au Cameroun*, PUA, Yaoundé, 2009, pp. 24 et s. Lire également HASSANA, *La garde à vue au Cameroun : Regard critique sur plus d'une décennie de mise en œuvre*, thèse, Dschang, 2021, pp. 231 et s. ; OKO PETIS W., ONANA M.M., *Guide pratique des actes de police judiciaire et des droits du citoyen d'après le Code de procédure pénale*, Editions-I-Des Champions, Yaoundé, 2012, pp. 20 et s.

[1570] Article 79, Code de procédure pénale.

[1571] L'article 80 du Code de procédure pénale indique en effet que « *Les fonctionnaires et agents des administrations et services publics auxquels des textes spéciaux attribuent certaines compétences de police judiciaire, les exercent dans les conditions et limites fixées par ces textes* ».

individus nouvellement intégrés et qui n'arborent pas encore les grades initiaux des différents cadres de la police ou de la gendarmerie. On songe également, et pour ne prendre que cet exemple, aux termes l'article 5 du décret n° 2012/539 du 19 novembre 2012 portant statut du corps des fonctionnaires de la Sûreté nationale. C'est que celui-ci prescrit, mot pour mot que « *Lorsque les nécessités de service l'imposent, certaines fonctions peuvent être confiées à des fonctionnaires d'autres corps ou confiées à des personnes relevant du Code du travail. Toutefois, ces derniers ne peuvent assumer des fonctions spécifiques aux fonctionnaires de police* ».

Le troisième des enseignements à tirer est que des textes particuliers octroient la qualité d'officier de police judiciaire à quelques agents publics n'appartenant généralement ni à la police ni à la gendarmerie. A propos de cette catégorie, il est constant que seules quelques-unes des attributions relevant de la police judiciaire pourraient leur échoir. En des termes simples, cela revient à dire que les missions à eux confiées sont exercées dans les conditions et limites fixées par ces textes qui les hissent au rang de personnels de police judiciaire, notamment au regard du domaine réservé à leurs homologues à compétence générale[1572]. A propos de cette catégorie, on n'ignore pas non plus qu'elle est composite et regroupe des personnes rattachées à des administrations variées[1573]. Au nombre de celles-ci se trouvent les fonctionnaires des douanes, des eaux et forêts, les agents assermentés des chemins de fer, les administrateurs des affaires maritimes et ceux des domaines portuaires, le personnel dédié du « département ministériel chargé de la publicité », les inspecteurs de l'environnement, les inspecteurs du travail[1574]. Au nombre de celles-ci figurent les inspecteurs et

[1572] Idem.

[1573] Pour aller plus loin, voir ASSIRA C., *Procédure pénale et pratique des juridictions camerounaises*, op.cit, p. 132, n° 235 ; HASSANA, op. cit., pp. 8 et s., pp. 230 et s. ; YAWAGA S., *La police judiciaire au Cameroun*, préc., pp. 40 et s.

[1574] S'agissant singulièrement des domaines portuaires, la loi n° 836-16 du 21 juillet 1983 prescrit à son article 16 que les infractions perpétrées ici sont constatées par le commandant du port, les pilotes, les officiers et maîtres du port, le personnel habilité de la marine marchande, les officiers de police judiciaire. La loi n° 2022/017 du 27 décembre 2022 portant répression de la piraterie, du terrorisme et des atteintes à la sécurité de la navigation maritime et des plateformes semble actualiser la loi du 21 juillet 1983 précitée sur certains points. A son article 11 (1), elle retient que les administrateurs des affaires maritimes, les inspecteurs de l'environnement, les fonctionnaires des douanes et les officiers de la marine nationale ayant prêté serment ont, en mer, la qualité d'officier de police judiciaire à compétence spéciale.

De leur côté, les articles 17, 18, 116 et suivants de la loi n° 2023/010 du 25 juillet 2023 régissant le secteur ferroviaire au Cameroun décident que l'autorité de régulation et de sécurité ferroviaire dispose, en matière de sécurité et de sureté ferroviaires, d'agents assermentés ayant la qualité d'officier de police judiciaire à compétence spéciale. Très concrètement, ces derniers ont pour mission, sans préjudice des attributions du ministère public et des officiers de police judiciaire à compétence spéciale, entre autres, d'enquêter sur les accidents et incidents ferroviaires, de rechercher et constater les infractions prévues par cette loi et les textes pris pour son application ; ils dressent des procès-verbaux de l'ensemble des opérations faires au cours des enquêtes, peuvent requérir les forces de maintien de l'ordre pour les besoins de l'exercice de leurs fonctions, notamment à l'effet d'identifier et d'interpeller des personnes suspectes.

les contrôleurs archivistiques[1575]. Au nombre de celles-ci figurent les inspecteurs de l'autorité aéronautique et, à leurs côtés, les gestionnaires d'aérodromes, les personnels des sociétés de sûreté de l'aviation civile et de quelques-uns des organismes impliqués dans la gestion des passagers ou du fret[1576]. On songe également aux agents de la police municipale[1577], aux agents assermentés de l'inspection phytosanitaire, et à l'ensemble de ceux qui interviennent dans le règlement zoo-sanitaire des maladies du bétail réputées contagieuses, mais surtout aux inspecteurs et inspecteurs adjoints de l'eau, auxquels échoient des tâches singulières en matière de police judiciaire[1578]. A cette liste se greffent le personnel assermenté du ministère

---

Venant aux agents du département ministériel en charge de la publicité, cette compétence leur est attribuée par la loi du 18 décembre 1988 régissant la publicité au Cameroun, articles 23 et s. Au sujet des inspecteurs du travail et de la prévoyance sociale, la qualité se présume seulement. C'est que, sans le dire ouvertement, le Code du travail décide à son article 109 que ceux-ci peuvent constater, par procès-verbal faisant foi jusqu'à la preuve contraire, les infractions aux dispositions de la législation et de la règlementation du travail. « *Ils sont habilités à poursuivre directement en justice, devant la juridiction compétente, tous les auteurs d'infractions aux dispositions de la présente loi et des textes pris pour son application* ». Auparavant, l'article 108 du même code relève que les inspecteurs du travail, munis des pièces justificatives de leurs fonctions sont autorisés à pénétrer librement, aux fins d'inspection, sans avertissement préalable, à toute heure de jour comme de nuit, dans tout établissement assujetti au contrôle. Ils sont également autorisés à procéder aux examens, contrôles ou enquêtes jugés nécessaires afin de s'assurer que les dispositions légales et règlementaires en vigueur sont effectivement observées ; à interroger soit seuls, soit en présence de témoins, l'employeur ou le personnel de l'entreprise sur toutes les matières relatives à l'application des dispositions règlementaires. Enfin, les textes permettent aux inspecteurs du travail de demander communication des livres, registres et documents et les copier ou en établir des extraits ; de prélever et emporter aux fins d'analyses des matières et substances utilisées ou manipulées, pourvu que l'employeur ou son représentant soit averti que les matières ou substances ont été prélevées et emportées à cette fin.

[1575] A en croire la loi n° 2024/001 du 24 juillet 2024 régissant les archives au Cameroun, le contrôle archivistique vise à garantir la bonne tenue du patrimoine archivistique national ; il porte sur la collecte, le classement, la conservation et la communication des archives (article 31). Ce contrôle est dévolu aux inspecteurs et aux contrôleurs archivistiques, lesquels sont des officiers de police judiciaire à compétence spéciale. A ce titre, sans préjudice des prérogatives reconnues au ministère public et aux officiers de police judiciaire à compétence générale, les intéressés sont chargés de la recherche et de la constatation des infractions relatives aux archives et dressent des procès-verbaux faisant foi jusqu'à preuve du contraire. (articles 32, 33, 40).

[1576] Les articles 111, 112 et 131 de la loi n° 2013/010 du 24 juillet 2013 portant régime de l'aviation civile au Cameroun, pour ne citer qu'eux, vont dans ce sens.

[1577] Voir notamment le décret n° 2022/384 du 9 août 2022 fixant les modalités d'exercice de la police municipale, articles 4 et 19.

[1578] S'agissant des agents assermentés de l'inspection sanitaire, leurs activités sont organisées par la loi n° 2000/017 du 19 décembre 2000 portant règlementation de l'inspection sanitaire vétérinaire. Dans l'ensemble, les concernés constatent les infractions commises ici et ont compétente pour initier des poursuites susceptibles d'aboutir à l'application d'une peine répressive.

S'agissant de la lutte contre les maladies du bétail réputées contagieuses, la loi n° 006/2001 du 16 avril 2001 portant nomenclature et règlement zoo-sanitaire des maladies visées confère la qualité d'officiers de police judiciaire à compétence spéciale aux médecins vétérinaires responsables des services centraux et extérieurs du ministère en charge des services vétérinaire. Il prévoit une prestation de serment tantôt devant la Cour d'appel de Yaoundé concernant les premiers, tantôt devant le tribunal compétent du lieu de situation des services extérieurs s'agissant des seconds. Sans surprise, ils sont habilités à rechercher et à constater les infractions

en charge des activités touristiques[1579], celui du « corps » récemment mis en place par le décret n° 2013/131 du 03 mai 2013 portant création, organisation et fonctionnement du corps spécialisé d'officiers de police judiciaire du tribunal criminel spécial[1580]. Effectivement, le texte visé souligne que les officiers de police judiciaire membres du corps sont idéalement de deux ordres. D'une part, des agents publics qui, par le passé, ont exercé au profit de sûreté nationale ou de la gendarmerie nationale en qualité d'officiers ou d'agents de police judiciaire. D'autre part, des fonctionnaires et des agents d'administrations ou de services publics auxquels des textes particuliers confèrent des compétences en matière de police judiciaire[1581] *(en ce sens, voir not. Com., 12 mars 2002, Monsieur Lellouche et autres c. Direction des Douanes, Bull., mars 2002-3, p. 55, n° 54*[1582]*).*

Le quatrième des enseignements à tirer c'est que de plus en plus se développe une catégorie que l'on peut difficilement ranger dans le groupe des personnels de la police judiciaire à compétence spéciale, encore moins

---

aux prévisions de cette loi, de procéder à des saisies, d'initier des poursuites en s'adressant au procureur de la République.

S'agissant des inspecteurs et inspecteurs adjoints de l'eau, voir la loi n° 98/005 du 14 avril 1998 portant régime de l'eau et surtout le décret n° 2001/162/PM du 08 mai 2001 fixant les modalités de désignation des agents assermentés pour la surveillance et le contrôle des eaux. Le décret met clairement en évidence les profils et insiste sur la nécessité d'une « formation théorique et pratique préalable », la prestation de serment devant la juridiction compétente du lieu de résidence « à la requête de l'administration chargée de l'eau ». Leurs missions dont l'accomplissement pourrait nécessiter l'assistance des forces de maintien de l'ordre sont nettement exposées : elles vont du contrôle de la qualité des eaux de consommation et des installations publiques et privées de distribution de l'eau à la constatation des infractions y relatives.

1579 La loi n° 2016/006 du 18 avril 2016 régissant l'activité touristique et des loisirs au Cameroun décide que les infractions aux exigences qu'elle pose sont constatées soit par des officiers de police judiciaire à compétence générale, soit par des officiers de police judiciaire à compétence spéciale.

1580 D'autres exemples existent que prévoient les textes qui créent différents organismes chargés des missions de régulation, de contrôle ou de suivi d'activités précise dans des secteurs stratégiques. A titre d'exemple, la loi n° 2010/013 du 21 décembre 2010 régissant les communications électroniques au Cameroun prévoit en son article 74 que des agents assermentés, spécialement commis par l'Agence nationale en charge de la régulation du secteur des télécommunications et des technologies de l'information et de la communication (en abrégé ANTIC), sont chargés de la constatation et des poursuites en répression, des infractions commises en matière de communications électroniques. Dans le même sens, voir l'article 6 du décret n° 2020/727 du 03 décembre 2020 portant réorganisation et fonctionnement de l'agence de régulation des télécommunications.

1581 Article 10.

1582 Dans cet arrêt de cassation, une procédure d'inscription de faux a été engagée à l'encontre d'un procès-verbal dressé par des agents de douanes, se rapportant à des infractions en matière de déclaration d'origine. Les pourvoyeurs reprochent aux juges inférieurs d'avoir rejeté leur demande alors même que leur attention a été attirée sur le fait que l'un des agents de douanes signataires du procès-verbal litigieux n'a pas assisté aux constatations matérielles effectuées. La Chambre commerciale et financière de la Cour de cassation tranche ainsi : « *Attendu que les procès-verbaux de douanes, lorsqu'ils sont rédigés par deux agents de douane, sont, en raison de la qualité de ceux qui, en apposant leur signature, en authentifient les constatations et énonciations, des actes publics et authentiques qui font foi jusqu'à inscription de faux des faits matériels constatés…* »

dans celui des officiers ou agents de la police judiciaire à compétence générale. Un exemple édifiant de cette tendance est logé dans la loi n° 2015/018 du 21 décembre 2015 régissant l'activité commerciale au Cameroun. A son article 87 celle-ci décide en substance que, sans préjudice des prérogatives du ministère public et des officiers de police judiciaire, les infractions à ses dispositions et aux textes pris pour son application sont constatées par des fonctionnaires et agents assermentés dûment mandatés par le ministère en charge du commerce. Les concernés prêtent serment, à la demande de l'administration visée, devant le tribunal de première instance territorialement compétent. « *Toutefois, l'officier de police judiciaire saisi le premier d'une infraction à la présente loi, doit se dessaisir d'office en faveur des fonctionnaires et agents visés aux alinéas 1 et 2 ci-dessus, en raison de leur compétence* ».

L'ultime enseignement découle d'une lecture au second degré de la prescription visée. Articulée autour de l'adage inclinant à croire qu'il est de bonne méthode de considérer que celui « qui peut le plus peut le moins », la leçon a abouti à une exigence exposée à l'article 137 du Code pénal. Sa substance est univoque. Elle voudrait que le procureur de la République puisse, à tout moment, agir en lieu et place de l'officier de police judiciaire. A l'examen, une telle diversité d'acteurs de la police judicaire cède très vite la place, fort opportunément, à une similitude de missions de ceux-ci.

B. Missions

D'ordinaire, le procès pénal est découpé en phases dont les dernières sont celles de l'instruction et du jugement. A regarder de près, l'étape du jugement ne peut idéalement se tenir que si les protagonistes sont connus et, surtout, l'affaire en état d'être jugée. Cela requiert notamment que le dossier de la procédure soit méticuleusement monté depuis son ouverture. C'est précisément dans cette perspective que l'article 82 du Code de procédure pénale confie à la police judiciaire une mission décisive, celle « *de constater les infractions, d'en rassembler les preuves, d'en rechercher les auteurs et complices et, le cas échéant, de les déférer au parquet* »[1583].

Edifiante, la formule peut provoquer le doute dans les esprits.

[1583] Concernant les méandres de cette mission, voir not. DJILA R., *L'enquête préliminaire dans l'avant-projet de Code de procédure pénale*, thèse, 3eme cycle, Yaoundé, 1992 ; DELAGE P.J., « La fouille d'un véhicule en en enquête préliminaire », *La Semaine du droit-Edition générale*, n° 9, 4 mars, pp. 375 et s. ; DESLAURIERS-VARIN N., « L'enquête policière et les techniques d'enquête : de la pratique à la recherche », *Criminologie*, 2020, n° 53, pp. 5 et s. ; FONKWE FONGANG J., EWARE A., *Pratique de la procédure pénale au Cameroun*, Editions Veritas, Douala, 2019, pp. 24 et s. ; OKO PETIS W., ONANA M.M., *Guide pratique des actes de police judiciaire et des droits du citoyen d'après le Code de procédure pénale*, op cit., pp. 20 et s. ; TABE TABE S., « A look at preliminary inquiry under the Cameroon criminal procedure code », *in EWANG SONE A. dir., Readings in the Cameroon criminal procedure code*, PUA, 2007, pp. 49 et s. ; YAWAGA S., *La police judiciaire au Cameroun*, préc., pp. 61 et s.

Force est de constater, tout d'abord, que les missions de police judiciaire regroupent l'exécution des commissions rogatoires des autorités judiciaires ; mais aussi que ces fonctions s'étendent à la notification d'actes de justice[1584] et, parfois, qu'elles consistent à exécuter des mandats et décisions de justice[1585].

Force est de constater, ensuite, que les articles 83 et suivants du Code de procédure pénale dévoilent d'autres attributions à ne pas négliger. On découvre, en en prenant connaissance, que le soin revient aux officiers de police judiciaire de recevoir les plaintes ou les dénonciations et que ces derniers sont habilités à contrôler et à vérifier l'identité ou la situation de tout individu suspecté d'avoir perpétré une infraction[1586]. On découvre, en les compulsant, que les officiers de police judiciaire peuvent, dans tout lieu public ou ouvert au public, procéder à la fouille des personnes soupçonnées de porter une arme ou tout autre objet pouvant faciliter la commission d'une infraction[1587]. On réalise, en les lisant, que les officiers de police judiciaire sont habilités, dans le cours d'une enquête, à entendre des sujets de droit dont les déclarations sont utiles à la manifestation de la vérité ; de procéder à des perquisitions ou à des visites domiciliaires ; de requérir des experts

---

[1584] Il est résolu, notamment à l'article 39 du Code de procédure pénale, que la notification est faite soit par voie administrative (par exemple par lettre recommandée avec accusé de réception), soit par un officier de police judiciaire, lequel en dresse procès-verbal.

[1585] La typologie et l'essentiel du régime juridique de ceux-ci se trouvent dans le Code de procédure pénale et met en évidence le rôle du personnel en charge de la police judicaire ici. En effet, l'article 11 de ce code traite des mandats de justice et les présente comme des actes écrits par lesquels un magistrat ou une juridiction ordonne soit la comparution ou la conduite d'un individu devant lui ou elle, soit la détention provisoire d'un inculpé, d'un prévenu, d'un accusé ou d'un témoin soupçonné de perturber la recherche des preuves, soit l'incarcération d'un condamné, soit la recherche d'objets ayant servi à la commission d'une infraction ou en constituant le produit. « *Constituent des mandats de justice, le mandat de comparution, le mandat d'amener, le mandat de détention provisoire, le mandat d'extraction, le mandat de perquisition, le mandat d'arrêt et le mandat d'incarcération* ». L'article 12 va plus loin et souligne que les auteurs des mandats de justice que le personnel de la police judiciaire pourrait parfois avoir à exécuter. On y découvre que le procureur de la République peut décerner des mandats de comparution, d'amener, de perquisition et d'extraction et, en cas de flagrant délit, les mandats de détention provisoire. On y apprend que le juge d'instruction peut décerner mandat d'amener, de comparution, de perquisition, d'arrêt, de détention provisoire et d'extraction. On y découvre que la juridiction de jugement peut décerner le mandat d'amener, le mandat de comparution, le mandat perquisition, le mandant d'arrêt, le mandat de détention provisoire, le mandat d'incarcération et le mandat d'extraction.

[1586] L'article 32 du Code de procédure pénale permet à ces derniers d'arrêter et de garder à vue pendant une durée d'au plus 24 heures, l'auteur d'une contravention qui, soit refuse de décliner son identité, soit indique une identité jugée fausse. De même, et dans ces circonstances, l'article 86 leur permet d'user de ce qu'il qualifie de « garde à vue spéciale », non sans préciser que la durée de cette mesure ne devra pas excéder 24 heures.

[1587] L'article 87 est d'avantage explicite sur ce point. Il prescrit :
- Que la personne appelée à être fouillée doit être informée à propos des motifs de la fouille ;
- Que la fouille à corps ne doit être opérée que par une personne de même sexe que le suspect et qu'en aucun cas elle ne doit être menée avec l'intention de soumettre la personne à fouiller à une forme d'humiliation ou de vice ;
- Que le droit de fouille s'étend aux véhicules, aux passagers et aux bagages.

susceptibles de les assister[1588]. Lorsqu'un délit ou un crime pouvant donner lieu à une peine d'emprisonnement d'une durée de deux ans est imputé à un individu, la latitude leur est même offerte, à la suite d'une autorisation du procureur de la République et pendant la durée de ses investigations d'intercepter, enregistrer ou transcrire des correspondances émises par le biais de télécommunications et, dans certaines circonstances, de saisir des pièces ou documents[1589]. Enfin, et sans prétention à l'exhaustivité, on réalise que les officiers de police judiciaire ont compétence pour percevoir les

---

[1588] Sur ce point, les articles 93 et suivants du Code de procédure pénale, pour s'en tenir à eux, donnent à penser :
- Que le maître des lieux ou le détenteur des biens à saisir ont le droit de fouiller l'officier de police judiciaire avant que celui-ci n'entreprenne la perquisition ; que ces derniers doivent être tenus au courant du bénéfice de cette prérogative et surtout que le procès-verbal qui en fait le constat doit mentionner l'accomplissement de cette formalité ;
- Que les objets saisis sont, séance tenante, inventoriés avec précision et mis sous scellé ;
- Qu'un procès-verbal est dressé et signé par ceux qui y prennent part ;
- Que toute perquisition dans des lieux privés est prohibée entre 18 heures et 6 heures ;
- Que l'inobservation des formalités essentielles ci-dessus est sanctionnée par la nullité de la perquisition et de la saisie.

[1589] Article 92. On précisera néanmoins, à la lumière de la circulaire n° 3037/DGSN du 7 septembre 1990 adressée aux inspecteurs généraux, conseillers techniques, directeurs, chefs de division et chefs des services régionaux de la sûreté nationale que certaines infractions à la circulation routière ne devraient pas systématiquement déboucher sur le retrait des pièces afférentes à la circulation des véhicules automobiles. Effectivement, ce texte subordonne la circulation de ceux-ci à la production non seulement de la carte grise, du certificat d'assurance, de la vignette et dans certains cas du certificat de visite technique, de la carte bleue et de la carte de stationnement. Il exclut cependant que le défaut de présentation ou la péremption de ces documents donne lieu au retrait du permis de conduire ou d'autres pièces afférentes à la mise en circulation de l'automobile voire des pièces officielles du propriétaire ou du conducteur. En revanche, les infractions liées au défaut de présentation de ces documents ou à leur péremption entraînent la mise immédiate du véhicule en fourrière.
En revanche, le permis de conduire des usagers de la route peut être retiré dans des hypothèses nettement circonscrites. Au nombre de celles-ci : l'excès de vitesse, le mauvais stationnement, la circulation à gauche, la surcharge ou le transport clandestin de passagers, le changement brutal de direction. A eux s'ajoutent : le refus d'obtempérer, le non-respect de signaux à bras ou optiques, le chargement mal arrimé, le refus de respecter la priorité, le croisement à gauche, le dépassement sans visibilité, le dépassement à droite, le dépassement en « troisième position », le chevauchement des lignes continues, le défaut d'éclairage, la non signalisation de grande longueur, le transport de personnes en position dangereuse, les accidents corporels et matériels de la circulation, le non-respect des barrières de circulation, le délit de fuite à la suite d'un accident de la circulation, la conduite en état d'ivresse manifeste…
Lorsque le retrait du permis de conduire ou des autres pièces des usagers de la route s'impose, une convocation doit être remise au contrevenant par l'agent verbalisateur. On y retrouve au bas mot les nom, prénom et grade du signataire, l'heure et le lieu de l'infraction. Doivent également y figurer la pièce retenue, ses références et le motif élevé. En tout état de cause, il est retenu :
- s'agissant des résidents que le retrait, la confiscation de leur permis de voyage sont interdits. C'est dire, en cas d'infraction, que leur identité doit être relevée et qu'un rapport circonstancié doit être dressé qui est adressé au supérieur hiérarchique ;
- s'agissant des touristes en infraction, que les concernés doivent être présentés aux services de la police des frontières et qu'un rapport doit être adressé à la « hiérarchie à cet effet » ;
- s'agissant des diplomates en infraction que les concernés doivent être identifiés et qu'il importe de ne pas les inquiéter, de leur éviter les tracasseries, donc à l'examen que leurs pièces ou celles de leurs véhicules ne devraient pas être retirées. Un procès-verbal de l'infraction doit néanmoins être dressé et transmise à la haute hiérarchie.

amendes forfaitaires[1590]. La précision est très opportunément apportée que celles-ci s'entendent de peines pécuniaires applicables aux contraventions et dont le montant est fixé d'avance par la loi ; que ce montant est de 1000 francs pour les contraventions de première classe, de 2400 francs pour les contraventions de deuxième classe, de 3600 pour les contraventions de troisième classe, de 25 000 francs pour les contraventions de quatrième classe[1591]. Dans tous les cas, le paiement entre les mains de l'officier de police judiciaire est facultatif et doit être rappelé au contrevenant, puis mention en être portée dans le procès-verbal[1592][1593] *(sur l'ensemble, voir not. CS, arrêt n° 37, 24 déc. 1963, Lobé Elémé c. Ministère public, Répertoire chronologique de la jurisprudence de la Cour suprême, Droit pénal, tome 1, 1960-1980, préc., p. 276; arrêt n° 26, 3 déc. 1963, Guéa Jacques Philippe c. Commissaire du gouvernement, Répertoire chronologique de la jurisprudence de la Cour suprême, Droit pénal, tome 1, 1960-1980, préc., pp. 275-276 ; in Les grandes décisions de la jurisprudence pénale camerounaise, préc., n° 27, pp. 483 et s., obs. ANOUKAHA F. ; CS, arrêt n° 98/P, 16 avr. 1998, Journal Le Messager, Njawe Noumeni Pius, Eyoum Ngangue c. Ministère public, Le président de la République, les membres de l'Assemblée nationale, Répertoire chronologique de la jurisprudence de la Cour suprême, Droit pénal, tome 1, 1980-2000, préc., pp. 1158 et s.).*

[1590] Article 607 (1). Cela dit, et à s'en tenir aux termes de l'article 606, il n'y a pas amende forfaitaire lorsque la contravention cause un dommage corporel ou matériel ou lorsqu'elle est connexe à un délit à un crime ; lorsque la contravention se rapporte à la gérance ou à l'exploitation d'un débit de boisson ; lorsqu'un texte impose à l'agent verbalisateur de prendre une mesure administrative, notamment la mise en fourrière, le retrait du permis de conduire ou de toute autre pièce ; lorsque l'auteur d'une contravention est en état d'ivresse manifeste dans un lieu public.

[1591] Article 612.

[1592] Article 613. Dans le prolongement, l'article 614 décide que toute mesure vexatoire ou d'intimidation à l'égard du contrevenant qui refuse de payer est passible des peines de l'article 140 du Code pénal. « *Constituent notamment une mesure vexatoire ou d'intimidation la saisine illégale d'un bien appartenant au contrevenant, la mise en fourrière d'un véhicule pour refus de payer immédiatement la contravention ou l'injonction arbitraire de se présenter au bureau de l'agent verbalisateur* ».
De son côté, l'article 607 pose clairement que les agents de police judiciaire et les agents publics investis des attributions de police judiciaire ne peuvent percevoir les amendes que s'ils sont régulièrement habilités ; l'habilitation étant soit générale soit spéciale à une catégorie de contraventions.

[1593] D'autres règles, bien utiles, sont développées aux articles 608 à 611. L'article 608 décide que les agents verbalisateurs habilités à percevoir les amendes forfaitaires agissent sous le contrôle du Ministère public auquel sont adressés les procès-verbaux qu'ils dressent. L'article 609 décide que les agents verbalisateurs habilités à percevoir les amendes forfaitaires doivent prêter serment devant le tribunal de première instance dans le ressort duquel ils exerceront leurs fonctions. L'article 610 prescrit qu'avant d'instrumenter, l'agent verbalisateur doit, au préalable, justifier ses titres et qualités au contrevenant en produisant, soit sa carte professionnelle, soit un acte d'habilitation. Enfin, l'article 611 décide que l'agent verbalisateur appelé à percevoir les amendes forfaitaires doit être soit muni d'un carnet à souches spécial, côté et paraphé par le procureur de la République. La perception de l'amende donne lieu, à la fois, à l'établissement d'un procès-verbal et, sur le champ, à la délivrance d'un reçu extrait du carnet à souches.

Force est de constater, enfin, qu'on ne doit pas attribuer aux autorités de police judiciaire des missions se rapportant à la police administrative[1594]. Certes, les techniques d'exécution de ces fonctions se rejoignent couramment. Certes encore, les mêmes personnes exercent habituellement ces différentes fonctions lorsqu'elles sont requises par l'autorité administrative[1595]. Il reste, au plan théorique, que la police administrative est placée sous le contrôle de l'autorité administrative qui pourrait la mobiliser : président de la République et sur délégation de celui-ci, les ministres avec en bonne place le ministre de l'administration territoriale ; gouverneur, préfet, sous-préfet, etc.[1596] Il demeure que la police administrative a davantage vocation à prévenir la commission des infractions, à préserver l'ordre public et donc à éviter le désordre[1597] ; que celle-ci ne devrait idéalement intervient que résiduellement pour rétablir l'ordre public et que les mesures indispensables à cet effet sont déclinées dans un acte administratif, ont une durée peu ordinaire en raison des circonstances[1598]. Tel est du moins l'enseignement que charrie l'article premier de la loi n° 90-50 du 19 décembre 1990 relative au maintien de l'ordre. Telle est la leçon à tirer de l'article 2 du même texte lorsque celui-ci relève que les autorités administratives peuvent, en tout temps, résoudre de soumettre la circulation des personnes et des biens à des contrôles,

---

[1594] En ce sens, confère KITIO E., « La garde à vue administrative pour grand banditisme et les droits de l'homme au Cameroun (application de la loi n° 90/54 du 19 décembre 1990 sur le maintien de l'ordre) », *Juridis Périodique n° 30*, avril-juin 1997, pp. 47 et s. Voir aussi HASSANA, op. cit., pp. 35 et s. ; CAHN O., « Chronique de police », *RSCDPC*, 2020-4, pp. 1069 et s. ; MONJARDET D., « Le maintien de l'ordre : technique et idéologie professionnelle des CRS », *Déviance et Société*, vol. 12, n° 2, 1988, pp. 101 et s. ; PICARD E., *La notion de police administrative*, LGDJ, tome 146, tome 2, pp. 534 et s. ; VLAMYNCK H., « Le maintien de l'ordre : manifestations, réunions publiques et attroupements », *AJ pénal*, 2009, 289.

[1595] Pour en savoir davantage, consulter, entre autres, les dispositions pertinentes de la loi n° 94-54 du 19 décembre 1990 relative au maintien de l'ordre, le Code général des collectivités territoriales décentralisées, le décret n°2008/377 du 12 novembre 2008 fixant les attributions des chefs de circonscriptions administratives et portant organisation et fonctionnement des services, le décret n°70/DF/264 du 04 juin 1970 relatif à la sécurité intérieure de l'Etat. Lire utilement TIEH NDE P., *Le maintien de l'ordre public continu en droit positif camerounais : L'ultime conciliation entre droit positif et libertés publiques*, Monange, Yaoundé, 2021, pp. 86 et s.

[1596] TIEH NDE P., op cit., p. 95.

[1597] Idem, p. 87.

[1598] On comprend alors pourquoi les statuts spéciaux de certains corps, notamment des fonctionnaires de la sûreté nationale, prescrivent que ce corps est chargé d'assurer le respect et la protection des institutions, des libertés, des personnes et des biens. Le statut visé va au-delà pour évoquer le maintien de l'ordre public et de la paix sociale, le maintien de la protection de la sécurité et de la salubrité publique, singulièrement dans les agglomérations urbaines. A cela s'ajoute la recherche du renseignement ; la surveillance aux frontières et le contrôle de la circulation des personnes ; l'assistance aux autorités gouvernementales, administratives, municipales (article 2, décret n° 2012/539 du 11 novembre 2012).
On comprend tout le sens de l'article 96 du le vieux décret n° 60-280 du 31 décembre 1960 sur le service de la gendarmerie, modifié par le décret n° 63-LF-3 du 08 janvier 1963. Son contenu est le suivant : « *La police administrative a pour objet la tranquillité du pays, le maintien de l'ordre et la sûreté publique » ; Elle a un caractère essentiellement préventif et a pour but d'empêcher tous les actes délictueux que la police judiciaire réprime* ».

requérir les personnes et les choses suivant les formes légales, mobiliser les forces de police ou de gendarmerie afin de préserver ou de rétablir l'ordre, « *prendre des mesures de garde à vue d'une durée de quinze jours renouvelables dans le cadre de la lutte contre le grand banditisme* ». Par ricochet, on comprend que les mesures relatives à la police administrative doivent être renforcées notamment lorsque survient un sinistre ou une catastrophe naturelle et que l'enjeu soit de porter secours aux personnes ou de préserver des biens. On comprend assurément aussi que des mesures spéciales soient prises lorsque sont redoutés des grèves importantes ou généralisées, des émeutes, des attentats, des complots, des incitations à la révolte, etc.[1599] *(en ce sens, voir not. The High court of Fako, Buea, Etengeneng Joseph Tabe vs. The Provincial chief of service national security-Buea and The governor of The South-west province Ex-parte Oben Peter Ashu, Suit n° HCF/63M/CR/97, Cameroon Common law report, CCLR, 1998, Part 4, pp. 9 et s.).*

En revanche, la police judiciaire entre en jeu lorsque l'activité rattachée à la police administrative n'a pas porté les fruits que l'on en escompte, autrement dit lorsque la tranquillité, la sécurité et la salubrité publique ont été compromises en raison de la commission d'une infraction ou plus simplement de dérives. A l'examen, cette fonction a une connotation fortement répressive, puisque le maître-mot est alors de rechercher l'auteur de l'infraction, de rassembler des preuves contre lui, de le déférer au parquet afin que des poursuites soient formellement déclenchées[1600]. Dans la foulée, et assez logiquement, tandis que les tribunaux judiciaires planchent sur les difficultés se rapportant aux missions de police judiciaire, la charge revient aux juridictions administratives de connaître du contentieux que secrètent les fonctions en lien avec la police administrative[1601].

D'autres remarques sont inévitables à ce stade de l'exposé des attributions de la police judiciaire.

Il importe de garder présent à l'esprit que si la police judiciaire s'ébranle à la demande des autorités judiciaires[1602], elle peut parfaitement aussi

---

[1599] La loi n° 90-047 du 19 novembre 1990 relative à l'état d'urgence dresse un inventaire éloquent de ces mesures de police administrative exceptionnelles et offre l'occasion de mieux distinguer la police administrative de la police judiciaire. Elle souligne notamment que, dès la proclamation de l'état d'urgence, le ministre en charge de l'administration territoriale peut, par le biais d'arrêtés immédiatement exécutoires, ordonner la fermeture des salles de spectacles, débits de boissons, lieux de réunion de toute nature. Cette même autorité a la charge, en tant que de besoin, de contrôler la presse et les publications de toute nature, ordonner la dispersion de tous groupements ou suspendre certaines associations, prononcer l'assignation à résidence dans un espace géographique des individus dangereux pour la sécurité publique…

[1600] PERROT R., *Institutions judiciaires*, op cit., p. 676, n° 578. Voir également BRODEUR J.-P., « La police. Mythes et réalités », *Criminologie*, vol. 17, n° 1, 1984, pp. 9 et s. ; MESSING J.L., *La problématique du maintien de l'ordre dans les Etats d'Afrique noire francophone : Le cas du Cameroun (1960 à 1992)*, Thèse, 3ème cycle, Yaoundé 2, 1994, pp. 149 et s. ; METEMBOU M., Le contentieux fiscal au Cameroun, thèse, Yaoundé 2, 2016 ; TIEH NDE P., op cit., pp. 159 et s.

[1601] KITIO E., op cit., pp. 54 et s.

[1602] A titre d'exemple, les articles 138 et 139 du Code de procédure pénale prescrivent que « *Le procureur de la République a, dans l'exercice de ses fonctions, le droit de requérir directement les forces de*

s'opérer d'office[1603]. Cela ne doit pas surprendre, ne serait-ce que dans la mesure où ce qu'on qualifiait autrefois d'enquête officieuse est parfois entrepris sans pour autant que des poursuites soient déjà solennellement engagées. D'ailleurs, assez souvent, l'enquête préliminaire orientera le procureur de la République vers la procédure adéquate. De surcroit, le Code de procédure pénale permet, *expressis verbis*, que l'officier de police judiciaire agisse sans mandat en cas de crime ou de délit flagrant[1604]. Une chose n'est pas contestée, à savoir que les pouvoirs de l'officier de police judiciaire sont généralement limités lorsque celui-ci agit de son initiative. En ce sens, l'article 94 prescrit, hormis les hypothèses où des infractions flagrantes ont été perpétrées qu'à défaut de mandat, les perquisitions et saisies de pièces à conviction ne devraient être effectuées qu'avec le consentement du maître des lieux, du détenteur des biens à mettre sous le contrôle de la justice ou de leurs représentants, ainsi que de deux témoins désignés parmi les voisins[1605] *(sur l'ensemble, voir not. CS, arrêt n° 133/P, 02 avril 1981,*

---

l'ordre » ; qu'*« il est destinataire de l'original de tout procès-verbal relatif aux infractions commises dans son ressort et relevant des juridictions de droit commun ».*

A titre d'exemple, et cela a déjà été relevé, les mandats de justice sont émis soit par le procureur de la République, soit par le juge d'instruction, soit par la formation de jugement. Certes, le mandat de justice est forcément soit un mandat de comparution, d'amener, de détention provisoire, d'extraction, de perquisition, d'arrêt, d'incarcération et provient à coup sûr soit du parquet, de l'instruction, de la juridiction de jugement. Il n'en demeure pas moins, à l'examen, que le personnel de la police judiciaire n'est directement concerné que par l'exécution de quelques-uns de ces mandats. On songe au mandat de comparution, lequel est notifié à la personne qui y est désignée par un agent ou par un officier de police judiciaire (article 13). On songe au mandat d'amener, lequel ne concerne que les officiers de police judiciaire qui reçoivent l'ordre de conduire immédiatement devant son auteur, la personne qui y est désignée (article 14). On songe au mandat de perquisition, ordre donné à l'officier de police judiciaire et à lui tout seul de pénétrer dans tout lieu public ou privé, de le fouiller aux fins de rechercher et de saisir tous objets ou documents qui ont servi à la commission d'une infraction ou qui apparaissent comme le produit d'une infraction (article 16). On songe au mandat d'arrêt, ordre généralement donné aux personnels de police judiciaire ayant la qualité d'officier de police judiciaire, de rechercher une personne inculpée, un prévenu, une personne accusée ou un condamné et de le conduire devant lui (article 18).

[1603] L'article 32 du Code de procédure pénale retient en effet que « *L'officier ou l'agent de police judiciaire peut dans tout lieu public ou ouvert au public, arrêter et sans préjudice des dispositions de l'article 83 paragraphe 3, garder à vue pendant une période d'au plus 24 heures, l'auteur d'une contravention qui, soit refuse de décliner son identité, soit indique une identité jugée fausse.* »

[1604] Voir par exemple l'article 93 (2).

[1605] Théoriquement, le consentement est exprimé par écrit. Celui-ci n'est valable, y est-il énoncé, que si la personne concernée a d'entrée de jeu été informée par l'officier de police judiciaire que la loi lui permet de s'y opposer.

Reste à ne pas perdre de vue les prescriptions des articles 93, 106 et 107 du Code où la règle est posée :

- Qu'en l'absence du maître des lieux ou du détenteur des biens, l'autorisation du procureur de la République, donnée par écrit, est indispensable. La mesure se déroule alors en présence des témoins auxquels allusion a été faite, mais aussi d'un autre officier de police judiciaire ;
- Que les perquisitions dans un cabinet d'avocat n'ont lieu que pour saisir des documents relatifs à une procédure judiciaire ou lorsque cet auxiliaire de justice est mis en cause ou que des documents s'y retrouvent qui sont étrangers à son activité professionnelle ;

Procureur général près la Cour d'appel de Bamenda c. Ministère public et Dim Joseph Martial, Répertoire chronologique de la jurisprudence de la Cour suprême, tome 1, Droit pénal, préc., pp. 767-768[1606] *; arrêt n° 98/P,16 avril 1998, Journal Le Messager Njawe Noumeni Pius, Eyoum Nguangue c. Ministère public et Le président de la République et les membres de l'Assemblée nationale, Répertoire chronologique de la jurisprudence de la Cour suprême, tome 1, Droit pénal, préc., pp. 1157 et s. Cf également CS, arrêt n° 185, 30 juil. 1968, Nkoa Etoa Gabriel c. Ministère public, Tchenko Etienne et Moucthé A Biakan, Répertoire chronologique de la jurisprudence de la Cour suprême, Droit pénal, tome 1, 1960-1980, préc., pp. 181 et 182 ; TPI Bertoua, jugt. n° 633/CO, 23 aout 1973, Ministère public et D… Henri c. K… Benoit et E… Mathieu, RCD n° 9, janv.-avril 1976, pp. 37-38 ; Cass. crim., 6 déc. 2005, n° 05-85.076, Marcel L. et A., Juris-Data n° 2005-031464, com. BUISSON J.*[1607] *; Cass. crim., 22 juin 1977, Germain, Bull. crim. 1977, n° 232 ; Cass. crim., 12 mai 1992, Bull. crim. 1992, n° 187 ; Cass. crim., 23 août 1994, Bull. crim. 1994, n° 291 ; Cass. crim., 22 janv. 1953, Isnard, JCP 1953, II, 7456 ; Cass. crim., 21 juil. 1982, Administration des douanes, D. 1982, 642 ; Cass. crim., 8 nov. 1989, Soltani, JCP 1990, II, 21580*).

Il importe, également, de se souvenir que les personnels de la police judiciaire n'ont pas tous des pouvoirs comparables. L'attention a déjà été attirée sur le fait que les fonctions y relatives sont exercées par des personnels variés. Les uns sont au service des autres et doivent simplement les seconder[1608]. On le comprend : les agents de police judiciaire n'ont pas qualité pour ordonner des mesures radicales à l'instar des gardes à vue ou

- Que les perquisitions dans un cabinet de médecin, une étude de notaire, d'huissier de justice ou au bureau de toute personne tenue au secret professionnel se déroulent en présence d'un magistrat et, en tant que de besoin, de l'intéressé ou du représentant de son organisation professionnelle lorsque celle-ci existe.

[1606] La Cour y décide : « *Attendu qu'il est de principe en matière pénale que seules les autorités judiciaires ont compétence pour ordonner une expertise ;*
Attendu qu'en l'espèce, le rapport médico-légal établi le 22 mars 1980 à la demande du commandant de la brigade de gendarmerie de Bangou par le médecin-chef de l'hôpital Ad-Lucem de Bandjoun, n'a pas valeur d'expertise et ne peut, de ce fait, être attaqué en nullité pour défaut de prestation de serment… »

[1607] Le point de vue de la Cour, rendu sur la base des termes de l'article 77-1-1 du Code de procédure pénale, se présente ainsi : « *Attendu que les réquisitions prévues par ce texte ne peuvent être présentées que par le procureur de la République ou, sur autorisation de celui-ci, par l'officier de police judiciaire ;*
Attendu que, pour rejeter la requête en annulation des réquisitions adressées aux opérateurs téléphoniques, l'arrêt énonce que l'identification de numéros de téléphone n'est pas une mesure de constatation ou d'examen technique ou scientifique au sens des articles 60 et 77-1 du Code de procédure pénale ; que les juges ajoutent que le visa erroné de ce dernier texte par l'officier de police judiciaire dans ses réquisitions est sans conséquence et que l'autorisation préalable du procureur de la République n'est pas prescrite ;
Mais attendu qu'en prononçant ainsi, alors que les réquisitions en cause, tendant à la remise de documents issus d'un système informatique ou d'un traitement de données nominatives étaient soumises aux dispositions de l'article 77-1-1 du Code de procédure pénale qui sont édictés dans l'intérêt d'une bonne administration de la justice et dont la méconnaissance est constitutive d'une nullité à laquelle les dispositions de l'article 802 dudit Code sont étrangères, la chambre de l'instruction a méconnu le sens et la portée du texte susvisé et du principe ci-dessus rappelé… »

[1608] Article 81 (1), Code de procédure pénale. L'exigence y est clairement posée d'après laquelle les agents de police judiciaire assistent les officiers de police judiciaire dans l'exercice de leurs fonctions et rendent compte à leurs supérieurs hiérarchiques des infractions dont ils ont connaissance.

des expertises[1609] ; pas plus qu'ils n'ont qualité pour percevoir les amendes forfaitaires[1610] *(CS, arrêt n° 302/P, 18 juil. 1985, Moyo Buctekam Ignace c. Ministère public et Mbogne Marthe, RCD n° 30, 1985, pp. 147 et s., rapp. Onomo Fouda B. ; arrêt n° 185, 30 juil. 1968, Nkoa Etoa Gabriel c. Ministère public, Tchenko Etienne et Moucthé A Biakan, Répertoire chronologique de la jurisprudence de la Cour suprême, Droit pénal, tome 1, 1960-1980, préc.).* On comprend également que les agents de police judiciaire n'ont pas à agir suite à une délégation directe du procureur de la République ou du juge d'instruction. Au fond, un OPJ servira généralement de courroie entre ces deux maillons de la chaîne judiciaire en matière répressive. C'est assez dire que l'exigence ne sera adoucie que dans des rares exceptions, notamment lorsque ces derniers officient en qualité d'agents verbalisateurs[1611]. De telles exigences ne doivent cependant pas induire en erreur. Elles n'excluent nullement qu'un officier de police judiciaire décide, notamment dans le cours d'une enquête, de procéder à une délégation de ses tâches à l'un de ses collègues. Il suffit seulement, et la loi insiste sur là-dessus, que le délégué soit effectivement placé sous l'autorité de celui qui entend déléguer ; que le « dessaisissement » ne soit pas entier, donc que la délégation ne concerne qu'une partie des investigations à effectuer ; que les procès-verbaux dressés par le ou les officiers de police judiciaire délégués contiennent très expressément une mention se rapportant à l'acte de délégation[1612]. On devine sans doute aussi que la catégorie des agents assermentés ou celle voisine du personnel de police judiciaire à compétence extraordinaire doivent parfois, lorsque le moment vient d'accomplir leurs missions, solliciter l'assistance des forces de l'ordre. Ce concours est utile lorsque la nécessité s'impose de procéder à des perquisitions, d'identifier ou d'interpeller des suspects. Ce concours est capital au moment de saisir des

---

[1609] Article 81 (2), Code de procédure pénale ».

[1610] Effectivement, après avoir réservé cette attribution aux officiers de police judiciaire, l'article 607 du Code de procédure pénale décide que les agents de police judiciaire aussi bien que les agents publics investis des attributions de police judiciaire ne peuvent recevoir lesdites amendes qu'à condition d'y avoir été sont régulièrement habilités. Et il est résolu que l'habilitation à laquelle allusion est faite est soit générale, soit spéciale à une catégorie de contraventions.
La suite n'est pas sans intérêt. Il a déjà été observé que l'article 609 du Code de procédure pénale exige une prestation de serment devant le tribunal de première instance dans le ressort duquel seront exercées leurs fonctions ; qu'avant d'instrumenter, l'agent verbalisateur est tenu, au préalable, de prouver sa qualité au contrevenant soit en produisant sa carte professionnelle, soit en présentant un document susceptible de convaincre de son habilitation. Il a également été relevé que l'agent verbalisateur appelé à percevoir les amendes forfaitaires est muni d'un carnet à souches spécial, côté et paraphé par le procureur de la République.

[1611] Effectivement, les articles 608 et suivants du Code de procédure pénale retiennent que les agents verbalisateurs habiletés à percevoir les amendes forfaitaires agissent sous le contrôle du Ministère public auquel leurs procès-verbaux devront être adressés. De son côté, et demeurant fidèle aux principes, l'article 12 du Code de procédure pénale pose que « *L'officier de police judiciaire chargé de l'exécution d'un mandat peut se faire accompagner d'éléments de la force de l'ordre en nombre suffisant pour que la personne ne puisse s'échapper* ».

[1612] Voir notamment l'article 101 du Code de procédure pénale.

objets ayant facilité la commission d'infractions, de d'assurer la fermeture de locaux ou d'établissements.

Il est encore capital d'avoir présent à l'esprit que les missions de police judiciaire sont exercées sous la direction du ministère public et que les personnes qui les accomplissent sont, en cette qualité, des « auxiliaires du procureur de la République »[1613][1614]. Ainsi que l'ont très justement noté des auteurs avisés[1615], « *la police judiciaire est dirigée par le procureur de la République, surveillée par le procureur général* ». Cela explique pourquoi l'organisation administrative des parquets a dû en tenir compte[1616]. On

---

[1613] Article 78, Code de procédure pénale. Après avoir retenu que la police judiciaire est exercée sous la direction du procureur de la République, cet article souligne que la police judiciaire est placée, dans le ressort de chaque Cour d'appel, sous le contrôle du procureur général qui apprécie, à la fin de chaque année, l'activité des agents publics qui en ont la charge.

[1614] L'exigence est également affirmée l'article 137 du Code de procédure pénale. Ses maîtres-mots sont les suivants : « *Le procureur de la République dirige et contrôle les diligences des officiers et agents de police judiciaire* » ; « *il peut, à tout moment, se transporter dans les locaux de police ou de gendarmerie pour procéder au contrôle de la garde à vue (...) Au cours de ce contrôle, les personnes dont il ordonne la libération d'office ou en vertu d'une ordonnance d'habeas corpus doivent être immédiatement libérées, sous peine de poursuites judiciaires pour détention illégale contre l'officier de police judiciaire responsable du local où s'effectue la garde à vue* ». Les articles 133 et 134, pour ne citer que ceux-ci, vont dans le même sens. De son côté, l'article 34 décide que « *les officiers de police judiciaire adressent quotidiennement au procureur de la République compétent, l'état des personnes gardées à vue dans leurs services* ».

[1615] PERROT R., op cit., p. 686, n° 588 ; YAWAGA S., *La police judiciaire au Cameroun*, préc., pp. 49 et s. Voir aussi HASSANA, *La garde à vue au Cameroun : Regard critique sur plus d'une décennie de mise en œuvre*, préc., pp. 169 et s. ; OKO PETIS W., ONANA M.M., *Guide pratique des actes de police judiciaire et des droits du citoyen d'après le Code de procédure pénale*, préc., p. 21. La règle posée, on ne devrait pas perdre de vue les prévisions des textes qui organisent certains corps professionnels. Un bon exemple est représenté par le décret n° 2016/372 du 04 août 2016 fixant et complétant certaines dispositions du décret n° 2012/540 du 19 novembre 2012 portant organisation de la délégation générale à la sûreté nationale. Mot pour mot, il est écrit à l'article 100 (nouveau) que la direction de la police judiciaire est sous l'autorité d'un directeur éventuellement assisté d'un adjoint. Elle est chargée de coordonner les techniques de recherche de criminelle ; de lutter contre la grande criminalité nationale et transnationale, sous toutes ses formes ; de coordonner les activités de police judiciaire des services extérieurs ; de diligenter les enquêtes criminelles et économiques ; de diffuser et de faire exécuter les directives des magistrats compétents ; d'élaborer les synthèses criminelles.
La suite est une question d'organisation du travail. La direction de la police judiciaire comprend trois sous-directions : la sous-direction des enquêtes économiques et financières, la sous-direction de la police scientifique et de l'identité judiciaire, la sous-direction des stupéfiants.

[1616] La préoccupation peut surgir de savoir si cette mission de surveillance est véritablement accomplie. Une bonne réponse est livrée par différentes circulaires des Garde des sceaux.
On songe notamment à la circulaire du 6 mai 1982 adressée aux procureurs généraux près les cours d'appel, ayant comme objet le « *Contrôle des détentions préventives* ». Dans cette circulaire, le ministre commence par regretter que les parquets ne le renseignent pas sur les faits, l'état et les perspectives de règlement des procédures concernées ou sur les raisons du retard apporté à celui-ci. En conséquence, il prescrit que, « *Pour mettre un terme définitif à de tels errements inadmissibles et préjudiciables au renom de la justice, je rappelle à votre attention le caractère absolument impératif desdites circulaires et vous demande en outre de prescrire à tous vos substituts de procéder à des contrôles trimestriels des détentions préventives qui devront donner lieu chacun à un rapport dont une copie me sera transmise, assortie de vos observations.*
Vous voudrez bien noter que ces contrôles n'excluent pas ceux, ponctuels à prévoir dans votre programme d'action et à effectuer suivant des périodes rapprochées, au moins une fois par an d'une part, et ceux

comprend indubitablement aussi pourquoi les officiers de police judiciaire ont l'obligation, au jour le jour, de tenir le ministère public constamment informé des diligences opérées par eux, de transmettre les plaintes à eux adressées, de renseigner à propos des dénonciations portées devant eux, de faire coter et parapher par le parquet le registre à souche dont la tenue est obligatoire dans l'ensemble des hypothèses où des amendes forfaitaires doivent être perçues[1617]. On comprend pourquoi les originaux des procès-verbaux des investigations des officiers et agents de police judiciaire doivent être adressés au procureur de la République, « dans les meilleurs délais »[1618]. Dans une large mesure, on comprend aussi que celui-ci ait le pouvoir de décharger d'une enquête l'officier de police judiciaire et de communiquer les motifs de sa décision au supérieur hiérarchique direct de

---

permanents à faire à partir des états mensuels établis par les prisons et à réclamer au cas où ils ne sont pas parvenus, d'autre part.

Je vous demande par ailleurs d'appeler l'attention de vos substituts sur la nécessité d'effectuer des contrôles réguliers adressés à votre parquet général et à ma chancellerie.

J'attacherai du prix à la stricte application de la présente circulaire dont vous voudrez bien m'accuser réception en transmettant copie de vos instructions en la matière à vos substituts ».

On songe notamment à la circulaire du 1er novembre 1990 adressée aux procureurs généraux près les cours d'appel, ayant comme objet le « *Contrôle des gardes à vue* ». Le regretté Douala Moutome, Garde des sceaux à l'époque, écrit : *« Mon attention a été appelée sur les difficultés que pourraient rencontrer certains de vos substituts dans l'exécution des instructions contenues dans ma dépêche sus-visée, notamment en ce qui concerne les grandes distances séparant le siège des parquets des brigades de gendarmerie de leurs ressorts respectifs.*

Je vous demande en conséquence, de prescrire à ces magistrats d'inviter les officiers de police judiciaire responsables des unités de police et de gendarmerie, à leur adresser des états hebdomadaires des individus gardés à vue. Ces états devront comporter les mentions suivantes relatives à chaque cas : nom et prénom ; profession ; date d'arrestation ; date d'élargissement ou de déferrement au parquet.

Les magistrats pourront ainsi, lors des contrôles mensuels, comparer les indications fournies dans ces états avec celles contenues dans les différents registres d'écrou ou de main-courante... ».

On songe notamment à la circulaire du 23 mai 1990 adressée aux procureurs généraux près les cours d'appel, titrée « *Renforcement des contrôles des gardes à vue* ». Moudiki Adolphe, Garde des sceaux à cette date, dresse un bilan et résout ce qui suit : *« Mon attention a été appelée sur le relâchement observé dans les contrôles effectués par les magistrats du parquet dans les locaux où sont détenues des personnes gardées à vue pour besoin d'enquête.*

Aussi, eu égard au caractère intolérable de la violation de plus en plus fréquente des articles 41, 615 et suivants du code d'instruction criminelle (...), je vous demande de renforcer les contrôles des gardes à vue en prescrivant à vos substituts de procéder, en plus des interventions ponctuelles, à des visites hebdomadaires de toutes les unités de police et de gendarmerie, et de libérer systématiquement les personnes dont la garde à vue n'est pas légale.

Un rapport de synthèse mensuel de contrôle devra être adressé à ma chancellerie avant le 10 de chaque mois.

Vous voudrez bien accuser réception de cette circulaire et me rendre compte des difficultés auxquelles se heurterait l'exécution des présentes instructions. »

[1617] En ce sens, voir notamment l'article 89 du Code de procédure pénale. Il y est indiqué tour à tour que « *L'officier de police judiciaire est tenu d'informer sans délai le procureur de la République des infractions dont il a connaissance* » ; que « *dès la clôture de l'enquête, il doit lui faire parvenir directement l'original et une copie des procès-verbaux qu'il a dressés, ainsi que tous autres documents y relatifs* » ; que « *Les objets saisis sont inventoriés et déposés sous scellé au parquet du procureur de la République ; copie du procès-verbal de saisie est remise au détenteur de ces objets* ».

[1618] Article 116-2, Code de procédure pénale.

l'individu ainsi dessaisi[1619]. On accepte sans réticence que la chambre de contrôle de l'instruction doive parfois examiner des actes se rapportant à la police judiciaire, notamment lorsque celle-ci officie par moments dans le cadre de commissions rogatoires *(sur l'ensemble, voir CS, arrêt n° 302/P, 18 juil.1985, Moyo Buctekam Ignace c. Ministère public et Mbogne Marthe, préc., arrêt n° 133/P, 02 avril 1981, Procureur général près la Cour d'appel de Bamenda c. Ministère public et Dim Joseph Martial, préc. Voir aussi Cass. crim., 6 déc. 2005, n° 05-85.076, Marcel L. et A., Juris-Data n° 2005-031464, préc. 22 juin 1977, Bull. crim. 1977, n° 232, préc. ; 12 mai 1992, Bull. crim. 1992, n° 187, préc. ; 23 août 1994, Bull. crim. 1994, n° 291, préc. ; 22 janv. 1953, JCP 1953, II, 7456, préc. ; 21 juill. 1982, D. 1982, 642, préc. ; 8 nov. 1989, JCP 1990, II, 21580, préc. ; Cass. crim., 15 janv. 1997, n° 96-83.753 : JurisData n° 1997-000791, Bull. crim., n° 14).*

Il sied de ne pas perdre de vue que saisi le premier d'une infraction, l'officier de police judiciaire est, sous réserve des pouvoirs conférés au procureur de la République, seul compétent pour effectuer l'enquête. Qu'à cela ne tienne, celui-ci est tenu de se dessaisir d'office, en faveur du personnel de police judiciaire à compétence spéciale, des affaires relevant de la compétence de ces derniers[1620]. Dans le même sens, et cela doit être signalé, l'officier de police judiciaire non militaire peut enquêter sur une infraction prévue par le code de justice militaire dès lors du mois qu'aucun de ses homologues rattachés aux forces de défense n'est disponible[1621]. Autant conclure, sur ce point, que des conflits de compétence ne devraient pas être récurrents entre ces différentes catégories.

Il sied de ne pas perdre de vue que l'officier de police judiciaire opère secrètement dans le cadre de l'enquête préliminaire. Tel est le sens de l'article 102 du Code de procédure pénale qui décide que *« La procédure durant l'enquête de police judiciaire est secrète. Toutefois, le secret de l'enquête n'est pas opposable au ministère public »*. La suite ne surprend guère. Toute personne prêtant main-forte à l'enquête est tenue au secret professionnel. Nonobstant les dispositions exposées plus haut, les officiers de police judiciaire peuvent, après visa du procureur de la République, publier des communiqués et documents relatifs à quelques-unes des affaires dont l'enquête leur échoit. *« Les communiqués et documents ainsi publiés par la police judiciaire doivent être diffusés sans commentaires par les organes de presse, sous peine des sanctions prévues aux articles 169 et 170 du Code pénal »*.

Il importe de se souvenir quotidiennement du lien étroit existant entre les activités de la police judiciaire et celles de la Commission des droits de l'homme du Cameroun, en abrégé CDHC, laquelle remplace dorénavant la Commission nationale des droits de l'homme et des libertés d'autrefois. La

[1619] Voir l'article 137 (3) du Code de procédure pénale déjà cité.

[1620] Article 84, Code de procédure pénale.

[1621] Dans ce cas, et telle est la conclusion de l'article 85 du Code de procédure pénale, il est tenu de transmettre le dossier au ministre chargé de la justice militaire.

passerelle est conçue par la loi n° 2019/014 du 19 juillet 2019 portant création, organisation et fonctionnement de celle-ci. En effet, elle décide que la CDHC est une institution indépendante, dotée de la personnalité juridique et de l'autonomie financière, dont la mission est de promouvoir et protéger les droits de l'homme, mais également de prévenir la torture dans tous les lieux de privation de liberté[1622].

En matière de promotion des droits de l'homme, l'institution est investie d'une mission de vulgarisation des instruments juridiques pertinents y relatifs. En outre, elle a la charge de la sensibilisation du public et des milieux socioprofessionnels sur les questions touchant aux droits humains. En bonne place de la liste des bénéficiaires de cette activité se trouvent les personnes en charge de la police judiciaire et du maintien de l'ordre[1623].

En matière de protection des droits humains singulièrement, l'institution concourt à la consolidation de l'Etat de droit et à la lutte contre l'impunité. Les outils pour y parvenir sont notamment : la réception et le traitement des requêtes et dénonciations relatives aux allégations de violation des droits de l'homme ; l'auto-saisine s'agissant de faits portés à sa connaissance et constitutifs de violations graves, récurrentes ou systémiques des droits humains ; le suivi de la situation des droits de l'homme et les avis et conseils en la matière[1624]. Pour réaliser cette mission spécifique, la Commission peut notamment fournir une assistance juridictionnelle ou prendre des mesures à cet effet ; procéder à des investigations en effectuant toutes descentes nécessaires, en accédant à tout lieu où des cas de violation des droits de l'homme sont allégués, en recueillant toutes informations utiles y relatives. D'autres moyens sont disponibles pour les besoins de la protection des droits de l'homme : possibilité de solliciter des autorités de police ou de gendarmerie de mettre un terme aux violations des droits de l'homme constatées ; possibilité de solliciter l'assistance des forces de l'ordre dans le cadre de l'exercice de ses missions, conformément aux textes en vigueur ; dialogue, médiation et conciliation entre les parties en tant que de besoin[1625].

En matière de prévention de la torture dans les lieux de privation de liberté, il est résolu que la Commission des droits de l'homme est l'un des

[1622] Articles 1, 2, 3. L'article 1, pour s'en tenir à lui, est plus précis et concis que les autres. L'idée y est gravée d'après laquelle la Commission est une institution indépendante de consultation, d'observation, d'évaluation, de dialogue, de conciliation et de concertation en matière de promotion et de protection des droits de l'homme. L'article 2, lui, prescrit que l'institution a son siège à Yaoundé. Toutefois, la CDHC peut créer des antennes sur l'étendue du territoire de la République. L'organisation et le fonctionnement de celles-ci sont encadrés par le règlement intérieur de la Commission.

[1623] Articles 4 et 5.

[1624] Article 6. Il se comprend au mieux lorsqu'on ne perd pas de vue que la Commission peut être saisie par toute personne physique ou morale, au moyen d'une requête écrite ou verbale ; mais aussi que l'institution se saisit d'office (article 36).

[1625] Pour aller plus loin au sujet de la CDHC et de l'action des organisations de défense des droits de l'homme dans le procès pénal en particulier, voir not. HASSANA, op. cit., pp. 220 et s.

maillons importants du « Mécanisme national de prévention de la torture »[1626]. A ce titre, elle est chargée d'effectuer régulièrement des visites dans les lieux de privation de liberté, lesquelles peuvent être soit inopinées, soit notifiées ; d'engager un dialogue avec les autorités chargées de l'administration et de la gestion des lieux de privation de liberté ; de prendre part au suivi de la mise en œuvre des observations formulées par le Sous-comité de la prévention de la torture des Nations Unies. Sans surprise, la précision est apportée que les visites dans les lieux de privation de liberté ne devraient concerner que l'examen des « conditions de détention » de ceux qui s'y trouvent[1627] ; que les lieux visés doivent être compris au sens large : cellules de garde à vue des unités de police, cellules de garde à vue des unités de gendarmerie, cellules ou locaux disciplinaires des forces de défense et de sécurité, véhicules d'escorte des détenus, cellules de garde à vue des parquets, etc.[1628]. Sans surprise, il est indiqué que les autorités de police ou de gendarmerie responsables des lieux de privation de liberté ne peuvent s'opposer aux visites régulières ou inopinées de la Commission que pour des motifs graves et impérieux liés à la défense nationale, à la sûreté, à la sécurité à l'ordre public ainsi qu'aux troubles sérieux dans les lieux visités, sous réserve de fournir les raisons de leur opposition en vue de la programmation d'une nouvelle date de visite[1629]. Très logiquement aussi, il est prévu que dans le cadre de ses missions de prévention de la torture, la Commission peut résoudre de mener des entretiens privés, sans témoins au besoin, avec les personnes privées de liberté ou avec toute autre personne ou entité qu'elle estime appropriée[1630][1631].

Il n'est également pas sans intérêt de relever que si hier la contradiction ne jouait que de manière très marginale au stade de l'enquête préliminaire, la situation se configure différemment de nos jours. C'est que l'avocat est davantage présent ici[1632]. Tel est du moins ce qu'inspire la loi de procédure

[1626] Baptisé « MNPT » par l'article premier.
[1627] Article 10.
[1628] Article 8.
[1629] Article 11. En de telles circonstances, les autorités de police ou de gendarmerie visées sont néanmoins tenues de fournir, par écrit, un minimum d'informations sur la situation des personnes privées de liberté et qui se trouvent dans leurs cellules ou établissements.
[1630] En tout état de cause, les informations recueillies au cours de ces entretiens sont confidentielles et ne peuvent en aucun cas être rendues publiques. La suite ne surprend guère. La CDHC peut formuler des recommandations à l'attention des autorités compétentes afin d'améliorer le traitement et la situation des personnes privées de liberté et de prévenir la torture.
[1631] Article 9.
[1632] Sur l'ensemble, voir not. ASSIRA C., op cit., p. 165, n° 306 ; FONKWE FONGANG J., EWARE A., op cit., pp. 62 et s. ; HASSANA, op. cit., pp. 101 et s., pp. 220 et s. ; KOTNA ABEGA C., « L'office de l'avocat à la phase policière du procès ; ombres et lumières d'une innovation au Cameroun », in *Droits de l'homme, libertés et justice sociale en Afrique Centrale, CADH*, n° 11, mars 2011, pp. 269 et s. ; NGAI C., « La loi n° 2005/007 du 27 juillet 2005 portant Code de procédure pénale : Excursion autour de la garde à vue », *Juridis Périodique* n° 71, 2007, pp. 103 et s. ; RUBI-CAVAGNA E., « Nullités des actes de l'enquête et de l'instruction - Le principe du contradictoire rebat les règles », *RSC* 2022, pp. 43 ; WAKAP CHONGANG B., « Variations sur les différentes

pénale camerounaise lorsqu'elle exige de l'officier de police judiciaire, dès l'ouverture de l'enquête préliminaire, que celui-ci tienne le suspect au courant de ses droits et en particulier du droit de garder silence ou de celui de bénéficier de l'assistance d'un conseil[1633]. Tel est également la signification de cet extrait du Code de procédure pénale qui souligne que la personne gardée à vue dans une unité de police ou de gendarmerie peut, à tout moment, recevoir aux heures ouvrables la visite de son avocat[1634]. La loi relève d'ailleurs, lorsque l'exigence est méconnue, que l'enquête peut éventuellement être invalidée. Interprétant de manière extensive cette dernière, d'aucuns n'hésitent pas à soutenir ici que l'avocat doit défendre et non pas seulement assister le suspect[1635]. Excessif à certains égards, le raisonnement a ses racines dans les querelles occasionnées quotidiennement par l'interprétation des termes de l'article 102 (1), mais également de l'article 337. Il y est résolu que « *la procédure durant l'enquête de police judiciaire est secrète. Toutefois, le secret de l'enquête n'est pas opposable au ministère public* ». « *Dans une procédure pénale, aucun (...) officier ou agent de police judiciaire n'est tenu de divulguer la source de son information* »[1636] *(en ce sens, voir not. TM de Yaoundé, jugt. n° 213/CRIM, 28 nov. 2016, Ministère public c. Mtambo Allan Awa, Nguelemo Solefack Baudouin Devis, Gbuko Catherine Wavie, inédit. Même tacitement, concernant le deuxième moyen, voir CS, arrêt n° 98/P, 16 avril 1998, Journal Le Messager Njawe Noumeni Pius, Eyoum Nguangue c. Ministère public et Le président de la République et les Membres de l'Assemblée nationale, préc. ; The High court, Fako, Buea, 10th dec. 2012, The people of Cameroon vs. Tambe Alain Abia and Justus Wengang, inédit ; CS, arrêt n° 133/P, 02 avril 1981, Procureur général près la Cour d'appel de Bamenda c. Ministère public et Dim Joseph Martial, Répertoire chronologique de la jurisprudence de la Cour suprême, tome 1, Droit pénal, préc. ; TGI Mifi, 21 fév. 2005, Miroir du droit n° 001, avril-juin 2009, pp. 77 et s., comm. DJILA R. ; Cass. crim., 31 mai 2011, JurisData n° 2011-010292 et 31 mai 2011, n° 10-88.293, JurisData n° 2011-010290, Procédures n° 7, juillet 2011, pp. 240 et s., comm. CHAVENT-LECLÈRE A.S.*[1637]*. Voir également Cass. Crim., 7 sept.*

figures de l'avocat dans le procès pénal », *Juridis Périodique* n° 119, juil.-sept. 2019, pp. 166 et s. spéc.

1633 Article 116.

1634 Article 122. Dans la même tournure d'esprit, l'article 37 de ce code prescrit que « *Toute personne arrêtée bénéficie de toutes les facilités raisonnables en vue d'entrer en contact avec sa famille, de constituer un conseil, de rechercher les moyens pour assurer sa défense, de consulter un médecin et recevoir des soins médicaux, et de prendre les dispositions nécessaires à l'effet d'obtenir une caution ou sa mise en liberté* ».

1635 ASSIRA C., op cit., p. 165, n° 306.

1636 L'article 337 du Code de procédure pénale s'achève ainsi : « *Toutefois, le témoignage provenant d'une source non révélée n'a aucune force probante* ».

1637 Dans le premier des arrêts, la Chambre criminelle de la Cour de cassation décide : « *Attendu que (...) toute personne, placée en garde à vue, doit, dès le début de cette mesure, être informée de son droit de se taire et, sauf exceptions justifiées par des raisons impérieuses tenant aux circonstances particulières de l'espèce, pouvoir bénéficier, en l'absence de renonciation non équivoque, de l'assistance d'un avocat ;*

2021, n° 21-80.642, D. actu. 28 sept. 2021, obs. RECOTILLET M., D. 2021. 1630 ; AJ pénal 2021. 484, obs. M. Recotillet ; ibid. 527, note CANDELA G. ; RSC 2022. 94, obs. P.-J. DELAGE P.-J.).

Il n'est pas inutile de relever que les officiers de police judiciaire accomplissent leurs fonctions dans les limites territoriales que décrivent les textes. Par voie de conséquence, lorsqu'une enquête est diligentée par un officier de police judiciaire rattaché aux services centraux de la délégation générale à la sûreté nationale ou du ministère de la défense, celui-ci est tenu d'en référer au procureur de la République du lieu où les investigations sont conduites. Par voie de conséquence, ce n'est que très exceptionnellement qu'un officier de police judiciaire aura qualité pour instrumenter sur l'ensemble du territoire national ou en dehors de son aire géographique traditionnelle de compétence *(CS, arrêt n° 65/P, 28 nov. 1996, Boundjia Vincent Michel c. Tribunal de grande instance de Douala et Sonatra, Répertoire chronologique de la jurisprudence de la Cour suprême, tome 1, Droit pénal, préc., pp. 160-162 ; CS, ass. Plén., arrêt n° 8/A, 16 déc. 1982, Essimi Fabien c. Etat du Cameroun-DGSN, Répertoire chronologique de la jurisprudence de la Cour suprême, tome 5, Droit administratif, 1980-2000, préc.).* Au fond, il en ira généralement ainsi dans le cadre de commissions rogatoires du juge d'instruction ou de la juridiction de jugement. Dans ce contexte particulier, et à en croire l'article 88 (2) du Code de procédure pénale, il faudra se faire assister d'un collègue exerçant ses fonctions dans la circonscription territoriale du transport, et le procureur de la République du ressort devra en être informé par son collègue de la juridiction dont émane la commission. L'officier de police pourra pareillement, en cas de flagrance et lorsque les besoins de l'enquête le requièrent se transporter soit hors de son ressort territorial d'intervention, soit hors du ressort territorial du parquet où sont

---

Mais attendu qu'en statuant ainsi, alors qu'il lui appartenait, après avoir constaté que les auditions recueillies au cours de la mesure de garde à vue étaient irrégulières, d'annuler ces actes puis de procéder ainsi qu'il est prescrit par les articles 174 et 206 du Code de procédure pénale, la chambre de l'instruction a méconnu le principe ci-dessus énoncé ; d'où il suit que l'annulation est encourue (...). »

Dans le second arrêt, la Cour de cassation retient : *« Attendu qu'il résulte de l'arrêt attaqué et des pièces de procédure que Mme Y., placée en garde à vue le 24 juillet 2009 à 14 h 30, dans une enquête ouverte sur des faits de violation de domicile, menaces de mort et dégradations, a pu s'entretenir avec son avocat, de 15 h 20 à 15 h 50, avant d'être entendue à deux reprises par les enquêteurs, de 16 h 35 à 17 h 20 ; qu'il a été mis fin à la garde à vue le même jour, à 18 heures ; que le tribunal correctionnel, devant lequel Mme Y. a comparu suivant la procédure prévue par l' article 394 du Code de procédure pénale, a, après avoir écarté l'exception de nullité soulevée par la prévenue, relaxé celle-ci du chef de violation de domicile, l'a déclarée coupable des autres chefs de prévention et a prononcé sur les intérêts civils ; qu'appel a été interjeté de cette décision ;*

Attendu que, pour rejeter la demande d'annulation des procès-verbaux d'audition de Mme Y., qui faisait valoir qu'elle n'avait pu bénéficier de l'assistance de son avocat au cours de la garde à vue, notamment lorsqu'elle avait été entendue par les enquêteurs, l'arrêt prononce par les motifs propres et adoptés repris au moyen ;

Mais attendu qu'en prononçant ainsi, alors qu'il lui appartenait, après avoir constaté que les auditions recueillies au cours de la garde à vue étaient irrégulières, d'annuler ces auditions et, le cas échéant, d'étendre les effets de cette annulation aux actes dont les auditions étaient le support nécessaire, la cour d'appel a méconnu le principe ci-dessus énoncé ; d'où il suit que l'annulation est encourue de ce chef (...) ».

exercées ses fonctions à l'effet de poursuivre ses investigations. Dans ce cas, l'intéressé est tenu, sous peine de nullité des actes à accomplir et de sanctions disciplinaires, d'obtenir l'autorisation du procureur de la République de son ressort. A l'arrivée, l'obligation est mise à sa charge, avant toute chose, se présenter au procureur de la République compétent ici[1638].

La collaboration préconisée est-elle pratiquée sur le « terrain » ?

Une vieille circulaire du ministre de la justice n° 000039/CD/138965/DAJS, signée le 14 septembre 1993, permet à chacun d'y répondre. Adressée aux chefs des parquets généraux près les cours d'appel du Cameroun, la substance de cet acte administratif effraie. Sa teneur est celle-ci : « *Il m'a été donné de constater que les enquêtes relatives à la lutte contre la grande criminalité sont menées de manière extrêmement superficielle et non rigoureuse.*

Cette situation qui résulte d'une part, de l'absence évidente de coordination et de collaboration entre les différents services chargés des investigations, d'autre part du refus des uns et des autres d'appliquer les textes de loi en la matière (...), a pour conséquence regrettable la fragilisation des résultats obtenus.

Cet état de chose ne pouvant perdurer au moment où la remontée du grand banditisme commande une lutte méthodique organisée et minutieuse, j'ai l'honneur de vous demander d'avoir à tenir instantanément des réunions de concertation sous votre présidence, avec les officiers de police judiciaire et vos collaborateurs sur la manière de conduire les enquêtes portant sur les faits de grande criminalité.

Il y aura lieu ce faisant, d'insister entre autres sur l'esprit de collaboration, le respect de la légalité et de la courtoisie, étant entendu que les magistrats du parquet doivent éviter de donner aux officiers de police judiciaire des instructions empreintes de favoritisme.

Je vous rappelle à cet égard, qu'en cas de conflit de compétences, le magistrat de parquet doit intervenir pour indiquer le corps d'officiers de police judiciaire qui devra diligenter l'enquête (...). »

Certes, la coopération de la police judiciaire avec les magistrats est encouragée et organisée au plan interne. Elle n'est pas négligée à l'échelle supranationale. Il suffit, pour en avoir la conviction, de s'intéresser notamment à l'Accord de coopération judiciaire entre les Etats membres de la Communauté économique et monétaire de l'Afrique centrale[1639], à la Convention générale de coopération de Tananarive du 12 septembre

[1638] Article 110, Code de procédure pénale. Cet article est très nuancé. A titre d'exemple, il prescrit :
- Que le procureur de la République appelé à « autoriser » en avise, le cas échéant, le procureur de la République du ressort du tribunal dans lequel l'officier de police judiciaire se transporte ;
- Que l'officier de police judiciaire est tenu, à son arrivée et avant de poursuivre l'enquête, de se présenter au procureur de la République compétent et en tout état de cause, à son homologue l'officier de police judiciaire compétent avant de procéder à l'enquête.

[1639] Voir les articles 19 et s., 29 et s.

1961[1640]. Non loin de la coopération judiciaire se trouve la collaboration policière. Bien que celle-ci soit à parfaire du fait notamment de la crise de confiance entre les acteurs[1641], de l'insuffisance des ressources humaines et matérielles voire parfois de la volonté politique[1642], la coordination policière est d'une utilité indéniable dans la lutte contre la criminalité, singulièrement lorsque celle-ci comporte des éléments d'extranéité ou lorsqu'elle est transnationale. Toujours est-il, à ce jour, que cette coopération a des figures marquantes tantôt à l'échelle internationale, tantôt à l'échelle régionale ou communautaire. Au nombre de celles-ci : le Comité des chefs de police de l'Afrique de l'ouest mis en place conformément aux prescriptions du traité de la CEDEAO, le Comité des chefs de police de l'Afrique centrale mis en place conformément aux prescriptions de la CEMAC et érigé au rang d'organe spécialisé de la communauté par l'acte additionnel n° 9 du 14 décembre 2000. Au nombre de celles-ci : le Centre interrégional de coordination pour la sûreté et la sécurité maritime dans le Golfe de Guinée, le Conseil de paix et de sécurité d'Afrique Centrale connu comme étant le COPAX, Interpol, l'Office des Nations unies contre la drogue et le crime…[1643]

Il n'est pas sans intérêt d'observer que les forces de l'ordre sont tenues de prêter main-forte à l'huissier de justice dans le cadre de l'exécution des missions dont ce professionnel est chargé, et singulièrement du recouvrement forcé des créances[1644]. Telle est l'économie de l'article 29 de

---

[1640] Voir les articles 14 et s.

[1641] NDANMABVOUO MABALI P.J., *La coopération judiciaire dans le golfe de Guinée et la lutte contre les organisations criminelles transnationales*, thèse, Dschang, 2021, pp. 288 et s., n°s 424 et s.

[1642]Idem, pp. 307 et s., n°s 451et s.

[1643] Pour aller plus loin, voir not. NDANMABVOUO MABALI P.J., op. cit., pp. 277 et s., n°s 408 et s.

[1644] Une circulaire du garde des sceaux du 31 octobre 1985 déjà évoquée, pour ne viser qu'elle, éclaire au sujet des circonstances de la réquisition de la force publique. Adressée aux procureurs généraux près les cours d'appel, elle est ainsi rédigée : « *Mon attention a été appelée sur la facilité avec laquelle les parquets d'instance visent quasi systématiquement les réquisitions de la force publique que leur présentent les huissiers de justice pour être assistés lors de l'exécution des décisions judiciaires qu'ils signifient.*

Ainsi, ai-je eu à constater pour le déplorer, que certains huissiers procèdent à des significations d'actes à des organismes étatiques ou à des banques, parfaitement insolvables, en se faisant escorter de plusieurs policiers qui non seulement sont nombreux mais parfois armés, alors que la signification de l'acte ne me paraît pas, dans de tels cas et bien d'autres, nullement justifier ce déploiement de des forces qui engendrent nécessairement des attroupements inutiles sans pour autant aider à l'exécution de la décision.

Je rappelle qu'il résulte des dispositions de l'article 2 du décret 79/448 du 5 novembre 1979, modifié par décret n° 85/238 du 22 février 1985 fixant le statut des huissiers de justice, que ces derniers ont la faculté et non pas l'obligation de se faire assister d'un seul officier de police judiciaire et non de plusieurs policiers, bien souvent n'ayant pas cette qualité et sur autorisation du parquet.

Ce n'est qu'en cas de résistance avec violences qu'ils peuvent adresser une demande d'assistance à la force publique, tant au procureur de la République qu'à l'autorité administrative qui dans ce cas, se concertent.

Vous voudrez donc bien prescrire à vos substituts d'apprécier l'opportunité ou la nécessité dans l'un et l'autre cas évoqué de cette assistance et d'en obtenir préalablement l'autorisation de ma chancellerie.

J'attacherai du prix à une diffusion de la présente circulaire à tous vos substituts, et à un rappel aux huissiers d'une application stricte des dispositions déjà évoquées de leur statut en la matière ».

l'Acte uniforme OHADA portant organisation des procédures simplifiées de recouvrement et des voies d'exécution d'après lequel « *L'État est tenu de prêter son concours à l'exécution des décisions et des autres titres exécutoires* » ; « *La formule exécutoire vaut réquisition directe de la force publique* ». En application du dernier alinéa de cette prévision, la jurisprudence n'a de cesse de rappeler non seulement que le refus de « prêter main-forte » engage la responsabilité de l'Etat, mais aussi que la preuve de l'illégalité de la décision de refus peut ouvrir droit à un recours en annulation de cette dernière *(CE, 30 nov. 1923, Couitéas, S. 1923.3.57, note HAURIOU M. ; 3 juin 1938, Société La cartonne et imprimerie Saint-Charles, préc. ; CE, 28 déc. 1949, Société des automobiles Berliet, préc. ; CS, arrêt n° 19/Civ., 05 janv. 2017, Mitcam SA c. Société Afrique Amérique Gideppe SA, préc. ; CS, arrêt n° 19/Civ., 05 janv. 2017, Mitcam SA c. Société Afrique Amérique Gideppe SA, préc. ; TPI Yaoundé, jugt. n° 109/Cor, 28 oct. 1986, inédit*[1645] *; CA Abidjan, n° 1124, 08 avril 2003, Société ASH International et autres c. Hamed Bassam Traoré et autres, Actualités Juridiques 2004, n° 43, pp. 10 et 11 ; TPI Yaoundé, jugt. n° 109/Cor, 28 oct. 1986 ; CCJA, arrêt n° 027/2008, 30 avril 2008, Soc. African petroleum consultants dite APC c. Etat du Cameroun, préc.)*. Soutenant et renforçant ces exigences, le législateur pénal énonce des peines d'une grande sévérité aux articles 128 et 129 du Code pénal réservés respectivement à l'« emploi illégal de la force » et à l'« inexécution d'une réquisition ». Sur le premier point, il punit d'un emprisonnement de trois à dix ans et d'une amende de 20 000 francs à 200 000 francs, celui qui requiert ou ordonne l'action ou l'emploi de la force contre l'exécution d'une disposition législative ou réglementaire ou d'un ordre légitime provenant soit de la justice soit de l'administration. Sur le second point, il punit d'une privation de liberté comprise entre six mois et deux ans, le commandant qui n'obtempère pas à une réquisition légale de l'autorité civile[1646]. Autant dire que si la force publique a un rôle dissuasif lorsque l'exécution forcée est en cause, la police judiciaire, elle, a un rôle plutôt répressif[1647].

Il n'est pas inopportun de relever que la collaboration des personnes est prescrite lorsque la police judiciaire est en branle. Peu importe que celles-ci soient des personnes physiques ou morales, de droit public ou de droit privé. Telle est la compréhension à avoir de quelques-uns des extraits de la loi n° 2022/006 du 27 avril 2022 régissant le secret bancaire Cameroun. Il s'agit notamment de l'article 4 où est consacré le secret bancaire présenté

[1645] Cité par ONANA ETOUNDI F., op. cit., p. 416.

[1646] Sur l'ensemble, voir BILONG S., *Responsabilité de la puissance publique et compétence du juge en droit camerounais*, Thèse, Yaoundé 2, 1998, pp. 192 er s. ; DUGRIP O., « La réparation du préjudice causé à l'entreprise par l'inaction de l'autorité de police en cas d'occupation des locaux, principes jurisprudentiels », *Cahier dr. entr.* 1992, n°4, pp. 2 et s. ; ENOTI FILS H., op. cit., pp. 107 et s. ; ONANA ETOUNDI F., op. cit., pp. 409 et s. ; TACHAGO YOUMSSI N.D., op. cit., préc., pp. 108 et s. ; WANDJI KAMGA A.-D., *Le droit à l'exécution forcée…* , op cit., pp. 233, et s., n° 533et s.

[1647] ENOTI FILS H., op. cit., pp. 107 et s., pp. 129 et s.

comme une obligation de confidentialité dont sont tenus les établissements de crédit concernant leurs clients ; obligation qui s'étend aux personnes ayant pris part à la direction, la gestion, le contrôle ou la liquidation d'un établissement, au personnel et aux personnes qui, sans relever de cette catégorie, ont eu connaissance ou accès de manière indue ou autorisée aux informations d'un établissement bancaire ou de crédit. Il s'agit ensuite des articles 5 et 27 où sont exposés les actes de violation prohibés [1648] et les sanctions encourues[1649]. Il s'agit surtout des articles 6 et 8 où sont répertoriés les actes à exclure des cas de violation du secret bancaire, puis posée la règle de l'inopposabilité de celui-ci aux autorités et organismes publics. Effectivement, on y découvre la liste de ce qui ne constitue pas une violation du secret bancaire, avec en bonne place la déclaration faite lors d'une procédure judiciaire ou celle faite devant un officier de police judiciaire agissant sur réquisition du procureur de la République ou sur commission rogatoire du juge d'instruction par les dirigeants de l'établissement assujetti. On y découvre aussi que *« Le secret bancaire ne peut être opposé à l'autorité judiciaire agissant dans le cadre d'une procédure pénale ou aux officiers de police judiciaire agissant sur réquisition du procureur de la République ou sur commission rogatoire du juge d'instruction, par les dirigeants d'un établissement assujetti »*[1650].

Il n'est pas sans intérêt de relever que le législateur a vite pris conscience de la nécessité de sanctionner durement les attitudes des personnes, susceptibles d'amoindrir l'efficacité de la police judiciaire voire de constituer une entrave à l'exercice des missions dont elle a la charge. En ce sens, le citoyen se souviendra opportunément des prévisions des articles 156 du

---

1648 Article 5. Il y est résolu que la violation du secret bancaire consiste notamment à :
- Divulguer et communiquer, par quelque moyen que ce soit, des faits et informations se rapportant aux opérations bancaires, de microfinance ou de paiement connus dans l'exercice de leurs fonctions par les employés, les administrateurs, les organes dirigeants ou de contrôle d'un établissement assujetti ;
- Révéler, divulguer ou communiquer par quelque moyen que ce soit par les tiers, des renseignements reçus ou obtenus d'un établissement assujetti ;
- Exploiter à des fins personnelles ou communiquer à des tiers des faits, études, projets et autres informations à lui confiées, entre autres, par un client ;
- Procéder, y compris par imprudence, à un traitement automatisé d'informations bancaires nominatives sans prendre toutes les précautions utiles ;
- Accéder ou de se maintenir frauduleusement dans tout ou partie d'un système de traitement automatisé des données d'un établissement assujetti ;
- Introduire frauduleusement des données dans un système de traitement automatisé des données d'un établissement assujetti, supprimer ou modifier frauduleusement les données qu'il contient.

1649 Article 27.

1650 A ce sujet spécifiquement, voir NGO NDJIGUI R.Y., *Le secret des affaires dans le droit des pays de l'espace OHADA et en droit français*, Evry, 2005, pp. 277 et s., n°s 407 et s. Voir aussi FONKWE FONGANG J., EWARE A., *Pratique de la procédure pénale au Cameroun*, Editions Veritas, Macacos, Douala, 2019, pp. 225 et s. ; FOURMENT V., « Le droit à la preuve confronté à la protection du secret des affaires : exception au principe ou droits concurrents ? », *D.* 2025, pp. 289 et s. ; KLEIN J., « Le secret professionnel de l'avocat ne fait pas en soi obstacle au prononcé de mesures d'instruction in futurum », *RTD civ.* 2024. 193.

Code pénal réservées aux « violences à fonctionnaire » ; de celles des articles 157 et 158 consacrés à la « rébellion » simple et à la « rébellion en groupe ». Les sujets de droit se souviendront utilement des termes des articles 160 et 161 qui traitent de la « contrainte à fonctionnaire » et du « trafic d'influence » ; de ceux de des articles 164 et 168 qui punissent le « faux témoignage », la « suppression et fabrication des preuves » ; de ceux de l'article 172 consacré au « refus d'innocenter ». Il sera sans doute aussi important de ne jamais oublier les peines des articles 185, 189, 194 et 216 du Code pénal respectivement consacrés aux « troubles dans le service », « copies de documents administratifs », « recel d'individus », « usurpation de fonctions » *(voir not. CS, arrêt n° 154, 21 mai 1963, Ebodé Ateba c. Ministère public, Répertoire chronologique de la jurisprudence de la Cour suprême, Droit pénal, tome 1, 1960-1980, préc., p. 812 ; arrêt n° 219, 19 mai 1975, Procureur général près la Cour d'appel de Garoua c. Aoudou Zeni et Kitili Samuel, Répertoire chronologique de la jurisprudence de la Cour suprême, Droit pénal, tome 1, 1960-1980, préc., pp. 704-705 ; Ass. Plén., arrêt n° 8/A, 16 déc. 1982, Essimi Fabien c. Etat du Cameroun-DGSN, Répertoire chronologique de la jurisprudence de la Cour suprême, tome 5, Droit administratif, 1980-2000, préc.) ;*

Il se peut bien aussi que les membres de la police judiciaire répondent, aux plans civil, pénal et administratif, des actes répréhensibles commis dans le cadre de leurs fonctions[1651].

A ce sujet, et pour commencer par les sanctions civiles[1652], il convient de se souvenir de l'existence, en quelque sorte, d'une « prise à partie » de quelques-uns des personnels de la police judiciaire. Voie civile en réparation du dommage, elle ne s'envisage que contre les officiers de police judiciaire, et seulement au cas de « garde à vue abusive » découlant de la violation des articles 119 à 126 du Code de procédure pénale[1653]. Elle s'entrevoit lorsque, in fine, la voie du non-lieu ou de l'acquittement de la personne à laquelle une infraction a été imputée est privilégiée[1654]. Il se comprend alors que l'action en réparation ou en indemnisation ne puisse pas prospérer lorsqu'elle est engagée contre un commissaire de police auquel on reproche le refus d'exécuter un jugement. D'après une vieille jurisprudence française

---

[1651] Sur l'ensemble, voir not. SANDIO KAMGA A.H., *La responsabilité des agents de l'administration en droit camerounais*, op. cit., pp. 39 et s. ; DUGRIP O., « La réparation du préjudice causé à l'entreprise par l'inaction de l'autorité de police en cas d'occupation des locaux... », op. cit., p. 3. ; WANDJI KAMGA A.-D., « L'abus en droit processuel privé camerounais », *Annales Africaines*, n° 18, vol. 1, avril 2023, pp. 318 à 320 spécialement.

[1652] A distinguer des sanctions civiles qui pourraient frapper les actes de police judiciaire, auxquelles sont consacrés des développements particuliers aux pages suivantes.

[1653] Voir HASSANA, op. cit., pp. 272 et s. Voir aussi ASSIRA C., « Privations illégales de libertés : les défis de l'indemnisation des gardes à vue et détentions provisoires abusives », *Juridis Périodique* n° 116, oct.-déc. 2018, pp. 174 et s. ; COLLET Ph., « La latitude pour les prises de photographies dans les lieux accessibles à tous », note sous Cass crim., 25 uin 2024, *La Semaine Juridique E.G.*, n° 39, 30 sept. 2024, pp. 1020 et s. ; FOTSO DJOMKAM D.K., *Le procès pénal et les libertés individuelles au Cameroun*, op. cit., pp. 207 et s. ; SANDIO KAMGA A.H., op. cit., pp. 105 et s.

[1654] Voir notamment l'article 236 du Code de procédure pénale.

entrée dans l'histoire en raison notamment des nuances qu'elle renferme, la voie de droit choisie se doit d'être obstruée car cette autorité de police agit en pareil cas non comme officier de police judiciaire, mais en tant qu'agent public ordinaire[1655].

A ce sujet, il convient de relever que l'Etat se doit, en quelque sorte, de désintéresser l'usager victime des agissements des personnels de la police judiciaire, singulièrement dans le cadre de ses fonctions. A juste titre, l'employeur a alors le bénéfice d'une action récursoire[1656]. A en croire l'article 3 de l'arrêté n° 6437/MFPRA du 21 septembre 2000 fixant les modalités de cette action, elle se traduit par l'émission d'un ordre de recettes à l'encontre de l'officier ou de l'agent condamné au paiement de dommages-intérêts. Logiquement, ayant payé, l'Etat qui dispose de prérogatives exorbitantes procèdera à des prélèvements à la source sur la rémunération du mis en cause. A l'évidence, de tels prélèvements ne devront jamais excéder la quotité saisissable. L'article 4 du même texte, à lire avec circonspection, prévoit que le ministre utilisateur dispose d'un pouvoir d'appréciation du degré de responsabilité de l'agent public débiteur ; que le soin revient à cette autorité, en tant que de besoin, de déterminer la fraction correspondante des dommages à imputer à l'agent intéressé et d'en saisir le ministre en charge de la gestion des soldes, pour exécution *(TCS arrêt n° 003/CRIM/TCS, 14 fév. 2013, Ministère public et Etat du Cameroun-Ministère des finances c. Njaba Martin, Recueil des arrêts du tribunal criminel spécial, tome 1, préc., pp. 33 et s. ; CADHp, 5 sept. 2023, req. n°038/2019, arrêt dans l'affaire Aminata Soumaré c. République du Mali, https://www.african-court.org/cpmt/fr/details-case/0382019).*

[1655] Cette jurisprudence est évoquée et analysée par CALBAIRAC G., « L'exécution des décisions de justice », op cit., p. 87.

[1656] Il convient d'attirer l'attention sur certains extraits des articles 236 et 237 du Code de procédure pénale. On songe à ceux qui posent :
- Que l'indemnité est à la charge de l'Etat qui peut exercer une action récursoire contre son agent fautif ;
- Que l'indemnité est allouée par décision d'une Commission qui statue en premier ressort ;
- Que la Commission a à sa tête, comme président, un conseiller à la Cour suprême. Elle a comme membres : deux magistrats de la Cour d'appel, un représentant de l'autorité chargée du contrôle supérieur de l'Etat, un représentant de l'administration en charge de la fonction publique, un représentant de l'administration en charge des finances publiques, un député désigné par le bureau de l'assemblée nationale, le bâtonnier de l'ordre des avocats ou son représentant. A eux s'ajoutent les représentants des administrations en charge de la police judiciaire, qu'il s'agisse de la sûreté nationale et gendarmerie nationale, à raison d'un représentant par administration. Par ailleurs, chaque administration y désigne un représentant titulaire et un représentant suppléant, pour une durée couvrant trois années judiciaires ; les concernés proviennent nécessairement des institutions et administrations publiques et ont au moins rang de directeur de l'administration centrale ;
- Que la commission est saisie par voie de requête, dans les six mois de la cessation de la garde à vue, de la décision de non-lieu, de relaxe ou d'acquittement devenue définitive ;
- Que la procédure à suivre devant la commission est celle applicable devant la chambre judiciaire de la Cour suprême ;
- Que la décision, assimilée à un jugement, est rendue en chambre du conseil et que la commission statue par décision motivée susceptible d'appel devant la chambre judiciaire de la Cour suprême.

A ce sujet précisément, différents textes de procédure décident que la procédure durant l'enquête de police est secrète au même titre que l'instruction[1657][1658]. Ces mêmes textes envisagent ouvertement que les sanctions de l'article 310 du Code pénal aient à frapper ceux d'entre eux qui violent l'obligation de respecter le secret professionnel s'agissant de tout renseignement, information ou document ne pouvant être légalement mis à la disposition du public[1659] *(CS, Ass. Plén., arrêt n° 8/A, 16 déc. 1982, Essimi Fabien c. Etat du Cameroun-DGSN, préc.).*

A ce sujet encore, les articles 139, 144, 192 et 193 punissent les manquements relatifs tantôt à l'établissement de procès-verbaux, tantôt à la détention ou à la garde des biens et des personnes[1660]. C'est ainsi par exemple que pourrait être poursuivi au titre du faux dans un acte, donc être passible d'un emprisonnement de dix à vingt ans et d'une amende de 300 000 francs à 3 000 000, l'agent ou l'officier de police judiciaire qui contrefait ou altère, notamment dans sa substance un acte ou un écrit qu'il a le devoir de dresser, de recevoir, de constater. C'est ainsi par exemple qu'un emprisonnement de six mois à deux ans est encouru par celui qui facilite irrégulièrement les rapports d'une personne gardée à vue avec l'extérieur. C'est ainsi par exemple qu'un emprisonnement d'un à trois ans pourrait s'abattre sur le personnel de la police judiciaire qui libère un individu légalement privé de sa liberté. La peine d'emprisonnement est susceptible de varier entre cinq et dix ans si la libération ou l'évasion est commise à l'aide d'armes ou lorsque la personne qui en profite avait été inculpée de crime.

A ce sujet encore, les articles 129, 132, 134,140, 142, 143, 145, 146, 148, 161, 169, 291, 299, 321, 322 du Code pénal punissent l'inexécution de réquisition, les violences contre autrui, la corruption, les « abus de fonctions », la « concussion », le « favoritisme », la « tolérance d'un attroupement », la « tolérance d'une atteinte aux droits individuels », le « refus du service dû », le « trafic d'influence », les « commentaires

---

[1657] Voir notamment les articles 102 et 154 du Code de procédure pénale. L'article 89 de la loi n° 2015/018 du 21 décembre 2015 régissant l'activité commerciale au Cameroun va dans le même sens.

[1658] L'article 102 prévoit néanmoins, nonobstant le caractère secret des enquêtes de police, que les officiers de police judiciaire peuvent, ayant obtenu le visa du procureur de la République, publier des communiqués et documents relatifs à certaines affaires dont ils sont saisis. « *Les communiqués et documents ainsi publiés par la police judiciaire doivent être diffusés sans commentaires par les organes de presse, sous peine des sanctions prévues aux articles 169 et 170 du Code pénal* ».

[1659] Ledit article réserve un emprisonnement de trois mois à trois ans et une amende de 20 000 à 100 000 francs celui qui révèle sans l'autorisation de celui à qui il appartient, un fait confidentiel que le concerné n'a connu ou qui ne lui a été confié qu'en raison de sa profession ou de sa fonction.

[1660] On relèvera d'ailleurs aussi que l'article 151 du Code pénal, titré « Négligence systématique », frappe d'une peine d'emprisonnement de trois mois à deux ans l'agent public qui, par négligence ou obstruction systématique, provoque des ajournements ralentissement ou des désordres ou s'abstient systématiquement d'exécuter des actes relevant de sa fonction. La spécificité de cette infraction, à en croire ce texte, c'est que l'initiative de la plainte est réservée au supérieur hiérarchique.

tendancieux », l'arrestation et la séquestration, la « violation de domicile », l'« abus de confiance et escroquerie aggravés », la « rétention sans droit de la chose d'autrui »[1661]. On ne l'ignore plus, la qualité de fonctionnaire est une circonstance aggravante dont la conséquence est, à en croire notamment les termes de l'article 132 alinéa 2 du Code pénal, le dédoublement des peines prévues s'agissant de quelques-unes de ces infractions *(pour de bonnes applications, voir not. CS, arrêt n° 26, 03 déc. 1963, Guéa Jacques Philippe c. Commissaire du gouvernement, préc. ; arrêt n° 37, 24 déc. 1963, Lobé Elémé Charles c. Commissaire du gouvernement, préc. ; arrêt n° 42, 24 déc. 1963, Procureur général près la Cour suprême c. Ministère public, Makani Benoît, Ebongué Adalbert et Zanga Ebobo, Répertoire chronologique de la jurisprudence de la Cour suprême, Droit pénal, tome 1, 1960-1980, préc., pp. 691-692 ; arrêt n° 270, 19 juin 1975, Kouam Samuel et Ponou Monique c. Procureur général près la Cour d'appel de Garoua, in Les grandes décisions de la jurisprudence pénale camerounaise, préc., n° 25, pp. 451 et s., obs. ANOUKAHA F. ; arrêt n° 1, 7 oct. 1971, Enama Télesphore c. Ministère public et Nemi Valère, Répertoire chronologique de la jurisprudence de la Cour suprême, Droit pénal, tome 1, 1960-1980, préc., pp. 177-178 ; arrêt n° 03/P, 14 oct. 1993, inédit, cité par ANOUKAHA F., obs. sous CS, arrêt n° 270, 19 juin 1975, Kouam Samuel et Ponou Monique c. Procureur général près la Cour d'appel de Garoua, préc. p. 460 ; ass. Plén., arrêt n° 7/A, 27 mars 1986, Etat du Cameroun-Ministère des forces armées c. Metou Josué, Répertoire chronologique de la jurisprudence de la Cour suprême, tome 5, Droit administratif, 1980-2000, préc., pp. 249 et s. ; ass. Plén., arrêt n° 3/A, 21 nov. 1985, Amenchwi Martin c. Etat du Cameroun-Délégation générale à la sûreté nationale, Répertoire chronologique de la jurisprudence de la Cour suprême, tome 5, Droit administratif, 1980-2000, préc., pp. 248 et s. ; CS, ass. Plén., arrêt n° 8/A, 16 déc. 1982, Essimi Fabien c. Etat du Cameroun-DGSN, Répertoire chronologique de la jurisprudence de la Cour suprême, préc. ; TPI Bertoua, jugt. n° 633/CO, 23 aout 1973, Ministère public et D... Henri c. K... Benoît et E... Mathieu, RCD n° 9, janv.-avril 1976, pp. 37-38 ; CADHp, 5 sept. 2023, req. n°038/2019, arrêt dans l'affaire Aminata Soumaré c. République du Mali, préc.).*

A ce sujet, l'article 611 (3) du Code de procédure pénale réserve les peines de l'article 142 du Code pénal à l'agent verbalisateur qui perçoit une amende forfaitaire sans être muni d'un carnet à souches, sans remettre sur-le-champ un extrait de celui-ci au contrevenant et, surtout, sans établir un procès-verbal[1662] *(CS, arrêt n° 26, 03 déc. 1963, Guéa Jacques Philippe*

[1661] Voir YAWAGA S., *La police judiciaire au Cameroun*, préc., pp. 220 et s., 289 et s. Adde : ANOUKAHA F., *Le code pénal du 12 juillet 2016 et la lutte contre la corruption au Cameroun*, préc., pp. 34 et s. ; HASSANA, op. cit., pp. 220 et s. ; FOTSO DJOMKAM D.K., op. cit, pp. 222 et s. ; SANDIO KAMGA A.H., op. cit. pp. 125 et s. ; WANDJI KAMGA A.-D., « L'abus en droit processuel privé camerounais », op cit., pp. 340 et s.

[1662] Cet article, consacré à l'abus de fonctions, évoque un emprisonnement de deux à dix ans et une amende de 5000 à 50 000, ou l'une de ces peines seulement. Au sujet de la jurisprudence, Cf.

c. Commissaire du gouvernement, préc. ; arrêt n° 37, 24 déc. 1963, Lobé Elémé Charles c. Commissaire du gouvernement, préc. ; arrêt n° 83, 15 mars 1966, Ngoude Othon c. Ministère public, Répertoire chronologique de la jurisprudence de la Cour suprême, Droit pénal, tome 1, 1960-1980, préc., p. 376).

A ce sujet aussi, le Code de procédure pénale souligne que les personnes ayant subi une garde à vue abusive peuvent, au cas de non-lieu ou d'acquittement irrévocable, obtenir une indemnité dès lors du moins qu'elles apportent la preuve que le dommage est actuel et d'une gravité particulière[1663]. A juste titre, l'abus est identifié ici comme la violation des prévisions des articles 118 à 126 du Code de procédure pénale. Les articles en cause imposent de tenir le suspect au courant de ce qui lui est reproché, de ne songer à une privation de liberté qu'en cas de nécessité manifestée notamment par l'existence d'indices graves et concordants ou par l'absence de résidence connue lorsque des crimes sont imputés à des gens. Sauf autorisation écrite du procureur de la République, les extraits concernés exigent de ne pas retenir un individu au-delà de quarante-huit heures renouvelables une fois dans les locaux d'unités de police ou de gendarmerie[1664]. Hormis les hypothèses de crime ou de délit flagrant, ils

---

ANOUKAHA F., *Le code pénal du 12 juillet 2016 et la lutte contre la corruption au Cameroun*, préc., p. 25.

[1663] Article 236. Lire également BEGOUDE J.P., « La loi du 10 janvier 1997 contre la torture, un pas en avant dans la protection des droits de l'homme au Cameroun, *Juridis Périodique n° 39*, juil.-sept. 1999, pp. 78 et s. ; FOTSO DJOMKAM D.K., op. cit., pp. 207 et s. ; HASSANA, op. cit., pp. 220 et s. ; NGAI C., « La loi n° 2005/007 du 27 juillet 2005 portant Code de procédure pénale : Excursion autour de la garde à vue », préc., pp. 115 et s. ; NKENGUE J.P.S., « L'OPJ, l'enquête de police et la torture », *in Les tendances de la nouvelle procédure pénale camerounaise*, TCHAKOUA J.M. (dir.), PUA, Yaoundé, 2007, pp. 223 et s. Cf également KITIO E., « Observations sur le nouvel article 132 (bis) du Code pénal relatif à la torture (Loi n° 97-9 du 10 janv.) 1997, *Juridis Périodique* n° 32, oct.-déc. 1997, pp. 47 et s. ; KUATE TAMEGHE S.S., « La contribution du juge à la protection des droits de l'homme en Afrique centrale », in *Vers une société de droit en Afrique centrale*, MAUGENEST D. et BOUKONGOU J.D. (dir.), PUCAC/Karthala, Yaoundé 2002, pp. 229 - 244 ; MAHOUVE M., « L'interdiction de la torture à l'épreuve des circonstances exceptionnelles, *Juridis Périodique n°* 40, oct.-déc. 1999, pp. 88 et s. : ONANA ETOUNDI F., « La responsabilité des membres de la police judiciaire depuis le nouvel article 132 bis du Code pénal sur la torture », *C.A.D.H. n° 1*, nov. 1998, pp. 135 et ss ; WANDJI KAMGA A.-D., « L'abus en droit processuel privé camerounais », op cit., p. 334.

[1664] Ce délai est prorogé, le cas échéant, en fonction de la distance qui peut séparer le lieu d'arrestation du lieu où se trouve le local de police ou de gendarmerie où la garde à vue s'exécute. A en croire l'article 120 du Code de procédure pénale, la rallonge est alors de quatre heures par tranche de 50 kilomètres.

Le délai de la garde à vue peut aussi, exceptionnellement et sur autorisation écrite du procureur de la République, être renouvelé deux fois. Une chose est constante, c'est que la loi interdit formellement que la prorogation ne soit fondée que sur le seul besoin de l'audition d'un suspect. En revanche, commencée un vendredi ou la veille d'un jour férié, la garde à vue peut être rallongée.

Enfin, et d'après les prévisions de l'article 125 du Code de procédure pénale, en cas de crime ou de délit flagrant, ou si le suspect n'a pas de résidence connue, la rétention dans un local de police judiciaire pourrait atteindre huit jours. S'il se trouve que l'officier de police judiciaire soit éloigné du siège du tribunal, les demandes de prorogation de garde à vue sont faites suivant les circonstances par voie téléphonique, message-radio, message-porté, télécopie, courrier électronique ou par tout moyen de communication rapide.

interdisent d'ordonner les gardes à vue le samedi, le dimanche, les jours fériés[1665] ; proscrivent d'interdire au gardé à vue, à tout moment, de recevoir aux heures ouvrables la visite de son avocat et celle de ses familiers ou de personnes pouvant suivre son traitement pendant la durée de l'enfermement à la police ou à la gendarmerie. Ils s'opposent à ce que la personne privée de liberté ne reçoive pas d'aliments de sa famille ou de ses amis alors même que sa nutrition n'est pas assurée où elle est retenue. Plus sérieusement encore, la garde à vue abusive est celle pendant laquelle des atteintes sont inutilement ou injustement portées à l'intégrité physique ou à la dignité humaine[1666]. Du coup, il n'est pas rare, dans ces circonstances, que les juridictions répressives appliquent les sanctions prévues, hier à l'article 132 (bis) du Code pénal, aujourd'hui à l'article 277-3 du même code[1667]. Dans des circonstances différentes, la jurisprudence est là qui laisse croire que de nombreuses autres dispositions du Code pénal peuvent s'appliquer, notamment celles relatives aux coups mortels, aux coups et

---

[1665] Ces exigences changent lorsque sont en cause les mandats de justice. Effectivement, l'article 27 du Code de procédure pénale décide que, « *sous réserve des dispositions de l'article 23, les mandats peuvent être exécutés à tout moment y compris les dimanches et jours fériés* ». Et l'article en cause prévoit que l'officier de police judiciaire chargé de l'exécution d'un mandat d'arrêt ne peut à cette fin s'introduire dans une résidence avant 06 heures et après 18 heures.

[1666] Sur ce point particulier, l'article 122 (2) du Code de procédure pénal est très explicite. Il y est indiqué que le suspect ne sera soumis à la contrainte physique ou mentale, à la torture, à la violence, à la menace ou à tout autre moyen de pression, à la tromperie, à des manœuvres insidieuses, à des suggestions fallacieuses, interrogatoires prolongés, hypnose, administration des drogues ou tout autre procédé de nature à compromettre ou à réduire sa liberté d'action ou altérer sa mémoire ou son discernement.

[1667] A toutes fins utiles, l'article 277-3 retient qu'un emprisonnement à vie frappe celui qui, par la torture, cause involontairement la mort d'autrui. La peine devient un emprisonnement de 10 à 20 ans lorsque la torture cause à la victime la privation permanente de l'usage de tout ou partie d'un membre, d'un organe ou d'un sens. Elle se réduit à un emprisonnement 5 à 10 ans et à une amende de 100 000 à 1 000 000 de francs lorsque la torture cause à la victime une maladie ou une incapacité de travail supérieure à 30 jours ; à un emprisonnement de 2 à 5 ans assorti d'une amende de 50 000 à 200 000 francs lorsque la torture cause à la victime soit une maladie ou une incapacité de travail égale ou inférieure à 30 jours, soit des douleurs ou des souffrances mentales ou morales. Enfin, cet article prescrit que « *a) Le terme « torture » désigne tout acte par lequel une douleur ou des souffrances aiguës, physiques, mentales ou morales, sont intentionnellement infligées à une personne, par un fonctionnaire ou toute autre personne, agissant à titre officiel ou à son instigation ou avec son consentement exprès ou tacite, aux fins notamment d'obtenir d'elle ou d'une tierce personne des renseignements ou des aveux, de la punir d'un acte qu'elle ou une tierce personne a commis, ou est soupçonnée d'avoir commis, de l'intimider ou de faire pression sur elle ou d'intimider ou de faire pression sur une tierce personne, ou pour tout autre motif fondé sur une forme de discrimination, quelle qu'elle soit ;*
b) Le terme « torture » ainsi défini ne s'applique pas à la douleur ou aux souffrances résultant de sanctions légitimes, inhérentes à ces sanctions ou occasionnées par elles ;
c) Aucune circonstance exceptionnelle, quelle qu'elle soit, qu'il s'agisse de l'état de guerre ou de menace de guerre, d'instabilité politique intérieure ou de tout autre état d'exception ne peut être invoqué pour justifier la torture ;
d) L'ordre d'un supérieur ou d'une autorité publique ne peut être invoqué pour justifier la torture ». Au sujet de la jurisprudence, voir YAWAGA S., *La police judiciaire au Cameroun*, préc., pp. 229 et s. ; REPUBLIQUE DU CAMEROUN, *Rapport du ministère de la justice sur l'état des droits de l'homme au Cameroun en 2020*, op cit., pp. 45 et s.

blessures graves, aux homicides et blessures involontaires[1668] *(sur l'ensemble, voir not. CS, arrêt n° 185, 30 juil. 1968, Nkoa Etoa Gabriel c. Ministère public, Tchenko Etienne et Mouthé A Biakan, Répertoire chronologique de la jurisprudence de la Cour suprême, Droit pénal, tome 1, 1960-1980, préc. ; arrêt n° 222/P, 23 juil. 1981, Procureur général près la Cour d'appel de Yaoundé c. Lewassa Hubert et Ndono Hubert, Répertoire chronologique de la jurisprudence de la Cour suprême, tome 1, Droit pénal, préc., p. 156 ; CA du Centre, arrêt n° 09/CRIM, 11 mars 2008, Wandji Robert et Djimafo Joseph c. Etoundi Marc, Kam John Brice, Bimoga Louis Legrand et Gredoubai Michel, Juridis Périodique n° 17, avril-juin 2009, pp. 47 et s., obs. KEUBOU Ph. ; CA du Centre, arrêt n° 04/RG/15, 25 janv. 2016, Les ayants droit de feu Ngono Ewodo Dieudonné représentés par Ngah Ewodo Raphael c. Amougou Jean Baptiste et Sembe Bouba, inédit ; TGI du Mbam-et-Inoubou, 6 mai 2020, Ibrahim Bello, inédit. ; TGI du Mfoundi, jugt. n° 195/Crim., 26 juin 1998, Ministère public et Maah Hubert c. Bama Jacques et autres, inédit ; TGI du Mfoundi, jugt. n° 176/Crim., 5 juin 1998, Ministère public et Nkuissi Alexandre c. Eroumé, Moutassié et autres, inédit ; TPI de Nkongsamba, jugt. n° 686/Cor, 26 avril 2006, Ministère public et Njoumé Ngoupa Malachie c. Todou Etienne, Juridis Périodique n° 86, avril-juin 2011, pp. 62 et s., obs. MAKENTSOP WAMBA S.[1669]. Cf également CA du Centre, arrêt n° 105/Civ, 05 mars 2008, Directeur de l'Office du Baccalauréat du Cameroun c. Mlle Ngogang Verlaine et M. Ngogang Pierre, préc. ; TPI d'Abong-Mbang, jugt. n° 182/Cor, 24 fév. 2005, Ministère public et Dame Ekouas Philiennen c. Mengué Junette et Adjessa Jean Denis, Juridis Périodique n° 62, janv.-mars 2005, pp. 21 et s., obs. OHANDJA ELOUNDOU A. ; TPI Bertoua, jugt. n° 633/CO, 23 août 1973, Ministère public et D… Henri c. K… Benoit et*

[1668] Infractions prévues et sanctionnées par les articles 278, 279, 289 du Code pénal.

[1669] Dans cette espèce, l'auteur présumé d'un vol commis dans l'enceinte d'un hôtel à Melong avait été interpellé et gardé à vue dans les locaux du commissariat spécial de cette ville, une enquête ayant été ouverte. Le concerné devait saisir les tribunaux, estimant avoir subi des actes de torture imputés à un gardien de la paix en service ici. Se prononçant sur la cause, le tribunal de première instance de Nkongsamba tranche ainsi : « *Attendu qu'il est constant que Todou Noé Etienne a exercé des violences sur Njoumé Ngoupa Malachie, lui causant une I.T.T. de 45 jours, dans l'enceinte d'une unité de police à Melong ;*
Attendu que le certificat médico-légal révèle que Njoumé Ngoupa est arrivé à l'hôpital dans un mauvais état général, avec impotence fonctionnelle, présentant de multiples hématomes et écorchures, une plaie profonde à l'arcade sourcilière, une plaie contuse et saignante conjonctivale en nappe bilatérale, une épitaxie ainsi que de multiples plaies ;
Attendu que la gravité des blessures ainsi décrites trahit la violence des coups et l'utilisation d'un objet contondant tel que décrit par la victime ;
Que l'atrocité des sévices, à 23 heures de la nuit, laisse apparaître un acte prémédité par le prévenu ;
- Que l'argument de tentative d'évasion est fallacieux et ne saurait distraire la religion du tribunal ;
Attendu qu'en faisant volontairement subir à la victime de telles souffrances, dans l'enceinte d'un commissariat où il était gardé à vue, Todou Noé Etienne, gardien de la paix, s'est rendu coupable des faits de torture de l'article 132 bis alinéa 4 du Code pénal ;
Qu'il échet de le retenir dans les liens de la prévention et d'entrer en voie de condamnation (…) ;
En répression, le condamne à six mois d'emprisonnement et à 20 000 francs d'amende ;
Reçoit Njoumé Ngoupa Malachie en sa constitution de partie civile et l'y dit entièrement fondée ;
Condamne le prévenu à lui payer la somme (…) sollicitée en réparation du préjudice subi (…). »

E... Mathieu, préc. ; CS/AP, arrêt n° 62, 21 sept. 1978, CCAST Bambili, Répertoire chronologique, Droit civil et commercial, 1960-1980, préc. ; arrêt n° 02/A, 18 fév. 1993, Biyack Jean Marie c. Etat du Cameroun-Délégation générale à la sûreté nationale, Répertoire chronologique de la jurisprudence, Droit administratif, 1980-2000, préc., pp. 273-274[1670] *; arrêt n° 03, 29 déc. 1994, Ministère public et Okala Emana Benjamin c. Ndongo Simon, Ndjana Fouda, Menjo Biyo'o, Répertoire chronologique de la jurisprudence, Droit administratif, 1980-2000, préc., p. 275 ; arrêt n° 12-P, Ekoubé Henri et Tatabong Alexandre c. Ministère public et et Epoh Basile, Juridis Périodique n° 107, juil.-sept. 2016, pp. 98 et 99, note TCHOUMBIA TOMTOM L.J.B. et TCHABO SONTANG H.M.).* Un jugement du tribunal militaire de Yaoundé, rendu le 24 juin 2015 dans la cause opposant le Ministère public à Boumsong Pierre Marie et Krake Dieudonné, est allé jusqu'à retenir les peines prévues par les articles 280 et 281 de ce code *(TM de Yaoundé, 24 juin 2015, Ministère public à Boumsong Pierre Marie et Krake Dieudonné, inédit*[1671]*. Voir aussi CS, arrêt n° 222/P, 23 juil. 1981, Procureur général près la Cour d'appel de Yaoundé c. Lewassa Hubert et Ndono Hubert, préc., p. 156).*

Une chose est constante que l'on retrouve d'une part à l'article 83 du Code pénal, d'autre part à l'article 634 du Code de procédure pénale. C'est que la responsabilité pénale ne devra jamais être retenue lorsqu'un acte juridique répond à l'ordre d'une autorité compétente à laquelle obéissance est légalement due, mais aussi que l'obéissance aux ordres devrait être raisonnée, singulièrement lorsque ceux-ci sont manifestement s'écartent de la légalité. C'est également que lorsqu'un crime ou un délit est imputé à un officier de police judiciaire dans l'exercice de ses fonctions ou en dehors de celles-ci, le procureur de la République est tenu de transmettre le dossier

---

[1670] Dans cet arrêt confirmatif de l'assemblée plénière, on découvre : « *Considérant que contrairement aux allégations du recourant selon lesquelles les faits mis à sa charge constituent non pas des fautes disciplinaires mais des infractions relevant de la seule compétence des juridiction répressives, il est de principe qu'un acte accompli par un fonctionnaire dans l'exercice de ses fonctions peut revêtir à la fois, comme en l'espèce, une qualification pénale et une qualification disciplinaire ; que par ailleurs, les poursuites judiciaires sont indépendantes des poursuites disciplinaires auxquelles le même acte peut donner lieu ; qu'à cet égard, il convient de préciser que les droits de la défense sont garantis tant devant la barre qu'en conseil de discipline, alors surtout qu'il n'est pas soutenu que lesdits droits ont été violés lors de la procédure disciplinaire suivie contre Biyack Jean Marie ;*
Considérant, au demeurant, qu'aucune disposition légale ni aucun principe de droit ne n'impose à l'Etat l'obligation de saisir les juridictions répressives pour sanctionner les agents publics fautifs, même si les faits à eux reprochés revêtent un caractère délictuel... »

[1671] Le point d'orgue de la décision rendue est celui-ci : « *Attendu que le tribunal estime que le ministère public a suffisamment prouvé les faits mis à la charge de Boumsong Pierre Marie ; que notamment, le témoignage de l'un des passagers du taxi, le nommé Tsat Ebethe Etienne Privat, est clair entre autre témoignage allant dans le même sens, lorsqu'il déclare à l'information judiciaire qu'Evina Champollion « s'est trouvé pris à partie par les policiers et les gendarmes qui le bousculaient et le bottaient et c'est ainsi qu'à un moment donné, il l'a entendu crier et en s'approchant, a constaté qu'il avait du sang partout et une jambe fracturée » ;*
Que Boumsong Pierre Marie étant le chef de patrouille et étant avec ses éléments avec lesquels il agissait, il y a lieu de le déclarer coupable de blessures simples en coaction avec les autres éléments tels que ces faits sont prévus et réprimés par les articles 74, 96 et 280 du Code pénal et entrer en voie de condamnation... »

de l'affaire au procureur général. Celui-ci saisit le président de la Cour d'appel compétente, lequel désigne le parquet chargé de diligenter les poursuites et la juridiction de jugement compétente[1672] *(implicitement ou tacitement, CS, arrêt n° 81, 3 mars 1966, Meballé Pierre c. Ministère public et Etat du Cameroun, Répertoire chronologique de la jurisprudence de la Cour suprême, Droit pénal, tome 1, 1960-1980, préc., pp. 372-373 ; arrêt n° 4, 7 oct. 1968, Ngoyé Ngoyé Emmanuel, Moukouri Georges et la Commune de plein exercice de Douala c. Ministère public, Moulel Benoît, Fola autres, B.A.C.S. n° 21, p. 2485 ; arrêt n° 185, 30 juil. 1968, Nkoa Etoa Gabriel c. Ministère public, Tchenko Etienne et Mouthé A Biakan, Répertoire chronologique de la jurisprudence de la Cour suprême, Droit pénal, tome 1, 1960-1980, préc.*[1673] *; CS.CA, jugt. n° 81, 30 juin 1983, Metou Josué c. Etat du Cameroun-Ministère des Forces Armées, in KEUTCHA TCHAPNGA C. (dir.), Les grandes décisions annotées de la juridiction administrative du Cameroun, L'Harmattan, Yaoundé, 2017, n° 17, pp. 242 et s., note KEUTCHA TCHAPNGA C. ; TGI du Haut-Nkam, jugt. n° 18/Crim, 27 fév. 2002, cité par YAWAGA S., La police judiciaire au Cameroun, préc., pp. 250 et 252 ; CA du Centre, arrêt n° 09/CRIM, 11 mars 2008, Wandji Robert et Djimafo Joseph c. Etoundi Marc, Kam John Brice, Bimoga Louis Legrand et Gredoubai Michel, préc. ; TGI du Mfoundi, jugt. n° 195/Crim., 26 juin 1998, Ministère public et Maah Hubert c. Bama Jacques et autres, préc. ; TGI du Mfoundi, jugt. n° 176/Crim., 5 juin 1998, Ministère public et Nkuissi Alexandre c. Eroumé, Moutassié et autres, préc. ; TPI Nkongsamba, jugt. n° 686/Cor, 26 avril 2006, Ministère public et Njoumé Ngoupa Malachie c. Todou Etienne, préc. ; TPI d'Abong-Mbang, jugt. n° 182/Cor, 24 fév. 2005, Ministère public et Dame Ekouas Philiennen c. Mengué Junette et Adjessa Jean Denis, préc. ; CS, arrêt n° 02/A, 18 fév. 1993, Biyack Jean Marie c. Etat du Cameroun-Délégation générale à la sûreté nationale, préc. ; arrêt n° 12-P, Ekoubé Henri et Tatabong Alexandre c. Ministère public et Epoh Basile, préc. ; arrêt n° 7/A, 27 mars 1986, Etat du Cameroun-Ministère des forces armées c. Metou Josué, Répertoire chronologique de la jurisprudence de la Cour suprême, tome 5, Droit administratif, 1980-2000, préc. ; Ass. Plén., arrêt n° 1/A, 29 déc. 1994, Tem Thomas Mue c. Etat du Cameroun-Secrétariat d'Etat à la Sécurité intérieure-SESI, Répertoire chronologique de la jurisprudence de la Cour suprême,*

[1672] YAWAGA S., *La police judiciaire au Cameroun*, préc., pp. 220 et s.

[1673] Dans cette affaire, la Cour suprême se prononce ainsi : « *Attendu que l'arrêt énonce que, dans l'après-midi du 20 mars 1960, le gardien de la paix Nkoa Etoa Gabriel était en service au stade de l'Hippodrome à Yaoundé, avec mission d'empêcher quiconque d'y pénétrer par l'escalade des murs ; qu'au moment où il pourchassait un groupe de jeunes gens, il s'en prit au jeune Youmbi Tchenko, qui était simplement de passage, et lui appliqua, sans aucune provocation, trois coups de matraque sur la tête, la nuque et le dos, coups qui entrainèrent sa mort ;*
Attendu que l'arrêt a relevé, d'une part, que Nkoa Etoa n'avait pas établi qu'il avait reçu les consignes de ses chefs de défendre l'escalade des murs au besoin en utilisant sa matraque ; que même s'il avait rapporté cette preuve, de telles consignes eussent été illégitimes ; d'autre part, que ces constatations excluent expressément la légitime défense, laquelle d'ailleurs s'est trouvée résolue par la déclaration de culpabilité et, enfin, qu'il ne résulte d'aucune conclusion que Nkoa Etoa avait formellement invoqué l'excuse de la provocation ; d'où il suit que le moyen n'est pas fondé… »

tome 5, Droit administratif, 1980-2000, préc., pp. 262 et s. ; TPI Bertoua, jugt. n° 633/CO, 23 août 1973, Ministère public et D… Henri c. K… Benoit et E… Mathieu, préc. ; CADHp, 5 sept. 2023, req. n° 038/2019, arrêt Aminata Soumaré c. République du Mali, préc.).

Une autre chose est constante que révèle tantôt les rapports du ministère de la justice relatifs à l'Etat des droits de l'homme, tantôt les rapports de la Commission nationale anti-corruption de ces dernières années. C'est que plusieurs gradés de la gendarmerie ou de la police, ayant agi dans le cadre de la police judiciaire, ont subi des sanctions disciplinaires au courant de l'année considérée[1674] *(dans le même sens, voir not. TA du Centre, jugt. n° 210/2015/TA-Ydé, 08 déc. 2015, Ayafor Bernard Tangye c. Etat du Cameroun-Délégation générale à la sûreté nationale, www.barreauducameroun.org)* ; que des enquêtes ont débouché sur l'ouverture de poursuites judiciaires de nature répressive au préjudice d'une centaine d'entre eux[1675]. A propos de leur responsabilité civile, il convient d'observer que l'individu qui espère obtenir une réparation aux cas d'abus lors de l'accomplissement de leurs fonctions devra adresser sa requête à la commission spécialement prévue à cet effet, dans les six mois de la cessation de la garde à vue, de la décision de non-lieu, de relaxe ou d'acquittement devenue définitive[1676]. Ladite commission, composée pour trois années judiciaires de membres ayant au moins le rang de directeur au sein de l'administration centrale lorsque ce sont des agents publics[1677], statue en premier et dernier ressort. Au cas où la demande est favorablement accueillie, et à en croire l'article 237 (3) du Code de procédure pénale, l'indemnité est à la charge de l'Etat qui peut exercer une action récursoire contre son agent fautif[1678].

La dernière remarque forte s'agissant de l'enquête préliminaire est que celle-ci se clôture normalement par un procès-verbal dont l'original et la

---

1674 A propos des méandres des sanctions disciplinaires, voir non seulement les statuts spéciaux des corps des fonctionnaires de la sureté nationale et de la gendarmerie nationale. Voir également le statut général de la fonction publique de l'Etat auxquels ces statuts renvoient au en cas de silence des dispositions spéciales.

1675 Voir notamment REPUBLIQUE DU CAMEROUN, *Rapport du ministère de la justice sur l'état des droits de l'homme au Cameroun en 2020*, Yaoundé, 2022, pp. 45 et s. ; REPUBLIQUE DU CAMEROUN-*CONAC*, *Rapport sur l'état de la lutte contre la corruption au Cameroun en 2016*, Sopecam, Yaoundé, 2017, pp. 248 et s.

1676 Sur les statistiques liées à l'activité de cette commission, voir WANDJI KAMGA A.-D., « L'abus en droit processuel privé camerounais », op cit., pp. 335 et s. ; *Rapport annuel de la CNDHL en 2019*, Yaoundé, mars 2022, p.73.

1677 Les membres de la commission en cause sont : deux magistrats de la cour d'appel ; un représentant de l'autorité chargée du contrôle supérieur de l'Etat ; un représentant de l'administration en charge de la fonction publique ; un représentant de l'administration en charge des finances ; un député désigné par le bureau de l'assemblée nationale ; le bâtonnier de l'ordre des avocats ou son représentant ; des représentants des administrations en charge de la police judiciaire, c'est-à-dire de la police et de la gendarmerie, « à raison d'un représentant par administration ».

1678 La décision est susceptible d'appel devant la chambre judiciaire de la Cour suprême. L'arrêt de la Cour d'appel statuant en appel est insusceptible de recours, déclare l'article 237 (8) et (11).

copie sont transmis au procureur de la République[1679]. Ce document énonce les dates et heure du début de chaque opération liée à l'enquête ; puis les nom, prénom, qualité de l'officier de police judiciaire ; le cas échéant, la permission du magistrat justifiant que l'extension de l'aire géographique de compétence. Chacun de ses feuillets doit en outre porter la signature de l'enquêteur. On doit y retrouver certaines autres signatures, singulièrement lorsque celui-ci constate des auditions ou des confrontations de personnes. Sans surprise, les signatures visées sont celles des individus entendus ou confrontés, lesquels ne doivent parapher les feuillets qu'après en avoir pris connaissance, en se faisant aider en tant que de besoin par des interprètes. Lorsque ces derniers ne peuvent accomplir cette formalité, l'empreinte de leur pouce ou de tout autre doigt y est apposée par l'enquêteur qui authentifie celle-ci. Si d'aventure le procès-verbal comporte des surcharges et des renvois, il faudrait, à peine de nullité de celui-ci, que le justiciable directement concerné par ce document et en tant que de besoin les interprètes, aient l'occasion de l'approuver *(en ce sens, voir CS, arrêt n° 149, 21 mai 1963, Mafokouo Louise c. Commissaire du gouvernement, Répertoire chronologique de la jurisprudence de la Cour suprême, Droit pénal, tome 1, 1960-1980, préc., p. 694 ; Cass. Crim., 7 sept. 2021, n° 21-80.642, préc.).* C'est dans cette perspective que se situe ces extraits de la loi qui posent non seulement que la personne appelée à signer un procès-verbal ou un carnet a le droit de faire précéder sa signature de toute réserve qu'elle estime opportune ; mais surtout que, sauf dispositions contraires du législateur, les procès-verbaux dressés par les officiers de police judiciaire ont valeur de simples renseignements[1680]. Très logiquement et à bon droit, une jurisprudence ancienne retient : « *Attendu que le seul fait matériel dont les rédacteurs du procès-verbal aient constaté personnellement l'existence est celui d'une déclaration par eux reçue et consignée, mais que le procès-verbal ne saurait faire foi de l'infraction elle-même reprochée (au prévenu), laquelle n'a pas été matériellement constatée ;*

Attendu que l'arrêt attaqué énonce qu'il ne résulte ni du dossier, ni des débats à l'audience, la moindre preuve contre le prévenu de s'être rendu complice d'importation frauduleuse de marchandises ; que la cour ne saurait asseoir sa conviction quant à la culpabilité de celui-ci sur les seules déclarations de Madaki Na Boli, d'ailleurs non concordantes avec celles de El Hadjj Baba Garba Souley ;

Attendu qu'en l'état actuel de ces constatations, la Cour d'appel, usant de son pouvoir d'appréciation, a pu relaxer le prévenu sans violer aucun des textes visés au moyen... » *(CS, arrêt n° 64/P, 26 janv. 1965, Administration des douanes c. El Hadjj Baba Garba Souley et Madaki Na Boli, Répertoire chronologique de*

[1679] A l'évidence, ceux-ci doivent parallèlement tenir leurs supérieurs hiérarchiques au courant de leurs activités, notamment en communiquant les procès-verbaux qui les constatent. C'est ainsi par exemple que ceux-ci pourront parfois être transmis au ministre en charge des questions de défense, au délégué général à la sûreté nationale, à tel ou à tel ministre s'agissant de l'activité des officiers de police judiciaire à compétence spéciale.

[1680] Pour aller plus loin, voir notamment les articles 90, 91 et 92 du Code de procédure pénale.

la jurisprudence de la Cour suprême, Droit pénal, tome 1, 1960-1980, préc., pp. 404-405 ; in DZEUKOU G.B., Code de procédure pénale, préc., p. 67).

Sans surprise, une autre jurisprudence de la même juridiction enseigne : « *Attendu, en ce qui concerne la critique dirigée contre la valeur de l'enquête officieuse, que contrairement aux affirmations du mémoire ampliatif, la cour n'est pas entrée en voie de condamnation en se fondant sur les seules déclarations de l'accusé recueillies au cours de ladite enquête (…) ;*

Attendu que les énonciations de l'arrêt établissent que l'enquête officieuse ne lie pas le juge qui dispose d'un pouvoir souverain d'appréciation des éléments de la cause pour asseoir sa conviction (…) rejet… » *(CS, arrêt n° 64/P, 26 janv. 1965, cité par DZEUKOU G.B., Code de procédure pénale, préc., p. 73).*

Enfin, c'est à juste titre, dans un différend relatif à des atteintes à la sureté intérieure de l'Etat que la plus haute juridiction de l'ordre judiciaire au Cameroun estime que « *les irrégularités éventuelles de l'enquête préliminaire n'atteignent pas la validité de l'ordre d'informer, seule base des poursuites …* » *(en ce sens, voir CS, arrêt n° 149, 21 mai 1963, Mafokouo Louise c. Commissaire du gouvernement, Répertoire chronologique de la jurisprudence de la Cour suprême, Droit pénal, tome 1, 1960-1980, préc.).* A l'évidence, la règle ne concerne que vaguement les procès-verbaux que dressent les fonctionnaires de l'administration pénitentiaire.

Paragraphe 6. Le personnel de l'administration pénitentiaire

Le personnel du corps de l'administration pénitentiaire a une typologie particulière et donc renferme des catégories auxquelles l'accès est réservé. Paradoxalement, les exigences relatives à l'exercice de l'activité professionnelle en tant que membre du corps de cette administration se singularisent par une faible hétérogénéité.

A. Catégories de personnels, accès aux cadres professionnels

Les personnels de l'administration pénitentiaire s'identifient généralement sans difficulté[1681]. Contre toute attente pourtant, des règles s'appliquent à ceux-ci qui ne sont accessibles qu'aux initiés. Au total, l'implicite côtoie ici l'explicite.

[1681] Pour les besoins de cet exercice, lire notamment REPUBLIQUE DU CAMEROUN, *Rapport du ministère de la justice sur l'état des droits de l'homme au Cameroun en 2021* précité, pp. 292 et s., n°s 932 et s. Les statistique que l'on y retrouve révèlent qu'au 31 décembre 2021, l'effectif du personnel de l'administration pénitentiaire est de 4 378, soit un ratio d'un personnel pour 7 détenus.

1. L'endroit

L'administration pénitentiaire est régie par différents textes. Au cœur de ceux-ci se trouve le décret n° 2010/365 du 29 novembre 2010 portant statut spécial du corps des fonctionnaires de l'administration pénitentiaire[1682]. Quelques-uns des extraits de cette « pierre angulaire » dévoilent les différentes catégories de personnels. Quelques autres découvrent les voies d'accès à ce corps.

Avec recul, on songe, premièrement, à cet extrait qui révèle que, dans le silence des prescriptions de son statut spécial, le fonctionnaire de l'administration pénitentiaire doit se voir appliquer les dispositions du statut général de la fonction publique[1683]. Au fond, cela s'emboite harmonieusement avec cette formule qui le qualifie d' « élément civil » intervenant dans les opérations spéciales de maintien de l'ordre[1684]. La formule ne doit cependant pas induire en erreur. Des circonstances ponctuelles peuvent imposer que les fonctions réservées aux membres du corps des fonctionnaires de l'administration pénitentiaire soient confiées à des agents publics d'autres corps de l'Etat ou à des personnels relevant du code du travail[1685]. Pareillement, des personnes justifiant de bonnes connaissances professionnelles dans certaines spécialités sont, en tant que de besoin, recrutées sous contrat par le ministre chargé de l'administration pénitentiaire afin d'exécuter des tâches spécifiques.

Avec recul, on songe, deuxièmement, à cet extrait qui révèle que le fonctionnaire de l'administration pénitentiaire est « *toute personne qui, nommée dans un emploi permanent, a été titularisée dans un cadre de la hiérarchie des cadres du corps des fonctionnaires de l'administration pénitentiaire* »[1686]. Les cadres auxquels allusion est faite sont au nombre de quatre : le cadre des administrateurs de prison qui relèvent de la catégorie A de la fonction publique ; le cadre des intendants de prison qui relèvent de la catégorie B de la fonction publique ; le cadre des gardiens-chefs des prisons qui se rattachent à la catégorie C de la fonction publique ; le cadre des gardiens des prisons qui appartiennent à la catégorie D de la fonction publique. Quant à la hiérarchie visée, elle dépend des grades et se décline comme suit,

---

[1682]De ce qui précède, il se comprend que peu de choses seront dites au sujet du personnel de l'administration pénitentiaire militaire, lequel est régi, entre autres, par le décret n° 2024/555 du 14 novembre 2024 précité. Les articles 11 et 12 de l'acte règlementaire visé soulignent que « *Le personnel de l'administration pénitentiaire militaire est constitué de militaires ou des agents publics ayant obtenu un diplôme dans cette spécialité à l'Ecole nationale en charge de la formation dans le domaine de l'administration pénitentiaire ou à l'Ecole spécialisée du ministère en charge de la défense* » ; « *le personnel de l'administration pénitentiaire militaire est régi par le statut de son corps d'origine en ce qui concerne sa carrière* ».

[1683] Article 3.

[1684] Idem.

[1685] Tel est, *expressis verbis*, la consistance de l'article 5 (1) du décret n° 2010/365 du 29 novembre 2010.

[1686] Article 1er (2).

du haut vers le bas : administrateur général senior des prisons (AGSPs) ; administrateur général des prisons (AGPs) ; administrateur principal des prisons (APPs) ; administrateur des prisons (APs) ; super intendant des prisons (SIPs) ; intendant principal des prisons (IPPs) ; intendant des prisons (IPs) ; gardien-chef principal des prisons (GCPPs) ; gardien chef major des prisons (GCMPs) ; gardien-chef des prisons (GCPs) ; gardien principal des prisons (GPPs) ; gardien major des prisons(GMPs) ; gardien des prisons(GPs) [1687].

Avec recul, on songe, troisièmement, à cet extrait qui prescrit que, sur le plan des principes, l'accès aux emplois de ce corps suppose le respect de conditions tantôt générales, tantôt particulières. Les conditions générales excluent les discriminations en lien avec le sexe. Dans le détail, sont exigées à ce titre : la nationalité camerounaise ; la jouissance de ses droits civiques ; le bénéfice d'une moralité irréprochable ; l'absence de condamnation pour crime ou délit touchant à la probité, notamment pour vol, escroquerie, abus de confiance, corruption, détournement de deniers publics, faux, trafic d'influence, trafic de drogue, homosexualité, soit plus généralement à une peine d'emprisonnement supérieure à six mois pour un comportement incriminé et puni par le droit répressif. A cela s'ajoute l'exigence de remplir les conditions d'aptitude physique ; l'absence de toute infection ou maladie de nature à ouvrir doit à un congé de longue durée. Les conditions spécifiques, quant à elles, sont moins nombreuses, mais varient d'un cadre ou d'un grade à un autre. Elles touchent aux diplômes constatant la formation de base ou initiale. Elles touchent à la titularité de diplômes et attestations constatant la formation professionnelle à l'Ecole nationale d'administration pénitentiaire ou dans une école étrangère reconnue par le département ministériel en charge de questions liées à l'administration pénitentiaire. Par moments, elles renvoient à une expérience professionnelle précise dans tel ou tel cadre *(CSCA, jugt. n° 12/CSCA, 13 janv. 1983, Awana Gilbert c. Etat du Cameroun, RCD n° 25, 1983, pp. 116 et s. ; jugt. n° 53/CSCA/8/82, 28 avril 1983, Ngon A Rikong c. Etat du Cameroun, RCD n° 25, 1983, pp. 108 et s.)*[1688].

Avec recul, on songe, quatrièmement, à cet extrait inclinant à penser que des précautions ont été prises afin d'éviter, à un moment quelconque, que le personnel se retrouve majoritairement aux grades extrêmes. La mesure était indispensable, ne serait-ce que parce qu'elle évite une paralysie soit au sommet de la pyramide, soit à la base de celle-ci. On ne saisit mieux sa pertinence qu'en songeant au cas de figure heureusement improbable où le non renouvellement des effectifs aurait comme conséquence de rendre moins nombreux que les autres les gardiens de prison qui, mine de rien,

---

[1687] Article 10. A propos des statistiques se rapportant à l'état numérique des personnels par cadres et spécialités, lire notamment REPUBLIQUE DU CAMEROUN, *Rapport du ministère de la justice sur l'état des droits de l'homme au Cameroun en 2021* précité, pp. 293 et s., n°s 936 et 937.

[1688] Articles 13, 14, 108 et suivants, statut.

exécutent quotidiennement les missions du corps de l'administration pénitentiaire. Très concrètement, le résultat a été atteint en décidant, que les administrateurs des prisons n'excèderont jamais 5 % de l'ensemble du personnel ; que les intendants des prisons n'excèderont jamais 10 % de l'ensemble du personnel ; que les gardiens-chefs des prisons seront réduits à au plus 20 % du corps. Enfin, il a été résolu que le cadre des gardiens des prisons devra représenter, en valeur absolue, 65 % des effectifs[1689].

Avec recul, on songe, cinquièmement, à cet extrait qui attire l'attention sur le fait que la hiérarchie de l'administration pénitentiaire interdit qu'un fonctionnaire relevant de celle-ci occupe un poste de responsabilité ou de travail lui conférant autorité sur un fonctionnaire d'un grade supérieur. Le statut spécial du corps va au-delà et interdit l'occupation d'un poste de responsabilité ou de travail conférant une préséance sur un collègue soit plus ancien ou mieux classé que lui dans le même grade[1690].

Avec recul, on songe, sixièmement, à ces prévisions qui traitent de l'avancement en permettant de passer d'un échelon à un autre au sein d'un grade, d'un grade à un autre grade immédiatement supérieur au sein d'un cadre, d'un cadre à un autre cadre qui lui est immédiatement supérieur.

L'avancement d'échelon, pour commencer par lui, est fonction de deux paramètres que sont la notation favorable et l'ancienneté[1691]. A propos de la notation, elle intervient annuellement, avant le 15 avril, suivant un barème et des modalités strictement encadrées[1692]. Quant à l'ancienneté, elle est de deux ans. Toutefois, sauf retard lié à des sanctions disciplinaires, l'avancement devient automatique au bout de quatre ans. A la bonification normale s'ajoute d'ailleurs l'avancement exceptionnel lié, entre autres, à l'obtention d'un diplôme de spécialisation, voire à une « récompense »[1693].

[1689] L'article 9 qui procède à la répartition des effectifs dans les cadres décide néanmoins que si la nécessité se fait sentir, l'autorité investie du pouvoir de nomination peut réviser ces proportions.

[1690] Article 10.

[1691] Article 69 (2).

[1692] Article 67. Y sont évoqués, entre autres, l'aptitude physique, tenue de présentation, culture générale, connaissances professionnelles, discipline et probité, rendement… Y sont évoquées les notes et mentions attribuées. Y sont développés les recours ou contestations possibles.

[1693] Les articles 70 et suivants attirent l'attention sur le fait :
- Que l'avancement d'échelon à titre exceptionnel peut être délivré à titre posthume ;
- Que les avancements intervenant en vertu d'une spécialisation ou d'un diplôme professionnel du niveau de son grade se font sans péréquation et que le fonctionnaire de l'administration pénitentiaire peut prétendre à des bonifications d'un ou de plusieurs échelons, dans les conditions suivantes : un échelon pour un cycle d'études compris entre 4 et 9 mois ; deux échelons pour un cycle d'études supérieur à 9 mois, mais inférieur à 18 mois ; 3 échelons pour un cycle d'études supérieur ou égal à 18 mois ;
- Que l'avancement d'échelon fondé sur la qualification professionnelle intervient à compter de la date d'obtention du titre correspondant lorsque le fonctionnaire se trouve en position d'activité ; à compter de la reprise de service dans l'hypothèse où le concerné a obtenu le bénéfice d'une disponibilité.
- Que le fonctionnaire de l'administration pénitentiaire qui, en cours de carrière, justifie d'une spécialisation effectuée lui ayant permis d'obtenir un titre professionnel d'une catégorie supérieure à celle de son grade actuel peut prétendre à un reclassement dans le grade

L'avancement de grade à grade à l'intérieur d'un cadre a lieu au gré de l'ancienneté et d'une évaluation favorable des performances ; à la suite du succès à un concours professionnel ; à la suite d'une formation sanctionnée par un diplôme professionnel ; à titre exceptionnel ; à la suite d'une récompense[1694]. A propos de la voie de l'ancienneté et de l'évaluation, elle suppose l'inscription au tableau d'avancement dressé avant le 30 août par le ministre en charge des questions liées à l'administration pénitentiaire, après avis de la commission d'avancement[1695]. Toujours est-il que le tableau d'avancement est dressé en tenant compte de la répartition des effectifs par grade, de la valeur professionnelle reflétée par les notes obtenues au cours des trois dernières années, des états de service. A propos de la voie du succès à un concours professionnel, on imagine que le passage de grade à grade suppose une mise à niveau. Au sujet de la spécialisation, elle concerne le fonctionnaire qui a obtenu un titre professionnel de la catégorie supérieure à celle de son grade actuel et requiert un reclassement *(CSCA, jugt. n° 12/CSCA, 13 janv. 1983, Awana Gilbert c. Etat du Cameroun, préc.).* A propos de la voie exceptionnelle qui est parfois décidée à titre posthume, elle se fonde sur l'acte de bravoure, le sauvetage de personnes en danger, la preuve de la lutte soutenue ou de l'attentat subi dans le cadre de l'activité professionnelle, l'intervention dans le contexte d'un sinistre grave lors du service[1696].

L'avancement de cadre à cadre s'explique ou se justifie par le concours professionnel, par une formation constatée par un diplôme professionnel ou de spécialisation, par l'ancienneté subordonnée à une évaluation positive. Le passage d'un cadre à un autre se fait aussi à titre exceptionnel ou à la suite d'une récompense[1697]. Au sujet du concours professionnel singulièrement, il est prescrit, pour le passage du cadre des gardiens des prisons au cadre des gardiens-chefs des prisons que l'intéressé devrait subir un recyclage d'une durée de six mois à l'ENAP. Ce laps de temps se situe à neuf mois s'agissant du passage du cadre des gardiens-chefs des prisons à celui des intendants des prisons ; d'une égale durée pour ce qui est du passage du cadre des intendants à celui des administrateurs des prisons. Au sujet de la spécialisation qui mérite un temps d'arrêt, elle profite ici au fonctionnaire qui a obtenu un titre professionnel d'une catégorie supérieure à celle de son cadre actuel et passe par un reclassement à compter soit de la date d'obtention de ce titre lorsque le concerné était en position d'activité, soit de la date de reprise de service dans l'hypothèse où ce dernier était mis en

---

immédiatement supérieur du corps des fonctionnaires de l'administration pénitentiaire lorsque ce titre ouvre droit à une intégration dans un grade supérieur de la fonction publique de l'Etat.

1694 Article 73.

1695 Une chose est hors de doute, que révèle statut spécial. C'est que l'inscription au tableau en cause s'effectue en fonction de l'ancienneté dans le grade, de la valeur professionnelle fondée sur la notation et l'état de service, suivant l'âge qui est favorable aux personnes les plus âgées.

1696 Articles 76, 77.

1697 Article 80 et s.

disponibilité, même implicitement *(même tacitement, CSCA, jugt. n° 12/CSCA, 13 janv. 1983, Awana Gilbert c. Etat du Cameroun, préc.).*

2. L'envers

Il n'est pas sûr que la lecture des exigences précédemment exposées révèle nettement que l'administration pénitentiaire est de nos jours rattachée au ministère de la justice. On ne s'en aperçoit avec netteté qu'en se souvenant de cette exigence rappelée de longue date, qui veut que le Garde des sceaux dispose pour l'accomplissement de ses missions, entre autres, de conseillers techniques, de deux inspections générales des services dont l'une est chargée des services judiciaires, l'autre de l'administration pénitentiaire[1698].

L'inspection générale de l'administration pénitentiaire a, à sa tête, un inspecteur général. Elle comprend, à côté de l'inspecteur général de l'administration pénitentiaire, cinq inspecteurs, cinq contrôleurs, un secrétaire des missions. Tous sont, cela va de soi, fonctionnaires de l'administration pénitentiaire. Les missions de l'inspection sont exposées à l'article 6 du décret du 18 septembre 2012. Au nombre de celles-ci se dénombrent le contrôle interne et l'évaluation du fonctionnement des établissements sous-tutelle et des projets rattachés à l'administration pénitentiaire ; l'information du ministre, du ministre délégué et du secrétaire d'Etat sur la qualité du fonctionnement et le rendement des services ; l'évaluation de l'application des techniques et méthodes d'organisation ainsi que de la simplification du travail administratif, en liaison avec les services chargés de la réforme administrative ; la mise en œuvre de la stratégie de lutte contre la corruption au sein de l'administration pénitentiaire ; le suivi et l'appréciation de la mise en œuvre de la politique pénitentiaire.

Venant aux services déconcentrés du ministère de la justice, l'article 103 du décret du 18 septembre 2012 pose que ceux-ci regroupent les délégations régionales de l'administration pénitentiaire d'une part ; les établissements pénitentiaires d'autre part. Chaque délégation régionale de l'administration pénitentiaire comprend un service du suivi de l'application des peines et de la réinsertion sociale des détenus ; un service du suivi de la santé pénitentiaire ; un service de la production économique, des équipements, de l'habillement et des infrastructures ; le service des affaires générales. *Grosso modo,* les missions de la délégation régionale sont exposées à l'article 104. Pour l'essentiel, elle est chargée d'assurer le suivi, le contrôle et la coordination des activités des établissements pénitentiaires implantés dans

[1698] Voir, en ce sens, l'article 2 du décret n° 2012/389 du 18 septembre 2012 portant organisation du ministère de la justice.

la région ; d'organiser des séminaires régionaux de formation continue des personnels en liaison avec la direction de l'administration pénitentiaire.

Il n'est pas sûr que la lecture des morceaux précédemment exposés offre l'occasion de découvrir que l'accès au corps des personnels de l'administration pénitentiaire passe par la voie du concours[1699]. Ledit concours est tantôt un concours direct réservé aux diplômés n'ayant pas par le passé appartenu à la catégorie des fonctionnaires, tantôt un concours spécial ou encore un concours professionnel réservé à ceux qui avaient déjà la qualité d'agent public. Un détail est également hors de doute, qui ne se découvre pas spontanément. C'est que seuls les élèves de l'ENAP ayant obtenu au cours de leur formation une moyenne supérieure ou égale à 12/20 rejoindront le corps[1700]. Ceux dont la performance a été inférieure à la moyenne visée, mais au moins égale à 10/20 seront nommés stagiaires dans leur grade pour une durée d'un an. De deux choses l'une : soit la note de 12 est finalement obtenue, et le stage est qualifié de « concluant », soit la note de 12 n'est pas obtenue, et l'élève quitte la formation sans diplôme. Une chose est constante : les « élus » seront titularisés et intégrés au premier échelon du premier grade dans le cadre auquel leur diplôme ouvre droit. En outre, les personnes ayant déjà la qualité d'agent public avant leur recrutement seront titularisées et reclassées à un indice égal et à défaut, immédiatement supérieur à celui déjà acquis au moment du reclassement. Malheureusement, les renseignements fournis ici sont eux-mêmes insuffisants, la raison en étant le renvoi tacite à d'autres textes s'agissant des méandres des modalités des concours[1701].

On peut également douter que la connaissance des morceaux précédemment exposés anéantisse la probabilité d'un blocage provoqué par l'explosion du grade des gardiens de prisons. A l'origine de cette crainte se

---

[1699] Articles 13 et 14, Statut.

[1700] Reste à observer, à la lumière du « Programme de formation des élèves et stagiaires », que les curricula de recyclage de l'ENAP appellent un toilettage en vue d'une cohérence accrue avec les missions des fonctionnaires de l'administration pénitentiaire. On y retrouve une formation en tronc commun pour l'ensemble des cycles, puis une formation spécifique à chaque cycle de l'Ecole. La formation du tronc commun a trait, d'abord et avant tout, aux disciplines à caractère militaire (ordre serré, combat, armement, tir, règlement militaire, maintien de l'ordre, éducation physique, connaissances interarmées, etc.). La formation en tronc commun a trait, ensuite, aux compétences transversales autres que militaires, avec un approfondissement pouvant varier d'un métier ou d'un cadre à un autre (réglementation pénitentiaire, greffe pénitentiaire, rédaction administrative, secourisme, droits des détenus, informatique, droit pénal et procédure , agriculture et travaux d'intérêt général, éducation à la citoyenneté, etc.). Quant à la formation spécialisée, elle concerne respectivement le cycle des élèves administrateurs de prison (qui comporte un tronc commun et des parcours différenciés : administrateurs des prisons, médecins et psychologues pénitentiaires, ingénieurs d'appui à la production pénitentiaire, ingénieurs et architectes) ; le cycle des élèves intendants de prison (qui comporte un tronc commun et des parcours différenciés se rapportant aux intendants des prisons, aux infirmiers pénitentiaires, aux assistants sociaux) ; le cycle des élèves gardiens-chefs des prisons et gardiens des prisons (qui comporte un tronc commun et des parcours différenciés pour les gardiens-chefs des prisons et pour les techniciens d'appui à la production pénitentiaire).

[1701] Article 14 (2), (3), (5) (6).

trouve deux exigences *a priori* contradictoires[1702]. D'une part, celle d'après laquelle le cadre des gardiens des prisons ne représentera pas plus de 65 % des effectifs ; d'autre part, celle qui veut que l'avancement de grade à grade à l'intérieur d'un cadre se fasse en fonction de l'ancienneté et d'une évaluation favorable des performances, à la suite d'un succès à un concours professionnel ou d'une formation sanctionnée par un diplôme professionnel[1703] ; à titre exceptionnel ; voire à la suite d'une récompense. La probabilité du blocage envisagé n'est pas à négliger. C'est que les contraintes financières de l'Etat imposent couramment le gel des recrutements et que parallèlement, les critères de l'avancement sont parfois flous et vont de l'« acte de bravoure » à la « sauvegarde d'une ou de plusieurs personnes en danger » au secours de personnes victimes d'un « sinistre ou accident grave survenu dans l'exercice ou à l'occasion de l'exercice du service » ; l'avancement s'opérant alors en marge de toute péréquation[1704].

Il n'est pas sûr que la lecture des extraits exposés renseigne suffisamment à propos des méandres des concours dont l'issue, lorsqu'elle est heureuse, est l'intégration au sein de l'administration pénitentiaire. Effectivement, le statut spécial révèle peu de choses concernant la périodicité des concours, les programmes de l'évaluation, la nature des épreuves, la composition des dossiers de candidature, la diffusion des avis relatifs à la sélection des postulants. Moins de choses encore sont mises à jour concernant la gestion des fraudes, le rattachement géographique ou ethnique des admis. Du coup, seul est éclairé sur ces préoccupations celui qui a le réflexe, entre autres, de consulter le décret n° 2000/686/PM du 13 septembre 2000 fixant le régime général des concours administratifs. Cette audace dévoile en substance que les postes de travail disponibles sont fixés par le ministre chargé de la fonction publique qui, lui-même, s'inspire du programme annuel et des dotations budgétaires, en fonction des besoins exprimés par le ministère de la justice. Cette audace révèle que l'accès au corps des fonctionnaires de l'administration pénitentiaire ne sacrifie pas la logique bien camerounaise de l'équilibre régional, mais aussi que la région de chaque postulant se détermine au regard de la région d'origine de son père ou, le cas échéant, de celle de sa mère[1705].

Il n'est pas surprenant que les uns hésitent à qualifier d'explicite les extraits ci-dessus exposés, se rapportant à la répartition du personnel dans les cadres.

La raison en est, tout d'abord, que seul celui qui a le tic de se référer aux articles 110 et 111 du décret n° 2010/365 du 29 novembre 2010 réalise

---

[1702] Voir l'article 32, mais surtout les articles 68 et suivants développés sous le chapitre intitulé « De l'avancement ».

[1703] Voir not. l'article 70 (3).

[1704] Articles 71, 77.

[1705] Pour en savoir d'avantage, voir les articles 3 et suivants du décret n° 2000/686/PM du 13 septembre 2000, précité.

qu'au sein du grade des administrateurs des prisons, 10 % appartient à la catégorie des administrateurs généraux des prisons ; 20 % à celle des administrateurs principaux des prisons ; 70 % au groupe des administrateurs des prisons. Là ne s'arrêtent pas les précisions. Il est écrit que tout recrutement dans le cadre des administrateurs des prisons doit intervenir à hauteur de 60 % par la voie du concours direct ; que 5 % de l'effectif est doit être issu du concours spécial ; que 20 % du personnel du cadre des administrateurs des prisons se réalise par le truchement du concours professionnel ; que 10 % des membres de ce cadre sont recrutés par la voie de l'avancement de grade au choix ; que 5 % des membres du cadre doivent être issus des rangs des titulaires du diplôme technique pénitentiaire du niveau de cadre des administrateurs des prisons[1706]. Dans la même logique, et à en croire les articles 119 et 120, au sein du grade des intendants des prisons, 10 % des effectifs appartient à la catégorie des super intendants des prisons ; 30 % du personnel regroupe les intendants principaux des prisons ; 60 % des cadres relève du grade des intendants des prisons. Là ne s'arrêtent pas les précisions. Il est écrit que tout recrutement dans le cadre des administrateurs des prisons et dans celui des intendants des prisons doit intervenir à hauteur de 60 % par la voie du concours direct ; que 5 % de l'effectif est doit être issu du concours spécial ; que 20 % du personnel du cadre des administrateurs des prisons se réalise par le truchement du concours professionnel ; que 10 % des membres de ce cadre sont recrutés par la voie de l'avancement de grade au choix ; que 5 % des membres du cadre doivent être issus des rangs des titulaires du diplôme technique pénitentiaire du niveau de cadre des administrateurs des prisons[1707].

La raison en est, ensuite, que seul celui qui a le réflexe de consulter l'article 112 du décret n° 2010/365 du 29 novembre 2010 réalise que l'on n'accède pas au cadre d'administrateurs généraux senior des prisons par le truchement d'un concours. Effectivement, ceux-ci sont recrutés parmi les administrateurs généraux parvenus au deuxième échelon de leur grade[1708]. De leur côté, les administrateurs généraux des prisons sont recrutés parmi les administrateurs des prisons réunissant une expérience professionnelle de deux ans au sixième échelon de leur grade.

[1706] L'article 111 (2) et (3) signale également que les places non pourvues par la voie du recrutement spécial sont affectées au concours direct ; puis que celles non pourvues par voie d'obtention des diplômes techniques du niveau du cadre des administrateurs des prisons sont affectées au recrutement par voie d'avancement de grade au choix.

[1707] L'article 111 (2) et (3) signale également que les places non pourvues par la voie du recrutement spécial sont affectées au concours direct ; puis que celles non pourvues par voie d'obtention des diplômes techniques du niveau du cadre des administrateurs des prisons sont affectées au recrutement par voie d'avancement de grade au choix. Les mêmes exigences sont reprises à l'article 120 (2) et (3) s'agissant du recrutement dans la cadre des intendants des prisons.

[1708] L'article 114 décide que la proposition de promotion est réservée au ministre en charge de l'administration pénitentiaire provient ; puis que la nomination se passe de toute péréquation.

La raison en est, également, que seule la personne qui consulte l'article 115 du décret n° 2010/365 du 29 novembre 2010 découvrira la piste à emprunter pour accéder au cadre des administrateurs principaux des prisons. Effectivement, la lecture cursive de ceux-ci révèle qu'on y accède soit par la voie du concours professionnel ouverte aux seuls administrateurs des prisons justifiant d'une expérience professionnelle au moins égale à cinq ans, soit par la voie de l'avancement au grade dans l'hypothèse où on justifie d'une expérience professionnelle d'au moins huit années dans ce grade.

La raison en est, pareillement, que seul celui qui se réfère à 116 du décret du 29 novembre 2010 apercevra les chemins conduisant au cadre des administrateurs des prisons. Effectivement, on y découvre que ceux-ci sont recrutés soit par la voie du concours direct, soit par la voie du concours spécial et doivent être âgés de 17 ans au moins et de 32 ans au plus, puis titulaires du diplôme de formation professionnelle délivré par l'ENAP. On y découvre que les membres de ce grade sont recrutés parmi les candidats âgés de 17 ans au moins et 32 ans au plus titulaires d'une licence de l'enseignement supérieur ou d'un diplôme équivalent auxquels s'ajoute le diplôme d'administrateur des prisons que délivre l'ENAP. On apprend que les administrateurs des prisons sont aussi recrutés parmi les intendants des prisons admis au concours professionnel des intendants des prisons et nanti d'une expérience professionnelle de cinq ans dans le cadre visé. On apprend que les administrateurs des prisons sont aussi recrutés parmi les super intendants des prisons pouvant apporter la preuve d'une ancienneté de quatre années de service effectif à ce grade ; parmi les intendants des prisons, les gardiens-chefs des prisons ou les gardiens des prisons titulaires d'une licence délivrée par le ministère de l'enseignement supérieur ou d'un diplôme équivalent, mais surtout autorisés à présenter le concours direct ou spécial[1709]. On réalise que les personnes ayant la titularité d'un doctorat de troisième cycle, les ingénieurs et les « cadres de conception de niveau Baccalauréat plus cinq » peuvent nourrir l'espoir d'être recrutés sur ces bases et intégrés directement dans le corps des fonctionnaires de l'administration pénitentiaire au sein du cadre des administrateurs des prisons de deuxième échelon ; que les titulaires d'un doctorat d'Etat, d'une doctorat dit « nouveau régime », d'un Ph.D ou d'un doctorat en médicine ont vocation à être intégrés dans le cadre des administrateurs des prisons, au quatrième échelon.

La raison en est, également, que seule la consultation de l'article 121 du décret du 29 novembre 2010 découvre les méandres du recrutement au sein du cadre des intendants des prisons.

Les superintendants des prisons sont recrutés au choix parmi les intendants des prisons justifiant de six années de service effectif dans ce grade.

[1709] Il est prescrit, pour cette dernière sous-catégorie, qu'un quota de places lui est réservée.

Les intendants principaux des prisons sont recrutés, au choix, parmi les intendants des prisons justifiant d'une ancienneté de six années de service effectif en cette qualité.

Quant aux intendants des prisons, leur recrutement tient largement compte « des besoins de service ». La voie du concours, direct ou spécial, est privilégiée. Les postulants sont tenus d'avoir au bas mot 17 ans, en valeur absolue 32 ans ; mais surtout être titulaires du diplôme des intendants des prisons. Le recrutement se fait également, dans la fourchette d'âge déjà déclinée, parmi les titulaires du baccalauréat de l'enseignement secondaire, du « general certificate of éducation (GCE) advanced level, obtenu en au moins deux matières à l'exclusion de la matière intitulée « Religious knowledge », ou d'un diplôme équivalent, puis d'un diplôme délivré par l'ENAP. Enfin, le recrutement à ce grade est ouvert, par la voie du concours professionnel, aux gardiens-chefs des prisons justifiant d'une ancienneté professionnelle au moins égale à cinq ans dans le cadre ; puis au choix parmi les gardiens-chefs principaux des prisons justifiant d'une ancienneté de service de quatre années dans ce grade.

La raison en est encore que seule la consultation de l'article 124 du décret du 29 novembre 2010 livre des informations suffisamment édifiantes concernant l'accès au sein du cadre des gardiens-chef des prisons, lequel comprend trois grades. 60 % de ceux que l'on y retrouve sont recrutés par la voie du concours direct. 5 % de ceux qui en sont membres sont sélectionnés par le truchement du concours spécial. 20 % des fonctionnaires qui s'y rattachent sont sélectionnés à l'issue d'un concours professionnel. 10 % de l'effectif est issu de l'avancement au choix. 5 % des membres du cadre appartiennent à la catégorie des titulaires du diplôme technique pénitentiaire du cadre des gardiens des prisons.

Au fond, au grade de gardien-chef principal des prisons représentant 10 % de l'effectif du cadre sont recrutés, par voie d'avancement au choix, les gardiens-chefs major des prisons justifiant d'une ancienneté effective de cinq années en cette qualité.

Au fond, au grade de gardien-chef major représentant environ 30 % de l'effectif du cadre sont recrutés, des prisons est recruté le gardien chef des prisons ayant obtenu cette qualité depuis au moins cinq ans. Logiquement, l'accès à ce grade intervient au choix, mais jamais occulter les besoins du service.

A l'analyse, les gardiens-chefs des prisons, qui constituent 60 % de l'effectif du cadre, sont enfin recrutés :

- Par la voie du concours direct ou spécial, parmi les camerounais âgés de 17 ans au moins et de 28 ans au plus, titulaires du diplôme ouvrant l'accès à ce cadre, obtenu à l'ENAP ; mais également parmi les titulaires du brevet d'études du premier cycle du second degré ou du General certificate of education ordinary level obtenu en au moins quatre matières, à l'exclusion de la matière intitulée « Religious knowledge », ou d'un diplôme équivalent, accompagné en tout état de cause du diplôme de gardien chef des prisons ;

- Par la voie du concours professionnel, au nombre des seuls gardiens des prisons justifiant d'une ancienneté d'au moins quatre années en cette qualité ;

- Parmi les personnels du cadre des gardiens des prisons titulaires du brevet d'études du premier cycle du second degré ou du General certificate of education ordinary level obtenu en au moins quatre matières, à l'exclusion de la matière intitulée « Religious knowledge », ou d'un diplôme équivalent, accompagné en tout état de cause du diplôme de gardien chef des prisons.

La raison en est, enfin, que seule la consultation des articles 131 et suivants du décret du 29 novembre 2010 livre des informations suffisamment fiables concernant l'accès au sein du cadre des gardiens des prisons. Celui-ci comprend trois grades. 10 % de ceux que l'on y retrouve sont des gardiens principaux des prisons. 30 % de ceux sont des majors des prisons. 60 % de l'effectif rattaché appartient à la catégorie des gardiens des prisons.

S'agissant singulièrement des gardiens principaux des prisons qui constituent le sommier de la pyramide, on sait que les concernés sont issus de la sous-catégorie des gardiens des prisons réunissant une ancienneté de service de quatre années en cette qualité.

S'agissant singulièrement des gardiens-majors des prisons des gardiens-majors des prisons, la certitude est acquise que ceux-ci doivent recrutés au choix parmi les gardiens des prisons justifiant de quatre années d'activité au sein de ce grade.

A propos des gardiens des prisons, ceux-ci sont issus du concours direct ou du concours spécial. Le recrutement se fait parmi les camerounais âgés de 17 ans au moins et de 28 ans au plus, ayant subi avec succès l'un des écrémages et, en tout état de cause, titulaire du diplôme de gardien des prisons que délivre l'ENAP. Sont également éligibles les candidats de la même tranche d'âge, titulaires du Certificat d'études primaires, du First school living certificate ou de parchemins équivalents, et nantis du diplôme de gardien chef des prisons obtenu à l'ENAP. Bien que de compréhension difficile pour le non-initié, pareille construction laisse entrevoir les missions de l'administration pénitentiaire.

B. Exercice de la profession

Les fonctionnaires de l'administration pénitentiaire ont des missions que la loi leur assigne. Pour les mener à bien, des droits leur sont concédés et des obligations leur sont imposées.

1. Substance des missions du personnel

L'administration pénitentiaire a diverses missions[1710]. Le statut spécial de ce corps décide[1711] que les fonctionnaires qui l'animent sont chargés :

- D'appliquer les décisions de justice portant privation ou restriction des libertés des personnes *(voir not. CS, arrêt n° 133/P, 02 avril 1981, Procureur général près la Cour d'appel de Bamenda c. Ministère public et Dim Joseph Martial, Répertoire chronologique de la jurisprudence de la Cour suprême, tome 1, Droit pénal, préc.)* ;
- De sécuriser les établissements pénitentiaires et de maintenir l'ordre au sein de ceux-ci ;
- De surveiller et rééduquer les personnes placées sous main de justice ainsi que de celles faisant l'objet des mesures de garde à vue administrative ;
- De la préparation à une réinsertion sociale des personnes mises sous l'autorité de la justice ;
- De la production pénitentiaire qui s'opère au moyen de la valorisation du potentiel humain des personnes en détention.

L'énoncé quelque peu sentencieux de ces attributions communes est susceptible d'induire en erreur le lecteur pressé du statut spécial[1712].

A l'examen, on observe effectivement que les missions de l'administration pénitentiaire peuvent parfois être confiées à des tiers. Sont concernés, d'une part les agents publics rattachés à d'autres corps de métiers. Sont concernés, d'autre part, les personnes justifiant de connaissances pointues dans certaines spécialités utiles à cette administration[1713]. Au-delà de ces exemples, l'ouverture est quasiment érigée en principe lorsque l'article 3 du statut spécial pose que le membre du corps de l'administration pénitentiaire appartient à la catégorie des *« éléments civils chargés du maintien de l'ordre au sein des institutions pénitentiaires... »*[1714]

[1710] Il faut le dire d'emblée, le débat est ancien de savoir si ces missions ne devraient pas être libéralisées et les prisons privatisées, notamment au profit des personnes morales privées dont l'Etat et les personnes morales de droit public seraient les seuls associés ou encore au profit d'entreprises privées dont l'Etat serait le sociétaire majoritaire. Le débat est en cours.

[1711] Article 2.

[1712] Pour approfondir la compréhension de ces missions, lire MINKOA SHE A., *Droits de l'homme et droit pénal au Cameroun*, Economica, Paris, 1999, pp. 211 et s. ; NGONO BOUNOUGOU R., *La réforme du système pénitentiaire camerounais: entre héritage colonial et traditions culturelles*, thèse, Grenoble, 2012, pp. 202 et s.

[1713] Article 5, préc. Les articles 64 et 65 du décret du 27 mars 1992 portant régime pénitentiaire au Cameroun, pour s'en tenir à eux, sont très édifiants ici. Le premier décide que l'assistance sociale aux détenus est assurée, sous l'autorité du régisseur d'une prison, par les services spécialisés du Ministère chargé des affaires sociales. Le second décide qu'à la fin de chaque trimestre, les assistants sociaux en fonction dans les établissements pénitentiaires adressent au « Ministre chargé de l'administration pénitentiaire » et à son homologue en charge des affaires sociales, un rapport de leurs activités.

[1714] La question est toujours débattue de savoir si les missions de l'administration pénitentiaire ne pourraient pas, même partiellement, être « privatisées ». Sont spécialement visées celles qui

A l'examen, on découvre, ensuite, que les missions des différents cadres du corps de l'administration pénitentiaire ne sont pas identiques. En ce sens, l'article 108 décide que le fonctionnaire du cadre des administrateurs des prisons assure d'une manière générale les fonctions de conception, de direction, d'évaluation, de contrôle ou de commandement, soit dans les services centraux, soit dans les services déconcentrés du ministère en charge de l'administration pénitentiaire. De même, l'article 117 pose que les fonctionnaires du cadre des intendants des prisons assument à la fois des fonctions d'élaboration ou d'application à un niveau élevé, mais également des missions de commandement et d'encadrement. Pareillement, l'article 124 retient que les fonctionnaires du cadre des gardiens-chefs des prisons assurent l'exécution des tâches spécialisées. Clarifiant les choses, celui-ci insiste notamment sur le maintien de l'ordre au sein des institutions pénitentiaires, l'encadrement et l'instruction des gardiens des prisons, l'entretien du matériel de sécurité, les missions de surveillance, l'escorte et ou la supervision, l'exécution des tâches administratives et techniques, l'application des actions de préparation à la réinsertion sociale. En ce sens, l'article 131 retient, à propos du cadre des gardiens des prisons, que ceux qui y sont rattachés sont chargés de l'« exécution des tâches courantes », qui vont du concours au maintien de l'ordre à l'exécution de certaines activités administratives et techniques.

A l'examen, on observe effectivement que le fonctionnaire du corps de l'administration pénitentiaire exerce parfois des activités auxquelles peu de gens songent. C'est ainsi par exemple qu'il peut, sur réquisition de l'autorité compétente et concurremment avec d'autres forces de l'ordre, prendre part aux opérations se rapportant au maintien de l'ordre, de sécurité, de défense, conformément aux lois et règlements en vigueur[1715]. C'est ainsi par exemple que celui-ci doit, en cas de nécessité et s'il en est requis, prêter main-forte aux agents de la force publique en situation difficile vis-à-vis de la foule et, particulièrement, lors d'un service commandé exécuté par lesdits agents[1716]. C'est ainsi que le fonctionnaire de l'administration pénitentiaire peut le cas échéant, de sa propre initiative, intervenir lorsque les circonstances l'exigent, pour empêcher tout acte ou agissement grave susceptible de porter atteinte à l'ordre ou à la tranquillité publics conformément aux lois et règlements en vigueur[1717].

ont trait à la production pénitentiaire, à la rééducation des détenus, à la préparation de leur réinsertion sociale. Quelques-uns sont allés jusqu'à se demander si cette désétatisation ne pourrait pas s'opérer à travers la société à capital public dont on sait qu'elle est une entreprise ayant comme associé l'Etat et ou les personnes morales de droit public. Quelques autres ont évoqué la mobilisation de la société d'économie mixte où l'Etat et ou les personnes morales de droit public demeurent les sociétaires majoritaires

[1715] Article 3 (2).

[1716] Article 32 (1).

[1717] Ibid.

A l'examen, et en droite ligne de ce qui précède, le constat s'impose que le fonctionnaire de l'administration pénitentiaire est placé dans différentes positions dans le cours de sa carrière.

L'une de celles-ci correspond à la position d'activité. Elle paraît banale lorsqu'on la présente comme étant celle du fonctionnaire de l'administration pénitentiaire qui exerce effectivement son activité professionnelle dans l'emploi où il a été nommé. Elle paraît moins banale lorsqu'on consulte ces termes du statut spécial du corps des personnels de l'administration pénitentiaire où il est retenu que la position d'activité est conservée au cas de congé administratif, de congé de maladie, de congé de maternité ; que celle-ci ne disparaît pas lors des repos après les gardes, dans les hypothèses de permissions d'absence, de missions officielles. On est même surpris d'apprendre qu'est assimilée à la position d'activité la situation de ceux qui prennent part à un stage de formation, de spécialisation ou de perfectionnement[1718].

Une autre position est celle du détachement. Ici, et à en croire les articles 54 à 58 du statut du personnel, le fonctionnaire quitte temporairement son poste de travail pour être rattaché à une institution publique par la constitution, la loi ou un acte règlementaire. Les textes envisagent précisément que celui-ci puisse alors œuvrer au profit de collectivités publiques décentralisées, d'entreprises privées nationales, d'organismes d'intérêt général ou de caractère associatif assurant des missions d'intérêt général, des organisations internationales ou des organisations non gouvernementales. Rien n'exclut que le fonctionnaire puisse même être détaché pour être membre du gouvernement. Reste à ne pas perdre de vue : que la mesure est prononcée à la suite d'une proposition de l'organisme de détachement ; que le bénéficiaire d'un détachement conserve ses droits à l'avancement et à la formation professionnelle ; que le détachement a la spécificité d'être essentiellement révocable et donc est susceptible de prendre fin à tout moment, à la demande du fonctionnaire ou de l'organisme de détachement. On se souviendra également : qu'au terme de la période de détachement, et sauf l'atteinte de la limite d'âge, le fonctionnaire est nommé à un emploi correspondant à son grade ; qu'au bout de dix années consécutives en dehors de l'administration pénitentiaire, la latitude est reconnue à la personne détachée de solliciter son recrutement définitif par l'organisme au profit duquel il a servi pendant cette fourchette de temps…

Une autre position est celle de la disponibilité. D'après les articles 59 à 66 du décret du 10 novembre 2010, cette position concerne le fonctionnaire de l'administration pénitentiaire qui, placé temporairement hors de son cadre, cesse de bénéficier dans cette position de ses droits à la rémunération, à l'avancement, à une pension. En réalité, la disponibilité sera généralement accordée par le ministre de la justice, tantôt pour « convenances personnelles » pour une durée de deux ans renouvelables trois fois, tantôt

---

[1718] Singulièrement à ceux des articles 35 et suivants.

pour études et recherches dans la limite de la durée de celles-ci, tantôt pour le besoins de l'assistance d'un enfant à charge gravement malade ou atteint d'une infirmité pour une durée de deux ans ; pour accompagner son conjoint appelé à servir auprès d'une mission diplomatique ou consulaire du Cameroun ou d'une organisation internationale ou non-gouvernementale à l'étranger. A sa demande, l'agent public du corps de l'administration pénitentiaire peut encore être mis en disponibilité, pour une période de trois ans renouvelables deux fois par tacite reconduction, afin de « créer ou diriger une entreprise dont les activités s'inscrivent dans les objectifs du plan national de développement », à condition toutefois d'être âgé d'au moins trente ans, de justifier d'une expérience professionnelle d'au moins cinq ans, de n'avoir pas par le passé dirigé l'entreprise en cause ou passé avec elle un marché, de n'avoir pas directement eu à contrôler au cours des trois dernières années précédant sa demande la branche d'activité dans laquelle l'investissement est à développer. Une chose est sûre qui se trouve dans les textes. C'est que la mise en disponibilité n'a pas à être accordée au fonctionnaire suspendu de ses fonctions ou faisant l'objet de poursuites judiciaires. Pareillement, à l'expiration de cette position, dans le délai de 90 jours, celui qui ne rejoint pas son « administration d'origine » court le risque d'être révoqué. Cette extrême sévérité se comprend : la personne mise en disponibilité a vocation soit à être réintégrée dans un poste de travail correspondant à sa qualification professionnelle, soit à être réformée, soit enfin à faire valoir ses droits à la retraite.

A l'examen, on ne s'aperçoit pas promptement que le fonctionnaire du corps spécial des personnels de l'administration pénitentiaire exerce moins au sein de l'administration centrale que dans les prisons. Le décret n° 92/052 du 27 mars 1992 procède au classement de celles-ci et découvre notamment l'éventail des activités des gardiens des prisons, lesquels représentent le collège majoritaire au sein de ce corps[1719]. Deux critères majeurs, qui ne sont malheureusement pas nettement lisibles dans la pratique, sont retenus pour ces besoins. L'un, fondé sur la nature de l'activité des centres pénitentiaires, distingue les prisons d'orientation ou de sélection, les prisons de relégation, les prisons de production, les prisons écoles, les prisons spéciales. L'autre, basé sur l'organisation des centres pénitentiaires, distingue les prisons centrales des prisons principales et des prisons secondaires[1720].

[1719] Voir l'article 2 de décret n° 92/052 du 27 mars 1992 portant régime de l'administration pénitentiaire au Cameroun.

[1720] Au sujet de la carte pénitentiaire, lire REPUBLIQUE DU CAMEROUN, *Rapport du ministère de la justice sur l'état des droits de l'homme au Cameroun en 2020*, préc., p. x., mais aussi la page 260, n°851 ; REPUBLIQUE DU CAMEROUN, *Rapport du ministère de la justice sur l'état des droits de l'homme au Cameroun en 2021*, préc., p. x., puis pp. 287 et s., n° 911 et s. Ici et labas sont évoqués l'existence au Cameroun de 91 prisons dont 79 sont fonctionnelles (parfois aussi y est évoquée l'existence de 81 prisons fonctionnelles). On y découvre que la capacité d'accueil est passée d'environ 18 000 places en 2020 à environ 18 350 en 2021 ; et la construction de 3 prisons y est annoncée.

Le reste est clarifié s'agissant du critère de classification en lien avec la nature des activités du centre pénitentiaire[1721]. Les prisons d'orientation ou de sélection sont implantées dans les chefs-lieux de régions. Elles accueillent essentiellement des personnes condamnées à des peines d'emprisonnement dont la durée est supérieure à un an, avant leur orientation vers des centres pénitentiaires appropriés après cette période d'observation. Les prisons de relégation ont la spécificité d'être réservées aux personnes censées exécuter une peine de relégation sous le régime du travail et de réforme sociale, mais aussi d'accueillir les condamnés que l'administration pénitentiaire estime difficilement "récupérables" ou trop indisciplinés pour séjourner dans les centres pénitentiaires traditionnels. Les prisons de production doivent être implantées soit à proximité d'entreprises importantes soit en milieu rural où des activités agropastorales sont menées. Assez logiquement, elles ont vocation à offrir aux détenus l'occasion de participer, par leur travail, à l'effort national de développement. Les prisons écoles sont destinées à la formation théorique et pratique des délinquants ou des mineurs placés en rééducation. Assimilées aux prisons écoles, les prisons spéciales sont réservées aux catégories sociales particulièrement vulnérables, à savoir les femmes et les enfants[1722].

Le reste est également clarifié s'agissant du critère de classification se rapportant à l'organisation du centre pénitentiaire[1723]. La mise au point est esquissée qui permet de comprendre que les prisons centrales sont placées sous l'autorité d'un régisseur ayant rang de directeur adjoint de l'administration centrale et qu'elles comprennent deux services. L'un est chargé de la discipline et des activités socio-culturelles et éducatives[1724] ;

Au passage, ces rapports renseignent également sur la cartographie de la population carcérale. A titre d'exemple, les pages 253 et suivantes (et les numéros 826 et suivants) du « Rapport 2020 » révèlent qu'au 31 décembre 2020, le pays comptait dans ses prisons environ 26 800 personnes appartenant à la fois à la catégorie des condamnés et des prévenus, contre respectivement 31 815 personnes en 2018 et 30 606 personnes en 2019. La baisse s'explique par la commutation et la remise des peines par décret n° 2020/193 du 15 avril 2020. A titre d'exemple, les pages 287 et suivantes (numéros 911 et suivants) du « *Rapport 2021* » révèlent qu'au 31 décembre 2021, le pays comptait dans ses prisons environ 30 567 personnes dont 18987 en détention provisoire et 11 580 condamnées.

[1721] Articles 3 à 8.

[1722] Sur ce point, voir not. GUIMDO DONGMO R.B., « Les alternatives à l'emprisonnement dans des contextes de surpeuplement carcéral : le cas du Cameroun », *Juridis Périodique* n° 60, oct.-déc. 2004, pp. 77 et s. ; MONEBOULOU MINKADA H.M., *Système pénitentiaire et criminalité au Cameroun*, thèse, Yaoundé 2, 2011 ; NGONO BOUNOUGOU R., *La réforme du système pénitentiaire camerounais: entre héritage colonial et traditions culturelles*, op cit., pp. 307 et s.

[1723] Articles 11 à 15. Pour en savoir davantage, voir NGONO BOUNOUGOU R., op cit., pp. 313 et s.

[1724] Ce service comprend trois bureaux. Prosaïquement, ceux-ci ont la charge du maintien de l'ordre parmi les détenus, de la classification des condamnés, de leur propreté ainsi que de celle de leurs cellules, du contrôle du courrier, de la sélection des corvéables, de la fouille des locaux et des détenus, de la formation, de l'encadrement psycho-social et sportif des détenus, de la gestion des foyers et des mess des prisons...

l'autre des affaires administratives et financières[1725]. La mise au point est esquissée qui révèle que les prisons principales sont placées sous l'autorité d'un régisseur assisté d'un adjoint, ayant respectivement rang de chef de service et de chef de service adjoint au sein de l'administration centrale. On y retrouve quatre bureaux, à savoir le bureau de la discipline, le bureau de l'action sociale, des activités culturelles et éducatives, le bureau des affaires administratives, du personnel et du greffe, le bureau des affaires financières. Il est dit, enfin, que les prisons secondaires sont placées sous la responsabilité d'un régisseur du niveau de chef de service adjoint et comportent deux bureaux, à savoir le bureau de la discipline, des affaires administratives et du greffe ; le bureau de l'action sociale, des activités culturelles et éducatives.

A l'examen, on ne s'aperçoit pas immédiatement que le fonctionnaire du corps spécial des personnels de l'administration pénitentiaire est appelé à cesser ses fonctions dans des cas précis. Tantôt, ceux-ci sont provisoires et résultent de la mise en disponibilité. Tantôt, ceux-ci sont définitifs et renvoient à la démission, au licenciement, à la révocation, à l'admission à la retraite, au décès. Sauf à relever, trois choses concernant ces derniers points.

L'une des choses concerne l'admission à la retraite. Elle confère des droits à pension définis conformément à la règlementation en vigueur. Seulement, l'âge de départ n'est pas uniforme. Il est de 55 ans s'agissant du cadre des gardiens chefs des prisons et du cadre des gardiens des prisons ; de 60 ans s'agissant du cadre des administrateurs des prisons et de celui des intendants des prisons[1726].

L'autre chose concerne la démission. Elle requiert un acte de volonté écrit et adressé par voie hiérarchique à l'autorité investie du pouvoir de nomination. Elle suppose une acceptation, laquelle devrait être obtenue dans le délai de quatre mois à compter de la réception de l'offre de démission ou, en cas de silence, être implicite. Elle ouvre droit au remboursement des retenues opérées sur le traitement au titre de la pension retraite. Il n'est cependant pas à exclure que l'auteur d'une offre de démission soit révoqué, notamment parce le concerné a abandonné son poste ou cessé le service avant la survenance de l'acte d'autorisation. Dans cette hypothèse, le concerné perd malheureusement son droit à pension et court le risque de réparer le préjudice que l'administration peut estimer avoir subi[1727].

La troisième chose a trait au décès. En de telles circonstances, la charge revient à l'Etat de s'occuper du cercueil, des frais de mise en bière, du

---

[1725] Ce service comprend trois bureaux. Le soin lui revient de veiller à la discipline des personnels et de contrôler les effectifs, de veiller sur les armes et les munitions, d'ouvrir et de classer le dossier du personnel. Il est également chargé du courrier départ et arrivée, de la tenue des chronos et répertoires, de l'ouverture et du classement des dossiers pénitentiaires, de la tenue des registres d'écrou, des statistiques des détenus, des avis d'évasion, de recherche et de cessation de recherches, de l'anthropométrie, de l'incarcération et de la libération des détenus, du suivi et de la coordination de la comptabilité matières...

[1726] Article 99.

[1727] Article 95.

transport des restes mortels, de la famille et des effets du défunt jusqu'au lieu de l'inhumation. A cela s'ajoutent les honneurs à rendre à la dépouille au moment de la levée de corps et de l'inhumation, mais surtout le paiement d'un capital décès et d'une pension de réversion aux ayants-droits du disparu[1728].

2. Droits et obligations du fonctionnaire

Les membres du corps spécial de l'administration pénitentiaire ont de droits et d'obligations dont l'inventaire est dressé. Des sanctions les accompagnent que l'on ne saurait passer sous silence.

a. Inventaire des droits et des obligations

Les droits des fonctionnaires de l'administration pénitentiaire doivent idéalement être dissociés des obligations.

[1728] Article 101. Cet article met encore à la charge de l'Etat les frais funéraires relatifs au décès du conjoint et des enfants à charge. Il prévoit que le cercueil doit encore être fourni même en cas de décès après le départ à la retraite ; que cette mesure s'applique au conjoint et aux enfants encore à charge. Enfin, l'idée y est développée qu'en cas de décès du fonctionnaire à la suite d'un accident lié au service ou survenu à l'occasion du service, le capital décès est quintuplé. A dire vrai, rien de cela ne surprend pas lorsqu'on ne perd pas de vue les exigences du décret n° 2000/684/PM du 13 Septembre 2000 fixant les conditions et modalités d'attribution du capital-décès. Effectivement, le décret résout :
- Que le capital décès est attribué aux ayants-droits de certains agents publics décédés en activité, en disponibilité ou en détachement, à savoir les fonctionnaires relevant du statut général de la fonction publique de l'Etat, ceux relevant du statut spécial de l'enseignement supérieur, ceux rattachés à l'administration pénitentiaire auxquels s'ajoutent les fonctionnaires stagiaires ;
- Que le capital-décès est une allocation pécuniaire accordée en un seul versement, quels que soient l'origine, le moment ou le lieu du décès, et surtout que son montant est égal à la "égal à la solde de base annuelle brute d'activité" ;
- Que lorsque le décès est provoqué par un accident imputable au service ou survenu en raison ou à l'occasion du service, celui-ci est quintuplé par arrêté du président de la République pour les ayants-droits des magistrats de l'ordre judiciaire, des personnels militaires ainsi que de ceux de la Sûreté nationale ; par arrêté du premier ministre, pour les ayants-droits des autres personnels de l'Etat ;
- Que le capital-décès est liquidé par l'autorité chargée de la gestion de l'agent public décédé ;
- Que le capital-décès est versé aux ayants-droits du défunt à raison du tiers aux conjoints non divorcés, des deux tiers aux enfants mineurs légitimes ou reconnus et aux enfants majeurs poursuivant leurs études. A supposer que le défunt ait différents conjoints, leur quote-part sera répartie proportionnellement au nombre d'années de mariage ;
- Que le paiement du capital décès se réalise au vu d'un dossier régulièrement constitué, dans un délai de trois mois, à compter de la date de dépôt dudit dossier ;
- Que celui qui a porté atteinte à l'existence d'autrui, et qui était l'un de ses ayants-droits perd le bénéfice du droit au capital-décès.

i. Les droits

Les droits du fonctionnaire de l'administration pénitentiaire surabondent. Au nombre de ceux-ci, l'attention est particulièrement attirée par :

- Le droit à la protection. L'Etat est tenu d'éviter les atteintes à son intégrité physique et à son intégrité morale en raison ou à l'occasion de l'exercice de ses fonctions. L'Etat doit également éviter à cet agent public d'être inquiété pour des actes régulièrement pris dans le contexte de ses attributions ou conformément aux ordres de supérieurs hiérarchiques. Du coup, et sans surprise, les modalités de l'exploitation de l'activité professionnelle devraient préserver le fonctionnaire des menaces, outrages, injures ou diffamations ; une promotion exceptionnelle devrait lui être due lorsqu'il est grièvement blessé pendant l'exploitation de son activité professionnelle[1729]. Du coup, lorsqu'un préjudice est souffert à l'occasion de

---

[1729] Articles 17, 18, 29. Le droit commun offre d'autres solutions, développées notamment dans le décret n° 2000/692/PM du 13 septembre 2000 fixant les modalités d'exercice du droit à la santé du fonctionnaire.

A titre d'exemple, s'agissant de la prévention des accidents et les maladies d'origine professionnelles, il est prescrit, aux articles 5 et 6, que l'Etat et les personnes morales publiques sont tenus de garantir à l'agent public, au lieu du service, toutes les conditions d'hygiène et de sécurité propre à prévenir les maladies professionnelles. Très concrètement, le soin leur revient de veiller à ce que les locaux, dépendances, passages et escaliers soient constamment propres, suffisamment aérés et convenablement éclairés ; que le lieu où s'effectue de service dispose de toilettes équipées d'appareils sanitaires en nombre suffisant et soient opérationnels. Ils doivent s'assurer que l'agent public soit à l'abri de pollutions et nuisances, de désagréments causés par des insectes ou des animaux dangereux ; que le lieu d'exercice de l'activité professionnelle possède des issues de secours susceptibles de faciliter la circulation rapide du personnel et des usagers si d'aventure survient un événement nécessitant une évacuation ; que l'on y retrouve des extincteurs à chaque étage pour prévenir les risques d'incendie. Les fonctionnaires doivent encore pouvoir disposer, dans leur lieu de service de l'eau potable en quantité et en qualité suffisantes ; de vestiaires lorsque l'exercice de l'activité professionnelle requiert un habillement particulier.

A titre d'exemple, s'agissant de la prise en charge des frais provoqués par les maladies professionnelles, il est prescrit, à l'article 14, que l'Etat prend en charge et donc éventuellement, rembourse la totalité des frais des actes médicaux, pharmaceutiques, d'évacuation, d'hospitalisation, de rééducation fonctionnelle et d'appareillage. Il assure la fourniture, l'entretien et le renouvellement des prothèses et autres appareils d'orthopédie rendus indispensables par l'infirmité née de l'accident ou de la maladie d'origine professionnelle ;

Enfin, et cela n'est pas sans intérêt, l'accident imputable au service et la maladie d'origine professionnelle sont déclinés. Cela est notamment fait à l'article 12 où il est résolu qu'est considéré comme imputable au service, quelle qu'en soit la cause, l'accident dont le fonctionnaire est victime du fait ou à l'occasion de l'exercice de ses fonctions, pendant le trajet aller et retour entre sa résidence principale ou une résidence secondaire présentant un certain caractère de stabilité et son lieu de service ; le lieu de service et le restaurant, la cantine ou d'une manière générale, l'endroit où celui-ci prend habituellement ses repas ; au cours d'une mission officielle. Cela est également fait à l'article 13 qui range dans la catégorie des maladies d'origine professionnelle les maux du fonctionnaire ayant un lien avec la nature ou les conditions d'exercice de ses fonctions ; ceux approuvés par les conseils de santé, notamment les manifestations morbides d'intoxication aiguë ou chroniques d'infections microbiennes présentées par les personnels soumis à des risques de contamination ; les affections découlant très

ses fonctions, l'employeur devrait procéder à l'évaluation et à la réparation de ce préjudice avec en contrepartie, cela est connu, le droit, d'office, d'être subrogé à la victime pour obtenir des auteurs du dommage le reversement des sommes déboursées pour les besoins du dédommagement. Du coup, la responsabilité civile de l'Etat devrait automatiquement se substituer à celle du fonctionnaire de l'administration pénitentiaire condamné pour une faute personnelle commise contre un tiers dans ou lors de l'accomplissement des missions dont il a la charge. C'est assez dire que l'Etat le couvre des condamnations civiles prononcées par les juridictions lorsque celui-ci est poursuivi par une personne parce qu'une faute de service lui est imputée, dans un contexte où une faute personnelle détachable de l'exercice de ses fonctions ne lui est pas reprochée [1730] ;

- Le droit, après le service fait, à une rémunération. Logiquement, la rémunération est fonction, à la fois, du grade, de l'échelon, de la fonction assumée. Elle comprend notamment le traitement indiciaire de base, les suppléments pour charge de famille, les primes et indemnités diverses, notamment une indemnité pour non logement [1731] ;

- Le droit d'obtenir le remboursement ou, idéalement, la prise en charge des frais liés aux déplacements temporaires ou définitifs pour cause de service, ainsi que ceux du conjoint, des enfants légitimes en état de minorité, dans les mêmes circonstances[1732] ;

- Le droit pour lui, pour son conjoint et ses enfants à charge, à la gratuité des consultations et soins médicaux dans les établissements sanitaires de l'administration pénitentiaire[1733]. A l'opposée, cela doit être relevé, on ne devrait pas envisager que la gratuité des soins visés soit acquise dans des centres hospitaliers sans rattachement avec l'administration pénitentiaire[1734] ;

---

probablement de conditions ou d'attitudes particulières de service ; les infections microbiennes ou les affections parasitaires contractées dans des zones déclarées officiellement comme infectées.

[1730] En de telles circonstances, cela n'est pas inédit, l'Etat dispose d'une action récursoire à l'encontre du mis en cause. A en croire l'article 3 de l'arrêté n° 6437/MFPRA du 21 septembre 2000 fixant les modalités de l'action récursoire, cette action s'exerce par l'émission d'un ordre de recettes à l'encontre de l'agent public concerné. En conséquence, des prélèvements sont effectués, à la source, sur la rémunération du fonctionnaire débiteur, sans jamais que cela excède la quotité saisissable.

[1731] Articles 15, 21.

[1732] Idem.

[1733] Articles 23.

[1734] En ce sens, le décret n° 2000/692/PM du 13 septembre 2000 fixant les modalités d'exercice du droit à la santé du fonctionnaire prescrit à son article 16, s'agissant de la participation de l'Etat et des personnes morales publiques aux frais liés aux accidents et maladies non imputables au service, que la participation de l'employeur s'opère à concurrence de 60 % en ce qui concerne les frais des soins médicaux, pharmaceutiques, d'hospitalisation, de rééducation fonctionnelle et d'appareillage. La mesure s'étend au fonctionnaire, à son conjoint, à ses enfants légitimes, reconnus ou adoptifs. La contribution visée se réduit à 30 % aux frais listés pour le fonctionnaire, son conjoint et ses enfants légitimes, reconnus ou adoptifs s'agissant des soins ou de l'hospitalisation dans une formation sanitaire privée.

- Le droit, lorsqu'une peine doit être subie, d'être incarcéré dans un établissement pénitentiaire proche du lieu d'affectation[1735]. La chose surprend lorsqu'on se réfère au Code de procédure pénale qui semble inviter, s'agissant de certaines catégories des personnels des corps administratifs, judiciaires ou auxiliaires, de les juger et par ricochet de les soumettre à l'exécution d'une peine privative de liberté loin du théâtre de ce qui fut leur activité professionnelle ;

- Le droit à un dossier individuel consultable. Ce droit n'est pas reconnu au hasard. Au fond, bien que conservé par un service particulier, le dossier en cause renseigne le fonctionnaire, à tout moment, au sujet du détail de sa situation administrative et sur le déroulement de sa carrière. Très concrètement, cela s'opère par le biais de pièces enregistrées, numérotées et archivées sans discontinuité[1736] ;

- Le droit à une indemnité compensatrice. La prérogative répond, peut-on dire, à la nécessité de préserver les biens du fonctionnaire. A preuve, ce droit ne devient exigible que lorsque des effets vestimentaires ou des objets personnels sont dégradés, détériorés ou perdus suite à des évènements ayant un lien direct avec l'exploitation de l'activité professionnelle [1737] ;

- Le droit à un congé administratif annuel dans la traînée duquel se situe se le droit aux permissions d'absence, aux congés de maladie ou de maternité[1738] ;

- Le droit au repos après la garde, lequel se conçoit davantage s'agissant des cadres les moins importants dans la classification professionnelle. Concrètement, la prérogative dispense d'une journée de travail après un tour de garde d'une durée de 24 heures. Des dérogations ne sont entrevues que lorsque l'intérêt du service le commande, auquel cas la journée de repos est reportée « à une date ultérieure » [1739] ;

- Le droit à la formation permanente. Sa consistance est basique. L'objectif est alors d'accroître les performances des personnels par le biais soit d'études à caractère technique, soit de stages de formation, soit d'activités de spécialisation ou de perfectionnement[1740]. Toujours est-il que le perfectionnement professionnel doit être « utile et opérationnel » ; que celui-ci a idéalement un lien immédiat avec les tâches effectuées et avec les missions de l'administration pénitentiaire ; qu'en fonction de la nature de la formation et de sa durée, le bénéficiaire est sélectionné soit à l'issue d'un test, soit sur proposition du service utilisateur [1741]. Au-delà des flottements

[1735] Article 22.
[1736] Article 19.
[1737] Article 20.
[1738] Articles 24 et 36.
[1739] Article 49.
[1740] Article 25.
[1741] Idem. Reste à se souvenir des articles 84 et 85 du statut spécial.
Reste à observer, à la lumière du « Programme de formation des élèves et stagiaires » que les curricula de recyclage de l'ENAP, en cours d'affinement, semblent complexes. Effectivement, on y retrouve le cycle des administrateurs des prisons stagiaires où le perfectionnement

liés aux curricula de la formation continue à recevoir, la véritable zone grise ici a trait à la prise en compte insuffisante des obligations inscrites dans les instruments internationaux ratifiés par le Cameroun. S'y ajoute la démultiplication des institutions susceptibles de la délivrer. Effectivement, à côté de l'ENAP se profilent à l'horizon des institutions publiques à l'instar de l'Ecole nationale d'administration et de magistrature et de l'Institut supérieur de management public. Cet arsenal est complété par les institutions sorties des fenêtres ouvertes par la loi n° 2018/010 du 11 juillet 2018 régissant la formation professionnelle et le décret n° 2020/2592/PM du 19 juin 2020 fixant les modalités de création, d'organisation et de fonctionnement des centres de formation professionnelle et d'apprentissage[1742] ;

- Le droit à des récompenses. Théoriquement, du moins d'après les enseignements de l'article 87, la prérogative profite au fonctionnaire qui s'est distingué de manière exceptionnelle par son dévouement, sa bravoure ou sa contribution à l'accroissement du rendement du service. Concrètement, l'intéressé peut recevoir une lettre d'encouragement, une lettre de félicitations, un témoignage officiel de satisfaction, une mention honorable, un diplôme d'excellence, une distinction honorifique, une

---

professionnel s'étale sur 9 mois et a trait à la formation commune de base, à la maîtrise du cadre juridique d'exercice, aux sciences humaines et aux métiers sociaux d'encadrement, au management et à l'administration générale. On y retrouve le cycle des intendants des prisons stagiaires où le perfectionnement professionnel s'étale sur 9 mois et porte notamment sur la formation commune de base, le droit du métier pénitentiaire, les sciences humaines et métiers sociaux d'encadrement , le management et l'administration générale, la gestion de la sécurité pénitentiaire. On y retrouve le cycle des gardiens-chefs des prisons stagiaires où le perfectionnement professionnel s'étale sur 6 mois et porte notamment sur la formation commune de base, le cadre juridique d'exercice, les sciences humaines, les disciplines techniques et de sécurité.

Reste à se souvenir des prévisions déjà évoquées du décret n° 2000/697/PM du 13 septembre 2000 fixant le régime de la formation permanente des fonctionnaires. En effet, le texte visé, qui a vocation naturelle à s'appliquer au cas de silence des statuts particuliers ou spéciaux dévoile nettement, entre autres, que :

- Le droit au moins à une formation permanente est acquis au fonctionnaire après chaque période de cinq ans ;
- La formation permanente s'opère par deux canaux. Celui du stage d'une part ; celui du séminaire d'autre part. Le stage, qui est soit un stage de formation, soit un stage de perfectionnement, a la spécificité de s'étaler sur une fourchette de temps supérieure à quatre-vingt-dix jours ; mais aussi de déboucher sur l'acquisition d'un titre nouveau ou à l'amélioration des connaissances professionnelles. En principe, il ouvre droit à tantôt une bonification d'échelons, tantôt à un reclassement, tantôt à un changement de corps. Le séminaire lui est une session de formation d'une durée inférieure ou égale à quatre-vingt-dix jours. L'objectif ici est de maintenir ou de parfaire la qualification actuelle du fonctionnaire et de le préparer à gérer au mieux des mutations techniques, culturelles, scientifiques, économiques, sociales ;
- Tandis que la mise en stage pour une formation ou un perfectionnement est constatée par le ministre de la fonction publique, la participation à un séminaire est décidée par le ministre utilisateur.

[1742] Ces centres de formation peuvent tantôt être publics, tantôt être privés .

promotion à titre exceptionnel, voire l'honorariat[1743]. En ce sens, et à en croire l'article 200 du statut spécial, les retenues opérées sur les salaires des personnels de l'administration pénitentiaire dans le cadre des sanctions disciplinaires à l'instar de la mise à pied et de l'exclusion temporaire de service sont reversées dans un compte spécial appelé « fonds des punis ». Les ressources issues du fonds des punis sont destinées à récompenser, sous forme de primes, les fonctionnaires de l'administration pénitentiaire dont les mérites sont les plus grands ;

- Le droit au congé de maternité[1744] et, en cascade, à des permissions d'absence[1745] et à des autorisations spéciales d'absence[1746]. Ceux-ci génèrent des obligations.

ii. Les obligations

Les obligations des fonctionnaires du corps spécial de l'administration pénitentiaire sont nombreuses. Parmi elles, on note :

- L'obligation d'exercer son activité professionnelle « avec loyalisme, efficacité, probité et rectitude morale » [1747] ;
- L'obéissance hiérarchique et la discipline, lesquelles suggèrent d'être à la « disposition permanente de l'administration pénitentiaire » ; expliquent ou justifient que le fonctionnaire ne doive pas être inquiété s'agissant d'actes régulièrement exécutés dans le cadre de ses attributions[1748]. Dans le prolongement de cette exigence, et à en croire l'article 29 du statut spécial du corps, le fonctionnaire est tenu, nonobstant son rang, de répondre des ordres donnés et de l'exécution des missions a lui confiées. Toutefois, et à s'en tenir aux termes de l'article 139-3, il ne peut invoquer l'obéissance à un ordre de ses supérieurs hiérarchiques ou des circonstances exceptionnelles pour justifier d'actes accomplis au mépris de la loi *(en ce sens, voir spécifiquement CSCA, jugt. n° 12/CSCA, 13 janv. 1983, Awana Gilbert c. Etat du Cameroun, préc. Cf également, même, tacitement CS, arrêt n° 133/P, 02 avril*

1743 Reste à ne pas perdre de vue trois choses. Premièrement, que l'acte accordant une récompense est notifiée à son bénéficiaire, versée à son dossier personnel et éventuellement publié au journal officiel ; deuxièmement, que la lettre de félicitations et le témoignage officiel de satisfaction sont décernés par le ministre en charge de l'administration pénitentiaire soit de son initiative, soit sur proposition de la hiérarchie du fonctionnaire intéressé, soit à la demande du fonctionnaire assortie d'un avis motivé de son supérieur hiérarchique ; troisièmement, que la mention honorable est décernée par l'autorité investie du pouvoir de nomination à la suite d'un avis de la commission administrative paritaire.

1744 Articles 46, 47, 48.

1745 Article 50. Accordées pour « raisons de convenances personnelles, dûment justifiées », elles ne devraient pas excéder 10 jours au cours du même exercice. Au-delà, elles sont déduites du congé annuel.

1746 Article 51. Généralement accordées pour des évènements familiaux ou pour l'accomplissement d'une mission d'intérêt public, elles ne sont pas décomptées dans le calcul de la durée du congé administratif annuel.

1747 Article 26 (1).

1748 Articles 27, 28 (3), 138.

1981, Procureur général près la Cour d'appel de Bamenda c. Ministère public et Dim Joseph Martial, Répertoire chronologique de la jurisprudence de la Cour suprême, tome 1, Droit pénal, préc., pp. 767-768 ; Ass. Plén., arrêt n° 8/A, 16 déc. 1982, Essimi Fabien c. Etat du Cameroun-DGSN, Répertoire chronologique de la jurisprudence de la Cour suprême, tome 5, Droit administratif, 1980-2000, préc. ; TPI Bertoua, jugt. n° 633/CO, 23 aout 1973, Ministère public et D... Henri c. K... Benoit et E... Mathieu, préc.) ;

- L'obligation de préserver le secret professionnel[1749]. A l'évidence, le secret professionnel doit être gardé par celui qui quitte le corps des fonctionnaires de l'administration des prisons[1750]. A l'évidence, les informations à ne pas révéler sont celles auxquelles le fonctionnaire de l'administration pénitentiaire a accédé dans le contexte de l'exercice de sa profession. Du coup, il est dans l'ordre des choses d'interdire de détourner, de soustraire ou de détruire des pièces ou des documents de service. Il était cohérent d'interdire, sauf besoin impérieux de service, de les reproduire ou de les communiquer[1751] ;

- L'obligation de réserve[1752]. Certes, il est difficile de délimiter rigoureusement les contours d'une telle exigence. Toutefois, quelques-uns des termes ou formules du décret n° 2010/365 du 29 novembre 2010 en offrent un aperçu. A titre d'exemple, l'idée y est exprimée qui veut que le fonctionnaire de l'administration pénitentiaire se comporte en tout temps comme un « digne » citoyen[1753]. A titre d'exemple encore, interdiction est faite à ce dernier de militer dans un parti politique ou d'y adhérer[1754] ;

- L'obligation, en tout temps, de service ou non, de s'abstenir en public d'attitudes, de propos ou manifestations susceptibles de jeter le discrédit sur les institutions nationales ou sur le corps de l'administration pénitentiaire ou de troubler l'ordre public[1755] *(tacitement, CSCA, jugt. n° 12/CSCA, 13 janv. 1983, Awana Gilbert c. Etat du Cameroun, préc. ; Ass. Plén., arrêt n° 8/A, 16 déc. 1982, Essimi Fabien c. Etat du Cameroun-DGSN, préc.)* ;

- L'obligation de se garder d'user de sa qualité ou des attributs de sa fonction pour obtenir ou tenter d'obtenir un avantage de quelque nature que ce soit ; d'entreprendre, sans autorisation de ses supérieurs hiérarchiques, des démarches ayant pour objet l'obtention d'une faveur personnelle ; d'exercer des pressions ou contraintes de quelque nature que ce soit sur des tiers[1756] ;

- L'obligation d'arborer un uniforme et des insignes correspondant au grade du fonctionnaire lors du service ou des cérémonies officielles. Il n'en

[1749] Articles 26 (2) et 30.
[1750] Article 92.
[1751] Article 30.
[1752] Articles 26 (2) et 30.
[1753] Article 26 (4).
[1754] Article 26 (5).
[1755] Article 26 (3).
[1756] Article 31.

peut aller autrement qu'à la suite d'une exemption décidée par le ministre en charge de l'administration pénitentiaire ou lorsque des missions spécifiques sont confiées au concerné. On ne devrait y déroger que dans les hypothèses de mise en disponibilité ou de détachement, moyennant idéalement une dispense express du Garde des sceaux[1757] ;

- L'obligation de porter une arme pendant le service[1758]. Utile, l'exigence pousse à s'interroger sur le type d'arme à arborer et, surtout, sur les modalités de l'utilisation de celles-ci ;

- L'obligation de ne pas se mettre en grève, de ne pas se soulever ou organiser des mutineries [1759] ;

- L'obligation de se garder de procéder à des incarcérations sans un ordre d'écrou conforme au modèle règlementaire, sans un mandat, une décision de justice ni un acte administratif régulier[1760] *(en ce sens, voir not. CS, arrêt n° 133/P, 02 avril 1981, Procureur général près la Cour d'appel de Bamenda c. Ministère public et Dim Joseph Martial, Répertoire chronologique de la jurisprudence de la Cour suprême, tome 1, Droit pénal, préc.*[1761]*. Adde : TM Bafoussam, jugt. n° 004/17, 13 janv. 2017, Ministère public et Nono Martin c. Kaou Halidou, inédit ; TPI Bertoua, jugt. n° 633/CO, 23 août 1973, Ministère public et D… Henri c. K… Benoit et E… Mathieu, préc.) ;*

- L'obligation de traiter le détenu avec respect et humanité. *A priori*, pareille obligation interdit de soumettre ces personnes à des actes de torture ou à des traitements cruels ou dégradants[1762]. Elle n'est pas sans lien avec d'autres exigences exprimées dans le décret du 27 mars 1992 portant régime pénitentiaire au Cameroun[1763]. Celles-ci touchent à la fouille des détenus et à leur habillement ; au traitement des femmes, lesquelles doivent rigoureusement être séparées des hommes. Celles-ci touchent au traitement du mineur qui doit être confiné dans des quartiers spéciaux ; à la santé du prisonnier malade, à son alimentation, à la réception des visites de familiers ou d'amis, etc.[1764] *(en ce sens, voir CEDH, 11 juil. 2024, n° 31842/20, W. W. c. Pologne JurisData n° 2024-016760, in La Semaine Juridique E.G., n° 40, 07*

[1757] Articles 3 (2), 27 (2), (4) et 28.

[1758] Articles 3 (3) et 27 (3).

[1759] Article 26 (6).

[1760] Article 16, décret du 27 mars 1992 portant régime pénitentiaire au Cameroun.

[1761] Dans cet arrêt, les principes sont rappelés avec force par la haute juridiction. Elle y juge, pour soutenir l'illégalité d'une détention que : « *(…) pour qu'une personne soit arrêtée dans des circonstances normales, il faut un mandat d'arrêt, et pour qu'elle soit détenue, il faut pour cela un mandat un mandat de dépôt adressé au régisseur de prison* ».

[1762] Article 139.

[1763] Articles 20 et suivants.

[1764] En ce sens, voir not. MINKOA SHE A., *Droits de l'homme et droit pénal au Cameroun*, Economica, op cit., pp. 63 et s., mais aussi les pages 197 et s. ; MONEBOULOU MINKADA H.M., *Système pénitentiaire et criminalité au Cameroun*, op cit., pp. 150 et s. ; « La protection de la dignité humaine du détenu au Cameroun », *RASJ* n° 9, 2012, pp. 51 et s. ; NGUEUMAGA KAMENI G.T., « le fonctionnement de la justice pénale et des établissements pénitentiaires au Cameroun à l'épreuve de la pandémie de la Covid-19 : vers la mutilation de l'Etat de droit », *Le Nemro*, avril-juin 2020, pp. 231 et s.

oct. 2024, act.1171, Comm. TABANI S.) A l'évidence, les manquements à cette exigence singulière devraient donner lieu à des sanctions.

b. Sanction des droits et des obligations

La sanction disciplinaire a un fondement, à savoir la faute disciplinaire. Celle-ci est soit une faute professionnelle, soit une faute extraprofessionnelle[1765]. Dans le premier des cas, on a affaire à un manquement, "par action, par omission ou par négligence aux obligations auxquelles est assujetti le fonctionnaire de l'administration pénitentiaire"[1766]. Dans le second des cas, on est en présence d'un manquement aux obligations ou d'un comportement affiché en dehors du service en violation de la déontologie ou de la moralité publique et susceptible de porter atteinte à l'honorabilité du corps des fonctionnaires de l'administration pénitentiaire"[1767]. Une chose est acquise. C'est que les fautes disciplinaires sont classées dans le décret n° 2010/365 du 29 novembre 2010. Effectivement, l'article 148 de ce texte retient que les agissements répréhensibles en cause sont invariablement soit des manquements aux obligations de service, soit des actes contraires à la discipline, soit des manquements aux consignes, soit enfin des actes contraires à l'éthique professionnelle, à la morale et à l'honneur *(tacitement, voir CSCA, jugt. n° 12/CSCA/8/82, 28 janv. 1982, Dame Binam née Ngo Njom Fidèle c. Etat du Cameroun, RCD n° 25, 1983, pp. 95 et s., note NLEP R.G. ; CSCA, jugt. n° 12/CSCA/8/82, 13 janv. 1983, Awana Gilbert c. Etat du Cameroun, RCD n° 25, 1983, pp. 116 et s.).*

Cela réservé, la méconnaissance des droits et des obligations du fonctionnaire rattaché au corps spécial de l'administration pénitentiaire expose à des sanctions diverses.

Tout d'abord, les sanctions encourues sont de nature répressive. La liste de celles-ci se trouve dans le Code pénal. Y sont visées, entre autres, celles énoncées en cas de corruption, de négligences, d'abus de fonctions, de communication avec les détenus, d'évasion[1768] *(même tacitement, voir not. CE,*

1765 Au sujet des statistiques et de leurs interstices, confère REPUBLIQUE DU CAMEROUN, *Rapport du ministère de la justice sur l'état des droits de l'homme au Cameroun en 2020*, précité, p. 260, n°s 849-850 ; *Rapport du ministère de la justice sur l'état des droits de l'homme au Cameroun en 2021* précité, pp. 295 et s., n°s 947 et s.

1766 Article 147 (1).

1767 Article 147 (2).

1768 Voir notamment les articles 134, 140, 143, mais surtout les articles 139, 192 et 193. A toutes fins utiles, il convient d'observer que :

- L'article192 réserve une peine d'emprisonnement de six mois à deux ans, celui qui facilite irrégulièrement les rapports d'une personne détenue avec l'extérieur ;
- L'article 193 réserve une peine privative de liberté comprise entre un an et trois ans à celui qui libère un individu légalement privé de sa liberté. La peine d'emprisonnement est élevée à la fourchette comprise entre un et cinq ans en cas d'évasion avec destructions ou violences ; de cinq

29 avril 1994, Colombani, Gaz. Pal. n°s 125-126, mai 1995, pp. 4 et s., note BIAKAN J. ; TM Bafoussam, jugt. n° 004/17, 13 janv. 2017, Ministère public et Nono Martin c. Kaou Halidou, préc.).

Ensuite, les sanctions encourues sont de nature disciplinaire. Par ordre de gravité, les sanctions disciplinaires sont de quatre catégories. La première catégorie regroupe la réprimande, la garde ou le service supplémentaire, la consigne, la mise en cellule disciplinaire d'une durée de trois à neuf mois, l'avertissement écrit[1769]. La deuxième catégorie comprend le blâme avec inscription au dossier, la mise à pied sans traitement indiciaire pour une durée au plus égale à 21 jours[1770]. La troisième catégorie comprend l'exclusion temporaire du service d'une durée comprise entre un

---

à dix ans si l'évasion est commise à l'aide d'armes ou lorsqu'il s'est agi d'une personne inculpée de crime ou condamnée à une privation de liberté supérieure à dix ans.

[1769] Pour le détail, se reporter à l'article 150, mais surtout aux 153 à 156 qui viennent opportunément attirer l'attention sur des détails d'importance.

A titre d'exemple, on y découvre que la réprimande est une admonestation écrite émanant du supérieur et adressée à un subordonné, pour une faute commise par le concerné ; que la garde ou le service supplémentaire contraint celui qui la subit à servir sous le contrôle de son supérieur pendant une fourchette de temps pouvant aller jusqu'à 72 heures.

A titre d'exemple, il y est indiqué que la consigne consiste à imposer à celui qui doit la subir de demeurer dans l'enceinte de la prison après ses heures normales de service sans jamais que cela excède 8 jours. Pendant cette fourchette de temps, le fonctionnaire est privé des autorisations et surtout, doit "répondre à l'appel des punis".

A titre d'exemple, il y est écrit en substance que la mise en cellule disciplinaire concerne d'abord et avant tout les fonctionnaires récalcitrants ou dont le comportement est jugé dangereux, aux personnels des catégories C et D qui refusent d'exécuter une sanction, à ceux qui participent à une rixe opposant des personnels du corps de l'administration pénitentiaire entre eux ou avec d'autres éléments des forces de l'ordre. Elle se traduit par l'enfermement de celui qui doit subir la mesure dans un local aménagé à cet effet à l'intérieur de l'établissement pénitentiaire. En principe, la durée de l'épreuve ne devrait pas excéder 9 jours, avec un intervalle d'un jour après chaque tranche de 3 jours.

A titre d'exemple, il y est résolu que l'avertissement est une mise en garde relativement à la manière de servir, au comportement vis-à-vis de ses supérieurs hiérarchiques, de ses égaux, de ses subordonnés voire des détenus. La mesure concerne également celui qui ne s'est pas amendé après avoir été frappé d'une réprimande ou d'une consigne. Elle s'impose lorsque le fonctionnaire totalise 20 jours de consigne ou dix jours de cellule disciplinaire en 12 mois.

[1770] Enoncées à l'article 150, ces sanctions sont précisées aux articles 157 à 159, puis à l'article 204.

On y découvre que le blâme avec inscription au dossier sanctionne des actes considérés comme graves, en raison de leur répartition ou de leurs effets. La sanction concerne aussi ceux qui ont subi divers avertissements dans un délai de deux mois.

On y découvre que la mise à pied est un congé imposé au fonctionnaire ayant commis une faute pour une durée en tout état de cause inférieure à 21 jours. Elle emporte une retenue de 10% du salaire de base mensuel, laquelle est versée au Fonds des punis.

On y découvre que les retenues sur salaires des personnels de l'administration pénitentiaire par suite des sanctions disciplinaires de mise à pied et d'exclusion temporaire de service ou de toute autre sanction emportant suspension de salaire sont reversés dans un compte spécial appelé « Fonds des punis ». Les ressources de ce fonds, domicilié dans une « institution financière agréée par l'autorité monétaire ou dans toute autre institution financière prévue par la loi », sont destinées à récompenser, sous forme de primes, les fonctionnaires de l'administration pénitentiaire « particulièrement méritants ». Enfin, dans l'attente des textes d'application, le fonds des punis est à ce jour régi, entre autres, par le décret n°92/057 du 27 mars 1992 portant création d'un fonds des punis des personnels de l'administration pénitentiaire.

et trois mois ; puis le retard à l'avancement d'une durée d'un an[1771]. La quatrième catégorie, elle, comprend l'abaissement d'un ou de deux échelons, l'abaissement de grade, la révocation avec ou sans suppression des droits à pension[1772] *(tacitement, voir CSCA, jugt. n° 12/CSCA/8/82, 28 janv. 1982, Dame Binam née Ngo Njom Fidèle c. Etat du Cameroun, RCD n° 25, 1983, pp. 95 et s., note NLEP R.G. ; CE, 29 avril 1994, Colombani, Gaz. Pal. n°s 125-126, mai 1995, préc).*

Enfin, les sanctions encourues consistent en un licenciement. Sur ce point précis, les textes comportent malheureusement des ambiguïtés. Effectivement, ils commencent par résoudre que le licenciement est une mesure d'exclusion définitive du fonctionnaire de l'administration pénitentiaire pour des motifs sans lien avec une sanction disciplinaire. Après coup, ils se contentent malheureusement d'énoncer sèchement que le licenciement est prononcé soit pour inaptitude physique irréversible et incompatible avec le poste de travail occupé, soit pour insuffisance professionnelle appréciée au regard des résultats de son évaluation notamment à la suite d'un retard à l'avancement d'échelon au terme d'une période de quatre ans, soit conformément aux textes spéciaux prévoyant une réorganisation des services et entraînant une suppression des postes de travail, sans possibilité de redéploiement des effectifs[1773].

[1771] Enoncées à l'article 150, ces sanctions sont précisées aux articles 160 à 161.
Il y est résolu que l'exclusion temporaire se traduit par une interdiction faite au fonctionnaire de travailler et de se rendre à son lieu de service pendant une période inférieure ou égale à trois mois. La sanction entraîne une suspension de rémunération pour sa durée, à l'exclusion le cas échéant des prestations familiales ; mais également une retenue de 30 % sur le salaire du fonctionnaire, somme à reverser au fonds des punis.
Il y est résolu que le retard à l'avancement consiste à proroger d'un an l'ancienneté requise pour être proposé à un avancement d'échelon et de grade. Surtout, elle frappe les fautes professionnelles répétées, appartenant à la troisième catégorie.

[1772] Enoncées à l'article 150, ces sanctions sont développées sous les articles 162 et suivants.
Ici, il est décidé que l'abaissement d'échelon ramène le fonctionnaire appelé à le subir, dans le cadre de son grade, à un échelon inférieur. Dans l'hypothèse toujours à envisager où le concerné se trouve au palier inférieur d'un grade, la sanction consiste en un retard à l'avancement pendant deux années.
Ici, il est retenu que l'abaissement de grade aboutit à ramener le fonctionnaire au grade immédiatement inférieur. Exceptionnellement, lorsque la sanction ne peut s'appliquer en raison de la catégorie de rattachement, le concerné est ramené à l'échelon de départ du grade et subit un retard à l'avancement d'une durée de 4 ans.
Ici, il est retenu que la révocation intervient soit à la suite d'une procédure disciplinaire devant le conseil de discipline, soit d'office en cas d'abandon de poste pendant 30 jours consécutifs après une mise en demeure restée sans effet.

[1773] Article 96. Fort heureusement, il est dit à l'article 97 :
- Que, outre les éventuels droits à pension, l'individu licencié perçoit une indemnité égale à fois son traitement mensuel en cas d'insuffisance professionnelle ; 12 fois son traitement indiciaire mensuel en cas d'inaptitude physique ; 24 fois son traitement indiciaire mensuel en cas de suppression de poste de travail ;
- Que les indemnités de licenciement sont versées en une seule fois ;
- Que l'acte administratif prononçant le licenciement liquide la totalité de ses droits, y compris éventuellement ceux qui se rapportent à sa pension de retraite.

Quelques détails s'imposent encore avant d'abandonner les indications relatives au régime disciplinaire.

Primo, les sanctions de première catégorie sont généralement infligées par le responsable de la structure où sert le fonctionnaire mis en cause, lequel en rend compte au ministre en charge de l'administration pénitentiaire. Les sanctions de deuxième catégorie relèvent de la compétence soit du directeur de l'ENAP, soit du délégué régional de l'administration pénitentiaire compétent, à charge dans tous les cas de figure d'en rendre compte au ministre en charge de l'administration pénitentiaire. Les sanctions des troisième et quatrième catégories sont infligées par le premier ministre pour les fonctionnaires de catégorie A, mais aussi par le ministre en charge de l'administration pénitentiaire pour les fonctionnaires des catégories B, C, D[1774] *(CSCA, jugt. n° 12/CSCA, 13 janv. 1983, Awana Gilbert c. Etat du Cameroun, préc. Cf également CS CA, jugt. n° 12/CSCA/8/82, 28 janv. 1982, Dame Binam née Ngo Njom Fidèle c. Etat du Cameroun, préc. Adde : CE, 29 avril 1994, Colombani, préc.).*

Secundo, le prononcé d'une sanction est subordonné à l'avis soit du conseil permanent de discipline institué au sein du ministère chargé de l'administration pénitentiaire, soit des conseils de discipline régionaux[1775]. D'après les textes, le conseil permanent siège à Yaoundé et s'intéresse exclusivement aux fonctionnaires des catégories A et B et à ceux qui servent dans l'administration centrale. De leur côté, les conseils régionaux se réunissent aux chefs-lieux des régions et ne traitent que des indélicatesses reprochées aux personnels des catégories C et D en poste ici[1776].

En tout état de cause, le conseil permanent de discipline est présidé par le ministre en charge de l'administration pénitentiaire[1777]. En sont membres le directeur de l'administration pénitentiaire ou son représentant, le responsable de la gestion des personnels pénitentiaires ou son représentant, deux représentants du service utilisateur, deux représentants du personnel ayant le même grade que le fonctionnaire mis en cause, un rapporteur et un secrétaire de séance qui n'ont pas voix délibérative. A l'opposé, le conseil régional a, comme président, le délégué régional de l'administration

---

[1774] Article 165.

[1775] Il convient de relever, à la lumière des prévisions des articles 25 et suivants du décret n° 2024/555 du 14 novembre 2024 fixant les règles applicables au recrutement et à la discipline du personnel de la justice militaire, que la procédure disciplinaire à l'encontre du personnel de l'administration pénitentiaire militaire incombe à une « Commission » spécifique. Ladite commission est présidée par le directeur chargé de la justice militaire. Le rapporteur en est un magistrat militaire, désigné par le ministre chargé de la justice militaire, sur proposition du directeur chargé de la justice militaire. En sont membres le chef du service des affaires pénitentiaires de la direction en charge de la justice militaire, le régisseur de la prison militaire, un agent de l'administration pénitentiaire militaire ayant le grade que le mis en cause, lequel est désigné par le ministre chargé de la défense.

[1776] Article 173 et 174.

[1777] A propos de la procédure disciplinaire se rapportant au personnel de l'administration pénitentiaire militaire et des sanctions que prononce le ministre chargé de la justice militaire, voir les articles 27 et suivants du décret n° 2024/555 du 14 novembre 2024 précité.

pénitentiaire ou son représentant. Comme membres, on y retrouve le sous-directeur des personnels de l'administration pénitentiaire ou son représentant ; deux représentants de la structure du lieu d'affectation ayant au moins le grade du mis en cause ; deux représentants du personnel ayant au moins le grade du fonctionnaire intéressé ; un rapporteur et un secrétaire de séance qui ne prennent pas part au vote. Dans l'un ou dans l'autre cas, le président a le pouvoir de faire appel à toute personne qui, en raison de ses compétences, peut aider à la compréhension du cas à examiner sans prendre part au vote[1778].

La procédure devant cette instance ne sacrifie guère la contradiction. C'est ainsi par exemple qu'il est exigé, hormis l'hypothèse des sanctions de première catégorie, que le déclenchement d'une procédure disciplinaire soit précédée d'une demande d'explications écrites préalable, laquelle est datée et signée et précise les griefs imputés, le délai imparti pour la réponse. A la suite, le dossier de l'affaire doit être communiqué à un rapporteur spécialement chargé de procéder à des enquêtes, d'entendre les personnes susceptibles d'apporter des éclaircissements à l'élucidation de l'affaire. Le fonctionnaire poursuivi doit être individuellement convoqué et se voir offrir l'opportunité d'être assisté d'un avocat ou d'un collègue de son choix. Il a aussi le droit de produire des témoins pouvant révéler, à sa faveur, ce que ceux-ci ont vu, vécu, entendu. Par ailleurs, les supérieurs hiérarchiques de l'intéressé sont tenus de le libérer et de le mettre à la disposition du conseil de discipline dont les assises sont programmées *(en ce sens, voir not. CSCA, jugt. n° 12/CSCA/8/82, 28 janv. 1982, Dame Binam née Ngo Njom Fidèle c. Etat du Cameroun, préc. ; arrêt n° 1/A, 18 févr. 1993, Tchoupnjou Jean-Jacques Etat du Cameroun-Ministère des forces armées, Répertoire chronologique de la jurisprudence de la Cour suprême, tome 5, Droit administratif, 1980-2000, préc., pp. 257 et s.).*

Lorsque ces exigences ont été satisfaites, et au plus tard dans les deux mois de la notification des actes nommant ses membres, le conseil est tenu de rendre son avis consultatif concernant la proposition de sanction. Il se prononce à la majorité des membres présents, la voix du président étant prépondérante au cas de partage[1779].

[1778] Articles 172 et suivants.
Ici sont recensés ceux qui ne sauraient être membres d'un conseil de discipline (les auteurs du rapport initial, de la dénonciation ou de la plainte relatifs à l'affaire ; le fonctionnaire ayant participé à la mise en état du dossier disciplinaire ; les familiers, conjoints et alliés du mis en cause jusqu'au degré d'oncle ou de neveux exclusivement ; le fonctionnaire d'un grade inférieur à celui du mis en cause).
Ici sont exposées les comportements des conseillers susceptibles d'engager leur responsabilité professionnelle (violation du secret des délibérations ; retards et légèreté dans l'étude des dossiers disciplinaires ; refus de répondre aux convocations du président ; refus d'émettre un avis).
Ici sont exposées le contenu du dossier disciplinaire.
[1779] En ce sens, voir notamment les articles 168, 169, 180, 184 et s.

Tertio, l'exigence de l'avis préalable du conseil de discipline doit être accueillie avec recul. C'est que, après avoir relevé que le président de cette instance doit dans les sept jours transmettre au ministre en charge de l'administration pénitentiaire le procès-verbal constatant ses assises, une nuance est introduite. Formulée à l'article 195 du statut spécial, son contenu est le suivant : « *Dès réception de l'avis du conseil de discipline, l'autorité investie du pouvoir disciplinaire peut, soit classer l'affaire, soit prendre une sanction de sa compétence, ou encore saisir l'autorité investie du pouvoir de nomination* ». L'extrait rejoint d'ailleurs des règles posées aux articles 143 et 144 où il est dit qu'un comportement fautif unique ne devrait jamais déboucher sur diverses sanctions disciplinaires ; mais aussi et surtout que les autorités supérieures ont le pouvoir de réformer les condamnations prononcées par le subordonné ; qu'elles peuvent, à cet effet, aggraver, réduire ou annuler une sanction infligée par une autorité inférieure *(en ce sens, voir not. CS, arrêt n° 1/A, 18 févr. 1993, Tchoupnjou Jean-Jacques c. Etat du Cameroun-Ministère des forces armées, Répertoire chronologique de la jurisprudence de la Cour suprême, tome 5, Droit administratif, 1980-2000, préc. Voir également CS, Ass. Plén., arrêt n° 8/A, 16 déc. 1982, Essimi Fabien c. Etat du Cameroun-DGSN, Répertoire chronologique de la jurisprudence de la Cour suprême, tome 5, Droit administratif, 1980-2000, préc.).*

Quarto, lorsqu'un comportement fautif est imputé à un fonctionnaire, des mesures conservatoires peuvent s'imposer dont la consistance est malheureusement peu précise[1780]. A l'opposée, le fonctionnaire sanctionné a le loisir de solliciter une réhabilitation lorsqu'aucune autre sanction n'a été prononcée à son préjudice dans la fourchette d'une année en ce qui concerne la consigne et la garde supplémentaire, après deux ans s'agissant de la mise en cellule et de l'avertissement écrit, après trois ans s'agissant du blâme, dans la fourchette de quatre ans concernant la mise à pied, après une période de cinq ans pour les autres sanctions. Le relèvement est de droit dans le délai de deux ans s'agissant de la consigne et la garde supplémentaire, de trois ans s'agissant de la cellule et de l'avertissement écrit, de cinq ans s'agissant du blâme, de six ans lorsqu'une mise à pied était encourue, de huit ans pour toute autre sanction[1781] *(en ce sens, implicitement ou non, Cf. not. CSCA, jugt. n° 12/CSCA/8/82, 28 janv. 1982, Dame Binam née Ngo Njom Fidèle c. Etat du Cameroun, préc., CS/CA, jugt. n° 25, 25 fév. 1982, Sieur Gang*

[1780] Articles 145. Effectivement, il faut avoir le réflexe de se rendre à l'article 200 pour apprendre qu'en cas faute grave commise par un fonctionnaire, celui-ci peut être, en attendant l'aboutissement de la procédure, être suspendu de ses fonctions pour une durée n'excédant pas trois mois. La suspension est décidée par le ministre en charge de l'administration pénitentiaire. Pendant cette fourchette de temps, le concerné ne peut prétendre qu'au bénéfice des prestations familiales. Au terme de la durée de la suspension, si aucune sanction n'a été prononcée, le fonctionnaire suspendu retrouve de plein droit son emploi. Au cas où la procédure aboutit à une mise hors de cause, le fonctionnaire recouvre l'intégralité de ses droits compté à partir de la date de prise d'effet de sa suspension.

[1781] Article 166.

W.V., préc. ; jugt. n° 12/CSCA, 13 janv. 1983, Awana Gilbert c. Etat du Cameroun, préc. ; CE, 29 avril 1994, Colombani, préc.[1782]).

Quinto, le législateur n'attend pas que le pire arrive pour qu'une sanction soit infligée au fonctionnaire de l'administration pénitentiaire auquel sont imputées des d'indélicatesses dans l'art de servir. Il suffit, pour s'en persuader résolument, de s'intéresser aux prévisions de la loi n° 2019/014 du 19 juillet 2019 portant création, organisation et fonctionnement de la Commission des droits de l'homme du Cameroun, dont l'ancêtre fut la Commission nationale des droits de l'homme et des libertés[1783]. Effectivement, cette loi retient que la CDHC est une institution

---

[1782] En amont de cette décision se trouve la suspension de ses fonctions d'un médecin-chef de service des prisons, par arrêté du Garde des sceaux, ministre de la justice. En réalité, l'arrêté fait suite à l'ouverture de poursuites pénales à l'encontre de l'intéressé, et singulièrement à son inculpation. Le procès pénal se solde par un pourvoi de Monsieur le procureur général et surtout, par un arrêt de rejet dudit pourvoi par la Cour de cassation. Appelé à se prononcer sur les conséquences d'une suspension de fonction et de rémunération en raison de poursuites pénales, lesquelles finalement s'avèrent infructueuses, le Conseil d'Etat opère un revirement de jurisprudence. En effet, il décide : « *Considérant qu'il appartient à l'autorité compétente, lorsqu'elle estime que l'intérêt du service l'exige, d'écarter provisoirement de son emploi un agent contractuel qui se trouve sous le coup de poursuites pénales ou fait l'objet d'une procédure disciplinaire ; qu'au terme de la période de suspension, cet agent a droit, dès lors qu'aucune sanction pénale ou disciplinaire n'a été prononcée à son encontre, au paiement de sa rémunération pour la période correspondant à la durée de la suspension ; que M. Colombani ayant bénéficié, comme il a été dit ci-dessus, d'un arrêt de relaxe et n'ayant fait l'objet d'aucune sanction, a droit au versement de la rémunération afférente à son emploi pour la période du 10 février 1983 au 20 mars 1985 ; que, dès lors, le jugement du tribunal administratif de Marseille en date du 4 novembre 1988 doit être annulé en tant qu'il rejette les conclusions de M. Colombani tendant au paiement d'une somme correspondant à sa rémunération pour la durée de sa suspension, avec les intérêts à compter de sa demande* ».

[1783] L'organisation et la composition de la Commission découvrent ce qui a été recherché par les rédacteurs de ce texte. En effet, il est résolu :
- A l'article 13, qu'en mettant de côté le président et le vice-président, la Commission est composée de « commissaires ». On y retrouve : un magistrat, un expert en administration pénitentiaire ou en gestion des lieux de privation de liberté, un diplomate, un avocat représentant le barreau, un médecin représentant l'Ordre national des médecins, une autorité traditionnelle, un journaliste représentant le syndicat des journalistes, un expert en droit social, un expert en genre, un expert en question religieuses, un expert en questions syndicales désigné par le syndicat de travailleurs, deux membres issus des organisations œuvrant dans le domaine des droits catégoriels avec parmi eux un représentant des handicapés ;
- A l'article 12, que les membres de l'institution sont au nombre de 15, nommés par le président de la République, pour un mandat de cinq ans renouvelable une fois, sur propositions des associations et organismes socioprofessionnels auxquels ils appartiennent. Les intéressés sont des personnalités de nationalité camerounaise résidant au Cameroun, reconnus pour leur intégrité morale, leur honnêteté intellectuelle et leur connaissance des droits de l'homme ;
- Aux articles 14, 15 et 21, que les commissaires sont désignés en s'assurant du respect de l'équilibre linguistiques, de l'équilibre régional, du genre et que les femmes doivent en tout état de cause représenter au moins 30% des membres de la CDHC ; que le président, le vice-président et les commissaires y travaillent à temps plein ; que les commissaires ne sauraient succomber à des poursuites pour des idées et des opinions exprimées dans le cadre de l'exercice de leurs fonctions ; que la qualité de membre de la commission est incompatible avec l'exercice d'un emploi au sein de la fonction publique ou privée et avec toute fonction publique élective, à l'exclusion des activités d'enseignement et de recherche ;
A l'article 20, que l'entrée en fonction suppose en amont, c'est-à-dire après la désignation, la prestation de serment devant la Cour suprême siégeant en chambres réunies…

indépendante, dotée de la personnalité juridique et de l'autonomie financière, dont la mission est de promouvoir et protéger les droits de l'homme, mais également de prévenir la torture dans tous les lieux de privation de liberté[1784].

Sur le terrain de la promotion des droits de l'homme, et en marge du droit au perfectionnement professionnel, il est décidé que la Commission dont le siège se trouve à Yaoundé, mais dont les antennes émailleront à terme l'ensemble du territoire, intervient dans le recyclage, entre autres, du personnel de l'administration pénitentiaire. Cela s'opère par le biais des campagnes de sensibilisation, de séminaires, ateliers, conférences, etc.[1785].

Sur le terrain de la protection des droits humains, la Commission, qui peut être saisie par toute personne physique ou morale au moyen d'une requête écrite ou verbale, voire d'office, concourt à la consolidation de l'Etat de droit et à la lutte contre l'impunité. Pour ainsi dire, ce combat est mené à travers notamment le traitement des requêtes et dénonciations relatives qu'elle reçoit, mais aussi par le truchement de l'auto-saisine s'agissant des faits portés à sa connaissance et constitutifs de violations graves, récurrentes ou systémiques des droits humains, le suivi de la situation des droits de l'homme et les avis et conseils en la matière[1786]. Toujours est-il que l'institution peut notamment fournir une assistance juridictionnelle ou prendre des mesures à cet effet, en particulier au profit de celles qui attendent encore d'être jugées ; procéder à des investigations en effectuant toutes descentes nécessaires, en accédant à tout lieu où des cas de violation des droits de l'homme sont signalés et en recueillant toutes informations utiles y relatives. D'autres moyens sont disponibles pour les besoins de la protection des droits de l'homme : possibilité de solliciter qu'un terme soit mis aux violations constatées desdits droits ; possibilité, conformément aux textes en vigueur, de solliciter l'assistance des forces de l'ordre dans le cadre de l'exercice de ses missions.

Sur le terrain de la prévention de la torture, il est résolu que la Commission des droits de l'homme peut effectuer des visites régulières et des visites inopinées dans les établissements pénitentiaires en présence soit du procureur de la République, soit du commissaire du gouvernement ou de son représentant, soit du responsable de l'établissement pénitentiaire ou de son représentant ; qu'elle peut engager un dialogue avec les autorités chargées de l'administration et de la gestion de ces lieux de privation de liberté[1787]. Il est prévu que les visites annoncées ou inopinées dans les établissements pénitentiaires n'ont pas d'autre objectif que de s'assurer de la qualité des conditions de détention des personnes[1788]. Surtout, il est prescrit que les responsables des pénitenciers sont tenus d'ouvrir les portes

---

[1784] Articles 1 et 3.

[1785] Articles 2, 4 et 5.

[1786] Articles 6 et 36.

[1787] Articles 8 et 9.

[1788] Article 10.

de ceux-ci aux « commissaires », sous la menace de voir leur responsabilité engagée, notamment au plan professionnel. Il ne pourrait en être autrement que dans les cas de figure où le risque est élevé que soient fortement compromis la défense nationale, la sûreté, la sécurité, l'ordre public ; que des troubles sérieux soient à redouter en milieu carcéral. A vrai dire, même en de telles circonstances, les responsables des établissements pénitentiaires en cause doivent encore fournir les raisons de leur opposition afin de faciliter la programmation en temps opportun d'une nouvelle visite[1789]. Rendu à l'intérieur de l'établissement, et pour s'assurer du respect des exigences se rapportant à la détention des personnes, la CDHC a le loisir d'écouter, avec ou sans témoins, les personnes privées de liberté[1790]. Au sortir de l'établissement pénitentiaire ou avant ce moment, c'est-à-dire lorsqu'un ou différents commissaires y sont encore, la Commission a le pouvoir de solliciter une étude ou un rapport sur toute question en lien avec sa compétence. Le reste ne surprend pas vraiment. Dans le cadre de ses activités, elle dresse des « *rapports qui peuvent être annuels, spéciaux ou thématiques* »[1791]. Il s'imagine mal que des auxiliaires de justice libéraux soient soumis à ce régime draconien.

Section 2. Les collaborateurs de justice

Les collaborateurs de justice, que l'on distingue artificiellement des auxiliaires de justice, sont des professionnels ou des semi-professionnels dont la spécificité est tantôt d'être rattachés à des corps de métiers dont l'exercice ne mobilise pas lourdement le droit, tantôt de ne prêter que de temps à autres main forte à la justice et au personnel essentiel grâce auquel celle-ci fonctionne. Au nombre de ceux-ci se trouvent les mandataires

---

[1789] Article 11.

[1790] Article 9.

[1791] Article 40. Au demeurant, il est indiqué aux articles 40, 41 et 42 que :

- Les recommandations et avis de la Commission sont rendus publics, à la diligence de son président. Toutefois, les recommandations et avis formulés à l'issue des visites des établissements pénitentiaires sont exclusivement adressés aux « autorités compétentes » ;
- Les avis et recommandations de la Commission sur la situation des droits de l'homme contenus dans les rapports spéciaux ou thématiques sont transmis par son président aux autorités compétentes concernées, sans délais, pour examen et suivi ;
- Le rapport annuel sur l'état des droits de l'homme au Cameroun est notamment adressé au président de la République, aux présidents du sénat et de l'assemblée nationale, au premier ministre, au président du conseil constitutionnel, au premier président de la Cour suprême, aux ministres chargés de la justice, de l'administration territoriale et des relations extérieures. Ce que ce rapport est publié à la diligence du président de la CDHC ;
- La Commission dresse un rapport annuel sur la prévention de la torture dans les lieux de privation de libertés au Cameroun. Ce rapport est adressé au président de la République, aux ministres sectoriels concernés, notamment le Garde des sceaux, les ministres en charge de l'administration territoriale, de la défense, de la santé publique et au Délégué général à la sûreté nationale.

judiciaires, les conseils fiscaux, les agents d'affaires, les porteurs de contraintes[1792].

Paragraphe 1. Les mandataires judiciaires

La qualité de mandataire judiciaire regroupe deux sous-qualités différentes, à savoir celle d'expert au règlement préventif et celle de syndic de règlement préventif d'une part, celle d'expert en matière de redressement judiciaire ou de liquidation des biens d'autre part. Elle a formellement été introduite dans les Etats membres de l'OHADA à la faveur de la révision de l'Acte uniforme portant organisation des procédures collectives d'apurement du passif adopté à Grand-Bassam, en République de Côte d'Ivoire, le 10 septembre 2015[1793]. Pour comprendre cette qualité et la distinguer celle de « mandataire de justice » que l'on retrouve dans certains droits nationaux[1794], des réponses doivent être données aux questions de savoir comment devient-on mandataire judiciaire ? Quel est le

---

[1792] D'autres catégories s'y ajoutent que l'on n'abordera pas : séquestres, sténographes judiciaires, interprètes judiciaires, autre personnel non-spécialiste de la justice civile et militaire, etc.

[1793] A la vérité, elle était déjà évoquée, entre autres, dans l'Acte uniforme relatif au droit des sociétés commerciales et du groupement d'intérêt économique adopté le 30 janvier 2014. Effectivement, l'article 160-2 de l'Acte uniforme visé envisage la désignation en qualité d'administrateur provisoire d'un mandataire judiciaire inscrit sur la liste spéciale (en jurisprudence, voir not. CA du Littoral, arrêt n° 080/REF, 11 mars 2009, Société de maintien des équipements de protection incendie et sauvetage dite MSPE c. Dame Manga Zoa née Onguéné Biloa et autres, *Juridis Périodique* n° 86, avril-juin 2011, pp. 79 et s. ; CA Abidjan, n° 712, 13 juin 2006, R. et un autre c. T. et un autre, in *Secrétariat Permanent de l'OHADA, Jurisprudences nationales OHADA*, Cotonou, 2010, n° 3CI148, pp. 89 et s. ; CA du Littoral, arrêt n° 25, 28 janv. 2008, Société Business Star Office représentée par Nnho Nsoumbi c. Société Cameroon motors industries, in *Secrétariat Permanent de l'OHADA, Jurisprudences nationales*, préc., n° 3CM 149, pp. 91 et s. ; CA Abidjan, n° 712, 13 juin 2006, R. et un autre c. T. et un autre, in *Secrétariat Permanent de l'OHADA, Jurisprudences nationales OHADA*, préc., n° 3CI148, pp. 89 et s. ; CA Daloa, n° 85, 29 mars 2006, E. c. Société civile d'exploitation forestière de l'ouest dite SCEFO-SARL, in *Secrétariat Permanent de l'OHADA, Jurisprudences nationales*, préc., n° 3CM 149, pp. 91 et s. ; TPI, ord. n° 27/ORD/Civ., 25 mai 2007, Sieur Noubicier Léon c. Ngamako Michel, *Juridis Périodique* n° 78, avril-juin 2009, pp. 29 et s., obs. KALIEU ELONGO Y.R.).

[1794] Dans des Etats comme le Cameroun, de nombreux textes, parfois sans lien direct avec le droit de l'entreprise et en particulier le droit des sociétés ou le droit des procédures collectives d'apurement du passif, évoquent le « mandataire de justice ». A titre d'exemple, le Code pénal en parle dans ses dispositions consacrées au placement sous surveillance judiciaire, mesure qui concerne les personnes morales pénalement responsables. Il y est dit qu'un mandataire de justice est désigné dont la mission de contrôle et la durée sont définies par la juridiction de jugement. L'article 34-1 de ce Code ajoute d'autres éléments de détail, à savoir notamment que le mandataire de justice rend compte au parquet compétent, aussi souvent que nécessaire, de l'exécution de sa mission ; que la mission à la quelle référence est faite ne peut porter que sur l'activité à l'occasion de laquelle l'infraction a été commise ; qu'à la fin de la mission du mandataire de justice, au vu du compte rendu que l'intéressé est tenu de dresser, le parquet compétent saisit la juridiction qui a prononcé le placement sous surveillance judiciaire, laquelle relève la personne morale de la mesure de placement .

régime disciplinaire auquel est soumis celui-ci ? Quels sont ses droits et obligations ?

A. Accès à la fonction

La personne qui souhaite devenir soit expert au règlement préventif soit syndic dans le cadre d'un règlement préventif, d'un redressement judiciaire ou d'une liquidation des biens est tenue de formuler une demande d'inscription sur la liste nationale des mandataires de justice, puis d'attendre une autorisation d'exercer.

La demande d'inscription sur la liste nationale des mandataires judiciaires ne s'opère pas dans le désordre.

Tout d'abord, et à en croire l'article 4 de l'Acte uniforme portant organisation des procédures collectives d'apurement du passif, seules devraient solliciter une inscription des personnes physiques. Il se comprend spontanément que l'on doit exclure l'hypothèse, sur le territoire des Etats parties au traité OHADA, que des mandataires judiciaires en arrivent à être des personnes morales.

Ensuite, et toujours à en croire l'extrait visé de l'Acte uniforme portant organisation des procédures collectives d'apurement du passif, il ne suffit pas de n'être pas une personne morale. Les personnes physiques intéressées par cette qualité doivent encore jouir pleinement de l'exercice de leurs droits civils et civiques. *A priori*, celles-ci ne doivent pas appartenir à la catégorie des mineurs. *A priori* aussi, celles-ci ne doivent pas avoir par le passé subi une sanction disciplinaire autre que l'avertissement dans un corps professionnel, donc à plus forte raison n'en avoir pas été écartées pour telle ou telle raison. Au premier abord toujours, les postulants ne devraient pas avoir subi une condamnation définitive à une peine privative de liberté pour un crime de droit commun, voire plus simplement une condamnation définitive à une peine d'au moins trois mois d'emprisonnement, non assortie de sursis, pour un délit contre les biens ou une infraction en matière économique ou financière[1795].

Pareillement, les postulants sont tenus de justifier de la qualité d'expert-comptable. Ceux qui ne remplissent pas cette condition spécifique n'ont pas à désespérer. C'est qu'il a été prévu, exceptionnellement certes, que ces derniers peuvent obtenir le bénéfice d'une habilitation des autorités publiques à l'échelle nationale. A l'examen, l'interprétation extensible de l'habilitation dispense finalement de l'exigence initiale se rapportant au titre d'expert-comptable ainsi que cela s'observait déjà autrefois *(implicitement, voir CCJA arrêt n° 032/2011, 08 déc. 2011, Société congolaise Arabe Libyenne*

[1795] Sur l'ensemble, voir NGO BATJOM A., *L'accès aux fonctions de mandataire judiciaire dans les pays de l'espace OHADA*, Mémoire pour le Master en contentieux et arbitrage des affaires, UCAC, 2018, pp. 14 et s.

de bois dite SOCALIB c. Banque commerciale du Sahel, Revue de l'ERSUMA n° 1, juin 2012, p. 473, obs. WAMBO J.). C'est donc sans surprise que des Etats comme la Côte-d'Ivoire et le Mali admettent que les avocats peuvent accéder à cette fonction ; c'est dans l'ordre des choses, au Sénégal, que celle-ci s'ouvre non seulement aux experts comptables, mais également aux experts inscrits aux « sections commerciale, fiscale, maritime-marchandise de l'ordre national des experts évaluateurs » [1796].

Par ailleurs, les postulants sont tenus de justifier d'un domicile fiscal dans l'État où l'inscription est souhaitée. Dans le prolongement de l'exigence, ceux-ci doivent être à jour de leurs obligations fiscales.

Enfin, des garanties de moralité sont requises. Il est résolu que celles-ci doivent être suffisantes et qu'en tout état de cause, elles sont appréciées par l'autorité étatique ou par la juridiction compétente. A première vue, l'exigence incite à mettre à l'écart les personnes exclues d'un corps de métiers au titre d'une sanction prononcée notamment par une juridiction professionnelle. Elle conduit à fermer les portes de la fonction de mandataire judiciaire aux personnes ayant succombé à une condamnation à subir des peines criminelles ou délictuelles lorsqu'on peut raisonnablement entrevoir des risques de rechute de celles-ci[1797].

L'autorisation d'inscription sur la liste nationale des mandataires judiciaires, quant à elle, est consentie par chaque Etat membre de l'OHADA. Dans la réalité des choses, les Etats membres de l'Organisation désigneront, sur leur territoire, les autorités auprès desquelles la demande d'inscription sera adressée. Dans cette même tournure d'esprit, ils devraient fixer celles qui, après avoir procédé à l'appréciation de la demande, délivreront le sésame indispensable à l'accès aux fonctions de mandataire judiciaire[1798].

De compréhension aisée au premier abord, ces conditions ne manqueront pas de susciter des tiraillements.

[1796] Pour le panorama dans les Etats, voir FILIGA SAWADOGO M., « La règlementation des mandataires judiciaires en droit OHADA : Règles essentielles et perspectives d'application », in *L'effectivité du droit, Mélanges en l'honneur du professeur François Anoukaha*, L'Harmattan, Paris, 2021, p. 341.

[1797] Voir en ce sens l'article 36 du Code pénal. Lire nos écrits sous le titre « Sortie de la cour du roi Pétaud : à propos de l'interdiction d'exercer la profession commerciale dans l'Acte uniforme OHADA relatif au droit commercial général », *Revue de droit international et de droit comparé*, avril- juin 2006, pp. 108 et s.

[1798] On doit cependant relever que la CCJA n'a pas consenti à la création dans les Etats d'une commission nationale. Cela transparaît clairement d'un avis n° 001 du 17 juin 2015. Elle y retient : « *La Cour ne perçoit ni la pertinence ni l'utilité véritable d'un tel organe national, elle note que, l'efficacité même d'une telle commission est chimérique en raison, notamment, de sa composition et du fait qu'elle ne siège que de manière épisodique et qu'elle ne soit pas véritablement un organe des procédures collectives. Aussi, la Cour propose la suppression des articles 4 jusqu'à l'article 4-37 créant cet organe complexe et budgétivore ; elle plaide plutôt pour une spécialisation des magistrats tant du siège que du parquet intervenant dans cette matière et un renforcement du pouvoir de contrôle du juge-commissaire et du rôle de veille du ministère public. La Cour souhaite également qu'un regard particulier soit porté par le projet sur le profil des experts intervenant dans cette matière* » (*CCJA, Ass. plén., Avis n° 001, 17 juin 2015, demande d'avis n° 255/SP/DAJ/OHADA/2015 du 21 avril 2015, http://www.ohada.org*).

L'une des racines de la polémique est développée à l'article 4-2 *in fine* de l'Acte uniforme portant organisation des procédures collectives d'apurement du passif. On y retrouve une formule qui suggère que les Etats aient le loisir d'ajouter à la liste des exigences ci-dessus des conditions supplémentaires. Du coup, il y a lieu de craindre qu'un durcissement des conditions ici pousse les uns à postuler là-bas, notamment lorsque des conventions, qui autorisent les nationaux d'un pays à exercer une activité professionnelle similaire dans un autre Etat et vice-versa, existent. Dans le prolongement de ce schéma, on découvre d'ailleurs que la question de « nationalisation » de la liste sera débattue. Dans l'hypothèse sérieusement à envisager où l'idée prospère que seuls pourront y être inscrits ceux qui sont ressortissants de l'Etat où la liste est dressée, il faudra redouter, dans les pays comptant un nombre insuffisant d'experts comptables, mais connaissant un dynamisme économique, que nombre de dossiers se rapportant aux procédures collectives soient durablement entre les mains d'une poignée d'experts ou de syndics ayant le bénéfice d'une sorte de monopole de fait.

Une autre source potentielle de polémique est logée à l'article 4-3 de l'Acte uniforme du 10 septembre 2015. Une formule y est développée inclinant à penser que les décisions d'admission ou de refus d'admission devront préciser le ou les motifs qui les justifient. Un recours est même ouvert contre elles « devant la juridiction compétente » de l'Etat sur le territoire duquel l'autorisation d'exercer a été sollicitée. Comme souvent, l'identification de la juridiction à laquelle il est renvoyé opposera à coup sûr les personnes. Les tiraillements seront inévitables parce que le législateur OHADA a lui-même une ligne de conduite ambigüe. Elle consiste, par moments, à donner l'impression de s'abandonner à l'organisation judiciaire des Etats ; mais, par moments aussi, d'aller en avant, notamment en matière de responsabilité, pour retenir la compétence exclusive des juridictions ayant compétence en matière de procédures collectives. Davantage encore, l'issue du recours ouvert et les voies de recours que pourrait essuyer la décision prononcée à propos de la contestation du refus ou de l'admission sur la liste des mandataires judiciaires n'iront pas de soi pour tous.

Une troisième source de tensions tient à ce que la liste nationale des mandataires judiciaires doit être publiée au journal officiel de chaque État partie et au journal officiel de l'OHADA, puis être communiquée sans délai aux juridictions du pays concerné. On est en droit de s'interroger sur le point de savoir si l'accomplissement de cette formalité de publicité parachève le processus d'accès aux fonctions de mandataire de justice. A supposer qu'une réponse positive s'impose, on devra regretter que cette condition de forme ne soit pas encadrée dans des délais précis. On est également en droit de se demander s'il était vraiment opportun, du moment où l'autorisation est obtenue sur le territoire d'un Etat, d'envisager que la liste des mandataires soit notamment publiée au journal officiel de l'Organisation pour l'harmonisation en Afrique du droit des affaires avant d'être communiquée aux juridictions de celui-ci. Quelques-uns iront plus loin pour estimer qu'il aurait mieux valu imposer le renouvellement ou le toilettage du tableau des mandataires de justice à une périodicité précise[1799]. Dans ce scénario, ceux n'ayant pas donné satisfaction pourraient en être écartés. De la même façon, la radiation des personnes décédées ou démissionnaires, pour s'en tenir à ces causes classiques de cessation d'activités, s'opèrerait promptement.

Une source supplémentaire de querelle se rapporte à l'exigence en lien avec la qualité d'expert-comptable et à l'atténuation qu'elle charrie. En ne s'intéressant qu'à la technicité des activités relatives au sauvetage ou à la liquidation des entreprises et aux standards développés dans les Actes uniformes portant sur le droit commercial général, sur les sociétés commerciales et le groupement d'intérêt économique, l'idéal aurait été que l'expert-comptable soit ici agréé. Non seulement ces normes ont été occultées, mais il est envisagé que des personnes n'ayant pas la qualité de comptable accèdent aux fonctions de mandataire judiciaire. La crainte est alors que cette dernière catégorie ne dispose pas du bagage indispensable à la compréhension des écritures ou des documents comptables et financiers. Au-delà, la crainte est légitime que cette catégorie n'assiste pas efficacement dans le cadre de la gestion de l'entreprise individuelle ou sociale dont le renflouement ou la liquidation est à l'ordre du jour. Fort heureusement, un encadrement minimum est développé dans l'Acte uniforme relatif au droit des sociétés commerciales et du groupement d'intérêt économiques, lequel pourrait inspirer. A toutes fins utiles, son article 696 retient que, lorsqu'il n'existe pas un ordre d'experts comptables dans un Etat, seuls peuvent exercer ces fonctions les experts comptables inscrits au préalable sur une liste dressée par une commission siégeant près la cour d'appel dont le ressort couvre le siège de l'entreprise intéressée par l'intervention du mandataire judiciaire. La composition de ladite commission est exposée. On y retrouve un magistrat du siège en poste qui la préside, avec voix prépondérante ; un professeur de droit, de sciences économiques ou de gestion ; un magistrat de la juridiction compétente en matière commerciale ; un représentant du trésor public.

Un autre foyer de disputes se trouve dans l'exigence qui veut, avant d'entrer en fonction, que le mandataire judiciaire prête serment devant le président de la juridiction désignée à cet effet. Le problème c'est que cette exigence ne se découvre pas lorsqu'on lit rapidement l'Acte uniforme en s'en tenant au chapitre qui expose les conditions de l'accès aux fonctions de mandataire judiciaire. Seul celui qui a le réflexe de consulter le point traitant de l'exercice de ces fonctions réalise que la prestation de serment parachève le processus décrit. Fort heureusement, le contenu du serment lui-même ne dépend nullement des droits nationaux au sens strict. Dans chaque Etat

1799 NGO BATJOM A., op. cit., pp. 35 et s.

signataire du traité de Port-Louis, le postulant aux fonctions de mandataire de justice est tenu de jurer d'agir dans le cadre de la mission qui lui est confiée « *avec honneur, conscience, loyauté et probité, d'observer le respect dû aux magistrats et aux autorités publiques* », de se « *conformer en toute occasion au droit applicable* », de « *tout mettre en œuvre pour l'atteinte des objectifs* » de sa mission[1800].

L'ultime source potentielle de discorde, davantage théorique, se rapporte à la préoccupation de savoir si la qualité d'expert au règlement préventif ou celle de syndic au règlement préventif, au redressement judiciaire ou à la liquidation des biens correspond à une fonction ou, à l'inverse, si elle renvoie à une profession. *In fine*, l'enjeu caché est de situer les personnes au sujet du point de savoir si l'activité menée sous cette casquette est occasionnelle ou, au contraire, permanente.

A l'évidence, il n'est pas aisé d'y répondre spontanément et sans nuance. En prenant du recul, le constat s'impose néanmoins que divers extraits de l'Acte uniforme portant organisation des procédures collectives d'apurement du passif suggèrent de privilégier la thèse d'une fonction exercée dans des circonstances particulières[1801]. C'est que l'exigence est tantôt formulée qui suggère de considérer que le mandataire judiciaire est déjà rattaché au corps des experts comptables, c'est-à-dire au fond que ce dernier exploitait avant sa désignation une activité professionnelle. C'est qu'à maintes reprises, celui-ci réduit l'intervention du mandataire judiciaire à la conduite des procédures collectives justifiant sa désignation. Du coup, reproduisant une tournure d'esprit dont la paternité revient à Monsieur le professeur Roger Perrot, on peut conclure ici qu'être mandataire judiciaire n'est pas en soi une profession ; que ce n'est rien moins qu'un titre lié à une mission que l'on pourrait ne jamais se voir confier[1802]. Le raisonnement semble d'autant convainquant que les critères d'identification d'une profession sont connus depuis longtemps, tout au moins depuis le débat suscité par un vieil arrêt de la Cour d'appel de Paris, rendu le 30 avril 1906 *(D.P. 1907.5.9)* auquel la Cour commune de justice et d'arbitrage a récemment donné un vibrant écho dans l'affaire Sieur El Ab Rafic contre Edgo Trading SARL *(CCJA, arrêt n° 012/2007, Rec. CCJA n° 9, janv.-juin*

[1800] Article 4-4, *in fine*.

[1801] Le point de vue n'est pas partagé. Un auteur a pu estimer que le mandataire judiciaire est un auxiliaire de justice spécialisé dans les procédures collectives : KOM J., *Droit OHADA des entreprises en difficulté*, L'Harmattan, Paris, 2021, pp. 146., n° 265.

[1802] PERROT R., *Institutions judiciaires*, op cit., p. 367, n° 474. Voir également, y compris pour des opinions contraires : BOLARD G., « Administrateurs et mandataires judiciaires », in CADIET Loic (dir.), *Dictionnaire de la justice*, PUF, Paris, 2004, pp. 7 et s. ; FENEON (A), « Des mandataires judiciaires mieux encadrés, pour une procédure plus efficace », *Droit et Patrimoine*, n°253, déc. 2015, pp. 65 et s. ; NANDJIP MONEYANG S., « La réforme des procédures collectives OHADA : Quelle avancée pour le traitement des difficultés de l'entreprise ? », *Le Nemro*, juil.-sept. 2017, pp. 207 et s. ; TAKAFO-KENFACK D., « La rationalisation des procédures collectives de l'OHADA : Un modèle prometteur ? » *Le Nemro*, juil.-sept. 2017, pp. 250 et s.

2007, pp. 32 et s., Le Juris OHADA 2007-3, pp. 16 et s. ; Ohadata, J-08-219). A la lueur de ceux-ci, est professionnelle l'activité à laquelle une personne consacre le plus clair de son temps. Est encore professionnelle l'occupation procurant à celui qui s'y adonne l'essentiel des ressources indispensables à la satisfaction de ses besoins[1803].

L'Acte uniforme portant organisation des procédures collectives d'apurement du passif n'est pas le seul à inciter à penser que le mandataire judiciaire exerce moins une profession qu'une fonction. Son homologue, relatif au droit des sociétés commerciales et du groupement d'intérêt économique le laisse également entrevoir. Très concrètement, l'article 160-1 de cet Acte uniforme attribue au juge le pouvoir de désigner un administrateur provisoire lorsque le fonctionnement normal de l'entreprise est rendu impossible soit du fait des organes de gestion, de direction ou d'administration, soit du fait des associés. La suite est celle-ci : chargé de gérer momentanément les affaires sociales, l'administrateur provisoire est *« une personne physique qui peut être un mandataire judiciaire inscrit sur une liste spéciale ou toute physique justifiant d'une expérience ou d'une qualification particulière au regard de la nature de l'affaire et remplissant certaines conditions de qualification et de réputation »*. Le texte est davantage précis lorsque celui-ci retient que la décision de nomination de l'administrateur provisoire devra déterminer l'étendue de sa mission et de ses pouvoirs ; qu'elle fixe la durée de sa mission, laquelle ne saurait excéder six mois. Dans le cas de figure exceptionnel où la prorogation de cette période est nécessaire sans que sa durée totale en arrive à excéder douze mois, une demande doit être exprimée par l'administrateur provisoire et, sous peine d'irrecevabilité, exposer les raisons pour lesquelles la mission n'a pas pu être achevée, mais surtout les mesures envisagées afin de la conduire jusqu'à son terme[1804]. Un scénario similaire est retenu en matière d'expertise de gestion. A en croire l'article 159 de l'Acte uniforme relatif au droit des sociétés commerciales et du groupement d'intérêt économique, un ou plusieurs associés représentant au moins le dixième du capital social peuvent, soit ensemble soit isolément, s'adresser à la juridiction compétente afin que cette dernière désigne un ou plusieurs experts chargés de faire la lumière sur une ou plusieurs opérations de gestion. A supposer que la requête soit favorablement accueillie, le juge détermine l'étendue et la mission de l'expert, et celui-ci peut être un mandataire judiciaire. Toujours est-il, lorsque la casquette de mandataire judiciaire est revêtue, qu'un contrôle de l'activité exercée s'avèrera incontournable.

[1803] BOKALLI V.E., « Commerçant », in POUGOUE P.G. (dir.), *Encyclopédie du droit OHADA*, op cit., p. 528.

[1804] Article 160-2.

B. Contrôle et discipline

La délicatesse des missions de l'expert ou du syndic associé à la conduite des procédures collectives explique ou justifie largement un contrôle rigoureux des personnes appelées à exercer en ces qualités. Aussi se comprend-il, sur ce terrain, que l'option ait été retenue de mettre les Etats en première ligne. Effectivement, ceux-ci ont, sur leur territoire, la charge de faire procéder au contrôle des mandataires judiciaires dans l'exercice de leurs fonctions. Idéalement, dans l'esprit du législateur OHADA, cela devrait s'opérer à travers l'autorité nationale dont la création est préconisée un peu partout. Autant avouer qu'il ne s'agit pas ouvertement, en tant que tel, du ministère de la justice dont l'une des directions a habituellement la charge du contrôle des professions auxiliaires de justice à côté du procureur de la République et du procureur général près la juridiction d'appel du ressort[1805]. En tout état de cause, le détail des mesures d'encadrement est exposé. Les autorités chargées d'y procéder disposent non seulement d'un *« pouvoir général d'investigation »*, mais aussi d'un *« pouvoir général de vérification »*. Très concrètement, ces prérogatives leur permettent d'accéder aux documents comptables tenus par le mandataire ou à ceux se trouvant entre ses mains, sans que le secret professionnel ne soit jamais opposé avec succès[1806]. Et, le fait est connu s'agissant tout particulièrement du redressement judiciaire et de la liquidation des biens, le regard du juge-commissaire n'est jamais éloigné. C'est que la tâche échoit à ce dernier de contrôler lui aussi les activités des syndics et de rédiger un rapport à l'attention de la juridiction compétente au terme de chaque trimestre voire à tout moment à la demande de celle-ci[1807] *(tacitement, voir not. CCJA, arrêt n° 169/2017, 27 juil. 2017, Société bayswater constructing and mining Burkina SARL dite BCM c. Société Seguenega mining SA (société en liquidation) dite SMSA, Société Kalsaka mining SA, Société Oryx Burkina Faso SA, Société Faso contractor et Monsieur Zeba Adama, préc.)*.

Le contrôle a des prolongements que l'on devine.

L'une de ces extensions touche aux poursuites disciplinaires. Certes, celles-ci sont idéalement déclenchées à l'instigation des instances chargées du contrôle. Rien n'exclut cependant que des débiteurs et des créanciers se

---

[1805] L'article 4-8 laisse augurer que cette piste n'a pas été totalement occultée. Elle y renvoie indirectement. Par ailleurs, et pour ne viser que ceux-ci, les articles 39 et 48 ouvrent d'autres possibilités à la fois devant le juge commissaire et devant la juridiction compétente.

[1806] Article 4-6.

[1807] En ce sens, voir notamment les articles 39 et 43 de l'Acte uniforme portant organisation des procédures collectives d'apurement du passif. Sur l'ensemble, voir HOUIN C., « Les professions d'administrateurs et de mandataires judiciaires : des professions à hauts risques… », *Mélanges Adrienne Honorat*, Editions Frison-Roche, Paris, pp. 193 et s. ; FILIGA SAWADOGO M., « La règlementation des mandataires judiciaires en droit OHADA : Règles essentielles et perspectives d'application », op cit., pp. 341 et s. ; KOM J., *Droit OHADA des entreprises en difficulté*, op. cit., pp. 148 et s., n° 271 et s.

chargent de communiquer à l'autorité ou à la juridiction compétente, voire au ministère public, tout document ou information susceptible de conduire à l'ouverture de poursuites disciplinaires[1808]. Lorsque les indélicatesses imputées sont avérées, des sanctions d'une grande variété seront encourues : avertissement, blâme avec inscription au dossier, suspension d'exercer pour une durée inférieure à trois années, radiation de la liste nationale des mandataires judiciaires emportant interdiction définitive d'exercer. Sans surprise, les sanctions prononcées seront notifiées au mandataire judiciaire en cause. Elles seront également portées à l'attention des instances représentatives auxquelles ce dernier est rattaché, à l'ordre national des experts-comptables et, le cas échéant, à tout autre ordre auquel celui-ci est inscrit. Mieux encore, et plus globalement, elles seront portées à l'information de toute autre organisation professionnelle dont il est membre ainsi qu'au ministère public de l'Etat sur le territoire duquel son activité est exercée[1809] *(en ce sens, voir TRHC de Dakar, jugt. n° 398, 15 mars 2001, affaire de la révocation du syndic Mamadou Lamine Niang, ohadata-J-05-46 ; TRHC de Dakar, jugt. n° 398, 24 sept. 2002, Agent judiciaire de l'Etat c. Mayoro Wade, ohadata-J-03-41 cités par MVONDO MVONDO H., La protection des parties au contrat de bail à usage professionnel dans les procédures collectives, thèse, Ph.D en Droit, Yaoundé II, 2019, p. 50).*

D'autres suites sont civiles. A ce titre, l'accent doit tout particulièrement être porté sur l'article 4-11 de l'Acte uniforme portant organisation des procédures collectives qui prescrit la nullité de tous actes ou conventions tendant à permettre directement ou indirectement l'exercice des fonctions du mandataire judiciaire pendant la durée d'une suspension ou après sa radiation. La sanction ne surprend pas vraiment. Il est dans l'ordre des choses de pourvoir au remplacement de l'expert au règlement préventif ou du syndic suspendu lorsque la mission à lui confiée dans le contexte d'une procédure spécifique n'a pas été conduite jusqu'à son terme. Si d'aventure celle-ci a pris fin, on ne devrait pas être étonné, pendant le temps que dure une suspension ou à plus forte raison lorsque la sanction radicale de la radiation a été prononcée, que l'individu appelé à la subir cesse temporairement ou définitivement ses activités en tant que mandataire judiciaire.

Là n'est pas tout au plan civil. La certitude est acquise, lorsque sont reprochés à un mandataire judiciaire une violation des lois et règles professionnelles ou des faits contraires à la probité, à l'honneur ou à la délicatesse dans l'exercice de ses fonctions, que celui-ci engage sa

---

[1808] Article 4-8.
Les articles 41 et 42 vont plus loin pour énoncer que le débiteur ou tout créancier peut demander à tout moment au président de la juridiction compétente le remplacement du syndic qui tombe sous le coup d'une incompatibilité ou qui n'agit pas avec diligence dans l'exercice de sa mission. « *Le juge-commissaire reçoit les réclamations du débiteur ou des créanciers qui tendent à la révocation du syndic et son remplacement* ». Il est tenu de statuer dans les huit jours qui suivent sa saisine, par une ordonnance assortie de l'exécution provisoire de droit.
[1809] Article 4-9.

responsabilité civile à l'égard du débiteur, des créanciers et des tiers[1810] *(CA Dijon, sept. 2008, SARL Select Point Chaud c. Conilleau Eddajibi, JurisData n° 2008-370035, Droit des sociétés n° 1, Janv. 2009, pp. 49 et s., Comm. GALLOIS-COCHET D. ; Cass. com., 20 mai 2003, Bernard c. Ansay, Dr. sociétés 2003, comm. 148, obs. MONNET J., JCP G 2003, II, 10178, note REIFERGEISTE S., D. 2003, p. 2623, note DONDERO B. Rev. Sociétés 2003, p. 479, obs. BARBIERI J.-F. ; JCP E 2003, p. 1331, obs. CAUSSAIN J.-J., DEBOISSY F. WICKER G.)*. Simplement, les titulaires du droit d'agir devront alors avoir présent à l'esprit que l'action en responsabilité civile relève de la compétence de la juridiction chargée des procédures collectives du lieu où ce mandataire est établi. A rebours, ceux-ci devront se garder de se fier au taux de compétence traditionnel au moment de rechercher la juridiction appelée à se prononcer sur les dommages-intérêts. Les titulaires du droit d'agir gagneront également à se souvenir que l'action doit impérativement être introduite soit au cours de la procédure, soit ou au plus tard dans les trois ans à compter de sa clôture ou de la fin de l'exécution du concordat[1811].

Enfin, le contrôle pourra parfois avoir des suites ayant une connotation répressive[1812]. Sur cet aspect, l'Acte uniforme portant organisation des procédures collectives n'aurait pas pu être détaillé. C'est que le traité OHADA renvoie aux droits nationaux quant à la sanction des infractions en lien avec la norme communautaire[1813]. Qu'à cela ne tienne, on s'aperçoit, en le parcourant, que les sanctions de cet ordre sont très expressément évoquées[1814]. En s'intéressant notamment aux articles 189 et suivants de l'Acte uniforme portant organisation des procédures collectives d'apurement du passif, il se découvre nettement que les dirigeants de fait ou de droit d'entreprises soumises à un redressement judiciaire ou à une liquidation des biens pourront parfois se voir étendre la procédure, être frappés par une faillite personnelle ou par une banqueroute[1815] *(tacitement,*

[1810] « *Lorsque le mandataire judiciaire sollicite, dans l'exercice de ses attributions, l'intervention d'un tiers, il demeure solidairement responsable des fautes et négligences commises par ce dernier* », retient l'article 4-12 alinéa 2.

[1811] Article 4-13.

[1812] Article 4-12, alinéa 1.

[1813] Voir notamment l'article 335-3 du Code pénal.

[1814] Idem.

[1815] On observera dans le Code pénal camerounais, à l'article 335-3 déjà évoqué, qu'il est incriminé et sanctionné les « infractions commises par le syndic de procédure collective ». Cet article prévoit qu'un emprisonnement de cinq à dix ans et une amende de deux cent mille à cinq millions de francs sont susceptibles de frapper « tout mandataire d'une procédure collective » qui exerce une activité personnelle sous le couvert d'une entreprise du débiteur masquant ses agissements ou qui dissipe les biens du débiteur. Les mêmes peines sont réservées au mandataire judiciaire d'une procédure collective qui dispose du crédit ou des biens du débiteur comme de ses biens propres ; poursuit abusivement ou de mauvaise foi, dans son intérêt personnel, soit directement soit indirectement, une exploitation déficitaire de l'entreprise du débiteur ; se rend acquéreur pour son compte, directement ou indirectement, des biens du débiteur en violation de la législation organisant les procédures collectives d'apurement du passif. Pour aller plus loin, *voir CCJA, arrêt n° 169/2017, 27 juil. 2017, Société Bayswater Constructing and mining Burkina SARL dite BCM c. Société Seguenega mining SA (société en liquidation) dite SMSA, Société Kalsaka mining SA, Société Oryx Burkina Faso SA, Société Faso contractor et Monsieur Zeba Adama, préc.).* Cela arrivera fréquemment lorsque les obligations liées à cette qualité auront été mal exécutées ou ne l'auront pas été.

C. Droits et obligations

Les conditions d'exercice des fonctions de mandataire judiciaire, exposées dans l'Acte uniforme portant organisation des procédures collectives d'apurement du passif, mettent en surbrillance les obligations de celui-ci.

A la lecture de l'Acte uniforme concerné, on découvre que l'existence de certaines solidarités s'oppose à l'exercice des fonctions en tant qu'expert au règlement préventif ou syndic dans une procédure collective. Sont ouvertement visés les parents ou alliés du débiteur ou des créanciers jusqu'au quatrième degré inclusivement ; les dirigeants de la personne morale appelée à subir l'une ou l'autre de ces procédures. Sont également concernés les experts-comptables, les avocats, les comptables agréés, commissaires aux comptes du débiteur ou de l'un de ses créanciers ; puis les personnes physiques qui ont eu précédemment ou ont actuellement un différend avec l'endetté ou avec l'un de ses créanciers. L'interdiction touche enfin, en cascade, les personnes physiques qui au cours des trois années précédant leur nomination ont perçu, à quelque titre que ce soit, directement ou indirectement, une rémunération versée par le débiteur ou par l'un de ses créanciers ; celles qui se trouvent en situation de subordination ou qui ont des liens économiques avec le débiteur ou avec l'un de ses créanciers[1816] ;

A la lecture de l'Acte uniforme concerné, on découvre que les mandataires judiciaires doivent présenter des garanties d'indépendance, de neutralité et d'impartialité dans les procédures où leur intervention est requise. A première vue, cela suppose que ceux-ci ne doivent pas avoir ou tirer un intérêt personnel, moral ou financier du mandat à eux confié. D'une certaine manière, l'exigence fonde cette prescription qui voudrait que tout mandataire judiciaire soit tenu de signer une déclaration d'indépendance, de neutralité et d'impartialité avant d'entrer en fonction dans une procédure collective, mais aussi de s'engager à l'assumer en toute responsabilité. Elle justifie sans nul doute aussi que la personne pressentie pour une nomination éventuelle en cette qualité soit invitée à signaler au président de la

---

voir HOUIN C., « Les professions d'administrateurs et de mandataires judiciaires : des professions à hauts risques… », op cit., pp. 199 et suivantes spéc. ; KOM J., *op cit.*, pp. 153 et s., n° 281 et s.

[1816] Article 4-4.

juridiction compétente, sans délai, toute circonstance de nature à éveiller des soupçons légitimes sur son indépendance, sa neutralité et son impartialité[1817] ;

A la lecture de l'Acte uniforme scruté, on découvre que, hormis la mission spécifique qui lui échoit dans le contexte d'une procédure particulière, le mandataire judiciaire ne saurait représenter ni conseiller l'un des protagonistes, y compris le débiteur ou ses créanciers[1818]. Dans la même perspective, il est interdit au syndic et à tous ceux qui ont participé à l'administration de la procédure collective d'acquérir personnellement, soit directement, soit indirectement, à l'amiable ou par vente de justice, tout ou portion de l'actif mobilier ou immobilier du débiteur en état de règlement préventif, de redressement judiciaire ou de liquidation des biens [1819] ;

Au contact de l'Acte uniforme concerné, on découvre que toute personne inscrite sur la liste nationale des mandataires judiciaires est tenue de contracter, auprès d'une compagnie d'assurance régulièrement établie à l'endroit où s'exerce son activité, une assurance destinée à garantir la réparation des préjudices causés dans l'exercice de ses fonctions conformément au présent Acte uniforme. Elle doit au demeurant pouvoir, à chaque instant, justifier de la validité et de l'effectivité de cette assurance[1820] ;

A la lecture de l'Acte uniforme visé, on découvre que chaque mandataire judiciaire tient une comptabilité distincte de sa comptabilité propre, pour chacune des procédures collectives où ses services ont été sollicités. A toute époque, cette comptabilité doit pouvoir être présentée à la personne chargée du contrôle de cet auxiliaire de justice. L'autorité considérée a d'ailleurs aussi le loisir de requérir la présentation de sa comptabilité personnelle[1821]. Ainsi que cela s'imagine, le détail des risques à couvrir sera précisé par les Etats ;

A la lecture de l'Acte uniforme en cause, on découvre que les mandataires judiciaires sont obligés d'ouvrir un compte spécial aux fins d'y domicilier les opérations afférentes aux procédures de redressement judiciaire et de liquidation des biens. A juste titre, la précision est apportée que, sauf autorisation du juge-commissaire et seulement lorsque la procédure s'avère complexe, un seul compte spécial devra être ouvert et tenu dans le cadre de chaque procédure collective[1822]. Au Cameroun, l'exigence fait écho à la loi n° 2008/003 du 14 avril 2008 régissant les dépôts et consignations. On ne le sait que trop, celle-ci range dans la catégorie des consignations judiciaires, entre autres, les fonds ayant un lien avec les règlements

---

1817 Idem
1818 Ibid.
1819 Article 51.
1820 Article 4-14.
1821 Article 4-15.
1822 Article 4-22.

judiciaires et des liquidations de biens[1823]. Dans la catégorie des dépôts, elle classe notamment les fonds des clients détenus par les auxiliaires de justice en exécution des missions qui leur sont assignées. La spécificité ici, c'est que lesdits fonds doivent, en tout état de cause, être conservés par cet établissement public administratif[1824] ;

A l'examen de l'Acte uniforme concerné, on s'aperçoit que les mandataires judiciaires sont tenus de rendre compte de l'exécution de leur mission. En ce sens, l'Acte uniforme susvisé pose que le syndic a l'obligation de remettre un rapport écrit sur sa mission et sur le déroulement de la procédure de redressement ou de liquidation des biens au juge-commissaire au moins une fois tous les deux mois et, dans tous les cas, chaque fois que celui-ci le requiert. Le rapport concerné indique, en outre, le montant des deniers déposés au compte de la procédure collective ouvert[1825]. Parfois, notamment lorsque le débiteur doit être assisté dans la poursuite de son activité, un rapport d'exploitation est à produire par le syndic qui le communique non seulement au juge-commissaire, mais aussi au ministère public[1826]. Souvent, c'est à l'assemblée des associés de l'entreprise au cœur de la procédure collective que la reddition des comptes est présentée. En ce sens par exemple, l'Acte uniforme prévoit, s'agissant du syndic, que celui-ci adresse aux sociétaires un rapport à propos du projet de concordat de redressement judiciaire et le bilan économique et social, les formalités accomplies et les opérations qui ont eu lieu, les résultats obtenus depuis la décision d'ouverture. A l'appui de ce rapport est présenté un état de situation dressé et arrêté au dernier jour du mois écoulé, lequel mentionne l'actif disponible ou réalisable, le passif chirographaire et celui garanti par une sûreté réelle spéciale ou un privilège général[1827].

A ce stade, il convient de ne pas perdre de vue que les exigences relatives aux conditions d'exercice, qui découvrent les obligations des mandataires judiciaires, sont loin d'être exhaustives. Au fond, et ainsi que cela a précédemment été exposé, l'article 4 de l'Acte uniforme décide que « *chaque État partie adopte, en tant que de besoin, les règles d'application (...), prévoit, selon des modalités appropriées, la régulation et la supervision des mandataires judiciaires agissant sur son territoire, au besoin en mettant en place à cet effet une autorité nationale dont il fixe l'organisation, la composition et le fonctionnement* ». La marge de manœuvre appelait, symétriquement, l'énoncé des droits essentiels de ces auxiliaires de la justice, avec le souci que ces droits ne

---

[1823] Article 5.

[1824] Article 11. Cela réservé, il importe de se souvenir que l'article 45 alinéa 1 de l'Acte uniforme prescrit que, « *Sans préjudice des droits des créanciers revendiquants, les deniers éventuellement recueillis par le syndic, quelle qu'en soit la provenance, sont versés immédiatement sous sa responsabilité au compte ouvert conformément à l'article 43 ci-dessus. Le syndic est redevable, à titre personnel, d'un intérêt au taux légal majoré de huit (08) points sur les sommes non versées au compte, sans préjudice des sanctions disciplinaires* ».

[1825] Articles 43, 44, etc.

[1826] Article 112.

[1827] Article 124.

compromettent pas l'objectif recherché ou ne portent pas atteinte aux intérêts de l'entreprise, des créanciers, des associés, des tiers…

Cela a été réalisé, *primo*, à travers la formulation dans quelques Etats de la règle de l'inopposabilité du secret professionnel mais aussi de celle de l'assistance ou du concours des personnes sollicitées, lesquelles peuvent être physiques ou morales, de droit public ou de droit privé. Telle est la compréhension qui découle du dispositif mis en place par la loi n° 2022/006 du 27 avril 2022 régissant le secret bancaire Cameroun. A l'article 4 de celle-ci, le principe du secret bancaire est énoncé et décliné comme une obligation de confidentialité à la charge des établissements de crédit et bénéficiant d'abord et avant tout à son client ; obligation qui s'étend aux personnes ayant pris part à la direction, la gestion, le contrôle ou la liquidation d'un établissement, au personnel et aux personnes qui, n'en étant pas membres ont eu connaissance ou accès de manière indue ou autorisée aux informations en cause[1828]. Il s'agit ensuite des articles 5 et 27 où sont exposés les actes de violation prohibés[1829] et les sanctions encourues[1830]. Il s'agit surtout des article 6 et 8 où sont répertoriés les actes à exclure de la catégorie des violations du secret bancaire, puis consacrée la règle de l'inopposabilité aux autorités et organismes publics. Effectivement,

---

[1828] Articles 3 et 4.

[1829] A en croire l'article 5, constitue une violation du secret bancaire :
- la divulgation et la communication, par tel ou tel moyen, de faits et informations portant sur les opérations bancaires, de microfinance ou de paiement connus dans l'exercice de leurs fonctions par les employés, les administrateurs, les organes dirigeants ou de contrôle d'un établissement assujetti ;
- la révélation, la divulgation, la communication par des tiers, par tout moyen, de renseignements reçus ou obtenus d'un établissement assujetti ;
- l'exploitation à des fins personnelles, ainsi que la communication à des tiers par un établissement assujetti ou par son personnel des faits, études, projets et autres informations à lui confiées par un client ou un membre.

L'article 5 va plus loin et à la violation du secret bancaire l'attitude consistant à :
- procéder, même par imprudence, à un traitement automatisé d'informations bancaires nominatives sans prendre toutes les précautions utiles pour préserver la sécurité des procédures et de nature à entraîner des dénaturations, dommages ou communications à des tiers ;
- accéder ou de se maintenir frauduleusement dans tout ou partie d'un système de traitement automatisé des données d'un établissement assujetti ;
- introduire frauduleusement des données dans un système de traitement automatisé des données d'un établissement assujetti ou de supprimer, de modifier frauduleusement les données qu'il contient.

[1830] Article 27. Il y est résolu qu'une peine d'emprisonnement de trois mois à trois ans, et une amende de 1.000.000 à 50.000.000 FCFA, ou de l'une de ces deux peines seulement, pourrait frapper quiconque viole le secret bancaire. Au cas où l'infraction est commise par voie de presse écrite, de radio, de télévision, par voie de communication électronique ou par tout autre moyen destiné à atteindre le public, ces peines sont doublées. Lorsque l'infraction a été commise par une personne morale, la sanction financière est appliquée et le maximum en est le quintuple. Enfin, des peines accessoires peuvent s'y ajouter. Elles sont les suivantes pour les personnes physiques : interdiction d'exercer une fonction ou une activité dans un établissement assujetti, publication de la décision prononcée et diffusion de celle-ci par voie de médias. Pour les personnes morales, elles consistent en la publication de la décision prononcée et sa diffusion par voie de médias, la fermeture, pour une durée déterminée, de l'établissement ou des succursales ayant servi à la commission des faits incriminés.

on y découvre la liste de ce qui ne constitue pas une violation du secret bancaire, avec en bonne place « *la déclaration faite lors d'une procédure judiciaire …* ». L'article 26 conclut opportunément : « *En cas de redressement judiciaire ou de liquidation de biens, toutes les personnes ou tous les organes régulièrement habilités et intervenant dans le cadre de ces procédures peuvent se faire délivrer par l'établissement assujetti, tout document utile à l'accomplissement de leur mission…* »[1831].

Cela a été réalisé, *secundo*, en consacrant un droit à rémunération sur le patrimoine du débiteur pour les diligences effectuées dans le cadre des procédures collectives conduites par leurs soins, à l'exclusion de toute autre rémunération et remboursement de frais pour les mêmes diligences[1832]. Dans le détail, les tribunaux sont eux-mêmes encadrés sur ce terrain. Ils accordent à l'expert ou au syndic, dans l'acte qui les désigne ou dans une décision ultérieure, une provision sur sa rémunération qui ne saurait excéder 40 % du montant prévisionnel de celle-ci. En tout état de cause, une fraction de cette somme d'argent, au moins égale à 60 %, ne sera versée qu'à compter de l'homologation du concordat de redressement judiciaire ou, le cas échéant, de la clôture de la procédure de liquidation des biens[1833]. L'idéal ici demeure, à la suite des orientations de l'OHADA, que les Etats prennent le relai pour mettre au point, sur la base de critères précis et cohérents, un barème à adapter périodiquement[1834].

Cela a été fait, *tertio*, en décidant que la rémunération de l'expert au règlement préventif est arrêtée par la juridiction compétente dans sa décision homologuant ou rejetant le concordat préventif ou, le cas échéant, mettant fin au règlement préventif en 1' absence de concordat. Cette rétribution est tributaire d'un barème que fixent les Etats. Celui-ci tient compte notamment du temps passé et des difficultés éventuellement rencontrées, du nombre de créanciers intéressés par la procédure. Chaque État membre de l'OHADA a cependant la latitude d'y ajouter des critères supplémentaires ; un montant forfaitaire pouvant être souverainement arrêté au cas de règlement préventif simplifié[1835].

Cela a été réalisé, *quarto*, en décidant que la rétribution du syndic en qualité de contrôleur de l'exécution du concordat préventif, du concordat de redressement judiciaire ou en tant que syndic de liquidation des biens, est fixée par la juridiction compétente dans sa décision de clôture de la procédure collective ou d'homologation du concordat, selon le barème fixé par la règlementation de chaque Etat. A titre indicatif, le barème concerné tient compte notamment du chiffre d'affaires réalisé par le débiteur au cours de l'exercice précédant l'ouverture de la procédure collective, du nombre de

---

[1831] Pour en savoir davantage, voir NGO NDJIGUI R.Y., *Le secret des affaires dans le droit des pays de l'espace OHADA et en droit français*, Evry, 2005, pp. 277 et s., n°s 407 et s.

[1832] Article 4-16.

[1833] Articles 4-18, 4-20.

[1834] A propos des pratiques à cet égard, voir FILIGA SAWADOGO M., op cit., p. 350.

[1835] Article 4-17.

travailleurs employés par l'endetté au cours de la même période, du ratio de recouvrement des créances, du temps et des difficultés éventuellement rencontrées, de la célérité des diligences accomplies *(en ce sens, voir not. CA du Littoral, n° 175, 27 oct. 2008, Société Oba-SCI c. Liquidation BMBC, in Secrétariat Permanent de l'OHADA, Jurisprudences nationales préc., pp. 308 et s.).*

Une chose est néanmoins incontestable. C'est que les États ont la latitude d'ajouter à cette liste des éléments supplémentaires[1836]. De même, l'exigence est posée qui veut, en cas de liquidation des biens, que le montant total de la rémunération du syndic n'excède jamais 20 % de la valeur totale résultant de la réalisation de l'actif du débiteur. Sont incluses dans le calcul de ce plafond de 20 % pour cent les rémunérations versées à des experts comptables, financiers ou à tout autre intervenant missionné par le syndic, sauf si le juge en a disposé autrement lors de la désignation de cet intervenant. Il n'est porté entorse à ce barème que dans l'hypothèse du redressement judiciaire ou de la liquidation des biens simplifiée où les Etats ont la latitude de fixer un montant forfaitaire pour la rémunération du syndic. Enfin, et s'agissant toujours de la rémunération de cet auxiliaire de justice, il est prévu que la décision le désignant puisse éventuellement lui accorder le bénéfice d'une provision sur sa rémunération sans que celle-ci excède 40 % du montant prévisionnel de celle-ci. En tout état de cause, une portion de cette rémunération, au moins égale à 60 %, ne sera versée qu'à compter de l'homologation du concordat de redressement judiciaire ou, le cas échéant, de la clôture de la liquidation des biens[1837]. On en a inféré, en quelque sorte, la réduction du coût des procédures collectives ; on a estimé que ces procédures ont obtenu le bénéfice d'une rationalisation[1838].

Cela a été réalisé, quatrièmement, en reconnaissant aux mandataires judiciaires le droit de contester les décisions se rapportant à leur rétribution. A ce niveau, du moins à en croire les termes de l'article 4-21 de l'Acte uniforme portant organisation des procédures collectives d'apurement du passif, ces décisions sont susceptibles d'appel. Simplement, le recours doit être introduit dans les quinze jours de leur prononcé, à la requête notamment de l'expert au règlement préventif ou du syndic[1839]. Il se devine aisément que des exigences du même ordre pourraient s'imposer à d'autres collaborateurs de justice, notamment au conseil fiscal.

[1836] Article 4-19.

[1837] Article 4-20.

[1838] TAKAFO-KENFACK D., « La rationalisation des procédures collectives de l'OHADA : Un modèle prometteur ? », préc., pp. 233 et s.

[1839] Le même droit est reconnu au débiteur et au ministère public.

Paragraphe 2. Le conseil fiscal

L'activité professionnelle en qualité de conseil fiscal est régie, pour l'essentiel, par des textes d'envergure nationale[1840], mais surtout d'envergure communautaire esquissés pour répondre aux objectifs du traité instituant la Communauté économique et monétaire de l'Afrique centrale[1841]. Il s'agit singulièrement du Règlement n° 13/09/UEAC-051-CM-20 du 11 décembre 2009 portant révision du statut de la profession que vient compléter le Règlement n° 07/11-UEAC-051-CM-22 portant modification des articles 9, 35 et 42 du Règlement n° 13/09/UEAC-051-CM-20 du 11 décembre 2009. Il s'agit surtout du statut révisé de la profession en date du 19 décembre 2011[1842]. L'examen de cet arsenal découvre l'existence de règles relatives tantôt à l'accès à la profession, tantôt à l'exercice du métier et à son contrôle.

A. Devenir conseil fiscal

L'accès à la profession de conseil fiscal est subordonné au respect des exigences de fond et de forme énoncées dans le préambule du Règlement n° 13/09/UEAC-051-CM-20 précité. Les exigences en cause correspondent d'une part aux conditions à observer pour l'obtention de l'agrément, d'autre part à la décision d'agrément de celui qui y trouve un intérêt.

1. Conditions de l'agrément

L'agrément à la profession de conseil fiscal requiert des préalables exposés dans le statut de la profession, en particulier aux articles 7 et 8 de cet instrument juridique[1843].

L'article 8 exige la nationalité de l'un des Etats membres de la CEMAC ; la jouissance de ses droits civiques ; une honorabilité irréprochable matérialisée par l'absence de condamnation criminelle ou correctionnelle ; un âge minimum de trente (30) ans ; des « garanties de bonne moralité jugées nécessaires par les autorités de tutelle ».

L'article 7 s'intéresse à la formation et à l'expérience du postulant. La profession est réservée :

[1840] Loi n° 2011/010 du 6 mai 2011 fixant l'organisation et les modalités d'exercice de la profession de conseil fiscal au Cameroun.

[1841] Voir le préambule du Règlement n° 13/09/UEAC-051-CM-20 portant révision du statut de la profession de conseil fiscal.

[1842] A ce règlement vient d'ailleurs s'ajouter le Règlement n°07/11-UEAC-051-CM-22 portant modification des articles 9, 35 et 42 du Règlement n° 13/09/UEAC-051-CM-20 du 11 décembre 2009 portant révision du statut de la profession de conseil fiscal.

[1843] Dans le même sens, voir les articles 4, 5 et 6 de la loi n° 2011/010 du 6 mai 2011 précitée.

- Aux agents du corps des impôts ayant au moins le grade d'inspecteur des impôts et justifiant d'une ancienneté d'au moins dix ans de service effectif dans ce grade au sein de l'administration fiscale de l'un des Etats membres de la communauté ;

- Aux experts comptables agréés par le conseil des ministres de l'Union économique de l'Afrique Centrale (UEAC), lesquels justifient d'au moins 10 ans d'expérience et ayant renoncé à la profession libérale d'expert-comptable ;

- Aux experts comptables non agréés par le conseil des ministres de l'UEAC, lesquels justifient d'au moins 5 ans d'une expérience acquise après avoir obtenu le diplôme et de l'expérience nécessaires en cabinet de conseil fiscal ;

- Aux personnes physiques titulaires au moins d'un diplôme d'études supérieures spécialisées en fiscalité ou d'un diplôme équivalent, lesquelles justifient après coup d'une expérience d'au moins cinq ans acquise dans un cabinet de conseil fiscal agréé par le conseil des ministres de l'UEAC ;

- Aux personnes physiques titulaires au moins d'un diplôme d'études supérieures spécialisées en fiscalité ou d'un diplôme équivalent et qui justifient après l'obtention de ce diplôme d'une expérience professionnelle d'au moins 10 ans acquise en qualité de cadre supérieur en charge des questions fiscales dans une « grande entreprise » d'un Etat membre de la CEMAC.

Ces exigences ne vont pas sans vagues que le législateur a tenté parfois d'aplanir.

L'une des zones d'ombres a trait aux diplômes requis. A ce sujet, la précision est faite à l'article 7 alinéa 2 que le diplôme d'études supérieures spécialisées ou son équivalent correspond, en tout état de cause, à celui que l'on obtient après au moins cinq années d'études supérieures avec « un volume pertinent d'enseignement en fiscalité ». L'espoir à ce niveau est que les contours de cette formule ne soient pas au cœur de la discorde entre les acteurs ; que l'on ne soit pas réticent au moment d'apprécier les « équivalences » dès lors que l'impétrant est nanti d'un Master spécialisé ayant un ancrage dans le droit et la fiscalité. Cet espoir est d'autant plus à entretenir que certains Etats comme le Cameroun ont résolu d'abandonner à l'Ordre des conseils fiscaux le soin d'apprécier le volume pertinent des enseignements nécessaires en prescrivant simplement que cet exercice s'opère à la lumière des « matières » et du « volume horaire de formation » suivie[1844].

Une autre zone d'ombre a trait à la durée de l'expérience professionnelle faisant suite à la formation initiale du postulant. L'hétérogénéité de la durée de ce stage déguisé sous la formule « expérience professionnelle » embarrasse. Il est troublant que quelques-uns en soient exemptés, à savoir les agents du corps des impôts et les experts comptables agréés. Il est

[1844] Article 5 (2), loi n° 2011/010 du 6 mai 2011 précitée.

troublant, pour des titulaires d'un diplôme universitaire identique, que l'expérience professionnelle soit différente. Il est surprenant, s'agissant d'un diplôme universitaire semblable, que la durée de l'expérience « de terrain » exigée varie selon que le postulant ait été en cabinet de conseil fiscal agréé ou selon que celui-ci ait été en poste dans « une grande entreprise » de l'un des Etats membres de la CEMAC à l'exclusion de tout autre. Il se comprend mal que certains agents publics et professionnels libéraux dont l'activité mobilise suffisamment la matière fiscale n'appartiennent pas au collège de ceux auxquels la profession de conseil fiscal est ouverte. On songe notamment aux enseignants des facultés des sciences économiques et de gestion voire à quelques-uns des facultés de droit, mais aussi à leurs homologues des lycées techniques spécialisés en ces matières. On songe à l'avocat ou au notaire justifiant d'un diplôme du niveau master en fiscalité. On songe aux comptables matières, aux inspecteurs du trésor, etc.

Une troisième zone d'ombre a trait la nationalité des postulants et singulièrement à celle des ressortissants des Etats étrangers à la Communauté économique et monétaire de l'Afrique centrale. A propos de ceux-ci, la condition de réciprocité est formulée. En des termes simples, les intéressés ne devraient accéder à la profession de conseil fiscal que dans l'hypothèse et dans les conditions auxquelles sont astreints les ressortissants de la communauté dans les pays dont ils sont ressortissants[1845]. Là n'est pas tout. Il faut encore, en tout état de cause, justifier d'un « permis de séjour permanent de la résidence effective sur le territoire de l'Etat de la communauté qui présente le dossier d'agrément[1846].

La quatrième zone grise a trait à la condition d'âge. Il est curieux que le métier de conseil fiscal ne s'ouvre, *in fine*, qu'aux personnes ayant au moins trente ans. Ce plancher surprend d'autant plus qu'il est en déphasage avec d'autres conditions que le statut de la profession prescrit. A titre d'exemple, il pourrait arriver que la personne physique titulaire d'un diplôme d'études supérieures spécialisées en fiscalité ou d'un diplôme équivalent et justifiant d'une expérience d'au moins cinq ans acquise dans un cabinet de conseil fiscal agréé par le conseil des ministres de l'UEAC soit âgée de moins de 30 ans. Pareillement, dans le contexte actuel de scolarisation précoce des sujets de droit, la probabilité est élevée que la personne physique nantie d'un diplôme d'études supérieures spécialisées en fiscalité ou d'un diplôme similaire et d'une expérience professionnelle d'au moins 10 ans en qualité de cadre supérieur chargé des questions fiscales dans une « grande entreprise » soit agrée de moins de 30 ans. Autant l'avouer sèchement, l'exigence se rapportant à l'âge plancher découragera et écartera parfois de la profession de conseil fiscal les esprits fertiles et vifs dont un corps d'élite ou prestigieux a pourtant besoin. Autant l'avouer, à la longue, celle condition particulière ajoutée à celle touchant à l'expérience professionnelle

[1845] Article 8 alinéa 2, Statut révisé.
[1846] Idem.

feront de ce métier l'un de ceux où pullulent les retraités de l'administration fiscale ou les citoyens dont le parcours scolaire a été laborieux.

La cinquième zone grise a trait à l'examen d'admission en stage institué par la loi n°2011/010 du 6 mai 2011 fixant l'organisation et les modalités d'exercice de la profession de conseil fiscal au Cameroun en son article 12. Une lecture rapide des textes communautaires pourrait donner à penser qu'un tel examen ne doit pas être envisagé. Cette perception perdrait de vue la marge de manœuvre laissée aux pouvoirs publics des Etats par la Communauté, lesquels transmettent les dossiers de candidature en vue de l'agrément à la profession de conseil fiscal, assorti d'un avis. En tout état de cause, il est décidé au Cameroun que les candidats au stage professionnel doivent avoir été reçus à l'examen d'admission en stage. Théoriquement, cet examen est organisé tous les deux ans par le conseil de l'ordre, mais sous la supervision administrative de la tutelle. La suite se devine : les personnes admises en font déclaration au conseil de l'ordre. Elles portent le titre de « conseil fiscal stagiaire » et sont inscrites sur la liste des conseils fiscaux stagiaires que l'on retrouve en annexe du tableau de l'ordre des conseils fiscaux[1847].

La sixième zone d'ombre a trait aux incompatibilités. A ce sujet, il a été résolu que les fonctions de conseil fiscal sont incompatibles avec toute activité ou acte susceptible de porter atteinte à son indépendance. Sont spécialement indexés la qualité de salarié, les activités ayant une connotation commerciale, industrielle, artisanale ou libérale, la profession d'expert-comptable agréé. La prohibition ne concerne cependant pas les activités exercées accessoirement en qualité d'administrateur de société, d'enseignant vacataire, de liquidateur de société, de syndic, d'administrateur judiciaire[1848]. A dire vrai, en de telles circonstances, l'activité exercée doit, sous peine de refus de l'agrément, faire l'objet d'une déclaration expresse dans la demande d'agrément. La personne bénéficiaire de la mansuétude doit alors, dans un délai d'un an à compter son agrément, se mettre en phase avec les normes précédemment exposées, et le délai d'un an ne saurait être prorogé[1849].

2. Décision d'agrément

Les conditions de fond réunies et le dossier de candidature soumis et transmis, le soin revient au Conseil des ministres de la Communauté économique et monétaire de l'Afrique centrale de se prononcer sur le sort à lui réserver[1850]. Des observations s'imposent néanmoins qui pourraient faciliter la compréhension de cette règle.

[1847] Articles 12 et 13,

[1848] Article 23, statut de la profession révisé ; article 41, n° 2011/010 du 6 mai 2011 précitée.

[1849] Idem, article 10.

[1850] Article 12, statut de la profession révisé.

Premièrement, le dossier de candidature est à déposer auprès du Ministre en charge des finances de l'Etat de résidence du requérant, lequel émet un avis sur celui-ci avant de le transmettre à la Commission de la CEMAC[1851]. Il comprend : une demande manuscrite sur papier libre timbré au tarif en vigueur dans le pays de résidence de l'impétrant ; une copie certifiée conforme de l'acte de naissance du postulant ou un jugement supplétif en tenant lieu ; un extrait de casier judiciaire ; un certificat de nationalité ; un curriculum vitae à jour ; une photocopie certifiée conforme par les autorités civiles de l'Etat de résidence et de l'université ou de l'institution l'ayant délivré, du ou des diplômes requis ; une attestation de service effectif délivrée par l'autorité nationale compétente ou une attestation de stage dressée par un cabinet de conseil fiscal ; un acte de retrait s'agissant des experts-comptables déjà agréés ; une copie certifiée conforme du permis de séjour permanent de résidence pour les ressortissants des Etats non membres de la CEMAC.

Deuxièmement, et d'après les termes du Règlement n°07/11-UEAC-051-CM-22 portant modification de certaines prévisions du Règlement n° 13/09/UEAC-051-CM-20 du 11 décembre 2009, le dossier de candidature n'est pas déposé en un seul exemplaire. Au fond, celui-ci est soumis en dix exemplaires dont quatre destinés à la commission de la CEMAC et un exemplaire à chaque pays membre de la communauté. L'exigence n'est pas fantaisiste, notamment lorsqu'on se souvient que l'agrément en qualité de conseil fiscal est valable sur l'étendue du territoire communautaire[1852].

Troisièmement, l'agrément est concédé pour une durée indéterminée[1853]. Dès lors et sans surprise, il n'existe pas un âge d'admission à la retraite ou de cessation d'activité. L'affirmation ne doit cependant pas tromper. Le conseil fiscal peut, pour « convenance personnelle » ou pour d'autres raisons, souhaiter arrêter l'exercice de sa profession. A cet effet, l'intéressé est tenu, six mois avant la date de sa cessation, d'en faire déclaration au conseil national de l'ordre. A son tour, l'ordre professionnel national la transmet au ministre en charge des finances de l'Etat d'implantation du professionnel, lequel en informe la commission de la CEMAC. Dès cet instant, l'exigence du parallélisme des formes suggère que la commission procède au retrait de l'agrément autrefois concédé au conseil fiscal, puis

---

[1851] Idem, article 11. En réalité, les choses sont plus complexes lorsqu'on se réfère notamment à l'article 8 de la loi n° 2011/010 du 6 mai 2011 précitée. Effectivement, il y est prescrit que le dossier est déposé déposés, en deux exemplaires dont l'original, au siège de l'Ordre des conseils fiscaux. L'Ordre se prononce sur la candidature dont il est saisi dans un délai de 60 jours à compter de la date de dépôt du dossier. L'avis de l'ordre est transmis au ministère des finances dans un délai de cinq jours ouvrables courant à compter de sa date. L'autorité de tutelle visée ci-dessus dispose de 60 jours pour se prononcer et transmet les candidatures à la Commission de la CEMAC accompagné de l'avis du ministère des finances.

[1852] Article 12 alinéa 1, statut de la profession révisé.

[1853] Idem, article 12.

qu'elle ordonne la radiation de l'intéressé du registre de la profession tenu au siège de la communauté.

Quatrièmement, la décision portant agrément ou refus du sésame doit être notifiée à celui qui la sollicite et, surtout, être publiée. La formalité incombe à la Commission de la CEMAC, laquelle n'est malheureusement astreinte à aucune condition de délais. Pire encore, la lecture de l'article 12 du statut de la profession invite à un concours de patience, cela d'autant plus que seule une décision favorable est diffusée dans le bulletin officiel de la communauté[1854]. Dans le prolongement, et les textes le mettent en évidence, le conseil fiscal pourrait souhaiter, notamment pour convenance personnelle, être suspendu de l'exercice de sa profession. En semblables circonstances, l'intéressé doit en informer la commission de la CEMAC via le ministre en charge des finances de l'Etat où il est implanté et exerce[1855]. En tout état de cause, la requête à cette fin renseigne quant aux motifs qui la fondent et quant à la date souhaitée de prise d'effet. Si la suspension d'activité s'opère sans que la formalité soit accomplie ou si elle est mise en veille pendant une durée supérieure à deux ans, le conseil fiscal est rayé du registre des professionnels agréés et du tableau de l'ordre national par décision du conseil des ministres de la CEMAC, après avis du ministre en charge des finances de l'Etat de rattachement[1856].

La décision d'agrément confère la qualité de conseil fiscal. Sans surprise et à en croire les extraits du statut révisé de la profession, nul ne devrait l'exercer ni porter le titre sans avoir obtenu l'agrément du conseil des ministres[1857]. Celui qui méconnait ce principe se rend coupable de l'infraction d'exercice illégal de la profession de conseil fiscal. D'après les termes des articles 21 et 22 du Règlement n° 13/09/UEAC-051-CM-20 du 11 décembre 2009, l'infraction consiste à exercer sans agrément préalable ou à accomplir soit de manière habituelle soit occasionnellement les actes réservés exclusivement aux conseils fiscaux. Elle consiste également à user sans droit de ce titre ou de l'appellation « société de conseil fiscal », voire simplement de titres ou d'appellations tendant à induire en erreur ou à créer une confusion. Elle se traduit par l'attitude consistant à prêter son concours pour l'exercice illégal de la profession. Les intéressés encourent des sanctions d'une grande variété ; certaines sont administratives, d'autres disciplinaires, mais surtout pénales[1858].

Enfin, la décision d'agrément pourrait être retirée. Le statut expose les circonstances et les conséquences de cette décision grave qui emporte

[1854] Article 39, statut de la profession révisé.
[1855] Idem, article 40.
[1856] Idem.
[1857] Articles 13, 21 et suivants.
[1858] L'article 22 du Règlement n° 13/09/UEAC-051-CM-20 du 11 décembre 2009 précité souligne que l'exercice illégal de la profession de conseil fiscal constitue un délit punit d'une amende dont le montant est fixé à 5 000 000 FCFA pour les personnes morales de 2 500 000 pour les personnes physiques. En cas de récidive, le montant de l'amende est doublé.

cessation immédiate d'activité[1859]. En cascade, il insiste : sauf cas de force majeure dûment constaté par les autorités compétentes, sur le non exercice de la profession pendant deux années consécutives à compter de la date de notification de la décision portant agrément ; sauf cas de force majeure dûment constaté par les autorités compétentes et les ordres nationaux sur l'absence dans l'Etat d'implantation pendant une durée de 183 jours dans l'année ; sur la fraude ou la complicité de fraude fiscale ; sur le manquement grave à l'éthique et à la déontologie de la profession de conseil fiscal ; sur la condamnation à une peine infâmante, affligeante et dégradante ; sur la présentation de faux documents, notamment les diplômes, le certificat de nationalité, l'extrait de casier judiciaire, le titre de séjour, l'attestation de stage. Le reste ne surprend guère lorsqu'on se souvient du parallélisme des formes. Entre autres, le retrait de l'agrément est décidé par le conseil des ministres de la communauté, saisi par le ministre en charge des finances de l'état de commission de l'infraction ou de résidence de l'intéressé[1860] ; le soin revient à la commission de la CEMAC, par l'intermédiaire du ministre en charge des finances de l'Etat d'implantation, de notifier le retrait aux personnes intéressées ; la décision de retrait d'agrément est publiée dans le bulletin officiel de la communauté[1861] ; les personnes auxquelles l'agrément est retiré sont radiées du registre de la commission et du tableau de l'ordre national des conseils fiscaux[1862] .

B. Exercer comme conseil fiscal

Le cadre et les modalités de l'exercice du métier de conseil fiscal sont déterminées avec rigueur par le législateur. Les missions, les droits et obligation de ce professionnel sont également encadrés.

1. Cadres et modalités d'exercice

L'activité en qualité de conseil fiscal s'exerce dans des cadres différents[1863].

[1859] Il est indiqué à l'article 38 que lorsque la décision de retrait d'agrément n'a pas à sa base une sanction, celui qui y succombe a le loisir de solliciter un nouvel agrément s'il entend reprendre l'exercice de son activité professionnelle.

[1860] Article 36.

[1861] Article 37 alinéa 1.

[1862] Article 37 alinéa 2.

[1863] Des statistiques dignes de foi révèlent qu'au Cameroun, en 2020, le nombre de conseils fiscaux en exercice était de 114 personnes physiques auxquels s'ajoutaient 11 sociétés de conseils fiscaux. Ce nombre est passé à 158 en 2022. Voir REPUBLIQUE DU CAMEROUN, *Rapport du ministère de la justice sur l'état des droits de l'homme au Cameroun en 2022*, Yaoundé, 2023, p. 49, n° 164 ; *Rapport du ministère de la justice sur l'état des droits de l'homme au Cameroun en 2021*, Yaoundé, 2023, p. 57, n° 166.

Tout d'abord, la profession s'exerce individuellement. L'hypothèse en cause est celle où le conseil fiscal s'installe tout seul. En de telles circonstances, l'intéressé ne manquera pas d'avoir recours à des employés et d'être assujetti, entre autres, aux prévisions du code du travail. Une chose est constante que prévoit le législateur[1864]. C'est que le conseil fiscal opérant « en solo » ne pourrait se déployer que sous son nom propre, à l'exclusion de tout pseudonyme ou titre impersonnel. Quelque peu floue, l'idée se saisit néanmoins. L'usager et l'administration fiscale devraient pouvoir même intuitivement, rattacher un acte précis à un conseil fiscal donné.

Ensuite, la profession s'exerce collégialement dans le cadre de la « Société de conseil fiscal » [1865]. L'hypothèse est celle où les acteurs s'installent à plusieurs, voire avec des personnes n'ayant pas leurs titres et qualités. A ce sujet, il importe de relever qu'une camisole de force leur est imposée. En effet, ceux-ci ne peuvent s'orienter que vers le modèle d'une entreprise de conseils fiscaux ayant la forme soit d'une société civile professionnelle, soit d'une société à responsabilité limitée, soit d'une société anonyme. Simplement, dans l'hypothèse d'une exploitation collective, des précautions sont prises à l'effet d'éviter de travestir l'entreprise. A juste titre, il est prescrit :

- Que l'entreprise à créer devrait avoir la forme soit d'une société à responsabilité soit d'une société anonyme, unipersonnelle ou pluripersonnelle. En tout état de cause, elle devrait réunir au minimum deux conseils fiscaux agréés lorsqu'elle prend la forme d'une SARL pluripersonnelle. Au cas où il s'agit d'une société anonyme, elle est nécessairement fondée par au moins trois conseils fiscaux, lesquels ont la latitude de s'associer à des sujets de droit n'ayant pas cette qualité ;
- Que les conseils fiscaux devraient toujours avoir la titularité de la majorité des actions et des parts sociales ;
- Que la société civile ou commerciale créée devrait toujours avoir comme directeur général comme président directeur général, gérant, fondé de pouvoir des conseils fiscaux ayant la qualité d'associés ;
- Que la société anonyme créée par des conseils fiscaux devrait toujours avoir ses actions sous forme nominative et surtout, subordonner l'admission de tout nouvel associé à l'agrément préalable « soit du conseil d'administration, soit de l'assemblée générale des actionnaires ou des associés » ;
- Que l'entreprise devrait s'astreindre à communiquer aux autorités dont elle relève la liste des associés et rendre compte de toute modification y relative ;
- Que l'entreprise créée ne devrait pas réaliser des prises de participation excédant 30% de son capital dans des sociétés industrielles, commerciales, agricoles, bancaires, civiles ;

[1864] Article 19, statut.
[1865] Article 15, statut.

- Que la société de conseil fiscal ne devrait être sous aucune dépendance directe ou indirecte ;

- Qu'il est précieux de se souvenir de l'existence et des termes du décret n° 2000/002/PM du 06 janvier 2000 portant organisation des activités des centres de gestion et fixant les avantages fiscaux accordés à leurs adhérents, décret modifié et complété notamment par les décrets n° 2007/0456/PM du 29 mars 2007 et n°2011/1137/PM du 12 mai 2011. A en croire l'article 13 nouveau de ce texte, les centres de gestion agréés sont créés par arrêté du Ministre chargé des finances. Au fond, ceux-ci prennent la forme d'associations mises sur pied par les professionnels de la comptabilité et de la fiscalité agréés par la CEMAC et inscrits au tableau de leurs ordres nationaux respectifs. Rien n'interdit non plus que leur mise en place se fasse à l'initiative des chambres consulaires, des organisations professionnelles légalement constituées d'industriels, de commerçants, d'artisans, d'agriculteurs ou de titulaires de charges et d'offices[1866]. En tout état de cause, et c'est sans doute le plus précieux, ces structures apportent une assistance en matière de gestion ; ils encadrent les membres des organisations professionnelles d'industriels, de commerçants, d'artisans, d'agriculteurs ou de titulaires des charges et d'offices libéraux dans l'accomplissement de leurs obligations fiscales dès lors du moins que ceux-ci réalisent un chiffre d'affaires annuel hors taxes inférieur ou égal à cent millions de francs CFA[1867]. D'après les termes de l'article 10 (nouveau) que l'on pourrait difficilement passer sous silence, les personnes qui y adhèrent ont le bénéfice d'un abattement de 50 % du bénéfice fiscal déclaré.

Pertinentes, ces normes doivent être mises en cohérence avec le droit OHADA, singulièrement avec les prescriptions de l'Acte uniforme relatif au droit des sociétés et du groupement d'intérêt économique, celles de l'acte uniforme portant sur le droit commercial général, celles de l'acte uniforme relatif aux sociétés coopératives. L'opération de toilettage suggérée n'est pas sans lien tantôt avec les missions du conseil fiscal, tantôt avec ses droits et obligations.

2. Missions, obligations et droits

Le statut révisé de la profession de conseil fiscal est univoque à son article premier. La règle y est énoncée d'après laquelle le conseil fiscal est celui dont l'activité consiste, de manière habituelle, à assister et conseiller le contribuable en matière fiscale[1868]. Dans le détail, et à l'article 2, il est résolu que ce professionnel est habileté à donner des consultations en matière fiscale ; rédiger pour le compte de ses clients privés des actes se rapportant directement ou indirectement au droit fiscal ; aider les

---

[1866] Article 2 nouveau, décret 2000 /002/PM du 06 janvier 2000 modifié.

[1867] Idem, article 3 nouveau.

[1868] Article 1er, statut de la profession révisé.

contribuables à souscrire leur déclaration fiscale et esquisser les réponses requises par les administrations ; assister les contribuables à l'occasion des contrôles fiscaux, du contentieux fiscal et du recouvrement des impôts, droits et taxes ; représenter ses clients devant les autorités fiscales, devant les juridictions et devant les organismes publics ou parapublics en matière fiscale dès lors qu'ils justifient d'un mandat régulier ; accomplir des missions d'audit en matière fiscale ; exercer les fonctions d'expert judiciaire en fiscalité[1869].

Force est de constater qu'assez tôt, la question a surgi de savoir si tout conseil fiscal exerce parallèlement les fonctions d'expert judiciaire en fiscalité. La réponse à la préoccupation est nuancée. Si l'on exclut l'exigence d'un agrément pour ce faire, il restera encore celle de l'inscription au tableau de l'ordre et surtout celle de l'inscription sur une liste près les juridictions compétentes[1870]. Le reste va de soi. Il faudra également être désigné pour telle ou telle affaire, notamment par le juge. Sur ce terrain particulier, le conseil fiscal aura des obligations spécifiques à l'instar de celle de présenter un rapport dans les délais arrêtés par le magistrat ayant requis son expertise à l'effet de prendre sa décision en connaissance de cause[1871] ;

Force est de constater qu'assez tôt, la question a surgi de savoir si le conseil fiscal a le bénéfice d'un monopole sur les questions relevant de sa compétence. Considérant le lien entre le droit commun et le droit spécial, on pourrait estimer que ce statut déroge au droit commun et conclure que ce professionnel a le bénéfice de règles spéciales qui lui confèrent un monopole dans une matière spécifique. Une telle tournure d'esprit est retenue à l'article 21 du statut de la profession qui considère que l'exercice illégal de la profession de conseil fiscal se caractérise par l'absence d'agrément et par l'accomplissement des *« missions réservées exclusivement aux conseils fiscaux et définies à l'article 2 »*. Considérant que le statut du métier n'évoque jamais ouvertement l'idée d'un monopole, quelques-uns pourraient estimer que la profession est certes règlementée, mais que son exercice n'exclut pas de subir la concurrence des corps de métiers ayant une compétence générale en matière d'assistance et de représentation, singulièrement de l'avocat. Au soutient de cette grille de lecture pourrait être évoqué, au Cameroun, l'article 2(4) de la loi n°2011/010 du 6 mai 2011 fixant l'organisation et les modalités d'exercice de la profession de conseil fiscal, lequel prescrit que nonobstant les règles qui s'y trouvent, *« toute personne physique ou morale peut elle-même, sans l'assistance d'un conseil fiscal, souscrire ses déclarations et accomplir ses obligations »*. Au soutient d'une telle grille de lecture pourrait être évoqué un arrêté du 12 avril 2005 de Monsieur le Ministre de la justice garde des sceaux, portant homologation

---

[1869] Dans le même sens, voir les articles 2 et 94 à 97 de la loi n°2011/010 du 6 mai 2011 fixant l'organisation et les modalités d'exercice de la profession de conseil fiscal au Cameroun.

[1870] Articles 94 et 95, loi n°2011/010 du 6 mai 2011 précitée.

[1871] Article 97, loi n° 2011/010 du 6 mai 2011 précitée.

et publication du règlement intérieur du barreau. Effectivement, à l'article 74 de cet instrument, consacré au « champs d'activité professionnel de l'avocat », la règle est formulée d'après laquelle ce professionnel est à la fois *« auxiliaire de justice et acteur essentiel de la pratique universelle du droit »*. A ce titre, celui-ci *« a vocation à intervenir à titre professionnel dans tous les domaines de la vie civile, économique et sociale… » ; « il peut être désigné comme représentant fiscal de son client.»*. A n'en pas douter, le soin reviendra à la justice, communautaire notamment, de trancher la querelle passionnée dont le centre nerveux porte sur la question du monopole du conseil fiscal.

Force est de constater qu'assez tôt, la nécessité d'identifier l'une après l'autre, les obligations du conseil fiscal a alimenté un débat entre les sujets de droit. Le règlement CEMAC n° 13/09/UEAC-051-CM-20 du 11 décembre 2009 a procédé à des mises au point[1872] que quelques-uns des législateurs nationaux (à l'instar du législateur camerounais) se sont chargés d'amplifier. Cela a été fait à travers les règles qui posent :

- Que le conseil fiscal est assujetti aux dispositions statutaires de l'ordre national des conseils fiscaux de son rattachement. Dans le même sens, il est astreint au respect des normes déontologiques approuvées par l'assemblée générale de l'ordre et homologuées par l'autorité de tutelle ; doit se soumettre aux exigences du règlement intérieur de la profession adopté par l'ordre [1873] ;
- Que le conseil fiscal est tenu d'être indépendant. C'est assez dire que celui-ci n'est pas à la solde du client. Par conséquent, il ne devrait pas se considérer comme le destinataire des impôts et des taxes querellés ;
- Que le conseil fiscal est astreint au secret professionnel sous la menace de sanctions répressives et non répressives esquissées par le statut de la profession et par les droits nationaux. Il n'en va autrement que lorsque des procédures judiciaires ou administratives sont engagées à l'encontre de ceux-ci ou de leurs clients par les pouvoirs publics ou en vertu du droit de communication que prévoit le code général des impôts *(même tacitement, voir not. Cass. Com., 5 juin 2024, n° 23-10.954, Contentieux-Procédure, 4 juil. 2024, note ADELINE A.)*[1874] ;
- Que le conseil fiscal est tenu de signer, en tant que de besoin, de sa main, les documents dressés au titre de consultations et adressés à ses clients ;
- Que le conseil fiscal doit justifier d'une assurance garantissant sa responsabilité civile. Le regret ici c'est que les modalités et la valeur de la police d'assurance à souscrire ne soient pas nettement déclinées ;

[1872] Articles 24 à 28, statut révisé.

[1873] Article 3, loi n° 2011/010 du 6 mai 2011 précitée.

[1874] Sur ces questions, lire la loi n° 2022/006 du 27 avril 2022 régissant le secret bancaire Cameroun. Voir ADELINE A., « La protection du secret des affaires mise à mal par le droit à la prevue », note sous Cass. Com. 5 juin 2024, n° 23-10.954, *Contentieux-Procédure*, 4 juil. 2024 ; NGO NDJIGUI R.Y., op cit., pp. 154 et s., n°s 154 et s.

- Que le conseil fiscal est tenu de prendre en stage les conseillers fiscaux postulants, d'assurer la formation des intéressés et de leur garantir une rémunération pendant le temps que dure l'apprentissage ;

- Que le conseil fiscal est obligé de réparer le préjudice subi à la fois par ses clients et par les tiers en raison des fautes ou des négligences commises dans l'exercice de ses fonctions ;

- Que le conseil fiscal est astreint à l'obligation de formation continue. Cette exigence d'actualisation des savoir et savoir-faire est affirmée avec force au plan interne où il est expressément prescrit que les conseils fiscaux et leurs stagiaires sont soumis aux obligations de formation continue et au respect des standards professionnels [1875].

Force est de constater qu'assez tôt, la polémique est née à propos des droits du conseil fiscal. S'agissant du plus important de ces droits, des orientations ont été données à la fois dans le statut de la profession[1876] et dans la loi camerounaise.

L'une de ces orientations voudrait que le conseil fiscal reçoive des honoraires en rémunération de ses travaux et missions. Le montant de ces honoraires est librement convenu avec les clients, sous réserve des normes prescrites par l'ordre national ou par des règlements édictés par les autorités compétentes de chaque Etat membre de la CEMAC. A l'examen, la conclusion s'impose ici que les honoraires du conseil fiscal dépendent d'abord et avant tout de ce que prévoient les textes. Il faudrait que ceux-ci soient silencieux pour que soit privilégié ce qui a été convenu avec le client.

Une autre orientation voudrait que le conseil fiscal soit tenu de produire à ses clients une note d'honoraires mentionnant, à côté de ce qui est dû, les prestations fournies. A tout prendre, l'homme de l'art devrait renseigner au sujet des diligences accomplies. L'exigence n'est pas étrangère à l'obligation générale de dévouement mise à sa charge et mieux, à l'obligation de rendre compte que le droit positif impose aux mandataires dont le contrôle est organisé.

3. Contrôle et discipline du professionnel

Le contrôle de l'exercice de la profession de conseil fiscal est opéré tantôt à l'échelle nationale, tantôt à l'échelle communautaire[1877].

Au plan national, la mission de contrôle de l'exercice de la profession incombe à l'Ordre national des conseils fiscaux[1878]. C'est à cette entité dotée de la personnalité juridique dans chaque Etat membre de la communauté que revient le soin de réunir les concernés et de veiller au respect des exigences relatives à la moralité, à la probité, au dévouement, au secret

---

[1875] Articles 3 in fine et 18 (1), loi n° 2011/010 du 6 mai 2011.

[1876] Articles 29 et 30, statut révisé.

[1877] Article 31, statut révisé.

[1878] Articles 28, 31, 32.

professionnel, à la responsabilité personnelle, à l'honneur et à l'indépendance de la profession. A cet effet, l'Ordre a la lourde mission de veiller au bon déroulement du stage pour l'accès au métier et diligente toute action de nature à combattre l'exercice illégal de la profession. Il assure également le suivi des suspensions volontaires d'exercice et les reprises d'activités ; veille au respect des procédures se rapportant au renoncement des conseils fiscaux agréés s'agissant des activités incompatibles avec la profession. L'ordre veille par ailleurs au respect des normes de contrôle qualité et assiste le conseil supérieur des ordres nationaux dans l'accomplissement de ses missions. Enfin, et cela est capital, le soin lui revient de publier annuellement un tableau de l'ordre comprenant les noms de tous ses confrères régulièrement inscrits, d'adopter un règlement intérieur et un code de déontologie du métier dont il assure la mise en application[1879].

Au plan communautaire, le contrôle de l'exercice de la profession incombe au Conseil supérieur des ordres nationaux des conseils fiscaux[1880]. L'entité est créée par décision du conseil des ministres de l'UEAC et est dotée de la personnalité juridique[1881]. Elle intervient davantage dans la supervision du contrôle de l'exercice de la profession. Malheureusement, les méandres de cette activité manquent parfois de clarté. On sait seulement que celle-ci adopte son règlement intérieur et veille à l'application de celui-ci. On sait aussi que c'est le Conseil supérieur des ordres nationaux des conseils fiscaux qui veille à la mise en place et au fonctionnement du contrôle des modalités d'exercice de la profession, notamment le contrôle qualité. On sait également qu'une commission mixte a la charge d'opérer en ses lieux et place en attendant la création du Conseil supérieur et son entrée en fonction[1882].

Des mises au point sont encore à opérer à la lumière notamment de la n°2011/010 du 6 mai 2011 fixant l'organisation et les modalités d'exercice de la profession de conseil fiscal au Cameroun.

L'un des points d'attention a trait au siège de l'Ordre national des conseils fiscaux du Cameroun. Il est situé à Douala. Rien ne s'oppose cependant à son transfert vers une autre ville du pays dès lors que l'assemblée générale extraordinaire a ainsi résolu. La solution est bien inspirée lorsqu'on considère que la région du Littoral est à ce jour le poumon économique du pays. Elle est avangardiste dans la mesure où l'option retenue a vocation à être « toilettée » sans grande difficulté si de nouveaux pôles économiques émergent, se développent ou se multiplient. La surprise dans cette perspective tient au silence marqué au sujet de sièges

---

[1879] Article 4, Statut révisé.

[1880] Articles 5, 31, 33 et 34 Statut révisé.

[1881] Article 6.

[1882] Article 41. Pour aller plus loin, voir la Décision n° 08/11-UEAC-210-CM-22 portant institution d'une commission mixte de contrôle des conditions d'exercice de la profession de conseil fiscal dans la zone CEMAC.

secondaires ayant une envergure régionale ou communale, lesquels épouseraient les contours de la décentralisation logée au cœur des politiques publiques de développement.

Un autre point d'attention touche aux organes grâce auxquels l'Ordre national des conseils fiscaux accomplit ses missions. Ces organes sont au nombre de deux, à savoir l'Assemblée générale et le conseil de l'ordre. On l'imagine sans effort, l'assemblée générale réunit l'ensemble des conseils fiscaux inscrits au tableau de l'ordre. C'est à elle que revient notamment le soin d'adopter le code de déontologie de la profession et le règlement intérieur de fixer le taux des cotisations de ses membres, d'élire son président et son vice-président dont le mandat dure trois ans et est renouvelable une fois successivement ; d'élire le président du conseil de l'ordre qui est nécessairement de nationalité camerounaise et dont le mandat est de trois ans renouvelable une seule fois successivement ; d'élire les autres membres du conseil de l'ordre, le commissaire aux comptes et les membres de la chambre d'appel dont les mandats respectifs sont de trois ans renouvelables une fois successivement[1883]. On l'imagine sans efforts, l'assemblée générale ne siège valablement que si elle a été convoquée et son ordre du jour communiqué au moins quinze jours avant la date de la session à l'autorité de tutelle qui prend part aux travaux. Elle ne siège valablement que si la moitié au moins de ses membres inscrits est présente ou représentée ; ses décisions sont prises à majorité simple des membres présents ou représentés à jour de leurs cotisations et, surtout, sont communiquées à l'autorité de tutelle dans un délai de quinzaine à peine de nullité relative[1884].

Venant au Conseil de l'ordre, il s'agit de l'organe exécutif de l'ONCFC. A ce titre et de manière précise, il statue sur les demandes d'inscription ou de réinscription au tableau, émet un avis sur les demandes d'agrément à la profession avant toute transmission à l'UEAC par l'autorité de tutelle ; assure le contrôle de la qualité des prestations des membres de la profession ; assure la compétence disciplinaire en première instance ; recherche et rassemble les preuves de l'exercice illégal de la profession par des personnes ; connaît de manière générale de toute question relative à l'exercice de la profession de conseil fiscal et au bon fonctionnement de l'ordre. Les membres du conseil de l'ordre sont exclusivement des personnes physiques, lesquelles sont au nombre de sept dans la catégorie des titulaires et de sept dans la catégorie des suppléants. Après l'élection des membres du conseil de l'ordre, l'assemblée générale désigne le président du conseil. En son sein, le conseil procède à l'élection des autres membres de son bureau pour un mandat de trois ans, renouvelable. Ce bureau est composé de deux vice-présidents, un secrétaire général, un secrétaire

---

[1883] Articles 63 et 64.

[1884] Articles 65, 66, 67.

général adjoint, un trésorier général, un trésorier général adjoint[1885]. Quoi qu'il en soit, le conseil se réunit au moins une fois par trimestre en session ordinaire, sur convocation de son président, dans les 20 jours qui suivent la fin du trimestre. Des sessions extraordinaires peuvent être appelées soit par le président, soit par la moitié au moins de ses membres, soit à la demande de la tutelle. Présidé par le président et en cas d'empêchement par le vice-président ou à défaut par le doyen d'âge présent, le conseil ne délibère pas publiquement, la validité des délibérations requiert la présence de la moitié au moins des membres de l'organe, les uns ayant la possibilité de se faire représenter par les autres sans excéder un mandat. Les décisions sont adoptées à la majorité simple des membres présents ou représentés, la voix du président étant prépondérante dans l'hypothèse d'une égalité de voix[1886].

L'avant dernier point d'attention a trait au régime disciplinaire. Au plan national, il est aménagé et structuré autour de deux instances au sein de l'Ordre des conseils fiscaux, à savoir la chambre de discipline et la chambre d'appel. La chambre de discipline, pour commencer par elle, se compose de quatre membres du conseil de l'ordre non membres de la chambre d'appel. En principe, elle est saisie soit par l'autorité de tutelle, soit le ministère public, soit l'un des membres de l'ordre inscrit au tableau à jour de ses cotisations et justifiant d'un intérêt pour agir. Présidée par le président du conseil et en cas d'indisponibilité de l'intéressé par le vice-président ou le cas échéant par le doyen d'âge de ses membres, la chambre de discipline statue majorité simple de ses membres et rend une décision qui est communiquée à l'autorité de tutelle, au ministère public, au préfet du lieu de résidence du mis en cause et éventuellement à l'usager plaignant. Elle connaît, entre autres, des condamnations pour des infractions commises à l'intérieur ou à l'extérieur du pays et susceptibles de porter atteinte au crédit de la profession, des actes relevant de la justice pénale, des actes ou omissions susceptibles de nuire à la réputation de l'ordre national des conseils fiscaux, du non-respect des normes professionnelles, des plaintes des usagers[1887]. Aucune des sanctions prévues ne peut être retenue sans que le conseil fiscal mis en cause ait été entendu, l'intéressé ayant toujours la latitude d'être assisté par un conseil de son choix[1888].

Quant à la chambre d'appel, elle reçoit les recours contre les décisions de la chambre de discipline, cela dans les 60 jours de la notification de celle-ci. Sa composition est hétérogène. On y retrouve un magistrat de la Cour suprême qui la préside, un représentant du ministère des finances ici l'autorité de tutelle, trois membres de l'ordre élus par l'assemblée générale

---

1885 Articles 70 et 71.

1886 Articles 73, 74, 75, etc.

1887 Articles 78 à 81 et 85.

1888 Articles 82 et 83. L'article 84 décline les sanctions que la Chambre pourrait prononcer. Il s'agit de l'avertissement, du blâme, de la suspension d'activité d'une durée comprise entre trois mois et un an selon la gravité de la faute, de la radiation du tableau de l'ordre.

dont l'un officiera en qualité de vice-président de la chambre[1889]. Tenue de se prononcer dans un délai de deux mois à compter de sa saisine, la chambre statue en dernier ressort au niveau de l'ordre camerounais des conseils fiscaux. Autant avouer, et tel est le sens de l'article 91 (1) de la loi n°2011/010 du 6 mai 2011, que la décision prononcée n'est susceptible de recours que devant la Cour suprême[1890].

L'ultime mise au point a trait à ce que l'on pourrait regarder comme un cumul de sanctions. Elle a sa source à l'article 93 où il se découvre que l'action disciplinaire n'est pas incompatible avec les poursuites du ministère public, des particuliers ou de l'ordre devant les juridictions de droit commun compétentes tendant au prononcé d'une peine répressive. L'action disciplinaire ne fait pas davantage obstacle à celle que l'autorité de tutelle pourrait engager au préjudice des membres de l'ordre des conseils fiscaux[1891]. On peut douter qu'elle concerne l'expert.

Paragraphe 3. L'expert judiciaire

Différents textes de procédure révèlent que l'« expert judiciaire » ou « de justice » à l'ordre du jour ici, que l'on distingue parfois du « simple expert » [1892] désigné par une convention est, dans bien des cas, un maillon essentiel du procès. Du coup et sans surprise, il importe de circonscrire le périmètre de l'acquisition de cette qualité. L'exercice débouche sur l'ébauche des lignes directrices de l'exercice en cette qualité, lesquelles se consolident quotidiennement.

A. Acquisition de la qualité d'expert judiciaire

L'acquisition de la qualité d'expert est subordonnée à l'observation de nombreuses exigences[1893]. Pour reprendre une formule pénétrante, tandis

---

[1889] Articles 87, 88 et 89.
[1890] Article 91.
[1891] Article 93.
[1892] En ce que l'activité de ce dernier ne s'insère pas dans une procédure devant les juridictions et sa mobilisation n'a pas à sa base une décision de justice.
[1893] Pour aller plus loin, voir notamment CERE J.P., RASCAGNERES J.M., VERGES E., *Droit pénal et nouvelles technologies*, L'Harmattan, Paris, 2015, pp. 11 et s. ; FONKWE FONGANG J., EWARE A., *Pratique de la procédure pénale au Cameroun*, Editions Veritas, Macacos, Douala, 2019, pp. 225 et s. ; FOURMENT V., « Le droit à la preuve confronté à la protection du secret des affaires : exception au principe ou droits concurrents ? », *D.* 2025, pp. 289 et s. ; KLEIN J., « Le secret professionnel de l'avocat ne fait pas en soi obstacle au prononcé de mesures d'instruction in futurum », *RTD civ.* 2024. 193 ; KUATE TAMEGHE S.S., « Quelques ambiguïtés de l'expertise de gestion dans l'Acte uniforme relatif au droit des sociétés commerciales et du GIE », *Recueil d'études sur l'OHADA et l'UEMOA, Vol. 1*, J. Mestre dir., Presses universitaires d'Aix-Marseille, Aix-en-Provence, 2010, pp. 147-178 ; LEFEBVRE Th., *L'expertise face à la production d'informations financières des sociétés*, PUAM, Aix-en-Provence, 2004, p. 396, n° 1417 ; MOUGENOT D., *Manuel de l'expertise judiciaire*, Anthemis, Liège, 2019, pp. 13 et s. ; NGO

que quelques-unes de celles-ci semblent stables dans les textes de procédure, quelques-autres semblent plutôt variables.

1. Ce qui semble stable

L'organisation du corps des experts et spécialement celui des experts judiciaires étant encore embryonnaire, la préoccupation est constante de savoir qui peut devenir expert judiciaire et quel est le processus y conduisant. Les éléments de réponse à la question sont pluriels.

La synthèse de la littérature juridique incline à penser, d'abord et avant tout, que seule pourrait devenir expert judiciaire la personne ayant une compétence, un savoir et un savoir-faire permettant de prêter main-forte à la justice dans des circonstances parfois complexes. La plupart du temps, ce savoir et ce savoir-faire s'acquièrent au terme d'une formation méthodique, dans un domaine précis[1894]. Par moments, mais moins souvent, ces connaissances et compétences se sédimentent au gré de l'expérience professionnelle obtenue à l'issue d'un stage voir dans le cours de l'exercice d'un métier dont l'exercice est subordonné à leur maîtrise. Autant avouer que ce n'est que très exceptionnellement qu'ils s'obtiendront par le biais d'un apprentissage informel se situant dans le sillage de la tradition orale ou d'une dévolution successorale. De ce qui précède, il se devine que les personnes à mobiliser en qualité d'expert seront généralement rattachées à un corps professionnel dont l'exercice suppose une formation et des habiletés particulières que le juge ne possède généralement guère (médecin, comptable, architecte, chimiste, mécanicien, météorologue, etc.). Par moments, la preuve de l'appartenance à un tel corps de métiers ira jusqu'à viser la qualité de membre d'un ordre, d'une corporation, d'une organisation professionnelle. Il n'est même pas marginal que l'assermentation soit évoquée ou exigée *(même tacitement, voir not. CS, arrêt n° 23/P, 10 déc. 1992, Fossard Paul Edouard c. Ministère public et Tshakalis Constantin, Répertoire chronologique de la jurisprudence de la Cour suprême, tome 1, Droit pénal, 1980-2000, préc. p. 459 ; CCJA, arrêt n° 043/2009, 30 juin. 2009, Hanna Investment and Co SA c. Bank of Africa-Côte d'Ivoire dite BOA-CI, http://www.ohada.org*

NDJIGUI R.Y., *Le secret des affaires dans le droit des pays de l'espace OHADA et en droit français, préc.*, pp. 304 et s., n°s 448 et s. ; SAINTE-ROSE J., « Le juge face à la science », in *Principes de justice, Mélanges en l'honneur de Jean-François Burgelin*, Dalloz, Paris, 2008, pp. 345 et s. ; SOSSA C.D., TCHAKOUA J.M., AGBENOTO K.M., *OHADA. Droit de la médiation*, Juriscope, Poitiers, 2023, p. 23, n°s 47 et s.

[1894] A titre d'exemple, la loi du 10 août 1990 relative à l'organisation de la profession d'expert technique exige des personnes intéressées par ce métier qu'elles soient titulaires, dans leur spécialité, soit d'un diplôme de base au moins équivalent au diplôme d'ingénieur et reconnu par l'autorité compétente, soit d'un diplôme de base au moins équivalent au diplôme d'étude universitaire de technologie ou d'un brevet de technicien reconnu au Cameroun. Dans l'un ou dans l'autre cas, il est exigé du postulant à ce métier d'avoir accompli auprès d'un expert agrée un stage effectif d'une durée déterminée, soit de justifier d'une pratique effective d'une durée précise dans un organisme public ou privé.

; *CCJA, arrêt n° 056/2016, 21 avril 2016, Dalquier Maurice et Dame Oudart, épouse Dalquier Chantal Juliette c. Monsieur Koudou Dago, http://www.ohada.org).*

La synthèse de la littérature juridique incline à penser, ensuite, que seuls pourraient devenir des experts de justice ceux qui ont la nationalité du pays où l'expertise sera offerte devant des cours et des tribunaux où sous leur contrôle. Ce n'est que très exceptionnellement et sous réserve de la réciprocité que des non nationaux pourraient se voir confier ces fonctions auprès des juridictions ; ce n'est que par extraordinaire, et en particulier dans les hypothèses où « la main d'œuvre locale s'avère insuffisante ou inexistante, que la possibilité est ouverte à l'étranger d'officier à ce titre ; ce n'est qu'en association avec un confrère local et à la demande de ce dernier que l'étranger exercera les fonctions d'expert devant les juridictions camerounaises[1895].

La synthèse de la littérature juridique incline à penser, également, que seules pourraient devenir experts de justice des personnes offrant des garanties touchant à la moralité et à la probité. C'est ce qui conduit à mettre à l'écart de l'exercice de ces fonctions ceux qui ont été condamnés pour crime de droit commun voire parfois pour des délits touchant à la moralité publique, à l'intérêt général et aux biens d'autrui. C'est également ce qui conduit à mettre à l'écart de ces fonctions les personnes radiées d'autres corps professionnels, notamment des métiers du droit liés à la justice[1896].

La synthèse de la littérature juridique incline à affirmer aussi que seuls peuvent officier comme experts les sujets de droit ayant le bénéfice de la capacité juridique. En réalité, on voit mal comment une mission d'expertise délicate pourrait être conduite avec succès par un individu dont les facultés mentales son altérées ; on voit mal comment un sujet de droit pourrait, à l'issue d'un apprentissage long constaté par un diplôme de fin de premier ou de second cycle, être mineur. Même dans les hypothèses où un surdoué achèverait ses études assez tôt, il se comprend que quelques-uns soient très réservés quant à savoir si l'intéressé est le meilleur des profils intervenir comme technicien dans une affaire susceptible de se solder par une sanction répressive grave en raison de ses effets.

La synthèse de la littérature juridique incline à penser, par ailleurs, que seules pourraient exercer en qualité d'experts de justice des personnes ayant été sélectionnées à l'issue d'une procédure spécifique et surtout, nommées par une juridiction étatique d'envergure nationale ou supranationale, par un juge, un arbitre, un médiateur, un conciliateur. En ce sens, le Code de procédure pénale prévoit par exemple que les intéressés sont choisis sur une liste nationale ; que les modalités d'inscription, de

[1895] Voir par exemple l'article 8 de la loi du 10 août 1990 relative à l'organisation de la profession d'expert technique.

[1896] Sur l'ensemble, voir notamment l'article 85, loi 2006 n° 2006/022 du 29 décembre 2006 fixant l'organisation et le fonctionnement des tribunaux administratifs.

radiation ou de renouvellement sur celle-ci sont fixées par décret[1897]. La règle ainsi posée n'est pas d'application stricte car il est décidé que le juge au sens large peut, à titre exceptionnel, par décision motivée et avec l'accord des parties, désigner des « techniciens » ne figurant pas sur la liste nationale des experts[1898] *(CS, arrêt n° 59, 29 avril 1969, Elamé Ngangué c. Société Satet Cameroun, Répertoire chronologique, Droit civil et commercial, 1960-1980, préc., p. 93 et p. 108 ; CS, arrêt n° 145, 18 mai 1971, Fondation Ad Lucem c. Docteur Champeau, Répertoire chronologique de la jurisprudence, Droit social, 1960-1980, pp. 387-388 ; arrêt n° 78, 5 mars 1968, Mandengue Maurice c. Ekongolo Mandegue Gustave, Répertoire chronologique de la jurisprudence de la Cour suprême, Droit traditionnel, 1960-1980, tome II, p. 194 ; arrêt n° 167, 6 juil. 1968, Sapnken Emmanuel c. Membiembu Elisabeth, Répertoire chronologique de la jurisprudence de la Cour suprême, Droit traditionnel, 1960-1980, tome II, pp. 191-192 ; CA de l'Ouest, arrêt n° 8/COM/ADD, 23 juin 2021, Tatsambong Alexis Vivien c. MC2 de Batcham, Juridis Périodique n° 136, oct.-déc. 2023, p. 102, obs. KALIEU ELONGO Y. ; CCJA, arrêt n° 056/2016, 21 avril 2016, Dalquier Maurice et Dame Oudart, épouse Dalquier Chantal Juliette c. Monsieur Koudou Dago, préc. ; CA de l'Ouest, arrêt n° 15/COM, 1er déc. 2021, Silatchom Pierre c. MC2 de Kékem, Juridis Périodique* n° 136, oct.-déc. 2023, p. 103, obs. KALIEU ELONGO Y. *Voir également la jurisprudence évoquée par FONKWE FONGANG J., EWARE A., Pratique de la procédure pénale au Cameroun, op cit., pp. 226 et s. ; Cass. 2e civ., 20 juin 2024, JCP G 2024, act. 872, obs. DEHARO G.).* Une chose est acquise. C'est que la probabilité est élevée qu'il soit moins recouru aux experts aujourd'hui et demain que par le passé. La raison est connue. Elle tient à ce que, à la faveur de la réforme du statut de la magistrature dans nombre d'Etats, l'option a été retenue de recruter comme magistrats, à côté des juristes, des spécialistes des technologies de l'information et de la communication, des sciences économiques et de gestion, etc.[1899]. Elle tient à ce que les connaissances techniques, autrefois réservées aux sachants, sont dorénavant d'accès libre dans les réseaux sociaux et par le canal des technologies de l'information et de la communication. Au demeurant, un peu partout en Afrique et notamment au Cameroun, le niveau d'instruction n'a de cesse de croître et l'illettrisme de reculer.

La synthèse de la littérature juridique incline à penser que seul pourrait exercer en qualité d'expert de justice celui qui, après sa désignation, a accepté cette mission. Généralement, le soin revient au greffier en chef de

---

[1897] Article 206, Code de procédure pénale.

[1898] Idem, article 208.

[1899] Sur ces questions, lire notamment « DOUBLET Y. M., « Nominations au tour extérieur et « pantouflage » dans la haute fonction publique », *RFDA* n° 11, juil.-août 1995, pp. 127 et s. ; KUATE TAMEGHE S.S., « La réforme du statut de la magistrature au Cameroun », op cit., pp. 421 et s. ; « Quel juge … demain ? », op cit., p. 77 ; LASSERRE V., « Expertise. Vers un droit de l'expertise amiable », *La Semaine Juridique* E. G., 20 janv. 2025-3, doctr. 87 ; MERLE Ph. « Pour un échevinage renouvelé », *DS* 1982, chron. XII, p. 82.

conduire les diligences visant à tenir officiellement le technicien au courant de sa nomination, en lui délivrant une expédition de la décision rendue à cet effet. De son côté, l'homme de l'art devrait rapidement dévoiler son opinion sur son choix afin de permettre de procéder à un remplacement si d'aventure la mission envisagée est déclinée[1900].

La synthèse de la littérature juridique révèle, enfin, que seul pourrait exercer en qualité d'expert en justice celui qui a prêté serment devant une juridiction, y compris alternative. En principe, la prestation de serment se fait oralement, à l'occasion d'une audience spécifique. Qu'à cela ne tienne, les textes de procédure envisagent, lorsque cette modalité s'avère de mise en œuvre difficile, que le serment soit écrit et que cet écrit soit classé au dossier de la procédure[1901]. Le reste se devine. Au cas où la formalité s'opère oralement, elle intervient tantôt devant une juridiction de première saisine, tantôt devant une juridiction d'appel, tantôt devant une juridiction Suprême, y compris d'envergure supranationale. Sans surprise, la règle est constante qui veut qu'à défaut d'avoir prêté le serment d'accomplir sa mission en honneur et conscience, les documents produits en aval encourent nullité, singulièrement en matière pénale[1902] *(sur l'ensemble, voir not. CS, arrêt n° 145, 18 mai 1971, Fondation Ad Lucem c. Docteur Champeau, Répertoire chronologique de la jurisprudence, Droit social, 1960-1980, préc. ; arrêt n° 42/P, 4 nov. 1982, Kabnang Moise c. Ministère public et société Sirca, Répertoire chronologique de la jurisprudence de la Cour suprême, tome 1, Droit pénal, 1980-2000, pp. 456-457 ; arrêt n° 255/P, 2 mai 1985, Siebor Jean François c. Ministère public et Ake Rosalie, Répertoire chronologique de la jurisprudence de la Cour suprême, tome 1, Droit pénal, 1980-2000, pp. 457-459 ; arrêt n° 109/P, 22 fév. 1990, Kenfack Marie, Tekougang Vincent Boris c. Ministère public, Répertoire chronologique de la jurisprudence de la Cour suprême, tome 1, Droit pénal, 1980-2000, préc., pp. 458-459 ; arrêt n° 23/P, 10 déc. 1992, Fossard Paul Edouard c. Ministère public et Tshakalis Constantin, Répertoire chronologique de la jurisprudence de la Cour suprême, tome 1, Droit pénal, 1980-2000, préc. p. 459 ; arrêt n° 101/P, 14 avril 1994, Foko Dzoutie et Tamsu Emmanuel c. Ministère public et Veuve Foussat, Répertoire chronologique de la jurisprudence de la Cour suprême, tome 1, Droit pénal, 1980-2000, préc. pp. 459-460 ; arrêt n° 161/P, 23 juin 1994, Verdrick Hendrikus Jean, Société Halliburtun c. Ministère public et Bieuleu Jean, Répertoire chronologique de la jurisprudence de la Cour suprême, tome 1, Droit pénal, 1980-2000, préc., pp. 461 et s. ; arrêt n° 184/P, 18 août 1994, Sosso Richard Caffert c. Ministère public et SIBAF, Répertoire chronologique de*

[1900] Sur l'ensemble, voir notamment l'article 204 du Code de procédure pénale, l'article 119 du Code de procédure civile et commerciale ; article 86 de la loi n° 2006/022 du 29 décembre 2006 précitée.
[1901] Idem, article 208 (3) ; Code de procédure civile et commerciale, article 119 ; article 84 (3) et (4), loi n° 2006/022 du 29 décembre 2006 fixant l'organisation et le fonctionnement des tribunaux administratifs.
[1902] En ce sens, voir notamment l'article 204 du Code de procédure pénale précité, l'article. Le Code de procédure civile et commerciale et la loi n° 2006/022 du 29 décembre 2006 fixant l'organisation et le fonctionnement des tribunaux administratifs vont dans le même sens.

la jurisprudence de la Cour suprême, tome 1, Droit pénal, 1980-2000, préc. pp. 462-463 ; arrêt n° 82/P, 28 janv. 1999, Fotsi Sandeu Pierre René c. Ministère public et Dame Monsi née Touko Fanden Florence, Répertoire chronologique de la jurisprudence de la Cour suprême, tome 1, Droit pénal, 1980-2000, préc. pp. 463-464[1903]*)*. En cas de refus d'accomplir la mission pour laquelle il a été désigné ou en cas d'empêchement, l'expert commis est remplacé, par une décision motivée[1904].

2. Ce qui semble variable

Des mises au point imposent pour stimuler la compréhension des règles se rapportant à l'acquisition du statut d'expert judiciaire.

La première mise au point, linéaire, c'est qu'en occultant volontiers l'espace, il apparaît que les exigences à satisfaire pour devenir expert varient d'une matière ou d'un domaine à l'autre. La raison en est que l'accomplissement de la mission en cette qualité requiert des habiletés qui ne sont pas les mêmes dans tous les secteurs de l'activité humaine, encore moins dans toutes les procédures ou procès.

La deuxième mise au point c'est que l'expertise devrait pouvoir être confiée à différentes personnes. A l'examen, peu de choses sont dites à propos du nombre d'experts pouvant être désignés. Les exceptions ici sont notamment consignées dans le code de procédure civile et commerciale[1905] et dans le Code général des impôts[1906] où la règle est très expressément posée que les missions d'expertise sont diligentées soit par un expert, soit par un collège composé de trois techniciens. On le devine vite. Le soin revient à la juridiction ou au magistrat de se déterminer à ce sujet. A l'évidence, cela devrait s'opérer à la lumière de paramètres liés à l'affaire, notamment de ceux touchant à sa complexité, à sa valeur *(même tacitement, voir CS, arrêt n° 03/COM, 04 fév. 2016, 2016, La Banque internationale du Cameroun pour l'épargne et le crédit (BICEC) c. Société BAREC TP, www.minjustice.gov.cm)*.

[1903] L'un des extraits majeurs de cet arrêt est rédigé comme suit : « *Aux termes de l'article 44 du Code d'instruction criminelle, les experts prêteront serment (...) de faire leur rapport et de donner leur avis en leur honneur et conscience ;*
C'est là une formalité substantielle qui intéresse les droits de la défense, elle doit précéder l'accomplissement de la mission confiée à l'expert ; l'omission de cette formalité entraine la cassation du jugement ou de l'arrêt fondé sur le rapport d'expertise déposé par l'expert commis. »

[1904] Voir notamment l'article 205, Code de procédure pénale.

[1905] Article 116.

[1906] Article L 134, Livre des procédures fiscales. Sa rédaction, structurée autour de trois alinéas, est celle-ci : « *En matière d'impôts, droits et taxes assis par la Direction générale des impôts, toute expertise demandée par un contribuable ou ordonnée par le tribunal administratif est faite par trois experts, à moins que les parties ne consentent qu'il y soit procédé par un seul* » ; « *Dans le cas où il n'y a qu'un seul expert, celui-ci est nommé par le président du tribunal administratif à moins que les parties ne s'accordent pour le désigner* » ; « *Si l'expertise est confiée à trois experts, l'un d'eux est nommé par le tribunal administratif et chacune des parties désigne le sien.* »

La troisième c'est que la qualité d'expert n'est pas réservée aux personnes physiques. Il arrive que ces derniers des experts se regroupent au sein de sociétés civiles professionnelles dédiées. En de telles circonstances, le soin revient au représentant légal de l'entreprise collective d'exécuter la mesure d'instruction ou de soumettre à l'agrément de la juridiction le nom de la ou des personnes qui assureront au sein de celle-ci, en son nom, l'exécution des opérations y relatives[1907].

La quatrième mise au point c'est que la qualité d'expert judiciaire est parfois jugée incompatible avec certaines activités, certaines professions ou qualités. En toile de fond se trouve alors l'idée d'éviter des conflits d'intérêt, mais davantage celui de garantir l'indépendance et l'impartialité de l'homme de l'art[1908].

La dernière mise au point a trait au regroupement corporatiste des experts. Certes ces derniers appartiennent à des corps de métiers différents et exploitent des activités rattachées à des spécialités distinctes. On est néanmoins en droit d'entretenir l'espoir un jour, à côté des regroupements mono disciplinaires observés ici et là-bas, que ces derniers se rassemblent au sein d'organisations pluridisciplinaires ayant entre autres une composante locale ou régionale dans le ressort d'une cour d'appel ou d'une juridiction du même ordre, une composante nationale, une composante continentale, etc. A regarder de près, une structuration de ce type pourrait faciliter l'accomplissement de la mission dont ces professionnels ont la charge.

B. Exécution des missions de l'expert judiciaire

La réalisation des missions de l'expert judiciaire obéit à des exigences dont l'ignorance ou la méconnaissance va fatalement être évoquée par les justiciables ou par leurs conseils à l'appui d'une action en justice. Mais parfois aussi, pour ruiner la démarche de l'adversaire dans un procès en cours, ces règles ont trait tantôt au démarrage et au déroulement de la mission, tantôt au dénouement de celle-ci.

1. Démarrage et déroulement de la mission

Différents éléments sont au cœur de l'exécution d'une mission d'expertise logée dans l'œuvre de justice.

L'un des éléments au cœur du déroulement de la mission de l'expert a trait à la désignation du technicien. A cet égard, et cela a déjà été relevé, il est constant que celui-ci est nommé par le juge soit d'office, soit à la demande de l'une des parties ou encore de l'assureur de responsabilité. Il

---

[1907] BOULEZ J., *Expertises judiciaires*, Delmas, Paris, 2018, p. 28, n° 215.

[1908] FONKWE FONGANG J., EWARE A., op cit., pp. 227.

pourrait s'agir du juge répressif ou du juge non répressif, que celui-ci soit civil, social, administratif. *(CS, arrêt n° 363, 9 janv. 1962, Levet Etienne c. Société des bois africains tropicaux, Répertoire chronologique, Droit civil et commercial, 1960-1980, tome 4, pp. 114-115 ; arrêt n° 412, 13 mars 1962, Tankoua Jean c. Compagnie française de l'Afrique occidentale dite CFAO, Répertoire chronologique, Droit civil et commercial, tome 4, préc., pp. 116-117 ; arrêt n° 17, 14 fév. 1967, Owona Robert c. Tchoungui Jacques, Répertoire chronologique, Droit civil et commercial, 1960-1980, tome 4, p. 85 ; arrêt n° 41, 4 juin 1968, Djamen Jacques c. CFDPA Total, Répertoire chronologique, Droit civil et commercial, 1960-1980, tome 4, pp. 95-96 ; arrêt n° 46, 25 1969, Simo Isaac c. Dame Dilo Suzanne, Répertoire chronologique, Droit civil et commercial, 1960-1980, tome 4, pp. 97-98 ; CS, arrêt n° 145, 18 mai 1971, Fondation Ad Lucem c. Docteur Champeau, Répertoire chronologique de la jurisprudence, Droit social, 1960-1980, préc. ; CA de l'Ouest, arrêt n° 8/COM/ADD, 23 juin 2021, Tatsambong Alexis Vivien c. MC2 Batcham, Juridis Périodique* n° 136, oct.-déc. 2023, p. 102, préc. ; *CCJA, arrêt n° 043/2009, 30 juin. 2009, Hanna Investment and Co SA c. Bank of Africa-Côte d'Ivoire dite BOA-CI, http://www.ohada.org ; Cass. 2e civ., 20 juin 2024 préc. ; arrêt n° 056/2016, 21 avril 2016, Dalquier Maurice et Dame Oudart, épouse Dalquier Chantal Juliette c. Monsieur Koudou Dago, préc.).* Tel est du moins ce que prévoient, pour ne viser que ceux-ci, le Code de procédure civile, le Code de procédure pénale, la loi n° 2006/022 du 29 décembre 2006 fixant l'organisation et le fonctionnement des tribunaux administratifs, le livre des procédures fiscales du Code général des impôts, le « Evidence Ordinance ». A l'examen, cette marge de manœuvre concédée par le législateur est bien inspirée. Effectivement, il est dans l'ordre des choses de réserver au magistrat, au juge ou au tribunal le soin d'apprécier en fonction de la complexité du problème à résoudre, du coût de l'expertise, de l'expérience et de la notoriété du technicien à solliciter, etc. L'option ne doit cependant pas induire en erreur. En principe, lorsque les lumières escomptées ont par exemple un lien avec la santé, le bâtiment et les constructions, le fonds de commerce, les baux à usage professionnel, la fiscalité, les finances, la technicité orientera forcément vers une spécialité donnée[1909]. Pareillement, et cela a déjà été relevé, la nomination s'opèrera habituellement sur la liste des personnes inscrites tantôt sur une liste nationale d'experts, tantôt sur celle que tient telle ou telle juridiction. Des fois, l'inscription sur la liste visée sera subordonnée à l'obtention d'un agrément. Reste à savoir si le juge devrait, en marge d'une procédure d'inscription de faux, ordonner une expertise et désigner un « spécialiste » à l'effet d'éclairer le tribunal sur la réalité d'une mention ou d'une signature figurant sur un acte authentique. Au sujet de cette préoccupation récurrente lorsque l'exercice des professions auxiliaires de

---

[1909] JARROSSON Ch., « L'expertise équitable », op cit., p. 731 ; FONKWE FONGANG J., EWARE A., op cit., p. 226.

justice s'éloigne quelquefois des exigences normatives, la jurisprudence est stable depuis un arrêt de la première chambre civile de la Cour de cassation française, rendu en date du 11 juin 2003. Dans cette affaire, elle se prononce comme suit : « *Attendu que Mmes Audibert et Lambert font grief à l'arrêt confirmatif attaqué (...) d'avoir déclaré leur demande irrecevable, alors, selon le moyen, qu'en retenant qu'elles n'étaient pas recevables à solliciter devant le juge des référés la désignation d'un expert chargé de dire si la signature figurant sur une procuration authentique consentie par leur feu grand-père était la sienne dès lors qu'il existait la procédure spécifique d'inscription de faux, la cour d'appel a violé les articles 145 et 314 du nouveau Code de procédure civile ;*

Mais attendu que les dispositions spéciales et d'ordre public des articles 306 et 314 du nouveau code de procédure civile, excluent l'application de l'article 145 du même code ; que, dès lors, la cour d'appel a décidé, à bon droit, que l'expertise sollicitée, qui avait pour effet de mettre en cause la force probante d'un acte authentique, ne pouvait être ordonnée même préalablement à une procédure d'inscription de faux » *(Civ., 1ère, 11 juin 2003, Mme Audibert et autre c. Maisonneuve et autres, Bull., juin 2003-6, p. 109, n° 139).*

Un autre élément au cœur du déroulement de la mission de l'expert en vue de la manifestation de la vérité en justice a trait à la déclinaison de celle-ci. Les principes, à cet égard, sont linéaires. Le soin revient à l'autorité désignatrice de circonscrire le périmètre d'action et les livrables à produire par l'homme de l'art. Très concrètement, il peut s'agir de recueillir des renseignements par différents canaux ou moyens (auditions, constatations matérielles, visite et description des locaux, compulsion des documents comptables ou fiscaux). Dans le même ordre d'idées, il peut s'agir de mener des investigations se rapportant à l'état d'une personne ou d'un animal, mais parfois aussi pour savoir si un objet a servi à commettre une infraction. Il peut s'agir de procéder à des vérifications, de chiffrer des dégâts ou des avaries, d'effectuer des analyses à l'effet d'identifier les causes d'une épidémie, d'une pandémie, d'un accident, d'un sinistre. Parfois, il peut être question de faire exécuter des travaux utiles à la manifestation de la vérité. Dans l'un ou dans l'autre cas, l'expert devra exprimer un avis sur des questions techniques voire formuler des constats, des conclusions ou des recommandations à propos de ces dernières[1910] *(sur l'ensemble, tantôt implicitement, tantôt tacitement, voir CS, arrêt n° 363, 9 janv. 1962, Levet Etienne c. Société des bois africains tropicaux, préc. ; arrêt n° 20, 0 » déc. 1963, Ndouffi Téclaire c. Mimba Ngouké, Répertoire chronologique de la jurisprudence de la Cour suprême, Droit traditionnel 1960-1980, tome 2, p. 199 ; arrêt n° 59, 29 avril 1969, Elamé Ngangué c. Société Satet Cameroun, préc. ; arrêt n° 53, 16 juin 1977, Zébazé Siméon c. SCPM, Répertoire chronologique, Droit civil et*

[1910] A propos du détail, voir BOULEZ J., op cit., p. 94, n°s 611 et s. ; FONKWE FONGANG J., EWARE A., *Pratique de la procédure pénale au Cameroun*, op cit., pp. 228 ; JEULAND E., « Expertise », *in CADIET L. (dir.), Dictionnaire de la justice*, PUF, Paris, 2004, pp. 503 et s. ; KOM J., *Droit OHADA des entreprises en difficulté*, L'Harmattan, Paris, 2021, pp. 157 et s., n° 295 et s.

commercial, tome 4, préc., p. 165 ; arrêt n° 161/P, 23 juin 1994, Verdrick Hendrikus Jean, Société Halliburtun c. Ministère public et Bieuleu Jean, Répertoire chronologique de la jurisprudence de la Cour suprême, tome 1, Droit pénal, 1980-2000, préc., pp. 461 et s. ; arrêt n° 184/P, 18 août 1994, Sosso Richard Caffert c. Ministère public et SIBAF, Répertoire chronologique de la jurisprudence de la Cour suprême, tome 1, Droit pénal, 1980-2000, préc. ; CA de l'Ouest, arrêt n° 8/COM/ADD, 23 juin 2021, Tatsambong Alexis Vivien c. MC2 Batcham, préc. ; Civ.1ère, 12 mars 2002, M. X… c. M. Becquet et autres, Bull., mars 2002-3, p. 70, n° 90 ; CCJA, arrêt n° 043/2009, 30 juin. 2009, Hanna Investment and Co SA c. Bank of Africa-Côte d'Ivoire dite BOA-CI, préc. ; arrêt n° 056/2016, 21 avril 2016, Dalquier Maurice et Dame Oudart, épouse Dalquier Chantal Juliette c. Monsieur Koudou Dago, préc.).

Une chose est néanmoins hors de discussion : l'expert est tenu, personnellement, de remplir sa mission. De ce qui précède, il se devine que cette mission ne consiste pas à émettre un avis d'ordre juridique, étant entendu que la juridiction et le juge ayant prescrit la mesure ont une parfaite connaissance de la science du droit. Pareillement, à moins que l'acte de mission n'en décide autrement, le technicien ne saurait être transformé en un juge, encore moins en un conciliateur des protagonistes *(en ce sens, voir CS, arrêt n° 363, 9 janv. 1962, Levet Etienne c. Société des bois africains tropicaux, préc.*[1911] *; Cass Civ. 1 ère, 7 juil. 1998, Bull. civ. I, n° 239).* Une autre chose est hors de discussion. C'est que, pour les besoins de la conduite des opérations, l'homme de l'art aura parfois besoin d'informations de personnes physiques ou morales, y compris de droit public. En tant que de besoin, il lui faudra revenir vers l'autorité ayant ordonné la mesure lorsque les personnes concernées ne se tiennent pas prêtes à répondre à ses sollicitations ou à rendre disponible tels ou tel document ou objet. Quelquefois, lorsque l'expert aura besoin d'un éclairage sur un point ne relevant pas de sa spécialité, la nécessité s'imposera de revenir vers l'autorité visée afin qu'elle lui enjoigne telle personne spécialement qualifiée[1912]. On l'aura compris. La rédaction de la feuille de route de l'expert ne doit pas être à ce point étriquée qu'elle paralyse l'exécution de sa mission ou provoque le recours quotidien au juge à l'effet d'étendre celle-ci. En sens contraire, le bon sens suggère d'éviter une rédaction trop large

[1911] L'un des extraits de cet arrêt, relatif au deuxième moyen pris de la violation des articles 39, 116 et 119 du Code de procédure civile et commerciale, est celui-ci : *« Attendu que l'expert n'ayant pas effectué la tentative de conciliation à laquelle il lui était prescrit de procéder le cas échéant, il est reproché à l'arrêt attaqué de n'avoir pas dit pourquoi l'expert était en droit de se dispenser d'une partie essentielle de sa mission ;*

Mais attendu que la conciliation étant facultative au Cameroun, aucune nullité ne saurait être attachée au fait qu'il n'a pas été procédé à la tentative de conciliation à laquelle l'expert n'avait reçu mission de procéder que le cas échéant ;

Que le moyen n'est donc pas fondé ».

[1912] Voir notamment l'article 212, Code de procédure pénale.

ou ouverte de l'acte de mission qui légitimerait la divagation et finalement, diluerait la pertinence ou l'efficacité de la mesure ordonnée.

Un élément complémentaire au cœur du déroulement de la mission de l'expert en droite ligne de l'œuvre de justice a trait au « dossier » à remettre à l'homme de l'art. Au nombre des éléments du « dossier » se trouvent des documents. Dans certaines procédures ou procès, on y retrouve des objets, des ouvrages, des marchandises, lesquels auront de temps en temps été scellés. A dire vrai, cette opération se réalise avant la réunion de cadrage que l'expert organise parfois avec les justiciables accompagnés ou non de leurs conseils. La remise, qui s'effectue parfois au greffe de la juridiction à l'origine de la mesure, donne lieu non seulement à une décharge mais aussi à l'établissement d'un procès-verbal. Théoriquement, ce procès-verbal et cette décharge sont censés décrire la nature, l'état et quelquefois le contenu des documents ou objets remis ou retirés[1913].

Un élément supplémentaire au cœur du déroulement de la mission de l'expert dans le cadre de l'œuvre de justice a trait à la durée de celle-ci. A cet égard, le soin revient au magistrat, à l'arbitre, au médiateur ou à la juridiction qui ordonne une expertise et commet des sachants à cette tâche de leur impartir un délai d'exécution. En pratique et très malheureusement, le calendrier fixé est rarement respecté. Cela est imputable à l'expert qui gère mal son temps ; aux parties qui ne consignent pas en temps opportun la provision nécessaire au déclenchement des opérations, ne se rendent pas aux convocations, tardent à rendre disponibles les documents ou informations requis. Cela est parfois aussi imputable aux administrations et personnes auxquels des renseignements ou des documents sont réclamés, lesquelles réagissent presque toujours à contretemps[1914]. Fort heureusement, rien n'interdit à l'expert, en cas de nécessité, de souhaiter une prorogation du délai retenu en exposant les raisons pour lesquelles la rallonge est escomptée. Toujours est-il que la juridiction ou le magistrat qui accueille favorablement pareille requête doit motiver sa décision[1915]. Reste à relever, cela réservé, que l'exigence de déterminer la durée de la mission de l'expert a conduit à se demander si celui-ci est un collaborateur occasionnel du magistrat, de l'arbitre, du médiateur ou s'il s'agit d'un auxiliaire de justice dont l'activité professionnelle est permanente et assortie du bénéfice d'un monopole ou d'un quasi-monopole[1916]. A l'examen des thèses en présence, la vérité semble se situer à mi-chemin. En effet, si quelques-uns exercent leurs fonctions de manière intermittente, d'autres acquièrent cette qualité de manière permanente. La conclusion s'impose alors que l'expert judiciaire pourrait parfois apparaître comme un simple

[1913] Voir respectivement les article 213 du Code de procédure pénale, 120 alinéa 1 du Code de procédure civile et commerciale, article 89 (1), loi n° 2006/022 du 29 décembre 2006 précitée.

[1914] BOULEZ J., op cit., p. 134, n° 915 ; FONKWE FONGANG J., EWARE A., op cit., p. 229.

[1915] Sur l'ensemble, lire l'article 209 du Code de procédure pénale, l'article L 136 du Code général des impôts.

[1916] BOULEZ J., op cit., p. 9, n° 101.

collaborateur de justice, mais aussi que celui-ci est souvent rien moins qu'un auxiliaire de justice.

Un élément additionnel au cœur du déroulement de la mission de l'expert en vue de la recherche de la vérité a trait à sa liberté d'esprit, à l'honneur, la conscience, l'objectivité, l'impartialité[1917] *(même tacitement, voir CS, arrêt n° 363, 9 janv. 1962, Levet Etienne c. Société des bois africains tropicaux, préc. ; arrêt n° 42/P, 4 nov. 1982, Kabnang Moise c. Ministère public et société Sirca, Répertoire chronologique de la jurisprudence de la Cour suprême, tome 1, Droit pénal, 1980-2000, préc. ; arrêt n° 255/P, 2 mai 1985, Siebor Jean François c. Ministère public et Ake Rosalie, Répertoire chronologique de la jurisprudence de la Cour suprême, tome 1, Droit pénal, 1980-2000, préc.).* A eux seuls, ces repères insérés dans les textes de procédure facilitent la compréhension de la latitude que les personnes en désaccord ont d'intenter une action en récusation de l'expert devant le juge, l'arbitre ou le médiateur qui l'a commis ou nommé. Les causes de récusation sont celles énoncées s'agissant tantôt des magistrats tantôt des arbitres, des médiateurs, des conciliateurs, des témoins[1918]. Toujours est-il, lorsque demande à ces fins est favorablement accueillie, que le remplacement de l'expert initialement désigné est inévitable. Au cas où elle est rejetée, la probabilité n'est pas nulle que la partie demanderesse soit condamnée au paiement de dommages-intérêts. Cela peut se faire y compris au profit du technicien qui l'ayant sollicité, lequel du coup ne pourra accomplir sa mission d'expertise en ces circonstances où l'exigence d'impartialité pourrait être méconnue[1919] *(sur l'ensemble, voir notamment CS, arrêt n° 59, 29 avril 1969, Elamé Ngangué c. Société Satet Cameroun, Répertoire chronologique, Droit civil et commercial, 1960-1980, préc.).*

Un autre élément d'appoint au cœur du déroulement de la mission de l'expert a trait à la contradiction. De nombreux textes de procédure, notamment le Code de procédure civile et commerciale[1920] et la loi n° 2006/022 du 29 décembre 2006 fixant l'organisation et le fonctionnement des tribunaux administratifs[1921] exigent des techniciens que ceux-ci révèlent aux parties les lieux, jour et heure de leurs opérations. Au-delà, ils prescrivent de communiquer aux protagonistes les documents et informations reçus afin que ceux-ci soient discutés franchement et loyalement. Mieux encore, ils décident que ces derniers ont le droit de ne pas approuver les conclusions du rapport dressé et leur concède le droit de le contester, de solliciter une expertise complémentaire ou une contre-expertise que le juge n'est jamais obligé d'ordonner, notamment lorsque celle-ci a un caractère dilatoire affirmé ou est susceptible de compromettre

---

[1917] Voir notamment l'article 204, Code de procédure pénale.
[1918] Article 116 alinéas 4 et 5 ; article 85, loi n° 2006/022 du 29 décembre 2006 précitée.
[1919] Article 118, Code de procédure civile et commerciale.
[1920] Article 120 alinéa.
[1921] Article 89 (1).

le droit d'être jugé dans un délai raisonnable ; ils posent que si les juges peuvent décider souverainement de l'opportunité d'une expertise ou d'une enquête, ces derniers ne se substituent nullement aux parties dans la charge de la preuve mais au contraire, par ce moyen, contrôlent le bien-fondé des preuves produites par les plaideurs *(sur l'ensemble, tantôt implicitement, tantôt tacitement, voir CS, arrêt n° 363, 9 janv. 1962, Levet Etienne c. Société des bois africains tropicaux, préc. ; arrêt n° 412, 13 mars 1962, Tankoua Jean c. Compagnie française de l'Afrique occidentale dite CFAO, Répertoire chronologique, Droit civil et commercial, tome 4, préc., pp. 116-117 ; arrêt n° 20, 0 » déc. 1963, Ndouffi Téclaire c. Mimba Ngouké, Répertoire chronologique de la jurisprudence de la Cour suprême, Droit traditionnel 1960-1980, tome 2, p. 199 ; arrêt n° 17, 14 fév. 1967, Owona Robert c. Tchoungui Jacques, préc. ; arrêt n° 41, 4 juin 1968, Djamen Jacques c. CFDPA Total, préc. ; arrêt n° 161/P, 23 juin 1994, Verdrick Hendrikus Jean, Société Halliburtun c. Ministère public et Bieuleu Jean, Répertoire chronologique de la jurisprudence de la Cour suprême, tome 1, Droit pénal, 1980-2000, préc.*[1922] *; arrêt n° 281/P, 18 juil. 1985, Société Pelenget, Nguemo Jean c. Ministère public, Bisso Marie et autres, Répertoire chronologique de la jurisprudence de la Cour suprême, tome 1, Droit pénal, 1980-2000, préc., pp. 1163-1164 ; arrêt n° 03/COM, 04 fév. 2016, 2016, La Banque internationale du Cameroun pour l'épargne et le crédit (BICEC) c. Société BAREC TP, www.minjustice.gov.cm ; TM de Yaoundé, jugt. ADD n° 037/CRIM/17, 8 févr. 2017, Ministère public c. Ahmed Abba, inédit*[1923] *; TM de Yaoundé, jugt. n° 109/CRIM/17, 24 avril. 2017, Ministère public c. Ahmed Abba, inédit ; Cass Civ. 1ère, 7 juil. 1998, Bull. civ. I, n° 239 ; CC, Décision n° 2018-765, QPC du 15 février 2019, Journal officiel de la République française, 16 fév. 2019*[1924]*)*.

1922 La Cour suprême juge que « *l'opportunité d'ordonner une contre-expertise dépend de l'appréciation souveraine des juges du fond. (…). Il leur incombe seulement de justifier leur décision en cas de refus de cette mesure* ».

1923 Le centre de gravité de cette décision est le suivant : « *Attendu qu'en droit, la nullité s'entend de la sanction encourue par un acte juridique entaché d'un vice de forme ou d'une irrégularité de fond ;*
Qu'en l'espèce, les paragraphes 12 et 13 du dispositif du jugement avant-dire droit (…) du 19 octobre, se lisent ainsi qu'il suit : "qu'en outre, ils (experts) feront connaître par tout moyen laissant trace écrite et le cas échéant leur refus, au plus tard le mois de la notification de la présente décision" ;
Qu'il s'en infère clairement que la charge d'informer les parties, l'accusé compris, des jours, heures et lieux de leurs consultations, était impartie aux experts qui, en violation de ces prescriptions, ont plutôt saisi le greffier en chef du tribunal qui n'est pas une partie au procès ;
Qu'une telle incurie, qui viole criardement le principe du contradictoire, milite en faveur de l'annulation du rapport déposé… »

1924 Dans cette affaire, le Conseil constitutionnel français juge : « *5. Selon l'article 6 de la Déclaration des droits de l'homme et du citoyen de 1789, la loi est «la même pour tous, soit qu'elle protège, soit qu'elle punisse ». Son article 16 dispose : « Toute société dans laquelle la garantie des droits n'est pas assurée, ni la séparation des pouvoirs déterminée, n'a point de constitution ». Si le législateur peut prévoir des règles de procédure différentes selon les faits, les situations et les personnes auxquelles elles s'appliquent, c'est à la condition que ces différences ne procèdent pas de distinctions injustifiées et que soient assurées aux justiciables des garanties égales, notamment quant au principe du contradictoire et au respect du principe des droits de la défense.*
6. En application de l'article 166 du code de procédure pénale, lorsque les opérations d'une expertise ordonnée par un juge d'instruction sont terminées, l'expert rédige un rapport qui doit contenir la

L'ultime élément au cœur du déroulement de la mission de l'expert a trait à la rémunération de l'intéressé. En matières civile, commerciale et administrative, il est résolu que ses frais et honoraires sont avancés par la personne qui sollicite l'opération, mais supportés en dernière analyse par celui qui succombe. Dans les mêmes matières, la règle est également constante d'après laquelle lorsque la mesure est demandée d'accord parties, ces frais et honoraires sont avancés par les protagonistes ensemble ; que dans l'hypothèse où l'expertise est ordonnée d'office, « l'homme de l'art » peut demander la provision sur taxe en cas de contestation[1925]. Qu'à cela ne tienne, il n'est pas rare qu'une autre solution soit retenue, notamment en matière pénale. Dans le premier cas, le principe voudrait que le trésor public avance et le cas échéant, supporte tous les frais de justice à la charge du ministère public[1926] *(en ce sens, voir CS, arrêt n° 363, 9 janv. 1962, Levet Etienne c. Société des bois africains tropicaux, préc. ; arrêt n° 59, 29 avril 1969, Elamé Ngangué c. Société Satet Cameroun, Répertoire chronologique, Droit civil et commercial, 1960-1980, préc., p. 108* [1927]*)*. Le dénouement de la mission de l'expert pourrait en dépendre.

---

description de ces opérations ainsi que ses conclusions. Selon l'article 167 du même code, le juge d'instruction doit donner connaissance de ces conclusions aux parties. En application du deuxième alinéa de cet article, il peut le faire sous la forme d'une notification par lettre recommandée. Si les avocats des parties le demandent, l'intégralité du rapport leur est notifiée par lettre recommandée. Dans tous les cas, le juge d'instruction fixe un délai aux parties pour leur permettre de présenter des observations ou formuler une demande de complément d'expertise ou de contre-expertise.

7. Les dispositions contestées ont ainsi pour effet de priver les parties non assistées par un avocat du droit d'avoir connaissance de l'intégralité d'un rapport d'expertise pendant le délai qui leur est accordé pour présenter des observations ou formuler une demande de complément d'expertise ou de contre-expertise.

8. Or, dans la mesure où est reconnue aux parties la liberté d'être assistées d'un avocat ou de se défendre seules et sauf à ce qu'une restriction d'accès soit jugée nécessaire au respect de la vie privée, à la sauvegarde de l'ordre public ou à l'objectif de recherche des auteurs d'infractions, toutes les parties à une instruction doivent pouvoir avoir connaissance de l'intégralité du rapport d'une expertise ordonnée par le juge d'instruction afin de leur permettre de présenter des observations ou de formuler une demande de complément d'expertise ou de contre- expertise.

9. La différence dans l'accès au rapport d'expertise résultant des dispositions contestées n'étant pas limitée aux cas où elle serait justifiée par la protection du respect de la vie privée, la sauvegarde de l'ordre public ou l'objectif de recherche des auteurs d'infractions, le principe d'égalité devant la justice est méconnu.

10. Par conséquent, les mots « avocats des » figurant à la deuxième phrase du deuxième alinéa de l'article 167 du code de procédure pénale doivent être déclarés contraires à la constitution » (CC, Décision n° 2018-765, QPC du 15 février 2019, Journal officiel de la République française, 16 fév. 2019).

[1925] Article 123, Code de procédure civile et commerciale ; article 88, loi n° 2006/022 du 29 décembre 2006 précitée.

[1926] En ce sens, voir l'article 8 (3) de la loi portant organisation judiciaire ; l'article 391 du Code de procédure pénale auquel de nombreuses autres prévisions de ce code renvoient ; les articles 3 et suivants de la loi n° 88/015 du 16 décembre 1988 fixant l'assiette des émoluments des greffes des cours et des tribunaux. Pour en savoir davantage, lire not. CROZE H., « Frais et dépens en matière civile », *Juris-Classeur*, éd. 2003, Fasc 10, n° 101-108, pp. 16 et s . ; KENMOGNE POLLA V., *La pratique des dépens en droit processuel camerounais*, Mémoire, Master droit et pratique juridiques et judiciaires, Yaoundé 2, 2024, p. 12, mais aussi les pages 23 et s. Voir, dans le volume 1 de cet ouvrage, les développements se rapportant à la gratuité de la justice.

[1927] L'une des solutions ici est particulièrement édifiante. Elle est rendue à propos du moyen pris de la violation des articles 3 paragraphe 2 et 37 paragraphe 2 de l'ordonnance du 17 décembre

2. Dénouement de la mission

A la fin de l'expertise, qu'elle soit normale ou qu'elle soit pathologique, d'importants détails sont à ne pas perdre de vue.

Tout d'abord, il est attendu du ou des experts un rapport, mais parfois aussi un procès-verbal[1928]. Le document est rédigé en se référant à la ou aux langues officielles de l'Etat sur le territoire duquel l'expertise a été ordonnée, avec en toile de fond, au Cameroun, la préférence linguistique du justiciable[1929]. Il est dressé en autant d'exemplaires que de parties auxquels s'ajoute un exemplaire à destination de la juridiction ou du magistrat ordonnateur de la mesure. Certes, ses éléments de contenus ne sont pas figés. Toutefois, en occultant volontiers les mentions se référant à la nature de l'acte et aux références administratives pertinentes, en mettant de côté celles relatives à la désignation ou à de nomination de « l'homme de l'art », à l'acceptation de la mission d'expertise et à la prestation de serment lorsque ces exigences s'imposent, il restera encore que l'on devrait y retrouver des informations se rapportant aux termes de la mission. On devrait y retrouver des renseignements touchant aux diligences accomplies, aux opérations effectuées ou aux actes posés dans le cadre de la mission. On devrait y retrouver les analyses du « technicien » et, surtout, des éléments de réponse aux préoccupations ayant justifié le recours à la mesure. On devrait y retrouver les conclusions du technicien, sa signature, la date et une référence aux documents et pièces annexés au rapport (*sur l'ensemble, même tacitement, voir CS, arrêt n° 145, 18 mai 1971, Fondation Ad Lucem c. Docteur Champeau, préc. ; arrêt n° 42/P, 4 nov. 1982, Kabnang Moise c. Ministère public et société Sirca, préc. ; arrêt n° 255/P, 2 mai 1985, Siebor Jean François c. Ministère public et Ake Rosalie, préc. ; arrêt n° 109/P, 22 fév. 1990, Kenfack Marie, Tekougang Vincent Boris c. Ministère public, préc. ; arrêt n° 23/P, 10 déc. 1992, Fossard Paul Edouard c. Ministère public et Tshakalis Constantin, préc. ; arrêt n° 101/P, 14 avril 1994, Foko Dzoutie et Tamsu Emmanuel c. Ministère public et Veuve Foussat, préc. ; arrêt n° 161/P, 23 juin 1994, Verdrick Hendrikus Jean, Société Halliburtun c. Ministère public et Bieuleu Jean, préc. ; arrêt n° 184/P, 18 aout 1994, Sosso Richard Caffert c. Ministère public et SIBAF,*

1959 portant organisation judiciaire de l'Etat, centré sur l'insuffisance et la contradiction de motifs en ce que l'arrêt attaqué a condamné Elamé Nguangué aux entiers dépens d'instance et d'appel et notamment aux frais et honoraires de l'expert désigné en première instance alors que, dans ses motifs, il constatait la nullité de ladite expertise. La décision est celle-ci : « *Attendu que dès lors qu'une expertise a été ordonnée par le juge, les frais et honoraires de l'expert sont compris dans les dépens, et que, sous réserve que l'obligation de ne pas condamner aux dépens une partie qui triomphe sur tous les chefs et de ne faire supporter les dépens que par les parties intéressées, le juge conserve un pouvoir discrétionnaire quant à leur répartition…* »

[1928] A la vérité, il n'est pas rare que le rapport final soit précédé d'un « pré-rapport » parfois qualifié de « rapport provisoire ». De même, après-coup, certaines circonstances peuvent justifier la mise au point d'un « rapport complémentaire ».

[1929] Lire la loi n° 2019/019 du 24 décembre 2019 portant promotion des langues officielles au Cameroun.

préc. ; arrêt n° 82/P, 28 janv. 1999, Fotsi Sandeu Pierre René c. Ministère public et Dame Monsi née Touko Fanden Florence, préc. ; CC, Décision n° 2018-765, QPC du 15 février 2019, Journal officiel de la République française, 16 fév. 2019, préc. ; CCJA, arrêt n° 056/2016, 21 avril 2016, Dalquier Maurice et Dame Oudart, épouse Dalquier Chantal Juliette c. Monsieur Koudou Dago, préc. ; CCJA, arrêt n° 043/2009, 30 juin. 2009, Hanna Investment and Co SA c. Bank of Africa-Côte d'Ivoire dite BOA-CI, préc.). Dans le cas de figure jamais à exclure où la mesure a été diligentée en collège, la règle voudrait que ceux qui en sont membres dressent ensemble le rapport attendu et expriment un avis unique dégagé à la majorité des voix. Qu'à cela ne tienne, il est toujours sous-entendu, en cas d'avis différents, que le rapport pourra dévoiler les motifs de divergence et exposer l'opinion de chacun des professionnels concernés, de manière à permettre au commanditaire de l'expertise d'apprécier et de décider de l'opinion sur laquelle il s'appuiera[1930]. Le regret ici c'est que la mise en œuvre de l'option débouche couramment sur un rapport volumineux, cela dans un contexte où la tradition orale prédomine.

Ensuite, il est attendu de l'expert le dépôt des scellés reçus ou de leurs résidus, mais également des documents ou des éléments du dossier déchargés en amont au moment du démarrage des travaux. Théoriquement, ces objets sont déposés au greffe du tribunal ou de la cour. Sur le champ, un procès-verbal est dressé qui constate l'accomplissement de cette formalité[1931]. Précises, de telles mises au point n'ont cependant pas empêché que surgisse la question de savoir si l'expert dispose d'un droit de rétention sur les pièces, documents et objets à restituer dans l'hypothèse courante où ses honoraires n'auraient pas été payés en totalité. Le doute est permis. C'est que les pièces et documents en cause sont généralement la propriété des parties qui, formellement, n'ont conclu aucun contrat avec l'expert. Au demeurant, l'obligation de restituer des pièces, objets ou documents n'est pas d'origine contractuelle ; elle est assortie d'une menace de sanction que l'expert gagnerait à éviter.

De même, les conclusions de l'expert ne lient point le juge ou le tribunal ayant prescrit la mesure pratiquée[1932]. D'ailleurs, rien n'exclut, si le magistrat ou la juridiction ne trouve pas dans le procès-verbal ou le rapport dressé des éclaircissements suffisants que celui-ci, d'office, ordonne une nouvelle expertise[1933]. A l'opposé, à peu de nuances près, on n'admet pas

---

[1930] Sur l'ensemble, voir l'article 124, Code de procédure civile et commerciale ; l'article 215 (2), Code de procédure pénale ; l'article 89 (3), loi n° 2006/022 du 29 décembre 2006 précitée. Voir BOULEZ J., op cit., pp. 127 et s., n° 901, mais aussi les pages 245 et s., n°s 3209 et s. ; FONKWE FONGANG J., EWARE A., op cit., p. 229.

[1931] En ce sens, voir par exemple l'article 215 (3), Code de procédure pénale. En ce sens, voir par exemple l'article 215 (3), Code de procédure pénale. Lire FONKWE FONGANG J., EWARE A., op cit., p. 230 ; LECLERC O., *Le juge et l'expert. Contribution à l'étude des rapports entre le droit et la science*, LGDJ, Bib. dr. privé, t. 443, Paris, 2005, pp. 27 et s.

[1932] Article 128, Code de procédure civile et commerciale ; article 93, loi n° 2006/022 du 29 décembre 2006, etc.

[1933] Article 127, Code de procédure civile et commerciale.

spontanément, après la commission d'un expert, qu'une décision soit rendue sur le fond sans justification de l'accomplissement préalable de la mesure d'instruction antérieurement prescrite. On n'admet pas davantage, lorsqu'une expertise a été décidée, que le juge, le tribunal, l'arbitre ou le médiateur demeure silencieux quant à savoir pourquoi la sentence ou le verdict a finalement été prononcé sans attendre le rapport de « l'homme de l'art » commis, alors même que la défaillance l'intéressé n'a pas été constatée *(sur l'ensemble, voir notamment voir CS, arrêt n° 363, 9 janv. 1962, Levet Etienne c. Société des bois africains tropicaux, préc. ; arrêt n° 46, 25 1969, Simo Isaac c. Dame Dilo Suzanne, préc. ; arrêt n° 31, 23 juin 1964, Temgoua Henri, Tamezé Joseph, Zékeng Joseph, Naoussi Mathias et Zokou Joseph c. Kenfack Kuetatem André, Répertoire chronologique, Droit civil et commercial, tome 4 préc., pp. 141- 142 ; arrêt n° 33, 7 mai 1968, Ngouwi Maurice c. Société Camerounaise de crédits automobiles, Répertoire chronologique, Droit civil et commercial, tome 4, préc., pp. 120-121*[1934] *; arrêt n° 35, 21 mars 1972, Compagnie commerciale Hollando Africaine c. Salomon Emile, Répertoire chronologique, Droit civil et commercial, tome 4, préc., pp. 91-92 ; arrêt n° 70, 27 juin 1972, Tchineos Evangelos c. Savas Nesgos, Répertoire chronologique, Droit civil et commercial, 1960-1980, préc., p. 163 ; arrêt n° 3, 30 oct. 1975, Béna Thécard c. Essomba Mani Henri, Répertoire chronologique, Droit civil et commercial, 1960-1980, préc., pp. 92-93*[1935] *. Cf également CS, arrêt n° 45/S, 9 déc. 1982, Directeur Socaret c. Tchiliebou Frédéric, Répertoire chronologique, Droit social, tome 3, préc., pp. 112 et s. ; arrêt n° 94/S, 26 juil. 1984, Brasseries du Cameroun c. Wang Lebé, Répertoire chronologique, Droit social, tome 3, préc., pp. 113 et s. ; arrêt n° 75/S, 30 avril 1987, Socaret c. Lakoa Etoa Daniel, Répertoire chronologique, Droit social, tome 3, préc., pp. 114 ; arrêt n° 134/S, 16 sept. 1999, Régie nationale des chemins de fer du Cameroun c. Nkot Paul, Répertoire chronologique, Droit social, tome 3, préc., p. 118 ; arrêt n° 36 /S, 24 fév. 2000, Régie nationale des chemins de fer du Cameroun c. Ename Thomas, Répertoire*

[1934] Le centre de gravité de la décision de la cour est celui-ci : « *Attendu que les juges du fond ne sont pas liés par l'avis de l'expert ; qu'ils sont seulement tenus, lorsqu'ils l'écartent en totalité ou en partie, d'énoncer les motifs qui ont entraîné leur conviction ; que l'arrêt attaqué analysant tant les pièces produites que les dires et conclusions des parties, ainsi que le rapport d'expertise, constate que « les vidanges n'ont pas été faites aux kilomètres imposés et que Ngouwi n'a pas contesté la thèse du constructeur selon laquelle la rupture des goujons pouvait provenir de l'emploi du moteur comme frein avec la boîte de vitesse, en première et en deuxième vitesse ;*
Attendu que par ces énonciations et appréciations l'arrêt attaqué, qui a apprécié souverainement l'utilité d'une contre-expertise, ne s'est pas contredit et n'a pas dénaturé les éléments de la cause, a valablement justifié sa décision ».

[1935] La solution retenue ici est d'accès facile. Elle est ainsi conçue : « *Attendu qu'il est constant que les juges du fond sont liés par la mesure d'instruction par eux ordonnée dans l'avant dire droit, en ce sens qu'ils ne peuvent passer outre à l'accomplissement de cette mesure sans constater que son exécution est devenue impossible par suite d'un cas de force majeure ou que les parties y ont expressément renoncé ;*
Attendu dès lors qu'en statuant comme il l'a fait, alors que les qualités de l'arrêt font état de renvois successifs de l'affaire pour communication du rapport d'expertise et qu'aucune pièce du dossier de la procédure n'établit que cette expertise a été effectivement diligentée, le juge d'appel n'a pas donné base légale à sa décision… ».

chronologique, Droit social, tome 3, préc., pp. 118-119 ; arrêt n° 39 /S, 07 déc. 2000, Entreprise TP c. Bikoko Koumlin Gabriel, Répertoire chronologique, Droit social, tome 3, préc., p. 119 ; arrêt n° 03/COM, 04 fév. 2016, 2016, La Banque internationale du Cameroun pour l'épargne et le crédit (BICEC) c. Société BAREC TP, préc. ; CCJA, arrêt n° 056/2016, 21 avril 2016, Dalquier Maurice et Dame Oudart, épouse Dalquier Chantal Juliette c. Monsieur Koudou Dago, préc.[1936] *; CCJA, arrêt n° 043/2009, 30 juin. 2009, Hanna Investment and Co SA c. Bank of Africa-Côte d'Ivoire dite BOA-CI, préc.).*

Pareillement, il reste acquis que l'auteur d'un rapport d'expertise pourrait être appelé à éclairer la juridiction ou le magistrat au sujet de tel ou tel extrait de celui-ci. Assez souvent, ces mises au point s'opèrent par écrit. Par moments, elles sont faites oralement, notamment à l'audience lors de la phase du jugement de l'affaire. Dans ce mouvement et plus en avant, il est acquis que le sachant pourrait être invité à témoigner, notamment lors de la phase du jugement de l'affaire ayant nécessité l'expertise conduite. En de telles circonstances et fort logiquement, le rituel de la prestation de serment sera incontournable, et l'intéressé conservera le droit de consulter son rapport et, parfois, d'en donner lecture[1937].

Au demeurant, l'expert est astreint au secret professionnel. Du coup, et c'est véritablement le moins que l'on puisse dire, le rapport dressé devrait être « confidentiel ». En conséquence, celui-ci doit se garder de révéler à des tiers les conclusions des constations faites dans le cadre de sa mission, encore moins leur adresser une copie de celui-ci. En revanche, le fait d'avoir été commis à l'effet d'éclairer la justice dans une affaire précise exclut la préservation du secret professionnel dans une autre cause devant les juridictions. Pareillement, une règle est constante qui voudrait que celui-ci

---

[1936] La CCJA résout ce qui suit s'agissant du moyen unique de cassation tiré de la violation de la loi : « *Attendu qu'il est reproché à l'arrêt attaqué la violation de l'article 117 de l'Acte uniforme susvisé en ce que la Cour d'appel s'est contenté de retenir comme montant du nouveau loyer une moyenne arithmétique tirée de deux chiffres supposés émaner des rapports d'expertise non homologués alors, selon le moyen, que pour fixer le montant du nouveau loyer, l'article susvisé impose à la juridiction compétente de tenir compte de la situation des locaux, de leurs superficies, de leur état de vétusté, ainsi que du prix des loyers commerciaux pratiqué dans le voisinage pour des locaux similaires ; qu'au regard de l'obligation ainsi faite à la juridiction compétente de déterminer la valeur locative par référence à des indices objectifs nécessitant l'intervention d'un homme de l'art, la Cour d'appel n'avait d'autre choix que d'ordonner une expertise judiciaire pour aboutir à une valeur locative conforme audit article, et qu'en ne procédant pas de la sorte, elle a violé la disposition visée au moyen ;*
Mais attendu, d'une part, que l'article 117 de l'Acte uniforme susvisé accorde un pouvoir discrétionnaire au juge dans la fixation du nouveau montant de loyer et qu'ainsi, il ne peut lui opposer le défaut de désignation d'un expert pour ce faire car, même fixé à dire d'expert, le montant du nouveau loyer peut être modifié par le juge en vertu du pouvoir souverain de fixation de loyer que lui reconnaît cette disposition, d'autre part, qu'en retenant pour fixer le montant du nouveau loyer, des éléments puisés de deux rapports d'expertise non homologués mais qui doivent être considérés comme pièces acquises aux débats puisque versés au dossier de la procédure par les deux parties, lesquelles pièces contiennent par ailleurs des indications précises sur la situation des locaux, leurs superficies, et leurs états de vétustés auxquelles la Cour d'appel a nécessairement eu égard, celle-ci n'a en rien violé l'article 117 précité ; que le moyen n'étant pas fondé, il y a lieu de le rejeter… »

[1937] En ce sens, voir notamment l'article 217 du Code de procédure pénale.

puisse révéler à la justice et en particulier au procureur de la République les faits délictueux découverts à l'occasion de l'accomplissement de sa mission[1938].

L'établissement et le dépôt du rapport d'expertise clôturent l'office du technicien et emportent dessaisissement de celui-ci. Dès lors, celui-ci ne devrait plus pouvoir répondre aux interpellations ou aux correspondances des parties, encore moins accéder au rapport dressé et déposé afin notamment de le modifier. L'exigence ne va cependant pas sans des assouplissements. Effectivement, elle n'exclut pas, s'il se révèle après-coup que des erreurs se sont glissées dans le rapport dressé, que l'expert estime nécessaire de se retourner vers le juge soit pour demander la conduite à tenir, soit pour produire un document corrigé. L'exigence n'exclut pas non plus que le technicien soit appelé à produire un « rapport complémentaire » ou requis à cet effet. Il en va généralement ainsi lorsque, après le dépôt du rapport de base, des pièces ou documents importants (au regard des constatation et des conclusions initiales) sont produits ; lorsque la juridiction qui a ordonné la mesure souhaite avoir un éclairage approfondi sur quelques-unes des constatations ou des conclusions du rapport initial. En de telles circonstances, le « rapport additif » au rapport primitif sera élaboré et accompagnera les pièces ou documents concernés. A en croire un auteur averti, il ne sera pas utile de convoquer les parties lorsque les pièces et documents auront un lien de connexité avec d'autres éléments autrefois disponibles et ayant donné l'occasion d'un échange contradictoire. En revanche, au cas où les pièces et documents sont nouveaux, une discussion avec ou par les parties s'imposera[1939].

Enfin, il a été envisagé que la responsabilité de l'expert puisse être engagée non seulement lorsque des indélicatesses lui sont reprochées dans l'exécution de sa mission, mais aussi lorsque, ayant accepté sa nomination, la mission n'est finalement pas remplie sans que l'intéressé puisse justifier d'un empêchement légitime[1940]. A l'évidence, cette responsabilité pourrait avoir une connotation professionnelle ou répressive[1941]. En pratique, elle sera plus couramment de nature civile. Le regret à ce niveau tient à ce que le débat se rapportant aux causes de nullité d'une expertise n'a de cesse d'enfler du fait notamment des silences des législateurs *(en ce sens, voir not. CS, arrêt n° 145, 18 mai 1971, Fondation Ad Lucem c. Docteur Champeau,*

[1938] Pour un approfondissement, confère FOURMENT V., op cit., p. 289 ; NGO NDJIGUI R.Y., op cit., pp. 90 et s., n°s 117 et s., mais aussi les pages 287 et s., n°s 424 et s.

[1939] BOULEZ J., op cit., pp. 1 »7 et s., n° 924.

[1940] Article 122, Code de de procédure civile et commerciale ; article 87, loi n° 2006/022 du 29 décembre 2006 précitée.

[1941] Titré « requis défaillant », l'article 174 du Code pénal punit d'une amende de 20 000 à 500 000 francs CFA la personne régulièrement requise en qualité d'expert, de médecin ou d'interprète, refuse sans motif légitime de prêter son concours à la justice ou à l'autorité judiciaire. A en croire l'article 176, la peine est comprise entre un mois et trois mois au cas où des excuses fausses sont alléguées.

Répertoire chronologique de la jurisprudence, Droit social, 1960-1980, préc.; Civ.1ère, 12 mars 2002, M. X… c. M. Becquet et autres, préc.).

Paragraphe 4. Le porteur de contrainte

Le Livre des procédures fiscales du Code général des impôts et la loi n° 2023/010 du 25 juillet 2023 régissant les garanties et le recouvrement des créances par les entités publiques bénéficiaires du privilège du trésor constituent l'épicentre de l'encadrement de l'activité du porteur de contrainte[1942]. En effet, ce sont eux qui déclinent les méandres du processus dont l'aboutissement est l'acquisition de ce titre, exposent les sinuosités de la mission dont ce « professionnel » est investi es qualité.

A. Acquisition du titre

La lecture du Livre des procédures fiscales du Code général des impôts et de la loi n° 2023/010 du 25 juillet 2023 précitée dévoile l'essentiel au sujet du statut du porteur de contrainte.

Il s'y découvre, en premier lieu, qu'à l'échelle de l'Etat, les porteurs de contraintes sont « commissionnés par le ministre des finances »[1943] ; qu'à l'échelle de chaque organisation jouissant du privilège du trésor, le soin revient au « chef de l'entité » de procéder à la désignation d'un ou de plusieurs de ceux-ci et de les rattacher à la personne morale[1944].

Il s'y découvre, en deuxième lieu, que le porteur de contrainte est sélectionné parmi les personnes liées à l'entité publique par « une relation de travail »[1945]. Autant dire que la nature de la relation de travail et la position du salarié importent peu.

Il s'y découvre, en troisième lieu, que les porteurs de contraintes désignés sont astreints, avant d'entrer en fonction, de prêter serment au tribunal de grande instance de la localité où se trouve le siège de l'entité de rattachement. Très concrètement, ayant levé la main droite dégantée, l'engagement est pris de bien et fidèlement remplir les fonctions à occuper

[1942] Ou « porteur de contraintes » selon quelques-uns.

[1943] Telle est du moins l'économie de quelques-unes des prévisions du Livre des procédures fiscales, notamment de :
- l'article L51 qui décide que le recouvrement des impôts, droits et taxes est confié aux Receveurs des impôts territorialement compétents, lesquels sont des comptables publics assermentés.
- l'article L59 alinéa 2 qui décide que « *Les poursuites particulières ou de droit commun sont exercées par les porteurs de contraintes, agents de recouvrement assermentés commissionnés par le Ministre chargé des finances et remplissant les fonctions d'huissier.* »

[1944] Voir notamment l'article 22 (1), loi n° 2023/010 du 25 juillet 2023 précitée

[1945] Lecture croisée, entre autres, des articles 22 (1) et 25 (2).

avec intégrité, probité, loyauté, fidélité, conformément aux lois et règlements en vigueur[1946].

Linéaires, ces exigences charrient néanmoins des inquiétudes.

L'une d'entre elles a trait aux entités susceptibles de bénéficier des services des porteurs de contraintes. Certes, l'Etat est le premier à pouvoir s'attacher les services des agents de recouvrement assermentés, lesquels sont des agents publics ; la règle est néanmoins posée que seules sont précisément concernées les entités publiques jouissant du privilège trésor[1947]. Cela ne doit pas durablement autoriser d'en exclure la société à capital public et la société d'économie mixte, personnes morales de droit privé parfois bénéficiaires de cette prérogative de puissance publique.

Une autre inquiétude a trait à l'autorité de désignation du ou des porteurs de contraintes. Le problème ici tient à ce que, dans les établissements publics et dans les entreprises dites du secteur public, le processus de recrutement, de nomination et de licenciement du personnel (en particulier d'encadrement) n'est pas abandonné à la discrétion du directeur général. En réalité, le conseil d'administration en est l'un des maillons essentiels[1948]. On est alors réduit à souhaiter que les textes réglementaires d'application évoqués à l'article 76 de celle-ci ne se fassent pas trop attendre. Dans cette attente, on espère, ainsi que le prescrit l'article 73, que les tutelles techniques et financières joueront leur rôle, en particulier celui consistant à *« prendre toutes les dispositions utiles en vue du déroulement harmonieux de la procédure de recouvrement »*. Une chose est sûre. C'est que, à l'échelle étatique, seul le ministre en charge des finances devrait pouvoir commissionner des porteurs de contraintes.

Une inquiétude supplémentaire a trait au nombre de porteurs de contraintes pouvant être désignés dans chaque circonscription fiscale et dans chaque entité publique bénéficiaire du privilège du trésor. La loi semble laisser au ministre des finances et au chef de l'entité le soin d'apprécier. Au demeurant, elle ne renseigne pas explicitement au sujet de ceux qui, au sein de telle ou telle organisation, pourraient prêter main-forte aux « huissiers du trésor public ». Il est seulement résolu que l'entité bénéficiaire du privilège du trésor « peut » créer en son sein « une structure dédiée ». A l'évidence, on est réduit, ici aussi, de souhaiter que les textes réglementaires d'application évoqués à l'article 76 ne se fassent pas longuement attendre.

[1946] Article 23.

[1947] Sur les contours de l'expression, voir not. BASSANG'NA A.M., « Le privilège du trésor en droit public financier camerounais », *RAFIP* n° 14, Second semestre 2023, pp. 367 et s. ; EVINA OBAM R, *La politique fiscale au Cameroun : étude sur l'exercice de la compétence fiscale des Etats depuis la décennie 1980*, Thèse, Aix Marseille, 2014, pp. 156 et s.

[1948] Voir les articles 24 et 37 de la loi n° 2017/010 du 12 juillet 2017 portant statut général des établissements public ; les articles 60 et 72 de la loi n° 2017/011 du 12 juillet 2017 portant statut général des entreprises publiques.

L'avant dernière inquiétude a trait au profil des porteurs de contraintes. Si l'on occulte la qualité de salarié ou d'agent public, les autres orientations y relatives sont soit tacites, soit carrément noyées, que ce soit dans le Code général des impôts ou dans la loi n° 2023/010 du 25 juillet 2023 précitée. Le silence inquiète quand on sait que la ressource humaine est généralement mal utilisée et gérée dans le secteur public et dans le même temps, que l'activité en tant que porteur de contrainte requiert des habiletés singulières touchant tantôt à la formation, tantôt à l'expérience professionnelle, tantôt à la moralité. A l'évidence, l'agent public ayant une faible expérience professionnelle sera rarement performant sur le terrain du recouvrement des créances. Pareillement, le non-juriste pourrait avoir du mal à conduire et à mettre efficacement en œuvre des procédures forcées de recouvrement, lesquelles d'après le serment du porteur de contrainte supposent de se conformer aux lois et règlements en vigueur. Il faudra aussi, comme l'indique le serment évoqué dans la loi du 25 juillet 2023, que le porteur de contrainte appartienne à la catégorie de ceux qui officieront avec « intégrité », « probité », « loyauté » ...

La dernière inquiétude a trait à la durée aux fonctions en tant que porteur de contrainte. Dans le Code général des impôts, rien n'est très clair, même si on sait que les agents publics et plus précisément les fonctionnaires cessent leurs fonctions en cas de décès, de démission, de mise à la retraite, etc. Dans la loi n° 2023/010 du 25 juillet 2023 en revanche, le principe est que les personnes préposées aux fonctions de porteurs de contraintes cessent d'exercer ces dernières en cas de rupture de la relation de travail avec la structure employeur, « pour quelque raison que ce soit ». La solution retenue ici semble cohérente lorsqu'on se souvient que ce professionnel doit être un salarié. Elle n'interdit cependant pas de se demander si la technicité de la fonction et l'expérience capitalisée avec le temps n'invitaient pas à envisager que ce dernier puisse survive à certaines hypothèses de cessation de la relation de travail, notamment en cas de démission ou de départ à la retraite s'agissant de certains agents publics. La piste s'imposait d'autant plus que l'externalisation du recouvrement ne date pas d'aujourd'hui. Elle n'est d'ailleurs pas sacrifiée dans la loi n° 2023/010 du 25 juillet 2023[1949], notamment dans quelques-uns de ses extraits se rapportant aux missions du porteur de contrainte.

B. Exercice de la fonction

Le Code général des impôts et la loi n° 2023/010 du 25 juillet 2023 régissant les garanties et le recouvrement des créances par les entités publiques jouissant du privilège du trésor, pour s'en tenir à eux, dévoilent l'essentiel au sujet de la mission du porteur de contrainte.

[1949] Article 21 (2).

Dans le Code général des impôts, un extrait, parmi d'autres, frappe. C'est l'article L59 alinéa 2 du Livre des procédures fiscale dont l'épicentre révèle que *« Les poursuites particulières ou de droit commun sont exercées par les porteurs de contraintes, agents de recouvrement assermentés commissionnés par le Ministre chargé des finances et remplissant les fonctions d'huissier. »*

Dans la loi n° 2023/010 du 25 juillet 2023 régissant les garanties et le recouvrement des créances par les entités publiques, différents extraits interpellent. Il s'agit de l'article 22 (2) où la règle est consignée que *« les porteurs de contrainte sont des agents de poursuite assermentés détenteurs d'une commission délivrée par le ministre chargé du trésor, qui indique leur identité » ;* de l'article 22 (3) dont la rédaction révèle que *« les porteurs de contrainte remplissent les fonctions d'huissier du trésor public pour le recouvrement des créances »*. Il s'agit également de l'article 25 (1) dont la rédaction découvre que *« Les porteurs de contrainte exercent leurs compétences sur toute l'étendue du territoire national »* ; de l'article 28 (1) dont l'épine dorsale indique que *« Dans le cadre du recouvrement des créances garanties par la présente loi, les responsables de l'entité publique et les porteurs de contrainte exercent, pour le compte de l'Etat, une mission de service public »*. Il s'agit enfin de l'article 30 qui décide que *« Les porteurs de contraintes sont tenus d'exercer leurs fonctions dans le strict respect des règles et de la déontologie professionnelle telles que rappelées dans leur serment. Ils doivent, en toute circonstance, et surtout à l'occasion de l'accomplissement de leur mission, faire preuve de probité, de compétence et de rigueur » ;* ils sont astreints à l'obligation de réserve, de discrétion et de confidentialité.

Utiles, ces extraits suggèrent des précisions sans lesquelles les fonctions des agents de poursuites concernés pourraient manquer de clarté.

A cet égard, force est d'observer qu'un pouvoir d'investigation et de réquisition leur est concédé afin de faciliter l'accomplissement de leurs missions. Ces prérogatives particulières, censées anéantir l'obligation au secret professionnel et le secret bancaire, vont permettre d'accéder tantôt à différentes bases de données, tantôt aux biens mobiliers et immobiliers de l'endetté. Mieux encore, elles permettront de solliciter tout document utile et de mener les diligences susceptibles de faciliter la recherche, la localisation et l'identification des biens et avoirs des débiteurs ou de requérir la force publique lorsque cela est indispensable[1950].

A cet égard, force est de relever que l'action des porteurs de contraintes est subordonnée à deux préalables incontournables. Le premier préalable c'est la délivrance d'un titre de contrainte contre les débiteurs[1951]. A en

---

[1950] Article 26, loi n° 2023/010 du 25 juillet 2023 ; articles 42 et L 63, Code général des impôts.

[1951] La formule ne doit pas tromper. Au même titre que le Code général des impôts (articles 86 et suivants), la loi n° 2023/010 du 25 juillet 2023 a prévu et organisé « la solidarité de paiement ». A son sens, « *l'avis de mise en recouvrement régulièrement établi est un titre exécutoire non seulement à l'encontre du débiteur, mais aussi de ses représentants ou ayants droits* ». La solidarité de paiement ne concerne pas que les héritiers ou légataires du débiteur. Elle s'étend :

croire l'article 53 du Livre des procédures fiscales, celui-ci est émis et rendu exécutoire par le chef de centre des impôts territorialement compétent avant d'être pris en charge par le recouvreur des impôts rattaché. A en croire l'article 39 la loi du 25 juillet 2023 que ne dément pas l'article 21 de celle-ci, la contrainte est un titre exécutoire que seul peut décerner le chef de l'entité publique jouissant du privilège du trésor, lequel au demeurant a seul qualité pour déclencher des poursuites en vue du recouvrement. A rebours, et cela se devine, les porteurs de contraintes n'ont ni compétence pour décerner une contrainte, ni compétence pour décider du déclenchement des poursuites ; ils sont, pour s'exprimer de la sorte, de simples exécutants. Le second préalable est la sommation sans frais. Il s'agit d'une mise en demeure invitant le débiteur d'avoir à payer ce qui est dû dans un délai de 12 jours, sous peine de poursuites. L'interpellation est obligatoirement signée du chef de l'entreprise créancière ou de son mandataire habilité avant d'être servie par le porteur de contrainte ou par l'huissier de justice à domicile élu, au lieu de service, à mairie, à l'autorité administrative ou à parquet[1952]. Lorsque la créance est fiscale, le commandement de payer est notifié au contribuable par le receveur des impôts du ressort, avec rappel de l'obligation d'apurer la dette dans un délai de 8 jours[1953] ; il est signifié par les porteurs de contraintes[1954].

A cet égard, force est de relever que, pour les besoins du recouvrement des créances nécessitant le ministère des porteurs de contraintes, L'Etat ou l'entité publique créancière dispose d'une hypothèque légale sur l'ensemble des biens immobiliers du débiteur. Elle prend rang à compter de son inscription à la Conservation foncière du lieu de situation de l'immeuble, pour une durée de 10 ans renouvelable sans jamais excéder 30 ans au total[1955]. Le reste se devine : la réquisition de l'inscription légale incombe au chef de l'entité publique créancière et non en tant que tel au porteur de contrainte[1956] ; la réalisation de l'hypothèque légale se déroule conformément aux prévisions de l'Acte uniforme portant organisation des

- en cas de session de droits, actions ou parts sociales, au cessionnaire et au cédant pour les sommes dues à l'entité publique ayant le bénéfice du privilège du trésor ;
- à toute personne qui refuse de décharger ou d'exécuter un avis à tiers détenteur constaté par acte d'un porteur de contrainte ou d'un huissier de justice ;
- au tiers détenteur en cas de négligence coupable, de défaillance avérée de complicité établie après une sommation sans frais ;
- aux dirigeants de sociétés lorsque le recouvrement des créances dues par leur entreprise a été compromis à la suite de manœuvres frauduleuses ou de l'organisation de l'insolvabilité de l'entreprise ;
- à toute personne ayant par un artifice quelconque été complice de soustraction, distraction minoration ou de tout autre acte frauduleux tendant à camoufler les biens du débiteur au préjudice de l'entité jouissant d'un privilège du trésor.

[1952] Articles 36, 37 et 39 (1).

[1953] Article L 58.

[1954] Articles L57 et L 71, Code général des impôts.

[1955] Article 11, article L 85, Code général des impôts.

[1956] Article 13.

procédures simplifiées de recouvrement et des voies d'exécution, notamment de celles relatives à la saisie immobilière et à l'attribution en pleine propriété dont on sait qu'elles réservent une place marginale à l'huissier du trésor public[1957] .

A cet égard, force est de relever que des prérogatives sont concédées aux porteurs de contraintes à l'effet de faciliter l'accomplissement de la tâche qui est la leur. Au nombre de celles-ci se trouvent la protection contre les violences physiques et verbales[1958] ; l'assistance et le concours de la force publique lorsque cela est nécessaire en raison notamment des injures, de la rébellion, des voies de fait[1959].

A cet égard, force est de relever que les porteurs de contraintes peuvent requérir les huissiers de justice pour l'accomplissement de quelques actes de procédure relevant de leur ministère, singulièrement des mesures de poursuite de droit commun développées dans l'Acte uniforme portant organisation des procédures simplifiées de recouvrement et des voies d'exécution[1960].

A cet égard, force est de relever que le choix des poursuites à engager incombe soit au receveur des impôts territorialement compétent, soit au chef de l'entité de rattachement du porteur de contrainte. En effet, ces personnes sont celles qui devraient opter soit pour le recours aux mesures de poursuite du droit commun logées dans l'Acte uniforme portant organisation des procédures simplifiées de recouvrement et des voies d'exécution, soit pour les mesures particulières de recouvrement que régit la loi n° 2023/010 du 25 juillet 2023[1961]. La formule est néanmoins à prendre avec recul car l'option en faveur de l'une des voies ou mesures n'empêche pas la mobilisation ultérieure de l'autre. Il suffit seulement, pour une procédure donnée, de révoquer expressément le choix initialement opéré[1962].

A cet égard, force est de relever que les mesures de poursuite spécifiques du Code général des impôts et de la loi n° 2023/010 du 25 juillet 2023 que les porteurs de contraintes exécutent sont tantôt ordinaires, tantôt spéciales. Les premières ont la spécificité de s'articuler autour de trois

---

[1957] Article 493.

[1958] Articles 28 (2), 29 (1).

[1959] Articles 26 (2), 29 (2) ; article L 70, Code général des impôts.

[1960] Articles 34 (2), 35 (3), 36 (1), 45 (1).

[1961] Article 35.

[1962] Article 35. Reste à espérer que cette grille de lecture soit compatible avec les prescriptions de l'article premier de l'Acte uniforme révisé portant organisation des procédures simplifiées de recouvrement et des voies d'exécution. C'est que celui-ci retient que « *Le créancier qui entend poursuivre le recouvrement forcé de sa créance ou la conservation de ses droits ne peut mettre en œuvre à l'encontre de son débiteur que les mesures et procédures prévues par le présent acte uniforme* ». « *Toutefois, le présent acte uniforme ne régit pas :*
- les saisies visées par des conventions internationales, notamment celles relatives aux saisies de navires ou d'aéronefs ;
- les saisies et procédures particulières prévues par la loi de chaque État partie pour le recouvrement de créances publiques… »

étapes, à savoir le commandement de payer qui intervient après une sommation sans frais demeurée infructueuse [1963] ; la saisie des biens, laquelle ne porte que sur des meubles[1964] ; la vente des objets saisis, laquelle n'est pas précédée comme ailleurs d'une vente à l'amiable[1965]. Quant aux secondes, elles ont trait à la réalisation de l'hypothèque légale d'une part, à la mise en œuvre de la solidarité de paiement d'autre part[1966].

A cet égard, force est de relever que le porteur de contrainte ou l'huissier de justice est tenu, « immédiatement » après l'établissement du procès-verbal de vente, de verser le produit de celle-ci dans les caisses de l'entité publique créancière[1967]. Lorsque la créance est fiscale, il est reversé au receveur des impôts qui donne quittance au saisi et conserve le surplus jusqu'à la liquidation des frais[1968]. Cet idéal ne devrait pas masquer le schéma contraire que le législateur ne sacrifie pas. Telle est la compréhension à avoir de l'article L 66 du Code général des impôts où la règle est exprimée que *« Dans le cas d'insolvabilité notoire, un procès-verbal de carence est dressé par les agents de recouvrement en double expédition dont l'une est remise au receveur des impôts, pour être produite comme pièce justificative à l'appui des irrécouvrables ».*

A cet égard, force est de relever que l'exercice des fonctions en qualité de porteur de contrainte ouvre droit à une commission à mentionner dans les actes de son ministère. A cela vient s'ajouter une indemnité dont le montant est fixé par une résolution du conseil d'administration de l'employeur. Cette indemnité est alimentée par les frais de poursuite qui doivent toujours apparaître dans les actes de poursuite dressés. Elle est fixée à 1% de la créance à recouvrer et plafonnée à un million de francs, conclut l'article 74 de la loi n° 2023/010 du 25 juillet 2023.

A cet égard, force est de relever que les porteurs de contraintes peuvent avoir à répondre, y compris au plan pénal, des indélicatesses et manquements dans le cadre de l'exercice de leurs fonctions, que des sujets

[1963] La spécificité ici tient effectivement à trois choses. Tout d'abord, le commandement est signifié soit par le porteur de contrainte, soit par un huissier de justice. Ensuite, cette signification du commandement intervient nécessairement après une sommation sans frais dont la durée est de 12 jours. Enfin, un délai de 8 jours est laissé au débiteur à l'effet de s'éviter la saisie.

[1964] A en croire l'article 42, la saisie ne porte que sur des meubles et consiste en la saisie-vente, la saisie-attribution, la saisie des rémunérations, la saisie des droits d'associés et des valeurs mobilières, la saisie-appréhension, la saisie-revendication. Autant dire que toutes les saisies conservatoires ne sont pas susceptibles d'être mobilisées ; autant avouer que la saisie des récoltes sur pieds est exclue ; qu'on n'a pas à envisager la saisie du bétail que le projet d'Acte uniforme portant organisation des procédures simplifiées de recouvrement et des voies d'exécution semble vouloir introduire dans les Etats signataires membres de l'OHADA.

[1965] A s'en tenir notamment aux articles 45 et 46, la vente des biens saisis n'est pas précédée d'une vente à l'amiable. Toutefois, elle doit expressément être autorisée par le chef de l'entité publique créancière et de dérouler un mois après la saisie soit par l'huissier de justice soit par le porteur de contrainte.

[1966] Articles 47 à 54.

[1967] Article 30.

[1968] Article L67.

de droit leur imputeraient. Fort logiquement, les actes y relatifs sont détachables de leurs fonctions. En conséquence, l'entité publique employeur est de plein droit substituée à eux à l'occasion des procès civils en responsabilité ; ce qui ne la prive pas d'engager une action récursoire lorsque la responsabilité est retenue et la victime restaurée dans ses droits[1969].

A cet égard, force est de relever que le contentieux se rapportant aux actes de recouvrement des créances des entités bénéficiaires privilège du trésor public relève de juridictions différentes. Celui des actes touchant aux mesures de poursuite particulières que la loi rattache à la catégorie des actes administratifs relève de la compétence du tribunal administratif. Celui des actes se rapportant aux poursuites ordinaires relève de la compétence des juridictions judiciaires[1970], lesquelles au demeurant pourraient connaître de ceux concernant les agents d'affaires.

Paragraphe 5. L'agent d'affaires

La profession d'agent d'affaires, connue sous la formule « Business agent » en anglais, est l'une des plus anciennes dans ce qui, autrefois, correspondait à l'Union française, c'est-à-dire au seul « Cameroun Francophone »[1971]. Pourtant, assez paradoxalement, elle demeure l'une de celles qui, par moments, alimentent la chronique des faits divers. Au moins pour cette raison, l'accès à la profession et les missions de ce professionnel méritent que l'on s'y attarde.

A. Insertion professionnelle

L'accès à la profession d'agent d'affaires est subordonné à deux séries d'exigences consignées tantôt dans un arrêté du 7 juillet 1955[1972], tantôt dans un autre arrêté du 14 août 1956[1973]. Les unes sont de fond, les autres de forme.

1. Conditions de fond

La profession d'agent d'affaires est réservée aux personnes rattachées à ce qui, autrefois, constituait l'union française. Elles doivent être âgées de 25 ans au mois ; être de bonnes vies et mœurs ; justifier de connaissances spécifiques constatées par une capacité en droit. A défaut de capacité en

[1969] Article 31, loi n° 2023/010 du 25 juillet 2023 ; article L69 Code général des impôts.
[1970] Voir notamment les articles 55 et 56.
[1971] ANYANGWE C., *The magistracy and the bar in Cameroon*, CEPER, Yaoundé, 1989, p. 186.
[1972] Traitant de la profession d'agent d'affaires et d'écrivain public.
[1973] Fixant le programme de l'examen d'aptitude aux fonctions d'agent d'affaires.

droit, le postulant doit être titulaire d'un baccalauréat ou d'un brevet supérieur et avoir accompli un stage certifié de trois mois dans une étude d'avocat, d'avoué, de notaire ou d'huissier de justice. Pareillement, la profession s'ouvre, à défaut de la capacité en droit, aux personnes ayant été employées au greffe d'une juridiction pendant trois ans ; à celles ayant satisfait à l'examen d'aptitude aux fonctions de gérant d'affaires. Enfin, l'impétrant ne devrait pas avoir exercé un emploi rémunéré par une administration ou par un établissement public[1974].

Une chose frappe à priori. Elle a trait à l'hétérogénéité de la formation et du profil de base de l'impétrant. S'il était dans l'ordre des choses autrefois que le diplôme initial soit la capacité en droit et que le titulaire d'un baccalauréat doive effectuer un stage d'une durée de trois mois dans une étude d'avocat, d'huissier de justice ou de notaire, on comprend mal l'exigence d'un emploi d'une durée de trois ans au greffe d'une juridiction dont la nature n'est pas déterminée. Pour ne viser qu'un exemple, le flottement vient de ce que le décret n° 2011/020 du 4 février 2011 portant statut spécial des fonctionnaires des greffes prévoit que les membres de ce corps sont d'une grande variété et ventilés dans des cadres et grades différents. On y retrouve des greffiers-adjoints, lesquels sont titulaires du brevet d'études du premier cycle, du « General certificate of education, ordinary level », du certificat d'aptitude professionnelle, option secrétariat ou employé de bureau. On y retrouve des greffiers, lesquels sont tantôt greffiers principaux, tantôt des greffiers, généralement recrutés parmi les greffiers titulaires d'une licence en droit ou d'un diplôme équivalent pour le premier cas, parmi les greffiers-adjoints titulaires du diplôme universitaire d'études générales en droit ou d'un diplôme équivalent pour le second cas. On y retrouve des administrateurs de greffes, lesquels sont tantôt des administrateurs principaux, tantôt des administrateurs, généralement titulaires d'une licence en droit ou d'un diplôme équivalent et ayant une longue expérience professionnelle.

Une chose frappe à priori. Elle se dévoile pleinement aux yeux de celui qui en vient à se demander si les exigences se rapportant à la formation et à l'expérience professionnelle ne devraient pas se situer à un niveau correspondant à celui des autres métiers du droit, notamment ceux exercés par les auxiliaires de justice. La profondeur de la préoccupation se saisit lorsqu'on garde à l'esprit qu'une justice de qualité a comme ingrédients, entre autres, un dialogue équilibré entre les principaux acteurs de celle-ci, singulièrement entre les intermédiaires se trouvant entre les justiciables et les juridictions ou mieux les magistrats chargés du fonctionnement de celles-ci.

Une autre chose frappe encore d'emblée. Elle a trait à la nationalité de l'impétrant. La profession n'est pas ouverte aux étrangers. Anodine, l'exigence trouble celui qui songe à l'intégration à l'échelle sous-régionale

---

[1974] Articles 2 et 4, arrêté du 7 juillet 1955.

et régionale, laquelle a en toile de fond la libre circulation des personnes et des biens. Quelques-uns pourraient aller plus loin et estimer que l'activité étant libérale, rien ne devrait sérieusement s'opposer à ce que celle-ci s'ouvre à l'étranger. A la limite, des non camerounais pourraient y accéder et n'être autorisés à exercer que dans leur pays. En tant que de besoin, un quota pourrait être fixé ou réservé aux ressortissants d'Etats voisins de la sous-région Afrique centrale ou d'ailleurs. Pareille mesure serait en cohérence avec les règles d'accès aux professions commerciales dont on sait qu'elles sont ouvertes aux étrangers. Mieux encore, elle se situerait en droite ligne des prévisions de la loi d'orientation de l'enseignement supérieur dont l'un des mérites majeurs est la recherche de l'attractivité de la formation et du perfectionnement professionnel des personnes dès lors que les exigences formelles prescrites sont satisfaites.

2. Conditions de forme

L'accès à la profession d'agent d'affaires requiert soit une autorisation, soit l'obtention d'un certificat d'aptitude à la profession.

A première vue, l'hypothèse de l'autorisation est celle où le postulant est titulaire de l'un des diplômes et ou expériences qui exonèrent de l'examen d'aptitude. Dans ce cas de figure, une demande d'autorisation doit être adressée à l'autorité administrative qui, aujourd'hui joue le rôle du Haut-commissaire d'hier, sous le couvert des autorités administratives de rang inférieur en tant que de besoin. La demande est accompagnée de pièces à l'instar de l'extrait de naissance ou de tout document en tenant lieu, un extrait de casier judiciaire, les copies certifiés des diplômes possédés[1975]. Une chose est constante. C'est que le chef de région diligente une enquête administrative dont les conclusions sont annexées à la demande, assorties de son avis. De deux choses l'une. Soit la demande est refusée et alors le rejet devrait être motivé et notifié dans les trois mois de la requête ; soit la demande est acceptée, y compris tacitement du fait du silence gardé par l'autorité administrative compétente pendant un mois compté à partir de sa soumission[1976].

A première vue également, l'hypothèse du certificat d'aptitude constitue la voie privilégiée d'accès à la profession d'agent d'affaires. Elle s'impose lorsque la formation initiale de l'impétrant s'avère à parfaire parce qu'elle est incomplète. Quoi qu'il en soit, le programme de l'examen d'aptitude aux fonctions d'agent d'affaires comporte trois épreuves[1977]. L'une de celles-ci, écrite, porte sur la procédure civile ; elle dure deux heures. L'autre épreuve, orale, porte sur l'organisation judiciaire du Cameroun. La dernière épreuve,

[1975] Voir l'article 5 pour le détail.
[1976] Article 6.
[1977] Voir l'arrêté du 10 août 1956 fixant le programme de l'examen d'aptitude aux fonctions d'agent d'affaires, sur renvoi de l'article 4 de l'arrêté du 7 juillet 1955 précité.

orale elle aussi, porte sur l'une ou l'autre des matières suivantes : droit civil, régime foncier, droit commercial, droit des procédures collectives, procédure pénale, droit pénal général.

L'effort de précision des rédacteurs des textes relatifs à l'accès à la profession d'agent d'affaires ne va pas sans inquiétudes.

La querelle porte tout d'abord sur le point de savoir si ces textes sont toujours en vigueur. A cet égard, un principe clé est développé à l'article 68 de la constitution. Celui-ci voudrait que la législation résultant des lois et règlements applicables autrefois, c'est-à-dire au moment de la date de prise d'effet de la constitution, demeure en vigueur dans ses dispositions qui ne sont pas contraires aux stipulations de celle-ci, du moins tant qu'elle n'aura pas été modifiée par voie législative ou règlementaire.

La querelle porte ensuite sur la révocabilité ou non de l'autorisation accordée. A ce sujet, la règle est ancienne d'après laquelle l'autorisation obtenue peut être retirée. Le retrait suppose cependant un avis du chef du service des affaires judiciaires. Quant au fond, elle n'est à envisager que lorsque celui qui en est bénéficiaire exploite un emploi ou une fonction incompatible avec la profession d'agent d'affaires, au cas de conflit d'intérêt, etc.[1978].

La querelle concerne l'examen professionnel d'aptitude à la profession. Très concrètement, le nœud gordien porte sur le point de savoir si les épreuves écrites et orales sont impératives et se succèdent ou si la participation à celles-ci suppose une participation fructueuse aux écrits. Dans le prolongement de cette préoccupation, le trouble se développe lorsqu'on s'interroge sur la moyenne ouvrant droit aux oraux ou aux écrits ; il s'amplifie lorsqu'on se demande quelle est la moyenne finale à obtenir pour être déclaré admis. Enfin, et s'agissant des épreuves écrites, peu de choses sont révélées à propos du type d'exercice à l'ordre du jour. S'agissant des oraux, rien n'est mis en évidence quant à leur déroulement, et notamment le temps à passer devant le jury, les modalités de choix des sujets…

La querelle a trait à la composition du jury de l'examen. Théoriquement, celui-ci siège à Yaoundé et comprend un conseiller à la Cour d'appel de Yaoundé désigné par le chef de cette juridiction, un membre du parquet général de la cour désigné par le procureur général, le président du tribunal de première instance de Yaoundé. Il est surprenant que les « services centraux » du ministère de la justice, singulièrement la direction en charge des professions auxiliaires de justice soit mise en marge du processus d'évaluation. Il est surprenant que les institutions universitaires rattachées à l'enseignement supérieur ne soient pas associées au processus.

La querelle a trait à la proclamation des résultats de l'examen. Il est étrange que le ministre de la justice ne soit pas impliqué dans cet exercice. Fort heureusement, dans les faits, la réalité n'est pas celle-là, notamment lorsque l'exercice de l'activité est en cause.

[1978] Article premier.

B. Missions du professionnel

L'agent d'affaires a de nombreuses missions. Les unes sont de compréhension aisée ; les autres ne se découvrent après un temps de recul.

1. Ce qui est parlant

L'arrêté du 7 juillet 1955 décline les missions relevant de l'activité professionnelle que celui-ci régit. Il s'y découvre :

- Que, *« sont réputés agents d'affaires ceux qui, en dehors des officiers ministériels et avocats défenseurs, ont pour profession habituelle de gérer les affaires d'autrui, litigieuses ou non, de donner des conseils ou consultations juridiques, de se charger dans le cadre des textes et de la direction des procès, du recouvrement des créances, de la rédaction des contrats et d'une façon générale de renseigner le public et d'intervenir en son nom, moyennant rétribution »*[1979] ;

- Qu'*« En qualité de mandataire, l'agent d'affaires est admis à représenter des parties devant les tribunaux (français) dans le cadre des lois, décrets et arrêtés concernant la procédure civile, commerciale et criminelle et la profession d'avocat défenseur »*[1980].

- Que l'agent d'affaires n'est pas celui qui gère, pour le compte d'autrui, en qualité de salarié ou à tout autre titre, des propriétés ou exploitations agricoles, commerciales ou industrielles, même si l'intéressé a le bénéfice d'un mandat général donné à l'effet gérer les affaires de propriétaires ou d'exploitants[1981].

L'exposé des missions de l'agent d'affaires révèle l'utilité de celui-ci. Au-delà et mieux encore, les différents rapports sur l'état des droits de l'homme au Cameroun, produits avec le concours du Ministère de la justice, soulignent avec constance que l'agent d'affaires se déploie généralement dans les ressorts de juridictions où sont installés un nombre peu important d'avocats[1982]. Cette donnée de terrain cache mal les mystères qui entourent l'activité de ce professionnel et imposent un temps d'arrêt.

2. Ce qui est dormant

A la lecture des dispositions de l'arrêté du 7 juillet 1955 traitent des missions de l'agent d'affaires incite à des précisions, lesquelles à leur tour découvrent des zones d'ombres.

Les précisons, pour commencer par elles, sont nombreuses.

[1979] Article 1er alinéa 1, arrêté du 7 juillet 1955.

[1980] Article 9.

[1981] Article premier, alinéa 2.

[1982] Entre autres, voir REPUBLIQUE DU CAMEROUN, *Rapport du ministère de la justice sur l'état des droits de l'homme au Cameroun en 2022*, p. 49, n° 164.

La première, déjà tacitement mise en évidence, c'est que la profession d'agent d'affaires est incompatible avec quelques activités ou fonctions rémunérées par l'Etat ou par une personne morale de droit public. A cela s'ajoutent, entre autres, l'interdiction de se rendre cessionnaire de droits litigieux, celle de conclure avec les parties des conventions aléatoires ou subordonnées, celle d'occuper les fonctions d'administrateur ou de membre de conseil d'administration d'entreprises commerciales ou de dirigeant de journaux[1983].

Le deuxième point d'attention c'est que si l'agent d'affaires représente les personnes devant les tribunaux dans le cadre des procédures civiles, commerciales, et répressives, des obligations spécifiques lui incombent en tant que mandataire. A ce titre, l'intéressé est tenu, entre autres, de rendre compte, d'agir loyalement, de ne pas révéler aux tiers des informations se rapportant à ses clients auxquelles il a accédé à la faveur de l'exercice de sa fonction.

Le troisième point d'attention c'est que l'agent d'affaires est astreint à des obligations comptables[1984]. A leur sujet, l'article 8 de l'arrêté du 7 juillet 1955 renvoie aux obligations des commerçants que prévoient les lois et règlements, avec une insistance sur la tenue des livres de commerce et la mise en liasse des correspondances professionnelles. A cela s'ajoutent : la nécessité de tenir un carnet à souches numéroté duquel devront obligatoirement être détachés les reçus se rapportant aux perceptions, honoraires ou règlements quelconques effectués à titre professionnel ; la nécessité de mentionner sur les reçus délivrés et les carnets à souches l'identité du client, la date du jour, le montant et la cause du versement effectué ; la nécessité de faire parapher les carnets à souches par le président du tribunal de première instance du lieu de résidence ; l'obligation de *« les présenter à toute réquisition de l'autorité administrative ou judiciaire »*. A l'évidence, les obligations comptables de l'agent d'affaires ont été toilettées entretemps, notamment à la faveur de l'entrée en vigueur de l'Acte uniforme OHADA relatif au droit comptable et à l'information financière. Effectivement, un accent y est mis sur la typologie des documents à tenir, les normes de tenue des documents comptables à respecter, avec un accent sur celles qui ont trait à la régularité, la sincérité, la transparence, la comparabilité[1985].

Le quatrième point d'attention c'est que l'agent d'affaires est astreint à des obligations fiscales. Celles-ci sont similaires à celles des commerçants, mais parfois aussi à celles des professionnels libéraux dont l'activité touche à la justice. La chose est connue, la liste des obligations visées se trouve, entre

---

[1983] Article 7.

[1984] Article 8, arrêté du 7 juillet 1955.

[1985] Voir notamment les articles 3, 4, 17, 19 et suivants de l'Acte uniforme relatif au droit comptable et à l'information financière. Lire NEMEDEU R., WANDA R., « Obligations comptables et financières », in POUGOUE P.-G. (dir.), *Encyclopédie du droit OHADA*, Lamy, Paris, 2011, pp. 1280 et s.

autres, dans le Code général des impôts et dans les textes se rapportant à la fiscalité locale : impôt sur le revenu des personnes physiques, impôts sur les sociétés en tant que de besoin, impôts et taxes communaux, impôts et taxes régionaux, centimes additionnels communaux, etc.

Le cinquième point d'attention c'est que lorsque les actes relevant des attributions de l'agent d'affaires sont accomplis par une personne physique ayant en tant que de besoin le bénéfice d'un mandat spécial, cette dernière pourrait se voir refuser l'accès au prétoire. Seuls sont à l'abri de ce désagrément les mandataires ayant eux-mêmes l'autorisation d'exercer comme agent d'affaires[1986].

Les zones d'ombre, quant à elles, surabondent.

Elles se découvrent, d'abord et avant tout, au contact de l'article 11 de l'arrêté de 1955. Ses maîtres- mots révèlent que les documents ou correspondances professionnelles de l'agent d'affaires devraient être rédigés en français. *« S'il est nécessaire d'employer une autre langue, le texte rédigé en français devra toujours figurer en regard du texte rédigé dans cette langue, le texte français faisant seul foi ».* La prescription n'est en cohérence ni avec la constitution, ni avec la loi n° 2019/019 du 24 décembre 2019 portant promotion des langues officielles.

Elles se découvrent, ensuite, lorsqu'on se demande si l'agent d'affaires est véritablement à rattacher à la catégorie des auxiliaires de justice. Quelques-uns sont en droit d'en douter. A l'appui de cette manière de voir, ceux-ci pourraient observer, en prenant notamment appui sur l'article 8 de l'arrêté de 1955, que l'agent d'affaires est réputé commerçant indépendamment du caractère civil ou commercial des actes accomplis. Comme tel, il est assujetti aux obligations du commerçant et se rattache à cette catégorie professionnelle. Quelques-autres sont en droit de développer un avis d'un autre ordre en se référant aux prévisions de l'article 9 de l'Acte uniforme portant sur le droit commercial général. Effectivement, l'idée y est exprimée que le statut de commerçant est incompatible avec les professions auxiliaires de justice qui y sont listées. Autant avouer que soit la personne est agent d'affaire, soit elle a la qualité de commerçant. Des sanctions d'une grande diversité sont d'ailleurs susceptibles de frapper ceux qui méconnaissent cette exigence (lesquelles sont tantôt civiles, tantôt pénales, tantôt administratives ou professionnelles)[1987]. Confronté au dilemme représenté par la robustesse de ces vues, la planche de salut consiste parfois à ranger l'agent d'affaire dans le lot des « collaborateurs de justice » [1988].

[1986] Article 10.

[1987] La sanction de la violation des exigences se rapportant aux incompatibilités est déclinée tantôt dans l'Acte uniforme portant sur le droit commercial général, tantôt, sur renvoi de celui-ci, dans la loi du 21 décembre 2015 régissant l'activité commerciale au Cameroun, dans le Code pénal, etc.

[1988] Le ministère de la justice, pour sa part, semble le loger dans la catégorie des « autres conseils », après l'évocation de l'avocat. Il semble favorable à cette grille de lecture qui voudrait

Elles se découvrent, également, lorsqu'on s'intéresse à la typologie des juridictions où l'agent d'affaires intervient en qualité de mandataire. Force est alors de constater que l'intéressé représente les personnes devant les tribunaux dans le cadre de procédures civiles, commerciales et répressives. A rebours, cela signifie qu'il n'est pas envisagé que celui-ci joue ce rôle dans d'autres types de procès ou procédures, singulièrement dans la procédure administrative contentieuse générale ou spéciale ou dans le contentieux constitutionnel. Cohérente aux yeux de celui qui considère que « les affaires » relèvent du droit privé, l'option surprend la personne qui ne perd pas de vue le développement du droit public des affaires, du contentieux administratif, du contentieux électoral et constitutionnel. L'option surprend à coup sûr aussi celui qui s'intéresse à la typologie des juridictions où l'agent d'affaires est susceptible d'agir comme mandataire. C'est que, sur cet aspect de son activité, l'acte règlementaire constitutif du statut de la profession ne vise que « les tribunaux français du Cameroun ». A priori, cela donne à penser que celui-ci ne devrait pas officier en qualité de mandataire devant les juridictions de droit traditionnel, à savoir le tribunal du premier degré, le tribunal coutumier, les alkali courts et les customary courts. Ce qui dérange précisément ici c'est que ces juridictions de droit local ont vocation à connaître des différends commerciaux à la lumière de la coutume, à moins que celle-ci n'existe pas, qu'elle soit silencieuse ou contra legem[1989].

Les inquiétudes se découvrent également lorsqu'on réalise que la probabilité d'un conflit avec quelques-uns des auxiliaires de justice est élevée. Les auxiliaires en cause sont notamment l'avocat et l'huissier de justice auxquels les textes concèdent, même partiellement parfois, des monopoles spécifiques.

A l'examen, l'arrêté de 1955 n'a pas occulté cette difficulté. En effet, il y est très ouvertement résolu que les agents d'affaires exercent leurs fonctions *« en dehors des officiers ministériels et des avocats »*[1990]. De son côté, la jurisprudence n'est pas demeurée silencieuse. La Cour de cassation, pour commencer par elle, s'est exprimée sur ce débat séculaire dans l'un de ses arrêts en date du 21 janvier 2003. A toutes fins utiles, dans l'affaire qui a servi de fusible à sa décision, il est reproché aux juges inférieurs d'avoir fait défense à des entreprises privées d'exercer l'activité d'assistance et de représentation devant un tribunal de commerce. A l'appui du pourvoi, l'attention est attirée sur le fait que certes la loi du 31 décembre 1971 organisant la profession d'avocat institue au profit de celui-ci un monopole en matière de représentation et d'assistance en justice. Toutefois, ce monopole est concédé sous la réserve très expresse de l'application des

---

que le terrain de prédilection en justice de l'agent d'affaire soit le ressort de la juridiction ayant « moins de 4 cabinets d'avocats installés ». Voir REPUBLIQUE DU CAMEROUN, *Rapport du ministère de la justice sur l'état des droits de l'homme en meroun en 2022*, op cit.,p. 49, n°s 163 et 164.

[1989] Sur ce point, voir, dans le premier volume de cet ouvrage, les développements relatifs aux juridictions de droit traditionnel.

[1990] Article premier.

dispositions législatives et règlementaires en vigueur. Les demandeurs au pourvoi vont plus loin et observent que le code de procédure civile déroge à cette disposition générale en offrant la possibilité à tout mandataire d'assister les justiciables devant les juridictions, en se gardant de distinguer selon que le mandataire en cause exerce ou non à titre habituel ou de manière professionnelle. Après avoir examiné cet argumentaire tiré de la violation à la fois de l'article 4 de la loi du 31 décembre 1971 et de l'article 353 du Code de procédure civile, la haute juridiction rejette le moyen en ces termes : « *(...) attendu que la cour d'appel, après avoir constaté que, dans le cadre de leur activité professionnelle de recouvrement amiable de créances pour le compte d'autrui, les sociétés demanderesses exerçaient à titre habituel et rémunéré une activité d'assistance et de représentation des parties devant le tribunal de commerce, a exactement énoncé que les prescriptions résultant de l'article 853 du nouveau Code de procédure civile conférant aux parties la faculté de se faire assister ou représenter par toute personne de leur choix devant le tribunal de commerce ne peuvent avoir pour effet, sauf disposition contraire expresse qui n'existe pas en matière de recouvrement des créances pour le compte d'autrui, de déroger au principe suivant lequel seuls les avocats peuvent exercer ces missions à titre habituel ; que c'est donc à bon droit qu'elle leur a interdit l'exercice de cette activité...» (Civ. 1ère, 21 janv. 2003, M. Mollet et autres c. Ordre des avocats à la Cour d'appel de Paris et autres, Société ACO Assistance conseil organisation et autres c. Ordre des avocats à la Cour d'appel de Paris et autres, Bull., janv. 2003, n° 1, pp. 12 et 13, n° 17).*

La Cour suprême, quant à elle, s'est déterminée en assemblée plénière, par un arrêt du 21 novembre 1985. Dans cette affaire, elle rejette l'appel de l'Etat du Cameroun et par contrecoup, confirme le jugement de la Chambre administrative attaqué. Le cœur de sa décision est formulé de la sorte : « *Considérant que pour conclure à l'annulation demandée le jugement dont appel relève qu'il est reproché d'une part à Monsieur le Garde des sceaux d'avoir pris sa circulaire en violation de la loi ; d'autre part, d'avoir pris un acte hors de sa compétence ;*

Que la requérante estime que suivant la constitution camerounaise, l'on ne peut légiférer que par des lois ou par des actes règlementaires du pouvoir exécutif et non par voie de circulaire (...) ;

Qu'en effet, tant dans la circulaire susvisée que dans le mémoire en défense du représentant de l'Etat, l'on relève expressément que la profession d'agent de recouvrement de créances n'est ni connue ni réglementée par la législation camerounaise ; qu'il est certain qu'on y retrouve des individus indélicats, encore que ces individus ne soient pas l'apanage de la seule profession d'agent de recouvrement, puisqu'on les rencontre aussi parmi les officiers ministériels ou publics ;

Qu'ainsi que l'a rappelé le requérant, l'article 20 de la constitution du 2 juin 1972 fixe les matières qui sont du domaine de la loi, entre autres le régime des obligations civiles et commerciales ;

Qu'aux termes de l'article 22, les matières autres que celles qui sont du domaine de la loi ressortissent du pouvoir réglementaire ; que par conséquent il revenait à l'autorité compétente de prendre l'acte adéquat soit pour interdire, soit pour réglementer la profession d'agent du recouvrement ; que quoique le représentant de l'Etat s'en défende, la circulaire attaquée sous le couvert de mesure d'ordre intérieur n'interprète rien ;

Qu'au contraire, elle édicte des mesures ayant plutôt un caractère réglementaire ; que pour s'en convaincre il suffit de la lire : « pour mettre fin à la profession d'agent de recouvrement qui n'est réglementée par aucun texte camerounais, je vous prescris (...) 4- de procéder enfin à la fermeture immédiate des cabinets existants et ceux à ouvrir, après avoir interdit à leurs titulaires d'exercer cette profession non connue ni réglementée par la législation camerounaise sous peine d'être poursuivis du chef d'usurpation de fonction (...) » ;

Qu'il s'ensuit qu'en l'absence d'un texte législatif ou réglementaire interdisant la profession d'agent de recouvrement, le ministre de la justice a commis un excès de pouvoir en décidant de l'interdiction de cette profession par voie de circulaire ;

Considérant que de la simple lecture de l'acte incriminé et d'une analyse objective des thèses respectives défendues par les parties, il appert que la chambre administrative a donné une exacte interprétation de la nature de la circulaire du 12 mai 1979 du ministre de la justice, ordonnant la fermeture des cabinets de recouvrement des créances et interdisant l'exercice de cette activité ;

Qu'il échet en conséquence, par adoption de motifs, d'entériner cette interprétation au demeurant conforme à la lettre et à l'esprit de la circulaire querellée ... » (CS/AP, arrêt n° 4/A, 21 nov. 1985, Etat du Cameroun-Ministère de la justice c. Kouoh Ngando Emmanuel Christian, Répertoire chronologique de la jurisprudence, Droit administratif, tome 4, 1980-2000, pp. 110 et s.).

La rigueur du raisonnement des magistrats de la Cour suprême est incontestable et en cohérence avec la « doctrine administrative » lorsqu'on s'intéresse à la profession d'agent de recouvrement[1991]. S'agissant de celle

---

[1991] Il suffit, pour en avoir la conviction, de consulter le dernier rapport du ministère de la justice sur l'état des droits de l'homme au Cameroun. Après l'examen de l'assistance des personnes par l'avocat, il y est mentionné « l'assistance par un autre conseil ». La figure de l'agent d'affaire y est alors évoquée dans les cas de figure où la juridiction saisie est de celles ayant « moins de 4 cabinets d'avocats installés » (REPUBLIQUE DU CAMEROUN, *Rapport du ministère de la justice sur l'état des droits de l'homme au Cameroun en 2022*, op cit., p. 49-, n°s 163 et 164).
Il suffit, pour en avoir la conviction, de consulter la circulaire du Garde des sceaux n° 00036/SG/MJ, en date du 14 février 1989. Le Ministre de la justice de cette époque-là, Monsieur Itoé Benjamin, s'y exprime de la manière suivante : « *Mon attention a été appelée sur le laxisme avec lequel les juridictions appliquent les dispositions de l'article 2 de la loi n° 87/018 du 15 juillet 1987, portant réorganisation de la profession d'avocat, lesquelles énoncent pourtant de manière formelle, en faveur des membres de celle-ci, le principe du monopole de l'assistance et de la représentation en justice des parties.*
Les dérogations à ce principe constituent l'objet de l'article 3 du même texte, dont l'alinéa 2 dispose notamment que toute personne peut se faire assister ou représenter « par tout mandataire de son choix, muni d'une procuration dûment légalisée, lorsque, dans le ressort de la juridiction saisie, le nombre des études est inférieur à cinq ».
Il s'ensuit que devant les juridictions comportant cinq études d'avocat au moins dans leur ressort territorial, et sous réserve des dérogations rappelées ci-dessus, l'assistance et la représentation en justice des parties incombent aux avocats.

d'agent d'affaires, il importe néanmoins encore, pour avoir une opinion équilibrée de se souvenir :

- Que les contours de la profession d'avocat ou de l'huissier de justice ne sont pas rigoureusement celles de l'agent d'affaires. Même à supposer que la thèse d'un monopole au profit de ces métiers prospère, il restera encore les autres attributions énoncées dans l'arrêté qui organise l'activité professionnelle de l'agent d'affaires ;

- Des prévisions de l'article 68 de la constitution à ce jour en vigueur, lequel, à titre de rappel, prescrit que « *La législation résultant des lois et règlements applicables dans l'Etat fédéral du Cameroun et dans les Etats fédérés à la date de prise d'effet de la présente constitution reste en vigueur dans ses dispositions qui ne sont pas contraires aux stipulations de celle-ci, tant qu'elle n'aura pas été modifiée par voie législative ou règlementaire* » ;

- De la jurisprudence de l'ex conseil du contentieux administratif qui, emboitant le pas au constituant des premiers jours, jugeait qu' *« en droit, qu'en vertu du principe général de la spécialité législative, consacrée par l'article 72 de la loi constitutionnelle, les lois et règlements ne sont applicables dans les territoires d'outre-mer ou dans les territoires sous tutelle, que s'ils sont été déclarés tels soit par une disposition expresse du texte lui-même, soit par une loi postérieure ou un décret spécial d'application » (CCA, arrêt n° 271/CCA, 27 sept. 1958, Haut-commissariat de la République française au Cameroun contre Sieur Manaby Moïse, inédit*[1992]*)*.

Je vous demande en conséquence de veiller désormais à la stricte application des dispositions légales susvisées.

Par ailleurs, il y aura lieu d'assurer la plus large diffusion de la présente circulaire auprès des magistrats placés sous votre autorité, ainsi que des avocats et agents d'affaires installés dans le ressort de vos juridictions… ».

Quelques mois après cette circulaire, le nouveau Garde des sceaux, Monsieur Adolphe Moudiki, persiste. Dans une circulaire en date du 9 novembre 1989 de, l'intéressé écrit ce qui suit aux présidents des cours d'appel, aux procureurs généraux près lesdites cours, aux présidents des tribunaux de première et de grande instance et aux procureurs de la République près lesdits tribunaux : « *Mon attention a été appelée sur le fait que nonobstant les dispositions claires de l'article 2 de la loi n° 87/018 du 15 juillet 1987 portant réorganisation de la profession d'avocat, qui confère aux avocats un monopole de la représentation des parties devant les juridictions, de nombreux mandataires autres que des avocats représentent les parties en justice.*

Si l'article 3 paragraphe 2 du texte précité a entendu déroger à ce principe en permettant la représentation des parties en justice par des mandataires munis d'une procuration, c'est à la condition expresse que le nombre des études d'avocats dans le ressort de la juridiction saisie soit inférieur à cinq.

Or les cas les plus fréquents de représentation des parties en justice ont été notamment relevés à Yaoundé et à Douala où pourtant le nombre des études est de loin supérieur à cinq.

Aussi ai-je l'honneur de demander à ceux des chefs de juridictions dans le ressort desquelles sont installées plus de cinq études d'avocats, de ne pas recevoir ces mandataires, ni le actes qu'ils seraient tentés d'accomplir en faveur de leurs mandants, de même que l'accès au prétoire devra leur être interdit (…).

J'attache du prix à l'exécution des présentes instructions, dont vous voudrez assurer la plus large diffusion ».

1992 Pour d'autres références se situant dans le sillage de cette décision, lire notamment ENGOUTOU J.L., *La Cour fédérale de justice et le contentieux administratif camerounais*, Thèse, Université de Yaoundé 2, 2010, pp. 26 et s.

INDICATIONS BIBLIOGRAPHIQUES

I. Ouvrages, thèses

ABA'A OYONO J.C., La compétence de la juridiction administrative en droit administratif camerounais, thèse, Nantes, 1994

ABANE ENGOLO P.E., ONDOA M. (dir.), Les fondements du droit administratif camerounais, L'Harmattan, Yaoundé, 2016

ABDEL-KHALEK OMAR M., La notion d'irrecevabilité en droit judiciaire privé, LGDJ, Paris, 1967

ABOUEM A TCHOYI D., MBAFOU S.C. (dir.), Améliorer l'efficacité de l'Etat au Cameroun. Propositions pour l'action, L'Harmattan, Paris, 2019

ABOUEM A TCHOYI D., MBAFOU S.C. (dir.), 50 ans de réforme de l'Etat au Cameroun, L'Harmattan, Yaoundé, 2013

ACCT, La justice dans les pays francophones, Coll. DDD, Toulouse, 1995

ADJIMAN A., Justice. Avocats. Litiges. Mode d'emploi, L'Harmattan, Paris, 2017

AKA N., FENEON A., TCHAKOUA J.M., Le nouveau droit de l'arbitrage et de la médiation en Afrique (OHADA), LGDJ, Lextenso éditions, Paris, 2018

AKAM AKAM A., Les deux visages de la juridicité. Ecrits sur le droit et la justice en Afrique noire, L'Harmattan, Paris, 2020

AKAKPO M.K., La protection de la partie faible dans l'arbitrage OHADA, L'Harmattan, Paris, 2017

AKONO ONGBA SEDENA A., L'apport du juge administratif au droit fiscal au Cameroun, thèse, Yaoundé 2, 2013

ADER H., DAMIEN A., BORTOLUZZI S, PIAU D., WICHERS T., Règles de la profession d'avocat, Dalloz, Paris, 2018

ALBERT J.P., AYADI-TAKERKATK S., La justice, éd. Fleurus, Paris, 2013

ALIOUNE DRAME M., Les magistrats en Guinée, L'Harmattan, Paris, 2008

AMBASSA L.C., Droit pénal général, Les éditions Saint-Augustin, Yaoundé, 2014

AMBOULOU H.D., OHADA. La problématique du conflit de normes et de compétences dans la situation de coexistence des juridictions communautaires, L'Harmattan, Paris, 2017

AMBOULOU H.D., Le droit de l'arbitrage et des institutions de médiation dans l'espace OHADA, L'Harmattan, Paris, 2015

AMBOULOU H.D., La déjudiciarisation et les procédures non contentieuses en Afrique, L'Harmattan, Paris, 2015

AMBOULOU H.D., Le notaire et le service public, L'Harmattan, Paris, 2008

AMRANI-MEKKI S., Guide des modes alternatifs de règlement des litiges, LexisNexis, Paris, 2022

AMRANI-MEKKI S., Guide des modes alternatifs de règlement des litiges, LexisNexis, Paris, 2018

AMRANI-MEKKI S., Procédure civile et procédure pénale : unité et diversité, Bruylant, Bruxelles, 2014
AMSON D., MOORE J.G., AMSON G., JANVILLE Th. (dir.), Les grands procès, PUF, Paris, 2007
ANAZETPOUO Z., La législation sociale camerounaise et les garanties de mise à la retraite, L'Harmattan, Paris, 2018
ANGEVIN H., BUISSON J., La pratique de la chambre d'instruction, Lexis Nexis, Paris, 2024
ANGIBAUD B., Le parquet, Que sais-je ? PUF, Paris 1999
ANOUKAHA F. (dir.), Les grandes décisions de la jurisprudence pénale camerounaise, SOPECAM, Yaoundé, 2020
ANOUKAHA F. (dir.), Les grandes décisions de la jurisprudence civile camerounaise, Bamenda, 2008
ANOUKAHA F., Le code pénal du 12 juillet 2016 et la lutte contre la corruption au Cameroun, Presses des imprimeries Les grandes éditions, Yaoundé, 2017
ANOUKAHA F. (dir.), Les grandes décisions de la jurisprudence civile camerounaise, Bamenda, 2008
ANOUKAHA F., Le magistrat instructeur en procédure pénale camerounaise, thèse, Yaoundé, 1982
ANOUKAHA F., OLINGA A.D. (dir.), L'obligation. Etudes offertes au professeur Paul-Gérard Pougoué, L'Harmattan-Cameroun, Yaoundé, 2015
ANYANGWE C., The magistracy and the bar in Cameroon, CEPER, Yaoundé, 1989
ANYANGWE C., The Cameroonian judicial system, CEPER, Yaoundé, 1987
ANYANGWE C., The administration of justice in a bi-jural country : The United Republic of Cameroon, PhD, London, 1979
APPLETON J., Traité de la profession d'avocat, Dalloz, Paris, 1928
ASENCIO S., La requalification, Thèse, Bordeaux, 1998
ASPIRO SEDKY J., DELMAS G., ROBBE S., L'indépendance de la justice, L'Harmattan-Presses universitaires de Sceaux, 2011
ASSANE TOURE P., Le traitement de la cybercriminalité devant le juge, L'Harmattan, Paris, 2014
ASSIEHUE A., LAURIOL T., Le droit de l'arbitrage CCJA, Lexis Nexis, Paris, 2018
ASSIEHUE A., Système d'arbitrage de la Cour commune de justice et d'arbitrage de l'OHADA, 2ème éd., Ed. A.A., 2016
ASSIRA C., Procédure pénale et pratique des juridictions camerounaises, Ed. Clé, Yaoundé, 2011
ASSOCIATION CONGOLAISE DE DROIT MARITIME, L'OHADA en marche, L'Harmattan, Paris, 2020
ASSOCIATION SYNDICALE DES MAGISTRATS, Dire le droit et être compris, Brulant, Bruxelles, 2010
ASSONTSA R., L'immatériel et le droit OHADA des saisies, L'Harmattan, Yaoundé, 2017
ASSONTSA R., Le juge et les voies d'exécution depuis la réforme de l'OHADA, thèse, Strasbourg-Dschang, 2009
ATANGA ESSAMA M.B., L'égalité dans le procès civil, thèse, Yaoundé 2, 2018
ATANGANA AMOUGOU J-L., L'Etat et les libertés publiques au Cameroun. Essai sur l'évolution juridique du constitutionnalisme négro-africain, Thèse, Lyon 3, 1999
ATANGANA-MALONGUE Th., Droits africains des personnes, Bruylant, Bruxelles, 2022
ATANGANA MESSANGA N., La pratique des greffes, Minos, Yaoundé, 2002
ATEBA EYONG R., Le juge administratif et la création du droit : Essai sur l'élaboration jurisprudentielle du droit administratif camerounais, thèse Yaoundé 2, 2014
ATEBA OMBALA M., Le contrôle juridictionnel des comptes de la Communauté économique et monétaire de l'Afrique centrale, Sopecam, Yaoundé, 2007
ATEK A DJAM F., Droit et contentieux fiscal camerounais, L'Harmattan, Paris, 2017

ARENDT H., Juger, Seuil, Paris, 2003
AUBIJOUX-IMARD I., Le dialogue dans le procès, thèse, Paris 2, 1999
AVLESSI M., La protection juridictionnelle du citoyen à l'égard de l'administration, thèse, Orléans, 1987
AVROIS MLC, ALLA H.D., JEAN J.P., La qualité de la justice, La documentation française, Paris, 2002
AYDALOT L., Les procès civils, Bordas-Litec, Paris-Montréal, 1971
AZARI H., La demande reconventionnelle devant la Cour internationale de justice, L'Harmattan, Paris, 2018
AZAVANT M., DOUENCE M., Institutions juridictionnelles, Dalloz, Paris, 2021
AZE KERTE A., L'Afrique et les mécanismes universels de justice pénale internationale L'Harmattan, Cameroun, 2016
BADET G., Contrôle intra normatif et contrôle ultra normatif de constitutionnalité. Contribution à l'identification des sous catégories du modèle kelsenien de justice constitutionnelle à partir des systèmes belge et béninois, Thèse, Université Catholique de Louvain, 2012
BADIANE A., VANDERSCHUEREN F., DIAGNE P. et autres (dir.), Pauvreté urbaine et accès à la justice. Impasses et alternatives, PGU, L'Harmattan, Paris, 1995
BADUGUE P.L., Manuel de la Cour africaine des droits de l'homme et des peuples, Academia-L'Harmattan, Louvain-la-Neuve, 2020
BADINTER R., L'exécution, Grasset, Paris, 1993
BADINTER R. (dir.), La prison républicaine (1971-1914), Fayard, Paris, 1992
BADINTER R. (dir.), Une autre justice. Contributions à l'histoire de la justice sous la révolution française, Fayard, Paris, 1989
BAH O., L'efficacité de l'arbitrage OHADA. Le rôle du juge étatique, Bruylant, Bruxelles, 2020
BALLE M., BASTARD B., EMSELLEM D., GARIOUD G., Le changement dans l'institution judiciaire, sociologie judiciaire, La documentation française, Paris, 1981
BAMBA S.L., Le déroulement du procès pénal. Essai de droit comparé Congo-France, L'Harmattan, Brazzaville, 2019
BANALE F.F., Justice et paix en République Centrafricaine. Quel espoir après l'accord de Khartoum, L'Harmattan, Paris, 2021
BANCAUD A., La haute magistrature judiciaire entre politique et sacerdoce, LGDJ, Paris, 1993
BARNHEIM L. VAN DE CASTEELE, Les principes fondamentaux de l'arbitrage, Bruylant, Bruxelles, 2012
BARRAUD B., Le droit postmoderne, L'Harmattan, Paris, 2017
BARRAUD B., La jurisprudence et la doctrine, L'Harmattan, Paris, 2017
BATANGA B., Précis de contentieux administratif congolais, L'Harmattan, Paris, 2014
BATSELE D., Initiation à la rédaction des textes législatifs, règlementaires et administratifs, Bruylant, Bruxelles, 2013
BATTISTONI E., LENOBLE-PINSON M., OUDIN F., Le médiateur professionnel en action et en mots, L'Harmattan, Paris, 2014
BAUMERT R. La découverte du juge constitutionnel, entre science et politique, 2009, LGDJ
BAYART J.F., L'Etat en Afrique. La politique du ventre, Fayart, Paris 1989
BAYO BIBY S., Le rôle de la Cour commune de justice et d'arbitrage dans la sécurisation de l'espace OHADA, thèse, Caen, 2009
BEDDIAR N., 70 ans de justice pénale des mineurs, L'Harmattan, Paris, 2017
BEIGNIER B., MINIATO L., PERROT R., Institutions judiciaires, LGDJ, Paris, 2022
BELAID S., Essai sur le pouvoir créateur et normatif du juge, LGDJ, Paris, 1974
BELFANTI L., Magistrats, Dalloz, Paris, 2019
BEN ACHOUR R., LAGHMANI S. (dir.), Justice et juridictions internationales, Pédone, Paris, 2000

BENGALY A., La protection juridictionnelle des droits de l'homme au Mali, L'Harmattan, Bamako, 2015
BENOIT F., La plaidoierie, Bruylant, Bruxelles, 2000
BENOIT F., BENOIT O., Pratique de l'écrit juridique et judiciaire, éd. Francis Lefebvre, Paris, 2017
BENTIROU MATHLOUTHI R., DECAUX E., TROPER M., Proportionnalité, droits fondamentaux et juges, L'Harmattan, Paris, 2023
BERGEL J.-L., Théorie générale du droit, Dalloz, Paris, 2011
BERGEL J.-L., Méthodologie juridique, PUF, Paris, 2001
BERGER V., Jurisprudence de la Cour européenne des droits de l'homme, Sirey, Paris, 2007
BERGOIGNAN-ESPER C., La séparation des fonctions de justice répressive, PUF, Paris, 1973
BERNARD M.J., FISCHER B. (dir.), L'Etat ivoirien à l'épreuve de la détention préventive, L'Harmattan, Paris, 2022
BERRY E., GEMARD J.C., La rédaction des motifs, Les Editions Thémis, Montréal, Canada, 2022
BERTHE I., Sur le chemin des saisies. L'huissier de justice d'hier à demain, L'Harmattan, Paris, 2017
BERTHIER, La qualité de la justice, thèse, Limoges, 2011
BERTIER, Guide du jeune avocat, Lexis Nexis, Paris, 2025
BERTRAND A., PIETTE-COUDOL Th., Internet et le droit, PUF, Paris, 1999
BIAKAN J., Précis de contentieux des contrats publics au Cameroun, L'Harmattan, Paris, 2017
BIDIMA J. G., La palabre : Une juridiction de la parole, Michalon, Paris, 1997
BIKORO J.M., La fonction consultative des juridictions constitutionnelles en Afrique noire francophone, L'Harmattan, Paris, 2021
BILONG S., Memento de la jurisprudence camerounaise, 1ère éd., PUD, Douala, 2014
BILONG S., Responsabilité de la puissance publique et compétence du juge en droit camerounais, Thèse, Yaoundé 2, 1998
BISSARDON S., Paroles de palais de justice - Les meilleures citations d'avocats et de magistrats, Enrick B. éditions, Paris, 2019
BLAKE S., A practical approach to effective litigation, Oxford University Press, London, 2022
BLANC N., MEKKI M., Le juge et le numérique : un défi pour la justice du XXIème siècle,
BLANCO F., Contentieux administratif, Thémis, PUF, Paris, 2019
BLOHORN-BRENNEUR B., La médiation pour tous dans l'espace OHADA et en Afrique de l'Ouest. Théorie, pratique et cadre juridique de la médiation, L'Harmattan, Paris, 2018
BLOHORN-BRENNEUR B., CALIN D., La médiation, un chemin de paix pour la justice en Europe, L'Harmattan, Paris, 2015
BOILLOT C., La transaction et le juge, PU Clermond-Ferrand-LGDJ, Paris, 2003
BOLZE C., PEDROT Ph., Les juges uniques. Dispersion ou réorganisation du contentieux ? Dalloz, Paris, 1996
BOILLOT C., La transaction et le juge, LGDJ, Paris, 2003
BONFILS H. Traité élémentaire d'organisation judiciaire de compétence et de procédure, refondue par L. Beauchet, Paris, LGDJ, 1901
BONICHOT J.-C, CASSIA P., POUJADE B., Les grands arrêts du contentieux administratif, Dalloz, Paris, 2020
BONNEMAISON J.L., La responsabilité juridictionnelle, Thèse, Metz, 2011
BORTOLUZZI S, MORET-BAILLY J., Règles de la profession d'avocat, PUF, Paris, 2023
BOSTANJI S., HORCHANI F., MAUCIAUX (dir.), Le juge et l'arbitrage, Pedone, Paris, 2014
BOUCLIER Th., L'exercice en groupe des professions juridiques, Litec, Paris, 2001

BOUHERIC M.G., Le repli par les juridictions étatiques de leur juridictio, Thèse, Paris-Saclay, 2021
BOUKONGOU J.D. (dir.), Humanité et liberté en Afrique Centrale, tomes 2 et 3, PUCAC, Yaoundé, 2013
BOULARD D., DE CHARRETTE L., Les notaires, Seuil, Paris, 2012
BOULEZ J., Expertises judiciaires, Delmas, Paris, 2018
BOULARBAH H., VAN DROOGHENBROECK J.F. (dir.), Regards croisés sur le statut, le rôle et la déontologie du mandataire de justice, Anthemis, Bruxelles, 2022
BOUSTA R., La notion de médiation administrative, L'Harmattan, Paris, 2021
BOURDIN R., L'inamovibilité de la magistrature coloniale, L'auteur, Paris, 1949
BOYER CHAMMARD G., Les magistrats, PUF, Paris, 1985
BRACONNAY N., La justice. Organisation-institutions-fonctionnement, La Documentation française, Paris, 2023
BRACONNAY N., Leçons d'institutions juridictionnelles, Ellipses, Paris, 2015
BRANLARD J.P., L'essentiel de l'organisation judiciaire en France, Gualino, Paris, 2017
BRAUD X., L'essentiel de l'organisation juridictionnelle, Gualino, Paris, 2024
BRAUD X., L'essentiel de l'organisation juridictionnelle, Gualino, Paris, 2020
BREDIN D., THIERRY L., Convaincre, Odile Jacob, Paris, 1997
BREEN E. (dir.), Evaluer la justice, PUF, Paris, 2002
BRIMO A., Méthodes des sciences sociales, Montchrestien, Paris, 1972
BRISSON J.F., Les recours administratifs en droit public français, contribution à l'étude du contentieux administratif non juridictionnel, LGDJ, Paris, 1996
BROGAN M., SPENCER D., Becoming a lawyer : Succès at Law school, Oxford University Press, London, 2014
BROYELLE C., contentieux administratif, LGDJ, Paris, 2020
BRUS F., Le principe dispositif et le procès civil, thèse, Pau et pays de l'Adour, 2014
BUISSON J., Police, pouvoirs, devoirs, Dalloz, Paris, 2019
BULLIER A.J., Réflexion sur le procès de Common law, Brulant, Bruxelles, 2015
CABON S.-M., La négociation en matière pénale, LGDJ, coll. « thèses », Tome 64, Paris, 2016
CADIET L., Le déni de justice, PUF, Paris, 2004
CADIET L. (dir.), Dictionnaire de la justice, PUF, Paris, 2004
CADIET L., CLAY T., Les modes alternatifs de règlement des différends, Dalloz, Paris, 2019
CADIET L., CLAY T., JEULAND E., Médiation et arbitrage, Litec, Paris, 2009
CADIET L., JEULAND E., Droit judiciaire privé, Lexis Nexis, Paris, 2017
CADIET L., NORMAND J., AMRANI MEKKI S., Théorie générale du procès, PUF, Paris, 2010
CADIET L., RICHER L. (dir.), Réforme de la justice, réforme de l'Etat, PUF, Paris, 2003
CAFORD, Droit et responsabilité des juges au Sénégal, Les éditions du CAFORD, EJA, Dakar, 1999
CAGNOLI P., Procédures civiles d'exécution, LGDJ, Paris, 2018
CAMEROON LEGALCOM, Major Common Law texts, Bookman Publishers, Buea, 2023
CANIVET G., JOLY-HURARD J., La discipline des juges judiciaires, administratifs et des comptes, Litec, Paris, 2007
CAPPALLETTI M., Accès à la justice et État providence, Economica, Paris, 1984
CAPELLE P. L'arbitrage collectif, Thèse, Paris-Saclay, 2021
CARBASSE J.M. (dir.), Histoire du parquet, PUF, Paris, 2000
CARBASSE J.M., Histoire du droit pénal et de la justice criminelle, PUF, Paris, 2000
CARBONNIER J., Sociologie juridique, 2e éd., PUF, Paris, 2004
CARIO R., Grandeur et vicissitudes de la justice restaurative en France, L'Harmattan, Paris, 2021
CARIO R., RUIZ VERA S., Droit (s) des victimes, L'Harmattan, Paris, 2015

CARRE D., LAMY A., Temps, temporalités et dispositifs de médiation, L'Harmattan, Paris, 2017
CASSESE A., SCALIA D., THALMANN V., Les grands arrêts de droit international pénal, Dalloz, Paris, 2010
CASTAGNEDE B., La répartition des compétences juridictionnelles en matière fiscale, Thèse, Paris, 1972
CASTAGNIER K. Le syllogisme judiciaire, Mare et Martin, Paris, 2023
CASTELIN., De l'autre côté du conflit : la médiation, Anthémis, Paris, 2013
CASTELLON L., La place de la victime dans le procès pénal, L'Harmattan, Paris, 2018
CARBASSE J.M., DEPAMBOUR-TARRIDE L., La conscience du juge dans la tradition juridique européenne, PUF, Paris, 1999
CAYROL N., Procédure civile, Dalloz, Paris, 2022
CARON J.-C., LAUVIN J., Guide pratique de l'expertise de justice, LGDJ, Paris, 2021
CAVROIS M.L., DALLE H., JEAN J.P. (dir.), La qualité de la justice, Documentation française, Paris, 2002
CAYROL N., Droit de l'exécution, LGDJ-Domat, Paris, 2019
CERCID, Les juridictions suprêmes. Du procès à la règle, Publications de l'Université Saint-Etienne, Saint-Etienne, 1991
CERE J.P., GREGOIRE L., Dix ans d'application de la loi pénitentiaire, L'Harmattan, Paris, 2021
CERE J.P., Droit disciplinaire pénitentiaire, L'Harmattan, Paris, 2020
CERE J.P., RASCAGNERES J.M., VERGES E., Droit pénal et nouvelles technologies, L'Harmattan, Paris, 2015
CHABANOL D., Le juge administratif, LGDJ, Paris, 1993
CHABANOL D., BONNET J.B., La pratique du contentieux administratif, LGDJ, LexisNexis, Paris, 1993
CHAINAIS C., FERRAND F., MAYER L., GUINCHARD S., Procédure civile, Dalloz, Paris, 2020
CHAMBERLAND L., Manuel de plaidoirie, techniques et stratégies d'un procès civil, Les éditions Yvon Blais, Paris, 2000
CHAMBON P., GUERY C., Droit et pratique de l'instruction préparatoire, Dalloz, Paris, 2022
CHAMBON P., GUERY C., Droit et pratique de l'instruction préparatoire, Dalloz, Paris, 2017
CHANTEBOUT B., Droit constitutionnel, Sirey, Paris, 2018
CHAPUS R., L'administration et son juge, PUF, Paris, 1999
CHAPPUIS B., GURTNER J., La profession d'avocat, Schulthess-LGDJ, Paris, 2021
CHARITE M., DOCLOS N., Les « arrêts jumeaux » en droit administratif français, L'Harmattan, Paris, 2024
CHAZELLE R., Pour une réforme des institutions judiciaires, LGDJ, Paris 1966
CHEVALLIER J., Le service public, PUF, Paris, 2010
CHEVALIER P., DESDEVISES Y., MILBURN Ph. (dir.), Les modes alternatifs de règlement des différends : les voies nouvelles d'une autre justice, La documentation française, Paris, 2003
CHEVE L., La justice sportive, Gualino, Lextenso éditions, Paris, 2012
CHIU V., LE QUINIO A., La protection de l'environnement par les juges constitutionnels, L'Harmattan, Paris, 2021
CHOLET D., La célérité de la procédure en droit processuel, LGDJ, Paris, 2006
CHOUARUPOUO NDASSA M.K., L'arbitrabilité, thèse, Yaoundé 2, 2016
CIAUDO A., L'irrecevabilité en contentieux administratif français, L'Harmattan, Paris, 2009
CLAY Th., L'arbitre, Dalloz, Paris, 2001
CLEMENT-WILZ L., La cour de justice de l'Union européenne, LGDJ, Paris, 2020
COHEN D. (dir.), Droit et économie du procès civil, LGDJ, Paris, 2010

COLLET M., Procédures fiscales. Contrôle, contentieux et recouvrement de l'impôt, PUF, Paris, 2011
COLSON A., PEKAR LEMPEREUR A., SALZER J., Méthode de la médiation, Dunod, Paris, 2018
COLSON J-P., L'office du juge et la preuve dans le contentieux administratif, LGDJ, Paris, LGDJ, 1970
COMMAILLE J., Territoires de justice. Une sociologie politique de la carte judiciaire, PUF, Paris, 2000
COMMAILLE J., A quoi nous sert le droit ? Editions Gallimard, Paris, 2015
COMMAILLE J., KALUSZUNSKI M., La fonction politique de la justice, La Découverte, Paris, 2007
CONAC G. (dir.), Les cours suprêmes en Afrique, Paris, Economica, tome IV, 1990
CONSEIL D'ETAT, Les recours administratifs préalables obligatoires, La documentation française, Paris, 2008
CONUS A., La conciliation judiciaire, L'Harmattan, Paris, 2020
COOPER J., Being a judge in the modern world, Oxford University Press, London, 2014
CORNIL P., VAN DROOGHENBROECK P. (dir.), L'audience, Anthemis, Bruxelles, 2023
COTE P.-A., DEVINAT M., Interpréter la loi, Les Editions Thémis, Montréal Canada, 2019
COUCHEZ G., LAGARDE X, Procédure civile, Paris, 2014
COUCHEZ G., Procédure civile, Sirey, Paris, 2009
COULIBALY S., La pratique du contentieux administratif malien de l'indépendance à nos jours : évolutions et perspectives, thèse, Nice, 2007
COUR SUPREME, CHAMBRE DES COMPTES, Rapport annuel 2015, CSC, Yaoundé, 2017
COUR SUPREME, CHAMBRE DES COMPTES, Rapport annuel 2013, CSC, Yaoundé, 2014
COUR SUPREME, CHAMBRE DES COMPTES, Rapports annuels 2012 et 2011, CSC, Yaoundé, 2013
COURTIN C., GHELFI F., PORTERON c. (dir.), Presse et procès pénal, L'Harmattan, Paris, 2020
CREHANGE P., Introduction à la rédaction des actes judiciaires et juridiques, éd. Gazette du Palais, Paris, 2019
CRIGNON A., Les métiers du droit, l'Etudiant, Paris, 2008
CRONE R., AUBERT J.-L., La responsabilité civile des notaires, Defrénois, Lextenso édition, Paris, 2008
CUNIBERTI G., Grands systèmes de droit contemporains, LGDJ, Paris, 2011
CURZON L.B., Equity, second edition, M.E. Handbook Series, London, 1974
DABOSVILLE B., Comment juger en matière de rémunération ? L'Harmattan, Paris, 2022
DALLOZ M., COURTIN C., Fonctionnaires et droit pénal, L'Harmattan, Paris, 2015
D'AMBRA D., L'objet de la fonction juridictionnelle : dire le droit et trancher les litiges, LGDJ, Paris, 1994
DANET J., Les droits de la défense, Dalloz, Paris, 2020
DANET J., Défendre, Dalloz, Paris, 2000
DANGNOSSI I., La Cour pénale internationale à l'épreuve de la répression en Afrique, L'Harmattan, Paris, 2015
DARLAN D., L'évolution constitutionnelle et juridictionnelle de la République Centrafricaine, à travers les textes, L'Harmattan, Paris, 2018
DARROIS J.-M. (dir), Vers une grande profession du droit, La Documentation française, Paris, 2009
DAYEZ B., A quoi sert la justice pénale ?, Larcier Petites Fugues, Bruxelles, 1999
DEBARD T., GUINCHARD S., VARINARD A. et alii, Institutions juridictionnelles, Dalloz, Paris, 2019
DEBBASCH C., Science administrative, Dalloz, Paris, 1980

DEBOVE F., Magistrat, Dalloz, Paris, 2019
DECHENAUD D., L'égalité en matière pénale, LGDJ, Paris, 2008
DECOCQ A., MONTREUIL J. et BUISSON J., Le droit de la police, Litec, Paris, 1998
DECOTTIGNIES R., La réforme de la justice en Afrique noire, Pedone, Paris, 1963
DEDRY K., Le courage de juger, L'Harmattan, Paris, 2021
DEFENSEUR DES DROITS DE L'HOMME, Conditions de travail et expériences des discriminations dans la profession d'avocate en France, www.defenseur des droits.fr, Paris, 2018
DEFFERRARD F., Le suspect dans le procès pénal, LGDJ, Paris, 2005
DEFOLLEVILLE C., L'accès au droit et à la justice, éd. ESF., Paris, 2013
DELACROIX G., GUERARD S., Les commissaires de justice au service du droit public, Dalloz, Paris, 2024
DE LA CUESTA J.L., GERMAN I., La justice restaurative en Espagne, L'Harmattan, Paris, 2021
DELALOY G., Le pouvoir judiciaire, PUF, Paris, 2005
DELFORGE C., RENSON P.P., Code de la médiation, Larcier, Bruxelles, 2013
DELMAS-MARTY M., Le flou du droit, Paris, PUF, 2004
DELNOY P., Eléments de méthodologie juridique, Larcier, Bruxelles, 2006
DE LORGERIL D., Procédure civile et nouvelles technologies, L'Harmattan, Paris, 2017
DELPEREE F., Le contentieux électoral, PUF, Paris, 1998
DEMBELE M.B., Le procès équitable au Mali, L'Harmattan, Paris, 2019
DEMOGUE R., Les notions fondamentales du droit privé. Essai critique, LNDJ, Arthur Rousseau, Paris, 1911
DEMOLI Y., WILLEMEZ L., Sociologie de la magistrature, Armand Colin, Paris, 2023
DENIEUL J.M., D'HERVE L., Petit traité de l'écrit judiciaire, Dalloz, Paris, 2024
DENIEUL J.M., Petit traité de l'écrit judiciaire, Dalloz, Paris, 2018
DE PERCIN L., GALLY I., 1000 lettres au quotidien, éd. De Vecchi SA, Montmartre, 2004
DE POULPIQUET J., BRUN Ph., CRONE R., PIERRE Ph., La responsabilité des notaires, Dalloz, Paris, 2018
DESCAMPS O. (dir.), Le statut du magistrat, Editions Panthéon-Assas, Paris, 2020
DESREUMAUX A., Théorie des organisations, EMS, Paris, 1998
DE VILETTE T., La justice réparatrice. Une justice nouvelle enracinée dans la tradition africaine, L'Harmattan, Paris, 2021
DEVILLIERS C., MARINX M., Les alternatives au (x) procès classique (s), Anthemis, Bruxelles, 2021
DE VISSCHER C., De l'équité dans le règlement arbitral ou judicaire des litiges de droit international public, éd A Pedone, Paris, 1972
DEZALLAI A., Réflexions sur les statuts des victimes en droit international pénal, PAF, Sarrebruck, 2012
DIAKITE K., Droit de l'intégration africaine, L'Harmattan, Paris, 2017
DIAKITE M., L'arbitrage institutionnel OHADA, instrument émergent de sécurisation juridique et judiciaire des activités économiques en Afrique, Thèse, Université de Toulouse 1 capitole, 2016
DIAKITE K., La justice pénale internationale en Afrique, L'Harmattan, Paris, 2015
DIALLO Y., Le procureur de la République, L'Harmattan, Dakar, 2018
DIBIE D., ROME I., Droit, femmes et justice, Dalloz, Paris, 2020
DIEU F., Etudes sur la gendarmerie. Regard sociologique sur une institution à l'épreuve du changement social, L'Harmattan, Paris, 2021
DIKONGUE J.B., Les privations de liberté individuelle au cours du procès pénal en droit camerounais, thèse, Poitiers, 2000
DI MANNO Th. (dir.), Le recours au droit comparé par le juge, Bruylant, Bruxelles, 2014
DIOP M., La gouvernance judiciaire, L'Harmattan Sénégal, Dakar, 2017
DIPANDA MOUELLE A. (dir.), Répertoire chronologique de la jurisprudence de la Cour suprême du Cameroun, tomes 1, 2, 3, 4, Yaoundé, 2011

DIPANDA MOUELLE A. (dir.), Répertoire chronologique de la jurisprudence de la Cour suprême du Cameroun, tomes 1, 2, 3, 4, Yaoundé, 2009
DIPANDA MOUELLE A., KAMTO M. (dir.), Justice, procédures juridictionnelles et protection des droits de l'homme en Afrique, PUCAC, Yaoundé, 2011
DIOUF N., Le conseil constitutionnel sénégalais dans un contexte d'intégration régionale : Passé, Présent, Devenir, L'Harmattan Sénégal, Dakar, 2021
DIOUKHANE A., Les juridictions financières dans l'UEMOA. La cour des comptes du Sénégal, L'Harmattan, Paris, 2016
DJEUWO M., Le contentieux douanier dans les pays de la CEMAC, L'Harmattan, Yaoundé, 2015
DJIAZET MBOU MBOGNING S., L'accès à la justice au Cameroun, L'Harmattan, Yaoundé, 2015
DJIDARA M., La fonction administrative contentieuse, LGDJ, Paris, 1972
DJILA R., L'enquête préliminaire dans l'avant-projet de code de procédure pénale, thèse, 3eme cycle, Yaoundé, 1992
DJOGBENOU J., Bénin. Le secteur de la justice et l'état de droit, OSIWA, Afrimap, Dakar, 2010 BARRAUD B., Le droit postmoderne, L'Harmattan, Paris, 2017
DJUIDJE CHATUE B., Les réformes du droit privé en Afrique en Afrique, PUA, Yaoundé, 2016
DJUIKOUO J., Accidents du travail. Etude comparée des obligations de l'employeur en droit camerounais et français, Afrédit, Yaoundé, 2013
DOCHY M., La dématérialisation des actes du procès civil, Dalloz, « Nouvelle Bibliothèque de thèses », Dalloz, Paris, 2021
DOCHY M., La dématérialisation des actes du procès civil, Thèse, Toulouse, 2019
DOGUE K.O.C., Guide pratique de la médiation OHADA, D. et Partners éditions, Cotonou, 2021
DONIER V., LAPEROU-SCHENEIDER B., L'accès au juge, Bruylant, Bruxelles, 2015
DORD O., Contentieux constitutionnel, LexisNexis, Paris, 2018
M. DOUAY, Le recouvrement de l'impôt, LGDJ, Paris, 2005
DOUMBE-MOULONGO, Les coutumes et le droit au Cameroun, Editions Clé, Yaoundé, 1972
DOUMBIA K., Les poursuites pénales en période de justice transitionnelle et réconciliation au Mali, L'Harmattan, Dakar, 2022
DOUMBIA K., Le contentieux administratif malien, L'Harmattan, Dakar, 2020
DRAGO G., Contentieux constitutionnel français, PUF, Paris, 2021
DUBOIS J., Mémento sur la privation de liberté, Academia, Louvain-La-Neuve, 2020
DUCASS A., La justice administrative de l'église catholique, L'Harmattan, Paris, 2017
DUNES A., Méthodes du droit, Dalloz, Paris, 1977
DUTUS S., La concurrence des recours en contentieux administratif, L'Harmattan, Paris, 2021
DZEUKOU G.B., Code de procédure pénale, EDJ, Bafoussam, 2007
DZEUKOU G.B., Le juge entre coutume et loi dans le droit de la famille. Essai sur le pluralisme juridique au Cameroun, thèse, Paris 1, 2002
EBA'A G.R., Lutte contre la corruption et les infractions assimilées au Cameroun, PUCAC, Yaoundé, 2019
EBA'A G.R., Les grands moments de la justice au Cameroun, PUCAC, Yaoundé, 2010
ECHEMOT L., L'exécution par l'administration des décisions du juge administratif, thèse, Yaoundé 2, 2016
ECORCHARD L., Les lieux de justice parisiens à la fin du moyen-âge, L'Harmattan, Paris, 2022
EDIMO F., Réflexions sur la justice pénale au Cameroun, Thèse, Université de Lorraine et Université de Douala, 2014
ENGEL-CREACH A., Les contrats judiciairement formés, thèse, Paris X-Nanterre, 2001

EFANGON S., La réforme des juridictions des comptes dans l'espace CEMAC, L'Harmattan, Yaoundé, 2018
EFFA MESSI P.D., Les droits de la défense dans le procès administratif en droit camerounais, thèse, Yaoundé 2, 2018
ELATAFY S., La responsabilité des centres d'arbitrage, Thèse, Lyon III, 2016
ENGOUTOU J.L., La cour fédérale de justice et le contentieux administratif camerounais, thèse, Université de Yaoundé 2, 2010
ENOTI F.H., L'Etat et l'exécution forcée, thèse, Yaoundé II, 2020
ESSODJLOBOUWE PEKETI, L'homologation judiciaire des actes juridiques, Mare et Martin, Paris, 2021
ESSOMBA NTSAMA J., Le juge des droits et libertés au Cameroun, thèse, Yaoundé 2, 2017
ESTOUP P., La pratique des jugements, Litec, Paris, 1991
ESTOUP P., MARTIN G., La pratique des procédures rapides : référés, ordonnances sur requête, procédure d'injonction de payer, Litec, Paris, 1990
EYEBE AYISSI H., La protection de la fortune publique au Cameroun, Ed. Kilimandjaro, Yaoundé, 2013
EYIKE-VIEUX, L'application du droit OHADA par les juridictions camerounaises. Le cas des juridictions de Douala, PUA, Yaoundé, 2017
EYIKE-VIEUX, L'audience en procédure pénale camerounaise, PUA, Yaoundé, 2007
EYIKE-VIEUX, YOUSSOUFA BOUKAR, Le contentieux pénal de la presse et de la communication audiovisuelle au Cameroun, Saint-Paul, Yaoundé, 2004
EWANG SONE A., Readings in the criminal procedure Code, PUA, Yaoundé, 2007
FADLALLAH D., HASCHER D., Les grandes décisions du droit de l'arbitrage, Dalloz, Paris, 2020
FALGAS A., La voie de fait administrative. Recherche sur la justification d'une notion prétorienne, L'Harmattan, Paris, 2015
FALL I.M. (dir.), Théorie et contentieux constitutionnels en Afrique. Mélanges en l'honneur du professeur El Hadj Mbodj. Tome 1. L'Harmattan-Sénagal, Dakar, 2022
FALL I.M. (dir.), Théorie et contentieux constitutionnels en Afrique. Mélanges en l'honneur du professeur El Hadj Mbodj. Tome 2. L'Harmattan-Sénagal, Dakar, 2022
FALL M., Les cours de justice africaines et l'intégration, L'Harmattan-Sénégal, Dakar, 2021
FALXA J. (dir.), Coopération judiciaire internationale en matière pénale, L'Harmattan, Paris, 2021
FANACHI P., La justice administrative, PUF, Paris, 1995
FANDIP O., Le temps dans le contentieux administratif : essai d'analyse comparative des droits français et des Etats d'Afrique francophone, thèse, Auvergne, 2016
FANDJIP O., Les mutations récentes de la justice administrative en Afrique francophone, L'Harmattan, Paris, 2019
FANOU F., La rationalité de la compétence de la CCJA de l'OHADA, éd. PAF, Sarrebruck, 2014
FASSIN V.D., La force de l'ordre. Une anthropologie de la police des quartiers, Seuil, Paris, 2015
FAVOREU L., Le déni de justice en droit public français, LGDJ, Paris, 1964
FAVOREU L., GAÎA P. et alii, Droit constitutionnel, Dalloz, Paris, 2020
FAVOREU L., Recueil de jurisprudence constitutionnelle, 1994-1999, Litec, Paris, 2000
FENEON A., Droit des sociétés en Afrique (OHADA), LGDJ, Paris, 2022
FENEON A., KONATE I.M., L'avocat dans l'espace OHADA, LGDJ, Paris, 2020
FERAL-SCHUHL C. et JAUDEL M., « La médiation à l'épreuve de la pratique », LGDJ, Paris, 2022
FEROT P., La présomption d'innocence, Les Editions Ovadia, Nice, 2016

FICET J., Indépendance et dépendances de la justice : Le concept d'indépendance de la justice comme enjeu de luttes politiques en France, 1954-1986, thèse, science politique, IEP de Paris, 2005
FILLON C. BONINCHI M., LECOMPTE A., Devenir juge, Modes de recrutement et crises de vocation de 1830 à nos jours, PUF, Paris, 2008
FINES L., Camouflage et immunité dans les sphères commerciale, militaire et religieuse. Dimensions organisationnelles et systémiques, L'Harmattan, Paris, 2021
FIPA NGUEPJO J., Le rôle des juridictions supranationales de la CEMAC et de l'OHADA dans l'intégration des droits communautaires par les Etats parties, thèse, Panthéon-Assas, 2011
FOFE DJOFIA MALEWA J.P., L'administration de la preuve devant la Cour pénale internationale, L'Harmattan, Paris, 2015
FOGUI J.-P., Autorités traditionnelles et intégration politique au Cameroun, thèse, Bordeaux 1, 1980
FOKA F., Le contentieux africain des droits de l'homme et des peuples, éditions 3ft, Yaoundé, 2008
FOMETEU J., BRIAND Ph., METANGMO-TATOU L. (dir.), La langue et le droit, L'Harmattan-Cameroun, Paris, 2018
FONDATION RENE CASSIN, La Cour africaine des droits de l'homme et des peuples, Editions Pédone, Paris, 2023
FONKWE FONGANG J., EWARE A., Pratique de la procédure pénale au Cameroun, Editions Veritas, Douala, 2019
FORSYTH C. (dir.), The culture of judicial independence : Conceptual Foundations and Practical Challenges, Martinus Nijhoff, Leyden, 2012
FOTSO D.E., Droit des affaires en Afrique, Recueil de jurisprudence 2021, LegiAfrica, 2022
FOTSO DJOMKAM D.K., Le procès pénal et les libertés individuelles au Cameroun, thèse, UDS, 2021
FOTSO-NANA E., Droits de l'homme et justice, L'Harmattan, Paris, 2013
FOYER J., Histoire de la justice, Que sais-je ? PUF, Paris, 1996
FRANCK. S.D., Arbitration Costs : Myths and realities in investment treaty arbitration, Oxford University Press, London, 2019
FRICERO N., Procédures civiles d'exécution, Gualino, Paris, 2020
FRICERO N., Les institutions judiciaires, Mémentos LMD, Gualino, Paris, 2020
FRICERO N., GOUJON-BETHAN T., L'essentiel des institutions judiciaires, Gualino, Paris, 2023
FRYDMAN B. (dir.), La plaidoirie, Brulant, Bruxelles, 1998
GABOLDE Procédure des tribunaux administratifs et des cours administratives d'appel, Dalloz, Paris, 1997
GADAUD J.L., BAVART D., Le traitement des affaires pénales militaires en temps de paix, L'Harmattan, Paris, 2017
GAILLARD E., La jurisprudence CIRDI, Pedone, Paris, 2010
GALLOT D., Les grands assassinats judiciaires, L'Harmattan, Paris, 2020
GALLOIS J., Le président de la chambre de l'instruction, Bréal, Paris, 2014
GALY M., Le pluralisme juridictionnel en droit du travail, LGDJ, Paris, 2020
GAMBARAZA M., Le statut juridique de la déclaration universelle des droits de l'homme - une aventure juridique, A. Pedone, Paris, 2016
GARAPON A., Les vertus du juge, Odile Jacob, Paris, 2010
GARAPON A., Bien juger. Essai sur le rituel judiciaire, Odile Jacob, Paris, 1997
GARNOT B., Histoire des juges en France, Nouveau Monde, Paris, 2014
GARNOT B., Histoire de la justice, Gallimard, Paris, 2009
GASSA MATAGO E.-C., Arbitrage et sécurité des investissements directs étrangers en Afrique Centrale, Thèse, Université de Yaoundé II, 2017
GATSI J., La société civile au Cameroun, PUA, Yaoundé, 2001
GENOVESE J., DEBERNARDI G., (dir.), La procédure, L'Harmattan, Paris, 2018

GERBAY N., GERBAY P., Guide du procès civil, LexisNexis, Paris, 2022
GHIRARDI O.A., Le raisonnement judiciaire, éd. Bière, Bibliothèque de philosophie comparée, Paris, 1999
GILARDEAU E., Les grands procès politiques de l'antiquité, L'Harmattan, Paris, 2015
GNIMPIEBA TONNANG E., L'ordre juridique communautaire de la CEMAC, L'Harmattan, Yaoundé, 2016
GHOZZI MARIEM A., Les principes généraux dans la jurisprudence de l'organe de règlement des différends de l'OMC, L'Harmattan, Paris, 2017
GLENN P., Legal traditions of the world, Oxford University Press, London, 2014
GOASDOUE P., L'impartialité du ministère public, L'Harmattan, Paris, 2018
GOHIN O., POULET Fl., Contentieux administratif, LexisNexis, Paris, 2020
GOLTZBERG S., L'argumentation juridique, Dalloz, Paris, 2019
GOUAMBE S., La juridiction présidentielle, thèse, Yaoundé 2, 2015
GOUDEM J., L'organisation juridictionnelle du Cameroun, thèse, Yaoundé 2,1983
GOUJON-BETHAN T., L'homologation par le juge. Essai sur une fonction juridictionnelle, LGDJ, Paris, 2021
GOYET F., Le ministère public en matière civile et en matière répressive et l'exercice de l'action publique, Sirey, Paris, 1926
GRAWITZ M., Méthodes des sciences sociales, Dalloz, Paris, 2000
GROS M., Droit administratif (l'angle jurisprudentiel), L'Harmattan, Paris, 2014
GRUNVALD S., DANET J., La composition pénale. Une première évaluation, L'Harmattan, Paris, 2005
G'SELL F., Justice numérique, Dalloz, Paris, 2021
GUEGANG, GUEGANG GHOMO, La responsabilité fiscale du notaire dans les pays membres du traité OHADA, L'Harmattan-Cameroun, Paris, 2021
GUEGANG, GUEGANG GHOMO, La responsabilité des notaires, L'Harmattan-Cameroun, Paris, 2018
GUERY C., LAVIELLE B., Droit et pratique des audiences correctionnelles et de police, Dalloz, Paris, 2018
GUESSELE ISSEME L.P., L'apport de la Cour suprême au droit administratif camerounais, thèse, Université de Yaoundé 2, 2010
GUETTIER Ch., Droit des contrats administratifs, PUF, Paris, 2004
GUILLET M.B., POMES E., Institutions juridictionnelles et administratives, Studyrama, Paris, 2013
GUIMDO DONGMO B. (dir.), Le dialogue des juges, L'Harmattan, Paris, 2022
GUIMDO DONGMO B., Le juge administratif camerounais et l'urgence. Recherche sur la place de l'urgence dans le contentieux administratif camerounais, thèse, Yaoundé 2, 2004
GUINCHARD S., BUISSON J., Procédure pénale, 13ème édition, LexisNexis, Paris, 2020
GUINCHARD S., MOUSSA T. CAYROL N., DE LEIRIS E., Droit et pratique des voies d'exécution, Dalloz, Dalloz-Action, Paris, 2022
GUINCHARD S., VARINARD A., DEBARD T., Institutions juridictionnelles, Dalloz, Paris, 2021
GUINCHARD S., BANDRAC M. et alii, Droit processuel, Dalloz, Paris, 2019
GUINCHARD S., ABBOU S. et alii, Droit et pratique de la procédure civile 2024-2025, Dalloz-Action, Paris, 2024
GUINCHARD S., ABBOU S. et alii, Droit et pratique de la procédure civile 2012-2013, Dalloz-action, Paris, 2012
GUINCHARD S., FERRAND F., CHAINAIS C. et alii, Procédure civile, Dalloz, Paris, 2019
HADJIMALIS I.M., THIAM A.T., L'office du juge, L'Harmattan-Guinée Conakry, Conakry, 2021
HAMELIN J., DAMIEN A., Les règles de la profession d'avocat, Dalloz, Paris, 2000

HARELIMANA J.-B., MAIA C., AKANDJI-KOMBE J.F., L'apport de l'Afrique à la justice pénale internationale, L'Harmattan, Paris, 2018
HASSANA, La garde à vue au Cameroun : Regard critique sur plus d'une décennie de mise en œuvre, thèse, Dschang, 2021
HATRI F., Droit du contentieux international aérien, L'Harmattan, Paris, 2021
HECQUARD-THERON M. (dir.), Les décisions juridictionnelles atypiques, IFR, Toulouse, 2006
HEMLE DJOB SOTONG S.P., L'indépendance judiciaire à l'épreuve de la « grande corruption » : illustration à travers la réception des instruments internationaux de lutte contre la corruption dans les systèmes judiciaires de Common law et de droit civil et selon les contextes sociaux Nord/Sud (Canada, France, Cameroun), Thèse, Université Laval, 2019
HERAUD A., Institutions juridictionnelles, Sirey, Paris, 2015
HERON J., LE BARS Th., Droit judiciaire privé, Domat-Montchrestien, Paris, 2015
HERZOG-EVANS M., Droit pénitentiaire, Dalloz, Paris, 2019
HEUYA C.Th., La fonction normative du juge en droit pénal international, thèse, Université de Yaoundé 2, 2019
HIEZ D., MENETREY S., L'effectivité du droit économique dans l'espace OHADA, L'Harmattan, Paris, 2016
HILAIRE J., Introduction historique au droit commercial, PUF, Paris, 1986
HOFNUNG M.-G., La médiation, Que sais-je, PUF, Paris, 2020
HONDIUS E., Precedent and the law, Bruylant, Bruxelles, 2010
HONEGGER P.H., L'argument qui tue, De Boeck, Louvain-la-Neuve, 2023
HOONAKKER Ph., Procédures civiles d'exécution, Bruylant, Bruxelles, 2023
HORTALA S., Les obita dicta de la Cour de cassation, Dalloz, Paris, 2019
HOULE F., PETERSON C., Hors de tout doute raisonnable, Les Éditions Thémis, Montréal, 2018
HOUNSA M.P., Les actes juridiques privés exécutoires. Droit français-droit OHADA, thèse, Nanterre, 2015
HOURQUEBIE F. (dir.), Quel service public de la justice en Afrique Francophone, Bruylant, Bruxelles, 2013
HOURQUEBIE F. (dir.), Principe de collégialité et cultures judiciaires, Bruylant, Bruxelles, 2010
HOURQUEBIE F., Le pouvoir juridictionnel en France, LGDJ, Paris, 2010
HUCHET G., La clause de médiation, thèse, Jean Moulin Lyon 3, 2007
HURARD J., Conciliation et médiation judiciaires, PUAM, Aix-Marseille, 2003
ILBOUDO W. J., L'efficacité du titre exécutoire dans l'espace OHADA, EUE, Saarbrücken, 2012
IMPINI J.F., Délinquance sérielle et police judiciaire, L'Harmattan, Paris, 2017
INSTITUTE FOR HUMAN RIGHTS AND DEVELOPMENT IN AFRICA, Decisions of the African commission on human and people's rights on communications, 2002-2007, ABC Press, Cape Town, 2008
INSTITUTE FOR HUMAN RIGHTS AND DEVELOPMENT IN AFRICA, Decisions of the African commission on human and people's rights on communications, 1994-2001, ABC Press, Cape Town, 2002
INSTITUT SUISSE DE DROIT COMPARE, La médiation, un mode alternatif de règlement des conflits ? », Shulthess, Zuric, 1992
ISSA-SAYEGH J., Répertoire quinquennal OHADA, 2006-2010, tome 2, Paris, 2012
ISUNGU KAKOKO R., Une mascarade de justice en République démocratique du Congo, L'Harmattan, Paris, 2018
JACOB R., La grâce des juges. L'institution judiciaire et le sacré en Occident, PUF, Paris, 2014
JACOBS A., Les alternatives au procès pénal, L'Harmattan, Paris, 2013
JACOB R., Le juge et le jugement dans les traditions juridiques européennes, LGDJ, 1996

JACOBS J.I.M., The fabric of English civil justice, Stevens and sons, Londres, 1987
JEUGUE DOUNGUE M., L'intégration des conventions internationales relatives aux droits de l'homme dans les Etats africains francophones, thèse, Nantes-UCAC, 2013
JEULAND E., VEYRE E., Institutions juridictionnelles, PUF, Paris, 2021
JEULAND E. (dir.), Le nouveau management de la justice, Dalloz, Paris, 2011
JEULAND E., Droit processuel général, Montchrestien-Domat, Paris, 2022
JEOL M., La réforme de la justice en Afrique Noire, Pedone, Paris, 1963
JOLY-HURARD J., VANONI J., La déontologie du magistrat, Dalloz, Paris, 2020
JOSSERAND S., L'impartialité du magistrat en procédure pénale, LGDJ, Paris, 1998
KANDIL F., Fondements de la justice, PUF, Paris, 2012
KABA S., La justice universelle en question, L'Harmattan, Paris, 2011
KAHISHA MUNEMEKA A., Le droit OHADA de l'exécution forcée, Academia-L'Harmattan, Louvain-La-Neuve, 2019
KALIEU ELONGO, Y.R., Le droit des procédures collectives de l'OHADA, PUA, Yaoundé, 2016
KAMAGATE S., La Cour pénale internationale et la lutte contre l'impunité, L'Harmattan, Paris, 2015
KAMARA-CAVARROC A., Guide pratique de procédure à l'usage de l'avocat, LGDJ, Paris, 2021
KAMBALE BIRA'MBOVOTE J., La justice électorale, L'Harmattan, Paris, 2016
KAMDEM E., Management et interculturalité en Afrique. Expérience camerounaise, Les presses de l'université de Laval-L'Harmattan, Québec-Paris, 2000
KAMNANG V. I., Les pouvoirs du juge dans la vie des sociétés, Thèse, UDS, 2017
KAMTO M., Traité de droit constitutionnel et institutions politiques du Cameroun, PUC, Yaoundé, 2021
KAMTO M., DOUMBE-BILLE S., METOU B.M. (dir.), Regards sur le droit public en Afrique, Mélanges en l'honneur du Doyen Joseph-Marie Bipoun-Woum, L'Harmattan, Paris, 2016
KAMTO M. (dir.), La charte africaine des droits de l'homme et des peuples et le protocole y relatif portant création de la Cour africaine des droits de l'homme. Commentaire article par article, Bruylant, Bruxelles, 2011
KAMTO M., Droit administratif processuel du Cameroun, PUC, Yaoundé, 1990
KANTE B., Le dialogue des juges, L'Harmattan, Paris, 2021
KAPYA KABESA J.S.I.M. MWALIMU WA KATANGA, Les modes alternatifs de résolution des conflits, Generis Publishing, Chisinau, Moldavire, 2023
KARPIK L., Les avocats entre l'État, le public et le marché, XIII-XX siècles, Paris, Gallimard, 1995
KASSI O., Francophonie et justice, L'Harmattan, Paris, 2020
KAYSER P., La protection de la vie privée par le droit. Protection du secret de la vie privée, 3e édition, P.U.A.M., Economica, Paris, 1995
KEBIR M., Le libre arbitre du juge, Dalloz, Paris, 2019
KEMBO TAKAM GATSING H., Le système africain de protection des droits de l'homme, L'Harmattan, Yaoundé, 2014
KEMAJOU DJILA S. L., La faute de gestion du dirigeant d'entreprise publique en droit camerounais, Thèse, Yaoundé 2, 2019
KEMFOUET KENGNY E.D., Les juridictions d'intégration économique en Afrique, LGDJ, Paris, 2018
KENFACK DOUAJNI G., Le nouveau droit de l'arbitrage et la médiation OHADA, Pedone, Paris, 2021
KENFACK DOUAJNI G., L'arbitrage OHADA, Presses de l'Université de Pau et des pays de l'Adour, Pau, 2014
KENMOE E., La pratique de l'information judiciaire dans le Code de procédure pénale du Cameroun, Véritas, Yaoundé, 2013

KERBAOL G., La responsabilité personnelle des magistrats de l'ordre judiciaire, thèse Montpellier I, 2003
KERE KERE G., Droit civil processuel, SOPECAM, Yaoundé, 2006
KERNALEGUEN F., Institutions judiciaires, Lexis Nexis, Paris, 2015
KEUBOU Ph., La procédure pénale au Cameroun, L'Harmattan, Paris, 2021
KEUBOU Ph., Le droit pénal camerounais et la criminalité internationale, thèse, Poitiers, 2012
KEUBOU Ph., Précis de procédure pénale camerounaise, PUA, Yaoundé, 2010
KEUTCHA TCHAPNGA c. (dir.), Les grandes décisions annotées de la juridiction administrative du Cameroun, L'Harmattan, Yaoundé, 2017
KEUTCHA TCHAPNGA C., Précis de contentieux administratif, L'Harmattan, Paris, 2013
KEUTGEN G., DAL G.A., L'arbitrage en droit belge et international, tome 1, Bruylant, Bruxelles, 2015
KEUTGEN G., (dir.), L'éthique dans l'arbitrage, Bruylant, Bruxelles, 2011
KERBOAL G., La responsabilité des magistrats, PUF, Paris, 2006
KILENDA KAKENGI BASILA J.P., L'affaire des 315 magistrats de Kinshasa. Une purge néo-mobutiste, L'Harmattan, Paris, 2004
KODO M. J.V., Code pratique OHADA 2023-2024, Francis Lefebvre, Paris, 2022
KOM J., Droit OHADA des entreprises en difficulté, L'Harmattan, Paris, 2021
KOM J., Droit des entreprises en difficulté OHADA, PUA, Yaoundé, 2013
KONATE I.M., Guide des procédures collectives d'apurement du passif OHADA, L'Harmattan, Paris, 2019
KOUCHOU KOUCHOU M., L'emprise des parties sur les différends individuels de travail, Yaoundé 2, 2016
KPODAR A., Commentaire des grands avis et décisions de la Cour constitutionnelle togolaise, Presses de l'Université de Lomé, Lomé, 2007
KRIEGEL B., Réflexions sur la justice, Plon, Paris, 2001
KUATE TAMEGHE S.S., La justice, ses métiers, ses procédures, L'Harmattan, Paris, 2021
KUATE TAMEGHE S.S., La justice, ses métiers, ses procédures, L'Harmattan, Paris, 2019
KUATE TAMEGHE S.S., La justice, ses métiers, ses procédures, L'Harmattan, Paris, 2018
KUATE TAMEGHE S.S., La protection du débiteur dans les procédures individuelles d'exécution OHADA, L'Harmattan, Paris, 2004
KUREK A., Le juge financier, juge administratif, Thèse, Lille II, 2010
LACHAUME J.F., PAULIAT H., BRACONNIER S., DEFFIGIER C., CLAEYS A., Droit administratif. Les grandes décisions de la jurisprudence, PUF, Paris, 2020
LAFAY F., La modulation du droit par le juge, PUAM, Aix-en-Provence, 2006
LAIGNEL F., Essai sur la théorie des principes du droit, Joubert, Paris, 1844,
LAM C.T., La modernisation de la justice au Sénégal, L'Harmattan, Paris, 2019
LANTEIGNE J., La question du jugement, Paris, L'Harmattan, 1993
LALEYE O.M., La cour constitutionnelle et le peuple au Bénin, L'Harmattan, Paris, 2018
LASSERRE M.C., La nouvelle procédure civile après les réformes, Gualino, Paris, 2018
LASSERRE M.C., JEANNIN F., Institutions juridictionnelles, Foucher, Paris, 2010
LATOUR X., La gendarmerie dans l'Etat, L'Harmattan, Paris, 2021
LAUBA R., Le contentieux de l'exécution, Lexis Nexis, Paris, 2017
LAVAINE M., L'acte juridictionnel en droit administratif français, Mare et Martin, Paris, 2018
LAVAUD G., Guide de l'aide juridictionnelle, Berger-Levrault, Paris, 2022
LEBORGNE J.Y., Changer la justice, PUF, Paris, 2017
LE CANNU P., Prévention et règlement amiable des difficultés des entreprises, Joly, Paris, 1988
LECLERCQ C., Eléments de pratique de procédure civile et modèles d'actes, Bruylant, Bruxelles, 1993
LECUCQ O., La composition des juridictions, Bruylant, Bruxelles, 2014

LEGRAND M., Les secrets d'un juge, Fayard, Paris, 2015
LEMOINE V., Le régime juridique des constatations sur internet, L'Harmattan, Paris, 2014
LE POCAM M., Le conseil supérieur de la magistrature, Lexis Nexis, Paris, 2014
LEPRINCE C., L'assistance dans l'élaboration d'un acte juridique, PUR, Rennes, 2018
LESTRADE E., Les principes directeurs du procès dans la jurisprudence du Conseil constitutionnel, L'Harmattan, Paris, 2015
LERON N., La gouvernance constitutionnelle des juges, Thèse de doctorat, I.E.P. Paris, 2014
LE ROY E., Les africains et l'institution de la justice : entre mimétismes et métissages, Dalloz-Sirey, Paris, 2004
LE ROY P., L'organisation constitutionnelle et les crises, LGDJ, Paris, 1966
LEVOA AWONA S.P., La Cour commune de justice et d'arbitrage, L'Harmattan-Cameroun, Paris, 2021
LEVOA AWONA S.P., Les compétences juridictionnelles dans l'espace OHADA et l'espace CEMAC, Thèse, Yaoundé 2, 2009
LEVY D., Les abus de l'arbitrage commercial international, L'Harmattan, Paris, 2015
LHAKHY-TSAMBY L., Les conclusions écrites du procureur de la République en matière administrative, L'Harmattan-Congo Brazzaville, Paris, 2021
L'HERMITTE C., Procédures d'appel, Delmas, Paris, 2022
LIN CHOG, L'étude du statut de l'administrateur judiciaire, PAF, Sarrebruck, 2014
LOCHOUARN D., Profession : huissier de justice, Editions juridiques et techniques, Paris, 1999
LONG M., WEIL P., BRAIBANT G., DELVOLVE P., GENEVOIS B. (dir.), Les grands arrêts de la jurisprudence administrative, Sirey, Paris, 2019
LUCAS F.X., REVET Th., Précis de culture juridique, LGDJ, Paris, 2019
LUDWICZAK F., Les procédures alternatives aux poursuites : une autre justice pénale, L'Harmattan, Paris, 2015
LUZOLO BAMBI LESSA E.J., Traité de droit judiciaire. La justice congolaise et ses institutions, P.U.C., Kinshasa, 2018
LY A.O., L'accès à la justice au Niger, L'Harmattan, Paris, 2021
MACGREGOR L., PEACEY C., Civil litigation, Oxford University Press, London, 2022
MAFO DIFFO R., Le juge étatique et l'arbitrage dans l'espace OHADA, thèse, Dschang, 2016
MAFOKOU N.A., Le dialogue en droit du travail, thèse, Yaoundé 2, 2018
MAH E.P., La profession d'huissier de justice au Cameroun, L'Harmattan, Yaoundé, 2014
MAKENGO NKUTU A., L'essentiel de droit public, L'Harmattan, Paris, 2015
MALHIERE F. (dir.), Comment rédiger une décision de justice au XXI ème siècle, Dalloz, Paris, 2018
MANGIN G., L'organisation judiciaire des Etats d'Afrique et de Madagascar, LGDJ, Paris, 1962
MARIE N., RUELLAN F., Droit et pratique de l'expertise judiciaire civile, LexisNexis, Paris 2022
MARIO A., Le contentieux international de l'investissement privé et la convention de la Banque Mondiale du 18 mars 1965, LGDJ, Paris, 1967
MARTIN R., Déontologie de l'avocat, Litec, Paris, 1999
MARTINEAU F., Petit traité de l'argumentation judiciaire et de plaidoirie, Dalloz, Paris, 2021
MARTOR B., PILKINGTON N. et autres, Le droit uniforme africain des affaires issu de l'OHADA, Litec, Paris, 2009
MAS D., Le vice de procédure, L'Harmattan, Paris, 2014
MASSAMBA M.R., Le génocide selon Nuremberg, l'ex-Yougoslavie et le Rwanda, L'Harmattan, Paris, 2021
MATHIEU B., La justice en questions, Editions-dialogues.fr, Paris, 2024

MASTOR W., L'art de la motivation. Substance du droit, Dalloz, Paris, 2020
MATADI NENGA GAMANDA, Droit judiciaire privé, Academia, Bruylant, Louvain-la-Neuve, 2006
MATADIWAMBA KAMBA MUTU T., Selon (que) la jurisprudence, Academia, Bruylant, Louvain-la-Neuve, 2019
MATANZI G.M., La justice transitionnelle en RDC, L'Harmattan RDC, Kinshasa, 2016
MAUGENEST D., BOUKONGOU J.D. (dir.), Vers une société de droit en Afrique centrale, PUCAC/Karthala, Yaoundé 2001
MAUGER-VIELPEAU L., Les ventes aux enchères, thèse, Caen, 1997
MAURIN A., BRUSORIO AILLAUD M., HERAUD A., Institutions juridictionnelles, Dalloz-Sirey, Paris, 2023
MAURIN A., Institutions juridictionnelles, Dalloz-Sirey, Paris, 2015
MBACKE M.M., La Cour de justice de l'Union économique et monétaire Ouest-africaine (UEMOA), EJA, Dakar, 1999
MBAH-NDAM J., Practice and procedure in civil and commercial litigation, P.U.A., Yaoundé, 2003
MBARGA A., Procédure civile camerounaise, Primalex, Achicourt, 2012
MBARGA NYATTE D.I., Les difficultés du contrôle juridictionnel de l'administration au Cameroun, thèse, Aix-Marseille, 1990
MBALLA EYENGA C., La médiation internationale dans les conflits internes en Afrique, Thèse, Université de Yaoundé II (IRIC), 2000
MBA-OWONO C., Droit communautaire des affaires de la CEMAC, LGDJ, Paris, 2016
MBAYE, K., Propos d'un juge, Nouvelles Editions Africaines, Dakar, 2006
MBEMO B., OHADA. Droit de l'arbitrage-Etude des missions de l'arbitre, EUE, Saarbruck, 2012
MBEYAP KUTNJEM A., Introduction générale au droit camerounais du sport, L'Harmattan, Paris, 2023
MBEYAP KUTNJEM A., Le juge camerounais et l'application des instruments internationaux protecteurs des droits de l'homme, thèse, Yaoundé 2, 2016
MBOCK BIUMLA (dir.), OHADA.Code bleu, Jurisafrica, Mérignac, 2014
MBOME F., Le contentieux fiscal camerounais, PUA, Yaoundé, 2000
MBOME F., Histoire des institutions et des faits sociaux, FASST Editions, Yaoundé, 2000
MBOGNING KENFACK J. S., L'influence des systèmes juridiques romano- germanique et de Common law sur la construction des droits de la défense dans la procédure pénale au Cameroun, thèse, Lille 2-Dschang, 2016
MBONGO P. (dir), La qualité des décisions de justice, éd. Conseil de l'Europe, 2008
MBORANTSUO M.-M., La contribution des cours constitutionnelles à l'Etat de droit en Afrique, Economica, Paris, 2007
MBOUYOM F.X., La répression des atteintes à la fortune publique au Cameroun, SODEAM, Yaoundé, 1970
MBOW D., Le secret dans l'arbitrage international. Approche critique, L'Harmattan, Paris, 2021
MEDE N., Les grandes décisions de la cour constitutionnelle du Bénin, L'Harmattan Sénégal, Dakar, 2020
MEIER O., Management interculturel, Paris, Dunod, 2016
MEKKI M. (dir.), La féminisation des métiers de la justice, Economica, Paris, 2011
MELEDJE AKPA H., Principes fondamentaux de célérité et des droits de la défense et le Code de procédure civile, commerciale et administrative ivoirien, thèse, Paris 2, 1986
MELIN-SOUCRAMANIEN F., Le principe d'égalité dans la jurisprudence du Conseil constitutionnel, Economica-PUAM, Paris, 1997
MEMONO J.-J.C., Les incidents de procédure en contentieux administratif camerounais, Thèse, Université de Yaoundé 2, 2015
MENGONG V.N., L'organisation judiciaire des Etats membres de l'OHADA, Thèse, Yaoundé 2, 2022

MENOUNGA P.B., La justice populaire au Cameroun, L'Harmattan, Yaoundé, 2020
MENURET J.J., REIPLINGER Ch.(dir.), La collégialité, valeurs et significations en droit public, Bruylant, Bruxelles, 2013
MERCADAL B., OHADA. Traité, actes uniformes et règlements annotés, Ed. Francis Lefebvre, Paris, 2013
MESSANGA ATANGANA N., La pratique des greffes, Edition Minos, Yaoundé, 2002
MESSIER J.M., Le service public de la justice, Odile Jacob, Paris, 1998
MESSING J.L., La problématique du maintien de l'ordre dans les Etats d'Afrique noire francophone : Le cas du Cameroun (1960 à 1992), Thèse, 3ème cycle, Yaoundé 2, 1994
METEMBOU M., Le contentieux fiscal au Cameroun, thèse, Yaoundé 2, 2016
METCHUM TAGHUEU J., L'autonomie de l'arbitrage commercial international, Thèse, Université de Yaoundé 2, 2016
METOU B.M., Le rôle du juge dans le contentieux international. Cas de la Cour internationale de justice, thèse, Yaoundé 2, 2012
MEYER P., OHADA Droit de l'arbitrage, Bruylant, Bruxelles, 2002
MIGUEL, Immutabilité et évolution du litige, LGDJ, Paris, 1977
MICHEL H., WILLEMEZ L. (dir.), Les juges non professionnels, une légitimité contrariée ? PUF, Paris, 2007
MIMIN P., Le style des jugements, Librairies Techniques, Paris, 1970
MINKOA SHE A., Droits de l'homme et droit pénal au Cameroun, Economica, Paris, 1999
MINKOA SHE A., L'évolution de la politique criminelle du Cameroun depuis l'indépendance, thèse Strasbourg III, 1987
MINTZBERG H., Structure et dynamique des organisations, EO, Paris, 1982
MOLFESSIS N. (dir.), La cour de cassation et l'élaboration du droit, Economica, Paris, 2004
MONEBOULOU MINKADA H.M., Système pénitentiaire et criminalité au Cameroun, thèse, Yaoundé 2, 2011
MOREAU DE BELLAING C., Force publique. Une sociologie de l'institution policière, Economica, Paris, 2015
MOUDOUDOU P., Droit administratif congolais, L'Harmattan, Paris, 2003
MOUGENOT D., Manuel de l'expertise judiciaire, Anthemis, Liège, 2019
MOUKOU BWO'NYAHRE R., L'impartialité du magistrat en procédure pénale camerounaise, Thèse, Maroua, 2019
MOULOUL A., Comprendre l'OHADA, PUA, Yaoundé, 2009
MOUSSA T. (dir.), Droit de l'expertise 2021-2022, Dalloz, Paris, 2020
MOUTASSI J.P., Les techniques d'enquête criminelle, L'Harmattan, Yaoundé, 2017
MPINDA F.A., Les juridictions pénales internationales et droits des victimes, PUA, Yaoundé, 2017
MPINDA F.A., Le procureur de la République au Cameroun, PUA, Yaoundé, 2016
MOLFESSIS N. (dir.), Les revirements de jurisprudence, Lexis Nexis, 2005
MORVAN P., Droit de la protection sociale, Litec, Paris, 2003
MUNEMEKA K.A., Le droit OHADA de l'exécution forcée, Academia-L'Harmattan, Louvain-la-Neuve, 2019.
MULLER Y., Le contrat judiciaire en droit privé, thèse Paris I, 1995
MUTZENBERG., Agir pour la mise en œuvre des droits civils et politiques, L'Harmattan, Paris, 2014
MWAMBA MATANZI G., La justice transitionnelle en RDC, L'Harmattan, RDC, 2016
MVENG E., Histoire du Cameroun, CEPER, Yaoundé, 1985
MVENG E., Histoire du Cameroun, Paris, Présence africaine, Paris 1963
NANA E., Droits de l'homme et justice au Cameroun, L'Harmattan, Paris, 2011
NATIONS UNIES, Directives des Nations Unies pour une médiation efficace, Nations Unies, New York, 2012

NATIONS UNIES (Office contre la drogue et le crime), Recueil d'accords bilatéraux, régionaux et internationaux en matière d'entraide judiciaire et d'extradition, tome 1, Nations Unies, Vienne, 2008
NDAM I., Le pourvoi devant la Cour commune de justice et d'arbitrage, thèse, Yaoundé 2, 2009
NDANMABVOUO MABALI P.J., La coopération judiciaire dans le golfe de Guinée et la lutte contre les organisations criminelles transnationales, thèse, Dschang, 2021
NDJERE E., Le ministère public ou parquet, PUCAC, Yaoundé, 2009
NDJERE E., Du juge d'instruction… au juge d'instruction : quel cheminement pour quel résultat ? PUCAC, Yaoundé, 2006
NDJOCK S.F., La bonne foi et les modes alternatifs de règlement des différends en droit OHADA, Thèse, Université de Douala, 2022
NDOYE D., La nouvelle Cour de cassation des pays membres de l'OHADA, EJA, Dakar, 1999
NENZEKO KAGHO C.J., Le pourvoi devant la Cour suprême du Cameroun statuant en matière civile, thèse, Yaoundé 2, 2020
NEUVILLE S., Philosophie du droit, LGDJ, Paris, 2019
NGAMENI H.B., La diffusion du droit international pénal dans les ordres juridiques africains, L'Harmattan, Paris, 2017
NGANDO B.A., Genèse de l'Etat de droit au Cameroun (1472-1961), L'Harmattan, Paris, 2020
NGANDO B.A., La présence française au Cameroun (1916-1959) colonialisme ou mission civilisatrice, PUAM, Aix-En-Provence, 2008
NGANGO YOUMBI E., La justice constitutionnelle, L'Harmattan, Paris, 2016
NGASSA NGUEDJO S.C., L'égalité des armes dans le procès pénal, thèse, Yaoundé 2, 2014
NGO-DJOB M.G., Réflexion sur le statut du détenu au Cameroun, L'Harmattan, Yaoundé, 2019
NGOLE NGWESE Ph., BINYOUM J., Eléments de contentieux administratif camerounais, L'Harmattan, Paris, 2011
NGOM B., Comment renforcer l'indépendance de la magistrature au Sénégal, L'Harmattan, Paris, 2015
NGONGO L., Histoire des institutions et des faits sociaux, T.1, 1884-1945, Berger-Levrault, Paris, 1987
NGONO BOUNOUGOU R., La réforme du système pénitentiaire camerounais: entre héritage colonial et traditions culturelles, Thèse, Grenoble, 2012
NGONO S., Le procès pénal camerounais au regard des exigences de la charte africaine des droits de l'homme et des peuples, L'Harmattan, Paris, 2002
NGONO V.C., La circulation des titres exécutoires dans l'espace OHADA, Thèse, Université de Ngaoundéré, 2015
NGOO-DJOB LITET M., Administration pénitentiaire et innovations du Code de procédure pénale, L'Harmattan, Paris, 2019
NGOUMTSA A.G., Droit OHADA et conflit de lois, tome 546, LGDJ, Paris, 2013
NGO YEBGA M., Droit judiciaire privé et droit de la consommation, thèse, UDS, 2021
NGUEGHO A., La saisine de la Cour commune de justice et d'arbitrage de l'Organisation pour l'harmonisation en Afrique du droit des affaires », thèse, Dschang, 2019
NIANG B., Le plaider coupable en France et aux Etats-Unis au regard des principes directeurs du procès pénal, L'Harmattan, Paris, 2014
NJAMA BOYOCK M., Le juge et les finances publiques au Cameroun, Thèse, Dschang, 2023
NJOH NDOKO N.C., La culpabilité en droit pénal camerounais, LGDJ, Paris, 1985
NJOYA NJUMOU M., La sécurité judiciaire au Cameroun, thèse, Yaoundé 2, 2019
NKAMGNIA S., La justice poignardée, PUA, Yaoundé, 2003
NKEA NDZINGUE F., Le contentieux électoral au Gabon, L'Harmattan, Paris, 2015

NKILI MBIDA E.P.P., La juridictionnalisation du droit communautaire en Afrique Centrale et orientale : Cas de la Communauté économique et monétaire de l'Afrique Centrale et de la Communauté d'Afrique de l'Est », Thèse, Yaoundé 2, 2024
NKOA N., Les principes directeurs de la justice pénale des mineurs au Cameroun, thèse, Yaoundé 2, 2016
NOAH YEBEGA S.A., L'habeas corpus dans le code camerounais de procédure pénale. Théorie et pratique d'un mécanisme de garantie de la liberté individuelle, PUA, Yaoundé 2018
NOLLEZ-GOLDBACH R., La cour pénale internationale, Que-sais-je, Paris, 2018
NORMAND J., Le juge et le litige, thèse, Lille, 1965
NOTO-JAFFEUX N., L'indépendance de l'avocat, PUAM, Aix-En Provence, 2022
NOTO-JAFFEUX N., Le conflit d'intérêts chez les avocats, L'Harmattan, Paris, 2014
NOUAZI KEMKENG C.V., La protection des droits de l'homme en Afrique. L'interaction entre Commission et Cour africaines des droits de l'homme et des peuples L'Harmattan, Yaoundé, 2020
NOUROU TALL S., Droit des organisations internationales africaines, L'Harmattan, Paris, 2015
NSOGA E.Z. II, Le jugement, thèse, Yaoundé II, 2021
NTAH A MATSAH H.M.M., Le ministère public dans le contentieux administratif au Cameroun : contribution à l'étude des organes de la juridiction administrative camerounaise thèse, Université de Yaoundé 2, 2010
NTAMPAKA C., Introduction aux systèmes juridiques africains, Presses universitaires de Namur, Namur, 2005
NTONI KIESSE J., Procédure civile en RDC. Explications pratiques, tome 1, Paris, 2021
NTONO TSIMI G., Le paradigme du crime contre l'humanité et la renaissance du pluralisme juridique dans les droits pénaux africains. Contribution à une théorie sur l'inter-normativité des systèmes pénaux nationaux en transition, thèse, Yaoundé 2, 2012
NYAMA J.M., Droit et contentieux du travail et de la sécurité sociale au Cameroun, PUCAC, Yaoundé, 2012
NZASHI LUHUSU T., L'obtention de la preuve par la police judiciaire, thèse, Nanterre, 2013
NZEU A.V., La réforme de la procédure de répression des atteintes à la fortune publique au Cameroun », thèse, UDS, 2021
NZOYEM B., La responsabilité fiscale du notaire en matière immobilière et successorale au Cameroun, L'Harmattan-Cameroun, Yaoundé, 2020
OBAME S.-U., Le médiateur de la République dans le paysage institutionnel gabonais, L'Harmattan, Paris, 2020
OBERDORFF H., L'exécution par l'administration des décisions du juge administratif, Thèse, Paris II Panthéon-Assas, 1981
ODIMULA LOFUNGUSO KOS'ONGENYI L., Les missions essentielles de la juridiction administrative suprême en droit comparé français, belge, béninois, congolais, L'Harmattan RDC, Paris, 2021
ODIMULA LOFUNGUSO KOS'ONGENYI L., Les missions essentielles de la justice constitutionnelle en droit comparé français, béninois et congolais, L'Harmattan RDC, Paris, 2021
OHADA (CCJA), Guide d'arbitrage de la CCJA-OHADA, http://www.ohada.org, 2018
OHADA (CCJA), Guide d'arbitrage de la CCJA-OHADA, http://www.ohada.org, 2017
OHADA (SECRETARIAT PERMANENT), Jurisprudences nationales OHADA, Cotonou, 2010
OKO PETIS W., ONANA M.M., Guide pratique des actes de police judiciaire et des droits du citoyen d'après le Code de procédure pénale, Editions-I-Des Champions, Yaoundé, 2012

OLAWALE ELIAS T., La nature du droit coutumier africain, Présence africaine, Paris, 1961
OLINGA A.D., La constitution de la République du Cameroun, PUCAC, Yaoundé, 2013
OLINGA A.D. (dir.), La protection internationale des droits de l'homme en Afrique. Dynamique, enjeux et perspectives trente ans après l'adoption de la charte africaine des droits de l'homme et des peuples, Editions Clé, Yaoundé, 2012
OLINGA A.D., Le nouvel environnement juridique et institutionnel des élections au Cameroun, PUA, Yaoundé, 2007
OLIVIER P., Le juge et l'impôt, L'Harmattan, Paris, 2022
OMAM F., Memento des procédures simplifiées de recouvrement et voies d'exécution, Tome 1, éd. Ankatali, Yaoundé, 2008
ONANA ETOUNDI F., OHADA. Jurisprudence thématique commentée et annotée de la Cour commune de justice et d'arbitrage, 2e éd. (1997-2008), AMA-CENC, Yaoundé, 2009
ONANA ETOUNDI F., L'incidence du nouveau droit communautaire OHADA sur le droit interne de l'exécution des décisions de justice en matière non répressive (cas du Cameroun), Yaoundé 2, 2004
ONDOA M., Textes et documents du Cameroun (1815-2012), Vol. I, VII, IX, XV, XVI, XXI, LIV, EDLK, Yaoundé, 2014
ONDOA M., Le droit de la responsabilité publique dans les Etats en développement : contribution à l'étude de l'originalité des droits africains postcoloniaux, L'Harmattan, Yaoundé, 2014
ONDOUA BIWOLE V., MBAFOU S.C. (dir.), Servir l'Etat. Etudes offertes à David Abouem A Tchoyi, Les impliqués Editeur, Paris, 2025
ONDOUA BIWOLE V., TCHEUWA J.C. (dir.), Lois sur les établissements publics au Cameroun. Innovations et reculades, Afrédit, Yaoundé, 2018
ONGUENE B., La transaction en matière pénale, thèse, Yaoundé 2, 2020
OSMAN F., La médiation en matière civile et commerciale, Bruylant, Bruxelles, 2013
OST F., Dire le droit, faire justice, Bruylant, Bruxelles, 2007
OPPETIT B., Théorie de l'arbitrage, PUF, Paris, 1998
OTIS G., Le juge et le dialogue des cultures juridiques, Khartala, Paris, 2013
OVERSTAKE J.F., Introduction générale à l'étude du droit, Montaigne, Bordeaux, 2002
OWONA J., Contentieux administratif de la République du Cameroun, L'Harmattan, Cameroun, Yaoundé, 2011
OWONA J., Droits constitutionnels et institutions politiques du monde contemporain, L'Harmattan, Paris, 2011
OWONA J., Droit de la fonction publique camerounaise, L'Harmattan, Paris, 2011
QUOC DIHN N., Rendre la justice au XXIème siècle. Perspectives francophones, PUT1 Capitole, Toulouse, 2016
PANNIER J., Recueil de jurisprudence douanière (1990-2010), Economica, Paris, 2014
PAMBOU-TCHIVOUNDA G., Les grandes décisions de la jurisprudence administrative du Gabon, A. Pedone, Paris, 1994
PEKETI E., Essai critique sur l'homologation judiciaire des accords de règlement amiable, thèse, Paris 2, 1998
PELLE S., Quelles mutations pour la justice pénale au XXI ème siècle, Dalloz, Paris, 2020
PERELMAN Ch., FORIERS P. (dir.), La motivation des décisions de justice, Bruylant, Bruxelles, 1978
PERRIER J.B., REBSTOCK B., La garde à vue et l'audition libre, éd. Gazette du Palais, Paris, 2020
PERRIN A., Contentieux administratif, Dalloz, Paris, 2020
PERROT R., Institutions judiciaires, Montchrestien, Paris, 2012
PERTEK J., La pratique du renvoi préjudiciel en droit communautaire. Coopération entre la CJCE et juges nationaux, Litec, Paris, 2001
PERUCCA B., L'impartialité de la justice pénale, thèse, Nice, 1997

PIETTE-COUDOL T., Le numérique au service du droit de l'OHADA, LGDJ, Lextenso éditions, Paris, 2016
PLANE J.M., Théorie des organisations, Dunod, Malakoff, 2017
PLUEN O., L'inamovibilité des magistrats : un modèle ? Thèse, Panthéon-Assas, 2011
PONS B., Contrat de transaction. Solutions transactionnelles, Dalloz, Paris, 2013
POUILLE A., Le pouvoir judiciaire et les tribunaux, Masson, Paris, 1985
POUGOUE P.-G., Il fallait en dire un mot…, Les impliqués Editeur, Paris, 2024
POUGOUE P.-G., L'arbitrage dans l'espace OHADA, Recueil des cours de l'Académie de droit international de la Haye, tome 380, Brill Nijhoff, Leiden/Boston, 2016
POUGOUE P.-G. (dir.), Encyclopédie du droit OHADA, Lamy, Paris, 2011
POUGOUE P.-G. (dir.), Code du travail camerounais annoté, PUA, Yaoundé, 1997
POUGOUE P.-G., KUATE TAMEGHE S.S., L'entreprenant-OHADA, PUA, Yaoundé, 2013
POUGOUE P.-G., KUATE TAMEGHE S.S. (dir.), Les grandes décisions de la Cour commune de justice et d'arbitrage de l'OHADA, L'Harmattan, Paris, 2010
POUGOUE P.G., NJEUFACK TEMGWA R., Saisies et mesures conservatoires de droit OHADA, PUA, Yaoundé, 2015
POUGOUE P.G., MIENDJIEM I.L., Droit camerounais du travail, P.U.A., Yaoundé, 2021
POUGOUE P.G., TCHAKOUA J.M., FENEON A., Droit de l'arbitrage dans l'espace OHADA, PUA, Yaoundé, 2000
POUGOUE P.G., TCHOKOMAKOUA V., Jurisprudence sociale annotée, tomes 1, 2, 3, PUC, Yaoundé, 1985-1988
POUILLE A., Le pouvoir judiciaire et les tribunaux, Masson, Paris, 1985
PREVOST L., Interventions policières, Modulo éditeur, Québec, 1989
PUA, Code pénal et lois pénales annexes, PUA, Yaoundé, 2015
PUA, La justice camerounaise et ses nouvelles institutions, PUA, Yaoundé, 2009
PUTMAN E. Contentieux économique, Paris, PUF, 1998
RACINE J.-B., Droit de l'arbitrage, PUF, Paris, 2016
RASSAT M.L., LEMOYNE de FORGES J.-M., Institutions administratives et juridictionnelles, Ellipses, Paris, 2005
RASSAT M.L., Le Ministère public entre son passé et son avenir, LGDJ, Paris 1967
RAYNAL M., Justice traditionnelle, justice moderne. Le devin, le juge, le sorcier, L'Harmattan, Paris, 1995
RAYNAUD J., La Cour des comptes, PUF, Paris, 1998
RAWLS J., La justice comme équité. Une reformulation de théories de la justice, La découverte, Paris, 2003
RAWLS J., Théorie de la justice, traduction Catherine Audard, Seuil, Paris, 1997
RENARD S., La dématérialisation des procédures administratives, Mare & Martin, Paris, 2017
RENOUX T.S., ROUX A., L'administration de la justice en France, PUF, coll. Que sais-je ?, Paris, 1994
RENOUX T., Le Conseil constitutionnel et l'autorité judiciaire, Economica, Paris, 1984
RENSON P.P. (dir.), Etats généraux de la médiation, Anthemis, Bruxelles, 2015
RENSON P.P. (dir.), La médiation civile et commerciale, Anthemis, Bruxelles, 2009
REPUBLIQUE DU BENIN - COUR CONSTITUTIONNELLE, Les fondements de la justice constitutionnelle. Etudes en l'honneur de Madame Elisabeth K. Pognon et de la première mandature (1993-1998), Imprimerie COPEF, Cotonou, 2021
REPUBLIQUE DU CAMEROUN, Rapport du ministère de la justice sur l'état des droits de l'homme au Cameroun en 2022, Yaoundé, 2023
REPUBLIQUE DU CAMEROUN, Rapport du ministère de la justice sur l'état des droits de l'homme au Cameroun en 2021, Yaoundé, 2023
REPUBLIQUE DU CAMEROUN, Rapport du ministère de la justice sur l'état des droits de l'homme au Cameroun en 2020, Yaoundé, 2022

REPUBLIQUE DU CAMEROUN, Rapport du ministère de la justice sur l'état des droits de l'homme au Cameroun en 2018, Yaoundé, 2019
REPUBLIQUE DU CAMEROUN, Rapport du ministère de la justice sur l'état des droits de l'homme au Cameroun en 2017, Yaoundé, 2018
REPUBLIQUE DU CAMEROUN, Rapport du ministère de la justice sur l'état des droits de l'homme au Cameroun en 2016, Yaoundé, 2017
REPUBLIQUE DU CAMEROUN, Rapport du ministère de la justice sur l'état des droits de l'homme au Cameroun en 2015, Yaoundé, 2016
REPUBLIQUE DU CAMEROUN, Rapport du ministère de la justice sur l'état des droits de l'homme au Cameroun en 2014, Yaoundé, 2015
REPUBLIQUE DU CAMEROUN, Rapport du ministère de la justice sur l'état des droits de l'homme au Cameroun en 2013, Yaoundé, 2014
REPUBLIQUE DU CAMEROUN, Rapport du ministère de la justice sur l'état des droits de l'homme au Cameroun en 2012, Yaoundé, 2013
REPUBLIQUE DU CAMEROUN-CONAC, Rapport sur l'état de la lutte contre la corruption au Cameroun en 2016, SOPECAM, Yaoundé, 2017
REPUBLIQUE DU CAMEROUN-CONAC, Rapport sur l'état de la lutte contre la corruption au Cameroun en 2015, SOPECAM, Yaoundé, 2016
REPUBLIQUE DU CAMEROUN-CONAC, Rapport sur l'état de la lutte contre la corruption au Cameroun en 2014, SOPECAM, Yaoundé, 2015
REPUBLIQUE DU CAMEROUN, Stratégie nationale de développement du Cameroun 2020-2030 (SND 30), Ministère de de l'Économie, de la planification et de l'aménagement du territoire, 1ère édition, Yaoundé, 2020
RIALS A., L'accès à la justice, « Que sais-je ? », PUF, Paris, 1993
RIALS S., Le juge administratif français et la technique du standard. Essai sur le traitement de l'idée de normalité, LGDJ, Paris, 1980
RICARD Th., Le conseil supérieur de la magistrature, PUF, Paris, 1990
RIGAUX M., HUMBLET P. (dir.), Conciliation, médiation et arbitrage, Bruylant, Bruxelles, 2011
RIPERT G., Les forces créatrices du droit, LGDJ, Paris, 1955
ROEMER Fl., Le contentieux fiscal, Bruylant, Bruxelles, 2020
ROETS D., Impartialité et justice pénale, Cujas, Paris, 1997
ROLLAND B., LOE LOBAS M., GILLET c. et autres, Formulaires d'actes de procédure, Studyrama, Paris, 2016
ROSSE R., Règles pratiques sur la direction et l'instruction des procédures criminelles, Paris, 1887
ROUBIER P., Théorie générale du droit, Dalloz, Paris, 2005
ROUQUETTE R., Petit traité du procès administratif, Dalloz, Paris, 2020
ROUSSEAU D., GAHDOUN P.Y., BONNET J., Droit du contentieux constitutionnel, LGDJ, Parsi, 2016
ROUSSILON H., Le Conseil constitutionnel, Dalloz, Paris, 2004
ROYER J.P., La justice d'un siècle à l'autre, PUF, Paris, 2003
ROYER J.P., Histoire de la justice en France, PUF, Paris, 2001
RUYMBEKE R.V., Le juge d'instruction, PUF, Paris, 2016
SADJO O., Essai sur la contractualisation de la justice, thèse, Paris 1, 1996
SADOU O., Les organisations africaines d'intégration régionale et la résolution des conflits en République Centrafricaine, Thèse, UPAN, Yaoundé 2, 2021
SADY S., La résolution des conflits en Afrique, Thèse de Doctorat d'Etat en Sciences politiques, UCAD, 2003
SALAS D., Le tiers pouvoir, Hachette, Paris, 1998
SALL A., Le contentieux de la violation des droits de l'homme devant la Cour de justice de la CEDEAO, L'Harmattan, Dakar, 2019
SALL A., La justice pénale internationale en Afrique, L'Harmattan, Paris, 2015

SALL A., La justice de l'intégration. Réflexions sur les institutions judiciaires de la CEDEAO et de l'UEMOA, L'Harmattan, Dakar, 2018
SALL A., L'affaire Hissène Habré. Aspects judiciaires nationaux et internationaux, L'Harmattan, Paris, 2013
SALL A., Les mutations de l'intégration des Etats en Afrique de l'Ouest. Une approche institutionnelle, L'Harmattan, Paris, 2006
SANDIO KAMGA A.H., La responsabilité des agents de l'administration en droit camerounais, L'Harmattan, Paris, 2021
SANOU D., La juridictionnalisation des organisations régionales d'intégration en Afrique, thèse, Paris 1, 2012
SARR N., Médiation et démocratisation. Essai sur une nouvelle technique de stabilisation du pouvoir en Afrique noire, L'Harmattan, Dakar, 2018
SBAITI F., Contribution juridique à l'étude de la responsabilité de l'avocat en droit interne, thèse, Montpellier, 2015
SCHIZANI M., The Three ages of international commercial arbitration, Cambridge University Press, Cambridge, 2022
SCHMITT C., Loi et jugement - une enquête sur le problème de la pratique du droit, Éditions de l'EHESS, Paris, 2019
SCHWARTZENBERG R.G., L'autorité de la chose décidée, LGDJ, Paris, 1969
SCHENIQUE L., La réforme de la phase préparatoire du procès pénal, L'Harmattan, Paris, 2014
SCHROEDER F.M., Le guide de la défense pénale, Dalloz, Paris, 2005
SERVERIN E., De la jurisprudence en droit privé. Théorie d'une pratique, PUL, Lyon, 1985
SERVERIN E., LASCOUMES P., LAMBERT T., Transactions et pratiques transactionnelles, Economica, Paris, 2003
SIBONY A.-L., Le juge et le raisonnement économique en droit de la concurrence, LGDJ, Paris, 2008
SIETCHOUA DJUITCHOKO C., L'appel dans le contentieux administratif au Cameroun : contribution à l'étude de la juridiction administrative, thèse, Aix-en-Provence, 2001
SFEZ L., Critique de la décision, Armand Colin, Paris, 1973
SIGNOILE A., La sentence arbitrale en droit commercial international, L'Harmattan, Paris, 2013
SIME S., A practical approach to civil procedure, Oxford University Press, London, 2022
SIME S., FRENCH D., BLackstone's civil practice, Oxford University Press, London, 2022
SIMO A., La justice pénale des mineurs au Cameroun, thèse, 3e cycle, Yaoundé 2, 1997
SIMO TUMNDE M., MELONG J., MONTEH TUMNDE P., Execution of court judgments, PUA, Yaoundé, 2013
SINDJOUN L., Les grandes décisions de la justice constitutionnelle africaine. Droit constitutionnel jurisprudentiel et politiques constitutionnelles au prisme des systèmes politiques africains, Bruylant, Bruxelles, 2009
SLIM H., La responsabilité professionnelle des avocats, avoués et conseils juridiques, Paris, Litec, 2003
SMITH A., Leçons sur la jurisprudence, Dalloz, Paris, 2009
SMITH A., Courts, politics and the judicial process, Nelson-Hall Publishers, Chicago, 1997
SOCKENG R., Les institutions judiciaires au Cameroun, 4e éd., Macacos, Douala, 2005
SOCKENG R., Le ministère public en matière civile au Cameroun, thèse, 3ème cycle, droit privé, Yaoundé, 1991
SORRENTE J.Y., La responsabilité de l'arbitre, Thèse, Lyon III, 2007
SOSSA C.D., TCHAKOUA J.M., AGBENOTO K.M., Droit de la médiation, Juriscope, Poitiers, 2023
SOULEZ-LARIVIERE D., L'avocature, Paris, Le Seuil, 1995
SOUOP S., Exécution des décisions pénales, PUA, Yaoundé, 2007

SPRACK J., SPRACK M., A practical approach to criminal procedure, Oxford University Press, London, 2020
STRICKLER Y., VARNEK A., Procédure civile, Bruylant, Bruxelles, 2021
STRICKLER Y., Le juge des référés, juge du provisoire, thèse, Strasbourg, 1993
SUMMERS R.S., Interpreting precedents, Ashgate, Dartmouth, 1997
SUR B., Histoire des avocats en France, des origines à nos jours, Dalloz, Paris, 1998
SURIN S., Les travaux préparatoires dans l'interprétation constitutionnelle, L'Harmattan, Paris, 2017
SY D., Le droit administratif, L'Harmattan, Sénégal, 2021
TACHAGO YOUMSSI N.D., Le ministère public et les voies d'exécution en droit OHADA, L'Harmattan-Cameroun, Paris, 2018
TAISNE J.-J., La déontologie de l'avocat, Dalloz, Paris, 2019
TAISNE J.-J., Institutions juridictionnelles, Dalloz, Paris, 2022
TARZIA L'arbitre et le juge étatique, Bruylant, Bruxelles, 2014
TANKEU M., L'administration de la justice au Cameroun. Vers un dépassement de la colonialité, L'Harmattan, Yaoundé, 2019
TASOKI MANZELE J.M., Procédure pénale congolaise, L'Harmattan, Paris, 2017
TCHABET KAMBO P.A., La condition de l'arbitre, thèse, Yaoundé 2, 2018
TCHAKOUA J.-M., OHADA. Droit de la médiation, Juriscope, Poitiers, 2023
TCHAKOUA J.-M., Introduction générale au droit camerounais, L'Harmattan, Paris, 2017
TCHAKOUA J.M. (dir.), Les grandes décisions du droit travail et de la sécurité sociale, Jusprint, Yaoundé, 2016
TCHAKOUA J.-M., Introduction générale au droit camerounais, PUCAC, Yaoundé, 2014
TCHAKOUA J.-M. (dir.), Les tendances de la nouvelle procédure pénale, PUA, Yaoundé, 2007
TCHAKOUA J.-M., TEPPI KOLLOKO F., OHADA. Droit de l'arbitrage 2022, Juriscope, Poitiers, 2022
TCHAKOUA J.-M., Le contrôle de la régularité internationale des jugements et sentences arbitrales en droit camerounais, thèse, Yaoundé, 1992
TCS, Recueil des arrêts du tribunal criminel spécial, tomes 1, 2, 3, 4, 5, Yaoundé, 2020
TCHANTCHOU H., Droit du contentieux foncier au Cameroun, L'Harmattan, Yaoundé, 2018
TCHANTCHOU H., La supranationalité judiciaire dans le cadre de l'OHADA, Etude à la lumière du système des communautés européennes, L'Harmattan, Paris, 2009
TCHIKAYA B., Droit de l'Union africaine : institutions, mécanismes, jurisprudence, LGDJ, Paris, 2019
TCHOKOMAKOUA V., KENFACK P.E., Droit du travail camerounais, PUA, Yaoundé, 2000
TCHOUNGANG Ch., De l'impossible justice au Cameroun, Les Editions du Schabel-Yaoundé, 2015
TELIKO S., Les chambres africaines extraordinaires et la répression des crimes internationaux en Afrique, L'Harmattan, Dakar, 2020
TESSIER M., Les procédures de la criminalité organisée devant la Cour de cassation, L'Harmattan, Paris, 2014
TEYSSIE B., Droit du travail. Relations collectives de travail, Tome 2, Litec, Paris, 1993
THIAW Th., La protection internationale des droits de l'homme dans les situations de crise en Afrique, L'Harmattan, Paris, 2014
THAMBWE-MWAMBA A., Organisation et fonctionnement des institutions judiciaires en République démocratique du Congo. Critiques et perspectives, PUC, Kinshasa, 2018
THIAM M.A., Fonctionnement de la Cour constitutionnelle de la République de Guinée, L'Harmattan, Guinée, Conakry, 2021
THIAM S., La méthodologie en droit et l'art du juriste, L'Harmattan-Sénégal, Dakar, 2021
THUDEROZ, Petit traité du compromis, PUF, Paris, 2015
THUILLIER G., L'art de juger, Economica, Paris, 2001

TIEH NDE P., Le maintien de l'ordre public continu en droit positif camerounais : L'ultime conciliation entre droit positif et libertés publiques, Monange, Yaoundé, 2021
TIENTCHEU NGNOUGANG K. J., L'individualisation de la peine, thèse, Yaoundé 2, 2024
TIMTCHUENG M., Le délai raisonnable en droit processuel camerounais, thèse, UCAD, 2013
TIMTCHUENG M., TECHE NDENO S. J., L'état civil au Cameroun. Textes fondamentaux commentés et annotés, Westprint, Dschang, 2023
TJOUEN A.F., Les rapports entre les juridictions suprêmes nationales et la CCJA, thèse, Paris 2, 2006
TOGBA ZOGBELEMOU, Droit des organisations d'intégration économique en Afrique (CEDEAO- CEMAC-UEMOA-ZMAO), L'Harmattan, Paris, 2014
TOE S., Pratique judiciaire des procédures collectives OHADA, EUE, Sarrebruck, 2012
TONLEU TEINKELA J.A., La cause de la saisie en droit OHADA de l'exécution forcée, thèse, UDS, 2021
TOROSSIAN S., Le procès de Caïn, Les Impliqués Editeur, Paris, 2021
TOURE P.A., La juridiction compétente statuant à bref délai dans l'espace OHADA, L'Harmattan-Sénégal, Dakar, 2021
TOURE P.A., La légistique. Technique de conception et de rédaction des actes administratifs : une tradition de gouvernance normative, L'Harmattan-Sénégal, Dakar, 2018
TOURNIER C., BERNARDINI R., L'intime conviction du juge, PUAM, Aix-en Provence, 2003
TSAMBY-LHAKHY L., Les réquisitoires du procureur de la République, L'Harmattan, Paris, 2022
TSAMBY-LHAKHY L., Les conclusions écrites du ministère public, L'Harmattan, Paris, 2021
TSASSE SAHA G.G., Les dimensions du droit syndical au Cameroun, L'Harmattan, Yaoundé, 2020
TRABELSI J., La justice transitionnelle, PAF, Sarrebruck, 2014
TRAORE M., Le règlement des litiges commerciaux en Afrique de l'Ouest, L'Harmattan, Paris, 2023
TRAORE B., Répertoire des arrêts et des avis de la Cour commune de justice et d'arbitrage de l'OHADA (2001-2011), EAN, Dakar, 2013
TREZENEM G., La dignité de la personne humaine et le juge administratif, L'Harmattan, Paris, 2021
TRICOIT J.-P., Droit de la médiation et des modes amiables de règlement des différends, Gualino, Paris, 2022
TRICOIT J.-P., La médiation judiciaire, L'Harmattan, Paris, 2008
TRUCHE P., Juger, être jugé, Fayard, Paris, 2001
TSALA MAMA Th. M., La saisie des récoltes sur pied en droit OHADA, Thèse, Université de Yaoundé II, 2021
TWENGEMBO, Formulaires d'actes de procédure OHADA, PUA, Yaoundé, 2023
VALICOURT E., L'erreur judiciaire, L'Harmattan, Paris, 2008
VALLAR Ch., MICHEL VENTRE A., Le commissaire de police, L'Harmattan, Paris, 2021
VALOIS M., L'indépendance judiciaire - la justice entre droit et gouvernement, Thémis, Montréal, 2011
VAN CAMPERNOLLE J., SALETTI A., Le double degré de juridiction, Bruylant, Bruxelles, 2010
VANIER P., Procès et institutions juridictionnelles, Ellipses, Paris, 2008
VAN LANG A., Le dualisme juridictionnel, Dalloz, Paris, 2007
VASSINE T., Les institutions judiciaires. L'organisation judiciaire, Enrick B. éd., Bruxelles, 2020

VARINARD A., CARBONNIERL., La résolution des conflits en matière pénale entre pacification, répression et réparation, GIP, Mission droit et justice, Université de Lille, 2006
VAUCHEZ A., WILLEMEZ L., La justice face à ses réformateurs. Entreprises de modernisation et logiques de résistance, PUF, Paris, 2007
VERGES E., Les principes directeurs du procès judiciaire. Etude d'une catégorie juridique, thèse, Aix-Marseille, 2000
VERHEYDEN N., Droit de la preuve, Larcier, Bruxelles, 1991
VERNY E., Procédure pénale, Dalloz, Paris, 2020
VERPEAUX M., Contentieux constitutionnel, Dalloz, Paris, 2020
VIBERT A. (dir.), L'éloquence judiciaire. Préceptes et pratiques. Grandes plaidoiries passées et contemporaines, Litec, Paris, 2003
VIBRAC G., Le corps et la preuve pénale, L'Harmattan, Paris, 2021
VINCENT J., GUINCHARD S. et autres, Institutions judiciaires, Dalloz, Paris, 2001
VIGOUR C., Réformes de la justice en Europe, Ed. De Boeck, 2018
VIZIOZ H. Etudes de procédure, Bière, Bordeaux, 1956
VOGEL L. (dir.), La procédure entre tradition et modernité, éd. Panthéon-Assas, Paris, 2010
VUITTON X., Stratégie du contentieux. Théorie et méthode, LexisNexis, Paris, 2023
VUITTON X., La juridiction du président, Litec, Paris, 2011
WAFEU P., La condition et la carrière des universitaires. Analyse comparée à partir de quelques cas de l'Afrique Francophone, L'Harmattan, Paris, 2015
WALINE M., Pouvoir exécutif et justice. PUF, Bibliothèque des centres d'études supérieures spécialisés, Aix-Marseille, 1961
WAMBO J., La saisine de la Cour commune de justice et d'arbitrage de l'OHADA en matière contentieuse, 2014
WASSENBERG B., Médiation et gestion de crises aux frontières de l'Europe, L'Harmattan, Paris, 2021
WARLOMONT R., Le magistrat. Son statut et sa fonction, Larcier, Bruxelles, 1950
WATO J-H., L'instruction préparatoire en droit pénal camerounais, contribution à l'analyse du système pénal camerounais depuis 1972, Thèse d'Etat, Toulouse, 1985
WEBB J., MAUGHAN C., MAUGHAN M. et autres, Lawyer's skills, Oxford University Press, London, 2022
WESIHEBA Droits des usagers et nouvelle pratique de la police judiciaire, SOPECAM, Yaoundé, 2009
WETSH'OKONDA KOSO M., La protection des droits de l'homme par le juge constitutionnel congolais. Analyse critique et jurisprudence (2003-2013), L'Harmattan, Paris, 2016
WIEVIORKA M. (dir.), Rendre la justice, éd. Sciences humaines, Auxerre, 2013
WILF I., Comprendre la justice, éd. Des citoyens, Paris, 2013
WERLE G., ZIMMERMANN A., The international criminal Court in turbulent times, T.M.C. Asser Press, The Hague, 2019
WOOG J.C., SARI M.C., WOOG S., Stratégie contentieuse du créancier, Dalloz, Paris, 2006
WOOG J.C., La pratique professionnelle de l'avocat, Litec, Paris, 1993
YAYA SARR A., L'intégration juridique dans l'Union économique et monétaire ouest africaine (UEMOA) et dans l'Organisation pour l'harmonisation en Afrique du droit des Affaires (OHADA), PUAM, Aix-en- Provence, 2008
YARGIC S., Les conventions onusiennes des droits de l'homme, L'Harmattan, Paris, 2018
YAWAGA S., La police judiciaire au Cameroun, PUA, Yaoundé, 2009
YAWAGA S., L'information judiciaire dans le Code camerounais de procédure pénale, PUA, Yaoundé, 2007
YETOHOU T.S., Aux origine des systèmes juridiques modernes, L'Harmattan, Paris, 2022

YILDIRIM G., SAUVIAT I., DUMAS R. (dir.), Médiation et entreprises, L'Harmattan, Paris, 2019
YONDO B., Une justice qui vous broie... Affaire Maître Lydienne Yen Eyoum, L'Harmattan, Paris, 2017
YOUCHE J.M., La justice au Cameroun, Imprimerie nationale, Yaoundé, 1986
ZAMBO ZAMBO D. J., Le droit applicable au Cameroun. Essai sur les conflits de lois dans le temps et dans l'espace, thèse, Université de Yaoundé 2, 2009
ZARTMAN W., La résolution des conflits en Afrique, L'Harmattan, Paris, 2000
ZENATI F., La jurisprudence, Dalloz, Paris, 1991
ZEUMO NGUENANG M., Le droit OHADA de l'exécution forcée à l'épreuve des prérogatives de puissance publique au Cameroun, thèse, UDS, 2019
ZOCK A TARA A NGONN J.S.F.M., Le contentieux judiciaire et arbitral, L'Harmattan, Paris, 2018
ZOGBELEMOU T., Droit des organisations d'intégration économique en Afrique (CEDEAO - CEMAC - UEMOA - ZMAO), L'Harmattan, Paris, 2014

II. Textes essentiels

Constitution de la République du Cameroun
Charte des Nations Unies
Statut de la Cour internationale de justice
Pacte international relatif aux droits civils et politiques
Charte africaine des droits de l'homme et des peuples
Traité relatif à l'harmonisation en Afrique du droit des affaires
Traité portant révision du traité relatif à l'harmonisation en Afrique du droit des affaires tel que révisé à Québec le 17 octobre 2008
Traité révisé de la CEDEAO
Traité révisé de la Communauté économique et monétaire de l'Afrique Centrale
Traité révisé instituant la Communauté économique des Etats de l'Afrique Centrale
Traité révisé de l'Union économique et monétaire ouest africaine
Acte uniforme portant organisation des procédures simplifiées de recouvrement et des voies d'exécution
Acte uniforme portant organisation des procédures collectives d'apurement du passif
Acte uniforme relatif au droit de l'arbitrage
Acte uniforme relatif à la médiation
Protocole à la charte africaine des droits de l'homme et des peuples portant création d'une Cour africaine des droits de l'homme et des peuples
Accord portant création de la zone de libre échange continentale africaine (ZLECAf)
Protocole sur les règles et procédures relatives au règlement des différends
Règlement n°09/24-UEAC-001-CM-SE du 16 juillet 2024 portant procédures de passation, d'exécution et de règlement des marchés publics de la communauté
Règlement n°06/19-UEAC-639-CM-33 du 7 avril 2019 relatif à la concurrence
Règlement de procédure de la Cour commune de justice et d'arbitrage de l'OHADA
Règlement n° 01/2014/CM/OHADA du 30/01/2014 modifiant et complétant le règlement de procédure de la Cour commune de justice et d'arbitrage du 18 avril 1996
Règlement n° 001/2014/CM/OHADA portant modalités de sélection et d'élection des juges de la Cour commune de justice et d'arbitrage de l'OHADA
Règlement n° 004/2014/CM/OHADA du 24 juillet 2014 portant augmentation du nombre de juges de la Cour commune de justice et d'arbitrage de l'OHADA
Règlement n° 003/2009/CM/OHADA du 19 décembre portant révision du personnel (de l'OHADA)

Règlement n° 03/09-UEAC-007-CM-20 portant statut des fonctionnaires de la Communauté économique et monétaire de l'Afrique Centrale

Règlement n° 04/09-UEAC-007-CM-20 portant statut des agents contractuels de la Communauté économique et monétaire de l'Afrique Centrale

Règlement n° 13/09/UEAC-051-CM-20 du 11 décembre 2009 portant révision du statut de la profession de conseil fiscal

Règlement n° 07/11-UEAC-051-CM-22 portant modification des articles 9, 35 et 42 du règlement n° 13/09/UEAC-051-CM-20 du 11 décembre 2009 portant révision du statut de la profession de conseil fiscal

Règlement n° 004/2009/CM/OHADA du 19 décembre 2009 portant statut révisé de l'Ecole régionale supérieure de la magistrature

Règlement n° 001/2007/CM/OHADA du 27 juillet 2007 portant statut du personnel (de l'OHADA)

Acte additionnel n° 01/CEMAC du 15 janvier 2003 portant rotation du poste de premier président de la Cour de justice de la CEMAC

Acte additionnel n° 006/00/CEMAC-041-CCE-CJ-02 portant statut de la chambre judiciaire de la Cour de justice de la CEMAC

Acte additionnel n° 007/00/CEMAC-041-CCE-CJ-02 portant statut de la chambre des comptes de Cour de la CEMAC

Acte additionnel n° 004/00-CEMAC-041-CCE-CJ-02 portant règles de procédure de la chambre judiciaire de la Cour de justice de la CEMAC

Acte additionnel n° 005/00-CEMAC-041-CCE-CJ-02 portant règles de procédure de la chambre des comptes de la Cour de justice de la CEMAC

Acte additionnel n° 007/00/CEMAC-041-CCE-CJ-02 portant nomination des membres de la Cour de justice de la CEMAC

Accord de coopération judiciaire entre les Etats de la Communauté économique des états de l'Afrique centrale (28 janvier 2004)

Décision n° 068/2018/CCJA/ADM/ARB fixant les modalités d'inscription et de mise à jour de la liste des arbitres

Décision n° 05/CM/OHADA/2018 relative aux activités payantes de l'Ecole régionale supérieure de la magistrature

Décision n° 0198/2017/CCJA/ADM/ARB portant nomination et attribution des secrétaires administratifs

Décision n° 05/CM/OHADA/2017 fixant les tarifs des actes du greffe de la Cour commune de justice et d'arbitrage de l'OHADA

Décision n° 04/2014/CM/OHADA portant augmentation du nombre de juges de la Cour commune de justice et d'arbitrage de l'OHADA (conseil des ministres)

Décision n° 022/2013/CCJA/ADM/ARB fixant les modalités d'octroi d'avances sur les honoraires de l'arbitre

Décision n° 50/2011/CCJA/ARB portant fixation des frais personnels des arbitres et frais du tribunal arbitral

Décision n° 08/11-UEAC-210-CM-22 portant institution d'une commission mixte de contrôle des conditions d'exercice de la profession de conseil fiscal dans la zone CEMAC

Décision n° 32/CEEAC/CCEG/XIII/07, du 30 octobre 2007 fixant le régime des sanctions pour le paiement des contributions par les Etats membres

Décision n° 30-bis/2004/CCJA/ADM/ARB fixant les modalités de répartition des honoraires des arbitres

Décision n° 002/99/ du 04 février 1999 augmentant les délais de procédures en raison de la distance

Décision n° 004/99/CCJA du 3 février 1999 relative aux frais d'arbitrage

Décision n° 004/99/CCJA portant approbation de la décision n° 004/99/CCJA du 3 février 1999 relative aux frais d'arbitrage

Accord de coopération judiciaire entre les Etats membres de la CEMAC

Acte additionnel n° 01/2000/CEMAC–CJ/CE -02 portant chambre des comptes de la Cour de la CEMAC
Directive n° 06/11-UEAC-190-CM-22 relative au code de transparence et de bonne gouvernance dans la gestion des finances publiques
Loi n° 2023/010 du 25 juillet 2023 régissant les garanties et le recouvrement des créances par les entités publiques bénéficiaires du privilège du trésor
Loi n° 2023/007 du 25 juillet 2023 portant orientation de l'enseignement supérieur
Loi n° 2023/010 du 25 juillet 2023 régissant le secteur ferroviaire au Cameroun
Loi n° 2022/017 du 27 décembre 2022 portant répression de la piraterie, du terrorisme et des atteintes contre la sécurité de la navigation maritime et des platesformes
Loi n° 2021/015 du 09 juillet 2021 portant organisation et promotion du volontariat au Cameroun
Code de procédure civile et commerciale
Loi n°2002/003 du 19 avril 2002 portant Code général des impôts (et les textes modificatifs subséquents)
Loi n° 2019/024 du 24 décembre 2019 portant code général des collectivités territoriales décentralisées
Loi n° 2022/017 du 27 décembre 2022 portant répression de la piraterie, du terrorisme et des atteintes à la sécurité de la navigation maritime et des plateformes
Loi n° 2019/014 du 19 juillet 2019 portant création, organisation et fonctionnement de la Commission des droits de l'homme du Cameroun
Loi n° 2022/006 du 27 avril 2022 régissant le secret bancaire Cameroun
Loi n° 2019/014 du 24 décembre 2019 portant promotion des langues officielles au Cameroun
Loi n° 2019/014 du 24 décembre 2019 fixant certaines règles relatives à l'activité de crédit dans les secteurs bancaires et de la microfinance au Cameroun
Loi n° 2019/014 du 19 juillet 2019 portant création, organisation et fonctionnement de la Commission des droits de l'homme du Cameroun
Loi n° 2018/014 du 11 juillet 2018 portant organisation et promotion des activités physiques et sportives au Cameroun
Loi n° 2018/012 du 11 juillet 2018 portant régime financier de l'Etat et des autres entités publiques
Loi n° 2017/012 du 12 juillet 2017 portant Code de justice militaire
Loi n° 2017/014 du 12 juillet 2017 modifiant et complétant certaines dispositions de la loi n° 2006/016 du 29 décembre 2006 fixant l'organisation et le fonctionnement de la Cour suprême
Loi n° 2017/010 du 12 juillet 2017 portant statut général des établissements publics
Loi n° 2017/011 du 12 juillet 2017 portant statut général des entreprises publiques
Loi n° 2016/007 du 12 juillet 2016 portant code pénal
Loi n° 2016/014 du 14 décembre 2016 fixant le capital social minimum et les modalités de recours aux services du notaire dans le cadre de la création d'une société à responsabilité limitée
Loi n° 2014/028 du 23 décembre 2014 portant répression des actes de terrorisme
Loi n° 2014/015 du 18 juillet 2014 fixant les procédures de fonctionnement des commissions d'enquêtes parlementaires
Loi n° 2014/013 du 18 juillet 2014 autorisant le président de la République à ratifier le protocole à la charte africaine des droits de l'homme et des peuples portant création d'une Cour africaine des droits de l'homme et des peuples
Loi n° 2012/015 du 21 décembre 2012 modifiant la loi n° 2004/004 du 21 avril 2004 portant organisation et fonctionnement du Conseil constitutionnel
Loi n° 2012/016 du 21 décembre 2012 modifiant et complétant certaines dispositions de la loi n° 2004/005 du 21 avril 2004 fixant le statut des membres du Conseil constitutionnel

Loi n° 2011/010 du 6 mai 2011 fixant l'organisation et les modalités d'exercice de la profession de conseil fiscal au Cameroun

Loi n° 2011/027 du 14 décembre 2011 modifiant et complétant certaines dispositions de la loi n° 2006/015 du 29 décembre 2006 portant organisation judiciaire

Loi n° 2012/011 du 16 juillet 2012 modifiant et complétant certaines dispositions de la loi n° 2011/028 du 14 décembre 2011 portant création d'un tribunal criminel spécial

Loi n° 2011/028 du 14 décembre 2011 portant création d'un tribunal criminel spécial

Loi n° 2011/022 du 21 décembre 2011 régissant le secteur de l'électricité au Cameroun

Loi n° 2010/013 du 21 décembre 2010 régissant les communications électroniques au Cameroun

Loi n° 2009/004 du 14 avril 2009 portant organisation de l'assistance judiciaire

Loi n° 2008/003 du 14 avril 2008 régissant les dépôts et consignations

Loi n° 2008/013 du 29 décembre 2008 relative au règlement du contentieux lié à l'emploi temporaire dans la fonction publique

Loi n° 2008/015 du 29 décembre 2008 portant organisation judiciaire militaire et fixant les règles de procédure applicables devant les tribunaux militaires

Loi n° 2007/001 du 19 avril 2007 instituant le juge du contentieux de l'exécution et fixant les conditions de l'exécution des actes publics étrangers ainsi que des sentences arbitrales étrangères

Loi n° 2007/006 du 26 décembre 2007 portant régime financier de l'Etat

Loi n° 2006/015 du 29 décembre 2006 portant organisation judiciaire

Loi n° 2006/016 du 29 décembre 2006 fixant l'organisation et le fonctionnement de la Cour suprême

Loi n° 2006/017 du 29 décembre fixant l'organisation, les attributions et le fonctionnement des tribunaux régionaux des comptes

Loi n° 2006/022 du 29 décembre 2006 fixant l'organisation et le fonctionnement des tribunaux administratifs

Loi n° 2006/016 du 29 décembre 2006 fixant l'organisation et le fonctionnement de la Cour suprême

Loi n° 003/2006 du 25 avril 2006 relative à la déclaration des biens et avoirs

Loi n° 2004/015 du 21 avril 2004 fixant le taux d'intérêt légal en matière d'exécution des décisions de justice et le taux d'intérêt conventionnel

Loi n° 2003/016 du 22 décembre 2003 relative au règlement des litiges portant sur les limites des circonscriptions administratives et des unités de commandement traditionnel

Loi n° 2004/004 du 21 avril 2004 portant organisation et fonctionnement du Conseil constitutionnel

Loi n° 2004/005 du 21 avril 2004 fixant le statut des membres du Conseil constitutionnel

Loi n° 2003/005 du 21 avril 2003 fixant les attributions, l'organisation et le fonctionnement de la chambre des comptes de la Cour suprême

Loi n° 2003/009 du 10 juillet 2003 portant désignation des juridictions compétentes visées à l'Acte uniforme relatif au droit de l'arbitrage et fixant leur mode de saisine

Loi n° 2003/016 du 22 décembre 2003 relative au règlement des litiges portant sur les limites des circonscriptions administratives et des unités de commandement traditionnel

Loi n° 2001/017 du 18/12/2001 portant réaménagement des procédures de recouvrement des créances des cotisations sociales

Loi n° 92/008 du 14 août 1992 fixant certaines dispositions relatives à l'exécution des décisions de justice

Loi n° 90/59 du 19 décembre 1990 portant organisation de la profession d'avocat

Loi n° 90/60 du 19 décembre 1990 portant création et organisation de la Cour de sûreté de l'Etat

Loi n° 88/015 du 16 décembre 1988 fixant l'assiette des émoluments des greffes des cours et des tribunaux

Loi n° 82/14 du 26 novembre 1982 fixant l'organisation et le fonctionnement du conseil supérieur de la magistrature, modifiée par la loi n° 86/16 du 28 juillet 1989

Loi n° 80/31 du 27 novembre 1980 dessaisissant les juridictions des affaires relatives aux contestations soulevées à l'occasion de la désignation des chefs traditionnels

Loi n° 79/4 du 29 juin 1979 portant rattachement des customary courts et alkali courts au ministère de la justice

Loi n° 79-17 du 30 juin 1979 relative aux contestations soulevées à l'occasion de la désignation des chefs traditionnels

Customary courts law, 1956

Southern Cameroons High court Law, 1955

Magistrate Courts (Southers Cameroons) Law, 1955

Ordonnance n° 73/17 du 22 mai 1973 portant organisation de la prévoyance sociale modifiée par la loi n° 84/06 du 4 juillet 1984

Ordonnance n° 72/5 du 26 août 1972 portant organisation judiciaire militaire modifiée par les lois n° 74/4 du 16 juillet 1974, n° 87/9 du 15 juillet 1987 et 90/48 du 19 décembre 1990

The Federal Supreme court ordinance, 1960

The Evidence ordinance

Décret n° 2024/555 du 14 novembre 2024 fixant les règles applicables au recrutement et à la discipline du personnel de la justice militaire

Décret n° décret n° 2024/554 du 14 novembre 2024 portant organisation administrative des tribunaux militaires

Décret n° 2023/042 du 25 janvier 2023 portant statut et organisation de la profession d'huissier de justice et d'agent d'exécution

Décret n° 2022/384 du 9 août 2022 fixant les modalités d'exercice de la police municipale

Décret n° 2020/802 du 30 décembre 2020 portant harmonisation de l'âge de départ à la retraite des fonctionnaires

Décret n° 2023/08500/PM du 1er décembre 2023 fixant les modalités de transfert des fonds et valeurs dévolus à la Caisse des dépôts et consignations

Décret n° 2021/442 du 20 août 2021 modifiant et complétant certaines dispositions du décret n° 2011/020 du 04 février 2011 portant statut spécial des fonctionnaires des greffes

Décret n° 2020/7951/PM du 30 décembre 2020 portant harmonisation de l'âge de départ à la retraite des agents de l'Etat relevant du code de travail

Décret n° 2020/773 du 24 décembre 2020 déterminant les modalités d'exercice des fonctions de « public independent conciliator auprès des régions du Nord-ouest et du Sud-ouest

Décret n° 2020/727 du 03 décembre 2020 portant réorganisation et fonctionnement de l'agence de régulation des télécommunications

Décret n° 2020/375 du 07 juillet 2020 portant règlement général de la comptabilité publique

Décret n° 2020/016 du 9 janvier 2020 portant réorganisation et fonctionnement de la société de recouvrement des créances du Cameroun

Décret n° 2019/344 du 9 juillet 2019 modifiant et complétant les dispositions du point 167 du Tableau du tarif annexé au décret n° 038 du 28 février 1995 fixant le tarif des actes notariés

Décret n° 2018/240 du 09 avril 2018 portant réorganisation de l'Ecole nationale d'administration et de magistrature (ENAM)

Décret n° 2018/104 du 07 février 2018 portant organisation et fonctionnement du secrétariat général du conseil constitutionnel

Décret n° 2017/076 du 28 février 2017 fixant les modalités d'authentification des statuts de la société à responsabilité limitée établis sous seing privé dans les centres de formalités de création d'entreprises au Cameroun

Décret n° 2016/076 du 15 février 2016 fixant les taux des cotisations sociales et les plafonds des rémunérations applicables dans les branches des prestations familiales, d'assurance-pensions de vieillesse, d'invalidité et de décès, des accidents du travail et des maladies professionnelles gérées par la Caisse nationale de prévoyance sociale

Décret n° 2015/2527/PM du 16 juillet 2015 fixant les modalités d'application de la loi n° 017/2001 du 18 décembre 2001 portant réaménagement des procédures de recouvrement des créances des cotisations sociales

Décret n° 2017/0877/PM du 28 février 2017 fixant les modalités d'authentification des statuts de la société à responsabilité limitée établis sous seing privé dans les Centres de formalité de création d'entreprises au Cameroun

Décret n° 2015/457 du 13 octobre 2015 fixant une indemnité au profit des agents publics chargés de la défense en justice des intérêts de l'Etat

Décret n° 2016/372 du 04 août 2014 fixant et complétant certaines dispositions du décret n° 2012/540 du 19 novembre 2012 portant organisation de la délégation générale à la sûreté nationale

Décret n° 2014/2377/PM du 13 août 2014 fixant les conditions et les modalités de prise en charge des assurés volontaires au régime d'assurance pensions de vieillesse, d'invalidité et de décès.

Décret n° 2014/147 du 22 juillet 2014 portant ratification du protocole portant création d'une Cour africaine des droits de l'homme et des peuples

Décret n° 2013/7899/PM du 13 septembre 2013 fixant la composition, l'organisation et les modalités de fonctionnement de la commission nationale de la concurrence

Décret n° 2013/234 du 18 juillet 2013 portant règlementation des annonces légales et judiciaires

Décret n° 2013/160 du 15 mai 2013 portant règlement général de la comptabilité publique

Décret n° 2013/131 du 03 mai 2013 portant création, organisation et fonctionnement du corps spécialisé d'officiers de police judiciaire du tribunal criminel spécial

Décret n° 2013/288 du 04 septembre 2013 portant modalités de restitution du corps du délit

Décret n° 2013/234 du 18 juillet 2013 portant règlementation des annonces légales et judiciaires

Décret n° 2012/539 du 19 novembre 2012 portant statut du corps des fonctionnaires de la Sûreté nationale

Décret n° 2012/389 du 18 septembre 2012 portant organisation du ministère de la justice

Décret n° 2012/223 du 15 mai 2012 portant organisation administrative du tribunal criminel spécial

Décret n° 2012/188 du 18 avril 2012 modifiant et complétant l'article 11 nouveau du décret n° 2004/080 du 13 avril 2004 modifiant certaines dispositions du décret n° 95/048 du 8 mars 1995 portant statut de la magistrature

Décret n° 2012/202 du 19 avril 2012 modifiant et complétant certaines dispositions du décret n° 2012/120 du 15 mars 2012 portant ouverture de tribunaux de première et de grande instance

Décret n° 2012/119 du 15 mars 2012 portant ouverture des tribunaux administratifs

Décret n° 2012/120 du 15 mars 2012 portant ouverture de tribunaux de première et de grande instance

Décret n° 2012/121 du 15 mars 2012 portant création d'un centre de documentation juridique, judiciaire multimédia

Décret n° 2012/189 du 18 avril 2012 modifiant et complétant certaines dispositions du décret n° 200/310 du 3 novembre 2000 modifiant le tableau annexe A du décret n° 95/048 du 8 mars 1995 portant statut de la magistrature

Décret n° 2012/223 du 15 mai 2012 portant organisation administrative du tribunal criminel spécial

Décret n° 2011/105 du 15 avril 2011 portant organisation et fonctionnement de la caisse des dépôts et consignations

Décret n° 2011/020 du 4 février 2011 portant statut spécial des fonctionnaires des greffes

Décret n° 2010/0365 du 29 novembre 2010 portant statut spécial du corps des fonctionnaires de l'administration pénitentiaire

Décret n° 2005/253 du 30 juin 2005 portant organisation et fonctionnement du secrétariat général du Conseil constitutionnel

Décret n° 2005/122 du 15 avril 2005 portant organisation du ministère de la justice

Décret n° 2004/080 du 13 avril 2004 modifiant certaines dispositions du décret n° 95/048 du 08 mars 1995 portant statut de la magistrature

Décret n° 2001/177 du 25 juillet 2001 portant organisation du ministère de la défense, modifié par le décret n° 2012/386 du 14 septembre 2012

Décret n° 2000/691/PM du 13 septembre 2000 fixant les modalités d'exercice des activités privées lucratives par les fonctionnaires

Décret n° 98/170 du 27 août 1998 modifiant et complétant le décret n° 79/448 du 5 novembre 1979 portant règlementation des fonctions et fixant le statut des huissiers de justice

Décret n° 91/021 du 24 décembre 1998 août 1998 portant instruction interministérielle du 12 octobre 1989 sur le paiement des frais de justice

Décret n° 95/033 du 20 février 1995 portant organisation de l'examen de fin de stage d'avocat et fixant les indemnités des membres de la commission d'examen

Décret n° 95/034 du 24 février 1995 portant statut et organisation de la profession de notaire

Décret n° 95/048 du 8 mars 1995 portant statut de la magistrature

Décret n° 94/199 du 7 octobre 1994 portant statut général de la fonction publique de l'Etat modifié et complété (notamment par le décret n° 2000/287 du 12 octobre 2000)

Décret n° 93/087 du 15 mars 1993 fixant les modalités de répartition des émoluments des greffes des cours et tribunaux et de la prime de rendement

Décret n° 92/052 du 27 mars 1992 portant régime de l'administration pénitentiaire

Décret n° 92/066 du 03 avril 1992 portant création et organisation de l'Ecole nationale de l'administration pénitentiaire

Décret n° 91/305 du 4 juillet 1991 portant organisation de l'examen d'aptitude au stage d'avocat

Décret n° 85/520 du 13 avril 1985 portant organisation administrative des juridictions militaires

Décret n° 80/299 du 26 juillet 1980 portant organisation administrative des juridictions, tel que modifié et complété par le décret n° 81/264 du 8 juillet 1981

Décret n° 79/448 du 05 novembre 1979 portant règlementation des fonctions et fixant le statut des huissiers

Décret n° 79/85 du 13 mars 1979 fixant le tarif des huissiers et des agents d'exécution, complété par le décret n° 80/142 du 28 avril 1980

Décret n° 78/484 du 9 novembre 1978 fixant les dispositions communes applicables aux agents de l'Etat relevant du Code du travail

Décret n° 78-263 du 3 juillet 1978 fixant les modalités de règlement des litiges agro-pastoraux

Décret n° 77/245 du 15 juillet 1977 portant organisation des chefferies traditionnelles

Décret n° 69/DF/544 du 19 décembre 1969 fixant l'organisation judiciaire et la procédure devant les juridictions traditionnelles du Cameroun oriental, modifié par décret n° 71/DF/607 du 3 décembre 1971

Décret n° 61-84 du 6 juin 1961 sur les fonctions de commissaire-priseur

Statut révisé de la profession de conseil fiscal du 19 décembre 2011 (Règlement n° 13/09/UEAC-051-CM-20 portant révision du statut de la profession de conseil fiscal)

Arrêté n° 00000638/MINFI du 17 juillet 2023 fixant les conditions d'octroi et les modalités de mise en œuvre de la garantie de l'Etat aux établissements publics et aux entreprises publiques ou privées

Arrêté n° 413A/PR/MINMAP du 08 décembre 2020 portant organisation et fonctionnement du Comité chargé de l'examen des recours résultant des marchés publics

Arrêté n° 050/MINTSS/CAB du 6 octobre 2010 fixant les modalités de convocation et la comparution des parties devant l'inspection du travail

Arrêté n° 41/DPJ/SG/MJ du 12 avril 2005 portant homologation et publication du règlement intérieur du barreau

Arrêté conjoint METPS/MINEFI n° 035 du 12 juillet 2002 fixant les modalités d'application de la loi n° 2001/017 du 18 décembre 2001 portant réaménagement des procédures de recouvrement des cotisations sociales

Arrêté n° 049/METPS/MINFI n° 049 du 11 octobre 2002 modifiant et complétant certaines dispositions de l'arrêté conjoint n° 035 du 12/07/02 fixant les modalités d'application de la loi n° 2001/017 du 18 décembre 2001

Arrêté n° 00806 du 2 février 2001 portant régime des études et de la scolarité de la division judiciaire de l'ENAM

Arrêté n° 57/SG/MJ du 28 septembre 1982 fixant les modalités d'examen de fin de stage d'huissier

Arrêté du 7 juillet 1955 portant organisation de la profession d'agent d'affaire et d'écrivain public

Arrêté du 10 août 1956 fixant le programme de l'examen d'aptitude aux fonctions d'agent d'affaire

Lettre circulaire n°00000022/MINFI du 13 septembre 2024 relative à la procédure d'inscription d'office instituée par l'Acte uniforme OHADA portant organisation des procédures simplifiées de recouvrement et des voies d'exécution (AUPSRVE) révisé.

TABLE DES MATIÈRES

SOMMAIRE **7**

ABREVIATIONS, SIGLES **9**

AVANT-PROPOS **13**

PRÉFACE **19**

POSTFACE **25**

TITRE 4 La ressource humaine **27**

CHAPITRE 1 Le personnel magistrat **29**
Section 1. Les catégories de magistrats et leurs fonctions 29
Paragraphe 1. Les magistrats du siège 29
A. Ceux qui jugent 29
B. Ceux qui instruisent 90
Paragraphe 2. Les magistrats du parquet 128
A. Ce qui *a priori* est dévoilé à leur sujet 128
B. Ce qui *a posteriori* est voilé à leur sujet 139
Paragraphe 3. Le croisement des catégories de magistrats et de l'effectif 159
Section 2. Le recrutement des magistrats 161
Paragraphe 1. Modalités 162
A. La voie du concours 162
B. La voie de l'intégration directe 169
Paragraphe 2. Enigmes 172
Section 3. La discipline et la responsabilité des magistrats 189
Paragraphe 1. Les instances disciplinaires 190
Paragraphe 2. Les procédures et les sanctions 195

CHAPITRE 2 Le personnel non-magistrat **205**
Section 1. Les auxiliaires de justice 206
Paragraphe 1. L'avocat 206
A. Accès à la profession 207
1. L'obtention du certificat d'aptitude au stage d'avocat 207
2. L'obtention du certificat d'aptitude à la profession d'avocat 213
3. La prestation de serment et l'inscription au tableau du barreau 227
B. Exercice de la profession 234
1. Missions 234
a. Les missions révélées par le rôle de l'avocat 234

i. Le détail 234
ii. Les remous 238
b. Les missions révélées par les droits et les obligations de l'avocat 260
i. Les droits 260
ii. Les obligations 279
2. Cadre d'exercice 299
a. Le cadre à choisir 299
b. Le cadre à subir 311
Paragraphe 2. L'huissier de justice 321
A. Organisation de la profession 321
1. L'accès à la profession d'huissier de justice 321
a. Les exigences de fond 321
b. Les exigences de procédure 324
2. Le regroupement des huissiers de justice 332
a. Le regroupement au sein d'une société civile professionnelle 332
b. Le regroupement au sein de la « Chambre nationale des huissiers de justice » 338
3. La discipline et la responsabilité des huissiers de justice 340
B. Missions, prérogatives et obligations de l'huissier de justice 364
1. Les missions et prérogatives de l'officier public et ministériel 364
2. Les obligations de l'officier public et ministériel 416
Paragraphe 3. Le notaire 446
A. L'entrée dans la profession 447
1. L'aspiration 447
2. Le stage et la cléricature 449
B. L'exercice de la profession 457
1. Le cadre d'exercice 457
2. Les missions du notaire 462
a. Les missions les plus en vue 462
b. Les missions les moins en vue 490
3. Les droits et obligations 493
a. Les droits 493
b. Les obligations 501
4. Le contrôle de l'exercice 515
a. Les organes de contrôle 515
b. La sanction du contrôle 520
Paragraphe 4. Les fonctionnaires des greffes 526
A. Organisation du corps des fonctionnaires des greffes 527
1. Les cadres du corps 527
2. L'entrée dans le corps 530
3. La gestion du corps et le régime disciplinaire 539
a. Les organes 539
b. Les procédures et les sanctions 541
B. Missions du corps des fonctionnaires des greffes 544
1. Nomenclature 544
a. Les missions en lien direct avec le procès 544
b. Les missions sans lien direct avec le procès 552
2. Contraintes et acquis 563
a. Les droits des fonctionnaires de greffes 563
b. Les obligations des fonctionnaires des greffes 570
i. Obligations inscrites dans le statut spécial 570
ii. Obligations inscrites ailleurs que dans le statut spécial 576
Paragraphe 5. Le personnel de la police judiciaire 580
A. Typologie 580
B. Missions 584
Paragraphe 6. Le personnel de l'administration pénitentiaire 615
A. Catégories de personnels, accès aux cadres professionnels 615

1. L'endroit ... 616
2. L'envers ... 620
B. Exercice de la profession ... 626
1. Substance des missions du personnel ... 627
2. Droits et obligations du fonctionnaire ... 633
a. Inventaire des droits et des obligations ... 633
i. Les droits ... 634
ii. Les obligations ... 638
b. Sanction des droits et des obligations ... 641
Section 2. Les collaborateurs de justice ... 649
Paragraphe 1. Les mandataires judiciaires ... 650
A. Accès à la fonction ... 651
B. Contrôle et discipline ... 657
C. Droits et obligations ... 660
Paragraphe 2. Le conseil fiscal ... 666
A. Devenir conseil fiscal ... 666
1. Conditions de l'agrément ... 666
2. Décision d'agrément ... 669
B. Exercer comme conseil fiscal ... 672
1. Cadres et modalités d'exercice ... 672
2. Missions, obligations et droits ... 674
3. Contrôle et discipline du professionnel ... 677
Paragraphe 3. L'expert judiciaire ... 681
A. Acquisition de la qualité d'expert judiciaire ... 681
1. Ce qui semble stable ... 682
2. Ce qui semble variable ... 686
B. Exécution des missions de l'expert judiciaire ... 687
1. Démarrage et déroulement de la mission ... 687
2. Dénouement de la mission ... 695
Paragraphe 4. Le porteur de contrainte ... 700
A. Acquisition du titre ... 700
B. Exercice de la fonction ... 702
Paragraphe 5. L'agent d'affaires ... 707
A. Insertion professionnelle ... 707
1. Conditions de fond ... 707
2. Conditions de forme ... 709
B. Missions du professionnel ... 711
1. Ce qui est parlant ... 711
2. Ce qui est dormant ... 711

INDICATIONS BIBLIOGRAPHIQUES ... 719
I. Ouvrages, thèses ... 719
II. Textes essentiels ... 746

TABLE DES MATIÈRES ... 755

Structures éditoriales du groupe L'Harmattan

L'Harmattan Italie
Via degli Artisti, 15
10124 Torino
harmattan.italia@gmail.com

L'Harmattan Hongrie
Kossuth l. u. 14-16.
1053 Budapest
harmattan@harmattan.hu

L'Harmattan Sénégal
10 VDN SICAP AMITIE 3
BP 45034 Dakar-Fann
direction@senharmattan.com

L'Harmattan Cameroun
Tsinga/Derrière polyclinique FECAFOOT
BP 11486 Yaoundé
Jacques.koukam@harmattan.fr

L'Harmattan Burkina Faso
Villa 281, secteur 23 623, rue 14.32
Ouagadougou
zagbie@outlook.fr

L'Harmattan Guinée
Almamya, rue KA 028 OKB Agency
BP 3470 Conakry
harmattanguinee@yahoo.fr

L'Harmattan RDC
185, avenue Nyangwe
Commune de Lingwala – Kinshasa
matangilamusadila@yahoo.fr

L'Harmattan Congo
219, avenue Nelson Mandela
BP 2874 Brazzaville
deunovmikhael@gmail.com

L'Harmattan Mali
Immeuble Mgr Jean Marie Cissé
Aci Hamadallaye
BP 145 Bamako
syllaka@yahoo.fr

L'Harmattan Togo
Djidjole – Maison Amela
face EPP BATOME
02 BP 20680 Lomé
didieramela11@gmail.com

L'Harmattan Côte d'Ivoire
Résidence Karl – Cité des Arts
Abidjan-Cocody
03 BP 1588 Abidjan
harmattan.ivoire@gmail.com

L'Harmattan Bénin
Rue 604, (Immeuble à l'entrée
de la rue UCAO- Cite de Saint-Jean)
Cotonou
stepcorpus@gmail.com

Nos librairies en France

Librairie internationale
16, rue des Écoles
75005 Paris
librairie.internationale@harmattan.fr
01 40 46 79 11
www.librairieharmattan.com

Librairie des savoirs
21, rue des Écoles
75005 Paris
librairie.sh@harmattan.fr
01 46 34 13 71
www.librairieharmattansh.com

www.ingramcontent.com/pod-product-compliance
Lightning Source LLC
LaVergne TN
LVHW011213061026
849535LV00001BA/19
* 9 7 8 2 3 3 6 5 0 7 3 7 8 *